角斜镇志

JIAOXIE ZHEN ZHI

角斜镇志编纂委员会 编

方志出版社
Publishing House of Local Records

图书在版编目（CIP）数据

角斜镇志 / 角斜镇志编纂委员会编 .—北京 ： 方志出版社， 2021.9
ISBN 978-7-5144-4845-0

Ⅰ. ①角… Ⅱ. ①角… Ⅲ. ①乡镇－地方志－海安县
Ⅳ. ① K295.35

中国版本图书馆 CIP 数据核字（2021）第 266801 号

书　　名　角斜镇志

编　　者　角斜镇志编纂委员会
责任编辑　张　健
责任校对　张玉霞
责任印制　梅中英

出 版 者　方志出版社
地址　北京市朝阳区潘家园东里 9 号(国家方志馆 4 层)
邮编　100021
网址　http://www.zgfzcb.cn
发　　行　方志出版社图书营销中心（010－67110500）
印　　刷　扬州市嘉成印刷有限公司

开　　本　889 毫米 × 1194 毫米 1/16
印　　张　34.5
字　　数　935 千字
版　　次　2021 年 9 月第 1 版
印　　次　2021 年 9 月第 1 次印刷
标准书号　ISBN 978－7－5144－4845－0
定　　价　318.00 元

角斜名片

- 中国河豚之乡
- 中国紫菜之乡
- 中国鳗鱼之乡
- 中国渔网之乡
- 江苏省文明镇

序

南黄海之滨的角斜古镇,历经沧桑,久负盛名。角斜之得名,缘于其地形似一块尖角斜伸楔入海中。盐工盐商,据此创业,吴盐胜雪,名扬九州。渔舟千夫,靠海吃海,迎风劈浪,撒网兴渔。农家万民,拓荒耕种,改天换地,建设家园。曾几何时,腥风血雨,抗天灾前仆后继,斗顽敌揭竿而起,波澜壮阔,可歌可泣。在海安金钥匙般的版图上伸向大海的角斜镇,色彩斑斓,熠熠生辉。

她是红色之镇。这片红色热土上的光荣革命历史,彪炳千秋。角斜红旗民兵团在这里诞生;中国人民解放军海军在这里的苏中海防团萌芽;新四军战地服务团的歌声在上真殿空中飘荡;巍巍范公堤蜿蜒穿境;粟裕、陶勇等名将在这里留下光辉足迹;孙二富在此出生并写下人生传奇故事;“五四”文化名人缪金源从这里走向北大;张謇先生的大赉公司在这里落地生根并开花结果……

她是蓝色之镇。凭借海安唯一出海口之得天独厚资源优势发展海洋经济,成果丰硕,是全国闻名的紫菜之乡、河豚之乡、鳗鱼之乡、渔网之乡。角斜镇5万亩滩涂路网密布、配套完善、环境优美,新厂房鳞次栉比,新产业方兴未艾,正成为全市重大项目优质承载地,成为海安持续发展重要增长极和经略海洋之载体与平台。

她是绿色之镇。昔日寸草不生的茫茫荒滩,而今建设成万顷良田、养殖牧场,亦是绿色生态的美丽家园。绿色防护林巨龙般安卧在海岸线。中洋河豚庄园、广纳地产庄园繁花似锦,鸟语花香。特色旅游加速发展,八方宾朋纷至沓来。绿色发展、生态发展、协调发展让这片土地愈发美丽而生动。

盛世修志,意义非凡。浩瀚史迹纷繁庞杂,上下千载史之遗存大多湮灭,或一鳞半爪,或蛛丝马迹,溯古述今甚有其艰。沐浴新时代春风,党政同仁一致决断写史修志刻不容缓。在省、市史志部门关心指导下，在全镇各界配合支持下，编写组全体同志不辞艰辛，攻坚克难，历经数载努力，终得此志之成撰。愿其传真传承，光耀前贤，利泽后生，以史为鉴，共谋发展之大计，共创角斜之未来，使千年古镇更加云蒸霞蔚，五彩缤纷。付梓之际，欣然命笔，诚贺其成，是为斯序。

中共角斜镇委员会书记　王　晨

角斜镇人民政府镇长　周树群

2020 年 12 月

滨海新区（角斜

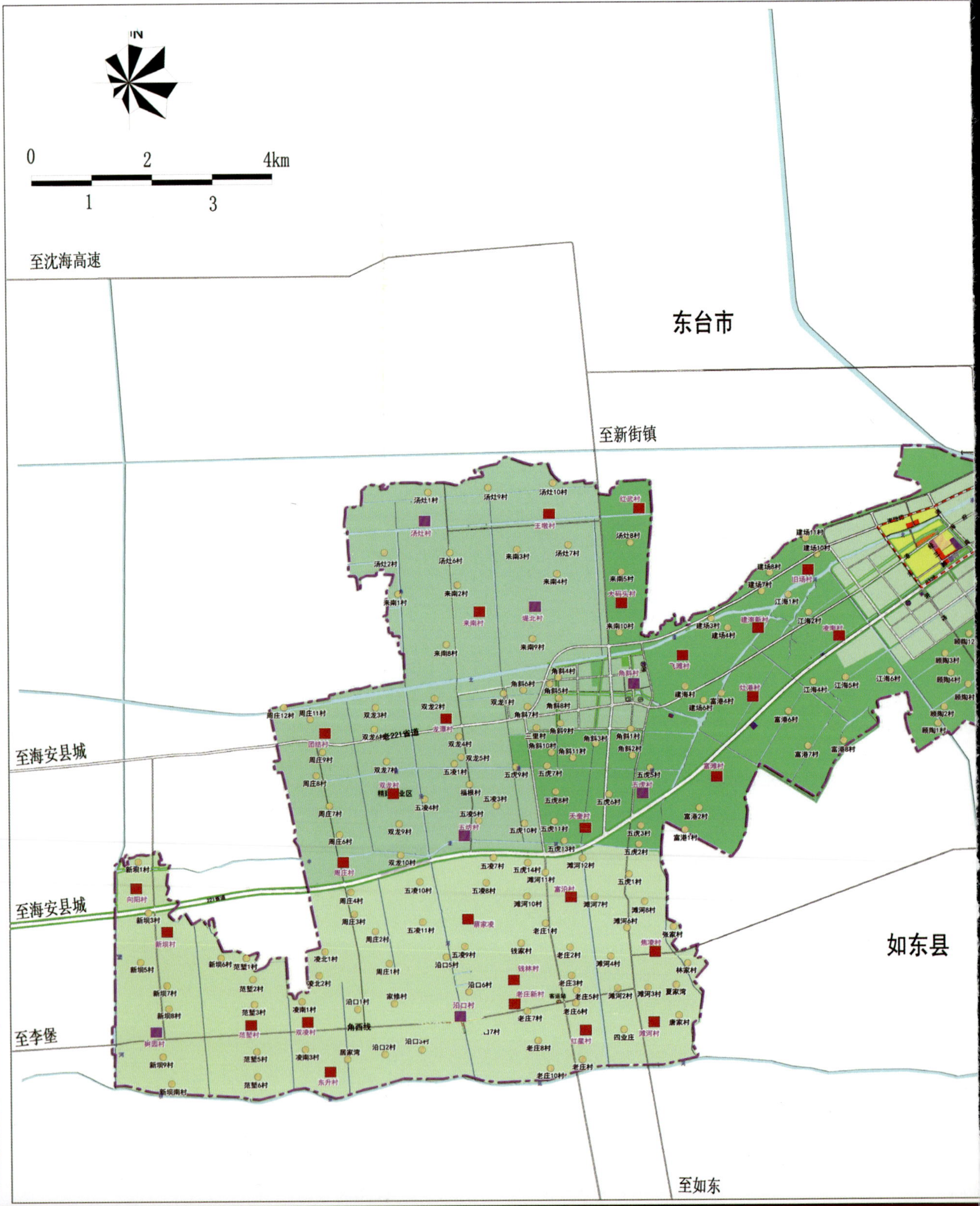

编制单位：南通市规划设计院有限公司

斗镇）镇域规划图

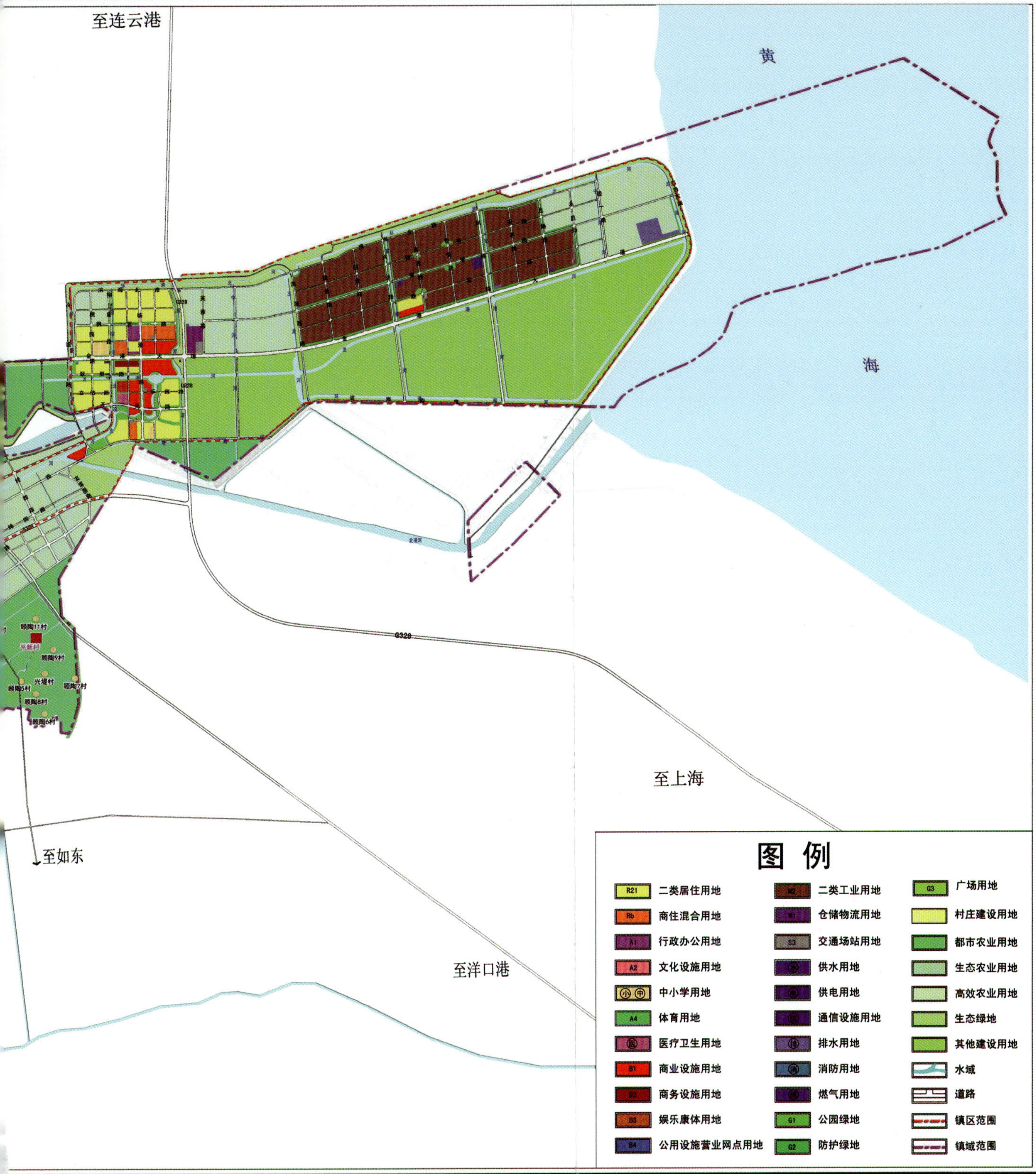

审图号：苏F（2020）5号 2020年9月编制

海安市自然资源和规划局　海安市民政局　海安市住房和城乡建设局　海安市交通运输局　海安市水利局　海安市文化广电和旅游局　联合监制　　南通市测绘院有限公司　编制　　湖南地图出版社　出版

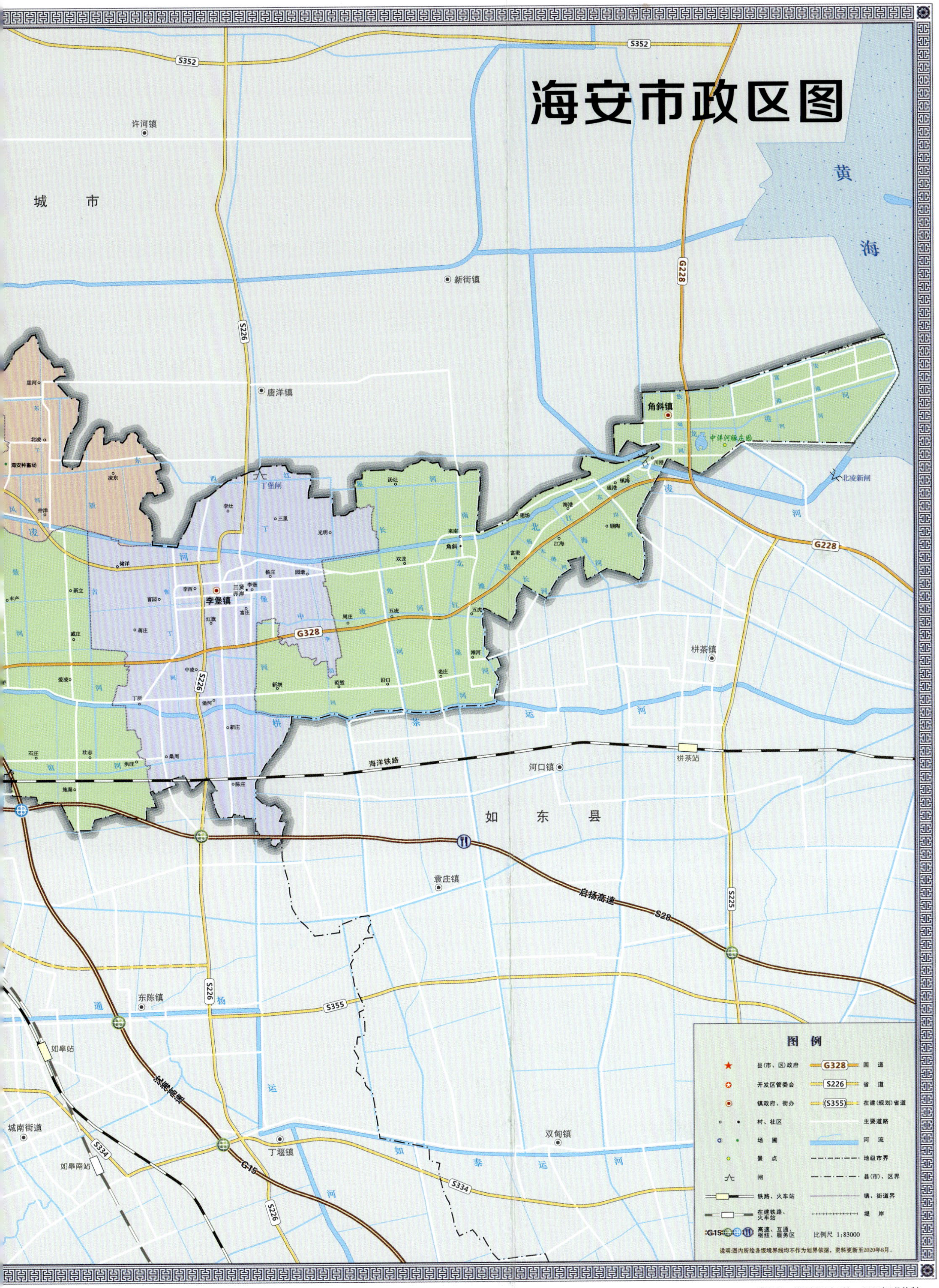

审图号：苏F（2020）4号　2020年8月编制

❶ 角斜镇政府办公楼（角斜镇党政办提供 摄于 2017 年）
❷ 鸟瞰角斜镇貌（角斜镇党政办提供 摄于 2017 年）

1. 角斜镇区一角（角斜镇党政办提供 摄于2017年）
2. 角斜镇广纳湖悦天境（角斜镇党政办提供 摄于2017年）
3. 老坝港渔港（徐剑秋摄于2007年9月）

❶ 渔港的早晨（董玉龙摄于 2012 年 10 月）
❷ 宁静的海面（董玉龙摄于 2017 年 1 月）

醉美滨海

❶ 绿色海滨（董玉龙摄于 2012 年 10 月）
❷ 黄海晨曦（董玉龙摄于 2012 年 10 月）
❸ 海上养殖（董玉龙摄于 2012 年 10 月）
❹ 海边滩涂采文蛤（董玉龙摄于 2011 年 5 月）
❺ 赶海（董玉龙摄于 2011 年 5 月）
❻ 网韵（王承坚摄于 2006 年 10 月）

③

④

⑤

⑥

旅游观光

①

②

③

❶ 广纳庄园旅游度假区（角斜镇党政办提供　摄于 2017 年 7 月）
❷ 玉龙湾公园（角斜镇党政办提供　摄于 2017 年 7 月）
❸ 中洋河豚庄园（高宝生摄于 2017 年 5 月）
❹ 老坝港渔村（角斜镇党政办提供　摄于 2010 年 5 月）
❺ 红旗民兵团史绩陈列馆（角斜镇党政办提供　摄于 2016 年 7 月）
❻ 海安市民兵射击训练场（角斜镇党政办提供　摄于 2016 年 7 月）

现代农业

❶ 葡萄培管（高宝生摄于 2016 年）
❷ 南美白对虾（高宝生摄于 2017 年 8 月）
❸ 江海蘑菇（高宝生摄于 2017 年）
❹ 紫菜养殖（高宝生摄于 2016 年）
❺ 汤灶村韭黄生产基地（高宝生摄于 2017 年 2 月）
❻ 蔬菜大棚种植（高宝生摄于 2017 年）

⑤

⑥

①

②

③

❶ 农民集中居住点——临海花苑（角斜镇党政办提供 摄于2016年）
❷ 328国道（角斜镇党政办提供 摄于2013年10月）
❸ 镇村农路（高宝生摄于2013年10月）
❹ 龙港河（高宝生摄于2017年5月）
❺ 江海村一隅（高宝生摄于2017年5月）
❻ 金港大桥（角斜镇党政办提供 摄于2017年11月）

❶ 角斜工业园区（角斜镇党政办提供 摄于2014年5月）
❷ 石材产业园（角斜镇党政办提供 摄于2014年5月）
❸ 石材生产车间（角斜镇党政办提供 摄于2014年5月）
❹ 家具生产车间（角斜镇党政办提供 摄于2014年5月）
❺ 华瑞网具有限公司（高宝生摄于2017年7月）
❻ 江苏大洋网具有限公司（高宝生摄于2017年7月）
❼ 渔网生产车间（高宝生摄于2017年）
❽ 南通今朝机床有限公司车间（高宝生摄于2007年5月）

④

⑥

⑤

⑦

⑧

①

②

③

④

1 角斜镇角斜幼儿园(高宝生摄于 2017 年 6 月)
2 角斜镇沿口小学(高宝生摄于 2017 年 6 月)
3 角斜镇角斜中学(高宝生摄于 2017 年 6 月)
4 角斜镇老坝港小学(高宝生摄于 2017 年 6 月)
5 海安市公安局交通警察大队滨海新区中队
(高宝生摄于 2017 年 7 月)
6 海安市公安局滨海新区派出所(高宝生摄于 2017 年 7 月)
7 老坝港边防派出所(高宝生摄于 2017 年 7 月)

建设规划窗口

海安农商行
江苏海安农村商业银行
JIANGSU HAIAN RURAL COMMERCIAL BANK
24 自助银行服务

联合大舞台 幸福老庄人
一张卡
满满情

1. 角斜镇便民服务中心（高宝生摄于 2016 年 5 月）
2. 海安农村商业银行角斜办事处（高宝生摄于 2017 年 7 月）
3. 老庄村联合大舞台（高宝生摄于 2017 年 7 月）
4. 老坝港敬老院（高宝生摄于 2017 年 7 月）
5. 滨海新区卫生院（高宝生摄于 2017 年 7 月）
6. 海安角斜医院（高宝生摄于 2017 年 7 月）

①

②

③

（图片由红旗民兵团史绩陈列馆提供）

④

❶1991 年 3 月，时任江苏省军区司令员章昭薰（右二）在角斜“红旗民兵团”命名 25 周年纪念大会上授旗
❷1996 年 5 月 20 日，江苏省委、省政府、省军区在海安召开纪念角斜“红旗民兵团”命名 30 周年大会
❸2001 年，南通市委、市政府、市军分区在角斜召开“民兵思想政治工作座谈暨角斜红旗民兵团”建设成果汇报会
❹2006 年 10 月 26 日，江苏省委、省政府、省军区在海安召开纪念角斜“红旗民兵团”命名 40 周年大会
❺2011 年 12 月，南通市委、市政府、军分区在海安召开纪念角斜“红旗民兵团”命名 45 周年大会

⑤

①

❶2017 年，角斜民兵军训备战演练
❷2016 年 9 月 22 日，江苏省委、省政府、省军区在海安召开纪念角斜“红旗民兵团”命名 50 周年大会
❸ 角斜少年军校军事体验营仪式
❸2017 年 8 月，角斜民兵抢险救灾演练

②

③

④

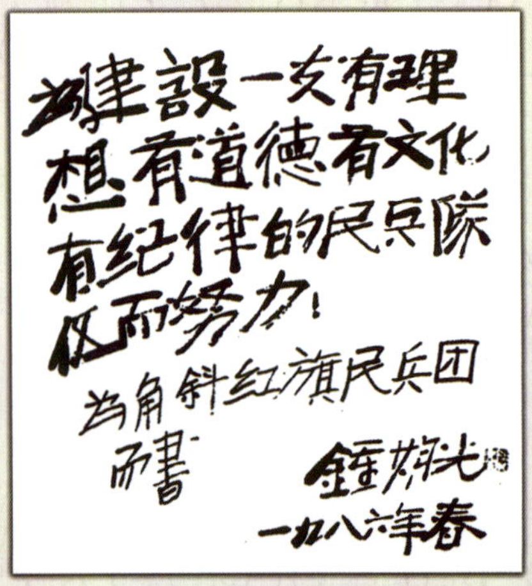

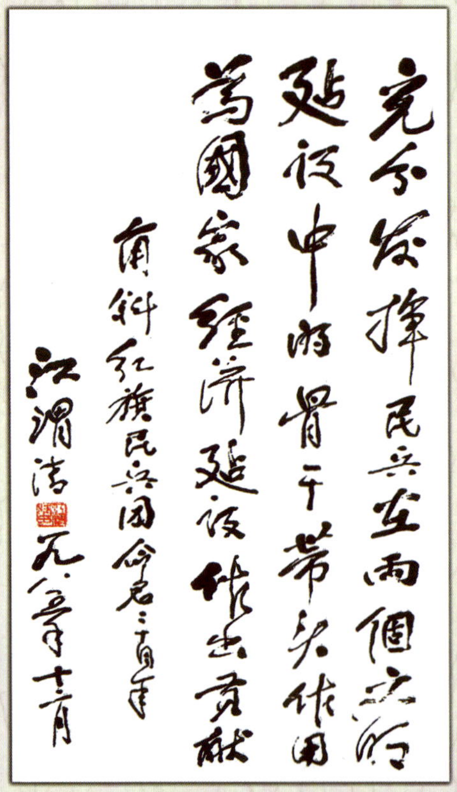

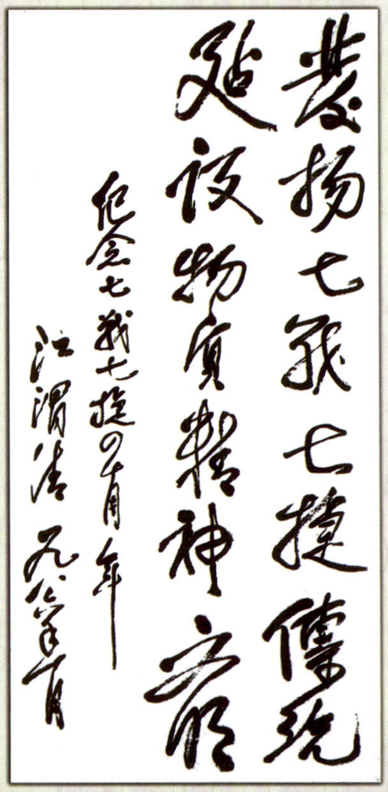

1985、1986 年，中顾委委员江渭清题词

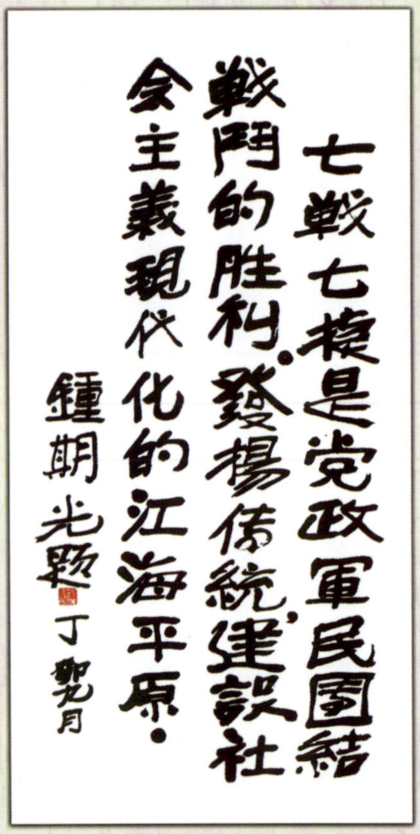

中顾委委员钟期光题词

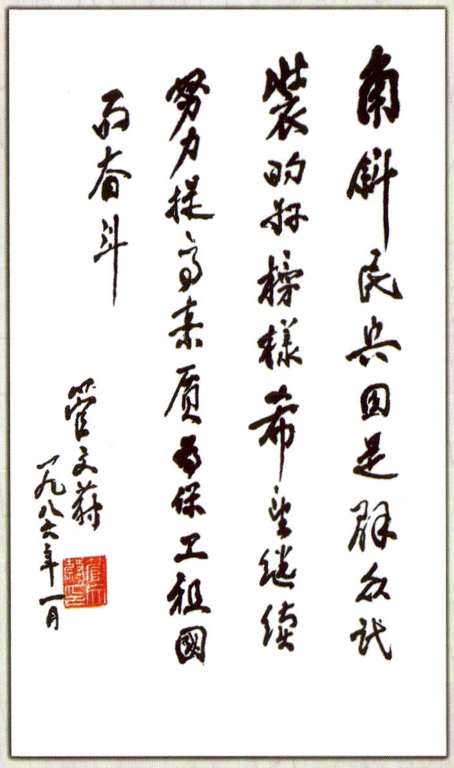

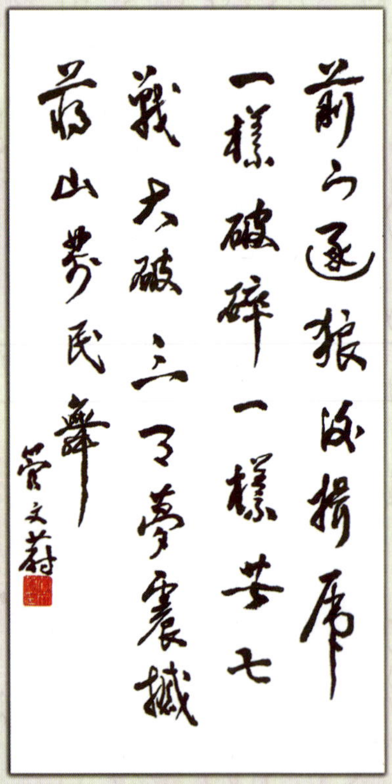

1986 年，江苏省党委资料征集委员会主任、全国政协常委管文蔚题词

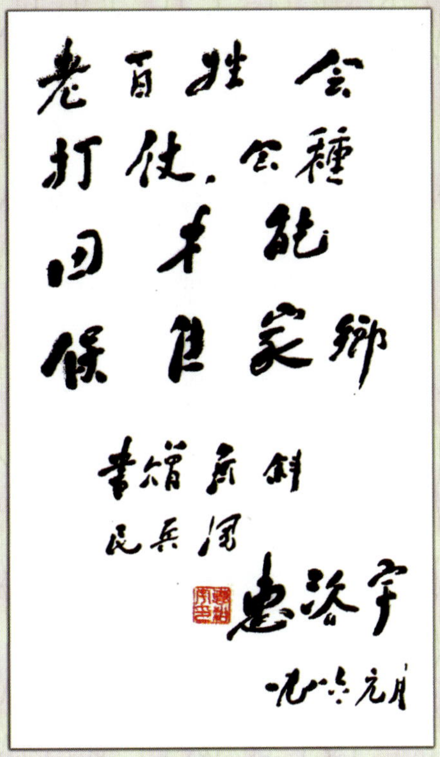

1986 年，中顾委委员惠浴宇题词

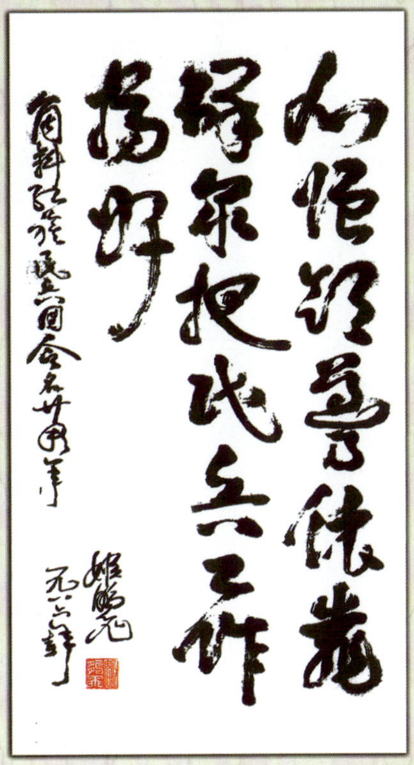

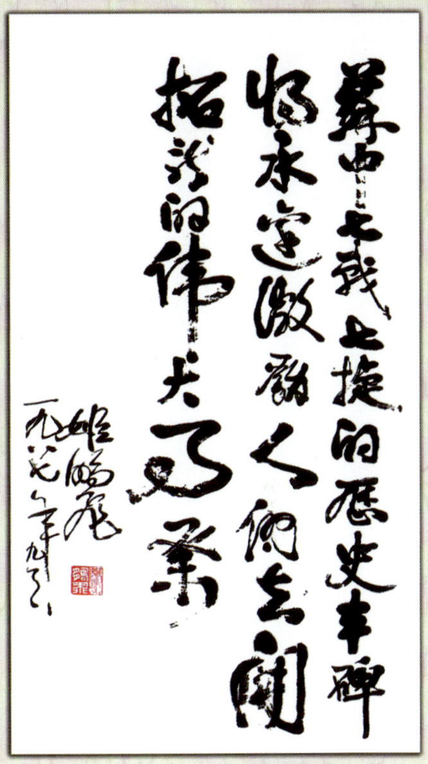

1986 年、1987 年，全国人大常委会副委员长兼秘书长、中顾委常委姬鹏飞题词

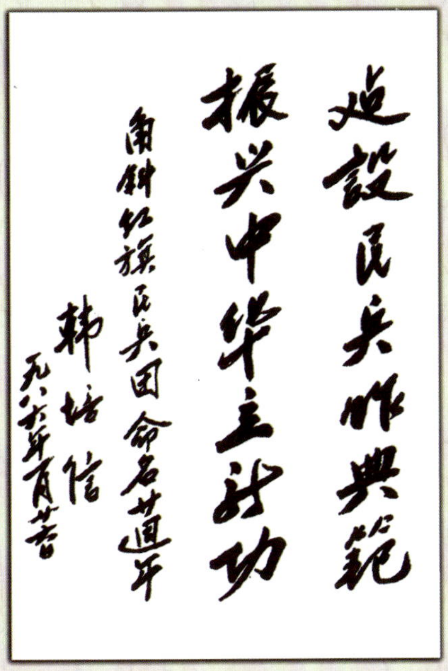

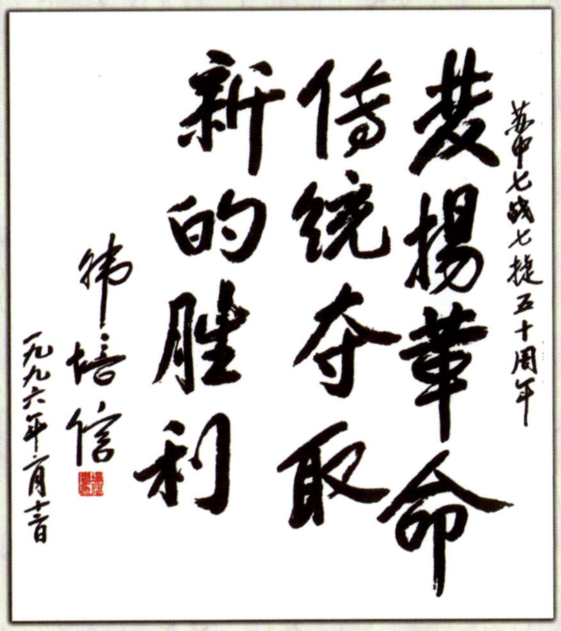

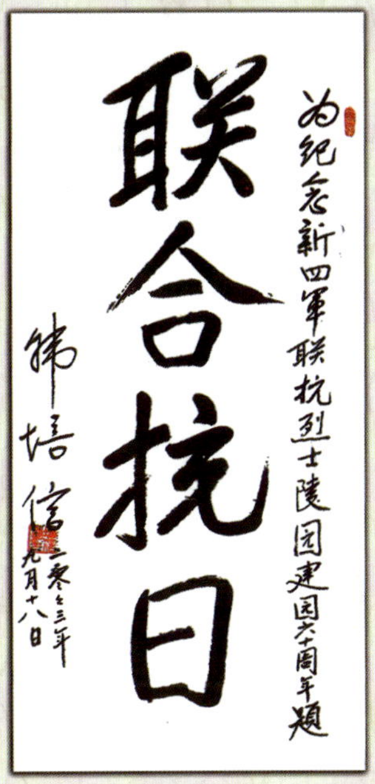

1986 年、1996 年、2003 年，江苏省委原书记韩培信题词

首长题词

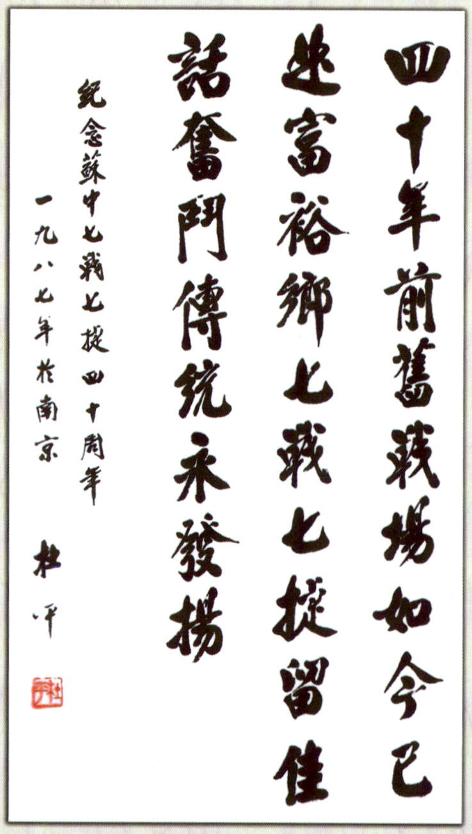

1987 年，南京军区原政委杜平题词

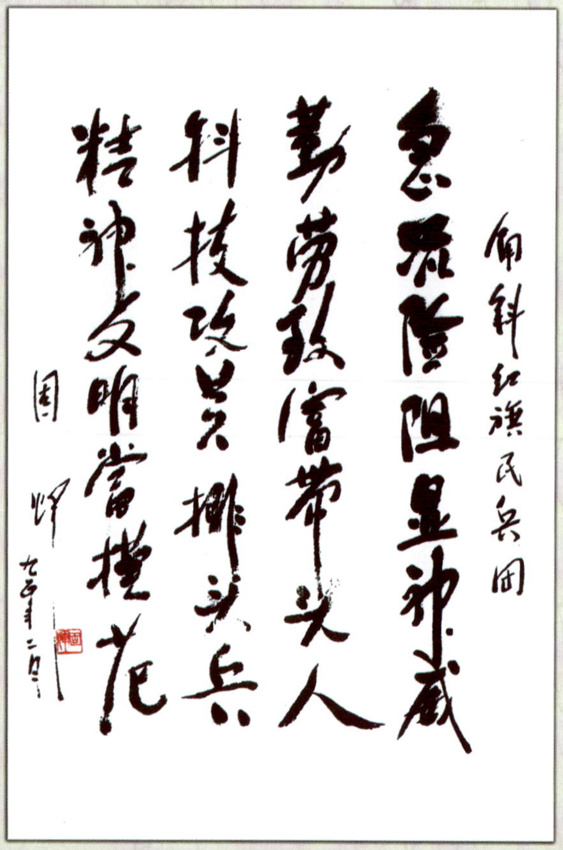

1995 年 2 月，南京军区司令员固辉题词

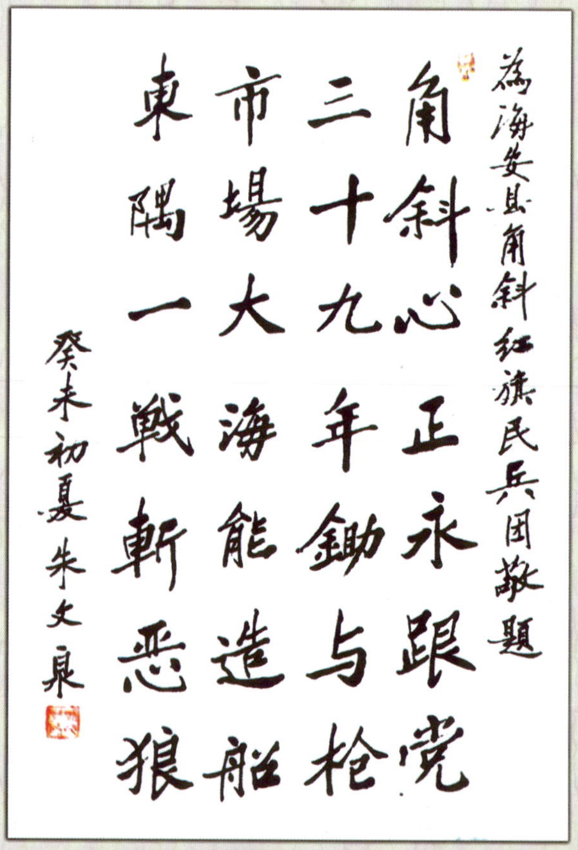

2003 年 6 月，南京军区司令员朱文泉题词

凡　例

一、本志坚持以马克思列宁主义、毛泽东思想、邓小平理论、“三个代表”重要思想、科学发展观、习近平新时代中国特色社会主义思想为指导，坚持辩证唯物主义和历史唯物主义的立场、观点和方法，以求实为宗旨，立足镇情实际，力求全面客观记述角斜镇政治、经济、文化和社会、自然等诸多方面的历史和现状。

二、本志贯通古今，上溯所载事物的发端，下迄 2017 年 12 月 31 日。本志以地情为立志之本，所记叙地域范围以现域角斜镇为界，亦记载历史上与周边乡镇之间有密切关联的人物和事物。

三、本志坚持横分门类，纵述史实。运用述、记、志、传、图、表、录等体裁，以志为主体，分章立目，彰显时代性，记叙层次为章、节、目，有的至子目。

四、本志收录人物以角斜镇籍为主，坚持生不立传的原则，在世人物突出事迹和简历，着重以事系人，行文坚持“述而不论”，以记述事实为主，力求朴实，简洁流畅。

五、本志纪年，中华人民共和国成立后，采用公元纪年。文中未注明世纪的年代均为 20 世纪的年代。中华人民共和国成立之前，采用历史纪年，括注公元纪年。人物传、人物表的生卒年均书公元纪年。

六、第一次出现称谓时用全称，之后使用规范简称。如“中国共产党十一届三中全会”“中国共产党组织”分别简称为“中共十一届三中全会”“党组织”，如“中共江苏省委员会”“江苏省人民政府”分别简称为“省委”“省政府”。县(市)同样简称。

七、本志计量单位均以各个历史时期的名称为准。中华人民共和国成立后，统一采用国家规定的法定计量单位，但农业面积仍以亩为单位。

八、行政区划、机构、官职、地名等一律依据当时名称，地理古名夹注现代名称。老坝港滨海新区(角斜镇)属 2011 年 10 月 16 日角斜镇、老坝港镇合并之镇，而合并前的角斜镇是由 2000 年 4 月同沿口镇合并组建的角斜镇，老坝港镇是 1995 年 11 月同旧场乡合并组建的老坝港镇。为行文方便，叙述时，合并前，一般称角斜、沿口、旧场、老坝港地域(地区),或统称域内。2011 年 10 月合并后称“老坝港滨海新区(角斜镇)”,行文中统一称“角斜镇”。

九、本志所采用的数据,以区镇统计部门提供的数据及历史数据为准。

十、本志资料以史书、文献、县志、历史档案及有关单位部门提供的资料为据,还有的通过相关知情人士的记录整理而成,一般不注明出处。

目 录

第三章 居 民

第四章 镇村建设

第五章 水 利

第六章 农 业

第七章 海洋与渔业管理

第八章 工业 建筑业

第九章 商贸服务

第十章　财税　金融

第十一章　综合经济管理

第十二章　党群团体

第十三章　政权建设

第十四章 军 事

第十五章 角斜“红旗民兵团”

第十六章 社会管理

第十七章 民政 社会保障

第十八章 教育 科技

第十九章 卫生 体育

第二十章 文化艺术

第二十三章 人 物

附 录

概 述

一

角斜镇是千年古镇，地处海安市东部，东临黄海，西接李堡古镇，南沿栟茶运河，北毗东台市新街镇，历史上称“角斜场”。宋、元、明、清时期，是东部沿海十个盐场之一。2017 年，全镇总面积 145.6 平方公里，其中耕地面积为 6.46 万亩，拥有 5 万多亩的海洋滩涂资源，总人口为 6.68 万人，拥有 20 个建制村、1 个居委会、391 个村民小组。

角斜镇紧依黄海西侧，地处长江冲积扇和淮河冲积扇分界线，属于淮河冲积扇平原的南边缘，成陆有 4000 年历史。全镇略显北高南低之势，是典型的海积相滨海平原区。域内处于北亚热带季风湿润气候区，光照、热量资源丰富，四季分明。气温适宜，水量充沛，利于万物生长，动物多样，植物繁茂，吴盐胜雪，历史悠久。晚唐宋初，先民以盐为业，烧盐维生。中华人民共和国成立前，大部分土地是盐碱地。中华人民共和国成立后，人民兴修水利，改良土壤，土地肥沃。主要农作物为小麦、水稻、玉米、棉花、油菜，同时水产养殖和海洋捕捞业是角斜镇特色，亦是沿海居民致富的主渠道之一。家庭养殖主要以猪、鸡、羊、蚕、鱼为主。角斜镇农、林、牧、副、渔、工商、运建、服多业并举，产业兴旺，又因新区有广袤的滩涂土地资源和全新的基础设施，成为商家投资的热土。

角斜镇这片古老而又年轻、充满生机的土地，在改革开放后成为江海平原上崛起的一颗璀璨耀眼的明珠，是国家陆海统筹综合改革试验区、省级滩涂围垦开发试验区、江苏省百家名镇。2012 年，被农业部评为全国一村一品示范村镇；2016 年，被省委、省政府、省文明委评为江苏省文明乡镇；2017 年，被评为全国优秀学习型乡镇。

角斜镇交通便捷，南端的丁沿公路、中部的 328 国道、北部的 221 省道都由西向东横贯域内，东部沿海 G228 高等级公路贯穿南北。

二

角斜镇是全国唯一的“红旗民兵团”所在地，可谓红旗劲舞，魅力四射。角斜自古以来就是通向黄海之滨的咽喉重镇，素为兵家所争，乡间崇武向善，民风淳朴彪悍，破产渔民组织的海匪长期存在。明朝就有兵营驻扎，为抗倭前沿。抗日战争和解放战争时期，粟裕、谭震林、陶勇等名将曾在这里指挥战斗。出生于老坝港的海匪孙二富就被新四军收编，成为海防纵队一部，作为海军初创的种子，而传为佳话。角斜“红旗民兵团”是一支具有光荣斗争历史的革命队伍，在革命战争年代，角斜民兵积极参军参战，踊跃支前，屡建功勋。王玉富、崔伯勤、符永芝、郭文秀随军南下，被评为华东军区支前英雄和支前模范，他们的事迹被载入《中国革命英雄模范录》。中华人民共和国成立后，角斜民兵坚持劳武结合，加强战备，为经济建设做出了新的贡献。1966 年 3 月 24 日，角斜民兵团被中共中央华东局、南京军区命名为“红旗民兵团”。“红旗民兵团”史绩陈列馆作为全国唯一的乡镇民兵陈列馆，2004年被定为省级爱国主义教育基地。1996年5月20日，在江苏省纪念角斜“红旗民兵团”命名30周年活动中，国务委员、国防部部长迟浩田上将亲临角斜，对角斜民兵给予高度赞誉。借助“红旗民兵团”这一品牌，以红旗民兵团史绩陈列馆为中心，着力发展红色旅游，角斜镇于2001年着手新建集革命传统教育、军事观光旅游、军事实弹射击、文化休闲娱乐于一体的国防园，占地380亩，至2017年已建成“红旗民兵团”团史陈列区、国防教育特色区、少年军校示范区、民兵团史绩陈列馆，创建为国家AAA级旅游景区。

三

角斜镇农业经济稳步增长。20世纪50年代，角斜镇平整土地，兴修水利，筑灌溉渠，建电灌站，大规模地进行农田水利基本建设，生产条件大为改善，抗御自然灾害的能力也大大增强，并在调整作物布局、改进耕作制度、改良土壤、推广优良品种、植物保护等方面采取一系列有效措施，农业生产得到进一步发展。至2017年，共建电灌站143座，修硬质渠道1043千米，拆坝建涵200座。2017年，角斜镇种植水稻面积9万多亩，是名副其实的“鱼米之乡”，同时设施栽培应势兴起，是蔬菜种植基地，其中“金叶牌”韭黄畅销全国各地，出口韩国、日本等周边国家。养鸡、养猪大户层出不穷，到2017年年底，养鸡大户有1290户，养猪大户620户，产业结构日趋合理规范。农民亦工亦农，“种、养、加”一条龙，“钩、织、编”齐上阵。

角斜镇海洋经济方兴未艾，靠海吃海，走出了一条具有海洋特色的高效农业之路。角斜镇作为海安沿海乡镇，老坝港作为海安唯一的渔港，海洋捕捞业从无到有、从小到大，渔民从60年代开始，由传统渔船改造机帆船发展到1996年大马力钢质渔船102艘，木质渔船810艘，从业人员超过3000人。2017年钢质渔船数量达281艘，装备先进，可完成远海区的捕捞作业。

角斜镇不断向海拓展，依托33平方公里的新垦区，调整海洋经济的主攻方向，河豚养殖、鳗鱼养殖、紫菜养殖是角斜镇地标产业。在南黄海的蒋家沙、竹根沙进行大面积的潮间带紫菜养殖，26宗用海面积达到20万亩，14家紫菜企业滩涂养殖棚架3.6万排，一次性加工生产线全镇47条，一次性干紫菜产量15万箱，二次加工生产线16条，建有南黄海紫菜交易市场。2017年，全镇有200多家渔网厂，从业人员达5000多人。角斜镇被称为“鳗鱼之乡”“紫菜之乡”“河豚之乡”“渔网之乡”，四张名片享誉全国。“四个老坝港”（本土一个老坝港，滩涂一个老坝港，海上一个老坝港，境外一个老坝港）经济现象曾被多家媒体报道。

角斜镇工业经济蓬勃发展。角斜镇拥有化工、丝绸、纺织、轻工、印刷、建材、海洋食品、服装、针织、石材、家具等支柱行业。其中磁性材料、渔网、紫菜、针织、天鹅绒、钩针衣等产品远销国内外。2017年，角斜有工业企业427家，工业开票销售44.56亿元；服务业165家，开票销售14.5亿元。工业设备投入1.28亿元。公共财政预算收入1.18亿元。华强染整、华安袜业等2家企业开票销售超亿元。品合石材等12家企业开票销售增幅均超30%。巨力磁材等17家企业实现总量2.1亿元的技改投入，开票技改设备投入630万元，创历史新高。

角斜镇工业园区建设浓墨重彩。2001年起，角斜镇、老坝港镇分别起步建设工业集中区，在通海桥和大码头地域辟出两片土地，筑巢引凤，促进招商引资，大力吸纳各类工业企业入园，不断取得实质性进展。2011年，老坝港滨海新区（角斜镇）成立，实行区镇合一新体制，进一步加快园区建设力度，按照省级滩涂综合开发试验区要求，大手笔在5万亩滩涂上进行全新规划与开发，累计投入资金30多亿元，完成区内基础设施建设，达到“九通一平”。电力、通信、自来水、交通、煤气、河道水系、绿化、亮化、净化等各项配套全面到位。至2017年，建成临港工业区，含石材加工产业园、家具产业园、生物产业园、新能源产业园、综合产业园等。2017年，49家大中型企业投资入园。大明玉新材料等7家亿元企业投产运营，先后又新开工亿元以上项目18家。

角斜镇建筑业也是经济建设中的一个重要组成部分。20世纪70年代起，施工队伍打入上海、新疆、贵州、海南、陕西、吉林、黑龙江等省（自治区、直辖市），同时远涉重洋，踏进国际市场。全镇有4家建筑公司，100多个个体建筑队，建筑从业人员近万人。

角斜镇三产协调发展，2017年，三产总值52亿元，其中农业8.7亿元，工业20.3亿元，服务业23亿元。

角斜镇社会事业全面发展，小城镇建设初具规模。国、省、县、乡、村道路纵横交错，形成内联外通，环境优美，商业兴旺的新型集镇风貌。2017年，电视普及率100%，电话普及率92%，宽带入户率60%。人口与计划生育工作一直走在全县前列。拥有省级卫生村2个，19家村卫生室建设达标。角斜卫生院、富港村卫生室通过江苏省健康单位创建验收。厕所革命、垃圾分类、乡村整治、美丽乡村建设有力提升了人民群众的幸福感、获得感。角斜文化站完成升级改造。角斜初中和老坝港初中继续保持四星级荣誉称号。乡镇文明实践中心活动深入开展，农村大舞台、文明实践点遍布村组，文化中心户、五好文明家庭等文明创建活动蔚然成风。社会保障服务站按照“六到位”和“五个一”的标准全部建立。社会保障在全镇全覆盖。至2017年，全镇参保人数4.88万人，占全镇应参保人数98.3%。小康生活指数全面达标。

回顾过去，角斜镇走过了一条漫长而曲折的道路，也是一条通往繁荣富强的小康之路。征途上有困难、有险阻、有艰辛、有机遇，也有挑战，更有欢欣和荣耀。展望未来，勤劳智慧的角斜人民一定会鉴古颂今，在习近平新时代中国特色社会主义思想的指引下，团结拼搏，凭借优越的地理位置，与时俱进，抓住机遇，坚持科学发展观，再创辉煌，一个经济昌盛、科教发达、法制健全、社会文明、乡村美丽、生活富裕的角斜镇必将跃然于江海平原之上。

大事记

北宋

天圣五年(1027) 庐陵(江西吉安)人彭思永(1000—1070)举进士擢第(及第),授南康军判官。计臣(掌管国家财赋的大臣)言其材,遂监泰州角斜盐场。当路益知其贤,交荐(共同举荐)之(据《故户部侍郎致仕彭公行状》)。

南宋

建炎、绍兴年间(1127—1162) 姜浩的孙子姜燧监泰州角斜盐场(据《赠金紫光禄大夫姜公墓志铭》)。

绍兴十八年(1148)八月九日(农历) 淮东提盐吴巘向朝廷汇报情况,提到角斜场,但写为"角针场",并提出将角斜场盐灶数量从43灶减少到35灶。

乾道七年(1171) 泰州知州徐子寅修筑旧场至角斜、洋口、长沙、掘港,再从掘港至彭家缺捍海堰,史称范公堤。

元

至元三十年(1293) 角斜场改设盐官。

至正二十二年(1362) 七月十三日(农历),前角斜场司令(从七品)发虎鲁丁调任海宁州知州(从六品)。

明

洪武年间(1368—1398) 初建东岳庙,在角斜场东1里。成化十九年(1483),重修东岳庙。

洪武二十五年(1392) 取消百夫长,改设大使、副使,首任角斜场大使为张伯才。

永乐十年(1412) 建泰宁桥,在场司东官河上,别称大名桥、大明桥,清称大宁桥、太平桥。是年,建城隍庙,在旧场西。

永乐十八年(1420) 建真武庙,在场前运河南,亦称玄帝庙。

正统七年(1442) 角斜等9个上场搭配板浦下场。

天顺五年(1461) 新场庙便仓被废除。

成化四年(1468) 角斜等7场搭配徐渎浦场。

弘治元年(1488) 裁减角斜等7场的副使、攒典。

弘治二年(1489) 建角斜场社学。

弘治十二年(1499) 建海晏堂,在场司厅后,泰州分司判官曹豫公寓,以其地滨海,居民晏然,故名。

弘治十三年(1500) 清理出角斜逃亡人员，贫困无妻者给予婚配。

正德年间(1506—1521) 修真武庙。

正德七年(1512) 角斜被定为上场，但盐品质量中等偏下。

嘉靖年间(1522—1566) 立关王庙，场司西北、西南各1所。

嘉靖年间，角斜场潮灾，由安丰场代办盐1070引，岁纳课214两左右。50多年后安丰人王嘉令挺身而出，请求免除成功。

嘉靖二十四年(1545) 角斜潮灾。

嘉靖三十三年(1554)四月十日(农历) 倭寇到角斜场放火、抢劫。九月十六日(农历)，再次抢劫。角斜场大使吕金因防备不力被处罚。

嘉靖三十四年(1555)四月九日(农历) 倭寇船只到达角斜场五灶高流团海面。

万历十八年(1590)二月 角斜疏浚灶河，修筑堤坝。

天启二年(1622) 徐光国(明浙江常山人，字瑞征，附监生)任泰州分司判官，所属十场(包括栟茶、角斜)旧无志书，政暇搜集文献，编成《中十场志》。

天启五年(1625) 泰州分司判官徐光国建角斜场三贤祠，祀宋人范仲淹、张纶、胡令仪。

天启年间(1621—1627) 草荡额为492顷65亩。

清

顺治十八年(1661) 角斜贡生潘昌第以六品顶戴因病告老还乡。

康熙初 角斜场盐课额为1006.87两，水乡无，沙荡无。

康熙十二年(1673) 建关帝庙。

康熙二十四年(1685) 两淮盐政监察御史查哈纳曾对灶丁清查，角斜场新增灶丁20名。

康熙二十七年(1688)开始 角斜盐仓旧基每亩要征收0.3两白银，合计0.93两整。

康熙四十一年(1702) 海安进士张符骧舟过范家浅，后撰《范家浅缪节妇待旌记》。

康熙五十一年(1712) 角斜范公堤决口。

康熙五十三年(1714) 两淮泰州分司运判丁世隆重修栟茶、角斜、丰利3盐场范公堤。

雍正二年(1724) 海啸冲毁角斜场衙门，官府租借费家滩民房。

雍正三年(1725) 建莲子庵(社学西北)、甘露庵(社学东南)、准提庵(即公界庵)一说复兴庵，以上俱在富家滩。

雍正十二年(1734) 河道总督高斌在角斜续修范公堤。

乾隆二年(1737)闰九月 户部议复，两淮盐政三保疏请……泰分司所属栟茶、角斜二场，改隶通分司管辖。

乾隆三年(1738) 角斜场衙门异地重建于费家滩，改费家滩为富家滩。

乾隆五年(1740) 修角斜范公堤。

乾隆七年(1742) 设角斜场铺兵1人。

乾隆九年(1744) 运司朱续晫详准，通属角斜场之复兴桥，系船只往来总口，均为透越要隘，应共设木栏7座，拨役专司启闭。

乾隆十年(1745) 角斜盐商大肆兼并土地，引起官府注意。在复兴桥旁设盐关。

乾隆十二年(1747) 角斜水灾，得到赈济和缓征。

乾隆十九年(1754) 角斜风潮，得到赈济。

乾隆二十年(1755) 两淮盐运使卢见曾委派角斜场大使杨玢押送织造银到京城。

乾隆二十一年(1756) 角斜水灾，得到赈济。是年饥荒，角斜人张丽生辅助赈灾。

乾隆二十五年(1760) 角斜范公堤决口，张丽生捐款堵筑。

乾隆二十六年(1761) 裁撤角斜巡役3名。

乾隆三十年(1765) 对角斜灶长、灶头工资进行调整，增设巡役。

乾隆三十三年(1768) 蠲免角斜、板浦、中正、临兴等四场未完折价，借给口粮，均予缓征。角斜改属新成立的东台县。

乾隆年间 建另一城隍庙，在新场通便桥南。修海藏庵，在旧场东。建都天庙，在费家滩。

乾隆三十五年(1770) 定角斜煎盐日数为130日。

乾隆五十年(1785) 大旱,角斜存盐较多,河道干枯,无法运出,随即挑浚。

乾隆五十四年(1789) 角斜场的一所社学由商灶捐资重新修复。

乾隆五十九年(1794) 潮灾,角斜场总灶汤玉澄倡同本场商众,共捐米500石贷给穷灶,嗣又捐米250石。

嘉庆二年(1797) 修魁星楼和福星桥。

嘉庆四年(1799) 范公堤外普渡桥倒塌,角斜人汤玉澄重建。角斜风潮,田舍淹没。

嘉庆九年(1804) 角斜场灶户田广文以草田20亩捐置义冢,在场镇西。商灶再捐社田。

嘉庆十二年(1807) 角斜场大使张侃被两江总督铁保交部议处。

嘉庆十三年(1808) 角斜场灶民林有德等捐资改建东岳庙。

嘉庆十九年(1814) 东台大旱,角斜捐款。

道光十一年(1831) 自冬至春,积雪弥月,谷价珍贵,角斜人汤鲲赈灾得到东台县知县的表彰。

道光十五年(1835) 角斜丰备仓在大使闵廷楷的支持下建成。

道光二十八年(1848) 角斜草荡被淹,勘不成灾。

咸丰元年(1851) 角斜潮灾,范公堤决口。

咸丰六年(1856) 角斜干旱,得到赈济。

咸丰七年(1857) 署理两淮盐运使联英到角斜确查盘铁、锅鏊数量。

咸丰八年(1858) 大盐商汪鲁门出生于角斜。

同治二年(1863) 两江总督兼两淮盐政曾国藩弹劾角斜盐商包国祺。

同治三年(1864) 角斜等改归顶梁。曾国藩批示,马书城调往角斜违背章程,下不为例。

同治五年(1866)农历十月 角斜场呈报该场全系灶亭,见定每桶提尖七分碱片一分,价钱1050文,次盐二分,每桶价钱800文,牵算每桶合钱1000文。今于桶价之外,商议给每桶草本钱一百四五十文不等。一俟新草价平,立即删减。李鸿章奏请将角斜场大使奎书革职,并追究四任角斜场大使。

同治七年(1868) 角斜场桶价酌减150文,实给850文。曾国藩否决角斜重修丰备仓的提议。

光绪二年(1876) 角斜发现“和盐”(尖、碱混合),角斜盐商方彦卿舞弊,被处罚。角斜场大使奉勋率同当地人捐款2000两白银,改建魁星楼为三级浮屠。

光绪四年(1878) 两江总督沈葆桢对角斜办理重淋盐比较满意。

光绪五年(1879) 署理通州分司运判张元恺到角斜查账。

光绪七年(1881) 角斜等场遭遇海啸。

光绪八年(1882) 角斜场量留灶新建潮墩一座,滩后灶、九总灶各修补潮墩一座,其余离海较远不再维修。

光绪九年(1883)正月 徐文达向左宗棠汇报角斜场范公堤修理情况。

光绪十二年(1886) 角斜申请停办重淋盐。后于光绪十四年,取消办理重淋盐。

光绪十七年(1891) 角斜场灶课共征银1007.804两,一说1007.304两。守正书院建立。

光绪二十五年(1899) 两江总督刘坤一派人乔装打扮暗访角斜。

光绪二十七年(1901) 因贪污罪名,两淮角斜场大使刘学镠等被革职。

光绪三十三年(1907) 角斜盐产量不足,场大使被处罚。

光绪三十四年(1908) 角斜第一初级小学成立。安庆起义失败,马炮营总司令熊成基流亡到角斜。角斜吴秉钊从日本留学回乡,经过考试获举人衔,成为七品官员。

宣统元年(1909) 角斜第二初级小学成立。

宣统二年(1910)农历八月 角斜场大使刘混到任,办理团练、积谷、禁赌、禁烟等善政。十一月,官府规定桶价,角斜场尖盐1020文、和盐(尖、碱混合)1010文、碱盐1060文。

中华民国

民国元年(1912)12月　角斜乡公所成立，下辖33处自然村庄。栟茶场(含李堡分场)并入角斜场，设衙门于角斜镇，长官称场知事。

民国三年(1914)　状元张謇派人考察角斜盐垦工作。

民国五年(1916)　大赉盐垦公司和东台县角斜商务支会在角斜成立。

民国六年(1917)　角斜盐民暴动。

民国九年(1920)　角斜设立邮政代办所，上属如皋邮局，所长陆文井。

民国十二年(1923)　角斜宝丰仓成立。

民国十三年(1924)　角斜成立滩河口分巡，主要征收棉花、杂粮、蚕豆等过境货物税。陈鼎成开始管理角斜赉南陈家仓。

民国十四年(1925)9月8日　角斜学生在南通参与成立栟角旅通学友会。

民国十五年(1926)　栟茶市议会复活，范堑乡乡长李介侯当选为议员。5月1日角斜名人缪金源与鲁迅见面。

民国十六年(1927)　东台县角斜警察支局成立。

民国十七年(1928)　角斜乡行政局成立，下辖10个乡镇。

民国十八年(1929)8月　角斜并入栟茶，成立东台县第四区区公所(驻栟茶镇)。

民国十九年(1930)　100多人打砸滩河口关税衙门。

民国二十年(1931)　范浅乡存仁堂由第四区区公所划归范浅乡金寅生、金钧、李承谷、季钧等人管理。栟角场并入丰掘场。滩河口分巡被撤销。

民国二十一年(1932)　规定角斜正场禁运私草地点6处。

民国二十四年(1935)　角斜到李堡一线修成公路。2月，取消角斜阅书报处。

民国二十五年(1936)　大赉公司出资，韩国钧四子韩保琨督修泰来堡公路(李堡、角斜一带)。大赉公司负债较多。

民国二十六年(1937)　大盐商汪鲁门、熊成基遗孀程舜仪等迁回角斜老家。

民国二十七年(1938)　角斜大赉垦区遭日伪军破坏。

民国二十九年(1940)9月　南通中学迁至角斜办学。

民国三十年(1941)2月　抗日民主政权设泰东县，同时设立角斜区。

10月　角斜区划分为角南、角北两个区，同时建立栟角办事处。

是年　角斜地区成立教工抗日协会。

民国三十一年(1942)2月　泰东县将原角斜区的赉南、赉北、周洋乡和唐洋区的有关乡划出，合并成立唐角区。

11月　苏中区委员会决定将泰东县、东台县合并为东台县，角斜区隶属东台县管辖。

民国三十二年(1943)10月27日　苏中第二军分区司令部、政治部颁发通令，嘉奖角斜区游击连民兵在李堡战斗中配合主力部队作战，沉着勇敢，顽强作战的精神，并号召二分区全体民兵加紧训练，打击敌人。

民国三十三年(1944)　角斜域内乡镇合并。角斜图书馆并入栟茶图书馆。

民国三十三年(1944)3月20日　角斜来南小学儿童组织积极响应拥军号召，自发织袜6422双送县政府转赠部队。

6月17日　角斜区召开各界人士会议，会上大赉公司献出优待抗属荒熟田2600余亩，步枪、马枪7支，子弹1330发，法币9万元。事后还献出法币9.1万元，小麦2800余斤，救济四分区同胞。

民国三十四年(1945)10月　撤销角斜区。

民国三十五年(1946)、民国三十八年(1949)10月角斜区又经恢复与撤销。

民国三十五年(1946)8月8日　国民党军六十五师及一〇五旅由海安东进侵占西场、丁所，7日占李堡，8日占角斜。

11月　苏中区党委决定将紫石县的曈口、西场、李堡、角斜、柴湾区和东台县的栟北区划出，再建泰东县。

12月　泰东县并入东台县，撤销李堡区，恢复角斜区，归东台县管辖。

民国三十六年(1947)11月30日　华东野战军第十一、十二纵队在华中一、九分区地方部队配合下，向李栟线之敌发起攻势。至12月3日，攻克李堡、栟茶、角斜、丁所等地，歼敌3400余人。角斜地区解放。

中华人民共和国

1949年12月　大力发展教育事业，部署全面开展冬学扫盲识字运动。

是年　开展大生产运动，组织生产自救。

1950年

3月　进行土改复查，发放土地执照。

4月　开展宣传贯彻《中华人民共和国婚姻法》活动。

6月　开展群众性的镇压反革命运动。

12月　组织实施王港闸土方工程，以工代赈，动用民工300多人。

1951年

2月　李堡区成立供销社，角斜等乡设供销站。

5月　动员广大青年参加中国人民志愿军，开展抗美援朝运动。

6月8日　滩河乡乡长唐德法被县委表彰为防汛排水模范干部，刘书芳被表彰为抗旱模范女村长。

11月　角斜区来南乡中心选区农民蒋凤银组成全县第一个互助组。蒋凤银任组长。

1952年

1月　开展"三反"(反贪污、反浪费、反官僚主义)运动，进入"打虎"(指打击有贪污行为的官员)阶段。

3月22日　海安县委召开互助合作组织代表会，蒋凤银等互助组向全县互助组发出挑战书，提出"比爱国，比产量，比技术，比劳动，比施肥"的竞赛。

6月　久旱不雨，域内农田多数受灾，蝗灾暴发。

8月下旬　连续阴雨，最大雨量460.3毫米，农田被淹。

8月30日　调整行政区域，角斜成立区公所。

10月　建立工会、共青团组织。

12月　蒋凤银互助组获得农业大丰收，棉花(籽花)单产97.6公斤，比1951年提高一倍以上，获全县棉花高额丰产的"王牌"称号。

1953年

1月　域内遭-17℃的寒潮袭击，三麦蔬菜受损严重。

4月28日　全县第一个农业生产合作社——角斜区来南乡中心农业生产合作社诞生，县委书记景文光、县长张旭参加建社典礼，全社14户56人，耕地157.34亩，蒋凤银任社长。

5月6日　角斜地区遭冰雹暴风雨袭击。

6月23日—7月30日　连续降雨1226.4毫米，农田被淹。

8月　实行双统(统购、统销)，动员群众卖余粮，发行粮票、布证。

9月24日　因角斜供销社贪污团伙与不法商人内外勾结，盗窃国家财产5200元，逮捕不法商人2人、严重丧失立场的犯罪分子4人，分别被判处2—10年有期徒刑。

10月底　域内实行棉花统购，供销社棉布批发业务移交花纱公司、百货公司，实行棉布统销供应。

1954年

6月23日—7月30日　连降暴雨，域内一片汪洋，田间撑船、房屋倒塌、农田被淹。

7月9日　省、市决定在旧场乡倒口子破海堤(范公堤)，放水排涝。

是月　组织生产自救，劝募互济。民政部

门将专门捐献的衣物及人民币及时发放到灾民手中。

1954年11月　再次撤销角斜区，划归李堡区。

1955年

2月　域内乡政府发行公债券。

3月8日　来南村支书蒋学珍去南京参加省妇女代表大会。

4月20日　海安县委召开扩大会，检查以互助组作为中心的农业增产运动，部署各地粮食“三定”（定产、定购、定销）。

8月　合作社掀起高潮，成立高级社。

10月6日　南通专署决定，全面测量北凌河，从立发贲家集至滩河口，全长23.92千米。

12月25日　栟茶运河第三期工程第一阶段竣工，从栟茶虹桥至居家湾东，长12.91千米。1958年4月，栟茶运河第三期第二阶段工程竣工，该工程自居家湾至西洋蛮河20.41千米。

1956年

3月　开展声势浩大的社会主义改造运动。

是月　开展厉行节约，反对浪费，保证第一个五年计划的完成。

10月15日　县委指示各社建立社员代表大会制度。

1957年

2月　开展整风“反右”运动。

3月　开展内部肃反审干斗争。

7月　食糖定量凭票供应。

1958年

3月25日　滩河疏浚工程竣工，从角斜东侧至滩河口，全长7千米，完成土方27.1立方米。

10月　所有学校实行“四集体”（师生同吃、同住、同学习、同劳动）。

是月　域内相继成立人民公社。

11月1日　实行基本生活供给制——吃饭不要钱。

11月　秋播大搞深翻运动。

1959年

3月　域内各校因师生集体生活难以安排。海安县委决定停止“四集体”，各自回原校上课。

4月10日　贯彻执行“三包一奖”（包工、包产、包本、超产奖励）制度。

4月23日　旧场乡由如东县划归海安县。

7月15日—8月20日　开展抗旱保苗，减轻旱灾损失。

9月底　开展“反右倾”斗争，域内许多干部受到不应有的批判。

9月底　角斜公社党委副书记、支前民兵模范符永芝受邀赴北京参加国庆10周年观礼。

1960年

3月　贯彻中共中央关于“全党动员、全民动手、大办农业、大办粮食”的指示。

4月　开展社会主义宣传教育运动。

是年　角斜、旧场相继办起初级中学。

是年　李堡到角斜筑成6千米的晴雨公路。

1961年

1月　传达学习中共中央关于农村人民公社政策问题的指示信，总结“大跃进”运动中的经验、教训。

2月　实行火柴凭证定量供应。

4月28—29日　中共南通军分区委员会在角斜公社召开李堡区人武工作观摩会，会议由分区党委谢中光和李凤鸣主持，观摩王墩大队业余文工队的演出。

5月　角斜、旧场、沿口召开党员大会，贯彻落实中共中央“60条”文件精神，坚持按劳分配，各尽所能，多超产多奖励，不劳动不得食的原则。

6月　农村食堂逐步停办。

是月　第二次调高成品粮和原粮的统购价及油脂、油料统销统购价，成品粮不分城乡，全省一价。

9月　贯彻执行人民公社三级所有制（生产资料分别属公社、大队、生产小队）。

10月　组织学习贯彻中央“12条”；开展整社和春耕生产；整顿作风严肃纪律，贪污50公斤粮食以上给予刑事处分，贪污粮食 500 公斤以上依法枪毙。

1962 年

1 月 1 日　域内各公社党委书记、大队支部书记、粮管所所长、供销社主任参加县召开的生产小队核算工作会议。

7 月 24 日　海堤岁修工程竣工，除旧场作为主要力量外，角斜、沿口动用民工 100 多名。

9 月 5—7 日　14 号台风过境，连降大雨 62 小时，最大雨量 242.9 毫米，受灾严重。

10 月 19 日　中共海安县委下发关于建立海洋渔业公社通知，将原属旧场公社的海洋渔业大队，更名为海安县海洋渔业公社。

1963 年

3 月 11 日　县委规定农村人民公社每个大队配支部书记、大队长、会计辅导员为定额补贴干部，其他干部的职务由定补干部兼任。

3 月　各社各行业开展向雷锋学习的活动。

7 月 26 日　各社贯彻江苏省委关于禁止乱收社员自留地的紧急通知精神，明确自留地上长的农作物，谁种谁收，不得破坏或变相侵占。

9 月　各社初中生流失严重，小学教育民办事业收缩。1958 年以后吸收的代课教师全部精简务农，动员公办教师退职。

11 月 9 日　南通高洁等五人和周斌等四人下放沿口公社。

1964 年

2—4 月　上级派驻工作队，协助本地开展社会主义教育运动，一批农村干部在运动中被查处撤换。

3 月　贯彻县人委制止印制和销售迷信物品，没收封存、撕毁门神、灶马等迷信物品。

5 月 20 日　南通市城中公社 101 名首批知识青年下插沿口和角斜公社。

7 月 1 日　进行全国第二次人口普查。

7 月 17 日　江苏省人民政府、省军区在角斜召开“红旗民兵团”命名大会，副省长管文蔚代表省人民政府和省军区宣读命令，会后省人民政府、省军区联合发出向角斜“红旗民兵团”学习的决定。

8 月　华东局派工作组考察角斜红旗民兵团工作。

10 月 1 日　角斜开展民兵大比武，参加民兵 1300 人。

1965 年

1 月　在全省民兵比武大会上，角斜“红旗民兵团”天奎女炮班获第一名，班长曹莲凤表演简易射击 3 发 3 中。

4 月　全民参与脑膜炎疫情防控。

5 月 26 日　中央民主人士 20 余人到角斜参观民兵工作。

是月　贯彻中共中央关于农村社会主义教育运动中目前提出的一些问题(即“23 条”)。

8 月　汤灶村支书符学富去南京参加省知识青年上山下乡先进代表大会。

12 月　中国人民解放军总参谋部动员部部长傅秋涛上将到角斜考察红旗民兵团。

1966 年

2 月 10 日　江苏省军区副司令员傅绍甫和南京军区政治部相关领导在角斜公社三级干部会上讲话，要求角斜民兵工作更上一层楼。

3 月 24 日　中共中央华东局，南京军区命名角斜“红旗民兵团”大会在海安电影院召开，华东局书记处书记，南京军区司令员许世友在会上宣读关于命名角斜民兵团为红旗民兵团的决定。

6 月　各行各业各条战线开展“文化大革命”，破四旧(旧思想、旧风俗、旧文化、旧习惯)运动，进行批斗“四类分子”(地主、富农、反革命、坏分子)活动。“红卫兵”在破除“四旧”过程中，使一批文物、书籍遭到破坏。

7 月　开展学习焦裕禄、王杰的活动。

10 月 1 日　角斜红旗民兵团副政委符永芝在北京参加国庆观礼。

10 月 19 日　由南通专署水利局召集如东县水利局、浒澪公社和海安县水利局、旧场公社负责人会议，签订《关于江海河北段延伸疏浚工程协议书》，并于10月至11月实施疏浚江海河工程，年底前竣工。

1967年

3月21日　南京军区副司令员林维先在省委大楼听取角斜红旗民兵团副政委符永芝的工作汇报。

是月　掀起“抓革命，促生产”高潮，公社、大队、生产队均由人武、民兵干部主持工作。

是月　在农村推行大寨式劳动管理。

4月　大搞教育改革，贫下中农管理学校，校校建立贫管会。学校一律下放到大队办，小学改为五年，初中和高中改为两年制，秋季招生改为春季招生。

5月25日　海安县人武部在全县发文向各民兵团介绍角斜公社“红旗民兵团”的经验。

12月10日　南通专区召开学习毛主席著作积极分子代表大会，角斜“红旗民兵团”在大会作《建设一支革命化的民兵队伍靠毛泽东思想》的发言。

12月　普遍开展“三忠于”“四无限”活动（忠于毛主席、忠于毛泽东思想、忠于毛主席的革命路线，无限忠于毛主席、无限热爱毛主席、无限敬仰毛主席、无限崇拜毛主席）。

1968年

2月　域内角斜、旧场、沿口、海洋渔业四公社全部成立人民公社革命委员会。

3月　对“文化大革命”中被抄家者（地、富、反、坏）的物资进行全面登记核实，一律按中央指示精神进行处理。

5月　开展“清理阶级队伍”的斗争，域内300多名干部群众遭清理。

6月5日　角斜镇王墩村徐正才赴山西省参加全国农业学大寨先进集体表彰大会。

10月　域内各社、各大队成立贫下中农代表协会。

是月　为响应毛泽东主席号召，广大知识青年上山下乡，各公社相继接收安置来自南通、海安等城镇的知识青年，其中旧场公社安插知青74名，这些知青主要来自南通市一中和南通市第二初级中学。

1969年

4月　角斜“红旗民兵团”天奎民兵女炮班班长曹莲凤当选为中国共产党第九次全国代表大会代表。

9月　由于学龄儿童剧增，教育事业规模扩大，各大队均有小学，不少小学戴上初中“帽子”，原来的初中戴上高中“帽子”。初、高中招生不考试，由贫下中农推荐，导致学生水平参差不齐，教学质量受到影响。

10月1日　王墩村党支部书记潘宝才作为民兵代表，东风农技校学生祁吉兰作为红卫兵代表应邀参加国庆20周年观礼。

是月　《新华日报》刊登沿口向阳十一队干部带领社员艰苦创业的事迹，题为《沿口公社勤俭办队的一面红旗》。

是月　农村大队相继成立革命委员会，各中小学成立革命领导组。

1970年

4月21日　南通专区革委会同意将旧场更名为海防，建立海安县海防人民公社。

10月　普遍开展“一打三反”运动（打击反革命破坏活动，反对贪污盗窃、反对投机倒把、反对铺张浪费）。

11月20日　海安县水利工作会议在沿口公社召开，参观沿口公社水利建设现场。

12月　海防公社开始兴办盐场，用海水晒盐。

1970年下半年至1972年上半年，沿口公社动员劳力9620人次，开挖李沿河、联合河、居湾河、红阳河、红星河、东升河，总长度1.57万米，完成土方79万立方米。

1971年

3月　全县范围内清查“五一六”分子（“文化大革命”中造反派名称）。

5月　社队普遍开展路线教育进行忆苦思甜，批修整风。

1972年

3月 “八一”电影制片厂编辑兼导演陆芳及工作人员一行20多人到角斜拍摄新闻纪录片《民兵赞》。

6月 沿口公社党委书记孙学周在省水利工作会议上作《自力更生办水利,群策群力绘新图》的介绍。

9月29日 域内遭低温袭击,低温降至9℃以下,后季稻受损严重。

12月20日 沿口至双龙公路通车。

12月 各人民公社重申“各尽所能,按劳分配,三级所有,队为基础”和自留地长期不变的政策,反对“一平二调”(“平均主义”“无偿调拨”),反对瞎指挥。

1973年

1月15日 角斜、沿口、海防(旧场)动员民工参加丁堡河丁堰镇至栟茶运河口段疏浚工程。

4月 省军区司令部、政治部编印的《民兵工作情况》,介绍角斜公社墩里大队对民兵进行传统教育的做法。

5月 统一放养“三水一萍”(水浮莲、水花生、水葫芦、绿萍),作为牲畜饲料和沤制有机肥。

6月 沿口公社双凌村水利工作成绩显著,支书康成余被推荐为沿口公社代表出席江苏省水利工作会议。

9月 角斜“红旗民兵团”天奎民兵女炮班班长曹莲凤当选为中国共产党第十次全国代表大会代表,赴京参加会议,并被选为大会主席团成员。

1974年

2月 推广栽培乔木桑。

7月 南通专区在沿口召开粮食工作现场会议。

是月 南通专区在沿口召开水利典型社队会议。

8月 水利部治淮委员会《治淮》杂志上刊登文章介绍沿口的水利建设。

11月27日—12月3日 海安县委在角斜召开四届十次全委(扩大)会议,会议认真学习毛主席关于安定团结的重要指示和中共中央〔1974〕26号文件。

1975年

2月4日 海洋渔业公社三大队21号木帆船出海作业返航途中遭强暴风袭击,全船62人全部遇难。

4月 县委同意征用土地1.83亩兴建江海河闸。

5月 中央军委常委粟裕在南京军区副司令员段焕竞等陪同下检查角斜民兵工作。

是月 全国20多个省、市先后来人参观沿口公社蚕桑事业成效。

6月20—24日 全县普降暴雨,大部农田受灾严重。

9月 角斜公社天奎村支书祁明发当选为第四届全国人大代表,并赴京参加会议。

10月 南京军区政委廖汉生到角斜检查红旗民兵团工作。

是月 域内各公社各大队相继成立贫下中农协会。

1976年

2月 教育战线拨乱反正,落实知识分子政策平反冤假错案。

3月24日 县委在角斜召开“红旗民兵团”命名10周年纪念大会。

5月 全国五省一市疟疾防治工作检查团到沿口公社检查。

7月 全县开展防震抗震活动,城乡普遍搭建防震棚至11月警报解除。

9月 加强对农村“五坊”(加工生产粮、油、酒、粉、豆腐等小型作坊)的管理。

10月5日 角斜“红旗民兵团”部分民兵干部赴上海向“好八连”和上海民兵学习取经。

1977年

8月 省委书记韩培信、省军区司令黄朝天等到角斜听取红旗民兵团的工作汇报。

11月 省水利厅编写的《农田基本建设规

划》刊载沿口公社革命委员会的水利建设经验的文章。

1978 年

1 月 4 日　海安县革委会同意新建渔业公社渔船修造厂。

2 月　角斜公社天奎村支书祁明发当选第五届全国人大代表，并赴京参加会议。

4 月 22 日　角斜公社党委书记卢玉林、人武部部长汤长林、红卫大队女炮班班长朱建玲出席江苏省第二次民兵代表大会。

5—9 月　出现历史上罕见的大旱，春旱接夏旱，伏旱连秋旱，作物受损严重，大面积减产。

7 月　县教育局对“文化大革命”期间造成的干部、老师的冤假错案进行核查并予以纠正。

8 月　沿口公社抗旱成绩优异，受到江苏省革命委员会的嘉奖。

1979 年

3 月　全县恢复区社中心小学体制。

4 月　角斜公社红灯大队十二生产队吴翠玉献出地下埋藏的浮财（无主的财物），银圆 3313 块、铜钱 176.5 公斤、铜板 41.5 公斤，折合人民币 8967 元。

是月　落实党的政策，摒弃“以阶级斗争为纲”，对历史上错划为“右派”和错划为地主富农成分者办理纠正手续，并全部摘去“四类分子”（地主、富农、反革命、坏分子）帽子。

5 月　根据中央新“60 条”规定调整社员自留地。

是月　沿口公社沼气工作成绩显著，被评为南通地区先进单位。

6 月　旧场域内的挺长河疏浚工程开工，年底前竣工。

1980 年

4 月　角斜公社党委书记、民兵团政委卢玉林在江苏省专职人武干部大会上作《把党管武装的注意力放在发动民兵建设和保卫“四化”上》的经验介绍。

是月　角斜公社人武部部长汤长林在江苏省专职人武干部代表大会上介绍《立足本职干“四化”，围绕生产办民兵》的做法。

6 月　科教电影制片厂到沿口公社专题拍摄乔木桑。

8 月 1 日　角斜公社王墩村支书李忠元去上海参加全国学“南京路上好八连”先进集体大会。

10 月 28 日　在海防公社召开如东县浒澪公社、靖海公社和海防公社边界团结治水座谈会。

12 月　沿口供销社仓库被评为海安县供销系统“四无”仓库，同年 4 月受到江苏省政府的嘉奖。

是月　在县第五次民兵代表大会上，县委、县人武部向角斜“红旗民兵团”赠送锦旗。

1981 年

3 月　落实县委《关于认真处理“文化大革命”期间挤占私房问题的决定》。

7 月　角斜民兵应银芳参加全国无线电报比赛获第三名。

8 月 31 日—9 月 2 日　台风过境，各社紧急动员抢险救灾，保证北凌新闸和海堤的安全。

10 月 23 日　新西兰常驻中国科学院的路易·艾尼生到沿口指导太阳灶安装工作。

12 月　域内四公社出人、出钱、出粮，完成北凌新闸的后续工程。

是月　学习贯彻中共中央关于落实农业生产责任制，改善农村经营管理，巩固集体经济的文件精神。

是年　角斜、沿口公社分别召开第七届人代会，旧场公社召开第四届人代会，渔业公社召开第三届人代会，各自选出公社的负责人。

是年　各社、各大队将“文化大革命”时期的名称，统一恢复为原来的名称。

1982 年

3 月　普遍执行“独生子女生育证”制度，一对夫妇只生一胎。

4 月　开展土地资源调查。

7 月　开展全国第三次人口普查。

8 月　完善农业生产责任制，生产队实行联产到劳到户。

1983 年

6月27日　省委副书记、副省长周泽，市委书记王益众，考察角斜农牧渔业生产情况。

7月1日　龙卷风过境，域内均有严重损失。

9—10月　普遍实行政社分设、公社党委改为乡党委，撤销公社管委会，建立乡政府。

12月　沿口乡粮站被评为江苏省粮食系统六好企业单位。

1984 年

春节期间，病毒性肝炎流行，乡村积极应对，达到理想的治疗效果。

4月　角斜乡筹建敬老院。

11月27日—12月24日　动员民工参加围垦北凌闸下游滩涂，总面积2万亩，海岸线延长至5.35千米。

是年　旧场乡政府办公大楼暨文化站四合院开工兴建。次年上半年两项工程相继竣工，投入使用。

1985 年

3月8日　老坝港乡政府下发关于1985年船头大包干的十条意见。

6月20日　旧场乡成立文化中心。

9月　实行分级办学、分级管理，教育局向各乡办理交接手续。

1986 年

1月20日　角斜乡撤乡建镇。

3月24日　南通市人民政府、南通军分区在角斜隆重召开角斜“红旗民兵团”命名20周年纪念大会。

4月16日　角斜镇龙潭村发生特大杀人抢劫案，警方及时侦破，赃款全额追回。

5月22日　南黄海发生4.7级地震，海安大部分地区有震感。

9月　国务院副总理、国防部部长张爱萍和全国政协常委管文蔚到角斜考察并为红旗民兵团题词。

10月　各乡镇公布土地管理实施细则。

1987 年

3月　中共中央书记处书记、全国人大常委会副委员长、中顾委常委陈丕显，南京军区原政委杜平到角斜考察并分别题词。

7月13日　海安县计经委同意建立老坝港乡养殖场。

8月1日　角斜红旗民兵团政委翟桂生赴北京参加全军英模代表大会。

11月24日至1988年3月底　生猪由县食品公司统一价格，统一收购，定量定销人口恢复定量供应。

12月1日　南京军区原副司令谢忠光参加角斜烈士墓建成揭碑仪式。南通军分区、市民政局和海安县四套班子负责人参加活动。

12月21日　南通市供电局授予老坝港用电标准乡称号。

1988 年

3月　全县猪肉取消定量供应，销价放开。

7月28日　经省政府批准，角斜成为对外开放重点卫星镇。

12月　中凌河疏浚清淤。

1989 年

2月22日　角斜等地普降大雪，最厚处积雪达16厘米。

10月　全面推行“两田制”（按人口分口粮田，按劳力分责任田）。

1990 年

3月　角斜镇少年军校创建。

4月7日　县政府同意老坝港域内的渔港“北凌港”更名为“老坝港”，“北凌闸边防派出所”更名为“老坝港边防派出所”。

是月　南通市人民政府同意北凌垦区划归老坝港乡管理。

7月1日　全面开展第四次人口普查。

1991 年

3月12日　中央军委副主席、国防部部长

迟浩田为角斜红旗民兵团题词“发扬光荣传统，加强民兵建设”。

3月18日　江苏省政府、省军区在海安召开角斜“红旗民兵团”命名25周年纪念大会。

8月16日　经省政府批准老坝港乡为全省第三批对外开放重点卫星镇。

是月　国家将角斜列入江苏省黄淮海第二期农业综合开发项目区。

12月26日　角斜域内普降暴雪，降雪量1.37厘米。

1992年

1月10日　角斜镇五虎村基干民兵排被省委宣传部、省军区评为两个“文明建设突击队”。

5月6日　角斜“红旗民兵团”被评为民兵预备役部队基层工作先进单位，受到中国人民解放军总参谋部、总政治部的通报表彰。

6月17日　反映角斜“红旗民兵团”战斗历程的《江海长缨》由南通市委党史工委、南通军分区政治部、中共海安县委编著印刷。时任总参谋长迟浩田题签书名，中共中央顾问委员会常委陈丕显作序《珍惜光荣传统，争取更大贡献》，南京军区司令员固辉为之撰文《学习角斜“红旗民兵团”推动民兵工作“三落实”》。

8月　角斜镇人武部部长陆忠祥去南京参加省第三次民兵代表大会。

9月23日　19号台风影响角斜，风力达9级以上，部分房屋倒塌，庄稼受损。

11月　角斜、沿口被江苏省文化厅命名表彰为江苏省首批群众文化先进乡镇。

1993年

3月1日　角斜镇被南通市政府、军分区表彰为人武部工作先进单位。

3月24日　角斜隆重举行“红旗民兵团”命名27周年纪念大会和《江海长缨》首发式。

7月1日　江苏省军区司令员郑炳清到角斜红旗民兵团视察并题词。

是年　旧场乡文化站图书馆达标，旧场乡被江苏省文化厅命名表彰为江苏省第二批群众文化先进乡镇。

1994年

1月19日　老坝港乡川港村19岁民兵蒋海兵在出海作业期间见义勇为，光荣牺牲。海安县委作出开展向蒋海兵学习活动的决定。同时，蒋海兵受到南通市见义勇为基金会的表彰。

是月　各乡镇下发关于保护老年人合法权益的决定。

10月　南京军区政治部表彰角斜红旗民兵团为青年民兵综合学校指导中心。

1995年

1月25日　江苏省人民政府、江苏省军区授予蒋海兵“舍己救人好民兵”的荣誉称号。

是月　省政府命名角斜为江苏省百家名镇和江苏省小城镇建设试点镇。

5月　沿口乡撤乡建镇。

是月　省民政厅批准老坝港乡与旧场乡合并为新的老坝港乡，乡政府设于老坝港乡（实际合并时间是当年11月15日）。

7月7日　角斜、沿口镇与老坝港乡签订协议，将各自的滩涂使用权转让给老坝港乡。

12月　举行旧场、老坝港两乡合并后新的老坝港乡党代表大会，选举王维林、王绍兰、花桂平、丁建民、葛长征、徐斌、周建平、许明富、顾理山为党委成员，组成新一届中共老坝港乡委员会。

是月　老坝港乡通过江苏省人民政府“扫除青壮年文盲”工作的验收。

1996年

3月　省政府、省军区给角斜“红旗民兵团”记集体二等功。

5月20日　江苏省委、省政府、省军区在海安举行纪念角斜“红旗民兵团”命名30周年大会。军委副主席、国务委员兼国防部部长迟浩田到角斜参加活动。

是年　省政府表彰角斜为江苏省群众文化先进乡镇和双拥模范镇。

是年　老坝港乡派驻工作组对严重资不抵债的康海公司实施企业产权制度改革，李海波以

736万元价金受让公司存量资产,牵头组建海安县兰波实业有限公司。

1997年

1月 角斜被江苏省国防教育委员会评为江苏省国防教育先进单位。

是月 老坝港乡在全县首家开通有线电视。

4月 经省、市、县政府批准,同意老坝港乡政府驻地由川港村迁往陈坝村(海港村)。实施迁址是2002年。

5月20日 角斜镇来南村发展庭院经济成效显著,村支书沈松林出席在成都召开的全国庭院经济工作会议。

6月10日 全县出现历史上罕见的旱情,各乡镇召开抗旱紧急会议,紧急动员部署抗旱措施。

是月 角斜镇被南京军区司令部、政治部评为“民兵工作三落实”(组织落实、政治落实、军事落实)先进单位。

8月18日 11号台风袭击角斜,风力11级,域内普降暴雨,各乡镇均有不同程度受灾。

9月 角斜民兵预备役部队被南京军区司令部、政治部评为“十佳示范点”。

1998年

1月 角斜镇被省政府、军分区评为人武工作先进单位。

9月25日 省军区政委任朝海到角斜指导工作,并参观“红旗民兵团”史绩陈列馆。

是月 角斜镇被省群众体育运动委员会评为先进集体。

1999年

6月 按照县委、县政府要求,老坝港乡党委政府组织乡、村干部集中精力投入农村合作基金会清理整顿工作,大打欠款清收战役。

7月30日 角斜中心小学少年军校学员,在北京全国少年军校总校训练基地接受中共中央政治局委员、国务委员、中央军委副主席、国防部部长迟浩田上将和教育部、解放军总政治部、团中央等首长检阅。

8月 角斜中心小学少年军校被全国少年军校检阅式委员会评为最佳组织奖、最佳队列竞赛奖、最佳野外拉练奖。

是月 王墩村支书汤友才去南京参加省双拥十佳先进个人表彰大会。

是月 角斜中学学生参加省第六届中学生报务技术竞赛获单项第一名、全能第三名、团体总分第二名。

2000年

2月26日 沿口镇召开第十四届人民代表大会第二次会议。

4月21日 经省政府批准,原角斜镇、沿口镇合并为新的角斜镇。

5月 角斜镇召开合并后的角斜镇党代会、人代会。

是月 角斜“红旗民兵团”被市委宣传部命名为爱国主义教育基地。

11月中旬 中央电视台军事报道摄制组一行6人到角斜“红旗民兵团”拍摄采访。

是月 角斜青年农业科技示范基地受到团中央表彰。

12月 海安县政府同意通海职中划归老坝港乡办乡管,改名老坝港乡初中。

是月 老坝港乡召开会议,成立老坝港乡商会以及紫菜业、渔网业、鳗鱼业等行业商会。

2001年

1月 角斜“红旗民兵团”被南通市政府、军分区记集体“三等功”。

2月26—27日 老坝港乡召开九届三次人代会,大会选举周建平、吴中月为副乡长。

4月23日 县政府同意角斜、沿口24个村重新区划调整为12个建制村。

7月21日 海安县总工会批复同意老坝港首届工会选举结果。陶树明任工会主席,时志秀任专职副主席。

8月29日 省水利厅、市水利局联合组织检查地下深水井管理工作落实情况,其中对角斜进行深井实地抽查,结果合格。

10月9日 南通市委、市政府在角斜镇召开

"红旗民兵团"命名35周年纪念大会。

11月 角斜代表队参加南通市第八届农运会军事三项赛获全能第一、团体总分第一。

是年 老坝港乡政府在通海北路以南创办工业小区,并吸纳海安县华洋渔网制造有限公司等企业入园。

2002年

3月27日 中央电视台、国家国防动员委员会派员到角斜为央视7套《胜利之基》节目拍摄素材。

4月12日 江苏省海洋渔业指挥部下发13号文件《关于苏如船7563号船与海安县老坝港滩涂养殖场养捕纠纷的调处意见》。

4月16日 根据江苏省民政厅批复,老坝港召开撤乡建镇大会,县委书记张爱军到会作重要讲话,县四套班子负责人和各界代表参加庆典活动,并参加兰波公司紫菜二次加工项目奠基仪式和其他有关企业工业项目集中签约仪式。

5月16日 老坝港进一步动员,加大力度组织进行合作基金会遗留放款清收工作。

10月30日 角斜建立与栟茶镇联防联调委员会、与河口镇联防联调委员会、与新街镇联防联调委员会。

2003年

1月10日 角斜镇党委在共产党员中组织开展"双学双争"主题教育。

是月 角斜镇国家级节水增效示范项目通过南通市水利局验收,被评为"优良工程"。

3月11日 角斜中学成立张家港市香山寺教育基金会。

4月 域内召开预防"非典型性肺炎"工作紧急会议,部署各机关、学校、单位认真做好"非典型性肺炎"预防工作。

9月11日 为躲避14号台风(鸣蝉)袭击,北凌新闸港外聚集100多条渔船,老坝港镇政府具体布置渔船安全疏通措施。

10月 按县政府文件要求,角斜卫生院进行产权制度改革,由公立医院转为民营医院,居正彬等人受让医院资产并对外经营服务。

11月12日 省水利厅农水处验收角斜国家级节水灌溉示范项目。

2004年

1月 角斜农药厂2002年破产后资产重组,重新创办南通润鸿生物化学有限公司。

4月23日 江苏南黄海紫菜商会揭牌仪式暨海安县同业商会工作现场会在老坝港举行,省工商联副会长栾志耘、县有关领导出席揭牌仪式。

8月 角斜中学参加省第八届中学生报务技术比赛,获团体总分第一名。

9月18日 角斜镇建立便民服务中心和会计记账中心。

2005年

1月 角斜"红旗民兵团"被南通市委、市政府命名为市爱国主义教育基地。

2月 南通市人民政府公布角斜镇、老坝港镇和镇海村为2004年度南通市农村经济工作先进集体。

3月 由紫菜业商会下属各企业共同投资兴建的老坝港紫菜交易市场正式成立投入运营。

5月12日 老坝港南通时代食品有限公司所属苏海安渔养301紫菜养殖作业船作业返回途中,于北纬32°47′、东经121°18′,海域突然侧倾,40人遇险,经其他3条船抢救,27人生还,13人遇难,遇难者均为女性,其中海安籍6人、如东籍7人。事故发生后以南通市市长丁大卫为组长,组成"海安5·12海难工作组",海安县委、县政府以张爱军、章树山牵头组成事故调查处理工作组,老坝港镇以丁建民挂帅,任永峰任现场指挥,组成事故调查组,开展调查善后处理工作。

6月 角斜镇水利站办公大楼落成,建筑面积488平方米。

7月23日 角斜中心小学少年军校被县委、县政府表彰为拥军优属模范单位。

10月10日 省军区政治部主任苏俊高一行到角斜检查指导"红旗民兵团"工作。

10月24日 南京军区原副参谋长王义斌一行到角斜检查"红旗民兵团"工作。

10月26日　角斜民兵配合海防三团进行军事演练。

11月底　丁堡河疏浚工程开工,角斜域内3.82千米,12月底竣工。

12月　角斜镇计划生育工作获县一等奖。

是月　新坝新藏禅寺大雄宝殿建成。

是月　全县广播电视共缆传输“双入户”工程现场会在角斜镇召开,镇广电站被县广电局评为先进单位。

2006年

1月　角斜镇2005年环保工作年终考核名列全市第一。

是月　角斜镇国土资源所被县纪委、组织部、宣传部、监察局表彰为群众满意基层站所。

2月9日　老坝港镇国土所被南通市人事局、市国土资源局表彰为2005年人民满意的国土资源所。

5月15日　经南通市民族宗教事务局批准,同意设老坝港佛教活动处所如来寺。

9月13日　县委、县政府在角斜召开乡村河道疏浚现场会。

9月30日　省委、省政府相关领导到角斜观看民兵军事汇报表演,参观镇区、红旗民兵团史绩陈列馆,并召开茶话会。

是月　角斜镇人民西路和人民桥建成通车。

10月　角斜敬老院被南通市人民政府评为南通市文明敬老院。

11月4日　省委、省政府、省军区在海安大酒店举行角斜“红旗民兵团”命名40周年纪念活动。大会上宣读了省委、省政府、省军区给“红旗民兵团”记集体“二等功”的决定。中央政治局委员,国务委员,军委副主席兼国防部部长曹刚川上将参加大会。

11月21日　县农牧渔业局、海洋局和老坝港镇政府在北凌河新闸举行海洋渔业安全生产应急救援演练。

2007年

1月9日　南通市规划局表彰老坝港镇建设环保服务站为市先进单位。

2月　角斜镇国土资源所被县国土局表彰为群众满意的站所和管理工作先进集体。

2月20日　角斜镇五虎村被南通市环保局命名为“生态村”。

3月8日　角斜镇被南通市环保局命名为“环境优美乡镇”、角斜村被命名为“生态村”。

4月　中央电视台《致富经》栏目两次专题报道老坝港的鳗鱼养殖,香港凤凰卫视聚焦老坝港河豚,《经济日报》《中国海洋报》《新华日报》《江苏农村经济》等媒体称之为“老坝港现象”。

6月6日　南通市农村基层党风廉政建设领导小组授予老坝港镇建场村“村干部勤廉工程示范点”称号。

7月7日　《人民代表报》刊载文章《八位县、镇人大代表催生紫菜大市场》。

是日　老坝港镇利用渔船伏休时间,对“党员先锋号”渔船集中举行授旗仪式。

8月1日　角斜镇党委书记张军在北京参加全军英模代表大会。

8月21日　南京军区政委高武生中将一行到角斜视察“红旗民兵团”。

12月14日　老坝港第十一届人民代表大会召开,大会由任永峰作工作报告。

12月26日　老坝港镇政府同意设立江苏紫菜研究所。

是月　南通市政府表彰角斜镇为“社会治安安全乡镇”和“环境综合整治十佳暨耕地保护十佳镇”“南通市环境优美镇”“市级民主法治镇”。镇计划生育服务站被市人口和计划生育委员会表彰为二星级服务站。

2008年

2月14日　角斜镇被南通市委、市政府表彰为2007年度社会治安乡镇和“三无”乡镇,五虎村被评为社会综合治理和平安建设先进集体暨民主法治村。

3月3日　角斜镇农村经济服务站被南通市委、市政府表彰为明星农经站。

3月27日　角斜镇创建“全国环境优美乡镇”通过省考核组验收。

7月29日　全国海洋知识夏令营一行45人到老坝港，参观中洋集团养殖的珍稀鱼和兰波实业有限公司二次加工的紫菜。

9月　角斜镇党委书记吉临兆到南京参加省庆祝改革开放30周年大会。

2009年

2月25日　海安县人民政府颁发〔2009〕13号文件，关于221省道改建工程实施意见，根据文件精神，老坝港建立221省道建设服务指挥部及工作领导组。

3月3日　角斜镇被南通市委、市政府表彰为“农业和农村工作”先进集体和“环境优美”示范乡镇。

5月5日　县政府公布海安县兰波实业有限公司，南通市时代食品有限公司为海安县2009年度农业产业化龙头企业。

7月　角斜初级中学被评为南通市教育系统先进单位。

12月　角斜人武部被县政府、人武部评为征兵工作先进单位，红旗民兵团史绩陈列馆被省委宣传部命名为爱国主义教育基地。

是月　顾维斌任老坝港镇镇长。

2010年

2月1日　县农村饮水安全工程，角斜、老坝港可行性研究报告获省发改委和省水利厅批准。

3月25日　老坝港水利服务站被南通市水利局表彰为先进单位。

5月13日　中国水生科学院渔业工程研究所专家刘年飞等到老坝港考察，讨论老坝港中心渔港建设方案。

是月　海安穗邦食用菌有限公司，落户于全国高效农业专业特色村——角斜镇来南村。

9月15日　老坝港镇举行首届开渔节放生仪式。参加活动的有本镇渔民代表，江苏省两沙管委会指挥程建新、副指挥沈得纲，南通市旅游局金志剑，南通市海洋渔业局局长顾润华，海安县县长单晓鸣，副县长朱春等。

10月16日　海安县委下发〔2010〕62号文件《关于建立中共老坝港经济开发区工作委员会的通知》。

11月　角斜镇敬老院颐养楼竣工，总建筑面积1276平方米。

12月23日　角斜镇计生站被国家人口计生委授予“全国计划生育优质服务示范站”称号。

2011年

3月18日　中共老坝港镇第十四次党代会第一次会议召开，大会选举任永峰、吴礼华、张渊、胡小蕴、秦海建、顾维斌、陶华、储祥柏、唐仲荣为中国共产党老坝港第十四届委员会委员。王海波、邱美玲、周友平、秦海建、唐仲荣为纪律检查委员会委员。任永峰任镇党委书记。

9月13日　以“弘扬渔文化，展示新渔乡”为主题的海安县老坝港第二届开渔节在如来寺景区举行，县有关领导及各区镇分管负责人及周边群众近千人参加活动。

9月27日　角斜镇人民武装部被人力资源和社会保障部与中国人民解放军四总部表彰为全国民兵工作先进单位，并授予奖牌。镇党委书记袁加根去北京参加全国民兵工作会议。

10月16日　县委、县政府在海安中学体艺馆召开行政区划调整大会，宣布撤销角斜镇、老坝港镇，组建新的角斜镇，老坝港经济开发区更名为老坝港滨海新区，老坝港滨海新区党工委和管委会与新组建的角斜镇两块牌子、一套班子，以区为主，区镇融合。10月30日，在原老坝港镇举行新区揭牌仪式，县四套班子主要负责人参加活动。

是月　省财政厅、省水利厅等对角斜污水处理厂节水示范项目、节水型载体给予省级水资源费补助和水利科技资金支持。

是月　海安县水利局为适应行政区划调整，决定撤销老坝港水利服务站、角斜水利服务站，组建老坝港滨海新区（角斜镇）水利服务站。

12月9日　南通市政府、南通军分区在海安王府大酒店召开纪念角斜“红旗民兵团”命名45周年大会，江苏省委常委、省军区政委李笃信，南通市领导丁大卫、张国华、黄利金、黄巍东、贾建民、秦剑平、张庆平，江苏省双拥办、南通市各县（市区）负责人以及海安县四套班子领导出席会议。

12 月 15—17 日 “红旗民兵团”政委袁加根作为江苏省唯一的民兵工作先进单位代表到北京参加由中国人民解放军总参谋部、总政治部组织召开的全国民兵工作会议。

2012 年

1 月 12 日 角斜镇被国家人口和计划生育委员会表彰为全国人口和计划生育第一批依法行政示范乡镇。

是月 角斜镇被省农委命名为江苏省农产品加工集中区。

是月 角斜镇被江苏省人民政府授予江苏省“平安农机乡镇”称号。

2 月 4 日 角斜镇召开 2011 年度总结表彰暨 2012 年经济动员大会,县委书记单晓鸣出席。

2 月 13 日 角斜镇成立总工会。

3 月 8—9 日 角斜镇召开第一届人民代表大会,选举申承群为人大主席,选举王怀为镇长。

3 月 20 日 在镇角斜民兵团综合训练场召开角斜“红旗民兵团”命名 46 周年大会。

是月 角斜镇被南通市政府表彰为农村环境长效管理达标乡镇。

4 月 10 日 角斜镇成立老年协会。

4 月 28 日 老坝港小学、角斜中心幼儿园被江苏省公安厅、江苏省教育厅评为“江苏省平安校园”。

5 月 16 日 南通市市长张国华以及南通市沿海开发促进会的全体参会人员,参观角斜镇滩涂开发项目。

5 月 30—31 日 省发改委、省水利厅组织专家评审组对《北凌河整治工程(老坝港—新海堤段)可行性研究报告》进行评审。

8 月 8 日 因苏海渔 00202 号船在 2011 年 12 月 1 日发生海难事故致 11 人失踪,角斜镇呈报关于善后处理的情况报告。

是月 角斜镇被农业部表彰为“全国一村一品示范乡镇”。

9 月 12 日 交通运输部东海救助局上海基地老坝港渔民海上应急救援联络站揭牌仪式在角斜镇举行。该联络站是全国首个基层海上救助机构。

9 月 29 日 县政府在角斜镇组织滩涂围垦工程竣工验收。

10 月 23 日 角斜镇召开关于老渔民生活补助的专项协调会。

是日 新时代艺术团成立仪式在时代大酒店举行,艺术团创办人、老坝港镇原副镇长周建平主持,镇分管精神文明建设的负责人申承群、陶华等参加活动。

10 月 25 日 南通军分区举行四会教练员大比武,袁小华在参与比武的 312 人中取得 5 公里载重越野、手榴弹投远、实弹射击、战备标图、四会教练员,五项全能竞赛一等奖。

12 月 中洋集团被国家表彰为“国家安全龙头企业”。

12 月 28 日 角斜镇、江海村被省爱卫会表彰为“江苏省卫生镇”“江苏省卫生村”。

2013 年

2 月 21—22 日 角斜镇召开第一届人代会第二次会议。

2 月 25 日 崔小勇任角斜镇政协工作委员会主任。

是月 县政府研究出台《关于鼓励项目落户老坝港滨海新区的实施意见》,推进新区双招双引“百日会战”活动。

6 月 1 日 省人口计生委主任王云慧到角斜考察圆梦养老院工作。

7 月 31 日 丁锋任中共海安县老坝港滨海新区工作委员会书记。

8 月 19 日 王怀任海安县老坝港滨海新区管理委员会主任。

9 月 8 日 甘肃省计生协会副会长祁科嘉到角斜考察圆梦养老院工作。

9 月 14 日 新时代艺术团承办第四届海安县开渔节专场文艺演出活动。

10 月 16 日 中国计生协会副会长、中国人口基金会常务理事长苗霞、南京人口学院教授温勇,复旦大学博士后严志兰到角斜考察圆梦养老院工作。

11 月 26 日 西安市人口计生局到角斜考察

圆梦养老院工作。

12月　角斜镇被江苏省委、江苏省人民政府表彰为“江苏省生育关怀示范基地”“江苏省两沙海域管理示范基地”“江苏省文明乡镇”。

是月　角斜镇被南通市委、市政府评为“南通市三资三化示范镇”，角斜镇财税局、角斜镇海港村、角斜村被南通市委、市政府命名为“南通市文明单位”。

2014年

3月30日　新时代艺术团为海上渔民送戏演出。

4月1日　《南通日报》专题报道《南黄海上踏歌声》引起社会广泛关注。

4月11日　角斜镇总工会在忠仁公司海上养殖场举行“海上职工之家”揭牌仪式。

9月10日　苏海安渔00101号船获省国防动员委员会“海上侦察行动先锋船”称号。

10月29日　南通市委副书记、市长张国华在县委副书记、代县长顾国标等陪同下调研角斜镇，并重点考察东部家具滨海产业园。

是月　角斜镇沿海开发重点交办工作点评会召开，县委书记陆卫东、代县长顾国标等县领导参加会议。

12月　滨海新区(角斜镇)被县委、县政府评为“红旗区镇”。

是月　角斜海洋与渔业局被农业部表彰为“国家平安渔业示范区”，被省海洋与渔业局表彰为“安全管理先进单位”，同时又被南通市委、市政府表彰为“海域管理先进单位”“科普工作先进单位”。

2015年

1月9日　角斜镇与龙源海安海上风电项目筹建处签订海上风电项目开发协议。

2月6日　角斜镇第一届人民代表大会第四次会议召开，王怀作政府工作报告，申承群作人大工作报告。

2月14日　滨海新区管理委员会与上海电气南通国海水处理有限公司签订滨海新区污水处理厂建设和拥有运营、特许经营协议。

3月4日　富港村村民陈群见义勇为的先进事迹在中央文明网展示，并荣登2015年2月中国好人榜。

5月31日　由角斜镇与县旅游局联合主办的首届“老坝港踏浪赶海”海鲜文化节开幕，活动吸引各地300余名游客参加。

8月8日　江苏最大的蒋家沙300兆瓦海上风电项目在角斜镇举行开工仪式。

9月20日　角斜镇在新城区举办2015年首届“东部家具杯”、环滨海新区自行车公路赛。此次比赛由国家体育总局、中国自行车运动协会、江苏省体育局、海安县人民政府主办，来自全国各地的253名自行车爱好者报名参赛，该比赛在角斜镇连年举办。第二届于2016年10月16日举办，第三届于2017年9月24日举办。

2016年

8月13日　角斜镇与县旅游局联合主办的首届哈尔滨啤酒海鲜节在东部家具角斜产业园(邻里中心)开幕。次年8月26日，第二届啤酒海鲜节亦在此举办。

9月22日　江苏省委、省政府、省军区在海安举行纪念角斜“红旗民兵团”命名50周年大会。会议部署推进新时期民兵转型建设工作。省军区司令员李大清作具体部署，省委常委、省军区政委曹德信主持会议。副省长张敬华，军委国防动员部政治工作局主任晏军出席并讲话。东部战区政治工作部副主任朱永和，市领导陆志鹏、黄巍东、苏西群、赵闻斌等出席大会。

10月15—6日　海安首届石材展暨集采交易会在角斜镇沪通国际石材城成功举办。中国建筑装饰协会副会长张京跃，南通市沿海办副主任唐国平，县委副书记、县长顾国标，县委副书记成宾，县委常委、宣传部部长严长江，县委常委吴志明以及来自全国各地的石材行业、建筑装饰行业的客商和参展企业代表共2000余人参加活动。

10月24日　三季度全南通市沿海开发项目推进观摩点评会在角斜镇举行。市委常委、常务副市长单晓鸣参加会议。

12月　滨海新区(角斜镇)被县委、县政府评为“红旗区镇”。

2017 年

6 月　角斜镇被评为全国优秀学习型乡镇。

7 月 12 日　农业部、交通运输部和省政府在如东雷迪森大酒店联合举办“2017 全国渔业水上应急救援演练”活动安全文艺宣传晚会，由新时代艺术团进行专场演出。来自 31 个省(自治区、直辖市)的与会领导和嘉宾观看并予以一致好评。

7 月底　曹莲凤作为江苏省唯一老民兵代表赴京参加建军 90 周年纪念大会系列活动。

8 月 17 日　全国卫生计生系统表彰大会在北京召开，汤灶村计生干部朱翠平代表全省 1933 名村级计生干部参加表彰大会，并被授予“全国卫生计生系统劳动模范”荣誉称号。

10 月 15 日下午　角斜镇文联成立暨第一次代表大会在商务大厦四楼会议室召开。县委常委、宣传部部长严长江，县文联副主席叶晨玲出席大会。

10 月 29 日　中国海安第二届石材展和设计与运用论坛在角斜镇举行。中国新兴矿业化工总公司总经理董洪国，上海石材行业协会监事长王京春，上海凤凰山装饰有限公司总经理吴友情，模范设计公司CEO (首席执行官)爱瑞克，县委书记顾国标，区管委会主任章晓丽，以及来自全国各地石材展商、采购商，海安各区镇和相关部门负责人，角斜镇村全体干部参加活动。

12 月底　滨海新区(角斜镇)被评为海安县“红旗区镇”。

第一章　建置区划

角斜镇位于江海平原东部，浩瀚的黄海边缘，地处海安、如东、东台3县（市）交界地段，离海安县城40多公里。南与如东县以栟茶运河为分界，北与东台市接壤，东临黄海，西以丁堡河为界与李堡镇相邻。全镇南北最长距离约10公里，东西最长约30公里。角斜为千年古镇，历史上先后分属宁海县、海陵县、泰州县、东台县、泰东县、紫石县、泰东县、如东县、海安县，建置区划变动频繁。角斜镇历史上有“东斜”“角斜亭”“角斜场”“费家滩”等别称。1912年后，冠以区、乡、公社、镇等行政区划名称。2011年10月，老坝港镇、老坝港经济开发区、角斜镇合并组建成老坝港滨海新区（角斜镇）。2017年，全镇总面积145.6平方公里，辖20个建制村、1个居委会，391个村民小组。

第一节　建置沿革

一、隶属沿革

隋文帝开皇九年（589），改吴州为扬州，宁海县角斜场，上隶属扬州总督府。

唐（618—907），“角斜场”称为“角斜亭”，后升亭为场。唐贞观元年（627）全国分十道，角斜居淮南道广陵（扬州），为煎盐场亭。唐开元二十一年（733），改全国为十五道，角斜仍为淮南道广陵郡所属。

北宋（960—1279），角斜属淮南东路，为泰州角斜场，是28个盐场之一。

元（1271—1368），全国设两淮都转运盐使司于扬州。29个盐场中，角斜场在其间。明代30个盐场，清代23个盐场，角斜都在其中。隶属两淮通州分司。

明洪武元年（1368），角斜场直隶中书省扬州府泰州县宁海乡二十九都。并设有角斜、李家堡等寨，同时设有角斜、李家堡等汛池。

清雍正二年（1724），角斜场属江苏布政使扬州府泰州县。

乾隆二十五年（1760），角斜场上建有盐课司以及盐课衙门，先后有黄之俊、张柏才、洪武担任过角斜场大使。

清乾隆三十三年（1768），泰州分县，析置扬州府东台县，角斜场属之，统治者治理盐政，仍在角斜场专门设立了官场衙门。据《嘉庆两淮盐法志》记载，角斜在东台境之东南距县一百六十余里，隶属泰州分司。系沿海中十场之一。南到袁庄、北到三仓、东到海边、西到北凌。

清宣统三年（1911），隶属东台县公署，角斜实行地方自治。

民国元年（1912），废府州厅，角斜属东台县。

民国十八年（1929）8月，实行区乡（小乡）制，角斜乡与栟茶乡行政局合并，改称为东台县第四区区公所，辖48个乡镇。其属于角斜范围者，计10个乡镇，即角斜镇、沿口乡、老庄乡、缪庄乡、康庄乡、范堑乡、居湾乡、周庄乡、杨庄乡、堡东乡。

民国二十三年(1934),乡镇又合并,将48个乡镇划并为24乡镇,人口12余万人。其中角斜镇、新坝乡、新园乡、康庄乡、马庄乡、沿口乡、居湾乡、范堑乡、周洋乡、周庄乡、旧场乡、富滩乡、赉南乡、赉北乡在角斜镇域内。实行保甲制,每百家为一保,每十家为一甲。每乡镇最多者为20保,最少者12保,均各立疆界,分绘地图。

民国三十年(1941)2月,抗日民主政权设泰东县,同时设立角斜区,角斜区辖有从栟茶区划来的旧场乡、富滩乡、康庄乡、角斜乡、赉南乡、赉北乡、周洋乡、周庄乡、范堑乡、沿口乡、居湾乡。

民国三十年(1941)10月,角斜区划分为角南、角北两个区,同时建立栟角办事处。

民国三十一年(1942)2月,泰东县将角斜区的来南、来北、周洋乡和唐洋区的新储、腰余、袁东、黑苴乡划出,成立唐角区。

民国三十一年(1942)11月,东台、泰东两县合并为东台县,将栟茶、角斜、旧场、李堡、立发、唐洋以及唐角区划分为东台县管辖。

民国三十二年(1943)1月,撤销唐角区,所辖乡分别并入唐洋区、角斜区。

民国三十二年(1943)冬,原唐洋区黑苴乡划归角斜区管辖。

民国三十四年(1945)2月,栟茶区的旧浒、富洋、大滘乡和启新乡的一部分划出并入角斜区。

民国三十四年(1945)10月,角斜区角斜、杨庄、周庄、范堑、沿口等划给紫石县,撤销角斜区。

民国三十五年(1946)11月,再建泰东县,角斜属泰东县。同年12月,泰东县并入东台县,撤销李堡区,恢复角斜区,旧场属之,角斜属东台县管辖。

民国三十八年(1949)6月,角斜区堤南的角斜、角西、沿北、范堑、杨庄、双缪,堤北的光明、赉南、十里乡划出,建立李堡区,划归海安县管辖,角斜区又被撤销。9月9日,栟北区划归如东县,旧场属栟北区。

1950年11月,角斜场划分为角斜、来南、周庄、角西、旧场、富滩、新联、新合等小乡。1952年8月成立角斜区和角斜区公所。根据政务院1950年和1951年颁发的5个法规法令规定,从1951年春开始改造旧保甲,建立村政权,实行"县、区、乡、村、邻"5级管理制。其中不仅把基层政权从县下伸到乡,而且还深入下伸到村。乡镇的建制规模,以人口为标准,实行"小区小乡制",平均每个乡镇控制在400多户。1954年11月又撤销角斜区,划为李堡区。1956年3月,角西、滩河乡部分并入角斜乡。沿口、范堑合并为沿口乡,周庄、杨庄合并为杨庄乡,隶属李堡区。1957年10月,角斜、来南、杨庄又合并为角斜乡。角斜(部分)与沿口合并为沿口乡。1957年10月,来南乡、杨庄乡、周庄乡合并为角斜乡。1958年成立角斜人民公社。

1959年4月,如东县旧场公社整体划归海安县。至此,角斜域内全部属海安县。

1962年,海安县将旧场人民公社海洋渔业大队划出,成立海洋渔业公社,1981年,海洋渔业公社更名为老坝港渔业公社。

1983年10月,角斜、旧场、老坝港、沿口改社为乡。

1986年,角斜撤乡建镇。

1995年,旧场乡与老坝港乡合并为老坝港乡。沿口撤乡建镇。2000年4月,沿口镇并入角斜镇。2002年,老坝港乡撤乡建镇。

2011年10月,撤销角斜镇、老坝港镇,组建新的角斜镇,老坝港经济开发区更名为老坝港滨海新区。2017年,全镇辖20个建制村、1个居委会,391个村民小组。

二、地名溯源

(一)角斜来历

角斜之名远不可考,且众说纷纭,在江苏其名独树一帜。自隋唐开始一直沿用至今。南宋时期《宋会要》中称角斜场。

角斜之地,生之颇早,绵延三千载。相传由于海水长期不懈地冲积,形成了广袤的海滩,成为海鸟飞来栖息、筑巢、繁衍之地。后人取名为"飞鸟之蛋",后神化为"飞来之滩",这就是飞家滩的由来。

又一传说,原角斜场似块木头塞子,斜着栟茶方向,人们称之为"角斜"。

再传,东海龙王的三太子,在龙宫里待腻了,一天擅自到海边游玩,偶然发现一头水牛在海滩上悠闲地啃草，太子好奇地跨上牛背在海滩上悠闲自得地溜达，玩得尽兴时，水牛不慎陷入泥潭中，太子见势不妙，立马离开牛背，而水牛在泥潭里不断挣扎，可越挣越陷，老牛“哞—哞—”几声惨叫后便被残酷的泥潭夺走了性命，后来赶海的人发现，水牛遇难时，头上的一对牛角，一头朝着西北，一头指向东南，遂称此为“角斜”。

“角”有一种释义是突入海中的尖形的陆地，“斜”有跟平面不平行不垂直之意，把此地称之为“角斜”名副其实。

据《两淮盐法志》《中十场志》《扬州府志》《东台县志》记载：隋唐时角斜场的别名叫“东斜”，场境东西十里，南北二十二里，其地形椭而长似一角，故名“角斜”。设过煎煮场亭，角斜场名始见于北宋理学大师程颢的《明道文集》。晚唐、五代曾称为“角斜亭”，以后升亭为场。“场”是古代盐场所设的一种产盐专门机构，始设于唐代宗宝应年间（762—763）；“亭”，据《宋史·食货志》载，煮海为盐，其煮盐之地曰亭场，取卤制盐的地点即为亭场。场治设在“富家滩”，而“富家滩”的旧名又称“费家滩”。据说清雍正二年（1724），由于海潮袭击居民逃至此地，因费姓颇多，遂称此地为“费家滩”。而角斜场之名，距今已有800多年历史。

历史上角斜地处黄海之滨，原为一处海滩荒地，自古居民以烧盐、捕鱼为生，乾隆十年（1745）在福星桥设有盐关，嘉庆时有灶户2639家，灶丁7232人，原有商垣17所，后又增至19所。

人们为了生计筑潮墩、修烟墩、建渔墩，形成历史上特有的人工标志。角斜域内的潮墩始建于隋唐时期，渔民下海有时遇到大潮，避潮不及，往往发生海难，为清除隐患，渔民们齐心协力，垒土为墩，方广3亩，高3丈有余，潮水未来时可登高察看潮情，潮水来临时可以上墩避水。据《扬州府志》载，清乾隆十一年（1746），角斜场内有潮墩8个，烟墩2个，光绪七年（1881），新建潮墩1个，改建潮墩2个。据《东台县志》清嘉庆（1796—1820）时，角斜域内有亭场576个，卤池576口，灶房1272所。

1992年，角斜镇总面积37.4平方公里，总人口2.5万人。

（二）沿口来历

沿口镇位于海安县东南一隅，地处栟茶运河北岸，南面、东面与如东县隔河相望，北侧东段与角斜镇接壤，西段北侧与李堡镇相邻。西临丁堡河，东濒滩河。

相传明朝初期，沿口曾是古代盐运河的出口处，故名“盐港口”，简称“盐口”，后演变为“沿口”。古沿口跨越栟茶运河两岸，河南河北都有集市，商家店铺琳琅满目，曾兴旺繁华一度。

民国二十九年（1940）后，沿口划分为范堑乡、居湾乡、沿口乡，隶属东台县角斜区。民国三十二年（1943）年底实行新乡制后，西部为范堑乡，下设凌南村、凌北村、解放村、新堑村、复兴村、兴隆村、树园村、腰中村、新坝村、大凌村。东部为沿北乡，下设小阳村、徐凌村、沿桥村、陈庄村、缪港村、滩河村、焦凌村、富沿村、钱凌村、蔡凌村。民国三十三年（1944）至三十五年（1946）隶属紫石县，而民国三十六年（1947）又属东台县。根据对敌斗争的需要，民国三十六年（1947）秋，范堑、沿北两乡合并为一乡。民国三十六年（1947）年底至1949年，又分为3个乡，西部还为范堑乡，下设复兴村、新农村、树园村、腰中村、新坝村、大凌村。中部为沿北乡，下设沿桥村、蔡凌村、凌河村、凌南村、凌北村、小阳村、徐凌村。东部为胜利乡（后改为滩河乡），下设宝山村、焦凌村、缪港村、陈庄村、富沿村、拥来村。中华人民共和国成立后3个乡隶属海安县，1958年10月3乡合并建立沿口人民公社，1983年9月改社为乡，下辖富沿村、焦凌村、滩河村、老庄村、蔡凌村、沿口村、居湾村、双凌村、范堑村、树园村、向阳村11个村、128个村民小组。1992年，总面积为28.8平方公里，总人口2.27万人。1995年5月撤乡建镇，2000年4月并入角斜镇。

（三）旧场来历

“旧场”历史上即为角斜盐场。角斜场场署于清雍正二年（1724）被海潮冲坍，乾隆三年（1738）角斜场大使黄三俊移建于费家滩（原角斜镇）。为与新场署所在场相区别，时人遂呼原场署所在场为“旧场”。此地名一直沿用至1995年11月“旧场乡”与“老坝港乡”合并之时（“文化大革命”期间曾一度更名为“海防人民公社”)。1995年,全乡总面积22平方公里,总人口1.97万人。

(四)老坝港来历

老坝港从清乾隆三十三年(1768)开始属东台县管辖,当时东台县有三大渔港,即弶港、老坝港和南港,历史上曾称为北弶和南弶中间有坝(指老坝港),老坝港是众多小港口的统称,老坝港又称南川港、洋北港(又曾叫老鼠洞),位于三十二总北海堤下。1949年,老坝港划归如东县,属旧场乡。1959年4月,旧场乡划归海安管辖,老坝港属旧场人民公社。1962年,县委、县政府将海洋渔业大队从旧场公社划出,成立海洋渔业公社。1981年,海洋渔业公社更名为老坝港渔业公社。1983年,老坝港渔业公社更名为老坝港乡。1992年,全乡总面积15平方公里,总人口3366人。1995年11月,旧场乡与老坝港乡合并,为老坝港乡。2002年老坝港乡撤乡建镇,辖8个建制村,分别是江海、建场、富港、顾陶、海港、通港、镇海、川港,124个村民小组,全镇面积36.8平方公里,滩涂面积1200公顷,总人口2.19万人。

第二节 行政区划

一、宋朝以前

宋以前,角斜为煎盐亭,亭本为秦汉时的基层行政单位,后来煎盐的小地方也叫亭,大地方叫场。亭古代就是“渟”或“汀”,水积聚而不流动,又指水边平地,而烧盐的地方需要地势平坦且靠海。

秦汉时乡里组织,以五家为伍,十家为什,百家为里,十里一亭,十亭一乡。唐代的村里组织,以四户为邻,五邻为保,百户为里,五里为乡,每里置里正一人。唐肃宗乾元元年(758),第五琦为盐铁使,总管全国盐政,初变盐法,“就山、海、井、灶收榷其盐,官置吏出粜,其旧业户并浮人愿为业者,免其杂徭,隶盐铁使……”可见此时已开始编户,究竟多少户编为一亭,有待研究。而当时角斜亭附近还没有民户,因为此时土地盐碱程度很高,且十分荒凉。

二、宋朝

灶区(场—灶—总—甲—户)

北宋熙宁年间(1068—1077),王安石厉行变法,实行保甲制度,“十家为一保……五十家为一大保……十大保为一都保……”北宋熙宁四、五年间(1071—1072),将“保甲法”推行于盐户中。盐区边缘(明清称为水乡灶户,后来成为民户)专用镬子(半圆底的锅子)煎盐,所产盐不交售公仓,专售商贩,当时称为“锅户”。北宋初按规定角斜场设盐灶10座,南宋时猛增到43灶2角,绍兴二十八年(1158)裁减为35灶,每灶有灶民20—30户。按场造册,划3—5户为1甲,设1名甲头,数甲编为1总,设有1名总辖。

民区(都保—保—甲—户)

南宋时期,保甲制度在调整中继续推行,乡村一般实行乡(一乡一里)、都、保、甲制,每一都保下设若干保,保以下设甲,每十家为一甲,甲头常常催税,正副都保履行原来耆长(也称耆户长,古代差役名,职司逐捕盗贼)的职责,大保长履行原来户长(宋代负责督催赋税的乡官)的职责。宋代角斜盐业高度繁荣,产量在淮东高居第二,很可能带动商业、农业的发展,应该有了一些民户。

三、元朝

灶区(场—团—灶—户)

角斜盐场下分团、灶,团由宋代的灶归并而来,内有百夫长(类似后来明代总催)。或三灶合为一团,或二灶合为一团。一场或三四团或五七团。盐户数量不够煎盐时,则拨附近民户编入灶籍。因档案资料缺失,故角斜具体团灶信息无从查考。

民区(都—团—社—甲)

在县一级以下民区,改乡为都,改里为团。至元七年(1270),统治者“颁农桑之制一十四条”，并规定：“县邑所属村庄，凡五十家立一社……”。出现了“甲”，以二十户为一甲，设甲生。具体角斜属于哪个都哪个团，缺乏史料记载。

四、明朝

泰州宁海乡二十九都包含栟茶、角斜、李堡（其民地属如皋）等地区。其中角斜场有1个里。角斜场盐课司（场治）所在地，没有划分为坊，说明商业还比较落后。

角斜场下灶户，数户编为1甲，设甲首；数甲编为1总，设总催；数总编为1团（一说1团110户，其中10户为总催，实际各场不一）；一场之中，少则设2团，多则设8团。嘉靖二十九年（1550），角斜场比较小，只有1个团10个总。根据抗击倭寇的史料应为高流团，与栟茶场许陵（浒澪）团以封墩分界。总下设灶，原则上每十人户设一个灶长，十个灶（甲灶）设一个百夫长，实际上数额不足。因百夫长属丁粮相应者，故有世袭作用。灶区的团类似于民区的里，合称团里。

民区（都—里—甲—户）到（场—团—总—甲灶—户）到（都—保—甲—户）

洪武十四年（1381），朝廷下令在全国范围内推行里甲制度。“以一百十户为一里，推丁粮多者十户为长，余百户为十甲，甲凡十人。岁役（每年赋役），里长一人，甲首一人，董一里一甲之事。先后以丁粮多寡为序，凡十年一周，曰排年。”洪武二十四年（1391），一都下辖若干里，同时都还直辖几十户。曾一度改为“编百户为里”，后恢复到“一百十户为一里”并一直保留到里甲制的瓦解为止。明代中后期，里甲制开始走向衰落，取而代之的是保甲制。

五、清朝

灶区（场—灶区—总—甲灶—户）

清代，编定各场灶籍户口，一场分为数总，一总分为数甲灶。角斜场分为10个灶区，在嘉庆《东台县志》角斜场图上有汤家灶、周家灶、洋边灶、直后灶、场后灶、楼后灶、新港灶、东洋北灶、西洋北灶、量留（浪流）灶。角斜因为面积较小，所以各灶区数量等同于各总。

民区（南场—团—保—甲—牌）

清顺治四年（1647）之后，前明的保甲制变更为里甲制。基本同于明初，仍以一百一十户为一里，推选丁粮多者十户为长，余百户为十甲，甲凡十人。康熙十年（1671），按田地置都里。雍正四年（1726）起，里甲制被保甲制替代，主要因为摊丁入亩的推行。“牌甲制”，以10户为1牌，10牌为1甲，10甲为1保。乾隆九年（1744）九月，再次编排保甲。嘉庆年间（1796—1820），角斜场包括角斜旧场和富家滩（角斜新场）两部分。整个

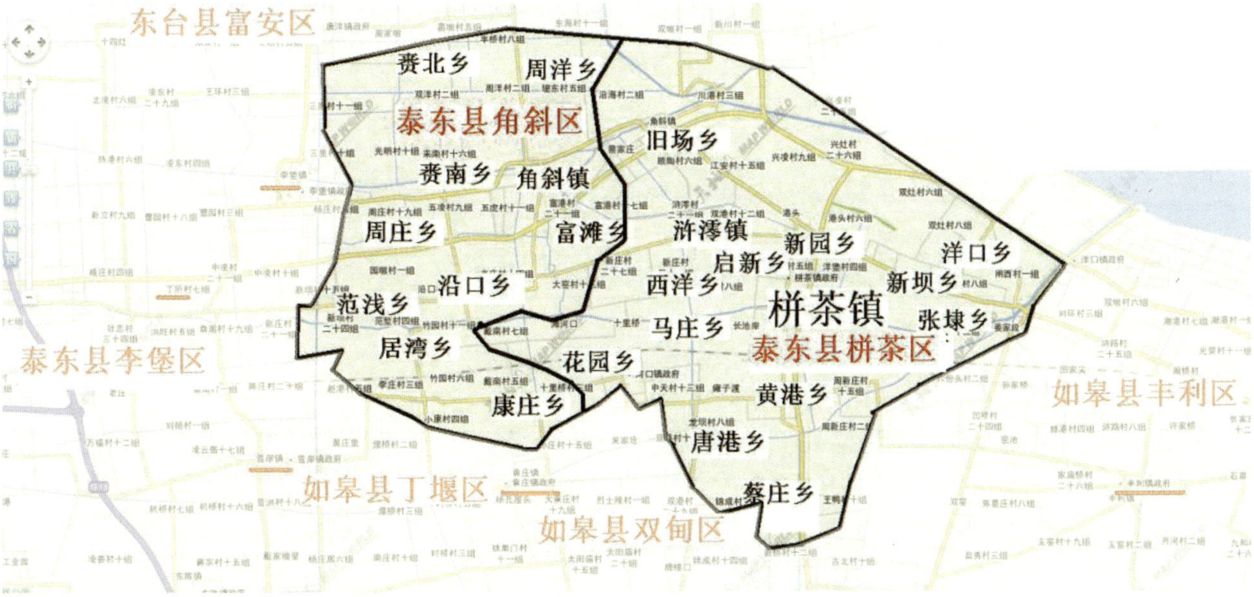

图1-1　1941年泰东县栟茶区、角斜区乡镇示意图（沈小洪制于2017年）

东台县下辖8都78团，原有490多个庄，后增加至691庄。角斜场属于南场(包括角斜、栟茶、富安、安丰、东台各场)，南场也是一种特殊的都，南场下有10个团，角斜镇范堑村附近为第十团，其他待考。团下面设保、甲、牌。

六、民国时期

民国十九年(1930)7月，国民政府公布组织法，县下面设区，在区里设区长；区的下面为村、里，设村长、里长；村、里的下面为闾，设闾长；闾的下面为邻，设邻长。

民国二十九年(1940)10月，新四军东进到角斜、栟茶，接管国民党第四区区公所，建立抗日民主政权，称栟茶区公所，沿用保甲制。

民国三十一年(1942)2月，新四军将赉北乡、赉南乡、周洋乡、角斜镇、富滩乡、周庄乡、沿口乡、居湾乡、范堑乡、居湾乡从栟茶区中划出，建立角斜区。栟茶运河以南的如东县袁庄镇北部也归属角斜区。此后行政区划变化频繁。民国三十二年(1943)，实行新乡制，小乡下设村，名称繁多。国民党也曾进行区划调整。

1950年2月行政区划情况表

表1-1

区	乡	所辖建制村
李堡区	角斜乡	朝福街 解放街 自由街 复兴村 桥中村 马港村 龙潭村 三河村 天奎村 汤勤村 墩里村
	来南乡	永丰村 中心 陈利 陆胜 联合村 康撇村 三合村 小洋村 一心 清和 三和 广元 小阳 王灯
	周庄乡	双龙村 新乡村 爱国村 五坊村
	杨庄乡	花鱼村 新洋村 复兴村 凌河村
	滩河乡	陈庄村 缪港村 拥来村 焦凌村 富沿村 宝山村
	沿口乡	沿桥村 小阳村 蔡凌村 凌河村 凌南村 凌北村 徐凌村
	范堑乡	大凌村 复兴村 腰中村 新坝村 新农村 树园村

1952年8月—1954年11月角斜区行政区划情况表

表1-2

区	乡	所辖建制村
角斜区	角西乡	龙潭 居洼 天奎 三河 汤勤
	来南乡	永丰 联合 小洋 三和 康撇 中心 陈利
	周庄乡	花鱼 中心 新洋 三民 复兴 团结
	滩河乡	滩河 焦凌 富沿 缪港 陈庄 钱凌
	沿口乡	沿桥 蔡凌 小阳 凌南 凌北 徐凌 凌河
	范堑乡	新堑 复兴 腰中 新坝 兴隆 树园 大凌

1956年角斜域内行政区划情况表

表1-3

区	原乡名	调整后乡名
李堡区	角斜 角西 滩河	角斜
	沿口 范堑	沿口
	周庄 杨庄	杨庄

1957 年 10 月角斜域内行政区划情况表

表 1-4

区	合并前乡镇	合并后名称
李堡区	角斜　来南　杨庄	角斜
	角斜(部分)　沿口	沿口

1992 年角斜域内行政区划情况表

表 1-5

乡镇名	驻地	村民委员会数(个)	村民小组数(个)
老坝港乡	吴家墩	5	7
旧场乡	旧场镇	14	120
角斜镇	角斜镇	14	139
沿口乡	沿口村	11	128

2011 年 10 月角斜镇行政区划情况表

表 1-6

名称	面积(平方公里)	所辖村
原老坝港经济开发区	35	—
原老坝港镇	26.67	富港　江海　顾陶　建场　海港　通港　镇海　川港
原角斜镇	67.7	五虎　周庄　双龙　角斜　来南　汤灶　新坝　范堑　沿口　老庄　滩河　五凌

1958—2017 年角斜镇新老村名称一览表

表 1-7

标准名称	曾用名	备　注
角斜村	角斜大队(村) 墩里大队(村) 角西大队(村)	驻地：角斜村十组 2001 年 4 月由墩里、角西、角斜合并
周庄村	周庄大队(村) (红光大队) 团结大队(村)	驻地：周庄村八组 2001 年 4 月由周庄、团结合并
汤灶村	汤灶大队(村) (红胜大队) 王墩大队(村) (红武大队)	驻地：汤灶村十四组 2001 年 4 月由王墩、汤灶合并
来南村	来南大队(村) (红灯大队) 堤北大队(村) (红星大队)	驻地：来南村二十组 2001 年 4 月由堤北、来南合并

续表 1－7

标准名称	曾用名	备　注
双龙村	双龙大队(村) (东风大队) 龙潭大队(村) (红阳大队)	驻地：双龙村四组 2001 年 4 月由龙潭、双龙合并
五虎村	五虎大队(村) 天奎大队(村) (红卫大队)	驻地：五虎村三组 2001 年 4 月由天奎、五虎合并
五凌村	蔡凌大队(村) (前进大队) 五坊大队(村)	驻地：五凌村七组 2001 年 4 月由蔡凌、五坊合并
沿口村	沿口大队(村) 居湾大队(村) (胜利大队)	驻地：沿口村二十一组 2001 年 4 月由沿口、居湾合并
新坝村	红星大队(村) (树园大队) 向阳大队(村)	驻地：新坝村十七组 2001 年 4 月由向阳、树园合并
范堑村	范堑大队(村) (新河大队、曙光大队) 双凌(村) (东升大队)	驻地：范堑村十四组 2001 年 4 月由范堑、双凌合并
老庄村	老庄大队(村) (联合大队)	驻地：老庄村八组 2001 年 4 月乡镇合并，还叫老庄村
滩河村	滩河大队(村) (东风大队) 焦凌大队(村) (联盟大队) 富沿大队(村) (团结大队)	驻地：滩河村十五组 2001 年 4 月由焦凌、富沿、滩河合并
江海村	江海原海防一大队 凌南原海防二大队	驻地：江海村十七组 2001 年 4 月江海、凌南合并
建场村	建海原海防四大队 旧场村原海防三大队	驻地：建场村十一组 2002 年建海、旧场合并
富港村	灶港村原海防五大队 马坝村原海防六大队 富滩村原海防七大队	驻地：富港六组 1994 年 4 月灶港、马坝合并 2001 年 5 月富滩并入富港村
海港村	陈坝村原海防八大队 新合村原海防九大队 枣树村原渔业五大队	驻地：海港村二组 陈坝 1998 年与新合合并为黄海村 2001 年与枣树村合并海港村
顾陶村	平新原海防十大队 顾陶原海防十一大队 兴堤原海防十二大队	驻地：顾陶四组 2010 年平新、顾陶、兴堤合并

续表 1-7

标准名称	曾用名	备注
通港村	东北村 1965 年移民组建成东北大队 通海村 1965 年移民组建成通海大队 三港村渔业三大队	驻地：通港村四组 2001 年 4 月东北、通海、三港合并
镇海村	镇海村原渔业一大队 万港村原渔业四大队	驻地：镇海一组 2001 年 4 月镇海、万港合并
川港村	原渔业二大队原东北大队 4 组	驻地：川港村三组

说明：原角斜、沿口、旧场、老坝港共有 44 个村，几次合并后为 20 个村，其中，新地名为 6 个，保留 14 个原地名，30 个村名消失

第三节 建制村(居)

一、角斜村

角斜村是原角斜镇政府所在地，2001 年 4 月由墩里村、角西村、角斜村三村合并而成，东邻建场村、富港村，北靠来南村，西郊双龙村，南毗五虎村、五凌村，有 22 个村民小组。205 县道、221 省道穿村而过，北凌河横贯东西，红星河、爱武河纵横南北。村东边是环镇东路，南北边是红旗路、人民路，北边是大来路，西边是拥军路、尚武路。村中心有成“十”字状的人民路。全封闭的农贸市场坐落于村中，农民一条街店面林立。全国闻名的角斜“红旗民兵团”史绩陈列馆建于村中。2009 年划出 380 亩拟建集革命传统教育、军事观光旅游、军事实弹射击、文化休闲娱乐于一体的国防园。至 2017 年年底，建成“红旗民兵团”团史教育区、国防特色区、民兵军事训练基地区、少年军校示范区。

角斜村是角斜古集镇的中心。市场繁荣、商贾云集，谓之鼎盛。很长时期内角斜镇政府 40 多个部门、单位分布在村中。2017 年，全村有 1509 户，总人口 4390 人，耕地面积 3565 亩。

2017 年，全村粮食作物面积 5475 亩，粮食总产量 2688 吨；油料作物 100 亩，油料总产量 20 吨；生猪年末存栏 668 头，年内出栏 559 头；羊子年末存栏 3056 只，年内出栏 2971 只；家禽年末存栏 1.17 万只，年内出栏 3.52 万只，全年禽蛋产量 274 吨。年末桑园面积 81 亩，桑蚕饲养量 239 张，蚕茧产量 15 吨。渔业养殖面积 128 亩，水产品产量 73 吨。现价农业总产值 7841 万元。全村总收入 170 万元，总支出 211 万元。2017 年，全村企业 93 家，其中工业企业 50 家，拥有纺织、针织、包装、磁材、渔网、服装、机械等支柱行业，其中规模以上的企业 8 家。华强染整、华安袜业 2 家企业分别实行年开票销售超亿元。2017 年，全村通自来水户数百分之百，广播电视用户数百分之百，全村拥有小轿车 50 辆，机动车 100 多辆。全村参加新型合作医疗 3843 人，参加农村社会养老保险 1620 人，享受最低生活保障 45 人。全村建电灌车口 8 座，建硬质渠道 1.04 万米。

墩里村地处原角斜镇西郊，北边与堤北村以北凌河、范公堤为界，南边与天奎村以中凌河为界，西边与龙潭村以九总河为界。合并前总面积 2.4 平方公里，总人口 1960 人，10 个村民小组，650 户。2001 年 4 月并入角斜村。

角西村位于角斜镇区，俗称“西街头”，东与角斜村相连，西至红星河，南至横港河，北至北凌河。合并前总面积 1 平方公里，3 个村民小组，300 多户，总人口 1000 多人。2001 年 4 月并入角斜村。

1960—2017 年角斜村负责人一览表

表 1-8

党支部书记		村委会主任		总账会计	
姓名	起讫时间	姓名	起讫时间	姓名	起讫时间
祁明发	1960.7—1965.8	缪龙其	1958.1—1964.12	顾绍基	1958.10—1976.3
曹显玉	1965.8—1970.7	康贻德	1965.1—1970.2	万鹤松	1976.4—1979.12
康贻德	1970.2—1975.3	刘广元	1970.3—1972.4	叶相如	1980.1—1988.12
刘广元	1975.4—1977.12	张桂生	1972.5—1977.4	刘俊德	1989.1—2000.4
姜惠忠	1978.1—1978.12	申启坤	1977.5—1985.4	周桂群	2000.4—2010.4
康承连	1979.1—1980.8	万鹤松	1985.5—1988.2	陈小梅	2010.5—2011.10
申启坤	1980.8—1985.2	叶相如	1988.3—1999.12	祁友山	2011.11—2016.2
张桂林	1985.10—1990.8	唐友法	2000.4—2007.12	缪江萍	2016.3—2017.12
戴光亚	1990.9—2000.4	周桂群	2008.1—2010.4	—	—
唐友法	2000.4—2010.4	申承桂	2010.5—2016.2	—	—
周桂群	2010.5—2017.12	徐　华	2016.3—2017.12	—	—

1958—2001 年角西村负责人一览表

表 1-9

党支部书记		村委会主任		总账会计	
姓名	起讫时间	姓名	起讫时间	姓名	起讫时间
王文俊	1958.10—1976.5	祁吉华	1958.10—1969.2	袁伯山	1958.10—1969.4
缪三其	1976.6—1978.10	康一桂	1969.3—1973.4	王正富	1969.5—1980.3
葛长珍	1978.11—1980.10	吴志高	1973.5—1983.10	申承桂	1980.4—1983.10
王正富	1980.11—1987.2	吴志高	1983.10—1988.3	申承桂	1983.10—1988.4
唐友法	1988.3—2001.4	申承桂	1988.4—2001.4	陈兆凤	1988.4—2001.4

1958—2001 年墩里村负责人一览表

表 1-10

党支部书记		村委会主任		总账会计	
姓名	起讫时间	姓名	起讫时间	姓名	起讫时间
陆文标	1958.10—1975.3	申必寿	1958.10—1964.4	袁宝文	1958.10—1966.4
缪　斌	1975.4—1983.10	缪　斌	1964.5—1975.12	顾伯元	1966.5—1990.3
缪　斌	1983.10—1990.3	唐友祥	1976.1—1979.10	沈志荣	1990.4—1999.12
季宝生	1990.4—2001.4	康一桂	1979.11—1983.10	周桂群	1999.12—2001.4
—	—	唐友祥	1985.3—1990.12	—	—
—	—	缪德芳	1990.12—2000.4	—	—

二、汤灶村

汤灶村2001年4月与王墩村合并而成。1953年，王墩村由原来南乡小村永丰村、联合村合并建置。村部设在一户王姓地主的住宅墩子上，因而得名王墩。东临古老的串场河，南至大码头山洪洞。王墩村过去有个花子街，在串场河赵家桥西侧，民国初年，逢小汛晒盐工挑盐篓，逢大汛渔民挑鱼篓，在此集散盐、渔等海货。盐民、渔民衣衫褴褛，故称“花子街”，后来因官府禁运私盐而销声匿迹。合并前，王墩村总面积4平方公里，总人口1560人。

汤灶村地处角斜镇的最北端，是角斜镇区边缘村，全村北部与东台市新街镇的周洋村、双洋村交界，西北部与唐洋镇郭沙村交界，西南部与李堡镇光明村交界，南边与本镇来南村为邻，东边与新街镇堤东村隔河相望。全村东西长6公里，南北宽1.5公里，占地约9平方公里。2017年，耕地面积6443亩，总户数1340户，总人口3727人，辖27个村民小组。

汤灶村是以韭菜生产为龙头的蔬菜大村，种植面积4000多亩，其中大棚种植1000多亩，生产的韭黄、韭芽远销广东、江西、浙江、山东、上海、安徽等省市。2004年汤灶村“金叶牌”韭黄被农业部、国家工商总局评审注册。2005年南京超大集团与汤灶村签约，将汤灶村定为集团的优质蔬菜生产基地。2006年南通市政府将汤灶村定为南通市优质蔬菜生产基地，2006年汤灶韭菜被评为江苏省无公害蔬菜，蔬菜收购点20多家。2007年，成立永红韭菜专业合作社。

2001年国家农业节水灌溉项目工程在汤灶村实施，2001—2007年国家土地整理项目工程也在汤灶村实施。2008年国家农业设施示范项目工程在汤灶村4组、5组建成。2017年，汤灶村粮食作物面积2940亩，总产量400吨；油料面积120亩，总产量24吨；生猪年末存栏200头，年内出栏609头；羊子年末存栏8500万只，年内出栏6090只；家禽年内存栏8.21万只，年内出栏7.35万只，全年禽蛋产量427吨；桑园面积65亩，产茧4.8吨；渔业养殖面积60亩，水产品产量68吨。现价农业总产值7315万元。村级总收入52万元，村级总支出140万元。参加农村合作医疗人数3479人，参加农村社会养老保险1331人。享受最低生活保障80人。全村摩托车、电动自行车1000多辆，农用拖拉机等机械30多台套，卡车、轿车等交通运输车辆120多部，百吨以上的运输船3艘。2017年汤灶村个体工商达120多户，外出经商、出国劳务、外出打工人员达600多人，个私工业、三产经济产值1.5亿元以上。

1958—2000年汤灶村负责人一览表

表1-11

党支部书记		村委会主任		总账会计	
姓名	起讫时间	姓名	起讫时间	姓名	起讫时间
卞必才	1958.10—1963.9	吴国章	1958.10—1960.2	张太祥	1958.10—1961.4
张太祥	1963.10—1969.10	王模文	1960.3—1961.4	顾礼南	1961.5—1964.6
张九祥	1969.11—1971.7	张太祥	1961.5—1963.7	王恒贵	1964.7—1969.10
符学富	1971.8—1982.4	符学圣	1963.8—1969.10	张太祥	1969.11—1982.9
康宜龙	1982.5—1983.10	王恒贵	1969.11—1972.11	缪连芳	1982.10—1983.10
康宜龙	1983.10—1987.7	符学才	1972.12—1975.10	缪连芳	1983.10—1999.3
符学群	1987.8—1993.10	康宜龙	1975.11—1982.4	李佳梅	1999.4—2000.4
韩忠海	1993.11—2000.4	符学群	1982.5—1983.10	—	—
—	—	韩忠海	1987.8—1993.10	—	—
—	—	康宜华	1993.11—1997.4	—	—
—	—	卞扣生	1997.5—2000.4	—	—

1958—1999 年王墩村负责人一览表

表 1-12

党支部书记		村委会主任		总账会计	
姓名	起讫时间	姓名	起讫时间	姓名	起讫时间
沈十俊	1958.10—1965.4	吴文春	1958.10—1964.4	汤春发	1958.10—1966.7
吴大如	1965.5—1968.5	吴祥召	1964.5—1966.7	浦凤祥	1966.8—1978.7
潘宝才	1968.6—1971.8	汤春发	1966.8—1968.9	汤友发	1978.8—1983.10
董明杨	1971.9—1976.10	董明杨	1968.10—1971.10	汤友发	1983.10—1994.9
李忠元	1976.11—1983.10	吴志富	1971.11—1983.10	曹　栋	1994.10—1999.3
李忠元	1982.3—1985.10	吴志富	1983.10—1985.10	汤桂泉	1999.4—2000.4
吴志富	1985.11—1988.11	汤友才	1985.11—1988.10	—	—
汤友才	1988.11—2000.4	顾佩高	1988.11—1999.3	—	—
—	—	汤友才	1999.4—2000.4	—	—

2000—2017 年汤灶村负责人一览表

表 1-13

党支部书记		村委会主任		总账会计	
姓名	起讫时间	姓名	起讫时间	姓名	起讫时间
王善平	2000.4—2001.4	卞扣生	2000.4—2001.4	李佳梅	2000.4—2001.4
汤友才	2001.5—2004.4	王善平	2001.5—2004.4	韩九裕	2001.5—2003.4
王善平	2004.5—2010.4	汤友才	2004.5—2007.6	黄春生	2003.5—2013.4
高金珠	2010.5—2010.9	卞扣生	2007.7—2010.10	韩九裕	2013.5—2015.11
卞扣生	2010.10—2016.4	吴银山	2010.11—2016.4	王建华	2015.12—2017.12
吴银山	2016.5—2017.12	卞小建	2016.5—2017.12	—	—

三、周庄村

周庄村位于角斜镇西郊，西边与李堡镇园墩村交界，南边与角斜镇的范堑村、沿口村、五凌村相连，东边与五凌村、双龙村相邻，北边以北凌河为界，与李堡镇光明村相望。

民国三十年（1941）至三十四年（1945），周庄乡隶属角斜区，1950 年属李堡区，1952 年 8 月至 1954 年 11 月又属角斜区，周庄乡下辖花鱼村（村委会主任顾本圣）、中心村（村委会主任赵二其）、新洋村（村委会主任徐希良）、三民村（村委会主任陈国先）、复兴村（村委会主任陈义甫）、团结村（村委会主任申三玉）。乡政府设在张志祥家，乡政府由顾本余任指导员、罗发银任乡长、周平任财委，后期顾本圣调任民政主任，李十文任民兵大队长（天奎村人）。1955 年至 1956 年 5 月分别成立花鱼、中心、新洋、三民、复兴、团结 6 个高级合作社。1956 年将周庄乡、杨庄乡合并为杨庄乡。1958 年 8 月成立角斜人民公社，划为周庄大队、团结大队。1969 年 2 月经县革会同意将周庄大队更名为红光大队（辖 13 个生产小队），团结大队队名不变（辖 10 个生产小队）。1973 年因九总河竣工，地域调整，将原团结大队的四队、一队、十队划为双龙大队。1983 年 11 月将红光大队更名为周庄村（辖 13 个村民小组），团结大队改为团结村（辖7个村民小组），2001年根据县区划调整要求，角斜镇政府将周庄村、团结村合并为周庄村。

周庄村水利设施配套，交通优势凸显。北凌河在村北部横穿东西，中凌河横穿村中心东西，三五河、住宅区河道共10条横穿各住宅区东西，与九总河、周庄河相交。2002年至2008年间镇政府按规划将各住宅区河道、中凌河、三五河、九总河、周庄河进行捞浅，填废沟废塘，增加土地面积400多亩。五周路（水泥硬质路道）南北贯穿村中心，北到海防公路（221省道）、南到丁沿公路。2008—2009年又在村西部南北建造砂石路一条，北到海防公路，南到村13小组，2016年改为硬质水泥路。2017年，周庄村各住宅区门前均为水泥路。

2017年，周庄村耕地面积5176亩，20个村民小组，1320户村民，总人口为3430人。粮食作物面积9075亩，粮食总产5100吨；油料面积310亩，总产量80吨；生猪年末存栏1150头，年内出栏3219头；羊子年末存栏2357只，年内出栏3857只；家禽年末存栏5.26万只，年内出栏2.35万只，全年禽蛋产量895吨；年末桑园面积259亩，养蚕512张，蚕茧产量19吨；渔业养殖面积118亩，水产品产量58吨。现价农业总产值7167万元。村级总收入85万元，村支出70万元。参加农村新型合作医疗3065人，参加农村社会养老保险1235人，享受最低生活保障41人。周庄村2017年有农业机械26台套。全村有卡车22辆，轿车20辆，电动车2500辆。至2017年，周庄村有各类企业28家，其中工业企业20家。

1958—1999年周庄村负责人一览表

表1-14

党支部书记		村委会主任		总账会计	
姓名	起讫时间	姓名	起讫时间	姓名	起讫时间
康宜领	1958.1—1960.5	解北贵	1958.1—1960.5	赵志根	1958.1—1962.5
顾本圣	1960.6—1972.8	顾本余	1960.6—1966.5	李元才	1962.6—1964.10
缪三其	1972.9—1980.8	缪凤元	1966.6—1972.8	赵志根	1964.11—1987.3
王根山	1980.9—1988.10	顾本圣	1972.9—1986.10	季本桂	1987.4—1993.4
吴宝生	1982.11—1986.10	王元凤	1977.7—1986.10	王忠明	1993.5—1993.11
王元凤	1986.11—1988.10	符仁余	1986.11—1989.4	缪四梅	1993.12—1999.10
顾善乔	1988.11—1993.4	缪桂明	1989.5—1993.4	—	—
缪桂明	1993.5—1996.10	季本桂	1993.5—1994.10	—	—
于　丽	1996.11—1999.10	—	—	—	—

1958—2001年团结村负责人一览表

表1-15

党支部书记		村委会主任		总账会计	
姓名	起讫时间	姓名	起讫时间	姓名	起讫时间
管一桂	1958.10—1971.10	李玉圣	1958.10—1959.10	李九龙	1958.10—1976.6
李志兰	1971.11—1972.10	周鹏根	1959.11—1961.10	邵正德	1976.6—1985.9
陈义生	1972.11—1976.10	申志明	1961.11—1972.10	王秀凤	1985.10—1992.3
李玉圣	1976.11—1985.12	李玉圣	1972.11—1976.10	卞宏坤	1992.4—2001.10

续表 1-15

党支部书记		村委会主任		总账会计	
姓名	起讫时间	姓名	起讫时间	姓名	起讫时间
陈　真	1985.12—1992.3	陈　真	1976.10—1985.11	—	—
汤桂连	1992.4—1993.3	王春明	1985.12—1992.3	—	—
王秀凤	1993.4—1996.5	王秀凤	1992.4—1993.3	—	—
张　勇	1996.6—1998.5	张　勇	1993.4—1996.5	—	—
于正宏	1998.6—2001.10	卞宏发	1996.6—2001.10	—	—

1999—2017 年周庄村负责人一览表

表 1-16

党支部书记		村委会主任		总账会计	
姓名	起讫时间	姓名	起讫时间	姓名	起讫时间
王忠明	1999.11—2001.9	王忠明	1994.11—2000.4	缪四海	1993.11—2003.9
许爱国	2001.10—2011.4	缪敢悦	2000.5—2011.10	李　进	2003.10—2011.10
王忠明	2011.5—2013.4	李　进	2011.11—2012.5	缪建宏	2011.11—2012.5
曹　蕾	2013.5—2015.3	缪建宏	2012.6—2014.9	缪四梅	2012.6—2015.12
李　兵	2015.4—2017.12	李　进	2015.10—2017.12	卞进慧	2015.2—2017.12

四、来南村

来南村位于角斜镇的北部，距镇政府 8 公里。村南以北凌河为界，西接李堡镇光明村，北与汤灶村为邻，东与东台市新街镇堤东村相接。来南村古代为海洋，南宋初官府将范公堤从富安续修到角斜，此时来南村变成了范公堤外的海滩，盐民在此烧盐。

民国元年至民国十三年（1921—1934），苏北五县属淮南盐坊，居民主要为盐民，人烟稀少，每平方公里约 6—7 人，当地民谣说“三尺海堤九尺蒿，蒿子头上浪滔滔”。清末年间张謇组织通州、海门两县总共 20 万客籍农民移民至苏北五县，继大有垦牧公司建立之后，又建大赉公司。大赉公司南至范公堤，东至董家仓（村二十三组、新街镇堤东村四组一带），北至六排（新街镇半边街），西至陆家桥（李堡镇永忠村九组），总部设在陈家仓（来南二组）。张謇组织农民废灶新垦，挖沟排碱，种植棉花。按照方位，属大赉公司最南边，故名来南。

民国三十年（1941）来南建乡，属东台县角斜区，来南乡下辖 12 个村（中心、陈利、陆胜、清和、王灯、联合、小阳、康撇、一心、广元、三和、永丰）。来南乡第一任指导员是黄兴元、乡长范汉章，基干民兵大队长吴国华，农抗会主任吴大志。1952 年，中心村由蒋凤银、蒋学珍父女俩组织建立全县第一个互助组，1953 年 3 月 15 日在全省第一个建立由 12 户组成的初级社，同年 7 月增至 36 户，县委书记景文光、县农工部长罗昌国参加建社大会，立社章 36 条，县委派出由薛志忠（县政协主席）、吴铭、陈继芳、周桂章组成的工作组到初级社指导工作。

1958 年撤乡建立人民公社，来南乡的中心、陈利（部分）、广元、一心、陆胜（1959 年划建堤北农业试验场）、清和（部分）组建来南大队。来南大队辖 12 个生产小队，1968 年来南大队更名为红灯大队，1983 年撤红灯大队改为来南村。2001 年区划调整，堤北村与来南村合并组建来南村。

堤北村在 1959 年由来南大队和王墩大队划

拨部分生产队组建堤北农业试验场。1968 年，“文化大革命”期间，堤北农业试验场更名为红星大队。1983 年，因地处范公堤北侧，红星大队改名为堤北大队。

来南村以特种经济作物闻名于海安县，早在 1968 年就开始种植药材达 50 多个品种，1987 年由村民自愿入股成立跨地区南通市首家“大来特种经济作物合作社”，2009 年改名为“海安县药材专业合作社”。

来南村种植药材贝母面积 3000 多亩，年销售 2000 多吨。村民收购贩运蔬菜的达 80 多户，外地到村内收购蔬菜的老板更多，每年吞吐量约为 10 万吨，1991 年来南村建成全县首家村级农贸批发市场。1995 年 3 月，来南村获“全国造林绿化千佳村”称号。

来南村的小方红柿子远销上海、福建、浙江、安徽、河北、南京、苏州、南通、盐城、无锡等省市。1999 年，来南村发展庭院经济的做法被省、市、县多家报刊、电台、电视台多次报道。红旗出版社《当代共产党人》专题报道：“在希望的田野上，来自江苏省海安县角斜镇来南村报告……”

2017 年，来南村粮食作物面积 3960 亩，总产量 2900 吨；油料面积 97 亩，总产量 18 吨；生猪年末存栏 678 头，年内出栏 719 头；羊子年末存栏 4045 只，年内出栏 4533 只；家禽存栏 5.05 万只，年内出栏 13.64 万只，出售禽蛋 436 吨，其中养殖大户有 23 户，万羽鸡场 2 个。桑园面积 95 亩，养蚕 248 张，蚕茧产量 13 吨。渔业养殖面积 193 亩，水产品产量 196 吨。2017 年现价农业总值 6127 万元。村级总收入 61 万元，村级总支出 135 万元，村级年末收益 24 万元。2017 年，人口 4517 人，总户数 1256 户，23 个村民小组，耕地总面积 5555 亩。

来南村 2017 年，参加农村新型合作医疗 2959 人，参加农村社会养老保险 1520 人，享受最低生活保障 60 人。有大型拖拉机 6 辆、车口 3 座，硬质渠道 8000 多米，农田耕种收割实现机械化。村中有各类企业 36 家，其中，工业企业 20 家。主要为渔网、针织、食品、水泥制品、纸业用品、林业、塑料制品、药材加工等。

来南村水陆交通四通八达，海防公路、角新公路穿越本村，角汤路、大来中路都为水泥路，长 4.2 公里，砂石路 11 条 31 公里，形成六横六纵的道路网络。国家二级河北凌河为本村最南边的大河，西有沿港河，中有马路河、角沿河，东有红星河贯穿南北，保证旱可灌、涝可排。

来南村 2017 年个人拥有汽车、卡车、轿车 150 多辆。村有老年人活动室。农家书屋、民兵书屋，共藏书 1200 多册，方便村民借阅，定期开放。

图 1-2　全国造林绿化千佳村

图 1-3　全国庭院经济高效产业专业示范

1958—1999 年来南村负责人一览表

表 1－17

党支部书记		村委会主任		总账会计	
姓名	起讫时间	姓名	起讫时间	姓名	起讫时间
蒋学珍	1958.10—1972.4	龚晋祥	1958.10—1972.4	施汉龙	1958.10—1962.7
龚晋祥	1972.5—1980.5	王资柏	1972.5—1980.5	张祥松	1962.8—1987.3
王资柏	1980.6—1989.5	周锦成	1980.6—1987.3	康传银	1987.4—1999.5
施仲如	1989.6—1991.5	施仲如	1987.4—1989.5	—	—
吴光珍	1991.6—1994.3	陆忠山	1989.6—1991.10	—	—
沈松林	1994.4—1999.12	王兴林	1991.11—1996.10	—	—
—	—	高松明	1996.11—1999.12	—	—

1959—1999 年堤北村负责人一览表

表 1－18

党支部书记		村委会主任		总账会计	
姓名	起讫时间	姓名	起讫时间	姓名	起讫时间
王如发	1959.2—1963.12	吴大如	1959.2—1964.12	施汉鼎	1959.1—1959.12
戴国祥	1964.1—1966.12	徐桂和	1965.1—1966.6	顾礼南	1960.1—1961.1
王如发	1967.1—1971.12	汤成根	1966.7—1980.6	袁建功	1961.2—1986.2
徐桂和	1972.1—1976.6	顾三云	1980.7—1982.4	黄朝香	1986.3—1999.1
汤成根	1976.7—1986.2	卞长玉	1982.5—1986.2	黄春生	1999.2—1999.12
卞长玉	1986.3—1990.12	潘俊华	1986.3—1990.12	—	—
潘俊华	1991.1—1994.12	刘春田	1991.1—1994.12	—	—
王兴田	1995.1—2001.4	黄春生	1995.1—1999.1	—	—
—	—	王兴田	1999.2—2001.4	—	—

2000—2017 年来南村负责人一览表

表 1－19

党支部书记		村委会主任		总账会计	
姓名	起讫时间	姓名	起讫时间	姓名	起讫时间
沈松林	2000.4—2017.12	高松明	2000.1—2001.3	康传银	2000.1—2001.1
—	—	沈松林	2001.4—2010.3	韩九裕	2001.1—2001.6
—	—	高松明	2010.4—2015.4	黄春生	2001.1—2013.9
—	—	殷成浩	2015.5—2017.12	韩九裕	2001.10—2013.1
—	—	—	—	黄春生	2013.2—2015.11
—	—	—	—	陆　平	2015.12—2017.12

五、沿口村

沿口村地处角斜镇南片，位于南片东西中心地段，为原沿口镇政府驻地。2001年4月由原沿口村、居湾村合并而成。南边以栟茶运河为界，西隔东升河为范埑村，东隔老庄河为老庄村，北边隔住宅河分别与范埑村、周庄村、五凌村为界。总面积为3.5平方公里。相传沿口村始于明朝中期，当时朝中奸宦魏忠贤谋反阴谋败露后，被灭九族。魏忠贤所居苏州昌门45公里方圆内与魏忠贤有牵连的三亲六眷均被杀光，无牵连的百姓被发配到边疆服劳役，有部分百姓被发配到黄海之边开发盐场。盐场生产的盐由一条小河运至栟茶运河后再运往外地，这条盐运小河被盐民们取名为盐港河，坐落在盐港河与栟茶运河相交处的村被取名为盐口村。后因盐港河北端住着一户蔡家凌的读书人，认为"那时家家户户踏咸菜，任何菜同盐都是死对头"，遂上告当时东台县衙，不准用盐字取地名，后经县衙调解将"盐"改为"沿"。从此，盐港河改称沿港河，盐口村改称沿口村。

明、清、民国时期，沿口村属东台县栟茶区，抗战时期栟茶运河北岸为沿北乡(栟茶运河南岸为沿南乡)，解放初改为沿口乡，沿口村属海安县李堡区，1958年10月改为沿口人民公社沿口大队。1983年改为沿口乡沿口村。

居湾村过去叫"居家湾"，因原栟茶运盐河(栟茶运河)在此弯弯曲曲且居氏族人较多而得名。民间有南北居湾之分。居湾曾建过乡，隶属栟茶区，几经区划调整后属角斜区，1958年成立沿口人民公社后，居湾乡改为胜利大队，1983年改为居湾村，2001年居湾村并入沿口村。

沿口村域内的"沿港河"是一条最古老的南北走向的内河道，明朝时期为盐场运盐的水道。沿港河上的沿口桥，解放前取名"火洼桥"。当时为木桥，1977年改建为钢筋水泥结构的桥，取名为"沿口大寨桥"。2003年丁沿公路重筑，大桥也重建，又更名为"沿口大桥"。

沿口村与居湾村合并后成国家商品粮基地村，主要粮食作物有水稻、小麦、大豆。2017年，耕地4145亩，总人口3393人，总户数1242户，21个村民小组。

2017年，农作物面积7480亩，粮食总产4780吨；油料面积102亩，总产量5吨。2017年，全村有万羽养鸡场2户，千羽养鸡场8户，家禽年末出栏9.19万只，存栏1.23万只；百头以上养猪大户3户，年末存栏250头，出栏3465头；蚕桑面积268亩，年产蚕茧9吨以上；渔业养殖面积513亩，水产产量54吨。2017年，全村现价农业总产值6135万元。村级总收入87万元，村级总支出39万元。

2017年，沿口村有各类企业46家，其中工业企业36家。沿口村商业街道共有各类商品批发零售商店187个，餐饮业21个，服务业53个。

沿口村交通发达，水上交通内有沿港河从沿口村中心穿过，南接栟茶运河。陆上交通更为便捷，省道双沿公路由南向北从沿口村中心而过，南通如东，北接328国道，丁沿路由西向东从沿口村中心穿越，西接丁所直通海安县城，东通如东县浒澪。沿口村域内有水泥路两条，五周路、大庆路、村民住宅区都建有水泥路。2017年全村卡车、汽车共180多辆。100%的村民住上楼房，100%的农家装上电话、有线电视，100%的村民饮用自来水，100%村民参加新型合作医疗，参加农村社会养老保险1098人，享受最低生活保障51人。

1958—1999年沿口村负责人一览表

表1-20

党支部书记		村委会主任		总账会计	
姓名	起讫时间	姓名	起讫时间	姓名	起讫时间
刘殿元	1958.1—1958.5	张和松	1958.1—1958.3	缪永康	1958.1—1958.5
缪永康	1958.6—1966.12	缪如山	1958.4—1960.2	卢耀林	1958.6—1959.4

续表 1-20

党支部书记		村委会主任		总账会计	
姓名	起讫时间	姓名	起讫时间	姓名	起讫时间
顾培银	1966.3—1970.11	卢耀林	1960.3—1970.11	冒俊宏	1959.5—1961.4
卢耀林	1970.12—1974.9	王九义	1970.12—1974.9	顾培银	1961.5—1966.2
王九义	1974.10—1978.5	缪文华	1974.10—1982.6	缪爱生	1966.3—1969.11
周　云	1978.6—1984.6	缪五云	1982.7—1991.9	缪五云	1969.12—1984.5
缪文华	1984.7—1991.9	缪五荣	1991.10—1996.5	缪五荣	1984.6—1991.9
缪五云	1991.10—1997.10	吴　宏	1996.6—1999.12	曹秀兰	1991.11—1999.12
吴　宏	1997.11—1999.5	—	—	—	—
缪五荣	1999.6—1999.12	—	—	—	—

1958—1999 年居湾村负责人一览表

表 1-21

党支部书记		村委会主任		总账会计	
姓名	起讫时间	姓名	起讫时间	姓名	起讫时间
居　成	1958.1—1958.10	缪家生	1958.1—1958.10	缪家怀	1958.1—1982.12
缪家生	1958.11—1966.3	缪成礼	1958.11—1966.3	居九玉	1983.1—1989.12
缪成礼	1966.4—1975.4	缪家生	1966.4—1986.7	居成根	1990.1—1991.12
卢耀林	1975.5—1977.4	陈宝文	1987.8—1991.12	缪德林	1992.1—1998.4
居根山	1977.5—1986.12	居成根	1992.1—1995.7	居成林	1998.5—1999.12
居宝山	1987.1—1992.4	缪庆辉	1995.8—1999.12	—	—
翟慧娟	1992.5—1992.9	—	—	—	—
居成根	1992.10—1999.12	—	—	—	—

2000—2017 年沿口村负责人一览表

表 1-22

党支部书记		村委会主任		总账会计	
姓名	起讫时间	姓名	起讫时间	姓名	起讫时间
缪五荣	2000.1—2003.8	缪庆辉	2000.1—2001.7	曹秀兰	2000.1—2002.6
居成林	2003.9—2007.8	缪五荣	2001.8—2003.7	居成林	2002.7—2003.8
吴　宏	2007.9—2009.8	吴　宏	2003.8—2010.7	曹秀兰	2003.9—2009.8
曹秀兰	2009.9—2012.3	缪庆辉	2010.8—2014.12	宗建华	2009.9—2016.12
吴美红	2012.4—2014.12	缪爱云	2015.1—2017.12	任海茂	2017.1—2017.12
缪庆辉	2015.1—2016.12	—	—	—	—
宗建华	2017.1—2017.12	—	—	—	—

六、五凌村

五凌村位于角斜镇腹部，东邻五虎村，西邻周庄村，北与双龙相邻，南与沿口村接壤。总面积约5.5平方公里，全村辖22个村民小组。2001年4月，五凌村由沿口镇蔡凌村和角斜镇五坊村合并而成。蔡凌村前身为前进大队。五坊村前身隶属周庄村七、八、九3个组，1970年沿港河开挖后从双龙村划分而来，并与天奎村部分组合而成。

合并后的五凌村，基础设施配套齐全。村内有四横两竖9.5公里的水泥路，有8座电灌车口，有大型收割机5台，挖掘机2台。另有插秧机、开沟机多台。建有2万多米的硬质渠道。

便民服务中心内设有老干部活动室、关心下一代工作室、劳动保障服务站、图书室、篮球场、棋牌室、社区卫生服务站，综治工作"三室"建设全镇领先。2017年，全村拥有轿车65辆，卡车121辆，其中载重30吨以上的大卡车有11辆。户户通自来水，户户通广播，有线电视覆盖率95%。2017年总人口3408人，总户数1246户，年末实有耕地面积4289亩。

2017年，五凌村拥有工业企业13家，其中有水泥制品厂、拉丝厂、钢丝弹簧厂、塑料制粒厂、玻璃马赛克厂、拉丝粉末厂、排水板厂、织布厂。在双沿公路要道路口有服务业、粮食加工业，各种修理服务、塑料制品、废品回收、食品加工等个体商业户30多家。形成繁华的商业小区。三产业年收入6000万元。

2017年，五凌村粮食作物面积8325亩，总产量4200吨；油料面积230亩，总产量56吨；生猪存栏850头，出栏864头；羊子存栏3127只，出栏3212只；家禽存栏1.38万只，出栏6.02万只，禽蛋产量416吨；桑园面积98亩，养蚕348张纸，蚕茧产量15吨；渔业养殖面积56亩，水产品产量12吨。全年农业总产值4900万元，村级总收入91万元，村级总支出75万元。全村参加农村新型合作医疗2602人，参加社会养老保险925人，享受最低生活保障91人。

1957—1999年蔡凌(前进)村负责人一览表

表1-23

党支部书记		村委会主任		总账会计	
姓名	起讫时间	姓名	起讫时间	姓名	起讫时间
潘春富	1957.2—1969.2	吴正领	1958.2—1962.3	程连富	1955.1—1957.12
周远明	1969.3—1970.10	蔡丙富	1962.4—1989.10	刘子忠	1958.1—1959.12
缪四元	1970.11—1975.3	高　林	1989.11—1993.5	缪四元	1960.1—1970.1
赍长春	1975.4—1990.4	林金生	1993.6—2001.12	刘子忠	1970.2—1988.9
蔡丙富	1990.5—1993.10	—	—	蔡正银	1988.10—1992.5
高　林	1993.11—1999.12	—	—	符仁清	1992.6—1999.12

1958—1999年五坊村负责人一览表

表1-24

党支部书记		村委会主任		总账会计	
姓名	起讫时间	姓名	起讫时间	姓名	起讫时间
韩桂来	1958.7—1964.7	缪龙渠	1964.2—1966.10	符文友	1960.1—1970.12
申启章	1964.8—1966.10	顾佩和	1966.11—1982.10	缪芝祥	1971.1—1976.10
缪德林	1966.11—1976.6	孙兴付	1982.11—1993.6	周书明	1976.11—1981.11

续表 1-24

党支部书记		村委会主任		总账会计	
姓名	起讫时间	姓名	起讫时间	姓名	起讫时间
缪芝祥	1976.7—1982.10	李志生	1993.7—1993.10	缪　建	1981.12—1993.10
顾佩和	1982.11—1983.10	缪　健	1993.11—1999.12	缪亚军	1993.11—1999.12
顾佩和	1983.10—1993.6	—	—	—	—
李志生	1993.7—1999.12	—	—	—	—

2001—2017 年五凌村负责人一览表

表 1-25

党支部书记		村委会主任		总账会计	
姓名	起讫时间	姓名	起讫时间	姓名	起讫时间
高　林	2000.1—2003.10	高　林	2001.4—2004.5	符仁清	2000.4—2001.5
林金生	2003.11—2015.4	缪亚军	2004.6—2015.4	蔡正银	2001.6—2001.10
蔡小勤	2015.5—2017.12	顾海燕	2015.5—2017.12	李志生	2001.11—2003.12
—	—	—	—	缪亚军	2004.1—2013.6
—	—	—	—	顾海燕	2013.7—2015.4
—	—	—	—	陈晓辉	2015.5—2017.12

七、老庄村

老庄村地处角斜镇南端，南邻栟茶运河，西靠沿口村，北边东边与滩河村为邻。

古时的老庄是一个三角形小岛，俗称“蟆岛”，后称老庄。解放前曾是一个集叶家行、吉家染坊、粮行、猪行、四门店（棺材铺）、马二小店、学校为一体的集市中心。老庄在运盐河（栟茶运河）边有“毛二”渡口，名扬方圆百里，曾是一个重要的交通要口。

中华人民共和国成立后，老庄村由缪港村、陈庄村、钱凌村合并而成，隶属滩河乡。后归角斜乡，为角斜乡第四分社。1957 年归属沿口乡。1958 年沿口人民公社成立，改名为联合大队。1983 年又更名为老庄村。是当时海安县最大的建制村。2001 年 4 月区划调整，老庄村成为角斜镇唯一没有被合并的建制村。2017 年，老庄村总面积 3.75 平方公里，总人口 2810 人，总户数 910 户。实有耕地面积 3716 亩，下辖 14 个村民小组。

农业以种植小麦、水稻为主，大豆、棉花为辅。2017 年，全村粮食作物面积 5604 亩，总产量 1420 吨；油料面积 60 亩，总产量 14 吨；有桑田 438 亩，养蚕 330 张，蚕茧产量 12 吨；生猪出栏 2159 头，存栏 680 头；羊子出栏 2533 只，存栏 2100 只；家禽年末存栏 17.55 万只，出栏 2.35 万只；禽蛋产量 1166 吨；渔业养殖面积 118 亩，水产品产量 58 吨。全村有农业机械 84 台套，其中拖拉机 26 台，抽水机 8 台，免耕机 35 台，挖墒机 5 台，插秧机 10 台，收割机 5 台。农业总产值 8484 万元。

老庄村有各类企业 13 家，其中工业企业 7 家。主要以针织、纺织、电脑编织、电脑绣花、服装为主。老庄村是有名的建筑之村。以村民为龙头的大小建筑队伍遍及大江南北，千余人在各地搞建筑承建工程。全村拥有各种汽车 50 多辆。2017 年，村级总收入 86 万元，村级总支出 70 万元。参加农村新型合作医疗 1713 人，参加农村社会养老保险 1278 人，享受最低生活保障 36 人。

1955—2017 年老庄村历任主要负责人一览表

表 1－26

党支部书记		村委会主任		总账会计	
姓名	起讫时间	姓名	起讫时间	姓名	起讫时间
徐守来	1955.2—1961.7	徐明海	1958—1961.12	缪锦发	1958—1961.7
张广明	1961.8—1972.12	陈二圣	1962.1—1965.7	杨宝富	1961.8—1965.7
缪永富	1973.1—1984.7	杨宝富	1965.8—1970.3	赵怀高	1965.8—1975.7
陈桂连	1984.8—1988.7	缪永富	1970.4—1973.1	任乃林	1975.8—1980.7
张广宏	1988.8—1990.4	陈桂连	1973.2—1983.12	李炳山	1980.8—1988.7
季宝山	1990.5—1991.5	张广宏	1984.1—1988.7	徐希田	1988.8—1995.12
陈桂富	1991.6—2013.7	徐功元	1988.8—2001.6	薛鹤群	1996.1—2012.2
罗志宏	2013.8—2017.12	陈桂富	2001.7—2010.7	王春香	2012.3—2013.3
—	—	罗志宏	2010.8—2015.7	任海茂	2013.4—2015.4
—	—	任昌荣	2015.8—2017.12	张苛青	2015.5—2017.12

八、新坝村

新坝村位于角斜镇的西南角。西靠丁堡河，南靠栟茶运河，北邻中凌河，东与范堑村相邻。2001 年 4 月由向阳村、树园村合并成为新坝村。

民国二十九年(1940)，新坝村属范堑乡。当时范堑乡下设新坝村、腰中村、树园村、新农村。1956 年成立初级社，1957 年成立高级社。设新民社、幸福社、树园社、新农社。1958 年成立人民公社时，新民社、幸福社合并为范堑生产大队，由 12 个小队组成。新农社、树园社合并为树园生产大队，由 16 个小队组成。“文化大革命”时期，范堑大队改为向阳大队，树园大队改为红星大队。沿口人民公社改为沿口乡时，向阳大队改为向阳村，红星大队改为树园村。

新坝村称之为角斜镇西南大门，交通十分便利。南有丁沿公路，东到如东浒澪，西通海安县城，北有新筑的 221 省道贯穿东西，南北有 4.2 公里的水泥新坝路与李堡相连。村中有到南通、南京、上海的班车点。

域内水系网络密布，南有栟茶运河，西有丁堡河，东有红阳河，北有中凌河，南北还有 11 条住宅河。

域内通信设施齐全。2003 年安装移动信号发射塔，2005 年安装联通信号发射塔，2008 年安装电信信号发射塔，3 个发射塔均建在村 18 组。2005 年闻名方圆百里的“新藏禅寺”易地重建，坐落在村 18 组。2010 年新坝村新建服务中心大楼竣工开始使用。农电网络、自来水供给、宽带网络、广播电视网络覆盖全村。村里有两处医疗服务站。

2017 年，新坝村总耕地面积 4789 亩，总人口 4597 人，总户数 1395 户，27 个村民小组。粮食作物面积 7198 亩，总产量 3567 吨；油料面积 120 亩，总产量 24 吨；生猪年末存栏 1100 头，年内出栏 3986 头；羊子年末存栏 2624 只，年内出栏 2733 只；家禽年末存栏 9.09 万只，年内出栏 1.28 万只，全年禽蛋产量 165 吨；桑园面积 127 亩，养蚕 230 张，产茧 20 吨；渔业养殖面积 124 亩，水产品产量 380 吨。新坝村现价农业总产值 5816 万元。农业全部实现机械化，村中有农业机械 80 多台套。各类企业 48 家，其中工业企业 45 家。个体企业年产值 2 亿元以上。村中有轿车 50 多辆，运输车 30 多辆。

2017 年，村级总收入 101 万元，村级总支出 80 万元。参加农村社会养老保险 1595 人，参加农村新型合作医疗 4442 人，享受最低生活保障 68 人。

1958—1999 年向阳村负责人一览表

表 1-27

支部书记		村委会主任		总账会计	
姓名	起讫时间	姓名	起讫时间	姓名	起讫时间
周正国	1958.1—1960.5	范广田	1958.1—1960.2	钱承宽	1958.1—1960.2
居春会	1960.6—1962.2	胡春柏	1960.3—1962.2	陶兴余	1960.3—1962.2
陶兴余	1962.3—1966.1	范广田	1962.3—1975.1	金同生	1962.3—1963.7
翟桂生	1966.2—1971.6	周正明	1975.2—1980.4	翟桂生	1963.8—1966.1
胡春学	1971.7—1980.4	胡春梅	1980.5—1984.5	胡春学	1966.2—1971.6
周正明	1980.5—1984.5	周祥龙	1984.6—1991.4	濮存仁	1971.7—1973.6
胡春梅	1984.6—1991.4	冯友群	1991.5—1999.12	陶兴余	1973.7—1977.2
周祥龙	1991.5—1999.12	—	—	张建龙	1977.3—1984.5
—	—	—	—	万怀林	1984.6—1999.12

1958—1999 年树园村负责人一览表

表 1-28

姓名	起讫时间	姓名	起讫时间	姓名	起讫时间
万长友	1958.1—1960.2	张荣发	1958.1—1960.2	张留成	1958.1—1969.4
顾春荣	1960.3—1965.5	吴忠明	1960.3—1965.5	万祥元	1969.5—1971.4
吴忠明	1965.6—1971.4	顾春荣	1965.6—1973.4	李成美	1971.5—1987.2
万祥元	1971.5—1987.2	万长进	1973.5—1984.4	张七广	1987.3—1996.7
李成美	1987.3—1990.1	陈九连	1984.5—1992.2	陈桂平	1996.8—1999.12
王明山	1990.2—1991.12	陈宝林	1992.3—1999.12	—	—
李成美	1992.1—1999.12	—	—	—	—

2001—2017 年新坝村负责人一览表

表 1-29

支部书记		村委会主任		总账会计	
姓名	起讫时间	姓名	起讫时间	姓名	起讫时间
李成美	2000.1—2001.3	陈宝林	2000.1—2015.4	陈桂平	2000.1—2001.3
周祥龙	2001.4—2012.2	许金群	2015.5—2017.12	冯有群	2001.4—2012.2
许爱国	2012.3—2017.12	—	—	许金群	2012.3—2015.4
—	—	—	—	缪云秀	2015.5—2017.12

九、范堑村

范堑村位于角斜镇东南 12 公里处，南邻栟茶运河，北与李堡镇杨庄村、角斜镇周庄交界，东靠沿口村，以东升河为界，西与新坝村毗邻，以红阳河为界，丁沿公路从村中横穿而过。

相传在明朝时期，从外地迁来一名叫范进才

的独户人家，居住在栟茶运河的北岸，为谋生度日，靠一只小船摆渡，兼做小生意。因栟茶运河北岸建有一座名叫岱岳寺的庙宇，所以运河两岸前来敬香的人络绎不绝，故其生意兴隆。后来栟茶运河两岸迁来的人和经商的人越来越多，渐渐成了一个小集镇。运河两岸的商店大小有上百家，从早到晚人流如潮，人声鼎沸，热闹非凡，后人尊重范公是最早的落户人，便为此地取名“范家堑”。

又传当时的盐官押运盐船向西经过范堑段时经常搁浅，盐官就嘱咐船家到姓范人家门前的河段时要小心，不能搁浅，久而久之，又取名叫“范家浅”。隔河千里远，栟茶运河形成天然的屏障，有“天堑”之势，后来人又把此地称为“范家堑”。

抗日战争时期，新四军一师师长粟裕派肖赫到范堑建立范堑乡，属东台县栟茶区，并成立党支部，曹德余任指挥员，何圣文任大队长，民国后区划调整，将栟茶河河南划归如东县，河北归海安县。1958 年建立沿口人民公社，范堑乡改为沿口公社新河大队，1969 年“文化大革命”期间又更名为曙光大队，1983 年改为沿口乡范堑村。

双凌村因古老的中凌河自西向东从村中穿过，解放战争时期属范堑乡，中凌河南叫凌南村，中凌河北叫凌北村，1958 年建立人民公社时改为沿口公社双凌大队，1969 年更名为东升大队。1983 年恢复村制，改为沿口乡双凌村。2001 年 4 月，双凌村与范堑村合并为范堑村。总面积 6 平方公里，辖 28 个村民小组。2017 年，总人口 4286 人，总户数 1252 户，有耕地面积 4818 亩。

范堑村水系网络、交通网络四通八达，南边的栟茶运河向东流入黄海，北边的中凌河畅通无阻；南北走向的李沿河，南与栟茶运河交汇，北与中凌河连接。

范堑村中部有一条南北走向的交通主干道，北往李堡、南通如东县沿南乡，范堑村西部也有一条南来北往的交通要道，南至栟茶运河，北到李堡。范堑村交通最为便捷的是丁沿公路。

范堑村是农业村，在栟茶运河上新建大型电力灌溉车口两座，新建防渗水泥渠 4.5 公里，有稳产高产田 3500 亩，以种植水稻、大豆、小麦为主。2001 年被列为全省商品粮基地。2017 年全村有农业机械 44 台套，联合收割机 4 台，新型插秧机 8 台。粮食作物种植面积 9405 亩，总产量 1200 吨；油料种植面积 448 亩，总产量 351 吨；大型养生猪企业 8 家，生猪年末存栏 630 头，出栏 3759 头，生猪收购站 3 户；羊子年末存栏 2651 只，年内出栏 2903 只；家禽年末存栏 4.50 万只，年内出栏 12.25 万只，有万羽禽蛋养殖企业 12 户，全年禽蛋产量 915 吨；桑园面积 200 亩，蚕茧产量 14 吨；渔业养殖面积 450 亩，水产品产量 25 吨。2017 年，农业总产值 7706 万元。有各类企业 37 家，其中工业企业 24 家。主要行业为建材、家具、服装、渔网、纺织、针织、饲料加工等。全村有客运货运 23 家。全村三类产业年产值 10 亿元以上。

范堑村有独特的地方特色——木瓦匠较多。全村有近 500 名木瓦建筑工人，在全国各地和国外从事建筑业，单建筑收入每年超千万元。

针编衣在范堑村有悠久的历史，全村有针织机 400 多台，长年针织，还有 600 多人用手工编织。

2017 年，范堑村村级总收入 77 万元，村级总支出 120 万元。参加农村新型合作医疗 3981 人，参加农村社会养老保险 1990 人，享受最低生活保障 53 人。全村有卡车 20 辆，轿车 130 辆。

1958—2000 年双凌村负责人一览表

表 1-30

支部书记		村委会主任		总账会计	
姓名	起讫时间	姓名	起讫时间	姓名	起讫时间
居春旺	1958.1—1959.12	居春凤	1958.2—1963.12	殷玉林	1958.1—1966.12
居九桂	1960.1—1976.12	王元圣	1964.1—1969.12	潘长富	1967.1—1968.12

续表 1－30

支部书记		村委会主任		总账会计	
姓名	起讫时间	姓名	起讫时间	姓名	起讫时间
康承余	1977.1—1980.12	康贻生	1970.1—1980.12	居春奎	1969.1—1995.12
康贻生	1981.1—1997.12	李祝林	1981.1—1989.12	居石涛	1996.1—1999.12
杭亚军	1998.1—1999.2	张友山	1989.1—1992.12	—	—
李德余	1999.3—2000.3	居正明	1993.1—2000.3	—	—

1958—2000 年范蜇村负责人一览表

表 1－31

支部书记		村委会主任		总账会计	
姓名	起讫时间	姓名	起讫时间	姓名	起讫时间
杜其和	1958.1—1968.12	吕万圣	1958.1—1972.12	金同生	1958.1—1983.9
张秀明	1969.1—1970.11	丰松山	1973.1—1983.9	金同生	1983.10—1987.12
沈九银	1970.12—1977.12	丰松山	1983.10—1988.12	季善庆	1988.1—1998.12
金同生	1978.1—1983.9	金　勇	1989.1—1999.12	曹　俊	1999.1—1999.12
金同生	1983.10—1988.12	—	—	—	—
丰松山	1989.1—1999.12	—	—	—	—

2000—2017 年范蜇村负责人一览表

表 1－32

支部书记		村委会主任		总账会计	
姓名	起讫时间	姓名	起讫时间	姓名	起讫时间
李德余	2000.1—2000.3	金　勇	2000.1—2000.12	居石涛	2000.1—2000.3
丰松山	2000.4—2009.12	居卫民	2001.1—2010.12	曹　俊	2000.1—2015.8
张　兵	2010.1—2015.8	缪爱云	2011.1—2015.8	丰冬梅	2015.9—2017.12
杨净川	2015.9—2017.12	居海东	2015.9—2017.12	—	—

十、双龙村

双龙村位于角斜镇域中心，西与周庄村连接，以九总河为界，东邻角斜村，南与五凌村相接，北以北凌河为界。221 省道贯穿村中心。双龙村以两个龙洞为名。据《东台县志》记载，双龙潭在界牌头，潭分南北，水甘不涸，相传有蛰龙而得名。1940 年建置为双龙村，隶属周庄乡。1955 年合作化时改为双龙初级社。1956 年双龙、新乡、爱国 3 个初级社合并为双龙高级社，后为龙潭大队。1958 年建立人民公社，改为双龙大队。“文化大革命”时改为东风大队。1983 年人民公社改乡，大队改村。

龙潭村隶属角斜乡，1956 年龙潭、居洼两个初级社合并为龙潭高级社。1983 年后称龙潭村。2001 年 4 月，龙潭村、双龙村合并为双龙村。村办公室设在 221 省道北边，五汤路东，全村 19 个村民小组，总户数 1109 户，总人口 3391 人，面积 5.7 平方公里，耕地面积 4032 亩。

双龙村交通便利，221省道横经村2.75公里，与镇级双沿、五汤水泥路相连接，2017年，全村道路都筑成水泥路。

全村拥有农业机械46台套，电灌车口8座。其中拖拉机抽水泵25台套，收割机2台，条播机14台，挖墒机5台。农业生产全部实现机械化。

双龙村以种植水稻、小麦等粮食作物及大棚蔬菜为主。2017年，粮食作物面积7125亩，粮食总产2083吨；生猪年内出栏1728头，存栏1609头；羊子年末存栏4981只，出栏5283只；家禽年末存栏2.34万只，年内出栏13.19万只，万羽以上养鸡大户有3户，全村禽蛋产量253吨；桑园面积50亩，养蚕101张纸，产茧5吨；渔业养殖面积20亩，水产品产量18吨。全村现价农业总产值6260万元。2017年，全村有各类企业115家，其中工业企业39家。以渔网、服饰、拉丝、制线、织造、蓄电池、机床为主。其中机床年产值1000万元以上企业1家，500万元以上的3家。

2017年，村级总收入93万元，村级总支出191万元。全村广播电视入户率100%，参加新型农村合作医疗2459人，参加农村社会养老保险1014人，享受最低生活保障57人。全村有私家车115辆。

1958—1999年双龙村负责人一览表

表1-33

支部书记		村委会主任		总账会计	
姓名	起讫时间	姓名	起讫时间	姓名	起讫时间
李井山	1958.10—1961.2	吴国余	1958.10—1960.3	卞宝凡	1958.10—1960.3
符学勤	1961.3—1964.4	卞宝凡	1960.4—1963.4	张志明	1960.4—1964.4
卞宝凡	1964.5—1965.5	李凤英	1963.5—1972.10	缪三齐	1964.5—1969.6
李志法	1965.6—1975.10	缪龙钧	1972.11—1976.8	刘 荣	1969.7—1979.10
申志明	1975.11—1983.10	吴宝生	1976.9—1981.10	缪龙友	1979.11—1995.7
申志明	1983.10—1997.7	缪龙钧	1981.11—1983.10	李晓建	1995.8—1997.8
张刘瑜	1997.8—1999.12	缪龙钧	1983.10—1995.7	王卫红	1997.9—1999.12
—	—	吴素珍	1995.8—1999.12	何英明	1958.10—1960.3

1958—1999年龙潭村负责人一览表

表1-34

支部书记		村委会主任		总账会计	
姓 名	起讫时间	姓 名	起讫时间	姓 名	起讫时间
夏锦山	1958.10—1961.3	孙如奎	1958.10—1965.4	张友奎	1960.4—1962.5
曹显裕	1961.4—1965.4	居八锦	1965.5—1968.10	葛连珍	1962.6—1965.4
李定伯	1965.5—1978.7	李十锦	1968.11—1978.10	李十锦	1965.5—1968.7
李十锦	1978.8—1983.10	张启连	1978.11—1983.10	杨兴才	1978.8—1991.3
张启连	1983.10—1985.4	唐元发	1983.10—1985.4	潘德富	1991.4—1993.5
唐元发	1985.5—1989.4	潘德富	1985.5—1988.4	赵昆发	1993.6—1999.12
徐天真	1989.3—1999.12	徐天兵	1988.5—1992.10	—	—
—	—	潘德富	1992.11—1999.12	—	—

2000—2017 年双龙村负责人一览表

表 1-35

支部书记		村委会主任		总账会计	
姓名	起讫时间	姓名	起讫时间	姓名	起讫时间
徐天真	2001.1—2007.10	徐天真	2001.1—2004.5	李　华	2001.1—2017.10
赵　华	2007.11—2017.12	赵　华	2004.6—2007.10	沈淑敏	2017.11—2017.12
—	—	李　兵	2007.11—2016.10	—	—
—	—	赵培培	2016.11—2017.12	—	—

十一、五虎村

五虎村位于角斜镇南边，东与如东县栟茶镇陈湾村隔河相望，南与滩河村接壤，西与五凌村相邻，北与角斜村一河相隔。2001 年 4 月，五虎村与天奎村合并为五虎村，总面积 4.39 平方公里，下辖 19 个村民小组。2017 年，全村总人口 3002 人，总户数 954 户。

五虎村水陆交通便利，水泥路呈井字形，总长度 9.91 公里，横穿各村民小组。东有滩河，中有中凌河，221 省道斜穿全村。

五虎村以种植水稻、小麦、养蚕为主。2017 年，全村有耕地 4324 亩，全村农田灌溉沟河配套，有大小灌溉车口 10 座，有硬质渠道 4 公里，做到旱涝保收。粮食作物面积 6435 亩，总产量 4093 吨；油料面积 560 亩，总产量 80 吨；桑园面积 235 亩，蚕茧产量 12 吨；饲养生猪年末存栏 482 头，出栏 2559 头；养羊年末存栏 2541 只，出栏 5210 只；家禽年末存栏 1.45 万只，出栏 13.36 万只，禽蛋产量 203 吨，饲养千羽以上的农户有 15 户；渔业养殖面积 110 亩，水产品产量 200 吨。全村农业总产值 8056 万元。全年拥有农业机械 69 台套，其中农用拖拉机 24 台，农用水泵 12 台套，收割机 3 台，条播机 24 台，挖墒机 4 台，插秧机 2 台。耕种收割实现机械化。

五虎村村办企业在全镇起步较早。1976 年，五虎村练井余、康承余等人联手在五虎村办起第一个线网厂。后来又办起五虎织网厂。2017 年，全村各类企业 22 个，其中工业企业 12 个。以渔网、缫丝、抽线、并线为主，织网厂每年产值都在 2000 万元以上。

五虎村是海安县小康示范村。2017 年，村级总收入 87 万元，总支出 88 万元。参加农村新型合作医疗 2136 人，参加农村社会养老保险 995 人，享受最低生活保障 80 人。

1958—1999 年五虎村负责人一览表

表 1-36

支部书记		村委会主任		总账会计	
姓名	起讫时间	姓名	起讫时间	姓名	起讫时间
朱开明	1958.4—1960.12	丁四才	1979.3—1983.4	潘九思	1958.10—1979.10
冯祖德	1961.1—1961.12	汤建余	1982.2—1988.12	马如留	1979.11—1989.5
周玉富	1962.1—1963.11	杨桂生	1989.1—1999.12	蔡炳元	1989.6—1999.12
吴明全	1963.12—1970.12	—	—	—	—
曹显玉	1971.1—1974.12	—	—	—	—
薛桂友	1975.1—1977.12	—	—	—	—
王昌云	1978.1—1982.12	—	—	—	—

续表 1-36

支部书记		村委会主任		总账会计	
姓名	起讫时间	姓名	起讫时间	姓名	起讫时间
丁四才	1983.5—1988.12	—	—	—	—
练井余	1989.1—1995.12	—	—	—	—
冯志田	1996.1—1999.12	—	—	—	—

1958—1999 年天奎村负责人一览表

表 1-37

支部书记		村委会主任		总账会计	
姓名	起讫时间	姓名	起讫时间	姓名	起讫时间
祁明发	1966.1—1981.12	申启章	1966.1—1968.12	袁伯山	1966.1—1968.12
任桂生	1982.1—1992.3	袁伯山	1969.1—1974.10	李开梅	1969.1—1994.12
严宏生	1992.4—1994.12	张兰凤	1974.11—1976.10	吴志德	1995.1—1999.12
任永峰	1995.1—1998.12	任桂生	1976.11—1981.12	—	—
—	—	严宏生	1981.3—1991.12	—	—
—	—	任永峰	1992.1—1994.12	—	—
—	—	潘俊生	1995.1—1999.12	—	—

2000—2017 年五虎村负责人一览表

表 1-38

支部书记		村委会主任		总账会计	
姓名	起讫时间	姓名	起讫时间	姓名	起讫时间
潘俊生	2000.4—2013.8	潘俊生	2000.4—2007.8	吴志德	2000.4—2013.8
王美群	2013.9—2017.12	王美群	2007.9—2017.12	梅德娟	2013.9—2017.12

十二、滩河村

滩河村（俗称滩河口）名字由来已久，从晚清到民国初年，滩河口曾是一座与栟茶、角斜、李堡齐名的繁华小镇，更是栟茶与角斜之间的主要水上通道。清末状元实业家张謇在现角斜的来南等地建立“六排公司”“大赉公司”，发展棉花产业，并从海门等地移民到此，传授植棉技术，种植棉花，然后通过滩河口将棉花运至南通“大生”等织布厂。为方便河道运输，大赉公司组织人力疏浚河道，将滩河口至新街之间挑通。从南岸向北曾有东西两个渡口，西渡口人多是来自角斜方向，东渡口人由浒澪方向而来。又因滩河口地处栟茶、角斜、堡河口的中心，一时间人流如潮，商贾云集，50 多家商铺一字排开，当然也忙坏了摆渡的人。店铺中有两家药房，几家八鲜行，山珍海味俱有。面条、包子、烧饼店更多。还有四门店（棺材铺），开店的大多是当地人，也有从天津、东北来的客商在此贩卖干货。逢年过节，唱戏的、做道场的，增添了小镇的繁荣和热闹景象。要说滩河口的名气，曾有“栟角滩堡鼓腰包”的说法，栟即栟茶，角就是角斜，滩即滩河口，堡即李堡，可见滩河口与栟茶、角斜不仅齐名，而且处于中心位置。

乾隆年间，由清政府在栟茶地区的遗老遗少，借国家混乱之机，在滩河口南岸设有“卫衙门”，管理栟角滩堡48庄所谓“叛田”，引起广大农民的强烈反抗，小说《闹叛记》写的就是四十八庄农民反对滩河口卫衙门的故事。抗日战争期间，从民国二十一年（1932）至民国三十四年（1945），敌人在滩河口南北两岸建碉堡、设据点，驻扎过一个排的日本兵，人民群众严重遭殃。

民国三十五年（1946），国民党武装又在滩河口建造了4个炮楼，抓壮丁、派民工，弄得滩河口人心惶惶，纷纷搬迁，躲避战祸，商路被战争阻断，人们无法以经商为计，纷纷迁到南边种田为生。

民国三十六年（1947）初，中共秘密联络员蔡美文以撑渡船为掩护，收集滩河口匪军据点情报，送交武工队制定歼敌方案。国民党自卫队和还乡团下乡扫荡，抓住五六个群众，强迫他们带路，并威胁如不服从就全部杀死。为保护无辜群众不受伤害，已经躲藏在附近麦田中的蔡美文坦然走出，自愿替敌带路，蔡美文边走边打暗号，将敌人引进武工队的伏击圈，而后敌人被武工队打得狼狈逃窜。第二天，蔡美文被敌杀害，牺牲时年仅22岁。滩河口可歌可泣的英雄事迹将永远铭刻在人们的记忆中。

滩河村三面环水，东面是滩河，北通中凌河，南连栟茶运河，在滩河村段面上曾有两个兜宝儿弯，一个是九里桥，一个是夏家湾子。70年代初，沿口公社修通一条砂石路，即人民路，东边也只修到红星桥，不到滩河，南面栟茶运河上仍靠摆渡南来北往。后建起南岛桥、北岛桥。2006年，沥青路面的丁沿公路直达滩河村北端，并在滩河上建起滩河大桥，在大桥下设公交车站。紧接着五滩路、墩天路相继建成。

2001年4月，滩河村、焦凌村、富沿村合并为滩河村，下辖25个村民小组，老百姓称为“老三房”，隶属角斜镇。

2017年，滩河村有耕地面积5165亩，总人口3360人，总户数1049户。农业种植以稻、麦为主，并栽桑养蚕。粮食作物面积8876亩，粮食总产4500吨；油料面积350亩，总产量55吨；百头以上猪场2个，生猪存栏120头，出栏4056头；羊子存栏2751只，出栏4109只；千羽以上养鸡户43户，家禽年末存栏16.13万只，年内出栏10.59万只，禽蛋产量51吨；桑园面积155亩，养蚕120张，茧产量5吨；渔业养殖面积350亩，水产品产量70吨。全村配套农机具65台套，其中，牵引犁18台，旋耕机25台，播种机30台，插秧机4台，联合收割机3台，农田泵11台，植保机械52台，农产品加工机械15台，电灌车口6座，防渗渠道近1万米，实现了大部分农作物从种到收机械化。2017年，全村农业总产值5871万元。全村有各类企业45家，其中工业企业24家，主要以针织、制针、食品、家具为主。从事二、三产业有1300多人。2017年，全村村级总收入195万元，村级总支出111万元。参加新型合作医疗2416人，参加农村社会养老保险1573人，享受最低生活保障42人。全村广播、电视、自来水全覆盖。全村拥有私家轿车50多辆、运输车100多辆。

1955—2001年滩河村负责人一览表

表1-39

支部书记		村委会主任		总账会计	
姓名	起讫时间	姓名	起讫时间	姓名	起讫时间
唐德高	1955.3—1958.12	唐邦岩	1958.2—1970.12	钱一凤	1955.2—1958.10
朱正连	1959.1—1970.12	许福生	1971.1—1987.10	林金涛	1958.11—1959.10
徐十荣	1971.1—1989.10	徐　斌	1987.11—1990.12	陈桂生	1959.11—1961.11
许福生	1989.11—2001.4	许亚平	1991.1—1992.12	冒俊宏	1961.12—1993.10
—	—	钱长余	1993.1—1999.11	徐　斌	1993.11—1999.11
—	—	徐斌	1999.12—2001.4	钱长余	1999.12—2001.4

1958—2001 年富沿村负责人一览表

表 1-40

支部书记		村委会主任		总账会计	
姓名	起讫时间	姓名	起讫时间	姓名	起讫时间
李忠富	1958.2—1959.10	王维富	1958.2—1959.10	姜从瑞	1958.2—1959.3
徐守来	1959.11—1960.12	陆井文	1959.11—1960.12	林金涛	1959.3—1959.11
陆井文	1961.1—1969.12	陆井海	1961.1—1962.12	陈连富	1959.12—1960.12
缪永康	1970.1—1973.12	戴宝林	1963.1—1983.12	曹成美	1961.1—1961.11
姜华银	1974.1—1975.9	吴国楼	1984.1—1987.12	姜华银	1962.12—1963.11
翟伯林	1975.10—1983.12	石　斌	1987.1—1991.3	翟伯林	1963.12—1973.12
顾培植	1984.1—1987.3	顾礼俊	1991.4—2001.4	季连山	1974.1—1987.10
吴国楼	1987.4—1991.3	—	—	石翠平	1987.11—2001.4
石　斌	1991.4—2001.4	—	—	—	—

1961—2001 年焦凌村负责人一览表

表 1-41

支部书记		村委会主任		总账会计	
姓名	起讫时间	姓名	起讫时间	姓名	起讫时间
徐守来	1961.2—1962.12	陈芝柏	1961.2—1962.12	曹成美	1962.2—1971.12
姜华银	1963.1—1976.12	徐相如	1963.1—1971.12	徐相如	1972.1—1976.10
陈桂友	1977.1—1981.12	徐相元	1972.1—1981.12	张　生	1976.11—1980.12
徐相元	1982.1—2001.4	吴志元	1982.1—1999.10	夏文生	1981.1—2001.4
—	—	徐相元	1999.11—2001.4	—	—

2001—2017 年滩河村负责人一览表

表 1-42

支部书记		村委会主任		总账会计	
姓名	起讫时间	姓名	起讫时间	姓名	起讫时间
徐相元	2001.4—2010.5	顾礼俊	2001.4—2010.5	顾礼俊	2001.4—2010.5
顾礼俊	2010.5—2012.3	缪秀平	2010.5—2013.3	王春香	2010.5—2012.3
倪　明	2012.3—2013.3	杨　勇	2013.3—2017.12	潘一龙	2012.3—2017.12
王春香	2013.3—2017.12	—	—	—	—

十三、角斜街道居委会

角斜，成陆千年多，溯源于隋唐。先民们随扬泰港潮汐东下，捕鱼捉蟹，渐而落地生根……出现“海货滩”“渔市巷”海产品交易，随着海水煮盐的出现，晋商、徽商纷纷沓至。鲁人南下，加之“洪武赶散”和后来的“海门塌江”，人群频繁地迁徙，角斜渐渐在东西长 200 多米的石板街上出现“草行”“八鲜行”以及盐业、日杂商品的交易市场，出现数口宋代、明代、清代的古井以及众多庙宇和东堂子巷、永丰巷、中桥巷、渔市巷、衙门巷、包场巷等，“三纵三横”“六巷一街”田字式水网纵横的小镇。

民国三十六年（1947）11月，角斜解放，成立角斜区，实行区乡合处办公，驻汪家大宅，下辖11个乡，原私塾学堂成为角斜小学的前身。抗日战争期间，南通中学北迁角斜办学，此间，角斜街道已初步具备一定的规模。随着土地改革的不断深入，农村合作化的推进，原有商家店铺、杂货店、缝纫加工、个体医疗诊所等逐步过渡到公私联营的合作化组织之内，并于1953年5月成立角斜街道管理区，专门负责大集体人员和非农居民户和各类合作组织，并帮助处理一些突发事件和邻里纠纷，负责镇区的治安联防。

1958年，角斜撤乡成立人民公社，新建角斜大会堂兼角斜影剧院，能容纳千余人开会学习。此阶段，角斜街道新建了农具厂、食品站，并在大会堂西侧、角斜三队大场前后组建了角斜卫生院、农机站、角斜饭店、角斜邮电所、角斜信用合作社，角斜文化站也从解放街东侧迁至角斜饭店路西。

随着时代的脚步，街道辖区内又建角斜派出所、工商行政分局、税务分局、邮政分局、供电营业所。区内又是文化教育集中区，建有广播电视站、文化站、角斜中心初中、角斜中心小学、成教中心。2000年区内有工业园区，共有大小企业30多家。区内更是商业集中区，从事商业三产服务业的就有200多户。角斜街是一块商业发达、经济繁荣的宝地。1991年12月26日，成立角斜街道居委会，陈国华当选为街道居委会主任。

2017年，角斜街道居委会辖区面积4.5平方公里，人口3000多人，区内有新老北凌河横穿东西，红星河、爱武河纵横南北，道路建设纵横交错，交通十分便利，东边是飞滩路，南边是红旗路、人民路，北边是大来路，西边是拥军路、尚武路，中心有呈十字状的人民路穿越东西，尚武路连接南北，形成商贸一体的新型街道。2001年4月至2017年，戴光亚任角斜街道居委会主任。

十四、川港村

川港村北与东台市弶港镇新东地区毗邻，东南与如东县栟茶镇江安村接壤，东北边是北凌垦区，是南通市最东北角落，海安县最东边的一个渔业专业村。1962年10月，川港村是海安县海洋渔业人民公社的第二渔业大队。1983年改为川港村。2001年与通海村三角洲的一个组（四组）合并为川港村。2017年，川港村耕地面积672亩，辖4个村民小组，户数315户，人口917人，其中渔业人口430人。

北凌河从川港村中间穿过。北凌老闸建在川港村北侧，担负着海安河东地区的排水任务。川港村南边有一块洼地100多亩，是野鸭的栖息地，被人们称为“野鸭荡”，当时有句民谣：“野鸭荡来野鸭荡，十年就有九年荒，晒盐的农民喝淡汤，只靠产盐度春荒。”

解放初期这里的居民主要从事木帆船捕捞、近海滩涂生产和煮盐，采蛸子、文蛤、勾蛏捕小鱼、小虾等。渔民、盐民靠微弱的收入维持生活。建村初期全村有6条木质帆式小船，70年代木船改为钢船。1995年渔船渔业改制，渔民转产转业，由近海捕捞向远海捕捞发展。2017年，全村拥有400匹马力以上的钢质渔船2艘，200匹马力以上的钢质船8艘，120匹马力以下的钢质船11艘。

川港村养殖业和加工业并重。2017年，全村各类企业65家，其中工业企业26家，以渔船修造，鳗鱼、紫菜养殖，渔网织造为主。有渔船修造厂2家：海安兴渔和鸿鹏船厂，年建造船舶6000吨位，产值8000万元。拥有冷冻厂1家，有25吨制冷池1座，自制冰量50吨，速冻量每日30吨，储藏1000吨，年产值500万元，净利润20万元。一次紫菜生产加工厂4家，海洋养殖面积5000亩，紫菜育苗4000平方米，养殖生产船10艘，紫菜加工机10台（套），年产值2300万元。二次紫菜加工厂2家，二次生产加工线4套，年产值600万元。渔网加工厂2家，有织网机6台（套），年产值400万元。海洋捕捞业年产值1100万元。

川港村水陆交通便利。328国道和省道从村中心穿过，北凌河贯穿全村，主要公路长2.8公里，乡村水泥路4.8公里，主要河道1.3公里，四级河1.8公里。

2017年，川港村粮食作物面积1335亩，总产量165吨；油料面积68亩，总产量16吨；生猪存栏 86 头，出栏 878 头；羊存栏 858 只，出栏 1061 只；家禽存栏 114.03 万只，出栏 100.07 万只，全年禽蛋产量 2.06 万吨；养蚕 103 张，茧产量 4 吨；渔业养殖面积 2.57 万亩，水产品产量 4853 吨。农业总产值 1.41 亿元。村级总收入 85 万元，总支出 102 万元。全村参加新型合作医疗 365 人，参加社会养老保险 956 人，享受最低生活保障 4 人。全村自来水、电话、有线广播电视全覆盖。全村拥有小轿车 150 多辆。

1958—2017 年川港村负责人一览表

表 1－43

党支部书记		村委会主任		总账会计	
姓名	起讫时间	姓名	起讫时间	姓名	起讫时间
沈一连	1958.1—1963.8	陈德进	1958.1—1963.8	吴文宽	1958.1—1971.8
丁友圣	1963.9—1976.9	王克勤	1963.9—1976.9	张宝金	1971.9—1983.3
王兴江	1976.10—2010.11	吴礼明	1976.10—1984.10	沈芝明	1983.4—1984.3
吴志东	2010.12—2017.12	王美文	1984.11—1993.9	李成德	1984.4—1985.5
—	—	刘春发	1993.10—1995.4	吴文宽	1985.6—1999.11
—	—	吴志东	1995.5—2010.11	申一方	1999.12—2010.11
—	—	吴志东	2010.12—2017.12	王洪泽	2010.12—2013.10
—	—	—	—	袁亚娟	2013.11—2015.11
—	—	—	—	包建红	2015.12—2017.12

十五、富港村

富港村位于角斜东南，东连江海村，北接建场村、角斜村、五虎村，西南边邻近如东杨堡村。富港村是由原灶港村（原旧场五大队）、马坝村（六大队）、富滩村（七大队）3 个村合并组建。1994 年 4 月，灶港与马坝合并为富港村。富滩村前身就是人民公社化时期的旧场公社七大队。解放前以复兴桥为界，分为福东村、福南村，属新联乡，解放后这两个村划到旧场乡，成为后来的七大队。

富港村西段原是富滩村。解放初的富滩是如东县最西边的穷地方。流传着一首民谣：“西下洋，西下洋，一场大雨水汪汪，十年倒有九年荒，一亩收不到两箩筐，卖儿逼女去逃荒，有女不嫁西下洋。”为了让这低洼之地及早富起来，所以命名“富滩”。1956 年富滩有 5 个高级社，其中“林星五社”就是后来七大队地段。1957 年夏季，村民大闹退社，是南通地区闹退社的典型，如东县委副书记王长发带领班子成员在村里坐镇 3 个月，才平息了此事。当年下半年该村划入旧场乡，由谭日升担任党支部书记，方俊稳任村委会主任。

20 世纪 70 年代开始“滩”变“富”。全面开挖“三竖两横”排水系统。每条竖沟 1400 米，横沟 1300 米，与沟渠有影响的 86 家住户动员搬迁，形成“非字形”水系配套模式，填污水沟塘 176 个，增加耕地 454 亩。住宅区重新规划。1976 年下半年获得南通市水利局下发的“水系配套标兵”称号。同时摘掉了长期吃救济粮的帽子。1978 年下半年进行联产到劳，并在第二年普遍推广联产承包到户，成为南通地区的率先者，后其做法被推广到全县。

2001 年 5 月富滩村并入富港村。2017 年，富港村实有耕地面积 5011 亩，30 个村民小组，总户数 1106 户，总人口 3644 人。

2017 年，富港村粮食作物面积 7876 亩，粮食总产量 4354 吨；油料面积 97 亩，总产量 19 吨；生猪存栏 30 头，出栏 2623 头；山羊存栏 1780 只，出栏 2059 只；家禽存栏 3.44 万只，出栏 11.87 万只，禽蛋产量 83 吨；蚕茧产量 13 吨；渔业养殖面积 1001 亩，水产品产量 117 吨。2017 年，农业总产值 5132 万元。各类企业 15 家，其中工业企业 7 家。村级总收入 111 万元，村级总支出 144 万元。参加农村新型合作医疗 2301 人，参加农村社会养老保险 886 人，享受最低生活保障 53 人。

1946—2000 年富港（原马坝）村负责人一览表

表 1-44

党支部书记		村委会主任		总账会计	
姓名	起讫时间	姓名	起讫时间	姓名	起讫时间
张良余	1946.2—1950.4	梅广余	1946.2—1950.4	万八稳	1946.2—1953.8
王正元	1950.5—1952.6	马文元	1950.5—1952.6	余长生	1953.9—1956.4
陶井镃	1952.7—1958.7	吴礼明	1952.7—1958.7	王绍春	1956.5—1975.5
王春许	1958.8—1965.8	吴忠余	1958.8—1964.8	安国祥	1975.6—1988.10
韩友银	1965.9—1978.7	王绍明	1964.9—1976.7	韩友林	1988.11—1999.4
王志银	1978.8—1980.1	陶德明	1976.8—1988.10	—	—
陶德龙	1980.2—1981.7	安国祥	1988.11—2000.4	—	—
王德银	1981.8—1988.10	—	—	—	—
孙长发	1988.11—1999.4	—	—	—	—

1949—2001 年富港（原富滩）村负责人一览表

表 1-45

党支部书记		村委会主任		总账会计	
姓名	起讫时间	姓名	起讫时间	姓名	起讫时间
祁国仁	1949.10—1953.10	吴文华	1949.10—1953.10	顾用俊	1949.10—1953.10
王智生	1953.11—1965.8	居八如	1953.11—1965.8	陆文明	1953.11—1965.8
王俊德	1965.9—1987.2	曹志林	1965.9—1987.2	吴志池	1965.9—1987.2
李义法	1987.3—1991.11	吴承才	1987.3—1991.11	黄春静	1987.3—1999.11
吴承才	1991.12—2001.4	陶玉元	1991.12—2001.4	吴海华	1999.12—2001.4

2001—2017 年富港村负责人一览表

表 1-46

党支部书记		村委会主任		总账会计	
姓名	起讫时间	姓名	起讫时间	姓名	起讫时间
薛　勇	2001.5—2012.4	吴海华	2001.4—2007.4	黄爱华	2001.4—2007.4
黄爱华	2012.5—2013.11	吴　兵	2007.5—2010.5	叶承甫	2007.5—2010.5
王琪峰	2013.12—2017.12	纪海东	2012.6—2013.5	张怀生	2010.6—2011.10

续表 1-46

党支部书记		村委会主任		总账会计	
姓名	起讫时间	姓名	起讫时间	姓名	起讫时间
—	—	刘　峰	2013.6—2015.5	卞振华	2011.11—2012.4
—	—	缪云飞	2015.6—2017	严爱萍	2012.5—2013.5
—	—	—	—	王海燕	2013.5—2017.12

十六、顾陶村

顾陶村位于原老坝港镇南，东边和南边与如东县江安村、浒澪村接壤，西边与江海村相连，北边与海港村毗邻。

民国三十五年（1946）前，顾陶村为保甲建置（一保十甲、一甲十户），隶属东台县栟茶区浒澪乡，1946 年废除保甲，置沿海乡，辖复兴、朱庄、顾陶、九龙、胜利、平新 6 个建制村，隶属栟北区（区公所设在浒澪）。

1954 年，村域各互助组先后兴办初级社，至 1955 年初级社全面普及（单干户不复存在）。1955 年 7 月撤区并乡，栟北区撤并到栟茶区，撤沿海并到浒澪乡。1956 年建立高级社时，全村建起 3 个高级社，分别是黎明三社、四社、五社。每社下设数量不等的大队，设大队长和总账会计。1957 年 7 月，顾陶村从浒澪乡分出，划归旧场乡管辖。1958 年撤乡，建立旧场人民公社，辖 12 个大队。三社为十大队，五社为十一大队，四社为十二大队。1983 年，十大队易名平新村，十一大队易名顾陶村，十二大队易名兴堤村。

2001 年，顾陶村由平新村、顾陶村、兴堤村 3 个村合并而成，辖 30 个村民小组。2017 年，全村总面积 5.51 平方公里，耕地面积 5330 亩，1104 户，人口 3654 人。

2017 年，粮食作物面积 7546 亩，粮食总产量 3840 吨；油料面积 317 亩，总产量 60 吨；生猪存栏 560 头，出栏 1759 头；羊子存栏 1574 只，存栏 1600 只；家禽存栏 2.57 万只，出栏 9000 只，禽蛋产量 470 吨；桑园面积 378 亩，养蚕 314 张，产茧 11 吨；渔业养殖面积 4500 亩，水产品产量 901 总吨。2017 年，农业总产值 5831 万元。拥有各类企业 15 家，其中工业企业 11 家，主要有蛤蜊厂、网布厂、渔网厂等。2017 年，全村村级总收入 83 万元，村级支出 132 万元。参加新型合作医疗 2296 人、社会养老保险 901 人，享受最低生活保障 45 人。自来水、电话、有线广播电视入户率 100%。

顾陶村环境优美，交通便利。东岸河通江达海，两纵三横的水泥路贯通 328 国道，依傍 221 省道，全村实现道路硬质化。

1955—2001 年顾陶村负责人一览表

表 1-47

支部书记		村委会主任		总账会计	
姓名	起讫时间	姓名	起讫时间	姓名	起讫时间
花长富	1955.3—1956.11	王克恭	1955.3—1958.10	顾用铎	1955.3—1965.4
沈一连	1956.12—1958.11	顾用和	1958.11—1962.5	朱一平	1965.5—1980.10
顾理正	1958.11—1964.11	顾理国	1962.6—1965.11	顾　建	1980.11—1993.2
缪四发	1964.12—1983.11	蔡正宽	1965.12—1970.2	李连海	1993.3—2001.4
花德勇	1983.12—1999.11	花德勇	1970.3—1983.5	—	—
吴发林	1999.12—2001.7	吴发林	1983.6—2001.4	—	—

1958—2001 年平新村负责人一览表

表 1-48

支部书记		村委会主任		总账会计	
姓名	起讫时间	姓名	起讫时间	姓名	起讫时间
顾才国	1958.3—1974.12	吴大圣	1958.3—1964.12	丁怀明	1958.1—1958.12
缪广山	1975.1—1977.12	张登富	1965.1—1974.12	王　玉	1959.1—1960.12
顾才国	1978.1—1979.12	蔡守庆	1975.1—1981.9	朱玉坤	1961.1—1970.12
顾理锦	1980.1—1984.9	吴志道	1981.10—1984.9	缪广山	1971.1—1974.12
吴志道	1984.10—2001.4	缪俊银	1984.10—2001.4	任其南	1975.1—1975.6
—	—	—	—	顾理锦	1975.7—1980.12
—	—	—	—	吴志道	1981.1—1981.10
—	—	—	—	顾用山	1981.11—1998.4
—	—	—	—	吴礼发	1998.5—2001.4

1958—2001 年兴堤村负责人一览表

表 1-49

支部书记		村委会主任		总账会计	
姓名	起讫时间	姓名	起讫时间	姓名	起讫时间
顾才琚	1958.3—1959.4	杨八文	1959.5—1964.12	缪君怀	1955.3—1962.12
黄国生	1959.5—1965.4	赵克礼	1965.1—1966.12	顾才琚	1963.11—1965.10
李文桂	1965.5—1966.12	吴义发	1967.1—1973.12	王成银	1965.11—1970.12
陈希用	1967.1—1970.12	蔡炳银	1974.1—1979.4	朱玉坤	1971.1—1976.6
丁怀明	1971.1—1974.12	袁昌富	1979.5—1999.9	王成银	1976.7—1980.6
李兰秀	1974.1—1978.12	袁　祥	1999.10—2001.7	顾才琚	1980.7—1986.4
陈希用	1979.1—1980.6	—	—	顾理勇	1986.4—2001.7
吴义发	1980.7—1983.2	—	—	—	—
吴长国	1983.3—2001.7	—	—	—	—

2001—2017 年顾陶村负责人一览表

表 1-50

支部书记		村委会主任		总账会计	
姓名	起讫时间	姓名	起讫时间	姓名	起讫时间
吴发林	2001.8—2004.11	纪俊银	2001.4—2010.3	袁　祥	2001.4—2007.5
万建明	2004.12—2015.6	纪海东	2010.4—2011.5	王　云	2007.6—2010.5
刘　峰	2015.6—2017	朱兴建	2011.6—2013.4	申　云	2010.4—2013.4
—	—	王　云	2013.5—2015.5	程亚红	2013.5—2015.11
—	—	于　军	2015.6—2017	顾园园	2015.12—2017.12

十七、海港村

海港村地处原老坝港中部，为原政府所在地。南边与顾陶村、江海村交界，西隔江海河与江海村相交，西北边沿北凌河与建场村分界。北边以范公堤与东台市弶港镇新港村交界，东北部与通港村接壤，东南边以328国道与海安县蚕种场交界。

清朝、民国时期，海港村地域属东台县栟茶场。解放初期，改属如东县栟茶区。由老坝头和陈家庄一带组建陈坝村，南边是新合村。1952年，陈坝村和新合村建成新合乡。1958年，成立旧场人民公社，陈坝村为八大队，新合村为九大队。1959年旧场公社从如东县划归为海安县，属海安县李堡区。1976年区划调整，把八大队北凌河以北3个小组划到三大队，将原来二大队的7—11组划到八大队，八大队共设8个小组。这时八大队改称陈坝村，九大队称新合村。1998年，陈坝村与新合村合并成黄海村。原陈坝村8个小组名称不变，新合村7个小组依次排后，设15个小组。2001年再次区划调整，将原来八大队北凌河北划到三大队的3个小组，加上枣树村与黄海村一起，组成海港村，设19个小组。

1969年冬至1970年春，陈坝村开挖东西向的农家河一条，长2公里，新合村开挖农家河2.2公里。填平许多废沟废塘及低洼处，重新修路、挖渠挖沟、挑河。到1976年，村民全部搬上规划的住宅区。

2017年，全村人口2537人，1083户，总耕地面积1038亩，19个村民小组。

2017年，海港村有电灌车口5座，其中14寸泵的1座，12寸泵的3座，10寸泵的1座，灌溉渠是水泥防渗渠。全村有大中型拖拉机3台、联合收割机2台、插秧机2台、秸秆打捆机1台。

海港村是原老坝港镇工业园区所在地，拥有各类企业85家，其中工业企业45家。有渔网加工企业40多家，还有明芯微电子、金牛石油机械制造等明星级企业。服装加工、纺织、籽棉脱籽剥绒、水产品加工等各类企业星罗棋布。海港村有20多条渔船，以捕捞鳗苗、小黄鱼、鲳鱼、海蜇等为主，人均收入10万元以上。

2017年，海港建筑业年产值数亿元企业一家，几千万元、几百万元的企业十几家。规模较大的超市4家，餐饮服务业25家，其中3家有能容纳500人左右的大客厅。

海港村是原老坝港镇政治、经济、文化教育、交通、医疗服务、商业物流的中心。北凌河上有通海桥，2003年又架起海港桥，2012年又造了通港桥，328国道2.5公里从村西往东直穿而过，老221省道2.5公里从村中心经过，村里还有海防路3公里、港府路东西2公里、港浒路南北1公里、园区大道1公里，村里出资铺筑水泥路16公里。

村内有东西向的北凌大河，南北方向的江海河、东岸河分别从西边和东部穿过。北边有北岸河，还有东西向的住宅区河3条。

2017年，海港村粮食作物面积1656亩，粮食总产量1132吨；油料面积170亩，总产量38吨；生猪存栏101头，出栏259头；羊子存栏809只，出栏1536只；家禽存栏5.2万只，出栏2.63万只，禽蛋产量381吨；渔业养殖面积310亩，水产品产量56吨。2017年，全村农业总产值6995万元。全村级总收入162万元，村级总支出52万元。参加新型合作医疗2120人、社会养老保险810人，享受最低生活保障33人。全村有卡车、轿车400多辆，家家装有线电视，户户通自来水。

1966—1999年海港（原陈坝）村负责人一览表

表1-51

支部书记		村委会主任		总账会计	
姓名	起讫时间	姓名	起讫时间	姓名	起讫时间
吴志龙	1966.5—1971.12	张德林	1966.5—1975.12	张宝龙	1966.5—1975.12
张宝监	1972.1—1975.12	王元才	1976.1—1999.12	张宝银	1976.1—1981.12

续表 1-51

支部书记		村委会主任		总账会计	
姓名	起讫时间	姓名	起讫时间	姓名	起讫时间
张宝龙	1976.1—1981.12	—	—	张建亚	1982.1—1992.12
张宝成	1982.1—1987.12	—	—	王维兴	1993.1—1999.12
张宝银	1988.1—1999.12	—	—	—	—

1954—1999 年海港(原新合)村负责人一览表

表 1-52

支部书记		村委会主任		总账会计	
姓名	起讫时间	姓名	起讫时间	姓名	起讫时间
吴其付	1954.2—1965.12	丁友发	1954.2—1965.12	陈德阳	1954.2—1965.12
吴志明	1966.1—1968.12	张桂州	1966.1—1968.12	季登华	1966.1—1968.12
吴礼富	1969.1—1971.12	汤兴稳	1969.1—1971.12	吴志华	1969.1—1982.12
汤兴稳	1972.1—1974.12	吴志春	1972.1—1999.12	陈银山	1983.1—1989.12
张桂州	1975.1—1982.12	—	—	陈友山	1990.1—1999.12
吴志才	1983.1—1985.12	—	—	—	—
张桂州	1986.1—1989.12	—	—	—	—
陈银山	1990.1—1999.12	—	—	—	—

1968—2001 年海港(原枣树)村负责人一览表

表 1-53

支部书记		村委会主任		总账会计	
姓名	起讫时间	姓名	起讫时间	姓名	起讫时间
花长富	1968.3—1974.5	蒋书法	1968.3—1974.5	谢　平	1968.3—1974.5
花德成	1974.6—2001.4	李金连	1974.6—2001.4	李金连	1974.6—1999.10
—	—	—	—	张群华	1999.11—2001.4

1999—2001 年海港(原黄海)村负责人一览表

表 1-54

支部书记		村委会主任		总账会计	
姓名	起讫时间	姓名	起讫时间	姓名	起讫时间
张宝银	1999.4—2001.3	王元才	1999.4—2001.3	王维兴	1999.4—2001.3

2001—2017 年海港村负责人一览表

表 1-55

支部书记		村委会主任		总账会计	
姓名	起讫时间	姓名	起讫时间	姓名	起讫时间
张　渊	2001.4—2002.11	李金连	2001.4—2007.11	王维兴	2001.4—2007.11
陶　华	2002.12—2004.11	陈德银	2007.12—2015.11	申　云	2007.12—2010.4
李金连	2004.12—2007.10	缪祝群	2015.12—2017	吴义萍	2010.5—2013.5
王维兴	2007.11—2015.5	—	—	申　云	2013.5—2015.11
申　云	2015.6—2017	—	—	潘亚娟	2015.12—2017.12

十八、建场村

建场村西起老角斜镇区环镇东路，西南端古称为飞家滩东包场（古时买卖海盐的地方）“臭河头”，西北端顶角新桥，俗称大码头，东到老坝港烈士陵园旁北河坝河沟，南边东端与江海村隔北凌河，西端与富港村隔蒋坝河相望，自西向东架有蒋坝桥、旧场桥、海港大桥、通海桥，北边自西向东与东台市新街镇堤东村、沿海村，弶港镇新港村一岸之隔。

建场村与东台市相关村的交界线，实际上原是北宋时期范仲淹主持兴建的范公堤（俗称岸堰），范公堤在建场村的位置上形成两个拐点。西拐点是大码头，经大码头拐点拐弯，奔赵桥、沈桥、南沈灶等地向北延伸至东台、盐城，即为国家确认的唐宋海岸线，这就是大码头向东叫堤东，向北叫堤北的历史成因。建场村的东端点，处在范公堤的另一个拐点，即倒口子（现在海港村域内）由东西方向转 90°向南，沿洋口方向向南延伸，由此形成堤内外地貌地物的较大差异。潮涨潮落，多年泥沙沉积，地势堤外高、堤内低，自然河流较少，人口堤内稠密，堤外稀少，堤外人群都是几十年内从远处向海滩涂移居逐步繁衍而成。有时人们还把堤外堤内分别称为灶里和乡里，或北灶的、南乡的（所谓灶就是过去在海滩晒过盐的地方）。

几百年前建场村就是一个商贾云集，集海洋生产和陆地农业种植于一体的乡村和小镇。西北端的大码头，这个陆地与海洋交会的直角顶点，古代是一个规模硕大的渔港码头。向南的飞家滩东包场是盐贩子的集散地，也是腌制鱼虾的场所，“臭河头”就是那时因鱼虾变质而推入小沟小塘所形成的臭水沟塘，久而久之被人们称为“臭河头”。

建场村是远近闻名的海产品集散地，下海捕鱼捉虾，踩文蛤俗称“下小海”，几乎是家家户户的活动。八九十年代在捕捞软黄金鳗鱼苗的热潮中，家家缝帐子（捕鳗鱼的网），户户钉舢板，向海龙王索宝，向大海要钱。20 世纪 80 年代初有 8 家海产品经营户在大码头 221 省道旁，建起一座联户群居楼，群众称为“八大家”，这也是原旧场乡最早的小区型群居楼。

2001 年 4 月，由建海村与旧场村 6 个小组合并而成建场村。2017 年，全村总面积 3476 亩，人口 2586 人，总户数 954 户，村民小组 16 个。

2017 年，建场村粮食作物面积 5376 亩，粮食总产量 1310 吨；油料面积 120 亩，总产量 24 吨；生猪存栏 380 头，出栏 2459 头；羊子存栏 2008 只，出栏 2000 只；家禽存栏 3.46 万只，出栏 5.02 万只，禽蛋产量 54 吨；水产品产量 1084 吨。农业总产值 4585 万元。2017 年，建场村有各类企业 36 家，其中工业企业 19 家，主要以渔网加工、紫菜生产、建材、钢瓦为主。2017 年，建场村级总收入 93 万元，总支出 280 万元。参加农村新型合作医疗 2352 人，参加农村社会养老保险 1382 人，享受最低生活保障 58 人。

1953—1998 年建场(原旧场)村负责人一览表

表 1-56

党支部书记		村委会主任		总账会计	
姓名	起讫时间	姓名	起讫时间	姓名	起讫时间
王克太	1955.4—1974.12	缪志才	1953.3—1962.4	郭　林	1956.2—1960.12
王文银	1975.1—1978.12	陶炳权	1962.5—1964.1	申成训	1961.1—1983.12
石全胜	1979.1—1982.12	石全胜	1964.2—1979.12	吴亚明	1984.1—1988.12
申成训	1983.1—1989.6	王文华	1980.1—1988.12	吴春良	1989.1—1992.2
王绍林	1989.7—1990.12	张圣祥	1989.1—1998.12	沈一余	1992.3—1998.12
吴亚明	1991.1—1998.12	—	—	—	—

1955—1998 年建场(原建海)村负责人一览表

表 1-57

党支部书记		村委会主任		总账会计	
姓名	起讫时间	姓名	起讫时间	姓名	起讫时间
沈十全	1955.4—1985.12	申承基	1955.4—1975.12	刘俊生	1955.4—1962.12
缪三福	1986.1—1998.9	陶十林(代理)	1976.1—1979.12	缪三福	1963.1—1984.12
—	—	申井根	1980.1—1998.9	王锡山	1985.1—1997.12

1998—2017 年建场村负责人一览表

表 1-58

党支部书记		村委会主任		总账会计	
姓名	起讫时间	姓名	起讫时间	姓名	起讫时间
申井根	1998.10—2002.12	申井根	1998.10—2000.4	刘九山	1998.1—2008.12
李海波	2003.1—2017.12	缪四才	2000.5—2010.3	张怀生	2009.1—2010.11
—	—	缪海燕	2010.4—2010.12	严爱萍	2010.12—2012.10
—	—	张怀生	2011.1—2012.12	殷小军	2012.11—2015.11
—	—	符小青	2013.1—2015.3	陈小芳	2015.12—2017.12
—	—	陈宇飞	2015.4—2015.5	—	—
—	—	殷小军	2015.6—2017	—	—

十九、通港村

通港村位于海安、东台、如东 3 市县交界处。2001 年由通海、东北、三港合并为通港村。北临红星河与东台县弶港镇新港村隔河相望。东临镇海村,西接海港村,南临海安县蚕种场和如东垦区。通港村地理位置特殊,北凌河从村中间穿过,直奔北凌闸入海。海船从北凌闸进港后向上游行至通港村地段,在河两边停靠。221 省道从村西边直穿而过,向西通往海安,向南通往栟茶、洋口、海门、启东。通海桥横跨北凌河,是 221 省道南北交通咽喉之道,也是通港村南北两部分交通的必经之路。通港村所处位置水路和陆路相接,海洋和陆地相连，省道和村道相通。

1970年，为了垦荒造地从原海防公社八、九、十大队搬迁农户到海滩，从事渔业生产和农业开发。搬迁到滩涂的居民组建成3个村，其中有一个叫三港村。三港村得名源于有川港、条鱼港、麻虾套3个海港交汇于此。三港村建立后，隶属于海洋渔业公社。1995年旧场乡和老坝港乡合并，三港村隶属于老坝港乡。

通港村北半部（北凌河北）也有一段沧桑变化的历史。50年前这里是海边上的一片荒原，长满茅草和野柴，是野獐、野鸭出没之地，名为“猫儿园”。现在通港村河北居民的家园就建在猫儿园上。他们是1970年前后从原旧场公社八、九、十大队搬迁过来的，形成两个新村，即东北村和通海村，隶属旧场公社。一直延续到2001年4月区划调整时，河南三港村和河北东北村、通海村3个村合并为通港村。

2017年，全村总面积2.76平方公里，耕地面积1161亩，人口1276人，总户数379户，村民小组6个。

2017年，全村农业总产值1.71亿元。粮食作物面积2055亩，粮食总产量779吨；油料面积59亩，产量11吨；生猪存栏32头，出栏2459头；羊子存栏807只，出栏1053只；家禽存栏1.31万只，出栏5.07万只，禽蛋产量185吨；渔业养殖面积675亩，水产品产量4525吨。

2017年，村级总收入187万元，村级总支出175万元。全村有海洋捕捞船22条，总吨位2514吨，年产值3500万元。紫菜养殖面积8200亩，单产4100吨左右，总产32万吨左右。其中最大的养殖户时志元，养殖紫菜5200亩。全村有企业28家，其中渔网厂6家，织网机18台，年产值5000万元，挡车妇女年收入4万多元。通港村有酒楼饭店4家，其中最大的一家是“时代大酒店”。酒店都以海鲜为主。海洋生产成为通港村经济发展的压舱石。

全村有住宅区河3条，总长度2.2公里。沿河两岸六排住宅区，92%的居民住的楼房。村内有3.5米宽水泥路9.6公里，户户门口通汽车，条条村道通省道。2017年，全村有私人汽车74辆，摩托车101辆，电动车420辆。参加新型农村合作医疗率100%，参加医保和其他各项社会保险率100%，享受最低生活保障人数18人，有线电视、自来水入户率100%。

1976—1999年通港（原东北）村负责人一览表

表1-59

党支部书记		村委会主任		总账会计	
姓名	起讫时间	姓名	起讫时间	姓名	起讫时间
吴礼富	1976.4—1983.12	李炳宏	1976.4—1983.12	王止田	1976.4—1983.12
王止田	1984.1—1987.12	吴志明	1984.1—1987.12	丁国银	1984.1—1999.3
吴礼富	1988.1—1999.3	王止田	1988.1—1999.3	—	—

1976—2001年通港（原通海）村负责人一览表

表1-60

党支部书记		村委会主任		总账会计	
姓名	起讫时间	姓名	起讫时间	姓名	起讫时间
张宝监	1976.11—1992.12	张　兵	1976.11—1992.12	薛新明	1976.11—1978.8
吴志才	1993.1—1994.6	王元山	1993.1—1999.3	王元山	1978.9—1992.12
徐　辉	1994.7—1999.3	徐　辉	1999.4—2001.3	徐　辉	1993.1—1994.6

续表 1-60

党支部书记		村委会主任		总账会计	
姓名	起讫时间	姓名	起讫时间	姓名	起讫时间
吴礼富	1999.4—2001.3	—	—	周明连	1994.7—1999.3
—	—	—	—	冯素林	1999.4—2001.3

1960—2001 年通港(原三港)村负责人一览表

表 1-61

党支部书记		村委会主任		总账会计	
姓名	起讫时间	姓名	起讫时间	姓名	起讫时间
王克胜	1960.10—1972.9	王凤鸣	1960.10—1976.5	张宝金	1976.10—1972.9
吴文宽	1972.10—1976.5	吴其稳	1976.6—1980.5	崔长山	1972.10—1974.12
丁圣银	1976.5—1978.6	张宝金	1980.6—1983.10	张友林	1975.1—1999.3
王元生	1978.7—1980.6	纪十富	1983.11—1986.10	潘 杰	1999.4—2001.3
丁友圣	1980.7—1986.10	吴文礼	1986.10—1990.1	—	—
万九洲	1986.11—1999.10	时志银	1990.2—2001.3	—	—
时志元	1999.11—2001.3	—	—	—	—

2001—2017 年通港村负责人一览表

表 1-62

党支部书记		村委会主任		总账会计	
姓名	起讫时间	姓名	起讫时间	姓名	起讫时间
时志元	2001.4—2005.11	徐 辉	2001.4—2007.10	冯素林	2001.4—2007.10
储祥柏	2005.12—2006.12	冯素林	2007.11—2015.4	吴义萍	2007.11—2010.3
徐 辉	2007.1—2009.6	缪晓燕	2015.5—2017.5	王 云	2010.4—2013.5
冯素林	2009.6—2010.9	—	—	吴义萍	2013.5—2016.2
秦海建	2010.10—2011.2	—	—	程亚红	2016.3—2017.3
冯素林	2011.3—2017.12	—	—	时海斌	2017.3—2017.12

二十、镇海村

镇海村位于角斜镇东部。中华人民共和国成立前,这里曾被称为“西港”(相对于如东原“东港”而言)。20 世纪 60 年代,通海桥以东为荒滩,人烟稀少,最初只有一个叫“吴其奎墩子”的地方,住着一户居民。70 年代初增加到 33 户,其中一大队和四大队计 12 户。1971 年起,陆陆续续有人从原旧场和李堡等地搬迁到这里定居。

由于特殊的地理位置和历史成因,过去镇海村大多数人以海洋捕捞为主业,靠近海捕捞作业或下小海弄文蛤、采蚶子等维持生计。中共十一届三中全会后,原镇海和万港村渔业生产有了长足的发展。1978 年,陈绍明、沈九才等人创办渔业一大队渔网厂,名称为“振海渔网厂”。1984 年更名为镇海渔网厂。1988 年,渔网厂从日本引进第一台 520 渔网织机。20 世纪 90 年代后,实行渔业产权制度改革，海洋捕捞业又实施“木改铁、小改大、近改远”模式，渔业生产得到长足发展。特种水产养殖和加工业不断发展，先后创办镇海冷冻厂、万港冷冻厂和镇海、万港鳗业养殖公司，并跨境在广东开发养殖。这些企业最初是集体性质，1996年后陆续改制，为股份合作或私营企业。21世纪后，鳗鱼行情衰退。沈芝明、吴义胜等人又把发展的重心转向紫菜业，创办凤华、万港海苔有限公司。

2001年4月，镇海村由老坝港镇海、万港两村合并而成。南边与如东县栟茶镇江安村以及海安县蚕种场为界，西接通港村，东邻川港村，北以北凌河为界。2017年，全村总面积1024亩，耕地面积531亩，人口1081人，304户，村民小组2个。河西片为原镇海为1组，河东片为原万港为2组。

2017年，镇海村农业总产值1.41亿元。粮食作物面积1008亩，粮食总产量541吨；油料面积265亩，总产量59吨。家禽家畜很少饲养。渔业养殖面积2.67万亩，水产品总产量4658吨。全村道路硬质化，总长度4.9公里，全村路灯全覆盖，2015年建成“临海花苑”小区。2017年，村级总收入80万元，村级总支出123万元。全村有各类企业59个，其中工业企业20个。参加农村新型合作医疗548人，农村社会养老保险1023人，享受最低生活保障30人。全村拥有汽车52辆，摩托车286辆，95%的村民住楼房，98%的农户装电话和有线电视，100%的村民饮用自来水。

1970—2003年镇海(原镇海)村负责人一览表

表1-63

党支部书记		村委会主任		总账会计	
姓名	起讫时间	姓名	起讫时间	姓名	起讫时间
吴朗志	1970年以前	王广胜	1970.3—1984.12	丁圣龙	1970.3—1976.12
刘洪生	1970.3—1976.12	朱玉高	1985.1—1993.12	张秀富 丁国圣	1977.1—1984.12
吴义高	1977.1—1984.12	吴义胜	1994.1—2003.12	缪兴付 丁国圣	1985.1—1993.12
吴义胜	1985.1—1993.12	—	—	张秀华	1994.1—2003.12
沈芝明	1994.1—2003.12	—	—	—	—

1966—2003年镇海(原万港)村负责人一览表

表1-64

党支部书记		村委会主任		总账会计	
姓名	起讫时间	姓名	起讫时间	姓名	起讫时间
花长富	1966.1	陈德田	1966.1	陈德杨	1966.1—1975.12
徐全余	1966.2—1993.12	缪兴付	1966.2—1982.12	吴义胜	1976.1—1984.12
吴义胜	1993.12—2003.10	吴义胜	1983.1—1984.12	张林富	1985.1—1992.3
—	—	朱文余	1985.1—1993.12	蒋春富	1992.4—2003.10
—	—	吴义胜	1994.1—2003.10	—	—

2003—2017 年镇海村负责人一览表

表 1-65

党支部书记		村委会主任		总账会计	
姓名	起讫时间	姓名	起讫时间	姓名	起讫时间
沈芝明	2003.11—2010.11	吴义胜	2003.11—2010.11	张秀华	2003.11—2010.11
张秀华	2010.12—2017.12	王宏卫	2010.12—2017.12	申益芳	2010.12—2017.12

二十一、江海村

江海村地处角斜镇东西中部地段，南边以浒场桥与如东县栟茶镇杨堡村为界，西接富港村，东邻海港村和顾陶村，北以北凌河与建场村相隔。

江海村由南北两大块组成，南半部是老坝港镇江海村，北半部是老坝港镇凌南村，民国三十五年（1946）前隶属东台县栟茶区浒澪乡，名马坝村和花鱼村。民国三十八年（1949）九月隶属如东县栟北区旧场乡，1959 年旧场乡从如东县划归海安县管辖，马坝村改为一大队，花鱼村改为二大队。1970 年旧场乡更名为海防公社，仍为一大队和二大队。1983 年改为乡村制，海防公社恢复为旧场乡。一大队域内有江海河穿过，即取名为江海村；二大队因地理位置在北凌河以南，即取名为凌南村。1995 年后，江海村、凌南村为老坝港乡镇的两个建制村。

江海河是流经江海村的一条南北走向的国家二级河道。这条河道是 1976 年由海安、如东两县在原小河基础上，裁弯取直开挖而成，是当时旧场乡域内南北走向的唯一水上“大动脉”。它北接北凌河，南连栟茶运河，是旧场乡南北运输主航道。

江海村过去土地高低不平，沟河港汊纵横交错，人们择高处而居，形成自然村庄，老地名颇多。过去五组叫“王家庄”，十六组叫“蔡家庄”，六组与如东交界处叫“周家码头”，一组与顾陶村十七组交界处叫“九龙口”，十五组叫“槐树口”，十二组与十一组叫“囤子河里”。

1983 年后，江海村实行家庭联产承包责任制，开展多种经营，发展商品生产，使以纯农业为主的江海村经济建设走上新的发展道路。江海村七组的吴礼和发展养猪业，在全乡成为第一个靠养殖翻身的“万元户”，在全县、全乡起了示范作用。全村个体工商业、服务业、运输业、建筑业、养殖业等迅猛发展，家家户户走上致富的道路。

2001 年 4 月，江海村、凌南村合并为江海村。

2017 年，全村总面积 2.1 平方公里，耕地 3987 亩，人口 2926 人，1020 户，辖 19 个村民小组。

2017 年，全村有各类企业 42 家，其中工业企业 35 家。江海村有高产稳产良田 2000 多亩，主要农作物为水稻、小麦、大豆。2017 年，全村农业总产值 4553 万元。粮食作物面积 7140 亩，粮食总产量 3344 吨；油料面积 323 亩，总产量 63 吨；村中有万头以上养猪大户 1 户，生猪存栏 380 头，出栏 2459 头；万羽养鸡场 3 户，千羽养鸡场 6 户，家禽年末存栏 3.45 万只，出栏 5.09 万只，全年禽蛋产量 32 吨；羊子存栏 1023 只，出栏 1798 只；桑园面积 252 亩，养蚕 370 张，蚕茧产量 12 吨；渔业养殖面积 165 亩，以养南美白对虾为主，全年水产品产量 245 吨。

2017 年，全村总收入 162 万元，村级总支出 143 万元。人均年收入 2 万元以上。家庭资产普遍达几十万元，百万元以上的 10 多家，千万元的也有几家。

1956—2001年江海(原江海)村负责人一览表

表1-66

党支部书记		村委会主任		总账会计	
姓名	起讫时间	姓名	起讫时间	姓名	起讫时间
李九龙	1956.2—1958.7	吴礼春	1956.2—1958.7	林祥瑞	1956.2—1958.7
包其山	1958.8—1971.7	王绍圣	1958.8—1976.12	顾国华	1958.8—1971.7
顾国华	1971.8—1976.12	顾国华	1977.1—1989.1	周　林	1971.8—1976.12
王绍友	1977.1—1989.2	缪　泽	1989.2—2001.4	林蕊枝	1977.1—1989.3
林　冶	1989.3—2001.4	—	—	许宏山	1989.4—2001.7

1962—2001年江海(原凌南)村负责人一览表

表1-67

党支部书记		村委会主任		总账会计	
姓名	起讫时间	姓名	起讫时间	姓名	起讫时间
王绍轩	1962.2—1974.12	王元掌	1962.2—1974.12	马友龙	1962.2—1985.3
吴志才	1975.1—1980.1	刘志坚	1975.1—1985.3	孔九荣	1985.4—2001.4
马友龙	1980.2—1985.3	戴桂林	1985.4—1990.12	—	—
范志进	1985.4—1990.12	王　军	1991.1—1993.12	—	—
戴桂林	1991.1—1993.12	范志进	1994.1—2001.4	—	—
缪祝群	1994.1—2001.4	—	—	—	—

2001—2017年江海村负责人一览表

表1-68

党支部书记		村委会主任		总账会计	
姓名	起讫时间	姓名	起讫时间	姓名	起讫时间
林　冶	2001.5—2004.12	缪祝群	2001.5—2005.1	许兰凤	2001.5—2009.5
范志进	2005.1—2008.2	张友建	2005.1—2008.2	黄爱华	2009.6—2012.2
缪　华	2008.3—2010.3	缪祝群	2008.3—2009.2	张怀生	2012.3—2013.5
		纪海东(代理)	2009.3—2010.3		
缪四才	2010.4—2015.4	潘爱梅	2010.4—2015.4	严爱萍	2013.6—2017.12
潘爱梅	2015.5—2017	陈小松	2015.5—2017	—	—

2017年角斜镇农村集体经济收益分配统计表

表1-69　　单位：万元

序号	村别	村集体总收入	村集体总支出	村集体净收入	村集体所得总额
1	周庄村	168.86	70.13	98.73	98.73

续表 1-69

序号	村别	村集体总收入	村集体总支出	村集体净收入	村集体所得总额
2	新坝村	187.15	78.75	108.40	108.40
3	范堑村	155.91	122.60	33.31	33.31
4	沿口村	198.47	151.60	46.87	46.87
5	五凌村	158.39	118.97	39.42	39.42
6	老庄村	204.45	177.28	27.17	27.17
7	滩河村	231.40	110.15	121.25	121.25
8	五虎村	156.08	138.98	17.10	17.10
9	角斜村	231.88	210.85	21.03	21.03
10	双龙村	155.26	180.77	-25.51	-25.51
11	来南村	153.97	71.13	82.84	82.84
12	汤灶村	136.92	113.58	23.34	23.34
13	江海村	182.77	147.55	35.22	35.22
14	建场村	107.46	90.40	17.06	17.06
15	富港村	247.76	223.98	23.78	23.78
16	海港村	192.46	100.23	92.23	92.23
17	顾陶村	243.44	168.96	74.48	74.48
18	通港村	183.66	174.64	9.02	9.02
19	镇海村	154.64	138.62	16.02	16.02
20	川港村	99.55	114.37	-14.82	-14.82
合计		3550.48	2703.54	846.94	846.94

第二章　自然环境

角斜镇属江积、海积平原区，由海相沉积和长江淮河冲积而成，经历从海湾三角洲到陆地几千年的沉积和地壳上升运动的过程，是海安域内成陆最晚的地区，成陆最早的不到4000年，成陆最晚的滩涂也才10年，且每年滩涂不断向东延伸。

第一节　位置　面积

一、位置

角斜镇地处海安县东部，位于北纬32°35′45″，东经120° 50′ 43″（角斜政府所在地），属海安、如东、东台3县（市）交界的地区，离县城40公里，南与如东县交界，北与东台市接壤，东临黄海，西与李堡镇相邻。

流经角斜镇域有两条一级河（栟茶运河和北凌河），北凌河改造后为五星级航道，运载能力500吨。角斜镇的陆路交通四通八达，国家临海高等级公路G228公路贯穿角斜镇核心区南北，与临海高等级公路相交的225省道与新建的核心区相邻，经225省道至南通约1小时车程，东、西贯穿角斜镇全境的新328国道与临海高等级公路相连接，沿328国道至沿海高速仅18分钟的车程，角斜镇全面融入“上海1.5小时经济圈”。

二、面积

角斜镇南北直线距离最宽约10公里，东西距离最长30公里，总面积145.6平方公里，总人口6.68万人，耕地面积6.46万亩，另外拥有5万多亩的海洋滩涂资源。

第二节　地质地貌

一、地质

角斜镇属扬子地层区，地质构造主要是于新生代形成，属苏北中新生代凹陷南黄海断陷盆地的次一级构造单元。该凹陷为东北向大致平行的隆起与凹陷、北向斜交替的褶皱带和以西为主的断块作用形成的断凸断凹构成，以栟茶运河为界，勿南沙以南中断生代相对隆起，实为南陡北缓，南深北浅的箕状凹陷。新生代时期表现为升降运动，晚期以缓缓沉降为特征，沉降中心在东台市沈灶附近，松散层覆盖厚度在1700米以上。

角斜域内原是海滩荒地，属沿海垦区，以淤泥质亚黏土及亚黏土沉积为主，表层土质强度和允许承载也都偏低，这样的地基允许承载力每平方米8—12吨，对于重型建筑物必须选择适当的桩基持力层。

二、地貌

角斜域内属海积相滨海堆积平原区，域内地势低平，地表起伏甚微，地势坦荡，略呈北高南低，地面高程1.6—4.0米，地下水位1.6—2.0米，域内河道纵横，沟渠稠密。

第三节　气候　物候

一、气候

（一）气候特征

域内地处北亚热带季风气候区，具有过渡性、海洋性、季风性的特点，温和湿润，四季分明，雨水充沛，日照充足。光、热、水高峰基本同季。无霜期较长，年平均气温14.5℃，年平均日照2142小时，年平均降水1025毫米，年平均雨日116天，年平均雪日5—7天、无霜期210.2天。

（二）日照

角斜地区一年四季正午太阳高度和冬夏昼夜长短的变化都居适中地位，全年日照2142小时左右，日照百分率48%左右，日照季节年际差异明显。

（三）气温

年平均气温14.5℃左右，1月最冷平均气温1.5℃，7、8两月最热平均气温27.2℃，年平均最高15.6℃（1961年），最低13.7℃（1980年），日平均气温最高32.3℃（1966年），最低-7.3℃（1969年2月6日）。2016年，最高气温38.7℃，最低气温-10.3℃。2017年，最高气温39.9℃，最低气温-5.6℃。

2011—2017年角斜镇气温情况表

表2-1

年份	年最高气温	出现月日	年最低气温	出现月日
2011	38℃	6月9日	-7.9℃	1月16日
2012	36.6℃	7月5日	-7.6℃	2月3日
2013	38.5℃	8月8日、8月9日	-6.0℃	12月29日
2014	36.6℃	5月30日	-5.6℃	1月22日
2015	36.9℃	8月3日、8月4日	-6.1℃	2月9日
2016	38.7℃	7月29日	-10.3℃	1月24日
2017	39.9℃	7月23日	-5.6℃	1月21日

（四）降水

年平均降雨量1000毫米左右，一年中夏季降水最多，占全年的45%—50%，冬季降水较少，仅占全年的9%左右，降水最多年份为1991年的1636.9毫米。最长连续降水日13天，降水279.5毫米，为1969年7月6—18日。最长连续无降水日48天，为1980年12月3日至1981年1月19日，造成冬旱。雨热同期，有利于植物生长。一般在6月20日前后入梅，梅长20天左右，但在1978年出现了空梅。

（五）气压和风

夏季气压多偏低，冬季气压多偏高，年平均气压1016.5百帕，年平均最高气压1017.4百帕（1969年），最低年平均气压1015.7百帕（1966年）。

季风显著，夏季多为东南风或偏南风，冬季多为西北风、东北风或偏北风。西南风较少，陆海风显著，年平均风速每秒4.5米，瞬时最大风速每秒 30.4 米。

二、物候

(一)动物候

蟾蜍:3 月上中旬开始上岸活动,11 月初开始下河冬眠。

青蛙:4 月上旬始鸣,10 月上旬绝鸣。

蝉:7 月中旬始鸣,8 月下旬至 9 月底终鸣。

蛇:3 月上旬出洞,10 月下旬冬眠。

蚊子:5 月上旬开始猖獗,10 月中下旬开始销匿。

家燕:3 月底至 4 月初从南方飞来,9 月上旬开始离去。

雁:9 月上旬开始飞来,翌年 3 月底至 4 月初开始离开。

布谷鸟:5 月上旬始鸣,8 月中旬终鸣。

苍蝇:4 月中旬开始活动,5—9 月活跃,10 月下旬开始销匿。

(二)植物候

水稻: 中粳稻落谷期为 5 月中下旬,移栽期为 6 月上中旬,分蘖高峰期在 7 月中下旬,始穗期为 8 月下旬至 9 月上旬,齐穗期为 9 月上中旬,成熟收割期在 10 月中下旬。

小麦: 以扬麦系统为例,播种期在 10 月下旬(霜降)至 11 月上旬,返青期在 2 月底,拔节孕穗期在 4 月上中旬,扬花期在 4 月下旬至 5 月初,灌浆期在 5 月中下旬,成熟收获期在 5 月底至 6 月上旬。

玉米: 以皋单 1 号、2 号为例,育苗期为 3 月 18—25 日,拔节期为 5 月中旬至 6 月中旬,开花授粉期为 6 月中下旬,灌浆乳熟期为 6 月底至 7 月中旬前期,收获期为 7 月 15—25 日。

花生: 播种期为 5 月下旬,出苗期为 6 月上中旬,开花期为 7 月中旬,成熟收获期为 9 月下旬。

桃子:3 月中下旬萌芽,4 月上中旬初苞,4 月中旬展叶,7—9 月果实成熟,11 月下旬落叶。

梨子:3 月下旬至 4 月上旬萌芽,4 月上中旬展叶,4 月中旬开花,8 至 9 月果实成熟,11 月落叶。

柿子:3 月中旬萌芽,5 月下旬开花,9 月下旬

图 2-1　花生(高宝生摄于 2017 年 9 月)

图 2-2　柿子(高宝生摄于 2017 年 9 月)

图 2-3　桃子(高宝生摄于 2017 年 5 月)

图 2-4　草莓(高宝生摄于 2017 年 5 月)

至11月上旬果熟。

银杏:3月底4月初萌芽,4月中旬始花,10月初熟果,10月底落叶。

湖桑:3月下旬露青,4月上中旬萌芽,4月中旬展叶,11月中旬停止生长,12月上中旬落叶。

桑树:4月中旬萌芽,5月下旬至6月上旬桑果成熟。

草莓:3月底始花,4月中旬进入盛花期和幼果期,5月上中旬开始成熟。

第四节 水系

角斜地区地处黄海边缘,属长江水系,位于引江和排水入海的尾部,域内有栟茶运河、中凌河、北凌河,由西向东走向,丁堡河、沿港河、红星河、滩河、挺长路河、江海河、杨木港河为南北走向。其中栟茶运河、丁堡河、中凌河、北凌河、红星河为县级骨干河道。丁堡河又为引水骨干河道。栟茶运河和北凌河向东流至小洋口闸和北凌新闸入海。栟茶运河横穿如海运河、通扬运河、丁堡河等河道,起着调度引江水源的作用。域内形成严密的排灌系统。

一、水文

全年正常水位2.0—2.2米。最高水位3.91米,出现在1960年。最低水位0.97米左右,出现在1958年。

二、降雨量

2011—2017年角斜镇降雨量及旱象情况表

表2-2 单位:毫米

年份	年降水量	汛期降水量(6—9月)	一月最大量	最大降水月份	一日最大量	最大降水日期	连续25天以上无雨时间	连续25天以上无雨天数
2011	1377.9	1068.7	484.8	7	174.3	7月4日	无	0
2012	916	541.3	350.6	7	84.6	7月3日	9月15日—10月15日	31
2013	891.3	547.5	275.8	6	139	9月14日	无	0
2014	1107.5	925.9	268.3	8	104.9	8月8日	无	0
2015	1203.5	979.7	342.5	8	104.3	8月26日	无	0
2016	1119.3	1040.9	478.1	7	164.4	7月3日	无	0
2017	970.8	586.2	446.3	9	74.8	9月4日	10月20日—11月16日	27

第五节 海洋潮汐

角斜沿海潮汐为正规半日潮,每日涨落两次,海水受长江径流下泄影响,有枯、丰季节之分,受海洋潮水影响,有大小潮汛之分,丰水期在8—10月,枯水期在1—2月,大汛在农历每月初二、初三和十七、十八左右,小汛在农历每月初九、初十和二十四、二十五左右。

角斜镇海洋潮汐时刻表

表 2-3

农历	潮汛	时分	农历	潮汛	时分
初一	六潮	11:40	十六	六潮	11:40
初二	七潮	12:30	十七	七潮	12:30
初三	八潮	1:20	十八	八潮	1:20
初四	九潮	2:10	十九	九潮	2:10
初五	下往水	3:00	二十	下往水	3:00
初六	下往一	3:50	二十一	下往一	3:50
初七	下往二	4:40	二十二	下往二	4:40
初八	下往三	5:30	二十三	下往三	5:30
初九	下往四	6:20	二十四	下往四	6:20
初十	起水	7:10	二十五	起水	7:10
十一	一潮	8:00	二十六	一潮	8:00
十二	二潮	8:50	二十七	二潮	8:50
十三	三潮	9:40	二十八	三潮	9:40
十四	四潮	10:30	二十九	四潮	10:30
十五	五潮	11:20	三十	五潮	11:20

第六节　土壤　植被

一、土壤

域内土壤属于海相长江沉积和黄淮冲积母质,该母质质地稍沙,沉积物以青灰色的海相泥质沙或粉沙为主,黏粒含量在10%左右,粉粒含量在40%—50%,地下水中含有一定盐分,全剖面质地均一。全镇为盐土地区,除原来近海的旧场乡、老坝港镇外,大部分土壤已发展为潮土类的灰潮土亚类,只有少量的轻盐土、中盐土和极少的重盐土。北凌河两岸以沙壤土为主,原沿口有部分黏土,土壤耕作一般在15—20厘米,地表以下2米左右全是沙质土壤,3.5米为黄黏土,土壤有机质含量中等,含氮中等,含磷量较高,但土壤有效磷含量却很低,土壤速效磷含量偏低,大部分土壤严重缺磷。含钾量较丰富,大部分土壤缺锌,全境土壤评级大多在四至五级。

二、植被

角斜地区的植被类型可分为自然植被和人工植被两类,以人工植被为主。自然植被既有大量北方种类的温带落叶阔叶树种,也有不少南方树种,地带性植被属落叶阔叶混交林。除此外,自然植被中还有非地带性的湿生和滨海盐生植被等类型。落叶阔叶常绿树分布在交通道路两侧、河道两岸居民住宅及机关、企事业办公场所四周,主要树种有银杏、香樟、女贞、龙柏、铅笔柏、夹桃、黄杨、垂杨、水杉、刺槐、桑(乔木桑、湖桑)、意杨、梨、桃、柿等。湿生和水生植被主要分布在三、四级河道,冬枯春生主要有水草和少量的水花生、水葫芦。盐生植被主要分布在海滨滩涂地区,可分为陆生盐土植被(盐蒿、獐茅草等)、沼生盐土植被(大米草、咸水草、芦竹、芦苇等)。人工植被有刺槐、意杨、水杉、银杏、梨、桃等经济林、防护林。

2017 年,角斜地区林地面积 4.15 万亩,防护林 8000 亩,四旁树木折算 1.55 万亩,道路 1.8 万亩。

农田植被夏熟以小麦、油菜、蚕豆为主,秋熟以水稻、玉米为主。蔬菜面积逐年增多,冬春有大白菜、包菜、大蒜、青菜等品种,夏有西瓜、黄瓜、马铃薯等。2017 年,农作物播种面积 17.9 万亩。

第七节 自然资源

一、土地资源

(一)土地面积

域内土壤结构比较复杂,成土母质属海相沉积物,是滨海浅滩由海浪夹带着泥土不断堆积形成。土壤划分为潮土和盐土两大类,按质地归并的土属形态特征及生产性能分为夹沙土、板儿沙、灰土、泡灰土。1959 年,域内各乡镇进行第一次土壤普查。1982 年又进行第二次普查。

2017 年,角斜镇总耕地面积 6.46 万亩。

(二)土地资源利用

土地面积总量大。土地资源类型多,全镇土地资源可分为两种。栟茶运河以北(沿口)为黏土、老土,表土黏粒含量大于 20%,小块状结构,耕性差,僵板。北凌河两岸为夹沙土。土地后备资源潜力不大,耕地资源不足。角斜镇原先好的土地资源大多数已经开发利用,大部分土地宜小麦、水稻、棉花的种植。

土地利用的限制性较小。角斜镇地处滨海平原,地势平坦,水网纵横,气候温和,雨热同季,光、热、水资源丰富,土层深厚,质地良好,土宜性广,适宜于多种农作物和经济作物生长。土地利用的基础条件较好。道路建设三横五纵贯穿全镇,农四路快速发展,有两条一级河道东西穿过,水网密布,总长 220 公里。沟渠稠密,灌排能力较好。

土地利用以农业为主,耕地的利用水平较高。耕地、园地等农业用地占全镇农用地的 99.93%,居土地利用的主导地位,复种指数在 2.0,粮食单产夏季 350 公斤,秋季在 650 公斤左右。

二、水资源

角斜镇地处滨海平原长江三角洲交会处,位于引江和排水入海尾部,全镇地势平坦,高差甚小,河道之间相贯通,域内河道流向自北向南,自西向东。

域内属长江自流水系,灌、排水系河道,有一级河 2 条,即北凌河、栟茶运河。二级河 8 条,即滩河、丁堡河、红星河、沿港河、江海河、垦区中心河、角沿河、中凌河。三级河 19 条。四级河 106 条。2017 年,全境河流长 306.16 公里。地域内河网纵横密布,河流水源引自长江,水资源较为丰富,能满足农作物灌溉和水产养殖需要。

角斜域内的水资源有地表水、地下水和过境水。需水方面主要有农业用水、工业用水和居民用水。

(一)地表水

域内的地表水主要来源于降水。角斜镇年平均降水量 1025 毫米,但无单独蓄水条件,因域内河网纵横,跟境外河网相通连,所以每当降水量较大的时候,河网水位升高即外排入海,降水量小时则由外来水补足,由于地处黄海,所以上游洪水与角斜域内经流往往是同步排泄,因而可利用率很小。栟茶运河历史最高水位 3.91 米,出现日期为 1960 年 8 月 5 日,栟茶运河历史最低水位为 0.97 米,出现日期为 1958 年 11 月 27 日,河道正常水位 2.0—2.2 米。

(二)过境水

域内过境水资源主要从长江上游流入栟茶

运河而来。还有夏秋季台风和突发的自然灾害天气引起的大水经北凌河、栟茶运河过境入海，年过境水量4.7亿立方米。

（三）地下水

角斜域内地下水资源分布均匀，由地表向下依次有潜水和第一、第二、第三承压水等4个主要水层。潜水层主要埋藏在地下50米以上的粉沙细沙中，水质一般较好，大部分属淡水，可以用作居民分散打井用水，局部地段的潜水微咸，有铁锈味，颜色微黄，锅垢较重。第一、二承压水层在地下50—160米，水质较差，且水层较薄，涌水量小、无多大开采价值。第三承压水层在地下190—360米，水量大，水质好，水淡，矿化度每升小于1克，属重碳酸氯化钠型，宜作居民饮用水，原沿口、角斜、老坝港水厂用水全部来源于此层水。

三、动物资源

（一）无脊椎动物

环节动物门：毛足纲——蚯蚓，蛭纲——水蛭、蚂蜞、蚂蟥。

软体动物门：瓣鳃纲——河蚬、三角帆蚌、背角无齿蚌、褶纹冠蚌、香蕉蚌、直柱矛蚌、文蛤、四角蛤、青蛤、蛤蜊、缢蛏、竹蛏、牡蛎、西施舌、毛蚶、魁蚶；蝮足纲——螺蛳（俗名蜗螺）、椎实螺、钉螺、田螺、泥螺、昌螺、蜗牛、蛞蝓（俗名蜒蚰、鼻涕虫）。

图2-5 竹蛏（高宝生摄于2017年5月）

图2-6 文蛤（高宝生摄于2017年5月）

节肢动物门：昆虫纲——蜻蜓、蝉（俗名知了）、螳螂（俗名蚱螂）、蜚蠊（俗名蟑螂）、蜣螂（俗名屎壳郎）、蟋蟀、地鳖虫、蚂蚁、白蚁、天牛、萤火虫、金龟子（俗名绿姑娘）、蝼蛄（俗名土地狗儿）、斑蝥（俗名放屁虫）、蚱蜢（俗名蜢子、蜢虫）、蝗（虫）、蜉蝣、桑尺蠖、叩头虫、臭虫（臭蝽）、虻、胡蜂、蜜蜂、黄蜂、蚕、沙蚕、蛾、（蝴）蝶、瓢虫、蚜虫、棉铃虫、红铃虫、刺蛾（俗名洋辣子）、螵、络纬（俗名纺织娘）、白蜡虫、婆婆香、地老虎、水蚂蚁、牛子（俗名米虫）、蠡斯、金铃子；甲壳纲——青虾（河虾）、葛氏长臂虾（红虾）、周氏新对虾（条虾）、哈氏仿对虾（金钩虾）、脊尾白虾（白虾、水虾）、中华长臂虾、中华小长臂虾、齿米虾、秀丽白虾、日本沼虾、克氏螯虾、中华绒螯蟹（俗名河蟹、螃蟹）、三疣梭子蟹、红螯相子蟹（俗名螃蜞）、锯齿溪蟹、剑水蚤；蛛形纲——蜘蛛、红蜘蛛、螨、蝇虎、壁钱；多足纲——蚰蜒、蜈蚣（俗名百脚）。

（二）脊椎动物

鱼纲：鲀科——河豚；鳢科——鳢（俗名乌鱼、黑鱼）；鲶科——鲶（鲇鱼）；鳍科——斑鳜（俗名老虎鱼）、翘嘴鳜（俗名鳜鱼）、鳜（俗名地花鱼）、鲈；鳅科——泥鳅，鲤科——长春鳊、三角鲂、团头鲂、鲫鱼、白鲫、螃鲏鱼、鲤鱼、餐条（俗名餐鱼）、蒙古红鲌、青梢红鲌、尖头红鲌、拟尖头红鲌、戴氏红鲌（翘嘴红鲌、俗名翘嘴白），鳗鲡科——鳗鱼（俗名毛鱼），合鳃科——鳝鱼（俗名黄鳝、长鱼）。

两栖：蟾蜍科——蟾蜍（俗名癞宝、癞蛤蟆），蛙科——青蛙(俗名田鸡、水鸡)、黑斑蛙,蝾螈科——蝾螈。

爬行纲:蝰蛇科——蝮蛇,游蛇科——赤练蛇(火赤练)、乌风蛇、中国水蛇、锦蛇,龟科——(乌)龟,鳖科——中华鳖(俗名甲鱼、王八),壁虎科——壁虎。

鸟纲:雉科——白颈长尾雉(俗名红山鸡、野鸡)、鹌鹑、鹧鸪,鸭科——绿头鸭(俗名野鸭)、鸿雁,鸦科——乌鸦、喜鹊、灰喜鹊(俗名山喜儿、山喜辣子),文鸟科——麻雀,燕科——燕,雀科——蜡嘴雀,鸬鹚科——鸬鹚(俗名鱼鸦、鱼鹰),鹎科——白头鹎(俗名白头翁),百灵科——百灵,啄木鸟科——啄木鸟,杜鹃科——大杜鹃(俗名布谷鸟、郭公鸟),椋鸟科——八哥,鹰科——鹰、苍鹰、白尾鹞(雀鹰),鹟科——画眉,翠鸟科——翠鸟,黄鹂科——黄鹂、红嘴相思鸟,鹭科——鹭,鸠鸽科——斑鸠(俗名鹁鸪、野鸽子、鸽),鸱鸮科——猫头鹰。

哺乳纲:兔科——华南兔(俗称野兔),猬科——刺猬(俗称刺鱼),鼬科——黄鼬(俗名黄鼠狼、黄猫)、獾(有猪獾、狗獾之分)、水獭、旱獭、貉,猫科——豹猫(俗名狸子、狸猫),仓鼠科——田鼠,鼠科——黄毛鼠、褐家鼠、黑线姬鼠(田姬鼠),蝙蝠科——蝙蝠(俗名油老鼠)。

四、植物资源

(一)竹木类

银杏科——银杏(白果),松科——马尾松、五针松、雪松、针叶松、金钱松、黑松,杉科——刺杉(杉木、本杉)、柳杉、水杉、池杉,柏科——侧柏(柏树、扁柏)、圆柏、铅笔柏、桧柏、刺柏、龙柏、花柏,杨柳科——小叶杨、白杨、意杨、北京杨、旱柳、河柳、垂柳、曲柳、杞柳,胡桃科——枫杨,榆科——白榆、榔榆、榉、朴,桑科(乔木桑)、湖桑、无花果、檀树,木兰科——洋玉兰(广玉兰)、玉兰、辛夷(紫玉兰),悬铃木科——悬铃木(法桐),蜡梅科——蜡梅,蔷薇科——贴梗海棠、月季花、野蔷薇、玫瑰,豆科——槐、刺槐(洋槐)、龙爪槐、合欢、紫荆、皂荚、紫穗槐、国槐,芸香科——柑橘、香橼、橘(枸橘)、枸橼,苦木科——臭椿,楝科——椿(香椿)、苦楝(楝树),大戟科——乌桕、油桐(千年桐、木油桐)、野梧桐,黄杨科——黄杨、大叶黄杨,冬青科——冬青、枸骨、大叶冬青,鼠李科——枣、拐枣(枳椇),槭树科——三角枫、五角枫,梧桐科——梧桐,木犀科——女贞、桂花,玄参科——泡桐,紫葳科——梓树,柿树科——柿,棕榈科——棕榈,杜仲科——杜仲,猕猴桃科——猕猴桃,山茶科——山茶花、茶,柽柳科——观音柳,锦葵科——木槿、木芙蓉、扶桑,千屈菜科——紫薇,石榴科——石榴,夹竹桃科——夹竹桃,茜草科——栀子,罗汉松科——罗汉松,葡萄科——葡萄,苏铁科——苏铁,忍冬科——绣球花、忍冬,小檗科——十大功劳,大风子科——柞木,杜鹃花科——杜鹃花,山矾科——白檀,野茉莉科——野茉莉,卫茅科——丝棉木(白杜),禾本科——刚竹、桂竹、淡竹、慈(孝)竹、早竹、雅竹、芦竹、毛竹、青竹、紫竹、斑竹、黄杆竹、倭竹、笙竹、篾竹、燕竹、凤尾竹、金丝竹、天竹。

(二)草类

禾本科——看麦娘、日本看麦娘、野燕麦、罔草、茵草、雀麦、疏花雀麦、狗牙根、马塘稗、旱稗、光头稗、牛筋草、画眉草、大画眉草、白茅、毒麦、千金子、双穗雀稗、蜡烛草、早熟禾、华东早熟禾、芦苇、棒头草、长芒棒头草、伪针茅、东瀛鹅观草、硬草、狗尾草,莎草科——垂穗苔草、畦畔莎草、异莎草、香附子、牛毛毡、水虱草、水莎草、畦畔飘拂草、水蜈蚣,十字花科——荠菜、碎米荠、臭荠、离子草、播娘蒿、小犬芥、印度蔊菜、蔊菜、风花菜、遏蓝菜,豆科——刺果甘草、印度草木樨、大巢菜、小巢菜、小苜蓿,伞形科——野胡萝卜、芫荽、水芹,藜科——藜、灰绿藜、小藜,牻牛儿苗科——野老鹳草,马齿苋科——马齿苋,唇形科——佛座、益母草、血见愁,桑科——葎草,菊科——黄花蒿、青蒿、艾蒿、茵陈蒿、小蓟、鳢肠、小飞蓬、鼠曲草、泥糊菜、剪刀股、齿缘苦荬、多头苦荬、苦荬菜、蓟、苦巨菜、马兰、蒲公英、苍耳,石竹科——鹅不食草、卷耳、漆姑草、牛繁缕、拟漆姑、繁缕、王不留行,毛茛科——毛茛、石龙芮,大戟科——泽漆、地锦、铁苋菜,玄参科——通泉草、陌上菜、水苦荬、婆婆纳、波斯婆婆纳,报春花科——点地梅、泽珍珠菜,茜草科——猪殃殃，蓼科——齿果酸模、扁蓄、水蓼，旱苗蓼、杠板归，旋花科——小旋花，紫草科——附地菜，蔷薇科——蛇莓、朝天委陵菜，车前科——大车前，茄科——枸杞、苦职，木贼科——问荆，锦葵科——苘麻，浮萍科——青萍，桔梗科——半边莲，水鳖科——柳叶藻、水鳖、黑藻、水车前、苦草，金鱼藻科——金鱼藻，爵床科——爵床，酢浆草科——酢浆草，天南星科——半夏，龙胆科——荇菜，干屈菜科——水苋菜、节节菜，柳叶菜科——丁香蓼，雨久花科——鸭舌草，香蒲科——香蒲，槐叶萍科——满江红、槐叶萍，苹科——苹，苋科——刺苋、水花生，泽泻科——野慈姑，眼子菜科——虾藻、眼子菜，三白草科——鱼腥草，星接藻科——水绵，葫芦藓科——葫芦藓(青苔)。

图 2-7 狗尾草(高宝生摄于 2017 年 5 月)

图 2-8 马齿苋(高宝生摄于 2017 年 5 月)

(三)菌类

木耳科——白木耳，伞菌科——蘑菇、香菇、金针菇、平菇、棒头菇、蕈子，齿菌科——猴头菌，鬼笔科——短裙竹荪，多孔菌科——灵芝。

图 2-9 平菇(高宝生摄于 2017 年 5 月)

图 2-10 磨菇(高宝生摄于 2017 年 5 月)

五、风资源

常年主导风向为东南风，春夏多东南—东风，秋季多东北—东风，冬季多西北风。最多风向为东风，出现频率年平均 9%；最少风向为西南偏南，西南偏西，出现频率为 3%。沿海正常风力较内陆普遍大 1—2 级，常年主导风为东南—东风。角斜镇东临大海，风力无阻，成为风力发电的绝佳场所。历年平均风速每秒 4.5 米，年最大风速每秒 26.3 米(出现在 1960 年 7 月 1 日)，瞬间最大风速每秒 30.4 米(出现在 1975 年 7 月 14 日)。

第八节 自然灾害

一、水灾

宋乾德二年(964)七月,海溢,漂没庐舍,溺死人畜无数。

明正德七年(1512)七月十八日夜,大风海溢,漂没场亭庐舍,淹死许多人(含角斜场)。

明正德八年(1513),海潮侵溢,两淮盐场(含角斜场)遭水灾,沿海民居淹没十之有七。

明嘉靖元年(1522)七月二十五日,暴风大雨,海潮汹涌,两淮沿海盐场(含角斜场)房屋被淹没,盐丁死亡无数。

明嘉靖二年(1523)七月,淫雨不止,河堤溃决,淹没田地房屋,发生大饥荒。

明嘉靖十八年(1539)闰七月初三,海潮肆虐,陆地上水深一丈多,栟茶、角斜两场损失极大。

明嘉靖二十四年(1545)九月,栟茶、角斜、余东等盐场,海水沸溢。

明万历十四年(1586)五月,飓风淫雨,连旬不止,房屋被淹,民浮木以栖。

清康熙三年(1664)七月三日,苏北沿海(含角斜场)大风,海水上涌。

康熙四十四年(1705)五至八月,连续降雨,平地水深数尺,运河决口、房屋尽被淹没。

康熙五十一年(1712)秋,飓风簸荡,海水泛溢,堤决栟茶、角斜、丰利等场,漂没田庐人畜。

清雍正二年(1724)七月十七、十八日,大风雨,海啸,舟行城市,沿海漂没一空,溺人无数。

乾隆十二年(1747)七月十四至十六日,大风雨、潮溢,角斜、栟茶勘不成灾。

乾隆十八年(1753)九月,大雨,河湖皆涨,西水猛至,范公堤决口,漂没人畜房屋。

乾隆十九年(1754)八月初二,大风,潮溢,淹角斜场人口无数。角斜因被潮顶冲而赈济两个月,官府发给草房修理费、溺死棺殓银。

乾隆二十四年(1759),两淮各盐场(含角斜场)潮灾,抚恤两个月口粮,合计1090公斤,盐商公捐。

乾隆四十三年(1778),被旱又被潮,经盐政伊龄阿疏,栟茶、角斜勘不成灾,借给一月口粮,来年麦熟后启征,缓征折价、拨谷平粜。

清嘉庆四年(1799)七月初三、四日,大风,海潮漫溢,范公堤决,淹损民禾。栟茶、角斜等场庐舍漂没,勘不成灾,先抚恤一月口粮,给房屋修费银。

清咸丰元年(1851),角斜场海潮涨溢,决范堤。

清同治五年(1866),夏秋多暴风雨,清水潭决口,下河房屋漂没,庄稼尽被淹,城镇及范公堤上皆可行船。

清光绪七年(1881)六月,飓风大作,海潮挟势奔腾,栟茶、角斜等场损失严重。

民国十年(1921)七月,淫雨,大水,城乡低洼处皆成泽国。

民国二十年(1931),夏秋多雨,发生特大水灾,运河大决口26处,西水下注,江淮湖海并涨,平地水深数尺,田地房屋尽被淹没,城镇街道行船,到处一片汪洋,淹死百姓无数。

1954年夏秋,连续阴雨85天,雨量1226.4毫米,加上客水压境,庄稼全部淹没,导致许多房屋倒塌,牲畜人员伤亡严重。

1960年8月3—5日,连续31个小时暴雨,平均降水量220毫米,倒塌房屋几百间。

1962年9月5日,14号台风过境,连续降水62个小时,雨量达242.9毫米。

1964年7月,先后降雨943.8毫米,全区秋熟作物被淹。

1975年6月25日,域内降水200多毫米,导致栟茶运河水位猛涨,淹没部分田块。

1985年10月中旬—11月,连续降水1个多月,成熟的稻谷全部倒伏,水中出芽棉花桃霉烂。

1990年8月29日—9月1日,陡降暴雨,秋蚕、中晚稻损失严重。

1991年2月27日—8月3日，降雨1350毫米，农田普遍被淹。

1993年8月5—6日，普降暴雨和特大暴雨，1500多亩棉花死苗严重，被迫耕翻改作，灾后存活的棉花根系活力明显减弱，生育迟缓，产量损失一成以上。

1996年3月中下旬，连续阴雨，其中14—29日16天内雨日12天，降雨124.6毫米，接近常年3月份降雨总量的两倍，导致夏熟作物发苗偏晚，成熟期较常年推迟5—7天，水稻出现"秧等田"现象。

1999年6月22日入梅后，6月27日夜出现大暴雨天气，最大风力7—8级，原沿口乡27日夜到28日上午8时，雨量达105.9毫米，河水急剧上涨，田间普遍积水严重，零星种植的夏玉米基本倒伏，春玉米发生轻度倾斜。

2002年3月1日—5月10日的71天雨日33天，累计降水量是常年同期的2倍，累计日照是常年同期的70%。油菜菌核病、小麦赤霉病发病较为严重，小麦纹枯病普遍发生，麦田渍害严重，根系早衰，成熟收获提前，产量下降。

2003年6月21日入梅至7月7日，累计降雨均在250毫米以上，其中7月5日普降大暴雨，在田农作物均遭不同程度的灾害，角斜的瓜果蔬菜田块改种或补种蔬菜、玉米、大豆、赤豆等作物。

2010年7月10日起，出现连续性降雨天气，11—13日出现强降雨天气，7月16—17日再次遭遇暴雨袭击，角斜镇日降雨量199.5毫米，降雨量和强度均创下新高，农田受灾严重，部分农田绝收，部分家禽死亡。

二、风灾

宋元丰四年（1081）七月，大风雨袭击，沿海漂没一空。

明正德七年（1512）七月十八日夜，飓风海溢，漂没场亭农舍，溺人无数。

明万历二年（1574）七月十四日，烈风暴雨，拔木毁屋，江海泛溢，漂没人畜无数。

清康熙四年（1665）七月初三，飓风拔树，海潮高达数丈，漂没场亭农舍，淹人无数，大风连刮三昼夜，草木皆被海水淹死。

清雍正十年（1732）七月十七、十八日，大风暴雨，拔树毁屋，海潮浸堤，平地水深一尺多。

清道光二十八年（1848）六月，寅时至申时，角斜域内飓风大作，拔树毁屋，江海暴溢，沿海漂没，平地水深数尺，当年严重歉收。

民国九年（1920）7月13—17日，台风暴雨袭击李堡、角斜域内，最大风速为69公里每小时，部分房屋倒塌。

民国三十八年（1949）6月29日—7月1日，台风袭击域内，刮倒房屋、车篷若干。

1956年3月17日夜，全县遭狂风暴雨袭击，角斜域内刮倒房屋数十间。

1975年5月8日上午，7月10日下午和15日上午，角斜域内遭遇三次龙卷风、冰雹袭击，损失惨重。

1977年9月10日，8号台风袭击，庄稼、房屋刮倒，粮食受潮。

1981年8月31日，14号台风袭击角斜公社，风力10级以上。

1983年7月1日下午4时30分左右，沿口角斜旧场域内遭龙卷风袭击，拔树毁房，损失严重。

1989年9月16日，23号台风袭击，并衍生成4条龙卷风，倒塌房屋数百间，棉花、水稻、桑园、家畜、家禽、秋蚕受损惨重。

1990年8月29日—9月1日，15号台风袭击域内，导致多间房屋倒塌，人畜、农作物损失严重。

1997年8月18—20日，11号台风外围袭击，风力9—10级，降雨量90毫米左右，台风、暴雨、海潮三碰头，秋熟作物全面受灾。

1999年10月2日、9日两次大风雨，水稻大面积倒伏，累计折实倒伏面积达40%左右，部分田块出现不同程度穗上发芽。

2000年3月27—28日，角斜地区最大风力9—10级，在田作物受到影响，沿口大田的棚膜受损严重。

2000年7月13日，角斜镇部分村遭受龙卷风袭击，最大阵风风力12级，两小时降雨量50多毫米，造成一定的经济损失。

2000年8月中旬至9月上旬，持续干旱，少雨加上14号台风影响，连续1周时间以东北风为主，气压较低，砖瓦厂、化工厂正南方向的桑园遭受污染，部分蚕农受损严重。

2005年4月25日19时左右，一股龙卷风袭击，角斜镇来南村和汤灶村大棚受损较重，蔬菜损失100万元以上。

2006年5月27日，角斜地区遭受大风袭击，大棚蔬菜损失较重。

2007年3月4日，受强冷空气和黄海气旋共同影响，加之适逢正月十五大潮汛，最大风力11级，海面涌浪6—8米，老坝港镇有11个紫菜养殖公司海上养殖筏架损毁960排，价值288万元，紫菜减收345吨，价值207万元。

三、旱灾

宋大观二年(1108)六月至十月，未下雨，大旱。

明成化六年(1470)秋至翌年春，大旱。

明成化二十年(1484)秋至二十一年(1485)冬，干旱，百姓大饥。

明弘治十四年(1501)春至十六年秋，连续两年半时间大旱未雨，百姓饥荒无食，瘟疫流行，死者甚多。

明嘉靖三十八年(1559)二月至八月，未下雨，大旱。

明崇祯十三年(1640)四至七月，未下雨，河水干涸，蝗灾严重。

清康熙元年(1662)五至七月，未下雨，河水干涸，禾苗尽枯。

康熙十七年(1678)，自夏徂冬，亢旱不雨，河底生尘。

清乾隆三十三年(1768)，因受旱灾影响，朝廷批示角斜盐税缓交，并借给口粮。

乾隆四十三年(1778)，角斜大旱。

乾隆五十年(1785)三月至五十一年(1786)二月，未下雨，大旱，蝗灾，无麦无禾，河港尽涸，百姓大饥。

嘉庆十九年(1814)大旱。

清咸丰六年(1856)五至八月，大旱不雨，五谷不开，赤地千里，飞蝗蔽天，饿死许多人。

民国六年(1917)，春旱夏旱，河里干涸，庄稼歉收。

民国十四年(1925)，夏大旱，河底行人。

民国十七年(1928)至民国十八年(1929)，大旱，运河干涸，农民改种高粱，加上蝗虫成灾，颗粒无收。

民国二十一年(1932)，大旱，粮食歉收，租税减少。

1952年5至8月，连续70多天久旱不雨，河沟干涸，秧苗大半枯死。

1959年7月20日—8月20日，30多天未降雨，旱粮作物受灾，棉花垂萎。

1964年夏末秋初，20多天未下透雨，作物受损，粮棉严重减产。

1966年7月1日—8月10日，40多天无雨，作物受灾，群众饮水困难。

1967年秋，干旱，棉花受损。

1968年5至6月间，30多天无雨，秧苗无法栽插。

1978年，春旱连夏旱，伏旱连秋旱，老百姓饮水困难，中稻推迟栽插。

1986年5月1日—6月11日，连续干旱，客水无法引进，部分河流断流，中稻推迟栽插。

1994年6月中旬—8月中旬，持续两个多月高温少雨，少数田块秋苗干枯死亡，被迫改种。角斜地区的部分河道灌溉用水含盐量严重超标，大面积水稻僵苗不发，玉米秃顶增大，籽粒不饱，粒重降低，平均亩减产50公斤以上。

1997年5月下旬—6月下旬，持续一个多月高温少雨，出现罕见的严重旱情，部分田块水稻无法抛栽，部分河水含盐量超过标准，为2‰—3‰，高的达4‰—5‰，少数田块因灌咸水出现死苗现象。

2005年3月1日—6月20日，旱情严重，降水量仅是历年同期平均降水量的57.7%。至6月23日，角斜地区仍有部分大田缺水无法抛栽。已抛栽的秧苗因干旱返碱死苗，死苗折实秧池250亩。

2007年6月，角斜地区多晴热天气，降水很少，加之上游来水较少，水位持续下降，流经角斜地区的所有河道全部低于警戒水位1.12—1.47米，影响了水稻的抛栽进程。

四、雹灾

明嘉靖元年(1522)七月二十五日，角斜域内遭冰雹袭击。

明万历十一年(1583)二月二十八日，遭冰雹袭击，大如鸡蛋，打死飞鸟。

明万历四十二年(1614)，遭冰雹袭击，毁坏庄稼。

清乾隆五十五年(1790)四月，降冰雹，麦子被打伏，树叶被打落。

1954年10月24日下午2时，角斜域内遭冰雹袭击，冰雹大的有碗口大，小的似豆粒，历时约1小时，厚处积冰雹6厘米多，房屋和农作物受灾严重。

1958年11月17日晚8时，域内遭受严重的冰雹灾害，同时伴有龙卷风，有人畜伤亡，麦苗损失五成以上。

1965年5月16日下午4至5时，角斜域内遭冰雹袭击，夏粮、棉花、玉米均受损。

1983年4月3日下午，冰雹袭击全县20个社镇，其中有角斜，损失较为严重。

1985年10月9日晚10时至10日凌晨2时，角斜域内遭冰雹袭击，冰雹最大的直径19厘米，一般3—5厘米，损坏民房数百间，晚秋作物受损严重。

1998年5月1日深夜，雷雨、大风、冰雹袭击角斜地区，受灾严重的老坝港、沿口两乡镇部分群众楼房受损，平房倒塌，个别群众受伤，麦子、蚕豆、油菜等农作物倒伏受损严重，棉花苗床被损，电线杆和砖瓦厂砖坯都有不同程度的损坏。

五、低温冻害

明万历六年(1578)，冬大雪严寒。

清康熙五年(1666)五月初一，下霜。

清乾隆五年(1740)冬，奇寒。

道光十一年(1831)自冬至春，积雪弥月，谷价珍贵。

清道光二十五年(1845)冬，严寒，河里冰厚尺许。

清光绪十八年(1892)冬，奇寒，草木多冻殆，鸡蛋冻裂。

民国六年(1917)1月8日，奇冷，为前23年所未有。

民国十一年(1922)11月，奇冷，蚕豆及菜类均遭冻伤。

1952年11月26日，寒潮侵袭，麦子受灾，菜禾损失70%以上。

1953年5月，倒春寒袭击，麦苗受害极为严重。

1954年冬，霜冻和寒流袭击，麦苗冻死、冻伤严重。

1962年3月底4月初，气温骤降，三麦二豆普遍遭霜冻。

1984年1月17日下午至18日，普降大雪，部分道路中断交通3天，部分牲畜冻死，压塌民房数十间。

1995年4月3日，受北方干冷性春寒气流影响，角斜地区当日凌晨最低气温-0.9℃，小麦幼穗冻死10%—15%。

1995年11月，平均气温9.9℃，比常年同期低0.5℃，比1994年同期低3.6℃，降水0.0毫米，比常年同期少5.4毫米，比1994年同期少30毫米。麦苗呈现“苗晚、苗少、苗弱”的状况，造成冬前发苗不足，影响了产量。

1998年1月17日至18日，长期持续偏高的气温急剧下降，19日凌晨最低气温降至-7.1℃，在田麦苗叶片普遍受冻。

1998年3月18日至20日，出现强寒潮天气。18至19日东南转偏北大风，风力7—9级，气温陡降。19至20日普降大雪，出现历史罕见的“雷打雪”现象，在田农作物普遍遭受冻害。

2005年12月4日起，全县遭受入冬以后的首次寒流袭击，此次寒流来得突然，强度大，最低气温-5℃以下，降幅超过10℃，造成部分露地蔬菜受冻，加之降温时伴随着大风，对大棚等设施造成一定损坏，棚内的瓜果蔬菜受冻。

2008年1月25至29日，角斜地区普降大到暴雪，雨雪量15.6毫米，为1959年有气象记录以来的最高纪录，角斜镇的不少蔬菜、拱棚遭损，韭黄、蒜苗、番茄等蔬菜受损严重。

2009年4月1日至3日，受强冷空气影响，桑园冻害较为严重。

2010年3月8日至10日，角斜地区出现倒春寒天气。3月8日开始出现雨雪强降温天气。9日凌晨4时起气温下降到0℃以下，并持续6个小时，最低气温-1.3℃。10日0℃以下低温持续时间12小时，其中凌晨4时最低温度-4.8℃，部分田块的小麦、油菜受冻。

六、病虫灾害

宋淳熙三年（1176）七月，蝗虫大发生，日捕数十车。

明弘治十八年（1505），大旱，飞蝗蔽天，食禾苗殆尽，岁大饥。

明万历十八年（1590），大旱，飞蝗蔽天，食尽禾苗，野草不留，蝗虫飞入民居，爬满床帐，平地积16厘米多。秋，蝗复至，庄稼全被吃尽。

明崇祯十一年（1638）七至九月，飞蝗蔽天，禾苗无遗。

明崇祯十三年（1640），蝗虫大发，食尽草木，屋草无遗，大饥、大疫、人相食。

乾隆九年（1744），飞蝗经过李家堡。

清咸丰六年（1856）五至八月，大旱，飞蝗蔽天，秋失收，岁大歉。

民国十七年（1928）夏，大旱，加之飞蝗危害，庄稼无收。

1952年7月，角斜域内1.7万亩棉花发生卷叶虫，豆田遭蠡虫害5万多亩，水稻螟虫也相继发生。

1956年6月上旬至9月下旬，全县发生多起虫害。

1957年，小麦抽穗后发生秆锈病，减产严重。

1963年4、5月间，三麦发生赤霉病、锈病、吸浆虫等，大幅减产。

1964年春，因天气久阴，三麦发生赤霉病，受到不同程度的损失。

1967年夏，三麦、蚕豆、黄豆、赤豆遭受虫害。

1969年6月19日，入梅以来的28天中，连降大暴雨，雨日达21天，棉花发生大面积的枯萎病。

1978年，由于干旱，庄稼遭受红铃虫、棉铃虫、红蜘蛛等虫害，为历史上少见。

1982年夏，水稻遭到病虫严重危害，棉花发生枯萎病，产量大减。

1983年，域内水稻遭高温和稻飞虱危害。

1988年，由于干旱，棉花红蜘蛛暴发，80%以上的棉田受害，红叶率达56.6%，部分棉株出现光杆。

1999年8月20—30日，持续11天的低温连阴雨，使处于破口抽穗期的水稻错过最佳防治适期，导致穗稻瘟暴发流行，造成秋粮减产。

2001年，大面积种植的油菜感病、菌核病暴发流行，产量减少50%。

2003年8月中下旬，温度适宜，雨日多，温度高，水稻迁飞性害虫稻纵卷叶螟本地虫源和外来虫源结合，虫口密度激增，发生量大，为历史罕见。经有效防治后，稻纵卷叶螟的危害得到控制。

2004年，由灰飞虱带毒传播引起的病毒性病害——水稻条纹叶枯病特大发生，其程度前所未有，发病面积占水稻总面积的43.2%，损失严重的面积占总面积的4.5%，占总面积0.9%的田块绝收。

2005年，水稻后期迁飞性害虫褐飞虱暴发，经有效防治措施，褐飞虱发生得到控制，减少了损失。

2007年入夏以后，受特殊气候影响，斜纹夜蛾从南方大量迁入长江中下游地区，先在黄豆、山芋、芋头、扁豆等农作物上繁殖危害，后于8月底至9月上旬，逐步进入桑园，成为有史以来斜纹夜蛾桑园发生量最多的一年，该虫抗药性极强，为防止大量用药对中秋蚕造成影响，采取人工捕捉或划片治虫的方法，减少其危害。

七、地震

唐大足元年（701）七月初四，扬、楚、常、润、苏5州地震，推断震中在海安东北（北纬32.7°，东经120.5°），震级5.5级。

1976年9月21日12时零5秒，角斜西北纬32°30′，东经120°45′发生2.4级地震。

1978年7月27日1时00分28秒，旧场公社（北纬32°38′，东经120°53′）发生1.7级地震。

1980年11月27日11时22分26秒，海安东（北纬32°35′，东经120°53′）发生1.4级地震。

1982年4月22日，东台弶港发生4.6级地震，角斜域内烈度达4度。

第九节　环境保护

一、环境质量

（一）大气环境

角斜镇大气污染源主要在工业企业比较集中的工业区域。20世纪90年代后，工业和生活锅炉逐渐增多，排放的废气烟尘日益增多，环境空气中污染指标二氧化硫、二氧化碳年平均浓度超过每立方米0.01毫克，环境空气中总悬浮微粒的年平均浓度为每立方米0.21毫克，超过环境空气质量二级标准。

随着机动车辆的不断增加，在燃烧汽油、柴油过程中排放的一氧化碳、碳氢化物、氮氧化硫、烟尘、铅等有害物质同样增加大气环境污染程度，另外，农户收获季节就地燃烧秸秆严重污染空气。20世纪90年代，原角斜农药厂及角斜、沿口、旧场几个砖瓦厂对周边地区污染也比较明显，主要污染物为化学耗氧量、氨氮等。

（二）水环境

20世纪60年代后，随着工业、农业、交通运输业发展和集镇人口的增多，污水排放量逐年增大，域内水体均不同程度受到污染，栟茶运河、丁堡河、北凌河以及内河的水质已不符合地面水三类水质标准，只达到五类水质标准。域内水体污染主要污染源为工业废水、生活污水、养殖污水及农药化肥残留面源污染，还有船舶含油废水。居民生活、医院排放的污废水，虽然排放量少，但有机物和细菌等致病因素含量较高，畜禽养殖户的污水排放成为水体中细菌、大肠菌群的主要来源，农药化肥等有毒化学物质流入水中成为致病源之一。

二、环境整治

（一）清水工程

从2015年开始，实行一河一档、一河一长管理、民间河长制和区村河长负责制，按计划疏浚域内部分河道，清理一、二、三、四级河道187条，清理总长度306公里。综合治理河床、河坡、河岸，清除河床内淤泥、杂物，满足引排要求；清理河坡内违章搭建、各类垃圾和高秆作物等，平整河坡，使河坡圆顺自然；清理河坡垃圾和整治乱堆乱放，坚持“以河养河”放养鱼苗，角斜镇170条河道先后投放食草性鱼苗61.93万尾；清理网箱网簖426处，畅通河道盘活水系，打捞沉船159条，进行河面与外河漂浮物拦截工程，增设拦网48处，确保区域内水环境治理质的提升。2017年，角斜镇获南通市生态建设先进单位、海安县“清水工程”示范镇称号，20个村通过县“清水工程”星级村验收。

（二）秸秆禁抛禁烧

21世纪前，角斜域内农作物秸秆都是作为农户燃料使用。随着科学技术的发展，电器和燃气普及后，大部分人不再使用秸秆为燃料，自此出现乱抛乱烧，有些农户为便于农田耕作，将秸秆直接在农田焚烧，导致空气污染，危害环境现象严重。21世纪后，角斜镇不断加强对秸秆禁抛禁烧工作的领导，不断提高宣传力度，通过广播会、村民代表会反复宣传，同时利用宣传标语、画廊、宣传牌进行高强度的宣传，在此基础上建立禁抛禁烧工作网络，从镇到村到组到户层层包干，落实责任，每到收获季节各村与每户村民签订禁抛禁烧合同，制定“双禁”奖惩措施，镇“双禁”工作小组进驻各村，坚持24小时值班，村干部下蹲到各个村民小组，时时督查，此项工作初见成效。村民渐渐养成习惯，不再乱抛和随意焚烧秸秆。2015—2017年角斜镇未发现焚烧秸秆的现象。

（三）污水处理

在科学技术不发达的年代，工业、生活污水无须处理。随着工业的迅速发展，有害污水不断增加，直排河道污染水源。2005年后，角斜镇狠抓工业污染源稳定达标排放。加大重点工业污染源废水排放的监管,使重点排水户落实“排水自查,隐患自改,责任自负”的管理制度,对严重污染违法企业依法责令限期关闭和整体搬迁。同时加强畜禽污水处理。针对部分养殖大户间接或直接向河道排放污水的现象,镇环境整治办逐村排查摸底,逐户建立台账,责任落实到人,定期督查,镇环境整治办不定期抽查。全镇建立蓄粪池1587个,计9.52万立方米。2014年4月,县、区及农户共同投资新建104个蓄粪池,计2815立方米,投放资金105.61万元,在全区建立污水处理厂两处。至2017年,完成城镇污水管网和村庄污水管网建设共8.9公里、完成12个村污水处理设施建设。实现20个建制村村庄污水处理设施全覆盖,投资管网建设900万元,设施建设500万元。分别花费500万元和600万元启动海港工业园污水管网建设工程和老坝港镇区集中纳污工程,污水从城镇污水厂污染物排放标准由一级B

图2-11　角斜镇污水处理厂
(高宝生摄于2018年10月)

标准提升到一级A标准。通过管网和设施建设,大大提高角斜镇污水收集率和污水处理能力,促进水环境质量提升。全镇重点工业污染源排放达标率100%。

(四)垃圾处理

在农耕时代,所产生的生活、厨余垃圾都可作为有机农家肥使用,对环境的污染很小。随着工业的发展,产生了大量不可降解的有害垃圾,环境污染越来越严重。1992年,角斜镇建立环境卫生管理所,设环卫职工3人(另有临时工7名)。日清扫面积2.1万平方米,年清运垃圾、粪便3000吨。镇区设公厕2座。镇区2座垃圾集中中转站,一、二级道路上每隔300—500米设1座公厕,共设10座厕所。镇区生活垃圾无害化处理率75%,清运率100%。粪便作无害化处理后,全部清运。在镇域内布置生活垃圾卫生填埋场。

2008年,按县环保部门要求,在汤灶开挖2500立方米垃圾填埋塘,尔后分别在滩河村和双龙村开挖近2000立方米生活垃圾填埋塘,走上户收集、村清运、镇压缩、县集中焚烧“日产日清”轨道。2017年,全镇有保洁员132人(其中集镇区16人),每村一名环境卫生巡查员,保证集镇街道、农村田园及农户住宅区家前屋后、路边、渠边、码头、河边没有散落飘洒的各种塑料袋、包装袋、方便袋、农药包装袋、空酒瓶、农药瓶、饮料瓶、烟壳、纸屑、生产垃圾、生活垃圾、建筑垃圾、河坡垃圾、废弃物等。垃圾清运人员18人,垃圾中转站操作员4人,全镇有垃圾中转房18座,垃圾房532座(水泥),垃圾池181个(砖混),垃圾桶2347个,垃圾箱(尖嘴房)26个,保洁三轮车126辆,电瓶三轮车20辆,垃圾清运车5辆,保洁船40条。全镇建有垃圾压缩中转站2座,角斜垃圾压缩中转站占地4亩,有2两台压缩机组。老

图2-12　角斜镇垃圾中转站
(高宝生摄于2017年)

坝港压缩中转站占地0.85亩,有1台压缩机组。并购置相应的环境卫生器具,全镇形成完整的环境卫生网络。2017年建成危废焚烧填埋一体化项目并投入运行。

三、环境管理

(一)管理机构

80年代前,域内各乡镇工业不发达,不会产生污染环境的气体和污水,域内各乡镇都没有设

立环境管理机构。随着工业的迅猛发展，危害环境的水、气大量产生。80年代后期，域内各乡镇，在规划建设部门都配有一名环保员（沿口，陈桂发；角斜，王和平；旧场，吴义法；老坝港，申承秀）。1995年，旧场与老坝港合并后，环保员为林元中。2000年，角斜与沿口合并后，环保员为陈桂发。2011年，角斜与老坝港合并后，环保员为陈桂发，负责辖区环保宣传，接受群众的环保咨询，调解环保纠纷，协助县环保局实施环保执法。不久后，角斜镇成立规划建设环保局和角斜镇环境整治办公室，配备镇村保洁员队伍。环境整治办公室根据环境整治要求制定一整套卫生保洁详细标准，不定期巡视检查考核打分，与保洁员个人报酬挂钩。2017年，将原来的污染防治攻坚战指挥部办公室、“河长制”办公室、农村工作环境整治办公室整合并入新组建的生态文明建设办公室。成立生态文明建设领导组，镇主要负责人任领导组组长，各部门一把手为领导小组成员，配备镇、村网格员30人，建立起横向到边、纵向到底的环保网格监管体系。经过几年的环境卫生保洁工作，角斜镇环境整治工作进入全县第一方阵。2017年，获“南通市环境长效管理先进单位”“环境优美示范镇”称号。

（二）环境监管

1993年前，域内环境监管相对滞后，特别是水资源和土地资源的污染和浪费严重。1993年起，域内各乡镇开始重视节水工作。1994年实施取水许可制度，强化计划用水，节约用水的措施，对辖区内所有的用水单位和个人以及所有取水口逐一登记建档，依法颁发取水许可证。加强深井取水管理，实行“一井一证”“一井一表”“一井一牌”“一井一卡”管理，杜绝盲目凿井取水，浪费水资源现象。2000年后，提高地下水利用率，实行采补平衡，使地下水资源基本用于饮用水，并在使用前经过必要的净化消毒处理。治污、截污，全方位减少地表水污染。推行新型农业，减少农村两源污染。减少农药、化肥的施用，改用农家肥。

加强资源节约利用。鼓励引导“节地型”“集约型”用地，强化用地监管，提高土地利用率。2002—2008年新增复垦土地2395亩。

2010年后，调整工业布局，优化产业结构，逐步淘汰污染严重、技术落后的工艺设备，大力发展生态产业和高科技产业。加快能源结构的调整优化，提高能源利用率。禁止新上燃煤锅炉，积极发展太阳能、生物能、风能等清洁能源。推广秸秆非农业利用方式，加强农膜回拣力度，提高二次利用率。

至2017年，角斜镇环保工作重点解决11个方面的问题。

加油站地下油罐改造项目 完成5家加油站18个加油罐改造，减少地下油罐造成地下水和土壤污染环境风险。

散乱污企业整治项目 至2017年年底，完成角斜镇19家散乱污企业整治，其中关闭4家，整改4家。6家砖瓦建材厂均完成整治，其中关闭1家，整改5家。

燃煤锅炉淘汰 2015—2017年，淘汰燃煤锅炉45台。2017年，淘汰对虾养殖场锅炉54台。

VOCs（挥发性有机物）治理 2017年，江苏澳凡家具有限公司VOCs治理，通过专家验收。

中央环保督察“回头看”交办问题整改 角斜镇共6件，南通昌海建材有限公司、海安恒通建材有限公司、江苏中塑再生资源有限公司、上海电气海水处理有限公司、南通天成公司等5家销号验收；葛广华养殖场关停并“两断三清”（断电、断水，清场地、清设备、清原料）到位。

家具行业专项整治 2015—2017年，对家具产业园企业进行系统摸排，将28家手续不齐全的企业纳入整治范围，完善手续，强化设施，规范管理。

港口码头专项整治 2017年，对砂石码头和混凝土企业进行扬尘综合治理，共治理19家。达到扬尘“七个100%”（围挡100%封闭、路面100%硬质化、场地100%冲洗、运输车辆100%覆盖、车辆100%冲洗、砂石物料100%覆盖、暂不开发场地100%绿化）到位要求。

企业规范化治理 2017年，对核心区98家企业进行规范化治理，制定“一企一策”方案，按项目进度分类别（不再建设类、正在建设类、重大变动类、整改完善类）整治。至2017年年底均整改到位。

"六小行业"排查　2017 年，对小餐饮业、洗车业、沐浴业（洗浴、足浴业）、美容美发业、洗涤业、小旅馆业 6 个行业生活污水和经营废水进行排查并治理，共计排查"六小行业"367 户，有纳管条件的进行纳管，不具备纳管条件的建设污水收集池，定期清运送上海电气海水处理公司进行处理。

低 VOCs 源头替代　2017 年，对家具产业园和海港工业园内 5 家重点涉 VOCs 家具排放企业进行低 VOCs 原料替代，其中 3 家完成整改，2 家企业逐步改油性漆为水性漆。

小型煤气发生炉淘汰　2017 年年初，海安鑫琦陶瓷有限公司淘汰 4 条琉璃瓦生产线配套的 8 台直径 3 米以下煤气发生炉，改用大型煤气发生炉集中供气，减少了煤炭用量和大气污染物排放。

2015—2017 年角斜镇主要工业企业污染治理情况一览表

表 2-4

企业名称	主要污染状况	治理措施	完成时间	费用（万元）	治理效果
南通惠能镀镍钢带有限公司	废水、废气	废水排放至污水管网集中预处理；废气经碱水喷淋后高空排放	2015 年 7 月	60	污染物稳定达标排放
海安华强染整有限公司	燃煤锅炉废气	淘汰燃煤锅炉，改用生物质锅炉。生物质锅炉尾气使用布袋除尘	2017 年 12 月	100	减少氮氧化物、二氧化硫的排放量
海安县东昇水泥制品有限公司	物料堆场扬尘	建设物料仓库，物料密闭储存	2017 年 9 月	20	污染物稳定达标排放
海安鑫琦陶瓷有限公司	物料堆场扬尘、炉窑废气	建设物料仓库，物料密闭储存；炉窑废气通过双碱法工艺处理后高空排放	2017 年 12 月	80	污染物稳定达标排放
陈玉权瓦厂（原海安县宜港瓦厂）	物料堆场扬尘、炉窑废气	建设物料仓库，物料密闭储存；炉窑废气通过双碱法工艺处理后高空排放	2017 年 9 月	50	污染物稳定达标排放
海安县角斜红阳桥建材厂	物料堆场扬尘	建设物料仓库，物料密闭储存	2017 年 9 月	35	污染物稳定达标排放
海安老坝港老闸建材有限公司	物料堆场扬尘	建设物料仓库，物料密闭储存	2017 年 9 月	25	污染物稳定达标排放
海安永固建材有限公司	物料堆场扬尘	关闭	2017 年 9 月	0	—

（三）环保宣传

2000 年前，域内环保工作只是作为环境管理职能部门的任务，在宣传上未予重视，整个社会环保意识不强，所以危害环境的事件屡屡发生。2000—2017 年，域内利用广播电视等进行环保宣传，增强全民环保意识。广播站每月播放 1 期环保专题自办节目，报道环保工作的动态、消息，环保工作中的好人好事，环保工作新的奖惩措施。同时利用宣传标语、画廊、宣传牌、公示牌、宣传车广泛宣传环保知识和环保政策。沿口小学加强对学生的环境教育，努力构建生态环境教育办学特色，在环境教育活动中，不断提升绿色理念，使绿色教育理念融进学校教学的各个环节。环保活动从知识传授走向社会调查，实践活动从学校迈向社区。2005 年，沿口小学被评为首批"江苏省绿色学校"和"江苏省生态教育实验学校"。

第三章 居 民

汉晋时期,角斜地区就有人类活动,粮、渔、盐多有集散。唐开元初期,气候转暖,海面上升,角斜场一带遭受严重潮害,人口锐减,县置废。至明朝初年,水患外加战乱,沿海地区人烟稀少,土地荒芜,官府强令苏州等地居民迁移至江淮,他们与当地土著居民逐步融合,一起拓荒垦殖,这对角斜地区近代的耕作文明以及经营有肇始奠基之功。中华人民共和国成立后,人口迅速增加,20 世纪 70 年代开始实行计划生育,90 年代后期,人口出现负增长。2017 年,全镇有居民 2.17 万户,总人口 6.68 万人。

第一节 人口状况

一、人口数量

古代因灾荒、兵事等原因人口增长缓慢,再加上灶户和民户分开统计,且灶户多为各地派遣过来,故有些数据尚不真实。民国以前泰州和东台县在统计人口时只有总数而没有各地的明细数据,因此角斜场民户有多少不得而知。

中华人民共和国成立前,无翔实人口资料记载。1953—1957 年,角斜地区出现第一次生育高峰,其中 1957 年人口出生率高达 32‰,自然增长率 24‰。1959—1961 年,“三年困难时期”,人民的生活水平普遍下降,导致人口出现负增长局面。1962 年后,国民经济开始复苏,人口数量呈上升趋势。至 1970 年,出现第二次生育高峰期,其中 1967 年人口出生率高达 37‰,自然增长率 29‰。1971 年后,贯彻落实中央计划生育政策,使人口增长得到有效控制。随着计划生育工作的逐步加强,特别是 1979 年后,采取一系列强有力的计划生育措施,使人口增长得到进一步控制。到 1997 年后,角斜地区人口出生率开始呈负增长趋势。2001 年,域内总人口 7.51 万人,此后域内总人口开始下降。2016 年,自然增长率-2.00‰。2017 年,全镇人口总量 6.68 万人。

1964 年、1982 年、1990 年角斜域内人口总量及户数简表

表 3-1

	1964 年 7 月 1 日				1982 年 7 月 1 日				1990 年 7 月 1 日			
	总户数(户)	总人口(人)	男(人)	女(人)	总户数(户)	总人口(人)	男(人)	女(人)	总户数(户)	总人口(人)	男(人)	女(人)
角斜	5781	23132	11548	11584	7295	27756	13824	13932	8604	28475	14216	14259
沿口	4459	18103	9158	8945	5402	21582	10880	10702	6606	22442	11280	11162
旧场	4428	17355	8515	8840	4971	18843	9310	9533	5948	19337	9649	9688

续表 3-1

	1964 年 7 月 1 日				1982 年 7 月 1 日				1990 年 7 月 1 日			
	总户数（户）	总人口（人）	男（人）	女（人）	总户数（户）	总人口（人）	男（人）	女（人）	总户数（户）	总人口（人）	男（人）	女（人）
老坝港	576	637	600	37	845	2823	1591	1232	898	3504	1867	1637
合计	15244	59227	29821	29406	18513	71004	35605	35399	22056	73758	37012	36746

2000—2017 年角斜镇域内人口总量简表

表 3-2

年份	总户数(户)	总人口(人)	年份	总户数(户)	总人口(人)
2000	22903	72098	2009	22726	67183
2001	22839	71525	2010	22744	66952
2002	22770	70970	2011	22623	66923
2003	22755	70263	2012	22463	66863
2004	22739	70152	2013	22340	66820
2005	22586	68811	2014	22213	66777
2006	22183	68745	2015	22022	66267
2007	22031	67856	2016	22429	63787
2008	22722	67400	2017	21729	66800

二、人口变迁

（一）自然变动

秦朝统一后，角斜盐场大量煮盐。两汉初年，淮南道广陵郡（扬州）的吴王刘濞“招天之亡命，东煮海水为盐”。角斜地区迎来一批移民盐丁，成为烧盐人的先驱。随着历史的变迁，到角斜地区的扬泰岗移民逐渐增多。除渔民、盐丁和举家流浪者之外，又出现初期的垦牧农民。扬泰岗地区的客家人成为域内先民的重要来源。

隋唐时期，盐业兴盛，各方难民相继到此定居。中唐发生“安史之乱”，晚唐和五代后，北方外族南下，中原人为逃避战乱，也陆续迁来。在古代移民中不仅有扬泰岗地的移民，还有河南、山东、山西、陕西、安徽等地的移民。宋代，“居民以渔盐自给，不为盗贼”，又吸引一些移民的迁入。

太平天国运动时期也有一部分安徽、苏南、苏中人迁到角斜。

80 年代后期，人员流动更为频繁。至 2017 年，角斜地区就有 23 个少数民族的男女青年 361 人在域内安家落户。

（二）人为变动

元至正十六年（1356），张士诚据守平江（苏州）自立为王，朱元璋领兵苦战不克。至元至正二十七年，终于击败并俘虏张士诚。朱元璋为泄愤怒，在明洪武二十一年（1388），驱逐苏州阊门一带大批百姓，流放至张士诚家乡淮南各盐场，从事煮盐劳役。后又因戍边屯田，陆续从苏州等地强制迁移居民 4000 余户，到黄海之滨各地盐场充当烧盐盐丁，史称“洪武赶散”。后因燕王朱棣起兵，反对建文帝，苏锡镇宁地区部分居民为避战乱也成批移民角斜地区。

民国元年（1912），清末状元近代实业家张謇在范公堤以北圈地 30 平方公里，创办大赉公司，种植棉花，成为南通大生纺织厂原料生产基地。此期间正逢通州、启东、海门、竹行、张芝山一带“塌江”（长江边下塌），部分居民无田可种，于是张謇动员启海人沿海岸线北移,角斜来南、汤灶、堤北、王墩都迁进大批启海人。

三、人口结构

(一)性别构成

中华人民共和国成立以后,全国男女性别比基本趋于正常。1949年,角斜地区男女性别比99:100。第一次人口普查该比例为97.5:100,第二次人口普查为101.4:100,第三次人口普查为100.58:100,第四次人口普查为100.72:100,第五次人口普查为98.52:100,第六次人口普查为97.3:100。2017年年底为96.5:100。

(二)民族构成

角斜地区为汉族集居区。1978年改革开放后,全国人口流动加快,不少地区的少数民族青年男女走出大山、走进沿海发达地区打工谋生,不少打工仔、打工妹通过婚姻留在域内,成家立业。至2017年年底,角斜域内有蒙古族、回族、苗族、土家族、侗族、普米族、阿昌族、藏族、朝鲜族、白族、纳西族、壮族、仡佬族、布依族、彝族、傈僳族等23个少数民族361人,绝大部分都是改革开放后婚嫁到角斜镇的。

(三)年龄构成

2000年,第五次人口普查,少年儿童为14646人,其中男7475人,女7171人;青壮年为41318人,其中男19149人,女22169人;老年人为12330人,其中男5841人,女6489人。

1.第五次、第六次人口普查年龄构成情况

2010年,第六次人口普查,少年儿童为7884人,其中男4008人,女3876人;青壮年为37787人,其中男16319人,女21468人;老年人为11141人,其中男5179人,女5962人。

2000年第五次人口普查角斜域内年龄结构表

表3-3 单位:人

年龄	人数		
	合计	男	女
100岁以上	1	0	1
95—99岁	6	3	3
90—94岁	68	22	46
85—89岁	398	120	278
80—84岁	994	387	607
75—79岁	1637	716	921
70—74岁	2545	1202	1343
65—69岁	2970	1519	1451
60—64岁	3711	1872	1839
55—59岁	4101	2013	2088
50—54岁	4596	2221	2375
45—49岁	5207	2598	2609
40—44岁	6332	3120	3212
35—39岁	7070	3236	3834
30—34岁	7501	3296	4205
25—29岁	3804	1531	2273
20—24岁	2707	1134	1573

续表 3-3

年龄	人数		
	合计	男	女
15—19 岁	2697	1375	1322
10—14 岁	5999	3060	2939
5—9 岁	3775	1897	1878
1—4 岁	1814	960	854
0 岁	361	183	178

2010 年第六次人口普查角斜域内年龄结构表

表 3-4　　单位：人

年龄	人数		
	合计	男	女
100 岁以上	3	0	3
95—99 岁	43	6	37
90—94 岁	208	58	150
85—89 岁	611	221	390
80—84 岁	1414	600	814
75—79 岁	2118	1030	1088
70—74 岁	3081	1517	1564
65—69 岁	3663	1747	1916
60—64 岁	4212	1998	2214
55—59 岁	4803	2343	2460
50—54 岁	5730	2652	3078
45—49 岁	6196	2624	3572
40—44 岁	6417	2548	3869
35—39 岁	3249	1228	2021
30—34 岁	2377	959	1418
25—29 岁	2097	889	1208
20—24 岁	2706	1078	1628
15—19 岁	2133	1040	1093
10—14 岁	1991	1042	949
5—9 岁	1822	960	862
1—4 岁	1557	769	788
0 岁	381	197	184

2. 长寿老人

中华人民共和国成立前，角斜地区人口期望寿命约为35岁，所谓"33岁是本寿，36岁是本命年"，即由此得来。中华人民共和国成立后，随着生活水平的不断提高和社会福利的不断加强，人口期望寿命不断提高。70年代后，人口平均寿命提高到70岁以上。2010年人均寿命为76岁左右。1975年为69.75岁，比1957年提高12.75岁，比1949年几乎提高一倍。1964年，资料显示全地区无一名90岁以上老人。第五次人口普查显示90岁以上老人75人，其中男25人，女50人，百岁老人(女)1人。第六次人口普查显示90岁以上老人254人，其中男64人，女190人，百岁老人(女)3人。百岁以上老人，除享受县政府补贴的养老金以外，政府还派专人负责定期进行走访安抚，逢年过节，政府专门备礼登门看望。2017年，角斜镇有80岁以上老人3042人，占总人口的4.7%，其中百岁老人6人。2017年，角斜镇发放尊老金224.27万元。

2017年，角斜镇百岁以上6名老人分别是：周贤和，男，1915年10月30日出生，住滩河村十五组；王华兰，女，1916年5月13日出生，住新坝村十组；季长珍，女，1916年5月12日出生，住富港村七组；祁凤英，女，1916年7月21日出生，住五虎村五组；顾秀琴，女，1917年3月21日出生，住角斜街道；刘加尧，1917年2月27日出生，住顾陶村七组。

附：清光绪年间角斜场长寿老人

李明德(1781—1875)，角斜场人，没于(去世)光绪元年(1875)，寿九十五。

周春林(1784—1873)，字融河，角斜场人，性浑厚，修己(自我修养)乐善，教子康祺成庠生，学宪(即学政)彭[同治十年(1871)左右彭久余任江苏学政]奖"一乡善士"额(牌匾)。少时即作有《劝孝文》《戒淫篇》。当代场之书塾犹抄诵之。没于同治十二年，寿九十。继妻吴寿九十五。

申大鹤，字希乔，角斜场人，天性笃厚，明于伦理，宗族贫无葬地，割田亩给之。凡浚盐河、修社学、建义仓，皆董任其事。慨然乐助，乡里称其贤。寿八十五。

李加勤，角斜场人……奉母张至孝……母年八十五，子年五十一。

申氏，角斜场许鹏侧室，二十七岁守节，佐正室抚孤，勤家政，家道日昌，皆氏成之，寿九十一。

陈氏(1738—1837)，角斜场汤东玉妻，没道光七年(1827)，寿百岁。

赵氏，角斜场陆昌霖妻，幼明大义，于归(女子出嫁)宜家人和，顺敬翁姑，夫没，率二子耕读(中国古代一些知识分子以半耕半读为理想的生活方式)为生。寿九十二，孙曾(孙子和曾孙)绕膝。

吴氏(1797—1891)，周春霖继室，没于光绪十七年(1891)夏，寿九十五。

康氏，角斜场吴某妻，夫故氏年二十九岁，抚孤耕凿(泛指耕种、务农)自给，性仁善，寿九十三，守节六十四年。

(四)文化构成

中华人民共和国成立初期，域内人口文化素质普遍不高，人民政府大力开展扫盲活动，提高人口素质。70年代后，随着教育的发展，人口文化程度不断提高。2010年第六次人口普查文化结构统计，全镇有高中文化5767人，大专文化1222人，本科文化333人，研究生9人。至2017年，角斜地区青壮年无文盲，学龄儿童入学率100%，普通中学、职业中学在校生占90%以上，九年义务教育全面实施，成人教育得到进一步加强，科、教、文、卫、体等各项事业都呈强势发展趋势。

2000年第五次人口普查角斜域内文化构成统计表

表3-5 单位：人

文化程度	合计	其中	
		男	女
不识字	4401	995	3406

续表 3-5

文化程度	合计	其中	
		男	女
小学	15323	7486	7837
初中	37063	17583	19480
高中	5859	3632	2227
中专	813	490	323
大专	620	428	192
大学本科	67	51	16
研究生	3	2	1

四、姓氏 族谱

（一）姓氏

角斜地区民间和相邻栟茶地区均有同样的说法，即“一缪二徐三蔡四于五周六唐七沈八杨九葛十王”。依照迁居时间先后和姓氏宗族人口数量多少为序，“缪徐蔡于”为当时栟茶一带的“四大家”。根据民国年间所编《栟茶史料》载，“栟之著姓，大抵由远方迁来，最早为南宋徐氏、缪氏是也，次为元末，蔡氏、于氏是也”。

随着人群的不断聚集，一些人口较多的姓氏先民们开始编（修）家谱，其族内辈分排列有序，后代取名循规蹈矩。角斜徐氏有60字派，其转令为“邦镇省四六，千进君子重，肃廷以国夫，思甫继惟崇，永定全必正，长希守相功，道德承先祖，文章启大宗，克冒裕本茂，昭庆学元同，保世恒修广，其士自可隆”。沈氏转令为“一、二、三、四、五、六、七、八、九、十”。顾姓40字转令为“厚颖光川冲，上大德其甫，锦仕文艺本，谛世启夏贞，怀才用理国，登忠治寿成，维永生仁司，运良美再根”。于姓、蔡姓为元末明初从河南至泰州移民栟茶，于姓字派转令“一、二、三、四、五、六、七、八、九、十”。角斜于姓主要集中在周庄一带，其家祠家庙在栟茶，一支为于氏先祖四明公从栟茶西南袁家码头，随妻到娘家庄李门种田落户，繁衍后代，团结三、四队于姓为后代分支，另一支为堡西迁移至团结二组、周庄十组。于姓字派中只知“二”字为“日”字取；“七”字为“宜”字取；“八”字为“绍”字取；其余不详。相传清咸丰年间于公绍胜曾到周庄修谱，后因战事失传。据考证，于姓原籍河南南阳，始祖叫于叔。于姓堂名“河南堂”，为“干钩于”。另有音同字不同的佘姓，相传为“徽州佘”，祖籍安徽，至于“人一则”的俞和“虎吴”虞也究其不详。蔡姓转令为十二字，即“继绍增美，秉正宋法，宝大永昌”。

2007年老坝港镇姓氏人口统计表

表 3-6

姓氏	户数（户）	人数（人）	姓氏	户数（户）	人数（人）	姓氏	户数（户）	人数（人）	姓氏	户数（户）	人数（人）
陈	479	757	印	7	8	冯	188	289	符	27	38
张	1106	1659	陶	165	259	季	81	145	纪	61	113
吴	847	1587	胡	32	43	杜	1	1	梅	20	30
王	1193	1909	汤	86	138	花	55	73	孟	10	12
徐	328	484	殷	34	53	郭	55	391	章	6	6

续表 3-6

姓氏	户数(户)	人数(人)	姓氏	户数(户)	人数(人)	姓氏	户数(户)	人数(人)	姓氏	户数(户)	人数(人)
朱	341	542	邓	3	4	丁	186	288	彭	5	6
周	267	471	叶	75	125	申	412	577	乔	66	103
杨	249	348	鲍	12	17	缪	845	1229	万	140	217
刘	230	346	祁	6	17	范	34	54	储	26	30
葛	80	129	费	8	10	姚	23	24	潘	195	277
钱	35	50	卞	35	46	林	65	86	包	12	15
李	384	576	骆	6	10	郑	7	7	姜	57	80
顾	655	1037	翟	2	6	崔	77	111	孙	67	125
赵	107	159	魏	23	32	倪	10	12	焦	58	99
方	18	18	许	153	331	沈	439	595	康	154	249
蒋	62	94	薛	53	80	龚	5	19	曹	203	348
袁	37	89	时	80	138	陆	91	133	宋	2	2
高	57	93	蔡	321	471	董	58	82	任	42	62

(二)族谱

老坝港区域《陈氏家谱》记载:战国初期,河南东部和安徽一部分是陈国,那里是陈姓的发源地。600多年前,陈氏一支迁居到如皋北乡丁堰,后来又迁到石家甸,分居黄海岸边,以开荒、捕鱼、晒盐为生。家谱资料考证旧场的陈家可能是那时迁徙过来的,以后因行政区域的划分属如东县、海安县。先后续修8次家谱,共465年,差不多每隔50多年就续修一次。至2017年,全套家谱资料(26卷)均保存下来,家谱中排定陈氏辈序,依次为延、其、福、德、山、绍、松7字取名论辈。从第九次纂修(前465年共8次修谱)开始规定,按延、其、福、德、绍、尔、书、香、源、长、基、厚、百、世、永、昌16个字取名论辈。

角斜区域的《符氏宗谱》为民国十二年(1923)重修本,其宗谱全套为16簿线装本。《符氏宗谱》首页为封面附页,次页为"天开地辟之图",此图标有"东胜神洲,西牛贺洲,北拒庐洲,中华南瞻部洲,昆仑山须弥"。下面文字记述"按西山蔡氏推邵子皇极经书谓,天地终始一十二万九千六百里年为一元,元素周期律统十二会,一会计一万零八百年,首会于子而天开,于子次会于丑……"。《符氏宗谱》内分为"祠园、祠图、街图、墓图……"。《符氏墓图记》载"……吴符氏自始祖迁栟迄今已有五百有余岁矣……",并配有墓图,图上标明"三茔大葬、五茔大葬……"。祠图中,标有符氏在栟茶场中街的平面祠堂图,每进三间,前后六进,即"大门、照厅、穿堂、寝室和后大楼",建筑恢宏。祠堂正门两侧,一边长有青笋竹园,一边是数棵松树,大楼后亦标有松树,寓意"松柏万年,青竹绿叶"。正堂门前两侧各竖一根高高的旗杆。祠堂四周为院禹带厢房。街图部分,主要是"栟茶场街市全图",分别标有桥路、祠堂、庙、庵及其他姓氏的祠堂等街市全景。据《符氏宗谱》传人所述,符姓为苏州人,明洪武年间,始祖迁到栟茶,而后,远祖"天锐公和天钰公"迁至角斜"五总""八总",买田种地安居为生。相传,当年"天锐公"是十月朝来到此地,角斜河南边的符姓后代每年"烧十月朝"延至今日,以此纪念先祖。而"天钰公"是"十月朝"以后迁来的,这支符姓便"不烧十月朝"。符姓家,字派为50字令。"学"字为二十一世,"学、仁、诚、登、立、修、德、家、必、昌……"符姓主要分布在双龙村、五坊村、周庄村、汤灶村及汤灶北边东台县的符家洋。华东支前模范符永芝为其族人。《符氏宗谱》的挖掘，为研究分析角斜、栟茶一带的人群迁徙和生产、生活轨迹提供了有力的佐证。其中“栟茶场街市全图”，对角斜镇、栟茶镇进一步研究地方人文地理是一个重大贡献。

五、人口普查

自1953年全国第一次人口普查到2017年，全国性人口普查共进行6次，大体每10年进行一次，第一次1953年，第二次1964年，第三次1982年，第四次1990年，第五次2000年，第六次2010年。历次人口普查，乡镇（场）由政府负责人任领导组长，一名政府分管领导为办公室主任。各村（居）都配有1—3名普查员，入户登记普查数据，逐级汇总上报。普查员事先进行专门培训，然后按全国统一时间、要求、内容进行普查，层层统计成册上报。普查内容，一般分为两部分，第一部分为数据资料，包括人口、民族、年龄、受教育程度、家庭、死亡、迁移、住房等；第二部分为长表数据，有民族、受教育程度、行业、职业、婚姻、生育、迁移、住房等。

第二节　计划生育

一、计划生育政策

1962年12月，角斜地区开展学习、宣传、贯彻中共中央和国务院发布的“关于认真提倡计划生育”的指示。1963年9月开始，实施节制生育措施。“文化大革命”期间处于动乱状态，计划生育无法开展，导致60年代末出现第二次人口出生高峰。70年代开始，国家规定一对夫妻最多生育两个孩子，并规定两胎之间必须间隔4年以上。1975年，县组织计划生育小分队到各乡镇医院推行计划生育工作。从1979年起，提倡一对夫妻只生一个孩子，控制两胎，杜绝多胎。并加强宣传，认真贯彻“预防为主”的方针，采用新的人口规定方法，按“晚、稀、少”的要求，由上而下汇总测算，并统一平衡，将计划生育指标下达到大队、生产队、社员户。为鼓励一对夫妇只生一个孩子，从1979年起，一对夫妇生一个孩子以后，表示终身不再生育，并落实有效的节育措施，且婴儿出生3个月以上者，颁发“独生子女光荣证”并享受政府、大队、厂企、单位的计生优惠待遇。生产队给独子双份自留地，每年补贴300—400工分。工厂、企业职工每年补贴40—60元。农村宅基地优先照顾独子家庭。农村户口的独生子按成年人标准分得基本口粮，在同等条件下，独生子女可以优先入托、入园、入学、就医、招工，并免缴学费至小学毕业。独生子女享受儿童保健费至14周岁等。1982年开始，普遍执行“生育证”制度，婴儿出生后一律凭结婚证、生育证、接生证申报户口，享受有关优惠待遇。此外，职工凡持“独生子女证”者，退休时可按规定加发5%的退休金。2005年起，农村计划生育家庭开始享受政府的奖励扶助政策，凡年满60周岁，符合条件的对象，每人每月享受50元的奖励扶助金。随后扶助金逐年增加。2017年全镇享受扶助金的人数有5476人，共计发放扶助金525万多元。从2016年起，全面放开二孩政策后同时取消独子证。

二、计生机构和管理

（一）计生机构

20世纪70年代初，各公社医院成立计划生育室。1978年前，域内各公社由妇女主任分管计划生育工作。1978年后，公社配备1名专职计划生育员协助妇女主任抓计划生育工作。

1987年，域内各乡镇相继建立计划生育指导站，配一名计划生育助理，列入政府编制人员。指导站由计生助理兼任站长，域内四乡镇均从乡村医生中挑选1—2名医生到乡镇计划生育指导站工作,作为计划生育专职服务人员,负责到各村巡回检查、访视育龄妇女,抓好节育措施的落实。1995年,旧场与老坝港合并后称老坝港计划生育指导站。

1999年,域内各乡镇先后建立计划生育服务站,单位性质为全额拨款事业单位,面向社会公开招聘工作人员,分别设置规划统计、宣传教育、计划生育技术服务3个岗位,站长从服务站工作人员中产生,另设计划生育办公室,实行办站合署办公。2000年,角斜、沿口两乡镇合并后称角斜镇计划生育服务站。

2010年,镇计划生育服务站与文化站、党校合并为角斜镇社会事业服务中心和老坝港镇社会事业服务中心。2011年,角斜镇与老坝港镇计生机构合并为老坝港滨海新区(角斜镇)计划生育服务站。随后镇财政投资40多万元,装修办公楼,建成标准化世代服务中心,中心具备“宣传教育,技术服务,药具发放,人员培训,信息管理,政策服务”六大服务功能,全镇20个村建立标准化、规范化的村级世代服务室。

各乡镇计生服务站负责人:

沿口计生服务站站长李祝林;角斜计生服务站站长孙兴富;旧场计生服务站站长沈芳;老坝港计生服务站站长申成群。

1995年,旧场与老坝港合并后,老坝港计生服务站站长沈芳。

2000年,角斜与沿口合并后,角斜计生服务站站长孙兴富。

2011年,角斜与老坝港合并后,角斜计生服务站站长蔡小红。

2017年年底,计生服务站站长俞海琴,工作人员5人。

(二)计生管理

1956年,开始注意节育工作。1966年,结合农村社会主义教育运动、省巡回医疗队到海安推广节育技术,多子女的党员干部、积极分子纷纷响应。20世纪70年代,各公社加大宣传力度,贯彻落实晚婚晚育政策,结婚年龄由60年代的20岁左右推迟到24岁左右,使人口增长逐步走上有计划的发展轨道,早婚早育现象得到有效控制。沿口公社预防保健,计划生育等工作在全县屡次评为先进单位,受到多次表彰,成为全县的样板单位,多次在沿口召开现场会。1976年下半年,国务院计划生育领导小组办公室副主任林佳楣在县委书记陪同下到沿口检查计划生育工作。80年代开始,各乡镇配备计生专职干部外,各村都调整配备不脱产的计划生育干部,各村民小组明确专人抓计划生育工作,并健全计划生育岗位责任制。1999年后,各乡镇计划生育工作人员根据形势的发展制定相应的工作方案,保证计划生育政策的贯彻落实。计划生育政策实施近40年,角斜也进入老年化社会,人口出生呈负增长状况。

(三)计生服务

1992年前,计划生育工作主要依靠政府行政手段开展。村级卫生室配合村妇女主任开展“双月访”活动,为已婚育龄妇女进行孕情检查,随时掌握群众的孕情状况,村妇女主任、卫生院、卫生室均有避孕药具领取。

1993年,乡镇医院主动配合计划生育指导站,每年为育龄妇女开展一次普查活动,为育龄妇女提供B超查环、查孕、妇科病检查等服务。1999年,各乡镇计划生育工作思路和工作方法由单一的管理型向管理服务型转变,全面开展避孕节育全程服务和生殖保健服务活动,为育龄群众提供婚前医学检查、孕产保健、避孕期保健、更年期保健服务等,重点提高群众生殖健康水平。

2011年开始,角斜镇以信息化手段管理计划生育,使计划生育水平大大提高。2012年,率先在全县启动孕前免费优生健康检查服务工程。

2001—2017年角斜镇计划生育基本情况一览表

表3-7

年份	期末人口数（人）	出生人数（人）	计内生育人数（人）	计划生育率（%）	其中出生女性数（人）	男女性别比	死亡人数（人）	死亡率（‰）	出生率（‰）	自然增长率（‰）
2011	66575	434	402	97.13	275	101.45	637	9.5	7.82	-3.35
2012	66555	485	460	99.59	451	96.36	657	9.8	11.2	-3.97
2013	66512	489	471	99.59	424	107.20	646	9.7	7.35	-2.36
2014	66424	522	519	99.04	418	116.60	633	9.5	7.85	-1.67
2015	66160	466	452	99.79	337	137.76	683	10.3	7.03	-3.27
2016	65668	506	500	99.80	416	90.23	638	9.7	7.68	-2.00
2017	64821	423	420	99.29	335	99.53	625	9.6	6.48	-3.10

第三节 居民生活

一、农村居民生活

民国二十九年(1940)，新四军东进到角斜之前，角斜劳苦大众深受地霸、盐霸、渔霸的剥削和压迫。据统计，占角斜总人口不到6%的地主占据57%的土地。民国初年(1912)，角斜大赉公司资本家建立实业保安队，有长短枪170多支，广大佃农、盐民深受其害。贫农杨忠山家灾害之年无力交租，先后被地主李光熙活活逼死3人。五坊村贫农曹元才租种汪姓地主的6亩地，借了五六十斤麦种，竟落入高利贷的虎口，年复一年，利上加利。一家7口拼死拼活地苦干，也还不清“阎王债”，只好讨饭度命，先后病死、饿死、被地主逼死4人，逼逃1人，曹元才和小儿子也在一个风雪交加的夜晚冻死在讨饭途中。据五坊、堤北等4个村不完全统计，从民国十六年(1927)到民国二十九年(1940)期间，37人因交不起租税或抗租被无辜杀害，157人被抓去坐牢，27人被逼租逼死，119人卖掉亲人偿租债，707人被逼逃荒。

中华人民共和国成立前，角斜农民大多无土地、无住房，他们受地租、高利贷和苛捐杂税压迫，生活贫困，过着“糠草半年粮”的生活，一遇到天灾人祸，即逃荒要饭，卖儿弃女。农民的穿着也很寒碜，一般为家织小粗布，冬天穿的套裤，毛窝儿，垫稻草，盖破絮，夏天男子上身只披一块2尺见方的披肩纱布，既可以遮阳，又可当擦汗毛巾。家具简陋，居住条件很差，多为土墙草盖“元宝屋”“顶头府儿”，有的人家还住“车篷”，极少富有人家才能住上瓦房。夏天蚊子多，无蚊帐，用艾蒿、草把驱蚊。

中华人民共和国成立后，农民生活明显改善，人均收入逐年增长。1956年后，由于合作化运动过快过猛，加之1958年“大跃进”和“一平二调”以及1959年到1962年的“三年困难时期”，农民年均纯收入仅为20多元。经过3年调整，农业生产有所恢复和发展。“文化大革命”期间，由于集体经营单一，分配水平较低，而社员家庭经营又受到“割资本主义尾巴”等种种限制，收入增加幅度不大，粮、布、油、盐、火柴、火油以及食品等很多日常生活必需品，都凭票供应。1966年，人均纯收入57元，到1976年农民人均纯收入74元，增长31%。1978年后，农民收入有较大幅度的增加，农村富余劳动力逐步向第二、三产业转移。2011年农民人均纯收入12135元，比1976年增加12061元。随着农民收入的增加，农民生活有很大的提高，生活消费支出也相应增加，银行存款逐年大幅度增多，农民住宅也朝着城市化水平发展，农村居民楼房别墅式小洋楼等中高档住宅占80%以上。家用电器朝着科学化、现代化水平发展，电脑宽带网遍及乡村，有线电视双入户工程全面铺开，双入户率100%。农村养老保险事业蓬勃发展，独生子女父母养老金发放成为制度，农村新型医疗保健、保险制度越来越受广大农民群众青睐。随着机械化、电气化程度的日渐加快，农村农民劳动强度大大削减，工作和生活水平接近城市居民。2006年开始，域内逐步建设小康村，加大农村集镇建设的投资力度，通过招商引资、工业集中区的兴建，使角斜镇呈现出一派欣欣向荣的景象。2006年劳动就业率达100%，一些退休、退职人员发挥技术专长，从事第二职业，农民生活水平的增幅指标进一步提升，角斜镇农村呈现“农家无闲人，个个能挣钱”面貌，家家户户都过着小康生活。2017年年底，农村楼房居住率74%，农民人均住房面积56平方米，人均可支配收入2.25万元。

二、城镇居民生活

中华人民共和国成立前，居住镇区的居民人数较少，多数居民缺衣少食，勉强维持生活。居民对当时生活概括为八多：“穷人多，虱子、臭虫多，断顿多，拾草多，没有蚊帐的多，没有被子多(棉花胎裹身)，破草屋多，无职业的多。”抗日战争、解放战争期间，商业萧条，交通不便，居民过着“风扫地、月点灯，外边落斜的，家里落直的”(指房屋破漏)的艰苦生活。

中华人民共和国成立后，党和政府采取各种措施，在生产发展的基础上逐步提高工资，扩大就业面，举办社会福利，颁布劳动保护条例，与此同时千方百计组织职工家属及闲散劳动力增加收入。1949—1957年，角斜镇居民生活有所改善。1958年后，由于“左”的影响，加之连续“三年困难时期”，给居民生活带来一定困难。随着工农业生产的恢复和发展，城镇居民生活逐步有新的改善。1979年年底，国民经济开始稳步发展，职工工资逐步提高，镇区居民生活明显改善。20世纪70年代前，居民收入的三分之一用于购买粮食。进入80年代，居民讲究饮食营养，粮食支出比重下降，副食品支出上升，穿着从“新三年，旧三年，缝缝补补又三年”逐步向中高档发展，彩电、冰箱、收录机等耐用消费品日益普及。进入21世纪，职工收入逐年增加，社会保障体系进一步加强，医疗保健进一步巩固，职工住房、小孩入托、上学均能享受政策优惠。退休职工均享受社会养老金补助，真正解除生老病死的后顾之忧。

2017年角斜镇分村社会经济主要统计指标一览表

表3-8

村名	通自来水户数(户)	电话用户数(户)	有线电视户数(户)	新农合人数(人)	城乡居民基本养老保险人数(人)	享受最低生活保障人数(人)	年末实有耕地面积(亩)	乡村人均占有耕地(亩)	乡村实有从业人员合计(人)
沿口村	1242	1254	1254	3330	1098	51	4145	1.17	1753
新坝村	1495	920	920	4442	1595	68	4789	1.06	2480
范堑村	1250	1532	1532	3981	1990	53	4818	1.14	2375
周庄村	1143	1420	1420	3065	1213	41	5176	1.45	1766
老庄村	1729	1390	1390	1713	1278	36	3716	1.42	1256
五凌村	1246	905	905	2602	1468	91	4289	1.23	1328
滩河村	1045	1320	1320	2416	1573	42	5165	1.62	1932
五虎村	954	1147	1147	2136	920	76	4324	1.45	1635
角斜村	1595	1156	1156	3843	1620	45	3565	0.79	2300

续表 3-8

村名	通自来水户数（户）	电话用户数（户）	有线电视户数（户）	新农合人数（人）	城乡居民基本养老保险人数（人）	享受最低生活保障人数(人)	年末实有耕地面积（亩）	乡村人均占有耕地（亩）	乡村实有从业人员合计(人)
双龙村	1108	1655	1655	2459	1014	57	4032	1.18	1891
来南村	1535	1111	1111	2959	1520	60	5555	1.30	2350
汤灶村	1275	1545	1545	3479	1056	51	6443	1.85	1918
海港村	1383	1562	1562	2120	810	33	1038	0.33	1349
江海村	1024	1015	1015	3299	951	89	3987	1.36	1526
建场村	963	1001	1001	2352	1382	58	3476	1.34	1308
富港村	1101	1003	1003	2301	886	53	5011	1.38	1774
顾陶村	1108	1132	1132	2296	901	45	5330	1.46	1905
镇海村	262	260	260	548	1023	30	635	0.67	743
川港村	317	325	325	365	956	4	672	0.73	790
通港村	383	382	382	920	854	18	1161	0.91	1135

第四章　镇村建设

清代，角斜为淮南十大盐场之一，有盐粮交换集市。中华人民共和国成立后，角斜镇村建设得到发展。20 世纪 70 年代，沿口结合农田水利建设，改造旧村庄，建设新村庄。改革开放后，镇村建设被提上议事日程，科学编制规划，加快旧集镇改造，运用市场化手段大力开发镇村建设。农民一条街、工业园区、居民小区成为镇村亮丽的风景线。1995 年，省政府命名角斜镇为小城镇建设试点镇。2011 年 10 月，角斜镇和老坝港镇合并。合并后，角斜镇坚持规划引领，规划体系日趋完备。2011 年，委托南京大学规划设计院、上海经纬规划设计院和南通规划设计院编制《角斜镇总体规划》，规划期限近期为 2011—2015 年，远期为 2016—2030 年。2011—2017 年，角斜镇对集镇和镇村建设不断加大投入，着力推进城乡一体化建设，优化城镇布局。2017 年，角斜镇新城区建设框架形成雏形。

第一节　镇村规划

一、管理机构

1983 年，域内设立乡镇建设助理，为行政编制。随着工作分工进一步细化，乡镇先后配备规划员、土地管理员、环保员，建设、建筑、土地、环保管理等部门相继建立，一开始为半脱产性质，后为全民事业编制。2011 年区镇融合后，滨海新区（角斜镇）设规划建设环保局，编制 17 人，局长缪昌平，副局长戴正福、钱开宇、张春道、于建荣。规划建设环保局主要从事编制乡镇建设规划，实施规划建设、工程管理、环保监督、确权发证、房屋征收安置等工作。

二、总体规划

角斜镇与老坝港镇合并后总体规划编于 2011 年，规划期限近期为 2011—2015 年，远期为 2016—2030 年，规划范围为全部行政辖区。总面积 145.6 平方公里，具体规划为三大片区，打造休闲度假滨海绿色旅游区、打造新兴工业集中区和高效生态农业观光区。逐步形成石材加工、海洋生物、高端家具、现代纺织、食品加工、新材料环保及新能源七大产业园区，做到园区内基础配套设施完善，达到“九通一平”。规划成为上海、苏南、长三角经济发达区域和浙江、福建、广东等国内经济发达地区产业转移承载地。镇区规划北至瀚海路，南达滨海南路—328 国道，东至滨海东路，西至港浒路。规划（2016—2030 年）期内，城镇人口为 9.5 万人，总用地面积为 34.9 平方公里，其中城镇建设用地面积 11.4 平方公里。城乡形成“一轴、一城、一区、一园、多片”的结构，“一轴”即沿 328 国道和金港大道形成的城乡发展轴线；“一城”即整合原老坝港镇区与北凌垦区（328 国道以西）一体化发展，打造中心港城，重点发展现代服务业、房地产、商务科研等产业类型；“一区”即旅游度假区，依托中洋河豚庄园及南黄海旅游区的开发，重点发展度假、疗养、康体、娱乐等旅游项目；“一园”即临港工业园，以石材、家具、生物及新材料三大产业板块为主导的“3+1+1”产业园区，通过大产业、大企业、大项目引进带动三产发展，培育产业集群，促进三产的协调发展与布局；“多片”即为高效农业区、生态农业区、都市农业区，重点开发花卉、瓜果蔬菜、养殖鱼特色项目，并在此基础上大力发展景观农业、体验农业、打造农家乐等休闲活动，发展本地特色产业，形成集生产、休闲、体验、科研于一体的农业产业区。

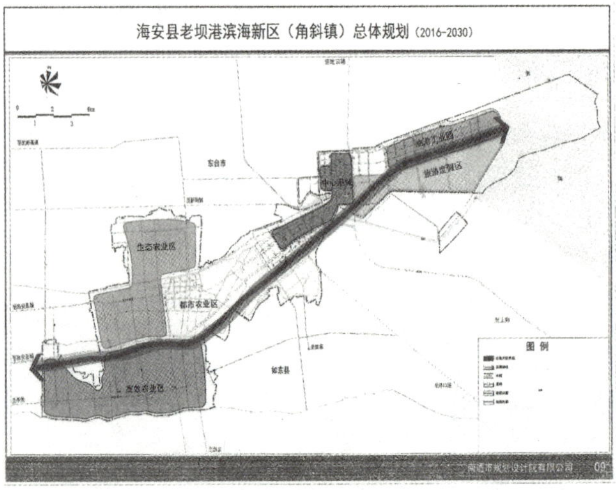

图 4-1　角斜镇总体规划图（2016—2030）
（南通市规划设计院）

三、专项规划

2011 年，启动老坝港滨海新区海域总体利用规划，委托南京师范大学区域发展与规划研究中心开展《海安县海域利用总体规划（2011—2020）》的编制工作，并于 2013 年 1 月委托华汇工程设计集团有限公司编制完成《海安县老坝港滨海新区新城区控制性详细规划》。海安县老坝港滨海新区新城区位于江苏省海安县东部，是海安县和黄海之间的连接节点，位于老坝港滨海新区外围的围垦滩涂，西邻老坝港镇以东海岸线，北连盐城东台市，东侧为黄海滩涂，南接如东县，新城区范围 32.91 平方公里。

2011 年，海安县老坝港滨海新区（角斜镇）委托南通市规划设计院设计的专项规划有：《老坝港滨海新区战略规划》《老坝港滨海新区新城区控制性详细规划》《镇域土地利用规划》《镇村体系规划》《镇域公共设施布局规划》《镇域综合交通规划》。此外，还有供电、供水、供热等专项规划，规划期限为近期 2011—2015 年、远期 2016—2030 年。

四、集镇建设规划（合并前）

（一）角斜镇

1983 年，角斜镇首次编制集镇总体规划。1990 年对原规划进行调整。1999 年又作第二次调整。规划确定远期（2007—2020 年），镇区面积为 4 平方公里，建成区面积 2 平方公里，人口 1.5 万人，东至环镇东路以东 150 米，西至环镇西路以西 100 米，北至大庆路以北 100 米，包括镇区街道和周围的五虎、墩里等建制村的部分用地。

规划沿海防公路两侧，东起墩里桥，西至龙潭桥，东西长 780 米，南北宽 200 米，总面积为 468 亩，为工业小区。沿海防公路两侧，东起镇农业服务公司，西至墩里村办公室，东西长 380 米，南北宽 100 米，总面积 114 亩，为第三产业区。海防公路至北凌河中间地段，主要为文化设施和生活居住区，规划市政工程设施用地 32 亩，占镇区建设用地的 0.77%。

（二）老坝港镇

1990 年，老坝港集镇编制总体规划。集镇人口远期（2010—2020 年）8000 人，总用地控制 2 平方公里。1999 年规划调整为 3 平方公里。2004 年，集镇建成区面积 2700 亩，户数 755 户，人口 3095 人。

（三）沿口集镇

1983 年，沿口集镇编制总体规划。1991 年重新调整。规划 2010 年集镇人口 9000 人，建成区面积 1690 亩。

（四）旧场集镇

1994 年，旧场集镇编制总体规划。集镇人口 1920 人，建成区 330 亩。规划 2010 年集镇人口 8000 人，建成区 1560 亩。

五、村庄规划

2012 年，角斜镇规划发展村庄 35 个，其中重点村 28 个，规划具有特色发展前景村庄 7 个，分别为汤灶村、堤北村、角斜村、五虎村、五坊村、树园村、沿口村。其中拓展型村庄 2 个，是沿口村、角斜村。汤灶村特色公庵庙（历史文化），堤北村特色药材种植（产业），角斜村特色民兵训练基地、烈士陵园、咸丰古井（历史文化），五虎村特色鳗鱼养殖（产业），五坊村特色历史名人（盐场），树园村特色新藏禅寺（历史文化），沿口村特色南美虾规模养殖（产业）。

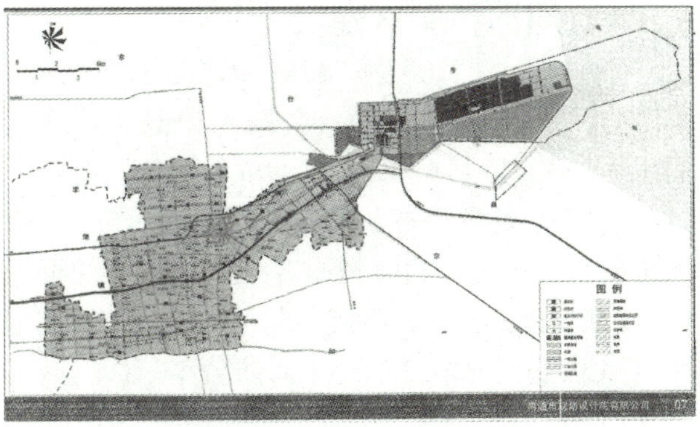

图 4-2　角斜镇镇村体系规划图（2016—2030）
（南通市规划设计院提供）

第二节　镇村建设

一、角斜镇区建设

2011 年 10 月，角斜、老坝港合并后，角斜镇根据《老坝港滨海新区新城区城市设计规划》，大力加强基础设施建设。对角斜、老坝港、沿口 3 个老集镇的基础设施建设加大投入。2014 年，角斜镇投入 2953 万元，改造原老坝港集镇通海北路（老坝港烈士陵园—221 省道交叉口南侧段），总长 2.26 公里。同时投入 52 万元，同步进行污水、绿化、亮化、交通安全、供水、弱电等设施与道路改造。2016 年，总投入 400 万元，改造原角斜人民路、尚武路、人行道，总长度 1.5 公里，并投入 100 万元，更新改造人民路、尚武路、红旗民兵团陈列馆周边绿化；投入 37 万元，改造更新海防路（人民路—环镇路）700 米路段的路灯，新建路灯 42 盏。

2017 年，角斜镇总投入 174 万元，改造更新 221 省道路灯（老坝港段）226 盏。总投入 100 万元，改造角斜大庆路。继续投入建设资金 3800 万元，管护改造原老坝港、角斜、沿口集镇区道路、水电、绿化、管道、网络、公厕、窨井等基础设施。是年，原角斜集镇总面积 300 亩，人口 6000 多人。原老坝港集镇总面积 4500 亩，人口 3000 多人。沿口集镇总面积 900 亩，人口 1500 多人。滨海新区（角斜镇）新城区面积 6000 亩，人口 6000 人。

至 2017 年，角斜镇累计投资 30 亿元，完成市政道路及区间道路建设 23 条 63 公里，其中金港大道 11 公里。新建桥梁 29 座，箱涵 6 座，总投资 8.28 亿元。完成四期河道整治工程，涉及河道 14 条，建成河道 67 公里，工程投资 9700 万元。配合县水利局完成 11.64 公里的龙港河整治工程，工程投资 800 万元。完成 228 国道沿线绿化工程、道路配套绿化工程、盐土绿化工程、中央公园景观等绿化建设面积 200 万平方米，工程投资 1.8 亿元。完成 228 国道道路配套亮化工程，与道路建设同步推进，安装路灯 2000 余盏，工程投资 2500 万元。完成道路安全警示标识、标牌以及道路分道标线等交通安全工程，投资 1000 万元。完成 25 公里供水管道铺设，投资 4000 万元。投资 1.3 亿元完成 110 千伏变电所 1 座（容量为 5 万千伏安），110 千伏配套线路 40 公里，10 千伏配套线路 30 公里。投资 1500 万元完成 20 公里供气管道铺设。2017 年，角斜镇完善新城区“六横九纵”路网体系，全面启动“宜商宜居宜业”滨海新城建设。对益华商务酒店、益华度假酒店、广纳旅游酒店、滨海商务中心等 5 个精致商务酒店进行施工图设计，金港广场主体完工，益华 1 号综合体办理立项，大型连锁超市、标准化农贸市场完成初步规划方案。完成盐土绿化 20 万平方米，新增绿化造林 920 亩，新建面积 2.2 万平方米的 4 处街头绿地，2 处游园对外开放。

二、通海桥镇区建设

1963年开挖北凌河，在旧场镇向东下游约1公里的陈家庄，建造一座水泥桥，名“陈坝桥”。人们出入海堤，皆从此桥通过。1969年在陈坝桥下游约1000米处重建一水泥桥，取名“通海桥”。陈坝桥后来被拆除。通海桥是开挖北凌河时的海堤切口。通海桥建成后，连接南北范公堤，于20世纪70年代依托南北海堤修建了海防公路。这里渐成海安、东台、如东3县的沿海必经要道口。1978年前，通海桥距原旧场集镇3公里。建桥初期，桥南只有一家修理自行车的，桥北则无人居住。海防公路形成后，过往车辆、人员渐多，人气逐渐旺盛，人们常在这里买卖海货，下海人员常在此歇脚，过往车辆常到这里停留选购新鲜鱼虾，出海渔船常在桥下停靠。这里逐渐有人设立馒头店、肉案子、修车行、理发店。改革开放后，桥两头做生意的越来越多，不少人索性到桥头建起房屋住在桥头，开设门市。特别是鳗鱼苗和渔需物资交易十分火爆，同时带动渔网生产、渔船修造、海产品贸易、日用品供应、饭店旅馆、银行金融、文化娱乐、医疗卫生等工业企业和三产服务业的迅速发展。

1993年后，通海桥作为海边集镇规划建设，改造桥两头旧房，拆除旧棚屋，兴建整齐划一的新楼房，使桥南桥北形成真正的街道。1995年，旧场乡与老坝港乡合并为新的老坝港乡。乡政府又对通海桥作出长远规划扩大镇区范围，并付诸建设实施。2002年，老坝港乡撤乡建镇。从3公里外的海边滩涂迁往通海桥新址办公。2012—2017年，通海桥集镇区不断扩大，陈坝村、枣树村、新合村整建制合并，加上旧场村部分村民小组组建为海港村，纳入集镇区范围。镇政府投入1000多万元，改造扩建桥口南北大街，新建河南河北两条东西大街，街两旁商铺林立。桥北侧沿北凌河边建起海产品一条街和渔船停靠码头。桥南十字街西侧建成渔民别墅区和工业集中区，数十家企业生产经营。车站、医院、学校、银行分布桥北桥南。从北凌河边向南延伸至如来寺的一条小河改造成景观河道。通海桥一带成为功能齐全的海边特色集镇，亦为老坝港镇的政治经济文化中心。

三、村庄建设

1970年前，角斜域内大部分农民住宅都是泥墙草屋，分散居住。20世纪70年代初，域内结合农田方整化，村庄布局大部分都是沿河沿路，形成“一字式”或“非字式”住宅区。80年代，部分农户又沿公路干道边兴建砖混结构住房。之后，农村楼房逐渐增多。1998年后，新型小城镇格局逐步形成，角斜、沿口、老坝港分别建造农民一条街，商品房统一规格样式，下层为门面房，上层为住宅，不少居民搬迁到集镇居住。2005年后，角斜镇开始兴建农民集中居住区，至2017年，角斜建造农民居住区4处，总建筑面积12万平方米。

2005—2017年，角斜镇投入4000万元，建设农村四级公路53条43.5公里。投入5000万元，建筑桥梁42座。2013年，在五虎、镇海村投入70万元新建村级水泥路4400米，黑色沥青路2700米，投入66万元进行庭院、河滨、道旁绿化工程，安装路灯60盏，购置垃圾箱63只。2017年，角斜镇实施村组道路扩建、改造工程，投入4500万元建设农村道路75公里。投入400万元建设川港、镇海、通港、建场、海港5个村污水管网。

四、农民集中居住点建设

（详见第八章第七节）

第三节　小康示范村建设

一、镇海村建设

镇海村是老坝港小康示范村，位于老坝港镇区东郊。2001年，建制村调整，镇海村与万港村合并为镇海村。2017年，村域总面积1024亩，耕地面积531亩。全村2个村民小组，304户、1081人。

镇海村依托东临大海的地理优势，在改革开放的进程中，大力发展海洋经济，尤其是海产品加工业。村集体经济成为镇海村劳动力转移、增加农民收入的支柱，全村社会总产值7248万元，年人均收入4210元。2004年8月，老坝港镇人民政府委托海安县规划建筑设计院编制《海安县老坝港镇镇海村村庄总体规划》(2004—2020年)。

2005年，镇海村按照村建设总体规划和"民富、村美、风气好"小康示范村的创建要求，推进村级道路建设。新建村级水泥路4400米，黑色沥青路2700米，硬质道路通向全村的每家每户，硬质道路率100%。投入40多万元，在村里建造一幢建筑面积800多平方米，集办公、娱乐于一体的综合楼。投入66万元，进行庭院、河滨、道旁绿化工程，清淤村域内河道，在河道两岸栽植金丝垂柳和其他常绿树木。在全村硬质道路两边全部栽种花卉，安装路灯60盏，购置垃圾箱63只，垃圾做到日产日清。投入10多万元，对部分农户进行无害化户厕改造。同时，推广农村住房集中建设，鼓励村民向规划中的村民居住小区转移。2017年，村级总收入80万元，全村拥有汽车52辆，村人均可支配收入2.5万元。

二、五虎村

五虎村为角斜康居示范村。村地处镇区南侧，2001年天奎、五虎村合并为五虎村，2017年，村域面积4.39平方公里，耕地面积4324亩，辖19个村民小组，总人口3002人。五虎村制定创建小康示范村规划，全村划分为5个功能区域。居住集中区为2处，东区占地139亩，居住590户1880人，西区占地126亩，居住510户1620人；工业集中区面积400亩，进区企业5家，占地81亩；养殖示范区规划130亩，为畜禽养殖和水产养殖规划区；种植规划面积3270亩；公共服务规划用地20亩，集行政、卫生、教育、商贸、休闲等多种功能。五虎村基本户户有人在工厂，5家骨干企业带动辐射全村。五虎渔网自营出口欧美、日本、韩国，带动了3家小型加工厂和100多户家庭小作坊。益丰鳗业投资千万元，年获效益200万元，联动养殖户40多家。龙洲制丝厂与200多户蚕农建立紧密型合作关系，天鹅绒织造、标件织造等5个企业，年产值达4000万元。2017年，五虎村村级总收入87万元，全村拥有小轿车50多辆，村人均可支配收入2.18万元。

第四节 交通运输

一、管理机构

（一）角斜、沿口交通运输管理站

1958年，角斜、沿口人民公社都建立搬运装卸运输站，负责货物航运装卸、运输、农业生产资料及抢险物资的调配。1971年，更名为角斜、沿口人民公社交通运输管理站。至1999年，高井山、陈桂生、居成、金同生、缪德本、陆建华先后任沿口交管站负责人；王学华、申启油、卞金凤、吴中富、陆建华先后任角斜交管站负责人。2000年，角斜、沿口两站合并为角斜交通管理站。

（二）旧场、老坝港交通运输管理站

20世纪60年代初，旧场乡成立搬运站，1971年建立交通运输管理站。1974年，老坝港交管站成立，靠7吨和15吨的两条水泥船拉纤运输。渔业5大队劳力专门负责搬运县水产公司和老坝港粮站的各种物资。1995年11月后，旧场、老坝港两乡交管站撤并，更名为老坝港交管站。至2017年，先后担任旧场、老坝港交管站负责人的是：花长富、吴礼荣、申启会、王绍德、吴志明、张九山、吴志银、申承训、张宝成、蔡正春。

（三）老坝港汽车站

2001年，老坝港乡筹建汽车站。2002年8月18日正式通车，至2017年正常运营。汽车站占地3000平方米，可同时停放公共汽车10多辆。

（四）角斜汽车站

始建于1972年，总面积1200平方米，站内

同时可停放 8 辆大客车。至 2017 年一直使用。

（五）沿口汽车站

始建于 1974 年，位于沿口大桥南，总面积 1000 平方米，站内可同时停放 7 辆大客车。2003 年，丁沿公路修筑后，车站迁至滩河村村委会内。至 2017 年，一直使用。

二、道路

1996 年，角斜镇新建镇东路，自海防公路经电影院东侧向南至滩河村，长 4753 米，宽 8.5 米。2000 年，新建镇西南路，从角斜营业所西侧向南至横港河，长 1200 米，宽 8.5 米，所建道路均为沥青砂黑色路面。1999 年，新建镇中路，长 620 米，宽 9 米，为沥青路面。2002 年，新建人民路，宽 23 米，长 657 米的混凝土硬质路面和长 1200 米的沥青路面。2004 年新建角滩四级公路，长 4870 米，宽 8 米，沥青混凝土路面。并完成人民路 1800 米，大庆路 1200 米，红旗路 2000 米加铺沥青路面工程，镇区道路全面整修一新。同时，1996—2004 年又新建县、乡、村级公路 9 条。至 2017 年，经过域内一级公路 2 条，临海高等级公路 228 国道，途经角斜镇 4 公里，328 国道途经域内路段长 20.8 公里；省级公路 1 条，为 221 省道，东接如东浒澪向西至李堡，途经镇内路段长 14.85 公里；县乡公路 2 条，途经镇区县级丁沿公路 9.92 公里，角新乡级公路 2.46 公里。至 2017 年，角斜镇有村级道路 53 条，总长 98.71 公里。

图 4-3 临海高等级公路与金港大道交会
（角斜镇党政办提供 摄于 2013 年 10 月）

1996—2005 年角斜镇老坝港镇域内新建乡村道路一览表

表 4-1

公路名称	等级	起点	讫点	长度（米）	宽度（米）	路面类型	道路等级	建设时间（年）
通海南路	乡级	通海桥	海防路	800	9	沥青	二	1996
通海北路	乡级	海防路	通海桥北	1200	9	沥青	二	1996
港府中路	乡级	港府桥	江海沟	1900	12	沥青	二	1997
港浒路	村级	海防路	海港村如东界	3500	4	沥青	四	1998
港府西路	乡级	江海沟	富港村	4200	9	沥青	二	2001
建富路	村级	海防路	富港村如东界	3400	4	水泥	四	2004
建江路	村级	海防路	江海村如东界	2700	4	水泥	四	2004
顾江路	村级	海防路	江海路	2700	4	水泥	四	2004
顾富路	村级	海防路	建富路	4000	4	水泥	四	2004
滩涂路	村级	镇海村	如东界	3000	4	水泥	四	2004
富港路	村级	江海村	如东界	2900	3.5	水泥	四	2004
顾陶路	村级	海防路	江海村	2200	4	水泥	四	2004
角滩路	乡级	海防路	丁沿路	5700	6	水泥	三	2004
中心路	村级	中凌河	汤灶村与新街谷丰村交界处	5700	4	水泥	四	2004

续表 4-1

公路名称	等级	起点	讫点	长度（米）	宽度（米）	路面类型	道路等级	建设时间（年）
新坝路	村级	李堡镇杨庄村	李堡镇新社村	4300	4	水泥	四	2004
周庄路	村级	海防路	丁沿路	6000	4	水泥	四	2004
丁沿公路	县级	李堡镇丁所村	滩河村	9830	9	沥青	二	2004
墩天路	村级	海防路	丁沿路	4700	4	水泥	四	2005
范堑路	村级	栟茶运河	与李堡凌河村交界	4200	4	水泥	四	2005
汤灶东西路	村级	东台郭沙村	新街镇堤东村	5000	4	水泥	四	2005
拥军路	村级	陈列馆	横港河	3000	4	水泥	四	2005

2005—2017 年角斜镇村级公路建设一览表

表 4-2

公路名称	行政等级	起点	讫点	长度（米）	宽度（米）	路面类型	道路等级	建设时间（年）
江海公路江海段	村级	江海村	江海村	2350	4	水泥	四	2005
建富路	村级	221 省道	富港村	3420	4	水泥	四	2005
顾富路	村级	顾陶村	富港村	6720	4	水泥	四	2005
富港路	村级	富港村	如东陈湾村	2860	4	水泥	四	2006
港浒路	村级	328 国道	如东浒澪	3150	8	水泥	四	2006
双沿路	村级	221 省道	栟茶运河	5920	6	水泥	四	2007
五天路	村级	五虎村	五凌村	3150	3.5	水泥	四	2008
振兴路	村级	老庄村	老庄村	1150	3.5	水泥	四	2008
沿五路	村级	五凌村	沿口村	1830	4	水泥	四	2008
七总路	村级	双龙村	双龙村	1880	4	水泥	四	2008
角斜路	村级	角斜村	角斜村	840	4	水泥	四	2008
五天南路	村级	五虎村	五凌村	1340	4	水泥	四	2009
蔡凌路	村级	蔡凌村	沿口村	3080	4	水泥	四	2009
大来中路	村级	来南村	来南村	2490	4	水泥	四	2009
五虎北路	村级	五虎村	五虎村	2610	4	水泥	四	2009
马坝路	村级	富港村	如东陈湾村	820	4	水泥	四	2009
范堑西路	村级	范堑村	范堑村	2260	4	水泥	四	2010
滩河口路	村级	滩河村	滩河村	1920	4	水泥	四	2010
双五路	村级	五虎村	五凌村	1720	4	水泥	四	2010
角沿河滨路	村级	角斜村	角斜村	1640	4	水泥	四	2010
唐家路	村级	角斜村	角斜村	1610	4	水泥	四	2011
横港河滨西路	村级	角斜村	角斜村	1240	4	水泥	四	2011

续表 4-2

公路名称	行政等级	起点	讫点	长度（米）	宽度（米）	路面类型	道路等级	建设时间（年）
联合路	村级	老庄村	老庄村	1570	4	水泥	四	2011
鑫龙路	村级	双龙村	双龙村	750	4	水泥	四	2011
汤灶南路	村级	汤灶村	东台郭沙村	1704	4	水泥	四	2011
蔡凌中心路	村级	蔡凌村	周庄村	1780	4	水泥	四	2011
汤灶路东段	村级	东台堤东村	汤灶村	821	4	水泥	四	2011
红旗南、北路	村级	角斜村	角斜村	1820	4	水泥	四	2012
联合西路	村级	老庄村	老庄村	1080	4	水泥	四	2012
范堑西片路	村级	范堑村	范堑路	1760	4	水泥	四	2012
开发大道	村级	新坝村	新坝村	1183	5	水泥	四	2012
五坊中心路	村级	五虎村	五凌村	1550	4	水泥	四	2012
大来南西路	村级	来南村	李堡光明村	858	4	水泥	四	2012
大来北路	村级	来南村	来南村	1370	4	水泥	四	2012
角沿河滨路	村级	滩河村	滩河村	1240	4	水泥	四	2012
滩河中心路	村级	滩河村	滩河村	1610	4	水泥	四	2012
江海路	村级	海港村	江海村	2280	4	水泥	四	2012
港陈路	村级	富港村	富港村	1580	4	水泥	四	2012
建设 612 路	村级	建场村	建场村	950	4	水泥	四	2012
镇海路	村级	镇海村	镇海村	810	4	水泥	四	2012
创业路	村级	沿港河	周庄村	890	5	水泥	四	2012
南二环新坝段	村级	范堑村	新坝村	1480	4	水泥	四	2014
联合北路	村级	老庄村	老庄村	1780	4	水泥	四	2014
富沿中心路	村级	滩河村	滩河村	2520	4	水泥	四	2014
双龙北路	村级	双龙村	双龙村	1540	4	水泥	四	2014
东排路	村级	角斜村	角斜村	950	4	水泥	四	2014
九里西路	村级	角斜村	角斜村	820	4	水泥	四	2014
大来中路西段	村级	来南村	李堡光明村	1420	4	水泥	四	2014
北洋河北路	村级	角斜公路	东台郭沙村	2440	4	水泥	四	2014
汤灶北路	村级	角斜公路	汤灶村	2480	4	水泥	四	2014
江海南二路	村级	江海村	江海村	1060	4	水泥	四	2014
凌港路	村级	江海村	江海村	1362	4	水泥	四	2014
进升路	村级	顾陶村	顾陶村	1250	4	水泥	四	2014

三、桥梁

1996—2004 年，角斜镇新建桥梁 24 座，老坝港镇新建桥梁 7 座。2005—2017 年新建桥梁 42 座，其中通海桥始建于 1969 年，改建于 2007 年，位于老坝港老城区主干线通海南路，横跨北凌河，桥梁总长度 74 米，宽 13 米，总投资 269 万元。大码头桥始建于 1972 年，改建于 2009 年，位于角斜镇环镇东路，横跨北凌河，桥梁总长度

48米，宽8米，总投资135万元。建海桥始建于1985年，改建于2013年，位于建富路，横跨北凌河，桥梁总长度56.5米，宽7米，总投资138万元。金港桥始建于2013年，位于滨海新城区主干道金港大道，横跨中洋河，桥梁总长度105米，宽26米，总投资1010万元。老坝港大桥始建于2017年，位于通往滨海新区港府路，横跨北凌河，桥梁总长度228米，宽26米，总投入2075万元。

图4-4 老坝港大桥（角斜镇党政办提供 摄于2017年5月）

1995—2004年角斜镇老坝港镇域内新建桥梁一览表

表4-3

桥梁名称	建桥地点	桥梁结构	荷载（吨）	长度（米）	宽度（米）	建桥时间
五虎桥	五虎村三组	水泥	汽—10	41	8	1995.9
周庄一桥	周庄村八组	水泥	汽—3	40	3	1996.1
横港桥	五虎村一组	水泥	汽—10	30	7	1996.5
建海桥	建场村	水泥	汽—4	65	4	1997
老坝港桥	川港村	水泥	汽—20挂—100	100	9	1998
来南北桥	来南村十四组	水泥	汽—5	35	2.5	1998.6
连心桥	五虎村八组	水泥	汽—6	30	3	1998.7
港府桥	海港村	水泥	汽—15挂—80	30	12	1999
友谊桥	富港村	水泥	汽—6	50	5	1999
五凌桥（一）	五凌村十组	水泥	汽—6	30	3	2000.9
杨木港河桥	江海村	水泥	汽—4	40	4.5	2001
来南中心桥	来南村十三组	水泥	汽—5	35	4	2001.8
济源河南桥	来南村一组	水泥	汽—5	42	3	2001.8
双小桥	周庄村十六组	水泥	汽—2	15	2	2001.9
海港大桥	海港村	水泥	汽—20挂—100	58	8	2002
富民桥	富港村	水泥	汽—6	50	5	2002
滩河桥	滩河村六组	水泥	汽—15挂—80	35	6	2002.2
周庄二桥	周庄村八组	水泥	汽—8	40	3	2002.5
向阳桥	沿口村五组	水泥	汽—10	30	3	2002.7
红星桥	滩河村十三组	水泥	汽—20挂—100	30	3	2002.7
沿口大桥	沿口村	水泥	汽—15挂—80	30	9	2002.8
五凌桥（二）	五凌村办公室	水泥	汽—6	30	3.5	2002.10
马路河南桥	来南村三组和四组	水泥	汽—5	35	3	2002.12
济源河北桥	来南村十七组	水泥	汽—10	42	4	2003.3

续表 4-3

桥梁名称	建桥地点	桥梁结构	荷载(吨)	长度(米)	宽度(米)	建桥时间
滩河口桥	滩河村一组	水泥	汽—15 挂—80	36	6	2003.7
团结桥	五虎村十一组	水泥	汽—6	30	4	2003.10
双新桥	新坝与新港村	水泥	汽—10	70	3.8	2003.11
汤灶桥	汤灶村十四组	水泥	汽—5	35	5	2004.8
汤灶西桥	汤灶村十一组	水泥	汽—5	35	4	2005
砖瓦厂桥	五凌砖瓦厂	水泥	汽—6	31	4	2005
新坝桥	新坝杨庄村	水泥	汽—5	40	2.8	2005

2005—2017 年角斜镇新建农村桥梁一览表

表 4-4

桥梁名称	建桥地点	桥梁结构	荷载(吨)	长度(米)	宽度(米)	建桥时间
江海四桥	顾陶村十五组	水泥	汽—20—挂 100	49	4	2005.9
五虎桥	五虎村三组	水泥	汽—20—挂 100	39	8	2006.5
友谊桥	双龙村十一组	水泥	汽—20—挂 100	39	8	2008.1
浒场桥	江海村六组	水泥	汽—20—挂 100	33	5.5	2008.2
红星桥	五虎村十一组	水泥	汽—20—挂 100	26	4.2	2008.5
岸河桥	顾陶村八组	水泥	汽—20—挂 100	30	4.2	2008.8
胜利桥	双龙村十三组	水泥	汽—20—挂 100	25	8	2008.8
五虎南桥	五虎村四组	水泥	汽—20—挂 100	43	4.2	2009.2
横港桥	双龙村十四组	水泥	汽—20—挂 100	30	4.5	2009.3
富港桥	富港村十七组	水泥	汽—20—挂 100	21	4	2009.3
爱武桥	角斜村二组	水泥	汽—20—挂 100	75	8	2009.4
天奎桥	五虎村十六组	水泥	汽—20—挂 100	33	5.5	2009.7
马坝桥	富港村十三组	水泥	汽—20—挂 100	28	5.5	2009.8
向阳桥	新坝村二组	水泥	汽—20—挂 100	39	5.5	2009.10
济源河北桥	角斜村二组	水泥	汽—20—挂 100	26	8	2010.6
济源河南桥	汤灶村十三组	水泥	汽—20—挂 100	38	4	2010.8
农场桥	来南村十组	水泥	汽—20—挂 100	26	5.5	2010.10
东岸河桥	顾陶村一、二组	水泥	汽—20—挂 100	30	5.5	2012.2
马路河北桥	汤灶村十八组	水泥	汽—20—挂 100	13	5.5	2012.3
七总河桥	周庄村八组	水泥	汽—20—挂 100	51	5.5	2012.4
岸河桥	顾陶村二十五组	水泥	汽—20—挂 100	30	5.5	2012.10
九龙桥	江海村一组	水泥	汽—20—挂 100	24	5.5	2012.11

续表 4-4

桥梁名称	建桥地点	桥梁结构	荷载（吨）	长度（米）	宽度（米）	建桥时间
横港河桥	角斜村五组	水泥	汽—20—挂 100	30	5.5	2013.4
农场河北桥	汤灶村七组	水泥	汽—20—挂 100	16	5.5	2013.4
富民桥	富港村二组	水泥	汽—20—挂 100	30	5.5	2013.4
济源河北桥	汤灶村十五组	水泥	汽—20—挂 100	16	5.5	2013.4
兴堤桥	来南村一组	水泥	汽—20—挂 100	38	5.5	2013.4
江海三桥	江海村一组和六组	水泥	汽—20—挂 100	60	5.5	2013.6
建海桥	建场村五组	水泥	汽—20—挂 100	51	8	2013.6
川港中心桥	五凌村一组	水泥	汽—20—挂 100	25	5.5	2013.6
中凌河桥	五凌村五组和七组	水泥	汽—20—挂 100	33	5.5	2013.8
滩河桥	川港村三组	水泥	汽—20—挂 100	26	5.5	2013.9
大码头桥	滩河村十四组	水泥	汽—20—挂 100	34	10	2013.10
蔡凌中桥	五凌村十九组	水泥	汽—20—挂 100	32	5.5	2013.10
来南桥	来南村十三、十四组	水泥	汽—20—挂 100	30	5.5	2013.12
汤灶中心桥	汤灶村十六组	水泥	汽—20—挂 100	33	5.5	2013.12
福兴桥	富港村一组	水泥	汽—20—挂 100	26	5.5	2013.12
墩天桥	五虎村十一组	水泥	汽—20—挂 100	30	5.5	2014.3
旧场桥	建场村十三组	水泥	汽—20—挂 100	75	10	2014.7
友谊桥	富港村十八组	水泥	汽—20—挂 100	33	5.5	2014.9
蒋坝桥	富港村五组	水泥	汽—20—挂 100	44	8	2014.10
福兴西桥	富港村一组	水泥	汽—20—挂 100	24	5.5	2014.10

四、运输

（一）水运

角斜镇交通运输历史上以水路为主，西汉时开辟盐运，清末始有轮船，从事水运，老百姓叫“机器快”。解放后，政府在兴修水利时，整治开辟旧航道，挖掘新航道。河道疏浚给角斜域内的水运带来极大的方便，大量的工农业物资和建筑砂石材料主要靠水运。20 世纪 60 年代，域内利用木船靠挂帆或拉纤行驶运输。70 年代，域内各公社交通运输由人力自航单船运输更新为机动单船运输。80 年代，域内各乡镇先后建立拖船队，拖船队一般都在 10 只船以上，在第一条船上安装机器为拖头负责水上运输，总吨位一般在 1000 吨以上。90 年代，人力装卸更新为机械装卸，在运河边、港口安装吊机，集体拖船队停运、解体。1998 年，老坝港交管站在北凌河北侧，旧场供销社旁建起第一台吊车，船上货物由吊车吊到岸上或运输车辆上。后来又发展到在钢质船或水泥船上安装吊车进行流动作业。至 2017 年，角斜镇交管站在北凌河边建有 6 台吊车，而且都是现代化起吊。2017 年，角斜镇有运输船只 28 条，总吨位 3685 吨。角斜镇有五级航道 1 条，为栟茶运河，域内总长 9.5 公里。七级航道 2 条，丁堡河，域内总长 4.2 公里。江海河，域内总长 3.3 公里。等外航道 4 条，分别为沿港河、滩河、东中凌河、角斜爱武河，域内总长 25 公里。

（二）陆运

20 世纪 60 年代起，角斜域内各公社相继建立交通运输管理站后，各站都有 10 多名搬运工人，靠担挑肩扛搬运货物。另有几名工人用自行车载客送货。70 年代，县乡公路发展较快，长途班车，农村公共汽车陆续开行。1971 年起各公社又开始购置载货汽车，从事长途运输。至 1985 年，域内共有载货汽车 5 辆 12 吨位。1985 年后，个体运输兴起，域内各乡镇有不少农户集资贷款购买汽车进行载客送货，集体手扶拖拉机先后转让或承包给个人经营。90 年代后，个体载客载货车辆不断增多，至 2017 年，域内有大小客运汽车 30 多辆，大小货运汽车 200 多辆。此外，域内有滩河至海安的 128 路公交车，运营时间为冬季 6:30—18:00，夏季 6:00—18:00，从滩河车站起点至海安汽车站，沿途停靠 68 个站台，7 辆公交车每 20 分钟一班对开往返行驶。老坝港至海安 106 路公交车，冬季 6:20—18:30，夏季 6:20—18:30 从老坝港车站起点至海安汽车站，沿途停靠 85 个站台，16 辆公交车每 15 分钟一班对开往返行驶。另外，2012—2017 年，镇域内增加隶属海安飞鹤汽车运输公司角斜镇村公交车 5 辆，每天按时往返于镇村之间。除此以外，镇域内还有过境至上海、南京等地的大客车。

第五节 电力

一、管理机构

1972 年前，域内各乡镇农机站对本辖区内用电单位和电灌车口实行用电管理。1972 年，农机站明确专人负责用电管理。1976 年，域内角斜、沿口、老坝港等公社建立电管站，附属在农机站内。1978 年，电管站从农机站划出。1980 年，电管站配备人员 2—4 人，属县供电管理局，人员工资由供电局发放。随着用电负荷和用户的递增，各村相继装配变压器，每村选配 1 名农电工，对村线路和设备进行管理。

1981 年 7 月、8 月，角斜、沿口和老坝港、旧场供电所分别建立，初名农电管理站。1998 年，分别改为电力管理站，是年 4 月旧场电力管理站与老坝港电力管理站合并。2000 年，角斜、老坝港电力管理站更名县供电公司角斜、老坝港供电所。2002 年，角斜供电所与原沿口电管站合并，是年 8 月角斜供电所大楼动工新建，总投资 160 万元，建筑面积 1104 平方米。2011 年，角斜供电所和老坝港供电所合并。2017 年，角斜供电所有干部职工 27 人，办公楼在角斜村 6 组，办公楼建筑面积 1714 平方米。

角斜农电站（电力管理站、供电所）历任站长（所长）为黄文山、曹祥根、宣伟宏、夏志勇。原老坝港电力管理站供电所历任所长吴义政、吴义连、王海勤。原旧场农电力管理站站长顾用鉴。原沿口电力管理站站长金德如。2011 年后角斜供电所历任所长夏志勇、邹顺清、王海勤。

二、供电

1968 年，海防公社首先在四大队、五大队建电灌车口，随后各生产队有电动机脱粒线路，同时照明线路送到千家万户，当时供电方是如东县供电局七里缺变电所。此后，角斜、沿口、旧场公社供电事业开始发展，由李堡供电所供电，电容量 630 千伏安。1980 年，域内农电站与县供电局协商，决定新架一条 10 千伏工业专线（旧工线），本着“三个一点”的原则，达成筹款协议。建海砖瓦厂、旧场砖瓦厂各出资 2 万元，旧场医院、农机厂、网具织造厂、新街砖瓦厂分别出资 2000—5000 元，不足部分由农电站从承包盈余的以电养电基金中列支，变电所出线控制柜由供电局出资。1980 年 8 月，10 千伏旧工线竣工投运。同时老坝港农电站新建一栋两层楼房。1981 年又新建一栋楼（一层作门面出租，二层作职工宿舍）。是年，角斜变电所建成投运后，角斜、沿口、海防、老坝港的供电由如东转为海安，但回归后却经常停电，原因是整个海安县用电都是由扬州电网提供，海安处于扬州电网的末端，角斜又处于海安的末端，电压太低，中转变电所太少，有电也送不来。从角斜变电所送往旧场的10千伏海防线，由于地理位置原因，上面接有东台市新街砖瓦厂、东台市新街乡堤东村、如东县浒澪乡浒东村、如东县浒澪乡下洋村、老坝港乡船厂（当时老坝港乡只有一台变压器）、海安蚕种场，很多用户都接在海防线上，使海防线"不堪重负"。农村线都安排在夜间供电，老坝港、旧场乡用电困难。80年代中期后随着电力基础设施建设的加强，用电情况逐步改善。1985年，角斜被华东网局命名为全国第一个"用电标准乡"。1999年年底，老坝港电力管理站投入300多万元，为农村破旧的配电房，老式配电柜，高耗能变压器、电杆、导线，以及各家各户的电能表，都换上国标型产品。老坝港成为用电标准化乡镇。2000年后，角斜供电所坚持以安全生产为基础、经济效益为中心、优质服务为宗旨，专门设立值班报修24小时服务，年年安全无事故，电压合格率为99.25%，供电可靠率在99.96%，年用电量不断增长。角斜供电所每年争取近1000万元的线路材料物资，用于低压线路改造和一户一表接户线改造。2004年，角斜镇电容量增至3.15万千伏安，全镇高、低压线总长300余公里。角斜镇计算负荷为近期1232千瓦，远期3.4万千瓦。平均负荷密度为近期8273.2千瓦，远期1.15万千瓦。由角斜110千伏变电所供电。老坝港镇安装供电主杆线路35公里，支杆线路200公里，35千伏滩涂线10.8公里，用电由老坝港变电所供电。

2008年、2009年，角斜投入资金1600多万元，新增改造供电台区20个，改造低压线路33公里，一户一表接户线整改4865户。角斜供电所先后多次被省供电局、省电力公司表彰为"先进电管站"和"两改一同价先进单位"。2011年后，域内供电事业快速发展，用电量迅速增长。2017年，全镇综合变台数500台，专变338台，总容量为76.59万千伏安。110千伏变电所1座，35千伏变电所2座。全镇下设16条高压线路，线路总长度298公里。是年，投入758.79万元用于低压线路、配电箱、接户线改造，投入2039.93万元用于10千伏线路改造、新增线路和新增变压器等设施建设。2017年，全镇有电力用电户2.38万户，用电总量6379.59万千瓦时。其中农业用电526.13万千瓦时，工业用电1489.38万千瓦时，照明等其他用电4364.08万千瓦时。

（一）光伏发电

江苏海东光伏发电有限公司35兆瓦光伏发电站位于角斜镇东部黄海边缘，始建于2011年，总投入资金5.9亿元，占地1000多亩。一期30兆瓦光伏发电站项目于2013年12月并入国家电网发电，二期5兆瓦光伏发电站项目于2016年并网发电。发电站有110千伏变压器1台，35千伏升压变压器34台，逆变器64台，发电联网于老坝港开关站110千伏6F2线。2017年，海东光伏发电站全年上网电量约为每小时5000亿千伏。

江苏海东光伏发电站是南通市首个光伏发电项目，为江苏省、南通市新能源开发示范工程，亦是集光伏发电、海水养殖、生态观光旅游为一体的高科技、高节能、生态环保可持续发展的综合示范项目。2013—2017年，海东光伏发电站被《光明日报》《农民日报》《中国电力报》《南通日报》等多家报刊和媒体报道。

图4-5　光伏发电

（角斜镇党政办提供　摄于2013年）

（二）风力发电

国家能源集团，海安龙源300兆瓦海上风电场位于江苏省省管区内的蒋家沙。2016年隶属角斜镇招商项目,始建于2016年10月,总投资50亿元。风电场配套建设1座220千伏海上升压站和1座陆上集控中心。海上升压站位于风电场的东侧,风电场中心离岸距离17公里,海底高程-17—-1米,局部有沟槽。风电场形状呈不规则多边形,东西长22公里,南北宽7公里,面积100平方公里,工程总装机规模为300兆瓦,布置75台单机,容量为4兆瓦的风电机组,风电机组通过35千伏海缆接入海上升压站,并经由220千伏主变升压后以2回220千伏海缆(海缆长14.7公里)送至陆上集控中心。海安龙源海上风力发电有限公司陆上集控中心建有1台80兆伏安的220/35千伏的降压变,陆上35千伏两套无功补偿装置(每套补偿容量28兆法),1台电抗器(补偿容量22兆法)及1台场用降压变。风电场所发电能通过海上升压站升压至220千伏后,以2回220千伏海缆接入陆上升压站220千伏正母线,再由1回220千伏架空线(长54公里)送出至对侧500千伏仲洋变汇流站。2017年风电场每小时发电7.5亿千伏。

图4-6 风力发电
(角斜镇党政办提供 摄于2017年12月)

第六节 供排水

一、水厂

(一)角斜水厂

1979年创建,1981年开始供水,2007年改制到个人经营,日供水1600立方米,1000多户使用。2012年,由县供水公司将乡镇水厂收购(兼并回购),域内所有水厂均被县水务集团收购。2012年下半年,开始饮用长江水,日供水6000立方米,7000多户使用。历任水厂负责人:1979—1981年为周桂林;1981—1997年为董明杨;1997—2012年为宣伟成。

(二)沿口水厂

1987年7月创建,日供水1500立方米,1000多户使用。2007年改制到个人经营,管理运行有序正常。1987—2012年水厂负责人缪桂芝,2012年由县供水公司将乡镇水厂收购(兼并回购)。

(三)旧场水厂

1982年筹建,1983年水厂建成,设计日供水1500立方米,占地0.8亩,厂长顾才明。旧场集镇实际日供水量300立方米,用水人口2488人。1986—1994年,旧场乡相继建成建海、平新、江海、枣树等村级水厂,设计日供水5000立方米,实际日供水1110立方米,用水人口1.62万人。2003年,旧场水厂改制后产权归刘兵、蔡祝友。2012年被角斜镇收购。

(四)建海水厂

位于建海村(原四大队平新村),1986年建成,供应四、五、六3个大队,用户1500多户。2012年,供长江水后,被县水务集团统一收购。

(五)顾陶水厂

位于顾陶村(原十大队平新村),1992年5月建成,供应原十、十一、十二大队及如东江安部分地区,用户1000多户。2012年,供长江水后,被角斜镇收购。

(六)枣树村水厂

1987年建成,供水200多户。2003年改制属王映成。2012年被角斜政府收购。2012年年底,长江水接通后,按县水利局要求该井被填埋。

(七)江海水厂

1992年下半年建成,供水1000多户。2012年,供长江水后,被角斜镇收购。

（八）周元国水厂

1981年建成，由原老坝港冷冻厂、川港村、镇海村、三港村、万港村出资，供给4个村村民及县水产公司饮用水，由冷冻厂负责管理，供水950户。2003年改制后由周六福接管。2012年被角斜镇收购。长江水接通后，按县水利局要求该井被填埋。

二、供水

域内过去农村居民大部分饮用比较干净的河水。70年代始，有不少居民以砖块为材料箍井、打井，饮用5米左右深的地下水，一般都是几户人家合用一口井。后来逐步发展到以直径5厘米自来水管为材料打井，用压泵抽取10米左右深的地下水作生活用水。

1981年，角斜集镇区开凿第一口深井，开始供水，其深度为306米。1987年，沿口第一口井由乡政府开凿，5月沿口水厂在范堑村开凿第二口井，深度324米。两口井水质的各项指标均符合农村安全饮用水标准，年供水量30多万立方米，供水到户率99%。1994年，旧场水厂扩大供水范围，工作人员6人，供水户数由800多户增加到1800多户。1996年，角斜镇来南村开凿角斜镇第二口深水井，深度292米；1998年周庄村开凿第三口深水井，深度306米；2001年镇区人民路开凿第四口深水井，深度306米。至2004年年底角斜镇有深水井7口，给水管网为环状布置，供水水质符合国家生活用水卫生标准。设计供水规模每日3200立方米。实际日供水量1600立方米，用水人口1.72万人。干管主要布置在环镇东路、尚武大道、红旗路、环镇北路、环镇南路、人民路等主要道路上，管径最大为200毫米，最小为100毫米。2013年起，统一供给长江水。2014年，角斜建增压泵站1座。2017年，角斜镇有供水主支管道直径500毫米以上的36公里，直径40—500毫米的375公里，安装一级水表14只，应急供水深井6眼，分别为来南、周庄、角斜、沿口、江海、旧场。全镇地下水取水井1.09万眼，其中规模以上机电井76眼，规模以下机电井2141眼，人力井8689眼。角斜水厂所有深井水质除铁元素略高外，其余各项指标全部符合国家饮用水标准。2017年，角斜镇水厂隶属海安县水务集团供水有限公司李堡营业所，角斜水厂日供水为8000吨。全镇有自来水用户21.5万户。

三、排水

1986年前，域内排水主要靠沟、渠、河，无排水管道。1986年始，角斜镇区开始排水管道沿道路建设，通海北路，管径60厘米，长度1200米。通海南路，管径80厘米，长度800米。港府中路，管径60厘米，长度8800米。港府西路，管径80厘米，长度930米。2017年，镇区划分为四个排水区域：北凌河以北片，污水干管布置在环镇北路，管径500毫米；北凌河以南，老北凌河以北片，污水干管布置在人民路，管径500毫米；老北凌河以南，红旗河以北片，污水干管布置在红旗路，管径500毫米；红旗河以南片，污水干管布置在世纪南路，管径500毫米，污水管道埋在道路下的管位为路北、路西。

第五章 水 利

角斜镇地势坦荡，水资源丰富，河网密布，体系清晰，配套齐全，河道之间相互贯通，域内河道流向均为自南向北，自西向东。中华人民共和国成立后，大力开挖疏浚河道，兴修农田水利，治理盐碱地，水利面貌得到根本改善。2017 年，全区有河道 135 条，总长度 306.16 公里，其中一级河道 2 条，二级河道 8 条，三级河道 19 条，四级河道 106 条，有农田灌溉泵站 143 座，防渗渠道 459.59 公里，控制闸 9 座，海堤防汛任务 10.14 公里。深井 76 眼，各种水利工程配套建筑物近 2 万座。

第一节 河道

一、一级河

（一）栟茶运河

原名盐河，明洪武元年（1368），角斜、栟茶盐场开挖。明初，苏州阊门居民发配到此处服劳役，修海堤，开发盐场。后来为运盐方便，盐官利用沿途劳役人员将此段河流进行开凿，形成一条运盐河。明清时期曾两次疏浚拓宽。明嘉靖年间（1522—1566），称之为栟茶河，西接立发桥之上官河，曲折东行，经蚬子湾、西场、丁所、富家滩、栟茶场至范公堤入海。明清时期多次拓浚，是中华人民共和国成立前海安县唯一借港泄水河道。至 1949 年，河面只有 30—40 米宽，只能供帆船运输，河两岸均有纤道，河床严重淤塞，该河 30 里墩以西至塔子里段由平地开挖而成，原称为“南横干河”。1954 年，兴建小洋口闸。1956 年 9 月 1 日，命名为栟茶运河，该河西接海安姜堰交界的姜黄河，东至如东小洋口闸入海，全长 71.95 公里，流域面积 446 平方公里，在海安县域内长 53.64 公里，流域面积 176.4 平方公里，在角斜域内自西向东流经新坝、范堑、沿口、老庄、滩河 5 个村，总长 9.8 公里。

栟茶运河流域地形南高北低，中部高两头低，呈龟背形。原河道浅小、狭窄、多弯，流水不畅。栟茶镇以东，河底高 1.5 米，狭处河底宽仅 10 米，形成倒比降。入海处原有三孔石涵，系清同治三年（1864）建，闸底高，口径小，一般情况堵塞不排水，涝水均向西入里下河，致使里下河屡遭水害。1954 年大水，为确保里下河安全，通扬运河沿线通往里下河各涵洞全部堵闭，海安、如皋、如东等县域内成为蓄洪区，雨水遍地漫流。栟茶运河流域受涝面积 129.3 万亩，占耕地 170.68 万亩的 76%，估计损失粮食 8 亿公斤。不得已，在小汛期冒险开海堤 22 处，其中较大口子有 6 处（含倒口子），泄出内涝雨水。为此，江苏省治淮总指挥部统筹规划、分期整治栟茶运河。1954 年冬开始，先后于 1955 年、1956 年、1957 年、1968 年、1991 年、2003 年，组织如东、海安、如皋 3 县（市）民力分期整治栟茶运河，使之成为引江灌溉、排涝入海、调度水源、交通航运的骨干河道，后因通扬运河以西范围由焦港河、如海运河排涝，北凌河排涝区扩大，故排涝范围缩小为 446 平方公里，灌溉面积 32.6 万亩。

(二)北凌河

位于海安串场河以东、中凌河以北、东台界以南,西自通榆运河向东至北凌新闸,流经海安县大公、城东、李堡、角斜4镇及如东县栟北垦区,全长51.21公里,其中海安域内40.15公里。北凌河在角斜域内6.3公里,流经双龙、来南、角斜、建场、海港、通港、镇海村。

北凌河原称洋河,又称凌河(凌乱不规则的河道),是黄海落潮形成的滩面港槽。北凌河,取其方位而命名。栟茶运河以南,如皋域内有南凌河,栟茶运河以北,海安域内原丁所、沿口两乡北侧,角斜镇南侧有中凌河,北凌河原西起东串场河边的贲家集,东至李堡镇西的堡坝,河道弯曲浅狭。据考证北凌河约形成于1800年前。1965年,北凌乡大场大队在北凌河中挖掘海船,经考证该船已有约1800多年,据此推测此河早已形成。中华人民共和国成立之前,由于北凌河弯曲浅狭,且有大小坝埂堵塞,故宣泄不畅。富堡河以西河面净宽14米左右,以东20米左右,河深2—3米,并被大小坝埂所阻。西边有花三坝、花五坝,中有仲庵坝,东有堡坝等,水泄不通,每遇暴雨,积水成涝。20世纪30年代,该河原向东流,经滩河排涝。自滩河塌塞后,向东无法出水,被逼西流,向里下河排水,经常发生水事纠纷。北凌河流域为黄海淤积平原,属滨海垦区,土质为砂壤土,含盐度较高,每遇干旱,普遍现碱,河水含盐度常在10‰左右,常有淡水贵如油之说。流域中部多为草荒田,东部多盐碱地,部分耕地只能种植旱谷和棉花,且产量极低,百姓生活贫困。1954年7月,海安县连降暴雨,通扬运河水位高4.76米,北凌河地区西场、曈口、李堡3区受淹21.8万亩,水深1米,腹部地区水深2米,陆地行舟,房屋倒塌,水阻灶门,农人啼饥号寒,惨不忍睹。积水40余天,不得已破海堤排水。为解决这一地区的排水问题,1955—2007年,海安县克服重重困难,先后多次疏浚整治该河道。先通后畅,工程规模由小到大,工程标准由低到高。1955年12月,海安县政府自贲家集东北陈家圩子起,东至角斜东之滩河口止,长38.8公里,利用原旧河,随弯就弯进行捞浅。1957—1965年,又多次疏浚,但均未做足标准,遂于1976年12月—1977年2月,全线扩浚,裁弯取直,开新填旧。西起立公河口,东至角斜大码头,全长26.1公里,动员民工5.3万人,实做工日253.1万个,完成土方524.25万立方米,投资185.32万元。工程标准为:底宽8—12米,底高-1.0—1.5米。经过数次改造,北凌河成为海安河东地区及如东栟北垦区322.9平方公里排涝的骨干河道,是海安县引淡排咸入海的重要河道之一。

二、二级河

(一)江海河

域内骨干河道,北从北凌河起,南经如东县原浒澪镇、景安乡,至南通市通州区英雄乡王家渡,全长46.34公里,流域面积23.7平方公里。其中域内流经顾陶、江海、海港3个村,长3.4公里,灌溉面积1.2万亩,是老坝港地区主要引淡排咸、灌溉引水河道。域内有机耕桥2座、人行桥4座、灌溉车口11座、排水涵闸11座、支河11条。

1958年、1959年,分段开挖、拓浚,如东、海安两县组织民工18.45万人次,投工420.17万个,完成土方1125.07万立方米,投入经费931.47万元。域内栟茶运河至挺丈路河,河床标准:河底宽6—20米,河底高程负1米,河坡1:3。1966年春,开挖挺丈路至北凌河段,长3.3公里,旧场公社组织民工5000人,投工10万个,完成土方24.4万立方米。河床标准:河底宽5米,河底高程0米,河坡1:3。1975年2月20日—3月7日,疏浚栟茶运河至北凌河段,长9.15公里,如东、海安组织民工1.2万人,投工16.79万个,完成土方31.86万立方米,经费32.99万元。其中海安县海防公社组织民力1880人,疏浚该工程海安域内3.35公里,完成土方10.2万立方米。河床标准:河底宽6米,河底高程负1米,河坡1:3,青坎5米。疏浚后的江海河基本恢复其引排功能。

江海河下辖乡级河道浒海界河,长2.89公里。

(二)滩河

角斜镇东1公里处,有一条蜿蜒曲折的河流,此河历史上由海潮涌进而成,南北走向,南至栟茶古运盐河,北起费家滩入海,因此得名“滩河”,

出口处称为“滩河口”。角斜历史上曾有两个“兜宝儿弯”,一个是九里桥儿,一个是夏家湾子。滩河系海安县与如东县界河,流经如东县栟茶镇和海安县角斜镇,北起北凌河,南至栟茶运河滩河口,流经滩河、五虎、角斜、建场、富港、江海6个村,原老河长11.78公里。该河原系旧排水河道,深浅不一,弯道较多,有九里十八弯之说,排水不畅,含盐量高,水质差。几经改造,为8.45公里,是原旧场、角斜、沿口3乡镇排灌、航运骨干河道。沿河建筑物45座、车口8座。

1956年3月4—25日,疏浚滩河口至角斜段,对其中的陈家湾和夏家湾进行裁弯取直,长7公里,由原李堡区组织民力5125人,投工7.22万个,完成土方15.98万立方米,挖废土地59.59亩,压废土地284.4亩,投入经费3.76万元。河床标准为河底宽5米,河底高程0米,河坡1:3。

1962年11月23日—12月29日,疏浚角斜、旧场段,长4.78公里,作为兴建北凌闸的运料河。河床标准为河底宽5米,河底高程0米,河坡1:3。

2004年11月18日,由角斜水利站组织泥浆泵5台套及挖泥船对南段进行疏浚,长4公里,复垦土地36亩,改善排灌面积2800亩,完成土方7.5万立方米,历时5个月,投入经费46.2万元。

滩河下辖乡级河道3条,挺长河,长9.26公里;杨木港河及角龙河(又名横港河),长6.96公里。

(三)龙港河

原名垦区中心河,是老坝港和滩涂垦区的中心河道,流域面积41平方公里,西起北凌河拐角(老北凌闸西800米),东至海堤,全长4.38公里。1984年冬,与围垦同时施工,该河是垦区排涝骨干河道。河口宽45米,河底宽10米,河底高程负2米,下辖支河6条。2006年冬,老坝港镇组织泥浆泵清淤疏浚,局部拓宽。

垦区中心河下辖乡级河道6条,总长23.36公里。2009年10月,老坝港沿海新围滩涂3.1万亩。2011年3月31日,老坝港经济开发区成立后,将垦区中心河改名为龙港河,并实施清淤生态护坡工程,其中老坝港镇至老海堤段4.82公里,老海堤至新海堤段6公里,河底宽15米,底高程-2米,边坡1:4,龙港河下辖12条乡级河道。

(四)南北红星河(原角沿河)

角斜东部南北向引排河道,南接栟茶运河,北接红星河,流经角斜、五虎、滩河、老庄、来南、汤灶6个村,域内长10.15公里,河口宽35米,河底宽6米,河坡1:3,底高程0—0.5米,灌排面积45平方公里。沿河桥涵建筑物55座,1972—1973年人工开挖而成,1992年冬疏浚,2009年疏浚9.15公里,完成土方16.11万立方米,更新改造建筑物10座,投资101.66万元。

(五)长角河

原名沿港河,位于角斜沿口域内,北起红星河,南至栟茶运河,流经沿口、五凌、双龙、来南、汤灶5个村,全长10.2公里。沿河公路桥3座、闸1座、机耕桥2座、人行桥5座、灌溉车口5座,流域面积9.6平方公里,是角斜镇引水灌溉、排涝、航运的骨干河道。1968—1972年,分期分段开挖而成,河床标准:河底宽5米,河底高程-0.5—0米,河坡1:3。中凌河以南至栟茶运河4.98公里,于1968年沿口公社组织民力开挖而成,完成土方15.2万立方米,投入经费35.61万元。1970—1972年,由角斜公社组织民力开挖中凌河以北至红星河5.32公里。

20世纪80年代,进行过数次疏浚。1999年冬和2000年冬分两段,由角斜、沿口两镇所辖水利站用泥浆泵进行疏浚。其中南段3.75公里,完成土方13.85万立方米;北段2.67公里,完成土方7.75万立方米。疏浚后,恢复原河床标准。

沿港河下辖三级河10条,总长52.68公里,受益面积10个村。

(六)丁堡河

为海安河东地区及如皋市城东区引江河道,南起如皋市丁埝镇接通扬运河,北接东台市潘堡河,全长27.71公里。其中海安域内15.37公里,排涝面积45.3平方公里,灌溉面积3.4万亩,系海安县河东地区引水灌溉、排涝降渍、交通运输的骨干河道。角斜域内丁堡河流经新坝村,长3.56公里。1959年,丁堡河开挖,因该河南起如皋丁埝镇,北至海安县李堡镇,故名丁堡河。该河北段前身为堡河,南起李堡镇堡河口,西北流经蔡家坝、顾家庄、傅家渡一带,直抵李堡镇之堡坝与北凌河相接,长9公里,河道弯曲浅窄。民国十一年(1922)、十二年(1923)两次疏浚,为当时如皋东台水上运输之要津。1956—2005年冬,先后6次疏浚。

(七)东西红星河

西起通榆运河,东至角斜大码头入北凌河,流经大公、李堡、角斜3个乡镇,域内流经汤灶村,长度7.23公里,全长37.72公里。系贲家集提水站向东输水河道,亦是海安县河东地区引淡排咸的骨干河道。

1970—1972年两个冬春,由北凌、大公、李堡、角斜等公社组织民力6400人开挖疏浚而成,完成土方109万立方米,国家补助经费2.31万元。河床标准:通榆运河至东串场河,河底宽10米,河底高程-0.5米,河坡1:3;东串场河河底宽8米,河底高程-0.5米,河坡1:2.5;东串场河至角斜大码头,河底宽5米,河底高程0米,河坡1:3。

1974年冬,由沿线公社(镇)组织民力疏浚,长32.4公里,河床恢复原标准。1978年春,开挖红星河东段,长1.63公里,由角斜公社组织民力施工,河床标准:河底宽4米,河底高程0米,河坡1:3。

1990年12月至1991年1月,疏浚通榆运河至丁堡河段,长26.17公里。由原大公、北凌、李堡3个乡镇组织泥浆泵23台套,完成土方56.47万立方米。河床标准:河底宽5—8米,河底高程0米,河坡1:3。

1991年12月8日—1992年1月27日,疏浚丁堡河至大码头段,长11.56公里,由李堡、角斜两镇组织泥浆泵24台套,完成土方7.56万立方米。河床标准:河底宽5米,河底高程0米,河坡1:3。

2003年11月—2004年5月,疏浚大公域内段,长3.5公里。由大公镇组织泥浆泵5台套,完成土方9.05万立方米,投入经费24万元。2004年12月,疏浚角斜域内东段,长3公里。由角斜镇组织泥浆泵4台套,完成土方4.20万立方米,投入经费8.5万元。

2007年11月—2008年1月,疏浚通榆运河至角斜镇大码头段,长38.04公里。由大公、李堡、角斜3个水利站分3个标段组织泥浆泵施工,投入泥浆泵27台套,完成土方52.63万立方米,经费199.21万元。河床标准:河底宽5—10米,河底高程-1—-0.5米,河坡1:3。

红星河下辖乡级河道9条,总长22.5公里,受益村11个。

(八)中凌河

为旧河道,位于北凌河以南,栟茶运河以北,原河浅、狭、断、弯,宣泄不通,沿河两侧是有名的"三洼五荡"。该河横贯角斜、李堡腹部,为东西向引排河道,流经李堡、角斜两镇,西接丁堡河,东接滩河,全长10.22公里,河口宽45米,河底宽6米,河底高程-0.5—0.5米,河坡1:3,流域面积40.5平方公里。1957年,角斜、李堡、沿口3乡镇组织7000余人全线疏浚。1964年冬,李堡、角斜、沿口再次全线疏浚。1965年冬,角斜公社实施东段疏浚。1966年冬,李堡公社组织人工疏浚中段。1985年冬,全线疏浚。2007年,疏浚10.22公里。沿河主要桥涵建筑物35座。

中凌河下辖支河2条,长5.82公里,受益村4个。

三、三级、四级河道

20世纪70年代前,只注重挑河,管理工作未跟上,致使水土流失,沟河淤塞严重。70年代后,新建河道,坚持建管并重的原则,做到河成、堤成、绿化成,管理工作紧紧跟上。1979年,域内各乡镇对河道整治做到八个不准:不准在河坡、青坎上取土制砖;不准在河道上插箔设簖;不准在河坡上任意开口子;不准在青坎上搞建筑;不准在河坡上倾倒杂物;不准在河坡上翻土种庄稼;不准在河坡青坡上砍伐树草;不准在河坡上放牧。

2005年,根据《河道整治规划》,角斜水利建筑工程队对马路河的5.8公里河道,2006年,对李沿河2.2公里河道,进行清淤整治。老坝港水利服务站2005年对挺长河2.3公里河道进行整治,2006年对东岸河4.865公里河道进行整治。2007年至2008年,对北岸河3.7公里,2008年对扬木港河2.41公里,2010年对镇海河1.6公里,2011年对通海河2.55公里河道进行整治。

2006年开始,对四级河道包括住宅区河道,由水利站工程队负责施工，每年动土在10万方以上。历经两个五年计划，至2017年，基本全部清淤、捞浅、整治一遍，保证河道畅通、整洁。2017年，全镇疏浚河道12.8公里，清淤13.39万立方米。2017年，全镇三、四级河道共有125条，总长度175.789公里。

附：旧河道

（一）角斜河

由栟茶上运河滩河口北行9公里至富家滩，再北2.5公里即角斜，又北1.5公里至范公堤老坝口。角斜河通角斜、栟茶二场五团运河。五团者，北盛北河、北盛南河，皆发源于天鹅荡；南丰北河发源于海洋，南丰南河发源南新河，新兴河发源鳘（音敏，海鱼名）鱼港，通汇于盐仓（清嘉庆《东台县志》）。

（二）海河

海河在范公堤东，是各场灶户办煎运盐的河道。名为海河，实际上与海有一定距离，一般称为灶河，各场灶河都筑有土坝，彼此不相连。时有栟茶场灶河、角斜场灶河等。

（三）富家滩

旧名费家滩，角斜场署商垣移驻于此，故名富家滩（清嘉庆《东台县志》）。角斜场盐课司署在富家滩，先是明洪武中大使张伯才创建于旧角斜场。清雍正二年海潮冲没无存，乾隆三年大使黄三俊改建于此，历任皆有修建屋舍等。

（四）双龙潭

在角斜场界牌头，潭分南北，水甘不涸，相传下有蛰龙，故名（清嘉庆《东台县志》）。

（五）周家洋

为角斜场海口，已淤（清嘉庆《东台县志》）。

第二节 农田水利

一、垦荒植棉

域内自古自然灾害为旱、涝、风、潮、渍、碱，而盐碱涝渍又为主要灾害。民国元年，近代实业家清末状元张謇在角斜一带创办大赉公司，民国四年（1915）建成。大赉公司南区南至范公堤（北凌河一线），北至六排（新街镇半边街沈桥村），东至串场河，西至陆家大桥（李堡镇光明村），南北长6公里，东西宽5公里，占地约30平方公里。大赉公司南区辖现角斜镇来南村、汤灶村、李堡光明村和新街镇周洋村、双洋村、谷丰村、沈桥村，当时总人口2000多人。这7个村域后来隶属东台市角斜区、唐洋区。大赉公司废灶垦荒，组织农民开垦荒地近5000亩，同时兴修水利、开沟排碱。组织农民每30丈（100米）开挖一条5米宽、1.5米深的横沟，每60丈（200米）开挖一条5米宽、1.5米深的竖沟，横沟、竖沟的开挖有利于渗排盐碱，有利于排涝。农田实行方格化，即许多老农称的“公司田”“条子田”“墩子田”。张謇创办大赉公司旨在为南通唐闸兴办的大生纺织厂培育棉花生产基地。民国初年，范公堤以北的老百姓没有种植过棉花，张謇从种植棉花的启东、海门、通州3县招雇农业工人在角斜场一带开垦荒地，向当地农民传授棉花生产技术，推广种植棉花，为大生纱厂提供原料。当时的王墩村不足百户人家，南三县移民就有15户，每七八户人家就有一户移民。南三县移民为当地农民带来了当时比较先进的农业种植技术，并对农具进行了一系列的改造，推进了当地棉花生产的发展。大赉公司建立后，公司总部设立在陈家仓，负责与当地的地主进行土地的划分调节，负责开垦荒地，调节移民的生产生活用地，代理棉花收购业务。大赉公司创办6年，开挖的一些泥沟和横沟，兴建的一些田间水利工程，有淋盐降渍作用，开发的公司田、条子田，为后来域内农业的发展创造了有利条件。但仍没有从根本上解决引排问题，旱涝灾害不断，棉花产量很低。

二、盐碱治理

清末民初,盐场实行移亭就卤的政策,其实就是因为亭场距离海洋越来越远,盐碱度降低,不利于烧盐,于是向东铺设新亭场。民国时期,大赉公司进行了大规模的盐碱治理,在荒凉的滩地上逐渐种上了棉花、小麦等农作物。

1954年大水,北凌河流域积水深0.3—1米,沿河腹地水深2米,积水40多天。1954年后,域内农田水利以治碱改土为重点,实行盐碱涝渍综合治理。1954—1968年,7次开挖疏浚栟茶运河和北凌河,初步建成两条骨干引排河道,解决排水出路问题。在开挖疏浚大中小型河道的基础上,域内加强田间工程建设,平田整地,合理开挖丰产沟和田间一套沟,修筑灌溉渠道,搞好配套建筑,建成完整的田间引排体系。

老坝港野鸭荡一带盐碱地治理难度最大。此地做过盐盘,下有50厘米混盐土,为逐层压实、不透气不泄漏的土壤。为改造高度盐渍化土壤,村党支部多次召开诸葛亮会议研究对策,决定搞一次平整大会战,制定十六字方针“破底护面,挖沟变迁,克土搬家,移废填塘”。

链接

破底护面:将盐盘底50厘米混盐土破坏扒出运走,用疏松土壤覆盖地面;挖沟变迁:深挖、大挖排水沟,一熟挖一线排水沟,逐熟变换位置,由于土质坚硬,社员们挖坏了95%的大锹;克土搬家:将长茅草的零星土和老坡塘表层土,挑回铺在整好的畈面上,取土近的要跑200—300米,远的要跑1500米;移废填塘:将挖沟和平整挖出来像石头一样坚硬的混盐土块,移送到废沟废塘底部。

1972年冬,搬迁去53户人家,每天出勤103人,由营部统一指挥,发扬蚂蚁啃骨头精神,起早摸黑,一锹一担地平整。经过2个月左右顽强奋战,终于用汗水铸成一块块垫上新土的良田,人们无不欢欣鼓舞。第一次平整大会战结束时,已临年关岁底,1973年春节即将到来。在那物质十分贫乏的年代,大年三十上午,党支部书记尤锦铭走访了53户人家,其中36户人家连一根猪毛都没有。他心急火燎地跑到公社党委诉说民情,党委立即作出措施,搞了两头猪宰杀了,斫成4斤一块,共36份猪肉,用自行车驮到野鸭荡,太阳快要落山的时候,尤锦铭和几个保卫班的人员,挨家挨户将猪肉送到社员们手中,每个社员都激动得热泪盈眶,说不出话来。猪肉发放完毕时,尤锦铭身后来了一大群人,个个脸上挂满了泪水,大多数妇女都哭出声来,更有许多不知事的小孩跟着妈妈大哭起来,尤锦铭带着哭声对大家说:“同志们,回去吧!你们吃苦了,党和政府不会忘记你们!”最后和大家挥泪而别。大年初一,尤锦铭吃过年午饭,又来到群众中间,挨家挨户祝拜新年快乐,社员们又一次受到莫大鼓舞,春节一过,大家又满腔热情地投入平整改造盐碱地的艰苦战斗中。经1973年连续奋战,垦区中心河以南1500亩土地改造完毕。1975年野鸭荡3000多亩土地全部改造成宜耕宜林的上好良田。此后,社员们开挖渠道,建设电灌车口54座,通过栽插水稻,加速了土壤改良。

1966年3月起,沿口公社开始实施农田水利规划,以一、二级河道为骨干,大沟定向,小沟定框。条田方整,结合沟渠建设。以田埂划块,每块田均为50米×50米的正方块,面积3.75亩,灌溉站设在栟茶运河或大沟边,干、支、农渠与大中小沟对应,相间布置,排灌分开,各立门户。沟、渠、路、林、宅全面规划,综合利用,合理布局田间排灌降渍水利工程体系。沿口公社成为省、县农田水利先进典型。20世纪60年代中期至70年代后期,老坝港、旧场、角斜根据沿口模式,全面开展农田水利基本建设,由水利部门统一规划。大规模地平田整地,除局部改造老河道外,利用挑河弃土回填死沟呆塘营造田地,原老坝港经过十几年农田水利建设,将1.54万亩草田全部改造成良田。至2017年,角斜镇有硬质渠459.59公里。

三、沿口公社农田水利规划

沿口位于海安县河东垦区。1983年年末,总面积27平方公里,耕地2.1万亩,人口2.14万人。根据地势低洼,河沟弯、浅、断、乱、死沟呆塘密布,江水引不进,积水排不出,旱、涝、渍、咸严重,自然灾害连年不断,农业生产低而不稳。20世纪60年代中期,经过周密的调查研究,广泛发动群众,因地制宜，制定一个综合治理的农田水利规划，采取改造和利用相结合，建立新水系，改造老河网，在以栟茶运河为骨干河道的基础上，以大沟定向，南北向垂直于栟茶运河开7条大沟，中沟定框，垂直于大沟开44条中沟，小沟定方，垂直于中沟南北向开198条小沟，条田方整，结合内三沟建设，以田埂划块，每块田块50米×50米=3.75亩。灌溉车口设在栟茶运河或大沟边，干、支、农渠与大、中、小沟对应相同布置，一灌一排，双向排灌，排灌分开，各立门户，有纲有目，泾渭分明，沟、渠、路、林、宅全面规划，综合利用，合理布局排、灌、降水利工程体系。同时结合兴修水利，以水利带头，实行全面规划，综合治理，开河筑渠与填平废沟塘，扩大耕地面积和灭螺相结合，与发展林业、实现农田林网化相结合，与发展渔业、交通、建设住宅新村相结合。全公社开河填塘灭螺2500亩，消灭血吸虫病，增加耕地面积1137亩，有计划地发展养鱼池206个，同时还规划建成横穿全公社中心东西向与南北向公路各1条，并建成通往各村舍的机耕路、沟、河、渠、路，大搞植树造林，灌、排、降、电缆、广播线等逐步向地下发展，规划建成规格化的居民新村，打卫生井1200眼，建沼气池3700多个，太阳灶100多个，实现家家吃井水，户户用沼气。1983年12月，沿口公社农田水利规划被评为江苏省水利科技成果一等奖。

至1983年7月，已基本实施，共完成土方1450万立方米，占规划的95%，平均每亩做土方652立方米，完成建筑物1958座，占规划的78%，建成旱涝保收高产稳产农田1.8万亩，占耕地面积的85%，规划实施以后能抗御一般的自然灾害，中华人民共和国成立以来最高水位不受洪水威胁，日雨200毫米不成涝，地下水位可控制在地面1.5米以下，土壤含盐量由0.4‰左右降到0.05‰以下。规划实施十多年来共使用经费15.1万元，其中国家投资4.5万元，占总经费的29.8%，其余70.2%，是靠自力更生搞起来的，平均每亩投资经费21.5元。

沿口公社农田水利规划实施后的1982年与实施前的1965年相比，粮食亩产由598斤增加到1226斤，增长105%，棉花亩产从72斤增加到167斤，增长132%，人均收入从55.73元增长到157元，增长182%。1977年到1983年连续6年，沿口公社粮、棉、油、猪、蚕等各项指标超历史，成为全县农业生产的先进单位，曾多次出席全省农业先进代表会议。

沿口公社的水利建设，先后多次被评为水利先进典型，受到省水利厅表彰，规划中提出的以大沟定向、中沟定框、小沟定方、条田方整，以田埂划田块，农田林网，排灌分开，各立门户，有纲有目，泾渭分明，以及综合治理、综合利用等原则，曾编入省水利厅出版的技术文件汇编《农田水利规划(第四分册)》中，规划文件中采用的水利水文计算方法，基本符合当地实际情况，工程规格和布局也是合理的，经过实践考验已达到省提出的八条标准，有广泛的推广意义和价值，海安县栟茶运河两岸13个乡，基本仿照此种模式进行农田水利规划和治理。县内外曾多次组织干部群众到沿口参观。

2017年角斜镇村级河道疏浚统计表

表5-1

序号	河道名称	所在村、组	设计标准			实测长度（公里）	淤积土方（立方米）
			底高程(米)	底宽(米)	坡比		
1	农庄河	五凌村	1	2	1:2.5	0.42	3127.90
2	天奎河	五凌村	1	2	1:2.5	0.68	6384.96
3	凌虎河	五凌村	1	2	1:2.5	0.38	2966.40
4	滩河五凌界河	五凌村	1	2	1:2	0.80	7707.15
5	天奎河	双龙村	1	2	1:2	1.00	10501.90
6	住宅河	双龙村	1	2	1:2.5	0.93	10169.75

续表 5-1

序号	河道名称	所在村、组	设计标准			实测长度（公里）	淤积土方（立方米）
			底高程(米)	底宽(米)	坡比		
7	九里河	双龙村	1.5	2	1:2.5	0.97	8790.80
8	排水河	角斜村 20、22 组	2	2	1:2	0.78	5344.20
9	排水河	角斜村 19、20 组	2	1	1:2	0.55	2832.50
10	九里河	角斜村	1	2	1:2.5	0.66	6542.90
11	排水河	角斜村 21、22 组	2	1	1:2	0.96	5049.94
12	虾港河	顾陶村	1	2	1:2.5	1.45	10961.06
13	中洋河	垦区	0	6	1:3	2.10	41214.94
14	凌港河	垦区	0	4	1:3	1.10	12352.98

第三节　农田灌溉

20 世纪初，域内各乡镇农田提水灌溉、抗旱、受涝时排除积水，全凭人力、畜力、风力(脚车、牛拉、风吹)。农田灌溉以水车为主，有脚踏水车、畜力水车和风车，简称“三车”。辛亥革命以后，域内开始有了机械设备戽水，从 20 世纪 30 年代开始，域内有内燃机动力机械。中华人民共和国成立后，随着机电排灌事业的发展，“三车”逐步被淘汰。1956 年开始发展农机灌溉事业，开始有了机器灌溉农田。1977 年后，电力灌溉事业逐渐在域内普及。1977—1978 年，角斜、沿口、老坝港、旧场大力发展电力灌溉站。80 年代后，农业机械迅速发展，“三车”基本绝迹。至此，农田灌溉得到了保障。农业生产水平相应提高。

20 世纪 90 年代始，随着电力事业的发展，域内机电排灌基本普及化，修建电灌泵站也称“电灌车口”。2017 年，角斜镇有 143 座电灌车口，其中规模以上的 22 座，规模以下的 121 座。

一、三级河泵站(规模以上)

域内有三级河泵站 22 座，设计流量 15.57 立方米每小时，装机动力 1451 千瓦，设计灌溉面积 24401.89 亩。

二、四级河泵站(规模以下)

域内有四级河泵站 121 座，设计流量 23.65 立方米每小时，装机动力 2405 千瓦，设计灌溉面积 34607.74 亩。

第四节　海涂围垦

角斜镇紧靠黄海之滨，滩涂围垦始于民国五年(1916)，张謇创办大赉盐垦公司，办事处设在角斜，公司分为南、中、北，附及元、亨、利、贞 8 区，共计 21 万亩，投资 163 万元，该公司南区即为今天的李堡光明村、角斜镇来南村。中华人民共和国成立后，进行 4 次围垦，总面积为 5.66 万亩。

一、围垦建海安盐场

1958 年冬至 1959 年春，海安县实施中华人民共和国成立以后第一次滩涂围垦工程。1958

年冬,县成立盐场铺滩工程指挥部,由唐鼐、林建平、王文珏等任正副指挥,工程先后经历2个冬春,先由原旧场乡组织民工825人,试筑倒口子至北凌闸北线海堤,经过试工围垦效果很好。县委县政府决定1959年春全面开工,全县出动民工1.9万人,牵涉30多个公社,各公社建立滩涂围垦民工团。工地上人山人海,红旗招展,号子连天,民工们采取肩挑、独轮车推等方式战斗在围垦滩涂第一线,筑海堤、挖沟渠、平整土地。围垦工期从2月开始至5月底结束,前后历时4个月。省投资40万元,新建纳潮闸1座。其时,正处"三年国民经济困难时期",民工生活待遇低,工效不高,工程延期。至1960年春,由李堡区所属李堡、丁所、曹园3乡组织民工参加施工,工程才结束。完成土方188.5万立方米,其中筑海堤土方11.2万立方米,滩内配套土方76.5万立方米,围垦面积1.3万亩,建纳潮闸1座。新海堤西从范公堤倒口子起,经老坝港(川港村)至如东县陆上界址,东南角海堤北纬32°34′47″,东经120°52′26″,全长8.89公里,堤顶宽5米,高7米。民工每方土补助0.2元,省投资40万元(包括配套工程经费)。不久,海安县又出动民工1.5万人开挖盐场,海安盐场指挥部设在磨担头北至人坝头之间范公堤脚下,开挖成长50米、宽50米和长100米、宽100米不等的方格形晒盐场。方格与方格中间有跑道,每格安装风车1座。将海水从吴家港涵闸引进内河,风车再将海水送到方格晒盐场。1965年11月,纳潮闸以东海堤6.63公里,土地7000亩,划归如东县开发管理,北段新港闸以北1.6公里划给东台县管理。海安域内即纳潮闸至新港闸交界海堤仅0.95公里(土地6454亩,由海安县旧场公社、海洋渔业公社管理)。1974年,县域内海堤提高标准,堤顶高程8.5米,堤顶加宽10米,内坡1:3,外坡1:15,完成土方10.4万立方米,国家补助经费4.6万元。1984年后,此海堤为二线海堤,堤坡均已绿化成林。

1959年6月24日,盐场围成后,海安县人民委员会以1959年海人字第3397号文批准,将海堤围垦指挥部撤销,建立地方国营海安盐场。后来因为海安县河东地区排咸洗碱,发展农业生产,特别是里下河的排水需要,于1962年冬开挖北凌河。北凌河穿破盐场,在盐场海堤上新建北凌闸一座。自此盐场报废,退盐还农,改种棉花。

二、北凌垦区海堤围垦

(一)围堤造闸

1959年4月8日,为解决海安县排水入海及海洋捕捞养殖问题,省人民政府将如东县旧场公社划归海安县管辖,海安始有海岸滩涂及6公里海堤。为新建北凌新闸,1979年11月20日—1980年1月8日,海安县投入5.82万个劳动力,在如东县栟北垦区海堤以东1.6公里、地面高程3.0米滩面处,利用北凌新闸引河出土堆筑海堤4.26公里,围垦土地1003亩。新闸建成后拆除下游海堤0.71公里,堤顶高程9.0米,堤顶宽15米,内坡1:3,外坡6.0米处设平台,宽20米,6.0米向上至9.0米坡比为1:7,以下为1:3,用干砌块石护坡,护坡段长3.61公里(包括元头坝),计筑堤土方162.4万立方米。同时,从老北凌闸上游800米处,与老河道缓接经如东栟北垦区,开挖一条9.54公里引河至北凌新闸,共计完成土方497.7万立方米,实做工日313万个,投资180.34万元,国家补助经费83.9万元。1981年冬至1982年春,对14号台风冲垮的海堤进行修复,填挖土方17.42万立方米,护坡块石2693立方米,国家补助经费17.8万元。该工程与北凌河东段新挖段同时施工,指挥陈文昌,副指挥樊传仁、冷开晋、贲进、朱振业、徐昌余、李玉海、王震、陈德培、王则银、王武才、韩永琪。民工5.82万余人。至2017年,有海堤3.55公里。

(二)北凌垦区围垦

1984年10月8日,江苏省水利厅、滩涂局召集盐城、南通两市和东台、海安有关负责人召开会议,签订《关于海安县在老北凌闸和新港闸下游滩涂围垦有关问题的协议》。是年冬,海安县委、县政府建立围垦工程指挥部,县委副书记卢玉林任指挥,副县长吴庆云、水利局柯文、朱振业任副指挥。水利局任志林及相关人员参与指挥部工程业务指导。11月27日—12月24日,海安县33个乡镇3.51万人参加围垦工程。北凌垦区围垦南自如东县栟北垦区西北角海堤转弯处,北至东台鱼舍垦区退建堤东首200米处,与老海堤弧形相接,圆弧半径220米,新建海堤2.78公里,老海堤修复1.57公里。同时,沿新老海堤内侧开挖一条海堤河,与海堤同长。总动土方176.46万立方米,其中海堤土方126.21万立方米,中心河土方50.25万立方米。施工过程中,抽调114台抽水机及49台喷灌机负责戽水。经过20多天的艰苦奋斗,完成海堤、岸河、中心河等工程,总土方176.46万立方米,围筑海堤4349.8米,围垦面积13.5平方公里。国家投资150万元,县财政投资50万元,群众集资400万元。投入总经费619万元。同年12月24日,经省、市、县联合验收,质量符合要求。垦区内主要工程建筑物有:1988年,建排咸涵洞1座;开挖中心河1条,口宽40米,长3.76公里,岸河5.8公里;桥梁4座,桥宽4米。围垦后,海安县增加3.9公里的海堤防汛任务。北凌垦区围成后,根据"因地制宜、宜农则农、宜林则林、宜养则养、综合开发、综合利用"的原则,积极开发利用,取得显著的经济效益、社会效益和生态效益。据统计,1996年北凌垦区种植业养殖业销货总额4亿余元,居全省滩涂亩均产值之冠。2000年,北凌垦区划归海安县老坝港经济开发区范围。

(三)方凌垦区围垦

1997年7月12日,江苏省人民政府同意南通、盐城市人民政府联合勘察行政区域协议书。12月1日,江苏省农业资源开发局〔1997〕8号《关于北凌垦区外侧滩涂围垦请示的函复》,同意围垦开发3+873至北凌新闸之间的滩涂。

2009年,为开发海安滩涂经济,经省政府同意,县委、县政府决定投资3亿元,实施第4次围垦(省滩涂局"十一五"规划沿海滩涂围垦海安段定名为方凌垦区,南侧如东段为凌洋垦区,北侧东台段为川东垦区、方南垦区)。为办理海域使用审批手续,海安围垦指挥部会同市海洋渔业局16次到南通市有关部门,8次去南京师范大学地理地质学院和省有关部门汇报工作、办理相关手续、确定海域使用论证报告。新海堤走向沿"安台线"海域界线向东北方向6.5公里处,弧形拐弯折向东到海安北凌新闸下游约2公里处,折向西南方向与北凌新闸北侧海堤相接。新海堤全长13.3公里(其中利用东台海堤3公里),框围面积3.74万亩,约24.9平方公里(其中海安县2.97万亩,如东县0.77万亩),起围最低高程2.3米。整个围垦区利用3条隔堤分为4个区域设4个龙口,隔堤全长11.13公里。兴建三十二总涵洞和新垦闸。

2009年12月26日—2010年2月7日,筑堤工程按设计要求基本完成。2010年,完成内外护坡工程及路道修筑。

海堤标准:按50年一遇高潮位加10级风浪爬高加安全超高,堤防工程等级定为2级,挡浪墙顶高程9.5米(高程系统为废黄河基准),堤顶高程为9.0米(主堤K0+000—K3+400段高程为8.0米),堤顶宽12.0米。工程地处地震基本烈度Ⅶ度,区域地质结构稳定。

结构形式:堤顶高程9.0米,堤顶宽度12米,堤防内、外坡均为1:3,外坡在6.0米高程处设消浪平台,消浪平台宽5米,平台采用C25素砼结构,外坡高程6.0米以下采用C25灌砌块石防护,高程6.0米以上及内坡采用壤土护坡,围堤每100米设一处分仓隔堤,由3米宽袋装土逐层充填加至堤顶;隔堤利用袋装充填土,堤顶高程6.0米,内外坡比1:2.5;堤顶道路15厘米厚泥灰结碎石配沙砾磨耗层。

施工规模:方凌垦区围垦使用水力冲挖机施工。电力线路架设中标单位江苏新源送变电工程有限公司(通州),架设临时高压线路24公里,先后安装100—315千伏安变压器56台。土方施工使用水力冲挖机132台套,分A、B、C3个标段,分别由南通苏东建筑安装工程有限公司(A标)、江苏淮阴水利建设工程有限公司(B标)、江苏盐城水利建设有限公司(C标)各中标段成立项目部。筑堤期间投入劳动力1200—1500人,南通江海测绘院测绘,南通水利勘测设计研究院负责地质勘探及设计。

滩涂围垦工程建设指挥部由县委书记章树山总挂帅,县长单晓鸣任总指挥,朱春、王晓斌、王锡林、彭为杰、蔡祝平为副总指挥,副县长彭为杰任指挥,指挥部下设办公室,王怀任办公室主任,王希成、周月琴、张杰、余端进、刘成亮、朱芝林、吕万明等为办公室副主任,水利局王宝寿、陈怀俊等参与工程质量与安全管理,办公室设在北凌新闸办公楼内。

围垦理赔：因工程建设需要，如东、东台两邻县市及海安县的滩涂养殖户养殖设施及棚舍等须拆除或搬迁，经双方多次协商，海安给东台市 245.16 万元；给如东县 660 万元。县内滩涂养殖户 18 户、78 间房屋及养殖滩面损失，共补偿 101.68 万元。

三、滩涂利用

据史料记载，汉高祖十二年（公元前 195 年）吴王濞"东煮海水为盐"。又载明洪武二年（1369）西场一带原是一片盐场，曾设西场司（栟茶镇为东场）。明初，官府从苏、松、杭、嘉、湖地区强迁居民 4000 余户至江淮充当灶丁。明洪武（1368—1398）年间，官府实行"按引给荡"政策，即每引盐（1 引为 100 公斤）配给草荡若干亩。清雍正二年（1724），角斜为十大盐场之一，名为费家滩场。沿海群众从事海洋捕捞甚多。滩涂开发始于民国五年（1916）。清末状元，近代实业家张謇创办大赉盐垦公司，公司垦田分布于现东台市富安、新街和海安角斜、李堡一带，公司驻地新街，办事处设在角斜，分为南、中、北附及元、弯、补、贞 8 区，共计 21 万亩。农户 3502 户，1.82 万余人，有启东、海门迁移过来的棉农，有当地的盐民转为棉农。分配方式。一般哦公司与棉农四六分成，投资总额 163 万元。该公司南区为李堡镇光明村、角斜镇来南村；北区为黄海滩涂，即东台市原新街乡、新东乡。初创时，均先收购草场，兴办垦务工程，进行条田水利建设（每条田 25 亩）。堤、河、路、闸、桥等按规划统一施工。大赉公司在临海东侧兴筑挡潮海堤，并在公司所在地南、北、西三面构筑防洪圩堤，在域内分别开挖区河、框河、排河和大小沟河衔接配套，排涝降渍，淋盐爽碱。大赉公司在域内挖中小河道 85 公里，筑圩堤 30.7 公里，修路 120 公里，建闸 6 座，砌涵洞 8 座，造桥 42 座。民国七—八年（1918—1919），大赉公司因资金短缺，出售南区熟田 1.36 万亩，民国二十二年（1933）又出售 7.29 万亩。上海、南通、扬州、如皋等地资本家购地后，各自建立小规模垦殖单位。民国三十五年（1946）解放区进行土地改革，盐垦公司的土地统一分给农民，至此盐垦公司结束。

1960 年，地方国营海安盐场建成生产，从 1960 年夏至 1962 年秋先后生产两年时间。后因海安县河东地区排咸洗碱，发展农业生产需要，于 1962 年冬开挖北凌河，该河穿过盐场。1963 年秋在盐场海堤建成北凌闸，致使盐场报废，改种粮棉。如东县德贵公社姜埭大队，向南通专署报告，要求划分北凌河以南通海桥以东报废盐场。1965 年 11 月 10 日，南通专署副书记唐真寿召集如东、海安两县负责人，以及旧场、德贵公社负责人协商签署《关于原海安盐场报废后划给海安、如东使用的协议书》，南从四十总向北至纳潮闸连线为界，界线以东 7000 亩左右土地划给如东县，以西 6454 亩土地仍属海安县，由海洋渔业公社 5 个大队和旧场公社通海大队以及 1970 年迁入的国营海安蚕种场共同开发治理。经过多年的艰苦奋斗，淋盐洗碱，蚕种场成为县蚕种生产基地。从 1974 年起，承担省下达的制种任务，每年 20 万张，1987 年、1990 年、1992 年分别生产蚕种 15.36 万张、18.74 万张、83.24 万张（含下属 9 个原种场扩繁点）。原来盐碱地已改造成良田，村镇工农渔业生产得到很大发展。至 20 世纪 90 年代沿北凌河两侧海堤、青坎、外滩已绿化成林，御潮、挡风，堤身安然无恙。80 年代后，老坝港沿海滩涂开发经过 4 个阶段：

起步阶段（1984 年年底至 1989 年）。为尽快开发垦区，1985 年 9 月，在北凌垦区内设立海安县滩涂开发利用办公室。1986 年 1 月，滩涂开发领导小组成立。县委副书记卢玉林任组长，县政府制定一系列优惠政策，动员各方面力量，积极支持和参加滩涂开发。1986 年，全县第一个养鳗场建立，占地面积 50 亩，固定资产投资 132 万元。1987 年，海安县滩涂开发公司建立。这一阶段属于基础设施投入阶段，先后兴建四桥八涵，开挖、疏浚中心河、北框河、界河，修筑中心路、川港路、友谊路；架设高低压线路。老坝港农电站中心养殖场、中洋集团（水产公司）养鳗场、水利养鳗场、老坝港养鳗场四家率先进入垦区。是年，县滩涂办等单位在垦区办起 4 家养鳗场。1988 年产值

230万元,利润40万元。1989年垦区开始耕种农作物,当年种植田菁5000亩,黄豆2000亩,湖桑800亩。

全面开发阶段(1990—1993年)。1990年进入全面开发阶段,县政府采取“集体承包,规模经营、公开招标”的政策,确定垦区划片由老坝港乡、旧场乡、角斜镇、沿口乡、李堡镇、蚕种场、县滩涂开发公司、县水产公司、县种畜场9个乡镇场、公司承包经营。以发展种植业为主,重点完善田间工程、沟系配套,平整土地,绿化树木,因地制宜耕作,种植的品种以绿肥(田菁、蚕豆等)、粮食、棉花、黄豆为主,同时发展淡水养殖、栽桑养蚕等,初步形成农林牧副渔全面发展的格局。1991年年初,北凌垦区被列入江苏省黄淮海二期农业综合开发项目区,垦区开发速度加快。1985—1991年,国家、省、市先后投资411万元,县财政配套经费525万元,群众集资500余万元,进行垦区水、电、路、桥等基础设施建设。以中心河为骨干,每1000米挖一条三级河;垂直于三级河,每500米开挖一条四级河,每100米开挖一条丰产沟,共计开挖三级河9条,长16.9公里,四级河6条,长7.2公里,丰产沟200多条,长40公里,修筑灌溉渠6条,长4.6公里;兴建机耕桥5座,电灌泵站8座,新增变压器8台,修筑大小涵洞650座,深水井8眼,筑砂石路面公路2条,长6.59公里,架设10千伏输电线8.5公里,累计完成土方250多万立方米。同时注意水土保持,人工栽植草皮19万平方米,削平盐墩542个,平整土地5000多亩。1992年,北凌垦区首次试种水稻2000亩获得成功,水稻高产田块单产400公斤,黄豆单产75公斤。垦区养殖业是主体,也是开发的重点所在。至是年年底,垦区养殖业初具规模,建畜禽舍4138平方米,开发精养鱼池1500多亩,年上市肥猪3313头,饲养蛋鸡5000羽,肉鸡1万羽,年上市成鱼167吨,创产值380万元。此外,北凌垦区还重点发展鳗鱼、甲鱼等特种水产品的养殖。养鳗温室已从原来的1.8万平方米,发展到8万多平方米,年出售鳗鱼苗黑仔200多万尾,存池成鳗80多吨,并收购550多万尾白仔鳗种。当年垦区鳗鱼产值2000多万元。县水产公司开发区建设60亩养鳖池。在垦区综合开发的基础上,延伸开发堤外滩涂资源,围绕“水上海安”建设目标,积极发展海洋捕捞和近海养殖业。蒋家沙和东沙在中华人民共和国成立前是近海捕捞作业的基地,渔民以养殖和捕捞文蛤、竹蛏等为生。

1991年,滩涂修筑渠道5.2公里,新建泵站6座,安装水泵15台,种植水稻千余亩。冬春对中心河、中心支河、北框河实施疏浚和捞浅,完成土方30万立方米。为防止水土流失,植草皮19万平方米。为加快开发利用,除原有开发单位外,将可耕土地分别由李堡、角斜、沿口、老坝港、旧场5乡镇及县种畜场、蚕种场、中洋水产公司、滩涂办等单位以种植为主,种养结合,组织专业队伍实施开发利用,承包经营。1992年1月,县政府出台《海安县北凌垦区集镇规划管理和建设用地管理规定》,对垦区规划、用地审批程序、用地标准、监督及处罚作出明确规定,加强农田基本建设。1992年,开挖、疏浚河道,完成土方17.6万立方米,平整土地2400亩,新建车口3座,修筑机耕路18公里,架设高低压线路4.36公里,深水井14眼。种养殖业初具规模。种植面积7000余亩,粮、棉、油、蚕均接近内地种养水平。

开发重组,结构调整阶段(1994—2009年)。因管理不便等原因,李堡乡承包的3200亩土地及鱼塘,经双方协商,从1994年10月起,全部转让给神州实业公司承包开发经营。1995年6月,县种畜场将承包的400亩土地及相关设施转让给海安县水产技术推广站承包经营。1995年10月5日,海政〔1995〕92号文《关于同意变更沿口等乡镇北凌垦区土地经营承包权的批复》,县农业资源开发局收回沿口乡承包开发的793亩、角斜镇开发经营的1112亩土地经营权,转让给中洋集团股份有限公司承包经营。

北凌垦区经过近10年的努力,垦区内基础设施逐步完善,一改刚围垦时的荒滩旧貌,开发利用的经济效益和社会效益日益明显。粮棉生产逐年增长,1994年种植面积4000亩,产粮267吨,棉花508吨,油料199吨,土壤含盐量从7‰降至2.5‰,全年水产养殖产值超亿元。

1998年6月2日,县长办公会决定将神州公司友谊路西侧、中心支河北侧的土地1700亩承包经营权明确转让给老坝港三港特种水产养殖良种场，转让期 20 年。6 月 29 日，县政府下发《关于加强海安县沿海滩涂管理的通知》，明确滩涂管理权限，明确规范开发利用滩涂资源项目的立项原则及报批程序；合理征收滩涂有偿使用费等，并发放滩涂使用许可证。7 月 3 日，海安县人民政府与如东县人民政府联合勘定行政区域界线。

2000 年，垦区内有 6 个建制村，人口 6100 人，承包土地 1.4 万亩，经营种植、畜禽饲养、水产养殖、农副产品加工、海水养殖场 19 家，冷冻厂 4 家，紫菜加工厂 3 家，蚕种场 1 家。总产值近 2 亿元，创利税 1000 多万元。

2001 年，全垦区 28 个单位和个体参与开发，1013 户落户垦区，开发面积 1.67 万亩，农副产品种植面积 5029 亩，产值 178.5 万元，养殖业突飞猛进，形成五大养殖基地：鳗鱼养殖基地、河蟹养殖基地、甲鱼养殖基地、河豚养殖基地、淡水鱼养殖基地。鳗鱼、河豚、美洲蛙、螃蟹、甲鱼等水产及鸡、鸭、猪、羊等年产值 5505 万元。新上紫菜加工机械 6 台套，年可加工紫菜 2000 吨。

2002 年 1 月，中洋水产公司科研成果“家化暗纹东方豚控毒及健康技术”通过国家鉴定，达国际先进水平。

2003 年，依法管理滩涂，收回被随意侵占的河道、土地、界沟预留地；制止将土地擅自转让、发包、抵偿的行为；调处渔业污染事故等纠纷；3 月 28 日“安台线”勘界和海域勘界工作全面启动。省水利厅扬州测绘队到海安进行海洋测绘测量。

2004 年，县人民政府出台海政发〔2003〕95 号文《进一步加强国有场圃、滩涂垦区土地管理工作的意见》，依法对垦区实施管理。绿化意杨 5 万余株，育苗 4 万株。林地面积 2822 亩。其中防护林 1668 亩，经济林 1154 亩。

2005 年，组织新栽绿化面积 462 亩，补栽绿化面积 300 亩，整治垦区干道。

2005—2007 年，省级滩涂开发基础配套设施项目总投资 112.76 万元，开发面积 2500 亩，主要建设内容：垦区内机耕桥、机耕路、硬质渠道、涵闸、农田防护林等。

2006 年 2—3 月，实施春季绿化工程，完成绿化面积 743 亩，5—6 月开展北凌垦区资源开发利用情况调查，对垦区内各开发单位的基本情况、管理体制、土地开发利用现状、开发投入情况、土地转包、土地抵押抵偿及滩涂使用许可证发证等情况进行全面调查，建立台账。

2008 年，龙洋水产公司实施滩涂开发基础设施配套项目后，项目区内土壤含盐量下降，有机质提高，养殖水质及生态环境明显改善，公司成为温室养殖与露天养殖配套使用、布局科学合理、生产流程流畅、抗御自然灾害能力强、生态环境良好、经济效益显著的特种水产养殖场。一个标准较高、配套完善的观光农业园区和滩涂开发示范区初步形成。龙洋公司培育的河豚苗种供滩涂垦区近 2000 亩池塘放养，生产的彩虹鲷鱼苗带动沿海及内地 300 多户小规模养鱼场的渔（农）民致富增收。

临港项目区建设阶段（2010—2017 年）。2008 年立项，2009 年批准实施。项目区分堤内、堤外两部分，堤内为成熟土地，堤外为围垦滩涂。占地 35 平方公里的国家 AAAAA 级旅游度假区规划通过省级专家评审。拟建成集滨海湿地、温泉养生、海洋游乐、主题公园、商务酒店、休闲观光、户外运动、生态宜居于一体的度假区。垦区中心河将项目区分南北两部分，河北片侧以现代观光旅游业为主，其中也安排有机花卉、百草园、有机农业基地、彩虹花等农业项目，河南片侧重点发展现代产业化观光农业。第四次围垦后，县委、县政府组建老坝港滨海新区（角斜镇），制定开发规划、实施开发利用，并注意生态环境保护。2011 年，开始对第二次和第三次围垦海域进行海域总体利用规划设计并获省政府批准。至 2017 年，角斜镇拥有滩涂面积 33 平方公里。

第五节　水利设施

一、闸

（一）北凌老闸

建于1963年8月，位于北凌河和垦区中心河交界处，单孔净宽4米，共6孔，总净宽为24米，该闸主要负责北凌河以北地区（含东台部分面积）149平方公里排涝任务，设计流量108立方米每秒。该闸于1979年淤废，2016年拆除。

（二）北凌新闸

建于1980年11月，设计标准为十年一遇4级建筑物，闸孔净宽32米，中孔为通船孔，净宽为10米，边孔为排涝孔，净宽为8米，两边各有一个净宽3米的抽排自排孔。闸底板高程2.0米，岸墙顶高程8.5米，排涝面积为322.9平方公里，日平均最大排洪量147立方米每秒，是海安及周边地区排泄洪水的唯一通道。角斜、旧场各派1000名民工参与工程施工，历时1年竣工，为老坝港海洋捕捞和滩涂养殖经济发展发挥了巨大的作用。

（三）新垦闸

位于垦区面临黄海的新海堤中段，与2009年的围堤工程一起设计施工，单孔是垦区排咸挡潮的主要排泄设施工程。

（四）滩河闸

北凌河南岸水利控制闸，主要控制北凌河咸水南侵和北凌河排咸时江海河、滩河南部来水顶托。滩河闸，为栟茶运河和北凌河之间的一座节制闸，位于角斜镇东北的滩河上，1965年4月13日开工，同年6月29日竣工，由南通地区水利局设计，南通地区农田水利工程队施工，共使用技工1125个工日，普工1140个工日，完成土方4.06多万立方米，混凝土213.4立方米。工程造价近8.18万元。闸门宽5米，底板高程-1.0米，岸墙顶高程4.5米，通航高程6.0米。闸门为木制叠梁门手摇绳股启闭机启闭，2017年废弃。

（五）江海河闸

位于北凌河南岸江海河口，系一节制闸，净宽7米，闸底板高程-1.0米，通航高程7.0米，于1974年12月开工，1975年4月底竣工，工程总投资9.49万元。主要作用为排涝排碱。现已拆除，重建桥梁。

（六）龙港河闸

位于北凌河与北凌支河交界处，建于2012年，其主要是为新垦区专门设计建造的排涝、引水的设施。泵站装机流量5立方米每秒，采用2台双向贯流泵，单泵流量2.5立方米每秒，节制闸为单孔12米，设计排涝流量98立方米每秒，设计引水流量50立方米每秒，采用升卧式钢闸门。该工程为三等工程，主要建筑物级别为3级，临时建筑物为5级，由南通水利勘测设计院设计，总造价为1053.3万元，2014年年底完工。

角斜镇闸、涵情况表

表5-2

序号	工程名称	水闸位置	建成时间	所属河流	设计流量（立方米每秒）	水闸类型	建筑级别	闸孔数量	闸孔孔径（米）
1	济源河闸	汤灶村24组	1977.11	沿港河	14.4	节制闸	5级	1	3.6
2	马路河闸	汤灶村18组	1981.1	北凌河	14.4	节制闸	5级	1	3.6
3	角斜红星河闸	汤灶村7组	1978.2	红星河	14.4	节制闸	5级	1	3.6
4	北凌新闸	垦区	1980.11	北凌河	476	挡潮闸	3级	5	32

续表 5-2

序号	工程名称	水闸位置	建成时间	所属河流	设计流量（立方米每秒）	水闸类型	建筑级别	闸孔数量	闸孔孔径(米)
5	北凌闸	镇海村 1 组	1963.6	北凌支河	108	节制闸	3 级	6	24
6	三十二总涵	垦区	1975.3	龙港河	15	节制闸	5 级	1	2.5
7	新垦区排水涵	垦区	2010.4	龙港河	30	排水闸	4 级	2	5
8	三十二总排水涵	垦区	2010.4	龙港河	45	排水闸	4 级	2	10
9	红阳河闸	新坝范堑交界	2015	栟茶河	12	节制闸	5 级	1	4
10	李沿河闸	范堑村	2015	栟茶河	12	节制闸	5 级	1	4
11	东升河闸	范堑沿口交界	2015	栟茶河	12	节制闸	5 级	1	4
12	居湾中心河闸	沿口村	2012	栟茶河	12	节制闸	5 级	1	4
13	胜利河闸	沿口村	2012	栟茶河	12	节制闸	5 级	1	4
14	联合河闸	沿口老庄交界	2012	栟茶河	12	节制闸	5 级	1	4
15	东滩河闸	滩河村	2015	栟茶河	12	节制闸	5 级	1	4
16	中滩河闸	滩河村	2015	栟茶河	12	节制闸	5 级	1	4
17	西滩河闸	滩河村	2015	栟茶河	12	节制闸	5 级	1	4

二、涵

三十二总涵 建于 1975 年 3 月，闸孔孔径 2.5 米。

三十二总排水涵 建于 2010 年 4 月，双闸孔，闸孔孔径 10 米，为新围垦的 3 万亩滩涂排水排碱。

新垦区排水涵 建成于 2010 年 4 月，双闸孔，闸孔孔径 5 米。

三、海堤

（一）范公堤老坝港段

老坝港域内，有一道东西蜿蜒的捍海大堤——范公堤。东至四十总磨担头，西至角斜码头，全长约 5 公里。古称老海堤为“皇岸”。唐大历年间（766—779），淮南西道黜陟使李承实为抵御海潮入侵，修筑了 1 条海堤，时称“捍海堰”。北宋开宝年间（968—976）泰州知事王文佑曾增修。其后，因堤身低矮狭窄，海潮长期冲刷，时常溃决，渐而丧失了抵御海潮的作用。每逢初一月半及七月潮汛，海水泛滥，淹没田户，棚灶被毁，百姓只好筑墩居住。宋天圣元年（1023），范仲淹途经东台监西溪盐仓时，目睹旧堰久废不治，田亩荒芜，民不聊生，便具折给时任江淮制置发运副使的早年同窗张伦，奏筑海堤，以挡海潮侵袭丧至百姓。张伦一面向朝廷禀报，一面举荐范仲淹为治海筑堤统领。

天圣二年（1024），宋仁宗擢升范仲淹为兴化县令，并委派范主持筑堰。鉴于旧堤大多溃塌，已无痕无迹，加之海岸线又在年年变迁，欲筑此堤乃重新勘址。面对茫茫大海，海岸线无法确定，加之宋代勘测尚未发达。于是范仲淹亲临海滩观察，与民促膝相谈，在当地渔民的点拨之下，组织沿海百姓在大汛期间将砻糠（稻壳粗糠）遍撒海滩，砻糠随海潮漂泊涌向海边。潮水退落，沙滩上留下砻糠的痕迹便是堤根。而后集合百姓，沿着海岸线栽上脚把（把稻草或茅草栽在泥土中）或做上明显的记号，新堤址就这样确定。

由于修筑捍海堰工程浩大，风潮灾害频繁，

加之进入五月至九月又为汛期，一般筑堤只能在秋末冬天进行，一些民工畏难动摇，导致“兵夫惊散”。因此，范仲淹在《宋故卫尉少卿分司西京胡公神道碑铭》中记述“风雪大至，潮汹惊人，而兵夫散走，旋泞而死者百余人”。而范仲淹则顶风冒雨，临阵督察。有史料称，范仲淹与同科进士滕子京“同护海堰之役”，与民众同甘苦共患难。筑堤中，范仲淹还捐出自己的官俸弥补经费不足，在他的感召下，民夫复出，情绪高涨，工程进展也很迅速。海滩上，人们冒着严寒，挖土挑泥，打夯号声震天，场面壮观。

堤成之后，“滨海潟卤皆成良田”。据《江苏两千年洪涝旱潮灾害年表》载，在堤成百年之内，近海沿范公堤内受海潮倒灌之少矣。

范公堤的筑成是域内大规模围海造田的开始，也是角斜地区成为“鱼米之乡”的开始，其“束内水不致伤盐，隔外潮不致伤稼”，民众笑谈“君劝莫离飞家滩，难舍鲙鱼加米饭”，农事、盐课两得利。

20世纪50年代，范公堤堤下是牛车走的路，灰土飞扬。70年代，依托海堤修筑了海防公路，海堤又成为沿海地区的交通要道。

角斜是“堤”过千年，但仍分堤南堤北。堤南人管上堤北叫“去灶的”；堤北人去堤南管叫“上捍堰南”。这“捍堰”就是“捍海堰”的简称，也即海边蜿蜒起伏的大堤——传承千年的范公堤。

（二）北凌闸老海堤

北凌闸老海堤位于老坝港乡，呈东南西北走向，东南接如东县的纳潮闸，西北接东台市新港闸，长0.95公里。1959年，旧场公社从如东县划归海安县后，全县始有海岸线，西起北合坝（旧场农科村即旧场三大队六、七组交界处），东止如东县三十六总吴家港，长6公里多。1959年，在旧场公社滩面上筑堤围海，由范公堤外老坝港东边起，至三十六总吴家港西边止，新筑海堤8.89公里。海堤顶宽5米，堤顶高程7.0米，共完成土方11.2万立方米，国家补助经费40万元。1960年春，全县投入民工2万人，突击3个月，提高海堤标准，修筑堤顶宽6米，堤顶高程8.0米，完成土方12万立方米，国家补助经费6.5万元。1962年7月2—24日，旧场公社动员民工480人，对吴家港向前北800米段海堤，以及纳潮闸至吴家港段海堤进行加固，堤顶高程8.2米，堤宽10米，内坡1:3，外坡1:10，表坎高程4.6米。实做工日6250个，完成土方6948立方米，种植草皮6031平方米，支出经费5500元。1965年11月，纳潮闸以东海堤划归如东县开发管理，海安域内海堤仅有0.95公里。1974年，县域内海堤提高标准，堤顶高程达到8.5米，堤顶宽10米，内坡1:3，外坡1:15，完成土方10.4万立方米，国家补助经费4.16万

图5-1 1984年冬，北凌闸下游滩涂围垦现场（县水利局提供）

图 5-2　海洋滩涂围垦工程(县水利局提供　摄于 2009 年)

元。1984 年后,此海堤为二线海堤,堤坡均已绿化成林。

(三)北凌新闸海堤

1979 年 11 月 20 日—1980 年 1 月 8 日,利用北凌新闸引河出土堆筑海堤 4.26 公里,新闸建成后拆了下游海堤 0.93 公里多,有海堤 3.55 公里,堤顶高程 9.0 米,堤顶宽 15 米,内坡 1:3,外坡 6.0 米外设 20 米平台,6.0 米至 9.0 米堤坡 1:7,6.0 米以下堤坡 1:3,用于砌块石护坡,护坡长 3.61 公里(包括源头部分堤坡),计筑堤土方 162.4 万立方米,国家补助经费 83.9 万元。1981 年冬至 1982 年春,对 14 号强台风冲垮的海堤进行修复,共填挖土方 17.42 万立方米,护坡块石 2693 立方米,国家补助经费 17.8 万元。

(四)北凌新垦区海堤

1984 年 11 月 27 日—12 月 24 日,北凌闸下游滩涂围垦,兴建海堤,南自如东县栟北垦区西北角,北至东台鱼舍垦区退建堤东首 200 米处,与老海堤弧形相接,圆弧半径 220 米,海堤防全长 4349.8 米,新建海堤 2784 米,老海堤修复 1565.8 米。海堤堤顶高程 9 米,顶宽 8 米,内坡 1:3,外坡 1:10。同时,沿新老海堤内侧开挖一条海堤河,与海堤同长,总土方 120.36 万立方米,防台风面积 13 平方公里。

(五)海洋滩涂围垦海堤

2009 年,海洋滩涂围垦海堤开工建设,海堤全长 13.3 公里,围垦面积 3.74 万亩,顶高程为 9 米,顶宽为 12 米,外侧为块石护坡。

第六节　防汛防旱

一、组织指挥体系

20 世纪 50 年代后,县政府设防汛防旱机构。1983 年,域内各乡、镇、场建立防汛防旱分指挥部。2011 年后,滨海新区成立以区镇党委书记挂帅、镇长任指挥、分管农业副镇长和人武部部长为常务指挥,水利、人武、交通、电力、农业、农机、通信、民政、财政、卫生、教育、公安等单位负责人为成员的防汛防旱指挥部,制定防汛指挥方案,从组织上、思想上、物质上做好防汛抗灾工作,确立“安全第一,预防为主,防重于抢,有备无患”

的防汛工作指导思想。

域内水利站主要负责防汛防旱重点工程、物资储备；人武部主要负责防洪抢险队伍的落实；交通部门主要负责防汛人员、物资调运；农业部门主要负责汛情险情期间农作物的受灾调查；农机部门主要负责备用泵的落实，柴油的储备，汛期旱期农机调配；通信部门主要负责保障通信联络畅通；民政部门主要负责灾后灾民扶持；财政部门主要负责防汛防旱的后勤保障；卫生部门主要负责灾后的伤员救护；教育部门主要负责灾情发生期间在校学生的转移安置工作；供电部门主要负责防汛防旱的用电保障及灾后恢复供电工作；公安部门主要负责保驾护航。

二、防汛防旱

角斜镇防汛防旱的主要任务包括域内水情掌握、防洪排涝、降渍、旱情调查、抗灾减灾、汛期引排水、3.05公里海堤防汛任务等，防止台风大潮袭击、抗灾抢险等。

角斜镇位于海安东部，属滨海地区，每年干旱发生在3—6月，梅雨到来之前及8—9月；洪涝灾害主要发生在梅雨季节及台风多发季节，台风一般发生在7—9月；沿海大潮多发生在台风入侵期和农历二月初二的开港潮性和7、8月份的大潮性期内。因此，防汛防旱形势十分严峻。

预测预警预防。角斜镇雨情、汛期主要发生在7—9月，水情集中在梅雨季节和台风季节，土壤墒情为周庄的花鱼环、沿口、居湾片局部低洼地，滩河、焦林片部分低洼地。防洪与排涝的险工险段为沿港河、双沿公路边严重塌方，栟茶运河、红星河西段和部分六七十年代的车口及部分车口塘淤积。对此，水利站积极采取有效措施，将上述险工险段的信息负责报送，报送时限在24小时内完成。镇防汛指挥部日常管理机构负责收集整理防汛信息，分析汛情发展趋势，提出防御对策，并及时报告当地政府和防汛防旱指挥部（有关防汛抗旱情况见第十五章第五节“劳武结合”）。

三、抢险

（一）倒口子破海堤排涝

1954年7月9日，如东、海安两县组织民工8000多人，由海安县农水科长陆加祜带队，在倒口子一段老海堤上开缺放水。至9月上旬，海潮大汛将至，为避免海潮咸水倒灌，县委决定于9月9日堵口复堤。但内涝未除，水流汹涌，按常规方法难以堵口，根据群众意见，决定采用海船重载灌泥草包，顺水行至缺口突击沉船堵坝，但是船上人员将有很大危险。几十名共产党员和干部群众带头报名参加“敢死队”，他们驾船直至缺口，在惊涛骇浪之中，经过一番恶战，终于沉船堵坝成功，但杨八才不慎落水身亡。

（二）北凌新闸海堤抢险

1981年8月31日，14号强台风和暴潮开始侵袭海安县，县委、县革命委员会立即部署抗台工作，由县委副书记陈文昌、水利局局长王奇坐镇北凌新闸指挥抗台风斗争，角斜党委书记卢玉林率角斜民兵组成的抢险突击队，赶到新闸海堤安营扎寨。北凌新海堤凸出滩外1.6公里处，三面临海，一面朝河，呈半岛式，且海堤新筑不到2年，树草未成，基础不实，经不住狂浪冲击。9月1日上午，台风愈刮愈大，堤外海面风大浪急，中午12时，潮位上涨到6.0米，风力10级以上，风浪冲刷着海堤，情况危急，民工分班分段，抢修天洞和雨淋沟槽。下午1时海潮伴着强劲东北风，潮位上涨到6.8米，浪高2—3米，浪峰拍打新闸闸门越顶而过，闸下挡浪堤多处冲溃。新闸和新海堤处于危急时刻，共产党员领导干部带领300多民工跳进被冲海堤，各人一只草包手挽着手一字排开，组成人墙，连人带包伏贴在险堤上，以身作堰抵御风浪，经过一个多小时搏斗，下午2时开始退潮，险情趋缓。下午3时，县委书记杨振东带领各地增援人员2000余人赶到新闸，防汛抢险运输车队陆续进入现场，抢险民工，利用退潮间隙，抢堵缺口加固险段。经过全体干部群众连续3昼夜的顽强拼搏，终于取得抗台抢险斗争的完全胜利。

第七节 水利管理

一、管理机构

20世纪50年代起，域内各乡镇有1名水利工程员。1981年开始，各乡镇相继建站。各乡镇水利站聘站长1名，水利工程员1名，会计1名。各乡镇政府有专门分管水利的负责人。2011年10月，角斜水利站、老坝港水利站合并组建成新的角斜水利站，办公地点设在海港村2组，在编人员5人，拥有固定资产199.5万元。

（一）角斜水利站

1984年，建站时在编人员有曹秀龙、曹庆元、周贤达。

第一任水利工程员为康仁寅（1955年6月—1969年8月）；第二任水利工程员为周贤达（1969年8月—1971年10月），2006年9月退休；第三任水利工程员为张守时（1971年10月—1976年6月）；第四任水利工程员为曹秀龙（1976年6月—2010年6月）。

（二）沿口水利站

建站前在编人员有侯建山、康承志、缪四华。

第一任水利工程员为侯建山（1961年7月—1999年12月），2000年5月退休；第二任水利工程员为康承志（1980年12月—2010年12月）。

（三）旧场水利站

1981年，在编人员有潘鹤松、申泽。1989年，申泽任站长。

（四）老坝港水利站

1988年建站，在编人员张圣林，兼老坝港乡水利站工程员，主要从事城建规划、建设、建管工作。1995年10月，旧场、老坝港水利站合并后，申泽任站长，周爱平任会计。张圣林抽调在镇城建办工作，2009年7月回水利站工作，任工程员。2000年4月20日，沿口与角斜合并，站长曹秀龙，副站长康承志兼水利工程员，总账会计缪四华，现金会计曹庆元。2010年9月，因体制改革，曹秀龙、康承志、曹庆元同时退休，缪四华任角斜水利站站长，张大钧调入角斜站工作，内聘曹海荣为会计。2011年10月，角斜、老坝港合并，滨海新区（角斜镇）水利站站长申泽，党支部书记缪四华兼副站长，会计周爱平，工程员张圣林。

区划调整前村级水利工程员名录

表5-3

原角斜镇			原沿口镇			旧场乡		
序号	村名	工程员姓名	序号	村名	工程员姓名	序号	村名	工程员姓名
1	角斜	卞宝文	1	向阳	冯友群	1	江海	王绍发
2	墩里	陆树祥	2	树元	陈九连	2	凌南	王瑞琪
3	龙潭	赵鼎忠	3	范堑	金　勇	3	旧场	曹明建
4	来南	吴志才	4	双凌	张友山	4	建海	张春山
5	汤灶	卞玉钊	5	居湾	陈宝文	5	灶港	缪兴龙
6	王墩	王善平	6	沿口	缪志仁	6	马坝	孙长发
7	双龙	缪德胡	7	老庄	徐功元	7	富滩	管德令
8	团结	王成山	8	滩河	徐　斌	8	陈坝	申启桂
9	周庄	缪　青	9	焦凌	吴志云	9	新合	申启仓

续表 5-3

原角斜镇			原沿口镇			旧场乡		
序号	村名	工程员姓名	序号	村名	工程员姓名	序号	村名	工程员姓名
10	五坊	尤小山	10	富沿	顾礼俊	10	平新	时国群
11	天奎	夏祝华	11	蔡凌	林金生	11	顾陶	吴　干
12	五虎	徐正同	—	—	—	12	兴堤	缪　笃
13	堤北	王兴南	—	—	—	13	东北	王柯琪
14	角西	康贻德	—	—	—	—	—	—

海洋渔业公社(老坝港)水利工程员为张圣林1人。

二、经营管理

(一)资产状况

20世纪80年代,角斜水利站建有生产生活用房16间,560平方米,征地3.64亩,办公用房7间160平方米;先后创办建材厂、型材厂、预制场、复印社等企业,添置了泥浆泵设备及生活办公用具。沿口水利站建有生产生活用房18间,450平方米,租地7.47亩,建有一幢办公大楼,面积428平方米;创办了预制场、筑路工程队、水利建筑工程队等企业,添置了发电机组、涵闸设备及生活办公用具。2000年4月,角斜、沿口水利站合并为角斜水利站,固定资产244.6万元,其中原角斜水利站为固定资产172.4万元,沿口水利站固定资产为72.2万元。2003年,角斜水利站新建附属用房3间72平方米,并新建办公大楼1幢488平方米,投资54.05万元,固定资产308.2万元。

2007年下半年,老坝港水利站建综合办公楼1幢,660平方米,征用土地1.6亩。先后添置河道疏浚设备4寸泵4台套,后发展6寸泥浆泵3台套。是年年底,拥有资产104.35万元,其中固定资产12.53万元。2017年年底,固定资产达103.96万元。

(二)综合经营

1990年,旧场水利站购买两台4寸泥浆泵,组建施工队,参与河道疏浚工程,其经营收入主要弥补水利站正常费用的不足,其后逐步走出去,河道疏浚工程有了一定的发展。1995年,旧场与老坝港水利站合并后,所有水利工程项目均实行招投标,即由水利工程队参与投标,中标后由水利站实行统一领导,工程队负责施工管理,明确施工要求、质量、标准、日期、定工日、工期、安全、质量,施工队长带班操作,站分工人员跟踪督查,工程监理跟踪验收。综合经营主要由集体经营,年经营创产值60万—100万元。老坝港水利站承接了县国土局土地整理项目,县农业资源开发局的农业资源开发项目和乡村河道疏浚工程等。

2000年4月,区划调整前,角斜站有水利工程队、建桥工程队、预制场。沿口站有水利工程、筑路工程队、预制场。主要从事水利工程项目的施工建设,其经营收入主要弥补水利站正常费用的不足。两镇合并后,角斜水利站建立水利工程队,由专人负责,下设水利设施建设施工队、筑路建设施工队、河道疏浚土方工程施工队、预制场,固定职工12人,临时人员72人,固定资产100多万元。主要施工机械设备:泥浆泵12台套、机械挖泥船吊机1台套、拌和机3台、发电机组3台等配套设备。具有承接电灌车口、硬质节水渠道、小型涵闸、筑路、水工建筑、河道疏浚等项目的施工能力。

2002年,角斜水利站承接国家级节水灌溉工程,总投资270万元。2003年,角斜水利站中标承建了角斜镇土地整理项目工程,总投资150万元。2004年,中标承建了国家农业综合开发项目周庄项目区,总投资154万元。2005年,中标承建国家农业综合开发项目双龙项目区,总投资516万元。2008年,中标承建国家投资角斜镇土地整理项目,总投资660万元。2008年,参与实施了国家商品粮基地建设项目,项目总投资 206.6 万元。国家节水灌溉工程获得优良工程，农业综合开发项目获“市十佳项目区”称号。2002—2010 年，角斜镇疏浚清淤域内河道 70 条，完成土方 168.5 万立方米。老坝港水利站完成顾陶村 150 亩土地整理废沟塘填平工程，顾陶、江海农业资源开发 4.27 公里砂石路工程，疏浚乡级河道东岸河、挺长路河、杨木港河、镇海河、北岸界河、通海河、浒海界河及部分滩涂河道，村级河道 27 条 32.54 公里，完成土方 39.38 万立方米。2011—2017 年，域内疏浚河道 66 条，完成土方 80 万立方米，投入资金 480 万元。

三、综合改革

1981 年年底，水利站建站时，水利人员为半脱产性质，工资在水利事业费中支付。1987 年 12 月后，根据县水利局统一要求，水利站事业人员实行竞聘、持证上岗，年度工作目标责任制考核、人员工资福利等，由县水利局和镇统一管理。在编事业人员的档案工资按月全额发放，其养老、医疗、大病救助、失业、安全责任等保险金和住房公积金，由水利站按月缴纳。水利站人员通过考核、招聘为全民事业单位干部或全民事业单位职工，人员经费实行定额补助。1999 年 10 月开始，水利站负责人由县水利局统一组织竞争上岗。2001 年以前，财政给予在编人员每人每年补助 1000—3000 元。2001—2004 年，每人每年补助 4000 元。2005—2007 年，每人每年补助 1 万元。自 2008 年开始，每人每年补助 1.5 万元。其职工工资福利待遇和养老、医保等政策性费用支出的缺额部分由水利站综合经营创收解决。2016 年起，体制改革，水利站改为全民事业单位，人员费用为地方财政全额拨款。

1981—2017 年，工程管理确立“分级管理、分级负责”的管理体制，实行由水利站、村委会双重管理和统一管理与分级管理相结合、专业管理与群众管理相结合的管理机制，管理机构健全，责任落实，依法管理，科学运行，常年维护，基本确保各类工程正常稳定地发挥效益。

四、水利监管

1987 年后，水利站受县水利局和镇政府双重领导，即人员编制、劳资关系、业务工作等由县水利局管理，党团关系由所在镇党委管理，人员调整、任免、奖惩征求镇党委、政府意见后由县水利局批准决定。财务管理执行《水利工程管理单位财务制度》和《水利工程管理单位会计制度》，按照县水利局和县财政局的相关意见，实行规范化管理。防汛抗旱、水利工程建设与河道长效管理、水资源管理、水行政执法、规费征收、综合经营与安全生产等职能工作，由县水利局实施统一的年度目标责任百分考核管理。中心工作、重点工作由镇党委、政府统一安排并受其考核与单位形象测评排名；内部实行全员分工联系到村制度。站务日常管理，强化制度建设和目标责任考核管理，在明确人员分工职责的基础上，先后制定了财务管理、项目资金管理、项目建设管理、工程质量管理、经营管理、河道管理、安全生产责任制管理、档案管理等若干制度和责任制体系；按照年初确定的工作目标，细化分工、强化责任、硬化责任、硬化考勤考评，实行出勤点到、外出去向告示、工作结果汇报、任务完成考评等机制。突出各个时期的工作重点，有目标、有布置、有节奏、有效率地完成各个阶段的工作任务。在文明创建方面，突出把服务“三农”、服务基层、服务发展作为己任，努力打造服务平台，旱时着力抓好灌溉服务，涝时着力抓好抗灾服务；耕种季节着力抓好生产建设服务。尽力配合政府中心工作，听从政府安排，尽量满足基层需求，着力打造水利人对外服务的应有形象。在着力抓好“三服务”的同时，按照县水利局和镇党委、政府的部署要求，积极组织开展各类创建活动，完成各项交办任务，尽最大努力争先晋位。

第六章　农　业

角斜地区属滨海平原区，由西向东成陆时间不一，最早的4000多年，最迟的只有10年，且海滩仍在不断向东延伸，所以角斜地区成陆较早的沿口、角斜、旧场，域内主要为农业。成陆较迟的老坝港，海洋渔业一直是传统的基础产业。

农业的生产关系从封建的土地所有制，到新四军东进苏中根据地实行“二五减租”。民国三十五年（1946）夏，开始土地改革，实行“耕者有其田”。中华人民共和国成立后，深化土地改革，颁发“土地证”，组织代耕队、互助组。域内建立全县第一个互助组、初级合作社，粮食产量逐年提高。1952年，粮食亩产80公斤。1956年，域内普遍成立高级合作社。1957年，亩产112公斤。1958年，域内建立角斜、沿口两个政社合一的人民公社。1965年，亩产300公斤。1968年，亩产404公斤，全县超1956年中共中央制定的“全国农业发展纲要”。1971年，亩产500公斤。1976年，亩产550公斤。20世纪80年代，实行联产承包责任制，“上缴国家的，留足集体的，剩下的都是自己的”大包干制度。1983年下半年，撤社建乡，大包干制度延长15年不变。1988年，实行两田制（人分口粮田、劳分责任田）。1997年，实行土地二轮承包，延长30年不变。此后，耕作制度优越，组合配方施肥，良种不断优化，传统农业向现代化农业转变，不断拉长产业链，农、林、牧、副、渔、工、商、运、建、服十轮驱动，适度规模经营，公司加农户，合作重组，兴办农场。2006年，国家实行农业各税全免。2017年，逐步实行土地的所有权、承包权、经营权三权分置，延长30年不变，稳定农业生产关系。当年，全镇高标准农田占比位居全县前列，完成千万元以上农业项目18个，亿元项目4个，确认投入额近2亿元，村营收入30万元以上的全覆盖，50万元以上的村13个，完成村营收入1300多万元。

中华人民共和国成立后，角斜域内土壤逐步改良，水系配套逐步合理。

第一节　土地所有制变革

一、封建土地所有制

中华人民共和国成立前，角斜域内大部分土地为地主所有，自耕农包括富农、中农、贫农只占土地的20%左右，而大部分佃农，也包括部分贫农乃至于中农都租种地主家的土地谋生，少部分雇农没有能力缴纳租地押金，完全以出卖劳动力每日接受雇主的安排在地主家劳作，混饭糊口为生。

地租，其中包括定租、活租和劳役地租3种，法无定制，话语权掌握在地主等少数人手里。

“定租”就是租额固定，丰收不增，荒歉不减，定期缴纳。租地要交押金。民国初期，在角斜地区的押金在每亩2到10元银圆不等，地主长期占用押金，用地不退，租粮一般每亩1.5—2石，约占收获量的50%—60%。缴期夏熟为农历六月二十五日，秋熟为十月二十五日，如不能如期如数缴纳，也按民间借贷方法折算利息待来年归还。

“活租”即租金随年成好坏而定，故称“活租”。活租也分“议租”和“看场”两种。租额对半，或六四分成，看田、看年成收获而定，分夏、秋两季交租；“看场”就是每到收获之时，地主派人到佃户田里“抽样”测产，再定产量，定押租，当场兑现粮草。

“劳役地租”也叫种“活计田”。就是佃农无偿给地主耕种一定数量的土地，收获全归地主，地主另划一点差田给佃户自种自收(叫活计田)，以此养家糊口，比较普遍的是雇长工和短工的形式占用农民的劳动力，日均劳动时间总在12小时以上，所得报酬极低。据民国二十八年(1939)统计，角斜地区有长工400多人，所得工钱折合杂粮每人每年2石3斗，最低的每人只有4斗。长工除了在田间耕作外，还得承担养牛、养猪、磨粉等杂活，很多长工，半世劳役，一生光棍，上无片瓦遮身，下无立锥之地。年老或生病不能劳动，即被地主赶出家门，还有的佃户为了度日，被迫让家庭成员到地主家当小伙计或奶妈，服无偿劳役。

角斜域内堤北片，成陆较晚，荒草田较多。1906年下半年，民族资本家张謇筹集资金成立“大赉垦殖公司”，一次性购进荒田数千亩，还从海门等地移民百户，从事棉花种植，开始了资本主义形态下的公司加农户的新型土地依存关系的探索。

二、土地制度改革

(一)减租减息

民国二十九年(1940)10月，新四军东进后，域内成为抗日根据地。民国三十年(1941)春开始，角斜域内开展减租减息斗争，到处张贴布告，宣布实行“二五减租”，即把原租粮定额减去二成五(25%)。由于贫雇农的顾虑、地主富农的抗拒，减租存在明减暗不减现象，持续斗争了三熟两年。民国三十三年(1944)，“查减工作”“二五减租”在域内逐步推开，在减租斗争中发现了积极分子，组织贫农团、农会、妇救会等群众组织，开展积极斗争，召开地方坦白大会，有力打击地主的嚣张气焰。通过查减，佃农觉悟大大提高，有部分佃农收回以往的假减租粮。

民国时期，民间借贷的利息很高，一般月息在10%—15%，“印子钱”甚至高达30%，也就是年息360%，一个人如果借了“印子钱”，几乎就没有还清的可能，甚至会家破人亡。在减租的同时，减息工作也同时展开，虽然不及减租深入，但也有效遏制了“印子钱”的发放。

(二)土地改革

民国三十五年(1946)夏，土改运动在域内推开，当时正值自卫战争爆发，县委号召“力争快分”，采取“当中不动两头平”的办法(即一般以半张田为基础，多的托出少的得)，以在不侵犯中农利益和不过分打击富农的前提下，满足无地少地农民对土地的要求。在“一手拿枪，一手拿算盘”的呼声中，普遍以村为单位，按全村人口和田亩总数平均分配土地。到10月底，各乡50%以上农民都分得了土地，但由于时间仓促，土地改革不尽彻底，有的又过了火，甚至连自耕中农也被瓜分了土地。民国三十六年(1947)，县委发出《关于彻底进行复查的指示》，要求着力解决农民的土地问题。土改复查以乡建立翻身委员会，以村建立翻身小组，通过比田、评田、换田，根据“抽肥补瘦，抽多补少，远近搭配，中间不动两头平”的原则，进行土地调整。满足特贫和贫雇农、抗属和烈军属的要求，同时，把“五四”土地阶段留下的“公田”一并分给了贫雇农。1949年，角斜域内又进行土改复查。1950年2月，各乡填写“土地执照”，召开群众大会，颁发政府批准发放的“土地执照”确定土地产权，从此土改结束。

三、互助合作

(一)伴工队

抗日战争和解放战争时期，各乡在收种大忙季节普遍建立伴工队，这是农业生产互助合作的萌芽。在战争环境里，伴工队对解决劳动力不足的矛盾起了一定的作用。伴工队的形式有三种：以民间组织为基础，一手拿枪，一手拿锄的劳武结合伴工形式，多以基干民兵排为基础。有了敌情拿枪打仗，保卫家乡，平时伴工生产。这种形式，具有较严密的组织纪律，民兵排长一般为伴工队长。以妇女为基础，在男人支前参战时，组织起来伴工生产的形式。农忙季节组织起来的临时性伴工形式，以工返工，平衡找补(找补形式以粮算工,一般以5斤粮抵一个工)。

(二)互助组

1951年11月,角斜区来南乡中心选区的农民蒋凤银在县委派出的工作组帮助下,联合选区13户农民组织全县第一个互助组。互助组确定"自愿互利、等价交换、民主管理"的三大原则,同时制定相关的各项管理制度,把生产扎扎实实开展起来。是年,蒋凤银互助组的棉花平均亩产籽棉达到97.58公斤,比1951年提高一倍以上,获得全县棉农高额丰产的"王牌"称号。到1952年年底,域内各村分别以村庄联合组成互助组,入组农户占25%,并在县政府指导下,逐步转入常年互助组,通过建立各种规章制度,开展千组万户丰产竞赛活动。凡是条件具备的转为常年互助组,大多数互助组都走上了健康发展的道路,增产效果比较明显。

(三)初级农业合作社

1952年,县委以蒋凤银互助组为基础,试办全县第一个初级农业合作社——来南乡中心农业合作社,共14户56人,拥有土地157.34亩,采取土地评产入股,自愿互利,统一经营,统一组织劳力,统一生产计划。牲畜、大型农具折旧归社,分配上按"土四劳六"的经营管理和生产结算形式,极大地提高了广大入社社员的劳动生产积极性,同时获得比单干户好的收成,从而提高了广大入社农户的入社积极性。角斜区委根据县委部署总结推广了蒋凤银试办合作社的经验,各村普遍在互助组的基础上建成初级社。1955年,建成初级社90多个,入社农户达到80%,管理模式粗放。

(四)高级农业合作社

1955年12月,角斜域内在全县率先成立来南乡高级农业生产合作社,高级社取消土地分红,取消生产资料私有制,集体劳动产品由社统一分配,劳动报酬采取工分形式。随后域内各乡都相继成立高级社,他们以开展生产为中心,以劳动规划和财务管理为重点,迅速开展以"三包一奖"(包工、包产、包本、超产有奖)制度为中心的整社运动。

链接:角斜区域先后成立的高级社

角斜乡。一社:墩里,社长:周其发;二社:角西,社长:李十太;三社:五坊,社长:周永茂;四社:缪港,社长:张广余;五社:滩河,社长:唐德高;六社:富沿,社长:花春连;七社:五虎,社长:朱开明;八社:角斜,社长:申必露。

来南乡。一社:来南,社长:蒋学珍;二社:王墩,社长:汤春和;三社:汤灶,社长:周和华。

周庄乡。中心社,社长:罗发银;一社:龙潭,社长:卞宝凤;二社:新乡,社长:陈义甫。

杨庄乡。三社:凌河,社长:蔡美才;四社:大凌,社长:李桂英;五社:营墩,社长:蒋德桂;六社:杨庄,社长:白忠银;七社:星光,社长:姚昌义。

范堑乡。树园社社长:万坤和、张荣发;幸福社社长:周正国、汤有祥;新河社社长:陆金明;新民社社长:杨春林。

沿口乡。双凌社社长:缪三高;胜利社社长:居成;沿口社社长:刘殿宣;蔡凌社社长:徐宣树。

滩河乡。富沿社社长:花春连、陈二圣;联合社社长:李增富;焦凌社社长:徐守来。

旧场乡。陈坝社社长:吴国龙;新合社社长:吴其富;平新社社长:顾才谷;朱庄社社长:黄国生;复兴社社长:缪长明;马坝社社长:王春雨;富滩社社长:张德;新联社社长:王正元;蒋坝社社长:吴凯盛。

由于高级社成立缺乏充分的思想准备,领导经营管理等方面都缺乏一定的基础,造成一些地方步子太快,管理混乱,组织不太健全,评工记分不太合理,没有充分显示各尽所能,按劳分配,同工同酬的社会主义分配原则。现有农具作价入社估价偏低,经营手段不够完备,造成管理不严、制度不全、资产流失,少数人感觉吃亏,因而一个时期在周庄、富滩乡出现闹退社现象,但经县工作组和地方组织的坚决抵制,对社员进行强有力的思想政治工作,方使高级社这个新生事物得以整顿巩固,逐步走上正轨。

四、人民公社

1958年9月,域内沿口乡、范堑乡、滩河乡合并,建立沿口人民公社;来南乡、角斜乡、周庄乡、杨庄乡合并,建立角斜人民公社;旧场由新联、富滩、旧场、沿海合并,成立旧场人民公社,1959年4月整体由如东县划归海安县。人民公社建立之初,实行组织军事化、劳动战斗化、生活集体化,按照“一大二公”的要求,实行“政社合一”,“工、农、兵、学、商”五位一体,农、林、牧、副、渔统一经营,出现“一平二调”的现象,各公社都实行劳力高度集中、大兵团作战,各公社基本实行供给制。生产资料全归公社所有。到1959年,高级社的原始积累荡然无存,再加上深耕破坏了土层结构和高度密植致使农业产量大幅下降,每亩单产仅仅270公斤左右,又加上社会上大吃丰收酒,到1959年下半年,每人每月只能供应原粮12公斤(折合成品粮8.4公斤)。群众因营养不良不少人患了浮肿病。1959年后,开始纠正公社一些“左”的错误,将权力下放,实行“三级管理,三级核算”,以大队为单位,对生产队实行“三包一奖”。1961年,继续开展“整改整社”,普遍将大队核算改为生产队核算,生产队有了生产、经营分配的自主权利,在劳动管理上实行“小组包干,定额计酬”,贯彻“按劳分配”的政策,恢复自留地,解放市场,并算账退赔。1962年8月,各公社每人借地1.5分,实行户种户管户收,此外每人还借墒2—3条,使农业生产得到恢复和发展。1964年,各公社开展“农业学大寨”运动,实行改土治水,促进了农田基本建设,为农业生产发展奠定了基础。1967年,一度推行大寨式劳动管理,平均主义再度泛滥,但不久即停止执行,多数生产队仍然执行“自报公议”,评工记分,按劳付酬,因而,粮棉产量和多种经营仍在逐步上升。1971年,中共中央重申“三级所有,队为基础”的政策,停止大寨式劳动管理,实行“五定”(劳务、任务、质量、工分、时间)到组,责任到人,极大地提高了农民的劳动生产积极性,在之后的8年里,各公社农副业总产值每年都能增长20%以上。80年代初期,撤社建乡,人民公社经济管理逐渐被联产承包责任制代替。

五、农村经济体制改革

(一)联产承包责任制

1980年以前,农村生产以小段包干、定额计酬为主要形式。1981年,推行联产到组责任制,并试行联产到劳责任制。角斜域内粮棉混合到组和经济作物到劳到户的占85%,并且有90%以上生产队实行副业生产专业承包,联产计酬,此外也出现了少数大包干、口粮田等形式的责任制。1982年上半年,普遍完善生产责任制。1983年,域内参照外地经验,全面实行大包干责任制,“缴足国家的,留足集体的,余下的都是自己的”,深受农民欢迎。也有一些集体经济较好的村组,分田中一些党员干部产生“辛辛苦几十年,一夜回到解放前”的模糊认识,对联产承包经营责任制有抵触情绪,各乡政府普遍组成工作组重点帮助,全面推行分田到户,联产计酬,使农业生产持续获得好收成。

1989年,延长土地承包期,15年不变。开展以两田制(人分口粮田0.5亩,劳分责任田根据各队土地情况0.6到2.0亩不等)为主要内容的完善土地承包制的工作。到秋播,这项工作基本结束,基本上实现适应农业生产需要的优化组合,妥善解决土地过分零碎矛盾,促进农业社会化服务的开展,保证国家种植计划的落实,实现大田连片计划种植。

1997年,角斜域内进行以“完善、修订、流转”为主的二轮土地承包责任制。根据前两轮的经验办法,大稳定,小调整,发展平稳有序、安定。历时3个多月基本结束,并向农户颁发新一轮土地承包使用证,从而确定30年内土地经营权属不变的政策。

2013年开始,角斜镇“鼓励和支持承包土地向专业大户、家庭农场、农民合作社流转”。全镇有20个建制村,393个村民小组,21124户,农村人口64931人。二轮承包面积63809亩,2017年,域内流转6158亩,占9.65%,平均流转价格为每亩1100元。

2017年,农村改革进一步深化,把土地所有权、承包权、经营权三权分置,在保护农民承包权利益不变的情况下,鼓励土地向大户、能人手上集中,支持兴办各种形式的农业合作社和家庭农场。

2013 年老坝港滨海新区(角斜镇)土地流转情况统计表

表 6-1　　单位:万亩

流转方式 \ 流转面积 \ 村名	周庄	新坝	范堑	沿口	五凌	老庄	滩河	五虎	角斜	双龙	来南	汤灶	江海	建场	富港	海港	顾陶	通港	镇海	川港	小计
(一)流转总面积	0.0206767	0.02779	0.026	0.006	0.014	0.0493	0.1653	0.0326	0.0055	0.041	0.034	0.08	0.0201	0	0.154596	0.301	0.074	0.081	0.0358	0.01	1.1786627
1. 转包	—	—	—	—	—	0.0493	0.0108	—	—	—	—	—	—	—	—	—	—	—	—	—	0.0601
2. 转让	—	0.0074	—	—	—	—	—	—	—	0.01	0.03	—	—	—	—	—	—	—	—	—	0.0474
3. 互换	—	—	—	—	—	—	—	—	—	—	—	—	—	—	—	—	—	—	—	—	0
4. 出租	0.675162	0.02039	—	0.006	0.014	—	0.1545	0.0326	0.0055	0.031	0.004	—	0.0201	—	0.154596	0.011	0.074	0.081	0.0358	0.01	1.329648
5. 股份合作	—	—	—	—	—	—	—	—	—	—	—	0.08	—	—	—	—	—	—	—	—	0.08
6. 其他形式	—	—	0.026	—	—	—	—	—	—	—	—	—	—	—	—	0.29	—	—	—	—	0.316
(二)流转去向	0.020676	0.02779	—	0.006	0.014	0.0493	0.1653	0.0326	0.0055	0.041	0.034	0.08	0.0201	0	0.154596	0.301	0.074	0.081	0.0358	0.01	1.152662
1. 流转入农户的面积	—	—	—	—	0.005	—	—	—	—	0.025	0.03	—	—	—	—	—	—	—	—	—	0.06
2. 流转入专业合作社的面积	—	0.00619	0.026	—	—	—	0.1335	—	—	0.004	0.004	0.08	—	—	0.0953	—	—	—	—	—	0.34899
3. 流转入企业的面积	—	0.0074	—	—	—	—	0.0108	0.0053	—	0.01	—	—	—	—	—	0.29	—	—	0.0034	—	0.3269
4. 流转入其他的面积	0.020676	0.0142	—	0.006	0.009	0.0493	0.021	0.0273	0.0055	0.002	—	—	0.0201	—	0.059296	0.011	0.074	0.081	0.0324	0.01	0.442772
(三)流转出承包耕地的农户数	131	207	74	19	110	225	539	218	22	278	156	153	56	—	606	66	224	229	160	74	3547
(四)签订耕地流转合同份数	131	207	74	19	110	225	539	218	22	278	156	153	56	—	606	66	224	229	160	74	3547
(五)签订流转合同的耕地流转面积	0.020676	0.02779	0.006	0.006	0.014	0.0493	0.1545	0.0274	0.0055	0.041	0.034	0.08	0.0201	—	0.154596	0.301	0.074	0.081	0.0358	0.01	1.142662

2015年角斜镇土地流转情况统计表

表6-2　　单位：亩

实施单位成人	村名	所在村民小组别	经营面积		经营面积中								总投资额（万元）	预计年收益总额（万元）	从业人员数	经营面积中流转转入面积				转出土地农户数	流转期限（年）	平均流转价格（元/年亩）	发生流转的年月	备注（业主姓名、电话号，种养品种等）
			合计	其中设施栽培面积	1.种植业	其中			2.畜牧业	3.水产养殖业	4.林业	5.其他				合计	其中							
						粮食	蔬菜	花卉苗木									租赁	入股	其他					
许金群	新坝	5、11	61.9		61.9	61.9	—	—	—	—	—	—	—	—	—	—	—	—	—	38	12	1200	2015.6	瓜果
许金群	新坝	5	68	—	—	20	40	—	—	—	—	8	—	—	—	—	—	—	—	32	12	1200	2015.11	瓜果
许金群	新坝	8、14	65	—	—	—	—	—	—	—	—	65	—	—	—	—	—	—	—	35	12	1200	2015.11	药材
朱亚军	沿口	3	58.8	—	58.8	58.8	—	—	—	—	—	—	15	2	—	—	58.8	—	—	19	10	1000	2015.3	—
顾文斌	沿口	7	96.06	—	96.06	96.06	—	—	—	—	—	—	—	—	—	—	96.06	—	—	28	5	1100	2015.11	—
许柏生	范堑	6、9、10、11、19、20	51.75	—	51.752	51.752	—	—	—	—	—	—	—	—	—	—	—	—	—	19	5	600	2015.6	许柏生 18068178066
陶华	富港	13－15	220	—	220	—	—	—	—	—	—	—	—	—	—	—	220	—	—	100	5	1150	2015	—
王小建	富港		206	—	206	—	—	—	—	—	—	—	—	—	—	—	206	—	—	94	5	1150	2015	—
海安为军家庭农场	江海	村集体	103	—	103	—	—	—	—	—	—	—	—	—	—	—	103	—	—	1	5	1200	2015.5	王为军
海安为军家庭农场	江海	1	98	—	98	—	—	—	—	—	—	—	—	—	—	—	98	—	—	34	10	2400	2015.5	王为军

续表 6-2

单位：亩

实施单位成人	村名	所在村民小组别	经营面积		经营面积中								总投资额（万元）	预计年收益总额（万元）	从业人员数	经营面积中流转转入面积				转出土地农户数	流转期限（年）	平均流转价格（元/年亩）	发生流转的年月	备注（业主姓名、电话号，种养品种等）
			合计	其中设施栽培面积	1.种植业	其中			2.畜牧业	3.水产养殖业	4.林业	5.其他				合计	其中							
						粮食	蔬菜	花卉苗木									租赁	入股	其他					
海安怀生家庭农场	江海	4	72	—	72	—	—	—	—	—	—	—	—	—	—	—	72	—	—	15	5	1000	2014.9	张怀生
殷桂林	江海	7	50	—	50	—	—	—	—	—	—	—	—	—	—	—	50	—	—	15	5	500	2014.9	殷桂林
汤如海	江海	16、17、18	150	—	150	—	—	—	—	—	—	—	—	—	—	—	150	—	—	45	1	210	2015.5	汤如海
顾建国	顾陶	20	55	—	55	55	—	—	—	—	—	—	6.6	2.2	—	—		—	—	17	5	1150	2015.5	顾建国 13862722277
海安龙梅家庭农场	滩河	—	211.7	—	211.66	211.66	—	—	—	—	—	—	—	—	—	208.631	208.6	—	—	72	12	1070	2015.6	潘一龙 15151314736
吴光余	汤灶	23	60	—	—	—	—	—	—	60	—	—	4	2	2	—	—	—	60	—	5	—	2014.4	—
海安小华家庭农场	角斜	—	55	—	—	—	55	—	—	—	—	—	—	—	—	—	—	—	—	22	5	1200	2015.3	—
李卫星	老庄	1-14	133.5	—	133.5	—	—	—	—	—	—	—	—	—	—	—	—	—	—	—	54	1000	2015.4	—
家庭农场	老庄	1-14	205	—	205	—	—	—	—	—	—	—	—	—	—	—	—	—	—	—	107	1000	2015.4	—
家庭农场	老庄	1-14	80	—	80	—	—	—	—	—	—	—	—	—	—	—	—	—	—	—	25	1000	2015.4	—
合计	—	—	2091	—	1852.7	555.17	95	—	0	60	—	73	25.6	6.2	2	208.631	1262	—	60	586	—	—	—	—

2017 年角斜镇家庭农场信息统计表

表 6－3

序号	农场名称	所在镇村	经营面积（亩）	类型	认定年月	家庭农场主
1	海安小华家庭农场	角斜镇角斜村	60	园艺	2015.12	袁小华
2	海安俊源家庭农场	角斜镇富港村	358.51	水产	2015.12	於　俊
3	海安爱华家庭农场	角斜镇富港村	210	粮食	2015.12	陶爱华
4	海安大兔子家庭农场	角斜镇富港村	215	粮食	2015.12	王晓建
5	海安鎏鑫家庭农场	角斜镇老庄村	502.7	粮食	2015.9	姚根元
6	海安鹏鹏家庭农场	角斜镇沿口村	217.31	粮食	2017.6	蔡小林
7	海安华海家庭农场	角斜镇滩涂	120	粮食	2017.6	王海华
8	海安乾居家庭农场	角斜镇镇海村	231	园艺	2015.12	万建军
9	海安荣山家庭农场	角斜镇滩涂	180	粮食	2017.6	仲荣山
10	海安春宇谷物家庭农场	角斜镇滩河村	608.5	粮食	2016.12	丁志春
11	海安永银源家庭农场	角斜镇富港村	460.72	水产	2015.12	肖凤永
12	海安华茂果蔬种植家庭农场	角斜镇顾陶村	272	园艺	2015.12	王建华
13	海安志春家庭农场	角斜镇滩河村	113.09	粮食	2016.12	丁志春
14	海安永宏家庭农场	角斜镇江海村	287	水产	2017.6	任永宏
15	海安志文家庭农场	角斜镇滩涂	800	粮食	2017.6	冯志文
16	海安富民家庭农场	角斜镇滩涂	181.21	粮食	2017.6	潘鹤富
17	海安小建家庭农场	角斜镇新坝村	136.2	园艺	2016.12	陈小建
18	海安好运稻家庭农场	角斜镇顾陶村	310	粮食	2016.12	朱友红
19	海安宜途家庭农场	角斜镇滩涂	170	粮食	2017.6	朱宜林
20	海安景贤家庭农场	角斜镇双龙村	202.36	粮食、园艺	2016.12	魏景贤
21	海安应华家庭农场	角斜镇范堑村	212.3	稻麦	2017.6	许柏生
22	海安五虎伟华家庭农场	角斜镇五虎村	150	水产	2016.12	曹伟华
23	海安存红家庭农场	角斜镇五凌村	160	粮食	2016.12	符仁存

（二）家庭经营承包责任制

公社经济联合会。1983 年，在体制改革、政社分开时，保留人民公社作为社会主义劳动群众集体所有制经济组织，乡建立人民公社经济联合委员会（简称“社经委”或“经联委”）。其职责为对全乡所有生产队及其他基本核算单位的经济联合组织进行经营指导，经联社下设“一室三公司”，即经营管理办公室农业公司、多种经营服务公司和工业公司。1984 年年底，撤销经济联合委员会，标志着人民公社的体制彻底瓦解，“一室三公司”逐步转化为乡政府管理经济的职能部门。

村经济合作社。各乡 1983 年建立，在自然村原生产大队范围内，按照自愿、互利、民主管理的原则，由社员自愿参加，以土地等生产资料公有制为特征的地区性合作经济组织，实行村自治、村合作的结合，拥有发展生产所必需的公共财产和资金积累，能独立承担责任，具有法人资格，行使生产服务、协调管理、资源开发、兴办企业、资产积累的职能，成为一个名副其实的经济实体。实际操作层面，实行村党支部、村民委员会、村经济合作社三块牌子一套班子,统一运作的标准模式。

村农业综合服务站。1988 年,各乡镇借鉴外地经验,在各村建立农业综合服务站,实行农业服务“五统一”:统一茬口布局,统一机耕,统一供种,统一收费标准,统一化学除草。服务站长由书记、村委会主任或村经济合作社社长兼任。服务站下设农技、多种经营、农机(电)三个专业服务组。各专业服务组分别由以前从事农技推广、农机作业、水浆管理、植保防疫等方面的专业人员组成,各专业服务组设组长一人,由事业心强、具有一定专业技能、在群众中有一定威信的专业服务人员担任。当时,以角斜为例,角斜服务站就拥有手扶拖拉机 80 台,脱粒机 100 台,免耕机 70 台,开沟机 30 台,农用排灌动力机械 120 台。村农业服务站除为农户提供种子、植保、脱粒、排灌、机耕五项基本服务外,还积极向产前、产后服务方面拓宽,如代售农用物资、帮助组织农产品流通以及开展育雏、育秧、小蚕共育等多项服务,解决了农民一家一户办不了、办不好、不经济的困难,促进了双层经营体制的完善和集体经济的发展。

第二节 种植业

一、耕作制度

角斜地区因土壤结构复杂,耕作制度也有所区别。角斜镇属老棉区之一,历年来以旱作为主,棉田面积常年占集体耕地的 45% 左右。1966 年后,随着水利条件的改善,曾实行大面积的旱改水,发展两旱一水三熟制,实行水旱轮作,这对洗盐改水、平整土地起了十分有利的作用。2017 年年底,全域耕地为 7.73 万亩,高标准农田面积 5.55 万亩,设施农业占地面积 3.56 万亩,农业保险面积 8.85 万亩。

角斜地区传统农业耕作制度是一年两熟制,夏熟麦子、蚕豆、豌豆、油菜,以麦子为主;秋熟水稻、玉米、棉花、山芋、大豆、花生等,以水稻、棉花为主。20 世纪 60—80 年代,棉花按指令性计划种植,面积较大,约占秋季作物的二分之一。

20 世纪 60—70 年代,域内推行一年三熟制两种,有旱、水、水三熟制。水三熟制即夏熟是早稻和后季稻。1965 年,开始在各社各大队试点,全面推广一旱二水,粮食总产量明显提高。虽然产量短期大增,但改制后劳力、肥料等方面矛盾突出,加上气候条件不稳定等因素。1972 年,出现“寒露风”提前,导致晚稻大面积白穗而减产,一部分田地基本失收,因而当时流行“三三得九不如二五一十”的说法。自 20 世纪 70 年代始,三熟制早稻基本不栽。旱三熟通行三麦二豆—玉米—晚大豆(或晚玉米、荞麦、胡萝卜)等模式,面积不大。

1963 年起,纯作改间作,以纯麦改麦棉间作。1965 年,域内部分地区出现纯作粮田改粮棉夹种,改制后,棉花迟发,棉桃小。同时,由于粮棉夹种,地力消耗大,劳力紧张,对粮棉生产均不利。大部分地区纯作改间作,如在棉田夹种瓜或少量玉米,在麦田内套种棉花,在玉米田内间种赤豆,或套种大豆、红薯。

20 世纪 70 年代,棉花直播改育苗移栽。角斜地区植棉开始在麦行或蚕豆行中直播,待麦子、蚕豆收获后再行培管。1975 年,开始制作营养钵薄膜育苗,麦收前后进行移栽,使棉苗充分地利用光热资源生长,争取得早苗和壮苗。与直播相比,现蕾开花早 15 天左右,结铃期提前 20 天,产量比直播增加 2 成以上。

20 世纪 80 年代,稀稿麦改密植麦。随着育苗移栽全面普及,域内逐步改稀稿麦为密植麦,充分利用耕地面积。1981 年,密植麦单产一般比稀稿麦单产增加 50—75 公斤。1982 年,开始试验扩大线条播和小条播。

二、粮油作物

中华人民共和国成立后，各级政府十分重视种子工作，针对农民用种处于混乱退化状态，积极引进推广优良品种，农业产量逐年提高。1989年，各乡镇建立种子站，并选择种植水平高的村民小组为种子繁育基地，实行以镇为单位自繁、自储、自供，家家户户由种子站统一供种。2000年以后，逐步实现县种子公司统一供种。

（一）水稻

1983年，旱改水，引进盐粳系统中粳品种。1988年，开始引进和推广"816-92"。21世纪初，引进推广"99-15"。2004年开始，因条纹叶枯病逐渐蔓延，先后引进扬粳9538、扬幅粳8号、南粳44、淮稻7号等对条纹叶枯有一定抗性的水稻品种，糯稻品种种植武育糯17号。

1991年后，域内推广新型的水稻抛秧栽培技术。即利用塑料软盘育秧，整盘运送到大田，进行人工抛秧，彻底改变传统的"面朝黄土背朝天"育秧、拔秧和栽秧的水稻生产农事方式。抛秧省秧、省工、省种、省水，增产增收，由于花工少、产量高，适应农村劳动力转移的新情况，得到群众认可，抛秧面积迅速扩大。1993年，抛秧地块亩产达到542.5公斤，比手栽增产1.9%。1993年后，抛秧产量又逐年提高，最高每亩800多公斤。到1999年，域内抛秧面积占水稻种植面积的99%，实现抛秧化。此后，域内又出现机直播、旱直播等水稻栽培技术。

图6-1 水稻（高宝生摄于2017年9月）

（二）玉米

玉米是域内主要种植作物，中华人民共和国成立初以常规品种为主，品种主要为小金黄、大金黄。20世纪70年代开始统一杂交制种，种植品种有苏玉1号、东台1号、烟单一号。80—90年代先后引进推广丹玉6号、掖单2号、掖单13号。2003年开始，引进推广紧凑型品种苏玉19、苏玉9号、登海9号。2010年开始，引进推广中江玉6号。

图6-2 玉米（高宝生摄于2017年5月）

（三）三麦

中华人民共和国成立初至20世纪70年代，大麦品种有"中大1号、一尺八大麦、紫果大麦"。元麦品种有"三月黄"。1963—1964年调入元麦"黑六柱""白六柱"。1965年引入"矮脚早""萧山三月黄"。70年代以来有"立新1号""立新2号""早熟41""海麦1号""605""浙114""757"等品种，其中以"立新"元麦为主体品种，"浙114"品种的利用时间也较长。80年代元麦种植逐步减少，引进二棱大麦。90年代，域内以种植小麦为主，基本上不再种植大麦，小麦是三麦生产的主体，历年来引进推广种植的品种先后有冬健子、兴实小麦、矮秆红。90年代当家品种主要是"扬麦5号"。2000年以后陆续引进推广"宁麦8号""扬麦158""扬麦11""扬麦13""扬麦15"等品种。

图6-3 小麦（高宝生摄于2017年5月）

（四）油菜

中华人民共和国成立前，油菜以白菜型为主，基本品种有“立夏黄”。20 世纪 60 年代逐步为甘蓝型油菜所代替。80 年中后期引种“中油 82-1”，后引进秦油 2 号双低油菜。2000 年后以秦优 7 号、秦优 10 号为主，这两个品种产量高、出油率高、品质好、价格高、抗病力强，深受群众欢迎。

图 6-4 油菜（高宝生摄于 2017 年 4 月）

（五）豆类

域内豆类种植主要有黄豆（大豆）、蚕豆、豌豆、赤豆、绿豆。黄豆为域内主要油料作物，分早熟、晚熟两种。传统品种有羊子眼、油榨古、水白豆、早黑豆。1957 年，引进金大 332、扬州沙豆等。20 世纪 60 年代后期推广 3911、稻熟黄。70 年代推广泰州黑、五月白。

蚕豆品种，20 世纪 50 年代推广牛踏扁、三白蚕豆。80 年代推广大白皮。

豌豆，传统的品种有草子豌、白豌豆、扁豆豌等。

1949—2017 年部分年份角斜域内农作物亩产量一览表

表 6-4　　　　单位：公斤

年份	粮食生产				棉花生产	油料
	小麦	大麦	元麦	水稻		
1949	75	87	60	108	15	78.5
1973	139.5	138.5	116.5	338	50	82.5
1975	184	159	132.5	342	57.2	85.8
1979	250.5	165	265	346.5	70	85
1989	349	229	—	410.5	67.5	120
1998	232.5	196	—	595	70	150
2008	447.5	350	—	606	90	240
2014	479	—	—	650	—	245
2017	490	—	—	700	—	260

三、经济作物

（一）棉花

棉花是当地主要经济作物，原住民早年就有零星种植“小籽棉”。1916 年后，民族资本投资滩涂垦殖，张謇筹资在来南一带组建“大赉垦殖公司”，垦殖数千亩，大量种植棉花。中华人民共和国成立后到 1970 年，主要种植岱子棉 15 号。1970 年至 1980 年，主要种植抗病棉 861、麦后棉。20 世纪 80 年代末至 90 年代，缩棉扩桑，棉花面积逐步减少，主要种植泗棉三号。21 世纪初至 2010 年主要种植抗虫杂交棉、鲁棉 24、鲁棉 35、99-B-4 等品种。角斜地区棉花种植产量最高的年份是 1979 年，面积 3 万余亩，亩产皮棉 87.5 公斤。1975 年，滩河村两个村民小组以亩产皮棉 100 公斤的好成绩，出席省政府在南京召开的棉花生产先进集体表彰大会。2017 年，全镇已无棉花种植。

（二）薄荷

20 世纪 40 年代，角斜开始种植薄荷。1954 年，角斜少数农民从海门引进薄荷草试种成功，用薄荷根栽植，长成后，一般每年割两刀。通过蒸馏法吊油，开始时吊油无技术，请海门、南通等地师傅做示范，用铁锅熬薄荷草，一定火候后将铁锅蒸流出的水和油进行沉淀，油全部浮在上面，一般亩产薄荷油 4—5 公斤。中华人民共和国成立后，薄荷品种有 738、687、海选 1 号，这些品种特点是叶片厚、出油率高、含脑率高、旋光度好。在测试手段上采用旋光仪和目测含脑量两种。1958 年前，以户零星种植，产地从角斜扩大至李堡、北凌等地。1964 年，南通地区下达角斜种植计划达 1100 亩，当年生产薄荷油近 2500 公斤，比上年增长 30 倍，次年收购 484 公斤。1966 年至 70 年代，受国际市场行情的制约，生产收购一直徘徊在 550 公斤左右。从 1974 年起，薄荷油产量又逐年增长。1978 年，计划面积扩大到 4000 亩，收购 1.67 万公斤，比 1964 年增长 3.7 倍。1985 年，选用良种“738”等每亩产油提高到 10 公斤，生产收购量达历史新高 8500 公斤。1987 年，国家放开薄荷油经营渠道。1991 年后，种植面积减少。1993—2017 年，域内基本无人种植薄荷。

四、蔬菜

20 世纪 90 年代，随着城乡人民生活水平的不断提高，政府推动城市“菜篮子”工程建设，角斜地区蔬菜种植面积不断增加，汤灶村的“金叶牌”韭菜、韭黄运销国内外各大城市，深受人们的青睐。1995 年，来南村被农业部评为全国庭院经济高效产业专业示范村。2015 年后，域内蔬菜生产的规模越来越大，大棚种植反季节蔬菜成为角斜人的致富门路，县道公路边的蔬菜大棚一个接一个，成排成片。蔬菜生产经销人应运而生，广告喇叭声此起彼伏，每天都有无数的大中型车辆载着数十吨的瓜果、蔬菜运往各大小城市。2017 年，全镇蔬菜种植面积万余亩，种植品种也越来越多，以设施蔬菜栽培和露天蔬菜栽培为主，从事蔬菜生产和运销人员相对也越来越多，经销人员有 200 多人，从事运输车辆达 500 辆。

（一）品种

菜类。白菜：小白菜（四季播）、三月白、四月不老、五月晚、高脚白、汤菜；青菜：百合头、千棵头、苏州青、泰州青、碗儿青、鸡冠头、牛耳头、羊耳头、马耳头、黑乌风、塌棵菜；黄芽菜：本地包头（石盖头）、李堡包头、华北包头、福山包头、城阳青、双青、双青 156、大青口、小青口、核桃纹、榆包一号、碧玉；菠菜：本地品种、引进品种；韭菜：本地品种、十月青、雪里青；花椰菜：五十天、六十天、八十天、九十天、一百二十天、旺心；卷心菜：鸡心、牛心、大平头、小平头、报春早、寒冬；莴苣：菊叶品种、红叶莴苣；茼蒿：菊叶、八叶；蒲芹：春芹、秋芹、火蒲芹；萝卜：本地六十籽、如皋六十籽、安徽六十籽、百日籽、浙大白、天津绿、穿心红、国光一号、袍里红、春红萝卜、春白萝卜；胡萝卜：本地品种、日本红胡萝卜；本大头、洋大头、榨菜、雪里蕻。计 70 个品种。

瓜类。冬瓜：本地品种。西瓜：本地品种、解放瓜、华东 24 号、华东 26 号、平湖瓜、台黑；南瓜（番瓜）：鸭子瓜、坛子瓜、盆子瓜、大磨盘、癞猴子、金瓜；笋瓜：本地品种、引进品种；甜瓜（香瓜）：青皮、黄皮、十轮香、金铃子、香元黄；黄瓜：本地叶黄瓜、九叶黄瓜、京宁 2 号、上海黄瓜、杨行黄瓜、宁阳刺瓜、乳瓜；水菜瓜：青皮、黄皮。牛角瓜：小肚、胖婆腿；丝瓜：棒头丝、蛇丝。计 33 个品种。

茄果类。茄子：本地紫茄、面条茄、人头茄、苏州长茄、海丰茄；西红柿（番茄）：粉红、大红、强力美寿、极早红、7501、7503、农大 24、满丝、罗马 4 号、宁农 1 号、新丰黄、北京 1 号、北京 3 号、北京 1 号 × 武奎、北京 1 号 × 大黄、粤农 2 号、北京 1 号 × 玛拉、巴基斯坦、弗洛雷德、玛娜佩尔、丰收红、罗亚尔阿塞 VF、希望 × 玛娜佩尔、特罗皮克、早粉红；辣椒：菜椒（甜椒）、羊角椒、海丰 1 号、同丰 16 号、同丰 37。计 35 个品种。

薯类。山芋：黄大头、北京 1 号、北京 2 号、胜利 2 号、一窝蜂；洋山芋（马铃薯）：白皮沙、红皮沙、丰收白、白头翁、德山号；芋头：龙潭芋、紫梗芋、白梗芋；山药、芋艿（葵花芋）。计 15 个品种。

豆类。黄豆：瓜熟豆、时豆、八月白；绿豆；赤豆：大红袍、麻雀蛋；蚕豆：青蚕豆、牛踏扁、启东 2 号；豌豆：白豌、鸭鸡豌；扁豆：白扁豆、红扁豆；刀豆：本地品种、地刀豆；豇豆（架豆）：本地品种、尚秧红、盘香豇、一点红、天律 1 号、天津 2 号、丰收 1 号、井冈 59 号、美国架豆、西安长角、紫皮长角、青岛架豆、法国架豆、抗莠玉豆。计29个品种。

调味类。生姜：山东鸡爪姜、浙江小林姜；葱：紫葱、饭葱；洋葱：紫皮葱、黄皮葱；蒜：蒜头、汤蒜；芫荽（香菜）。计9个品种。

根茎类。百合、甘蔗。计2个品种。

水生作物类。水芹菜、慈姑、荸荠、荷藕。计4个品种。

食用菌类。蘑菇、平菇、香菇。计3个品种。

（二）生产技术

种子处理：浸种催芽，热水烫种和药剂处理。

冷床育苗：1963年，开始对茄果、黄瓜、豇豆等主要蔬菜品种进行冷床育苗。

大棚生产：80年代中期，专用菜地夏熟菜生产80%采用大、中、小棚设施栽培。蔬菜育苗方法，早期采用露地育苗；先后采用温室育苗；温床育苗；半温室育苗；冷床育苗；推广快速无土育苗和太阳能育苗。

五、特种作物（药材）

中草药材种植主要集中在来南村、汤灶村。1987年，药农由290户发展到1200户。种植品种有白术、麦冬、川芎、黄芪、杭白菊、瓜蒌、半夏、玄胡、浙贝母等20多个，其中浙贝母栽培面积较大。1986年，角斜来南村三组陆忠山、五组王资柏两家，各种植白术3亩和5亩，总产值分别为2万多元和3万多元，成为有名的药材万元户。1994年，来南村建成中药材收购加工厂，为本地中草药材提供了稳定的购销渠道。在栽培方式上，主要利用十边隙地零星种植，而浙贝母、玄胡在栽培上，因其生长季节为冬春季节，农户主要利用小方柿树下的空地进行套夹种，综合利用土地提高效益。

2003年由于国内部分省、市发生“SARS”（非典型肺炎）疫情，药农生产的浙贝母价格飙升，卖到每公斤240元，亩产值都在20万元以上，出现了当年收入超百万的农户，创下了域内中药材栽培史上最高产值的纪录。

六、肥料

1958年大搞深耕，以图提高耕作层厚度，从而促进作物增量。然而深层冷、板、瘦的土翻上来后，对作物生产带来负面影响。后来，提倡浅耕。在肥料施用方面，先是以有机肥灰、粪、绿肥为主，后来以化肥为主。

（一）传统肥料

农家肥：角斜地区使用历史最久的主要有机肥源之一。包括粪尿肥，鸡、羊、兔、杂灰肥，还有蚕沙等。

堆沤肥主要包括草塘泥、沼肥和食用菌下脚料等。草塘泥是50年代至60年代初的重要有机肥源之一。草塘泥是以秸草、绿肥、青草、杂灰和粪等与河泥沤制，一般沤2—3个月。20世纪60年代中期开始全面推广，之后得到较大发展，1980年联产承包责任制后，草塘泥的积造很少。

绿肥：中华人民共和国成立初期，域内开始种植冬绿肥，1960年后冬绿肥的品种以黄花草为主，1970年后红花草也占一定比重，另有种植少量的苕子和蚕豆、豌豆，1980年以后蚕豆、豌豆占较大比重，作为经济绿肥。冬绿肥的种植方式，20世纪50年代以秧池为主，之后以大面积纯作为主，部分夹作，还有桑园套作冬绿肥。冬绿肥纯作主要用作麦茬稻基肥，麦田夹作绿肥主要用于春天扣青，作棉花、玉米基肥。另外，20世纪70年代约有10%的冬绿肥用于喂猪、喂羊，过腹肥田。

20世纪70年代推广玉米、棉花套种田菁、柽麻等夏秋绿肥，同时利用十边隙地栽种夏秋绿肥，主要用于后季稻或三麦基肥。另外，发动群众割青草，用于制作草塘泥，或后季稻田扣青。

20世纪50年代开始利用水面放养水花生、水葫芦、水浮莲、绿萍作为草塘泥的原料。由于污染水环境，后逐渐清理，逐步淘汰。

河泥肥：角斜域内有使用河泥肥的传统，20世纪70年代大积大造自然肥料，每年冬季用船在河里罱河泥。河泥主要用于冬季盖麦、浇浆、做草塘泥，制营养钵等。由于用工大，只在清淤时偶尔散见农户用以沤田。

秸秆肥：指未经任何生化处理而直接还田的作物秸秆，以早稻及夏熟秸秆为主。2010年以后，对农作物秸秆“禁抛禁烧”的“双禁”工作开展，大面积的秸秆还田，持续不断的政府的行政推进，已经成为农村种植业的一种常态，有效保证有机肥的投入，净化了空气、净化了水体。

饼肥，主要是棉饼和菜饼，但施用面积不大，主要用于园艺、药材种植，饼肥养分含量高，肥效缓长，深受农民欢迎。

（二）化学肥料

50年代开始，国家就示范推广氮素化肥。农村供销社开始有进口的“肥田粉”出售，施用量不大，随着各县“五小工业”的发展，县里建立了化肥厂。60年代开始大面积施用化肥，每亩2.5—5公斤。2000年后，施用量每亩60—70公斤。2017年，亩均施用各种化肥120公斤左右。域内年消耗各类化肥在万吨以上。

氮肥，主要品种有氮酸氢铵、硫铵、硝铵、氯化铵、尿素等。

磷肥，主要用于根类有根瘤菌的豆科品种，品种主要是过磷酸钙。

钾肥、锌肥，主要是微量元素添加剂型施用。

复合肥，2005年后，实施测土配方施肥项目工程。2017年，施肥是有机肥与无机肥相结合即专用复合肥，以确保农业的可持续发展。

角斜镇小麦测土配方施肥建议一览表

表6-5

施肥分区	村别	施肥建议（单位：亩用量）
较低P 较低K	沿口　角斜　富港　江海	基肥：25%配方肥30—35公斤+碳铵10公斤左右+优质有机肥20—25担。苗蘖肥：尿素5—7.5公斤。拔节孕穗肥：尿素7.5公斤左右
较低P 中K	五凌　五虎　新坝　范堑 滩河　老庄　海港	基肥：25%配方肥30公斤左右+碳铵10公斤左右+优质有机肥20—25担。苗蘖肥：尿素5—7.5公斤。拔节孕穗肥：尿素7.5公斤左右
较低P 较高K	周庄　建场　镇海 顾陶	
中P中K	双龙　来南　汤灶 通港　川港	基肥：25%配方肥20—30公斤+碳铵10公斤左右+优质有机肥20—25担。苗蘖肥：尿素5公斤左右。拔节孕穗肥：尿素7.5公斤左右
附	①选用优良品种，适期播种。运用群体质量栽培、病虫草综合防治等配套技术。②苗蘖肥11月下旬至12月中旬施用，少量可在2月份“捉黄塘”，促平衡。拔节孕穗肥3月份看苗施用。③基肥在土壤耕翻前施用，尽量深施。苗蘖肥、拔节孕穗肥可在雨前撒施，最好穴施或条施。④优质有机肥指腐熟鸡肥、人畜粪、蚕沙等。1担优质有机肥相当于2公斤25%复混肥。可根据有机肥用量适当增减配方肥。⑤配方肥品种以江苏省海安县测土配方施肥推荐产品为佳。使用40%以上高浓度复混（BB）肥，一般用量减半。⑥分蘖至拔节期喷施氨基酸中微肥等1—2次。⑦目标产量每亩400—450公斤。⑧接受当地农技人员技术咨询、指导	

角斜镇水稻测土配方施肥建议一览表

表6-6

施肥分区	村别	目标产量（公斤每亩）	施肥建议（单位：亩用量）
较低P较低K	沿口　角斜　富港 江海	600	基肥：25%配方肥35公斤左右+优质有机肥15—20担+尿素5公斤左右。分蘖肥：尿素10公斤左右。拔节孕穗肥：专用穗肥20—25公斤

续表 6-6

施肥分区	村别	目标产量（公斤每亩）	施肥建议（单位：亩用量）
较低P中K	五凌 五虎 新坝 范堑 滩河 老庄 海港	600—625	基肥:25%配方肥30—35公斤+优质有机肥15—20担+尿素6公斤左右。分蘖肥：尿素10公斤左右。拔节孕穗肥：专用穗肥20公斤左右
较低P较高K	周庄 建场 镇海 顾陶	600—625	基肥:25%配方肥35公斤左右+优质有机肥15—20担+尿素5公斤左右。分蘖肥：尿素10公斤左右。拔节孕穗肥：专用穗肥15公斤左右
中P中K	双龙 来南 汤灶 通港 川港	600—650	基肥:25%配方肥30公斤左右+优质有机肥15—20担+尿素5—7.5公斤左右。分蘖肥:尿素10公斤左右。拔节孕穗肥:专用穗肥20公斤左右
备注	①选用优良品种，运用群体质量栽培、病虫草综合防治等配套技术。②分蘖肥一般醒棵后1次施用；机插秧可分1—2次，基肥中尿素一半后移作蘖肥。穗肥7月底至8月上旬分促花肥、保花肥两次施用，也可看苗“促保”结合1次施用。③基肥中尿素可用等氮量的脲铵或碳铵代替。有机肥不足的农户，适当增加配方肥用量；1担优质有机肥相当于2公斤25%复混肥。使用高氮高浓度配方肥（如26-6-8）作基肥，不需另加单质氮肥。④结合化除或分蘖肥亩用锌肥0.5公斤；分蘖至拔节期喷施高效硅肥等中微肥等1—2次。⑤苗床用有机肥培肥后，每50张左右秧盘用苗床用肥1袋（1公斤）作基肥。⑥肥料尽量深施。⑦配方肥品种以江苏省海安县测土配方施肥推荐产品为佳 * 具体田块也可以根据常年产量加5%—10%确定目标产量及相应施肥量		

七、植物保护

20世纪60年代起，域内各农技站就对水稻二代螟、稻苞虫、棉花红铃虫、红蜘蛛、玉米螟、三麦赤霉病等进行大量的防治。70年代又增加对水稻的纹枯病，稻蓟马、纵卷叶虫、育棒象、棉铃虫、棉田玉米螟、麦类白粉病的重点防治。

（一）生物防治

1960年、1961年，试养、试用金小蜂防治棉花红铃虫。1972年、1974年生产杀螟杆菌“7216”，应用于麦松虫、菜青虫的防治。1975—1976年，从棉铃虫体内提取棉铃虫核型多角体，应用于防治棉铃虫。此外还应用蚜霉菌防治棉花蚜虫。1980年后，大面积应用微生物农药井冈霉素，防治水稻纹枯病。

（二）物理防治

20世纪60年代后，域内运用过多种物理防治病虫的方法：（1）点灯诱蛾，60年代至70年代初，二代、三代三化螟发蛾高峰期，发动千家万户，一田一灯，利用灯光诱杀成虫。（2）稻草把诱卵，60年代后期至70年代末对三麦虫开展稻草把诱卵，在成虫产卵盛期，普遍在麦田内插稻草把，诱蛾产卵，再集中烧毁。此法至70年代末中断。（3）越冬防治，60年代后期开始至70年代后期，对棉花红铃虫越冬幼虫采取烫插、剔、封、扫、熏、烧等办法全面开展越冬季防治。（4）树枝把诱蛾，1971年防治四代棉铃虫蛾，树枝把诱蛾起过一定作用。（5）人工防治，70年代，棉铃虫发生量大，由于物质、技术等方面因素，人工防治也起到一定的作用。

（三）化学防治

1949—1952年，以无机农药为主，用量很少，主要品种有硅酸钙、磺粉。从1952年开始至20世纪80年代初，以有机氯为主，延续了20多年，其品种有223乳剂、六六六粉剂、混合粉，后增加有机磷，并逐步取代有机氯，如1605、敌百虫、乐果等，并使用氨基酸类。80年代初使用甲胺磷、久效磷、杀虫双、杀虫醚等。1984年开始用除虫菊脂等高效杀虫剂，并迅速增加。除草剂的使用量也不断上升。麦田主要用绿春隆、丁草胺、除草醚、二甲四氯、苯达松等。1990年推广应用百草敌,使它隆与二甲四氯混合。稻田重点在秧田应用除草醚,试用丁草胺、杀草丹、禾大壮,水稻田主要使用丁草胺,棉花苗床则以除草醚、绿麦隆为主。1990年还在湖桑田、渠沟边试用草甘膦、隐杀得、盖草能、禾草克、异丙隆、绿黄隆。同年秋,推广应用麦草灵、骠马防除杂草。

(四)农业防治

推广种植抗病品种。1965年以前,域内种植的小麦易感锈病。1965年以后推广种植"矮秆红""华东8号""阿决"等品种。1970年后,逐步推广扬麦系列。1980年后,又种植"宁丰小麦",基本控制了锈病的发生,二棱大元麦减轻了赤霉病的发生。

1970年,引进"金刚30号""种情"等品种。1976年,试种推广杂交稻"南优3号"。1987年,抗病品种王占70%左右,有效地控制了病害的发生。1992年,全县稻实行统一供种,基本控制、减轻了白叶枯病的发生。

20世纪60年代棉花枯萎病开始发生,70年代后期遍布全地区,80年代初引进抗病棉陕棉和盐棉,减轻了病害,90年代棉花枯萎病已得到控制。

轮作接茬。1980年前,域内每年约有三分之一的耕地进行水旱轮作,对控制某些病虫草的发生作用很大,如春类黄花叶病、棉花枯萎病、水稻纹枯病以及杂草的发生量均比连作要轻。

种子处理。1970年以前,棉花主要是西力生、赛力散拌种,以后主要用多菌灵拌种、浸种。20世纪70年代小麦用多菌灵浸种,稻种一般均用石灰水浸种,杂交稻用402浸种。1980年后,棉花用硫酸脱绒和402浸种。1989年,开始大面积推广拌种双拌种,控制了病害。

第三节 畜牧业

一、家畜

(一)猪

品种资源:域内饲养品种为姜曲海猪,具有产仔多、性情温驯、早熟易肥、脂肪沉积能力强、肉质鲜美等特点,是制作火腿香肠的主要原料之一,但体型小、肥膘厚、经济价值不高。1958年,各公社养殖场引进约克夏种猪与本种母猪杂交,仔猪体型大而长,吊肚勒梢,体重达125—150公斤,瘦肉率60%以上。1966年,各公社兽医站又引进长白猪种。1970年,引进苏白种公母猪进行纯繁。1980年后,采取人工授精方法,大大提高母猪产仔率和免疫力以及品种的纯度。

饲料生产:猪饲料一般以谷物、豆饼、糠麦,配以青绿杂草,煮熟饲喂。20世纪60年代推广以粗代精、以草代粮、以生代熟、发酵饲喂。1957年引进水浮莲、水葫芦。1958年引进糖甜菜,后来又引进大批水花生。1970年引进大头菜,1973年推广粮饲夹种,以种苜蓿、苕子为主。1975年推广聚合草作饲料,以后又引进三叶菜等青粗饲料。90年代后,推广全价配合饲料,辅以糠麸。

饲养状况:生猪养殖均为农户家庭散养,销售经营多为个体商贩。1952年,各乡始设猪业办事员,组织生猪生产。域内生猪饲养均为圈养,一般农户圈养1—4头猪为常见。1958年,"大跃进"运动时期,各公社开始大办万头养猪场,但因设备简陋,管理粗放,防疫灭病措施跟不上,导致瘟疫流行。粮食减产,生猪饲养量下降。1959年,万头猪场被撤销。1960年,生猪圈存量急剧下降,仅为1958年的50%以下。1962年,国家实行生猪外贸奖,补贴饲料粮和布证,充分调动了社员养猪积极性,使圈存量迅速上升。1971年,号召各生产队发展百头猪场。1973年,常年饲养一头猪的农户划给0.1亩地的饲料地,并且实行生猪留粮分配政策。1983年,生猪饲养量出现高峰。此后,由于农村剩余劳动力的转移,养猪向专业化发展,出现不少的养猪专业户。2015年年底,全镇有养猪专业户68家,圈存量2.86万头。零星散养主要为母猪繁育、乳猪育仔,规模育肥已向养猪专业户方向发展。2017年,猪口蹄疫防疫4.88万头,羊口蹄疫防疫8.15万只,猪蓝耳病防疫2.94万头,猪链球菌防疫2.82万头,猪瘟防疫4.83万头,羊小反刍防疫7.15万只,散养家禽3.48万羽。年底,全镇生猪总存栏1.77万头(其中肉猪1.01万头,苗猪5598头,母猪1955头)。

(二)羊

域内农户有养羊的传统,品种为白山羊。该种羊是肉、皮、毛兼用型的品种。肉膻味小,肥嫩鲜美,板皮结实细致,当年公羔颈脊部所产羊毛,挺直有锋,是制作毛笔的好原料。1967年角斜先后从浙江湖州和江苏吴县引进山羊300多只进行饲养,因羊毛价低,羔皮采收技术等问题,未能推广,饲养数量逐年减少。1991年引进睢宁公山羊2只,饲养于角西村,使用人工授精技术,以加速改良白山羊。因地域限制,农户一般以绳拴养为主,饲料为青杂草,冬季以豆秸、花生藤、干贮桑叶、萝卜叶子等为饲料,母羊在怀孕后期和哺乳期间,补喂少量精食。至2015年年底,全镇有养羊专业户48家,圈存量4.92万头。2017年,山羊总存栏4.15万只。

(三)牛

20世纪60年代前农家饲养中,主要用来耕作、戽水、农闲辅以油、糟二坊拉磨。过去养牛的人家不多,一般大户人家才饲养一头。牛有水牛、黄牛两种。水牛剽悍、力大,但价钱昂贵。黄牛力小,但便宜、好饲养。1956年,成立农业合作社,所有耕牛均作价入社,集体饲养,作为农业生产的主要生产工具。1957年,角斜有耕牛650头,沿口有耕牛720头。耕牛全年分舍饲、放养两期,霜降至小满为舍饲期。水牛主食为稻草,黄牛主食为玉米秸,严寒季节加喂棉饼、棉仁饼。小满至霜降为放养期,多至田埂、河边放牧,有时也补喂干草。夏季设汪塘,水牛防暑避蚊;黄牛则靠熏烟驱赶蚊虫。70年代开始,随着农业机械化的普及,以及农闲时耕牛饲养时间长、耗费草料多、收益甚微,于是逐渐被淘汰。2017年全区仅剩耕牛4头。

(四)兔

历史上民间饲养的兔均为白色体小的本地兔,俗称菜兔。1958年各公社引进全耳毛兔、青紫兰兔、力克斯兔。1970年引进日本大耳兔。1978年,养殖兔的户头多,但规模一般不大,多的100多只,少的十几只。1980年引进西德长毛兔。20世纪80年代中期,少数农户为迎合市场需求饲喂野兔。1990年,引进獭兔。兔历来以笼养为主,喂以青草、菜叶,冬季青料不足时增喂青干草、胡萝卜,并配合麸皮、黄豆等精料。2017年,角斜地区仅有少数几家养殖户,量也不是很大,规模较小。年底,域内兔子存栏575只。

二、家禽

(一)鸡

中华人民共和国成立前后,域内基本上每家每户都养几只鸡、鸭或鹅,下蛋自家食用。饲养的蛋鸡,均属当地土产鸡,血缘复杂,品种难以区别,成活率、产蛋率都很低。1960年,各兽医站引进航鸡、芦花鸡、狼山鸡,后来又引进S200、S220商品代鸡。1971年,引进希塞斯商品代鸡。1972年,引进红育鸡和肉用仔鸡白洛克。1976年,引进肉用仔鸡星波罗。1983年,域内引进罗斯褐色壳蛋鸡父母代。1984年,引进该品种祖代和AA父母代鸡。此后,随着养殖大户的发展,万羽鸡场、千羽鸡场不断涌现。至2017年,养禽户以饲养新罗曼蛋鸡为主。

农村传统养鸡方法多为散养。20世纪60年代开始,为避免糟蹋庄稼,再加上当时割资本主义尾巴,全镇推广圈养鸡,后来发展为稀竹帘平养或高床平养。1986年,学习外地经验,改革为笼养,2000年后,养鸡专业户改进为半自动化饲养,又开始有农户饲养散养鸡,以满足市场需求。同时对种鸡采取人工授精、采种蛋,以减少公鸡饲养量、增加母鸡种蛋产量,同时又提高种蛋孵化成活率。2017年,家禽总存栏215.56万羽,肉鸡34.49万羽,散禽总存栏2.58万羽。

(二)鸭

传统饲养的品种有高邮麻鸭。麻鸭产蛋率高、个头小、枚重小,平均每斤8个。鸭宜养殖在淡水河中,食螺蛳等水生杂物,也食谷物、糠麸。农户均为散养为主,白天放于河内,夜晚圈舍。一年四季补饲,重点有四次:早春种鸭开产之前,夏季水位较高时,秋季种鸭复膘之际及严冬冰冻之时。

(三)鹅

域内养鹅的农户及鹅的数量较少,品种为太

湖鹅，均为散养，白天赶到河里及稻田内觅食害虫、小鱼、螺蛳，夜晚圈舍补少量的皮糠等。

三、孵坊

中华人民共和国成立前后，家禽繁殖主要靠成禽体温自然孵化，这样的孵化量少，一般一窝只有 10—15 只，也有人用煤油灯、电灯等方法自繁自养。80 年代，随着养禽业的迅速发展，不少人办起孵坊。特别是 90 年代中期养禽成风，孵坊到处可见，但好景不长，由于行情疲软，不少人因盲目投资，大量养禽，遭到风险。2017 年，全镇有孵坊 6 个。

第四节 蚕桑生产

一、栽桑

中华人民共和国成立前后，栽桑是本桑，叶质差、数量少，蚕自然温湿饲养，喂乔木桑叶，饲养量少，故产量低，丝质差。一般农户只养一期春蚕。中华人民共和国成立后，农民因生产、生活（农具和家具）的需要，栽种桑树的人日益增多，养蚕的人数亦日趋增加。1958—1960 年，培育实生苗嫁接湖桑。从 1958 年起，蚕桑生产作为副业生产的重要项目，列入生产计划，以大队为单位，集中规划订种、共育，三龄结束，然后分给各饲养户饲养。此后，各大队建立林蚕场，从各生产队抽调人员去林蚕场集中养蚕。1960 年后桑园又因为经济困难被毁。1964—1967 年，农村贯彻中共中央“双十条”，被毁桑园逐渐恢复。1964 年起，各公社开始引进优良桑树品种，最初引进的是湖桑 32 号，产量虽高但是晚熟，对小蚕饲养不利。60 年代后期引进早熟品种火桑、湖桑 35 号，使各龄蚕儿都有了合适的桑叶，后又引进品质更加优良的湖桑 151、新一之赖、7307、711 等。湖桑主要在“三边一堤”（三边：河边、路边、塘边；一堤：栟茶河边和海边的大堤）上和零星隙地栽植。也有的生产队利用大田栽植。1968 年后，由生产队集中饲养。1970 年后，开展群众性的湖桑育苗工作，实行自采种、自育苗、自栽植的“三自”方针。公社、大队、生产队号召妇女、儿童采收桑椹、淘洗籽，使扩桑成本大大减少，时间大大缩短，嫁接方法也从单一的袋接发展到根接等多种方法。1974—1978 年结合农村农田方整，将零星桑园改建成成片成带桑园，大田栽桑养蚕逐步形成规模效益。1985 年，旧场养蚕只有 600 多张，1987、1988 年进行扩桑，7 大队一次扩桑 300 多亩。70—90 年代，“缩棉扩桑”“缩油扩桑”，域内各乡镇蚕桑生产逐年递增。至 1989 年旧场有桑田面积 1500 多亩，一次发种 2800 张。1995 年，角斜镇有桑园面积 3382 亩，发种 1.3 万张，产茧 48.43 万公斤，产值 680.2 万元。此后，桑田面积随之减少，旧场与老坝港合并后蚕桑生产走入低谷。桑园面积萎缩，蚕桑生产受到一定程度的影响。1999 年角斜桑园面积下降到 1007 亩，2007 年，角斜蚕桑生产又掀起高峰，面积 4952 亩。桑树栽培经历了由本桑到湖桑，由零星“三边一堤”桑至成片成带桑，由稀植到密植和由中高干桑到低干桑，由“一年育苗，二年嫁接，三年栽培，四年成园”到“一步成园”的发展过程。2012 年后，桑园面积又逐步减少。2017 年，全镇桑园面积 1951 亩。

二、养蚕

1999 年发蚕种 4118 张，产茧 14.94 万公斤，产值 199.9 万元。2007 年发种 2.19 万张，产茧 66.6 万公斤，产值 1422 万元。1958—2015 年，蚕种经过了几次更新换代。每张种的卵量也有增加。2017 年，发蚕种 4451 张，产茧 17.6 万公斤，产值 880 万元。

春蚕品种。50 年代推广瀛翰 × 华交、瀛翰 × 华 8（均系正反交，以下类同）及镇 5 × 镇 6、镇 11 × 镇 12。20 世纪 60—70 年代推广丝质优良的苏 16 × 苏 17、东肥 × 华合、东肥 671 × 华合、新翰 × 新 9、754 × 753 等。80 年代至 2017 年以苏5×苏6为当家品种，其间也推广A4元等蚕种。90年代同时饲养中新1号×日新1号。1990年中日蚕桑技术交流，引繁了7·9×8·10新品种。

夏秋蚕品种。20世纪50年代以瀛文×华10(正反交，以下类同)当家;60年代以抗高温品种华10×306当家;1970年后，以抗高温、抗病力强的东34×603为主，另有部分东34×苏12;70年代推广苏3×苏4;1980年后以苏3秋3×苏4当家。80年代中后期至今，配发部分24·46×57A57B(即新四元)、丰1×54A、75新×7532等蚕种。80年代初期，海安县蚕桑科研单位于夏蚕、早秋蚕高温季节，饲养多丝量蚕种苏5×苏6获得成功。1980年至2017年，夏蚕、早秋蚕的大部分、中秋蚕全部饲养苏5×苏6或新四元。

小蚕共育。蚕种经县催青后由各乡镇统一领回。20世纪70年代以大队、生产队共育，80年代以联户共育、集中共育为主。80年代后期至90年代初推广专业化共育室和村办供育室，主要以炕床育为主，至2004年起，有部分农户开始使用自动加温补湿器供育，既省工又省本，全区各乡镇小蚕供育率达100%。

大蚕饲养。刚开始推广勤喂薄饲，20世纪70年代中后期推行地蚕育、条桑育、室外育。80年代后期推广全芽育、蚕台育、少回育、斜面育等省力化养蚕技术。

熟蚕上蔟。刚开始熟蚕上蔟均用手捉。20世纪80年代初推广方格蔟自动上蔟，90年代推广方格蔟室外预上蔟技术，工效提高3—4倍，且茧质优良，病原减少。

1970年后，由一年春秋蚕两期向一年春、夏、早秋、中秋、晚秋多批次发展，后来经过多次调整，基本稳定在春蚕32%左右，夏蚕14%左右，秋蚕54%左右。

角斜域内蚕病主要有：昆虫引起的蝇蛆病、壁虱病。病毒引起的血液型脓病、胃肠型脓病、空头性软化病。细菌引起的黑胸头败血症、青头败血症。真菌引起的白僵病、黄僵病、绿僵病、曲霉病。还有农药中毒、工业废气污染等。

防治方法：积极推广蚕病防治技术，将消毒防病工作贯穿于养蚕全过程。对蚕室蚕具和蚕体蚕座消毒药剂主要有:20世纪50年代主要使用福尔马林、西力生、赛力散;60年代主要使用消毒散;70年代推广表面活性剂——新洁尔灭石灰浆及402;80年代使用蚕康宁、多灭净、优氯净、防病1号、蚕座净、杀虱灵等;90年代推广使用消毒净、消毒灵、熏毒威等新型消毒药剂，有效地控制了由昆虫细菌、病毒引起的蚕病。

三、簇具

刚刚开始主要用稻草、麦秸做成草把或菜籽秸秆上蔟，后推广蜈蚣簇和折簇。20世纪70年代初使用塑料折簇，因价格高，不吸湿，未能推广开。70年代中后期至今推广方格蔟，茧型匀整、茧色洁白、上茧率高、解舒良好。2017年全镇方格蔟使用率达100%。

1971—2017年角斜地域蚕桑生产情况

表6-7

年度	桑园面积(亩)	发种(张)	总产(公斤)	产值(万元)
1971	—	—	30815.5	—
1972	—	—	34859	—
1973	—	—	36076	—
1974	895	1660	39642.5	—
1975	1053	1706	42240.5	—
1976	1053	23032	45000.9	11.64
1977	1053	1996	39884.5	10.65

续表 6-7

年度	桑园面积(亩)	发种(张)	总产(公斤)	产值(万元)
1978	1053	2229	48216.05	13.19
1979	1053	2391	60576.65	20.30
1980	1053	2541	7536.85	25.24
1981	1053	3059	84503.1	29.02
1982	1053	3434	90887.95	32.09
1983	1053	3495	92159.5	33.08
1984	1053	3390	114305.5	41.80
1985	1053	3294	124392.5	47.99
1986	1083	3355	124927	51.61
1987	1364.9	3093	207891	104.5
1988	1364.9	3290	215227	220.14
1989	2265	4440	324945	325.56
1990	2265	5486	277360	295.48
1991	2265	7654	234509	235.46
1992	2265	9064	190853	186.13
1993	2638	9062	300000	352
1994	2638	11452	380000	772.2
1995	3382	13266	484300	680.2
1996	1351	4794	158527	216.81
1997	1300	4203	158059	309.09
1998	1200	4172	152817	241.78
1999	1007	4118	149445	199.89
2000	2658	9468	360053	718.25
2001	3874	9832	396108	677.18
2002	3853	11917	469600	593.03
2003	3853	12328	477000	835
2004	3794	13953	593200	1134.47
2005	4376	16816	568000	1418
2006	4694	19988	734000	2331
2007	4952	21938	666000	1422
2008	4445	21394	806000	1617
2009	3300	14914	603000	1650
2010	3389	15858	675000	297
2011	4243	19444	725000	3045
2012	4271	16904	606000	2545.2
2013	4099	14549	496000	2132.8

续表 6-7

年度	桑园面积(亩)	发种(张)	总产(公斤)	产值(万元)
2014	3674	10712	339000	1491.6
2015	2901	8334	312000	1310.4
2016	2300	6300	190000	998.5
2017	1951	4451	176000	880

第五节　林业

角斜域内自古就有在宅旁、河旁、路旁、渠旁植树的传统习惯。中华人民共和国成立后，每年冬春开展植树造林活动。1977 年，沿口公社首先建设以乔木桑为主的农田村网，至 1979 年初达到“田成方、河成网、路成线、树成行”的要求。1982 年，域内各公社(乡镇)相继建立绿化委员会和绿化领导组，每年植树节组织人员植树栽草。1990 年域内各乡镇都与县政府签订绿化责任状。1989—1990 年，沿口、角斜经南通市绿化委员会验收，批准为达标单位。

一、庭院绿化

旧时，域内农民在家前屋后栽植一些桑树、楝树、榆树、柳树等；20 世纪 70 年代引进水杉、泡桐等在宅地前后种植；80 年代，农民又在家前屋后种银杏、桃、梨、柿子、枇杷等树；90 年代，种植结构调整，农民为了增加收入，有些农户大面积栽种梨、桃等果树。

2000 年后，人们在庭院内栽植宜人喜好的树木花草，以美化庭院。主要有小叶黄杨、桂花和小灌木等。

二、四旁绿化

宅旁：20 世纪 50—60 年代初以苦楝、桑树为主；60 年代中后期以刺槐、泡桐树为主；70 年代以乔木桑为主；80 年代以水杉、果树为主。

河旁、路旁、渠旁：20 世纪 70 年代末、80 年代初以乔木桑、白榆为主；80年代中期，以水杉、果树、意杨为主。1996 年，角斜镇来南村被全国绿化委员会授予“全国造林绿化千佳村”称号。2017 年，新增造林面积 850 亩，双龙村为绿化综合示范村。

三、道路绿化

县道、乡镇道由沿线乡镇组织沿线村、组农民栽植和更新，栽植的品种以水杉、意杨、女贞为主。至 2017 年，角斜镇道路绿化约 1.8 万亩。1988 年，角斜镇被南通市人民政府表彰为农田林网优秀工程。

四、圩堤绿化

域内沿栟茶运河畔的农民在堤岸上栽植的都是胡桑。范公堤角斜、老坝港段以及新海堤上栽植的是刺槐和意杨。至 2017 年圩堤绿化约 8000 亩。

第六节　农业园区建设

2010 年 3 月 9 日，江苏(海安)苏台合作现代农业产业示范园经省农委、台办、商务厅联合批准成立。同年 5 月，经农业部、国台办批准升格为“南通江海台湾农民创业园海安苏台合作示范区”。园区位于老坝港角斜镇域内。园区实行政区合一，规划面积 10.52 万亩，其中老垦区和新围垦区域实行海域规划管理。规划区范围32.75平方公里，其中滩涂面积21.8平方公里。主导产业有紫菜养殖加工、特种水产养殖、禽蛋养殖加工、蔬菜等。

园区目标建成"一核、二区、三园"，着力构筑三大平台，即两岸农业科技和信息交流平台、现代农业生产要素引进消化平台、农业生产方式转变和创新平台。园区立足一、二、三产融合发展，引导农业生产向消费转变，将产业链、价值链、供应链等现代经营管理理念融入农业，围绕"互联网+现代农业"，以休闲观光农业展示带和星级"渔家乐"为抓手，重点打造"一园、一带、一街、一村"建设，使之成为繁荣农村、富裕农民的新兴支柱产业。

（一）紫菜加工园

2011年，园区内紫菜加工集中区升级为江苏省首批省级农产品加工集中区，加工区内从紫菜种苗培养、紫菜生产、集中加工到专业市场销售形成良好的产业链。加工区总面积1200亩，入驻紫菜企业13家及1家紫菜研究所。拥有亚洲最大的现代化紫菜育苗基地，成为农业部、财政部首批农业科技跨越计划——紫菜产业链项目实施单位、全国出口紫菜质量示范区、国家级紫菜良种场、国家级紫菜加工集中创业基地、江苏省农产品出口质量示范区。

（二）中洋河豚园

园区内以中洋集团为代表的特种水产养殖面积近4000亩，养殖品种有河豚、刀鱼、中华鲟、南美白对虾、鳗鱼、娃娃鱼等。（详见第七章第三节河豚之乡）

（三）农业设施园

区内设施农业面积4000余亩，其中高效设施农业面积1500亩。2017年，园区基本实现通水、通路、通电、通邮、通气、通宽带、通有线电视等。全年实现地区生产总值21.5亿元，税收总收入1.5亿元，就业人口近3万人。

第七节　特色农产品

（一）韭黄

角斜农民种植韭黄有20多年的历史，从当初自留地小块种植发展到2017年连片种植。角斜镇在汤灶村四组，投入100多万元，建成400亩的韭菜种植连片钢架大棚。多年中，村民们掌握了稀茬、条播、密茬、移栽等多种种植方式，钢架大棚既保温，又通风，还便于耕作和管理，大棚里长出的韭菜品相好，产量高，价格也比小棚里的贵一些，一个一分地的大棚一年能挣七八千元，与小棚相比翻了3倍。2010年，角斜镇被农业部列为南通市首家"全国无公害蔬菜生产示范基地"。至2015年，角斜镇韭菜种植面积扩大到1万多亩，成为全省最大的韭黄生产基地。

在科学种植韭菜模式的基础上，韭黄生产方式也发生革命性的变化，传统韭黄培育方式使得农药残留较多，农民通过摸索，创造出用黑薄膜覆盖生产韭黄的种植新方法，让韭黄产量大大提升，实现无公害生产。韭黄上市季节，每天有60多吨韭类农产品销往国内上海、南京、杭州等大中城市，并批量出口到朝鲜、韩国、日本等国家。

角斜镇韭黄种植摆脱"一家一户，单打独斗"的局面，走出"品牌+协会+基地+农户"的经营模式，精心打造知识、资本、技术三位一体的现代农业优势产业。

（二）紫菜

（见第七章海洋与渔业管理第四节紫菜之乡）

第八节　农具农机

一、传统农具

中华人民共和国成立前，域内粮食加工、交通运输、衡量器具等方面均沿袭千百年遗传下来的古老旧式器具，绝大多数采用人工、手工制作而成，并逐步发展到利用自然、牲畜等动力。

（一）除草农具

钩刀：镰刀形状之一，为割、刈草用具，主体为铁制，上有木柄。铲锹：又叫“小锹儿”，为铲草专用工具，主体为铁制，上有弯柄。锄：又叫“锄子”为锄草松土专用工具，主体为铁制，上有竹木柄。

（二）耕翻农具

大锹又名解放锹，为翻土、挖土专用工具，下端为铁制，上端为木柄，有蹬拐，可用脚助力。犁为翻土专用工具，一般为畜力拉，也有的用人拉，其结构为：犁耙木制，由人掌扶，掌握方向；犁梢木制拴绳，供牛拉；犁尖铁制；还有犁躺。耙为破碎泥土、播种盖种之工具，由木、铁齿制成，牛拉、人拉均可。耰为水田平整土地之工具，长约3米，方木制成，牛、人均可使用。钉耙为翻土耧田专用工具，铁制，木、竹柄，长条形四个铁齿。齿耙五齿或六齿，为耧田专用工具，铁制，竹、木柄。

（三）收脱农具

弯刀子又名镰刀，为割稻麦工具，铁制，弯木柄。连枷为拍打稻麦杂粮专用工具，头为竹板，用猪皮或铁丝箍成，竹柄。碌碡为碾谷专用工具，青石洗凿而成，用畜力或人力拉碾。板铣为扬谷专用工具，木制，柄弯曲。翻扒为翻晒谷物专用工具，木制。铁钗为翻场划草专用工具，铁制，竹木柄。拉扒为推堆谷物工具，木制，一人扶，一人拉。风箱为扬谷专用工具，木制，扬谷时谷、壳按比重分别淌出，也为地主收租时专用工具。淌筛

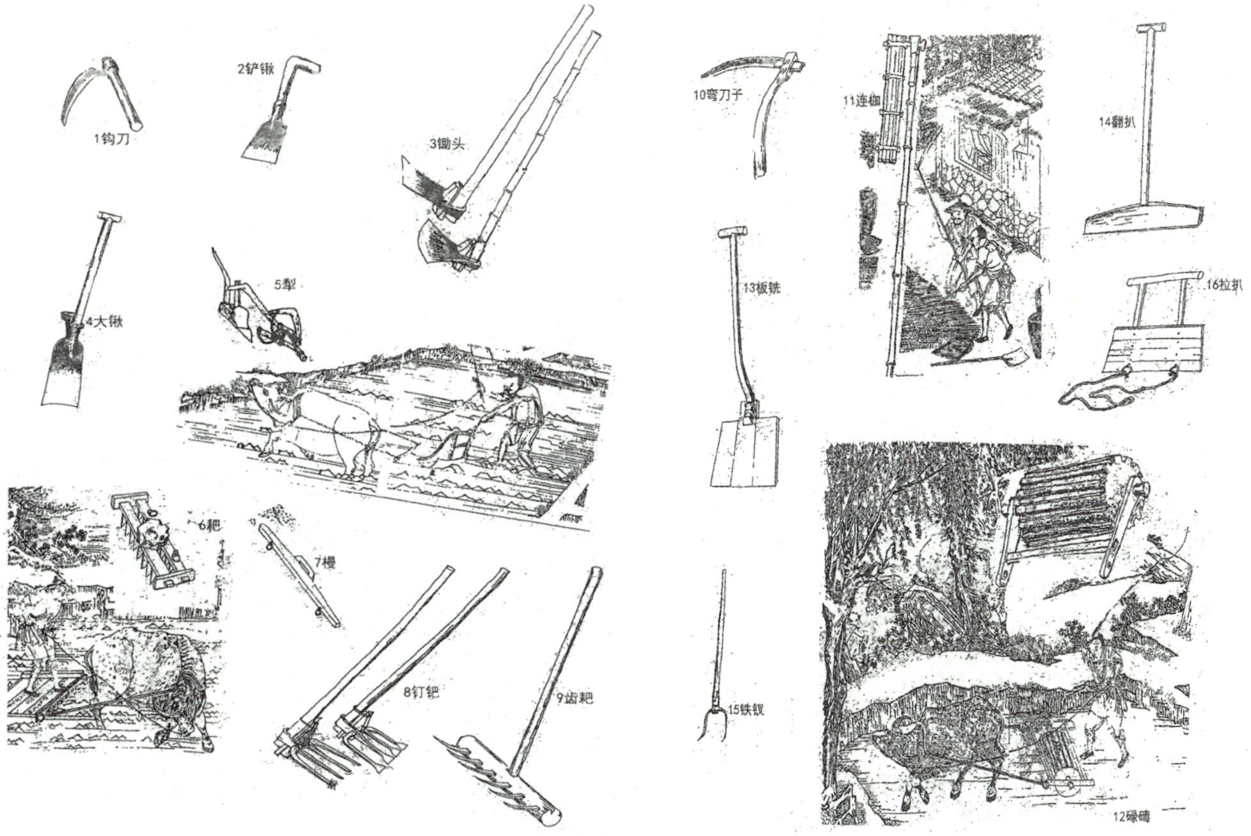

24碓

25磨子

17风箱

19簸筛

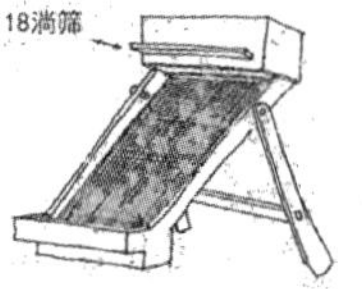
18淌筛

20簸箕

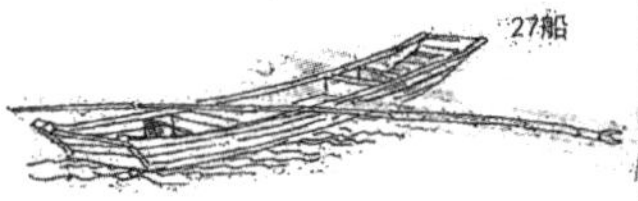
27船

28独轮车

22水车

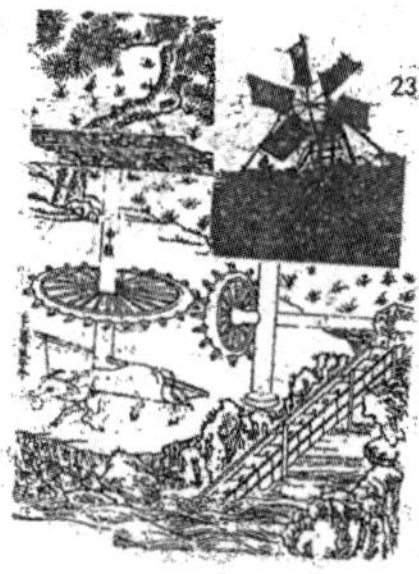
23风车

21稻床

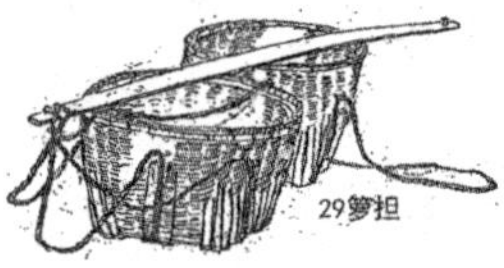
29箩担

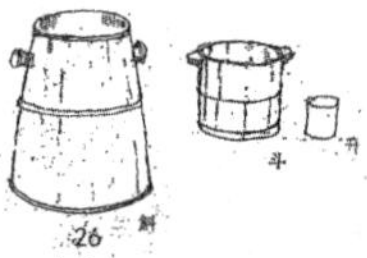

26 斛

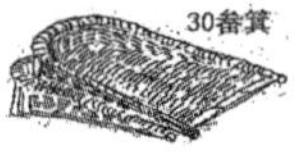
30畚箕

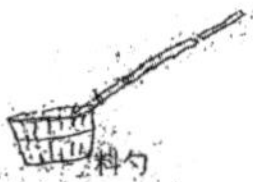
料勺

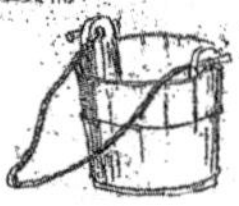
32粪桶

31络系

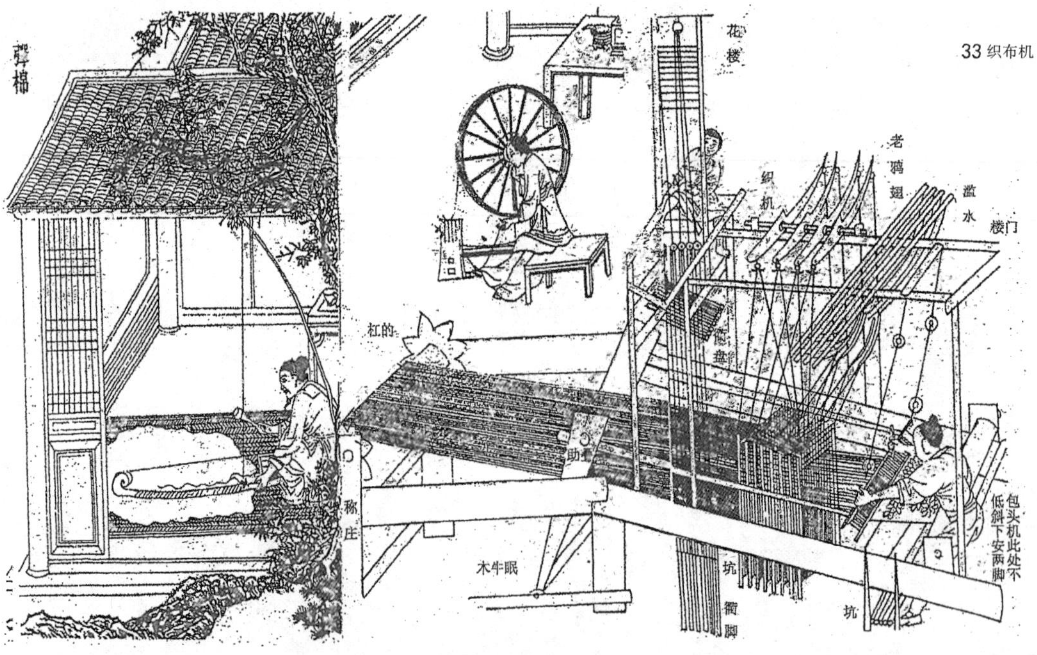

33 织布机

竹篾或铁丝网制成，呈一定角度，将谷物中杂质筛尽。篾筛竹篾而制，为筛选粮、杂物工具，因谷粒大小不同而筛眼也有大小差异，分米筛、籼筛、糁筛、箩筛、漏筛等几种。簸箕又叫膛簸儿，为簸扬谷物用具。稻床稻麦脱粒用，外框由四根粗木而制，中间根粗为梁，梁框之间接上几根不等的木骨，将稻麦扎成把后，用力将穗子甩打在床上，几个回合，谷粒就脱落了。

（四）排灌农具

20世纪50年代开始域内提水农具主要是人力、畜力、风力三种动力车。人力水车即靠人力脚踏或手推手车，俗称车篷，农户家庭凡有劳力的均参加推转车篷网提水灌溉。也有利用牛的力量牵引车篷网转动，简称牛车，这种牛车一部一般可灌溉30亩水田。

水车由车箱、旱桩、扶手、车轴、伏牛等部分组成，车箱中又由水簟、木虾、木斗板、键子、转齿组成，都为木制，为稻田抗旱之用，有四人轴、六人轴。

风车就是利用自然风力作动力——风车提水灌溉。风车用方片（帆篷般大小）叶子，通过天轴、站轴、地轴的传动，把槽桶内戽水板带动起来，3级以上风力方可转动，风力越大风车转动越快，如6级以上风力只用3片叶子就可转动，另3片叶子则拢在叶篷架子上。遇有大风到来，看管人员用小篙子（头装有铁钩）将篷叶律索钩刮脱，布篷就自动落下拢在一起，风车即停止转动。每部风车每天可灌溉水田40多亩。

（五）农副产品加工工具

碓的碓臼为石洗而成，专盛稻米。碓嘴头上有铁齿，专啄稻谷。碓添为榆木制成，前重后轻，用杠杆原理踏起，借助落下后的重力，将稻啄熟。碓踏板为人工用力踩点，碓丫为碓添的支点。

磨子为碾磨粮食的石器制品，上扇与下扇有正反齿，用磨担拐磨，使磨转，从磨眼里流下谷物，经碾磨而成屑。磨子分大小，大的直径约1—1.5米，专为油坊之用。小的直径为0.3米左右（称芝麻磨子），而一般碾磨谷物的磨子直径仅为50—70厘米，石质为砂石（花岗岩石）。

（六）量器具

担：通称箩担，用篾制成，两箩为一担（石），一担（石）古时为130斤，中华人民共和国成立后为100斤。斛：为木制，两旁有端耳，四斛为一担。斗：木制圆桶，2.5斗为1斛。升：竹制筒，相当于1斤左右，10升为1斗。

（七）运输工具

船旧为木制，为水上运输，罱泥用。角斜古代船运发达，有灶户运盐小船、有盐商运盐大船。清代后期渔船渐多，民国初年又出现棉花船。20世纪60年代后用水泥制、铁板制，大小不等。独轮车旧为旱路运粮、物及载人工具，一轮手推，载重物时则一推一拉。箩担竹篾制成，上大下小，底呈四方形，腰圆形，穿绳系儿。畚箕竹篾制成，专运河泥、灰土，也有用草绳结成泥络儿。络系草麻绳结成，底双绳打结，四根绳为系。粪桶供挑粪施肥用，旧为木制圆桶，有两耳穿系绳，现一般为塑料制品。其他则有弹花、纺纱、织布流水作业工具。

二、现代农具

20世纪50年代开始有了机器抽水灌溉，即在船上安装抽水机，哪里需要，机灌船就开到哪里，昼夜换人不换岗。1963—1965年，不到3年时间，各公社机灌船不断发展壮大，水田种植面积也不断扩大。1966年，小型手扶拖拉机得以普及，受到人们的青睐，古老的落后的人畜共进式的农田耕作传统被威力无比的“铁牛”逐步取代了，一部部拖拉机、一台台旋耕机、脱粒机涌入了农村，农田作业那个时候基本实现了机械化。

20世纪50年代，农田作物的收获为人掼、牛碾。60年代为脚踏脱粒机。70—80年代为电动脱粒机。1992年，开始试用稻麦收割机，起初为东风型手扶拖拉机并置水底圆盘割晒机，后发展为中型联合收割机。

20世纪80年代中叶，稻麦播种机开始使用，免耕条播机可以一次性完成灭茬、浅施、播种、开沟、盖种、播后压种六道工序，深受农民欢迎。1985年后，队队有条播机。1992年，又推广圆盘开沟机，又叫挖墒机，使三麦播种开沟全部机械化。21世纪初期，大力推广水稻插秧机。2003年开始，插秧机陆续在农田中作业。至2017年，插秧机在全镇得到普及，有插秧机168台。

2017 年年底，全镇有稻麦收割机 76 台，各类大中型拖拉机 160 台，小型拖拉机 372 台，烘干机 30 台，育秧流水线 11 台，高效植保机 93 台，大型拖拉播种机 148 台，秸秆还田机 140 台，旋耕机 160 台，插秧机 137 台，手扶插秧机 49 台，高速乘坐插秧机 88 台，播种机 322 台，配套旋耕机 372 台，微型旋耕机 8 台，配套各种机械 2029 台套，中小型车口 136 座，农业生产全部实现机械化。

第九节 管理机构

一、农村经济管理服务站

1958 年 10 月，角斜区配 1 名农村经营管理辅导员，域内各公社、大队各配 1 名会计辅导员。1983 年，政社分开，域内各乡政府设农村经营管理站（简称农经站），取代原会计辅导员业务，其职能扩展有为土地承包、农业经营和农民负担监督管理。21 世纪后，乡镇合并，农经站由单一的管理型转为服务型，重点做好土地流转、富余劳力转移、会计代理、农产品经销、集体资产经营 5 大服务性工作。2011 年合并后，全称为角斜镇农村工作局经营管理指导站，站长任昌盛。

域内原各农经站历任负责人：沿口站为任乃林、陈彪；角斜站为缪爱山、汤桂连；旧场站为沈百峰、刘炳桂；老坝港站为顾继红、任昌盛。

二、农业技术推广站

1958 年公社化后，域内各社建有农业技术推广站（简称“农技站”），公社配有农技员。1964 年，角斜公社配备脱产农技员汤成根。1968 年，安排南通下插知青曹明接任农技员。1972 年，国家分配钱金生任农技员。1973 年，招聘申必田为农技员。1974 年，招聘袁兴帮为半脱产农技员。到 1979 年，又招聘王广兰为半脱产农技员。1980 年，国家分配刘德山任农技员。1982 年，招聘周根、冯志明、王国田三人为半脱产农技员。1986 年，建立角斜农业技术推广站，申必田任站长。1987 年，征地 1000 平方米建农技推广站和种子站，有办公用房、仓库、经营用房 180 平方米。1988 年，县农业局分配陆爱红到站工作。1993 年，县农业局调徐修龙到站工作。1998 年，建门市用房 140 平方米，为适应技术推广服务需要，站内备有多媒体室、化验室等。农技站围绕技术推广搞经营，抓好经营促服务，站有固定资产 67 万元。1999 年，县农业局分配葛霞到站工作。

2000 年 4 月，角斜、沿口合并，农技站站长徐修龙，副站长秦广明。2002 年，秦广建调离农技站。2003 年，曹国美到站工作。2009 年，葛霞任副站长。2010 年，在职技术人员 5 人，其中高级职称 1 人，中级职称 3 人，初级职称 1 人。2011 年后，滨海新区（角斜镇）农业技术推广站站长徐修龙。

域内原农技站历任站长：沿口站为秦广明；旧场站为李祝山、陈慧；老坝港站为李祝山、秦广建。

三、兽医站

1958 年 8 月后，域内开始建立畜牧兽医站。2011 年，事业单位改制，行政执法和经营服务实行彻底分开。2017 年，行政事业编制 11 人，3 月起吴兵任站长。同年分别成立角斜动物医院，院长刘朝晖，老坝港动物医院，院长顾娟，有兽医 10 人。负责全域内的饲料供应、兽药经营、疫病防治、阉割繁育送精。人员纳入社会保障，独立核算，自负盈亏。

（一）原角斜兽医站

成立于 1958 年 8 月，陆润琪任站长，地点在来南六组千头猪场内，陆润琪兼场长。1962 年，迁往新风饭店对面，租了两间房屋，当时兽医站有 5 名工作人员。1964 年，兽医站在角斜一组购买了 3 间民房，作为办公用房，沈十俊任支部书记，陆润琪任站长。1975 年，李志宽任站长。1978 年，兽医站迁往角西村二组。1984 年，崔益德任站长。1996年,吴应山任站长。2003年,陈文军任站长。2010年,濮军任站长。

(二)旧场兽医站

始建于1958年,办公地点设在乡政府内,王志发任站长,兽医顾用余。1960年,增加张春生、王维明两名兽医,顾用余任副站长。1970年,又增加李炳才、葛荣富两名兽医,同时还给各村配备赤脚兽医。1983年,体制改革,经过学习培训,择优录用3批合格的兽医。1972年,兽医站在东北村建平房7间。1983年,又改建办公楼,历任站长为王志发、顾用余、王维明,老坝港兽医站只有吴宏一人。乡镇合并后,站长顾军。

(三)沿口兽医站

建于1958年,历任站长为陆德富、陈宝树、唐德高、吴应山、崔益德、孙树仁。

四、蚕桑服务站

人民公社化时期,各公社都有专职蚕桑员,负责蚕桑生产。1995年,各乡镇建立蚕桑服务站。1995年11月,旧场、老坝港合并后,组建新的老坝港蚕桑服务站,站长为缪华。2000年4月,角斜、沿口镇合并后,组建新的角斜蚕桑服务站,站长为蔡卫红。2011年,角斜、老坝港合并后,站长为蔡卫红。蚕桑服务站是蚕桑生产的技术指导中心,每年每期养蚕前都召开广播会,举办培训班。养蚕期间,蚕桑员分别到各建制村了解情况,遇到问题及时解决。由于市场行情变化,蚕桑行业逐渐萎缩,湖桑面积由万亩逐步下降到千余亩。2017年,蚕桑服务站工作人员由原来九人减至一人,工作人员为储祥柏。

蚕桑服务站历任负责人:角斜站为蔡卫红;沿口站为王朝选、缪政;旧场站为陶学文、缪志才;老坝港为缪华。

五、农业生产资料服务站

1983年前,角斜域内供销社设有专门农业生产资料经营门市部,专门经营生产资料,如农药、化肥、薄膜等,当时化肥凭票计划供应。此后化肥取消凭票供应,域内各乡镇有供销社、农资公司、农技站和个体户开办的农资供应点100多个,经营农药、化肥、种子、秧盘、塑料薄膜等生产资料。2017年,服务站销售化肥1580吨,只占社会用量的20%,各种农作物种子22.69万公斤,仅占社会用量的50%左右。其他按市场化原则自行经营化肥、农药、种子,经营户近百户。

六、农机管理服务站

1962年,域内各公社都建有机电灌溉站,当时因为没有用上电,也称“机灌站”。大队配管水员,生产队配放水员,共同负责放水、护渠工作。1963年,各公社成立农机站,负责农业机械管理。1974年,改为农机管理服务站,每站配站长、副站长、机工辅导员、财务辅导员、安全监督员4—7人。服务站积极开展多种经营,扩大为农服务内容,利用供油、供配、轧棉花、榨油、粮饲加工、农机修理、水泥制品等多种项目增加收入。1982年,各公社将机电站分开为农机站、农电站两个站。农机站实行专业综合性管理,即农用机械的推广、应用、年审年检、机电排灌的技能培训、检修、安全运行、各种农副产品加工机械的安全管理。乡镇合并后,农机服务站管理域内20个建制村的农业机械设备及调剂季节性收种机械。2010年,机关事业单位进行改制,农机服务站并入农技站农经站。2011年后,又并入了农村工作局,蔡伯林负责农机工作。

域内农机服务站历任负责人:原角斜站为曹显玉、张友余、缪三其;原沿口站为卢玉林、蔡正富;角斜、沿口站合并角斜站后为蔡正富;原旧场站为张群、张银林;原老坝港站为陈德田、时志银、卢同山、袁广明;旧场、老坝港站合并为老坝港站后为张群。

第七章　海洋与渔业管理

角斜镇位居黄海之滨，拥有5.4公里海岸线，海洋和滩涂资源丰富，是海产品集散地。中华人民共和国成立前，居民以烧盐、捕鱼为生，每年春季鱼汛捕捞黄花鱼（又名春鱼），丰年除鲜售外并进行腌制，运销于上海等地。春汛过后，夏初开始，域内部分渔船在近海捕捞大黄鱼、鲥鱼等其他鱼。也有浅海捕捞的渔民乘船至浅海滩，使用弶网、拉网、簏子等工具捕鱼捕虾或下钩捕鲦鱼，挖文蛤、蛤蜊、钩蛏等。还有渔民步行至海滩、港汊，捕捞鱼虾、挖取文蛤和蚶子、捞蟹钩蛏、捉蟛蜞、拾泥螺，俗称“步行捕捞”，又称“下小海”。中华人民共和国成立后，旧场乡渔民组织起来，建立渔业社，由木帆船捕捞改为机帆船捕捞，由季节生产改为常年生产，由无计划滥捕改为实行捕养结合，保护资源，使海洋捕捞得到不断发展。

第一节　淡水养殖

1972年，角斜地区水产站建立，由公社党委书记卢玉林挂帅，由范荣春、徐贵和具体负责，主要工作为管理北凌河角斜段水产资源，并成立北凌河渔场。每年冬季捕捞一次，所得收入上缴公社财政所。

一、四大家鱼

1976年，角斜在墩里域内开辟两口共计4亩水面的精养鱼塘，养殖品种为常见的“四大家鱼”（鲢鱼、鳙鱼、草鲲、青鲲）。1980年，来南村张银高等人在北凌河设置4鱼簖，渔政管理进入正轨。1987年，角斜水产工作由康承连负责，开辟龙潭渔场，有5口精养鱼塘共计29亩水面，养殖“四大家鱼”。1988年，角斜镇水产养殖开始迅速发展，堤北村张志兵、庄连富等人在北凌河水面进行围栏养殖，总面积为42亩；五虎村村民在中凌河水面进行网箱养殖，当年投放网箱1360口。

二、特种水产养殖

角斜特种水产养殖始于1988年春天，周庄村季柏利用自家3亩水稻田，进行甲鱼、螃蟹养殖，效益可观。1994年，角斜镇水产工作由徐宏接管，他利用所学专业知识，不定期到养殖户塘口指导，同时多次请县站养殖专家梅广海为养殖户讲课，让养殖户更多地了解特种水产品养殖知识。角斜镇围栏、网箱养殖初具规模，围栏面积160多亩，网箱520多口。是年，特种水产养殖面积26亩，品种为甲鱼、螃蟹、乌鱼、虾、河蚌等5个品种。

20世纪90年代初期，鳗鱼价格大幅提升，角斜、老坝港许多村民扩大海洋捕捞业，建造小型渔船上百艘，出海捕鳗。1997年亚洲金融危机，国际鳗鱼价格下降，大多数渔民亏损严重，被迫放弃。

1996年春，稻田养蟹成了角斜、老坝港水产养殖的又一亮点，在五坊村罗志富、顾健等村民引导下，至1998年，五坊村稻田养蟹面积发展到167亩，涉及全村5个组74户村民，县水产站领导多次召集全县水产工作者到五坊村参观。此后，角斜、老坝港水产业主攻特种水产养殖。至2003年春，角斜、老坝港地区稻田养蟹216亩，甲鱼 7.5 亩，乌鱼 16 亩，泥鳅 2 亩，南美白对虾 12.5 亩，白条龟 25 口网箱，涉及 7 个村 116 户村民。成立渔业合作社一个。2014 年，老坝港开始养殖南美白对虾，主要以温室大棚养殖，养殖面积 2620 亩，最高亩产效益 1.95 万元，低的亩产效益 5000 元，平均效益 1.2 万元。2017 年，南美白对虾养殖 46 家，面积 7200 亩。全年角斜镇高效渔业养殖面积 3.6 万亩，占全县 71.5%。

2017 年角斜镇淡水水产品产量统计表

表 7-1　　单位：吨

产品名称	产品产量	产品名称	产品产量
内陆水域水产品合计	5865	2. 淡水虾蟹类	2302
其中：养殖产量	4363	（1）罗氏沼虾	68
1. 淡水鱼类	2752	（2）克氏螯虾（龙虾）	15
（1）青鱼	57	（3）其他淡水虾蟹类	2219
（2）草鱼	84	3. 淡水贝类	61
（3）鲤鱼	11	（1）螺丝	10
（4）鲢鱼	197	（2）河蚌	4
（5）鲫鱼	171	（3）其他淡水贝类	47
（6）黑鱼	90	4. 其他淡水养殖产品	750
（7）鳊鱼	50	（1）河鳗	750
（8）其他淡水鱼类	2092		

第二节　海水养殖

一、文蛤养殖

1980 年，县水产公司围网护养文蛤 200 多亩获得成功。此后该公司及老坝港乡镇海、川港、万港、枣树村和中心养殖场、旧场冷冻厂相继建立文蛤养殖场。1985 年，进行出口文蛤暂养，面积 2000 多亩，出口文蛤 50 多吨。1992 年，角斜域内 6 家文蛤养殖场，养殖面积 2830 亩，产文蛤 2500 吨，其中出口 1500 吨。主要出口日本、韩国。1992 年，在老坝港近海滩上建起 10 家文蛤养殖场，年出口文蛤 1000 多吨，海水养殖面积 1.5 万亩，其中文蛤类围养 1 万亩。2017 年，角斜镇文蛤养殖面积 2830 亩，生产文蛤 2500 吨，出口韩国、日本 1500 吨。虾儿养殖 46 家，面积 7.2 万亩。

二、海带养殖

1971 年，海洋渔业公社一大队养殖海带 33 亩 200 台绳，产干海带 3000 公斤。1972 年，新增海洋渔业公社二、三大队等养殖单位，计养殖海带 26 亩 800 台绳。1973 年后，因产量低、成本高，养殖量逐渐减少。20 世纪 90 年代后又逐步扩大，至 2017 年，域内海带养殖总面积 1.07 万公顷，总产量 7279 吨。

三、鳗鱼养殖

角斜镇是“中国鳗鱼之乡”。鳗鱼，学名“鳗鲡”，俗称“河鳗、白鳗、毛鱼”，是地球上的古老而神奇的物种之一，世界上许多地方，都有它的踪迹。几千年中，人们不断研究探索，却始终未能完全揭开其神秘的面纱。鳗鱼在淡水的河川湖泊里生活，大鳗鱼长到十多岁时，在夏末秋初，纷纷从生长的地方开始降河下海，它昼伏夜行，穿溪流，过草地，回到它出生的地方繁衍后代，在冬末初春，长江口进入鳗鱼产卵盛期，大概是由于海洋回流的影响。老坝港一带从70年代开始，捕捞幼鳗进入盛期。幼鳗俗称毛鱼秧，学名“白仔鳗”。后成了一个暴利产业，一条5厘米长的幼鳗就能卖到10多元，称为“软黄金”，一条捕鳗舢板一夜就成就了一名10万元乃至百万元户。至2017年，角斜镇已经形成鳗苗捕捞、收购，培育黑仔鳗，养殖鳗鱼，加工、出口的生产链，是角斜镇新兴的特色产业。

图7-1 鳗鱼野外养殖池(高宝生摄于2015年)

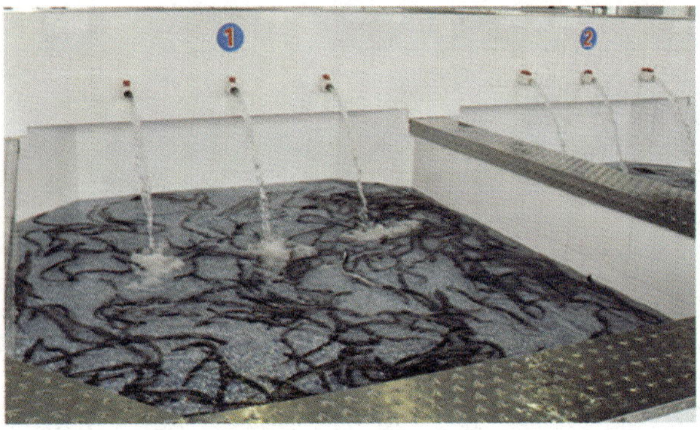

图7-2 鳗鱼室内工厂化养殖池(高宝生摄于2015年)

(一)鳗鱼研究

鳗鱼不仅肉质细嫩，味道鲜美，而且营养十分丰富，每百克鱼肉含蛋白质高达18.6克，还富含不饱和脂肪酸、碳水化合物、各种维生素以及钙、磷、铁、锌、硒等多种微量营养成分，其营养价值在所有鱼类中独占鳌头。日本学者认为，鳗鱼的维生素，微量元素含量极高，烤鳗鱼所含的维生素A和维生素B_2分别是牛奶的25倍和45倍，锌是牛奶的9倍，特别是它含有陆上动物所缺乏的多种高度不饱和脂肪酸，对人体健康有特殊作用，对提高人体免疫力、强身健脑、延年益寿、润肤美容等有一定帮助。

民间自古视鳗鱼为珍贵滋补品，中医认为，鳗鱼具有补虚养血、祛风、祛湿、抗结核、明目等功效，是久病、虚弱、贫血、结核等病人的滋补营养品。明代李时珍《本草纲目》记载：“鳗去劳损、其补益”“鳗所主诸病，其功能在杀虫去风耳”。宋代《稽种录》记载：“金山有人痨瘵，互为传染，死者多人，因病人弃于江边以绝害，渔人见之，乃一女子，犹语，取宜船中，以鳗鱼喂之，渐愈，遂为渔人妻。”鳗鱼有“水中人参”之美誉，我国南方沿海地区流传给产妇、儿童、伤痛体弱者吃鳗鱼进补的习俗。

图7-3 烤鳗(高宝生摄于2015年)

(二)鳗鱼养殖

角斜镇是亚洲最大的黑仔鳗培育基地、全国鳗鱼苗交易集散地，老坝港鳗鱼苗价格成为全国鳗鱼苗市场的晴雨表，角斜域内有当地鳗鱼经销商30多人，高峰时期达50多人，在南自福建，北至连云港长达数千公里的沿海港口形成强大的购买力。

2017年，全镇有养鳗企业15家，从事养殖、捕捞的人员达3000多人，全镇有养殖面积10万平方米，仿野生池塘养殖面积7000亩。全镇年培育黑仔鳗2400万尾，产值达2亿元，养殖成鳗2400吨，产值1.2亿元，出口创汇达千万美元。

角斜镇在充分利用本镇资源的基础上，还积极实施走出去的战略，在广东、福建等地租地养殖鳗鱼6000多亩，成功地打造出本土一个老坝港，广东一个老坝港，福建一个老坝港，香港一个老坝港，被多家媒体称为“老坝港现象”。

角斜镇与外地联手生产“烤鳗”等休闲食品，销往日本、韩国以及东南亚各国。

四、其他养殖

1993 年，滩涂培育幼甲鱼(鳖)3 万多只，幼蟹 3000 多公斤。

2017 年角斜镇海水产品产量统计表

表 7-2　　单位：吨

产品名称	产品产量	产品名称	产品产量
海水水产品合计	20434	2. 海水虾蟹类	285
其中：养殖产量	7279	(1)毛虾	146
1. 海水鱼类	4439	(2)梭子蟹	139
(1)大黄鱼	16	3. 海水贝类	309
(2)小黄鱼	210	(1)蛤	309
(3)带鱼	1123	4. 藻类	14249
(4)马面鱼	250	(1)紫菜	14249
(5)鳓鱼	10	5. 其他海产品	1152
(6)马鲛	10	(1)墨鱼	30
(7)梅童鱼	23	(2)海蜇	1057
(8)其他海水鱼类	2797	(3)海参	65

五、病害防治

(一)淡水鱼类病害

1967 年调查，淡水鱼类在角斜、老坝港域内的常见鱼病有三类：细菌性质病有烂鳃病、赤皮病、肠炎病；真菌性鱼病有水霉病；鱼类寄生虫有车轮虫、指环虫、中华鳋、鱼虱、锚头虱、舌杯虫。随着淡水养鱼集约化程度提高，鱼病蔓延。

常见鱼病有病毒、细菌、原生动物蠕虫、甲壳动物、真菌和不良水流及缺乏食物引起的 8 类 41 种。

对鱼类病害的防治主要是进行常规水化分析，对鱼病进行诊断，而后进行免疫疫苗。

(二)特种水产品病害

常见病害有：育珠蚌的“蚌瘟病”、细菌性烂鳃、烂足病、鳖红脖子病、红底板病、白斑病、腐皮病、疖疮病、河蟹蟹奴病、固着纤毛虫病、聚缩虫病、烂肢病、脱壳障碍症等。

(三)海水养殖病害

文蛤溶藻弧菌，1988 年老坝港文蛤养殖场大部分文蛤因病而死亡，病蛤上升至沙层表面，侧卧于沙面上，贝壳肌松弛，贝壳微张，斧足无力外伸。经水产技术人员调查研究，文蛤死亡的原因确定为溶藻弧菌病。

为防治水产品病害，老坝港养殖场添置了部分仪器，进行常规水化分析和常见鱼病诊断及疫苗的制备。

第三节　河豚之乡

河豚，其学名为“暗纹东方鲀”。主要分布在长江下游一带，属于江河洄游性鱼类。因为它的肉质细腻，味道鲜美，所以被誉为“长江三鲜”之首。坊间流传一句话，叫作“苏东坡拼死吃河豚”，苏东坡曾用诗句“蒌蒿满地芦芽短，正是河豚欲上时”称赞河豚美味。

图 7-4 中洋河豚庄园
（中洋集团提供 摄于 1993 年）

2009 年，中国渔业协会授予海安“中国河豚之乡”称号。2017 年海安再次获此殊荣。

2011 年，农业部、国家发改委、财政部等 8 部门联合授予中洋集团“国家重点龙头企业”称号，中洋河豚被工商行政总局商标局确认为“中国驰名商标”。2014 年，科学技术部授予中洋集团国家长江珍稀鱼类产业技术战略联盟理事单位，农业部授予中洋集团水产健康养殖示范场等荣誉。

一、河豚养殖与销售

（一）河豚简介

河鲀为硬骨鱼纲鲀科鱼类的统称，俗称“河豚”（注：河豚的叫法存在错误，但被广泛使用，河豚也可以另指一种淡水哺乳动物，民间俗称“江猪”）。

自古，中国食用的河豚皆生息于河中，因捕获出水时发出类猪叫声“嘟嘟”声而得名河豚，另外还叫“气泡鱼”、“吹肚鱼”、“气鼓鱼”（江苏浙江）、“乖乖鱼”、“鸡抡”（广东）、“龟鱼”（广西）、“街鱼”（福建闽南话）、“蜡头”（河北）等称呼，古时称“肺鱼”。

河豚为暖温带及热带近海底层鱼类，栖息于海水中、下层，有少数种类进入淡水河中，当遇到外来危险时整个身体呈球状浮上水面，同时皮肤上的小刺竖起，借以自卫。河豚的品种高达 100 多种，中国沿海常见的有 43 种。角斜养殖 4 种，有红鳍东方鲀、暗纹东方鲀、黑鳃兔鲀、黑斑叉鼻鲀，中洋集团的主打产品是暗纹东方鲀。

（二）河豚养殖

1994 年，中洋建成全国唯一长江暗纹东方鲀的原种场，长江暗纹东方鲀原种亲本的储存全国最大、数量最多，而且实现全年候无限量繁殖，全年候掌握人工繁殖、控毒、自主开发的“三段法”生态养殖技术。河豚养殖要求比较高，要做到在水源充足、水质没有被污染的地方进行养殖，要一日两次定时、准时喂养，养殖过程中要每隔几天就加入新水，并且每个月要更换一次水，保证河豚在干净的水质里生长，河豚生长的适宜水温为 10℃到 30℃。因此，需要及时观察水温变化。

（三）生态养殖基地

养殖基地总部，占地面积 4000 多亩，拥有工厂化养殖车间近 100 万平方米，是世界上规模最大的河豚养殖基地，也是全国唯一的国家级河豚原种场。

基地养殖从河豚到长江鲥鱼、刀鱼、松江鲈鱼、胭脂鱼、中华鲟、扬子鳄、娃娃鱼，再到世界珍稀鱼类，龙纹斑、银鳕鱼等，中洋养殖珍稀生态鱼类品种达 40 多种。实施以“总部为纲，布局全国”的发展战略，除总部基地外，还有广东江门 5 个基地、湖北宜昌基地、云南基地。基地养殖面积均超过 20 万亩。

图 7-5 中洋现代渔业工厂化养殖设施群（中洋集团提供 摄于 1993 年）

（四）河豚原种场

原种场设有中洋珍稀鱼类遗传育种中心，是以鱼类生态、生理学，现代育种学为基础，利用集约化设施技术，建设生态、低碳、多品种、多模式、高效智能的，集原种保存、良品选育、苗种繁育、繁育模式研发、种质资源保存于一体的遗传育种中心，每年提供商品鱼。河豚的体量在400—500克左右，平均生长期17个月，规模养殖达3000万尾，产量达7000吨。它是国家级河豚原种场，是中国渔业协会河豚分会会长单位。

（五）中国地理标志保护产品

2006年，中洋集团组织制定南通长江河豚《暗纹东方豚》《地理标志产品南通长江河豚》《南通长江河豚养殖技术规范》《南通长江河豚联销经营规范》4项国家标准，通过专家组审定，这是迄今为止世界上第一套关于河豚的系列国家标准。2007年2月，国家质检总局发文公告，老坝港中洋集团是农业部备案的养殖河豚源基地。

（六）河豚销售

中洋集团是中国最有影响力的现代渔业企业之一，深刻影响全国水产养殖业、食品加工业、餐饮业、物流业、终端消费等，“中洋河豚”“中洋鱼天下”两个注册商标日益成为国内外知名的水产品牌。

同时，以餐饮业为载体不断推广河豚文化、规范专职厨师培训基地，促进行业协会的组建和延伸。中洋河豚专营公司，通过加盟联销经营模式，至2017年，已在全国发展加盟店70多家，遍布全国大中城市，各加盟店定点推广中洋河豚系列菜肴，同时不断创新发展“河豚宴”“全鱼席”，此举得到社会广泛认同。

中洋河豚还进行国际协作，与日本“关门海”公司进行河豚无毒技术开发与餐饮营销探索，“关门海”是日本一家大型的专业河豚料理连锁店，仅在日本国内就有110家连锁店，并于2017年成功上市，成为日本国内著名的餐饮巨鳄，在河豚产业加盟连锁经营上具有完善的体制与经验，可望对中洋集团走向国际市场提供有益的帮助。

二、河豚科研

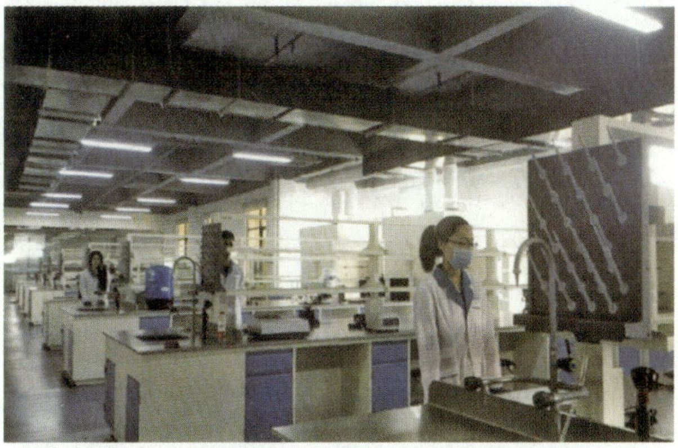

图7-6 中洋工程技术研究中心大型实验室
（中洋集团提供 摄于2006年）

图7-7 桂建芳院士指导中洋科技产业园科研发展
（中洋集团提供 摄于2006年）

图7-8 4位院士齐聚中洋指导企业转型升级
（中洋集团提供 摄于2006年）

（一）河豚毒素

河豚毒素是一种无色针状晶体，属于耐酸、耐高温的动物性碱，为自然界毒性最强的非蛋白物质之一，每克的五千万之一就能在30分钟内麻醉神经，对人体的最低致死量为0.5毫克，但是这种极强的毒素，能溶于水，易溶于稀醋酸中，240℃便开始炭化，在弱碱溶液里以4%氢氧化钠处理 20 分钟，马上就被破坏为葡萄糖化合物而失去毒性，在 100℃加热 4 小时或 115℃加热 3 小时，在 120℃加热 30 分钟或 200℃以上加热 10 分钟，便可将毒素完全破坏，使毒性消失。

河豚毒素有镇静、局麻、解痉等功效，能降血压、抗心律失常、缓解痉挛，作为镇痛药可取代吗啡、阿托品等，作为麻醉品，其麻醉强度为普鲁卡因的 3000 倍，在国际市场上 1 克河豚毒素价值 17 万美元，是黄金价格的 1 万倍。

河豚毒素所在部位随季节变化而变化，所在部分为鱼体内脏，包括生殖腺、肝脏、肠胃等部分，其含毒量大小又因不同养殖环境及季节的变化而有差别，长江河豚和人工养殖河豚的实例证明，各器官毒性比较如下，卵巢 > 脾脏 > 肝脏 > 血筋 > 眼睛 > 鳃耙 > 皮 > 精巢 > 肌肉，养殖河豚(2 龄以上)其器官毒性与野生河豚一致，但含毒素量较低。

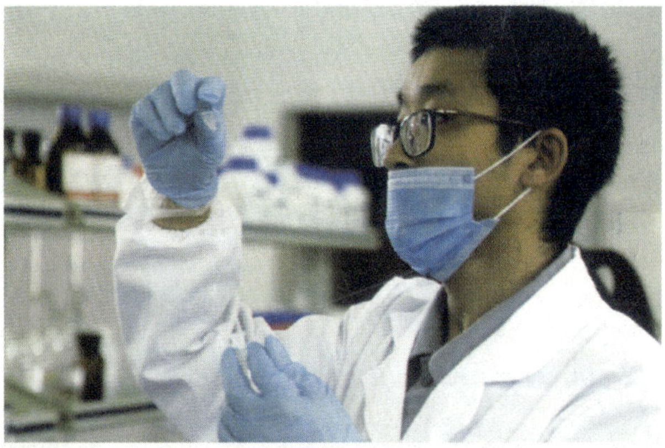

图 7-9 河豚毒素 TTX 研究
(中洋集团提供 摄于 2006 年)

河豚如何成为大众食品，控毒研究成为一大难题。

(二)河豚控毒

从 1993 年开始，由农业部牵头成立河豚安全利用协作组，开展研究。2000 年，中洋集团申报河豚核心技术专利——控毒及健康养殖，先后在中洋集团组成企业院士工作站、博士后创新实践基地。2006 年，获得国家发明专利，该专利是世界上唯一成熟的无毒河豚养殖核心技术。中国疾病预防控制中心营养与食品安全检验所于同年 8 月出具权威报告，江苏中洋集团长期研发养殖的中洋牌南通长江河豚，经严格检验为无毒物。

养殖河豚应当具备条件。由于河豚产品可能含有毒性，为了保障消费者的食用安全，有关部门要对河豚加工企业实施备案制度，其备案考核十分严格，须有农业部备案的养殖河豚的鱼源基地，须有河豚加工生产设备和技术人员，具有专业分辨河豚品种的能力，熟练掌握河豚安全加工技术，还要建立完善的产品质量安全制度，全程可追溯制度和卫生管理制度，因此，不是任何一家企业都可以养殖、加工河豚，企业必须通过由中国渔业协会和中国河豚生产与加工协会组织的专家考核，并在农业部进行备案公示后，才能获得生产经营许可。

河豚毒素的提取、利用研究是一个更深层次的生物工程。提取的河豚毒素 TTX 可广泛应用于麻醉、戒毒、抑制肿瘤及镇痛等药剂的制造。

(三)河豚育种

中洋集团 1994 年与南京师范大学生命科学学院合作研究开发人工河豚养殖技术，并在技术上获得突破，当年繁育十万尾河豚苗，最终成活 2000 尾，逐步研究探索，终于实现了全年候无限量的繁殖。

图 7-10 河豚育种(中洋集团提供 摄于 2006 年)

养殖科研在育种分类、室内越冬、饵料配方、水质管理、鱼病防治、温度调控、倒池换水等流程获得多项国家专利。

（四）河豚饲料

中洋集团设有中洋营养饲料中心，是中洋现代渔业产业链上的重要环节，在河豚以及长江珍稀鱼类养殖实践中，对饲料提出新要求，把饲料上升到营养层面，让鱼“吃饱、吃好、吃健康、吃出高品质的口感及营养功能”，用全新的思维和理念、现代化的技术和手段把原有饲料加工中心进行全面扩建提升，在满足“内供”基础上，向合作方供应。

中洋用食品的标准做饲料，用宾馆的标准抓管理，建成国内技术水平最先进、生产工艺最合理、功能性最强的食品类水产营养饲料生产线，可满足鱼、虾、蟹等不同水生动物饲料营养需求。中心以科研为基础，践行“品牌化、系列化、专业化”原则，开发一流功能营养饲料，引领水产营养饲料发展，推动现代渔业全面进步。

（五）河豚专利

中洋集团成立长江珍稀鱼类开发与保护工程技术研究中心和中洋珍稀鱼类遗传育种中心。中心实验设备设施一流，与全国、全世界最强的科研院所、高校进行全方位开放式合作，以两院院士牵头，建立国家重点实验室、院士工作站、博士后工作站、国家级检测中心，成为国内综合实力最强的生态鱼类全产业的专业研究机构，至2017年拥有41项国家、省、市级荣誉证书，56项

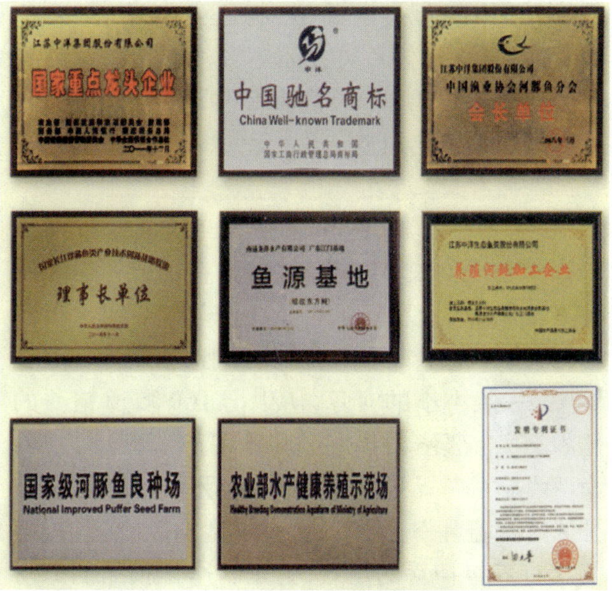

图 7-11　中洋集团斩获的部分荣誉
（中洋集团提供　摄于2006年）

国际发明专利，28项国家、省级行业及企业标准。

从科研开发、种鱼种质、鱼苗繁殖、工业化生态养殖、鱼类营养饲料、鱼类精深加工、鱼类物流配送、鱼类多元化市场、珍稀生态鱼类美食体验、渔业主题观光旅游、鱼类生物工程等方面着手，打造中洋生态鱼类全产业链。

（六）中洋生态鱼类加工中心

加工中心为中国水产品加工协会审核发布的养殖河豚加工单位，是一个集现代化、高科技、大规模、多品类、自动化的食品加工于一体的中心。以优质海淡水生态鱼类超低温速冻鱼为原料，以食材鱼类加工为主，辅以真空包装鱼类食

图 7-12　中洋生态鱼类加工中心外景（中洋集团提供　摄于2006年）

品、即食休闲鱼类食品、熟制鱼类食品、罐装鱼类食品、养生保健鱼类食品等多种形式的食品加工，实现同一加工中心内多品种、多类型鱼类食品不同加工工艺的整合。

三、河豚美食

河豚为“长江三鲜”之首，有民谚“不食河豚不知鱼味，食了河豚百鱼无味”“一朝食得河豚，终身不念天下鱼”，可见河豚之鲜美。千百年中，一条小小的河豚，衍生出100多道精美的佳肴，每个部位均各有滋味。河豚肝肥嫩，被称为“西施肝”，河豚精巢洁白如乳，丰腴鲜美，被誉为“西施乳”，河豚皮含有丰富的胶原蛋白，不仅具有养胃护胃的功效，更是制作化妆品的原材料，具有美容养颜的作用，食用河豚具有消肿、降血压、去胃疾、恢复体力、调节免疫系统等诸多养生保健之功效。

中洋集团是国内长江河豚的准食单位，养殖的河豚健康无毒，连续13年被国家食药监督局评为无毒物，以液氮速冻超低温保鲜，肉质鲜美超过野生。

中洋河豚肌肉中蛋白质含量高达18.8%，脂肪含量仅为0.1%，鱼肉蛋白富含16种氨基酸(其中8种为人体必需且不能自行合成)，为优质可溶性蛋白，方便人体直接吸收，皮中含有丰富的胶原蛋白能促进皮肤的新陈代谢。

四、河豚菜肴

专职厨师烹饪的中洋河豚系列菜肴沿袭河豚传统烹饪技法，可烧、炖、煮、煲汤，可作配菜，也可做全鱼宴等，以追求食客最佳满意度为宗旨，以质取胜。“河豚全席”闻名遐迩。

刺身豚肌(生鱼片) 韧而不疏，脆而不腻，爽滑润口，清香沁脾。鱼片漂洗后，即便带着血丝，食用也绝没问题，被称为中洋河豚的试金石，体现河豚肌肉特有的韧性。

翡翠豚肝(又称西施肝) 醉脆柔滑，软烂醇香，色泽典雅，味正泽厚。

雄豚一绝 鲜嫩如腐，糯黏留香，滋阴壮阳，延年益寿。

刺身河豚 主配料：河豚两条、柠檬、芥末膏、生抽。制作方法：将河豚宰杀去皮、去内脏，漂出血水，取出两块里脊肉，入冰箱冻2小时取出，冰盘中放入冰块铺平，然后将河豚肉切成薄片铺在冰上，配上芥末膏、柠檬即可。特点：鱼肉入口爽嫩，有弹性，风味独特。

脆皮西施乳 名菜。主配料：中洋河豚雄性睾丸350克，脆皮糊、姜、葱、味精、白酒、色拉油。制作方法：从雄性河豚中取出睾丸加酒拌匀待用，锅上火，倒入色拉油至七成熟，将腌制的河豚睾丸挂脆皮糊入锅炸成金黄捞出装盘即可。特点：外香脆，里鲜嫩，健脑益智，提高免疫力。

金丝灌汤豚 中洋河豚“鱼天下”餐馆名菜。主配料：中洋河豚、土豆松、灌汤料、沙拉酱、盐、味精、黄姜。制作方法：将河豚宰杀，去除内脏洗净，取河豚肉绞茸，调味，包入灌汤料，低温养熟，贴上炸好的土豆松，摆盘即成。特点：外脆里嫩。

跳水河豚 名菜。主配料：中洋河豚两条、金针菇、京葱、菠菜、小白菜、西红柿、盐、味精、色拉油、黄酒、胡椒粉。制作方法：先将河豚宰杀，去除内脏洗净，将头、尾、骨取下制汤，加盐、味精、胡椒粉、黄酒调味；再将河豚肉切成薄片放入汤锅中至熟即可。其他蔬菜装饰用。特点：咸鲜嫩爽、营养丰富。

江海一锅 名菜。主配料：长江鮰鱼、中洋河豚、鲈鱼、螃蟹、螺蛳，色拉油、盐、味精、姜、葱、青椒、胡椒粉、黄酒、黄豆酱。制作方法：将所有鱼宰杀，去内脏，鳞、鳃洗净，螺蛳去尾尖，姜、葱切碎，青椒切段。锅生火，入色拉油，入生姜煸出香味，入鱼，小火轻翻，加入佐料，入蟹、螺蛳，加水，小火烧至熟，入青椒段、葱花，片刻起锅，装盘即成。特点：微辣，集海鲜河鲜于一体，鲜美绝伦。

石烹豚排 名菜。主配料：中洋河豚、青红尖椒、秘制腌制料。制作方法：将河豚宰杀，去内脏，洗净沥干，河豚去头、尾，去皮、骨，肉切成片，加秘制腌制料，腌制片刻后烤熟装盘，青红椒装饰后即可。特点：外香里嫩。

河豚食品(半成品) 中洋集团“敢为天下鲜”旗下“渔帮厨”公司推出的河豚系列半成品包装上市，受到城乡消费者的广泛欢迎。

白汁河豚 将河豚解冻，清水略冲洗鱼肉和鱼皮。净锅加入色拉油(或按喜好添加猪油)烧热，加入葱、姜煸香。河豚放入锅中，然后倒入开水及适量白酒，大火烧25分钟，加入鱼皮再烧5分钟至汤汁浓稠，注意火候及汤汁防粘底，拣去葱姜，加入食盐调味即可。

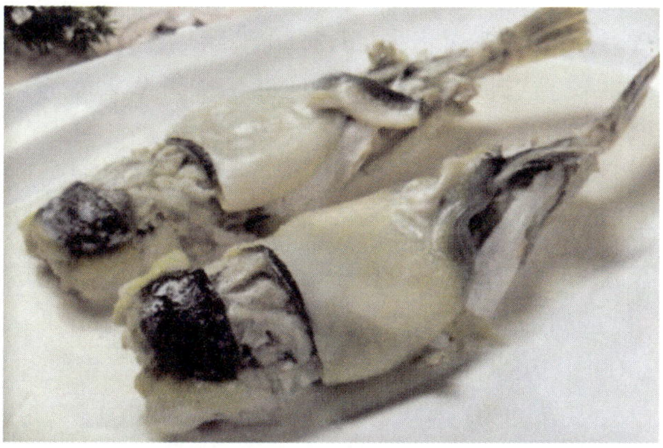

红烧河豚 将河豚解冻，清水略冲洗；净锅加入色拉油(或按喜好添加猪油)烧热，加入葱、

姜、蒜瓣煸香；将河豚放入锅中，倒半瓶啤酒、开水(以淹没鱼身为宜)，添加老抽、生抽、白糖，慢烧20分钟，加入鱼皮再改小火烧5分钟至汤汁浓稠，注意火候及汤汁防粘底，拣去葱姜蒜即可装盘。

河豚一品鲜 鱼片自然解冻，锅中放入枸杞、红枣，1千克纯净水，适量食用盐，加热至沸腾后，放入鱼片，大火加热3分钟左右即可蘸调味汁食用。鱼汤可作为锅底，涮食其他食材。

河豚烧麦 中洋河豚烧卖的馅料创新，匠心独运。将传统的点心与河豚鱼肉巧妙结合，创意十足、营养丰富、鲜美至极。

河豚水饺 河豚肉入馅，皮薄馅足，超过50%的馅饼含量，弹润爽滑、鲜美爽嫩，给人以营

养和美味双重幸福感受。

河豚馄饨 河豚鱼肉入馅，手工精制，嫩滑鲜美，满口生津，天然小麦粉制皮，皮白如雪，薄如纸、透如玉。

五、中国河豚节

2010年4月24日，中洋集团协办的首届“中国河豚节”在海安县城七星湖月亮广场隆重举行，南通旅行社等国内近百家旅行社负责人，苏州、无锡市旅游团近6000人参加活动。人民网、上海电视台、东方卫视、江苏卫视、《新华日报》、《新民晚报》等30多家媒体记者助阵，争相报道。活动时间持续3天，观光旅游、科普体验、海鲜品尝、合作意向、交易洽谈、购物消费，多角度、多层次领略中洋集团不平凡的创业历程。

“中国河豚节”伴随中洋的艰辛、坚韧、辉煌一路走来，已连续举办九届。“中国河豚节”不仅给人民带来震撼，也给人们带来幸福是奋斗得来的真实体验。

图7-13 第九届中国海安河豚节
（中洋集团提供 摄于2017年5月）

第四节 紫菜之乡

角斜镇是“中国紫菜之乡”。经过30年的发展，至2017年，全镇拥有15万亩海上养殖基地和亚洲最大的现代化紫菜育苗基地、江苏省省级紫菜良种场，是农业部、财政部首批农业科技跨越计划紫菜产业链项目实施单位。全镇拥有全自动一次加工线42条，紫菜二次加工生产线6条，年产干紫菜超过15万箱，实现年销售收入3.5亿元，出口创汇达2000万美元，占国内条斑紫菜出口量的60%，并涌现出兰波实业、清馨食品等省级紫菜生产加工的龙头企业。2003年，建成集紫菜仓储、交易于一体的南黄海交易市场，保证紫菜交易的规范运作。全镇形成育苗、养殖、加工、交易为一体的紫菜产业链，成为角斜镇海洋经济的重要支柱项目。

一、育苗基地

紫菜，又称“紫英”“高菜”“索菜”，属红毛菜科植物，紫菜分布于世界各地，生长于浅海潮间带的岩石上，生产期为每年的12月至第二年5月。紫菜的种类很多，主要品种有“坛紫菜”“条斑紫菜”“圆紫菜”等，老坝港是条斑紫菜的原产地和加工基地。

紫菜育苗从1993年起步，企业家李海波从一开始就聘请南通市水产研究所副所长、高级农艺师、下放旧场的海安知青吉传礼为特邀顾问，走研发、育苗、生产、加工一条龙的道路。从3000平方米的育苗面积到现在有7家育苗企业，育苗面积达4.6万平方米。从2014年开始，紫菜养殖受海洋污染影响，养殖海区大面积烂菜。之后，又从福建莆田引进坛紫菜育苗养殖。2015年，试验养殖坛紫菜2000亩，获得成功。2017年，坛紫菜养殖面积达2万亩，亩产值达2500元。

兰波公司投资建立江苏紫菜研究所，并与中国科学院海洋研究所、省海洋水产研究所以及水产大学、中国海洋大学等科研院校建立科研合作关系，从事紫菜良种选培，为"中国紫菜之乡"提供了强有力的科技支撑。

图7-14　江苏紫菜研究所
（高宝生摄于2015年）

二、紫菜养殖

紫菜一般生长于浅海涨落潮的潮间带的礁石上。为了创造一个适宜于紫菜大面积养殖的环境，经过多年研究试验，在潮间带的滩涂上，用毛竹、杠绳、养殖网构筑成紫菜生长的台网棚架。在南黄海的蒋家沙、竹根沙进行大面积养殖，用海面积26宗，达到20万亩，14家紫菜企业滩涂养殖棚架3.69万排，养殖渔船47艘，从业人数达千人。

三、紫菜加工

紫菜在当年接种1个月后就进入采收期，繁忙的生产周期一直持续到翌年5月。

紫菜在近海地区也有少量销售，口感极好。早在600年前，明代药王李时珍所著《本草纲目》中就有"紫菜可以主治热气，瘿结积块之症"的记载。中医利用紫菜来治疗甲状腺肿大、颈淋巴结核、慢性支气管炎、咳嗽、水肿、脚气、烦躁失眠、淋痛、泻痢等病症。近年，又有科学实验证明紫菜五分之一是膳食纤维，有利于肠道健康，可将致癌物质排出体外，常吃紫菜对肠癌等癌症有抑制作用，因此，紫菜又被称为"神仙菜""长寿菜""维生素宝库"。

2017年，全镇有一次性干紫菜生产线47条，年产量15万箱。海苔是条斑紫菜的商品名。在日本和韩国，海苔是家庭中不可少的食品，不论是紫菜饭团，还是紫菜泡饭，紫菜一直都是桌上的亮点之一。日本的海苔消费量十分惊人，也是角斜镇紫菜出口的主要国家。

二次加工生产线16条。主要产品有调味海苔、烤海苔、干海苔、紫菜粉、切条海苔、桶装即食海苔等多种休闲食品系列。所有紫菜加工企业都通过了ISO 9001质量管理体系、HACCP食品安全管理体系、ISO 14001环境论证，角斜镇的紫菜养殖基地为省级无公害养殖基地。

图7-15　紫菜养殖（高宝生摄于2015年）

图7-16　紫菜收获（高宝生摄于2015年）

图 7-17 紫菜加工（高宝生摄于 2015 年）

四、紫菜销售

1997 年，在兰波公司等企业的精心策划下，老坝港组建了全省第一家紫菜商会，将全镇紫菜生产企业结成一个联盟，实现资源共享、风险共担，并对全镇各家紫菜企业优先提供苗种和技术服务，协调解决紫菜的养殖、生产、销售等问题。

2005 年，13 家紫菜加工企业共同出资建成南黄海紫菜交易市场，总建筑面积达 5000 平方米，紫菜交易市场的总投资为 2500 万元，是中国紫菜销售窗口，紫菜交易市场促进了紫菜产业的规模化、产业化、高效化，享誉全国。角斜镇紫菜养殖规模是全国的六分之一，创造出全国五分之一的产量和四分之一的经济效益。紫菜除销售国内外，主要销往日本、韩国。

角斜镇的紫菜产业走出了一条因地制宜发展的成功之路。

五、紫菜生产企业

角斜镇兰波实业有限公司是紫菜生产加工行业的领头雁。主要从事干紫菜、烤紫菜、调味紫菜的生产加工。至 2017 年，公司拥有 2.1 万平方米亚洲最大的紫菜育苗基地和我国第一大的 9000 亩海上条斑紫菜养殖基地，一次紫菜加工机 9 台套，二次加工生产线 6 条和世界海苔生产加工领域唯一的大型综合科研实验室，逐步形成了紫菜研发、育苗、海上养殖、一次加工、二次深加工、市场销售的紫菜产业链，2017 年年产紫菜 10 万箱。

兰波公司为省紫菜协会副会长单位。2012 年被中国进出口检疫协会评为“质量第一、诚信为本”中国质量诚信企业。2015 年获得全国海苔行业质量领先品牌证书，被江苏出入境检验检疫协会评为先进单位，被江苏省海洋与渔业局、江苏省发展改革委员会评为渔业产业化经营成长型骨干企业。

链接：江苏老坝港镇，一条具有海洋特色的高效农业之路

2007 年 4 月 25 日《农民日报》发布、新华网北京 4 月 24 日电　一条海岸线不到 8 公里，人口仅 2.3 万人，镇域面积仅 16 平方公里的江苏省海安县老坝港镇，在半渔半农的自然条件下却走出了一条具有海洋特色的高效农业之路。它拥有

图7-18　兰波公司获得的荣誉（以上图片由高宝生摄于2017年）

“中国紫菜之乡”“中国鳗鱼之乡”“世界河豚之乡”“中国渔网之乡”四张亮丽的名片，2006年农民人均纯收入高达7035元，科学利用有限资源发展高效农业催生的“老坝港现象”秘诀何在？记者目前对此进行了探访。

县委书记章树山接受记者采访时说，作为海安县唯一的沿海镇，也是江苏沿海乡镇中人口最少、海岸线最短、拥有海洋资源最少的乡镇，老坝港耕地仅2万亩，海岸线长度只有8公里，“资源紧缺，逼着老坝港人追求高效。”章树山坦言。

追求的脚步首先从“靠海吃海”开始。20世纪90年代初，鳗鱼苗作为老坝港捕捞业的支柱，高峰时全镇捕鳗船达到400条，但天有不测风云，受东南亚金融风波的影响，捕鳗业一落千丈，仅1995—1996年，老坝港渔民在鳗鱼产业上就损失了1亿多元。

痛定思痛。镇党委、政府决定改变思路，由传统的捕捞向养殖之路转移。通过20年的发展，2007年全镇拥有养鳗企业15家，从事养殖、捕捞的人员达3000余人，鳗苗价格成为全国鳗鱼市场的晴雨表。老坝港人还将自己的目光聚焦广东、福建沿海，在东南沿海拥有了6000多亩鳗鱼养殖基地。

改变单一的经济结构，他们开始发展海上紫菜养殖。十多年间，老坝港镇的紫菜业以全国规模化、产业化六分之一的养殖规模，创造出全国五分之一的产量和四分之一的经济效益。紫菜产业的发展，解决了近5000名劳动力的就业，30条大马力捕捞渔船顺利转产，1000名渔民顺利转业。值得一提的是，这个镇90%的紫菜原料生产用的是别人的资源，90%的市场在国外，50%的劳动力靠引进，50%的资金靠外来融资，海上养殖面积达到15万亩，是老坝港本土面积的7倍。

“前几年，别的县市纷纷‘卖海’，转让滩涂承包权，我镇并没有将滩涂土地分包到户，而是发挥资源优势，将大片海域转给龙头企业进行规模化、集约化开发，整合能人，整合资金，带动渔船转产紫菜养殖。”镇党委书记陈如海说。

发展海洋规模特色经济从打造鳗鱼养殖产业开始“试水”。早在20世纪80年代后期，镇党委政府就决定各村集体经济投入从传统的鳗鱼捕捞业转向鳗鱼养殖业，利用集体经济的集约化投入，带动了鳗鱼养殖的工厂化、规模化。

通过整合能人、整合资金，目前这个镇实现了鳗养殖业基地建设商品化、品种推广优质化、产品生产标准化以及生产经营产业化。全镇年培育黑仔鳗2400万尾，产值达2亿元。养殖成鳗2400吨，产值达1.2亿元，出口创汇达1千万美元，成为江苏沿海鳗鱼集捕捞、培育、养殖为一体的重要生产基地。

与此同时，老坝港将大片海域转给农业龙头企业进行规模化、集约化开发，带动渔船转产紫菜养殖。1992年至2006年紫菜业累计投入2.8亿元，由于投资充分考虑了行业匹配标准，确保上游企业为下游企业提供充足的原料，从而提高了生产运转效率，降低了单位生产成本。目前，全镇紫菜企业平均养殖规模2500亩，是全省平均水平的3.16倍；平均单机紫菜产量达2600箱，是全省平均产量的3倍；平均每个企业盈利333万元，是全省平均盈利能力的4倍左右。

随着紫菜等产业的快速发展，如何应对市场经济下的竞争激烈，如何在市场经济条件下保持快速、健康发展，成为老坝港人认真研究的课题。

2005年，老坝港镇的13家紫菜加工企业共同出资建成南黄海紫菜交易市场。在这个总建筑面积达5000平方米的交易市场内，公布着交易规划，紫菜的登记标准和交易的实施细则。这里采用的是一种独特的交易方式，客商并不知道卖方皮下组织菜的标价，只能根据自己对市场行情的了解进行暗标报价，如果报价低于卖方标价，就不能买到所需的紫菜，这种交易方式的最大好处是，客商根本不敢像过去那样拼命压价，有效保护了紫菜加工企业的利益。

能够找到这样一种交易方式，应该归功于海安县紫菜商会。1997年，在兰波公司等企业精心策划下，老坝港镇建了全省第一家紫菜商会——海安县紫菜商会，吸纳8家企业加盟，紫菜商会的成立，将全镇紫菜生产企业结成了一个联盟，实现资源共享，风险共担，并对全镇各家紫菜企业优先提供苗种和技术服务，协调解决紫菜的养殖、生产、销售等问题。

紫菜交易市场的总投资为2500万元。花这么多钱建一个交易市场，猛一看似乎不划算，但会长、兰波公司老总李海波把这笔账算得清清楚楚："我们全年的紫菜产量有5亿张，如果每张涨5分钱，利润就会增加2500万元，一年就能收回投资。"事实证明这笔账算对了，南黄海紫菜交易市场的紫菜价格，已连续两年在全国同行保持最高。

商会这一合作组织，促进了老坝港高效农业的快速、健康发展。此后，在认真总结探索紫菜商会成功经验的基础上，该镇又相继成立了海洋捕捞商会、鳗鱼商会、渔网商会，这些商会的成立为全镇海洋经济产业的发展奠定了坚实的基础。

第五节　渔网之乡

渔网兴起，代表渔业进步。从延续数千年的纺线、结网到机械化织网，从棉线网、丝线网到聚乙烯尼龙网，从数尺小网到成百、成千米长度的拖网，延续了人类向大自然提高索取能力的追求，记载了先辈们求生存、求发展的奋斗历程。

结网，是渔乡不分男女老少最基本的手艺，乡间造访，闲暇之余，三五成群，相帮结网，拉几句家长里短，更是一道美丽的渔乡风景。结网成为渔乡景点记忆中定格的历史画面。结网在那个年代作为渔业的副产业，也是渔民增加收入的主要来源。

一、渔网生产销售

1984年10月，旧场乡兴办渔网厂，王准山率先从日本东洋株式会社进口520目的渔网织机，开创角斜地区机械化织网的先例。继后，虎威网具、华瑞网具、晨光网具、大洋网具应运而生。从一家一台两台织机的家庭网厂，到数十台织机的有限公司。至2017年，全镇有200多家渔网厂，近千台套渔网生产设备，从抽丝拼线、织网、定型到销售、外贸出口全部国产化，形成一条龙完整产业链，从业人员达5000人，年开票销售数亿元。2008年4月，《农民日报》曾报道：小镇的渔网加工量也跃居全国乡镇之首，年实现渔网加工上万吨，产值数亿元，被誉为"渔网之乡"。渔网主要销往日、韩、巴西等国家和地区。随着网具用途的拓展、制造装备的更新、销售渠道的扩大，称角斜为"网具之乡"更为贴切。

二、渔网生产企业

海安虎威网具有限公司：法人代表练亚梅，由其父练井余创办于1980年6月，从一杆秤、一把算盘收放网儿开始，一路走来逐步发展，不断壮大，渔网厂占地20亩，厂房面积超1万平方米，拥有两条抽丝生产线、14台并线机组、10台套不同型号的织机、50米蒸汽定型机1台套，年产1200多吨各式网具。2017年开票销售达2000万元，纳税达百万元，吸收本村60余名当地群众进厂打工，是远近闻名的家族式经营的民营企业。

江苏大洋网具有限公司：位于221省道与角斜连接线交界处，占地25亩，注册资金3144万元，法人代表康建，厂房面积1万平方米。2015年创建，有抽丝并线两条生产线，网具织造8台套，蒸汽定型打包一条龙生产设施，每年生产网具产品2000多吨。2017年开票销售近4000万元，纳税200万元。生产各式网具，包括海洋捕捞

图7-17　虎威网具有限公司（高宝生摄于2017年）

养殖、农业设施用网、体育用网、建筑设施用网，还有生态林业用网，产品用途广泛。2017 年，二期工程投资 800 万元，进一步扩大再生产。

华瑞网具有限公司：法人代表顾用群，与大洋公司隔路相望。2015 年，改制裂变企业，占地近 20 亩，在自有并线生产线 2 套、织机 12 台的基础上，联合多个加工点，生产各类、各色、各目、各股不同的网线，网具销路广阔，体制灵活，产品销往东南亚、欧美各国。2017 年年产值数千万元，纳税额超百万元。2017 年，谋划新的产能扩大，整合公司运行机制，展现新的发展潜力。

龙腾渔网厂：创办于 1997 年，法人代表蔡晓琴，厂房面积 4000 平方米，位于 221 省道双龙村委员会西侧。至 2017 年有抽丝并线 3 台套，渔网织机 6 台，年产各式网具千余吨，2017 年年产值 1200 多万元，工人 40 多人，发放工人工资超百万元。

江苏海安明露绳网有限公司（海安县老坝港诚信渔具厂），成立于 1993 年，位于海港村海港工业园区，法人代表陈刚。公司占地 33000 平方米，建筑面积 15000 平方米，拥有员工 200 余人，2017 年年产各类网片 7000 余吨，拥有渔网织机 15 台套、捻线机 20 台套。主要生产海洋捕捞帆式张网、帆式单根方网、拖网、拖虾网、海蜇网、内河与海洋养殖网箱、园艺网、爬藤网、吊瓜网、螃蟹压草网、体育用网、军用伪装网、养殖大棚防风网、机织条斑紫菜网、坛紫菜网，并可以根据客户要求设计定制各类捕捞网具。公司总资产过亿元，2017 年，开票销售数千万元，纳税 200 多万元。明露绳网在同行业中脱颖而出，产品远销中国沿海以及东南亚地区。市场永远在变，“诚信”永远不变，以人才和技术为基础，创造最新款的产品和服务，“建一流企业、创百年品牌”是明露绳网一直追求的目标。

图 7-18 龙腾渔网厂（高宝生摄于 2017 年）

南通今朝机床有限公司（今朝渔网机械制造有限公司）：法人代表申宏，位于北凌河 221 省道交界北岸东侧，公司占地面积 1.5 万平方米，建筑面积 8000 平方米，总投资 1600 万元。2017 年年产渔网机 200 多台，拥有标准化厂房、先进的生产设备、高级技术人才，能快速完成从产品研发到生产的整个过程。公司自行开发的 ZRS、ZRD 系列渔网机，其性能达到并超过国内同行的先进水平，获得多项国家专利和知识产权，产品远销日本、朝鲜、韩国、墨西哥、越南等国。2015 年一次性出口朝鲜 13 台渔网织机，安装调试结束后，朝鲜最高领导人金正恩于 2016 年初视察装有该织机的工厂，在朝鲜引起轰动。2017 年出口朝鲜 14 台渔网织机。从 2017 年 4 月起，常年承接日本东洋株式会社订单。

第六节 海洋捕捞

老坝港是南黄海著名渔港，沿海渔业资源丰富，海鲜特产有大黄鱼、春鱼（小黄鱼）、鲫鱼、鲳鱼（又名镜鱼、鲳鳊、昌候鱼、平鱼、瞌睡鱼、车片鱼、叉片鱼等）、鮸鱼（又称洣鱼、米鱼）、带鱼、竹蛏、金钩虾米、西施舌（老坝港人俗称蛸壳，属瓣鳃软体动物，双壳贝类）、姑娘蟹［俗称黄（音“荒”）蟹，亦即梭子蟹，姑娘蟹实际上是梭子蟹在特定时期的一种叫法］、文蛤、泥螺、推沙鱼、海蜇（又称水母）、小鲨鱼。仅贝类就有 50 多个品种。除常见的各种蛤类外，海螺品种也很多,如相思螺、大海螺、泥螺等。域内旧时有不少渔民以捕捞为生,改革开放后,很多渔民因捕捞致富。

一、渔港

1964—1965年,北凌闸建成使用,闸下建造一座高10余米的港灯。1971年重建一座高24米的港灯。1980年1月北凌新闸建成,成为海安县域内海洋渔船进出口及停泊的唯一渔港。1987年10月,农业部公布中国沿海491处重点渔港名称,海安县北凌港为重点渔港之一。1988年5月,北凌新闸口建成28米高港灯一座。1989年12月,北凌港更名为老坝港。1990年6月,农业部公布沿海首批279个渔港名称,确认海安县老坝港渔港为江苏省群众重点渔港之一。该港位于北纬32°35′、东经120°55′,船舶最大吃水4米,再加潮位,可允许载重300吨的渔船载货进港,潮汛变化范围2—5米,盛行东南风。泊位设施:该港被淤积海涂所包围,是个良好的避风港,锚地最大水深15米,长500米,面积1万公顷,能同时停泊500多艘海洋渔船。

二、渔船

旧场公社红星渔业大队建队之前,渔民使用木帆渔船进行个体作业,建队后转为集体生产。1960年,县财政拨款30万元、银行贷款20万元,建4艘60马力、载重45吨机动渔船。1962年又增加2艘30吨、45马力机动渔船。至1983年,海洋渔船全部改造为机动渔船。同年,海洋渔业公社利用省投资20万元、自筹20万元,建造一对135马力、70吨的钢质小渔轮。1989年,老坝港乡川港村新造一对540马力、202吨的钢质渔轮。此后,老坝港乡镇海、川港、三港、万港村和北凌闸养殖场,先后建造大马力渔轮。2011年,海安作为省"万船更新工程"试点县,积极开展大马力渔船更新改造试点,引导渔民建造大马力钢质渔船,补助新建造的294千瓦以上钢质渔船,每马力补助300元,全县拆解转移161艘渔船,新建造294千瓦以上钢质渔船9艘。是年,全镇有海洋机动渔船218艘9871吨1.81万千瓦,海洋捕捞渔船170艘5951吨10784千瓦。同年,海洋捕捞拖网船2艘274千瓦、海洋捕捞围网船2艘746千瓦、海洋捕捞刺网船156艘7697.1千瓦、海洋捕捞张网船34艘4694.7千瓦、海洋捕捞杂渔具船140艘1909.6千瓦、海水养殖船45艘7686.2千瓦,发放渔业成品油价格补助2000多万元。2017年,全镇投入3800万元,更新改造标准化渔船,在全省领先。

(一)渔场

由于近海渔业资源变化,1993年后,南通市海洋捕捞渔业一直相对集中在吕四渔场与舟山渔场。在吕四渔场,作业海区128、129、130、138、139、140,主要捕捞小黄鱼、鳓鱼、鲳鱼、黄鲫。在舟山渔场,以捕捞带鱼为主,作业海区187、188、189、193、194、195。

(二)鱼汛

春汛:早春捕捞鳗鱼苗。夏汛:捕捞带鱼、鲳鱼、大黄鱼、小黄鱼、黄姑鱼、鳓鱼、马鲛鱼、鱿鱼、乌贼、海蜇。秋汛:捕捞海蜇。冬汛:捕捞带鱼、鲳鱼、大黄鱼、小黄鱼、黄姑鱼、鳓鱼、马鲛鱼、鱿鱼、乌贼、海蜇。

(三)网具

张网:分为锚张网与单根张网,锚张网在2005年以前,198.58千瓦渔船每船3口张网。2006年,198.58千瓦渔船每船为4口张网。2007年,198.58千瓦渔船每船为5口张网,至2010年新发展300千瓦以上渔船,每船为10—12口张网,单根张网是使用一根打入水底的木桩固定一个张网的作业方式,适于在水深10—25米的旋转潮流水域作业。网具呈方锥形,网口靠方形或梯形毛竹框架装置保持张开,网口面积18—60平方米,总长度7—22米,网口网目长度33—90毫米,网囊网目长度最小不足10毫米,网衣均用乙纶线编结,网口下沿两侧装有沉石。网具与木桩通过根绳和网口叉纲相连接,根绳长度为作业水深的5—9倍。一般在鱼汛前小潮汛流速缓,风流小时打桩,桩列应与主流向保持垂直,桩距一般为50米左右。这种渔具一般网囊的网目很小,可大量兼捕幼鱼。

围网:为传统常年作业网具,主要用于早春张捕鳗鱼苗。

拖网:即浮拖网。

另外还有定置刺网、流网。

（四）捕捞

20 世纪 60 年代末，早春捕捞以张网为主，春汛以张网、流网为主，夏秋汛以捕捞海蜇为主，冬汛以用大洋网捕捞带鱼为主。70 年代，春、夏、冬汛以捕捞为主。

1973 年起，每年有 10—15 对船到连青石渔场捕捞鲭鱼。1974 年起，每年有 10 对渔船到浙江南部的大陈岛，进行马百鲀捕捞。1977 年起，每年有 10 对渔船在渤海参加秋汛对虾捕捞。1980 年后，渔船装备迅速更新，1986 年，随着近海资源的枯竭，一年四季的常年捕捞向更远的方向发展，早春转为捕鳗鱼，夏秋季大马力渔船去外海捕捞带鱼，以及吕四渔场北部、海州湾渔场南部进行海蜇捕捞。1992 年后，32 对机动渔船投入远距离冬汛带鱼捕捞。

根据国家规定，老坝港捕捞渔船从 1995 年开始实施伏休。禁捕时间为 7—8 月，9 月 1 日开捕，为了对渔业资源进行有效保护，从 2015 年开始每年 5 月 1 日中午 12 点起对张网、杂渔具开始禁捕，5 月 16 日起对定置网开始禁捕，6 月 16 日中午 12 时起对域内渔民的传统作业定置刺网开始禁捕。

2015 年 7 月 26 日，角斜镇组建海安裕丰渔业服务公司，由镇海、通港、川港、海港、顾陶、江海、富港 7 家渔业合作社 119 艘捕捞渔船合并组建而成，是专业化海洋渔业安全管理服务公司。主要承担海上渔船安全监管，包括渔船的预检预审、休渔管理、海上搜救、船员培训、后勤综合保障以及海上民兵建设等职能。

公司围绕“满足渔民需求，零缺陷管理”，以杜绝各类等级事故、确保安全为工作目标，坚持“以人为本、安全第一、预防为主”的方针，加强监管力度，严把渔业生产“三关”（渔业职业船员准入关、严把捕捞渔船生产质量关、严把渔业互保赔偿关），努力提高船员素质，增强广大从业人员的安全意识和服务理念。

根据《中华人民共和国公司法》的相关法律法规、规范性文件以及公司管理规章，建立健全了规范的公司管理机构。法人代表、董事长兼总经理：张秀华。从业渔民 800 多人，渔船总吨位 1.05 万吨，总动力 1.13 万千瓦。公司渔船装备了先进的、现代化的捕捞装备，彩色探鱼仪、雷达、电子海图、GPS 导航、AIS 系统。2017 年捕捞水产品 5.5 万吨。

图 7－19　出海捕鱼（高宝生摄于 2017 年）

（五）贮存

1956 年秋，海安县水产公司建立冰库一座，冬季贮冰，3—4 月供收鲜渔船带冰收购小黄鱼，1979 年报废。1983 年，海洋渔业公社冷冻厂建成，当年带冰进行冬汛带鱼捕捞。

此后，陆续兴办老坝港川港冷冻厂、县水产公司冷冻厂、旧场乡北凌闸冷冻厂、老坝港镇海冷冻厂。5 座水产冷库年冷冻水产品 2493 吨，冷藏量 3000 吨，人造冰产量 75 吨。

2017 年有冷库 7 座，冻结能力每日 385 吨，冷藏能力每次达 2150 吨，制冰能力每日 210 吨，冷藏总量 1.56 万吨，制冻总量 3 万吨。

附：

北宋及以前角斜南、北、东三面临海，南宋以来角斜东、北两面临海，清雍正以后角斜北边逐渐成陆，唯有东面临海。因而角斜盐业和渔业自古以来就相对发达。历来官府对盐业控制很严，为防止走私，官府又规定渔船必须从规定的渔港出海。

明代泰州学派著名思想家王襞（1511—1587）曾写有《程天津寓角斜场置网取鱼寄之四首》。有诗描写明代角斜八景之一的“张港渔歌”：苍茫一鉴水涟漪，正是渔家独醒时。半棹歌声归去晚，清风明月两相知。这里描述的是海洋渔业，张港即张家港，也是渔港，向北靠近海边，向西距离东包场只有二三里，可以就近腌制鱼虾，由于一些鱼虾变质发臭，张家港西边还形成一个地名“臭河头”。还有诗描写角斜八景之一的“范堤鱼盐”：曲曲长堤倚碧空，网罗负戴日匆匆。东南海错（指众多的海产品）于兹胜，谁识当年捍御功。这里描述了角斜范公堤外渔业兴旺的情景，渔民用网捕捞，用肩背扛，络绎不绝。此外通海村还有老地名条鱼港、麻虾套，说明也是著名的渔港。原旧场乡曾有花鱼村，清末角斜范公堤有老地名“黑鱼塘”。角斜富豪汤百万曾在角斜南街开设“德实渔行”。

据清嘉庆二十二年（1817）《东台县志》记载，万家港为角斜场规定的出入海港，为整个东台县六大渔港之一，北到富安场川港，南到栟茶场洋南港。6大渔港合计额定设置采捕渔船95只，每年额定征收“渔课银”115两6钱1分。渔课就是旧时官府向渔人征收的渔税，要缴纳给海关道衙门银库。

第七节　海洋与渔业管理

一、管理机构

1982年7月，渔业乡配备渔监员，接管船检工作。1987年7月15日，建立海安县渔船渔港监督站。1988年11月11日，设海安县渔船渔港监督站北凌闸签证点（1992年1月2日更名为海安县渔船渔港监督站老坝港签证检查站）。2011年11月15日，老坝港滨海新区（角斜镇）海洋与渔业局成立，由原老坝港镇渔业办公室、老坝港开发区海域科组建而成，负责捕捞、养殖渔船管理和用海指标申请、海域滩涂使用等工作。丁小军任局长，陈晓鸿、秦广建任副局长，工作人员8人。2012年10月，县政府以农委为牵头单位，法院、公安局、司法局、角斜镇等12家单位为成员，组成海安县涉海矛盾纠纷专业调处中心，先后调解各类矛盾纠纷32起。

海洋与渔业局建立后，积极协助县主管部门推广水产养殖技术，进行海洋捕捞渔船、全镇海洋渔业生产安全管理，水产品质量安全管理，海、淡水养殖生产管理，海域滩涂管理，申请用海指标，打击电捕鱼。

二、渔船产权改革

老坝港地区渔民捕捞渔船在中华人民共和国成立以后都作价入社到如东南渔乡。1958年，如东县洋口镇（南渔乡）划转给海安县。1964年，围垦建闸，在围垦海域成立海洋渔业公社，设置有4个捕捞大队和1个渔网加工服务队。渔业生产体制是集体所有。在计划经济时期，渔民捕捞鱼货出售给县水产供销公司，供应城镇居民消费，渔需物资柴油、木头、网线由县水产供销公司供应，鱼货出售、渔需物资供给的价格都比较低。1991年后，国家容许私有经济存在和发展，特别是与海安相邻的盐城东台市弶港镇个体渔业发展迅猛，渔业村干部对渔船的渔货管理愈来愈难。1992年，老坝港许多骨干渔民纷纷离开集体从事个体渔业。邓小平南方谈话以后，老坝港乡党委、政府认清形势，顺势而为。1993年7月26日，召集渔民宣布，老坝港进行渔业产权改制，由村里船长牵头，与村内渔民不少于8人为一个组合单位，购买集体渔船，全乡捕捞渔船46艘均转让给渔民，80%以上渔民得到安置，8月20日前全部改制结束，9月1日投入生产，下半年所有渔船都取得比较好的效益。1994年、1995年鳗鱼苗资源丰富。1996年投资建造大马力渔船102艘，木质渔船810艘，渔业生产发展达到顶峰。

三、伏季休渔

1986年，开始实施伏季休渔，禁捕时间7、8月，9月1日开捕。为了进一步有效保护渔业资源，域内从2015年5月1日中午12时开始对张网、杂渔具开始禁捕，5月16日对定置张网开始禁捕，6月16日中午12时对区域渔民的传统作业定置刺网开始禁捕。

四、渔业生产管理

1976 年 6 月，启用江苏省海安县革命委员会农林局船舶签证章、江苏省海安县革命委员会农林局机动渔船监理章，委托交通部门负责船检，委托边防派出所负责渔船进出口签证，开始海洋渔船检验、渔港监督工作。1977 年 11 月 7 日，县革会规定“生产船只必须持船民证、户口簿、航运证方能出海”。1988 年 8 月 6 日，县政府办公室转发县多种经营管理局《关于加强沿海个体渔船管理的意见》，至 1989 年 6 月，渔船检验、沿海渔船船舶航行签证均由渔监部门受理。1993—1998 年，县渔政站查处渔业案件 951 起，检验机动渔船 1800 艘次，组织港口安全检查 25 次，洋面渔政检查 124 航次，调处海事纠纷 74 起。1993 年 1 月，县渔政站在北凌新闸建立以港口管理为主的鳗鱼苗管理组，实施捕捞许可证制度。1994 年 11 月，全面清理、登记和查处“三无”（无船舶登记号即船头号、无船舶检验合格证、无海洋捕捞许可证）渔船 531 艘。年底，县渔政站在原有 1 艘渔政艇的基础上，新增 1 艘 80 马力、28 吨的海洋渔政船。2004 年，开展打击电力捕鱼、清理“三无”和挂靠渔船、清理违法用海、水产品质量安全、海洋渔业安全生产等专项治理行动。是年，海安县夺得市海洋渔业安全杯。2005 年 5 月发生特大海难事故后，加强海洋渔业安全生产管理，强势推进海洋渔业安全“三化五覆盖”（三化：企业化运作、规模化经管、标准化建设；五覆盖：经管管理体制全覆盖、财产和人身保险全覆盖、安全技能培训全覆盖、安全生产设施全覆盖、安全宣传全覆盖），定期联合召开海洋渔业安全生产例会，组织海洋渔业安全事故应急救援预案演练，各专业渔业村和各养殖企业建立安全工作台账，建立海洋渔业安全生产管理体系，形成一村一合作社（公司）一渔船的安全生产管理网络。建立海安县海洋渔业安全信息气象发布平台，修订和完善渔业安全生产应急预案，组织开展多种形式的应急救援预案演练。2015 年深化海洋渔业安全生产“三化五覆盖”。7 月 26 日，组建海安县裕丰渔业服务公司，将镇域 121 艘渔船、7 家管理单位合并成为一家管理单位，有效控制海洋渔业的捕捞强度，有利于海洋的生态修复。8 月 10 日，省海洋与渔业局、江苏海事局在海安召开海洋渔业安全搜救研讨会，会上海安新时代艺术团将海洋渔业有关法律法规编排成文艺节目，以群众喜闻乐见的方式进行演出，收到良好的宣传效果，得到省市主管部门认可。

附：渔业事故

1974 年 1 月，发生打杂船沉船事故，造成 62 人死亡。2002 年，苏海安渔 00122 渔船发生碰撞事故，造成 13 人死亡。2005 年 5 月 12 日，养殖渔船翻沉事故造成 13 名养殖女工死亡。2011 年 11 月 30 日，苏海安渔 00202 渔船碰撞事故造成渔民 11 人死亡。2013 年 7 月 28 日，苏海安渔 18408 渔船发生煤气泄漏，产生爆燃，引起船员仓爆炸，炸死 1 人，炸伤 1 人，失踪 1 人。2014 年 8 月 17 日，发生两起事故，一起是苏海安渔 12136 渔船在起网回港避风时，1 名船员落水，船长跳海救助，两人失踪。另一起是苏海安渔 16888 渔船冒险作业，造成 3 人落水，1 人失踪，2 人获救。

五、海洋环境与海域资源管理

2008 年，海安组织省级海域管理示范县创建工作，全面探索和尝试海域管理新体制和机制，在老坝港镇设立海洋管理办公室，在沿海重点村聘请 4 名海域管理协管员和 6 名海洋环境监督员。测量、核实全县养殖用海面积并发证，建立海安县养殖用海项目数据库。是年，海安县被列为省级海域管理示范县。2011—2017 年，分别编制各年海域动态监视监测管理工作方案，老坝港海域管理主要是对第二次和第三次围垦海域大约 5 万亩滩涂进行管理，主要为入园企业办理海域使用权证，为开发利用的土地进行农业种植发包，对海域环境进行监测。海洋与渔业局利用安全生产会议宣传海洋环境保护方面的法律法规，所有渔船都安装油水分离器。紫菜养殖过程中，禁止使用废酸清理绿草，生活垃圾集中收集进港。形成人人懂得爱护海洋环境、自觉遵守海洋环境保护法律法规的良好氛围。2016 年，对新申请海域进行“招拍挂”试点，“招拍挂”海域 1 宗，面积

36 亩。申请审核建设用海项目 6 宗,取得建设类海域使用指标 17.13 万亩。加强海城动态监管中心建设,开展远程视频监控,通过业务系统报送海域使用确权数据与地面监视监测数据,开展监测 27 次,与中国海监海安县大队联合开展专项监视监测项目并通过省级考核验收。2017 年 2 月 9 日,江苏海东光伏发电有限公司在项目工程沿岸海安县海洋滩涂开展海洋生态补偿增殖放流活动,放流蛏苗 250 千克,放流经费 1.3 万元。这是海安县历史上第一次海洋生态补偿增殖放流活动,县海洋与渔业局和老坝港滨海新区管委会参加监放。海安县海域使用动态监管中心承担第一次全国海洋经济调查数据录入工作,完成 1999 家涉海单位清查系统的录入工作。按时有序开展海洋经济运行监测与评估工作,完成 5 家用海企业调查表和全县海洋经济统计报表填报工作。2017 年,县海监大队加强海域巡查,梳理国家海洋督察组查出的问题,立案查处海洋违法案件 2 起,均结案。海域动管中心两个月开展一次监视监测,制作监视监测报告 149 份;配合南通市海洋与渔业局开展国家海洋督察工作中疑点疑区的排查,汇总上报核查意见,与中国海监海安县大队联合开展专项监视监测 12 次,现场测量与核查分析 2 宗疑点疑区,为海域综合管理和执法工作提供了技术支持。

第八章 工业 建筑业

域内沿海滩地涨出海面后，最早到这里的是渔民，他们从扬泰岗地驾独木舟漂流到滩地，以捕鱼为生，所捕海产品除交换日常生活用品外，剩余部分进行风干、晒干。春秋时期，吴越争霸，吴王夫差“封民于江淮之间”。越灭吴后，越王勾践又移民于江淮之境。秦朝，域内沿海聚集大批盐民。西汉吴王刘濞迁徙一批移民至沿海地区。汉武帝即位后，招募民众到沿海煮盐。此后陆续有先民在沿海地区煮海为盐、拓荒渔猎。东晋至唐朝时期，一度人丁兴旺，后因潮害，人口锐减。唐修捍海堰尤其是宋修范公堤后，盐业、渔业、农业开始兴旺，有了煮盐后又进行盐渍加工，制盐业是域内最初手工业产品的雏形。

中华人民共和国成立前，域内各乡镇的工业以小型手工作坊和工场为主，手工作坊如酱坊、糟坊、碾坊、油坊、豆腐坊等；手工工场有铁器、木器、竹器、银器、铜器。小手工有裁缝、纺纱、织布、制鞋帽、做点心等，还有修钟表、修雨伞、刻字、星秤等，这些手工业以家庭为主，只能生产一些日用品。

中华人民共和国成立后，各作坊仍然是小型规模，农村五匠（木、竹、铁、泥、裁缝）得到发展。1951年角斜成立铁木竹业生产合作小组。1954年，角斜、沿口建立铁木竹生产合作社，主要从事铁、木、竹农具生产、加工、修理及兼营镇区缝纫、鞋帽、五金加工。1955年12月，铁、木、竹生产合作社归属海安县手工业联社管理。1956年对私营工业、手工业进行社会主义改造，手工业者和私营作坊组织起来成立手工合作社。1958年“大跃进”运动时，合作社、商业工场大多改为工厂，家庭手工业也组织起来集中生产。域内各社响应中央关于“人民公社必须大力发展工业”号召，土法上马、大办工业。一批土高炉、土化肥、土农药、小土窑、小化工等“五小”企业相继产生，原角斜、沿口、旧场相继办起农具厂。1961年，国民经济实行“调整、巩固、充实、提高”的方针，域内只保留角斜、沿口、旧场3家铁木竹社和1家小窑厂。1963年，角斜公社在机电站内创办粮饲加工厂和轧花厂，其中轧花厂当时在全省公社一级同行业中成为领跑者。

20世纪70年代，各大队开始办社队企业。1970年，角斜、沿口、旧场3家生产社由县管下放公社办后改名为农机厂。1983年后，统称乡镇企业，域内各社各个大队都有综合厂，经营项目五花八门。角斜公社在全县第一批办起砖瓦厂（轮窑）、缫丝厂，在全省第一个办起农药厂，并列入国家化工部、省化工厅农药生产定点企业。1982年后，农村剩余劳力增多，各社队工业有了新的发展。1985—1986年，角斜乡在各工业企业中开展学习和推广无锡县堰桥乡“一包三改”（一包——全面推行经济承包责任制；三改——改干部任命制为选聘制、改固定工制为合同工制、改固定工资制为浮动工资制）的经验。1987年，工业产值比上年增长40.81%，利润增长38.17%，其做法和经验在南通市推广。1987年10月20日，《中国乡镇企业报》理论探讨专版专题刊登角斜《谈谈乡镇企业实行厂长任期目标责任制》的文章向全国推荐。1992年，邓小平南方谈话后，域内各乡镇又掀起大办工业的热潮。1994年下半年，通货膨胀，国家宏观调控，各乡镇工业企业均受到不同程度的制约。1996—1997年，各乡镇的企业由社办集体或村办集体转制为私营或股份合作制。1998年，又统一为股份制。到90年代末，各个乡镇工业基本完成改制任务，结束乡镇集体企业一统天下的格局。

2001—2008年，域内工业发展较快的时期。角斜镇规模企业就发展到44家，老坝港镇的县级定报企业24家，两镇工业门类以纺织、轻工、丝绸、磁材、海产品加工、紫菜养殖、渔网、渔具的生产等行业为主。2009年，尽管遭到国际金融危机，角斜镇工业产值依然达到43.1亿元，老坝港工业产值26.3亿元。2011年，角斜镇与老坝港镇合并为老坝港滨海新区（角斜镇），工业又有了一次新飞跃。2017年年底，有规模企业47家，产值10.77亿元。

第一节　工业门类

一、盐业

角斜在南宋绍兴二十八年（1158）有盐灶43灶2角，次年经过裁减只保留35灶（一灶即一座盘铁）。

明洪武四年（1371），《淮南中十场志》载：按照各场盐额颁发盘铁给灶户，从锅鐅流行之后，渐渐弃置不用，以至于锈烂，到清代初年几乎一半被毁。

据明弘治十三年（1500）《两淮运司志》记载：角斜有灶房25座，卤池125口，亭场205面（疑为105面），盘铁28角7分，铁锅没有，铜挚没有，铁挚1个（205斤），官秤1连（205斤），篾箩10个，木桶1个。

据明嘉靖二十九年（1550）《两淮盐法志》记载：角斜有灶房23座，比之前少了2座，卤池82口，比之前少了43口，亭场81面，比之前少了124面，盘铁29角，和之前差不多，没有锅鐅。

据当代《南通盐业志》记载，明万历二十一年（1593），角斜有灶房120座，亭场128面，卤池80口，盘铁28.7角，锅鐅120口。

据清康熙十二年（1673）重修的《淮南中十场志》记载：角斜有灰亭120面（原有105面，后减少到81面）、卤池120口（原有165口，后减少到80口，后增加到120口，今不变）、灶房120座、盘铁28角（原为28角7分）、锅鐅120口（原无）。铁砣是称盐称重的工具，重200斤，外加小铜饼1个重5斤，是明代收盐然后放盐，交给商人称捆时使用。

据清康二十四年（1685）的《两淮运司事迹文册》记载：清初角斜场设备的修复情况如下：亭场48面、灶房480间、卤池120口、盘铁0角、锅鐅68口。

据康熙三十六年（1697）的《南通盐业志》记载：角斜有灶房120间，亭场105面，卤池160口，盘铁28.7角，锅鐅120口。

据清雍正六年（1728）的《泰州志》记载：角斜有盘铁28角7分，计31块。

据清乾隆二十年（1755）的《直隶通州志》记载：角斜灶房原有120所，现在增加到1279所，是原来的十倍多。亭场614面，卤池614口，盘铁28角，锅鐅1272口。

据清嘉庆二十二年（1817）的《东台县志》记载：角斜原有灰亭105面，现在增加到576面。灶房（跨卤池、盘灶而建遮蔽风雨的房屋）原有120所，现在增加到1152所。原有卤池160口，现在增加到576口。原额盘铁无存，锅鐅1272口，现在存1152口。额设铜桶、铁砣无存。

清咸丰八年（1858），《光绪两淮盐法志》记载：清查亭场盘铁、锅鐅，角斜有上卤鐅180口，中卤鐅153口，下卤鐅112口，合计445口，没有盘铁。

据清光绪十八年（1892）重修的《两淮盐法志》记载：角斜灶房原有120所，现在增加到1152所，是原来的9倍多。原有灰亭105面，现在增加到576面，是原来的五倍多。原有卤池160口，现在增加到576口。光绪十七年（1891），角斜实际报过来的亭场只有306面。

2012年凤凰出版社出版的《南通盐业志》

（下同）载：民国初年，栟角场（栟茶场并入角斜场）合计有亭灶372副（清光绪后来的计量方式）。

《南通盐业志》载：民国十八年（1929），栟角场合计有亭灶180副。

《南通盐业志》载：民国二十年（1931），栟角场合计有亭灶448副并入丰掘场。

1950年后，海安建立盐务管理局，属淮南盐务管理局，食盐就由各地供销社经营。1959年初，海安县政府动员近2万民工在原角斜场范公堤外围海筑堤，建设海安盐场，历时1年余，围垦铺垫，盐场1.3万亩，全面恢复角斜盐场生产。1960年，职工250人，年产盐178吨，但质量都远不及煎煮法所产细盐。1962年，因新开北凌河，从盐场穿过，盐场报废。从此，域内结束盐业生产的历史。

二、缫丝

1972年7月，角斜缫丝厂建立。1996年改制更名为海安县华光集团公司，拥有固定资产近4000多万元，年产白厂丝180吨，双宫丝120吨，真丝绸120万米，拥有立缫机264台，自动缫丝机80台，丝织机152台。2000年10月，第二次改制更名为海安县华强丝绸公司，现名为南通华杰丝绸进出口公司。2015年产值1640万元。2017年，原角斜两家缫丝企业已经停止生产，角斜缫丝厂转至包覆丝生产。

三、农药

1972年2月，海安县角斜农药厂建立，拥有固定资产2361万元。主要生产原药合成及制剂、粉剂、乳剂、颗粒剂，产品有杀虫剂、杀菌剂、除草剂三大系列，合成农药有三环唑、双甲脒、扑虱灵等20多个农药品种，年产原药500吨，制剂农药6000吨，拥有原药生产线3条，产品行销全国，为市优、省优、部优产品。企业为国家中型企业、省明星企业。2001年2月改制为南通地旺农药有限公司，后破产重组。2017年，角斜只有南通宏洋化工生产企业一家，生产改装农药，年产值500多万元。

四、磁材

1980年3月，角斜磁性材料厂建立。1992年，角斜磁材厂与香港新杰公司合资更名为南通新特强磁材有限公司，主要产品有硬磁、软磁、塑磁、锶钙磁粉等系列磁材，生产的钡锶永磁铁氧体磁元件和黏结磁铁氧体磁粉，磁条、磁瓦、磁元片及冰箱门条等，广泛用于家用电器、摩托车、计算机、电器仪表、微电机、轿车、脉冲变压器等各种永磁装置，产品远销日本、菲律宾等国家和中国香港、台湾地区，遍及全国20多个省市。1999年企业破产重组。2017年，域内磁材产业有5家企业，除巨力磁材年销售2000多万元外，其他企业规模都比较小。

五、渔网

20世纪70年代初，渔网生产由手工并线和编织发展而成。80年代起，域内渔网行业从手工打线与织网开始，到抽丝、拼线、织网、定型机械化生产一条龙。老坝港、旧场乡、角斜镇在沿海5省市63个大中城市设立渔网销售点。1993年，老坝港、旧场、角斜渔网生产开始以机械生产取代手工作业。1998年，角斜域内各乡镇有50

图8-1　海安明露绳网有限公司（高宝生摄于2017年）

多家渔网加工厂，渔网生产机械81台套，形成抽丝、并线、织网一条龙生产，年产值4000多万元。2000年，角斜五虎村织网厂投入1000多万元，引进16台大型渔网机械。2008年，角斜镇、老坝港镇生产渔网企业60多家。规模以上渔网生产企业有明露绳网有限公司、角斜镇虎威网具有限公司、龙潭渔网厂等。2017年，全镇有渔网生产企业107家，其中规模以上企业3家，出口外贸企业11家，年开票销售8000多万元，税收400多万元，大部分企业是实行定额税。从事渔网生产企业职工4000多人。（详见第七章“海洋与渔业管理”第五节“渔网之乡”）

六、渔船制造

1960年，旧场红星渔业大队铁木竹业社建造第一对60马力、45吨位的机动渔船。海洋渔业公社成立后，该社附属于海洋渔业公社农机厂，承担渔船建造和修理。1967年生产80马力渔船；1971年生产120马力以上渔船，并改明舵为方向盘操作。1976年经省机动渔船管理站审核准予施工，在南通地区率先生产SY802定型船。1980年7月，船厂从农机厂划出，建成海安县海洋渔业公社渔船修造厂，年生产150马力以上渔船2—3艘。1990年，老坝港乡川港村建渔船修造厂。当年两家船厂都生产250马力以上的渔船，1992年，生产渔船7艘。是年11月12日，老坝港渔船修造厂通过农业部验收，获得20米以上、30米以下小型木质渔船生产许可证。2017年，角斜镇仍有两家工厂生产钢质渔轮和货轮。

七、服装

民国以前，民间成衣以个体裁缝为主。中华人民共和国成立前，域内各乡镇几乎都有个体裁缝店。中华人民共和国成立后，域内各大队都成立缝纫生产合作社，入社者自带脚踏缝纫机、板凳、衣板、衣架，专门为当地的百姓来料加工服装。1980年，角斜、旧场、沿口公社都先后办起服装厂。2003年，角斜青森服饰有限公司总投资1000万元，年产服装80万件。至2017年，全镇有服装企业7家，其中规模企业2家，全年开票销售6000多万元，税收600多万元。从事服装行业的人员全镇有3500余人。

八、手工业

角斜自古就有手工业者，为了满足生活的需要，有盖屋匠、木匠、铁匠、理发匠、泥水匠、纸扎匠、雕画匠、漆匠、篾匠、皮匠、弹花匠、银匠、铜匠、修锅匠、石匠、裁缝等，他们分散于集镇，或摆摊于市井、或兜售于乡野、或单枪匹马揽活、或成帮结队施工。

1956年，合作化时期，将一些手工业者组织手工业生产社亦工亦农。20世纪70年代，乡镇兴办综合厂，一些有专长的手工业者组织起来，发挥各自特长。改革开放后，年轻人外出打工，中老年人利用农闲在家钩花、结网，一些经纪人在外地领回外贸订单将原材料发放到加工者手中，其中比较普遍的有棒针衣、帽、鞋、围巾等。至2017年年底，角斜域内从事棒针衣、帽等加工业务的手工业者有4000多人，享有“钩针之乡”的美誉。

九、砖瓦建材

20世纪70年代前，域内一些零星的由生产队集体办的小土窑，全部是土法烧制，烧制周期长，质量也不高，除去成本，利润空间有限，加上管理不善，大多亏损。1970年，域内有20多座小土窑。70年代，大办社办工业时期，角斜域内各公社都创办了砖瓦厂。轮窑开始生产后，小土窑停火关闭，全部复垦。1979年，沿口创办石灰厂。1985年，又创办玻璃马赛克厂。80年代，域内各乡镇都由集体或个人投资创办大量的水泥预制品厂（场），预制行条、楼板、挂瓦板等建筑用材料。90年代，域内有8座较大的砖瓦厂。2010年后，因为环境整治，8座较大的砖瓦厂先后拆除6座，复垦达330多亩，石灰厂与玻璃马赛克厂停办复垦。2017年，域内两家砖瓦企业，年产值千万元。

十、家具业

2011年，新的角斜镇成立后，在新兴产业的集中区——临港工业区内建立家具产业园，定位为广东家具华东生产基地，对接中国东部家具产业基地。2017年，落户园区的家具企业有79家，总占地3000亩。

十一、石材业

在角斜镇新兴产业区的临港工业区，石材产业园是最大的一个产业园，按照大产业、集群理念、复合式产业分区，建设拥有一流的硬件设施，进行现代化市场商业营运管理。2017 年，进园区石材企业有 52 家，总占地 3000 亩。

十二、生物产业

2012 年，建立生物产业园，与上海生物医药行业协会合作招商共建园区，分为生物医药、生物保健品、生物饲料、生物新材料、生物肥料等板块，打造为东部沿海特色的生物产业基地。2017 年有 5 家企业入驻园区。

十三、新能源产业

2012 年，规划面积 2000 亩，重点发展光伏、风电等新能源产业。2016 年，投资 50 亿元的中国国电海上龙源风电项目落户。至 2017 年年底，有 8 家新能源企业投入运营。

第二节　重点工业企业

一、企业简介

海安华强染整有限公司建于 2005 年 6 月，位于角斜镇工业集中区（西区），占地面积 19999.8 平方米，职工 180 人，固定资产 1893 万元，主要业务为染整加工，年开票销售 17981.22 万元，利税 252 万元，公司法人马恩东。

南通市东方包装有限公司建于 1998 年 1 月，位于角斜镇环镇南路 60 号，占地面积 43008.9 平方米，职工 69 人，固定资产 2127 万元，主要产品为瓦楞纸板、纸箱，年开票销售 5768.45 万元，利税 125 万元，公司法人曹平。

南通青森服装有限公司建于 2003 年 12 月，位于海安县角斜镇工业园区，占地面积 30378 平方米，职工 110 人，固定资产 456 万元，主要生产销售服装，年开票销售 5613.73 万元，利税 114 万元，公司法人顾永国。

南通市华安袜业有限公司建于 2005 年 1 月，位于海安县角斜镇工业集中区，占地面积 25928 平方米，职工 62 人，固定资产 2151 万元，主要产品为袜子，年开票销售 5595.97 万元，利税 96 万元，公司法人王一俊。

江苏明芯微电子股份有限公司建于 2007 年 7 月，位于海安县老坝港镇工业园区，占地面积 25333.08 平方米，职工 170 人，固定资产 1773 万元，主要为产品半导体功率器件，年开票销售 5240.28 万元，利税 133 万元，公司法人周明。

海安美佳医用敷料有限公司建于 2002 年 1 月，位于海安县角斜镇工业园区，占地面积 21393.86 平方米，职工 78 人，固定资产 858 万元，主要生产医用卫生材料及敷料，年开票销售 4745.28 万元，利税 94 万元，公司法人吴小燕。

南通俊成纺织品有限公司建于 2006 年 3 月，位于海安县角斜镇工业集中区，占地面积 14253 平方米，职工 30 人，固定资产 1321 万元，主要进行针织天鹅绒布加工，年开票销售 4446.43 万元，利税 11 万元，公司法人王一俊。

江苏品合石业有限公司建于 2013 年 5 月，位于滨海新区（角斜镇）滨海西路 8 号，占地面积 71623.82 平方米，职工 52 人，固定资产 1861 万元，主要进行石材加工销售，年开票销售 4068.15 万元，利税 61 万元，公司法人宋家军。

南通金牛机械制造有限公司建于 2003 年 12 月，位于海安县老坝港镇工业园区，占地面积 30000 平方米，职工 80 人，固定资产 1881 万元，主要进行石油机械、液压机械、通用机械的制造、销售，年开票销售 3853.42 万元，利税 113 万元，公司法人徐平键。

南通源和金属科技有限公司建于 2015 年 10 月，位于滨海新区（角斜镇）联发路 2 号，占地面积 40016 平方米，职工 45 人，固定资产 1340 万元，主要进行金属材料表面处理的技术研发，年开票销售3761.46万元，利税84万元，公司法人薛军。

江苏海安明露绳网有限公司建于1993年，位于海港村海港工业园区，占地面积33000平方米，职工221人，固定资产2243万元，主要生产海洋用的各式网具，年开票销售2563万元，利税235万元，公司法人陈刚。

二、企业开票销售情况

2017年，角斜镇有规模企业47家，累计开票销售107731.03万元。

2017年角斜镇规模企业开票销售情况表

表8-1

序号	纳税人名称	销售额(万元)
1	海安华强染整有限公司	17981.22
2	南通市东方包装有限公司	5768.45
3	南通青森服装有限公司	5613.73
4	南通市华安袜业有限公司	5595.97
5	江苏明芯微电子股份有限公司	5240.28
6	海安美佳医用敷料有限公司	4745.28
7	南通俊成纺织品有限公司	4446.43
8	江苏品合石业有限公司	4068.15
9	南通金牛机械制造有限公司	3853.42
10	南通源和金属科技有限公司	3761.46
11	江苏品华建材有限公司	3350.96
12	海安县兰波实业有限公司	3347.25
13	南通君之妍服饰有限公司	3048.87
14	海安县巨力磁材有限责任公司	2802.66
15	江苏华杰丝绸进出口有限公司	2777.82
16	南通通地生物技术有限公司	2762.13
17	海安县东升针织厂(普通合伙)	2741.45
18	海安县广达针织厂	2740.98
19	海安策兰投资有限公司	2234.29
20	南通恒丰生物科技有限公司	1898.51
21	海安华港网具有限公司	1672.62
22	南通中坚织造有限公司	1524.46
23	南通立曼纺织品有限公司	1428.22
24	南通惠能镀镍钢带有限公司	1353.08
25	海安县海兴水产食品有限公司	1342.57
26	南通昊泽网业有限公司	1269.02
27	南通碧辉石业有限公司	1213.43

续表 8-1

序号	纳税人名称	销售额(万元)
28	海安县清馨食品有限公司	1072.89
29	海安县伟业针织厂	1034.94
30	海安县龙鑫纺织品有限公司	1010.28
31	海安县茂利织造有限公司	1007.36
32	南通大锦织造有限公司	682.95
33	南通盛立德金属材料科技有限公司	653.71
34	海安县俊达针织天鹅绒厂(普通合伙)	613.75
35	南通海之味食品有限公司	483.97
36	南通市时代食品有限公司	410.18
37	南通宏洋化工有限公司	392.68
38	海安虎威网具有限公司	392.33
39	南通忠仁水产有限公司	335.12
40	海安县万新水产品有限责任公司	310.18
41	南通弘联海苔有限公司	277.83
42	海安县老坝港川港水产品加工厂	247.62
43	海安县逢时海苔加工厂	167.03
44	海安县凤华海苔有限公司	52.31
45	海安县九洲水产品有限公司	3.19
46	江苏祥叶新型幕墙材料有限公司	0
47	海安县建莲商品混凝土有限公司	0
合计		107731.03

第三节 招商引资

一、招商机构

2002—2011 年,角斜镇与老坝港镇都设立招商办公室,每个办公室 5—7 人,由机关各部门抽调的专职招商员,镇党委书记亲自挂帅,镇有一位专门抓招商引资工作的副镇长,并设立驻外招商组。

老坝港招商办公室负责人周建平,办公室有 6 名招商员。

角斜招商办公室负责人王瑞华,办公室有 6 名招商员。

2011 年,角斜与老坝港镇合并后,建立新的角斜镇,设立招商一局和招商二局。

招商一局负责人王瑞华,办公室有 12 名招商员。

招商二局负责人张渊,办公室有 12 名招商员。

2017 年,招商局负责人顾峰,下设 5 个产业招商局,共有 15 名工作人员。

二、招商成果

2003—2011年，角斜镇先后引进南通瑞禾服饰有限公司、南通青森服饰有限公司、上海游龙南通船舶装备有限公司、江苏广达医用材料有限公司、南通博海船舶修造有限公司、阿易格纺织机械南通有限公司、南通华锻重型机床有限公司、南通鼎尚电子材料有限公司、南通腾飞重型机床有限公司、江苏国天锻压机械有限公司、南通映和服装有限公司等50多家企业，引进县外民资10多个亿，引进外资4000多万美元。

2003—2011年，老坝港镇先后引进金牛机械、雅幅服饰、银丰玻璃、宜港陶瓷、爱之缘服饰、如愿布业、龙鑫纺织、清馨食品、兰波紫菜深加工、浦港棉业、金海洋渔网、东泰包装、君之妍服饰、明芯电子、海产品一条街、瑞隆新材料、海盛渔网、威固锻造、海明珠水产、逢时海苔、忠仁海苔、惠能钢带、顺港仓储、建莲商砼、达智厂房、鸿鹏船舶、阿尔百达中东大袍、盛德管业、瑞锦达建材等30余家镇外客商，总投资近10亿元。其中大多项目落户后正常运营，健康发展；部分企业一路高歌，不断做大做强；亦有极少数企业在运营中遭遇挫折，甚至破产倒闭，政府采取措施腾笼换鸟，让存量资产继续发挥作用。

2011年，新角斜镇成立后，镇党委政府以大招商、强招商的策略，先后在全国各地重点产业地区开展招商推介活动上千次，洽谈推进医疗养老、人才公寓、石材加工、生物产业转移等项目200多个，转化签约亿元以上项目3次，全区6年新增工商注册外资2110万美元，引进市外民资9.95亿元，倾心倾力持续推进项目建设。

2011年招商引资，市外民资1亿元项目完成5个，5000万—1亿元项目完成6个，落户创业园1000万—5000万元项目17个。建设紫菜、针织特色产业创业园，新开工1000万元以上项目10个，引进落户10亿元以上旅游景观项目1个，引进落户开工建设300万元以上综合旅游项目1个，实现旅游项目总投入2.5亿元，当年完成投入4996万元。2011年工业总产值12.3亿元，开票销售收入12亿元，工业设备投入5645万元。

2012年，全区完成市外民资注册资本金5.65亿元，新增工商外资注册1010万美元，外资到账111.68万美元。引进外资注册项目4个，引进市外民资注册项目50个，其中引进总投资10亿元项目1个，引进总投资1亿—10亿元项目6个，完成县集中签约项目任务数40个，引进4个高层次创业创新团队。2012年，工业总产值39.14亿元，工业销售收入37.07亿元，利税总额4.09亿元。

2013年，工业竣工建设项目20个，其中1000万—3000万元项目3个，3000万—5000万元项目7个，5000万—1亿元项目7个，1亿—5亿元项目3个。2014年，已经完成10个，其中1000万—3000万元8个项目(盛德管业、华港网具渔网织造项目、昊泽网业、航力机床、宏业渔网、建莲商砼节能环保免烧多孔砖项目、美佳卫生用品漂白生产线、海安恒通建材新型建材项目)；1亿—5亿元项目2个(弘煜投资6兆光伏发电项目、建海投资6兆瓦光伏发电项目)，全年工业开票销售12.23亿元，比上年增幅15.3%，工业设备投入9608万元，比上年增幅205%。

2014年，新区计划工业开工建设项目30个，其中5000万—1亿元项目5个，1亿—5亿元项目5个。工业竣工建设项目20个，其中5000万—1亿元项目5个，1亿—5亿元项目3个。

2014年，新招引项目12个(瑞杰、伊诺、泰瑞安、振全、博雅时代、三昌、美霖、宏邦、优达、周家工艺、耀烨、昌吉家具)。完成外资注册公司3家(福临农业发展有限公司注册800万美元，恰可贸易有限公司注册500万美元，美工场增资2900万美元)，完成全年新增外资注册800万美元指标，完成外资到账220万美元(恰可贸易)，完成有效首谈登记258条，完成县签约项目6个。在外组织招商活动11次，赴台开展招商活动，对台招商办事处挂牌成立。全年工业开票销售12.5亿元，比上年增长3.2%，工业设备投入1.43亿元，比上年增长58.3%。

2015年，落户园区新开工亿元以上项目18家，举办招商推介活动40多场次，签约澳凡家具、源和金属等亿元以上项目40个，完成注册外资1300万美元，到账外资402万美元。全年工业开票销售12.75亿元，比上年增长2.5%，工业设备投入1.28亿元。

2011—2015 年，新区石材产业园签约落户项目企业 16 家，家具产业园签约的 14 家家具制造企业中 7 家通过项目预审。沪通、品合等 8 家石材加工项目开工建设，品合公司投产。沪通公司完成 8000 平方米大板车间建设、8000 平方米大板厂房主体封顶，两栋 5400 平方米展示厅工程建设基本竣工，林家石业一期生产车间试运行。新增凤凰山石业、大明玉新材料等 4 个重点项目，总投资 8 亿元，总建筑面积 9.5 万平方米。黄海国际休闲旅游度假区中洋河豚庄园项目，399.2 亩土地获得国有土地证，2315 亩海域获得海域使用权证，人工湖工程项目开工建设。

金牛机械、兰波实业、明芯微电子等企业成为亿元企业，鹏程新能源、盛德管业、华港渔具等一批企业成为定报企业。2014 年新增开工亿元项目 13 个，与清华大学等国内一流大学加强产学研合作，实现规模制造企业产学研合作和研发机构全覆盖。

2017 年，招引 24 家企业，投资 27 亿元，主要以家具、石材产业为主。

第四节　工业园区建设

2000 年县委、县政府号召各乡镇建立工业园区，原角斜镇与老坝港镇都根据上级的要求，结合实际情况，规划建设了承载工业发展的基地。2011 年，角斜镇与老坝港镇合并建立新的角斜镇后，又规划建成新兴产业的临港工业园区。

一、角斜工业园区建设

角斜镇根据区域经济的特色和资源基本情况，确定原沿口老工业集中区和原角斜老工业集中区保持不变，新的园区起步区位于北凌河北角新公路东侧的来南村八组和角斜村二组，首期建设面积 26.67 公顷，进园区企业 20 家，镇政府投资了 80 多万元实施了园区的水电路基本设施建设。2002 年，工业园区又实施扩园工程，发展区位于镇区向西，沿 354 县道公路两侧，兴建 121.2 公顷的工业园区，基础设施投资 650 万元。至 2017 年年底，进园区企业 15 家。

二、老坝港镇的工业园区建设

老坝港镇的工业园区建设起步于 2001 年上半年。起初的工业园区是在由通港北路南首，用地约 2 公顷，政府出资建围墙，新上 1 台变压器，如东籍老板投资的金华洋渔网厂率先落户，先后有 11 家渔网项目落户。2002 年，老坝港撤乡建镇，工业园区重心转移，以港府路为依托，从东岸河向西，直至江海河以东的段面，拿出大片土地安排工业项目。新 328 国道开通后，进一步向江海村延伸拓展，园区总面积 72 公顷，基础设施投入近千万元，实现通电、通水、通路、通讯、通和平整土地的“五通一平”。先后有 30 多家工业企业落户园区，成为老坝港工业经济发展的主阵地。

三、临港工业园区建设

2011 年，建立新的角斜镇后，又高起点、高定位，按照省级滩涂综合开发试验区的要求，规划建设临港工业园区，累计投资 30 亿元。

区内基础设施完善，达到“五通一平”，完成 1.5 亿元的投入。区内道路交通网络建设完成一期市政道路 10 条 24 千米，完成二期市政道路 9 条 22 千米，三期市政道路和一期产业园区区间道路 8 条 13.2 千米。新建河边绿色走廊 8.5 千米，120 万平方米的盐土绿化工程以及吹沙土地平整总投入 4.4 亿元。形成绿化总面积 295 万平方米，完成日供 40 万立方米燃气中压站建设，还完成新城区中央公园水系建设和实施绿化景观建设，中央公园已经成型。中洋河豚园、河豚湖土方工程也已经完成。河豚广场、河豚湖湖边，生态植物护坡，正在加快推进，宏宇休闲农庄投资 3000 万元已投入运营。新建供水管网主支管道 10 千米园区内全覆盖。110 千伏变电所建设全面启动，新建 10 千伏线路 12 千米，电缆入地 1 千米。污水处理厂占地面积 8.47 公顷，接纳园区企业工业废水和集镇生活污水。新区在基础配套设施上做到绿化、亮化、净化，为产业的集聚加速和项目招引提供了良好的发展空间。

临港工业区开发面积超666.67公顷，具体分为石材产业园、家具产业园、生物产业园、综合产业园。

（一）石材产业园

中国海安国际石材城，首期开发面积146.67公顷，总建设面积276万平方米，按照大产业集群理念、“复合式”产业分区建设，拥有一流的硬件设施，并进行现代化市场商业运营管理。成为以新型石材生产加工型企业为主体的工业生产区，以配套厂区建设和生产服务为主体的商业生活区。2017年已有40多家石材企业落户园区。

（二）家具产业园

园区定位广东家具华东生产基地，规划面积200公顷，以中国东部家具产业基地为载体，重点打造区中园的模式。园区内分成工厂区、物流区、展示区等。重点招引的是集研发、创意、生产、销售于一体的高端规模家具产业。2017年年底，已引进家具企业29家。

（三）生物产业园

园区定位张江高科产业基地，以海洋生物产业园为主题，通过产学研合作和一、二、三产业联动发展，形成特色产业群、产业链、产业带。园区面积146.67公顷，园区分为生物医学、生物保健品、生物饮料、生物新材料、生物肥料等板块。2017年年底已有5家企业入园。

（四）综合产业园

位于新城区核心地段，重点发展新能源、新材料和光电配件生产为主导的产业集群，面积300公顷，依托剪折卷机械、油压模锻锤等产业优势，以产业基地、配套体系、合作平台和信息网络为重点，促进产业集群集聚错位发展，落户园区的是先进装备制造、新材料、磁性材料、电子信息等产业。2017年年底已有7家企业进园。

第五节 工业管理

一、管理机构

1973年12月，域内各公社建立社有经济办公室。1975年，域内各社都由工交办公室改为工业办公室，负责企业管理。1976年1月，更名为公社工业管理办公室。1984年，更名为乡工业公司，同年8月，又增挂对外经济贸易办公室，两块牌子，一套班子。

1990年12月，又增挂劳动服务站，实行三块牌子，一套班子。1991年，各乡镇工业公司更名为工业办公室，人员实行定编、定岗、定职。1993年，各乡镇工业办公室又增挂工业公司，两块牌子，一套班子。1994年，各乡镇工业办公室又更名为企业管理办公室。1995年12月，又增挂乡镇企业集体资产管理站，两块牌子，一套班子。1996年6月，各乡镇管理部门更名为乡镇企业管理服务站，为全民事业单位，并赋予9项管理职责。2011年，角斜镇与老坝港镇合并为滨海新区（角斜镇）后，工业管理部门改称为经济发展局，工业管理部门负责人为任兴荣。2017年年底，经济发展局有16名工作人员，周美琴任局长。

附：原各乡镇历任工业管理部门负责人

1995年11月旧场与老坝港合并前工业管理部门负责人：旧场乡先后为包其山、汤兴稳、任其南、张宝龙、申智明，老坝港乡为张宜群、陈学礼；合并后老坝港先后为申智明、王军、陶华。

2000年4月，角斜与沿口合并前工业管理部门负责人：角斜镇为徐长富，原沿口镇为张留成、李伟；合并后的角斜工业管理部门负责人为李伟、李德余、黄玉纯。

二、质量管理

乡镇工业发展初期，多数企业由于规模较小，产品单一，企业质量管理与日常的生产管理结合在一起。70年代,质量管理工作得到重视,各企业都明确一名负责人抓质量管理,分工有专人进行产品质量检验,企业把质量指标作为对职工生产考核的重点和计酬的依据。

1985年,各乡镇在工业企业中全面开展7项基础管理工作。1986年在各乡镇企业中进行质量“四有整顿”验收(质量检查有机构、质量管理有制度、产品生产有标准、检验检测有手段),同时积极开展产品标准化工作,角斜镇被评为江苏省标准化乡镇。1987年在各乡镇企业中开展乡镇企业管理认证工作,1988年在各乡镇企业中开展计量升级验收,通过质量管理工作的不断完善和创新,其成效十分明显。80年代,域内各乡镇工业先后开发28个新产品,其中有10个产品填补全国、全省空白,有6个科技新产品获得江苏省新产品“金牛”奖和南通市科技新产品“金鹰”奖,海安县特种装饰建材厂成为全省建材行业首家采用国际标准验收通过的企业,产品研制分别获部、省科技进步二、三等奖,受省人民政府表彰奖励。各乡镇共有10个产品获得省、市科技进步奖,有22个产品被评为江苏省和南通市优质产品、信得过产品。角斜缫丝厂的白厂丝、双宫丝获得江苏省丝绸总公司优良产品奖。65个主导产品采标率达100%,其中采用国家标准18个、行业(部)标准35个、企业标准12个。域内各乡镇有20个企业通过市级三级计量验收,有1个企业获得省级计量先进企业。1989年,全区各乡镇工业推行TQC小组企业数20个,经县、市级验收合格20个,海安县农药厂质监科和TQC小组经省级验收合格,海安县特种装饰建材厂TQC研究成果在国家级理论刊物发表,被相关部门在全国推广。1989年,全镇组织工业企业业务技术人员培训10期2520人。

1990年,域内各乡镇组织各企业320人参加江苏省质量管理电视函授学习,经考试全部合格。角斜缫丝厂白厂丝产品平均质量等级达到3A,在同行业中创全县第一名、全省第二名。海安县农药厂坚持质量第一、用户至上的办厂方针,有23个农药产品获得国家化工部农药生产许可证,产品供不应求,多个产品直接出口销往国外。海安县五虎渔网厂生产的出口渔网,被国家商检部门列为质量免检产品。海安县特种装饰建材厂被评定为中国建筑与工业玻璃协会理事、中国饰面玻璃专业委员会常务理事、国家建设部与江苏省建材工业局质量管理协会会员理事单位。沿口砖瓦厂产品质量在全县同行业中成为标杆。海安县高中压阀门厂与全国知名企业上海良工阀门厂联合,按国标生产阀门,产品质量深受用户欢迎。

三、财务管理

社队企业发展初期,没有统一的乡镇工业财会制度,企业主要沿用农业财会管理办法,实行综合核算。

1973年起,域内工业主管部门加强对各工业企业的财务管理,健全财务管理班子,配备配齐各企业总账会计、现金出纳、材料保管等财务管理人员,组织企业财务人员定期开展业务培训,不断提高业务水平,定期汇总上报财务报表,经常开展财务分析活动。

1982年,按照农业部、财政部制订的《农村人民公社社办企业财务管理办法(试行草案)》的要求,域内各工业企业实施财务管理和会计核算。1986年,域内各乡镇工业推行全国统一的乡镇企业财务制度。1987年,各乡镇组织工业企业47名财会人员参加苏州财经函授职工中等专业学校财会专业学习(在角斜开班),经过两年的函授培训,经考试后全部结业。1988—1989年,域内各乡镇在所有工业企业中,全面推行“加强企业内部审计,完善企业自我约束机制”,做到突出“四个重点”实行“六个结合”,即突出企业经营承包审计、企业经济效益审计、企业年终结算分配审计、企业资财审计;实行全面审计与专题审计相结合,专审与联审相结合,事先、事中与事后审计相结合,内审与自审相结合,审财盘物与调查分析相结合,内审监督与强化服务相结合,从而较好地克服了以包代管现象,促进企业健康发展,角斜镇向全县推广。

1990年,域内各乡镇工业在开展“企业管理年”活动中,强化管理意识,加强企业财务整顿,实现利润在全县各乡镇中排名靠前。1993年7月,域内各乡镇狠抓工业企业财务人员培训,各企业基本上都能按新制度要求设置和运用会计科目，建立财务账册和统计台账，正确进行财务核算。1996年，积极开展学“邯钢”经验，推行目标成本管理，模拟市场核算，推动企业财务管理上新台阶。海安县东方包装有限公司运用“目标成本倒逼法”，加强科学管理，促进企业快速发展，在全市包装行业中成为领跑者。1997年，域内各乡镇建立会计管理站，对工业企业主办会计实行统一管理，按照企业的不同情况，实行企业主办会计委派制或代理制。1998年后，随着乡镇集体工业企业产权制度改革的结束，工业企业主办会计管理仍以企业管理为主。

四、经营管理

从20世纪50年代到70年代末，社队工业在计划经济的夹缝中，利用狭小的市场空间，像“飞鸟觅食”一样，求购原辅材料，“找米下锅”，生产的产品基本是自寻出路，自产自销。社队企业靠“三来一补”（三来——来料加工，来图样加工，来件装配；一补——补偿贸易）和“四千四万”精神（跑遍千山万水，说了千言万语，走进千厂万店，吃尽千辛万苦），为企业生存和发展组织生产经营。70年代初，角斜农机厂在上海防爆研究所的支持下，通过协作攻关，生产数十台煤矿机械回柱绞车；与山西省燃化厅协作，为海安县协调买进煤炭近10万吨。1977年，各公社建立工业供销经理部，每年帮工业企业组织协调买进大量燃料、原辅材料，同时推销企业生产的产品10多种。1979年，角斜镇工业就购进并消耗煤炭8100吨，钢材110吨，生铁125吨，焦炭55吨，柴油145吨等。进入80年代，在计划经济为主，市场调节为辅的“双轨”体制下，各乡镇工业的供销活动，面临着直接计划、间接计划、市场调节3种形式并存的格局。部分企业千方百计“跑部”“跑省”，向上争取定点计划；各企业不等、靠、要，积极“找米下锅”，扩大自销。各乡镇工业供销队伍发展到630多人，同时还有不少的兼职供销员。各乡镇工业主管部门注重供销队伍的建设，每年组织供销人员分期分批集中培训，培养先进典型，引导企业落实供销人员的激励措施，充分调动其供销工作积极性。

1982年2月，沿口公社与山东省枣庄市峄城区甘沟公社在当地联办甘沿合资砖瓦厂，企业取得很好的经济效益。1983年，获农业部“优胜企业”称号，在合作期间先后上缴沿口公社财政30多万元。1988年，海安县沿口皮革制品厂与南京万里皮鞋厂联营，使产品的质量、生产的规模、销售的数量都上了一个台阶。海安县特种装饰建材厂承担部、省级科技新产品，高分子复合防水材料的研制生产，同时承担国家下达的重点星火计划“预应力增强复合包装材料项目”的生产研制。全区各乡镇对外先后与全国多所大专院校和科研院所挂钩，聘请40多名专家、教授当企业技术顾问，先后引进开发50多个新产品、新项目，同时积极发展出口创汇产品。在各乡镇，围绕重点企业的龙头产品，如农药、白厂丝、磁性材料、渔网、渔具、海产品等发展配套产品、延伸产品、系列产品，从而形成经营联动，专业协作，互利共赢的一体化发展格局。

90年代后，随着市场经济的发展，竞争日益激烈，市场主体由卖方市场转向买方市场，乡镇工业经营环节由产供销已转变为销供产。各工业企业审时度势，随机应变，不断强化市场意识，调整经营策略，优化企业营销队伍，把懂技术、会管理、善攻关的高素质人才充实到企业营销的主战场。1996年，乡镇工业在多种形式供销责任制基础上，创造出“销售买卖制”“销售公司制”“销售代理制”“供应公开制”。

随着科学技术的发展，2012年后，许多工业企业运用互联网技术进行经营管理，开展网络营销，取得显著成效。

五、企业改制

域内乡镇工业从20世纪70年代开始，经过多年的持续发展后，面对新的形势出现不少新的情况、新的问题，企业亏损面越来越大。1993年，域内各乡镇工业企业基本实行承包经营责任制，承包产值、利润，一年一定。承包经营责任制对企业扭亏增益起到一定的作用，但因为没触及企业产权这一根本问题，结果还是经营者负盈，企业负债，政府负责。

1995年11月，全县乡镇工业产权制度改革在原角斜南通宏洋化工有限公司先行试点，取得经验后，于1995年12月28日，海安县委、县政府在角斜镇召开全县工业企业产权制度改革试点现场会，随后一场乡镇工业企业产权制度的改革在全县铺开。到20世纪90年代末沿口、角斜、老坝港所有乡镇工业都完成改制任务，结束乡镇集体办企业一统天下的历史，实现民间资金向民间资本的转变。各乡镇共有78家企业，完成改制、出售70家，破产8家。

2000年后，私营工业已成为乡镇工业企业的主体，成为新形势下经济的增长点。

20世纪50—90年代角斜镇工业企业一览表

表8-2

序号	建立时间	企业名称	主要产品	企业变更年度、名称及原因
1	1954.5	角斜铁木竹生产合作社	铁、木、竹农具	1955年12月属县管理，1970年4月下放给公社办
2	1958.4	角斜窑厂	青砖、青瓦	1970年1月并入角斜砖瓦厂
3	1963.9	角斜轧花厂(角斜粮饲油加工厂)	轧花、剥绒、粮饲油加工	2000年10月产权转让后更名
4	1970.1	角斜砖瓦厂	红标准砖、红平瓦、石灰、高碳石墨、乳胶手套	厂办高碳石墨厂、乳胶手套厂；后停办，砖瓦厂1996年改制，1998年改为华欣建材厂
5	1970.1	角斜综合厂	红标准砖、红平瓦	1996年改制，1998年3月更名为海安县兴达建材
6	1970.4	角斜农机厂	铁木竹农具、农机修理	后更名压力机械厂、电池机械厂，1999年10月破产重组
7	1970.4	角斜综合社	缝纫加工、五金白铁加工、自行车修理	1991年停办
8	1971.11	角斜磷肥厂	磷肥	1972年7月并入海安县农药厂
9	1972.2	海安县农药厂	杀虫剂、杀菌剂、除草剂三大系列，合成农药三环唑、双甲脒、扑虱灵等20多个农药品种	后改名南通市海翔化轻集团公司；2001年2月改制为南通地旺农药有限公司，后破产重组
10	1972.7	角斜缫丝厂	白厂丝、双宫丝、真丝绸、双宫绸	1996年改制更名为海安县华光集团公司，2000年10月二次改制更名为海安县华强丝绸公司
11	1974.3	角斜建材厂	水泥制品	1990年初改制
12	1977.3	角斜工艺品厂	钩针衣、排须、棒针、四针线、手套、扎染、锦纶线、渔网	1996年6月改制，90年代停办
13	1978.5	角斜工业供销经理部	角斜地方工业产品，组织采购原辅材料	1998年停办
14	1980.3	角斜服装厂	服装	1983年5月停办
15	1980.3	角斜磁性材料厂	硬磁、软磁、塑磁、锶钙、磁粉等系列磁材	1992年与香港新杰公司合资更名为南通新特强磁材有限公司，1999年12月破产重组
16	1981.1	角斜日化厂	香蕉水、异成醇、过氯乙烯	1989年末停办

续表 8-2

序号	建立时间	企业名称	主要产品	企业变更年度、名称及原因
17	1983.3	角斜印刷厂	平色、彩色印刷品	后更名角斜彩印厂、海安县红十字印刷厂,1996 年 5 月产权转让
18	1984.7	角斜化工厂	磷肥、石膏	1989 年停办
19	1986	海安县针织天鹅厂	棉涤、丝光、变色、彩条、印花等针织天鹅绒面料	1996 年 10 月改制
20	1992.9	海安县包装装潢二厂	国内外包装纸箱	1996 年 7 月改制更名为海安县东方包装有限公司,后更名为南通东方包装有限公司
21	1993	南通宏洋化工有限公司	粉剂、乳剂、颗粒剂加工农药	1995 年 11 月改制更名为南通化工有限公司
22	1994.1	海安县天鹅玩具厂	玩具、绢花	1999 年停办
23	1994.9	海安县三和丝织厂	仿真丝绸系列产品	1999 年 1 月停办
24	1996.5	海安县东方轻工机械厂	造纸机械、电池机械冲剪机械	1998 年 12 月停办
25	1998.7	海安县特强磁电有限公司	磁性材料	由原南通新特强磁材有限公司破产后重组
26	1999.5	海安县永强塑磁厂	电冰箱门封条及纱门纱窗磁条、磁板	由原南通新特强磁材有限公司破产后重组

20 世纪 50—90 年代角斜村办工业企业一览表

表 8-3

序号	新建时间	企业名称	主要产品	企业变更年度、名称及原因
1	1958	五虎窑厂(综合厂)	青条砖、青小瓦	20 世纪 80 年代停办
2	1974.9	天奎综合厂	柳箱、印刷、皮圈、砂轮、皮鞋	20 世纪 80 年代停办
3	1975.4	五坊卫生香厂	蚊香、卫生香、线网、扩音机、印刷、水泥纸袋	20 世纪 80 年代停办
4	1976.3	角斜农科站综合厂	低夕片、瓶盖、合页、交链、白铁制品	20 世纪 80 年代停办
5	1976.6	双龙综合厂(五金厂)	水泥制品、半圆卷钢窗、灯具	20 世纪 90 年代改制
6	1977.6	堤北综合厂(建材厂)	水泥制品	20 世纪 80 年代停办
7	1977.7	来南综合厂	水泥制品、渔网加工	20 世纪 80 年代停办
8	1979.3	海安县生化二厂	线膜激素	20 世纪 80 年代停办
9	1979.6	汤灶综合厂	水泥制品	20 世纪 80 年代停办
10	1979.7	墩里综合厂	单丝、线、绳、地毯	20 世纪 80 年代停办
11	1979.7	王墩综合厂	织袜、水泥制品	20 世纪 80 年代停办
12	1979.9	角斜日用化工厂	蛤蜊油	20 世纪 80 年代停办
13	1979.10	龙潭综合厂	水泥制品、工艺品、渔网	20 世纪 80 年代停办

续表 8-3

序号	新建时间	企业名称	主要产品	企业变更年度、名称及原因
14	1979.12	团结综合厂	皮革制品、车座套、家具、钩针衣、钢窗附件	1988 年 5 月更名为角斜综合福利厂
15	1979.12	周庄综合厂	钩针衣、渔网、节日灯	20 世纪 80 年代停办
16	1980.6	五虎家具厂	各式木制家具厂、席梦思	后并入五虎线网厂
17	1980.6	五虎线网厂	渔网用单丝、线、绳及各种渔网、网具	1998 年 3 月改制后更名为五虎织网厂
18	1986	角斜木器制镜厂	木器家具、海绵、制镜	20 世纪 90 年代停办
19	1987.9	团结抽纱工艺厂	钩针衣、棒针衣	20 世纪 90 年代停办
20	1987.9	龙潭沙发厂	沙发	20 世纪 90 年代停办
21	1987.9	双龙设备安装厂	冷制、设备安装	20 世纪 90 年代停办

20 世纪 50—90 年代沿口镇工业企业一览表

表 8-4

序号	新建年度	企业名称	主要产品	企业变更年度、名称及原因
1	1954	沿口铁木竹生产合作社(海安县阀门厂)	农机具、高、中压阀门	1984 年变更为阀门厂,1998 年改制
2	1971	海安县沿口砖瓦厂	砖、平瓦	2001 年改制后更名为海安县兴通建材有限公司,2014 年大窑拆除,全部复垦
3	1971	海安县沿口化工厂	磷肥、防水隔热粉	1971 年为磷肥厂,1978 年复更为沿口化工厂,1998 年改制
4	1979	海安县电石厂	电石、石灰	后停办
5	1980	海安县沿口工艺品厂	钩针衣、针织品	1998 年改制
6	1980	海安县沿口服装厂	男女服装	1985 年破产
7	1980	海安县塑料排水板厂	塑料排水板	1989 年由胜利综合厂(村办)变更为塑料排水板厂转为镇办企业,1995 年破产
8	1980	海安县金属家具厂	仪表、钢丝床、童床	1980 年建仪表厂,1985 年变更为金属家具厂,1998 年改制
9	1980	海安县皮革制品厂	男女皮鞋	1996 年破产
10	1981	海安县织针厂	横机织针	1998 年改制
11	1983	海安县米酒厂	糯米陈酒、白酒	1998 年改制
12	1983	海安县羊毛衫厂	男女羊毛衫	1997 年破产
13	1983	海安县彩色印塑厂	彩色印塑包装袋	1998 年改制
14	1984	海安县复合肥厂	无机复合肥	1998 年改制
15	1985	海安县特种装饰建材厂	玻璃马赛克、复合包装袋、高分子热筑防水卷材与黏合剂	1998 年改制

第六节　建筑业

角斜地区的建筑业历史悠久，自唐宋后，角斜地区就有大大小小的庙、寺、庵几十座，这些青砖黛瓦、飞檐翘角、古朴典雅的建筑物，大多出自域内工匠之手，可见当时建筑技术已具较高水平。随后由于局势纷争，战乱频发，民不聊生，许多精湛的技艺大多失传，一直到中华人民共和国成立前，角斜地区的建筑工匠也是仅以“木、瓦、草”三匠为主，且都为个体经营，通常以父子、兄弟、师徒为组合，从事一般民用住宅建筑，有工则聚，无工则散，无固定的组织形式，工程规模亦不大，建筑业长期得不到发展。

中华人民共和国成立后，建筑业得到很大的发展，特别是改革开放后，角斜、沿口、旧场、老坝港都先后成立建筑施工队伍，分赴国内的大中城市，从事建筑装潢业，建筑施工水平不断提高，获得多项工程质量奖，其中不乏代表中国建筑最高水平的“鲁班奖”，有的还派出工程技术人员赴国外参加援外工程建设。2017年，大型建筑企业3家，小型个体建筑78家，产值1.05亿元。

一、管理机构

（一）角斜建筑站

南通市第七建筑安装工程公司第八工程处，又名角斜工程处。1950年4月，24名瓦木工于角斜东堂子巷11号花一民家成立角斜建筑工会，丁其年任主席。1957年改名角斜建筑站。1958年撤站并入海安县建筑工程公司，划归李堡工区。8月，在人民公社化高潮中，由周玉富牵头，组织一批木瓦工，另外重建海安县角斜人民公社建筑站。1962年，国家处于困难时期，基本建设规模压缩，重组建的角斜建筑站亦解散停办。

1973年4月，角斜公社磷肥厂自筹700元资金，由37名瓦木工，再次组建角斜公社建筑站，为角斜磷肥厂附属的单位。翌年11月，与磷肥厂脱钩，实行独立核算，自主经营，自负盈亏。1980年易名海安县建筑民兵团角斜连，1982年初又易名海安县建筑工程联合公司角斜工程队。1984年9月，资质审查定为丙级企业。1985年2月套改为四级建筑施工企业，同时易名海安县角斜建筑工程队。1987年3月，晋升三级资质企业，并划归海安县建筑安装工程总公司角斜工程处。1989年8月，全县第二次资质审查，加入二级施工企业南通市第七建筑安装工程公司，再次更名为南通市第七建筑安装工程公司第八工程处。

先后几十年，几经撤并，企业终于走出低谷。1981年以后，相继赴新疆、贵州、上海、黑龙江和长春等地，先后建成新疆克拉玛依市生活服务公司500吨保鲜库、贵州平坝县406厂占地11519平方米的15号厂房、上海机电工业贸易大楼、上海体育馆篮排球房、黑龙江鸡西水泥厂水泥贮藏罐、鸡西开发公司商业楼以及吉林长春第一汽车制造厂大学生公寓等工程项目。其中上海体育馆3号篮排球房获国家银质奖，鸡西房屋开发公司7号商品楼获评市样板工程，新疆电视台对施工生产的全优工程进行报道。角斜工程队在全国各地所建筑的工程质量全优率达97.7%，先后10多年被县建筑工程管理局表彰为先进集体。1987年，被市建管局评为落实七五规划发展教育事业先进集体。1988年，被市建管局评为智力开发先进集体和企业管理先进集体，角斜建筑工程公司赴科威特工程队。1990年，被市建管局评为精神文明建设先进单位，先后有40多人被县建管局表彰为先进个人，王文俊被评为经济师。1988年，派出78名技术工人赴科威特国，参加援外工程建设，实现经济效益与社会效益同步发展，为振兴海安经济做出贡献。

历任角斜建筑站负责人：王文俊、康宜银、缪桂明。

（二）沿口建筑站

海安县第三建筑安装工程公司第七工程处，又名沿口工程处。1973年7月，由39名瓦木工筹措800元固定资金和1000元流动资金，创建海安县沿口人民公社建筑站。行业管理后易名海安县建筑民兵团沿口连、海安县建筑工程联合公司沿口工程队。1984年9月,施工企业经营资质审查,随着资质等级由丙级套改为四级。1987年又上升为三级,亦先后易名海安县沿口建筑工程队、海安县建筑安装工程总公司沿口工程处。1989年易名海安县第三建筑工程公司沿口工程处。

中共十一届三中全会以后,企业迅速发展,经营拓宽。1980年第一次组织80人施工队赴大庆支援油田建设。由于重视施工管理,工程质量优,施工速度快,所建项目确保"三当年"(开工、投产、交付),深受建设单位的信赖,从而巩固和发展了大庆建筑市场。1983年赴大庆施工人数达268人,竣工面积1.67万平方米,完成施工产值231.90万元,实现利润13.70万元。与1980年同期相比,分别增长2倍、3.5倍、3.6倍和11.4倍。1986年与上海七建合作,联合承建华亭宾馆装饰工程。1987年率队西征,承建青海省西宁市邮电学校综合楼工程,被评为优质工程。

1993年,职工人数为913人,竣工面积5.36万平方米,全员劳动生产率4.24万元/人,经济总收入1305万元。与1978年相比,无论企业规模,还是主要经济技术指标,都有显著发展和提高。

1982年,沿口建筑站被评为专区先进工程队,成为水利局的专业造桥队,先后4年被评为先进集体,获奖旗16面。1992年,沿口工程处被评为县"文明单位",沿口工程处赴大庆工程队,被大庆市人民政府授予"标杆工程队"称号,先后有30多人被县建管局表彰为先进个人。

历任沿口建筑站负责人:顾培松、吴忠明、陈宝棣、缪永富。

(三)旧场建筑站

海安县第三建筑安装工程公司第八工程处,又名旧场工程处,原名海安县海防人民公社建筑站。1976年3月,由67名瓦木工筹措502元资金建立。1979年以后,因行业管理需要,加之地名变更及资质审查,先后易名海安县建筑民兵团海防连、海安县建筑联合公司海防工程队、海安县旧场建筑工程队、海安县建筑安装工程总公司旧场工程处。1989年,更名为海安县第三建筑安装工程公司旧场工程处。1993年年底复名。

十几年中,随着全县建筑业的发展,企业初具规模。1981年,首次外出赴大庆参加矿区工程建设;1984年又至上海承建工程;1988年,开辟内蒙古边陲城市海拉尔。施工中牢固树立"信誉第一,用户至上"的经营指导思想。特别是通过企业全面整顿以后,充实和调整领导班子,建立健全各项管理制度,落实经济承包责任制,整顿劳动组织和劳动纪律,实行定额管理和文明施工,使企业走上正常发展的轨道。1981年,累计创优质(全优)工程17项,其中一等优质工程3个,二等优质工程4个,三等优质工程1个。1992年,竣工17项工程计1.77万平方米,其中11项工程计1.14万平方米被评定为优良工程,优良品率分别占64.7%和64.4%。1993年,主要经济技术指标又上新台阶,完成施工产值2520万元,经济总收入928万元,竣工面积2.73万平方米,质量优良品率为92%。企业多年被县委、县政府授予"文明单位"。旧场建筑站王承福被评为工程师,任其南被评为经济师。

历任旧场建筑站负责人:吴义发、王文银、王志银、任其南、王承福。

(四)老坝港建筑站

苏中海安土建工程公司老坝港工程队(原老坝港建筑站),建于1985年2月,拥有100多名工人,隶属苏中海安土建工程公司。经过多年的努力,不断发展壮大,组建4个施工队伍,其中有3个一直外地施工,主要驻扎在上海、新疆、辽宁沈阳、黑龙江大庆以及新疆阿勒泰、克拉玛依等地区。还有一支施工队负责域内建筑工程。

老坝港与旧场合并后,1999年又组建黄海建筑股份有限公司,除在域内施工外,又组织开发苏州等地。一支建筑工程队在上海获"鲁班奖"一个,另外一支建筑工程队在沈阳获"玫瑰杯"两个。

历任老坝港建筑站负责人:吴义山、顾理仲。

1986—1990年建筑施工企业承建高层工程情况

表8-5

建设单位工程地址	工程名称	建筑面积（平方米）	结构	层次	建设时间	施工单位	质量评定
上海	住宅楼17号	9938	剪力墙	18	1990.3—1990.12	沿口工程处	优良
上海	住宅楼418号	9938	剪力墙	18	1990.3—1990.12	沿口工程处	优良
上海	住宅楼427号	9938	剪力墙	18	1989.3—1990.4	沿口工程处	优良
上海	住宅楼5号	7000	框架	14	1986.5—1986.12	旧场工程处	优良
上海	住宅楼7号	10500	框架	14	1986.5—1986.12	旧场工程处	优良
齐齐哈尔	开发公司小区1号	6800	—	8	1988.9—1989.10	角斜工程队	合格

二、建筑安装

海安县通海建筑安装工程有限公司，有固定资产净值320万元，机械设备320万元，2004年施工人数380人，施工面积5.8万平方米，施工产值2400万元。施工队伍先后进入上海、新疆、辽宁、黑龙江、江苏、北京等10个省、市、自治区施工。获优质工程奖6个、银奖5个，“鲁班”奖1个，并有一支队伍进入国外建筑市场。

三、建筑管理

中华人民共和国成立前，角斜地区的木瓦草匠都是分散的个体，无行业组织，更没有自上而下的管理体系，小型建筑修修补补，全由主家找人，新砌瓦房一般由主家先跟工头协商好，由工头出面招募工人，实行工头承包制，从议价到竣工、收款全由工头一手操控，工人的工资发放也由工头决定。

中华人民共和国成立后，瓦木工组织起来，建筑市场逐渐扩大。

1950年，角斜就成立瓦木工会，由工会承揽交易，分配给入会的工人施工，未入会的匠人仍然是个体分散揽活，无人管理。由于国家当时处于经济恢复时期，建筑的需求量有限，工会千方百计组织匠人生产自救，干一天活也只有几斤口粮的报酬，那些未入会的工匠干活除了主家管吃饭外，报酬更少，养活不了一家人，因此那时的匠人有活干活，无活种田。

1958年后，角斜成立建筑站，当时隶属于海安县建筑工程公司李堡工区，公司就是当年的建筑管理机构，管理开始有了制度，建立了计划管理、质量管理、财务（后勤）管理等有关制度，公司也建立了施工、材料、财务、设计等股室，因此管理上初具规模。

1961—1965年，贯彻“调整、巩固、充实、提高”的八字方针。原角斜建筑站隶属的海安县建筑工程公司李堡工区精简，后来角斜又新组建的建筑站也一并解散。

1966—1970年，“文化大革命”将已形成的建筑行业的规章制度当作管、卡、压的资产阶级产物加以批判，以政治挂帅代替一切管理。

20世纪70年代，原角斜、沿口、旧场、老坝港都先后建立建筑站，建筑生产秩序开始恢复。

改革开放后，建筑市场呈井喷式发展，建筑企业迅速增多，建筑管理随之逐步增强，也逐步走向科学化、制度化、系统化管理轨道。

1984年，海安县建工局建立企业资格审查办公室，每年对全县40多个大中型建筑企业资格进行审查，决定其资质等级。角斜和沿口建筑站初期为四级企业，1989年，均上升为二级施工企业。

1985年6月，海安县建工局对县内的建筑市场进行普查，发现有的建筑企业未经审核，无营业执照进行施工，个体建筑户大多未经主管部门审核，无证设计、无照施工、转包渔利、高估冒算，建筑质量低劣，安全事故频发。针对以上情况，原角斜、沿口、旧场、老坝港均设立建筑管理站，自上而下形成一个建筑管理网络。

（一）个体建筑户的管理

各乡镇建筑管理站建立后，首先调查统计域

内的个体施工户，沿口有35户、角斜38户、旧场28户、老坝港3户，共104户。多数施工队未经主管部门批准，无证施工、无证设计、转包渔利、冒估冒算，缺少技术设备，拌浆靠人工，上墙靠砖堆，上房用竹梯，工人年龄普遍偏大，60—70岁的很正常，年龄最大的近80岁，且多为文盲、半文盲，有的还有残疾人，因而建筑质量低，事故不断发生。建筑管理站建站前后两年内，沿口死亡1人、伤残3人，角斜死亡2人、重伤1人，旧场死亡1人，老坝港重伤残2人。

各建筑站建立后，对建筑人员加强培训，提高思想素质和业务技术水平。每年各乡镇建筑管理站站长到市或省学习提高一次，各乡镇建筑管理员到县建筑管理局培训一次，各个体施工队队长每两年轮训一次。每两个月乡镇建筑管理站组织各施工队职工轮训一次，学习建筑业法规和建筑技术，并进行考试。接着整顿所有的个体施工队，将难以保障工程质量、常出安全事故、职工人数太少的工程队撤销、兼并，只保留了62个施工队。

1987年2月，县建工局印发角斜镇建筑市场管理办法，计6章25条。其中明确规定从事建筑安装经营活动的建筑个体户必须具有当地正式户口，有一定的经营能力，有初中以上文化水平，有5年以上建筑施工经历，达到5级工以上技术水平，有与承担施工任务相适应的资金、施工机具以及保证工程质量安全生产施工的手段和设施。2011年乡镇合并后，个体建筑户管理由规划建设环保局为主管农村建筑市场的第一责任人，对全镇范围内的建筑市场规范化管理。对农村建筑工匠实施管理，加强对施工队承包人教育培训。所有施工队承包人每年必须参加县建工局行业培训和安监局建筑施工安全培训。凡没有通过培训的一律不得参加承建危房建筑施工。所有民房施工工程在开工前必须与农户签订建筑安全施工合同，缴纳团体意外伤害保险。同时实行网格化管理，明确区管村，村分片包干到人。村委会主任为本辖区内建筑安全监管和质量监管的第一责任人。

（二）安全生产管理

1980年10月7日下午，沿口乡建筑站在本乡砖瓦厂宿舍楼施工，吊装第三层楼板时，桅杆缆绳锚桩拔起，桅杆倒塌，致推绞关的2名工人死亡。

为此，各乡镇建筑管理站都制定各项规章制度，并督促域内各施工队伍贯彻落实。各建筑管理站配合县建筑管理局，每年都组织域内各建筑户的安全生产、检查评比。各乡镇建筑管理站组织施工队员学习培训，考核合格后，领取施工资格证和营业执照，不允许无证照施工。还制定各种操作规程和管理制度20多项，主要有各工种的操作规程和安全生产检查制度，以及建筑管理站站长及建筑施工员的职责等。

另外各乡镇建筑管理站还经常配合乡镇政府的中心工作，组织个体施工队实施“一池三改”（沼气池、改厕、改圈、改厨）以及房屋的拆迁。贯穿东西的328国道，两个乡镇有54户拆迁新建工作，难度大，还要连带承担安全责任，两乡镇的建筑管理站通过各项制度的实施，建管员各负其责，定期和随机检查、抽查，较好地完成拆迁新建任务。乡镇合并后，区规划建设环保局为主管农村建筑市场责任人后，村（居）民建房管理办公室、建筑安全管理科具体负责制定农户新建、改建、扩建管理办法。时刻将农户建房质量，安全管理工作放在重要位置。

（三）工程质量管理

1985年，各乡镇成立建筑管理站后，在抓安全生产的同时狠抓工程质量管理。各个乡镇在面对每天都有几十家工场都在施工的情况下，每个建管站都配备1名精通建筑的行家，不定期到施工现场进行抽查，抽查建筑材料的工程质量，工程所需使用的预制构件必须经过资质审查合格，取得资质等级证书的预制构件厂生产的产品，未经资质审查无等级证书的预制厂生产或加工的产品，一律不准使用，违者追究其责任。抽查施工工程质量，凡承包工程的个体建筑户，对所承包工程必须按施工验收规范、技术操作规程、图纸设计要求，合理安排施工力量，精心组织施工，努力提高工程质量，发现问题立即要求整改，同时组织对施工质量管理较好的建筑现场进行观摩，让个体建筑户学有榜样，并且每半年开展一次最优工程评选活动。区规划建设环保局制定并下发

《角斜镇建设领域安全管理暂行办法》,明确建设单位或个人对房屋施工安全负总责,明确农户图纸设计、施工、材料采购单位或个人分别承担相应建设工程质量。

第七节 房地产

一、民居演变

中华人民共和国成立前后,居民建房以土为墙,椽、梁、檩都以杂木为主,屋面盖草,采光条件差,屋内阴暗潮湿。1960年后普遍使用水泥预制材料。20世纪70—80年代,住房多为混合结构。1990年后,楼房逐渐增多。从原始的元宝、前山草屋至走马廊檐再到楼房屋同屋转换成欧式风韵的别墅,成为乡间民居的一道亮丽的风景线。角斜、沿口、老坝港镇为适应市场经济发展的需要,在镇政府驻地的集镇区由农民出资规划建设农民一条街,楼房统一式样,下层为店面房,上层两层、三层乃至四层为住宅,虽已基本具备房地产开发的特点,但还是农民在集体土地上的农民住房,即"小产权房"。1998年后,角斜、沿口、老坝港分别建成农民一条街,商品房统一规格式样,下层为门面房,上层为住宅,不少居民纷纷搬进到集镇居住。

二、安置房

2011年10月,角斜镇根据打造沿海交通枢纽和东部沿海生态旅游宜居城市的定位,全面推进新城区核心区建设,切实保障房屋被征收群众的住房需求,高度重视拆迁安置房建设工作。是年,角斜镇拆迁安置房建设起步。2012年,房屋征收对象80户,2013年,新增房屋征收对象39户。2014年,临港花苑一期5栋房屋竣工,竣工面积2.32万平方米,合计安置房140套,完成安置129套,安置小区入住率92.1%,拆迁安置率100%。2015年8月,建成帝都花苑1—3号楼,建筑面积9500平方米,安置房48户。是年年底,临港花苑二期两栋8133.48平方米工程主体封顶,安置房50套,2016年8月交付使用。角斜帝都花苑规划为4栋72套,2015年年底主体封顶,2016年8月交付使用。2017年12月,临港花苑三期7栋8—9号楼1万平方米,166户交付使用。2011—2017年,角斜镇拆迁房屋15万平方米,累计投资3500万元,安置房新增5.2万平方米。

三、商品房

2011—2017年,全镇商品房新增金港广场12栋,5.6万平方米,万和世家和居福源6栋2万平方米。

万和世家居住小区,坐落于角斜镇红旗路北侧,建于2014年,占地0.52公顷,土地投标价416万元,由陈学林、缪建投资2778万元,总建筑面积9037平方米,共48套住房,店面房10间,区内配套设施齐全。2016年交付使用。

居福源居住小区,位于原角斜镇镇政府西侧,建于2016年,占地0.57公顷,土地竞标价625万元,由万建军、吴小龙投资3580万元,建筑面积1.04万平方米,56套住房,门前店面房10间,区内配套设施齐全。2017年12月底交付使用。

四、房地产开发公司

(一)南通金兔房地产开发有限公司

法人代表万建军,成立于2015年5月20日,公司地址位于角斜镇区。于2015年在角斜镇区开发居福源、万和世家小区121套商住楼,建筑面积2.08万平方米。总投资2000万元,入住率60%。

(二)角斜房地产开发有限公司

成立于2000年8月,公司地址位于角斜镇区,于2000年至2003年在角斜镇人民路两侧开发12幢商住楼,建筑面积约2.89万平方米,总投资达3000万元。

（三）凯旋置业（海安）有限公司

法人代表高宝权，成立于2013年，开发金港广场6万平方米住宅，商业配套2万平方米，已入住540户。

（四）海安港发房地产开发有限公司

法人代表任兴荣，成立于2010年，于2017年年底启动建设新城花苑10万平方米，在建470套。

（五）江苏老坝港沿海开发有限公司

成立于2010年，于2011年启动建设临港花苑，建筑面积5万平方米。2014年启动建设帝都花苑，建筑面积3万平方米。合计建筑500余套住宅。

（六）广纳·湖悦天境

广纳·湖悦天境，成立于2017年，位于角斜镇中央核心地段，毗邻角斜政府办公大楼。广纳·湖悦天境是内蒙古广纳煤业集团有限公司在角斜镇开发的新兴房地产项目。项目总占地面积约12万平方米，其中一期用地面积5.51万平方米，规划建筑面积7.04万平方米，容积率1.08，绿化率35%，真正是低密度生态住宅小区。周边规划有新天地购物广场、玉龙湾温泉酒店、滨海新城医院、新城小学、幼儿园等众多配套资源。项目定位为角斜镇生态宜居的高品质健康、休闲度假居住区。

广纳地产紧跟政府战略规划部署，协同滨海新区发展建设，斥巨资打造沿海旅游度假区和高端住宅区。占地1400亩的广纳庄园，利用新区丰富的自然资源打造成集景悦花园度假酒店、休闲娱乐、专业培训基地一体的综合旅游度假区，已投入运营。

五、房地产交易管理服务

2000年，角斜镇房地产交易管理所成立，房管所负责人申承祥。房管所主要负责镇内产权产籍管理，从事村（居）民房屋产权登记，发证受理和呈报工作。至2017年为村（居）民办理房屋产权登记1.6万多本。

第九章　商贸服务

春秋战国时期，角斜一带就有以海产品交换其他生活用品的以物易物贸易。秦朝统一后，角斜一带大量煮盐。隋唐时期角斜一带的盐业兴盛，渔产品和盐产品交易促进了角斜一带商贸业兴起，角斜有一条用青石板铺成的石板街，东西长500多米，沿街两侧就有近百家店铺。明清时期，角斜一带的商贸业较为兴盛，江西、山西、安徽、河南等地的商人纷纷到角斜开设商铺，大小商铺有240多家。清康熙初年，角斜已经有两街两巷的格局，费家滩（角斜老镇区）已经有很多商人居住。雍正初年，形成花子街，东西长200米，南北宽300米。雍正二年（1724），盐署迁到角斜村（角斜老镇区），逐渐形成角斜场街市和富家滩街市。嘉庆年间（1796—1820），整个东台县9个盐场1个县城总共有19个街市，角斜就有2个，周边的富安、栟茶只有1个街市。一个盐场能形成2个街市，实为罕见。清末，角斜设书院一所，后建学堂两所，这些都吸引了一些乡村富家子弟来读书，从而刺激了消费。

康熙初年，角斜主要货物有盐、碱、卤、靛，中十场已经有人种棉花。清同治年间东台县知县欧阳锴提倡“广种棉花，纺纱织布”，由此东台域内棉布交易开始兴旺。民国元年（1912），角斜北部开垦，棉花得到大量种植。此时角斜输出商品多为食盐、海货、稻麦、棉、豆等，进口商品多为绸、布、纸、糖、茶、漆、皮货、瓷器、药材等，多来自南通、如皋。角斜有11家花行，缪恒丰花行最大，替南通三泰和花行代购。

抗日战争前夕，角斜几乎没有广货店（百货业），绸布店较大的有詹、吴两家，杂货店（南北货）较大的有申源兴、汪恒泰两家，都是零售，没有批发店，粮食行在老桥口一带，有的是中介性的。西街有一家竹器店，新安会馆内有一家制烟店（手刨），油坊、槽坊在附近农村。东街有一两家餐馆，烧饼、馄饨、糕点、糖果都是摊贩经营。民国二十九年（1940）南通中学迁到角斜镇办学，修路修庙，一度繁荣了角斜商业。此外，新藏庙、盐港口、滩河口、堡河口等属于角斜的地方形成一定规模的集市。

抗日战争时期和解放战争时期，由于受战乱的影响，角斜一带的商贸业遭受重创。至中华人民共和国成立前，域内商业均为个体经营，规模不大，分布在角斜街道、滩河口、居家湾、范家埑、槐树口、市货桥、半爿街等，一般都有数十家商铺，另外还有若干走乡串户的流动商贩。

中华人民共和国成立后，域内商贸业又渐渐恢复生机。1953年后，政府大力发展国营商业，扶持供销合作商业，对私营商业进行社会主义改造，实现以国营商业为主体的社会主义商业体系，供销社成为农村商品销售的主体，零星散落的洗浴、饮食、理发等服务业发展滞后。1979年后，个体私营商贸发展迅速，市场日渐活跃。域内角斜、沿口、旧场、老坝港等集镇所在地纷纷建成中心商场、专业商场，各种服务行业应运而生。20世纪90年代后期，国有、集体商贸体制改革，民营经济、三产服务业得到强势推进，商品价格放开，超市、专卖店、品牌店等新的经营业态不断出现，市场和商店里的各种商品出现井喷现象、琳琅满目、应有尽有，角斜镇商贸领域出现前所未有的繁荣兴旺景象。

至2017年后，个体商业呈现持续发展态势：向联营经济发展，开办连锁商行商店，讲求规模效应；开办商贸超市，向商品规格化、高档化迈进；重视信息查询，拓展流通门类与商品更新；建立贸易中心，提升经营品位；推销科技含量高的新产品；电子商务发展迅速，网店迅猛发展；利用微信平台进行商品购销，微商发展更猛。

第一节 商业所有制

一、私营个体商业

明朝时期，祖籍河南中山的汤百万就从苏州迁居到角斜南街，开有当铺、茶食、饭店、杂货店、渔行等5家店铺。清朝后期（19世纪中叶），盐商汪瑶圃因避战乱从扬州和安徽歙县迁至角斜。

民国四年（1915），实业家张謇在角斜北区建立大赉公司。域内原角斜街道的个体商业户主要集中在东西500多米长的石板街两侧，经营品种有杂货、南货、豆腐、鲜肉、百货、理发、茶食、面点、饭店、旅馆、书场、渔行、中药、铁匠、铜匠、银匠、八鲜等，河边还有外地来做生意的渔船、糖船、瓷货船、砖瓦船等。另外，沿口、旧场等地也分布着大大小小的个体商铺几十家。

1953年后，对私营商业逐步进行社会主义改造，私营小商贩被集中合并为公私合营、合作商店等形式。1960年后，由于"左"倾思想影响，私营个体商业日渐萎缩消失。1980年后，实行国家、集体、个人一起上的方针，允许城镇待业青年、社会闲散人员和农民私人经商，因而个体商业迅速发展。至2017年12月，角斜镇有个体商业户2527户，从业人员6500多人。

二、合作商业

1956年，国家对小商贩进行社会主义改造，当时按照城乡分工，城镇归商业局领导管理，农村建立合作商店（小组）归供销合作社领导管理，主要负责政治领导、思想教育和业务安排，合作商店按单位进行统一核算、统一经营、统一分配，合作小组统一领导、分散经营（公积金不上缴）。原角斜、沿口、旧场均成立合作商店。合作商业在公社设商业总店，绝大多数村都设有分店。基层供销社配备专职人员，负责合作商业日常管理工作。

1978年后，对合作商店实行"统筹安排、积极扶持、因地制宜、适当发展"的方针。1980年，贯彻全国供销合作总社"关于办好集体商业的意见"，将合作商业改为集体商业。1983年，集体商业与基层供销社脱钩，各乡镇单独建立集体商业总店。1984年，集体商业实行经营承包责任制改革，乡镇基层商店由海安县供销商业联合公司直接领导。1992年7月，沿口商业总店被省供销总社表彰为"全省供销社系统归口管理集体商业先进集体"。1996年后，角斜、沿口、老坝港先后对基层商店重新评估，分柜承包。2001年推行改制，全部变为私营，统归乡镇"个协"具体组织指导，由乡镇工商行政管理部门登记、注册，经营饮食业还需由相关部门检查后颁发卫生许可证，方可营业。

原各乡镇商店历任负责人：旧场为吴万掌、倪良壁、沈建、刘俊；沿口为王夕康、李应树、倪一鸣；角斜为袁一圣、王夕章、高宝富、倪良圣。

三、供销合作社

民国二十九年（1940），角斜供销合作事业就已开始。民国三十三年（1944），建立角斜盐民合作社，民主选举监事，领导权掌握在普通社民手中。1950年，县委、县政府对供销合作事业非常重视，在全县集镇和大的村庄建立合作社。1951年，角斜、沿口组建供销站。1953年后，供销社商业网点遍布各乡村，社社有供销社、每个大队有供销社的社员组织，成为一个群众性的经济组织，农村商业的组织系统，国家重要的工业原料、棉花、蚕茧等，供销社控制80%以上的收购量，供应群众需要的生活用品。国营商业占8.9%，公私合营商业占1%，供销社占49.3%，私营商业占40.8%。1958年，基层供销社改属县商业局领导。

1978年9月，海安县供销合作社恢复后，角斜、沿口、旧场、老坝港均建立基层供销社，做好产前、产中、产后系列化服务，推行产销合同，支持重点户、专业户发展商品经济，加强农副产品的收购，做好农业生产资料、生活资料的供应工作。1983年7月，原角斜、沿口、旧场、老坝港均遭受龙卷风袭击，各乡镇的供销社及时组织生活、生产资料和灾后重建的物资送到灾民家中。9月，供销系统全面进行体制改革，恢复供销社集体所有制；与此同时，域内原各乡镇供销社成立理事会、监事会（1992年改建为社务管理委员会），再次向农民扩股，向内部职工增量扩股。

1980年开始，角斜供销社引导扶持农民种植黄红麻。1985年，角斜镇药农收获了15万千克鲜菊花，由于连续阴雨，鲜菊无法晒干，200多户药农心急如焚。角斜供销社伸出了援助之手，利用蚕茧的烘灶，日夜不停地代农抢烘鲜菊花，使药农避免了损失。是年，药农收获的1.25万千克白术无人问津，角斜供销社帮助药农在河北省安国县药材市场进行推销，使药农得到28.1万元的收益。1989年，角斜供销社被省供销社命名为先进收麻站。由于服务农村经济效果明显，1989年4月，沿口供销社被南通市供销联社表彰成为农村商品经济服务取得显著成绩的单位。

随着个体工商户的日益增加，供销社销售下降，连续亏损。2000年后，域内供销社采取以售为主的产权制度改革，除保留农业生产资料部门外，其余部门均改制出让，推向市场，所有职工全部置换劳动关系，与供销社脱钩，通过资产评估农业生产资料部门由县供销社持51%股权，其余49%的股权竞标出让。2000年，沿口供销社申请破产，由角斜和县社负责出让资产、分流职工、处理债务。2001年，角斜、老坝港供销社全部完成改制工作。

原各乡镇供销社历任负责人：旧场为王绍银、李友洪、王忠华、吴志桢、徐桂英、刘国宏、申启春；沿口为黄林森、童国庆、徐丛龙、唐七圣、徐桂英、翟桂明；角斜为汤春和、翟桂明、毛建、戴阳铭、申启春；老坝港为唐七圣。

四、国营商业

（一）粮站

1949年，沿口新藏庙和角斜设有粮库，库存粮食为部队随时调用，为全国的解放起了很大的作用。1953年，沿口、角斜建立粮站。1959年，旧场建立粮站。1963年，老坝港建立粮站。

1953—1983年，国家实行粮食统购统销。此后，随着粮食购销的放开，粮站功能渐弱，1996年开始改制。1998年，域内各粮站完成改制。

域内各乡镇粮站历任负责人：沿口粮站为马志清、李元芝、顾兴旺、高文林、胡建、吴方平；角斜粮站为邱双旺、高俊、马林；旧场粮站为周国柱、邱双旺、高学宏、马志清、李文勇、胡建、杭永富；老坝港粮站为陆生发、赵凤庆。

（二）食品站

1954年，角斜区设食品站。20世纪70年代初，域内每个公社建立食品站，并在公社的协调下划拨土地建房，修建干部职工住房和屠宰场，每站设有站长、会计、出纳、收购员、屠宰员至少6人。1971年，实行“预购猪”指令性计划，从县到公社，从公社到大队，从大队到生产队，从生产队到农户，必须按时、按量、按质将生猪送到食品站，无人抗拒。1985年，国家取消生猪派购任务，放开屠宰政策，开放市场经营，个体屠宰户发展迅速，域内各乡镇食品站生意冷淡、利润微薄。90年代，各乡镇食品站全面停止经营，干部职工由国家纳入社保行列。2002年前后各食品站的资产一并转让变卖。

原各乡镇食品站历任负责人：沿口食品站为陈德余、于八广、王兴林、田锦山、吴俊明、朱祝华；角斜食品站为许建、于八广、练志田、王德宏、沈怀富；旧场食品站为王绍银、于八广、詹敏。

第二节 商品购销

一、日用百货

（一）糖

明清时期，角斜有糖坊，生产麦芽糖（俗称糖稀）。清代，开始生产薄荷糖。清末民初，里下河地区商贩来角斜挑担叫卖砟糖。当地也有人挽着篮子卖棒儿糖、叫叫糖和梨膏糖。一些百货店、杂货店也兼营食糖，食糖主要靠从外地调入，品种也有砂糖、赤砂糖、土糖和进口原糖。1954 年紧缩糖果业生产，制止私人经营糖果厂和作坊，私人糖坊停业。1957 年民用糖凭票定量供应，乡村每人每月 80 克。产妇、婴儿、病员等用糖标准适当提高。1960—1962 年，国家经济困难，食糖供应量减少。1961 年春节，食糖供应标准为：浮肿、消瘦、子宫下垂病人每人供应 250 克，1 周岁以内缺乳婴儿 250 克，心脏病、肾炎、胃溃疡、结核病患者和年老体弱者 150—250 克，产妇 2000 克。同时开始供应高价糖果和高价点心以及高价砂糖。1965 年，食糖取消高价。1970—1975 年，食糖供应进一步紧张。1976 年，食糖继续实行计划供应。1987 年后，全部敞开供应，废除票证供应。20 世纪 90 年代起，通过市场放开、自主经营、各商场门市部自找货源，各种糖果、食糖一直满足供应。

（二）烟

清道光二十年（1840）前后，域内有福建皮丝烟销售。清末民初，域内旱烟和水烟来自河南开封、许昌等产地。民国十年（1921）后，卷烟（香烟）由上海传入角斜，当时主要经营"福尔摩斯"牌、"皇后"牌、"小美丽"牌香烟。中华人民共和国成立后，卷烟仍为个体经营，同时，五洋商店的洋油（煤油）、洋火（火柴）、洋钉（铁钉）、洋碱（肥皂）、洋烛（蜡烛）也将列为主营项目，并经营批发业务。角斜街上，一些杂货店也兼营烟草项目，品种既有旱烟、水烟也有卷烟，特别是水烟价廉劲足，街上人和乡下人几乎家家都有水烟台，水烟主要有甘肃产的甘字、肃字、兰字、张字等品牌，还有河南产的合字、井字、一字等，兰州水烟最受烟民青睐。1951 年，仍为个体经营，五洋商店也将它列为主营项目，并经营批发业务。是年，国家对烟酒实行专营。1959 年，卷烟被列为商业合作社和综合商店主营项目，并经营批发业务。是年，卷烟列为国家计划商品，凭票供应，主要品牌有"劳动""飞马""大前门"等。1960—1962 年，卷烟省内产销下降、省外调入不稳定，经常有些产品脱销，烟类价格上涨，一直持续到 20 世纪 70 年代中期，后来产地提高产量，水烟供应紧张逐步缓解。1983 年，香烟取消计划、废止票证、敞开供应，吸香烟的人越来越多，吸水烟的则越来越少。各商业门市部申请办理专卖证，统一由县烟草公司配送。供应品牌有"一云（云烟）二贵（贵烟）三中华，红塔山下一枝花（牡丹牌香烟）"的流行说法。90 年代后，品种不断向高档延伸，如"中华"、"玉溪"、精装"南京"等，部分外烟进入柜台。2000 年后，又有"苏烟""熊猫"等品牌烟入市。

（三）酒

自古域内有酿酒习惯，每年入冬时节，民间酿酒过年，用米酒招待亲朋好友。旧时，每逢婚嫁喜庆都酿酒待客。中华人民共和国成立后，黄酒、米酒、白酒产量增加，外地白蒲黄酒、海门颐生酒、海安粮酒、糯米陈酒、冰雪酒，还有洋河酒、双沟酒、二锅头、五加皮、五粮液、茅台等相继进入域内。1951 年，酿酒粮食实行计划分配。1959 年，粮食减产，酒类供应紧张，实行限量计划供应。1961 年名酒停止在市场上销售，并出现高价酒。1964 年，酒类供应逐步缓解，酒价下调。90 年代，各种高档酒陆续进入各家商场、饭店、超市。

（四）盐

清光绪三十三年（1907）年前，居民吃的盐均购自盐贩。清光绪三十四年由官府出面，规定食盐均需到供盐的地方购买，否则视为"私盐"。民国时期废除行业供盐制度，食盐的供销由盐政机关调节，也有私人盐行及部分小贩销售。中华人民共和国成立后，海安成立盐业专卖公司，由国家实行计划管理，食用盐常年保证供应。从此居民、村民食盐和工业用盐、农牧盐均由江苏省盐业公司海安批发部批发销售。1985年后，省盐业公司海安支公司负责域内乡镇（场）食用盐和工农牧渔用盐的供应。1986年，实行小包装，供应精致粉洗盐。20世纪90年代后，盐在各大超市、商场、个体商店均有销售。

二、日用杂品

（一）锅具

旧时，杂货店经营铁锅。中华人民共和国成立后，铁锅由供销合作社和茶席商店经营。货源出自苏州、无锡、南通唐闸等地。1958年，农村兴办公共食堂，大铁锅供不应求。1961年，农村食堂关闭。农户恢复自餐，普通铁锅销量猛增，一段时期凭票供应。1963年取消票证。20世纪70年代，铁锅供应情况好转。80年代，铝锅、搪瓷锅、电饭煲、电炒锅等陆续进入家庭，铁锅销量下降。90年代，各大商场、超市均设有厨房用具专柜，经营高档厨具和金属饭锅，炒锅等。

（二）陶瓷器具

陶瓷主要从江西景德镇和江苏宜兴用船贩运而来，设摊销售或卸给商店销售。角斜街上曾有几家瓷餐具。中华人民共和国成立初，瓷器由供销合作社和私营商店同时经营。20世纪60年代，瓷器产量下降，货源紧缺，市场供应紧张，生活用瓷器以陶器代替。“文化大革命”期间，瓷器上凡有“福禄寿”字样和罗汉、观音、如来佛像等，均禁止生产销售，市场上仅有日用粗瓷器供应。1979年后，瓷器生产恢复正常，品种齐全，花色增多，渠道畅通，青瓷陶瓷等艺术品大量供应。同时，生产卫生瓷具、建筑瓷具、工业瓷具等品种，各商店超市设有专柜，经营家用瓷器、古玩瓷器等，尤以中高档精品为多。

（三）木器

清代，角斜街上有木器店，出售盆、桶等，也为顾客定制各种家具及木质生活用品，同时，也有乡村流动上门作业的木匠艺人，为农户制作维修农具、家具。

（四）针纺织品

中华人民共和国成立前，在域内就有零星的农户自家种棉花，自家轧花、纺纱、织布，除满足自有需求外，多余的出售，或交换其他生活用品，也有自家织袜子、织毛巾的。商品流通加快后，角斜地区就有不少的商铺专门经营棉布、毛巾、袜子、棉毛衫、裤装等针纺织品。角斜的东西石板街就有四家店铺，经营布料和针纺织品。20世纪70年代以前，计划经济时期，棉布、棉毛衫、棉毛裤等纺织品都要凭布票供应。随着替代品化纤布的出现，针纺织品不那么紧俏，布票随之取消了。1988年化纤布销量大增。1989年毛线销量创历史最高。1992年后，服装式样更新越来越快。随着服装的销售量大增，相对棉布、化纤布的销量骤减。2017年，域内已没有专门布店，只剩下零星的缝纫店代销布料。针织品、棉毛衫、棉毛裤之类的服装品种繁多，各大超市均有专柜销售。

（五）五金交电

中华人民共和国成立前，域内只有少量的百货店或杂货店兼营五金，主要销售一些铁丝、元钉、交链、插销、斧头、凿子、木工锯条等，建筑和民用五金。由于工业生产发展和农业生产摆脱了落后的生产方式，人力车、风车、牛车被机器、电器所代替，加之农村建房由砖木结构的平房到钢筋水泥楼房，因此对五金商品的需求起了结构性的变化，原来的品种销量急剧下降，而被管道、水暖器材、机械配件、新型的装潢五金装饰材料取而代之。至2017年年底，角斜地区经营装饰材料、水暖器材、卫生洁具的商店大小有35家。

中华人民共和国成立前，域内没有经营交电的商铺。“文化大革命”时期，除了收音机，自行车、缝纫机、手表都要凭票供应，产品的供应都是由当时的供销社掌握。20世纪70年代，结婚的彩礼就有要求“三转一响”——自行车、缝纫机、手表（钟）、收音机做聘礼的习俗。80年代，五金产品逐步取消凭票供应。90年代后期，域内开始有摩托车、轻骑车销售及家用电器的销售，商品从收音机到收录机再到黑白电视机再到平板电视、空调、电冰箱、洗衣机、各式豪华灯具，应有尽有。2017年，角斜地区销售家电的商家有15家。

三、生产资料

（一）木材

域内木材一直由木行经营，木行一般都在河边，有的整排运进，以便上卸。1951年开始，由供销社生产资料部设点销售木材。1956年，木材列入计划供应，多为南方材、杂木、东北松等。因工业生产及民房建筑需求量不断增加，1966年后，有关部门积极组织计划外木材，以填补不足，但数量仍然较少。农村建房木材计划供应，由物资站派人调查到户，拨小量计划。后来，农村民房建筑桁条开始大量使用水泥制品代替，或用本地的钉刺槐搭建，当时农村流行语，叫“钉刺槐，弯套弯，起的房子瓦封山”。1980年后，木材市场开放，允许自由购销，个体木行增多，也有外地商人和本地人在本地区设点销售木材，货源充足。乡镇供销社、生资部相继派员去广东、江西、云南、贵州等地采购各种木材，其品种有花旗松、水曲柳、油松等。90年代后，波罗格、杉木、红木等高档品种规格齐全，方便制作门窗格扇及家具。至2017年，角斜镇有6家木材市场。

（二）竹业

清末民初，域内均有竹行。所需竹源主要从外地采购，毛竹堆得像小山似的。镇区居民和周边乡村村民都需要竹制日用品，如淘箩、篮子、筛子、簸箕、筐篮、畚箕、鱼簖、船篙、钉耙柄、锄头柄、连枷、招耙等，房屋桁条有的也用毛竹。中华人民共和国成立后，竹业归铁木竹生产社所管。20世纪70年代后，塑料制品进入市场，因其品种齐全，价廉物美，很快替代竹制生活用品。80年代后期开始，竹制品已很少生产。至2017年，角斜镇仅有两家竹行。

（三）煤炭

中华人民共和国成立初，生产、生活用煤自由购买，敞开供应，供大于求，一度还上门推销、赊销。1961年，由于工业用煤量剧增，燃料缺乏，城镇居民生活用煤实行凭票供应，城镇集体单位计划供应，标准按单位大小和人数多少而定，每人每天供应0.25公斤。工业生产用煤实行计划供应，确保重点企业正常生产。包含服务业的用煤凭票定量供应。20世纪80年代，国家对煤炭经营逐步放开。1983年增加计划外供应。90年代后，私人经销煤炭增多，山东、山西、安徽、徐州等地煤炭经销商到厂推销，设点销售。2017年，角斜域内有煤炭经销点3家。

（四）石油

清光绪年间（1875—1908），煤油进入角斜市场，货源来自英、日、美等国，牌号有大古、鹰、壳、僧帽、美孚等，时称“洋油”，当时主要用于点灯照明。民国时期，煤油由“五洋”商店经销，即洋油（煤油）、洋火（火柴）、洋钉（铁钉）、洋碱（肥皂）、洋烛（蜡烛）。1949年后，国货逐渐取代洋货，角斜一带的石油供应仍以民用煤油为主，由供销社、合作商店、代销点经销。1956年，煤油实行计划供应。1957年，石油、汽油、柴油、润滑油、煤油等生产、生活用油一律凭票限量供应。1960年后，市场供应以国产石油代替进口石油。1963年，海安县成立煤石公司，对石油进行专项管理，角斜在红星河东北侧河边成立煤石站，后叫物资小组。1980年后，乡镇企业发展迅速，计划供应不能满足需求，石油公司适当组织计划外成品油供应。20世纪90年代，计划内石油由国家调拨，计划外石油从国内各地采购，并在角斜周边建立加油站，敞开供应，以适应日益增多的拖拉机、收割机、汽车、摩托车等各种机动车辆的需求。此后，石油价格实行市场调节。2017年，角斜镇共有加油站7处。

（五）建材

20世纪50年代前，域内贫困农民住房均为泥墙草盖。梁、柱、椽一般采用当地生长的杂树和毛竹。少数城乡富裕户建房所需砖瓦由当地土窑烧制或到集市购买。民国二十七年（1938）前，角斜东首有一砖瓦行是用船从外地运来砖售卖，有青砖、水瓦、箩底方、条砖、汪砖、“猫头”（小瓦房屋檐处的一块装饰滴水瓦，因造型像猫脸而得名）等。

20世纪50年代开始，修建房屋所需砖瓦、石灰、水泥不断增加。60年代开始，几种主要建材实行计划供应。1970年后，域内公社都相继兴建砖瓦厂，1972年，沿口公社还建起石灰厂。随后，各公社建筑站办起水泥预制品厂。1980年，建材市场逐步放开。1990年后，域内建有11家砖瓦厂。因为考虑环保因素，2017年年底，角斜地区仅保留两家砖瓦厂，并且都进行环保排放改造，新建起混凝土企业3家。

（六）船行

中华人民共和国成立前，域内有船行，除了新造小木船出售外，也有的帮人家修船。因旧时没有汽车、卡车、拖拉机，小木船便成民户交通运输工具，一般人家运粮草、购货物、出售生猪等都靠小木船，捕鱼虾更离不开小木船。至公社化时，小木船既是交通工具，又是罱河泥不可缺少的工具，故称农船。20 世纪 60 年代末，木船由水泥船代替。随着形势发展，汽车、卡车、农用车增多，至 2011 年，小木船基本绝迹。

（七）化肥

旧时，域内没有化肥，农民皆用人畜粪便、草木灰、河泥等垩田。1950 年，供销社农资部开始试销化肥，品种为 21% 的硫酸铵，俗称“肥田粉”，起初采取赊销办法推广，因农民思想保守，销量极小，供销社只好用缸存出售。1956 年，农业生产合作社建立后，化肥销量增加，由供销社生资部经销，一度实行计划供应。1983 年后，取消计划供应，品种有碳铵、尿素、钾肥、磷肥、复合肥等。2000 年后，供销社进行体制改革，化肥销售由农资、农技部门承包给个人经营。2017 年年底，每村有 1—2 个农药化肥代销点，常年供应种子、农药、化肥。

（八）农药与药械

中华人民共和国成立前，农民遇到农作物发生病虫害，一般使用人工捕捉，或用辣椒水、草木灰泼洒防治，收效甚微。中华人民共和国成立后，政府指导农民用农药防治农作物病虫害，农药由供销社代销。1951 年，角斜周边乡村棉田虫害严重，政府贷放喷雾器、农药防治，农药品种有“六六六”粉、“二二三”乳剂、硫黄粉 3 种。1953 年，农药品种增加西力生、硫酸铜、敌百虫、多硫化钡等近 10 种，并供应各种药械。1954 年 7 月，农林部贷放喷雾器 200 架，由供销社出租给农业社、互助组。1956 年，农业社实行小班小组保管责任制，农药器械销量成倍增加。1963 年后，农药品种增加乐果乳剂、80% 敌敌畏等 12 种。小范围推广有机磷农药“1605”“1059”。1964 年，基层供销社帮助生产队建立剧毒农药保管责任制，实行农药和防护用品配套供应。1970 年，江苏省增加分配的农药有 17 个品种。1978 年后，角斜兴办农药厂，生产多种农药，用于农田治虫。同时，微生物农药防治农作物病虫害开始推广应用。1981 年，南通市曾对所有供销社库存农药进行清理鉴定，对过期失效和“1605”等剧毒农药封存统一处理。20 世纪 90 年代，农药供应品种 100 多种，并向高效低毒发展。农药器械除原手压喷雾器外，发明或研发有机动喷雾器、电动喷雾器，使农民劳动强度减轻。为了适应家庭农场的生产需求，市场上又出现了大型机械喷雾器和空中遥控无人喷药机。

（九）薄膜

1972 年，域内开始使用农用塑料薄膜，主要是用于蔬菜育苗。角斜公社汤灶、来南两个蔬菜大队首先使用塑料薄膜进行蔬菜生产。此后，各大队增加场头育秧和棉花育苗都使用薄膜。1980 年开始，全面推广棉花育苗、移栽新技术，农用膜用量大增。后来虽然棉花面积大幅缩减，但部分农民利用薄膜大棚种植反季节蔬菜，有的进行玉米育苗，所以农用薄膜用途广泛。除了农用膜外，生活用膜也很普遍，收割季节农村家家户户都要用薄膜遮盖粮食。角斜地区每个村的种子、农药、化肥出售点都有薄膜出售。

四、农副产品购销

（一）粮食

中华人民共和国成立前，域内只有少数几家做粮食生意。民国三十八年（1949）4 月，解放军渡江解放苏南，客商蜂拥而至抢购粮食，不法奸商趁机囤积居奇，使粮价暴涨，人民政府一面打击奸商，一面从外地调集粮食平抑市场，建立角斜粮库和沿口粮库。国营粮食公司取得领导地位后，调进豆饼向农民兑换麦子。1953 年，实行粮食统购统销政策，对农户进行产量评估，动员卖余粮。1954 年 8 月，实行城镇人口粮食定量供应。1955 年，实行粮食“三定”（定产、定购、定销）政策。同时使用粮票（有全国通用，省、市通用 3 种）。1956 年成立高级社，粮食统购统销改为按社核算。1958 年，公社化后，粮食征购由公社包干，结果购了“过头粮”，接下来的三年困难时期，农村社员只能过“低标准瓜菜代”的艰苦生活。1962 年，粮食逐步得到缓和。“文化大革命”期间，加上贯彻“备战备荒为人民”指示，大提储备粮，队队搞土圆囤，社员口粮又趋紧张。1978 年，实行联产承包制粮食大丰收，农民口粮相应得到提高。1980 年，实行粮食购销合同。1983 年，实行户交户结，在完成征超购基础上，允许进入自由市场。后来粮食购销实行市场化。1991 年 4 月，实行粮油购销同价。同时取消粮票、计划供应，粮油供应站逐步失去原有功能。1996 年，粮站进行体制改革，粮库只起到国家储存、调拨作用。此后粮食买卖都很方便，长年有粮贩上门收购农户多余的粮食，超市常年供应各种粗细杂粮。进入 21 世纪，为保护农民的市场积极性，国家实行保护价收购粮食。2017 年，米、面等粮食商品在各大超市均有销售。

（二）油脂

中华人民共和国成立前，农民常以黄豆、菜籽、花生到小作坊榨油食用。1953 年实行油料计划收购。1954 年对油料作物进行代缴公粮及统购统销。1958 年随粮进行任务包干。20 世纪 80 年代起，对油料作物实行合同定购和议价收购相结合。

食油供应从 1954 年开始实行定量供应，城镇人口每月 80 克，农村农民每月 75 克。1964 年开始增加到每人每月 250 克，1986 年开始敞开议价供应。超市的食用油品种很多，为了食用高质量食油，从 2010 年后，不少农户自家用菜籽或黄豆、花生榨油自用。

（三）棉花

1932 年，角斜先后办 11 家花行，为南通“三泰和”花行代购。1954 年起，国家对棉花实行统购。1962 年对棉花生产进行核产，实行奖励销售。1972 年，原角斜征用堤北 8 组土地兴建角斜收花站，并设轧花厂。原沿口、旧场都先后兴建收花站、轧花厂。80 年代以后，缩棉扩桑，棉花生产萎缩，本地区的轧花厂全部关闭，另作他用。至 2017 年，农村仍有流动销售棉花皮棉的商贩，满足人们的生活需求。

（四）蚕茧

中华人民共和国成立前，域内鲜茧卖给土作坊制丝线。1950 年，蚕茧上市逐渐增多。1952 年，建立角斜、沿口茧站，当年收购鲜茧 260 担。价格按 7 等 13 级计算。后改由供销社统一收购。为了鼓励蚕桑生产，20 世纪 60 年代，出售 100 千克蚕茧奖励化肥 100 千克、原粮 300 千克，另加布票、火油票等。到 1970 年代仅奖励化肥。原角斜镇建起了缫丝厂、制丝厂等社办企业。90 年代中期，供销社收茧业务逐渐由丝绸公司取代。2015 年后，蚕茧产量逐年减少，域内蚕茧收购量较少。

（五）生猪

1956 年，生猪纳入计划经济轨道，肉食品批零以商业供销部门为主体。1962 年，为鼓励社员养猪，实行计划商品换购制度，即每收购一头生猪，奖励一定的饲料，优先供应白酒，发放布票和购物券，以激励社员养猪。1965 年起，每年发放生猪预购定金，直至 1979 年止；对生猪实行“原圈寄养”的办法，确保外调和节日猪肉的供应。1973 年，在角斜、沿口、旧场建立食品收购站，定点收购生猪，就地屠宰或外调。20 世纪 80 年代后，家庭饲养生猪数量日益减少，规模化养殖户增多，收购价格变动频繁，收购难度很大。1993 年，食品站生猪经营活动停止。1995 年开始，生猪实行定点检疫屠宰，由各兽医站和各乡镇生猪办具体负责。2016 年开始，生猪实行全县统一定点屠宰，分点销售，角斜猪肉销售点有 48 家之多。2017 年，全镇生猪出栏 39743 头。

（六）海产品

春秋战国时期，域内就有了海产品的交易经营，不过那时只有以海产品换取其他生活用品的简单交易。中华人民共和国成立前，仅角斜街市上就有八鲜行 4 家，另外还有不计其数的在路边摆摊或走村串户出售海产品的渔民或鱼贩子。

20 世纪 60 年代，海产品的产量不断提高，市场价格比较低。80 年代，国际上鳗鱼苗价格昂贵，老坝港捕鳗鱼的渔船一天能赚上万元，很多老坝港的企业家就在那时捞了第一桶金。

随着海资源的锐减，又发展人工养殖海产品。紫菜、鳗鱼成为出口创汇的主要产品。

（七）家禽

1952 年，国营食品部门开始收购家禽。1953 年，开始收购鲜蛋，有少数的农户用蛋或鸡去代销点换取日常生活用品，但养殖不成规模。三年国民经济困难时期，国家实行奖励收购，采用奖励粮食、煤油、袜子（或毛巾、布票）、工业品购货券等办法以鼓励家禽养殖和交售，并且提高价格。1964

年，家禽不再实行派购和奖售。1965 年，鲜蛋收购也取消奖售。1966—1974 年，鲜蛋取消季节差价，保持在每市斤 0.7—0.8 元。20 世纪 80 年代后，市场逐步放开，禽蛋直接进入农贸市场。从 1987 年起，家禽经营逐步为个体运输户所取代，个体运输户收购家禽，直接运送达销区市场，角斜地区的原沿口、角斜、旧场每天都几百部的自行车贩运鸡或鸭送往上海、苏州、无锡等地。至 90 年代，贩运鸡蛋及家禽的运输工具也由自行车改为小三轮、小货车，直至大货车。2017 年年底，域内出售上市家禽 225 万羽，鲜蛋上市 2.74 万吨。

（八）土畜产品

动物皮毛　1978 年后，国际市场上兔毛需求量增加，出口畅销，收购价格提高。1984 年，每公斤兔毛 210 元，数量少的农户将兔子送到供销社当场剪好毛，当场结账，数量多的农户，由供销社派人上门剪毛。由于受国际市场的影响，兔毛价格波动幅度大。1990 年后，养兔业进入低谷。

皮张　20 世纪 50—60 年代，供销社专门设有畜产品门市部，收购黄鼠狼皮、牛皮、羊皮等。80 年代，各地大办养貂场，一张貂皮高达百元。90 年代后，养貂热下降，黄鼠狼成为国家保护动物，山羊皮的价格太低，2017 年，角斜地区基本没有皮张的购销。

薄荷油　1958 年前，域内薄荷油收购网点 4 处，检验人员 8 人；1964 年后，所提炼的薄荷油全售给南通市土产公司和外贸部门。是年，供销社系统收购薄荷油 4500 千克。1985 年，国际市场行情较好，角斜、李堡等供销社收购薄荷油 16.33 万千克，比 1978 年增长 9.8 倍。1987 年，市场价格下跌，收购受到影响，仅收购薄荷油 3.19 万千克。1988 年，每斤薄荷油价格 44 元，而种植初期 1 公斤可换大麦 450 千克，现价使薄荷生产受到一定制约。1989 年，行情较好，薄荷油收购量猛增到 12.87 万千克。1992 年，收购薄荷油 1.89 万千克。现在域内已没有薄荷油生产。

第三节　旅馆餐饮

一、旅馆

中华人民共和国成立前，域内有一家旅馆在角斜集镇，主要服务对象是外地到角斜临时路过的小商小贩，都属私营，规模不大。20 世纪 70 年代初，角斜老东街也有一家旅馆。1980 年，县委、县政府在角斜新建河东招待所（县政府招待所），即海安县飞滩宾馆，在当时海安东部地区是最大的住宿、餐饮场所，海安东片大的活动基本放在飞滩宾馆。前排为 4 层住宿大楼，后为餐饮部，中间为大型停车场，占地 10 亩，共有床位 160 个，曾经兴旺一时。后因为体制原因，飞滩宾馆经营困难。1999 年，经县委同意，飞滩宾馆资产整体划拨给角斜中心小学。2017 年年底，全镇有旅馆 22 家，从业人数 350 人左右。

二、餐饮

明清时期，角斜地区有商业网点时就有了餐饮业，历史上角斜地区有 8 个商业集中区，每个集中区都有 3—5 家餐饮店，经营烧饼、馒头、脆饼、馓子、包子、水饺、面条、油条、稀饭等。至 2017 年 12 月，全镇有餐饮单位 24 家，小吃店 6 家，其中餐饮住宿兼营的 5 家。规模较大的有钱大海鲜酒楼、海安红旗大酒店、海明珠大酒店、时代大酒店、金港

图 9-1　周六海鲜大酒店（高宝生摄于 2018 年 7 月）

大酒店、海安角斜鑫源大酒店、周六海鲜大酒店。

三、特色小吃及食品

（一）春卷

顾名思义是春天里的一种食品。早先每到开春，人们就到田野里挑些野菜，回家做成馅，卷包在面皮里，或是油炸，或是蒸煮。图的就是赏春尝鲜。春卷皮最初是和面然后用木棍擀的，也有的是在锅里摊的，现在都是到市面上直接买。在小平锅上摊春卷皮的都是些姑娘大嫂，她们手巧灵活，面糊粘在手上，朝烧热的平锅面上一圈，一张薄薄的圆圆的春卷皮就制成了。买回家后，包上可荤可素的馅料，包好后放油锅里炸成金黄色即可捞起食用，请人待客十分方便。春卷是人们喜爱的一道经济实惠的佳肴。每到春节前后，大小饭馆里，大小筵席上，都有这道菜。为了方便顾客，市面上都有包好了的现成春卷。

（二）杨柳摊饼

过去角斜域内的百姓，每到清明节，都有摊杨柳饼的习俗。所谓“摊饼”，就是先把锅烧热，搁上少许的油，均匀地涂抹在锅的四周围，然后把面粉调成的糊以极快的速度倒在锅里迅速用铲子摊匀。手法熟练的人摊的饼很薄，因而香脆。平时摊饼，都是用葱花撒在饼面上，吃起来香喷喷的。加上摊饼两面油光光、黄澄澄的，色香味形俱全，也是过去农家招待客人的一道美食。而清明这天的摊饼，要用适量的鲜嫩碧绿杨柳叶心和在面里，这使摊饼多了一份特有的清香。摊摊饼既要锅上动作麻利，又要锅下火候恰到好处。这样摊出的摊饼才不破不裂、不瘫不塌，从锅里铲起来还呈锅子状，看上去黄亮，吃起来香脆。而今，用葱花和杨柳叶心摊摊饼都不多见了。

（三）冷蒸

“冷蒸”是过去穷人家青黄不接时的救命食品。初夏，当麦子微黄，没有完全成熟时，将麦穗摘下，用手搓揉，将麦子脱皮去壳，在风头扬净后放在锅里炒熟，然后用石头磨子磨，磨口就出来如一条条小蚯蚓状、绿绿的、散发着特有清香的“冷蒸”。“冷蒸”以大麦和小麦为原料，属纯手工制作，只有石磨才能磨出来那种特有的形状和风味。过去人们由于口粮紧张，万不得已的情况下，才在青黄不接时用“冷蒸”来维持一段生活。现在人们为了尝鲜，效仿过去制作的“冷蒸”拿到市场出售，必定销量有限。其实，“冷蒸”也是当地不可多得的美食之一。

（四）焦屑

“六月六，吃块焦屑长块肉。”从这句流传很久的角斜俗语看来，焦屑的营养价值很高。焦屑的制作很简单，以大麦为主，先把大麦筛净扬干，然后和着砂子在锅炒熟，但要掌握好火候，做到熟而不焦，有焦香而不碳化，没有苦味。再用筛子筛净，用石磨磨成粉即可。食用时，可用茶水、稀粥拌和，有条件的人家加点糖，更是香甜可口，也有的人调和得稀稀的当粥喝。焦屑制作、存放、携带、食用都很方便，所以，人们往往炒它一大坛子，把口盖好防潮，慢慢享用。过去，人们以“三麦”为主食，每年几乎家家都磨焦屑。随着农业生产的发展，生活水平的改善，焦屑一度被人们遗忘。而今，人们又重新发现了焦屑的营养价值，市面上出现了专卖焦屑的摊头。

（五）荞麦糊粉

“冷啊冷，搦糊粉。”这句童谣是说秋后入冬，把收上来的荞麦磨成面，下锅煮成糊状，盛起冷却变硬，然后切成小块做菜吃，既当饭又当菜。可以下汤煮着吃，也可炒着吃。据新的研究发现，荞麦营养价值很高，常吃还有协助抗癌的作用。

（六）蒿儿团

蒿儿团，又作“蒿儿饼、蒿儿圆子”。春季万物复苏，河边田埂上的青蒿萌发长出嫩头。人们将其掐下，洗净切碎，然后加上糯米粉，做成圆子，可蒸可锅贴，食之清香浓郁，别具风味。

（七）糍粑饭

糍粑饭，是用糯米煮成饭后，将葱蒜切碎放入饭中，再用香油在锅中翻炒片刻，待饭黏糊后，盛之碗中，食之其味比白饭更佳。过去，糍粑饭也是农家餐桌上的一道菜。改革开放后，称此食物为“八宝饭”。

（八）气鼓儿

气鼓儿是以面粉加水调和发酵几小时后，将酵面切成菱形小块放至笼上蒸熟，形似小馒头，然后下油锅炒炸成金黄色后即可食用的一种美食。

（九）冷酵饼

冷酵饼是仲夏时分人们喜爱吃的一种饼。其做法是：将面粉用水调和待几小时发酵后，做成小饼，贴于热锅内壁四周，但锅内要加少许的水，然后盖上锅盖加热，数十分钟后食之。另一种做法是做成略薄的小饼，放入油锅里煎，待两面呈黄色即可。

（十）三伏虾油

三伏虾油是老坝港沿海的特产，配制虾油要选用上等的麻虾（极小状如跳蚤）。从时节看，当是清明前后为最佳，此时的麻虾肥且洁净。在近海用网目极细的网将麻虾捕回，盛放于缸中，先经过一小会儿时间的腐熟，这个阶段十分重要，未腐熟不可加工，过火了则腐败发臭不能加工。接着按配比，分数天放入大粒盐，每天清晨将缸中原料底面倒腾称为“打扒”，说白了就是用灶膛内出灰的工具（角斜一带称“扒灰佬儿”）上下翻拌使之咸淡温热均匀。这一阶段过后气温渐高，将缸置于烈日下烤晒，还要备做一锥形缸盖，万不可被雨水淋浇。待夏尽秋临，缸中麻虾经三伏天炎炎烈日的烤晒已完全熟化，滤渣即得虾油。中秋节前即可滤取出虾油。三伏虾油工艺原始而复杂，20 世纪 80 年代已改生产麻虾酱。

虾油闻之腥而且臭，食之鲜而不腥。老坝港炼制虾油经年不息，老内行人惯喜以虾油佐于面条、豆腐、海蜇、冷盆羊肉等食物之中。鲜香无比，令人食欲大增。

（十一）特色糕点

黄猫儿糕　黄猫儿糕的做法是：用黏玉米或高粱磨成的粉，加水拌和后做成木棍状，放到蒸笼上蒸熟后，让它冷却变硬。食用时将其切成小片，以少许的葱花碎配蒜末下油锅炒后食用。也可将其切成小片在锅上蒸着吃。蒸熟后的黄猫儿糕放入凉水中可以贮存数月，吃时捞起。过去过年之际，大家小家都蒸些馒头，顺便就蒸些黄猫儿糕，以方便生活之用。

年糕　年“糕”与“高”谐音。与粽子、团子、圆子合为“高中团圆”，凡逢喜事，如儿女成亲、子女升学、做寿建宅等，都必不可少。域内年糕制作与江南打年糕不同，它是将磨成的米粉加水拌和到半干半潮状，用糕箱脱成统一的方块，放到锅里或笼屉蒸熟而成。糕箱底板上刻有各种吉祥花纹图案文字，像翻砂似的脱出来的糕块晶莹洁白。米糕不但香黏可口，而且美观端庄，酒席上不可缺少，也是神佛祖先面前的必备供品。

扁食　受饮食文化的影响，北方的饺子，到了南方一带就变化为“扁食”。饺子面皮有的是用擀棍一个个擀起来的，而扁食皮子，是擀面杖擀出大面皮，再切成一个个正方形，方便快捷多了，而且薄匀。包扁食时，挑上馅子，一折一翻一捏，像耳朵似的扁食就包成了。一排排“耳朵”搁在筛子等容器里，只待上锅蒸或下锅煮了。吃扁食也常常与祭祀相关联，阴历七月半烧亡人，要供扁食，人死后，“烧七”要供扁食，“应七”后，子女们平分，不用筷子而直接徒手拈着当场吃下去。还有种扁食，是将面粉用水调和发酵后，与做包心馒头差不多，包的是红糖，放到锅中蒸制而成，然后再放到油锅里煎炸至发黄即可。这种扁食都是为七月半烧亡人准备的祭品。

角斜“五仁月饼”　角斜“五仁月饼”的制作加工历史悠久。早年间，角斜有四家加工月饼制作坊，分别为刘家、倪家、向家、申家，其中刘家祖传加工茶食、月饼，到刘光斗这辈已经是第七代了。到了“公私合营”时期，这四家食品制作的新人又被供销商业系统所吸纳，角斜供销社的食品加工厂在省内外都享有盛誉。1984 年金秋，角斜“五仁月饼”全省独树一帜，荣获江苏省供销商业系统食品行业一等奖，江苏省供销商业联社连续三年在角斜召开订货会、现场会、观摩会。各大宣传媒体也蜂拥而至，争相报道角斜“五仁月饼”。一时间，角斜供销社食品加工厂厂长刘光斗便成了公众新闻人物，应邀成为省行业协会专家组评委。角斜“五仁月饼”分为“荤五仁”“素五仁”两种，从系列上可分为“火腿肉五仁”“枣泥五仁”和“椒盐五仁”，配料讲究，技法考精，已成为角斜“五仁月饼”加工制作的一大特色。

（十二）金刚蹄

“金刚蹄”为角斜的传统食品，跑遍所有地方，唯独只有到角斜才能品尝到这种美食。随着盐业的兴盛，早先角斜人士去上海十六铺码头做生意，把制作“金刚蹄”的工艺便带到了上海十六铺码头，上海人都称“金刚蹄”叫“老虎脚趾”。

图 9-2 “金刚蹄”成品

“金刚蹄”制作是采用上等面粉为主要原料，关键在于反复调搅面粉，并根据面粉数量加放白砂糖和酥油，这一过程称之为“调酵”。待调好面团发酵到一定的程度，便开始加工做“替子”（面团），然后，将手中的面团反复从外面往里收，放在面盘上再用刀开花。这刀花也很讲究，刀花既不深又不浅，上炉时间不长蒸大后，抽出铁盘，逐一刷上红糖水，再推进去一闷，制作的“金刚蹄”上面就发红发黄，既香又甜，吃起来也很爽口，所开的刀花，真有点老虎脚趾的形状。

（十三）斜角儿

角斜的“斜角儿”作为海安河东地区的地方名点，还是小有名气、独具风味的。说来平常，它的加工方法与烧饼差不多，只不过不再为圆形或椭圆形，而是做好包馅，抹上糖色，撒上芝麻，直接用刀切成平行四边形，然后再烧烤，因得名“斜角儿”。还因名字与产地地名“角斜”相似而闻名遐迩。

“斜角儿”的加工时间一般为下午，区别于早点的烧饼，俗话说，回炉的烧饼不香。加工“斜角儿”的烧饼炉一般与卤菜摊组成连锁摊，买上两块“斜角儿”，捎上几块猪头肉，夹在一起，咬上一口，非常解馋。

图 9-3 “斜角儿”成品

（十四）海鲜

“蟹渣” 又名海酱，是地地道道的海边食品，一般采用大海里的梭子蟹制作。将从海里捞上来的“梭子蟹”也称“尖子蟹”洗净放在木桶或陶器的坛子中反复捣碎，蟹壳、蟹脚、蟹钳子以及蟹肉捣在一起，便就成“蟹渣”。然后，加上生姜、食盐腌制并将坛子口封起来，闷上数日至稍稍发黄便可食用，也可以清蒸。清蒸时，舀上少量的“蟹渣”再加上两三个鸡蛋便是一碗可口的海边佳肴。

圆头鳑鱼 大圆头细眼睛，是海滨人比较喜欢吃的一种鱼，外地人称“小黄鱼”，地方人称之为圆头鳑鱼，这种鱼头圆眼睛小，身长6—10厘米，在海里只能长这么大，肉质鲜嫩起蒜瓣，因圆头鳑鱼的骨头是软的，一条鱼放到嘴里慢慢咀嚼，可以连“刺”带肉全吞下，也称“满口鱼”。烹饪方法有清蒸、下汤、红烧，还有去掉鱼头、洗净晒干、放在饭锅上炖着的吃法。如果再加上姜葱蒜头的调味，浓浓鱼香能让人胃口大开。在角斜民间流传着这样一段顺口溜：“离开飞家滩，吃不到鳑鱼和米饭。”

（十五）猪头肉

角斜民间称“猪头肉”为“熬剥肉”。这“熬剥肉”与周边的“猪头肉”比起来，不但叫法不同，口味也不同。

早年间，角斜场有“斜角儿”包“熬剥肉”的吃法。打那以后，角斜的“猪头肉”制作工艺一直在古老的集市上代代传承……猪头肉的加工：首先将“毛猪头”反复洗净，再用烧融的松香涂在“毛猪头”上，然后趁热扒掉松香，猪毛就粘着松香去掉了，再用斧子劈开“猪头”浸泡清洗。最后放入清水煮至五成熟，去骨后，切成一块块放进“卤汁”中煮烂。制作“猪头肉”的关键是“卤子”。这“卤子”一般不轻易更换，每天煮好后，把卤汁上面的肉油和“沫花”去掉，只留下纯卤子待第二天使用。这“卤子”的配料并未公开，传统的秘方让角斜的“猪头肉”名震四方。

（十六）酱

饼酱，并非用饼制作，它有着浓郁的芳香，吃起来比较鲜美。饼酱制作的主要原料为大豆，也就是黄豆。具体制作方法是先将黄豆放在锅子炒熟，再放到石磨上磨碎，倒进锅里加水煮沸，所加水的标准是煮好的大豆粉末就像煮的糁子饭一样，偏软一些；然后，加盐搅拌，盛进预先准备好的“蒲包”里。而后放在较阴暗的地方四周壅上稻草，待到饼酱发酵味出来了，便可食用。生吃、清炖均可。饼酱的制作一般在 9—10 月，气温不高也不冷才利于发酵。

黄豆酱。黄豆酱又称大豆酱、豆酱，是角斜地区土特产品之一。黄豆酱采用大豆制作，一般在每年的五六月份进行加工，将大豆放在水中充分浸泡至饱满后，捞起来放在锅里加热煮熟，然后，再从锅子里捞起来。黄豆汤不要倒掉，冷却后加盐留着湿豆酱用。黄豆趁潮搅上小麦面粉摊在簸箕里，并薄薄地盖上预先准备好的毛子草，放在避风遮阳的地方，当生出“黄冒”（菌落）后用铲子翻一翻，待到上下全生“黄冒”后就能出窝。将出窝的豆酱倒进黄豆汤中，如果汤少可以添加烧沸后加盐的凉开水，并在豆酱缸里搅拌尝一下咸淡再放进生姜。然后放在太阳下面晒，并加网罩扎起来，以防苍蝇虫子入内而生蛆，等到晒红后便可食用。

酱莴苣。莴苣是民间所种植的一种蔬菜，一般是秋种春收，茎、叶均可食用，以食茎为主，现大棚种植四季均有出售。酱莴苣的加工时间主要在春季。具体制作方法是将从田里取出来的莴苣去叶去皮后放进木盆中，撒上食盐，然后摊在阳光下进行吹晒；吹晒时间不宜过长，再放进卤汁中加食盐浸泡；然后取出摊到太阳下，吹晒四小时左右，把它投放到黄豆酱或蚕豆酱中浸泡，数日后便可食用。如果放些姜片，口味更好。吃稀饭时，拿几根洗掉外面酱汁，切碎浇上小坊麻油，吃起来更加脆嫩可口。如果加上黄豆米儿煮一下，便是下酒的好菜。

（十七）应良群祖传“四煲”

应良群开的新风酒楼地处角斜爱武大桥北首，环境优美，风格别致，花木盆景，造型各异，餐具酒具凳椅也都十分考究，为当地接待高级宾朋的最佳场所。

应良群以祖传的美食工艺招引四方来宾，饱受顾客赞誉，其绝活为“四煲”，即“蚕豆煲”“带鱼煲”“豆腐煲”“黄花咸肉煲”。多次参加县市行业协会比赛获奖。

（十八）粽子

（见第二十二章风土人情第二节的“岁时习俗”内容）

第四节　集贸市场

一、庙会集市

庙会，俗称“香期”，始于唐代，是物资交流的一种形式。庙会均以菩萨生日为集会日期，四方乡民、商客、游客及艺人扶老携幼去逛庙会。一是敬神，二是交流生活、生产所需物资。1980 年后，角斜地区庙会，无敬神之举，实质是集市贸易，进行物资交流。每年（农历）正月十五开始，一年 3—6 次。

二、农贸市场

（一）角斜农贸市场

20 世纪 80 年代前，角斜没有农贸市场，农民群众或肩挑、或手提，到角斜电影院周围或摆摊或游售，交易农副产品，无固定场所，无专人管理，秩序混乱，交通拥堵，事故时有发生。80 年代后，在现文峰大超市位置建起农贸市场，建市场后秩序有所好转，但农贸市场面积较小，摊位少。2003 年，镇政府在镇区人民路新征地 30 亩，重建角斜镇农贸市场，成为苏中乃至苏北地区乡镇中最大的钢架结构大市场，固定摊位 80 多个，有 40 多个临时摊位，经营各种海产品及农副产品。年交易额亿元以上。

（二）沿口农贸市场

沿口大桥东侧路北曾建造一简易市场。由

于商业的日益繁荣，商贩人数增多，购物人流量加大，老农贸市场无法容纳。每天清晨市场周边道路人群聚集，车辆聚集，严重影响镇容镇貌和交通安全。1998 年 10 月，原沿口村在沿口桥西划出 10 多亩地，镇政府投资 1000 多万元新建农贸城，架设有 50 个固定摊位的钢架大棚，改善了镇容镇貌，规范了交易秩序。2017 年交易额 500 多万元。

（三）旧场农贸市场

1993 年，由林蕊枝投资创办通海桥农贸市场，性质为个体经营，占地 1 亩多地，为钢架大棚结构，内设几十个摊位，经营范围甚广，品种齐全，尤以海产品突出。2017 年，交易额 400 多万元。

（四）老坝港农贸市场

在老坝港镇统一规划下，2008 年易地新建在现在通海桥北首，北凌河北岸，2009 年元旦正式开业。农贸市场为全钢筋混凝土结构，市场中间位置有 32 个固定摊位，东面有 4 个干货区，西面有 4 个禽类蛋品区，北面有一排 12 间的摊位用房，南面有 12 套店面及住宿用房，场内设施齐全，是一个以海产品为特色的农贸市场。2017 年，交易额 600 多万元。

第五节　生活服务

20 世纪 50 年代，域内有小型浴室。60 年代，开始有照相馆。1992 年 10 月，高宝生在尚武路 63 号创办摄影摄像公司，建筑面积 800 多平方米。公司内设婚纱摄影室、儿童摄影室、证件快照和旧照翻新摄影室。拥有日本尼康、佳能专业数码相机和日本松下、索尼专业摄像机以及大型 10 米摇臂摄像等设备，还有全实景和外景拍摄基地，每年单婚庆摄影就有 100 多场次。至 2017 年，全镇有大小超市数十家，其中具有规模、年销售额在 1000 万元以上的有角斜好润多超市、千百汇超市、老坝港蓝波超市、佳德福超市、沿口映和超市。2017 年，角斜镇有网吧 1 家、理发店 14 家、休闲健身会所 1 家，洗浴场所 8 家，广告服务 2 家，家政服务 7 家（主要是家教服务），茶水店 1 家，个体药店 18 家，摄影企业 5 家。

第六节　对外贸易

一、出口

（一）贸易出口

清末，角斜一带就开始有出口的小网，发放给农户加工，以蝴蝶牌驰名。20 世纪 40 年代又有手套、渔网、花边产品出口，并形成批量出口。中华人民共和国成立后，角斜一带的结网、线手套出口得到进一步发展。1953 年，皮张、肠衣开始出口，主要销往苏联、日本、朝鲜、联邦德国等国家。1954 年，角斜生产的薄荷油交南通外贸公司出口。60 年代，在生产尼龙手套的基础上，开始生产出口钩针衣。原角斜地区素有“钩衣之乡”的美称。1980 年，开发棒针衣生产。域内有工艺编织企业 30 多家，编织钩工队伍 1.5 万人。针织编织棒针产品出口欧美及东南亚等国家和地区。1990 年本地的渔网、丝绸、紫菜、服装、部分海产品和有特色的农产品都打入国际市场，销往周边诸多国家。

此外，域内还有羊皮、兔毛、貂皮等产品。改革开放后都是由私人收购，而后一层一级地出口到其他国家和地区。至 2017 年 12 月，角斜镇有 28 家对外贸易企业，进出口总额 1.86 亿元。

（二）劳务出口

1978 年后，域内通过各种渠道出国打工的人数逐年增加。2017年,全镇出国务工人员有2000多人,从事行业多种多样,分布在日本、新加坡、科威特、伊拉克等诸多国家。

二、进口

中华人民共和国成立前,角斜地区的“五洋”商店的货都是进口的,“五常”即煤油、火柴、铁钉、肥皂、蜡烛。1962年国家经济困难时期,居民计划供应的商品有进口的古巴糖和蜜枣,还有加拿大的面粉。改革开放后,企业根据生产需求,逐步进口全自动的编织机,进行羊毛衫加工和渔网加工。医疗单位也从国外进口有关设备,1998年老坝港医院进口一台德国产的彩色B超机。2015年,角斜地区石材加工企业进口原料73万元。2017年,企业进口总额2380.6万元,主要是石材企业,企业和商家根据需要直接进口已成常态。

2017年角斜镇进出口总值汇总表

表9-1

序号	企业	进出口（万元）	增长率（%）	出口（万元）	增长率（%）	进口（万元）	增长率（%）
1	海安县美佳卫生用品有限公司	4092.4	50.0	4092.4	50.0	0.0	-67.0
2	南通青森服装有限公司	3880.2	145.6	3880.2	145.6	0.0	—
3	海安县兰波实业有限公司	2542.5	-50.1	2540.8	-50.1	1.7	-51.1
4	南通华奥袜业有限公司	956.1	44.3	956.1	44.3	0.0	—
5	南通龙行进出口有限公司	954.3	29.2	954.3	29.2	0.0	—
6	海安县清馨食品有限公司	940.5	-40.4	940.5	-40.4	0.0	—
7	海安林家石业有限公司	915.0	18.4	1.9	—	913.0	18.2
8	南通鎏昇再生资源有限公司	815.3	833.0	0.0	-100.0	815.3	858.5
9	美琪国际物流南通有限公司	768.5	35.7	768.5	35.7	0.0	—
10	南通海之味食品有限公司	381.0	-56.4	381.0	-56.4	0.0	—
11	南通元维食品有限公司	369.2	2337.5	369.2	2337.5	0.0	—
12	海安县雅福服饰有限公司	351.2	6.7	351.2	6.7	0.0	—
14	海安县巨力磁材有限责任公司	293.1	169.6	293.1	169.6	0.0	—
15	南通聚和石业有限公司	262.6	-27.2	0.0	—	262.6	-27.2
16	南通海腾网具制造有限公司	249.9	—	249.9	—	0.0	—
17	海安明露绳网有限公司	156.6	—	156.6	—	0.0	—
18	江苏普利森机床有限公司	140.1	102.3	140.1	102.3	0.0	—
19	江苏启航研磨科技有限公司	65.4	—	0.0	—	65.4	—
20	南通金牛机械制造有限公司	43.0	—	43.0	—	0.0	—
21	南通映和服装有限公司	22.9	-66.6	22.9	-66.6	0.0	—
22	南通今朝机床有限公司	21.4	—	21.4	—	0.0	—

续表 9 - 1

序号	企业	进出口（万元）	增长率（%）	出口（万元）	增长率（%）	进口（万元）	增长率（%）
23	南通旭诚数控科技有限公司	12.6	—	12.6	—	0.0	—
24	南通鼎尚电子材料有限公司	7.0	-25.4	7.0	-25.4	0.0	—
25	南通禹烨机械有限公司	4.9	-71.6	4.9	-71.6	0.0	—
26	江苏吉航重型机床有限公司	4.6	—	4.6	—	0.0	—
合计		18572.9	9.5	16192.2	2.9	2380.6	94.2

第七节　邮政

一、机构邮政分局（所）

清宣统年间（1909—1911），角斜设邮政代办所。民国九年（1920），角斜邮政代办所所长为陆文井。民国十五年（1926），范堑创办邮政代办所，负责人是金锡九，隶属栟茶邮局。代办所主要负责收寄各种普通邮件、平信、挂号、包裹等，通常由水上传递。当时栟茶至海安有一班客货快船，每天一趟，负责转运邮件。范堑代办所投递范围东南至如东袁庄，南至雪岸，西南至三角池，西至丁所，北至李堡等地。代办所先后有 3 名投递员，其中李春明负责代办所周边村庄的投递（另两名负责其他地方，一个姓赵，一个姓杨）。至民国二十五年（1936），角斜仍有邮政代办所。

1949 年，角斜设邮电所、范堑代办所隶属海安邮电局。1956 年，旧场设邮电所，吴杰为旧场负责人，当时的营业场所都是借住的政府办公用房。1959 年 3 月，域内邮电所有角斜所、旧场所、沿口所。1961 年，邮电体制改革机构调整，角斜、旧场设国营邮电所，旧场邮电所崔广元任主任。1963 年，旧场邮电所新建营业场所及附属用房。1978 年，角斜邮电所升级为角斜邮电支局，万长征任支局局长，王迎广任海防邮电所主任，彭守银任沿口邮电所主任。1981 年 6 月，焦国兵任老坝港渔业公社邮电所主任。1982 年 4 月，角斜邮电支局建房 200 平方米。1985 年，陈玉林任旧场邮电所主任，1986 年崔益群接任主任。1989 年 3 月 11 日，角斜支局被县委、县政府授予“文明单位”称号。

1995 年 12 月，新建角斜邮电大楼，建筑面积 1200 平方米。1997 年，老坝港与旧场邮电所合并，崔益群任主任。此后，老坝港邮政支局多年被评为县文明单位和局先进集体、优胜单位。1998 年 1 月，角斜邮电支局综合楼建成装修完毕正式对外营业。是年 9 月，邮政、电信分开经营，域内各乡镇设邮电所，张怀银任角斜邮政所主任，万海涛任旧场邮政所主任，彭红任沿口邮政所主任。2001 年 4 月，角斜、老坝港邮政所升格为邮政支局，陈玉林任角斜支局局长，吴爱芳任老坝港支局局长。

2008 年，邮政与邮储银行分营。吴爱芳任老坝港邮政支局局长，吴阿红任老坝港邮储银行副行长。2014 年，顾晓蔚任老坝港邮政支局局长。2017 年，洪善晨任老坝港邮政支局局长，李海峰任沿口邮政所主任。

二、邮路、邮件投递

清末和民国年间，邮件投递主要为城镇居民服务，农村无固定投递路线，邮件代办所，信柜捎转，而那些政府文件、军事情报，都是通过交通联络站派人一站一站转送的。民国三十八年（1949）

初，海安解放后，农村的邮件，由各乡、村邮站义务通信员每日或隔日到附近邮局或邮政代办所领取邮件并投送到户。

1950年，海安至栟茶邮路开通，途经角斜、旧场1953年，全县对区乡邮路进行调整，县到区乡邮件投递全部由国营邮电所投递，基本上做到逐日到区，隔日或3日到乡，乡以下的信件仍由义务通信员负责传递。范堑代办所由投递员李春明负责运作到1958年。1958年后，农村信投递工作有了较大改善，均为自行车邮路，实现队队通邮路，做到邮件亲投到户，平信、报纸投送到点。李春明被海安邮局招聘为沿口乡投递员，范堑代办所又由金锡九儿子金晋生继续代办。1960年，全县所有城乡投递路线76条，其中旧场2条。从此，角斜、沿口、旧场开始通邮路。1963年，开通海安至角斜、旧场的委办汽车邮路，每日一班。

1978年后，农村投递开始使用摩托车和机器脚踏车，实现农村信报亲投到户，域内有6名投递员（包括沿口、旧场在内），6条投递线路隔日轮流投送。

1993年，域内农村投递邮路为每周五班。1999年6月30日改为每周六班，特快逐日投递。1997年后，实现摩托车化，域内各个乡镇投递员做到天天送。旧场2名投递员肩负两乡一场（旧场、渔业和蚕种场）的投递任务，沿口2名投递员，角斜2名投递员。2000年4月角斜、沿口合并后，角斜有投递员4名，投递邮路4条。2017年，域内邮政网点延伸到村，快递服务便捷。

三、邮政业务

民国以前，邮政业务主要是官府文件。革命战争年代主要是军队和政府文件，这些都是秘密地通过交通联络站传递，公开的函件只是城镇居民的较多。中华人民共和国成立后，函件业务不断扩大，除城镇居民，农村老百姓也有函件往来，政府的各种文件也通过邮电局邮寄。

1949年，开始办理保价信函业务，政府的重要文件，群众的紧急重要信件均可作保价邮件通过邮电局寄发。1950年，各邮电所开始办理航空业务和报刊订阅发行业务，机关、学校、企事业单位都有一人负责单位的报刊订阅和分发工作，邮递员在投递过程中还上门征订。邮寄业务路途较远的，邮电不便的可通过航空邮寄。1960年10月，开办特种挂号信函业务，用户可以通过信函邮寄各种重要的证券，如组织关系、户口油粮迁移证、照片、工资关系、布证、粮票、油票等。

1978年1月1日起开始邮政编码的试点工作。1979年1月1日，为实现邮政编码制度，适应信函机械化要求，试行国家标准信封。1979年5月全面开放收寄台湾的平常函件。同年6月恢复办理寄往台湾的挂号函件业务。1980年8月起对高考录取通知信函，一律作为挂号函件收寄。1984年10月1日，恢复办理现役士兵免费寄平常信件业务，规定信封的封面上一律由相关单位加盖总参统一制发的“义务兵免费信件”三角形红色戳记。1986年7月1日，调整印刷品准寄范围，凡经出版机关批准，有统一书号、证号的书籍、报纸、期刊、教材，可作为印刷品交寄，否则按信函、纸品包裹或民用包裹交寄。

20世纪80年代后，随着邮政业务的发展，邮政增加信函、邮送广告、有奖贺年卡、企业金卡等邮政函件业务。域内各乡镇邮政代办所一直办理包件业务，包括收费和投递，随着商品经济的发展，商品包裹越来越多，主要物品有化纤及羊毛制品、泡沫塑料制品、玻璃纤维制品、棉絮、中草药、胶囊等。1987年开办大件商品包裹业务，每件最大重量可放宽到25公斤。1989年开办国际包裹邮寄业务，主要为出国务工人员邮寄生活日用品等。另外，办理汇兑业务，接收外地汇款单兑现，替居民办理现金汇出业务。

1986年4月，各地邮电局正式开办邮政储蓄业务。1994年开始，邮电支局开始使用电脑储蓄，并全国联网，同时办理邮政绿卡业务，全国通存通取。

2006年，根据上级指示精神，域内邮政支局（所）开办质押贷款业务，客户可用邮政储蓄存单或相关资产进行质押向邮政储蓄所贷款。

第八节 通信

一、电信机构

1998年，邮政与电信分开经营，角斜域内各乡镇均成立电信支局。角斜电信支局历任负责人为施卫东、冒皓明、范小平、陈宏辉、万卫东、徐宝群、吕蕾、吴华。2017年，有干部职工5人，其中窗口服务2人、线路安装维护2人。

沿口电信支局历任负责人为范小平、冒皓明、叶宏兵、陈鑫、王晶晶、张雨晴。2017年，有干部职工4人，其中窗口服务2人、线路安装维护1人。

老坝港电信支局历任负责人为徐宝群、万卫东、陈鑫、薛峰邻。2017年，有干部职工5人，其中窗口服务2人、线路安装维护2人。

二、电信业务

（一）电报

中华人民共和国成立后，角斜域内开始办理电报业务。20世纪70年代，采用话传电路，即邮电所接收客户的电报业务后译成电报密码，再用电话报县邮电局报房或营业处，由县邮电局报房拍发，接收电报也同样由海安邮电局将所收电报内容用电话报与各邮电所后加盖邮戳投送到客户。1992年，海安至角斜建有传真电报电路，角斜邮电支局安装电报传真机后，可直接接收外来电报，也可通过传真机向外地传真电报。2000年后，由于通信用具现代化，手机普及化，电报业务逐步被取消。

（二）电话业务

20世纪50年代初期，域内没有乡镇电话。1956年，开始农村电话交换点建设，角斜邮电所开始有电话直通海安，群众要打电话都得到角斜邮电所，依次等候很长时间。1957—1958年，旧场、角斜、沿口等高级社基本上都安装上了电话，旧场、角斜、沿口邮电所各安装1台10门的磁石手摇电话交换机。后来各公社安装1台20门磁石交换机，可直通各大队。1970年，域内各乡邮电所又改用20门供电式电话交换机。

90年代后，农村固定电话用户不断增加。1992年年底，角斜、沿口、旧场、老坝港实行电话程控自动化。1996年，老坝港镇邮政支局、电信支局用地总面积0.21公顷，建筑总面积822.4平方米，职工人数8人，电话为程控，全镇安装电话5290部。至1997年，角斜、沿口、老坝港实现电话镇目标。2000年“小灵通”开始业务发展。2008年又开展“小灵通”换“天翼”。2010年后，“小灵通”业务逐步停止，开展电话“十户联防”邻里互助活动。至2017年，所有固定电话用户都已加入“十户联防”，有固定电话7081户，宽带418户。沿口有固定电话5383户，宽带331户。老坝港有固定电话5536户，宽带331户。2017年，角斜镇电话通信为程控，线路总容量为2.6万对，主线电话容量为1.63万门，电话普及率55%。全镇电话线路近800千米，3000多个分线箱。将原来双线线路裸露铁丝架设，改用光纤电缆，分线箱、入户线用铜芯缆，设电话费收缴充值点26个。

三、移动通信

20世纪90年代中后期，中国邮电集团、中国移动通信在域内开办业务，其套餐形式有“全球通”“动感地带”“神州行”等。公司除提供基本话音、数据、多媒体业务外，还先后开办短信息、呼叫转移、信息点播、手机银行、IP电话、WAP、移动聊天、移动QQ、彩信、随e行、百宝箱、彩铃、话费查询、短信呼、移动梦网（互联网）有线通等新业务。凭借网络与技术优势，移动通信围绕客户不同的信息化要求，全面整合各种资源，实现对话音业务、数据通信、信息服务和移动电子商务等业务的综合开发利用。服务热线“10086”为客户24小时服务，增设邮政、建行、农行、中行、工行及各乡镇营业网点办理业务和充值消费。在营业厅人工查询和自动查询基础上，又开辟“1861”电话、短信、传真、互联网查询。移动通信第二代

GSM 和第 2.5 代 GPRS 网络技术成熟，布局合理，业务丰富，不仅能与 110 多个国家和地区自动漫游，还可与制式不同的美国、韩国、日本等国进行漫游，真正实现全球通。角斜、沿口、老坝港均设有中国移动公司分支机构。至 2017 年，中国移动在角斜镇网点 12 个，移动用户 2.7 万户。

四、联通通信

90 年代后期，中国联通在域内发展业务，借助综合业务优势，协调两网定位，确保移动业务调整发展的同时，狠抓增值业务，全面提升依靠优势。至 2017 年，联通在角斜镇有网点 11 个，用户 1.5 万户。

五、宽带网

2005 年，域内开始安装电信网络。2007 年，域内各电信支局开设宽带网业务，以方便用户上网收集信息、看新闻、娱乐聊天、网上购物等。电信局架设的宽带网电缆线路引入用户家中，电信部门对申请办理宽带网的用户负责上门安装。2005—2017 年，角斜镇发展移动宽带用户 4500 户，电信宽带用户 6800 户。

第十章 财税 金融

中华人民共和国成立前，域内有田赋、常关税、厘金等，金融机构数量很少，有民间借贷。中华人民共和国成立后，人民政府将财政税务和金融业统管起来，并分别在各乡镇设立下属分支机构，实行上级主管部门和地方政府双重领导。财政税收工作实施开源节流、“放水养鱼”、增收节支等措施，财政收入逐年增加。改革开放后，为适应经济发展需要，金融业也迅速发展，国有商业银行存贷款规模不断扩大，保险业快速发展，在全镇经济社会发展中发挥了巨大作用。

第一节 财政

一、管理体制

1950年4月，县成立乡镇级财政管理机构，附设于县财政科内。1953年，乡镇级财政列入县财政预算。1958年，建立乡镇级财政，实行“两放”（下放人员、下放资金）、“三统”（统一政策、统一计划、统一流动资金）、“一包”（包财政上缴）的财政体制，对人民公社（乡）试行财政包干的办法。1959年，对人民公社财政收支包干办法停止执行，仍参照原乡级财政体制办理，即确定收支指标、收支两条线、收入全部上缴，支出由国家拨款，超收按30%的比例分成，短收按比例缩减支出，结余全部留归公社使用。1961年，中央根据地方财权过大的情况，改进城乡人民公社财政管理体制，对属于国家行政支出部分实行“收入分项计算，分别上缴，支出下拨，包干使用，结余归社”，对收入和支出分别进行管理。1982年7月，建立公社财政管理所，既是财政部门的基层单位，又是人民公社财政管理机构，具体负责公社（镇）范围内国拨资金管理、农业税征收、国库券认购和交款入库、民政和公费医疗经费结报、财政支农周转金发放和回收以及社（镇）有资金的管理。从1985年起，各乡镇按切块包干基数包干使用。1986年，财政体制在1985年的基础上做了调整，财政分成收入比1985年增收的部分按1%—15%分3段同比例计算分成，超过15%按15%计算分成；对农业税任务减收的，按减收部分的100%扣减支出。1987年5月，县财政局在老坝港乡试行“递增包干比例”分成办法。1990年，在“大稳定、小调整”的原则下，在原有第一轮乡镇财政包干的基础上做了一些调整，仍然一定3年。

1993年，乡镇财政体制仍实行全额比例分成、基数分成加超收分成、定额递增包干上缴、定额递增补助4种包干办法。1994年，实行分税制，乡镇财政体制划分税种，核定收支定额上缴。1999年，仍以前3年收入实绩为主，核定乡镇财政收支。仍一定3年，完不成基数，影响上缴中央收入任务的按短收数额的50%扣减乡政财力，乡镇超收财力除保证正常经费外，年终结算留存50%。1999年后，形成财政赤字，一律由乡镇自行消化，当年或累计财政收支平衡的乡镇每年一次性奖励2万元。2002年，实行新一轮乡镇财政体制改革，划分税种，核定收支定额上缴，超收分成，一定3年，城市维护建设税按县实际收入留成部分，一般乡镇分成20%，省重点中心镇分成80%，耕地占用税收入乡镇分成10%。乡镇工商税收入按实绩的增长幅度按比例奖励。2005年，开始新一轮镇财政体制改革，一定3年核定收支，超收分成，短收减支。2008年，推行新的镇财政体制，一定5年。镇级工商税收收入包括镇级属地单位缴纳的增值税（25%）、营业税、企业所得税（40%）、个人所得税（40%）、房产税印花税收入（100%）。

从2014年1月1日起，海安县对各区镇财政执行新管理体制，一定5年。区镇财政收入具体包括增值税（25%）、改征增值税、营业税、企业所得税（40%）、个人所得税（40%）、房产税、印花税、城市维护建设税、资源税、土地使用税、土地增值税、耕地占用税、契税等区镇级非税收入（行政事业性收费收入、罚没收入、国有资产收益金、土地出让金收入、地方政府性基金收入）。

二、财政管理

1958年，建立乡级财政后，域内各乡统一设立财粮委员。1969年，各公社财粮委员、经费会计分设。1983年、1984年，角斜、沿口和旧场、老坝港分别设乡财政所，财政统收统支。1987年，县财政对各乡镇财政分配制度进行改革，实行“递增包干比例”等分成办法。1994年，县对各乡镇实行分税制财政管理体制，划分税种，核定收支，定额上缴。

2001年，农村税费改革如期完成，规范政策收入体系，根据农业税改革形势，将农业税、农业特产税调整为县级收入，海安适当调整乡镇财政收入支出基数，相应调减乡镇农业税正税，将农业附加、农业特产税附加调整为镇级收入。2002年，进一步健全内部管理制度，不断规范采购流程，确保政府采购公开、公平、公正。

2004年，实行部门预算、国库集中支付、收支两条线管理，广大农民享受到农业税减免待遇。是年，减免农业税50%。2005年，农业税全部减免。

2006年，实行“镇财县管”，推行部门预算，并进行国库集中支付，对镇公务员和教职工地方标准工资，政府采购支出，部门专项支出，采用“你委托，我支付”直接支出模式，资金直达个人和收款单位账户，从而减少中间环节，缩短资金在途时间，提高资金使用率，确保资金专款专用。2008年，推进预算管理标准化、规范化建设。同时，发放粮食直补资金，对涉农补贴等实行“一折通”。2014年，重新确定区镇级收入范围和基数，以2013年收入实绩为基数进行调整。支出的范围按照“一级政府，一级事权”的原则划分，规定基本运转支出、基本公共服务支出、建设与发展支出的范围和项目，另外还规定体制结算办法、税收收入结算办法、非税收收入结算办法、土地出让金的结算办法、地方政府性基金结算办法等。2017年，全镇粮食直补总户数1.99万户，直补面积6.14万亩，直补金额687.59万元。

附：财政所历任负责人

1983年角斜建立财政所后，财政所负责人先后为王伯林、蔡雨清；沿口财政所负责人先后为毛美华、李伯生。

1984年旧场建立财政所后，财政所负责人先后为李伯生、徐剑秋；老坝港财政所负责人为丁圣荣。

1995年旧场、老坝港合并后，财政所负责人先后为丁圣荣、徐希林、邱美玲。

2000年沿口、角斜合并后，财政所负责人先后为蔡雨清、孙勇、潘建华。

2011年，角斜镇财政所与老坝港镇财政所合并，为角斜镇财政所，负责人先后为王军、黄锋、赵林生。

三、财政收支

中华人民共和国成立初期，国民经济处于复苏时期，乡镇工商业寥寥无几，96%以上是农业税收，主要支出是行政支出和人员供给支出。1963—1965年，加强财政信贷管理，财政收入渐渐走出低谷，一定时期内财政支出平均每年相应递增1.9%。1978—1981年，贯彻国民经济“调整、改革、整顿、提高”的方针，工农业生产发展迅速，财政收入每年都有较大增长，此间财政支出相应增大，每年递增 10.5%。1986—1992 年，财政收入继续增长，但财政支出更大，平均每年递增 14.3%，其中经济建设费支出比重有所下降，社会文教科技事业费支出仍保持在 50% 以上，行政管理费上升两个百分点。1992 年，财政支出创历史新高。1996 年后，按照公共财政的基本要求，加大预算管理力度，清理整顿现有财政支出范围，削减或取消与市场经济条件下政府职能和财政职能不相关的支出。加强与之相关的支出，扩大预算管理范围，将预算外资金充分纳入财政管理，使预算全面反映政府活动的范围和方向，认真细化预算编制工作。依然坚持“适度从紧，量入为出，统筹兼顾，综合平衡”的原则，实现财政预算管理，包括清理公费通信工具的工作。

2011—2017 年角斜镇财政收入支出情况表

表 10-1　　　单位：万元

年份	全口径收入	公共预算收入	预算外收入	预算内支出	预算外支出
2011	5990.37	2934.66	4147.95	3076.61	4147.53
2012	12877.73	8422.09	163590.48	12922.34	163590.28
2013	16178.61	10884.03	7033.47	15552.93	7033.38
2014	18806.76	13813.53	5469.85	5700.00	5469.37
2015	25056.70	17180.60	12950.00	10500.00	12940.00
2016	24402.49	18934.62	13700.00	8200.00	13300.00
2017	30741.77	21103.72	10600.00	7100.00	9500.00

第二节　税务

明清时期，域内有田赋等地方性杂税，一律由县自定章程征收。民国时期，关税、盐税、流税（货物税）、屠宰税、营业税等由省政府管理，县及县以下乡镇主要靠田赋附加、契税附加、屠宰税、地方捐及公粮、公产等收入。民国二十九年（1940）前，国民党政府苛捐杂税多如牛毛，如“保卫团捐”每亩田每年出大洋 2 角（折大麦 6 公斤）、“枪械捐”每乡每年出枪 6 支，此外还有“壮丁捐”“育婴捐”“防疫捐”等，抗日民主政权建立后，苛捐杂税被取消，但在日伪盘踞的大小据点苛捐杂税仍存在。是年，泰县抗日民主政府在根据地及边境地区设点收税，对进出根据地的货物收货物税，向企业收工商税，向农民征收抗日救国公粮（农业税），税有定率概不重征。

抗日战争后期和解放战争时期，在海安（紫石）县抗日民主根据地和解放区的税收制度除田赋外不统一，老解放区执行苏北行署颁布的苏北区征收货物产销税、营业牌照税、营业税、屠宰税、房捐暂行办法和苏北税务局制订的稽征货物产销税实施办法及具体规定。新解放区根据中央“暂时沿用旧税法，部分废除，在征收中逐步整理”的原则，除废除国民党统治时期的苛捐杂税以及旧税法中为帝国主义、官僚主义服务的特殊规定外，暂时沿用了旧的税法，从而保障了抗日战争和解放战争的供给，有利于经济的发展。

中华人民共和国成立后，税收统归中央管理。1950—1952 年，按照政务院颁布的《全国税收实施要则》，海安县征收的税种有货物税、工商业税、印花税、利息所得税、屠宰税、房产税、地产税、交易税、特种消费所得税、使用牌照税等。

1953—1992 年，根据国家规定，海安县税制进行了四次较大的修正和改革。1953 年，停止征收酒、麦粉、皮毛、原木等 22 种产品应纳的货物税，开征商品流通税，停止征收工厂应税货物原来应缴纳的印花税、工业营业税和商业批发营业税及其附加。按照新的货物税税目税率表征收,对货物税的计税价格,由原来按不含税的价格改按包含税款在内的国营公司批发牌价计税,将工商企业原来缴纳的营业税、印花税及营业税附加并入营业税,按江苏省税务局修订补充的营业税税率表规定的税率征收,对已纳入商品流通税的商品不再征收营业税。1958年,对工商税制进行改革,停止征收货物税、商品流通税、营业税和印花税,开征工商统一税,对工农业产品从生产到流通实行两次课税。1973年,按照《中华人民共和国工商税务条例(草案)》开征工商税,对国营企业征收工商税,对集体所有制企业征收工商税和所得税,对个人和外侨等继续征收房地产税、车船牌照税和屠宰税。1983年,开始对国营企业征收所得税,作为利改税的第一步,在进行第二步利改税的同时进行工商税制的全面改革,将国营企业应上缴国家的财政收入,按11个税种向国家缴纳,税后利润原则上归企业安排。1992年年末,海安县共征收23种税,一个企业只缴3—5种税。

1994年,地税、国税分设。国税主要负责增值税、消费税、车辆购置税、企业所得税(2009年后所办企业)和储蓄存款利息(银行存款利息由银行代扣)个人所得税的税收征收和管理。地税具体负责营业税、个人所得税、屠宰税、印花税、车辆使用税、城镇土地使用税、房地产税、土地增值税、资源税、企业所得税、固定资产投资调节税的征收和管理。

一、税种

(一)农业税

角斜古代近代虽为盐场,但也不全是烧盐之地,也有部分农田,据明弘治(1488—1505)《两淮运司志》记载:角斜有官民(公私)田地1800亩。据明嘉靖(1522—1566)《两淮盐法志》记载:盐民在完成自己规定的烧盐任务之后,可以利用自己的余力搞一些农业,每年上交田赋(农业税)即可。泰州十个盐场,当时约交麦1301石,交豆1619石,交米5816石。其中,角斜交麦65石3斗2升7合5勺,豆87石4斗5升6合7勺,米14石3斗3升6合1勺。据清康熙十二年(1673)重修《淮南中十场志》赋役田粮中记载:角斜上交田赋(农业税)与明嘉靖年间相同。清代中后期,角斜的农业税情况没有多大的变化。直到清末民初,农业才开始蓬勃发展起来。

民国二十九年(1940)泰县抗日民主政府在海安地区开征田赋,由县政府统一印制田赋收据,按田亩等级分夏、秋两熟向农民征收田赋,规定一等田每亩赋金1元,二等田每亩赋金0.8元,三等田每亩赋金0.5元。民国三十一年(1942)秋,并赋征粮,以稻、玉米、高粱、赤豆、黄豆为限。业、佃负担标准:自种田应缴公粮与田赋,按其田亩等级全部由业主负担。一等田,业主负担田赋2千克,公粮2.5千克,佃户负担公粮1.5千克;二等田,业主负担田赋1.5千克,公粮2.25千克,佃户负担公粮1.25千克;三等田,业主负担田赋1.25千克,公粮1.75千克,佃户负担公粮1千克;四等田,业主负担田赋1千克,公粮1.5千克,佃户负担公粮0.65千克。民国三十三年(1944)后,国民政府对田赋一律征收实物。中华人民共和国成立后,废除田赋征收农业税,从1950年夏征收,以行政区为单位,设库集中征收,以保证及时调拨供给。实行多收多负担,少收少负担,无收入、收入太少不负担,勤耕勤种增加收入的不增加税,懒惰者不减少税的政策。1953年,农业税实行定产征收。1956年,农业税征收一律以主粮折算人民币计征,实行优粮优价政策。1958年,建立人民公社后,农业税产量定额交纳粮食,简称交“公粮”。1961年,实行“三定”(定产、定销、定征)政策,并保持长期不变,农业税率控制在10%以内。从1952年8月开始,角斜地区成立税务小组,隶属李堡税务所。1979年后,农村落实生产责任制,田块划分给各个农户生产管理,农业税仍以生产队的原税率计征。1985年,农业取消统购统销,农业税改为按粮食“倒三七”(30%统购价,70%超购价)的比例折征代金。1988年起,又将“先征后减”改为“先减后征”,常年征收,夏秋对半,农民除农业税外,还得缴纳一定的乡村统筹金、教育基金等,折征代金后,农业税由乡镇财政所负责征收。2003年,国家对农业税进行改革,取消农业特产税。2004年,农业税又下调3个百分点。2005年,取消农业税,国家对种植水稻实行粮食生产补贴,每亩补助20元。2006年,又对小麦种植每亩补助 10 元。

（二）盐税

据《嘉靖惟扬志（二）》记载，在明嘉靖年间，在角斜场上建立盐课司以及盐课衙门，向盐商征收盐税。清末，由于“甲午赔款”“庚子赔款”及后来袁世凯的“善后大借款”以盐税作担保，因此盐政上征税与缉私越来越严厉。国民党统治时期，实行民制官改、官运官卖，盐民煎盐，除交纳正税外还要负担“缉私费”“险票费”等苛捐杂税。民国初年，角斜场出售的渔用盐就地征收，每担盐征税国币 2 角，盐民在劳动中所得甚微。民国二十九年（1940），抗日民主政权派税务干部驻进角斜场，收取每百斤盐附征法币 1 元。民国三十五年（1946），按苏皖边区政府规定长籽盐每百斤征收边币 50 元，小籽盐每百斤征收 14 元。1958 年，海安盐场建成后，食用盐每担税额为滩晒大籽盐每担 8.6 元、中小籽盐每担 8.1 元。1959 年 12 月，调整税额，滩晒大籽盐每担 8.25 元，中小籽盐 7.63 元。1962 年冬，开挖北凌河穿过盐场，盐场报废。

（三）货物税

原称产销税，凡制造产品的厂商所生产的商品属税法列举品目（酒类、海产品及迷信品等）都征收货物税。角斜地区的海产品 5%、洋酒啤酒 60%、迷信品 30%，奢侈品、迷信品从高，生活必需品从低。1958 年 10 月 31 日，停止征收货物税，原征收的品目并入全年统一税征收。

（四）商品流通税

1953 年 1 月 1 日施行，应税商品税率：白酒 50%，糯米陈酒和冰雪酒 35%，半机制麦粉 10%，半机制棉纱 22%，原木 10%，硝皮 20%，猪鬃 16%。1958 年 9 月废止，并入工商统一税。

（五）营业税

民国二十年（1931）4 月，国民政府在海安全境开征营业税。1950 年 1 月，按照政务院颁布的《工商业税暂行条例》，对固定工商业户分业计算征收营业税。按营业总收入征收的税率，工业部分 1%—3%，商业部分 1.5%—3%。按营业收益额计算征收的税率为 1.5%—6%，按佣金收益额计算征收的税率为 6%—15%。1958 年 11 月底，营业税并入工商统一税征收。1984—1992 年年底，按照《中华人民共和国营业税条例（草案）》征收营业税，税率为 3%、5%、10%、15%4 个档次的比例税率。

（六）屠宰税

民国四年（1915）8 月，海安地区按照定额税率征收，牛每头课税银 1 元，猪每头 3 角，羊每头 2 角。民国三十五年（1946），改定额税率为 5%，比例税率从价征收。民国三十六年（1947），从价税率提高到 10%。1953 年 1 月起，将屠宰商应纳的印花税、营业税及其附加并入屠宰税，一起征收税率为 13%。1954 年，屠宰商按 15% 税率征收。1957 年税率调低为 8%。1959 年起税率调为 10%。1965 年 8 月对国营商业、供销社等单位经营的猪羊税率调为 5%；对合作商业按 10% 计征。1973 年，将收购环节征收的屠宰税划入工商税。1994 年，税制改革，国务院决定将屠宰税下放给地方管理。2006 年 2 月 17 日，全国废止屠宰税。

（七）集市交易税

1963 年 2 月，对在集市上出售的家畜、肉类、猪产品、干鲜果、土特产品和旧表、旧自行车征收集市交易税，起征点为 7 元，税率分别为 5% 和 10%。1965 年 5 月起，对肉类、旧表、旧自行车停征集市交易税。1966 年起，一律停征集市交易税。

（八）牲畜交易税

1954 年 12 月起，对购买牲畜者开征牲畜交易税，从价征收 5%。1978 年停征。1983 年 1 月恢复征收牲畜交易税，按牲畜头（匹）的成交额，依 5% 税率计算征收。

（九）特种消费行为税

民国三十八年（1949）9 月开征娱乐税，以票价收入按 25% 的税率计征。1951 年 1 月停征娱乐税，在开征地区征收特种消费行为税，最高税率 50%，最低税率 5%。1953 年 1 月，筵席、冷食、旅馆、舞厅 4 个税目并入营业税征收，保留电影、戏剧及娱乐 1 个税目。1956 年起，先后在海安、曲塘、李堡、角斜等地开征文化娱乐税。1966 年 9 月，停止征收文化娱乐税。

（十）车船使用税

民国三十六年（1947）1 月开始，对使用公共道路、河流的车船、肩舆、驮兽，每半年征收一次使用牌照税。1951 年 5 月，在海安镇开征自行车使用牌照税，税额每辆每年 2 元。1956 年，西场、李堡、角斜开征自行车使用牌照税。1957 年 1 月底,全县范围内征收自行车、机动车使用牌照税,自行车每年每辆税额 3 元。1978 年,停征。1987 年 1 月,恢复对个人私用的自行车征收使用税。2004 年,江苏省取消自行车牌照税。

(十一)增值税

以增值额为课税对象,避免过去流转税造成的重叠征税。税率最高为 45%,最低为 8%。海安县从 1983 年 1 月 1 日起对国营工业、县(镇)属集体工业生产的机器、机械等 5 种产品试行增值税,后来征收范围逐步扩大。

(十二)农林特产税

对从事农林特产品生产并取得农林特产收入的单位和个人征收的一种农业税。1983 年,国务院规定农林特产税的税率一般为 5%—10%,对少数获利较大的产品收入可适当提高税率,最高不超过 15%。1989 年,国务院规定了农林特产收入的全国统一税率,海、淡水养殖 15%,瓜、水果 10%,柑橘、香蕉、荔枝、苹果 15%,原木 8%,对其他农林特产收入的税率也作了原则规定,少数获利较大或挤占粮田的产品收入可以适当提高税率,但不得超过 30%,各地自定税率不得低于 5%,地方附加不得超正税的 10%。1994 年,税制改革后,将农林特产税改名农业特产税。

二、税务管理

民国三十二年(1943),抗日民主政府设财经委员,征收公粮。中华人民共和国成立初,乡镇(公社)财委协助县财税部门,进行税务征管。1988 年,角斜建立税所,旧场、沿口设税务组。1994 年,税务分国税、地税两个系统,全境各乡镇均设有税务组。1997 年,税务征管改革,角斜、沿口、老坝港税务管理均属李堡税务分局,各乡镇设 1 名协税员协助税务管理工作。

历任乡镇税务组负责人:沿口先后为邵志来、冯志明、杨宝荣、冒建银;角斜先后为陈志超、邵志来、李建华、吴志阳、何语华;旧场先后为喻长春、陈志超、吴志阳;老坝港先后为缪国志、卞军、李建华。

角斜镇征收的部分地税税种、税率情况如下:营业税 3%、5%、20%(按行业不同);个人所得税 3%—45%(按月应纳税额不同征收);城市维护建设税,生产经营增值税额、营业户营业税额的 5%;教育费附加,生产经营增值税额、营业户营业税额的 3%;地方教育费附加,生产经营增值税额、营业户营业税额的 2%;印花税,购销合同额的 0.03%;土地使用税,土地使用面积每平方米 2 元;房产税房产原值的 1.2%;企业所得税 25%(法定税率)。

角斜镇征收的部分国税税种、税率情况如下:(小规模纳税人)个体(指域内销售货物及劳务、修理修配、加工等)增值税 4%;(一般纳税人)公司(销售货物及劳务、修理修配、加工)增值税 17%;(一般纳税人)(农副产品、粮、油)增值税 13%;(自来水厂)(自来水)增值税 6%;(出口货物)增值税 0%;企业所得税 25%(法定税率)(按所得额)。

第三节 金融

一、金融机构

(一)农村信用合作社

1955 年,域内 6 个小乡都建立信用合作社。1957 年,调整为 2 个信用合作社(角斜、沿口)。1959 年,撤销公社信用社,以生产大队建立信用分部,作为生产大队的组成部分和人民公社的基层金融组织,业务上受公社银行营业所指导,人权、财权、资金使用权属生产大队,盈亏归大队。从 1963 年开始,角斜、沿口、旧场、老坝港均恢复了信用社,属国家银行管辖,撤销生产大队信用分部。1966 年 5 月,海安县信用合作联社建立,域内各公社信用社属县信用合作联社管辖。“文化大革命”开始后,县信用合作联社机构停止办公。1982 年,全县各公社信用社和银行营业所联营,一套班子,两本账。1984 年,按照省农行通知,所信用社分设,以体现信用社的独立性。1984 年

8月,海安县召开第二次信用合作社社员代表大会,民主选举产生海安县信用合作联社理事会、监事会。2008年,组建合作银行。2011年,又组建农村商业银行(简称农商行),域内各信用社分别成为其支行。2017年年底,海安农商行老坝港支行储蓄余额7.7亿元,贷款余额4.13亿元,当年新增储蓄1.13亿元,贷款1.05亿元;角斜支行储蓄余额8.83亿元,贷款余额2.06亿元,当年新增储蓄1.48亿元,贷款1670万元;沿口支行储蓄余额6.1亿元,贷款余额1.1亿元,当年新增储蓄5700万元,贷款1700万元。

各乡镇农村合作银行(信用社)历任负责人:沿口支行先后为张宏远、朱贞连、曹圣、缪四群、陈志宏、黄辉;角斜支行先后为符学仁、祁吉华、钱国强、缪四群、姚亚培、汤海波;旧场支行先后为缪兴福、丁怀民、顾礼生、缪四群;老坝港信用社为丁圣银;1995年,旧场与老坝港合并后老坝港支行先后为丁圣银、姚亚培、缪四群。

(二)农行海安县支行角斜分理处(营业所、办事处)

1983年4月,建立农行海安县支行角斜分理处,初期承担管理角斜农村信用社任务,发放贷款、组织存款、办理结算、代理保险等。2015年年底,农业银行角斜办事处储蓄余额5.1亿元,贷款余额3500万元,当年新增储蓄1200万元,贷款600万元。

角斜办事处负责人:卞宝璋(1983年4月—1997年3月)、缪平宇(1997年4月—2017年12月)。

(三)邮政储蓄银行

1953年,邮政储蓄停办,邮政继续办理汇兑业务。1986年,恢复邮政储蓄业务。2007年3月,成立中国邮政储蓄商业银行,域内沿口、角斜、老坝港相继建立邮政储蓄支行,统属海安县邮政储蓄银行。2012年1月21日,为中国邮政储蓄银行股份有限公司。

2017年年底,老坝港邮政支局储蓄余额2.25亿元,当年新增储蓄3000万元;角斜邮政支局储蓄余额2.6亿元,贷款1000万元,当年新增储蓄5000万元,贷款300万元;沿口邮政支局储蓄余额2.6亿元,当年新增储蓄2500万元。

二、通用货币

(一)铜币

民国前后,铜币是域内主要流通货币之一。铜币有铜钱(俗称小钱)和铜圆(俗称铜钞)两种。

(二)银币

民国时期流通的银圆有"光绪元宝""宣统元宝",因背面有龙的图案,简称"大洋"。

(三)纸币

分法币、江淮币、华中币、金圆券、人民币。

三、民间借贷

解放以前,角斜域内民间借贷主要有请会、印子钱、卖青苗、驴打滚、抵押借债、小本贷款等种类,借贷和计息方法各异。

(一)请会

亦叫摇会,帮会,农村有叫请春资的。由请会人邀请亲友各出相等的钱,集中起来以便解决临时急用问题(如会钱数额较大,请会人还要办会酒),以后分期归还。还钱的先后,按照商定或拈阄排定的次序办理。先得会钱者,须从得会次月起按预先议定的标准给后得会钱者付息。每月收集会钱交给得会人的工作由请会人负责。

(二)印子钱

也叫打子钱。借钱人立一金折,约定还款期限、数额、利息等,并在借钱时先扣下5%,然后逐步偿还4%—5%的利息,实际利率在30%左右。

(三)卖青苗

青黄不接时,贫苦农民生产生活困难,不得已向地主、富农或粮商借债,将青苗贱价预卖给放债人,放债人则压低粮价,将钱折算成粮食,收获时还上等的新粮,折合利息,利率高达40%—50%。

(四)驴打滚

借钱时约定期限,到期不还,利息加倍,并把本利相加作复利计算。如贷款10元,月利息2元,1个月本息12元,到期还不出,第二个月即以12元计算利息,利上加利,本息变为14.4元,如此翻滚,4个月后即利息大于本金。

(五)抵押借债

借债人遇到较大困难,被迫将房屋、土地等

不动产作抵押。若到期不能归还，抵押的房屋、土地即归放债人所有。借这种债的人往往被逼得流离失所，甚至家破人亡。

第四节　保险

一、机构

1983年，域内各乡镇开始保险业务，由各信用社代理。1991年，角斜镇设保险机构，名称为中国人民财产保险有限公司海安县支公司角斜镇经营服务站。与此同时，沿口、旧场、老坝港相继建立保险服务机构。1992年，角斜、沿口、旧场、老坝港都建立农村社会养老保险所（简称“农保所”），隶属民政部门领导。1994年7月，人保、财保分开，中国人民财产保险公司改称中国财产保险公司。此后，保险制度改革，太平洋、平安、华帮、紫金、人寿、泰康保险等各类保险公司在域内设有业务员，走村串户开展保险业务。乡镇合并后，域内各乡镇农保所也相应合并。2001年，农村社会养老保险所与民政部门脱钩，隶属人力资源和社会保障局，更名为老坝港乡人力资源和社会保障所、角斜镇人力资源和社会保障所，主要开展农民、企业职工养老保险服务。是年，中国财产保险公司又恢复为中国人民财产保险公司，在角斜仍设有经营服务部。2017年，服务部实现保险额500万元，各类灾害事故支付赔款300万元。

二、主要险种

（一）企业财产保险

旧时称为火险。中华人民共和国成立前只负责赔偿因火灾、雷击造成的损失。20世纪50年代，增加洪水、地震、地陷、爆炸、崖崩5项险种。2005年，企业财产保险106个（主险10个、附加险96个），主要承保财产因火灾或其他自然灾害和意外事故造成的损失，至2017年，角斜镇参保企业106家。

（二）家庭财产保险

始于20世纪初，属于火险范围，当时仅有少数人投保，保险费收入寥寥无几。1956年后，停办团体险和简易火险，保留家庭火险，后变成家庭财产保险。2005年，家庭财产保险类14个（主险4个、附加险10个）。角斜域内，本着家庭自愿，每户以60元为标准收取。2017年，据不完全统计参保家庭1.2万多户。

（三）机动车辆保险

1951年，开始办理汽车保险，主要承保私营汽车车辆损失险。1956年，办理运输工具险。1980年，开办机动车辆保险（包括车辆损失险和第三者责任险）。2005年，机动车辆保险类35个（主险11个、附加险24个），主要适用于各类拥有机动车辆的单位和个人。

（四）社会保险

1987年3月起，角斜地区域内相继在乡镇机关、企业职工和农村居民中推行职工养老保险、职工医疗保险、农村社会养老保险、机关事业单位养老保险、工伤保险、失业保险、生育保险等。2017年，参加养老保险人数2.41万人，参加医疗保险人数5.97万人。

（五）种植业保险

2009年由人民财产保险公司开办。对农民种田因作物受自然灾害、病虫害等影响减产的情况保险。2013年，对种植小麦农户，农民每亩交纳6.6元保险费，人民政府财政补贴每亩15.4元，合计每亩22元。保额每亩550元。小麦在受害时兑付保险金。

2017年小麦保费与补贴仍与2013年相同。2017年全镇参保面积8.85万亩，农户缴62.62万元，总保额5081.3万元，理赔18.52万元。

介于保险的险种比较多，社会上从事保险行业的人也很多，故有些险种无法统计。

第十一章 综合经济管理

中华人民共和国成立前，域内没有系统的综合经济管理。中华人民共和国成立后至1978年12月，经济管理以计划管理为主。中共十一届三中全会后，商品经济发展迅速，逐步建立健全计划、统计、物价、工商、计量等国民经济综合管理体系。1992年后，域内逐步实行市场经济管理体系，实行宏观调控与市场经济相结合，加大统计、经济普查、质量技术监督工作管理制度，加强食品药品监管、电力管理、安全管理、工商行政管理、打假治劣、保证消费者权益，鼓励企业依法经营，不断提高产品质量，促进市场经济健康发展，使域内经济管理工作走上正轨。

第一节 土地管理

一、管理机构

1988年12月，旧场乡土地管理所建立，办公用房设在政府内，面积25平方米，编制1人。负责人为王绍林。

1989年5月，老坝港乡土地管理所建立，办公用房设在政府内，面积200平方米，编制1人。1994年选址建办公楼一幢。负责人为张桂华。1995年，旧场和老坝港合并后，历任负责人先后为王绍林、张梅。

1989年7月、8月，沿口乡、角斜镇土地管理所先后建立，办公用房设在各自乡镇政府内，面积25平方米，编制均为1人，沿口乡吴兴隆、角斜镇冯志明为负责人。1994年，角斜镇土管所选址建办公楼一幢，历任负责人先后为冯志明、陶明。

1995年，沿口乡土管所异地建办公大楼一幢，历任负责人先后为吴兴隆、冯志明。2000年，角斜和沿口合并，组建成新的角斜土管所，历任负责人先后为陶明、冯志明、徐小俊。

2005年，老坝港土管所、角斜土管所分别更名为老坝港国土资源所、角斜国土资源所。2011年，角斜、老坝港合并后组建成滨海新区（角斜镇）国土资源所，负责全镇土地征用、划拨、出让、租赁、作价出售、交易和政策储备收购工作，历任负责人先后为张梅、李仁凤。2017年，有工作人员7人。

二、土地利用总体规划（2006—2020年）

角斜镇总面积145.6平方公里，规划耕地8.03万亩，基本农田7.43万亩，建设用地3.29万亩。

三、土地保护与开发

角斜镇土地利用存在的主要问题是人增地减，耕地负荷越来越严重。1949—1990年，域内人均土地和人均耕地年年递减，非农业建设用地增加，用地结构不合理，利用率较低。1986年5月，为了切实保护土地资源，角斜镇对北凌河、丁堡河、栟茶运河河边乱建窑、乱毁坡、乱挖田的情况进行详查，对砖瓦窑厂发放采土许可证，认真核准大小窑厂的取土位置、范围、深度、面积，严

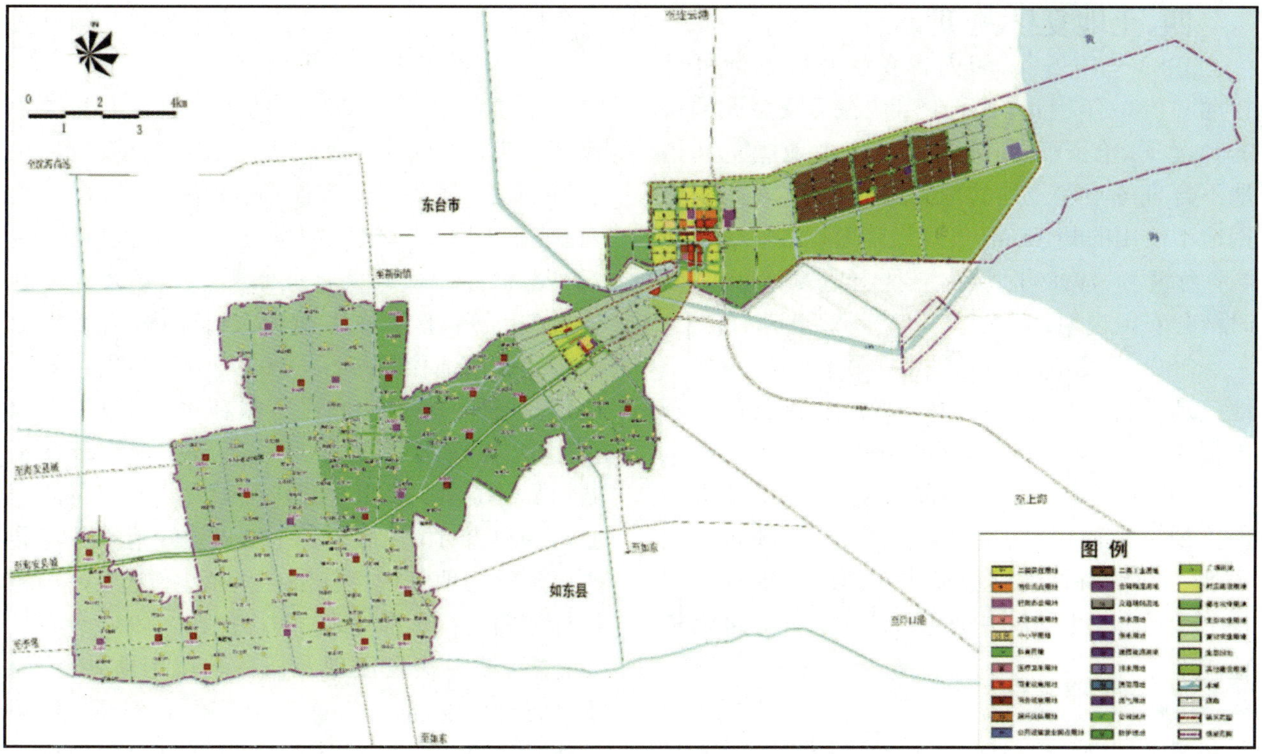

图 11-1　角斜镇镇域土地利用规划(南通市规划设计院提供)

禁在耕地上取土,对没有土源、挖废耕地的小土窑责令停办,拆除复耕。

1990年,各乡镇开展农田保护工作,建立组织,广泛宣传,编制方案,统一标准,跟踪管理,明确农田保护区负责人,拟定并实施耕地特殊保护和鼓励耕地开发政策,实施农地用途管制和基本农田保护,组织指导、利用土地开发、土地整理、土地复垦,监督耕地开垦等方式,确保耕地占补平衡。1988—1990年,各乡镇结合基本农田保护区规划和土地利用总体规划的制定,有计划、有步骤地全面开展土地复垦工作,一手抓节约用地、合理用地,一手抓土地复垦开发、不断地补充耕地,结合农田规划填平废沟塘,结合保圩,制定复垦计划,严禁抛荒。2017年,角斜镇基本农田保护区面积7.43万亩。

1992年域内各乡镇基本农田保护区

表 11-1

乡镇	基本农田保护区						
	面积(亩)	保护面积(亩)	落实保护区				
			小计	保护率(%)	一级		二级
					面积(亩)	块数(块)	面积(亩)
老坝港	1475	1438	1448	98.17	1349	13	99
旧场	20105	19602	19650	97.74	18296	230	1354
角斜	32065	31263	31247	97.45	28922	311	2325
沿口	24073	23471	23351	97.00	21666	197	1685

四、土地复垦、整理

1983—1985年，域内各乡镇开展土地复垦行动。1986年年底，对不少单位在无资金无项目的情况下，抢征而不用，造成一些土地抛荒和用地不合理等浪费土地的现象进行整治，发现新征用地不使用的共34亩，发现抛荒面积共47亩(含4个乡镇)。1998年，域内复垦土地60多亩。同时结合农田规划，填平废沟废塘新增土地150亩。

2000年后，角斜、老坝港镇积极向上申报土地整理项目。角斜镇土地整理项目，由县国土资源局进行可行性研究。于2002年6月向省申报，当年年底经批准列为省级投资(新增建设用地土地有偿使用费)土地整理项目，该项目涉及汤灶、来南等村，建设规模为3330亩，批准投资150万元。项目2007年通过市级验收，新增耕地189亩。

2004年，角斜镇土地项目由苏州大学国土资源与城乡规划研究所进行可行性研究，于同年11月向上申报。2005年9月，角斜镇土地整理项目经批准列为省级投资土地整理项目，项目涉及汤灶、来南等村，总建设规模为3930亩，批准投资450万元，新增耕地225亩，项目于2009年通过市级验收。

2005年12月，角斜镇土地整理项目列为国家投资土地整理项目，涉及周庄、双龙、五凌、沿口、范堑等村，总建设规模为1.5万亩，批准投资1868万元，竣工后新增耕地1530亩，于2009年通过市级、省级验收。

2006年，海安县选择老坝港等乡镇作为首批农村建设用地减少试点乡镇，投资60万元，通过拆除旧房屋平整土地，老坝港净增耕地约1200亩。2004—2007年和2012年角斜镇被南通市委、市政府评为耕地保护与土地复垦“十佳”乡镇。2014年，角斜镇实施耕地占补平衡项目5个，新增耕地120亩。实施滩涂3300亩土地开发项目，于2015年通过省市县验收，新增耕地2989亩。2017年，角斜镇土地复垦350亩。

五、用地管理

(一)建设用地

民国时期，角斜域内土地除庙宇、寺院、学校为公地外，其他多为私有。中华人民共和国成立后，各种建设田地多由民政部门管理。1953年，农村企事业单位建设用地动用耕地者需基层主管部门批准，而后行政划拨土地。农民建房，在农村土地未属集体所有制前，在宅基地建房不受限制，在土地集体化后，农民建房需个人申请，村(大队)同意，乡镇(公社)批准。乡、镇企业和城镇机关、企事业单位必须在农村建房的，其用地都要列入用地控制指标。1979年起，域内按省里规定，被征用土地的农民尽量在农村安置；土地征用多，可按土劳比例，将一部分劳动力转移至城镇集体企业，每征1亩安排1人至城镇集体企业。1984年10月后，域内按照县政府《海安县村镇建设用地管理实施细则》和《宅基地面积超过标准和违章建房处理办法》执行。1987年6月后，角斜域内建设用地及居民建房用地，统一由土地管理所管理。2011—2017年，角斜镇集体建设用地4164亩。全镇征用土地1198亩，划拨土地1777亩，出让土地452亩。

(二)居民用地

1985年后，域内农村居民建房每人占地(指生活用房和辅助用房，不包括生产用房)为20平方米，3人以内可照顾到每人23平方米。孤独户和独生子女，每人可照顾建筑占地面积10平方米。集镇居民平均每人建筑面积控制在13平方米以内，在镇区内建房的郊区农民只能原地拆建。2011—2017年，全镇居民住宅用地2.78万亩。

(三)土地补偿

1984年，角斜域内征用耕地、菜地每亩1300元，征用鱼塘、养殖场、果园地等，按土地产值的5倍计算，征用无效益的非耕地不予补偿，此规定沿用至1992年年底。2004年后，被征用土地农民每人安置补助费为1.3万元。2011—2017年，角斜镇土地补偿费4193万元。

(四)青苗补偿

1982年，域内规定(含各种农作物及桑园、苗圃等)视其经济价值，每亩人民币100—200元。1984年规定，青苗费一般按当地农作物产值计算，能收获的不予补偿。2011—2017年，角斜镇青苗补偿194万元。

第二节　审计

一、审计机构

早在人民公社建立时，域内各公社就制定审计制度，但没有专门的审计机构，每年抽调相关干部和业务人员定期不定期审计有关单位财务账目。1988年8月，域内各乡镇明确财政所长兼任审计助理。90年代初，各乡镇成立审计办公室，开展正常性的审计工作。

合并前域内审计负责人：角斜镇为蔡雨清沿口镇为周银国、李伯生。老坝港为吴礼华，旧场为徐剑秋。1995年，旧场、老坝港合并后，审计负责人为吴礼华。2000年，角斜镇、沿口镇合并后，审计负责人为唐桂兰。2011年，角斜镇、老坝港镇合并后，至2017年审计负责人为王秀华。

二、内部审计

1993年，域内开展内部审计。2013年，角斜镇开展审计项目40个，其中财务收支审计20个，审计调查项目2个，其他审计项目4个，查出违纪、违规问题135条，提出审计意见88条，收缴财政资金115万元。2014年，角斜镇审计涉及15个项目，其中县定“一条鞭”审计项1个，区必审项目14个(包括财务收支审计2个、专项资金审计12个)。在审计实施过程中，共查出违纪违规问题12条，提出审计意见15条。2015年，角斜镇审计涉及23个项目，其中县定“一条鞭”审计项4个，镇定必审项目19个(经济责任审计2个、财务收支审计4个、专项资金审计16个、审计调查1个)。在审计实施过程中，共提出审计意见44条。2017年，角斜镇内部审计项目3个，分别是：对原角斜交管站改制审计调查，审计后提出建议5条；对2016年工会经费收支审计，审计后发现问题3个；调查相关单位存款存取情况，未发现问题。

三、专项审计

2013年，角斜镇组织开展专项审计12个。对221省道改建专项资金进行审计，揭露专项资金在拨、付、管理和使用环节中的突出问题，检查相关农户土地征用面积的补偿资金到位等情况。对新坝、周庄等9个村的村级公益事业建设“一事一议”财政奖补项目、村级农桥项目资金、镇总工会工会经营收支进行了审计。2014年专项资金审计12个，对2010—2013年改厕专项资金审计，对村“一事一议”筹资筹劳专项审计8个村，对各村公共卫生服务中心建设专项资金审计3个村，村级集中直排蓄粪池建设工程专项审计，农桥建设工程资金“一事一议”酬劳专项审计9个村。2015年专项资金审计16个，涉及项目包含2011—2014年挂钩复垦资金审计。2015年，角斜镇根据县审计局专项审计工作任务和要求，先后组织审计商品粮基地建设资金、养老待业保险基金、市场物价调节基金、防洪保险基金、工业发展基金、电力建设资金、计划生育费等专项资金的征收、管理、使用情况。同时制定各村(居)审计实施方案，明确对有农民集居点的村(居)开展专项审计调查，重点审计集居点征地是否符合政策要求，基础设施配套的收费是否按规定标准执行，土地流转补偿费是否按规定统一要求发放，基础设施配套建设是否按规定执行，并形成专项审计调查报告，对审计建议中提出的整改意见，督促被审计单位限期整改。2017年，角斜镇审计专项资金项目4个，分别是：老坝港经济薄弱村标准厂房建设管理专项调查，审计中发现问题5个，审计后提出建议4个，出具审计决定1份；对2014—2015年县级机关帮扶村级为民服务中心建设资金审计调查，发现问题1个，审计后提出建议2个，出具审计决定1份；对2016年食用菌全自动装袋机及设施改建项目审计，审计后提出建议2个；对2016年蔬菜保鲜冷库建设项目审计，审计后提出建议2个，出具审计报告4份。

第三节 市场监督管理

一、市场监督管理机构

1985年，海安县工商行政管理局角斜工商所建立，垂直管理，编制单列，坐落在角斜镇角西村一组（原角斜市场二楼）。1992年，工商所在角斜镇环镇西路（现住址）新建3层办公楼1幢，附属用房1套，并集资兴建宿舍楼一幢。2002年8月，角斜工商所改称南通市海安工商行政管理局角斜分局。2015年，组建海安县市场监督管理局滨海新区分局，办公场所仍位于原角斜镇尚武中路74号，公务员13人，有干部9人，附编1人，临时人员2人，有办公楼1幢。

工商所组建后，管辖角斜镇、旧场乡、老坝港乡和蚕种场，主要职责为企业登记、个体工商户登记、市场管理、经济合同管理和商标广告管理。乡镇合并后，原李堡工商所管辖的沿口乡划归角斜镇，旧场乡与老坝港乡合并为老坝港镇，角斜工商所管辖角斜镇、老坝港镇。2017年12月，角斜镇企业数1706户，个体工商户数2527户。

1990年，国防部部长张爱萍将军亲自为角斜工商所题词“无私无畏、有情有理”。角斜工商分局先后3次获得南通市工商局创建基层工商分局（所）好班子先进单位，2次被评为县级文明单位，多次获得县工商系统综合先进集体、镇民营经济工作先进单位、镇先进党支部等荣誉。1989年，赵保群获省劳模荣誉称号。2003年起，吴正成连续8年被评为镇优秀党员。2011年，吴正成事迹被南通市工商行政管理局网站刊载，号召全市工商系统向吴正成学习。

1985—2017年，海安县市场监督管理局（工商所、工商分局）角斜镇分局负责人为：李友山（1985.10—1988.11）、刘德才（1988.12—2001.6）、徐剑秋（2001.7—2010.4）、马向群（2010.4—2014.4）、姜智（2014.4—2017.12）。

二、工商登记

（一）企业登记

1950年3月，域内各乡镇开始执行《苏北工商业登记暂行办法及实施细则》。1954年10月—1955年5月，登记工业企业22家，商业企业24家，饮食服务业15家。1964—1977年，因政治运动连续不断，工商企业换证登记工作处于停顿状态。1979年恢复工商企业登记，域内登记企业30家。1982年3月，开展商业、饮食业、服务业、交通运输业的全面换发营业执照工作。1990年，检查校办、文化办、民政办、水利办、人武部办的企业，发现有些企业名为集体所有，实为个体经营。角斜工商部门帮助完善集体企业条件，换发集体企业执照，至2017年新注册各类企业133家。

（二）个体工商户登记

民国三十八年（1949）1月，角斜等地对个体工商户进行登记颁发营业执照共20多家。1954年10月—1955年1月，登记个体商业企业15家、饮食业企业5家、手工业企业18家。1958年，人民公社化运动中，一些私营小商贩被集中合并，纳入公私合营、合作商店等改造形式，个体商贩减少。1962—1963年商业体制调整期间，结合市场整顿，对个体工商户进行换证登记。1988年7月1日起，开始执行《中华人民共和国私营企业暂行条例》，到2017年年底，角斜新登记个体工商户471家，从业人员1220人，新发食品流通许可证25户、餐饮服务许可证6户，新登记农民专业合作社6户，动员10户经营规模较大的个体户升级转型设立公司。

三、物价管理

民国时期，域内无物价管理机构，市场商品价格由商会、同行公会、公所等民间组织实行同行议价。民国初至抗日战争前，域内市场价格相对稳定，当时百物价格以稻米为首，价格则随年成丰歉和有无兵乱而涨落。民国十九至二十六年（1930—1937），角斜区域籼米每50公斤4.3—9.02元（法币），籼稻2.6—4.67元，大麦2.13—3.76元，玉米2.85—4.77元，日军侵占角斜等地后，经济萎缩，百业萧条，物价不断上涨。民国三十五年（1946），国民党军队占领角斜等地，推行法币，造成通货、物价、利息轮番上涨。中华人民共和国成立后，人民政府加强物价管理。1950年，角斜区域基本上制止了通货膨胀，物价趋于平稳。

1951年4月，国家又宣布对棉花、棉纱实行统购，适当提高牌价。1953年，角斜区域实行粮食统购统销政策，有计划地提高粮食、油料、生猪等农副产品的收购价格，物价基本平稳。1959—1962年，部分商品紧缺，黑市交易盛行，市价又高又乱。1961年，国家进一步提高粮食、食油等主要农副产品统购统销价格，成品粮不分城乡，全省统一价，域内中籼米每50千克12元，中粳米每50千克14元，标准面粉每50千克15.50元。1963年9月，提高农村粮食销售价格和工商行业用粮的价格。1965年，城市提高统销价，角斜区域籼米每千克由0.232元提为0.24元，粳米每千克由0.26元提为0.28元，职工实行粮价补贴。“文化大革命”期间，物价处于冻结状态。

1979年起，国家实行改革开放、搞活的方针，对不合理价格分别作升降调整。逐步放开商品价格。由国家统一定价分为国家定价、国家指导价、市场调节价3种价格形式，某些专项商品还有议销价、协商价等。1979年10月，域内调整猪肉、牛肉、羊肉、水产品、家禽、蛋品、牛奶、蔬菜等八类副食品价格及相关制品的价格，并调高理发、浴室服务收费标准，同时，发给职工每人每月副食品价格补贴5元。1990年，域内对有关商品做了较大范围的调整。针对年初市场猪肉销价混乱现象，对猪肉实行最高限价，统货鲜肉价为每千克5.22元，允许下浮。

1997年，角斜、沿口、老坝港配备专职或兼职物价干部。1998年，角斜、沿口、老坝港均建立物价工作领导组，配备1名物价工作人员，沿口镇建立物价管理站。2000—2017年，域内推进“收费与检查登记簿”制度，遏制对企业乱收费行为，针对群众关心的热点问题，开展医药、教育、农民建房等专项检查，推行教育收费公示制度，重点整治中小学代办费、服装代办费现收现支等各项杂费的检查。

四、市场管理

抗日民主政权时，对粮食、食盐、棉花及主要农副产品严禁走私资助日伪军，保证军需民用，同时坚持自由贸易，保护商人合法权益。

1952年，域内整顿摊贩的违法行为。1956年，域内各乡镇建立市场管理小组。1958年，原角斜、沿口、旧场农村集市关闭。1961年，恢复市场贸易。1968年，域内各乡镇成立打击投机倒把办公室。1971年9月撤销，成立市场管理办公室。1979年后，按“活而不乱、管而不死、支持生产、促进流通”的原则管活市场，同时强调严厉打击投机倒把、走私贩私活动，强调持证经营，取缔无证经营。强化对食品、药品、特种设备、假冒伪劣商品和涉农生产资料经营行为等方面的监管。2017年，角斜镇开展各类专项整治20余次，检查经营主体500余户次，监督抽查流通领域商品26批次，抽检食品118批次，受理投诉举报13件，立案查处经济违法案件25件，查处10万元以上案件2件。组织节日市场、农村食品、扫雷食品添加剂专项行动，促进市场经济的健康发展。

第四节　统计

一、统计机构

中华人民共和国成立后，各乡镇的统计工作由财委、会计辅导员或文书担任。1991年，域内各乡镇成立统计站，配备专职统计员1名，在全县形成统计网络。域内各乡镇历任统计负责人：角斜为周根，沿口为朱建华，旧场为汤进、严佩兰,老坝港为时志秀、缪展峰。1995年,旧场老坝港合并后为严佩兰。2000年,角斜、沿口合并后为周美琴、周根。2011年,角斜、老坝港合并后至2017年,统计负责人为缪展峰。

二、统计业务

民国时期,统计内容有土地、民政、建设、财政、教育、卫生、田粮、社会、军事、警务等。20世纪50年代初,建立定期报表制度,有工业、农业、商业、物资、劳动力工资、基本建设等。1980年后,域内各乡镇报送统计内容增加综合平衡、对外经贸、技术开发、农村住户调查、城市住户调查、物价调查等。共有各类报表200多种。其中月报37种,季报41种,半年报3种,季节报5种,年报144种。填报程序,先由基层单位填报,乡镇主管单位审核汇总后上报县统计局。2011—2017年,角斜镇统计部门按时向县统计局报送月度、季度、年度统计资料。

三、专项调查

1984年、1988年、1990年、2013年,角斜域内分别进行千分之一人口抽样调查。1983年,对预算外资金进行调查。1984年,进行乡镇内国民财产调查。1988年,进行能源调查,全民企事业单位钢材库存普查,个体商业抽样调查。

1954年开始,角斜、沿口在农村选12户为统计调查户。1957年,抽3个村30户为统计调查户。"文化大革命"期间中断。1984年,抽2个村20户抽样调查。1990年,抽10户为记账户,按月汇总上报农民家庭生产、生活收支情况。

1963年,域内开始进行不定点农业产量抽样调查,"文化大革命"期间中断。1982年,域内各乡镇抽3个生产队进行调查。1984年、1990年,抽3个村民小组进行定点调查。是年下半年,开展物价资料搜集整理工作,为县提供物价指数。

四、统计分析

从20世纪50年代中期起,开始应用统计数据计划执行情况编写分析简报,1966年停止,1971年恢复和加强统计工作,定期调查分析。1981年创办《统计资料》,专门刊登统计分析文章,分别对生产、建设、流通、人民生活及社会发展等一些重大课题进行系列专题调查分析。2000年,老坝港乡开展乡镇统计"一合三统的试点工作"。

五、普查

(一)农业普查

1996年3月,域内各乡镇在县统一部署下,第一次开展农业普查工作,调查对象为农业生产经营单位、农村住户、乡镇企业、建制村和乡镇,普查时间为1996年1月1日—12月31日,有38个调查项目,687个指标。

2006年6月,角斜镇、老坝港镇开展第二次农业普查工作,普查时间为2006年1月1日—12月31日,调查对象为农村住户、建制村(居)、农业生产经营户、农业生产经营单位、建制村(居),分住户普查表、单位普查表、建制村普查表、乡镇普查表、农业用地普查表。有73个调查项目,737个指标。

2016年,角斜镇开展第三次全国农业普查工作,标准时点为2016年12月31日24时,时期为2016年1月1日—2016年12月31日年度资料。2017年1月1日正式开展普查。2016年11月5日,角斜镇在社区教育中心举办全国第三次农业普查业务培训班,参加培训的有各村(居)普查指导员和普查员250多人。第三次农业普查主要立足"三农",以查清农业基本情况为主,兼顾农村、农民。

普查对象为农村住户,包括农村农业生产经营户和其他住户、城镇农业生产经营户、农业生产经营单位、村民委员会、乡镇人民政府。

普查内容为农业生产条件、农业生产经营活动、农业土地利用、农村劳动力及就业、农村基础设施、农村社会服务、农民生活以及乡镇、村民委员会和社区环境等情况。

普查结果按级上报,但未公布。

(二)工业普查

1953年,第一次全国工业普查以1949年年底为时点。内容有:企业概况、动力、生产及运输设备;原料及燃料;基地、厂房建筑物及工场间;采矿、职工工时及工资;生产品、修建工程等8个项目。普查范围对象有公营、公私合营工矿企业，手工业生产合作社。1986年，进行第二次全国工业普查，普查时间以1985年为重点，包括1980年、1984年，部分调查项目涉及1949年以来的情况，普查项目27类，共14张综合表，800多个指标，普查范围对象为全部独立核算工业企业。1995年，开展第三次全国工业普查。普查对象为域内各乡镇工业企业，调查内容包括工业企业基本情况、财务状况、工业产品产销存等16个方面，普查表根据企业规模分为甲、乙、丙3类。普查结果：角斜镇集体企业22家（含4个乡镇），私营企业30家（含4个乡镇），个体企业45家（含4个乡镇）。

（三）经济普查

1955年，角斜、沿口对私营工商业进行普查。1987年，域内对各乡镇科技人员进行普查。2013年，角斜镇进行了第三次全国经济普查，普查对象是角斜域内从事第二产业和第三产业的全部法人单位，产业活动单位和个体经营户。

2013年，角斜镇有法人单位531个，按规模划分的企业384个，其中中型12个，小型198个，微型174个，从业人员1.48万人，产业活动单位12个，个体经营户5578个。2013年比2008年增长18.5%，从业人数1.9万人。2013年比2008年增长22%。2013年，角斜镇有规模以上工业企业44家，工业总产值43.46万元，销售产值43.32亿元，利润总额3.13亿元。利税总额5.28亿元，出口交货值8074万元，资产总计15.04亿元。

2013年，角斜镇服务业法人单位174个，从业人员3851人，营业收入6.32亿元，资产总计8.98亿元。其中规模以上的服务业19个，从业人员979人，营业收入3.34亿元。批发和零售业17个，从业人员204人，商品销售额2.82亿元（批发额2.02亿元，零售额7935万元），资产总计4074万元。

2013年，角斜镇文化及相关产业单位20个，从业人员738人，营业收入5.28亿元。其中法人单位8个，从业人员572人，营业收入4.78亿元，资产总计1.52亿元。

（四）人口普查

（见第三章居民第一节人口部分）

第五节　安全管理

一、安全管理机构

2012年，角斜镇安全生产监督管理站成立，办公地点在政府内。朱鹏任站长，有安监员4人。

二、培训教育

2011年后，域内安全教育培训工作与安全生产其他工作已形成“相互借助、相互配合、相互协调、相互支撑”的关系，建立了“互助共赢”的工作机制。切实抓好“三项岗位人员”的安全教育培训，培训工作涵盖角斜镇的所有企业的3类人员，形成全方位安全培训网络。2017年，全镇培训企业生产经营主要负责人96人，培训安全生产管理干部287人，培训特种作业人员145人。有效开展安全生产知识普及工作，是年以“安全生产月”宣传咨询活动为契机，通过镇村广播电视、黑板报、宣传标语、知识竞赛、有奖问答等形式，紧

图11-2　安全生产工作会议（高宝生摄于2017年）

紧围绕“安全生产，稳定发展”的主题，开展了形式多样、内容新颖、贴近群众、富有成效的活动。

三、安全督察

角斜镇安全督察实行“企业负责，行业监管，国家监察，群众监督，劳动者遵章守纪”的安全管理体制，专项整治交通运输安全，建立爆竹、药品等安全管理体系。2001 年 4 月起，每月 7 日为“安全检查日”。组织开展辖区内生产经营系统安全生产情况的检查，每月检查不少于 1 次，每月向县级安监部门报告 1 次辖区安全生产情况，在安全生产监督检查中，发现安全生产违法行为或事故隐患予以纠正或责令限期整改，重大问题及时报告当地人民政府和上级安监部门。执法检查工作坚持分工负责，互相配合和“谁检查，谁签字、谁督促落实”的原则，建立完整规范的执法检查台账和档案，档案包括现场检查记录，生产经营单位现场检查表，强制措施决定书，责令改正指令书和复查意见书等内容。一旦发生事故，安监局应在 30 分钟内以书面形式准确、完整地向区管委会和县级安监部门上报事故情况，做到不迟报、不漏报、不谎报、不瞒报。2011—2017 年，角斜镇发生安全事故 12 起，共死亡 13 人。重伤事故 21 起，受伤 23 人。

第十二章　党群团体

民国初期，角斜一带有国民党活动。抗日战争时期，角斜域内就有中国共产党组织。民国三十年(1941)农历八月，苏中区党委机关驻扎旧场的老坝头。10月27日，新四军民运工作队到角斜、旧场一带帮助建立民主政权，发展党员陈建堂、顾理昌、陈金桂、吴国流、程广汉、吴国达等。民国二十九年至三十一年(1940—1942)，苏北临时行政委员会主任管文蔚等人在栟角滩堡地区领导开展“二五减租”，办公地点就曾设在范堑村一组的祖师庙。民国三十年(1941)3月初，在民运工作队帮助下，角斜域内第一个基层党支部就在来南乡建立。3月底在来南、汤灶成立角斜抗日自卫队，随后又建立角斜乡、角西乡、杨庄乡党支部。民国三十年(1941)3月，中共泰县角斜区委成立，根据革命斗争的发展需要，大力发展党员，普遍建立各乡党支部，建立民主政权，推行“二五减租”，党组织处于半公开状态，设乡长、指导员、民兵大队长，党支部书记任指导员。

在战争年代，乡政权有支前、筹粮、筹款的职能，一般规定每乡有3个人脱产，给予在筹款、筹粮的经费返还中适当补贴。在工作中要有识字的，便于记账，增设财委，“三份粮四个人吃”的历史由此产生。后来增设妇救会、青抗会、贫农会，又设翻身组长，民兵队长又称保田队长。

民国三十年(1941)3月，建立中共角斜区委，隶属中共泰县县委，不久划归泰东县委领导。民国三十一年(1942)2月，建立唐角区，成立唐角区委，隶属泰东县委。民国三十一年(1942)11月，隶属东台县委，民国三十二年(1943)3月撤销。民国三十四年(1945)9月，角斜区委属中共东台县委领导。民国三十八年(1949)6月，东台县角斜区所属并入李堡区，划给海安县。

1952年8月，由李堡区划出来南、光明、范堑、沿口、滩河、角斜、周庄、杨庄8个乡，建立中共角斜区委。各个乡设立党支部书记(指导员)。1957年，小乡撤并大乡，各乡建立人民委员会和乡党委。1958年，角斜、沿口分别建立人民公社，组建公社党委。1959年，旧场乡从如东划出归海安县管辖，建立公社党委，各个大队建立党支部。1962年年底，域内有44个大队党支部。1967年3月，各公社党组织受“文化大革命”影响停止活动。1969年，各公社建立党的核心小组。1970年后，域内各公社先后恢复建立公社党委。1983年9月开始，域内各公社改为乡党委，各大队改称为村，以村建立党支部。1986年，角斜撤乡建镇，建立角斜镇党委。1995年，沿口撤乡建镇，建立沿口镇党委。1995年，旧场乡与老坝港乡合并，建立新的老坝港乡党委。2000年初，沿口与角斜合并建立新的角斜镇党委。2002年，老坝港乡撤乡建镇，建立老坝港镇党委。2011年，角斜镇与老坝港镇合并为角斜镇，建立新的角斜镇党委。2017年年底，全镇有党员3303人，党支部78个。

第一节　中共角斜组织

一、抗日战争时期党组织

1941 年 3 月，建立角斜区委，隶属中共泰县县委。不久，划归泰东县委领导。1942 年 11 月，隶属东台县委。

书　记：季　琳（女，1941.3—1941.7）
　　　　钱学仁（女，1941.7—1942.2）
　　　　赵家樑（1942.2—1943.1）
　　　　茅　林（1943.1—1943.3）
　　　　周盛权（1943.3—1945.8）
副书记：王建国（女，1943.3—？）
　　　　陆　进（1945.4—1945.8）

1942 年 2 月，划唐洋区和角斜区部分乡建立唐角区，成立唐角区委，隶属泰东县委。1942 年 11 月，隶属东台县委。1943 年 3 月撤销。

书　记：周盛权（1942.2—1943.3）
副书记：王建国（女，1942—1943.3）

二、解放战争时期党组织

1945 年 9 月，角斜区委仍属中共东台县委领导。11 月，东台县撤销角斜区，所属地区划归李堡区和唐洋区。同月，东台县将李堡区划给紫石县。1946 年 6 月，恢复角斜区，重建角斜区委。同年 10 月，角斜区委脱离中共紫石县委，隶属堤东工委和中共泰东县委。不久，隶属中共东台县委。1949 年 6 月，东台县角斜区所属并入李堡区划给海安县。

书　记：周盛权（1945.9—1945.10）
　　　　白一泉（代理 1945.10—1945.11）
　　　　苏　明（1946.6—1946.12）
　　　　肖　赫（1946.12—1947.8）
　　　　仲　泉（1947.8—1948.3）
　　　　周义山（1948.3—1948.7）
　　　　周乃成（1948.7—1948.12）
　　　　陈加友（1948.12—1949.6）
　　　　缪瑞峰（1949.2—1949.4）
副书记：丁奎才（1946.12—1947.4）
　　　　陈加友（1948.10—1948.12）
　　　　缪瑞峰（1948.10—1949.2）

三、1949 年党组织，1957 年撤区并乡前各乡支部书记

中共角斜区委员会（1952—1954 年）：1952 年 8 月，由李堡区划出来南、范堑、沿口、滩河、周庄、杨庄 6 个乡，设角斜区。同年 10 月，建立角斜区委。

书　记：吴大源（1952.10—1952.11）
　　　　王志寿（1952.11—1954.11）

各乡党支部书记（指导员）情况为沿口乡：居九锡；滩河乡：李增富；范堑乡：曹德余；周庄乡：许健；角西乡：吴国华；来南乡：周其发。

1957 年，小乡撤并大乡后，各乡建立人民委员会和乡党委，隶属李堡区，原来小乡为村，以村建立党支部。1958 年，角斜、沿口分别建立角斜人民公社和沿口人民公社。1959 年，旧场乡从如东划出归海安县管辖，建立旧场人民公社，以公社建立党委，各大队建立党支部。1962 年年底，域内有 44 个大队党支部。

受“文化大革命”影响，1967 年 3 月，公社党组织活动停止，1969 年，域内各公社建立党的核心小组，同年 10 月角斜公社改建党委。1970 年 9 月、12 月和 1971 年 1 月，沿口、旧场和老坝港公社先后恢复建立公社党委。1983 年 9 月、10 月、11 月，沿口、角斜、旧场、老坝港分别改为乡党委，各大队改称为村，以村建立党支部。

1986 年，角斜撤乡建镇，建立角斜镇党委。1995 年，沿口撤乡建镇，建立沿口镇党委。1995 年，旧场乡与老坝港乡合并，建立新的老坝港乡，撤销原旧场与老坝港乡党委，建立新的老坝港乡党委。2000 年初，沿口与角斜合并，撤销原沿口、角斜镇党委，建立新的角斜镇党委。2002 年，老坝港乡撤乡建镇，建立老坝港镇党委。

2011 年，角斜镇与老坝港镇合并为老坝港

滨海新区(角斜镇),撤销原角斜镇与老坝港镇党委、老坝港经济开发区党工委,建立新的老坝港滨海新区(角斜镇)党工委与党委会,全镇有20个建制村党支部、1个街道居委会党支部、26个企事业单位党支部和18个党总支。

1957—2011年,角斜域内原各乡镇(公社)历任党委负责人:

中共角斜乡委员会:1957年10月,角斜、来南、周庄、角西4个小乡合并为角斜乡,并建立角斜乡党委。1958年10月,成立角斜人民公社。1959年1月,县委公布角斜人民公社党委负责人。

书　记:陆志成(1957.10—1959.10)(曾任第一书记)

符永芝(1959.1—1962.10)

薛志忠(1959.4—1959.7)

张加根(1959.10—1965.6)(曾任第一书记)

蔡元祥(1965.6—1967.3—1972.4)

卢玉林(1972.3—1976.10—1982.3)

翟桂生(1982.11—1987.12—1990.3)

朱振丰(1990.3—1993.11)

钱如玉(1993.11—1997.11)

郑　华(1997.11—2000.4—2001.8)

史有根(2001.9—2004.8)

张　军(2004.8—2007.12)

吉临兆(2007.12—2010.10)

袁加根(2010.11—2011.10)

副书记:符永芝(1957.10—1959.1—1967.3—1976.10—1981.3)

王文珏(1957.10—1959.10)

李开太(1959.1—1959.10)

祁吉兰(女)(1976.10—1981.8)

刘　义(1976.10—1982.10)

曹莲凤(女)(1981.7—1987.12—1991.4)

景乃昌(1981.8—1983.9)

王武才(1981.11—1984.1)

蒋　俊(1983.9—1985.1)

朱振丰(1984.8—1987.12—1990.3)

沈广法(1985.1—1987.9)

汤长林(1987.5—1987.12—1992.12)

朱春林(1990.3—1992.3)

练庆农(1991.9—1997.11)

钱如玉(1992.3—1993.1)

刘建华(1993.11—1998.11,2000.4—2004.3)

蔡炳生(1993.11—1998.11)

袁国华(女)(1994.10—1996.10)

储祥文(1995.3—1998.11)

郑　华(1996.11—1997.11)

金加海(1996.11—2004.8)

徐　斌(1998.11—2005.5)

丁建民(2000.11—2002.12)

黄伯平(2000.4—2004.8)

王世平(2002.12—2003.7)

张　军(2003.7—2004.8)

缪昌平(2003.4—2006.3)

吉临兆(2004.8—2007.11)

陈崇进(2004.8—2006.3)

袁加根(2005.5—2010.10)

李良慧(女)(2008.4—2009.6)

季小平(2009.10—2011.10)

章晓丽(2010.11—2011.10)

中共沿口乡委员会:1957年10月,潍河、沿口、范堑3个小乡合并为沿口乡。

书　记:陈金贵(1957.10—1960.11)

陆志成(1960.10—1962.11)

金裕友(1962.11—1966.1)

孙学周(1966.1—1976.5)

戴茂生(1976.5—1984.1)

汤桂芝(1984.4—1995.11)

杨祥根(1995.11—1997.11)

王昌云(1997.11—2000.4)

副书记:於九春(1957.10—1967.3)

顾锦友(1961.12—1966.4)

濮存才(1966.2—1967.3)

薛祖尧(1976.10—1981.8)

金学富(1976.10—1980.10)

祁吉兰(女)(1981.8—1986.11)

王其银(1982.2—1985.7)

汤桂芝(1984.1—1984.4)

胡春学(1984.4—1985.1)

范迪光(1985.1—1987.1)
何文彬(1987.1—1994.12)
储祥文(1987.1—1995.3)
陈 杰(1993.11—1998.11)
濮存山(1995.3—1998.11)
王承轩(1998.3—1998.11)
屈祖平(1997.11—1998.11)
王绍兰(1998.11—2000.4)
黄伯平(1998.11—2000.4)

中共旧场乡委员会。1957年10月,如东县委决定原栟茶区旧场、新联、沿海、富滩4个小乡合并为旧场乡。各小乡党支部书记(指导员)为:沿海乡黄国生(副,主持工作);新联乡陶锦余;富滩乡沈华生;旧场乡吴大发。1958年10月,撤乡建立旧场人民公社。1959年4月,由如东县划归海安县。

书 记:吴国流(1959.3—1959.6)
薛志忠(1959.10—1967.3)
葛存德(1969—1975.11)
姚建国(1975.11—1982.5)
袁伯珊(1983.9—1984.10)
万坤林(1984.10—1991.1)
王昌云(1991.1—1995.11)

副书记:谭日生(1957.10—1961.7)
王永松(1957.10—1967.3)
王绍银(1957.10—1966.1)
吉智权(1963.4—1965.7)
张 华(1970—1973)
许正涵(1973.10—1976.10)
王文山(1976.10—1979.1)
袁伯珊(1976.10—1983.9)
王维林(1976.10—1979.4)
吴国流(1979.4—1983.9)
万坤林(1982.7—1984.10)
储祥文(1983.9—1985.1)
刘建华(1984.10—1987.12—1993.11)
胡春学(1985.1—1987.12—1990.11)
王九云(1990.11—1993.11)
花桂平(1993.11—1995.11)
葛长征(女)(1993.11—1995.11)

中共海洋渔业人民公社委员会。海洋渔业人民公社管理范围原属旧场人民公社的红旗大队。1962年8月,从旧场人民公社划出,成立海洋渔业公社,并建党委。

书 记:印士杰(1966.1—1967.3)

副书记:王居友(1962.10—1966.1—1969.9主持工作)

核心小组副组长:符锦云(1969.9—1971.1人武部长主持工作)

1983年10月,撤销海洋渔业公社建立老坝港乡。

书 记:张英楼(1971.1—1976.10—1987)
王维林(1987.12—1995.11)

副书记:王居友(1962.10—1966.1)
朱永生(1982—1986.12)
郭文润(1984.10—1993.11)
申启明(1987.12—1990.7)
王绍兰(女)(1990.7—1995.11)
丁建民(1993.11—1995.11)

1995年11月15日,原老坝港乡与旧场乡合并为新的老坝港乡,并于2002年4月16日撤乡设镇。中共老坝港乡(镇)委员会历任负责人:

书 记:王维林(1995.11—2000.1)
屈祖平(2000.2—2004.8)
丁建民(2004.8—2006.3)
陈如海(2006.3—2009.10)
任永峰(2009.10—2011.10)

副书记:王绍兰(1995.11—1998.11)
丁建民(1995.11—1998.11)
葛长征(1995.11—2001.1)
屈祖平(1998.11—2000.2)
陶树明(2001.2—2002.12)
申承群(2001.12—2011.3)
景月琴(2004.7—2005.5)
花桂平(1995.11—2002.12)
蒋爱东(2002.12—2004.3)
任永峰(2002.12—2009.10)
顾维斌(2009.10—2011.10)
唐仲荣(2011.3—2011.10)

2011年10月,中共海安县委决定将原角斜镇、老坝港镇、滩涂经济开发区合并组建成老坝港滨海新区(角斜镇),实行两块牌子,一套班子,区镇融合，以区为主的新的运行机制。

中共海安县老坝港滨海新区工作委员会、中共海安县角斜镇委员会历任负责人如下。

书　记：王晓斌（兼）（2011.10—2011.12）
　　　　顾国标（兼）（2011.12—2013.7）
　　　　丁　锋（兼）（2013.7—2014.9）
　　　　成　宾（2015.7—2015.12）
　　　　王　怀（2016.4—2017.11）
　　　　章晓丽（2017.11—　）

副书记：王　怀（2011.10—2016.3）
　　　　任永峰（2011.10—2012.1）
　　　　袁加根（2011.10—2012.11）
　　　　顾维斌（2011.10—2012.11）
　　　　章晓丽（女 2011.10—2017.10）
　　　　申承群（2011.10—2015.12）
　　　　王建群（挂职，2011.10—2012.8）
　　　　刘友斌（挂职，2011.10—2012.8）
　　　　崔小勇（2012.1—2014.12）
　　　　季小平（2012.1—2015.12）
　　　　吉祖荣（2012.11—2014.2）
　　　　韦钦文（2014.2—2016.4）
　　　　刘保山（挂职，2014.5 免）
　　　　王　晨（2017.4—　）

委　员：王　军（聘，2015.6—2015.12）

中共角斜镇委员会：

书　记：王晓斌（2011.10—2011.12）
　　　　顾国标（2011.12—2013.7）
　　　　丁　峰（2013.7—2014.9）

副书记：王　怀（2011.10—2015.12）
　　　　任永峰（2011.10—2012.1）
　　　　袁加根（2011.10—2012.11）
　　　　刘保山（挂职，2012.5—2014.5）
　　　　华卜泉（挂职，2012.8—2014.8）
　　　　王　俊（挂职，2012.8—2014.8）
　　　　韦钦文（2014.2—2015.12）

中共海安县老坝港滨海新区纪律检查工作委员会、中共海安县角斜镇纪律检查委员会负责人如下。

书　记：顾维斌（2011.10—2012.11）
　　　　季小平（2012.11—2015.12）
　　　　王　军（2015—2017.12）
　　　　杨　惠（2017—　）

副书记：季小平（2011.10—2012.11）
　　　　唐仲荣（2011.10—2017.12）

四、中共角斜域内历次党代会

中华人民共和国成立后，中共角斜地方党组织公开化，经过土地复查、镇压反革命、合作化，党组织有了长足的发展，原来支部建在小乡，每个支部十多名党员到几十个党员不等。1957 年，撤小乡并为大乡，每乡党员数都在百人以上，基层党委设置到乡，村建立支部。10 月，域内各乡普遍召开党的第一届代表大会。

1957—2016 年角斜乡（镇）历届党代会概况表

表 12－1

届次	召开时间	党员数	党代表数	党委书记	副书记
一	1957 年 10 月	431	43	陆志成	王文钰　符永芝　李开太
二	1960 年 4 月	460	46	张加根	朱朝相　符永芝
三	1965 年 6 月	502	50	张加根	倪红天　符永芝　李开太
四	1970 年 10 月	540	54	蔡元祥	姚建国　符永芝　刘　义　卢玉林
五	1977 年 5 月	580	58	卢玉林	景乃昌　符永芝　祁吉兰
六	1980 年 9 月	610	61	卢玉林	景乃昌　符永芝　祁吉兰
七	1983 年 9 月	660	65	翟桂生	朱振丰　蒋　俊　曹莲凤
八	1987 年 9 月	680	69	翟桂生	朱振丰　沈广法　曹莲凤　汤长林
九	1990 年 11 月	710	71	朱振丰	朱春林　曹莲凤　汤长林

续表 12－1

届次	召开时间	党员数	党代表数	党委书记	副书记
十	1993年12月	780	78	钱如玉	练庆农　刘建华　蔡炳生　袁国华
十一	1996年12月	810	81	钱如玉	郑　华　刘建华　蔡炳生　储祥文　金加海
十二	1998年12月	830	83	郑　华	金加海　徐　斌
十三	2001年12月	1600	87	史有根	丁建民　金加海　刘建华　徐　斌　黄伯平
十四	2006年3月	1620	87	张　军	吉临兆　袁加根
十五	2011年3月	1680	93	袁加根	章晓丽　季小平
十六	2016年5月	3210	93	王　怀	章晓丽　季小平

说明：表中未收录原沿口、旧场、老坝港党代会的情况

五、组织建设

民国三十年（1941年），来南乡党支部建立后，就开始发展党员，先后有50多人加入了共产党，然后又建立角斜乡、角西乡、杨庄乡等党支部，到民国三十四年（1945），角斜、来南、杨庄、角西发展党员200多人。

民国三十五年（1946）秋，新四军主力北撤，角斜一带的解放区被国民党军队占领，中共地方党组织转入地下活动，有的党员意志不坚定，被反动派抓去后自首，使党组织遭到极大的破坏。民国三十六年（1947）后，中共地方党组织在坚持斗争中又得到恢复，民国三十七年（1948）冬，各乡又重新建立党支部，发展了一批积极分子加入了党组织。民国三十八年（1949），普遍开展土地复查，整顿干部作风，在运动中将积极分子吸收加入了党组织。

中华人民共和国成立后，在历次的政治运动中，不断有优秀的积极分子加入党组织，1957年9月，撤区并乡，乡级规模有了扩大，到10月召开角斜第一届党员代表大会时，共有党员431人，建立4个党支部。

1958年夏，人民公社化后，政社合一，公社设党委，生产大队设党支部，大力发展党员，党员队伍进一步扩大。1961—1964年，党员发展工作注重素质，对过去入党的重新进行登记，发展党员较少。1966年“文化大革命”后，党员发展工作一度停止。1970年，因建党方针不正确，接纳的新党员也有少数不符合党员的条件。

1976年，党员发展工作严格执行“积极慎重”的方针，执行“坚持标准，保证质量，改善结构，慎重发展”的要求。改革开放后，发展新党员进一步规范化，必须经支部考察推荐，组织入党对象培训学习，进行党性教育，并通过党的知识考试，结合个人思想表现和工作表现确定考察期，入党后留有一年的预备期，在预备期内思想表现不好的，延长预备期，甚至取消预备党员资格，表现好的按期转正。通过严格的审查考察制度，保证吸收新党员的质量，纯洁了党组织，增强了党组织的凝聚力和战斗力。

2017年年底，全镇有党员3303人，支部78个，其中2017年新发展党员30人，中华人民共和国成立前入党的党员33人。

六、宣传教育

角斜地区原各乡镇党委历来重视宣传工作和对党员、干部的教育培训工作。建党初期，角斜域内党的宣传教育工作重点是向广大的劳苦人民宣传马列主义、宣讲共产党的主张，教育贫苦农民团结一心跟共产党走。抗日战争时期，党向群众宣传党的抗日主张，教育干群不当汉奸，不当亡国奴，不替侵略者做事。解放战争时期，域内党组织宣传党的土地政策，教育贫苦大众揭露控诉地主还乡团、国民党反动派迫害人民的罪行，动员群众支前、参军。

中华人民共和国初期，在土地改革、抗美援朝和镇压反革命三大运动中，域内党组织向群众宣传土地改革方针政策，宣传抗美援朝、保家卫国的重要，发动全乡群众、各学校学生捐款捐物，支援国家购买飞机大炮，打击美国侵略者。

1958年，域内党组织宣传总路线、“大跃进”、人民公社，在宣传过程中产生说大话、吹牛皮的浮夸风。1959年中华人民共和国成立10周年时，各公社组织群众召开庆祝大会，让群众讲10年来的伟大成就，到处张贴宣传标语，组织教师写墙头标语。

1963年，域内党组织开展社会主义教育运动，发动群众讲乡史、家史、村史，激发群众对党的热爱，对祖国的忠诚。“文化大革命”期间，角斜涌现出不少学习毛泽东思想的积极分子，但宣传工作存在“左”的倾向。

1978年，各公社掀起学习中共十一届三中全会公报的热潮，统一思想，逐步把党的工作重点转移到社会主义现代化建设上来，各公社组织群众听取海安县英雄模范人物先进事迹报告会。1979年起，开展党员、干部冬训以来，域内各乡镇党委每年都制订参训计划，建立领导小组，认真组织党员、干部参训，每年突出一个重点。1984年，各乡镇建立党校，建立党校组织，制订制度，以党校为基地，举办干部理论训练班，学习中央文件、邓小平理论、党的方针政策，提高基层干部的理论水平和工作能力，

1986年起，各乡镇开展普法教育。1988年，开展党的革命路线教育，各乡镇党委先后组织村、组干部和企、事业单位干部培训，学习贯彻党的基本路线。1990年，在广大群众中开展以正确认清东欧局势为主题的国际形势教育。1984—2017年，域内乡镇党校，举办各类干部培训班800多期，受培训的基层干部有2万多人，侧重对党员和群众进行邓小平理论、“三个代表”重要思想、科学发展观、习近平新时代中国特色社会主义思想教育。

七、纪检工作

80年代起，角斜域内各乡镇党委委员中明确1名纪检委员。80年代末，选举诞生各乡镇纪律检查委员会，选举书记1名，副书记1名，委员3—5名。1989—2017年，各乡镇纪委根据上级党政组织要求和党章等规定，履行纪检职能，认真落实《党风廉政建设责任》和《建立健全教育、制度、监督并重的惩治和预防腐败体系实施纲要》；认真执行县委“八条禁令”和省、市、县有关规定，抓好领导干部廉洁自律；切实制定廉政制度并认真贯彻落实；加强党员干部党风、党纪教育和党风廉政建设调研工作；突击查案执纪，严肃党的纪律；健全制度，完善网络，抓好信访举报工作；关注热点，切实抓好纠风治乱工作；围绕效能建设，抓好执法监察工作，尽心尽力为经济发展和各项工作保驾护航。据统计，各乡镇纪委依据党纪处分条例和有关规定，查处违纪党员301人，其中免予处分31人，警告处分162人，严重警告102人，撤销党内职务29人，留党察看58人，开除党籍15人。镇纪委受理信访412件，其中案件信访81件，办结信访382件。区镇合并后，至2017年年底，查处党员128人，开除9人，涉腐金额200余万元。

八、统战工作

域内统战工作始于抗日战争时期，那时党组织进行地下活动，秘密教育地方开明绅士和广大群众不当汉奸亡国奴，团结一心抵抗日本侵略者，动员青年参加新四军上前线抗击日伪军，各乡不少青年踊跃报名参军。

解放战争期间，统战工作重点主要是教育和团结各界人士开展和平民主、反对内战运动。地方党组织动员组织青年参军、参战，做国民党军政人员家属的思想工作，动员其亲人投诚、策反。在中共地方党组织的动员教育下有不少国民党军政人员带枪投奔解放军，并在与国民党军作战中立功受奖。截至民国三十八年（1949）9月，角斜镇有起义投诚人员9人。

中华人民共和国成立后，统一战线工作的重点是团结一切可以团结的力量，医治战争的创伤，建设中华人民共和国。50年代初期，各乡镇开展捐款购买飞机大炮支援抗美援朝、保家卫国的活动，组织学习中共八届十中全会精神。落实宗教政策，使宗教人员认清形势，爱国

守法。1963—1965年，在各界人士中开展国际主义、爱国主义、社会主义教育活动。1979—1992年，采取多种形式组织各方面统一战线人士学习十一届三中全会以来的党的路线、方针、政策，让他们投身改革开放，积极参与地方经济建设。1997年后，对婚嫁到角斜域内的少数民族女性，尊重她们的习俗，关心她们的生活，维护她们的合法权益，并安排她们就业。2005年，角斜镇建立两个少数民族扶贫基地。是年，各乡镇统一配备乡镇专职统战委员，专职抓统战工作。同时在各建制村和有关部门明确统战工作责任人，从而在乡镇形成统战工作网络，各乡镇统战工作走上正常运行轨道。域内优势明显，非公有制经济迅速发展，统战工作坚持“团结、帮助、引导、教育”的方针，深入非公有制企业帮助协调关系，努力为非公有制企业营造宽松的经营环境，并教育帮助非公有制企业树立坚持党的领导、坚定社会主义信念，做到爱国、敬业、守法，引导他们积极投身“光彩事业”和“帮扶工程”。是年开始，域内各乡镇先后开展“凝心聚力促发展”“村企共建”“双向服务”“一助一、一帮一”等专题系列活动。这些活动的开展极大地调动了非公人士的积极性，为农村建设小康社会和地方社会稳定做出了贡献。各镇党委每年都召开统战对象座谈会，对重点对象逐一进行走访，并带上礼品进行慰问。座谈会上党政负责人向他们介绍镇域社会经济发展形势，并组织参观工业园区和重点工程施工情况，激励统一战线人士的积极性。对回乡探亲的港、澳、台、侨胞和在外成功人士，政府出面邀请他们做客，鼓励海外人士回乡投资兴业。到2017年止，完成“凤还巢”工业项目13个。

2013年，建立政协滨海新区联络组，坚持政治协商、民主监督、参政议政三大职能。2017年4月，政协滨海新区联络组有9名委员，在全市范围内率先建成“政协委员之家”，并建立对委员的动态考勤、考绩和履职档案，促进委员规范、高效履职。联络组年度“十个一”计划被市政协转发；年度创新项目“九九艳阳天”获得市政协高度评价。联络组高度重视文史工作，积极研究历史文化名人缪金源，缅怀并继承先贤的高尚品格。

九、老干部工作

20世纪80年代，域内沿口、角斜、旧场、老坝港相继建立老干部党支部。1997年，成立角斜教育老干部党支部。

每个老干部支部都安排一处固定活动场所，每个支部都订有适合老年人的报刊。老干部活动时间按照县委的统一安排，每个月10日为全体离退休人员活动日，每月25日为党课时间。每次党课时间除安排统一党课内容外，由党支部书记传达上级和域内有关文件或会议精神，介绍域内经济、社会、文化建设的进展和打算，让每个关心家乡建设的老干部都提出宝贵的意见。除此之外，每年的重阳节角斜镇党委都安排一天的时间组织老干部联谊活动，请全体老干部参观家乡的建设成果，再由党委主要负责人介绍一年中的工作和下一年的建设规划，然后请老干部提出宝贵意见。考虑到老干部的身体状况，每两年镇党委都会组织全体老干部进行一次健康体检，并建立健康档案。老干部平时在家的情况由各党支部书记及时反馈给党委、政府，特别是老干部生病住院或家庭发生重大变故的，党委、政府都派人登门慰问予以关心。

为了活跃老干部的业余文化生活，由老干部牵头组织新时代艺术团和圆梦演出队，每星期都有固定的活动时间，正常开展自娱自乐活动，另外还编排一些老百姓喜闻乐见的、以传统表演形式演出的节目，除参加一些大型的公益演出活动外还送戏到农户，深受广大农户的欢迎。2017年，角斜镇有离退休老干部（含机关事业及单位人员）134人，因考虑到离退休老同志的年龄和身体状况，为方便活动的开展，仍然保留区划调整前的原沿口、角斜和老坝港3个老干部支部。2017年，全镇退休老教师有290人，其中党员75人。分别成立角斜、沿口教育老干部党支部。党委对教育老干部党支部视同老干部党支部，一并管理，组织活动和组织慰问。

十、党校教育

20世纪80年代，域内建立乡成人教育中心校（简称成教），兼有对党员干部进行培训的职能。1992年，中共海安县角斜党校建立，沿口、旧场、老坝港党校也相继建立，与成教合为一体，各党校由宣传委员挂帅。后因区划调整，党校也合并。域内各党校都与成人教育中心校合署办公，承担农村党员、干部、入党积极分子培训教育工作。各党校每年都举办党员、入党积极分子、党的知识、技术技能、安全及各类专业培训班10期以上。每年年底或第二年年初全市都会组织党员干部冬训骨干培训班集中培训，各乡镇宣传委员和党校骨干集中到市参训。1992—1999年，沿口成教每年都配合党政领导机关举办2—3期社直、乡村级、部门党员干部政治理论学习培训班。每年举办1期青年后备干部培训班，全年培训人数360多人次。

2010年9月，事业单位改革，党校撤销，其职能并入社会教育服务中心。

第二节　群众团体

一、工会

（一）组织机构

20世纪80年代，角斜国营大集体及教育、卫生事业单位建有工会组织。1990年，域内角斜、沿口、旧场、老坝港四乡镇的部分重点企业先后成立职工代表大会。2001年，角斜镇、老坝港镇分别召开第一次工会会员代表大会，会议通过工会会员章程，组建女职工、经费审查、组织、文体等工作委员会。2002年年底，角斜、老坝港的乡镇企业都相继建立企业基层工会组织，所有企业工会均由工业办公室确定1名组织人员负责。

历届角斜镇工会组织机构与负责人

第一届工会委员会(2001.7—2004.8)

主　席：徐　斌(2001.7—2004.8)

副主席：李　伟(2001.7—2003.3)

戴正福(2001.7—2004.8)

黄玉纯(兼)(2003.3—2004.8)

经审委员会：

主　任：吴志高(2001.7—2003.4)

吴元群(2003.4—2004.8)

女职工委员会：

主　任：严佩玲(2001.7—2004.8)

第二届工会委员会(2004.8—2009.8)

主　席：徐　斌(2004.8—2005.5)

袁加根(2005.6—2009.8)

副主席：黄玉纯(兼)(2004.8—2009.8)

经审委员会：

主　任：吴元群(2004.8—2009.8)

女职工委员会：

主　任：严佩玲(2004.8—2009.1)

第三届工会委员会(2009.11—2011.10)

主　席：季小平(2009.11—2011.10)

副主席：黄玉纯(2009.11—2011.10)

经审委员会：

主　任：陆　飞(2009.11—2011.10)

女职工委员会：

主　任：俞海琴(2009.11—2011.10)

原角斜镇工会工作委员会：

主　任：刘建华(1995—1998.11)

徐　斌(1998.12—2000)

副主任：徐长富(1995—2000)

原沿口镇工会工作委员会：

主　任：王承轩(1996—1998.11)

副主任：李　伟(1996—2000.4)

历届老坝港镇工会组织机构与负责人

工会工作委员会：

主　任：陶树明(2000.1—2000.12)

副主任：申智明(2000.1—2000.12)

工会委员会：

主　席：陶树明(2001—2002)

任永峰(2003—2003)

景月琴(2004—2004)

徐　斌(2005—2005)

申承群(2006—2011.10)

副主席：时志秀(2001—2001)

储祥柏(2002—2002)

周友平(2002—2002)

任　镇(2003—2003)

姜　勇(2003—2003)
吴礼华(2004—2005)
胡小蕴(2006—2006)

经审委员会:
主　任:张建华(2003—2003)
吴礼华(2004—2007)

女职工委员会:
主　任:沈　芳(2003—2007)

角斜镇总工会组织机构负责人
工会主席:申承群(2012—2017)
工会副主席:时志秀　缪　华　黄玉纯
经审委员会主任:王秀华
女职工委员会主任:时志秀

(二)代表大会

2001年春,角斜镇工会委员会成立,是年7月召开角斜镇第一届工会会员代表大会。2004年8月,召开角斜镇第二届工会会员代表大会。2011年,区镇合并。2012年3月,成立老坝港滨海新区(角斜镇)总工会,依法选举产生老坝港滨海新区(角斜镇)首届工会委员会。

(三)工会工作

从工会组织成立后,各乡镇工会组织认真履行职责,积极开展工作。1999年,角斜镇工会被南通市总工会表彰为市工会工作先进单位。2001年,角斜中心幼儿园被市总工会、市教育委员会等授予2000年先进幼儿园称号。2004年,角斜镇工会被省总工会表彰为江苏省合格乡镇工会,老坝港镇工会、角斜镇工会被市总工会授予南通市五星级乡镇工会称号。2005年,又被省总工会表彰为江苏省百强示范乡镇工会。

2013年,角斜镇工会开展“海上职工之家”建设,在全县工会创新工作评选中获得第一名,相关活动的报道在工会国家级的报刊上刊登6篇。2014年,在全市工会模范镇评选活动中,以全市最高分的成绩通过验收。《拓展服务新领域,开展“海上职工之家”建设》的材料在全国工会组织工作会议上作经验介绍;《维护海上职工权益,开展海洋捕捞行业工资集体协商》一文获得全市工资集体协商活动评选二等奖,并纳入《2014年南通市工资集体协商典型案例》一书中;“劳动者大舞台”活动全县放样。2015年,在全区建立紫菜行业工会组织,积极开展工会大讲堂活动,并在全省工会干部培训班上作经验介绍,副主席缪华获“南通市优秀工会工作者”称号。2017年年底,角斜镇工会拥有会员数5700人,下属工会联合会20个,每村1个,行业协会3个,企业工会34个。域内有省劳模王资柏、万素萍、李海波、时志元、朱翠萍,市劳模缪金龙、钱银生、邱美玲、陆长莉、李林泽。每年工会都对劳模进行慰问走访,并对有困难的人进行适当生活补贴。

2005年角斜镇、老坝港镇村级工会联合会基本情况表

表12-2

序号	名称	建会时间	会员数	主席	经审委	女职工主任	覆盖企业数(会、小组)
1	滩河村联合工会委员会	2005.10	36	支部书记	顾礼俊	缪秀萍	3
2	范堑村联合工会委员会	2005.10	15	支部书记	曹　俊	唐　云	3
3	沿口村联合工会委员会	2005.10	140	支部书记	居成林	曹秀兰	8
4	老庄村联合工会委员会	2005.10	32	支部书记	薛鹤群	任海云	5
5	新坝村联合工会委员会	2005.10	35	支部书记	冯友群	缪云秀	7
6	周庄村联合工会委员会	2005.10	12	支部书记	李　进	管祝梅	3
7	五凌村联合工会委员会	2005.10	36	支部书记	居成根	杭　岚	7
8	来南村联合工会委员会	2005.10	150	支部书记	韩九玉	张　红	15
9	五虎村联合工会委员会	2005.10	45	支部书记	吴志德	谭海云	4
10	双龙村联合工会委员会	2005.10	162	支部书记	李　华	刘　静	7

续表 12－2

序号	名称	建会时间	会员数	主席	经审委	女职工主任	覆盖企业数(会、小组)
11	角斜村联合工会委员会	2005.10	68	支部书记	周桂存	陈晓敏	11
12	汤灶村联合工会委员会	2005.10	80	支部书记	黄春生	朱翠平	2
13	江海村联合工会委员会	2011.8	48	支部书记	严爱萍	王培丽	7
14	建场村联合工会委员会	2011.8	118	支部书记	陈晓芳	朱培培	8
15	富港村联合工会委员会	2011.8	64	支部书记	王海燕	缪阳阳	5
16	海港村联合工会委员会	2011.8	482	支部书记	潘亚娟	曹　荣	15
17	顾陶村联合工会委员会	2011.8	42	支部书记	顾园园	刘　云	5
18	镇海村联合工会委员会	2011.8	154	支部书记	申益芳	董　琴	3
19	川港村联合工会委员会	2011.8	45	支部书记	包建宏	蔡丙芳	3
20	通港村联合工会委员会	2011.8	35	支部书记	时海滨	陈惠敏	7

二、共青团

抗日战争时期，域内成立青年抗日救国会（简称“青抗会”），组织青少年站岗放哨、传递情报、斗恶霸、动员参军。

1949 年 11 月后，角斜、沿口、旧场成立青年团支部。广大团员积极配合党的中心工作搞宣传活动，带头参军，配合土改、参加民兵，积极参加生产自救，开展文娱宣传活动，充分发挥了青年的骨干作用。

1951 年，在抗美援朝、保家卫国的运动中，青年团员积极响应号召，踊跃参军，以自己的实际行动发挥出了青年团的巨大作用。

1951—1952 年，动员和组织青年团员开展扫盲识字运动，要求识字的人参加教学，不识字的带头学习。

1956 年，农业合作社后，发动青年开展农业科学技术研究活动，组织全乡青年在自留地上进行改良作物品种的科学试验。

1957 年 7 月，中国新民主主义青年团工作委员会更名为中国共产主义青年团委员会。同年 10 月，角斜乡召开第一届共青团代表大会，选举产生团委书记，各高级社均建立团支部，全乡有团员 200 多人。

1958 年 7 月后，域内各团支部组织团员认真落实大会精神，成立青年突击队、科学试验组，种青年试验田。

1962 年，景乃昌任角斜公社团委书记，有 14 个团支部 408 名团员。沿口公社符春田为团委书记，有 11 个团支部 350 名团员。李全春为旧场公社团委书记，有 11 个团支部，团员 348 人。

1965 年 8 月，社教结束后角斜、沿口、旧场、老坝港公社团委进行改选。杜秀山任角斜团委书记，全公社有 15 个团支部，团员 459 名。周再圣任沿口团委书记，全公社有 13 个团支部，390 名团员。曹文才任旧场公社团委书记，全公社有 13 个团支部，团员 381 名。施友芳任渔业公社团委书记，全公社有 5 个团支部，团员 122 名。1966 年以后，由于“文化大革命”，共青团工作受到破坏和干扰，停止团支部活动，共青团组织关系的转进、转出无人过问，一切均由造反派、红卫兵掌握，有的团员也当上了造反派头头，造“走资派”的反。

1969 年，整顿团组织，对团员进行重新登记，超龄团员办理退团手续，将各行各业中的青年积极分子吸收入团。恢复团的组织活动。经过整顿，共青团组织得到加强。1973 年，角斜、沿口、旧场、老坝港公社共青团组织进一步扩大巩固，角斜有 18 个团支部，沿口有 15 个团支部，旧场有 14 个团支部，老坝港有 6 个团支部。角斜李志兰任团委书记，沿口陈桂银任团委书记，旧场蔡正宽任团委书记，老坝港施友芳任团委书记。

1979 年，乡办企业、学校等单位都建立团支部。角斜、沿口共有共青团支部45个，团员914名，旧场、老坝港共有团支部22个，团员607人，严佩玲为角斜团委书记，张秀珍为沿口团委书记，储祥文为旧场团委书记（兼），潘金富为老坝港团委书记。

1982年、1986年，共青团组织经过两次整顿，纯洁了组织，对超龄团员办理退团手续，对不符合条件的团员进行批评教育，效果明显。

1979—2011年，域内各乡镇团委组织农村青年开展“学科技、用科学、争当科技兴农带头人”的活动，各乡镇业余团校举办各种技术培训班合计120多期，涌现出科技兴农带头人2000多人。在此期间，全国开展学雷锋、学赖宁和“五讲四美”的活动，各乡镇各企事业单位的团员青年积极响应号召，主动参与，各乡镇团委精心组织开展活动，成立青年志愿者服务队，在街头义务为民看病，修理小型家用电器和药械，并发放科技资料3万多份。1991年，角斜镇团委被团市委评为“先进团组织”。1979—2011年，任角斜镇团委书记的有严佩玲、徐斌、曹建军、徐爱玲、钱海兵、任永峰、曹剑华、祝和娟、张小云等。任沿口团委书记的有张秀珍、童宜、王瑞华、杭亚军、缪爱华、黄荣等。任旧场团委书记的有储祥文（代）、王昌云、花桂平、陈锦璜。任老坝港团委书记的有王元生、王文高、时志秀。旧场与老坝港合并后团委书记有陈锦璜、王海波、韩君。2011年，角斜与老坝港合并后缪杰任团委书记。

2011—2017年，全镇有1000多名优秀青年加入团组织。2017年，全镇有团员2000多人，镇团委推优入党团员32人，其中确定为入党积极分子30人，发展为预备党员32人，占全镇发展党员数的63.2%。是年9月，召开共青团角斜镇第十四次代表大会，出席代表112人，会议选举产生了由马富林、冯益美、刘海建、李林泽、沈修伟、范卫、赵登高、冒海林、袁小华、顾芹、缪杰等11人组成的新一届共青团委员会，缪杰为团委书记。

图12-1　角斜镇纪念“五四”运动九十六周年大会（高宝生摄于2017年）

三、妇联

民国二十九年（1940），角斜地区就建立妇女会，也叫妇抗会。民国三十四年（1945），妇抗会统一改为妇女会。民国三十八年（1949）4月，角斜地区建立妇女联合会。1952年，《中华人民共和国婚姻法》颁布后，域内妇联组织深入贯彻宣传婚姻法的活动，组织妇女学习讨论，让妇女了解明确男女平等、婚姻自由等道理，并组织妇女学习文化，提高思想觉悟。1957年，角斜、沿口、旧场相继建立民主联合会，角斜选举陆美珍为妇女联合会主任，高凤英、李凤英为副主任。沿口周宝莲为妇女联合会主任，陈桂相、缪四良为副主任。随后，各村也相继建立妇女代表大会制度，由妇女代表选举产生妇女主任。

“文化大革命”初期，妇女组织活动停止。1971年，各公社妇联工作重点是抓好计划生育工作，宣传晚婚晚育、优生优育，每个公社有近百名育龄妇女响应号召，只生一个好。1973年，恢复妇女组织活动。

1975年，全县开展“银花赛”活动，各公社妇联积极配合，组织全社妇女开展“赛思想，赛风格，赛措施，赛产量，比贡献”的“三八”银花赛，各社有1000多名妇女参加，促进棉花生产，提高棉花产量。此后，各公社的银花赛活动不断巩固发展。到1979年，银花赛的竞赛内容发展为“五赛五比”：赛思想，比劳动态度；赛风格，比团结互助；赛干劲，比科学种田；赛作风，比干部带头；赛产量，比贡献大小。各社参加县级赛的小组有30多个，受到县农先会的表彰。

1979年，各公社又开展“学习认真，遵纪守法好；热爱集体，劳动致富好；家庭和睦，尊老爱幼好；邻里互助，环境卫生好；计划生育，教育子女好”的五好文明家庭标兵户和“五好个人”的评比活动，有力地促进了社会的文明发展。

1983年9月后，公社改乡，各乡妇联召开妇代会，角斜乡李凤英任乡妇联主任。沿口乡张秀珍任乡妇联主任。旧场乡严佩玲任乡妇联主任，老坝港乡施友芳任妇联主任。当时妇女的主要任务是维护妇女权益，抓好计划生育，继续开展争创“五好家庭”活动。

1987年，域内各乡镇妇联在19—40岁初中以下文化程度的妇女中，开展“一教四普及”活动，即进行政治思想教育，普及文化科学知识、法律常识、科学育儿及妇女卫生知识。1988年，域内各乡镇妇联对广大妇女进行“自尊、自重、自强、自律”争做新时代的新女性教育。1990—2011年，在精神文明建设活动中，域内各乡镇广大妇女又积极配合，争创“五好家庭”，涌现一大批婆媳亲如母女、家庭亲密和谐、尊老敬老的先进典型。

2004—2017年，角斜镇妇联工作不断创新，与时俱进，开展关爱留守儿童、创建“春蕾班”、救助贫困母亲、结对帮扶贫困孤儿等具有时代特色的四大活动，有的做法在全县得到推广，并受到省政府的肯定与表彰，号召全省妇联学习。

（一）关爱留守儿童

改革开放后，外出打工挣钱的人越来越多，有的甚至跨出国门，农村出现儿童跟着爷爷奶奶、外公外婆生活的现象，爷爷奶奶、外公外婆年纪又大，又要种田、忙家务，对孙辈就少了生活、学习上的照料。角斜镇妇联针对这一现象，对双亲都在外工作或长期在外打工的留守儿童逐一调查，登记造册，然后由镇妇联出面，组织各村妇联主任到留守儿童家里看望，了解儿童生活、学习的情况，如有困难及时给予帮助解决，并教儿童经常跟父母通电话，进行沟通。让儿童了解父母在外打工的不易，让儿童从小学会自立自强、怎么让父母放心、怎么回报父母。工作中做到晓之以理，动之以情，使全镇留守儿童感受到党和政府及社会的温暖。

（二）创建“春蕾班”

2004年后，角斜妇联针对改革后出现的社会贫富不均的现象，大胆尝试创建“春蕾班”，其做法是，将贫困儿童编成两个班，由政府有关部门给予帮助。加入“春蕾班”的学生由相关部门调查、核实、公示后确认。角斜“春蕾班”的学生有40人，每生每年享受捐助单位400元的资助，年底打入该生家庭的一折通。这笔钱是由县计生委发放8000元，县财政局发放4000元，县国土局捐助4000元。

（三）救助贫困母亲

2004年后，开展救助贫困母亲行动，对贫困母亲免费发放猪、羊，让她们饲养；帮她们创造挣钱的机会，提供致富信息；免费治疗相关疾病。每年发放200元的救助资金。

（四）结对帮扶贫困孤儿

2004年后，域内妇联每年给贫困孤儿赠送羽绒服或棉衣棉被，逢年过节赠送相关食品，平时赠送文具用品，组织结对县级相关部门帮助孤儿。县级部门结对帮助角斜孤儿的有：县组织部荀锦坤帮扶的对象是角斜初中一年级学生梅海鹏，父母双亡，与爷爷共同生活，爷爷靠种田为生。县公安局局长严卫飞帮扶的对象是沿口小学五年级学生徐子杰，父母双亡，与干妈共同生活。县政协主席朱春帮扶的对象是角斜镇新坝村26组施培培，现在是实验中学高一(6)班学生，其父亲去世，母亲出走，与六七十岁的爷爷奶奶生活在一起。受到单位帮扶的有：县法院帮扶对象卞宏鑫，角斜中学学生；许波清，海中高一学生。气象局帮扶对象：居爱梅，角斜初二学生；缪佳静，角斜初中三年级学生。公安局帮扶对象：戴玉培，沿口小学六年级学生；缪雨清，扬州职大就读学生。

角斜妇联在开展以上活动的同时，每年又组织被关爱捐助的学生用写书信的形式感恩党和政府，并要求这些贫困学生以自己最好的学习成绩回报社会。许波清同学上小学时品学兼优，可她先是失去了得癌症的父亲，接着母亲在自驾车祸中丧生，11岁的她成了孤儿，与70多岁的奶奶相依为命。自从受到捐助后，她更加用心学习，2007年以优异的成绩进入海中并获得公费资助，在她的心中党和人民就是她的再生父母。

各乡镇历任妇联主任：角斜镇先后为陆美珍、周宝莲、鲁敏、藤国芳、李志兰、李凤英；原沿口镇先后为周宝莲、张宏莲、张秀珍、周云、翟惠娟；旧场乡先后为张宏莲、冯秀兰、严佩玲、陆爱红；原老坝港乡(渔业)先后为康成秀、施友芳。1995年，老坝港乡与旧场乡合并后，老坝港历任妇联主任为施友芳、沈芳、邱美玲、时志秀。2000年，角斜镇与沿口镇合并后，历任妇联主任为严佩玲、吴红梅、周美琴、练亚琴。2011年，角斜镇与老坝港镇合并后的老坝港滨海新区(角斜镇)妇联主任为练亚琴。

图 12-2　角斜镇纪念"三八"国际劳动妇女节106周年大会(高宝生摄于2017年)

四、少儿团体

抗日战争中后期，域内开始成立儿童团，比较有名的儿童团长有沿口乡的金奎、角斜乡的蔡美富、旧场乡的万幸。1949年10月，中国少年先锋队成立后，域内各小学建立中国少年先锋队大队，每个教学班设中队，学习小组设小队，班主任为中队辅导员。20世纪80年代后，学校选派青年党员或团员教师为少先大队辅导员，乡镇在教育办公室设中国少年先锋队总辅导员。在乡镇团委领导下，配合教学中心工作，开展适合少年儿童成长特点的"传承红色基因，放飞青春梦想"系列学习教育活动。

五、贫下中农协会

1965年9月后，域内各公社相继成立贫下中农协会(简称"贫协")。各大队有贫协主席，各小队有贫协组长，形成上下健全的网络组织。"文化大革命"期间，贫协经常组织社员开展活动。1974—1976年，各公社贫下中农协会分别组织贫下中农毛泽东思想宣传队，进驻和管理所属地区机关、学校、医院、企业等单位。中共十一届三中全会前夕，各地贫下中农协会活动停止，协会组织解体。

六、关心下一代协会

(一)组织机构

1994年年底，域内各乡镇建立了关心下一代协会(简称"关工组织")，由党委副书记任主任，常务副主任：原角斜镇为袁柏珊、沿口镇为王承轩、老坝港镇为张桂华，沿口、角斜合并后，王承轩任常务副主任。2001年起，域内建立起镇、村和村民小组的关工组织网络，镇关工委由党委书记任名誉主任，党委分管政工的副书记任主任，人大主席任常务副主任，各乡镇的老干部支部书记以及组织、宣传、团委、妇联、综治办、教育等部门负责人任副主任或委员。村关工委领导组组长由党支部书记担任，选1名老干部任常务副组长，村民小组由3—5人组成关工小组，3—5个小组组成一个关工辅导站。2002—2005年，角斜镇20个村被县关工委、县文明办、综治委先后命名为关心下一代工作先进村。2008年，原角斜镇和角斜村关工委被县委表彰为关心下一代先进集体。是年，角斜村又被南通市文明委命名为关心下一代先进村。2011年，角斜、老坝港合并后，关工委常务副主任为王承轩、张桂华。2012年，海港村被南通市文明委命名为关心下一代先进村。2015年，区关工委被县委表彰为关心下一代先进集体。至2017年，角斜镇有关工组织21个。

(二)校外教育辅导站

2005年年底，域内各村都建有校外教育中心辅导站，中心辅导站下设若干辅导分站，各站配

图 12-3　角斜镇暑期校外辅导现场推进会(高宝生摄于2017年)

有站长、副站长和辅导老师，辅导站有图书室、阅览室、活动室和活动器材，制定各项制度，每逢节假日对青少年开放。域内实现了辅导站全覆盖，共有52个校外辅导站。由辅导老师给同学们讲故事、练书法、学乐器、解难题。2015年，角斜镇组织在职教师回村任校外辅导站辅导员，这一做法在全县得到推广。

（三）青少年教育工作站

2009年年初，角斜镇各村成立青少年教育工作站，这是全县率先成立的关爱青少年成长的组织。为预防和减少青少年违法犯罪活动，角斜镇关工委、综治委经调查后研究，报请党委批准，在各村聘请一名德高望重的“五老”任青少年教育工作站站长，站长一般由各村关工领导组的常务副组长担任，同时聘请其他几位“五老”为成员。工作站负责辖区内青少年思想道德教育，帮助违法犯罪对象就地矫正。是年5月，县综合治理委员会在全县预防青少年违法犯罪现场会上，对青少年教育工作站做法予以充分肯定。范墅村老校长冒桂明在会上作了“创建青少年零犯罪村”的专题介绍。2010—2011年，全镇青少年教育工作站与失足青少年结对帮教21人，成功转化率98%。

图12-4　角斜镇滩河村关工委暑期学生安全教育活动（高宝生摄于2017年）

（四）主题活动

域内各乡镇关工委成立后，深入开展“一教四帮”（思想教育、帮学、帮困、帮扶、帮转化）活动。域内有325对老少结为对象。老干部帮助青少年中的弱势群体（贫困生、残疾生、留守生、失学青少年）办实事、做好事，每年资助帮困助学资金8万多元。2003年8月22日，角斜镇党委召开创建关心下一代工作先进村和先进社区现场推进会，与会代表参观范堑村“双创”工作现场。2004年10月20日，角斜镇“春蕾班”揭牌仪式在角斜小学举行。2005年3月，域内两镇在青少年中开展“孝心献给父母、爱心献给他人、信心留给自己”的“三心三给”教育。5月，镇开始组织宣讲团在全镇各学校宣讲。2006年3月，域内两镇在青少年中开展“荣辱观”教育。2007年3月，两镇在青少年中开展“勿忘国耻，振兴中华”“弘扬长征精神，不怕牺牲，艰苦奋斗”教育，各村采用广播会、图片展览、看录像、参观纪念馆、演讲等形式对青少年进行教育。2008年3月，域内两镇开展“迎奥运、强体魄、勤锻炼”教育。5月后，开展“抗震救灾、众志成城、生命至上、爱心无价”抗震精神教育和改革开放30年教育，全镇师生向灾区捐款4万多元。2009年4月1日，老庄村举行“祖国美好”演讲会，老干部、老党员、学生家长、学生代表10人在会上用新旧对比方式，畅谈祖国60年巨变成就，镇关工委3名负责人出席会议。5月3日，角斜镇角斜村举行“颂祖国，庆五一，我为祖国添光彩”演讲暨文艺演出，老、中、青、少代表12人，用翔实的材料、具体事例、生动的语言，演讲祖国60年的巨变和成就。镇有关部门负责人、村民代表600多人听了演讲深受教育。演讲后，县歌舞剧团演出歌颂祖国的文艺节目。6月1日，角斜小学举行“庆六一，颂祖国”演讲会暨文艺演出活动。镇“五老”（老干部、老党员、老军人、老教师、老科技工作者）宣讲团4人在会上作中国革命史、建设史、创业史宣讲，老坝港小学各班自编自演歌颂祖国的文艺节目。2012年，角斜镇开展“学雷锋，心向党，讲品德，见行动”活动，编写材料200多份，组织宣讲团21个，宣讲场次43场，受益人数8000人次。2013年，在全区开展“老少共话中国梦”主题教育。5月12日，沿口幼儿园、沿口村辅导站、沿口圆梦乐队共庆中共十八大。7月4日在老庄村召开“老少共话中国梦”主题教育总结表彰大会。2014年在全区开展“践行中国梦，三爱见行动”主题教育，4月27日，区关工委组织各村关工委负责人参观汤灶村孝行文化室，观看村制作的“孝行教育专题会”视频，支部书记卞扣生介绍情况，“孝行教育”征文获全国一等奖，推行“孝行牌”教育的文章获全国征文一等奖，其成功教育的经验写进《全国专家大辞典》。2015年，在全区开展“学法立德，践行梦想”主题教育，结合纪念抗日战争胜利70周年，开展社会主义核心价值观教育，7月19日在海港村召开这一主题教育现场会。7月21日，在老庄村开展大型关爱活动“特别的爱献给特别的你”，对特困生唐星宇的学习、生活做了安排。

（五）重大事件

2002年，海港村建筑企业负责人吴礼明出资10万元，建立腾港励学基金会，用于资助困难学生和奖励优秀学生。是年，角斜中学张家港香山寺助学基金会成立，由香山寺方丈、来自范堑村的冒建华每年资助2万元用于助学。2011年，市关工委曹能新主任在县关工委吴庆云主任、区党工委副书记季小平陪同下到新区视察，在角斜、海港村观看辅导活动，看资料、看硬件等建设情况，并给予相当高的评价。2012年6月，国家级刊物《社区与教育》以《夕阳里的一只战鹰》为题，介绍了新区关工委副主任王承轩关心下一代的事迹。是年，退休女教师韩仕临在县关工大会上做“关心下一代”工作经验介绍。2014年，省委常委、纪委书记弘强和南通市副市长单晓鸣、海安县县长陆卫东、县纪委书记李春旺到关工委副主任王承轩家中拜访，听取其关心下一代的工作意见。

七、老区开发促进会

20世纪90年代，域内建立老区开发促进会、扶贫开发协会（简称两会）分会。2011年后，角斜镇“两会”分会常务副理事长为刘建华、张桂华，分会秘书长申承银，刘建华还是南通市“两会”理事，县“两会”理事会成员。分会常年参与组织产业扶贫。2016年后扶贫贷款贴息项目每年4个，年均12万元左右，2017年，争取贴息资金16万元。贴息项目承担单位为兴业香菇合作社、众鑫农业科技合作社、山上山下菇业有限公司、玉馨香食品有限公司，总计吸收近50户贫困家庭的成员就业，每年保证16户贫困家庭脱贫。全年助学扶贫，给港中、角中各3名贫困优秀生扶贫奖学金每人1000元，并积极推荐优秀贫困生参与慈善学校“国华纪念中学”的招生。

镇“两会”常年组织红刊征订，广泛开展红刊进校园活动，在广大青年，特别是青年团员、青年干部、青年党员中开展“学红刊、忆党史、扬精神、促发展”的系列活动，并组织心得交流，取得良好的社会效果。

八、商会

1995年后，角斜、沿口、老坝港相继建立商会组织。1997年，老坝港乡的海安县兰波实业有限公司加入省紫菜协会。2000年12月，老坝港乡在镇海村二楼会议室召开大会，老坝港乡商会、海安县紫菜业商会、鳗鱼业商会和原老坝港渔网业商会同时成立，2001年11月，角斜渔网业商会成立。商会每年都开展活动，在规范行业管理，提高自律意识，行业带头示范，为政府经济工作发展起到很好的辅助作用。

图12-5　角斜镇第四届会员代表大会
（高宝生摄于2017年）

九、慈善协会

（见民政部分）

十、个体劳动者协会

1982年8月后，域内各乡镇分别成立个体劳动者协会。协会挂靠工商分局，在个体劳动者中主要开展自我教育、自我服务、自成管理的“三自”活动。1986年起，要求个协会员在经营中做到四有（有证、有明码标价、有服务公约、有意见簿）张挂于店堂的醒目处，便于群众监管。乡镇合并后，协会功能弱化，组织逐渐瘫痪，部分职能被商会替代。域内历任个体协会负责人：角斜为李炳光，沿口为刘书平，老坝港是蒋树发，旧场是汤承忠和王文华。

第十三章　政权建设

宋代“范公堤”修建后,域内曾设有盐场,有盐政管理。清朝有乡级政权。民国实行保甲制。民国二十九年(1940),新四军东进,组织民运工作队,发动群众,选举翻身组长、村长,逐步建立人民政权。由于处于边远地区,区划变化频频,人事更替繁杂,也很少有档案存世。

1949年后,域内有11个小乡。1953年,选举产生乡政权机构。1956年,小乡并为大乡,乡建立人民委员会。1958年10月,域内建立3个人民公社,公社设管理委员会。1962年9月,旧场公社红旗大队划出组建海洋渔业公社,域内有4个公社。1983年,撤社建乡,建立乡人民政府。1986年,角斜撤乡建镇,建立镇人民政府。1995年,旧场乡与老坝港乡合并,沿口撤乡建镇,域内有2个镇1个乡。2000年4月,角斜镇与沿口镇合并。2002年,老坝港撤乡建镇。2011年10月,老坝港镇、角斜镇合并,组建新的角斜镇。

第一节　乡镇人民代表大会

一、代表大会会议

1953年9月,域内各乡先后举行第一次普选。进行选民登记,对年满18岁以上的选民进行登记、资格审查,第一次颁发选民证。酝酿协商候选人,两轮上下确定正式候选人,当时的条件有限,是用“瓷碗丢豆”的办法,完成代表选举任务。各乡分别召开第一次人民代表大会,区委派人指导,各乡选举产生乡长、副乡长和乡人委委员,组成乡人民委员会(简称“乡人委”)。角斜乡乡长冯祖德,角西乡乡长李十余,来南乡乡长吴大如,滩河乡乡长唐德发,周庄乡乡长罗发银,沿口乡乡长居九锡,范堑乡乡长康成如。

1954—1966年,域内各乡选举产生6届乡(公社)人民代表大会,每届任期2年。1958年后,实行人民公社化,实行政社合一,公社社员代表大会也履行乡人代会的职能。

“文化大革命”开始后,人民代表大会制度遭到破坏。1968年,各公社成立革命委员会,由县革会任命领导人员,派人到会宣布任命名单,有关代表发言,宣告成立。

1983年,撤销公社管理委员会,召开人民代表大会,实行换届选举,根据新宪法实行依法选举。包括进行选民登记,发放选民证,并正式公布选举榜,确定选区划分,分配代表名额,提名候选人,包括上级提名和十人联合提名,协商正式代表候选人,候选人与选民见面会,召开选举大会进行选举等几个阶段。当时是按照每个乡的30个代表基数,每增加千人增加一个代表额,沿口乡53人,角斜乡57人,旧场乡49人,老坝港乡33人。

各自召开代表大会,听取和审查人民政府工作报告,审查和批准财政预算报告,决定乡镇内的民生工作等。选举产生乡镇级领导人员和出席上一级的人大代表。1983年起,依照“1982宪法”，县级人大代表由选民直接选举产生，不再由乡镇级人民代表大会间接选举，选举进一步规范，依法办事程序进一步明确，民主进一步扩大，实行城乡同权。

二、人代会常务主席

1989 年起，各乡镇在人民代表大会闭会期间，设立常务主席，乡镇级人民代表大会有了常设机构。

域内各乡镇历次人代会常务主席：老坝港乡（镇）人大主席为王维林（1990.3—1996.3）（1998.12—2000.1）、王绍兰（女，1996.3—1998.11）、屈祖平（2000.2—2002.12）（兼）、陶树明（2002.12—2005.5）、徐斌（2005.5—2007.11）、申承群（2007.11—2011）；旧场乡人大主席为万坤林（1990.3—1991.4）、王昌云（1991.4—1995.11）；沿口乡（镇）人大主席为汤桂芝（1990.3—1995.11）、王昌云（1996.1—1997.11）、濮存山（1997.11—1998.11）、刘建华（1998.12—2000.4）；角斜镇人大主席为朱振丰（1990.3—1993.11）、钱如玉（1993.11—1996.3）、袁伯珊（1996.3—1998.11）、濮存山（1998.12—2000.4）、金加海（2000.6—2004.8）、童琦（2004.8—2007.12）、吉临兆（2007.12—2010.11）、袁加根（2010.11—2011.11）。2011—2017 年，历任角斜镇人大常务主席为申承群（2011）、顾维斌（2014）、顾仁军（2017）。

1953—2010 年角斜镇历届人代会情况简表

表 13－1

届次	时间	代表名额	乡长	副乡长	政权机构名称
一	1953.9	35	冯祖德		（小乡）乡人委
一	1956.3	35	唐德发	李十余　沈祝山　冯祖德　徐守来　申启英	（小乡）乡人委
一	1958.2	51	朱朝相	范成礼　许　建	乡人委
二	1959.10	53	朱朝相	范成礼　汤春和　徐万山　许　建　鲁　敏　于荣标	公社
三	1963.5	53	倪红天	汤春和　鲁　敏	公社
四	1968.3	—	蔡元祥	史长裕　汤春和　符永芝　曹莲凤　周世荣	革命委员会
五	1981.12	53	景乃昌	汤长林　吴道钧　钱金生	公社
六	1983.10	56	朱振丰	汤长林　刘德山　吴道钧	乡政府
七	1986.1	56	朱振丰	吴道钧　刘德山　王伯林　汤长林	镇政府
八	1990.3	57	朱春林	吴道钧　蔡炳生　张长贵　陆忠祥	镇政府
九	1993.11	57	练庆农	吴道钧　蔡炳生　李志祥　陆忠祥　康贻龙	镇政府
十	1996.3	57	练庆农	蔡炳生　吴道钧　陆忠祥　李志祥　康贻龙	镇政府
十一	1999.3	58	金加海	康贻龙　缪昌平　许金田　袁国华	镇政府
十二	2000.12	85	丁建民	康贻龙　许金田　缪昌平　王瑞华　季小平　符秀玲	镇政府
十三	2006.4	85	吉临兆	康贻龙　缪昌平　王瑞华　符秀玲	镇政府
十四	2010.10	85	章晓丽	任兴荣　戴正福　张　渊　王瑞华	镇政府

2011—2017年角斜镇人代会简表

表13-2

届次	时间	代表名额	人大主席	人大副主席
一	2012.3	85	申承群	邓卫东
二	2016.5	85	顾仁军	—
二届二次会议	2017.1	—	—	—
二届三次会议	2018.1	—	—	—

附：角斜镇籍人大代表

1975年，祁明发，第四届全国人大代表；1978年，祁明发，第五届全国人大代表；1987年，赵保群，第七届江苏省人民代表大会代表；1987年，练锦余，第十届南通市人大代表；1992年，赵保群，第十一届南通市人大代表；2017年，李海波，第十五届南通市人大代表。

第二节　区乡政权组织

一、区公所

（一）抗日战争时期角斜区公所（1941.3—1945.8）

1941年3月，建立角斜区公所，属泰县县政府领导，驻角斜东街汪家祖宅内。不久，属泰东县政府领导。1942年11月，属东台县政府管辖。

区　长：肖　朗（1941.3—1941.6）
蒋　拔（1941.6—1941.12）
刘枫渔（1941.12—1942.5）
周逸樵（1942.5—1943.3）
丛寄宇（1943.3—1943.3）
肖　赫（1943.3—1945.5）
仲　泉（1945.5—1945.8）

（二）抗日战争时期唐角区公所（1942.2—1943.3）

1942年2月，泰东县决定划唐洋、角斜和李堡区的部分乡建立唐角区，设区公所。是年11月，隶属东台县。1943年3月，撤销唐角区。

区　长：郭导之（1942.2—1942.5）
丛寄宇（1942.5—1943.3）

（三）解放战争时期角斜区公所（1945.6—1949.9）

1945年9月，角斜区仍属东台县领导。同年11月，东台县撤销角斜区，所属地区划归李堡区和唐洋区。同年，东台县将李堡区划给紫石县。1946年6月，李堡区划分为李堡区和角斜区。同年11月，角斜区公所脱离紫石县政府，归泰东县政府管辖，不久，泰东县并入东台县，角斜区公所亦归属东台县政府管辖。1949年6月，东台县撤销角斜区，所属并入李堡区划给海安县。

区　长：仲　泉（1945.9—1945.11）
王植夫（1946.6—1946.11）
王灿之（1946.12—1947.5）
顾惕成（1947.5—1947.7）
夏锦盛（1947.7—1949.2）
魏　健（1949.2—？）
吴三银（1949.2—1949.6）

副区长：周寅生（1946.8—1947.3）
张德贵（1946.12—？）
王　磊（1947.1—1947.6）
缪瑞峰（1948.6—1948.10）
陈加友（1948.8—1948.10）
钱志缪（1949.6—？）
徐家银（1949.6—？）

民国时期国民政府区(乡)任职人员情况表(不完全统计)

表 13-3

姓名	性别	任职时间	职务	住址
李同生	男	1940 年左右	东台县教育局教研员	范堑村
徐学和	男	1938 年前	沿口乡乡长	沿口村
陈庭元	男	1939 年后	沿口乡乡长	老庄村
陈绍宣	男	1940—1944 年	东台县律师 李堡区区长	富沿村
李连生	男	1946—1947 年	东台四区区长	范堑村
李德生	男	1946—1947 年 1947—1948 年	范居乡乡长 东台四区区长	范堑村
李一峰	男	1947—1948 年	范居乡副乡长	范堑村
居九余	男	1947—1948 年	范居乡副乡长	双凌村
缪兴成	男	1948 年	康沿乡乡队副	沿口村
陈宝珩	男	1948 年	康沿乡乡队副	老庄村

抗日战争时期域内伪职人员情况表(不完全统计)

表 13-4

姓名	性别	任职时间	职务	住址
翟明学	男	1941—1942 年	伪范堑乡乡长	向阳村
邱锡林	男	1943—1945 年	伪范堑乡乡长	树园村
居兰国	男	1941—1945 年	伪居湾乡乡长	双凌村
缪玉才	男	1942—1945 年	伪沿口乡乡长	居湾村
居瑞康	男	1945 年	伪周庄乡乡长	双凌村
杨九鹤	男	1944—1945 年	伪办事处主任	居湾村

(四)中华人民共和国成立后角斜区

角斜区公所,1952 年 8 月设立,1954 年 11 月撤销。

区　长:吴大源(1952.8—1954.11)

副区长:卞志华(1952.8—1952.11)

二、乡镇政权机构

(一)角斜乡镇(公社)政权机构

角斜乡人民委员会,1957 年 10 月,来南乡、角斜乡、杨庄乡的部分社合并为角斜乡,并设乡人民委员会。1959 年 10 月撤销。

乡　长:朱朝相(1957.10—1959.10)

角斜人民公社管理委员会,1959 年 10 月,角斜人民委员会改建为角斜人民公社管理委员会。

社　长:朱朝相(1959.10—1963.4)

倪红天(1963.4—1967.3)

副社长:范成礼(1959.10—1962.10)

汤春和(1960.3—1967.3)

徐万山(1960.6—1963.10)

许　健(1960.11—1962.10)

于荣标(1960.12—1961.9)

鲁　敏(女,1963.4—1967.3)

角斜人民公社革命委员会于 1968 年 3 月成立。

主　任:蔡元祥(1968.3—1972.4)

副主任:卢玉林(1971.3—1976.10)

(1972.4—1976.10,无正职,主持工作)

副主任：符永芝（1976.10—1981.3）
　　卢玉林（1976.10—1981.12，无正职，主持工作）
　　景乃昌（1976.10—1981.12）
　　汤长林（1976.10—1981.12）
　　刘　义（1976.10—1981.12）
　　钱锦生（1976.10—1978.8）
　　于荣标（1978.9—1981.8）

角斜人民公社管理委员会

主　任：景乃昌（1981.12—1983.9）
副主任：汤长林（1981.12—1983.10）
　　吴道钧（1981.12—1983.10）

角斜乡人民政府

乡　长：朱振丰（1983.10—1986.1）
副乡长：汤长林（1983.10—1986.1）
　　刘德山（1985.1—1986.1）
　　吴道钧（1985.1—1986.1）

角斜乡经济联合委员会

主　任：蒋　俊（1983.10—1985.1）
副主任：吴道钧（1983.10—1985.1）
　　刘德山（1983.10—1985.1）
　　李志祥（1983.10—1984.12）

角斜镇人民政府，1986 年 1 月，撤乡建镇，角斜乡改为角斜镇。2000 年 4 月沿口镇与角斜镇合并，建立新的角斜镇人民政府。

镇　长：朱振丰（1986.1—1990.3）
　　朱春林（1990.3—1992.4）
　　钱如玉（1992.4—1993.11）
　　练庆农（1993.11—1996.11）
　　郑　华（1996.11—1997.11）
　　金加海（1997.11—2000.5）
　　丁建民（2000.6—2002.12）
　　史有根（2002.12—2003.7）
　　张　军（2003.7—2004.8）
　　吉临兆（2004.8—2007.12）
　　袁加根（2007.12—2010.10）
　　章晓丽（2010.11—2011.10）
副镇长：汤长林（1986.1—1987.3）
　　刘德山（1986.1—1989.12）
　　吴道钧（1986.1—1997.11）
　　王伯林（1987.3—1989.12）
　　蔡炳生（1989.12—1990.2）（1993.2—1998.11）
　　张长贵（1989.12—1993.2）
　　陆忠祥（1993.2—1995.3）
　　李志祥（1993.2—1998.11）
　　康贻龙（1993.11—2006.3）
　　缪昌平（1997.11—2006.3）
　　袁国华（1998.12—2000.5）
　　许金田（2000.6—2001.11）
　　王瑞华（2000.6—2010）
　　符秀玲（2002.4—2004.8）
　　季小平（2002.4—2009.9）
　　任兴荣（2006.3—2010.4）
　　戴正福（2006.3—2010.4）
　　蔡来平（2006.3—2007.12）
　　柴宝清（2006.3—2007.12）
　　张　渊（2007.12—2010.10）
　　王　军（2010.11—2011.10）
　　曹剑华（2010.11—2011.10）
科技副镇长：徐　军（1992.5—1994.6）
　　金建华（1994.6—1994.12）

（二）沿口乡镇（公社）政权机构

沿口乡人民委员会，1957 年 10 月，沿口乡与角斜乡的部分社合并为沿口乡，并设乡人民委员会。1959 年 10 月撤销。

乡　长：卞志华（1957.10—1958.5）
　　顾锦友（1958.5—1959.10）
副乡长：潘春发（1957.10—1959.10）

沿口人民公社管理委员会，1959 年 10 月，由沿口乡人民委员会改建沿口人民公社管理委员会。

社　长：顾锦友（1959.10—1961.7）
　　周　森（1960.12—1964.4）
　　（1965.8—1967.3）
副社长：潘春发（1959.10—1962.10）
　　王七贤（1960.10—1961.10）
　　黄连生（1960—1962.10）
　　张宏远（1960—1962.10）
　　朱朝相（1963.11—1967.3）

1968 年 3 月成立沿口人民公社革命委员会。

主　任：孙学周（1968.3—1976.5）
　　戴茂生（1976.5—1981.12）

副主任：张宏远（1976.10—1981.5）
金学富（1976.10—1980.10）
薛祖尧（1976.10—1981.8）
符春田（1976.10—1981.12）
周　森（1978.8—1979.11）
朱本固（1978.12—1981.12）
胡春学（1980.5—1981.12）

沿口人民公社管理委员会

主　任：汤贵芝（1981.12—1983.9）
副主任：符春田（1981.12—1983.9）
朱本固（1981.12—1983.9）
胡春学（1981.12—1983.9）

沿口乡人民政府

乡　长：汤桂芝（1983.9—1984.4）
祁吉兰（女，1984.4—1986.11）
何文彬（1987.3—1995.3）
濮存山（1995.3—1995.7）
副乡长：严汉洵（1983.9—1986.1）
王承轩（1985.1—1995.6）
缪爱生（1985.1—1987.3）
陈建明（1987.3—1995.3）
科技副乡长：张红专（1992.5—1994.6）
董德荣（1994.4—1994.12）

沿口乡经济联合委员会

主　任：胡春学（1983.10—1985.1）
副主任：缪爱生（1983.10—1985.1）
朱本固（1983.10—1984.4）

沿口镇人民政府，1995年，沿口乡撤乡建镇，成立新的沿口镇人民政府。2000年4月沿口镇并入角斜镇。

镇　长：濮存山（1995.3—1997.11）
陈　杰（1997.11—1998.11）
王绍兰（1998.11—2000.4）
副镇长：王承轩（1995.7—1996.3）
陆忠祥（1995.3—1998.11）
屈祖平（1996.4—1998.11）
黄玉纯（1996.4—1996.7）
许金田（1996.4—2000.4）
王瑞华（1998.4—2000.4）

（三）旧场乡（公社）政权机构

旧场人民公社管理委员会，1959年4月，经省人民委员会批准，旧场人民公社由如东县划归海安县，并设旧场人民公社管理委员会。

社　长：王绍银（1959.3—1959.10）
张英时（1959.10—1966.1）
季志伯（1966.1—1967.3）
副社长：练志田（1959.3—1962.10）
郭九龙（1959.10—1962.10）
许秀勇（1959.10—1962.10）
周桂珍（女，1960.4—1962.10）
杨宝元（1961.9—1967.3）
吴志明（1966.5—1967.3）

海防人民公社革命委员会，1968年3月成立。1970年4月，旧场人民公社改名为海防人民公社。

主　任：薛志忠（1968.3—1969.8）
葛存德（1969.8—1975.11）
姚建国（1975.11—1981.12）
副主任：顾锦友（1976.10—1981.5）
吴国流（1976.10—1977.12）
许正涵（1973.10—1976.10）
王文山（1976.10—1981.12）
王维林（1976.10—1979.4）
钱锦生（1978.8—1981.12）
吴国流（1979.4—1981.12）

旧场人民公社管理委员会，1981年8月，海防人民公社改名为旧场人民公社。

主　任：袁伯珊（1981.12—1983.10）
副主任：王文山（1981.12—1983.10）
钱锦生（1981.12—1983.10）

旧场乡人民政府，1983年10月旧场公社管理委员会撤销，建立旧场人民政府。

乡　长：储祥文（1983.10—1985.1）
胡春学（1985.1—1990.12）
王九云（1990.12—1993.11）
花桂平（1993.11—1995.11）
副乡长：葛长征（女，1983.10—1984.10）
申启明（1984.10—1987.1）
葛长征（女，1985.1—1995.11）
汤兴稳（1985.1—1993.3）
陆建华（1991.4—1993.3）
徐　斌（1992.4—1995.11）

花桂平(1993.3—1993.11)
蒋爱东(1993.11—1995.11)
科技副乡长:仲正凯(1992.5—1994.6)
范朝阳(1994.4—1994.12)
旧场乡经济联合委员会
主　任:万坤林(1983.10—1984.10)
葛长征(1984.10—1985.1)
副主任:王文山(1983.10—1984.6)
汤兴稳(1983.10—1985.1)

(四)老坝港乡镇(公社)政权机构及负责人

海洋渔业人民公社管理委员会,1962年10月,原属旧场人民公社海洋渔业大队改建为海安县海洋渔业人民公社。

社　长:吴国流(1962.10—1966.1)
王居友(1966.1—1967.3)
副社长:陈乔林(1963.4—1967.3)

海洋渔业人民公社革命委员会,1968年3月成立。

主　任:张英楼(1970.10—1981.12)
副主任:符锦云(1968.3—1970.11,无正职,主持工作)
陈乔林(1976.10—1981.12)
王永松(1976.10—1981.12)
朱永生(1976.10—1981.12)

老坝港渔业人民公社管理委员会,1981年8月,海洋渔业人民公社改名为老坝港渔业人民公社。

主　任:朱永生(1981.12—1982)
副主任:王能华(1981.12—1983.11)

老坝港乡人民政府,1983年11月,老坝港渔业人民公社改为老坝港乡,设乡人民政府。1995年,老坝港乡与旧场乡合并,成立新的老坝港乡人民政府。

乡　长:郭文润(1983.11—1987.1)
申启明(1987.1—1990.7)
王绍兰(女,1990.7—1995.11)
花桂平(1995.11—2002.4)
副乡长:范钦泉(1983.11—1987.1)
顾十田(1983.11—1990.3)
王绍兰(女,1990.3—1990.7)
王新江(1991.3—2002.4)
花德成(1991.3—2001.2)
申承群(1994.10—2002.4)
徐　斌(1995.12—1998.11)
顾继宏(1998.3—2000.5)
周建平(2001.2—2002.4)
吴中月(2001.2—2001.11)
陆爱红(女,2001.11—2002.4)
许金田(2001.11—2002.4)
许金龙(2001.11—2002.4)
科技副乡长:贲秀林(1992.5—1994.6)
姜跃峰(1994.4—1994.12)

老坝港镇人民政府,2001年12月,省政府同意老坝港乡撤乡建镇。2002年4月举行建镇活动。

镇　长:花桂平(2002.4—2002.12)
蒋爱东(2002.12—2004.3)
任永峰(2004.3—2009.10)
顾维斌(2009.10—2010.10)
副镇长:周建平(2002.4—2006.3)
陆爱红(女,2002.4—2006.3)
许金田(2002.4—2010.11)
许金龙(2002.4—2009.10)
印松涛(2002.12免)
张　渊(2006.3—2007.11)
张勇华(2006.3—2007.10)
周亚东(2007.12—2010.11)
金　华(2007.12—2010.11)
陈　健(2009.3—2010.1)
杨　惠(2010.11—2011.10)

(五)角斜镇政权组织

2011年10月,撤销角斜镇、老坝港镇人民政府、老坝港经济开发区(2000年在新垦区设置),组建新的角斜镇人民政府和老坝港滨海新区(角斜镇)管理委员会。

老坝港滨海新区管理委员会
主　任:王　怀(2011.10—2017.1)
章晓丽(女,2017.4—2017.11)
王　晨(2017.11起)
副主任:任永峰(2011.10—2012.1)
袁加根(2012.3—2012.11,2012年3月

起任常务副主任）

顾维斌（2011.10—2012.11）

章晓丽（女，2011.10—2017.4，2012年11月起任常务副主任）

崔小勇（2012.1—2014.12）

吉祖荣（2012.11—2014.2）

韦钦文（2014.2—2016.4）

余星星（2015.6—2017.12）

段海峰（聘，2015.6—2017.4）

王　军（2017.12起）

丁小军（2017.12起）

王　晨（2017.4—2017.11）

委　员：余星星（2012.1—2015.5）

段海峰（聘，2012.3—2015.5）

丁小军（2017.12起）

王　军（2015.7起）

角斜镇人民政府

镇　长：王　怀（2012.1—2016.4）

章晓丽（女，2016.4—2017.11）

王　晨（2017.11起）

副镇长：赵耕毛（挂职，2012.9—2013.9）

严　斌（挂职，2014.8—2015.8）

张家顺（挂职，2015.11—2016.11）

余星星（2016.5—2017.12）

段海峰（2016.5—2017.4）

丁小军（2016.5起）

邓卫东（2016.5—2016.11）

杨　惠（2016.11—2017.12）

镇长助理：钱开宇（挂职，2012.8—2013.8）

第三节　基层民主建设

民国三十年（1941），新四军东进，域内废除民国时期的保甲制度，民主选举村长，开创基层民主建设的先河。中华人民共和国成立后，1953年进行了第一次普选人民代表，1955年，基层乡村普遍开展民主选举。1958年后，实行政社合一的体制，基层民主选举各生产队队长、会计、生产大队干部，以社员代表大会的形式，选举人民公社社长、副社长、公社管理委员会委员。1983年下半年，实施《中华人民共和国村民委员会组织法》，在原来生产大队的基础上普遍选举村民委员会，设村民委员会主任、副主任、委员，并明确规定每个村民委员会必须有妇女委员。村民委员会每届任期三年。镇政府定期到村进行指导，保证村民委员会自治制度规范运行，村委会定期向村民代表报告工作，接受审议，保证监督，实行村民自治。各村在村民委员会民主选举产生后，普遍建有村民议事制度和村民代表会议制度，制定村民自治章程，自定“村规民约”，全面实行民主管理、民主理财、民主评议。同时推行村务公开，各村设有政务公开栏，建立民主理财工作小组和民主监督委员会，各村村级财务、政务列入公开的范围。换届制度化已成定律，2017年是第十二届村民委员会履职期限。在角斜管理区同时建立居民委员会，在原沿口镇、老坝港镇镇区实行村居合一的自治管理体制。

第四节　历次政治运动

一、惩奸运动

根据紫石县委指示，从民国三十四年（1945）10月至翌年5月，域内各乡开展了惩奸运动。沿口乡吕红连、刘树圣，角斜乡的汤长高、吴国华、张朗斋等汉奸都受到应有的惩处。民国三十四年（1945），李堡区召集各乡佃农贫农大会，进行倒粮退租，并结合惩奸运动，将各乡伪乡长、乡丁、伪保长集中起来，游庄示众。游街后执行枪决，震慑了过去威风一时的伪军及其家属。在斗争中进行反奸算账，没收分配其财产，使老百姓真正受益。

二、土地改革运动

土地改革前，域内地主占有大部分的生产资料，占有大部分土地。以树元村为例，全村耕地2790亩，自耕农占地1007亩，占36.1%，其余地主富农占地63.9%，全村250多户人家，自耕农85户，地主富农8户，佃农158户，这里佃农是指租种地主家土地的贫农和部分中农，后来土改深入，又把中农细划为下中农、中农、富裕中农。“农民不怕吃苦干活，就是难躲两个二十五”，约定俗成，每年六月二十五、十月二十五为交租期，地主的手腕有大斗进、小斗出，潮的要晒，杂的要筛，斤斤计较，巧取豪夺，农民苦不堪言，逢年过节，婚丧喜庆，佃户都要送礼纳贡，无力交纳、交足地租的，被迫高息借贷，打工抵债，“不怕拉大轴，扛绞关（两种大型农具），就怕算账过年关”。大部分农民处于饥寒交迫、水深火热的生活窘境中，遭遇天灾人祸，有的被迫离田、离乡，沦为乞丐，讨饭营生。

民国三十五年（1946）夏，根据中共中央“五四”指示，域内开展了轰轰烈烈的土地改革运动，因为内战即将爆发，实行快速平分土地。解放战争初期，由于国民党军队占领苏中广大地区，土地改革未完成。是年秋，老庄村得田户任志生在分得的土地上收庄稼时，被还乡团下乡杀害在田头。据不完全统计，民国三十五年（1946）下半年到第二年，角斜乡被反动派捉去的干部和群众共有184人，被杀害的46人，其中有土改积极分子46人，被毒打致残的23人，被罚粮罚钱的115人。为打击地主的嚣张气焰，中共地方武装及时采取了措施，严惩一批复辟地主和不法富农。民国三十六年（1947）秋，老庄村地主陈廷禄竟然公开向得田户吴一富夺田，抢收其庄稼，经区政府查明，公开审判，予以枪毙。老庄村逃亡地主陈廷柏指使狗腿子高义学为他带信收租，高义学也被及时处决，有效扼制了地主阶级的复辟逆流。随着解放战争的推进，角斜人民革命热情空前高涨，土地改革在新建立的区乡政权的组织下，在“一手拿枪，一手拿算盘”的口号声中，普遍以村为单位，按全村人口和田亩平均分配土地。民国三十六年（1947）10月底，各乡50%以上农民都分得了土地，但由于时间仓促，土地改革仍不彻底，有的又过了火，甚至连自耕中农也被瓜分土地。后开展土地复查，以乡建立翻身委员会，以村建立翻身小组，通过比田、评田、换田，根据“抽肥补瘦，抽多补少，远近搭配，中间不动，两头平”的原则，进行土地调整。土改复查中，还进行“铲墩补塘”，把地主家的物资、农具平分给贫苦农民。域内土改运动在角斜地区进一步深化，到1950年8月土改结束，农民真正成为土地的主人。是年9月开始，逐户对土地核实登记，以海安县人民政府的名义颁发“土地证”。

三、抗美援朝社会动员运动

1951年1月，域内民兵热烈响应党中央、毛主席的号召，纷纷自愿报名参加志愿军，经体检、政审，有100多人参加志愿军，奔赴朝鲜。地方政府积极开展拥军优属，召开烈军属、残复转退六属代表会，妇女组织开展“谁参军我就嫁给谁”的征婚大会，家家户户订阅爱国公约。1951年6月，还发动组织捐款购买飞机大炮，支援志愿军作战。同时发动群众开展“反对美帝侵略朝鲜”的签名运动。

四、镇压反革命运动（1950—1953）

1950年，依据中央人民政府颁布的“惩治反革命分子条例”，域内各乡人民政府依法公开惩处了一批反革命分子、恶霸、土匪、反动会道门头子，从而震慑了不少匪方人员，他们纷纷向人民政府投案自首，争取宽大处理。至1953年，“镇反”运动继续深入开展，公安机关将潜逃在外的周庄乡顽固乡长李松生和血债累累、罪大恶极的反革命分子顾秀生擒拿归案。还有滩河乡、沿口乡的恶霸地主李德生、陈庭栋、陈庭元分别交人民公审，从而使反革命残余势力遭到沉重打击，巩固了人民民主政权。1952年年底，“镇反”运动基本结束。1956年8月，对“镇反”工作进行全面复查，对因政策不清发生错捕和可捕可不捕的人员，捕后错放的罪犯，逐一做了纠正和处理。

五、“三反”“五反”运动

1951年后，域内开展“三反”（反贪污、反浪费、反官僚主义）运动，揭露了角斜供销合作社林某等一批严重的贪污盗窃案件，先后召开坦白检举大会或公审大会，对于严重犯罪分子依法严惩。

1952年11月，县委组织开展“反行贿、反偷税漏税、反盗骗国家财产、反偷工减料、反盗窃国家经济情报”的“五反”运动，对工商户进行分类，有守法户、基本守法户、半守法半违法户、严重违法户4个等级，限制和打击工商户的“五毒”行为，从而促使工商业循着健康的道路发展。

六、整风“反右”运动

1957年夏，中国共产党开门整风，不少人对党员干部提意见，后来不少知识分子和党员干部被错划成“右派分子”，如沿口乡教师朱崇明、杨洁等，并把他们与地、富、反、坏四类分子划在同一条线上，称“五类分子”，直到1978年，这批人才被全部摘除“右派分子”帽子。

七、“大跃进”运动

1958年，域内出现严重的浮夸风现象，“人有多大胆、地有多高产”“花生壳儿过长江、胡萝卜做桥桩”等不切实际的口号被当作真理，在农村工作和农业生产过程中，违背客观规律盲目蛮干和瞎指挥，造成不小的损失。但在“大跃进”运动期间，域内也进行大规模农田水利建设，为以后农业生产的发展创造了有利条件。

八、社会主义教育运动

1964年，开始进行“四清”（清政治、清经济、清组织、清思想）运动，域内各公社主要进行清工分、清账目、清物资、清仓库（称“小四清”）运动，在地委社教工作队领导下进行，同时对广大干部、群众普遍开展一次社会主义教育。是年，南京军区副司令员林维先、副政委鲍先志率领一批机关干部，到角斜参加社会主义教育运动，从选配干部、培养骨干、军政训练等方面，进行全面的指导和验收，使角斜民兵工作又前进了一大步。据有关资料，沿口公社参加运动的661人，有经济“四不清”问题的472人，涉及现金6.49万元，粮食2.3万公斤，挪用公款9947元；多吃多占金额1.23万元，粮食1万公斤；贪污现金3.85万元，粮食1.3万公斤；应退现金3.67万元，粮食1.15万公斤。至1965年年底已退现金2.99万元，粮食1.05万公斤。1966年3月“四清”运动结束。“四清”运动，使广大干部、群众普遍受到一次社会主义教育，教育和挽救了部分犯错误的干部，但犯了对基层干部打击面过宽过严的“左”的错误，使不少干部受到不应有的伤害。

九、知识青年上山下乡

1963年11月9日、1964年5月20日，南通市101名知识青年分两批到沿口、角斜插队参加劳动，滩河的高洁、蔡凌的姚侃则是这两批知识青年的突出代表。1968年10月10日，南通市一中66届、67届高中毕业生，到旧场（海防公社）插队，这批知识青年有24人，其中女13人、男11人。10月28日，南通市第二初级中学又有一批知识青年到海防公社插队劳动。海防公社总计安插知青74人。在域内的知识青年，以南通城区的学生居多，也有少数上海市、海安镇的知识青年插队劳动。

附：

1963年，下放沿口的人员情况如下。东风大队：高洁、毛桂仁；联盟大队：李美华（全家户）、董亚洲；联合大队：郜云霞（全家户）、杜正广（全家户）、朱维民、田启康；团结大队：周斌（全家户）。

1964年5月20日，南通市城中公社首批101名知识青年下插海安县沿口人民公社和角斜人民公社。

下插在沿口公社的知青有：徐美林、丁念渚、董斌、周秀华、杨其芬、卢文洴、王永黔、甘祖佑、钱学进、陈锦如、赵松泉、吴宜同、汤济聪、从昌华、陈功嘉、施志文、魏国瑞、周锦坤、秦玉华、杨丽明、严连英、沈铃红、施一璨、钱学仁、钱锦柩、张敏、袁聪、孙来凤、徐燕、桂荣法、徐新华、王钟荣、沈唐峰、周来根、陈崇生、保敬芳、宋云、邵奎珍、沈永兰、袁桂平、陈同、潘丽、程宝琪、杨宝珠、姚侃、耿汉文、冯洁、陈功云、陈其烁、关明鑫、周光昕、李定南、徐文浩、仲伟勇、吕铭、吕铨、韩毅。

下插在角斜公社的知青有：马爱玲、庄紫英、戚小红、凌锦福、张镏、黄宜媛、邱瑞章、万海燕、王蕖、王国祥、王道生、冯洛钟、卢惠、庄聪、达合林、孙朝菜、朱汉林、何珠华、李兴源、时慧珍、张永年、张应昌、吴自力、陈佐、陈炅、陈淑珠、陈德勋、保光定、姚剑湘、唐存忠、袁云、袁文琴、袁庄男、钱冰、徐方、徐河、徐梅嘉、曹婧、曹铭、葛连珍、管国君、樊淑仪、魏励。

1968年年底，南通市一中的24名知青下插到海防公社：须力、蒋心斌、邬生杨、陆精康、陈鹤云、王灿、王载飏、章毓霖、姜怡、汤还娣、蔡友群、卢坚、李梓慧、武志荣、王建如、周美霞、陈新南、袁美蓉、袁三立、汪思曾、忻贤铎、刘昌煜、达凯、韩育男。

有的知青落户之后，其弟弟妹妹不久也跟着到此落户，如王灿弟弟王许和妹妹王景飏、王熙飏，章毓霖弟弟章毓浩、章毓刚，袁三立弟弟袁五一，韩育男弟弟韩育通，施一璨弟弟施一琪，等等。

大多数下插知青在农村经受磨炼，体验到农村生活和农民生活的艰苦。地方党委政府对下插知青也给予了尽可能的照顾与关怀。不少知青被安排到学校、医院、企业任职，有了施展才华的机会，在工作实践中发挥了他们的聪明才智，为农村的经济文化建设做出了积极的贡献。1976年后，一些知识青年逐步回城工作。1978年12月后，停止知青下乡。

十、“文化大革命”

1966年6月，“文化大革命”波及域内。4个公社从小队、大队到公社，在“造反有理”的口号声中纷纷成立造反队。当时的“地、富、反、坏、右”，加上所谓的叛徒、特务，“走资本主义道路的当权派”和当地较有影响的“反动学术权威”及知识分子（统称为“臭九类”）普遍受到冲击、抄家、批斗，连各大队支部书记也有被戴“高帽”的，各学校教师也未能幸免。各中学推选红卫兵代表进京，接受毛泽东主席检阅。是年11月3日，毛主席在天安门广场第六次接见的红卫兵代表中有许多海安的红卫兵。角斜民兵坚守岗位，“文化大革命”中民兵没有丢失一枪一弹，在1975年5月，得到中央军委常务委员会委员粟裕的高度赞誉。1976年后，域内清退“文化大革命”期间受冲击对象被没收的财物，平反300多人的冤假错案，对“三种人”（“文化大革命”时期的打砸抢分子、造反起家的人和帮派思想严重的人）进行清理。

第十四章 军 事

角斜镇是海安东部沿海要地，为海安乃至淮扬地区门户。民国二十九年(1940)11月，新四军一师师部活动在角斜域内及周边地区，角斜成为苏中抗日斗争的中心。抗日军民在角斜这片土地上同侵华日军、伪军和国民党顽固派展开长期的拉锯战，经过反伪化、反“扫荡”、反“清剿”、反顽化等斗争，最终战胜了日伪军“野三旅”“税警团”。

抗日战争胜利后不久，国民党军队进攻解放区，华中野战军发起苏中战役，角斜人民积极支持前线作战，为苏中七战七捷做出了贡献。民国三十五年(1946)9月，华中野战军主动北撤，角斜地区的地方武装在紫石(海安)县委率领下，坚持原地斗争，与国民党军队、地主还乡团进行了顽强的争夺战。仅民国三十五年(1946)9月至民国三十六年(1947)年底，角斜地区地方武装与国民党军队及还乡团作战无数次，配合华东野战军十一纵作战，多次攻克角斜、老坝头等地。民国三十七年(1948)夏，东台县团及各区武装积极配合主力部队展开大反攻。1949年1月初，域内全部解放。

中华人民共和国成立后，角斜人民继承光荣的革命传统，发扬尚武保国的精神，加强国防教育，充分发挥地方武装和民兵在巩固人民民主专政、建设社会主义事业中的作用，造就出闻名全国的民兵劲旅——角斜“红旗民兵团”。

第一节 驻军

一、国民党军队

(一)江苏省保安第三旅

下辖五、六团及补充团2000多人，多则近万人，为一支杂牌军，旅长张星炳。民国二十八年(1939)中秋节，该部先后奉命驻防角斜、栟茶一带，继后驻曲塘、姜堰等地。

(二)国民党军整编第四十九师

民国三十五年(1946)8月3日，四十九师一〇五旅进驻海安镇，8月6日进占西场，7日在李堡镇杨庄设指挥部，8日占领角斜，10日一〇五旅三一五团调回海安，驻角斜的三一四团调驻杨庄，师长王铁汉。

(三)国民党军第四师

民国三十五年(1946)，该师先后驻丁所、李堡、角斜、栟茶等集镇。民国三十六年(1947)，该师和新四军常拉锯于曲塘、海安等地。李栟战役中大部分被歼，残部于民国三十八年(1949)1月7日撤离，师长黄再兴。

二、人民军队

(一)新四军苏北指挥部

民国二十九年(1940)7月建立，下辖3个纵队9个团，7000余人，指挥兼政治委员陈毅，副指挥粟裕。10月黄桥战役后，陶勇率第三纵队驻防在立发桥、李堡一线，向通如启海地区发展，10月中旬在海安整编，下旬继续东进，向角斜地区发展，活动于启东以北地区。

(二)新四军第一师

民国三十年(1941)1月25日，苏北指挥部所属部队改编为新四军第一师，所属3个纵队，依次改编为第一、二、三旅，主要活动于苏中地区。师长粟裕、政治委员刘炎。民国三十年（1941）2—6月，三旅七团在海安、贲家集、柴湾、李堡、角斜、栟茶一带驻防。民国三十年（1941）8月，粟裕率新四军一师师部和苏中军区党委机关进驻旧场老坝头。民国三十二年（1943）10月，一旅一团参加攻克李堡的战斗。三旅长期活动于角斜以东地区。

（三）苏中海防团

苏中军区海防团是新四军在抗日战争时期创建的一支海防部队，民国三十一年（1942）11月在栟茶成立。初建时200多人、40多艘木船，团长由陶勇兼任。是年冬，海防团到弶港、老坝港、南港、洋口港、环港等沿海渔村发动渔民，组织"渔抗会"。民国三十二年（1943）年底，苏中军区将海防团扩编为苏中军区海防纵队，陶勇为海防纵队司令员，姬鹏飞兼任政治委员，朱坚任海防团团长，孙二富（1908—1956，老坝港顾陶村人）任苏中海防纵队副参谋长兼海防二团团长。老坝港渔民中有多人参加苏中海防团，并有多条渔船被苏中海防团及江海运输公司（苏中军区后勤部兵站对外称号）临时征用或长期雇用。

苏中海防团在北至盐城、南至长江口数百里的南黄海沿海与日伪军先后进行数十次大小战斗，战绩辉煌。民国三十三年（1944），在"江海运输公司"长期雇用的十几条大型渔船名单中，"三合心"渔船船主即为老坝港原平新村（顾陶村）人。"江海运输公司"所雇渔船经常在海上遭遇日军巡逻舰艇，甚至发生战斗，不少船只被日军舰艇击沉，船工亦有伤亡。一次在从弶港向山东根据地运送军服棉花途中，渔船被日军截获，除一名船工跳海逃生外，其余11名船工全部牺牲。民国三十八年（1949）4月，苏中海防纵队主力编入新成立的中国人民解放军华东军区海军，成为中国人民解放军海军的先驱。

（四）苏中军区第一军分区特务团

民国三十五年（1946）10月11日成立，彭桂卿为团长，杨进为政治委员。该团以泰兴独立团的一、二、三连为第一营，分区特务营为第二营，如皋独立团的1个营为第三营，以及泰兴独立团的四连和分区机炮连等11个连队组成，共1700余人。民国三十六年（1947）4月初，分区特务团全部配合李栟战役，于西场一线阻击海安东援之敌，不久又配合主力部队于堡河口歼灭援敌。

（五）江苏省军区某守备团

20世纪50年代后期，在旧场原平新村西首的磨担头，设有驻军哨所，江苏省军区某守备团某连在此驻防。

20世纪60年代中期，解放军6392部队驻守老坝港。70年代中后期此部队撤走。

（六）中国人民武装警察部队老坝港边防派出所

1959年，建立旧场边防派出所。是年11月，改称为老坝港边防派出所。1980年7月列入武警部队序列。

附一：古代驻军

明弘治十二年（1499），此时角斜仓库中有一块官地，其原本是盐仓的一部分，此时变成防御倭寇的官军教场（训练场地）。官兵具体数量不详。

附二：侵华日军

民国三十二年（1943）秋，角斜驻有山下中队岐依夫小队的日军。

附三：汪伪军队

民国三十年（1941）冬季，徐容率税警第二团投降日伪，属苏北行营独立旅，后编入三十五师赵军山部，改编为伪三十五师教导旅，旅长徐容，下辖3个团，1000余人，旅部驻栟茶。翌年2月，该旅第二团驻李堡，团长纪熊，团部设在北街唐宅。第二团部分军队驻角斜，部分军队驻丰利。民国三十二年（1943）6月，第二团三营调往李堡泰山，营长段大泉。该旅后改编为伪三十五师一三八团，所部仍分别驻在丰利、角斜、李堡、丁所、沿口、立发等地。

伪二十六师原为伪第四师，师长陈才福，全师4000余人。下辖一〇三团，团长欧阳治龙，全团800余人，团部与第一、二营驻栟茶，第三营驻角斜。民国三十四年（1945）春，伪二十六师移往淮安。

三、地方武装

（一）古代地方武装

顺治三年（1646），角斜西边的李堡设置海汛把总1名。角斜设有缉私盐兵。雍正十一年(1733),规定掘港营官兵每季轮流驾驶营船1号,配随船水军20名,出洋哨巡,北到王家港与盐城营会哨。角斜海面也在巡逻范围内。

(二)国民党地方武装

保卫团 民国十八年(1929),国民党政府颁发保卫团章程,令各地组织保卫团招募乡民团丁,地方筹款购买枪支,以县长为总团长,各区区长为团长,各乡(镇)长为队长。每个保卫团有枪10—100支。

还乡团、自卫队 民国三十五年(1946)9月,华中野战军主力北撤后,先前逃离解放区的地主、恶霸、流氓、乡保长以及革命队伍中的一些叛变分子纷纷回来,组成还乡团、自卫队,驻扎在海安、曲塘、李堡、角斜等地。这些地主武装,后来大部分被人民武装消灭。

(三)人民地方武装

泰东警卫团 民国三十年(1941)4月建立,团长董希白,政治委员陈扬,副团长李安邦,政治部主任姚力,下辖栟茶、角斜、李堡、唐洋4个区的游击营10个中队。

角斜区队(游击连) 民国二十九年(1940)10月,新四军挺进海安地区后,雅周、海南、李堡、角斜、海安、仇湖等区建立区队或游击队。区游击队(连)由中共区委领导,以坚持本地斗争为主,有时也配合主力作战。区队多次上升到县团或正规部队,是正规部队和地方主力部队的后备力量。

来南乡民兵大队 抗日战争时期,新四军东进。民国三十年(1941),成立了角斜地区第一个党支部"来南乡党支部",并建立地方武装"来南乡民兵大队",大队长丁奎才,副大队长居八锦。

小游击队 民国三十五年(1946)年底至三十七年(1948),为在原地开展对敌斗争,域内部分乡建立小游击队。民国三十七年(1948)1月,角斜区光明乡等乡的小游击队有数十人,在保田保粮保家、打击自卫队、还乡团的斗争中均立下不少战功。

第二节 战事

一、抗倭战事

嘉靖三十三年(1554)四月十日(农历),80多个倭寇从掘港登岸,四散行动。其中有一股到栟茶、角斜放火,烧毁灶房150多间,杀死灶民缪尹等100多人。十二日,两淮巡盐御史黄国用调仪征守备张寿松、千户方姓等督兵到李家堡,被倭寇打败,民兵死30多人。

二、缪景先抗清

清顺治二年(1645),清兵进攻海安一带。明朝宗室新昌王起兵海上,缪景先率领角斜等地盐民响应,在李堡起兵反清。随即率部开赴海安,抗拒清兵,后因寡不敌众,反清斗争失败。

三、击溃驱散大刀会

民国二十七年(1938),大刀会在旧场、浒栟一带分设堂口,道首分中央、东方、西方、南方、北方等教主。民国三十年(1941)农历八月初一,大刀会组织道徒暴动,在角斜杀害游击连长申必恭。当时被欺骗、胁迫的参加者有5000多人。新四军一师警卫营与角斜民兵群众3000余人一起,以迅雷不及掩耳之势,将以反动地主为头目的封建迷信会道门"大刀会"击溃驱散。

四、攻克角斜场

民国三十二年(1943)3月24日,如皋警卫团、东台独立团攻克角斜场据点,守敌被毙俘。

五、攻克角斜战斗

民国三十二年(1943)4月4日,新四军地方武装一部攻克角斜镇,毙伤敌伪50余人,俘伪军43人,缴获步枪40余支。

六、民兵伏击战

民国三十二年(1943),端午节前一天,角斜民兵12人在大路上设伏,活捉伪军1名,缴步枪1支、子弹60发。

七、讨伐伪军徐容

为巩固抗日根据地,新四军一师决定讨伐徐容部。民国三十二年(1943)9月20日,新四军二分区特务营在东台独立团一部配合下,攻击李堡据点,敌碉堡营房全部被摧毁。是年10月20日晚,新四军一师某部,再次进攻李堡据点,一举攻入该镇。21日下午3时,角斜伪徐容部之主力连和特务连增援李堡伪军,至陆家大桥附近被新四军一师全歼,从角斜出动的另一部伪军快速部队也被新四军全部俘获。10月下旬,新四军一师又发动丰利战斗,一师教导团同时向角斜据点发动进攻,并以一团一部主力在角斜到栟茶的公路上设伏,以猛烈炮火轰击角斜据点,击毙伪军七八十人。整个战斗至11月4日结束,先后攻击李堡、丰利。

八、腰灶港伏击战

民国三十二年(1943)9月23日,县团、区游击连和民兵大队,在位于角斜镇西北部的腰灶港一带设伏。上午10时左右,日伪军扛着小炮、背着步枪进入伏击圈,这时指挥员一声令下,顿时枪声四起,杀声震天。中午11点左右,战斗胜利结束,此战毙伤俘100多个日伪军,缴获六零炮1门、步枪100多支、子弹1000多发。

九、活捉伪军

民国三十二年(1943)秋,角斜乡民兵吴加余和吴正林兄弟俩在玉米地干活,看到2个掉队伪军。兄弟二人使个眼色,冲上去将其拦腰抱住,活捉了这2个伪军,缴步枪2支、子弹数十发。

十、堡河口伏击战

民国三十三年(1944)1月15日,域内军民为打击敌伪“扩展清乡”的阴谋,如皋县警卫团一部在李堡东南堡河口至沿口间设伏,伪二十六师一部乘两辆汽车进入伏击圈,驾驶员被击毙,汽车冲入沟中,战斗仅10分钟,生俘伪军38人。

十一、袭击老庄据点

民国三十三年(1944)3月,驻沿口的伪军企图在东边的老庄增设据点,被县团、区队和民兵联合袭击,一举活捉伪军48人,缴获机枪2挺、步枪数十支。

十二、再次伏击腰灶港

民国三十三年(1944)9月18日,东台县独立团和角斜区游击连及民兵在腰灶伏击角斜三官殿下乡“扫荡”的伪军。上午10时左右,伪军进入伏击圈,东台县独立团和游击连、民兵立即出击。至11时左右,毙俘伪军100余人,缴枪百余支、子弹千余发。三官殿里留守伪军出动增援,县独立团与民兵游击连迅速跨过陆家大桥,在南边公路两旁河沟里再度设伏。伪军来到,战士们一齐开火,打得伪军措手不及,又俘伪军70余人,缴枪70余支、战马7匹。

十三、海防团击沉日军运输船

苏中海防团在海安老坝港海域发动的战斗有数次。民国三十三年(1944)10月,海防团在弶港以南海面(老坝港海域)围歼日军运输船队,击沉日军运输船两艘,除击毙溺毙日伪军多人外,还生俘日军11人,延安《解放日报》予以报道。是年,“江海运输公司”(苏中军区后勤部兵站对外称号)所雇渔船在驶经老坝港海域蒋家沙附近时,遭遇日军巡逻艇,船工佯装出海渔民,将5名日军诱上渔船,趁其不备,全部推下大海。

十四、堡河口设伏

民国三十五年(1946)12月,国民党军四十九师一个团由丁所分乘16只船东犯。泰东县团、柴湾区队、角斜区队在堡河口设伏,毙伤敌人20多人。

十五、栟北战斗

民国三十六年(1947)2月9日,华东野战军十一纵在栟北三十总伏击歼灭敌一个连以后,敌增调四十九师七十九旅二三七团一营于13日进占李(堡)栟(茶)线之角斜、老坝头、陈家庄等地,并积极构筑工事,以求加强对海栟线的控制。十一纵趁其立足未稳,于15日夜10时,包围上列地区，发起栟北战斗。至16日上午10时，先后攻克老坝头、枣儿树、复兴桥、王家码头、陈家庄等地，并攻克角斜街河北之据点，共计歼敌1个连。角斜街河南被围之敌恐慌万分，驻栟茶之二三七团及自卫队共计600余人前往增援。一路进入吴家庄十一纵伏击圈。双方激战半小时，敌被歼灭1个连，残敌南窜杨家堡又遭包围，至下午6时全部被歼。盘踞角斜河南之敌两个连，遭到十一纵队袭击，死伤大半。战斗至17日下午7时结束。此战共毙伤国民党军七十九旅二三七团营长以下240余人，俘上尉连长以下260余人，缴重机枪2挺、轻机枪15挺、炮3门、掷弹筒5具、长短枪150余支、子弹2万余发，其他军用品甚多。连同在栟北三十总的伏击战，国民党军损失达600余人。

十六、智克界牌头

民国三十六年（1947）春，国民党军为了据守角斜、李堡两镇，在李角线上的蒋家龙潭一带筑起4个碉堡。界牌头是中心碉堡，驻有一个班的自卫队，防守严密，加之周围经常有碉堡之敌窜到这里，对角斜地区范公堤以南的角西、沿口、范堑、周庄等5个乡实行白色恐怖并建立匪政权，致使中共地方武装活动困难，南北交通被切断。角斜区区委书记肖赫派区联络科长仲林去做敌班长王根朋的策反瓦解工作。在仲林的安排下，来南乡民兵大队长吴国华深入碉堡，做通了王根朋的工作，并研究了里应外合的行动计划和联络信号。民国三十六年（1947）6月29日夜间10时左右，区长顾惕成带着区联防二大队和来南、新民两乡民兵，组成3个突击组，迅速潜伏到界牌头碉堡下。吴国华立即用红灯向界牌头碉堡照射，不一会碉堡上绿灯也亮了。民兵们见绿灯一亮，立即奔到哨口。王根朋见民兵们已到，立即放下吊桥，让民兵们全部冲进去，碉堡里的敌人还不知道怎么回事，就都乖乖地当了俘虏。此次战斗仅用了20多分钟，除西碉堡之敌从沟里逃跑外，活捉了保长李玉贵、自卫队班长等6人，缴获广东造的全新步枪7支、子弹400余发、法币10多万元。这一战打开了范公堤封锁线上一个5公里的缺口。堤南四乡连成一片，对梦想“清剿”堤南和“扫荡”堤北的反动派是个有力的打击。

十七、出击角斜据点

民国三十六年（1947）初，李堡驻有国民党军七十九旅二三七团一部及自卫队约900余人。他们以丁所、堡河口为左翼，以角斜、栟茶为右翼。平均每隔一里就建有一座碉堡。4月2日开始，苏中军区和华东野战军十一纵队决定以三十一旅九十三团深入九分区，做佯攻姿态，吸引敌主力，而将纵队主力集合在一分区，攻击李堡，同时向海栟线之西场、丁所、角斜等据点出击，战至3日攻克角斜据点。至5日11时十一纵攻克李堡，此战毙伤俘国民党军及地方武装2700多人，缴获武器甚多。此役称“二打李堡”。

十八、居湾伏击战

民国三十五年（1946）11月18日，角斜区队在居湾、范堑之间伏击敌人，打伤3人，余者逃跑。

十九、堤南战斗

民国三十六年（1947）10月3日，角斜区来南乡武工队在堤南公路活捉自卫队班长以下5人。不久，又打退康沿、范居两乡自卫队，毙2人，解救群众10多人。

二十、旧场槐树口战斗

民国三十六年（1947）正月二十七日，苏中军区十一纵队三十一旅于凌晨对国民党军驻旧场槐树口据点开展攻坚战，同时解放军在浒澪北杨堡打援，歼灭敌人1个营。后因情况突变，解放军撤出阵地，牺牲18人。

二十一、大码头战斗

民国三十六年（1947）6月17日，角斜区地方武装在大码头一带杀伤敌人10多人，俘5人。

二十二、合击堡河口

民国三十六年（1947）12月25日，东台县团和角斜区游击连、小游击队合击堡河口守敌。在堡河口东北1公里处交火。经1小时战斗，杀伤敌人13人、俘敌19人，缴获枪支弹药若干。

二十三、解家墩战斗

民国三十七年(1948)3月23日，角斜区光明乡小游击队在解家墩毙伤俘敌2人。

二十四、杨庄伏击战

民国三十七年(1948)4月的一天深夜，角斜民兵武工队配合县区武装，悄悄地插进杨庄，伏击从李堡下来的敌伪自卫队，仅用5分钟就结束战斗，歼敌10人，缴轻机枪1挺、短枪8支。

二十五、扫平角斜据点

民国三十六年(1947)11月，为从根本上改变苏中态势，配合正面战场的作战，华东野战军十一纵会同十二纵再度大举南下，在苏中一、九分区地方部队的配合下，向李栟线之敌展开反击。11月30日至12月3日11时，攻克李堡，同时栟茶、角斜、丁所等据点也被十一纵、十二纵扫平。

二十六、汤家灶伏击战

民国三十六年(1947)2月17日，国民党军30人、自卫队10人至汤家灶一带抢劫，进入角斜区队伏击圈，双方激战1小时，区队毙俘敌18人。

二十七、攻克龙潭

民国三十六年(1947)6月29日夜，角斜区游击连攻克龙潭、储备总码头据点，俘敌7人。

二十八、解放角斜战斗

民国三十六年(1947)10月17日，华东野战军第三十二旅九十四团在团长梁灵光的率领下，由角斜民兵徐宝余、缪启贵等6名向导带领从东台方塘十总地区到达角斜大码头。在天奎村稍作休整，半夜时分，在民兵游击队的配合下，解放角斜的战斗打响。经过两天半的激战，全歼盘踞在角斜的国民党四十九师七十九旅残部和自卫队、还乡团以及区公所的敌人300多人。

二十九、再次攻克角斜

民国三十六年(1947)11月底，华东野战军三十二旅九十四团在副旅长谢中光率领下，在角斜民兵的有力配合下，发起对角斜守敌的攻击，作为三打李堡的外围战，激战三天两夜，于1947年12月1日下午，再次攻克角斜。

附：日伪军罪行

日伪在角斜地区时，给域内人民带来了深重的灾难。民国三十年(1941)春，驻海安的日寇乘机动船通过栟茶运河向栟茶镇进举，沿途抢劫杀人不断。居湾乡俞崇义未来得及躲避就被日军打得头破血流。是年8月13日起，日伪军集中1万余兵力对苏中地区进行了40多天的“大扫荡”。日伪军侵占角斜后，培植汉奸，建立伪政权，物色培训密探、特工从事破坏活动。日伪军下乡“扫荡”时，烧杀抢掠，屡造惨案。潘梅家兄弟俩带着一个小孩在地里干活，日军竟把他们当作活靶子打死。日伪军“扫荡”五坊时，一次就杀死贫苦农民13人，烧毁房屋数十间。同年夏，从如皋出发进犯角斜的日军经过滩河时，到百姓家抢大麦，被抢的有20多户人家。每到一家就把粮食抢劫一空，少则几十斤，多则上百斤。民国三十一年(1942)秋，日伪军从丁埝出发，途中日军驻在范堑乡的金家庄，天天抢鸡杀猪，仅四天整个庄上的禽畜被洗劫一空。乘船在堡河口上巡逻的日军看到岸上一个邮递员骑着自行车，野蛮无聊的日军举枪将邮递员打死。

伪军充当日军的走狗同样残害百姓。民国三十一年(1942)4月，伪军进驻在沿口的滩河、老庄、居湾、堡河口一线，在此构筑据点，百姓因此遭殃，大树被锯，门板被抢，还要服劳役，劳役期间如有不合他们意的便是皮鞭抽打。伪军每隔几天就下乡“扫荡”、抓人、抬猪、拉牛、抢粮、绑票，无恶不作。民国三十三年(1944)，驻沿口据点的伪军营长高辣子，派兵去绑票，抓回4人，见没人拿钱来赎，4个人就活活地被高辣子枪杀了。高辣子下乡“扫荡”时，杀害了妇女干部王文英、通信站吴信读、胡文光等革命者。

第十五章 角斜“红旗民兵团”

民国三十年(1941)3月,角斜第一支民兵组织——来南乡抗日自卫队成立。不久,角斜、周庄、范堑等乡相继建立民兵组织。战争年代,角斜民兵经历数百次战斗考验,踊跃支前。解放战争时期域内涌现出许多“坚持英雄”“支前英雄”“支前模范”,其名字已载入《中国人民解放军英雄模范名录》。1958年,角斜民兵团成立后,坚决贯彻民兵工作“三落实”(政治、组织、军事)的指示,坚持党管武装、劳武结合的光荣传统,在经济建设和民兵建设方面取得显著成就。1964年7月17日、1966年3月24日,角斜民兵团先后被江苏省人民政府、中共中央华东局和南京军区授予“红旗民兵团”称号。

“文化大革命”中,角斜民兵经受住了严峻的考验,没有分裂成两派,没有一人参加武斗,没有丢失一枪一弹,没有间断民兵活动,受到粟裕大将的高度赞扬。

中共十一届三中全会后,角斜“红旗民兵团”根据以经济建设为中心的新形势和农业生产的新变化,按照“三落实”的新要求积极改革,走出了一条富民强兵的新路子。民兵团大力发扬“听党指挥、忠于祖国、爱军尚武、乐于奉献、开拓进取、奋发有为”的红旗精神,把建立长效机制作为民兵工作创新发展的根本保证,民兵工作保持全国先进。1996年、2006年、2016年,省委、省政府、省军区先后3次召开纪念“红旗民兵团”命名30、40、50周年纪念大会。两任中央军委副主席、国务委员兼国防部部长先后分别出席前两次会议。1996年8月、2007年1月,解放军总参谋部、总政治部先后联合发文,肯定红旗民兵团“做好新形势下民兵工作的经验做法”,认为角斜民兵团的经验做法具有较强的时代性和创新性,值得学习借鉴,号召在全国民兵、预备役部队中开展向角斜“红旗民兵团”学习的活动。

21世纪后,角斜“红旗民兵团”积极探索加强民兵建设的新途径、新办法,创造了新业绩,先后被解放军总参谋部、总政治部表彰为“全国民兵预备役部队基层工作先进单位”,被南京军区表彰为民兵工作“三落实”先进单位,荣立集体二等功2次、三等功1次。2017年,角斜红旗民兵团被录入《中国人民解放军军史》。

图15-1 红旗民兵团命名大会(角斜红旗民兵团史绩陈列馆提供 摄于1966年3月)

第一节 民兵组织

民国三十年(1941),角斜民兵组织初建时约有600人。1949年,角斜地区计有民兵500多人。

1958年10月1日，角斜民兵团在老坝港工地宣布成立。1962年6月，角斜公社党委对民兵组织做出较大调整，使民兵班、排与生产组织相适应。

1978年，中共十一届三中全会后，经济建设成为中心任务，民兵团坚决贯彻中共中央和中央军委“减少数量，提高质量，抓好重点，打好基础”的方针，深化民兵改革，创新发展思路。

20世纪90年代后，民兵团面对市场经济环境，积极适应新的形势和任务要求，紧密结合农村实际，狠抓基干民兵组织调整。调整组织布局，针对新农村建设步伐加快，农村适龄青年涌向城镇的实际情况，把组建重点向中心村和镇区转移，使全团68%的民兵转移到镇区及周边建制村；针对民兵担负任务的需要，把组建重点向镇区行业系统拓展，在电力、供水、交通、医疗等单位新建9支抢修、救援分队；针对民营经济发展迅速、农村劳动力向企业聚集的实际，把组建重点向新兴经济实体延伸，在民营企业建立民兵组织15个。

进入21世纪后，民兵团优化队伍结构，坚持“编为用、建为战”，重点加强专业分队建设，压缩一个步兵营，新建一个保障营。着眼战场救护和平时应对突发事件的需要，新建民兵伪装防护、通信保障、医疗救护、应急防化救援、水电气抢修和道路桥梁抢修等专业分队，全团专业分队比例达到46%。注重提高民兵质量，民兵团改变过去按人口比例平摊编组的做法，根据分队特点灵活抓好民兵编组。对抢修救援分队，依托镇区行业系统和相关企业实行对口编组；对民兵应急分队坚持在企事业单位和镇区附近建制村相对集中编组；对通信机炮等专业性要求较高的分队在全镇范围内抽编，确保编组质量。在编组对象筛选上，坚持党团员优先，退伍军人优先，训练合格的基干民兵优先，对口专业技术人员优先，高学历青年优先，正常在位的优先的原则。

2011年后，随着经济社会的快速发展，民兵外出务工多、流动性增大，解决在册不在位、活动开展难的问题迫在眉睫。民兵团贯彻需求，牵引区域联建，坚持兵员往哪里走，组织就往哪里建。打破行政区划，由角斜向周边区镇拓展；打破户籍界限，由户籍向现实属地拓展；打破行业壁垒，由镇村向行业系统拓展。按“编实应急队伍、编强支援队伍、落实储备队伍、拓展新型队伍”的思路，编建应急独立排、铁路护路分队、通信连等，形成“临水防汛，沿路保交，目标防护，对口支援”的格局，专业对口率达85%。角斜是海安市唯一临海之镇，及时组建海防战备执勤连、海上侦察连、海上医疗救护分队和二类民兵哨所，实现由陆上为主向陆海并重的格局转变。

民兵组织分布更广，流动更快，编组更活。同时也存在着管理更难的实际问题，民兵团注重灵活的管理方法，坚持军地双线合力管理，对属地组织的民兵实行民兵营连排和镇村组“双线三级”管理，实行军事与行政并轨管理。区分不同类型精细管理，对外出务工民兵利用网络平台建立联系和定期核对报告制度。2014年，抗洪抢险行动中，民兵团通过网上呼点、群发短信等方式下达集结命令，3支应急分队120人在2小时内集结完毕。

附一：角斜民兵团团歌

角斜“红旗民兵团”团歌

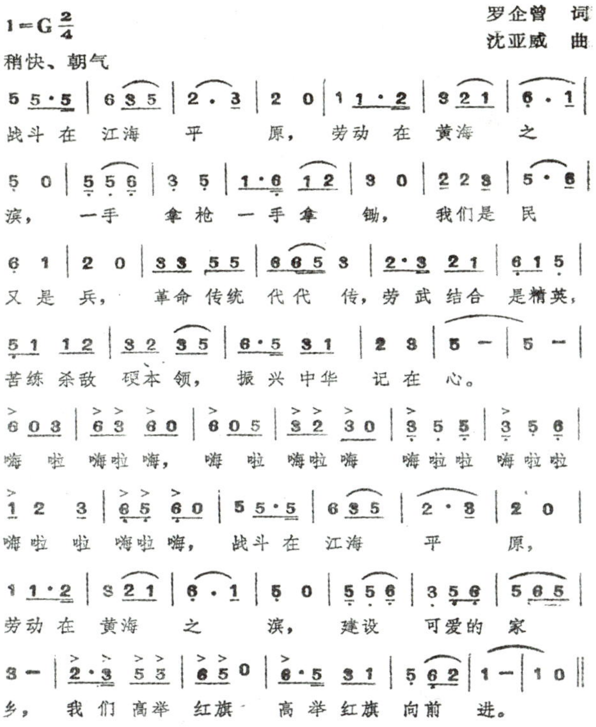

附二：民兵誓词

我是中国民兵，我宣誓：

服从中国共产党领导，积极参加国家建设，忠实履行国防义务，遵纪守法，服从命令，忠于职守，努力学习，刻苦训练，随时响应国家号令，参军参战，支援前线，英勇顽强，不怕牺牲，坚决完成任务，永不背叛祖国。

附三："红旗民兵团"红旗精神

听党指挥、忠于祖国、爱军尚武

乐于奉献、开拓进取、奋发有为

第二节 参军、参战、支前

一、参军

民国三十一—三十四年（1941—1945）秋天，角斜镇地区的青年怀着爱国之心，报名参军，打击日本侵略者，先后掀起五次参军运动，出现"父母送子""妻子送郎"和"兄弟相争"的参军热潮，先后有600余人参加主力部队。角西乡青年民兵大队长姚圣祥，父母年迈体弱，妻病子幼，他克服严重的家庭困难，强烈要求入伍。民国三十二年（1943）6月19日他带领100多名青年参加了新四军。民国三十三年（1944），由张春其、祁明发、吴文富等青年组成的"基干班""模范班"成建制地直接补充到主力部队。是年8月，角斜地区有160人参军。另外群众自愿献田300多亩，捐款10多万元，优抚参军民兵的家属。解放战争时期，角斜地区有500多人志愿参加人民军队。

1950年6月25日，朝鲜战争爆发，角斜民兵在五虎村梅崇朗、王墩村储友高、缪四友等民兵带领下有82人踊跃报名加入中国人民志愿军，奔赴前线。

1954年6月，试行义务兵役制至1965年。1984年5月，实行义务兵役制为主体的义务兵与志愿兵相结合的兵役制度。

二、参战

角斜民兵组建后，积极开展游击战，打击日伪军。1941年秋，日伪军"扫荡"李堡至角斜一线，角斜民兵于一夜之间在10多里的公路上挖掘20多条深沟，拆断全部桥梁，在老北凌河上筑起几道暗坝。车不能开，船不能行，使日伪军寸步难行。是年年底，来南乡民兵大队长吴国华等人去清除汉奸，他们采取引蛇出洞的办法，把汉奸汤长高从紧挨据点的家中引诱到李家桥附近果断除奸。民国三十一年（1942）2月，周庄乡民兵叶健、丁岚、居八锦和角斜乡民兵蔡炳银、高锦山、许应山分别镇压周庄乡伪乡长符春江和角斜乡伪保长王春山。民国三十二年（1943）秋，民兵吴加余、吴正林活捉两个伪军士兵，缴枪2支。10月，来南乡10多名民兵深夜摸到伪军碉堡旁边，将林子庵的一口七八百斤重的大铁钟抬走，交给兵工厂。是月角斜区和唐洋区民兵在李堡战斗中配合主力部队作战，击退敌人援军，缴获机枪1挺、步枪5支，俘敌5名。同年秋，区游击连长余九玉带领民兵将富滩乡伪乡长黄文斌处死，几天后民兵中队长徐宝余带领民兵闯入角斜镇，将伪区长张朗斋逮捕。

民国三十五年（1946）8月，华中野战军第一次攻打李堡期间，角斜地区民兵积极参战，有的配合解放军到前沿侦察敌情，有的带领解放军熟悉地形，有的帮助通讯联络，有的参加挖战壕，有的组织后勤队运送粮草、抬担架，战后参加打扫战场。沿口村罗发元在杨庄潜入已被尸体污染、臭气熏天的水下，从两具敌人尸体身上捞出两支枪，几颗手榴弹，数百发子弹。为了搜查窜逃的敌人，广大民兵冒着生命危险，在玉米田、草丛中寻找敌人。蔡凌村共产党员邓龙江一人徒手智擒俘虏4人，缴枪2支、子弹几十发，域内民兵共计抓俘残敌200余人。华中野战军主力北撤后，角斜民兵按照"区不离区，乡不离乡"的对敌斗争原则，从民兵中抽调部分骨干，组成“武工队”“游击队”，机动灵活地打击敌人。民国三十六年（1947）3月，苏中军区和十一纵攻打李堡后，角斜区副区长周银生、范埑乡民兵大队长居宝奎、农抗会会长吴方林回到范埑乡搜寻残敌时，不幸被捕，于堡河口光荣牺牲。是年6月1日，来南乡民兵在大队长甫永福率领下，阻击下乡抢粮的反动派。6月17日，角斜民兵击退到汤家灶一带抢粮食的国民党军和还乡团，夺回被抢的粮食。同年，民兵徐弼、李十文等人潜入角斜镇将敌乡长徐正和处死。民兵英雄沈根富将100多名民兵组成保田队，6次护送中共地方干部过封锁线，多次打败复辟倒租的还乡团。英雄民兵指导员缪四余带领民兵五进五出周庄据点，把宣传标语和《江海导报》贴在敌碉堡墙上，又把从敌据点旁征集到的1000多斤公粮通过几道封锁线送到解放军前线。民兵中队长张青山带领民兵经常出入角斜据点，后不幸被捕，被敌人折磨致死。同年11月30日，华东野战军十一纵、十二纵再次对李堡发起攻击，角斜数百名民兵运送弹药，协助部队打扫战场，歼灭残敌12人。沿口乡在原地坚持斗争的刘志山、黄连生、蔡景桂、杜其和、缪广义、居宝连等发动群众，当好后勤，配合解放军攻打李堡。

三、支前

民国三十一年（1942），新四军一师中心兵站北移，将海上运回的142箱军械物资交给角斜民兵保存待运。民国三十三年（1944），角斜民兵50多人，肩挑担送，兼程行军七天七夜，将物资安全送达几百里外的目的地。解放战争爆发后，角斜民兵组成运输队、担架队支前。民国三十五年（1946）7月，苏中战役前角斜广大妇女连夜赶磨军粮，赶做军鞋6000多双。在由千余人组成的支前运输队、担架队当中，广大妇女主动要求随军行动，抢救伤员，及时为伤员包扎伤口、日夜护理，洗衣、做饭，不辞劳苦。有的团员还站岗放哨、打扫战场、配合作战。如（皋）南战斗期间，来南乡200多名民兵受命协助一分区部队，担任如皋城的警卫任务，民兵汤长凤、汤国才等在随军作战中主动要求火线参战被批准，民兵於十明在战斗中三处负伤，不下火线，先后抢救了7名伤员。

角斜解放后，渡江战役随后展开。角斜立即组织500多人的常备民工队随军行动，先后参加了渡江战役、上海战役、进军福建等军事活动，涌现了许多可歌可泣的事迹。民国三十八年（1949）2月10日，在角斜区委宣传科长符永芝带领下，一支由500多名青年参加的常备民工队（后改编为民工营），随三野十兵团二十九军行动。来南乡乡长吴大如，父母双目失明，妻子又多病在身，但他没有考虑家庭的困难，坚决要求参加民工队获批准。角西乡余宝山，领导考虑他家劳力少，没安排他去民工队，当他听到这次出征支前，榜上没有他的名字时，几次找领导，坚决要求参加常备民工队。是年4月22日，角斜民工营在张黄港附近乘木帆船渡江，在距南岸300多米滩头搁浅，被一艘敌舰发现。敌舰疯狂开炮射击，民工王玉富带头涉水抢运药品箱，在他的带领下，全船民工纷纷跳水抢运药品箱，奔向登陆点，避免了损失。在上海战役中，民工营为挽救伤员的生命，一个多星期几乎彻夜不眠，抢救伤员。全体民工主动献血给受伤的战士。民工郭文秀在跟随大部队行军途中，发现路边有一只丢失的手术器械箱，他不顾肩上的担子已超重，毅然将这只箱子加到自己的担子上，一直带到集合地，交给大部队。民工崔柏勤帮助侦察营运送电台，在敌我双方激战中，崔柏勤冒着生命危险，肩挑着电台紧跟大部队，保障了通讯联络。在进军福建途中，山路崎岖，民工的一双新草鞋只能穿两三个小时，后来大家干脆赤脚爬山，轮流抬着伤员，没有丢下一人。1949年5月，民工队乘敞篷火车转移，途中下起倾盆大雨，为了不让医药器械的箱子淋湿，民工队成员将部队发给每人用来遮雨露营的一块油布包遮在医药箱上，而每个民工都被雨淋湿了。是年10月中旬，民工完成支前任务，从福建古田返回，突遇一股国民党军队的残部向民工营开枪射击。民工营靠着在部队短期军训掌握的要领将残敌击溃。滩河大队民工陈长德单身一人押送9条军粮船，从无锡开往昆山长桥四方站。他语言不通，道路不熟，沿途上不知询问了多少人，才终于顺利地完成运粮任务。焦凌村民工张志兴在江南一次押送军粮途中，遭遇山匪袭击，他沉着冷静，一个人押着粮船撑到了目的地。

角斜民工营随军支前，历时 9 个多月，民工营获得“爱民模范民工营”的光荣称号，受到了兵团表彰。王玉富、崔柏勤和符永芝、郭文秀分别被评为华东支前英雄和华东支前模范。民工吴礼山、方俊稳、吴大如、张志兴、余必华、王八美、陈庭献、潘春富、缪德义、陈长德、吴大发、李十文、丁成文、缪四德、卞必田、沈连才、申必寿、贲四群、葛广伯、王文模、郑宝山、缪学贵、张良于、蔡惠等人受到表彰。在福建古田，吴国中、吴国连 2 名民工献出了宝贵的生命。

图 15－2　角斜民工渡江支前（角斜红旗民兵团史绩陈列馆提供　摄于 1949 年 10 月）

第三节　军训备战

一、军事训练

中华人民共和国成立后，角斜民兵继承和发扬战争年代的革命精神，围绕全党中心工作办民兵，狠抓军事工作落实，利用空闲开展军事训练，提高技术水平。1962—1963 年，民兵团举办 4 次骨干集训班。本着“劳武结合”和“严格要求、严格训练”的原则，采取“三多三少”（即农闲多训、农忙少训、雨天多训、晴天少训、多分散训、少集中训）、“三集中三分散”（即骨干集中训、民兵分散训、重点课目集中训、一般课目分散训、专业兵集中训、普通兵分散训）和抓紧“两个空隙”（即春玉米播种后到棉花播种前的间隙、后季稻栽完到割稻拾棉花前的空隙）的办法坚持正常训练。角斜民兵一切从实战出发，经常进行演练。王墩民兵营进行战备演习时，民兵季永琴重病卧床，她父亲季长发听到集合号，立即拿起女儿的枪代女出征。天奎民兵营紧急集合时，民兵排炊事员因公外出，他 60 多岁的老母亲吴老太挑起准备好的一套锅碗瓢勺顶替儿子赶到集合地点。1963 年，一股武装匪特在射阳登陆，民兵们不到 1 个小时就封锁了所有交通要道。1964 年 5 月 13 日深夜，县人武部组织战务演习，枪声一响，民兵通信班在 30 分钟内就赶到团指挥所执行任务，各武装基干民兵连全部按作战预案迅速进入阵地，后勤保障全部到位，所有要道牢牢封锁，被管制的对象被严密监视，从前沿到后方井井有条，真正做到拉得出，打得响。在平常训练中，严格要求，天奎民兵营女炮班纪律严格，训练刻苦，前边牛粪成堆，前进避不开，场地积水半尺深，训练照样进行。角西的男重机枪班、五虎的男侦察排等也都严格训练，成为全团的训练标兵。1980 年后，角斜民兵围绕经济建设，进行军事训练改革，重点抓好民兵干部和专业技术兵的训练，3 次压缩民兵总数，使全团基干民兵由过去占总人口的 3.6％ 下降到 2％，经过训练的人数比例由调整前的 65％ 上升到 95％，全团有 3 个民兵排和 5 名民兵荣立三等功。1986—1992 年，角斜民兵参训率一直保持在 100％，优秀率均在 80％ 以上。

民兵团把军事训练作为创新发展的抓手和切入点，着眼打赢信息化条件下人民战争的新要求，为适应对未来战争的需要，角斜民兵团围绕“高技术条件下现代战争中民兵的作用”这一主题进行研讨和演练。改进组训方法，切实打牢训练基础，广泛开展岗位练兵，针对对口专业分队的特点，结合工作岗位开展训练，定期组织协同演练，既缓解了工训矛盾，又提高了遂行保障任务的能力。注重借助外力施训，对自身难以组训的工兵、防化、通信等分队的专业和战术训练，民兵团和海防部队、预备役部队建立协作联训机制，较好地解决了训练教学保障难的问题。推进科技兴训，广泛开展“学科技、用科技”活动，组织民兵干部骨干参加部队院校人武专业函授学习，98人取得大专以上文凭。加强实战化训练，制定了抗洪抢险应急救援、维护社会稳定、防卫作战等预案，坚持每年组织1—2个课题演练。

中共十八大后，根据新的形势，角斜民兵团制定重点目标协防、民兵参战支前等预案，切实把与谁打仗、在哪里打仗、什么时间打仗、打什么仗和怎么打仗的问题搞清研透。坚决贯彻精确的动员理念，抓好民兵快速动员与政府应急管理机制有机衔接，构建军地一体、同步配套的“双轮驱动”动员指挥体系，完善预警机制，制定横向衔接、纵向配套的应急处置预案，加强辖区内情况研判，充分发挥民兵团信息员作用，确保及时准确掌握社情动态，加大联演力度。与县公安局、武警中队和消防大队密切配合，互通互联，定期开展应急分队联合演练，配置机动指挥平台，构建信息主导、稳定可靠的指挥网络。民兵团每次战术演练都坚持把情况设险、对手设强、困难设足，开展抗疲劳、抗眩晕、抗饥饿等课目训练，磨砺意志。每次执行重大任务，都有意识设置集结不到位、缺乏后援、供给困难等各种险要情况，以培养官兵过硬的心理承受能力。每次官兵对抗演习都要设置超强训练课目，锤炼官兵如狼似虎的血性。

2012—2017年，民兵团坚持与上级机关同步练谋略、练指挥、练技能，提高组织指挥水平。挂钩代训骨干，分批选送通信、高机、修理分队民兵参加挂钩代训，全方位锻炼民兵战场适应能力和打赢制胜的控制力。周期轮训训整体，分期分批把所有人员训一遍，考一遍，确保周期内参训率100%，提高整体作战能力。实施军地联训，构建以民兵训练基地为主、地方专业培训基地为补充的训练格局，开展岗位练兵，每年组织民兵参加地方卫生、电信、公安等系列培训。同步协同练战法、练保障，在军警民联训中，增强联合支援，保障作战能力。

二、军事设施建设

为了大力开展基地化训练，镇里多方筹措，修建民兵团综合训练场，每年成建制、分阶段组织民兵干部、骨干和分队进行集中训练。依托海安县广播电视大学举办计算机知识培训班，362人获得计算机等级证书。利用地方光缆新建具有作战指挥、视频会议和网上教育训练等功能的局域网，构建信息化训练基础平台。依托12个“青年民兵之家”和38个民兵活动中心户网络终端，组织民兵开展网上教育训练。专家在军事院校的指导下，建立兵员动员综合数据库，研制了模拟训练软件。制作的“对小股空降和登陆之敌的围歼”等4个多媒体教学课件，获得省军区科技练兵成果奖。

三、比武竞赛

1965年1月，省军区组织民兵比武，角斜天奎民兵营女炮班进行简易射击，班长曹莲凤取得对任意目标三发三中的优异成绩，被誉为“神炮手”，获得嘉奖。1966年9月，省军区部队进驻角斜公社各大队，住在群众家里4个多月，进行传、帮、带，“小型、就地、分散”训练民兵。1972—1977年，角斜“红旗民兵团”实弹射击，连续5年取得优秀成绩，先后有多人获“特等射手”和“劳武能手”称号，民兵通信连报务成绩一直保持较高水平，民兵应银芳1977—1979年参加全省无线电报务比赛均获第一名。1985—1989年，角斜“红旗民兵团”28次参加上级组织的训练比赛，21次夺得第一名。1990年6月，射击班作为南通市代表队参加省民兵预备役部队军事训练汇报表演，单人和双人骑自行车、摩托车射击，枪响靶翻、球炸，堪称一绝，受到领导赞赏。1996—2006年，民兵团先后6次代表海安县、南通市参加上级组织的军事训练成果汇报表演，都取得圆满成功。民兵通信连先后5次在全国、全省民兵通信报务比赛中夺得第一名。2006年7月3日—10月26日，民兵团10个分队284人进行115天的训练，圆满完成任务。2008年角斜中学学生报务训练队代表南通市参加省军区考核，获团体总分第一名，李小健获省个人全能第一名。

民兵团先后 6 次参加上级组织的军事训练成果汇报表演，都取得较好成绩。2005 年 10 月，民兵团受命参加军警民联合实兵检验性演习，仅用了 11 个小时就完成集结，参演 3 昼夜，出色完成了构工伪装、打击海上来袭小股敌特等 6 个课目的演练任务。针对当地防汛任务较重的特点，定期组织抗洪抢险演练。

2014 年 7 月，民兵团派出渔船和民兵参加海上侦察行动演练，获"海上侦察先锋船"称号，受到江苏国动委通报表彰。是年，参加全省国动委演练，民兵团 4 小时内人员召集率达 85%，落实 80% 预储、预存装备物资起运。快速动员能力得以充分体现。2015 年，在一次演习中，民兵团受领任务后，连夜集拢人员，按时到达团部集结，准时到达会合地点，迅速完成演习任务，受到观摩演习的军地领导的高度赞扬。

图 15-3　女炮兵训练

（角斜红旗民兵团史绩陈列馆提供　摄于 2016 年）

第四节　思想教育

一、政治学习

中华人民共和国成立后，角斜民兵以生产为主，并认真组织政治学习，提高思想觉悟。按照《怎样当个好兵》教材，每月由营长上一堂政治课，由班排组织讨论，还及时进行形势政策教育。通过各种教育要求民兵做到"五热爱五要"（热爱党的领导，要坚决跟党走；热爱伟大的领袖，要坚决听毛主席的话；热爱伟大祖国，要提高警惕保卫好祖国海防；热爱社会主义，要带头参加社会主义建设；热爱集体经济，要维护好治安，防止坏人破坏）。20 世纪 50 年代常年开办"红专学校"，在民兵中开展"忆苦思甜"对比教育。1962 年，角斜镇党委规定每月"三个九"（9 日、19 日、29 日）为民兵活动日，一天学政治，一天学军事，一天召开民兵班务会。1960 年以后，组织民兵学习毛泽东著作和开展学雷锋活动，用"一不怕苦，二不怕死"的精神武装民兵，号召民兵学雷锋、王杰、麦贤得、焦裕禄等先进人物。民兵潘桂芳长期坚持刻苦学习，写下 10 多万字的读书笔记。1976 年 10 月以后，角斜民兵重点揭批"四人帮"，认清"四人帮"的反动本质。中共十一届三中全会后，党的工作中心转移，角斜民兵不断改革教育方法。1979 年，角斜民兵围绕改革开放的 12 个问题，参加真理标准大讨论。1982 年，组织学习中共十二大文件。1987 年深入进行四项基本原则的教育。

二、国防教育

角斜民兵注重国防观念教育，请对越自卫反击战的英雄牛泉水、段国兰、黄纪石等到角斜作报告；紧紧抓住红色基因进行教育，参观团史陈列馆，祭扫烈士墓，请"支前英雄""支前模范"讲传统。至 1992 年，民兵连续十年做到"四带头四没有"（带头缴纳税费和定购粮油，没有一个不完成的；带头移风易俗，没有一个参与赌博、封建迷信活动的；带头实行计划生育，没有一个超生的；带头遵纪守法，没有一个违法犯罪的）。20 世纪 90 年代后，角斜民兵团按照"政治合格，军事过硬，作风优良，纪律严明，保障有力"的要求先后开展"抚今追昔话红旗""红旗在我心中"等系列活动，形成了"听党指挥，忠于祖国，爱军尚武，乐于奉献，开拓进取，奋发有为"的红旗精神，思想教育结出了丰硕的果实。在老山前线对越自卫反击战中，角斜民兵入伍的战士中有 12 人立功，五虎民兵戴琪珊荣立一等功。1996 年后，全镇建立以民兵为骨干的学雷锋小组共 180 多个，对全镇军烈属五保户、困难户定点包干服务，组织民兵帮助孤寡老人、烈军属、困难家庭排忧解难。至 2005 年，角斜民兵做好事 5 万余件，捐款 15.37 万元，涌现全国“新长征突击手”、“三八红旗手”、省劳动模范、明星企业家、精神文明建设标兵、优秀共产党员等先进人物 21 人次。

三、主题教育

2006 年，角斜民兵团在社会主义荣辱观教育实践活动中举办了 8 次专题理论辅导，组织“八荣八耻”知识竞赛、演讲比赛，派出民兵业余文艺小分队到田间地头社区企业进行演出，通过群众喜闻乐见的活动，促进乡风民俗的变化。民兵团多次被表彰为“江苏省民兵带头参加精神文明建设十佳示范点”、南通市“红旗集体”和“精神文明建设先进单位”。

2012 年后，民兵团注重夯实组织基础，完善班有党员、排有党小组、连有党支部、营有党委的“四有”组织架构。建立组织例会、党群联系、骨干培训、学习教育、请示报告五项制度。结合“两学一做”学习教育，开展“党员示范岗，民兵先锋号，红旗好支部”创建评选活动，不断丰富加强队伍建设的有效形式。民兵入伍第一件事是参观民兵团史陈列馆，第一堂课是老团长讲传统教育课，第一首歌是红旗民兵团团歌，第一个仪式是向团旗宣誓，在熏陶中烙下红色的记忆。在学习教育中，始终突出军魂这个根本，抓好精选，通俗解读，把《习近平谈治国理政》和关于改革强军的重要论述作为重中之重，梳理 100 个基本观点，编成口袋书，便于随时学。针对民兵“大流量、多流向、常流动”的实际创新方式手段，建立起“青年民兵之家”“民兵活动中心”“流动民兵之家”和民兵团网络教育中心，用好“理论宣传小展板、热点问题小讲堂、形势政策小卡片、兴武励志小格言”四小平台搞好“快、小、活”滴灌式教育，开设民兵团网站、手机报、微信公众号，实现学习创新理论实时跟进，入脑入心。

图 15-4　国防教育
（角斜红旗民兵团史绩陈列馆提供　摄于 2006 年）

第五节　劳武结合

一、平时应急

角斜民兵建立初期就坚持劳武结合，首先是农民，然后才是兵。1952 年春，来南乡蒋凤银、蒋学珍等 8 名民兵组织 13 户农民成立海安县第一个互助组，又于 1953 年成立全县第一个初级合作社。

1963 年春，上级交给角斜民兵治理 500 多亩盐场的任务。在荒漠碱地上喝水住宿都有困难的条件下，民兵们硬是连续奋战 7 昼夜，提前种下棉花，当年就收获了近 2 万公斤皮棉的好收成。1965 年夏天，角斜久旱不雨，五虎大队民兵营长薛桂有和教导员吴明成带领民兵日夜挑水抗旱，5 天的任务 3 天完成。同年 8 月 18 日，堤北大队突然遭狂风暴雨袭击，民兵排长居海山等不顾危险爬上仓库的屋顶，用身体紧紧压住茅草屋顶，保住了集体 1.5 万多公斤粮食和 1000 多公斤化肥。

1973 年春天，角斜公社春玉米刚要播种，因缺少基肥，民兵团组织积肥突击队，到海滩上割春草、拾海草，仅 1 个星期就搞回自然肥料 150 多万担。五坊大队民兵排政治干事顾佩来带领民兵到 30 多公里外的海边港口拾牛粪近千担，帮生产队下足玉米基肥。是年 7 月中旬，春玉米开始吐穗的节骨眼上，遭到台风暴雨的突然袭击，全公社 1 万多亩玉米倒伏严重，公社立即发动基干民兵和社员群众一起把倒伏的玉米一棵棵扶起来，在根部壅上新土，及时降低地下水位，当年使全公社玉米增产 100 万公斤。

1980 年初，角斜在完成北凌新闸配套任务后，县委又追加角斜完成效力池的土方工程，这一艰巨任务又交给“红旗民兵团”，由人武部部长陆忠祥和各民兵营长带领 700 多名基干民兵赶赴工地。当时工地方圆十几里荒无人烟，初春的海风卷起漫天的黄沙，使人难以睁眼，民兵们硬是苦战 7 天，完成了任务。

1995 年，角斜农药厂扑虱灵车间上马，专家论证需 165 天才能完成前期的设备安装。厂民兵营在排长孟建国带领下 93 天就完成了任务。

民兵团把参加“三个文明建设”作为创新发展的有效途径，把民兵工作融入经济社会发展体系中，教育引导民兵积极投身社会主义新农村建设实践中，努力为构建社会主义和谐社会做贡献，在发展农村经济中，发挥生力军作用；积极参加省军区组织的“双带双扶”活动，坚持把培养有文化、懂技术、会经营的新型民兵作为主要抓手，以民兵科技协会为载体，以青年民兵之家为阵地，狠抓科技培训，先后培养了现代农业的带头人 200 多名。民兵团深入开展“动员一批金凤还巢，引导一批能人创业，带领一批农民学技，兴建一片厂房引资，实施一批项目创业”活动。

二、急时应战

角斜民兵在经济建设中大显身手，在抢险救灾中亦是冲在前头。1959 年，角斜地区连续 50 多天不下雨，角斜公社组织 7000 多民兵开展抗旱斗争，使当年的玉米、棉花仍取得较好收成。1960 年 8 月，角斜陡降雨水 1 尺多，全社民兵在“保苗如保命”口号的鼓舞下，奋力抗灾，全公社最低洼的五坊大队民兵苦战 15 昼夜，战胜水涝。

1983 年，角斜遭受龙卷风袭击，民兵全部出动，采取一排包一户的办法，捐款捐物重建家园，连续奋战一星期，使受灾户从生活到生产都得到妥善安置。1985 年 8 月，14 号台风袭击沿海，民兵团奉命赶护海堤，在千钧一发之际，民兵团政治委员卢玉林的带领民兵们冒险跳入水中，筑成人墙，阻挡海水，连续奋战 32 小时，确保海堤的安全。1991 年夏，海安里下河地区遭遇特大洪涝，烈士乡益民村圩堤被冲裂，角斜民兵团接到命令后，4 小时赶到抢险地段，奋战 8 小时，堵住了洪水。1994 年，龙潭村一对夫妇不幸落水身亡，全团民兵自发为其儿女捐款 14 万多元，解决了姐弟俩的学费。1995 年，五虎村民兵曹七雨路过旧场乡时，听到有人落水的呼救，毫不犹豫跳入水中将人救起，送到医院，不留姓名就走了。

2011 年 8 月 9 日，台风“梅花”来势猛烈，险情就是命令，民兵团主动向县委、县政府和县人武部请缨，连续 3 天组织应急分队和“党员突击队”在里下河险区和护海大堤上巡堤护圩，严防死守，处理突发险情 120 多处，加固圩坝 5000 多米，安全转移群众 3000 多人，打赢了这场保卫战。此后，每逢遇到突击性强的危险性大的任务，民兵团都挑大梁，在没有硝烟的战场上留下矫健的身影，先后协助处置防化救援、医疗救护、应急通信、运输支援等突发事件 20 余起，出动民兵 1800 人次；充分发挥民兵熟悉地理信息、交通信息、民情村情等优势，组建民兵护卫队、宣传队、突击队等，多方式参与维护社会治安。民兵团连续 8 年被市、县评为社会治安综合治理先进单位。

三、致富带头

1991—1996 年，全镇民兵为经济建设献计献策 400 多条，完成技改项目 65 个，涌现技术等方面的新能手 48 人，生产标兵 26 人，植棉状元、养鸡大王等 2156 人，全团帮助 300 多户贫困户脱贫。出现“一兵带一户，同走致富路”的景象。2001 年，角斜民兵青年科技兴农果蔬示范项目获团中央颁发的“神农”奖。来南村被评为“全国庭院经济高效产业专业示范村”。2004 年,五虎村的民兵征地 52 亩,建立“订单农业”示范基地。来南村的民兵在上海、南京等大中城市建立蔬菜销售网点,与农民签订收购合同,带领 60% 的农户走上“订单农业”的致富之路。2002—2005 年,角斜镇实现由庭院经济向田园经济发展的转型,在“百万雄鸡下江南”后又出现“百万红柿进上海”“千吨韭黄过长江”的景象,“金叶”牌蔬菜商标通过国家验收,“一村一品”已成规模。

在经济建设中,引导民兵广泛参与创业。民兵吴笑丹创办的一家粮食加工企业承包土地 1000 多亩,形成粮食种植、收购、加工、代销一条龙服务体系。涌现出亿元企业家曹平、蔬菜大王朱志平、养种专业户罗志宏和缪建等一批创业先锋。更多的民兵干部成为带领乡亲们致富的“领头雁”,双龙村党支部书记赵华是一名民兵营教导员,他不仅自己带头创办了一家渔具厂,还帮助村民兵符晋铭把一间纺织小作坊孵化成一家年营业额 300 万元的创越纺织有限公司。

2012—2017 年,组织民兵团骨干每人挂钩一个贫困村、联系一名军烈属、资助一名特困生、帮扶一名五保户,先后与 450 名困难群众结成帮扶对事,使 80% 以上的农户脱贫。在文明创建中角斜民兵争当示范员,扎实开展“一营带一村”“一班带一组”“一兵带一户”的文明创建结对活动。团队多次被评为江苏省“精神文明十佳示范点”、南通市“红旗集体”和“文明单位”。

第六节　重要活动

一、命名表彰

1964 年,河南省军区副政治委员钟生溢到角斜检查,肯定和赞扬角斜民兵思想先进、军事技术娴熟,在江苏省乃至华东地区范围内部是难能可贵的,是值得学习的榜样。是年 7 月 17 日,江苏省人民委员会、江苏省军区命名角斜民兵团为“红旗民兵团”,命名大会在角斜召开,副省长管文蔚宣读命名的命令。1966 年 3 月 24 日,中共中央华东局、南京军区命名角斜“红旗民兵团”大会在海安召开。华东局书记处书记、南京军区司令员许世友宣读命名决定,并亲自授旗。华东局书记处书记、江苏省委第一书记、南京军区政治委员江渭清作了重要讲话,南京军区副司令员林维先、江苏省军区司令员赵俊和政委曾如清、浙江省军区副司令员刘亭云等出席会议。大会号召广泛开展学习角斜“红旗民兵团”活动,搞好民兵工作“三落实”。

2003 年 6 月 17 日,南京军区司令员朱文泉等军区、省市领导到角斜检查指导工作,对民兵团给予高度评价。朱文泉题词勉励:角斜心正永跟党,三十九年锄与枪,市场大海能造船,东隅一战斩恶狼。2004 年,民兵团再次被省国防教育委员会表彰为省全民国防教育先进单位。同年,角斜民兵运动员代表参加省第五届农运会民兵军事三项赛,夺得手榴弹单项第三名、团体总分第五名。2006 年,角斜民兵团被省委、省政府、省军区记集体二等功。2006—2007 年,民兵团连续被省军区表彰为民兵预备役部队基层工作先进单位。2008 年 5 月,民兵团被市政府、军分区评

图 15-5　授旗(角斜红旗民兵团史绩陈列馆提供　摄于 1966 年 3 月 24 日)

为“双带双扶”暨“民富村美、风气好”先进单位，被省军区司令部、政治部表彰为规范化建设先进单位。

二、10 周年纪念活动

1975 年 5 月 21 日，中央军委常委粟裕在南京军区副司令员段焕竞等陪同下，专程到角斜“红旗民兵团”考察，观看民兵军事表演。他肯定了角斜民兵工作落实情况，称赞其训练有素、经验很好。1976 年 3 月 24 日，县委在角斜召开“红旗民兵团”命名 10 周年纪念大会。南京军区领导和江苏省军区副司令员谢中光、南通地委副书记王一香、南通军分区司令员张宝珊等出席会议。1977 年 8 月 14—18 日，南京军区、江苏省军区在角斜召开江苏省民兵学角斜“红旗民兵团”“三落实”先进经验交流会，南京军区副司令员段焕竞、省委书记韩培信等出席会议，江苏省各地委、市委领导，各军分区、南京警备区、各县市（区）人武部和部队师、团单位主要负责人，以及全省民兵工作“三落实”先进单位代表 311 人参加会议，角斜民兵数百人参加开幕式。中共江苏省委、省革命委员会、省军区作出关于《进一步学习推广角斜“红旗民兵团”的先进经验，广泛开展创建民兵“三落实”先进单位活动》的决定。

三、20 周年纪念活动

1986 年，角斜“红旗民兵团”命名 20 周年之际，中央及地方党政军领导人欣然为角斜“红旗民兵团”题词勉励，全国人大常委会副委员长陈丕显的题词是：“坚持党管武装，劳武结合，为实现党在新时期的总任务、总目标而努力奋斗。”全国人大常委会副委员长兼秘书长、中顾委常委姬鹏飞的题词是：“加强领导，依靠群众，把民兵工作搞好。”国防部部长张爱萍的题词是：“发扬优良传统，为建设强大的国防后备军而奋斗。”省委书记韩培信以及江渭清、惠浴宇、管文蔚等也都题词，给角斜民兵以极大鼓舞。是年 3 月 24 日，南通市人民政府、南通军分区在角斜隆重举行角斜“红旗民兵团”命名 20 周年纪念大会。会上宣读了中共中央书记处书记、全国人大常委会副委员长陈丕显，国务委员姬鹏飞，国防部部长张爱萍，中共江苏省委书记韩培信等 11 位领导的题词。南京军区政治部发来贺信，江苏省军区向角斜“红旗民兵团”赠送锦旗，并奖励跃进牌货车一辆。

四、25 周年纪念活动

1991 年 3 月 18 日上午 8 时 30 分，江苏省人民政府、江苏省军区在海安工人电影院举行大会，纪念角斜“红旗民兵团”命名 25 周年。会上总参动员部部长谭冬生宣读总参谋长迟浩田的贺信并赠送迟浩田给角斜“红旗民兵团”的题词“发扬光荣传统　加强民兵建设”。下午 1 时，与会领导及代表乘车到角斜参观民兵史绩展览、劳武工厂，观看军事表演等。总参动员部部长谭冬生，南京军区参谋长张宗德，江苏省军区司令员章昭薰、政治委员魏长安，江苏省副省长戴顺智，南通市委书记吴铬、市长徐燕、人大常委会主任朱剑，南京军区、省军区、省有关部门负责人参加活动，县委、县人大、县政府、县政协负责人和各乡镇党委、人武部领导及民兵千余人出席活动。4 月 15 日，南京军区政群字第 3 号文件，转发《角斜“红旗民兵团”发扬党管武装的优良传统，坚定不移地搞好民兵工作“三落实”的经验》，同时要求各省军区（警备区）要借鉴角斜“红旗民兵团”的经验，全面加强民兵基层建设，切实搞好民兵工作“三落实”，把民兵、预备役工作提高到新的水平。省政府、省军区给角斜“红旗民兵团”记集体三等功一次。1992 年 5 月，“红旗民兵团”被评为全国民兵预备役部队基层工作先进单位，并受到总参谋部、总政治部的联合通报表彰。

五、30 周年纪念活动

1996 年 4 月 8 日，省政府、省军区为表彰海安县角斜“红旗民兵团”的模范事迹，给角斜“红旗民兵团”记集体二等功一次，并号召全省各级民兵组织和民兵预备役人员要学习角斜“红旗民兵团”坚持党管武装，自觉听从党的指挥，确保政治合格的高度政治责任感；学习“红旗民兵团”居安思危、严格训练的国防观念；学习“红旗民兵团"坚持劳武结合积极参加两个文明建设，为维护社会稳定做贡献的先进经验；学习"红旗民兵团"勇于探索、争创一流的进取精神。5月20日，省委、省政府、省军区在海安隆重集会，纪念角斜"红旗民兵团"命名30周年。中央军委副主席、国务委员、国防部部长迟浩田，副总参谋长吴铨叙、总政治部副主任周子玉、总参动员部部长谭冬生、总政群工部部长邓先群以及南京军区政治委员方祖岐等出席大会，观看民兵团"爱军习武、尚武保国"为主题的军事表演。8月23日，中国人民解放军总参谋部、总政治部发出《关于在全国民兵预备役部队中广泛开展向角斜"红旗民兵团"学习的决定》，在全军范围内推广角斜"红旗民兵团"的先进经验，在全国民兵组织和预备役部队中广泛深入地开展向角斜"红旗民兵团"学习活动，加强军队建设和国防后备力量建设。9月25日，总参谋部、总政治部及中央电视台一行6人到角斜拍摄大型纪录片《中国民兵》，反映角斜民兵应急分队紧急出动、民兵射击训练等场面。11月29日，省委、省政府、省军区联合下发文件，号召在全省民兵、预备役部队中开展向角斜"红旗民兵团"学习的活动。通过大量新闻媒体的宣传，角斜民兵在全国引起巨大影响。《中国大百科全书》《当代中国》《今日中国农村》等书均登载角斜"红旗民兵团"的词条、照片和文章。

六、35周年纪念活动

2000年11月3日，中央电视台军事报道组一行6人到"红旗民兵团"拍摄采访。2001年10月，南通市委、市政府、军分区在海安召开新形势下民兵思想政治工作座谈会暨角斜"红旗民兵团"建设成果汇报会，纪念"红旗民兵团"命名35周年。会议展示民兵团在新形势下，围绕"打得赢，不变质"两个历史性课题，重点突出民兵团首长机关网上练兵，提高民兵团干部组织指挥能力和新形势下落实民兵政治教育的形式与做法，制定并演练参战支前、反敌小股武装袭扰等5种工作预案，受到省军区首长的肯定。2002年3月，中央电视台、国家国防动员委员会联合到角斜镇，为中央电视台七套《胜利之基》栏目拍摄素材，主要了解"红旗民兵团"从组建到35周年的情况，拍摄科技、经济、军事、后备力量、交通动员等方面的情况，收集30周年、35周年庆祝活动的文字和录像等相关资料。

七、40周年纪念活动

2006年10月26日，省委、省政府、省军区在海安隆重召开纪念角斜"红旗民兵团"命名40周年大会。中共中央政治局委员、中央军委副主席、国务委员兼国防部部长曹刚川出席大会，并作了重要讲话。副总参谋长张黎及南京军区司令员朱文泉、政治委员雷鸣球，省委书记李源潮、省长梁保华、省委副书记张连珍、副省长张九汉，省军区司令员陈一远、政治委员吴齐等领导出席大会并讲话，会议号召全省民兵预备役部队向角斜"红旗民兵团"学习。曹刚川等领导接见民兵团老民兵代表和柳堡"二妹子民兵班"代表，并和与会代表一起参观民兵团史绩陈列馆，观看信息化条件下民兵军事训练表演。《人民日报》《解放军报》《中国国防报》《人民前线报》《新华日报》等多家报刊和中央电视台一套《新闻联播》、中央电视台七套《军事天地》《和平年代》等节目，专题报道"红旗民兵团"的事迹。解放军总参谋部、总政治部转发角斜"红旗民兵团"做好新形势下民兵工作的经验做法，肯定角斜"红旗民兵团"的经验做法"具有较强的时代性和创新性，值得学习借鉴"。

八、45周年纪念活动

2011年12月9日南通市委、南通市人民政府、南通军分区在海安县集会，纪念角斜"红旗民兵团"命名45周年。省委常委、省军区政治委员李笃信代表省军区党委向角斜"红旗民兵团"命名45周年表示祝贺。市委书记丁大卫在会上讲话。市委副书记、代市长张国华主持纪念大会。市委常委、南通军分区司令员贾建民就做好新形势下民兵工作提出要求。县委书记单晓鸣在大会上致辞。市委书记丁大卫、代市长张国华、军分区司令员贾建民、军分区政治委员苏西群等军地领导出席纪念大会，海安县作了民兵工作经验介绍。县人武部以角斜"红旗民兵团”命名45周年为契机，总结了一套新形势下做好民兵思想政治工作的基本经验，汇编了一本角斜“红旗民兵团”故事集，制作了一套《今日红旗别样红》画册和展板，培育了一批民兵带头致富的典型，拍摄了一部反映民兵团思想政治建设成果的专题片，并围绕做好社会主义市场经济环境中和信息化条件下民兵思想政治工作这一课题，认真总结民兵团新时期思想政治工作的经验。《中国国防报》《人民前线》等报刊均在头版头条宣传报道。12月15日，角斜镇人武部被解放军总参谋部、总政治部、总后勤部、总装备部、人力资源和社会保障部联合表彰为“全国民兵工作先进单位”，民兵团政治委员袁加根赴北京参加表彰大会，受到胡锦涛等领导人的亲切接见。

九、50周年纪念活动

2016年9月22日，中共江苏省委、江苏省人民政府、江苏省军区在海安召开纪念角斜“红旗民兵团”命名50周年暨推进民兵转型建设会议，研究如何推进新时期民兵转型发展，全面加强国防后备力量建设的议题。中央军委国防动员部政治工作局主任晏军，东部战区政治工作部副主任朱永和，省军区司令员李大清，省军区副司令员兼参谋长鞠华，省军区政治部主任李少，省委副秘书长黄根清，南通市委书记、南通军分区党委第一书记陆志鹏，市委副书记黄巍东等各级领导出席会议。省委常委、省军区政治委员曹德信主持会议。县委书记、角斜“红旗民兵团”第一政委陆卫东，县委副书记、县长顾国标，县人大常委会主任孙进基，县政协主席周宗泉，县委副书记成宾等县四套班子负责人参加会议。军委国防动员部有关领导，省委、省政府、省军区机关领导，南通市、南通军分区领导，各设区市、省军区各师级单位领导，南通所属区县和人武部领导以及海安县党政机关领导、“红旗民兵团”民兵代表、省内先进民兵组织和个人典型代表应邀出席会议。晏军代表中央军委国防动员部党委向角斜“红旗民兵团”全体干部民兵表示祝贺，他说：50年来的生动实践充分表明，“红旗民兵团”名不虚传，既有厚重的历史荣誉，又书写了崭新的时代篇章，不愧是一支具有光荣传统、享誉全国的模范民兵队伍。这一系列的荣誉和成就，不仅是角斜“红旗民兵团”的光荣，更是江苏后备力量建设经验的集中展示。省委常委、省军区政治委员曹德信强调指出，全省各级民兵组织和广大民兵预备役人员要大力传承弘扬“红旗精神”，通过广泛开展学习“红旗民兵团”活动，在全省上下形成你追我赶、奋勇争先的浓厚氛围，努力使江苏涌现出更多的“红旗民兵团”式的民兵组织和民兵队伍，为推进国防后备力量转型建设和“强富美高”新江苏建设做出新的更大贡献。省军区司令员李大清在做动员部署时说，角斜“红旗民兵团”必须把能力建设作为民兵转型建设的核心，建立常态化战备，普及基地化训练，探索多样化保障。会上，黄根清宣读省委、省政府、省军区《关于开展向角斜“红旗民兵团”学习活动的决定》，号召学习角斜“红旗民兵团”，就是要学习他们忠于党的政治信仰，毫不动摇坚持党管武装的原则；学习他们爱国尚武的高尚情怀，坚持不懈用党的创新理论武装头脑；学习他们精武强兵的过硬本领，始终把聚焦应战、应急作为责任使命；学习他们奋发有为的开拓精神，始终把建设过硬团队作为不懈追求，加快推进全省新时期民兵转型建设。

第七节 民兵团荣誉

1964—2017年，民兵团先后10多次被市政府、军分区、省政府、省军区、南京军区授予“三落实先进集体”等荣誉称号，多名个人受到各级各类表彰。

一、集体荣誉

1964—2017 年角斜“红旗民兵团”集体荣誉一览表

表 15-2

时间	立功受奖情况	授奖单位
1964.7	“红旗民兵团”称号	江苏省人委、省军区
1966.3	“红旗民兵团”称号	中共中央华东局、南京军区
1971.3	“三落实”先进集体	江苏省军区
1976.5	“三落实”先进集体	南京军区
1977.8	“三落实”先进集体	江苏省委、省革命委员会、省军区
1980.2	江苏省政府嘉奖令	江苏省政府
1981.5	“三落实”先进集体	江苏省军区
1984	先进民兵青年综合学校指导中心	南京军区政治部
1985.5	拥军育才先进集体	南京军区
1985	先进人武部	南通军分区
1986.3	民兵工作先进集体	南通军分区
1986	“三落实”先进集体	江苏省军区
1987	全军英模代表会特邀代表	国务院、中央军委
1987	民兵青年之家建设先进集体	团市委、分区政治部、市文化局、市科协、市“五四三”办公室
1988	1987 年度先进单位	南通市政府、军分区
1988	基层武器管理先进单位	南通市政府、军分区
1989	拥军优属先进集体	南通市政府
1990	江苏省全民国防教育先进集体	省委宣传部、省教委、省军区政治部
1990	军事汇报表演先进集体	江苏省军区
1990	民兵射击班先进集体	江苏省政府、省军区
1990	1989 年度先进单位	南通军分区
1990.1	民兵应急分队建设先进单位	南通军分区
1991	江苏省社会主义建设先进单位嘉奖令	陈焕友省长
1991	党管武装加强民兵建设先进集体	江苏省政府、省军区
1991	抗洪救灾先进集体	南通市委、市政府
1991	人民武装工作先进集体	南通市政府、军分区
1991	集体“三等功”	江苏省军区
1992.5	民兵预备役部队基层工作先进单位	中国人民解放军总参谋部、总政治部
1992.6	民兵工作先进单位	江苏省政府、省军区
1992.7	物质文明、精神文明建设突击队	江苏省委宣传部、省军区政治部
1993.1	基层人武工作先进单位	南通市政府、军分区

续表 15－2

时间	立功受奖情况	授奖单位
1994.10	青年民兵综合学校指导中心	南京军区政治部
1995.8	双拥模范单位	南通市政府、军分区
1996.4	集体“二等功”	江苏省政府、军分区
1996.10	市第五届农运会民兵军事三项赛第一名	南通市政府
1996.10	民兵基层建设标兵单位	南通市政府、军分区
1997.1	全民国防教育先进单位	江苏省国防教育委员会
1997.6	民兵工作“三落实”先进单位	南京军区司令部、政治部
1997.9	民兵预备役部队带头参加精神文明建设“十佳示范点”	南京军区司令部、政治部
1997.9	市第六届农运会民兵军事三项赛第二名	南通市政府
1998.10	征兵工作先进单位	江苏省政府、军分区
1998.1	人民武装工作先进单位	江苏省政府、军分区
1998.10	先进基层武装部	军分区
1999.8	第二届全国少年军校检阅式“最佳组织奖、最佳队列竞赛奖、最佳野外拉练奖”	第二届全国少年军校检阅式组织委员会
1999.8	省第六届中学生报务技术竞赛第一名，全能第三名，团体总分第二名	江苏省军区
1999.4	全民国防教育先进集体	南通市政府
1999.10	省第四届农运会民兵军事三项赛第五名	江苏省政府
2000.5	爱国主义教育基地	南通市委宣传部
2001.1	集体“三等功”	南通市政府、军分区
2001.10	市第八届农运会军事三项赛第一名	南通市政府
2001.9	征兵工作先进单位	南通市政府、军分区
2001.8	省第七届中学生报务技术比赛“团体总分第二名”	江苏省军区
2001.11	市第八届农运会军事三项赛“全能第一、团体总分第一”	南通市农工部、市体委
2002.1	标兵基层武装部	南通市政府、军分区
2002.6	基层民兵预备役工作先进单位	中国人民解放军总参谋部、总政治部
2003.1	征兵工作先进单位	南通市征兵工作领导组
2004.9	全民国防教育先进单位	江苏省国防教育委员会
2004.8	省第八届中学生报务技术比赛团体总分第一	江苏省军区
2004.5	省第五届农运会民兵军事三项赛团体总分第五名	江苏省军区、省体委
2005.5	全民国防教育先进单位	南通市国防动员委员会
2005.1	省爱国主义教育基地	南通市委市政府
2006.3	“双带双扶”活动先进单位	南通市政府、军分区
2006.10	集体“二等功”	省委、省政府、省军区
2007.4	先进基层单位	江苏省军区

续表 15-2

时间	立功受奖情况	授奖单位
2008.5	“双带”“双扶”及民富村美风气好先进单位	南通市政府、军分区
2008.12	规范化建设先进单位	江苏省军区司令部、政治部
2009	“红旗民兵团”史绩陈列馆被省委宣传部命名为“爱国主义教育基地”	江苏省委宣传部
2011	全国民兵工作先进工作单位	人力资源和社会保障部、中国人民解放军总参谋部、总政治部、总装备部
2016	战备训练先进单位	南通军分区
2017	2016 年度省军区基层建设标兵单位	江苏省军区

二、个人荣誉

1946—2017 年角斜“红旗民兵团”个人荣誉一览表

表 15-3

姓 名	职 务	授予年份	荣 誉	简要事迹
沈根富	乡长	1946	头等坚持英雄(《东台大众》公布)	当年,新四军主力转移山东作战后,角斜被敌占领,他根据上级指示,坚持在角西乡原地斗争,做出了显著贡献
缪四余	乡指导员	1946	头等坚持英雄(《东台大众》公布)	当年,新四军主力转移山东作战后,角斜被敌占领,在极其艰苦环境下,缪五进五出周庄据点,征粮、贴宣传标语,坚持与敌斗争,贡献突出
王玉富	—	1949	华东支前英雄(兵团级)	当年,参加支前民工队,随华东野战军卫生队行动。在渡江中,遇敌舰袭击,他带头涉水扛运药箱
崔伯勤	民兵	1949	华东支前英雄(兵团级)	当年,参加支前民工队,随华东野战军侦察营前进。在淞沪战斗中,巧妙保护电台,保证了部队通信联络畅通无阻,做出突出贡献
符永芝	民工营教导员	1949	华东支前模范(兵团级)	当年,带队参加长期民工队,任民工营教导员。在支前途中,组织民工为伤员献血,事迹突出,被评为“华东支前模范”。1958 年后,积极开展民兵工作,事迹突出,1966 年应邀参加国庆观礼
郭文秀	民兵	1949	华东支前模范(兵团级)	当年,参加长期民工队,随华东野战军卫生队行进。在途中,拾取友邻掉失医疗器械归队,保证了救护医疗工作的顺利开展
蒋凤银	农业互助组组长	1952	劳动模范(省级)	1952 年,带头组织全县第一个互助组,并在棉花生产遇到虫灾的情况下,带领组员用土法治虫,夺取棉花丰收,被苏北行署评为“劳动模范”
蒋学珍	党支部书记	1955	省党代会代表、县劳动模范	1953 年,与其父蒋凤银组织全县第一个农业生产合作社,在棉花生产中贡献突出,被评为“县级劳动模范”。1955 年因在农业合作化运动中有突出贡献,被推荐为省党代会代表

续表 15－3

姓　名	职　务	授予年份	荣　誉	简要事迹
李德英	民兵	1965	特等射击手（省军区）	—
曹莲凤	民兵营副教导员、女炮班班长	1969 1973	中共九大、十大代表，省市学毛著积极分子	刻苦学习毛泽东同志著作，用毛泽东军事思想带领、指导女炮班同志训练，成绩优异。作为角斜“红旗民兵团”代表，被推选为中共九大、十大代表，出席党的全国代表会。十大时，还被选为主席团成员
祁吉兰	民兵	1969	国庆观礼代表	积极参加民兵工作，成绩突出，被邀参加国庆 20 周年观礼活动
潘宝才	民兵营教导员	1969	国庆观礼代表	民兵工作成绩突出，被邀请参加国庆 20 周年观礼活动
祁明发	民兵营教导员	1975 1978	第四、五届全国人大代表	积极做好民兵思想政治工作，指导民兵训练，事迹突出，被推选为第四届全国人大代表、第五届全国人大代表
汤长林	人武部长、民兵团长	1978	先进专职武装干部（省军区）	—
应银芳	民兵通信员	1977 1979	全国无线电通信报比赛第一名、江苏省无线电通信比赛女子机上报务第一名	加入民兵通信连后，刻苦钻研通信技术，成绩显著。1977 年，代表角斜参加江苏省无线电通信比赛，获机上通报第一名，个人全能第二名。1979 年，参加全国 22 省市业余无线电通信报比赛，获得第一名（国家体委、总参谋部）
朱建玲	女炮排排长	1979	全国新长征突击手	担任女炮排排长后，积极带领民兵刻苦学习军事技术，科学种田夺高产，成绩显著，被团中央授予“新长征突击手”称号
汤长林	人武部长、民兵团长	1980	省先进专职武装干部	从事专职武装工作，积极组织民兵活动，成绩显著，被省军区评为“先进专职武装干部”
李志兰	民兵	1982 1983	省劳动模范、全国三八红旗手	坚持科学种田，探索棉花高产规律，创造了连续多年亩产皮棉超 100 公斤纪录，被省政府授予“劳动模范”称号，全国妇联也授予其“全国三八红旗手”称号
祁吉华	信用社主任、民兵	1987—1989	省金融系统劳动模范	从事金融信贷工作，自 1982 年起，因钻研金融业务，金融工作成绩显著，每年被市评为“金融系统先进个人”，1987—1989 年被省农行评为“全省金融系统劳动模范”
陈文清	镇广播站站长	1988	省优秀机务员	参加民兵组织以后，一直从事广播、电视宣传工作，做出了显著成绩
王资柏	民兵营教导员	1988	省劳动模范	积极组织民兵、群众发展“庭院经济”，走劳动致富道路，成绩显著，被评为“省劳动模范”
万素萍	女炮排民兵班长	1988	省劳动模范	刻苦钻研缫丝技术，多次在省市操作比赛中获奖，为提高缫丝的质量做出贡献，被评为“省劳动模范”
刘圣田	武委会成员	1989	市优秀党务工作者	积极支持民兵、武装等宣传工作，成绩显著，被市委宣传部评为“优秀党务工作者”

续表 15－3

<table>
<tr><th>姓　名</th><th>职　务</th><th>授予年份</th><th>荣　誉</th><th>简要事迹</th></tr>
<tr><td>李　平</td><td>镇少年军校副校长</td><td>1989</td><td>市新长征突击手</td><td>从事教育工作，积极开展少年军校活动，组织学习军体，为民兵和解放军培养、输送人才，成绩显著，被团市委评为“新长征突击手”</td></tr>
<tr><td>徐　斌</td><td>镇团委书记</td><td>1990</td><td>全国青少年绿化祖国突击手</td><td>从事青年团工作，积极组织青年、民兵开展植树造林等活动，成绩显著。1988 年被市评为“先进个人”。1990 年被团市委评为“新长征突击手”“优秀团干部”，1991 年被团中央授予“全国青少年绿化祖国突击手”</td></tr>
<tr><td>陆忠祥</td><td>镇人武部长、团长</td><td rowspan="21">1990</td><td rowspan="21">省民兵训练荣誉奖</td><td>从事民兵工作，积极组织民兵开展军事训练和生产等活动，成绩显著，曾被南通军分区记功一次。1990 年组织民兵参加省政府、省军区组织的民兵、预备役部队军事训练汇报表演，成绩突出，被授荣誉奖</td></tr>
<tr><td>蔡雨平</td><td>民兵团政治处主任</td><td rowspan="2">积极带领、组织民兵开展训练活动，成绩突出。1990 年在省政府、省军区组织的民兵、预备役部队军事训练汇报表演中成绩显著，被授荣誉奖，并通报表彰</td></tr>
<tr><td>张振东</td><td>民兵</td></tr>
<tr><td>符学富</td><td>农药厂民兵连副指导员</td><td rowspan="18">积极参加民兵、预备役连训练和各项活动，1990 年在省政府、省军区组织的民兵、预备役部队军事训练汇报表演中成绩突出，被授荣誉奖</td></tr>
<tr><td>顾伯平</td><td>镇农药厂民兵排长</td></tr>
<tr><td>袁永涛</td><td>卫生员、民兵</td></tr>
<tr><td>丁桂荣</td><td rowspan="15">民兵</td></tr>
<tr><td>孟建国</td></tr>
<tr><td>吴　健</td></tr>
<tr><td>缪卫荣</td></tr>
<tr><td>李昌建</td></tr>
<tr><td>周建华</td></tr>
<tr><td>康久林</td></tr>
<tr><td>冯祝全</td></tr>
<tr><td>沈志林</td></tr>
<tr><td>袁绍祥</td></tr>
<tr><td>冯志群</td></tr>
<tr><td>卞长生</td></tr>
<tr><td>张振华</td></tr>
<tr><td>汤桂丽</td></tr>
<tr><td>袁正芳</td></tr>
</table>

续表 15-3

姓　名	职　务	授予年份	荣　誉	简要事迹
金　干 万建华 吴正成	民兵	1990	省民兵训练荣誉奖	积极参加民兵、预备役连训练和各项活动，1990年在省政府、省军区组织的民兵、预备役部队军事训练汇报表演中成绩突出，被授荣誉奖
王兴林	来南村治保主任	1990	省民兵训练荣誉奖、民兵训练先进个人	
周良春	民兵	1990	省民兵训练荣誉奖	
李志祥	农药厂连指导员	1990	省民兵训练荣誉奖	积极领导发展镇办企业，支持民兵训练等各项活动，被省政府、省军区授予“民兵训练荣誉奖”
汤友才	角斜镇王墩村	1999	江苏省首届“关心国防十佳好公民”	江苏省全民国防教育委员会，简要事迹略
金加海	角斜红旗民兵团	1999	1997—1998年度全市全民国防教育先进个人	南通市政府，简要事迹略
申启群	角斜初级中学教师	1999	组织参加军分区第六届中学生无线电报务技术竞赛训练工作先进个人	南通市政府、军分区，简要事迹略
李小健 廖亚萍	角斜初级中学教师	1999	参加省军区第六届中学生无线电报务技术竞赛先进个人	南通市政府、军分区，简要事迹略
林忠祥	角斜镇人武部部长	1999	优秀基层武装干部	南通市政府、军分区，简要事迹略
郑　华	红旗民兵团政委	1999	拥军优属先进个人	南通市政府、军分区，简要事迹略
林忠祥	镇政府	2000	省十佳专武预任干部	省军区，简要事迹略
林忠祥	角斜镇人武部部长	2001	优秀基层武装干部	南通市政府、军分区，简要事迹略
林忠祥	角斜镇人武部部长	2002	优秀基层武装干部	南通市政府、军分区，简要事迹略
张　军	红旗民兵团政委	2006	十佳关心党管武装的好书记	南通市军分区，简要事迹略
李小健 吴　翔	角斜初级中学教师	2006	全省无线电报技术竞赛第一名	省军区，简要事迹略
吉临兆	红旗民兵团政委	2008	省先进个人	省军区，简要事迹略
吴　翔	角斜初级中学教师	2008	无线电报手键第一名	军分区、市教育局，简要事迹略
申承龙	角斜初级中学教师	2008	无线电报干扰抄报第二名、个人全能第二名	军分区、市教育局，简要事迹略

续表 15-3

姓 名	职 务	授予年份	荣 誉	简要事迹
张莹莹	角斜中学教师	2008	无线电报务音频发报第二名、干扰发抄第七名	军分区、市教育局,简要事迹略
袁加根	红旗民兵团政委	2012	全省民兵工作先进个人	省政府、省军区,简要事迹略
丁小军 董同华 纪育明 吴志均 时志勇	民兵	2014	海上侦察先进个人	省国防动员委员会,简要事迹略

附:

红旗赞

(朱汝阳——原南通军分区政治部主任)

我从 1964 年起屡至角斜"红旗民兵团",先后累达数年之久。仰慕其历史勋绩,钦羡其现实硕果。而民兵群众改天换地之奋斗精神,练武备战之坚强意志,每每感切心脾,历久难忘。值此《江海长缨》征稿之际,勉缀芜辞数章,敬献心香一瓣,惟期摛忱赞颂,遑计力薄工拙。

烈火丹心

角斜雄踞黄海侧,历经淬砺成楷式。
尚武制敌建边疆,五十春秋如一日。
难忘长夜苦煎熬,"三霸"[①]肆虐胜狼獒。
代代颈箍三把刀,租重债高税如毛。
鬻妻卖女偿难尽,行乞悬梁入狱牢。
蓬门千户没蒿莱,碧血横流动地哀。
曾事抗争遭镇压,谁拯吾民上春台?
四一年初见曙光,党率农奴建武装。
一旦长缨握在手,盐滩草洼尽沙场。
封锁圈内飞鸣镝,交通线旁多冷枪。
递来密报军情析,投出纸弹敌胆丧。[②]
潜进巢穴屠鹰犬,强攻壁垒歼豺狼。
设伏腰灶多斩获,三攻李堡众志昂。
游击战火燎原烈,袁家癞犬没汪洋。
斗垮日伪胜蒋顽,角斜儿女信非凡。
家乡解放念全国,支援雄师下江南。
渡江敢冒舰炮密,涉水肩箱抢运急。
激战三宵护电台,先遣侦察畅消息。
弹雨如注舍身护,扶伤输血众心赤。
淞沪拥军新功立,[③]凯歌声中传羽檄。
红旗猎猎乐南征,武夷险巇闽江碧。
回程有幸贾余勇,深谷丛林战溃卒。
厦门攻克敌全摧,始拂硝烟载誉归。
十年鏖战志初酬,千里远征冶铁流。
百余英烈洒鲜血,煌煌勋绩耀千秋。

枕戈爱武

千秋伟业初创成,五星红旗赖众擎。
世间犹有虎罴吼,枕戈严防旁国侵。
往事堪忆今堪颂,新旧对比目愈明。
倾诉苦情齐掩泣,畅谈快事开颜听。
征途漫漫明灯耀,"毛选"四卷系深情。
思想改造常锤炼,斗志激扬勤练兵。
磁波远比海波邈,刃光灿若电光青。[④]
弹出靶穿无虚发,令下阵成列壮营。
党管武装群众办,代有传人兵益精。
飒爽英姿女炮班,志坚艺专誉红颜。
一支步枪丹心托,姐妹五人依次传。
银锄绣地翠千垅,铁臂防洪排万难。
岁岁丰收鼓掌庆,人人爱武拭目看。
党予关怀军予助,两任命名红旗团。
喜获殊荣力戒骄,三个落实求高标。[⑤]
先进经验传遐迩,一花引来百花娇。

处乱秉正

神州百卉正绮发,忽地冻封芳草折。
面对横流团结紧,未成两派拒分裂。
少数群众欲入城,晓以大义息纷争。

偶有借机贪偷闲，耐心相劝事春耕。
外境遣人煽武斗，严词面对申正声。
情寄巡斗当权派，⑥款待慰伤献赤诚。
排除干扰风波息，依仗武装筹善策。
越剑吴钩誓握牢，一枪一弹无丢失。
劳武结合更如昔，暴雨降灾扶苗直。
三千民兵齐会战，六百亩田平整毕。
万众辛劳硕果结，田增粮棉厂增值。
十年浩劫悉反常，处乱秉正殊难得。

新途奋进

一夜春风万物苏，齐心四化迈新途。
基本路线指针引，改革开放展宏图。
两个文明同建设，五讲四美勤除污。
银花金穗竞芳菲，轻烟天际伴云飞。
联产承包愈鼓劲，科技优先诚宝瑰。
包包农药增效益，缕缕茧丝绽芳梅。
水湄养殖鱼嬉浪，庭园植种果成堆。
广辟财源共致富，新楼栉比易柴扉。
农夺高产工猛进，省县表彰屡夺魁。
以劳养武武备优，民兵改革力尤威。
拒腐防变持本色，料事知著亦见微。
红旗招展添新彩，北凌河畔尽朝晖。
弹指征程五十年，雄文真理镌心田，
四项原则坚持久，干群同谱奇志篇。
奇志鸿篇咸钦羡，俚辞颂赞心香献。

注：

①“三霸”为地霸、渔霸、盐霸。

②纸弹为我军对敌宣传品。

③红旗民兵团被授予“拥军模范民工营”称号。

④无线电通信和刺杀训练。

⑤毛主席指示民兵工作要做到组织落实、政治落实、军事落实。

⑥时地、县“造反派”将地委书记周一峰等地、县领导人押来角斜巡回批斗。

第八节　媒体聚焦角斜民兵

抗日战争、解放战争期间，《苏中报》《江海导报》对角斜民兵的斗争事迹进行多次报道。角斜民兵团成立以后，《人民日报》《解放军报》《中国国防报》《中国民兵》《人民前线》《新华日报》《东海民兵》《基层生活》《南方日报》《南通日报》《海安日报》等全国10多家媒体对“红旗民兵团”的事迹报道了80多次。

媒体聚焦角斜民兵题录

表15－4

标　题	作者	媒体	发表时间
角斜区李墩村两个妇抗会员在动员大会上与参军勇士订婚	—	《苏中报》	1944.2.26
角斜地武攻坚创范例　打破范公堤封锁	—	《江海导报》	1947.10.16
能文善武　劳武结合——评角斜公社民兵工作落实的经验	—	《新华日报》	1964.7.26
黄海前哨的“顺风耳”——记优秀民兵报务员应银芳	杨忠平　申启华　王嘉祥	《解放军报》	1991.10.5
迟浩田在纪念“红旗民兵团”大会上强调努力加强国防后备力量建设	孔德宏　徐殿龙	《人民日报》	1996.5.20
江苏省海安县角斜“红旗民兵团”促战斗力生成模式转变—批训练骨干脱颖而出挑大梁	张宇宝　朱一林　肖　林	《中国国防报》	2012.1.12

第十六章　社会管理

社会管理是政权建设的重要职能。人民政府秉承一切为了人民的理念，随着社会主义法治建设的推进，社会管理逐步完善，更趋向法治化、系统化、规范化、人性化。社会管理体制的完善，使政府职能得到统一发挥，社会中介机构、社会自治组织也能发挥各自的作用。人民享受着广泛的民主自由，既有统一意志，又有个人自由。公共管理规范有序，社会和谐稳定。

第一节　管理机构

一、综合治理办公室

角斜域内在20世纪80年代逐步建立社会治安综合治理办公室。综治委主任一般由党委书记兼任，分管政法的副职任综治委副主任兼办公室主任，设专职办公室副主任1人，其他大多为临时岗位、临时人员，未列编。1991年3月21日，中共中央决定成立中央社会治安综合治理委员会。2001年，角斜镇社会治安综合治理委员会办公室人员被列入编制，配备1名专职副主任(股级)，2名综治专干。2011年，角斜镇社会治安综合治理委员会更名为社会管理综合治理委员会办公室。2014年，社会管理综合治理委员会办公室恢复为角斜镇社会治安综合治理委员会办公室，其工作目标是集中精力抓好平安建设。2017年3月，根据中共中央印发的《深化党和国家机构改革方案》，不再设立综合治理办公室，党委专职设政法委员(副科级)与综合执法局合署，下设信访科、政法综治科、司法所、社工中心、角斜法律服务所、老坝港法律服务所。

历任综治办专职副主任一览表

表16-1

姓　名	时　间
李志发	1989.4—1994.5
汤夕成	1994.6—1999.6
刘圣田	1999.7—2000.12
缪　建	2001.1—2001.12
罗　毅	2002.1—2007.7
张　吉	2007.8—2010.10
吴　伟	2010.11—2011.10

续表 16-1

姓 名	时 间
陈 旭	2012.4—2012.7
张海峰	2012.8—2013.8
季清华	2013.9—2014.9
王凯飞	2014.10—2015.8
刘海建	2015.9—2017.12

角斜镇注重综治基层基础建设。2017年镇级综治中心全面建成,被市评定为一级中心,20个村级综治中心全部达到一级标准。按照综治中心防控违法犯罪、化解矛盾纠纷、排除公共安全隐患三大职责任务,持续推进规范化建设,以镇级综治中心为龙头,以村(居)综治中心为辐射,构建了镇、村(居)、网格三级矛盾纠纷排查调处体系。对信访突出问题全面落实领导"五包"责任制,实行"一件事项、一名领导、一个专班、一套方案、一包到底(包协调、督办、落实、稳控)"的"五个一"工作机制。

二、公安派出所

(一)角斜派出所

1982年3月成立,坐落在角斜政府对门。王冬生、赵松山、储开端、吴俊生、王国清、魏春富先后担任角斜派出所所长,张银来、缪兴华、张殷华先后任指导员。2009年,角斜派出所有干警8人,警车3辆,电脑14台以及枪支弹药不等。派出所设有交通警务室、治安民警办公室、社区民警办公室、住所交警办公室、消防器材室、户籍室、监控室、讯问室。2017年,拥有干警13人,辅警60人,警车3辆,电脑25台,设立勤务指挥室、案件管理室、办案区、警务服务大厅。

(二)沿口派出所

1995年10月成立,张银来、吴俊生先后担任过所长,未设指导员。2000年8月,并入角斜派出所。

(三)旧场派出所

1960年设立,所长为马永华。"文化大革命"期间被叫停,"文化大革命"后设公安特派员,卞松林、顾才明(代)、蒋克东先后任特派员。1995年与老坝港派出所合并。

(四)老坝港派出所

1995年设立,旧场、老坝港合并成立老坝港派出所。王开山、张殷华、曹文建先后任所长。2011年滨海新区成立后,老坝港派出所并入新组建的角斜派出所。

(五)滨海新区派出所

2014年4月成立,有正式民警13名、协警32名,其中党员21名、团员4名,平均年龄39岁。派出所担负着45公里省道、35公里县道事故处理、路面执行任务和法制宣传等任务。管辖17个建制村、8所中小学幼儿园,管辖面积145.6平方公里,人口6.6万人。派出所配有警车、电动巡逻车等,夏春厚、赵华、魏春富、吴志云先后任滨海新区派出所所长,彭昌泉、刘锋、张殷华先后任指导员。

(六)边防派出所

1959年建于北凌老闸旁,原名为北凌闸边防派出所。1979年迁址至北凌新闸。1987年5月,隶属于江苏省公安厅边防局南通市边防分局。1990年更名为老坝港边防派出所。1994年经省边防总队批准由北凌新闸迁址至北凌老闸东300米,老坝港乡政府西200米处,并新建3层办公楼。2011年,投入经费450万元(其中协调海安县政府解决350万元,自筹100万元)于北凌老闸东1000米处建设新营房,新营房占地约1公顷,建筑面积2230平方米,2013年6月新营房投入使用。2017年,边防派出所配置有3辆警车、1辆江淮汽车、2辆桑塔纳轿车。辖区海岸线长7.8公里,管辖船舶210余艘,渔船民2075人,管辖沿海边防管理区面积60多平方公里,常住人口3791人。老坝港边防派出所接受武警南通公安边防支队和海安县公安局的双重领导，主要负责海安县沿海地区海上、滩涂、港口、陆上的边防治安管理和反偷渡反走私工作。历任所长有马永华、顾怀俊、陆勋、许松茂、唐锡山、江士兵、崔春华、骆树泉、何仁锋，教导员有黄新建、唐仁礼、仁建新、孙国华、李刚强、仁建中、许宝军。

三、司法所

1982 年，角斜、沿口、旧场、老坝港设置司法助理员，负责法制宣传教育和指导管理人民调解工作，协助政府调处疑难复杂的民间纠纷。2001 年，建立海安县角斜司法所，成为司法行政机关的基层组织和人民政府管理司法行政工作的职能部门，陆春林任所长。2002 年，角斜司法所被省司法厅授予“人民满意司法所”称号。2005 年，以司法所为依托的镇调处中心被评为南通市“十佳调处中心”。2007 年，司法所被评为“江苏省规范化司法所”。镇人民调解委员会分别于 2008 年、2009 年被评为南通市“优秀人民调解委员会”。2009 年司法所被表彰为全县“群众满意基层站所”。

历任各乡镇司法助理员的情况如下：角斜为缪德圣、蒋爱东、吴亚东。沿口为储开明、许金田、陆春林。旧场乡司法助理员为陆建华、戈宝权、蒋爱东、陆春林。老坝港乡司法助理员为周友平。1995 年，旧场、老坝港合并后，司法助理员为周友平。2000 年 4 月，角斜、沿口合并后，司法助理员为陆春林。2012 年，滨海新区（角斜镇）司法所建立，工作人员 7 人，至 2017 年，韩俊、高金珠、刘臻先后任司法所负责人。

四、法律服务所

1990 年，角斜、沿口、旧场、老坝港相继成立法律服务所，均由司法助理员任主任。1996 年实行政事分离，司法助理员不再担任主任，专职司法行政工作。改从法律工作者中挑选人员任主任，逐步改制为合伙制社会中介组织。政治思想、执业纪律受司法行政机关管理指导，业务上独立办案，经济上独立核算，自收自支。

角斜法律服务所负责人为申承华，沿口法律服务所为余十林，旧场法律服务所为缪桂生，老坝港法律服务所为吴志明。1995 年，旧场、老坝港合并后，法律服务所负责人为吴志明。2000 年，角斜、沿口合并后，法律服务所负责人为余十林。2011 年，角斜、老坝港合并后，法律服务所负责人为余十林。2017 年，法律服务所有工作人员 7 人，负责人为余十林。

五、交巡警中队

2009 年 6 月 10 日，角斜交巡警中队成立。2014 年 4 月 10 日更名为交巡警角斜中队，中队长为曹文建，指导员为储成军，民警有顾礼生、朱海宏、曹剑锋、周秦飞。2009—2017 年，交巡警中队查获各类违法行为 8800 余起，其中酒后驾驶交通违法行为 200 余起，抓获各类违法犯罪嫌疑人 10 余人。

六、基层治保组织

（一）治保组织

中华人民共和国成立后，各乡配有治安员。人民公社化后，特别是“文化大革命”期间，各大队配有治保主任，各生产队有治保小组，积极开展“四防”（防火、防盗、防特、防灾害）安全工作，以加强对“四类分子”的监督改造，并协助各类治安刑事案件的调查、取证工作。至 2015 年，滨海新区（角斜镇）有基层治保组织 20 个，各企事业单位也设有治保安全员，负责生产安全、治安管理及协助治安刑事案件的查处。

（二）联防队

始建于 1989 年，从企业中抽调人员作为专职联防队员。人员性质不变，属派出所领导，负责域内治安巡逻、守候设卡、协助打击违法犯罪、社区流动人口管理、高危人群的监控以及社会秩序的维持、社区的安全保卫、配合民警接处警、民事纠纷的调解等工作。2003 年改称为保安联防队。2009 年 7 月，域内各镇又新招录驻村保安联防队员多人。2017 年，全镇有保安联防队员 24 人。

（三）社区警务室

1998 年，域内开始建立警务室，至 2017 年域内有 20 个驻村警务室（每村一个），中心警务室 6 个。社区民警定期在各警务室接待群众，处理群众的治安问题和民事纠纷、法律法规咨询等问题。

七、消防中队

2013 年 5 月 1 日，角斜镇消防中队建立。中队办公地址位于角斜镇港府西路，直属海安消防大队，有消防队员 14 人，中队长时光，副中队长缪兴宇。2017 年，有消防队员 14 人，中队长时光。

第二节　公安

一、治安管理

（一）禁毒

民国三十二年（1943）冬，域内抗日民主政府就曾开展轰轰烈烈的禁毒运动，惩罚了一批贩毒吸毒人员。有少数贩毒人员被抗日民主政府枪决，震慑了一批罪行较轻的吸贩毒人员，至此，域内的吸贩毒人员基本绝迹。20 世纪 90 年代，少数农户尤其是堤北片的一些农户和老坝港滩涂个别承包户，偶尔有零零星星种植罂粟花草的现象（目的是消炎止痛），公安派出所组织人员对所种植的罂粟花草地进行清剿铲除，同时进行广泛的禁毒宣传教育，取得明显的成效。

（二）禁娼

从中华人民共和国成立到 20 世纪 80 年代，域内卖淫嫖娼现象极少，90 年代开始，受西方文化的腐蚀及金钱利益的驱动，极少数年轻妇女以开美容美发店为掩护，长时间在营业场所内进行卖淫活动。1998 年 6 月，角斜派出所一举端掉了在东风桥美容美发店内的卖淫团伙，查处多名参与嫖娼的人员。2009 年 8 月，又查破李堡朱某在域内先后多次向多名男子卖淫的案件。

（三）禁赌

民国时期，曾倡导过禁赌运动，但屡禁不止，收效甚微。中华人民共和国成立后，特别是 20 世纪 50—70 年代，赌博现象得到遏制。80 年代后，思想教育有一些松懈，一些人无所事事，小赌博滋生蔓延，赌博现象沉渣泛起。公安部门每年都组织大量人员，投入大量精力进行禁赌活动。至 2015 年，派出所对域内一些惯赌分子和赌博窝点进行了多次重点打击，治安处罚几百人，有效遏制了赌博现象。

（四）镇压反动分子

抗日战争期间，角斜地区开展轰轰烈烈的惩奸除霸运动。民国三十二年（1943）夏，民兵锄奸队处理了作恶多端、罪行累累的来南乡伪乡长朱五魁。是年 9 月，民兵组织活捉反动地主李光托和汉奸康四贵，打击了敌伪的嚣张气焰。民国三十五年（1946）5 月，域内成立保田队，以保证土改的顺利进行。来南村地主吴大朋，表面上拥护土改，暗中串联地主、富农，成立反动组织，抗拒破坏土改，被民兵干部察觉，在查清其罪证后，召开万人批斗大会，予以镇压。1950 年 10 月至 1953 年 5 月，开展镇压反革命运动，集中打击土匪、特务、反动党团骨干、恶霸地主和反动会道门头子。1951 年 2 月，第一批被镇压的反革命分子有 14 人，第二批于 1953 年 2 月被镇压的有 15 人，还有多名罪行较轻的人员受到关押和管制惩处。镇压反革命运动，极大地震慑了反革命分子。1956—1959 年，开展肃清反革命（简称“肃反”）运动，角斜域内查出反革命分子数十人。

（五）社会改造

1956 年 11 月，发动群众评议地主、富农、反革命分子、坏分子（简称“四类分子”），对其中表现较好的人员同意加入农业合作社，当时叫“一齐上船，分别对待”；对继续坚持反动立场的人员，给他们戴上“四类分子”的帽子，剥夺公民权利，接受群众的监督改造。至 1979 年，根据中央《关于地主、富农分子摘帽问题和地富子女成分问题的决定》，审查全部“四类分子”，并报县公安局批准，一律摘除帽子，给予公民待遇，并对其子女重新确定成分。

（六）取缔反动“会道门”

中华人民共和国成立前后，域内“会道门”组织种类繁多，道徒遍布。1949 年 1 月 10 日，角斜地区的反动“会道门”分子准备参与姜堰暴动，被公安机关一网打尽，其中角斜地区的“道首”及骨干均受到了法办。

角斜镇坚持问题导向，先后开展出租房屋安全隐患集中整治、打击非法“农村会销”等专项行动。不断强化治安防控，扎实开展大巡防工作。投入20余万元建成社会治安综合防控指挥平台，2017年投入10余万元为村保安配备一批巡逻专用电动车，落实专项经费18万元用于发放夜巡补贴。实现镇级巡防中队24小时专业巡防。

角斜镇坚持开放共治，不断完善社会公众参与的各项机制，把系列平安创建活动作为发动职能部门及社会力量参与平安建设的重要抓手，扎实开展平安村居、平安企业、平安交通、平安家庭、平安学校等系列平安创建活动，有效提升了平安建设的深度和广度。平安法治志愿者常年保持4000人左右的规模，志愿者常态化开展邻里守望、义务巡逻、平安法治宣传等活动，有效提升了平安建设的参与率和知晓率。规范化管理全区“红袖标”人员，工作补贴专户管理按时发放，红袖标佩戴率100%，工作过程中落实治安巡逻。各类群防群治力量日益成为专业力量的有力补充和得力助手。

二、户籍管理

（一）农村人口管理

抗日战争以前，域内户籍管理实行闾邻制和保甲制（10户为邻，100户为闾）。民国三十七年（1948），对成年人发放通行证。中华人民共和国成立后全部废除。1953年，第一次全国人口普查，对18岁以上的公民发放选民证，从此，选民证替代了通行证的作用。1956年，农村实行户籍管理，当时户口连同粮油一起被作为个人户籍象征。1964年，农村社员家家户户发放户口簿，记载各户成员的姓名、出生年月日、籍贯、职业等内容，是社员的户籍证明和人口统计的基础资料，社员户口的迁入、迁出、出生死亡等项内容的变更，均须凭户口簿到公社办理。1990年之前，户口簿还是领取各种计划供应商品证券的凭据。1992年，户籍管理工作由派出所接管，同时进行户口调查，实行户籍民警责任制。1998年，域内各派出所都建立户籍室，配备有户籍民警和户籍协管员。2014年7月后，国家取消农业户口与非农业户口登记，统一登记为居民户口。

（二）城镇人口管理

中华人民共和国成立后，依照户口登记条例，控制农村人口盲目流入城镇。根据上级规定，凡迁入城镇的农村人口，必须严格按照公安、粮食等部门的相关手续，由公安部门发出准迁证方可落户。1977年开始执行“农转非”的户籍管理规定，逐步解决有关人口的落户问题。90年代开始，为鼓励农民进城务工经商，对“农转非”人口的户籍管理政策进一步放宽。进入21世纪后，逐步取消农民进入城镇落户限制，实行城乡统筹的一体化管理。

（三）暂住人口管理

随着改革开放的深入，21世纪大量农村人口及外来务工人员进入域内集镇。各户籍室对这批人员采取登记、发证、变更等管理办法，并配备专职协管员专门进行管理，通过加强对暂住人口的管理，抓获了一些外来违法犯罪人员，为稳定社会治安、加快小城镇建设进程发挥了一定的作用。

（四）居民身份证

1987年，域内对年满16周岁以上的人员进行调查摸底、统计核实、登记造册。1988年，各派出所建立微机人口管理系统，把所有持有身份证人口的姓名、性别、出生年月、家庭住址等15个项目，从中文译成代码，输入微机，并逐年增删改。1989年，全部完成第一代居民身份证的发放。2006年春节后，按照公安部规定进行第二代居民身份证的核实发放。居民身份证的发放，对域内治安管理工作发挥了积极作用。

三、刑事案件侦查

域内各乡镇建立派出所后至2017年，发生重大刑事案件30多起，其中故意杀人案7起，重大伤害案6起，重大纵火案2起，域内派出所协助县公安局刑警大队进行侦查，均成功告破这些案件。

四、道路交通管理

2010年后，角斜交警中队把道路交通管理作为首要任务来抓，保持三分之二以上的警力上路上线。针对328国道角斜段事故多和道路夜间事故多的实际情况，日夜坚持监管，围绕“事故少、秩序好、安全畅通、人民满意”的工作目标，开展“平安大道，畅通工程”和“交通文明示范岗”等创建活动，组织开展查纠“三超一疲”“四危五重”“两查一整顿”等专项治理，集中整治“超载”“超速”“超员”、疲劳驾驶、酒后驾驶、无证驾驶等突出的违章、违法行为。加强对重点时段、重点路段的管理，对酒驾行为实行“零容忍”，形成高压管控态势。在保持道路畅通、减少损失的同时，加大交通安全宣传力度，对机关、学校、工厂等单位经常开展交通法规宣传讲座，健全驾驶管理网络和公路值警制度。

五、消防管理

民国年间，乡村一些自然村落自发组织，夜间轮流打更，以敲打乱棒锣为报警信号，并长期沿用桶、盆、水龙等器具为消防工具。

1965年开始，域内以大队为单位，普遍建立起10人以上的义务消防队，装备水龙等消防设备。1975年，江苏省消防干部曾到沿口公社参观社队义务消防队的演习表演。消防工作主要贯彻“预防为主，消防结合”的方针，发动群众全员做好安全防火工作。

2011年后，角斜镇消防中队制定完善灭火救援预案，定期开展灭火救援演练，开展防火巡查和消防宣传教育，普及消防安全知识，完成地方政府或有关部门交办的其他与消防工作有关的任务。2014年3月，消防中队在全县消防队比武竞赛中荣获团体第一名。多人次参加南通市、海安县消防大比武取得前三名。2015年2月，消防中队被中共滨海新区工作委员会、滨海新区管理委员会评为“服务地方经济建设先进单位”。

第三节　司法行政

一、人民调解

1954—1966年，域内乡村普遍建立人民调解委员会，“文化大革命”时期，人民调解组织一度瘫痪。中共十一届三中全会后，人民调解委员会和人民调解工作得到迅速恢复和发展。1982年，乡镇设置司法助理员，人民调解工作有了指导和管理部门，从乡村到企事业单位，普遍建立起人民调解委员会。角斜、沿口、旧场、老坝港在各村都建有人民调解委员会，各乡镇建有司法调解中心。乡镇合并后，实行建制村合并，在各村民小组中设立调解小组长，在各村民小组中建立十户调解信息员。2003年，在角斜、老坝港镇司法调处中心的基础上，还设立了社会矛盾纠纷调处中心和镇人民调解委员会，两块牌子，一套班子。在村（居）设立人民调解委员会的基础上，扩大建立部分企业调解委员会，对规模较小的企事业单位设立调解员。2009年，根据需要又设立劳资纠纷调处工作站、环保纠纷调处工作站、消费纠纷调处工作站、公调对接工作室等，实施诉调、检调、律调对接等。另外，各乡镇还与周边的如东县、东台市的栟茶、河口、新街等镇建立了联防联调委员会。2009年，镇、村配备专职调解员。至2010年年底，域内人民调解组织网络全覆盖，大量的社会矛盾纠纷通过人民调解委员会和调解员的工作得到有效化解。2007年、2008年、2009年，角斜镇连续三年被评为南通市“三无（无民转刑、无群体性事件、无越级上访）乡镇”。2017年，成功化解矛盾纠纷686件，调解成功率99%。接待信访161件，办结152件。

二、安置帮教

1996年，域内各镇依靠各有关部门和社会力量，对安置帮教对象进行一种非强制性引导、扶助、教育、管理，重点实施安置帮教“新岸工程”。总结出“以农为本、就地安置、协调安置、行业安置、集中管理、因人安置”的经验。2003年，角斜、老坝港司法部门实施分层管理、分层帮教和“三定”管理制度，建立20多人的安置帮教工作志愿者队伍。2004年春节前后，域内司法部门组织帮教志愿者走访生活困难人员，帮助其安排好生活。2005年，司法所开始承担对社会服刑人员的社区矫正工作，实施分层分类帮教和“三定”管理，帮助解决回归人员的实际困难。2007年6月，因为工作人员明显不足，建立角斜、老坝港社区专业社工服务中心，聘请几名工作人员为专业社工，开展社区矫正、安置帮教、禁毒、社会闲散青少年管理和反邪教工作。2015年，全镇有安置帮教对象101人。至2017年，帮教率100%，安置率100%，无重新犯罪人员。

三、法治宣传教育

中华人民共和国成立后，根据各个时期不同特点，政府十分重视对群众进行普法知识的宣传教育。1950年，《中华人民共和国婚姻法》颁布后，域内进行了广泛的宣传教育，很多妇女哭诉旧社会妇女的苦难，同时有多名被包办婚姻的妇女提出悔亲，解除童养媳关系。1954年，宣传《中华人民共和国宪法》，使百姓明确党在社会主义革命时期的路线、方针、政策，快速推进了“一化三改造”的进程。1979年，刑事诉讼法、民事诉讼法颁布，域内均组织相关人员认真学习，深刻领会，并对广大群众进行深入宣传，使大家能学法、懂法、守法、护法。1984年，开展“法制宣传周”活动，为推进乡、镇“两个文明”建设作出应有的努力。1985年，开始开展“一五”普法宣传教育活动，发动干部、群众、学生学习宣传《中华人民共和国刑法》《中华人民共和国刑事诉讼法》《中华人民共和国婚姻法》《中华人民共和国继承法》《中华人民共和国经济合同法》《中华人民共和国兵役法》《中华人民共和国民法通则》以及《中华人民共和国治安管理处罚条例》等，大大增强了广大干群的法制观念，提高了守法自觉性，降低了违法犯罪率。1990年，开展“以法治镇”“依法治乡”宣传教育活动。1991年，“二五”普法宣传教育活动开始，以围绕学习宪法为核心、专业法规为重点，开展普法教育，主要学习行政诉讼法、土地管理法、环境保护法、义务教育法以及《江苏省计划生育条例》，把法制建设列入党建、精神文明建设、法治建设三大建设年终考核中去，对各村、各单位进行目标责任考核，对机关干部还进行法制知识书面考试。1996—2017年，先后开展“三五”“四五”“五五”“六五”普法宣传教育，主要根据各个时期的特点，选择重点法律和新颁布的法律法规学习，以干部、企事业单位、青少年为普法重点对象，开展法律六进活动，即法律进社区、进乡村、进企业、进学校、进单位、进家庭。

四、法律援助

2000年4月，域内各乡镇建立法律援助工作站。2002年，角斜镇司法所与民政部门协调，制定法律援助工作办法，明确法律援助的对象、范围、标准。2012—2017年，角斜镇法律援助工作站每年接受需要法律援助的案件都在20多件，且免费服务，成功率100%，接待来访咨询群众50多人次。组织法律援助宣传、广场法律咨询、送法下乡活动，每年不少于2次，发放宣传材料千余份。

第十七章 民政 社会保障

明清及民国时期，政府就有安抚、赈灾、救济之举，但多为邑人、绅士、商贾所资，政府拨款甚少。中华人民共和国成立后，人民政府以为人民服务为宗旨，相应成立专门的民政、社会保障机构。中共十一届三中全会后，域内民政工作始终坚持“上为政府分忧，下为百姓解愁”的工作宗旨，在优抚安置、劳动保护、社会福利、救灾救济、扶贫致富、地名管理、殡葬改革、社会募捐等方面做了大量工作。20世纪80年代，劳动就业安排职责归属乡镇，域内各乡镇成立专门机构，负责劳务工作。1987年后，开始逐步实行多层次、多险种的社会保险制度。2012年后，角斜镇人力资源和社会保障工作综合考核连续多年排在全县前列，多次受到市、县政府和主管部门的表彰奖励，劳动就业工作成绩显著，企业职工劳动合同签订率98%以上，城乡居民养老保险参保率95%以上，新型农村合作医疗、城镇居民医疗保险年保率均达100%，做到社会保障全覆盖，实现“人人享受有社会保障”。2011年，全镇60岁以上老人占总人口的22.9%，镇党委设立老龄工作委员会，各村普遍建立老年人活动室、幸福小广场、大妈广场舞队伍，常年开展活动。2016年，角斜镇城乡居民保险、新型合作医疗工作位列全县第二。2017年，全镇有敬老院2个，集体供养151人，分散供养132人，参加农村社会养老保险1.3万人，参加新农保2.11万人，参加农村新型合作医疗4.4万人，享受养老金(含社保、农保养老金)1.84万人、尊老金2553人，享受居民最低生活保障1119人。

第一节 工作机构

一、民政科

中华人民共和国成立后，域内乡镇(公社)政府设民政助理。杨宝元、缪德胜、王文高先后任原角斜民政助理；金奎、屈祖平、罗毅先后任沿口民政助理；缪加权、顾忠富、申承发、储祥柏、李金连(代)先后任原旧场民政助理；储祥柏任原老坝港乡民政助理。1995年，旧场、老坝港合并后，申承发、储祥柏先后任老坝港民政助理。2000年，角斜、沿口合并后，王文高、吴元群先后任角斜民政助理。2011年，角斜、老坝港合并后，吴元群任民政助理。2012—2017年，区镇一体化管理，角斜镇社会事业局设民政科，有工作人员6人。

二、社会事业服务中心

2011年10月，角斜镇设立便民服务中心，唐仲荣任主任，曹建军任副主任。下辖人口计生、民政、残联、社保、教育、公共卫生、食品安全等科室，有工作人员22名。2015年，新建20个村级综合服务中心，每个服务中心都建立“七室、四站、二栏、一校、一场所”，集“养老、健身、娱乐、医疗、阅读、培训”等服务功能于一体。

三、人力资源社会保障服务所

1993年，域内各乡镇成立农村社会养老保险所。2002年，角斜、老坝港又成立镇劳动和保障服务所。2011 年，更名为角斜镇人力资源和社会保障服务所，在编人员 2 人，其中所长 1 人，职工 1 人。人社所下设 20 个村级劳动就业社会保障服务站，并配有 21 名村级劳动保障协理员。2011—2017 年，王春山任所长。

第二节　劳动就业

一、顶替就业

1964—1986 年，国家实行职工退休/死亡后由子女顶替的政策。顶替子女按招工条件办理，由劳动部门根据生产需要统一安排。1978 年 5 月，工人退休、退职（包括退休、退职干部）后，招收其一名符合招工条件的子女参加工作。1983 年 9 月，工人因病退休、退职，不再招收其子女参加工作。1986 年后，"子女顶替"政策停止执行。22 年的顶替政策，使域内 2000 多人获得大集体全民所有制职工身份和使人艳羡的稳定职业，但是随着改革开放政策的深入实施，这部分人由于技能跟不上发展要求，大都成了企业改制的失业人员而另谋职业。

二、知青回城

1975 年开始，上山下乡知识青年，通过"招工"、"病退"（因病迁回城市）、"困退"（特殊困难户）、"顶替"（父母退休、子女顶替）、"三照顾"（独生子女、父母身边无子女、归侨子女）等途径，先后回城镇安置。域内安排城镇知青 180 人。至 1978 年年底，除少数知青长期落户定居农村外，其余均得到回城镇安置。

三、支边返乡及移民就业安置

90 年代初，随着沿海地区的发展和崛起，一些 20 世纪 60 年代的支边人员零散带领全家归根故里。政府分别为他们提供住、食以及劳动就业安置。

四、"农转非"

1954 年、1958 年、1960 年，一部分城镇人口均下放农村，压缩城市定量户口。1969—1970 年，按照省革委会通知精神，动员机关企业单位干部职工及其家属和城镇居民及知识青年下放农村，户口"非转农"。1987 年 3 月，按省市统一部署，对 20 世纪 60 年代初精简到农村的老职工及其子女和 1957 年前下放的城镇居民及其子女均由农村户口转为城市定量户口。至 1989 年年底，经市、县"户粮办"审批，迁转为城镇定量户口的人员及其成年子女，年龄在 40 岁以内，有一定工作能力的，都安排工作。20 世纪 80 年代末至 21 世纪初，根据相关政策精神，由个人申请，经公安户籍部门批准，缴付城镇安置费，办理农转非手续（包括棉纺厂）3000 人。另外，90 年代初，根据国家有关政策，按 2‰比例落实农转非，同样享受城镇安置待遇。

五、复员退伍军人安置

1950 年起，政府就十分重视复员、退伍军人的就业安置工作。到 1957 年，复员、退伍军人有的安置到党政机关、企事业单位，有的担任乡、村干部，其余大部分回乡从事农业生产。家庭确有困难的由上级政府给予适当补助。1960 年，域内的复员、退伍军人被安置到新疆生产建设兵团和海南岛国营南方农场。对带病回乡的退伍军人，原则上安排在农村，在生活、生产、住房等方面给予照顾。1984 年，成立军地两用人才介绍机构，按照先培训后安置的原则，域内安排退伍士兵 80% 以上。此后，实行"先安置后入伍，征兵、安置、优待三位一体"的办法，解除入伍兵员的后顾之忧，农村入伍士兵先安排到乡办、村办企业，并以同等劳力的 50%—70% 发给优待金，退伍后一般安置在该单位，立二等功以上的战士分配到全民单位工作。城镇入伍的，先安排到全民单位，由全民单位发给优待金，退伍后回原单位，改为全民性质人员。1988 年以后，退伍军人的安置逐步走向法制化、市场化，志愿兵安置由县民政部门积分安置或自主择业，就业安置更加理性、透明、公开化，退伍军人普遍得到妥善安置。

六、残疾人安置

1952 年，组织包括烈军属、残疾人在内的贫民办起“荒货摊销组”。组织残疾人员生产自救。1959 年，域内各公社纷纷动员残疾人员入特殊教育学校，并分别组织福利生产。改革开放后，残疾人越来越受到重视和关注。2006 年，域内 30 多家残疾个体工商户和企业经营者享受国家税收、工商减免政策，累计安排残疾人进企业 100 多人，对生活困难的残疾人纳入低保，实行最低生活保障制度。2010 年以后，政府给予二级残以上的人员残疾补助。2017 年，持残疾证 1219 人，救助 2737 人次，发放救助金 118.19 万元。

七、下岗职工安置

随着 1958 年大炼钢铁、大办企业热潮掀起，域内企事业单位职工人数较中华人民共和国成立前有了大幅度增长。20 世纪 60 年代下放知青的回城，城镇人口又有大幅度增加。加上 1978 年后，工商业迅速发展，集镇人口呈回升趋势。随着企事业单位的改制和高科技生产设备的引进，企业密集型劳动转型，使企业产生许多富余人员。政府在改制过程中除了给这些下岗人员办好养老保险外，还积极做好分流工作。至 2015 年，域内安排分流下岗职工 1000 多人，发放养老保险金 100 多万元，保证了社会稳定。

八、农村剩余劳动力安置

1953 年合作化后，社队对农村零工散匠进行劳务管理。每年年初，按劳动力工种划分等级，全年上缴一定数额的公共积累，外出务工享受同等劳力的分配待遇，同时安排家庭困难户子女进社、村办工厂务工，生产队收取一定的积累，也有的采取缴钱记工的办法，享受基本口粮和劳动粮分配。

20 世纪 50 年代后期，因反右运动被开除公职的人员遣乡务农。20 世纪 60 年代初“调整、巩固、充实、提高”，停办的学校，大中专毕业生回乡劳动。“文化大革命”中因冤、假、错案被开除公职的人员也回乡劳动。1980—1985 年，全部落实政策，重新进行妥善安置，域内安置 150 多人，此外，还安置土地工进企事业单位工作。

20 世纪 80 年代后，农村实行联产承包责任制，域内经济发展较快，农村出现富余劳动力，各乡镇政府积极进行农村剩余劳力的输出安置工作。90 年代后，各乡镇成立劳动服务管理站，以成教中心为依托，专门负责培训和管理劳务输出工作。2017 年，域内有 180 多个外出务工人员回乡自办企业 60 多家。

九、工资福利

中华人民共和国成立后，职工工资经历数次改革。1949—1952 年上半年，脱产和半脱产干部职工享受供给制，包括生活费、理发费、医药费、学习费、妇女卫生费、公杂费、服装费等，均按统一标准，分 10 等 30 级发放。1952 年下半年，开始实行工资分制，每一个工资分含有一定数量的实物品种。1956 年，取消工资分制，实行按货币规定工资标准的制度，干部为职务工资制，职工为八级工资制，商业采用十级工资制。1956 年，角斜地区为三类工资区。1979 年，升为四类工资区。1985 年，升为五类工资区。是年 10 月，实行结构工资制，工资由基础工资、职务工资、工龄工资和奖励工资四部分组成。企业职工按照新的八级工资制，后来在此基础上又进行几次工资调整，逐步提高干部、职工的工资待遇，同时对工资类别也作了一定的调整。1988 年，域内调整为六类工资区。

除了逐年提高干部工资外，还对干部、职工给予相关的福利补助，并从 1965 年起，三班制企业实行夜班津贴制，每人每班 0.2 元。1979 年，改为小夜班补助，每班 0.3 元，大夜班补助，每班 0.4 元。1988 年，修订为 0.8 元、1.1 元。此外，还有岗位津贴、物价补贴等，每年根据单位的业绩、效益发放一定的奖金。至 2017 年，职工的工资福利更加规范，企业实行职工薪酬集体合同协调机制，极大地调动了职工群众的劳动积极性，保护了劳动者的合法权益。

十、安全劳保

中华人民共和国成立后，党和政府十分重视职工安全保护、妇女劳动保护，制定各种安全生产制度，落实有关措施，努力把安全事故率降到最低。1953年起，执行国家关于妇女产假的规定。1958年，域内农村、工厂实行“四期挂牌”，即在相应的妇女名下挂上特定的标识牌，表明某妇女正处在月经、怀孕、产褥、哺乳期，让生产队长或厂领导在安排劳动工种时，根据规定对其给予合理照顾。1977年，域内各公社政府根据海安县妇女劳动保护制度，强调经期妇女不从事冷湿工种，不做夜工，孕初期3个月和孕后期2个月只安排轻活。1980年开始，每年5月都举行“安全月”活动，广泛进行安全知识教育，此外，对有锅炉的生产单位，每年都要进行一次停产检查。1987年11月，对晚婚育女职工增加假期30天，保胎休息按病假待遇处理。1988年9月起，女职工产假为90天，其中产前15天，难产加15天，多胞胎多生育一个增加15天，妊娠不满4个月流产的可享受休假15—30天，4个月以上的42天。1988年，域内各乡镇各部门、企事业单位执行《南通市职工劳动保护暂行办法》，由劳动部门定期检查，发现问题及时纠正。至2017年，企业安全生产、劳动保护逐步法制化，并被纳入常态化管理。

第三节　社会保险

一、养老保险

1950年起，域内干部享受探亲假待遇，原则上每年1次，报销往返旅费。1951—1957年，企业职工退休执行国家劳动保险条例规定。1952年6月，域内政府工作人员及所属事业单位的国家工作人员，以及公办老师、医务人员等，均享受公费医疗待遇。1969年，域内乡镇办起合作医疗，其形式有社办、社队联办、队办3种，每年根据当地群众的承受能力和医疗费使用情况制定经费筹集方案及实施办法。

1979年，提高职工退休费标准。抗日战争期间参加工作的为本人工资标准的90%，解放战争期间参加工作的为80%，中华人民共和国成立后参加工作的按工龄长短分别发给工人工资的60%—70%，对因公致残丧失劳动能力的，退休工资提高到80%—90%，并且还发护理费。1983年，调整为中华人民共和国成立前参加工作的照发工人原标准工资，抗日战争时期参加工作的增发生活补助费。1986年起，规定劳动合同制工人患病或非因工负伤工龄20年以下者，给1年以内的医疗期；20年以上者，再给1年医疗期。劳动合同制工人保险福利待遇低于原固定工人的部分，用工资性补贴给予补偿。

1992年3月开始，实行农村社会养老保险制度。企业缴纳养老保险费的比例一般不得超过4%。1995年起，角斜镇根据国务院《关于深化企业职工养老保险制度改革的通知》要求，制定社会统筹与个人账户相结合的养老保险制度，建立职工基本养老保险个人账户。1998年起，每两年提高一个百分点，最终达到自己缴费工资的8%，同时按自己缴费工资11%的比例为职工建立基本养老保险个人账户。

二、医疗保险

2001—2003年，域内实行县大病统筹和镇村基本医疗相结合的办医形式，人均筹集经费13.5元，即参加者个人缴纳12元，镇农业税附加费划拨1元，县财政下拨0.5元，其中3.5元用于县大病保险，5元用于镇统筹重病报销，5元用于村级基本医疗。2004年1月1日起，角斜、老坝港镇开始实行新型农村合作医疗制度，参加对象为角斜、老坝港农村户口居民，以户为单位均可申请。

2005年10月开始，建立综合性的社会保险经办机构，负责域内参保单位和个人的养老、社会医疗、工伤、生育、失业保险（简称“五险”）以及保险关系的建立、转移、中断、持续和终止工作，参保额按职工标准工资的 32%，基本养老金缴费比例为单位负担 8%、个人负担 6%。是年，实施计划生育养老金发放工作，规定响应政府号召，实行计划生育，生育一胎的夫妇，男年满 60 周岁，女年满 55 周岁的，每人每月发给养老金 50 元。2009 年，全面推进新型农村社会养老保险工作。2012 年，角斜镇实行的社会保险险种有 5 个，职工养老保险按本人工资基数计缴费率 30%，其中单位 22%，个人 8%；职工工伤保险按本人工资基数计缴费率 1%—2%；职工失业保险按本人工资基数计缴费率 3%，其中单位 2%，个人 1%；职工生育保险按本人工资基数计缴费率 0.8%，其余全部由单位负担。2013 年，新型农村合作医疗人均筹集资金标准 365 元，其中个人缴费标准 80 元。至 2015 年，角斜镇 85% 以上农村居民纳入社会保障体系。全镇缴纳工伤保险的 14678 人、生育保险 3982 人、失业保险 4864 人。6 月，新区职工参加养老保险 1.03 万人，已领取职工养老金 2450 人；域内参加合作医疗保险 4.39 万人，其中新农保 2.11 万人，已经领取养老金的 1.02 万人。2017 年年底，域内领取社保基本养老金 6884 人，农保退休人员 1.15 万人，合计 1.84 万人，正常缴纳城乡基础养老保险的共计 2.06 万人。新农保人员自缴 190 元，各级财政补助 470 元，有 4.4 万人参加，筹措农保经费 2624 万余元。

图 17－1　角斜镇便民服务中心（高宝生摄于 2017 年）

第四节　社会优抚

一、拥军优属

抗日战争后，域内就涌现出许多可歌可泣的拥军人物和故事。中华人民共和国成立后，拥军优属形成制度。各地成立代工组、伴工组，对孤老无依靠、无劳力、无独立生活能力的烈军属，实行近邻包养和轮养办法。1956 年，农业合作社成立后，农业社对无劳力、缺劳力、生活困难的烈军属，实行年初评定优待劳动日，并保证生活水平不低于或略高于当地群众的平均生活水平。这一制度一直延续到 20 世纪 80 年代初实行联产承包责任制后。1980 年后，域内各公社成立双拥工作领导组，经过认真调查、登记造册，对烈属、复员、伤残军人、退伍军人进行优待抚恤，优先安排宅基地、建房材料、子女入学、幼托以及就医，优先安排退伍军人进企业或其他单位工作。组织群众给烈军属帮工，代耕代种。1981 年，贯彻落实县政府《义务兵家属享受优待金暂行办法》，域内农村义务兵家庭平均每年每户 300 元。1985 年，改优待劳动日为优待现金，并逐户发放优待证，张榜公布，优待标准为同等劳力的 50%—70%。此外，对少数特困户和遭受特殊灾害的烈军属还采取临时补助的办法，帮助他们渡过难关。政府每年在重大节日还备上礼品，专程对烈军属、残疾军人进行慰问。随着社会事业的发展，优抚政策不断调整，至 2017 年年底，优抚现役义务兵家庭，根据学历层次不同，义务兵享受每年每人 4 万至 5.8 万元不等的补助。

二、抚恤

抗日战争时期，按因战牺牲、因公因病亡故

的人员的级别、职别，政府发给其家属一次性抚恤金300—1000元不等。解放战争时期，发给大米200—500公斤。中华人民共和国成立后，3次进行烈军属普查，换发、补发相关证书。随着经济发展，国家多次调高抚恤标准。2004年，每人发放抚恤金5000元。2006年，每人发放抚恤金6000元。民政部门除对亡故人员家属发放抚恤金以外，还不定期对因战、因公致残人员实行抚恤，并根据残情和丧失劳动能力的程度，将伤残军人划为四等六级，按不同级别给予伤残抚恤费。2017年，全镇各类优抚对象200多人，其中烈属7人，病故军人遗属4人，在职伤残军人1人，在乡伤残军人37人，抗日复员军人3人，解放战争复员军人24人，带病回乡退役军人63人，老烈士子女51人，已故老复员军人遗孀87人，抗战老党员1人，中华人民共和国成立前老党员22人。

三、烈士褒扬

角斜域内有3处烈士陵园，安葬199位烈士，其中解放军烈士108人，地方民兵和干部烈士91人。逢清明节、烈士纪念日等重大节日，党委、政府都组织党员干部、青年学生到烈士陵园进行祭扫，以此教育大家不忘初心、牢记使命，缅怀革命先烈，激励后人奋发有为，勇于担当。2015年，新区向上级争取资金100万元，对角斜烈士陵园、沿口烈士陵园、老坝港烈士陵园进行改、扩建，3个烈士陵园面貌焕然一新。

第五节　社会福利

一、救灾救济

中华人民共和国成立后，域内地方政府对因灾而导致房屋倒塌、毁损的家庭，及时给予救助。1959—1961年，域内近万人得了浮肿病、消瘦病，各公社分别建立浮肿站，接治浮肿病人，发放红糖、食用油等营养品，并发放返销粮和救济款，帮助社员度荒。计划经济时代，政府每年均安排一定数额的灾、社减免款，对特困群众进行救济。遇区域性突发灾害，政府除安排救济外，还发动广大群众募捐救助。随着国家经济蓬勃发展，救灾救济逐步纳入法制化轨道，社会保险制度进一步完善，人民群众抗灾抗风险能力进一步提高。

二、城乡低保

人民政府为人民，人民政府一直对低保户实行救助。域内有低保户770户，享受低保金316万元，组织民政、财政、审计、纪检等部门人员对全区所有在册低保户、五保户进行认真核查，采取谁入户、谁抽查、谁签字、谁负责的责任追究制，并将名册公布于众，进行民主评议，确保低保做到应保尽保，形成能进能出的机制。对低保户中的在校学生进行慈善救助。对全区低保户中的在校大学生救助3000元，在校高中生救助2000元，在校初中生救助1000元，对全区80名学生已全部救助到位。2017年，全域享受低保617户1119人，政府发放最低生活保障款300多万元。

三、五保供养

中华人民共和国成立前，孤寡老人几乎无人问津，只凭亲戚好友帮助维持生计。中华人民共和国成立后，域内采取了地方政府、集体共同救济的办法。1956年农业合作化后，对孤寡老人实施"五保"政策，即保吃、保住、保穿、保医、保葬。供给标准按一般大劳力分配口粮和柴草，并发少量的零花钱，此款项从公益金中提取支付。1987年，根据县统一供给标准，以乡统筹分级管理，按季发放。1990年，域内孤寡老人每人每年供给标准为500元，对其中生活不能自理者，指派专人护理，口粮、食油由村组负担，医药费按实报销，衣、被、蚊帐齐全，住房统一为砖墙瓦盖，不破不漏。五保户分为分散供养和集中供养两种。一些生活尚能自理，本人不愿入院的即在原村组居住，待遇不变。对生活不能自理、村组推荐、本人自愿的，进敬老院集体居住。2015年后，域内加快推进居家养老服务中心建设，开展“一助一”居家养老服务。角斜镇圆梦养老工作在全省推广。2016年，角斜镇在全县最早实行“安康关怀”行动。2017年，域内敬老院五保老人年人均供养经费8050元，配备工作人员13人，认真组织开展“五好院民评比”“文明院民评比”“卫生宿舍评比”活动，建立五保老人个人信息档案，实行分级护理，为老人提供了人性化、亲情式服务。

四、尊老补助

1994年开始，实行百岁老人养老金补贴，规定每人每月发给100元养老金。21世纪后，镇政府每逢重大节日、重阳节都会开展一系列的活动，努力营造尊老、敬老、养老的良好社会氛围，宣传尊老、养老、孝老的先进典型，组织慰问老人、为老人体检等活动。2008年，保证80周岁老人享受尊老金。2011年，对80岁以上老人实行定额尊老补助。2017年，域内领取基础养老金的6884人，农保退休人员11484人，农村籍退伍老军人补助544人，全民大集体企业退休人员2500人，退休公务员、各类事业单位干部、教师500人，享受80岁以上老人定额尊老补助的2585人，其中32名90岁以上老人，全年发放尊老补助金57.34万元，全域享受各类养老金待遇的人数超过两万人。

五、孤儿及困境儿童保障

2012年后，全镇加强未成年人保护工作，对困境儿童实行全方位服务。政府对孤儿及困境儿童实行托底救助保障。2017年，对孤儿7人补助2.69万元，对困境儿童3人补助2.65万元。社会组织、妇联等社会志愿者为这些孩子提供各种关爱，使之有所保障而健康成长。

六、残疾救助

政府历年来通过残疾人联合会对这类人员进行救助。2017年年底，角斜镇持证社会残疾人1219人，政府救助2737人次，发放救助金181.19万元。

七、养老机构

（一）敬老院

1985年，角斜、沿口、旧场3乡建立敬老院。角斜敬老院占地15.6亩，建筑面积500平方米，有40人集中居住供养；沿口敬老院占地4.5亩，建筑面积200平方米，有36人居住供养；旧场敬老院占地15亩，建筑面积800平方米，有40人居住供养。1990年，人均年供养费500元。1995年，旧场敬老院改为老坝港敬老院。至2015年，全镇有145个老人集中供养，并配备专职炊事员、专职护理员、专职医务人员以及院务管理人员。2017年，角斜镇有敬老院两所，有工作人员13人，集体供养151人，分散供养132人，人均供养费8050元。

顾善云、符学群、王秀凤先后任角斜敬老院院长；张月山任沿口敬老院院长；陶正如、吴志龙、孙登瑾、林冶、王善平、符小青先后任旧场敬老院院长。1995年旧场、老坝港合并后，孙登瑾、林冶先后任敬老院院长；2001年角斜、沿口合并后，张月山、王善平、林冶、缪亚军先后任角斜镇敬老院院长；2011年，角斜、老坝港合并后，王善平、林冶先后任敬老院院长。

（二）福苑居养老中心

2015年建立，位于角斜镇区内，是一家集医疗、护理、康复、中医理疗、临终关怀为一体的社会医疗养老机构，设床位100张。养老中心主要服务对象为行动不便、伤残、病痛、临终关怀、需要长期照顾的老年人，包括各种老年病、慢性病、中风后遗症、脑梗死、术后康复和生活半自理及不能自理的老年人，为他们提供基本医疗康复训练、生活护理等服务，减轻社会和家庭负担。2017年，在中心养老人数20多人。

第六节　慈善事业

1998年秋，域内各乡镇建立县慈善分会，由当时分管民政的领导兼任分会长，民政助理为常务理事长，拟定《海安县慈善分会章程》征求意见稿，明确域内慈善分会的性质、宗旨、任务、经费、机构、会员等事项，着力倡导“我为人人、人人为我”的社会公德。分会每届任期5年。同年9月，各乡镇慈善分会开展扶贫济困、支援灾区活动，发动镇机关、企事业单位干部、职工捐赠衣服、被毯等1.2万余件，将这批衣、被整理包装，支援当年受灾最严重的陕西省，捐款4.2万元，解缴县慈善总会。2003年3月，角斜、老坝港两镇慈善分会换届选举，由党委分管政工的副书记任分会会长，民政助理任理事长，宣传慈善事业，增强全民助人为乐观念，发动和组织各类慈善活动，每年都开展职工“一日捐”活动，党委、政府负责人带头捐款，为残疾人、孤老、孤儿、特困大学生以及社会特殊大病患者提供慈善服务。2006年10月，角斜慈善分会接受社会捐赠款18万余元。慈善会每年资助残疾人、特困学生、社会患大病的困难者、孤寡老人10万元以上。2017年年底，角斜镇20个建制村建立慈善工作站，全年筹集善款87.13万元，救助1155人，救助支出59.98万元。

第七节　民政管理

一、婚姻登记

早在清代以前，婚姻无法律规定，全凭“父母之命、媒妁之言”。民国时期，国民政府虽提倡“自由婚姻”，但由于陋习积弊太深，加之措施不力，仍无真正的婚姻自由。中华人民共和国成立前域内男女婚姻形式繁多，有说亲、包办、买卖、换亲、重婚、纳妾、典妻、租妻、腹婚、拐骗、童媳、抢亲等，缺乏规范管理。中华人民共和国成立后，提倡男女平等、婚姻自由。1950年5月，新婚姻法颁布实施，推行一夫一妻制，并实行婚姻登记。1951年，由县民政部门办理结、离婚登记手续。1955年结婚登记手续下放到乡，凡结婚青年由乡负责登记。1958年开始，域内各乡（公社）建立婚姻登记站。1962年，域内就未依法登记就结婚的进行一次清查，对未达婚龄和强迫结婚的进行依法处理。1963年，离婚、复婚登记改由人民公社管理，下半年又收归县政府。1980年9月后，提倡晚婚晚育、少生优生，并采用全省统一的“结婚证”，由乡民政助理负责结婚登记，凭居民身份证、个人申请表、体格检查表，到乡镇民政部门登记结婚。1983年，使用全省统一的结婚证，并由民政助理兼任登记员。1986年，域内各乡镇进行一次婚姻未登记清理，补办登记手续，对早婚同居和非婚同居的夫妻关系进行处理，共处理此类案件30多件，从而使婚姻登记工作走上了正常有序的轨道。2001年，婚姻登记工作重新归属县民政局，乡镇民政不再兼管。

二、殡葬管理

角斜域内旧时丧葬皆为棺木土葬，坟墓很多，沿袭千年。中华人民共和国成立后，政府反复进行破旧立新、移风易俗的宣传教育，但因封建迷信及旧习俗根深蒂固，殡葬改革较为艰难。1964年，开始殡葬改革，县建成火葬场，但域内火化人数寥寥。1975年，域内响应县政府党员干部带头破旧立新、移风易俗号召，各公社党员干部病故后火化率90%以上。1993年，县规定1993年4月1日以后死亡人员全部实行火化，域内掀起轰轰烈烈的殡改运动。各乡镇政府还配备灵车配合殡改，同时对零散佛道教及制棺木匠、纸扎匠等人员加强管理，制定严格的奖罚措施，并对村组干部实行年终考核一票否决制，殡葬改革逐步走上正轨。1994 年后，域内死亡人口火化率均为 100%。

2007 年 5 月，为了加强殡葬管理、改变乱葬乱埋现象，角斜镇在双龙村六组租用土地 22.32 亩新建公益性公墓 1 座。墓区内设有值班室、办公室、骨灰堂、焚烧炉，墓区又分骨灰埋葬区、老棺调茔安置区，统一以竖立碑石辨认。墓区实行园林化，遍植树木花草，环境雅静肃穆，便于吊唁、祭祀。公墓由镇民政部门管理。至 2017 年年底，公墓已安葬墓穴近 300 座。

三、地名管理

古代地名多为自然形成，或以姓氏、或以地理命名，如王家庄、周家码头、龙潭之类。也有因忌讳改名，比如费家滩因音与“费事”关联，不雅，改名为富家滩。也有因衙门迁移改名，比如角斜场改名为旧场。古代大量的地名很多一直保留到八九十年代，进入 21 世纪以后很多年轻人已经对地名来历比较生疏。

中华人民共和国成立后，乡镇行政区划的地名命名和更名统一由县政府负责，公路桥梁等命名由交通和水利部门负责。1980 年 10 月—1987 年 11 月，地名普查，通过调查考证，弄清角斜域内自然村落、河流、道路、桥梁、名胜等地理实体名称的来历和变革概况，进行规范化、标准化管理。1990 年，域内各建制村的主要交通要道设置蓝底白字搪瓷地名标志牌，并于同年对村民住户设置门牌号码。2005 年随着乡村行政区划调整和镇村名的变更以及村民住房搬迁、调整，镇政府又对村民住房门牌号码重新普查、发放。2016—2017 年，角斜镇完成域内全国第二次地名调查任务。

第十八章　教育　科技

中华人民共和国成立后，域内教育事业蒸蒸日上，幼儿教育、义务教育（小学、初中）、高中教育、成人教育齐头并进。“文化大革命”期间，提倡村级办学，域内各大队都办起了学校，后来逐步撤并。20世纪80年代，各乡镇始设成人教育中心校。1992年，角斜镇有小学9所，幼儿园15所，初中1所；沿口乡有小学9所，幼儿园9所，初中1所；旧场乡有小学7所，幼儿园7所；老坝港乡有小学1所，幼儿园1所。随着乡镇合并，生源减少，域内调整学校布局，撤并小学，至2017年，角斜镇有小学3所，中学2所，幼儿园3所。

中华人民共和国成立后，域内各乡镇科学技术事业发展迅速。在农业领域，特别是1958年毛泽东提出了农业“八字宪法”（土、肥、水、种、密、保、管、工）后，各乡镇在大力推广新品种、新技术、新成果方面都取得了显著成绩。在工业领域，70年代后期开始，各乡镇开始重视新产品的开发和专利技术项目的研制。

2011—2017年，角斜镇引进一批高新技术项目落户工业园区。高新技术企业11家，高新技术产品21个。国家级高新技术企业3家，省级高新技术企业8家。其中国家级高新技术企业南通明芯微电子有限公司拥有自主知识产权31项，其中发明专利14项。明芯微电子公司股票在全国中小企业股份转让系统挂牌获批，为角斜镇首家新三板挂牌企业。

第一节　教育管理

一、管理机构

中华人民共和国成立初期，域内改造、接管私立学校、私塾，创办新型学校。完小属县，初小属区，区文教股股长具体负责域内文化教育工作，角斜域内各级小学由校长负责。1957年，角斜撤区建大乡，大乡设立文卫主任。1958年8月，域内公办小学由公社管理，民办小学由生产大队管理，区设教育辅导员，公社设立中心小学，分别负责区、社小学的教育行政管理工作。1963年，全日制小学由县教育行政部门统一管理，校长、教导主任和教师的任职、调动、处分等，均由县人民委员会负责管理。

“文化大革命”初期，学校领导工作由“文革小组”主持。1968年秋，贫管会进驻并管理学校。1969年初，公办小学的人权、文权和财权等下放给大队管理。一年后，各小学先后建立以贫下中农为主体的“三结合”革命委员会管理学校。由公社革委会统一领导，具体工作由教育助理分管。1979年1月，恢复区、社中心小学体制。是年3月，重建区教育辅导组。1986年，实施分级办学、分级管理，域内各乡建立教育管理委员会，下设教育管理办公室，县教育局任命教育助理，具体负责全乡教育工作，办公室配有中小学、成人教育、会计、幼教等辅导员和教研员，管理和指导辖区内中小学、幼儿园、成人教育。1996年后，域内各乡镇教育管理办公室设教研员1人、会计2人。从2000年起，各乡镇设立教育记账中心，负责核算各校教育经费。从2001年起，角斜、老坝港财政会计中心扎口管理教育经费。镇政府一名副镇长主管科技、教育、卫生和文化工作。

奚培元、缪德林、孙文儒、陈汉清、吴爱华先后任角斜乡（镇）教育助理；袁学忠、居正衡、冒桂明、范崇礼、孙文儒、朱昌平、孙建清先后任沿口乡（镇）教育助理；倪林成、徐正如、蔡美富、凤星凰、王爱兰、吴礼山先后任旧场乡教育助理；吴礼山、缪文兰、王兴建先后任旧场、老坝港合并后的老坝港乡（镇）教育助理；吴礼山、吴鸿宾、陈绍进、徐希龙先后任角斜、沿口合并后的角斜镇教育助理；王兴建任老坝港、角斜合并后的角斜镇教育助理。

二、学制课程

（一）小学学制及课程

1903年—1911年，小学堂按学级编制可分为初等小学堂和高初两等小学堂。小学学制为9年（初等修业5年，高等修业4年）。初等小学课程设置分完全科和简易科两类。

民国元年（1912）至十七年（1928）的小学校，按学级编制可分为初级小学、高级小学，既设初级班又设高级班的完全小学。民国元年（1912）至民国十一年（1922），初等小学学习年限为4年，高等小学学习年限为3年。民国十三年（1924）初等教育改为6年（初小4年、高小2年）。

抗日战争时期，域内根据学校情况一般开设国语、算术、常识、劳作、美术、体育、音乐等课程，高年级将常识分为自然和历史两科。民国三十三年（1944），部分学校改为春季始业，每学年改为三学期，取消旧制暑假，改放上忙假、下忙假和寒假。

1952年秋季，从小学一年级开始实行五年一贯制。一年后，由于师资、教材等因素停止推行，仍恢复四二分段制。

“文化大革命”期间，由贫下中农代表管理学校。1969年，所有小学全部实行五年一贯制。1971年改为春季始业，历时三年半，后仍改为秋季始业。

1978年秋季，小学一年级使用全国统编教材，主要课程为语文、算术，小学四、五年级每周开设政治课两节。1981年，政治课改称思想品德课，常识课改为自然课，恢复劳动课和“文化大革命”期间被砍掉的历史及地理课。1984年1月，域内各小学一律恢复六年制。1985年开始执行全国《全日制六年制小学教学计划》，1988年执行全国《义务教育全日制小学教学计划》。1987年、1991年域内各乡镇均建立学籍管理制度。

（二）中学学制及课程

中华人民共和国成立初期，域内初中实行三年制，课程开设有政治、语文、数学、物理、化学、生物、生理卫生、历史、地理、体育、音乐、美术、劳技。“文化大革命”期间，课程一度被任意取消和削弱，物理、化学等课程归入“工基”（工业基础知识）、“农基”（农业基础知识）课，其他时期各类课程比重亦有所变化。1969年，域内始设高中，中学学制改为“二二制”，即初中二年，高中二年。1979年，初中开始向三年制过渡，至1981年完成；高中从1981年开始过渡为三年制。不久，域内高中撤并到李堡中学。1988年起，域内初中根据国家教委制定的《义务教育全日制初级中学教学计划》安排课程程序。

三、教育布局调整

“文化大革命”期间，提倡村级办学，域内42个大队均有学校，后来逐步撤并。至1992年，角斜有中心、双龙、来南、五虎、五坊、周庄、王墩、团结、汤灶9所小学，初级中学1所；沿口有中心、范堑、老庄、向阳、蔡凌、树园、解放、滩河、富沿9所小学，初级中学1所；旧场乡有中心、江海、新合、工农、新联、通海、富滩7所小学。1998年暑假，沿口镇调整教育事业布局，撤销蔡凌、富沿、滩河、解放4所小学，将原富沿、滩河和蔡凌小学的部分学生撤并到老庄小学就读，原解放小学和蔡凌小学的部分学生撤并到沿口中心小学就读，小学减至5所。2000年4月后，角斜镇有角斜、沿口、双龙、范堑、老庄、来南6所小学和角斜中学、沿口中学两所初中。2009年下半年，重新调整教育事业布局，角斜有角斜小学、沿口小学、角斜初中3所学校。另有角斜、沿口中心幼儿园和角斜成人教育中心校。至2011年，旧场7所小学逐步归并至老坝港小学。2017年，全镇有2所初级中学、3所中心小学、3所中心幼儿园、1所成人教育中心校。

四、创建教育现代化乡镇

1999年，根据省教育现代化实施纲要要求，域内加大实施教育现代化工程力度，角斜镇成为首批创建乡镇。1999年12月下旬顺利通过省教育现代化乡镇验收组验收。继后，沿口、老坝港也通过验收，成为教育现代化乡镇。

第二节　旧式教育

一、社学

社学是元、明、清时期地方公办的学校，吸收幼童入学，为科举取士进行基础教育。读经、史之类，也讲习冠、婚、丧、祭之礼。明弘治二年(1489)，泰州分司判官徐鹏举创建社学1所，在角斜场盐课司东，有正房3间，门楼1座。建校工程由场大使张景廉董工。天启年间(1621—1627)，移建于盐课司西。有正房9楹，门楼1座，基址东西长12米，南北长18.3米。清乾隆初年，角斜场无社学但有学田50亩。清乾隆十年(1745)，场大使金陟延师于上真殿督课。乾隆五十四年(1789)，大使王宝阶谕商灶捐置西街仓巷房屋，移置富家滩，延师课读，复兴社学，有学田50亩。嘉庆九年(1804)，角斜学田捐62亩，场商汪瑶圃捐22亩，灶户汤颖川捐40亩，后又增捐32亩。光绪末(1908年)改设小学堂。

二、书院

清光绪十四年(1888)，角斜守正书院由角斜场大使唐如峒筹款建立，位置在角斜场中街。参加书院学习的对象，一类是不在儒学的学员，为应乡试每月定期到书院听讲，送课业给老师批改指导，叫文生月课；一类是为应童试的童生，常年住书院攻读，叫童生常课。书院的负责人称山长(掌学)，主持讲学，由地方官绅延聘。设首士1人，负责童生生活。设学长1人，兼办学习事宜。书院办学经费主要来源于书院学田的地租。

三、私塾

角斜教育历史悠久，明代就有官办社学，清末有小学，但因故常常停办，所以私塾成为教育的重要补充。角斜有名的私塾是汪氏家族的私塾。汪笠仙，清代乾嘉年间是角斜场塾师，曾在汪氏教过书。吴嘉纪(1618—1689)，字宾贤，号野人，泰州安丰场东淘人，清初著名诗人，曾在角斜设塾教过书。周春林(1784—1873)，字融河，角斜人，年少的时候就会写文章，写过劝孝文、戒淫篇。光绪年间，角斜的各大私塾、书院都抄诵读过他的文章。吴朝睿，清徽州盐商后人，同治四年(1865)独自到角斜汪氏盐商家做私塾老师，一直到同治七年(1868)夏天才从角斜回到扬州，看望了一下孙辈，又回角斜教书。同治九年(1870)，角斜汪氏盐商歇业，他最终返回扬州。詹继长，角斜人，也曾在角斜设塾教过书。民国三十八年(1949)，角斜域内仍有私塾10多家。中华人民共和国成立后，此类私塾随着新式学堂的普及而消亡。

第三节 幼儿教育

一、发展概况

1958年起,域内各公社有临时性、季节性的幼儿园,但时起时落。1958年后,鼓励幼师参加中师函授、自学考试、脱产进修和进修学习。1961年起,幼教事业逐步收缩,至“文化大革命”初期,幼教事业几乎无人过问。1972年开始恢复。1973年始,各大队都办起幼儿班,建立起“村办村管,乡办乡管,联办联管”的新体制。1982年起,中心幼儿园配备园长,角斜、沿口、旧场各有1所中心幼儿园。1984年,域内各乡都配有幼儿教育辅导员,负责各地区幼儿教育的辅导和管理。1987年,幼师的报酬由集体和幼儿家长共同负担。1990年,沿口、旧场、角斜镇村办幼师人均年收入超过1000元。此后,由于生源不足,村办幼儿班相继撤并。至2000年,域内乡镇各有中心幼儿园一所,其余幼儿园附设在各小学内。2000—2005年,域内有6所幼儿园改制为私立幼儿园。随着教育事业布局调整和生源缺乏等诸多因素,至2017年,滨海新区(角斜镇)有角斜、沿口、老坝港3所中心幼儿园。

二、幼儿园简介

(一)角斜中心幼儿园

1987年8月独立成型,坐落在镇中大街,3个班级,幼儿120人,教师6人。角斜中心幼儿园先后投入150万元,用于校园环境和设施设备更新,征地800平方米,分期进行改造,建成集水池、沙坑、乳胶场地、土波、绿地于一体的现代化“阳光运动场”。扩建450平方米的幼儿活动用房,各班活动室、寝室、卫生间、储藏室配套齐全,校内多功能活动室、科学探索室、图书室等一应俱全。分期改造后,中心园占地8230平方米,建筑面积4830平方米。角斜中心幼儿园2005年被南通市妇女联合会表彰为南通市“五个一”亲子道德实践活动先进集体。是年,又获南通市模范家长学校称号。2009年3月被南通市公安局、教育局表彰为南通市最安全学校。是年11月被市教育局评为南通市和谐校园创建建设先进集体。2012年4月被省教育厅评为江苏省平安校园。2013年3月被南通市教育局、市环保局评为“南通市绿色学校”。

角斜中心幼儿园充分挖掘具有角斜地方特色的3大资源:自然资源、红色资源(角斜红旗民兵团)、物产资源(海产品)等,开展系列主题游戏。在南通市幼儿园游戏观摩比赛中,中心园的幼儿游戏荣获农村组一等奖。2007年,为厨房、多功能活动室等重点部位安装防盗门窗。2008年,全园安装视频监控系统。每月7日,安全领导小组对房舍设施、大型玩具、电气设备、班级设施及食堂等进行全面检查,每次均有记录,发现问题及时上报、及时维修。特殊天气、时段突击检查,确保将事故消除在萌芽状态。

2001—2017年,辅导学生参加《早期教育》编辑部举办的幼儿绘画大赛,先后获得一等奖49人次,二等奖20人次,三等奖8人次。幼儿讲述、教师记录的小故事刊登于《早期教育》“宝宝广播站”上。参加市、县幼儿绘画、插塑、折纸、讲故事等比赛均取得较好名次。教师在市级以上刊物发表论文35篇。

2015年,中心园易地重建,新址位于角斜村十五组、红旗民兵团训练基地西侧,占地1.52万平方米、建筑面积6950平方米,绿化面积3850平方米。总投入2210.06万元,其中县筹442万元、镇筹1768万元。1987—1998年陈美英担任园长,1999—2017年葛秀梅担任园长。

2017年12月,角斜中心幼儿园搬迁新址,共有15个班级,507名幼儿,教职工53人,其中专任教师30人。

1963—2007 年角斜公社(乡、镇)村幼儿园(班)发展状况简表

表 18-1

单位名称	创办时间	班级数(个)	幼儿数(人)	教师数(人)	撤并时间
周庄幼儿园	1974.9	3	175	3	2003.7
团结幼儿园	1973.9	2	100	2	2001.7
双龙幼儿园	1973.9	2	80	2	2001.7
龙潭幼儿园	1974.9	1	50	1	2003.2
墩里幼儿园	1978.8	1	50	2	1996.7
角西幼儿园	1978.8	1	35	1	1987.7
角斜幼儿园	1963.8	1	35	1	1987.7
堤北幼儿园	1977.8	1	40	2	1996.7
来南幼儿园	1981.8	2	65	2	2002.7
汤灶幼儿园	1970.9	4	130	4	2002.7
五坊幼儿园	1978.9	1	40	1	2007.12
五虎幼儿园	1978.9	1	32	1	2004.6
王墩幼儿园	1975.8	1	30	1	2002.7
天奎幼儿园	1978.9	—	30	1	1998.7

说明:2001 年 7 月,双龙、团结幼儿园合并,新建新双龙班,2011 年 2 月撤并至中心园;2002 年 7 月,汤灶、王墩、来南幼儿园合并,新建新来南班,2010 年 11 月撤并至中心园

(二)沿口幼儿园

始建于 1963 年。建园初期,规模较小,附属沿口小学,有一排瓦房,3 个班,幼儿 186 人,教职工 5 人。1982 年,幼儿园新建教学楼 1 幢,在沿口小学东侧,占地 3200 平方米,建筑面积 1910 平方米,3 个班,幼儿 150 人,教师 3 人。1983—1986 年,扩建教学楼和操场,活动场地 1282 平方米。1963—1981 年,缪婉华担任园长。1982—2002 年,祁兰英担任园长。2003—2005 年,杨桂林任园长。2006—2008 年,潘新莲任园长。2009—2017 年,张红莲任园长。

沿口幼儿园每个班都是一个独立单元,活动室、午睡间、卫生间、电视机、收录机、移动黑板、配套活动室和大小多功能玩具一应俱全。

2003 年 8 月,沿口幼儿园《环境教育校本化研究》课题被市教育局立项,2007 年 3 月结题。《农村小学环境教育校本课题开发的实践研究》,2007 年 11 月开题,2009 年 10 月结题。2009 年,沿口幼儿园获南通市综合治理办“最安全学校”称号。2012 年被江苏省教育厅表彰为“优质幼儿园”。2013 年,被南通市卫生局评为“A 级食堂”。2015 年,被南通市教育局、市环境保护局评为“绿色学校”。

2001—2017 年,教师在市级以上刊物发表论文 30 多篇,沿口幼儿园教师辅导学生参加全国第九届“阳光天使”杯“爱妈妈爱家乡爱祖国”幼儿主题绘画比赛,获省级奖 4 人次。参加第十二届“多多”杯“我和动物朋友”幼儿园主题绘画比赛,获省级一、二、三等奖 10 人次。辅导学生参加全国十三届“伊顿纪德国际校服杯”“我们爱运

图 18-1　沿口幼儿园(高宝生摄于 2017 年)

动”幼儿主题绘画比赛，获省级一、二、三等奖共10人次；参加“幼教资源”杯幼儿主题绘画比赛，获省级一、二等奖的9人次。

2016年，沿口幼儿园异地重建于沿口村十八组，沿口小学东侧。2017年10月搬至新址，占地7054平方米，建筑面积3197平方米，绿化面积2044平方米。总投入1306.99万元，其中县261.4万元、镇1045.59万元。是年，幼儿园有8个班，246名幼儿，教职工24人，其中专任教师17人。

1973—2008年沿口公社（乡、镇）村幼儿园简表

表18-2

单位名称	创办年份	班级数（个）	幼儿数（人）	教师数（人）	撤并年份
滩河幼儿园	1973	1	46	1	2003
老庄幼儿园	1973	2	78	2	2011
富沿幼儿园	1973	1	32	1	2001
蔡凌幼儿园	1973	1	52	1	2003
范堑幼儿园	1973	2	74	2	2008
双凌幼儿园	1973	1	44	1	2003
树园幼儿园	1973	1	38	1	2001
向阳幼儿园	1973	1	42	1	2003

（三）老坝港幼儿园

始建于1978年。建园初期，寄居于民宅之中，后来附属于渔业小学，有一排瓦房。1996年从小学搬迁至老坝港川港村独立成园。2001年异地重建于老坝港中心小学隔壁，2002年整体搬迁新址，有班级3个，幼儿120人，教职工8人。是年12月，通过南通市一类幼儿园验收。幼儿园占地6380平方米，建筑面积1949平方米，绿化面积2258平方米，户外活动面积1830平方米。各班有配套的活动室、寝室、卫生间、储藏室，班班配有电子白板、彩电、VCD、录音机、实物投影仪、钢琴等教学设备，园内配有有线电视、校园广播系统、监控系统、宽带局域网系统等现代化设施。幼儿园因地制宜创设多功能室、图书室、美工室、科学发现室等各类专用活动室。大中型玩具、桌面玩具丰富多样；小土坡、碧绿的草坪、玩沙池，构成一幅美丽的园林图画。2015年，全园有大中小三轨班级9个，幼儿385人，教职员工28人，其中专任教师22人。2017年有班级10个，幼儿340人，教职工31人，其中专任教师16人。

老坝港幼儿园创设优化海洋教育环境文化，利用海韵系列活动载体，开发形成具有地方特色的园本课程——亲近大海，激发幼儿“亲海、知海、爱海”热情，培育“智慧、勇敢、阳光”海娃。园歌《海娃之歌》的创作及传唱提升办园品位。2001—2017年，教师在国家级刊物发表论文2篇，在省级刊物发表论文6篇。教师辅导幼儿在《早期教育》编辑部举办的幼儿绘画大赛中，先后获一等奖近百人次，二等奖若干人次。2001—2017年，幼儿园先后获南通市最安全学校和县综合治理文明单位、常规管理先进单位、“三八”红旗集体、县依法治校示范校、县廉洁示范校、县文明单位、县保教质量优等幼儿园、县示范家长学校、县节能减排先进单位、县A级食堂等称号。其中，2008年被江苏省教育厅评为“优质幼

图18-2　老坝港幼儿园（高宝生摄于2017年）

儿园”,2009年被南通市综合治理办评为最安全学校,2011年被南通市教育局、南通市环境保护局评为“绿色学校”。2001—2017年,丁小平任园长。

1973—2009海洋(老坝港)公社(乡、镇)各村幼儿园发展状况

表18-3

单位名称	创办时间	班级数(个)	幼儿数(人)	教师数(人)	历任教师	撤并时间
新合村幼儿园	1973	1	45	1	骆亚琴	1999年
顾陶村幼儿园	1978	1	40	1	吴红云	2002年
平新村幼儿园	1976	1	45	1	徐晓梅	2002年
富滩村幼儿园	1973	1	45	1	吴丽华	2001年撤并至新联
新联村幼儿园	1976	1	35	1	谭爱华	2008年撤并至旧场中心园
东北村幼儿园	1985	1	30	1	吴慧珍	2008年撤并至旧场中心园
江海村幼儿园	1978	1	45	1	邵明芳	2008年撤并至旧场中心园
旧场中心园	1975	6	300	12	刘瑾、吴玲莉等	2009年

第四节　小学教育

一、发展概况

清乾隆五十四年(1789),角斜兴办社学。清朝末年,在“废科举,倡新学”的潮流中,域内一批私塾学堂改造为小学校。20世纪30年代域内办有角斜小学。中华人民共和国成立后,小学教育迅速发展普及,一批复式单班小学被撤并。从1949年到70年代、80年代发展公办班和民办小学,域内有些小学还办起初中班,时称“戴帽子初中”。实行计划生育后,出生人口大幅度下降,就读学生逐年减少,同时为优化教育资源,从1984年开始,调整学校布局,大部分学校相继撤并。至2017年,角斜镇有中心小学3所。

二、学校简介

(一)角斜小学

创办于光绪三十四年(1908),角斜社学易名为角斜第一初等小学堂。民国十七年(1928),角斜名人缪金源为母校角斜初等小学堂20周年纪念题对联:“万里归来,对故乡惟应饮泣;廿年过了,到学舍试各问心。”民国二十四年(1935),角斜小学校歌由顾启文作词,朱瑾君作曲。民国三十七年(1948),中共党组织派吴英、王文庆到角斜,负责兴办角斜小学。初办时有6个年级4个班,即一年级、二年级、三四年级复式班、五六年级复式班,教室设在刘泽民等人的家中。20世纪50年代初期,由国家拨款,新建2排草房8个教室,把分散在外的班级集中到学校。学校位于原角斜飞滩宾馆旁。1956年,政府拨款新建两排瓦房,学校初具规模。1961年年底,后面又砌一排,办成一至六年级的双轨小学。1968—1972年,角斜小学戴帽子增设初中三个班级。1973年学校从实际出发,摘掉初中帽子。

1978年,学校将教室进行改造翻新成三排教室。1995年,新建1598平方米的4层教学大楼。随后学校冲沟填塘,扩大面积,建起后排两层教学辅助楼和200米环形煤屑跑道。2001年,学校用50多万元收购飞滩宾馆地产。2006年又新建2000多平方米的综合性教学大楼——综艺园。至2017年,学校占地2.65万平方米,建筑面积1.02万平方米,绿化面积8347平方米。有班级

图 18－3　角斜中心小学(高宝生摄于 2017 年)

图 18－4　少年军校学员训练(高宝生摄于 2017 年)

27 个,学生 1092 人,教职工 63 人。学校教学设施齐全,具有现代化的教育教学设备,书报阅览室、实验室、音乐室、微机房、多媒体教室、报告厅等。2000—2017 年,学校连续 17 年被评为县质量优等学校。2010—2017 年,连续 7 年被评为素质教育先进单位,校少先队被评为省、市“红旗大队”。

1990 年,学校增挂角斜镇少年军校牌子,成为南通市第一家少年军校,校名由国防部部长张爱萍将军亲笔题写。1996 年,适逢角斜“红旗民兵团”命名 30 周年,军委副主席、国防部部长迟浩田上将亲临角斜观摩军事科目汇报表演。1999 年 7 月,少年军校的 46 名学员代表赴京参加第二届全国少年军校检阅式,参加的队列竞赛、野外 2 公里拉练赛均获得最佳奖,并获优秀组织奖,再次接受迟浩田上将的检阅。2000 年 6 月,角斜小学少年先锋队被全国少工委表彰为全国文明雏鹰假日小队。2001 年 7 月,角斜小学被中国少年军校总校表彰为全国少年军校示范校“三化”标兵单位。至 2017 年,学校先后被评为市模范学校、省全民国防教育先进单位、全国先进少年军校、全国少年军校示范校。校长黄昭华、副校长李明先后被共青团中央、解放军总政治部、全国少工委授予“全国优秀少年军校工作者”称号。六(4)班许璐同学被全国少工委、国家国防教育办公室、中国少年军校总校授予“全国优秀少年军校学员”称号。2000—2011 年,教师在省级教育刊物发表论文 100 余篇;在国家级刊物发表 70 多篇;在市级以上教育主管部门举办的论文评比活动中,先后获一、二、三等奖 80 多人次。

吴英、王荫、刘子盛、陆芹、卞轼、潘中坚、童俊鹤、王能华、缪德林、奚培元、奚培元、吴冠群、黄昭华、刘华先后任校长;许逢庆、陈美英、郭秀岚、李明先后任副校长。2017 年,角斜小学有 23 个班级,1008 名学生,教师 57 人,其中专任教师 51 人。

附:30 年代角斜小学校歌

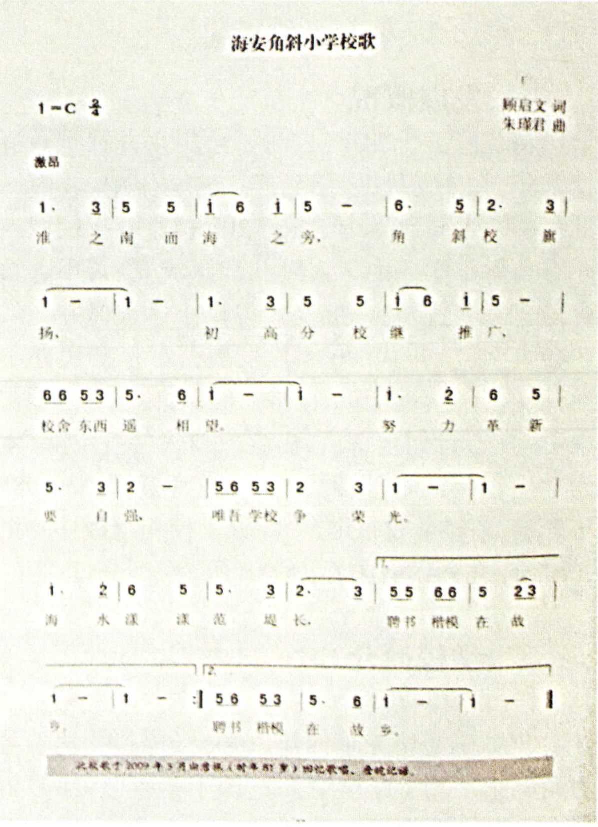

(二)沿口小学

创办于民国三十七年(1948)2 月。当时只有一个班级，教室 30 平方米，学生 50 名，下半年增加一个班，为一二三四年级复式初级小学。1952 年发展为完小，9 间教室，命名为“沿口中心小学”。1955 年，翻建 9 间教室。1968 年，沿口小学增设两个初中班，新添教室和生活用房 300 平方米。1980 年摘去初中帽子。

1984 年，沿口小学与居湾小学合并，新建三排瓦房，占地 6900 平方米，建筑面积 1098 平方米。1996 年，学校异地重建教学大楼，坐落于沿口村十八组。学校占地 1.72 万平方米，建筑面积 4232 平方米，绿化面积 6700 平方米。学校有现代化的教育教学设施，阅览室、实验室、多媒体教室、微机房、音乐室等一应俱全。教育信息化建设全面达标。建有校园网站，实施网络教育教学、管理。学校有一支师德高尚、业务优良的教师队伍，其中小学高级教师 23 人，县骨干教师 5 人。1991—2017 年学校连续多年被评为“县质量优秀学校”，先后被评为省、市、县“绿色学校”“市最安全学校”。环境教育是沿口小学的办学特色，“优秀+特色”是学校的办学目标。2005 年，学校被评为省首批绿色学校、省生态教育实验学校。

2000—2017 年，教师在省级教育刊物上发表论文 60 多篇，国家级刊物发表论文 30 多篇。在市级以上教育主管部门举办的论文评比活动中，获一、二、三等奖 40 多人次。

沿口小学历任校长为朱崇明、童俊鹤、仲浩然、蔡美伦、周淑贤、袁学忠、丁庆忠、冒桂明、陆桂山、周再胜、居正衡、范崇礼、陶西岐、杨桂林、潘新莲。2017 年，沿口小学有 12 个班级，436 名学生，教职工 30 人，其中专任教师 25 人。

（三）老坝港小学

创办于 1968 年夏，为一个复式班，由民办教师孙传芳任教，没有校舍，借三大队王克圣家堂屋作教室。后因渔民逐步迁居增多，学龄儿童不断增加，学校增加公办教师罗世良和海洋渔业公社民办教师吴秀珍任教。1969 年 8 月，王咸俊任学校负责人，有两个复式班，在二大队牛棚里上课。1971 年，新建 3 个教室，办起第一所小学，取名为东方红小学。以后又陆续增建几个教室，到 1975 年成为一所完小，改名渔业小学。1976 年增设初中。1979 年撤销初中。1984 年，学校更名为老坝港小学。1986 年和 1987 年，乡政府投资 7 万元，拆除 1971 年建的 3 个教室，新建 6 个标准大教室。1991 年，学生数 245 人。老坝港乡政府投资 20 万元，新建了 3 层教学楼和宿舍、厨房，填土加高操场，铺上红砖和水泥方块，南北通道，架设小桥，新砌圆形花圃。教学楼占地 394 平方米，平房占地 392 平方米，生活用房占地 274 平方米。学校位于原老坝港乡政府南对面。是年年底，学校被评定为合格小学。1996 年被县教育局评估为“质量优等”。

1995 年，旧场乡并入老坝港乡，在老坝港集镇规划建设校区，征地 28 亩。2000—2006 年，投入 400 多万元，新建 2 幢教学楼、1 幢综合楼、1 幢宿舍，完善了校园里所有的设施。2000 年 9 月，新合小学并入老坝港小学，搬入新校区，学生 650 人。2012—2017 年，老坝港小学借助县财政抗震加固资金 500 多万元，加固 4 幢大楼，征地 7 亩，新建 1000 平方米标准化食堂，完成长 200 米运动场的塑胶化。2015 年，老坝港小学通过南通市现代化学校的验收。至 2017 年，学校占地 2 万多平方米，建筑面积 6036 平方米，绿化面积 7800 平方米。学校共 16 个班，628 名学生，教师 51 人，专任教师 44 人。1991—2017 年，老坝港小学被评为县素质教育小学、省平安校园、市长安学校、市模范学校、县常规管理示范学校、县廉洁示范学校、县书香校园。

科学教育是学校的办学特色。2002 年申报省级课题《农村小学生科学素养培养的操作策略研究》成功。2010 年 6 月 22 日，老坝港小学《把海洋当作课堂》发表在《江苏教育报》上。2004 年建成高标准校园网、电视网、广播网。2005 年，编成校本课程“走近科学”纲要，并在部分年级实施。2001 年、2002 年，学校被评为省青少年科技教育先进单位。2005 年被评为县科普宣传周先进单位。学生在 2001—2005 年的省计算机编程竞赛中，3 人获得一等奖，40 多人获二、三等奖，成绩名列海安之首。课题论文《关于科学素养培养的几点思考》在 2005 年市科学年会交流。是年，3 位教师获得南通市课堂教学竞赛一等奖。2011 年，建设乡村学校少年宫，为全县乡村学校少年宫建设提供了高质量的现场会。2012 年 12 月，“走近科学”被评为市优秀校本课程。2014 年被评为市科学教育特色学校。2015 年 2 月，女子足球获市校园足球冬季选拔赛一等奖。

2017 年，老坝港小学有教学班 16 个，学生 635 人，教职工 51 人，其中专任教师 44 人。老坝港小学历任校长有王成俊、缪文兰、王兴建、顾理平、张勇。

第五节　中学教育

一、发展概况

1958 年，通海职业中学（东风农技校）创办。学校是一所专门培养农业技术人员的中等专业学校，校长赵为华。20 世纪 50 年代末至 60 年代初，域内各公社相继建立初级中学。70 年代中期，东风农技校改为普通高中，校长王栋如。80 年代改为海安县通海职业中学，历任校长蔡守悌、顾用生。70—80 年代，域内各乡镇均有小学戴初中帽子，后来逐步撤并。至 1992 年，域内有角斜初级中学、沿口初级中学、海防初级中学（老坝港初级中学的前身）、通海职业中学。其中通海职业中学有 4 个班，149 名学生，教职工 9 人，学校主要专业为油漆、装潢、缝纫、蚕桑、水产养殖、海洋捕捞。2000 年，老坝港初级中学、老坝港第二初级中学与海安县通海职业中学三校合并，在原通海职业中学的校址上建立新校区。2007 年，沿口初级中学撤并角斜初级中学。2017 年，角斜镇有角斜和老坝港两个初级中学。

二、学校简介

（一）角斜初级中学（角中）

创建于 1959 年，是江苏省首批示范初中。坐落在尚武中路东侧 188 号。占地 4.46 万平方米，建筑面积 1.52 万平方米，绿化面积 1.82 万平方米。2009 年，学校有 26 个教学班，在校学生 1358 人，教职员工 107 人。其中，中学高级教师 17 人，中学一级教师 58 人。2017 年有教学班 16 个，学生 732 人，教职工 80 人，其中专任教师 75 人。学校有培英楼、博学楼、育鸿楼、圆梦楼、荟贤堂、文苑楼、学生公寓楼。图书室、微机房、实验室、健身房、校园网等教学设施一应俱全。师生餐厅可满足 1500 人同时就餐。

学校是县国防教育特色学校，充分利用红色资源，除了在学科课程、活动课程中渗透国防教育外，还组织开展了一系列国防教育特色活动，经常对学生进行军事、航模、报务、射击、拳击等训练，组织学生参加军体、射击、报务等竞赛，先后 50 余人次在国家、省、市、县获奖。1996 年，中央军委副主席、国防部部长迟浩田将军到角斜时，对该校师生的军事表演给予“非常振奋、非常满意”的高度评价。中央电视台《军事天地》栏目报道该校国防教育特色。2000 年 6 月，角中被省教育厅确认为首批“实施教育现代化工程示范初中”。2003 年 4 月被市政府授予“模范学校”称号。学校还先后被评为省平安学校、省素质教育先进学校、市合格初中、市德育工作先进学校、市国防教育先进集体、市未成年人思想品德教育先进集体、市全民国防教育先进集体、市绿色学校。教育教学质量连年被县教育局评定为“质量优等”，学校是县常规管理示范初中、县依法治校优秀学校、县十佳中学团校等。

2005 年中考，角中 10 人的分数超过海中公费录取分数线，创历史最高水平。学生参加省级数学、物理、化学竞赛，获数学一等奖 1 个，物理一等奖 1 个，化学一等奖 1 个。此外，另有 43 名学生在省、市竞赛中获奖。2009 年，角中 507 人参加中考，达海中公费线的 32 人，达曲中公费线的 74 人，达李中公费线的 220 人。被海中公费录取人数居全县农村初中第一。其中学生徐伟总分 767.5 分，居全县 1 万余考生之首。中考总均分 629.48 分，高出全县总均分 5.14 分，高出南通市总均分 31.14 分。2015 年，230 人参加中考，被海中公费录取 20 人、曲中公费录取 52 人、李中公费录取111人。先后有徐伟、缪丽华、缪雪蓉、吴尘尘4名县中考状元。

2017年，角斜初中教师先后在教育刊物上发表论文200多篇，其中，在国家级刊物发表25篇，在省级刊物发表150多篇。在市级以上教育主管部门举办的论文评比活动中，先后获一、二、三等奖100多篇次。2017年，参加中考244人，被海中录取24人。

角斜初中历任校长有吴英、缪德林、常节、陈汉清、徐长康、徐长春、陈锦龙、孙建清、吴鸿兵、陈绍进、赵松元、徐希龙。

（二）老坝港初级中学（港中）

前身为1959年创办的海防中学。1985年，海防中学更名为旧场乡中心初级中学。1995年更名为老坝港初级中学。

港中占地1.6万平方米，建筑面积8760平方米，绿化面积4270平方米，学校拥有一流的现代化教学设施。实验室、音乐室、微机房、阅览室、多媒体教室及250米的环形跑道等一应俱全。

2004—2017年，学校连年被县教育局评为“质量优等学校”。2007年被县教育局评为教学管理A级。2008年被评为南通市最安全学校。2009年被评为县文明单位。多次被评为县综合治理先进学校。

图18-5　角斜镇老坝港初级中学
（高宝生摄于2017年）

2010年，港中毕业生260人，被各级各类学校录取257人，其中达海安中学公费线14人，达李堡中学录取线142人。2017年，港中共有6个班级，244名学生，教职工37人，其中专任教师35人。

至2017年，教师先后在教育刊物上发表论文200多篇。学生参加英语听力比赛获国家二等奖1个，参加全国物理竞赛获一等奖1个、获市二等奖2个、获市三等奖3个，参加全国化学比赛获省一等奖1个。2017年，参加中考83人，被海中录取8人。

老坝港初中历任校长有万国太、顾彬、高景国、申启明、缪朗晴、王广彦、万亚锋。

第六节　成人教育

一、发展概况

民国三十年（1941）冬，域内开展农民冬学教育，此后每年冬季都会掀起办冬学的高潮。1949年，域内各村都有冬学班，以冬学民校为阵地，开展成人扫盲教育。1950年，农村有三年级以上的小学均兼办冬学班，入学对象主要是基层干部、民兵、妇女、青壮年。域内一般以村、组为单位，挑选民间有点文化的“百字先生”，或委派当地小学老师，利用民房、仓库、宿舍或车篷，对青年农民进行识字教育，有效地普及初等文化。能识1500字的就算脱盲。1957年后，重视扫盲教育，冬学班改办为农民业余学校（民校），采用闲时多学，忙时少学，大忙不学的办法，有固定的学习地点和相对稳定的教师、教材。按学员文化程度编为扫盲班、初小班、高小班。另外还有红专学校（文化技术学校和干部红专学校）。1976年起，扫盲工作重点为青壮年农民，每个生产队都办起扫盲班，各大队均有民师组长。20世纪80年代初，基本扫除青壮年文盲。此后，成人教育主要是进行技术教育。1981年后，角斜、旧场、沿口、老坝港等先后建立成人教育中心校（简称成人校）。80年代中后期，各村结合学习农业科技，办起业余高小班和业余初中班。

二、成人教育中心校

（一）角斜成人教育中心校

角斜成人教育中心校创办于1981年，当时附属在教委办公室办公。1991年建成单门独院。为了全面启动教育现代化工程，1998年，角斜镇政府投资50多万元重建校舍。校舍位于镇政府西侧，占地面积为6536平方米，建筑面积1050平方米，校内有教学、生活、体育健身等设施。教学楼里有6个标准教室，1个阶梯教室，阶梯教室内有208套桌椅。学校电教设备、图书室、微机房、阅览室等教学设施齐全。校内修筑有600多平方米的水泥路道和200米的环形跑道，校园草坪等绿化面积4000平方米。新建的成教与镇党校一体化，共有教师3人。

角斜成人教育中心校，1999年顺利通过省现代化成人教育中心校验收，并被评为南通市乡镇示范成人教育中心校，多次被评为市农村教育综合改革先进单位、全省党员电化教育先进乡镇、市红旗基层党校、县科普工作先进集体、成人教育工作先进集体、关心下一代工作先进小组、文明单位。角斜成教一直是全镇的政治、文化、教育、科普等的培训和辅导中心。

原角斜镇社区教育共有12个社区教育站，常住人口5万人左右，建有适应需要的社区教育资源。社区教育做到“五个有”：有一套完整的制度；有一个坚强的领导班子；有一支胜任活动开展专兼职教师队伍；有一个满足需要的教育教学阵地；有一个稳定的经费渠道。社区教育还结合区域产业结构的特色，开展农村实用技术推广和利用活动。每年培训人次与镇内从业人员之比都超过50%。2012年8月，角斜成人教育中心校与老坝港成人教育中心校合并。

历任校长为周克宣、李春法、朱红胜。

（二）沿口成人教育中心校

沿口成人教育中心校建立于1984年9月。1973年2月—1984年8月，称业余教育办公室，设辅导员1人。李凤来任此职时，在政府大院内有一宿舍兼办公室，主要抓扫盲工作。1984年9月，薛鹤山接任此职，称之为成人教育辅导员。政府大院内腾出两间房子，配备20套课桌椅和一块黑板，挂上沿口成人教育学校的牌子。1985年8月，李根山接任成教辅导员，调吴连生任专职教师，并在沿口文化站北边新建标准教室两个和办公室一间。1987年8月，冒桂明担任沿口成教辅导员兼校长，李凤来任专职教师，吴连生回蔡凌小学工作。1989年8月，吕永柏任专职教师，李凤来到范堑初中工作。1989年下半年始，沿口成教和沿口党校合为一体。1990年，新建教工生活用房2间，厕所1间，建了围墙、校门，增加袁孝恭为专职教师。1991年办文印社，为党政部门及社直、社办各企业、各部门提供便捷服务。1994年，创办农村特种水产养殖基地，为广大农户推广养殖技能和配套服务，得到县教育局的资助和表彰。1995年8月，冒桂明退休，唐德喜担任成教校长，先后调进张德芳、顾静、黄玉瑚、沈志宽为专职教员。1996年，引进了饲料转化养殖技术，举办培训班。县广电站录制节目播出，县教育局在沿口召开现场会。2000年4月并至角斜成教学校。

沿口成教每年都配合党政领导机关举办2—3期社直、乡村级、部门党员干部政治理论学习培训班。每年举办1期青年后备干部培训班，全年培训约达360多人次。

结合乡镇农林副业生产的需要，沿口成教每年适时与农技站、蚕桑站及林木、水产养殖部门协作，举办实用新科技培训班，对象为村农技员、蚕桑指导员及种养大户代表，分别为：三麦、水稻、棉花播种培管技术，每年4期600多人次；畜禽繁育技术，疫病防治技术，每年2期70多人次；桑园培管、养蚕技术还携带电教设备，送教到村，每年2期1000多人次；银杏栽培技术，每年培训200多人次。

配合乡镇中心工作，沿口成教每年举办两次人口计生服务近90人次，每年一度村级财务工作培训30多人次。乡村企业财务、税制改革培训约30人次。与乡镇有关部门配合、举办一年一次的“五小”（低速货车、三轮汽车、三轮摩托车、两轮摩托车、拖拉机）车辆驾驶员、基层农电工技术培训班约80余人次。

1990—2000年，根据教育局部署，利用暑假期举办应届初中毕业生实用技术培训班，每期到班人数均在80%以上。

1991—1994年，根据学生家长及学生需求，利用暑假举办美术、书法、乐器演奏培训班，参培人数共有520人次。

沿口成教中心在李堡片6个乡镇评比中，均在前3名之列，2次举办过经验推介会，学校连续4次获得教育局嘉奖。吕永柏，是1994年海安唯一的被南通市计生委评为优秀的教员。

（三）旧场成人教育中心校

旧场成人教育中心校始建于1981年，初为乡党校、成人教育中心、文化中心三位一体的文化活动中心，办公地点设在政府内，后搬迁到渔业小学内，沈佰岭任校长。1995年区划调整，旧场乡和老坝港乡合并，组建成老坝港成人教育中心校。

（四）老坝港成人教育中心校

学校坐落在老建场村旁。旧场、老坝港合并后吴礼宏任校长。2007年余育新任校长。学校占地面积9000平方米，建筑面积为2774平方米，有标准教室6个，课桌椅200多套。有微机教室，内有计算机30台，有档案资料室、阅览室、图书室、电教室、职教实验基地、养殖实验基地，教学设施基本齐全。

历年老坝港成人教育中心校始终坚持为“三农”服务的理念：服务农民、服务农村、为农业增产增收、传播致富信息、为农村劳动力转移、架桥、铺路、为发展农村种植养殖业递送“科技快餐”。随着企业的不断发展，新工岗前培训、在职工岗位培训工作已经深入各工厂区，且日趋规范化。学校有一支稳定的农技科普队伍和活跃的村、厂级办学人员队伍。2004—2012年，每年都举办各类培训班80多期，每年参培达1.2万多人次，举办劳动力转移培训班12期，培训转移农村富余劳动力1500余人，平均每年播放录像70场，收看达8000多人次。

从2004年始，学校积极指导广大农民充分利用滩涂资源，做大做足滩涂养殖的文章，建立了海水养殖信息指导中心，通过举办各种海水养殖培训班，推行科学养殖和规模养殖，引领产业结构，调整实施科技兴农策略，并逐渐形成了自己的办学特色。

学校扎实开展教育科研活动，教学人员先后在市级以上报刊发表论文10多篇。2010年校长余育新撰写的论文《当前农村成人教育的不良现状及发展策略》获江苏省第八届成人教育优秀研究成果一等奖，同时，论文还被发表在《湖北成人教育学院学报》上。

2012年上半年，老坝港成人教育中心校顺利通过创建市级乡镇成人教育中心校的验收。

2012年下半年，老坝港成人教育中心校与角斜成人教育中心校合并为老坝港滨海新区（角斜镇）成人教育中心校，余育新任校长，副校长朱红胜、张昌华，有专任教师9人，各专业兼职教师55人。

2012—2017年，学校申报省级课题2项、国家级课题3项，发表论文4篇。

2013年9月，课题《培养民间组织，推进农村社区教育发展的实验》被教育部职业教育与成人教育司立项。

2014年5月，校长余育新撰写的《农村成人教育在社会主义新农村建设中的角色定位》获江苏省社会教育服务指导中心研究论文优秀表彰。吴忠群撰写的论文《发展中国家农村成人教育面临的挑战与策略》发表在宿州《教育学院学报》上。全国农村成人（社区）教育优秀品牌活动项目《农村老年社团组织建设与指导》获中国成人教育协会农村成人教育专业委员会、中国成人教育协会社区教育专业委员会优秀奖。

2015年1月，《角斜镇留守儿童假日学校》获全国青少年校外教育示范项目中国成教协会社区专业委员会评比三等奖。吴忠群撰写的论文《新时期民间组织的培养与社区教育发展》发表在《教育观察》上。

2015年，老坝港滨海新区（角斜镇）成人教育中心更名为角斜镇社区教育中心。社区教育中心确立“全员、全程、全面、博学、博雅、博爱”的社区教育理念，建立完整的学习体系和学习网络。角斜镇社区教育中心积极整合党校、人口学校、科技学校、老年学校等社区教育资源，设备设施齐全，建有标准教室、微机室、图书室、阅览室、棋牌室、书画室、老干部活动中心、档案室等，建有社区教育中心网站和微信公众平台。社区教育中心坚持集中培训与分散培训相结合，长期培训与短期培训相结合，课堂讲授与实地指导相结合，开展系列培训、专题讲座、文体比赛、联谊活动等，广泛开展政策法规培训、职能技能培训、创业教育培训、科技知识培训、致富技术培训、文化文明培训、新居民教育培训、农民技能学历双提升培训，社区居民教育培训率达 50% 以上。

2016 年 9 月，学校搬迁到原角斜镇政府大楼内。2017 年有专任教师 10 人。

（五）中共海安县角斜、沿口、旧场、老坝港党校

中共海安县角斜党校建于 1992 年，是年，中共沿口、旧场、老坝港党校也相继建立。与成教合为一体，各党校由宣传委员挂帅。后因区划调整，党校也合并。

各党校都与成人教育中心校合署办公。各党校办学宗旨以《中国共产党章程》和“三基本”（党的基本理论、基本路线、基本纲领）为主要内容，对党员、干部进行培训。承担农村党员、干部、建党积极分子培训教育。

各党校每年都对党员、入党积极分子进行培训，党的知识、技术技能、安全及各类专业培训都在 10 期以上。每年年底或第二年年初在党员干部冬训前，组织全市党员干部冬训骨干培训班进行集中培训，各乡镇宣传委员和党校骨干集中到市参训。党校在宣传党在农村的路线、方针、政策，加强基层党员干部教育和队伍建设方面发挥了重要作用。

历任各乡镇党校校长情况如下。

角斜党校：徐斌；沿口党校：王承轩。

2000 年，角斜、沿口合并后历任党校校长为徐斌、袁加根、王剑石。

旧场党校：刘建华、葛长征；老坝港党校：丁建明。

1995 年，旧场、老坝港合并后历任党校校长为：丁建明、陶树明、申承群。

2010 年 9 月，事业单位改革，党校撤销，其职能并入社会事业服务中心。

第七节　教师队伍

中华人民共和国成立初期，域内缺少教师。原私塾教师有的年纪大，不能胜任教育工作，有的思想守旧，不愿从事教育工作。域内政府动员一些有初小水平、完小水平且热心教育的居民当代课教师，外地教师大多数属正式教师（公办教师）。当时学校条件很差，校舍一般借用庙宇、祠堂，教师要么“走教”，食宿在家；要么借宿农户。1951 年下半年，域内各乡有小学教师 30 多人。50 年代初期，一批从师范院校速成班毕业的学生陆续分配到角斜、沿口、旧场各学校。1958 年后，又有一批师范毕业生先后分到域内各学校。域内教师逐步增多。“文化大革命”后期，教育事业迅猛发展，教师又显不足，不得不从当地初、高中毕业生中选拔一部分人充实到老师队伍中，此时这类人员分为民办、代课两种性质。1971 年年底，代课教师大部分转为公办教师。“文化大革命”时期，一些教师遭到迫害，有的下放劳动，接受贫下中农再教育。中共十一届三中全会后，历次运动中受迫害的老师全部落实了政策，恢复一切应有待遇。1983 年 8 月，由县教育局统一核发民办教师任用证，部分文化和业务不达标的人员转为民办工友和民办幼师。1994 年 8 月，民办教师任用证由市教育局统一核发。1997 年 8 月，域内凡持有民办教师任用证的和 1971 年后参加工作的部分代课教师通过培训、考试，全部转为公办教师。代课教师又分为缺额代课和一般代课。在教育事业蓬勃发展的过程中，一个时期教师队伍结构性矛盾突出，初中、高中老师缺口较大。从小学教师中选拔一部分人充实到初中教师队伍，又从初中教师中选拔一部分充实到高中教师队伍。2017 年，角斜镇有教职工 635 人，其中在职 282 人［其中教师 227 人，包括中学高级教师 35 人，一级教师 137 人(含小学,小学高级教师就是中学一级教师),二级教师 91 人,无职称 14 人],代职81 人,退休 265 人,离休 1 人,退养 6 人。

第八节　科技

一、科技组织

20 世纪 50 年代,县建立科学技术委员会(县科委)和县科学技术协会(县科协)。1977 年,县建立农业科学研究所,域内各公社相继建立农科站,各生产大队建立农科队,每个生产队都建立农科组,每个公社、大队、生产队都配备了农技员,全县形成四级农科网。1988 年,域内各乡镇又配备科技助理。1993 年后,域内各乡镇相继建立科技协会,并配有 1 名专(兼)职干部。2014 年,角斜镇召开第七次科学技术代表大会,选举产生第七届委员会委员,韦钦文任主席,丁小军、任兴荣、陶华、康传广等任副主席,杨晓晨任秘书长。

2012 年 7 月,角斜镇又成立海安县第一个区镇老科协组织——海安县老科技工作者协会分会(简称"老科协分会")。首届老科协吸纳会员 27 人,划分为工业、农业、科教文卫 3 个小组。周建平任会长,康贻龙、汤进任副会长,陆春林任秘书长。2017 年 5 月,召开了第二届会员大会,进行换届选举,第二届老科协分会会员 47 人,周建平任会长,汤进、李伟、陆春林任副会长,陆春林任秘书长,余育新任副秘书长。

二、科普活动

在农业领域,大力推广新品种、新技术、新成果,各乡镇都取得显著成绩。粮食新品种不断更新,粮食产量大幅提升。域内多项实用技术得到推广应用。20 世纪 60 年代,农村推广改灶工程,节约烧草。70 年代,推广沿口乡高洁发明的水泥太阳灶,充分利用太阳能烧水煮饭。80 年代后,域内各乡镇推广实施沼气池试点工程,利用沼气照明煮饭。

1978 年,全县召开科学大会,布置建立四级工业科技网的任务,域内各工业企业普遍开始行动,"双革四新"(技术革新、技术革命、新技术、新产品、新项目、新成果)活动成效显著。20 世纪 80 年代,域内各乡镇工业先后开发了 28 个新产品,其中有 10 个产品填补了国家和省空白,有 6 个产品获江苏省新产品"金牛"奖和南通市科技新产品"金鹰"奖。海安县特种装饰建材厂成为全省建材行业首家采用国际标准并通过验收的企业,产品的研制分别获部省级科技进步二、三等奖。2011 年,新的角斜镇建立后,加大技改设备投入,金牛机械、华安袜业等 16 家企业实施技改项目,投入 4200 多万元。南通明芯微电子有限公司多个产品分别获部省级产品奖。巨力磁材申报国家服务新技术企业,开发省级以上高新技术产品 7 个,申报市级以上科技项目 3 个。新增民营科技企业 2 家,金牛机械、明芯微电子 2 家企业完成科技成果转化项目。兰波公司、巨力磁材、大明玉新材料、中洋水产、宏洋化工等 5 家企业均与高校科研院所实施了 30 万元以上的产学研合作项目。

至 2015 年,角斜镇建立 10 人科普讲师团 1 个,有 40 人科普志愿者队伍 1 支。2011—2017 年,镇科协每年都组织村居民参加一年一度的科普宣传周和全国科普日活动,积极参与县科普超市活动。设摊位、出展板、发资料,进行科技咨询和科技服务,切实做到"立一个主题、作一次讲座、办一次竞赛、发一批资料、送一次科技"。以"科技以人为本,构建和谐社会"为主题,举办环保知识讲座,印发《建设绿色社区》《以人为本,科技改变了生活》《关怀生命和健康——不要吸毒、赌博、搞迷信》等科普资料送到居民家中。以"保护生态环境、节约能源,建设和谐秀美新海安"为主题,印发《建设节约型社会》《节水节电常识》《节约能源 100 法》等科普资料 3000 册,举办节电知识等讲座 10 多次。"禽流感"防治期间，镇科协组织科技人员，深入村组举办技术讲座18次，放映科教电影6场，出宣传栏30期，印发宣传资料1.3万份。区科协以农科站为载体，实施农民科技培训工程，积极传授栽桑养蚕、禽蛋生产、中福栽培、小麦新品种推广等新技术，先后聘请大学教授、高级农艺师、高级兽医师等专家到新区做家禽疫病防治技术、孵禽技术、无公害蔬菜生产操作规程技术、葡萄栽培技术、家禽饲养技术等专题讲座。

三、科技项目

角斜镇是海安县唯一涉海乡镇。针对条斑紫菜一个时期养殖不景气的情况，在有关科研机构的支持下，角斜镇积极发展坛紫菜养殖项目，2012年新增生产设备29台，总投入近1亿元，新增销售近2亿元。

角斜镇2010—2013年获江苏省科技项目情况表

表18-4

类别	项目名称	承担单位	列入年份
省级	江苏省长江珍稀鱼类繁育养殖工程技术研究中心	江苏中洋集团股份有限公司	2010年
省级	江苏省紫菜种植改良与繁育工程技术研究中心	海安县兰波实业有限公司	2010年
省级	江苏省(明芯)半导体功率器件工程技术研究中心	南通明芯微电子有限公司	2013年

四、高新技术企业和产品

角斜镇2015—2017年，加大高新技术企业设备投入，在新技术、新项目、新产品上取得显著的成果。2017年，角斜镇有高新技术企业8家。

角斜镇2015—2017年高新技术企业和产品一览表

表18-5

产品名称	单位名称	认定年份
MC190Q型反向阻断三极闸流晶体管	江苏明芯微电子股份有限公司	2017年
MT210-5型双向三极闸流晶体管	江苏明芯微电子股份有限公司	2017年
高性能永磁铁氧体	海安县巨力磁材有限责任公司	2017年
防腐蚀镀镍钢带	南通惠能镀镍钢带有限公司	2017年
YTSP变频调速三相异步电动机	南通森玛特电机有限公司	2017年
高韧性环保超天然岩板	南通大明玉新材料科技有限公司	2017年
高效高稳定性阳离子变性淀粉	南通通地生物科技有限公司	2017年
NPSS改进清洗工艺烘干工艺的极耳	南通惠能镀镍钢带有限公司	2016年
CDZ5IEU-350自锁型吊卡	南通金牛机械制造有限公司	2016年
N52防腐蚀径向异性磁环	海安县巨力磁材有限责任公司	2016年
MC170D型反向阻断三极闸流晶体管	南通明芯微电子股份有限公司	2016年
MT210W型免缓冲三象限双向三极闸流晶体管	南通明芯微电子股份有限公司	2016年
MC110E型反向阻断三极闸流晶体管	南通明芯微电子股份有限公司	2016年
MT170W型免缓冲三象限双向三极闸流晶体管	南通明芯微电子股份有限公司	2016年
MT280W型免缓冲三象限双向三极闸流晶体管	南通明芯微电子股份有限公司	2016年

续表 18-5

产品名称	单位名称	认定年份
R301G30A 改性耐磨功能塑料	南通瑞隆新材料有限公司	2016 年
X0605 型反向阻断三极闸流晶体管	南通明芯微电子股份有限公司	2015 年
MT126J 灵敏型四象限双向三极闸流晶体管	南通明芯微电子股份有限公司	2015 年
MH218-4200 高压半导体放电管	南通明芯微电子股份有限公司	2015 年
MT320W 型双向三极闸流晶体管	南通明芯微电子股份有限公司	2015 年
MC150D 型反向阻断三极闸流晶体管	南通明芯微电子股份有限公司	2015 年

五、专利产品

角斜镇在社会发展进程中,勇于探索、勇于创新,科技发明有了新的突破。至 2017 年申请专利产品 74 件。

角斜镇 2004—2017 年获专利项目产品一览表

表 18-6

专利申请号	专利名称	权利人
2009100343710	一种双向触发二极管芯片的制备方法	南通明芯微电子有限公司
2009101824065	硅平面半导体器件的玻璃钝化方法	南通明芯微电子有限公司
2004100646091	受激波形信号发生电路	南通金牛机械制造有限公司
2007100221112	氧化交联酯化三重改性淀粉的制备方法	南通金牛机械制造有限公司
2010105433010	可见光响应型半导体光催化剂钒酸铋的制备方法	南通宏洋化工有限公司
200710134482X	一种基准电压源电路	南通金牛机械制造有限公司
2008100244763	铅酸蓄电池充电方法及其充电器	南通金牛机械制造有限公司
2009100335606	海洋景观球状观察舱	南通金牛机械制造有限公司
2009101006076	钛酸钠纳米管的截断方法	南通金牛机械制造有限公司
2010101229876	绳状碲纳米晶体的制备方法	南通金牛机械制造有限公司
2010102622025	一种碲纳米晶体的制备方法	南通金牛机械制造有限公司
2011102693025	一种节能灯用粘接材料的制备方法	南通金牛机械制造有限公司
2011100393596	阀控式铅酸蓄电池的充电装置	南通金牛机械制造有限公司
2008102019859	一种新的发光三极管及其制备方法	南通明芯微电子有限公司
2010100230880	利用废弃印刷线路板中的金属粉末制备超细氧化铜的方法	海安县巨力磁材有限责任公司
2011100239930	高性能径向异性干压永磁铁氧体的制造方法	海安县巨力磁材有限责任公司
2008100172727	复合推进剂小圆柱体精加工刀具装置	南通金牛机械制造有限公司
2008101503680	钛合金/羟基磷灰石梯度复合涂层的制备方法	南通大明玉新材料科技有限公司
200810231774X	一种防缠绕的水生植物打捞机构	海安县兰波实业有限公司
200810231781X	一种水面浮生植物打捞装置	海安县兰波实业有限公司
2009100209552	一种利用光栅检测技术进行加速度测量的装置和方法	南通宏洋化工有限公司

续表 18－6

专利申请号	专利名称	权利人
2009100218301	水生生物磁悬浮培养装置	海安县兰波实业有限公司
2010101288516	流体光波导结构	南通金牛机械制造有限公司
2010101325996	一种复合光学涡旋的产生方法及其装置	海安县兰波实业有限公司
2010101622348	超声弯曲疲劳实验装置	南通金牛机械制造有限公司
2010102169891	油罐车阻浪板制造装置	南通金牛机械制造有限公司
2010102218563	一种微波频段下铁电材料铁电性的测量装置及测量方法	海安县巨力磁材有限责任公司
2010102582422	基于形状朝向多分辨率分析的三维模型检索方法	南通金牛机械制造有限公司
2010102583162	一种可有效抑制零级和共轭像的同轴数字全息方法	海安县巨力磁材有限责任公司
2010102846007	飞行器集成测试通用接口检测与控制器	南通金牛机械制造有限公司
2010106103018	一种三维模型局部匹配方法	南通市华安袜业有限公司
2011100232306	一种用于轨道的清理维护车	海安磊洪新型建材有限公司
2011100451426	一种扭簧扭矩测试装置	南通金牛机械制造有限公司
2011100728000	一种白水泥搅拌装置	海安磊洪新型建材有限公司
2011101149946	一种飞行器机翼结构变形的非接触测量方法	南通金牛机械制造有限公司
201210051160X	一种基于支持向量机的三维模型自动分类方法	海安县巨力磁材有限责任公司
201310202932X	一种毒死蜱片剂及其制备方法	海安县金凤化工助剂有限公司
2009103025955	磁碟机固定装置	南通明芯微电子有限公司
2009103030243	磁碟机抽取结构	南通明芯微电子有限公司
200910304466X	具有驱动程序的USB设备	南通明芯微电子有限公司
200910305981X	数据存储器抽取装置	南通明芯微电子有限公司
2009103063088	数据存储器固定装置	南通明芯微电子有限公司
2009103111787	固定装置及使用该固定装置的电子装置	南通明芯微电子有限公司
2010102402218	虹膜镜头检测装置及检测方法	南通明芯微电子有限公司
2010102893084	硬盘固定架组合	南通明芯微电子有限公司
2010103004152	磁珠建模方法	南通明芯微电子有限公司
2010106068226	磁盘驱动器固定装置	南通明芯微电子有限公司
2012103075918	一种用于矿场钻井的自动送杆机械手	南通金牛机械制造有限公司
2012102966493	硅台面半导体器件的PN结保护方法	南通明芯微电子有限公司
2010105932502	一种促进烷基烯酮二聚体熟化的交联体及其制备方法	南通通地生物技术有限公司
201410146711X	杀螺胺乙醇胺盐泡腾片剂的组合物及方法和应用	南通宏洋化工有限公司
2013101790760	兼容DVB、ATSC标准的数字电视接收机	海安华厚电子科技有限公司
2013102290930	ATSC电视节目实时播放故障分析装置	海安华厚电子科技有限公司
2014101225587	一种高韧半透明玻晶复相工程板的生产方法	南通大明玉新材料科技有限公司
2014103357044	一种停车方法	海安华厚电子科技有限公司

续表 18-6

专利申请号	专利名称	权利人
2014105362850	非法运营汽车智能识别装置	海安华厚电子科技有限公司
2014105600242	电视机的多功能监控系统	海安华厚电子科技有限公司
2015100374131	智能化果树采摘系统	海安华厚电子科技有限公司
2015100400545	一种无须更换颚板的钻杆动力钳	南通金牛机械制造有限公司
2014101225801	一种高强耐磨复相多晶工程板的生产方法	南通大明玉新材料科技有限公司
2014106377302	晶体硅太阳能电池正面银浆用玻璃粉及其制备方法	海安建海新能源有限公司
2011100239930	高性能径向异性干压永磁铁氧体的制造方法	海安县巨力磁材有限责任公司
2015100097463	液压滚切式金属板剪切机	沈健
2014108526848	毛线拉毛定型装置	海安华厚电子科技有限公司
2015101736695	一种制备阳离子淀粉浆料的方法	南通通地生物技术有限公司
2015102555288	一种叶轮式拉幅定型机用风嘴	海安华厚电子科技有限公司
2015103911627	一种葛藤皮绳索的生产系统	海安华厚电子科技有限公司
201510405137X	一种用于快速生产葛藤皮绳索的设备	海安华厚电子科技有限公司
2015105788542	一种具有过滤装置的恒温恒湿养护箱	海安华厚电子科技有限公司
2015106129472	一种安装有置伞工具的高尔夫球袋	海安华厚电子科技有限公司
2015107173631	一种建材板料取料机构	海安华厚电子科技有限公司
2016103398490	一种带有防尘装置的电脑提花机	海安华厚电子科技有限公司
2014107141814	一种硫黄石工艺品的生产方法	江苏惟诣石业有限公司
2016102462540	耐热PVC	南通鼎尚电子材料有限公司

第十九章 卫生 体育

古代角斜人生病了，往往请郎中来看，开个药方，如果无效，就会站水碗、拜神佛、请鬼婆。明朝以后，角斜关帝庙成了百姓磕拜求签、抓药方子的地方。

民国元年(1912)，角斜大赉公司设有诊所。民国十八年(1929)，国民政府中央卫生委员会通过废止旧医案。上海组织全国医药团体联合会进行反抗，东台中医界积极响应，由杜上池等人发起成立中医协会，各区、乡中医纷纷参加。

民国二十三年(1934)，东台县第四区(角斜属之)有医生300多人，其中江苏省登记的中医(国医)只有40人，其余医生一大半都是西医。是年冬，第四区组织医药公会被政府责令改为国医分会。角斜域内疾病治疗主要依靠中医中药，医疗卫生人员以私人开办诊所的中医居多，医疗卫生条件差，域内霍乱、天花、伤寒、痢疾、麻疹、脑膜炎等急性传染病连年不断，血吸虫病也给角斜人民带来深重灾难。20世纪50年代后，角斜镇陆续建立村乡医疗卫生机构，持续不断地开展爱国卫生运动，除害灭病、预防接种、大力防治血吸虫病，有效地控制疾病和寄生虫病的发生和流行。1958年，域内角斜、旧场、沿口建有3个公立医院。1969年域内全面举办合作医疗。1979年，域内有角斜、旧场、沿口、老坝港4个公立卫生院，初步形成县、社、队三级医疗卫生网。妇幼卫生工作普及新法接生，80年代开始推行孕产妇及婴幼儿系统管理。2002年域内公立卫生院开始改制为民营医院。2016年，角斜获江苏省卫生镇称号。至2017年，血吸虫病近40年无新感染病例，疟疾、丝虫病基本消灭，其他传染病发病率均达到国家规定的控制指标，孕产妇住院分娩率达100%，儿童“四苗”覆盖率100%。全镇有一家公立医院和两家私立医院，共开设病床112张，有医疗卫生职工99人，执业(助理)医师121人。

角斜在明代有抗击倭寇的操场，用于士兵操练。清末角斜盐商汪鲁门的长子汪国桢，自幼聪颖过人，能诗文，善书法，兼习武术。民国初年，小学也有体操课程。民国四年(1915)，因为爱好中华武术，角斜籍商科举人吴心谷拜著名武术家孙禄堂为师。孙禄堂的武术著述多由其整理，吴心谷属于形意拳第四代。角斜地区民间的体育活动有踢毽子、拔河、游泳、象棋等。废科举兴学堂后，课程设置体操，幼儿为游戏，稍长为兵式操，步法列队，进而为球类和田径运动。中华人民共和国成立后，党和政府十分重视体育事业，兴建体育设施，举办体育比赛，普及群众体育活动。1976年，体育事业在域内各公社(乡镇)文化站的组织下得到发展。1977年4月，江苏省体育运动委员会在海安召开全省体育工作现场会，代表们参观了角斜民兵的体育活动。角斜红旗民兵团多次参加上级的军事竞技，都取得较好的成绩。沿口、角斜都被命名为省体育先进乡镇。

第一节　医疗卫生体制改革

一、卫生管理体制改革

1993年，域内各村建有卫生室，推行扩大医疗单位自主权制度，实行院、所、站长负责制，拥有劳动人事安排权、业务建设决策权、工资奖金分配权。域内医疗系统推行全员聘用（任）合同制、试行工效挂钩考核办法。2002—2003年，域内老坝港、角斜、沿口卫生院完成产权制度改革，改制后的乡镇卫生院转为民营性质，但其具有的社会公益性质和所承担的基本公共卫生职能不变。2004—2006年，建立镇卫生所，推进农村卫生服务体制改革，各村卫生室升级改造。至2008年，建成农村社区卫生服务站20个，农村社区卫生服务体系运行机制进一步完善。滨海新区卫生院、角斜镇卫生计生所是以海安市卫计委管理为主的公立医疗卫生单位，2017年与下辖的20个村卫生室实行镇村一体化管理，村卫生室人员的工资由滨海新区卫生院下发核算。镇村医疗机构共同承担辖区的医疗和公共卫生工作。卫生院和镇卫计所负责组织对村卫生室的考核。全镇实施基本药物制度，根据全年基本药物和基本公共卫生服务项目完成情况实施绩效考核，兑现绩效工资。

二、医疗制度改革

（一）公费医疗改革

1952年起，域内行政事业单位职工实行公费医疗制度，按单位在编人数每人每月提取1.5元交卫生部门统筹支付。职工看病的医药费、住院费等由国家给予报销。1958年，基层享受公费医疗人员的门诊费用实行定额包干调剂，其标准为每人每月0.8元。1958—1978年，公费医疗费用合理调控。1979年，公费医疗经费实行“分配指标、包干使用”的管理办法，支出普遍下降。1982年，公费医疗经费实行按块或分系统包干使用的办法，取消就诊医疗记账，改为享受对象看病现金缴费回单位报销。1987年，对公费医疗经费实行单位定额包干使用，个人全年医药费不超过30元，结余归已。1997年，公费医疗纳入社会保险。1997年4月，改革公费医疗，改为实行医疗保险制度。1998年，享受公费医疗人员又转入县医保中心。2001年，取消公费医疗制度，域内行政事业单位职工实施医疗保险。至2008年，域内多数企业先后实行城镇职工基本医疗保险。

（二）农村合作医疗改革

中华人民共和国成立前，群众治病自选医生、自掏药费，标准由医生定。中华人民共和国成立后至合作医疗实施前，群众看病仍然是自费，但医疗收费标准有统一规定。1958年人民公社化运动中，群众性公费医疗一哄而起，社员看病吃药不要钱。后因以生产队为核算单位，此统筹医疗费相继停征。1969年3月，海安县在角斜公社召开会议，全县各大队全部实行合作医疗。1969—2017年，域内的合作医疗制度一直未间断，起初由大队干部和赤脚医生向愿意参加合作医疗的农户收集合作医疗经费，人均标准从开始2元，逐步上升到20元，经费由大队办、乡镇管到乡镇办、乡镇管，报销方式从报销挂号费到报销医药费用的20%—40%。1983年，参加合作医疗人数比例约20%。至2005年，参加率86%。1969—2003年，持续34年，合作医疗参加率达20%—80%不等，一定程度上解决了许多重症医疗经济困难的难题。2004年，开始推行新型农村合作医疗（简称“新农合”），域内90%以上的人员参加新农合。2006年，全县建立基金征收和管理制度，就诊管理制度和监督审计制度，统一新型农村合作医疗模式、统一报销比例、统一结算方式。资金由省、市、县、镇4级财政出大头，个人出小头，筹款标准由2006年的省、市、县、镇各级财政每人补助38元、个人缴纳12元，到2011年的省、市、县、镇各级财政每人补助135元、个人缴纳65元。参合率由2005年的86%上升到2011年的99.8%。报销比例由2006年的20%、年度补偿最高限额 3 万元/人，提高至 2011 年的 65%、年度补偿最高限额 10 万元/人。报销方式也由 2006 年到县合作医疗办公室结报，至 2011 年即看即报(网上结报)。2007 年、2008 年，在省补助增加后，农民人均筹资额为 50 元、100 元，根据省市要求及时调整政策、对参保农民给予门诊报销，同时将住院起付线以下费用纳入门诊报销，扩大受益面。2017 年，农民人均筹资 190 元，补贴 470 元，报销比例最高 90%，年度限额 20 万元/人。

第二节　医疗机构

一、公立医院

(一)滨海新区卫生院

2012 年 12 月，滨海新区(角斜镇)将原老坝港医院回购，改为公立滨海新区卫生院。2016 年，滨海新区卫生院重新装修门诊主楼，购进 DR、彩超、全自动生化分析仪、12 导联心电图机，创建为江苏省示范卫生院。2017 年，医院占地 4740 平方米，有病床 42 张，医疗卫生人员 50 人。其中医师 14 人，医士 6 人，护士 12 人，药士 6 人，医院门诊病人 2.46 万人次，出院 1306 人，业务收入 729.11 万元。

(二)角斜镇卫生院

医院位于环镇南路中部北侧，占地 10 亩，综合楼 3 层，砖混结构，建筑面积 4471 平方米。门诊楼 3 层，砖混结构，建筑面积 600 平方米。医务人员 26 人，床位 40 张，年门诊 1 万多人次。医院建于 1958 年下半年，由王墩、汤灶、龙潭、周庄、五虎、角西 6 个联合诊所合并，组建为角斜农民医院。医院地址在现角斜供销社门市部转弯角北边，门朝东，租赁的 4 间房屋约 100 平方米。门诊设置内科、外科，包括换药室等简易科室。工作人员 9 人，缪泰已任农民医院院长。1958 年，角斜人民公社成立，医院改称为角斜公社医院。1965 年，社教运动结束后，李志宽调任为公社医院院长，缪爱诚任副院长，工作人员 18 人。1966 年春，县委副书记朱少香到医院视察，批拨 2 万元兴建病房 7 间，190 平方米，增添部分医疗设施，设病床 8 张，地址在角西村二组(现医院所在地)，征地面积 10.6 亩，包括医生办公室，被服仓库等办公场所。1965—1968 年，先后有 15 人次到市县医院进修培训。门诊设置内科、外科、妇科、中医科、五官科等 9 个科室。1969 年，角斜公社医院被列为全县 11 所重点基层医院之一。县人民医院下放 5 名医护技术骨干到角斜医院，其中有高炎(内科)、季国萍(护士)、沈振祥(五官科)、顾莉(手术室护士)、王谦(中医科)；南通附院黄振福夫妇(外科及麻醉)也下放到角斜医院，医院技术力量得到了进一步的加强。1973 年，董明秀任医院院长，缪爱诚、韩桂余任副院长。病房前兴建门诊部 11 间 336 平方米，增设 30 毫安 X 光机，充实化验室设备等医疗器械，改善手术室装备。1976 年扩建病房 7 间 240 平方米，增设老干部病房和传染病房，更新正规病床，床位设置增加到 30 张。1984 年，李志宽任院长，薛桂友、缪爱诚任副院长。1990 年，兴建门诊楼主体 3 层，局部 4 层，1367 平方米，门诊设置内科、外科、妇产科、儿科、中医科、针灸推拿科、小针刀专科、放射科、防保科、财务科、后勤科、化验室、心电图室、B 超室、胃镜室等 17 个科室。门诊楼东侧翻建放射大楼 5 间 3 层 600 平方米，一层设 X 光透视，二层设中西药库，并安装自动升降机，三层为职工宿舍。X 光楼北面兴建防保楼 5 间 3 层，一层供预防保健接种门诊专用。二、三层为职工宿舍。1993 年翻建病房楼 3 层共 33 间，计 1544 平方米，病床床位数增加到 40 张。1987、1989、1990、1991 年连续荣获县文明医院称号。1994 年 3 月，角斜医院第一批获得南通市乡镇等级医院一级甲等医院称号。1999 年 10 月，县卫生局、角斜镇政府任命壮志卫生院院长居正彬为角斜卫生院院长，缪爱诚、李祖全、季宝兵、周剑东为副院长。2000 年，购置南京依维柯救护车

1 辆，门诊楼科室重新装修，医院重建消毒室，病区添置卫生设施更换大型B超、心电图机、500毫安X光机、胃镜诊断仪和电视屏幕显示器、尿液分析仪、血清生化分析仪等设备。1999年，医院有工作人员58人，其中主治医师6人，医师22人，医士1人，主管护士1人，护师3人，护士2人，检验师1人，检验士2人，药师6，药士2人，工作人员中具有本科学历者2人，大专5人，中专25人。医院年门诊人次3.58万人，出院952人，业务收入277.09万元。2001年，医院实施环境美化工程，在住院楼前后建有小山坡、弯曲散步小道及棋牌桌等休闲的花园式医院，用地总面积1.5亩，建筑总面积1950平方米，床位49张，年门诊3.6万多人次。2002年9月医院改为民营医院。

（三）旧场卫生院

1956年，旧场乡成立乡联合诊所，设在当时的旧场缪家香店（旧场当时属如东县栟北区管辖），医务人员有张耀北、葛履之、丛佩香、王凤英，药工有张星辰，下设的董家桥诊所医务人员有吴国成、张启铭、李云修、蔡光会，富滩诊所医务人员有陆星明、沈晶。1958年，旧场医院建立，院长张耀北，下设富滩、马坝、顾庄、平新4个诊所，有医务人员22人。1963年，医院迁移至旧场公社旁边，新建两排红砖红瓦的平房14间，作为医疗办公用房。1968年，旧场各大队都建起卫生室，院长王克太。1984年，旧场医院购进1台30毫安的X光机，开设放射科，院长杨安。1986年，旧场医院又在旧场乡政府北边新建两排平房，并购置1台100毫安的X光机、心电图机、B超机、尿液分析仪、立式高热消毒器。医务人员增加到26人。1994年，旧场卫生院在新修的由海安通往老坝港的柏油马路旁新建两幢2层的医务大楼，又购置1台300毫安的X光机、国产的黑白B超机、生化分析仪，院长杭永田。医务人员增加到31人。1996年与老坝港卫生院合并。

（四）老坝港卫生院

1962年，海洋渔业公社成立后，在磨担头建立一个为渔民服务的医疗门诊室，医务人员有王永山、李琴、吴广德、解春和4人，并在公社前面新建一排平房作为医疗服务用房。1979年建立老坝港医院，刘克勤任院长，医院人员增加至5人，并在原医疗用房的后面新建一排医疗用房。1992年，沈石田接任院长。1996年3月，旧场医院与老坝港医院合并为老坝港医院，地点在原旧场医院，原老坝港卫生院设1个门诊室。1998年，医院购置德产彩色B超机，全自动血液、尿液分析仪。2000年，在老坝港政府南面筹建老坝港医院大楼。同年增购1台300毫安X光机。

（五）沿口卫生院

1954年，由李企白、李雄、李连江、缪文徵、缪文乙等6名中医组成沿口乡第一个联合诊所。1956年1月，沿口乡个体医生组成范堑、沿口、滩河3个联合诊所。1958年7月1日，由沿口、滩河、范堑3个联合诊所合并组建为沿口乡农民医院，李雄任院长。1958年10月，沿口乡农民医院改为沿口公社医院，地址在沿口大队8队，下设3个卫生室，工作人员18人。全公社129个生产队，均配备1名卫生员，基本形成乡村三级卫生医疗网络，担负着整个公社2万多人口的预防、医疗任务。1969年建立农村合作医疗制度，各大队都办起卫生室，建立“赤脚医生”队伍，卫生室由大队办，公社和大队联合管理。20世纪80年代是沿口医院的旺盛时期，在公社党委及县卫生局的关怀资助下，先后兴建门诊、病房、职工宿舍大楼，医疗设备整体改观，增设比较先进的医疗设施，科室齐全，人员配备合理，能诊疗农村常见病、多发病，设有病床床位30张，外科能施行腹部手术，解决部分疑难杂症。1969—2001年，医院医疗技术力量得到加强，人才的培训，医疗器械的更新，新知识、新技术的吸收和引进，使卫生院实力不断壮大，30多年的合作医疗制度帮助农民解决了就医难、看病贵的许多实际问题，为实施的新农合打下了良好的基础。

二、私立医院

（一）角斜医院

前身为角斜镇卫生院。2002年9月，角斜镇卫生院改制。2007年，医院更名为海安县角斜医院，为民办非营利性卫生院，居正彬任董事长兼院长、党支部书记，陶烨任副院长。股东为居正彬、吕兵、吴惠娟、丁龙英和冒拥卫（2007年，因退休和工作调动，后两人退股）。各建制村分别设置村社区卫生服务站，周庄、双龙、龙潭、五虎、汤灶、来南服务站土地、房屋等设施均属医院所有,医疗、预防、保健、卫生宣教、康复和计划生育等工作由医院统一管理。全院购置计算机9台,充实门诊、病房、药库、收费和财会等科室。病房楼重新改造装修,安装吸引吸氧设施,各科室及病房安装电话通信设备。2004年医院购置CT机1台,单独安装变压器,兴建配电间等设施。2008年2月,兴建病房污水处理设施。2017年,角斜医院重新装修门诊楼和病房楼,病房环境进一步改善,单独卫生间、电视、空调一应俱全,购进数字化直接成像系统(DR)、彩超机、全自动生化分析仪、12导联心电图机、肿瘤指标检测仪、核磁共振机。医院占地面积6533平方米,有床位40张,医疗卫生工作人员33人,其中医师10人,医士4人,护士11人,药士2人,医院门诊4.73万人次,出院1566人,业务收入1050万元。

(二)老坝港医院

2002年,老坝港卫生院由公营改为民营,改为老坝港医院。2005年,医院大楼投入使用,增购1台彩超机,可做心脏血管探查,老坝港医院历任院长为沈卫东、李祖权。2012年被政府回购为公立医院。

(三)沿口医院

前身为沿口卫生院。2002年9月,沿口卫生院实行产权制度改革,缪兵任董事长兼院长,缪勇、李岳等为股东,沿口卫生院更名为海安沿口医院,为非营利性民营医院。下设滩河、老庄、沿口、范堑、五凌、新坝六个社区卫生服务站,承担原角斜镇南片地区的预防、保健、宣教、医疗、康复和计生等社会工作。曾在沿口医院任职的负责人有:李雄、居成、陶兴余、顾培银、邓志洪、周剑东、居正彬、李祖权、缪兵。2017年,沿口医院重新装修病房一楼,让群众住院环境改善,购进数字化直接成像系统(DR)、彩超机等。医院占地面积4000平方米,有床位30张,医疗工作人员16人,其中医师7人,护士3人,药士2人,医院门诊1.7万人次,出院165人,业务收入220万元。

三、村级卫生室

乡村医疗卫生条件落后,民国三十五年(1946)前后,汤灶、王墩一带因血吸虫病流行,40多人被病魔夺去生命,遇有麻疹、脑膜炎等传染病流行时只能束手无策。中华人民共和国成立后,中西医人员不断增加,村级医疗工作由社会医生和联合诊所承担。1952年,域内有数人参加医务工作者协会,后经几年的个体组合,先后成立范堑、沿口、滩河、董家桥、富滩、王墩、汤灶、周庄、龙潭、五虎、角西11个联合诊所。当时联合诊所人员王墩有李承汉、李伯银、李健;汤灶有陆良、刘洪轩;龙潭有缪德润、吴光斗;周庄有蒋文增、金绍志;五虎有蒋泽、王朝达;角西有康呈祖等人;董家桥有吴国成、张启铭、李云修、蔡光会;富滩有陆星明、沈晶;范堑有唐秀文、姚玉清、俞崇礼、王同山;沿口有缪文徵、李企白、李连江、徐栋、缪文乙;滩河有李雄、许世法、储启如、卞进旺、童仰之、徐长清。1958—1965年,由农民医院过渡到公社医院后,各建制村都逐步完善村卫生室建制,实行生产队有卫生员,生产大队配备二男一女农村医生。医疗人员不足的大队从具有初中文化水平以上的青年中选拔一名,经文化考试合格后送县半农半医学校(卫校),经理论学习两年、临床实践一年,获得国家认可的中等医药水平学历后充实到村卫生室承担医疗保健工作。1969年4月实行农村合作医疗制度,各个公社医院除下派到村卫生室的医生外,统称赤脚医生,卫生室一律由村办,乡村联合实行统一管理。

1984年秋,经省统一的理论和实践考试考核,域内第一批取得乡村医生资格者28人。后经4年的考试考核,域内又有82人先后取得乡村医生资格,18人取得乡村保健员资格。村卫生室仍由村办、乡镇村联合管理,承担预防、保健、健教、康复医疗和计划生育五位一体。2001年角斜镇下设范堑、来南、新坝、五虎、滩河、周庄、汤灶、双龙、老庄、五凌等10个社区卫生服务站。团结村社区卫生服务站成为全县第一批建立的服务站,3年内全区各镇各村社区卫生服务站都先后经县统一验收合格为农村社区卫生服务站。2004年,域内各镇村级卫生服务站医疗服务门诊、出诊22万余人次。2007年各站均配备计算机,实行服务站计算和管理程序。2008年,南通市卫生局实施江苏省中专学历补偿教育,在角斜镇卫生所设置教学点,李堡、老坝港和角斜的22名学生参加学习。通过2年的刻苦学习,学员均取得江苏省淮阴卫校社区医学专业的中专毕业证书。角斜镇先后有张英凤、王亚琴、陈铁斌、顾建平、宣亚红、王容、冯祝辉、朱兴平、李燕、王云、沈映林通过国家乡镇执业助理医师考试。2014年，村卫生室纳入村级为民服务中心，一并建设。县财政安排专项资金，为村卫生室统一配置标牌标识、办公桌椅、计算机、空调、医疗器械等基本设备设施，改善乡村医生工作环境。2015年，域内有20个村级卫生室，66名工作人员从事村卫生室工作，人员学历为高中、中专。人员性质为乡村保健员、乡村医生、乡镇执业助理医师、国家执业助理医师。村医工资由县卫生计生委统一考核发放到人，村医的养老保险、医疗保险、住房公积金逐年到位，解决了他们的后顾之忧。是年，富港村卫生室通过江苏省示范村卫生室验收。至2017年，全镇20个建制村均建有符合省村卫生室设置要求的卫生室，全面实施海安县基本药物制度，村卫生室药物品种有180多种。

四、私人诊所

据何时希《中国历代医家传录》(1991)第494页记载，何梦麟(内科，清)，字玉书，丹徒人，鹏远之长子。业医，由富安场移居角斜场。乾隆二十四年(1759)己卯生，卒年不详。这是清代一位角斜名医。据安丰袁承业纪念馆馆长徐健收藏的《中医协会会刊》(1931)记载，角斜旧场有王泰山，33岁，擅长内外大小方脉(医方与脉象)；角斜镇有徐海卿，56岁，擅长内外科；角斜堤北有李重轩，41岁，擅长大小方脉；角斜乡54岁的吕静斋、43岁的谢惟贤、51岁的卞履之都擅长内外科；角斜旧场的李秉权，24岁，擅长内外科，等等。

中华人民共和国成立前后，角斜域内农民看病靠私人诊所和乡村游医，当时有私人诊所19家，另外还有游医6人(郎中)。当时民间主要以个体中医为主，角斜有名望的中医有李企白、李雄、李光华、王和清等人。50年代，乡村中医组建联合诊所，走上合作化道路，后来多数人进入公社卫生院工作。改革开放后，域内重新出现私人诊所。至2017年年底，角斜镇共有私人诊所6家，其中中医诊所2家，口腔诊所3家，皮肤病诊所1家，6家诊所工作人员均持有执业助理医师以上资格证书从事相关诊疗活动。

第三节 防控防疫

一、爱国卫生

中华人民共和国成立前，域内卫生状况甚差，但居民有讲卫生的习惯，逢年过节或不定时都会进行洗衣、晒被、掸尘等自发活动。中华人民共和国成立后，群众进行清洁扫除消灭病源昆虫，预防传染病流行等活动。1952年，开展灭虫消毒的防疫运动。1953年上半年，开展捕捉老鼠、挖掘蝇蛹、兴建厕所、清除垃圾运动。1958年，掀起除四害(老鼠、麻雀、苍蝇、蚊虫)的高潮。1974年在农村广泛开展“两管五改”(即水、粪管理和水井、厕所、畜圈、炉灶、环境的改良)运动，推广压泵井和加盖的小水井。

1982年，域内各公社建沼气池1700多座。1983年建立爱国卫生委员会。1995年，农民卫生知识知晓率和卫生习惯形成率平均为80.2%，学生卫生知识知晓率和卫生习惯形成率为85.1%。1995年后，域内大力推行改水工程，普及自来水，争创卫生城镇活动。1998年域内95%以上居民饮用自来水，至2007年，域内有自来水厂9家，深水井13座，饮用自来水人数占总人口100%，大大减少了传染病发生。2012年，角斜镇通过江苏省卫生镇验收，先后有新坝村、范堑村、沿口村、老庄村、双龙村、来南村、江海村、富港村、海港村等通过江苏省卫生村验收。2010—2015年，实施农村改厕工作，共有6000户通过改厕验收，改善了农村卫生环境。2017年，角斜镇通过省卫生镇复核，建场村、范堑村通过省卫生村复查验收，角斜镇成功创建为江苏省卫生应急规范化镇。

二、卫生防疫

（一）免疫接种

1950年开始，域内各乡开始重视预防天花工作，为学校和农村儿童接种牛痘疫苗。1952年，开展对霍乱、鼠疫的预防接种。此后，不断扩大预防接种范围，尤其是20世纪60年代中后期，对伤寒、麻疹、白喉、流脑、乙脑、疟疾等疫苗的预防接种，使相关传染病得到控制。1979年，实行计划免疫（简称计免）接种，每月逢9号为计免接种日，从1985年起，实行0—7岁儿童全程计免，疫苗覆盖率100%，单苗接种率98.9%，全程计免率100%，百日咳、麻疹、流脑、乙脑等传染病在域内基本绝迹。2005年8月，计免门诊接种纳入计算机程序。2006年，全区各镇四苗覆盖率保持在99.9%以上，单苗接种率99.5%，全程计免率100%。

2015年，角斜镇卫生院的接种门诊（住旧场分院）通过南通市数字化门诊验收，大大改善了儿童的接种体检环境。为适龄儿童建立预防接种证410册，免费接种乙肝疫苗、卡介苗、脊灰疫苗、百白破疫苗、麻疹类疫苗（麻风、麻腮风）、甲肝疫苗、流脑疫苗、乙脑疫苗、白破二联等国家免疫规划疫苗，共接种9318人次。接种二类疫苗4650人次。在接种过程中，发现不良反应报告10例，未出现过接种事故。2017年，预防接种建卡474名儿童，免费接种国家一类疫苗11439针次，接种二类疫苗2103人次，发现不良反应16例，未发生接种事故。

（二）血吸虫病、结核病、麻风病防治

中华人民共和国成立后，人民政府十分重视血吸虫病防治工作。域内有15个自然村均为历史有螺村。1968年开始全面普查钉螺，双龙、团结、五虎、汤灶、富港、马坝等大队发现新螺点9处，总面积为1.85万平方米，经连续多次药物灭螺，此后在域内查钉螺致疾病并未发现阳性病人。在这期间，每年春季都坚持村自查、村与村互查、县复查3个环节。1989年经南通市血防领导组检查验收，域内4乡镇为基本消灭血吸虫病乡镇。此后，仍坚持一年一度的追踪复查，均未发现螺致疾病。2017年，开展血防查治病工作，未发现血吸虫病人。

防治肺结核始于20世纪70年代中后期，当时普查50岁以上的结核病人，并进行49岁以下人群结核病、流行病学调查。1985年，域内开始新生儿预防接种卡介苗，正规管理治疗病人73人。1990年开始按县卫生防疫站考核规定，每年进行全民筛查，确诊后坚持乡村医生送药上门，看服下肚，保证全程服药率100%。2005年，痰检阳性病人18人、阴性病人21人，尤以汤灶村和双龙村发病率较高。由于2005年后政府对肺结核病人的重视和优惠政策，新发病人数逐年下降，基本得到控制。

域内历史上有麻风病人32人，大部分为结核杆型。1989年开始以家庭为主进行管理治疗。各卫生院坚持每年进行以皮肤病为主的全民筛查工作，按各村总人口的5%调查填表上报。每村至少2—3名疑似病人到镇防保科确诊，怀疑对象送县皮防院进一步确诊。1990年、1995年角斜村、来南村分别新发现病例各1例。历史上所有病人于1994年进行病人复治1次，麻防医生送药上门，所有病人治愈率达100%。1995年后，角斜域内未出现新发病人。2015年存活麻风病人28人，每年均得到村医的护理指导和免费药的发放。2017年，存活麻风病人28人，均接受社区医生的服务。日常开展麻风疑似患者转诊工作，未有新发现麻风病人。

三、疾病防治

（一）慢性病管理

域内慢性病管理，主要是针对高血压、糖尿病等慢性病高危人群进行健康指导。2005年对35岁以上人群实行门诊首诊测血压，对确诊高血压和糖尿病的患者提供随机血糖监测，并针对辖区慢性病人群开展连续科学的健康评估、干预措施等，并对他们进行体格检查及用药、饮食、运动、心理等健康指导。2017年，辖区有管理高血压患者9018例、糖尿病患者2550例，并按照规范对高血压、糖尿病患者进行随访。高血压控制达标7274人，达标率80.67%；糖尿病控制1531人，控制率60.04%。

（二）重性精神病管理

重性精神疾病管理，主要是加强日常摸排，并对辖区内确诊的295例重性精神疾病患者进行随访管理。

第四节　卫生保健

一、妇幼保健

中华人民共和国成立前，域内妇女生育接生主要依赖于民间接生婆。中华人民共和国成立后，逐步推行新法接生，加强卫生消毒。1958 年，国家实行妇女月经期、怀孕期、哺乳期劳动保护制度，做到“三调三不调”（即经期调干不调湿，孕期调轻不调重，哺乳期调近不调远）。20 世纪 60 年代各公社组织查治妇女子宫下垂病人 78 人，阴道破裂病人 33 人，采取集中针灸、药物熏浴等疗法，治愈了不少病人。1972 年，各大队卫生室配备一名女“赤脚医生”，加强妇女保健工作，新法接生普及率达 100%，1982 年推行住院分娩制度，实行科学接生，确保母婴安全。住院分娩率达 98% 左右。1984 年实行母子系统保健管理制度。1986 年 12 月，角斜被列为县妇幼保健试点乡镇，实行母子系统保健保障制度，从婚前体检、孕期定期检查、卫生期保健到产后 42—56 天健康检查。儿童 0—7 岁实行系统保健管理，进行婴幼儿家庭生长发育监测，积极配合计生办，做好妇女病普查和计划生育工作。1990 年，原角斜医院在小儿生长发育监测试点工作中成绩显著，被县卫生局给予表彰，1991 年被县评为“七五”期间计划生育工作先进单位。1999 年，角斜域内有产妇 417 人，建卡管理率 100%，系统管理率 94%，产前 5 次检查率 98%，住院分娩率 100%，产后三次访视率 95%，产后 42—56 天健康检查率 92%，难产儿死亡率 16.94%，0—7 岁儿童管理率 100%，全程管理率 100%，满 3 岁儿童管理率 100%，系统管理率 97%，六一儿童健康检查率 100%，疾病缺点矫治率 100%。2006 年，域内孕产妇住院分娩率 100%，建卡管理率 97.6%，系统管理率 90.68%，0—7 岁儿童管理率 99.5%，全程系统管理率 95% 以上。2017 年，全镇孕产妇人口 350 人，全部住院分娩建卡管理 100%，系统管理 100%，0—7 岁儿童 2491 人，管理率 100%，全程系统管理率 100%。

二、老年保健

20 世纪 80 年代后，域内各乡镇开始对老年工作加以重视。1983 年后，明确保健医生为五保老人诊治。1985 年，各乡卫生院专门兴建老干部病房，对优抚对象实行“三优先”，合作医疗实行双报销。1990 年，各乡镇成立老年委员会，镇卫生院建立老干部医疗保健领导组，安排高资质医生负责老干部医疗保健任务，定期给老干部进行体格检查，做保健讲座，建立老干部健康档案。1992 年，安排敬老院所在村卫生室 1 名乡村医生担任医疗保健工作，每年重阳节，域内各乡镇卫生院都专门为老干部和敬老院老人做健康检查和卫生知识宣传，卫生咨询活动。2006 年，角斜、老坝港镇 60 岁以上老人全部建立健康档案。

2015 年，角斜镇对 65 周岁以上老年人 9502 人进行生活自理能力评估。免费为每位老年人进行体检。体检除一般体格检查外，还积极开展血常规、肝功能、肾功能、空腹血糖、尿常规、心电图、B 超、胸透等辅助检查。对查出的高血压、糖尿病患者纳入慢性病规范管理，对查出的结石、占位性病变等患者转诊到上级医疗单位进行确诊、治疗。2017 年，管理 65 岁以上老人 1.12 万人，开展老年免费体检 9325 人，及时反馈体检结果。

三、农民健康工程

2006 年，域内老坝港、角斜镇开始实施农民健康工程，建立健全新型农村卫生服务体系，巩固完善新型农村合作医疗制度，明确镇、村医疗卫生机构及相关部门单位的职责和各项工作的责任人、时间要求等。角斜、老坝港先后有 2 人参加县卫生局农民健康工程专题培训班。2007 年，角斜、老坝港被评为南通市农民健康工程先进镇。2009 年，两镇均通过农民健康工程示范镇验收。2011 年起，开始实施国家基本公共卫生服务项目，至 2015 年项目内容由原来的 10 大类 42 项发展为 12 大类 46 项考核指标。2017 年，14 大类

55 小项的基本公共卫生服务项目通过市级考核，各考核项目均达标。

第五节 卫生管理

一、管理机构

在未建立卫生所前，域内乡镇卫生管理工作由各乡镇卫生院代为管理。2004 年建立角斜镇、老坝港卫生所，主要从事乡镇卫生监督协管工作，包括预防接种、儿童保健、健康教育、传染病管理、突出公共卫生事件应急处置、妇女保健、慢性病管理、血防管理、精神病防治以及结核病、艾滋病等重大传染病防控。

原角斜镇卫生所所长为储建国，成员徐海燕、吴海军；原老坝港卫生所所长为周亚生，成员姜华。2011 年 12 月，角斜镇与老坝港镇卫生所合并为新的角斜镇卫生所，常务副所长周亚生，副所长储建国。2017 年，角斜镇卫生所负责人为李祖权，常务副所长周亚生，工作人员 6 人。

二、卫生监管

2004 年后，卫生所开展对辖区食品安全信息报告、职业卫生咨询指导、饮用水卫生安全巡查、学校卫生服务、公共场所卫生服务监督管理等活动。每季度对相关单位开展督查，各单位均能按照国家要求开展有关服务，未发生违法事件。2017 年，镇卫生计生所对辖区的村卫生室实行行政管理和基本公共卫生服务项目的业务指导与考核，村卫生室的管理制度和考核方案由市卫计委统一制定，镇级每季度对村卫生室进行绩效考核，及时通报考核情况，并要求整改到位。每季度按照市卫计委要求，及时核算基本公共卫生预拨经费到村医个人账户，年底根据全年考核情况确定全年经费，及时下拨剩余经费。对村卫生室实行月例会制度，开展业务培训，及时传达上级有关卫生工作精神。

三、药品监管

2000 年，加强域内药品采购管理，角斜镇各医院和各村卫生室的药品购销均按照国家要求实施采购、储存、销售等，自查未发现问题。2015—2017 年，全镇药店和医疗卫生机构的药品监管由市场监督管理局角斜分局负责监管。

第六节 体育

一、传统体育

域内传统体育活动有放风筝、踢毽子、玩长牌、抽陀螺（也称揍老蒋）、解绷、跳房格子、滚铁环、走五马、打钱磴、老鹰抓小鸡、挤暖等，有的传统游戏体育活动已经不再流行。放风筝、抽陀螺、打钱磴、挤暖等体育游戏也很少有人再玩。

二、职工体育

20 世纪 70 年代初，域内有乡办企业上百家，为丰富职工的娱乐生活，域内开展篮球、乒乓球、棋类等体育活动。1979 年，域内各公社乡召开第一届职工体育运动会后，各个企业的职工业余体育活动逐步得到重视，企业工厂之间的篮球、乒乓球比赛经常开展。1985 年“五四”青年节，角斜文化站、乡团委联合组织全乡职工男女乒乓球赛。1987 年“五四”青年节，原角斜镇象棋、篮球队与原沿口乡象棋、篮球队分别进行了友谊比赛。1989 年 10 月，角斜文化站组织青年职工队与教师队进行友谊比赛。是年 11 月 21 日，沿口乡篮球队应邀到角斜镇进行友谊比赛。各乡镇每逢“五四”“十一”都要组织职工队与教师队进行男女篮球、乒乓球、象棋等多种体育项目的比赛，使职工的业余生活丰富多彩。2011年后，角斜镇各基层工会每年在“三八”节、“五一”节、“五四”青年节期间与妇联、团委联合举办各种形式的文体活动。2012年4月25—26日，角斜镇总工会在老坝港小学举办运动会，主要项目是掼蛋、象棋、乒乓球、篮球，参加人员120人。2015年4月28日，角斜镇总工会在职工活动中心（老坝港球馆）举办职工运动会，主要项目是羽毛球、掼蛋、象棋、乒乓球、篮球等，参加人数达150人。2017年4月27日，滨海新区总工会在商务大厦机关职工之家与弶港镇、栟茶镇的代表队举行乒乓球联谊赛，参加人数54人。

图19-1 运动会上显身手 篮球比赛
（高宝生摄于2017年）

三、农民体育

中华人民共和国成立初期，农民群众在劳动之余，只有在场头比挑重担、比臂力、推扁担、举石锁等以进行自娱自乐。1963年北凌农民体育运动会后，角斜、沿口、旧场、老坝港都举办过农民体育运动会。根据当地特点，随农时季节变化，开展切实可行的项目，主要以自行车慢车、球类、田径竞赛为主。1977年4月30日至5月10日，江苏省体育工作学大寨的现场会期间，代表们参观了角斜的体育活动。域内各公社基本每年召开1次农民体育运动会，项目有篮球、乒乓球、拔河、慢车、跳高、跳远和100米、200米、400米接

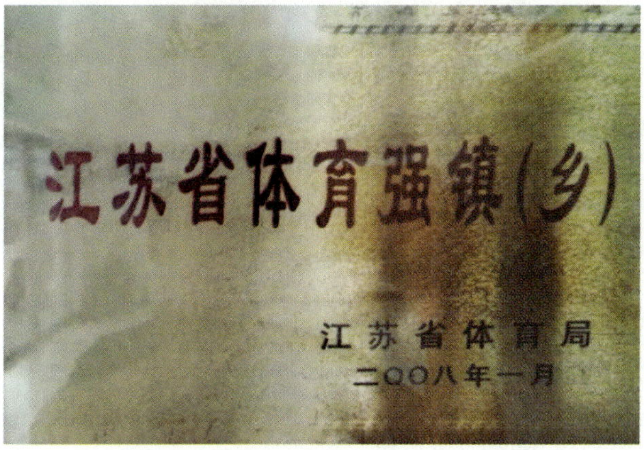

图19-2 角斜镇2008年被江苏省体育局命名为体育强镇

力赛等。1983年，角斜应银芳参加全国无线电报务比赛获得金牌。1987年，角斜初中吴志兰参加市五届运动会800米比赛获2分31秒的成绩。1990年，沿口乡篮球队参加县乡镇篮球比赛获全县第六名。是年12月，沿口体育先进乡镇顺利通过南通市体委的验收。1992年12月底，沿口、角斜顺利通过省群众体育先进乡镇的验收。1993年3月，沿口乡男女乒乓球队参加南通市农民乒乓球赛，获男子总分第三名、女子总分第七名。1990—2000年，角斜、沿口、老坝港每年“五四”期间都要举办青年文体节系列活动。1993年后，角斜把民兵工作和体育工作紧密结合，把投弹、射击、游泳、武术、格斗、无线电收发报等军事训练项目融入体育健身活动中，成为全省军体结合的典范。1998年12月25日，省体委命名角斜镇为体育示范乡镇。

四、老年体育

21世纪后，老年体育开始发展起来，角斜、沿口、老坝港镇区及乡村早晚都有老人散步、跑步锻炼，也有人在体育活动场所打太极拳、舞剑。每个村都有广场舞舞蹈队和一套健身器材。县、镇不定期组织各项活动比赛，推动了老年群众性体育活动。

五、学校体育

中华人民共和国成立初期，域内中小学体育教学主要内容有列队操练、基本体操、田径、技巧运动、球类、游戏等。1951年12月，域内普遍

推行广播操。1954 年 9 月，域内小学推行少年广播操。1956 年，小学低年级改为儿童广播操。同年，开始执行教育部颁发的《全国中小学体育教学大纲》。20 世纪 60 年代后期，体育课改为军体课，搞投弹、刺杀、拉练等军体活动，直至 1977 年重新恢复为体育课。1978 年后，域内学校体育走上健康发展的道路。幼儿园根据幼儿特点安排游戏课，中小学每周 2 节体育课，另有课外活动课，以及广播操、眼保健操等。1982 年起，域内各中小学体育课、活动课，都以“达标”训练为主，学生的达标率逐渐上升，各中小学均通过了市、县达标验收。2011 年后，角斜镇各学校按照《国家学生体质健康标准》要求开展各项体育活动。3 所小学都配备了专职体育教师，保证学生每天一小时在校体育锻炼时间。老坝港初级中学男、女篮球队均获得县级一等奖三次，女子足球队连续多年获得县比赛一等奖。角斜小学排球队每年都荣获县一等奖。2014 年起，老坝港小学每年代表海安参加南通市青少年足球联赛，取得过第四名的成绩，获得过二、三等奖。2014 年，沿口小学新建 300 米塑胶跑道、塑胶足球场、塑胶篮球场、排球场、手足球场等，添置各类体育活动器材，共投入 160 多万元。2017 年，全镇中小学生按照《国家学生体质健康标准》测试，合格率 95% 以上，40% 以上的学生达到了良好以上等级。

六、体育设施

中华人民共和国成立后，随着群众体育活动和中小学体育教学的开展，各学校都开辟有简易的篮球场，木头制成的球架，砖头砌成的乒乓球台等。60—70 年代各学校渐渐添置一些体育器材。至 1992 年，全区各中小学基本上都有田径场地、球场、跑道、沙坑等设施。1996 年，沿口建起灯光水泥篮球场。21 世纪后，域内有条件的基层单位添置了部分体育器材，乒乓球、羽毛球，并因陋就简开展健身体育活动。2006 年，域内每个村配备了一副铁质篮球架和乒乓球桌，另外还配备若干家庭用的小篮球架。2017 年，每个村都有相对固定的活动场所，室外有球场，另外还有一些健身器材，每个村都配有 1 名社会体育指导员。全镇有标准篮球场 13 个、排球场 8 个。

图 19-3 角斜镇江海村体育健身广场
（高宝生摄于 2017 年 7 月）

第二十章　文化艺术

角斜镇历史文化久远。明清时期，域内角斜花鼓流行于民间，是海安花鼓的源头。抗日战争期间，新四军一师服务团曾驻扎旧场一年多，沈亚威等一大批著名艺术家在此创作出优秀的作品。解放战争后期和中华人民共和国成立初期，各乡均设立文卫主任(助理)兼管文化工作。此后，群众文化事业发展加快，20世纪60—70年代的角斜小红花艺术团唱响四方，独树一帜。文化站、影剧院、电影队、广播电视等应运而生，各种文化活动渐渐丰富多彩。1976年后，角斜、沿口、老坝港、旧场相继建立民办文化站，行政上属县宣传文化部门和公社双重领导，各公社宣传委员具体分管负责，业务上归李堡区文化站指导。2000年后，区文化站撤销，各乡镇文化站转为事业单位。

改革开放后，域内文化发展迅速。以曹静云、徐宝珊等为代表的京剧票友团队；以季宝兰为代表的古装黄梅戏演唱爱好者；以卞文学、曹志生、纪荣俊等为代表的花鼓班子；以施祝生、顾理明等为代表的民间评书艺人；以韩文意、王子模、王均璧、应国民等为代表的花灯编扎工匠；以王绍武、吴冠如、申启山、杨根、祁小琴、潘涛等为代表的业余演艺骨干；以缪亚琴、缪翠翠、陆慧琴、张建国、金卫华等为代表的民间歌手与婚庆主持；以姜新林、滕银山、徐守宏、王俊生等为代表的民族器乐演奏技师；以刘俊鸿、张贵驰等为代表的专业作家和以李建中、周建平等为代表的业余文艺作者活跃在域内文化舞台上，为丰富群众文化做出了积极的贡献。21世纪的新时代艺术团好戏连台，享誉省市。新时期的社区文化、企业文化、校园文化、宗教文化长足发展，特别是海洋渔业文化和红色军事文化特色鲜明，显露出勃勃生机。

第一节　文化机构

一、滨海新区(角斜镇)文化站

滨海新区综合文化站建于2010年，地址在角斜镇人民中路北首，角斜镇政府大楼东首，2011年6月正式对外开放，占地2568平方米，上下3层，建筑面积850平方米。室外有宣传长廊、健身广场，室内设有图书馆、电子阅览室、少儿阅览室、乒乓球室、多功能培训室、棋牌室、民间艺术团体活动室、资料室等，常年提供图书借阅、电影放映、科普教育，以及其他各类文化体育活动。文化站坚持文化惠民的理念，开展“送戏到渔船，送戏到校园，送戏到企业，送戏到乡村”系列活动，深受群众欢迎。

2011年10月，角斜、老坝港文化站合并，组建成滨海新区(角斜镇)文化站，由区(镇)党委政府直接领导和管理，宣传委员具体负责。于海洋任社会事业局文化科科长，缪华任副科长。2014—2017年，苏星任文化科长。

二、角斜公办文化站

1950年，角斜建立“大众俱乐部”，1960年

10月改为公办文化站。初建时设两间文化活动室于角斜石板街东侧乡政府门口，后因乡政府新建大院院门，而迁至中凌河南岸，站址在角斜饭店对面，门面朝东，建有80平方米活动场地，以图书借阅、报刊阅览、象棋、乒乓球等基础活动为主。1982年起，公办改为民办。1980年变卖房产，加上县文化局的拨款，于影剧院东首兴建文化站，做好地基、浇好圈梁，后因集镇规划变动而停工。建站初文化活动活跃，业余剧团排演《赤叶河》。1958年组建民兵文工团创编民兵文娱节目，南通市军分区调派南通市文工团专业人员前来辅导。1963年，省军区在角斜编印江苏《民兵文娱》——角斜红旗民兵团专辑。1965年民兵文工团赴专区为南京部队首长演出。1964年组建"小红花"演出队，多次应调到省城演出。1947年11月至1962年6月，李承贻任角斜第一任文化站长。1962年3月至1983年6月，曹静云任文化站长，其间成立"角斜文工团"和"角斜小红花艺术团"，先后赴南京、镇江、南通等地演出，受到党政军领导的欢迎。

三、角斜民办文化站

1982年，角斜文化站由公办转为民办性质，站址设在原"角斜红旗民兵团团史陈列馆"。文化站活动用房700平方米，设有图书室、阅览室、乒乓球室、桌球室、展览厅、排练室、书画室、少儿活动室。建有京剧协会、文艺演出队、老年花剑队等6个文体活动团队。是年12月26日，在角斜召开"角斜乡文化中心暨角斜乡民兵青年综合学校"成立大会，南通市委原书记王益众到会剪彩并讲话。文化部社会文化艺术事业管理局艺术指导处处长徐锦华及1992年参加全国30家文化馆研讨会的与会代表先后前往参观考察《海安花鼓》之原型《角斜花鼓灯》。2002年、2004年中央电视台和江苏电视台分别到角斜拍摄复排的《角斜花鼓灯》，该舞参加南通市首届农民艺术节综合场演出并获奖。

1983年6月至1984年1月徐斌任站长。1984年2月至2000年4月于海洋任站长。1985年、1987年，角斜文化站被县委宣传部、县文化局评为"基层文化中心建设先进集体"。1992年，角斜文化站被省文化厅评定为"二级文化站"，2002年，被南通市文广新局表彰为农家书屋建设先进乡镇、先进单位。2000年4月，角斜、沿口两站合并，组建成角斜镇文化站，于海洋任站长，万怀春任副站长。保留原沿口文化站活动场所。2002年、2005年、2014年，于海洋站长受到县政府嘉奖。

四、沿口文化站

建于1976年，在沿口政府大院东侧建有文化活动阵地，临街5大间，辟阅览室、乒乓球室及办公室，有过道通向后排的3大间教室兼排练场。1992年吸引民资参与开发文化楼，一楼为门面房，二楼、三楼为523.21平方米的文化站活动用房，开辟10个文化活动室、5个文体活动团队，建有藏书8676册的图书馆。图书馆管理有序，常年对外开放。站长万怀春于1976—2000年任职，1989年1月18日被评为省群众文化先进工作者，受到省人民政府表彰。

五、角斜文化服务站

2000年由角斜、沿口两站合并后，再于2004年改制的镇办文化事业机构。该站在政府办公楼设有办公室，春节组织送戏下农村，重大节日组织开展文化活动，尤以组织辅导民兵文化活动而称优。文化站阵地建设于2010年完成达标，工作人员2名，站长于海洋。

六、老坝港文化站

建于1976年，初建时未设文化活动场地。建设文化中心时在乡政府办公楼东侧的一排平房设活动室。1992年将原老坝港政府办公楼移作文化活动场地，建成藏书5000册的图书室，创建"两机一箱随船走"（电视机、收录机、图书箱跟随渔船出海）的文化服务模式。站长邱美玲（1976—1994年在职）、张渊（1995—2000年在职）。

七、旧场文化站

建于1976年，初建时在乡政府安排的一间办公室工作。1984年在乡政府对面征地建设花园式文化院，两排文化活动室，一个亭式回廊小方厅，建筑面积近500平方米，设有图书馆、棋牌室、阅览室、乒乓球室、排练房，建有文艺创作、文艺演出等文艺团队。1985年6月20日举行旧场乡文化中心成立仪式。文化站从1982年起，一年编创一个小戏，有《谁不老实》《售棉记》《拜师》《考女婿》《秧苗青青》《考验》《报户口》等，先后在县、市参演获奖。1982年，优秀剧目《贺寿》选调参加南通地区文艺会演，并由江苏电视台录播，次年发表于《江苏群众文艺》。1976—1977年张贵驰任站长，1978—1991年周建平任站长，1992—1995年张渊任站长。

八、老坝港文化服务站

1995年11月，旧场、老坝港两站合并，组建成老坝港乡民办文化站，后于2004年改制为镇办文化事业单位。沿用原旧场民办文化站文化活动阵地，站址设在原旧场文化站，后又搬至原旧场工办楼内。2000年，由老坝港乡政府投资，社会各界资助，在老坝港镇政府东侧新建老坝港文化楼，同时建成7000册图书馆，设桌球室、乒乓球室、棋牌室、书画室、阅览室、展览室等活动厅室。是年10月26日起正式开放，对人民群众提供文化服务。创编的《网龙舞》在市首届农民艺术节综合场演出并获奖。在“非遗”传承保护中，挖掘“渔民号子”“渔乡渔俗”，并于首届青墩文化艺术节展示。2009年完成文化站达标建设工程，历任站长有张渊（1995—2000年在职）、韩君（代）（2001—2009年在职）、缪华（2010—2011年在职）。

第二节　文化场所

中华人民共和国成立初期，大多数群众文化活动场地是临时搭建的。一般在生产队大场或学校操场上，临时搭个棚，用群众家中的方桌排列起来，作为演出的台子。“文化大革命”期间，各大队都有土戏台。随着经济社会的发展，乡村文化场所逐步发展与完善。

一、戏台

中华人民共和国成立前，域内文化设施较为简陋。相对固定的叫戏台，即在寺庙、学堂内外倚墙建一高台，四周围砖石，砌就方框，中间填满泥土，有的还用砖石铺面。此外还有一种临时设施也叫大棚，就是在空旷处垒一高地，上盖油布或搭草棚遮风、避阳和挡雨。

比较有名的戏场子位于角斜周庄村十组李裕富屋后西侧，占地有20亩之多，东边有一条“干路”从中穿过，拐弯向西北可达李堡。所谓戏场子原为一片乱坟岗，坟头林立、杂草丛生、阴风嗖嗖，太阳落山就很少有人从此过往，当地人都说那里“不干净”（有野鬼）。为祈求一方太平，有人呼吁，挨家挨户收“油子”（出钱的意思）。这条“干路”的西边，有一片熟不长粮，荒不长草的地方，面积有2亩左右。每年农历七月十五日以后，当地人请来和尚、道人在此搭孤棚、进香、烧纸、超度亡魂，场面浩大。

相传“耍把戏”的王胖子，也时常来此“戏场子”表演“翻跟头、竖跶情、耍刀弄枪，走钢丝、三上吊、跑马拾钱”等民间节目。时间一长，原本为一片乱坟岗的地方，就有了“戏场子”的“美名”。

二、旧场文化馆

建于1958年，借住在旧场小镇申启义家，馆内有铜鼓一套，活动室中央有一艘海船模型供展览。

三、大会堂与影剧院

20世纪70年代，域内各公社和有条件的大队均建有可容纳800—1000人的大会堂，大会堂除为干部、社员开大会服务外，一般用于放电影或举行中小型文艺演出。改革开放后，有的大会堂改为影剧院。80—90年代，角斜、旧场、沿口3个乡镇都建有影剧院（旧场影剧院由兽医站创建，位于通海桥），都可容纳1000人左右。影剧院内配置一般灯光、音响、座椅等设施，既能开会，又能演戏、放电影等。

四、社区文化室

“文化大革命”时期，农村生产队都布置成立“毛泽东思想大学校”，每天组织社员背诵毛主席语录，学唱革命歌曲，排练“忠”字舞。20世纪80年代后，乡有文化站，村有俱乐部。2000年后，村村建成多位一体的村级服务中心，同时村村建有文化活动室。

五、图书馆(室)

各乡镇的文化站建立之后，均设有图书室。1993年，角斜建立图书馆。1995年，沿口建立图书馆。沿口图书馆藏书8676册、报刊21种。2000年老坝港建立图书馆，老坝港图书馆藏书9135册、报刊24种。各文化站都安排1名工作人员负责图书的日常管理。2016年，角斜图书馆藏书1.09万册、报刊34种。

六、农家书屋

2009年，角斜、老坝港镇各建制村都建有图书室，一般面积40—100平方米，实现“农家书屋”全覆盖，图书和书橱由省统一配送。是年9月，各镇文化站站长和图书馆(室)管理员参加县文化局举办的“农家书屋”管理员业务知识培训。

第三节 文艺团体

一、新四军一师服务团

民国二十七年(1938)，新四军战地服务团在江西南昌成立，后随新四军苏北指挥部过江，参加黄桥决战。民国三十年(1941)1月，“皖南事变”之后，撤销军部战地服务团，部分团员编入新四军一师服务团。新四军一师政治部主任钟期光兼任一师服务团团长，夏时任副团长。是年春夏之交，一师服务团司徒扬、沈西蒙先后去上海扩军，招来不少知识分子，有些就充实到文艺队伍中来，使一师服务团阵容比之军部服务团又有发展。由沈亚威任组长的音乐组，女声有熊然、张如、陈宜乐、鹿笃才、钱莉、顾征、姚纫磊、郑慧英、鲁映、叶志、王烟仁等，男声有刘子真、章致和、乐家隆、孙海云、陈永康、金祥伯、陈其胜、张蒙天、何焕光、谭志诚、朱祖培、吴培义、陈招贤、黎吟、水明等。加上原来的王婴、蒋若红、顾宝璋、秦烽、李树邦等10位，声乐队伍空前壮大。合唱队演唱曲目主要为抗战歌曲，如黄自的《旗正飘飘》、贺绿汀的《1942年序曲》等。冼星海的《黄河大合唱》是一师服务团最受欢迎的保留曲目。有时也演唱一些苏联歌曲，如《政治工作者之歌》《飞吧，再飞高》，尤其是那首《我们是熔铁匠》，叮叮咚咚唱起来，听起来都很带劲，振奋人心。

新四军战地服务团改编为一师服务团后，从盐城军部行军至位于黄海之滨的东台三仓河的一师及苏中军区归队，一师服务团驻地被安排于角斜镇以东老坝港旧场，团部驻于旧场上真殿内。民国三十年(1941)春至民国三十一年(1942)，一师服务团驻军于旧场长达一年多时间，一大批日后的著名艺术家集中于老坝港旧场。在此期间，一师服务团创作演出了大量优秀音乐、戏剧作品，有力鼓舞了苏中军民的抗日斗志，并产生广泛影响。一师服务团剧团主任李增援创作并编剧的《红鼻子参军》为新四军一师服务团原创保留剧目。民国二十九至三十一年(1940—1942)，苏中抗日民主根据地几乎所有文艺团体都曾上演过《红鼻子参军》。李增援另一在苏中抗日民主根据地家喻户晓的作品为《黄桥烧饼歌》。司徒扬创作了一首题为《黄海渔民曲》歌词，沈亚威为之作曲。《黄海渔民曲》经一师服务团首唱，很快在苏中根据地青年中广泛流传，还流传到沦陷区的上海，在复旦大学内传唱开来。民国三十一年(1942)12月，新四军一师兼苏中军区全面展开反“扫荡”作战。双灰山战斗是新四军东进启海地区之后与日伪军打的第一个大仗,受到了陈毅军长的嘉奖。战斗结束后第三天,一首由石林作词、沈亚威作曲的《双灰山战斗》就诞生了。12月10日,新四军一师师部在丰利镇都天庙举行的祝捷大会上,一师服务团合唱队高歌一曲激昂壮越的《双灰山战斗》,将会场气氛推向高潮,极大地鼓舞了与会军民的昂扬斗志与雄壮军威。三阳镇战斗之后,沈西蒙作词、沈亚威作曲的《打个胜仗哈哈哈》,因其歌词诙谐幽默,曲调明朗欢快,深受部队官兵喜爱,并且成为新四军一师战地服务团每演必唱的保留曲目。20世纪70年代,著名军旅歌唱家李双江重新演唱了这首诞生于抗日烽火中的歌曲,使这首歌曲家喻户晓。

二、秧歌队

民国三十三年(1944),抗日战争后期,旧场有一支由冯祖文、陈春生、吴大春等人组成的秧歌队。他们利用传统的打花鼓、扭秧歌等形式开展"打击敌人、保卫家乡"的文艺宣传活动。虽然节目较为单调,但群众还是扶老携幼,云集打谷场等地观看表演。民国三十四年(1945),在战争形势较为紧张的环境下,秧歌队仍然自发地扩大演出队伍,逐步提高打花鼓的质量,不断更新花鼓内容,并排演《河蚌舞》《钓金龟》等多个节目。

三、文工团

土地革命时期,在东台县栟北区旧场乡党支部的组织下,旧场乡成立了一支不发粮、不挣钱的义务演出队伍,名为"文艺工作演出团",简称"文工团"。他们配合斗地主、闹土改、送新军、做军鞋、送喜报等活动,自编自演了不少当地群众喜闻乐见的民间文艺节目。1949年,为迎接全国解放,东台县栟北区旧场乡党支部指导员王绍宗亲自组织整顿了旧场"文工团",丁鸣竹任团长,组织排演了影响较大的歌剧《白毛女》。1952—1956年,旧场又重整文艺队伍,成立旧场剧团,纪荣俊任团长,先后排演了大型戏剧《新农村》、歌剧《小二黑结婚》等剧目。1960年后,旧场文工团、文化馆解散。

四、公社、大队文艺宣传队

中华人民共和国成立前,域内各乡村都组织过业余文艺宣传队,配合开展政治宣传。之后,各乡(社)都建有半农半艺性质的文艺宣传队。队员农时务农,农闲排练,于逢年过节或重大集会表演节目。1966年"文化大革命"后,业余文艺团体统称"毛泽东思想宣传队",公社宣传队人员比较精干,一般都是从各大队选拔优秀演员组建,主要排演各类小型歌舞节目和演唱毛主席语录歌,还有快板、三句半、"样板戏"(《红灯记》《沙家浜》《智取威虎山》)等,巡回农村生产大队、机关、工厂、学校等单位演出。与此同时,各大队毛泽东思想宣传队也迅速普及,排演以歌颂毛泽东和以阶级斗争为主要内容的歌舞说唱节目。此时期,大队文艺宣传队除大忙季节外基本上脱产排演,队员以"工分"作报酬,常年到生产队巡回演出,或参加公社、区组织的文艺会演以及参加县调演。"文化大革命"结束后,特别是农村实行联产承包责任制后,取消了工分制,公社、大队文艺宣传队基本上都解散,不再频繁活动了。

五、乡镇业余文艺宣传队

中共十一届三中全会后,乡镇组织文艺宣传演出,每年参加全县会演或调演,除了从农村抽调有关老骨干以外,还有部分演员是来自幼儿园的老师以及企业单位的文艺爱好者,都是业余性质。也有的会演由各单位出节目。20世纪80—90年代,每逢春节前后党员干部冬训学习,域内各乡镇都会组织1—2台文艺演出。

六、电影放映队

20世纪70年代,域内各公社相继成立电影放映队,配有8.75毫米放映机,后来逐步改为16毫米放映机。电影队除在公社所在地放映外,大部分时间巡回到村(大队)、组(小队)露天广场放映电影。放电影时,竖两杆子,挂上幕布、喇叭即可,经常村与村"跑片"通宵放映。90年代,农村实行包场放电影,后由于电视普及,电影市场逐渐萧条。至20世纪末,乡级电影队基本解散。

七、数字电影队

从2012年开始,农村电影放映进入数字化时代,角斜镇把数字电影广场设在各社区教育中心，规定时间放映。

八、老干部文艺演出队

从2000年开始，角斜、沿口、老坝港把退休的老干部以及老年文艺爱好者组织起来，自编自排文艺节目，有舞蹈、说唱、相声、快板以及乐器合奏等。在老干部活动时和重大节日进行演出，自娱自乐，并受邀到敬老院、民营企业、村（居）委会演出，深受广大干部、群众欢迎。

九、滨海新区新时代艺术团

创建于2012年。滨海新区成立后，老坝港镇原副镇长周建平与南通时代食品公司负责人时志元以及吴素芬、王俊生等人商量，决定打造一支文化工作志愿者服务团队。时志元任团长，为艺术团创办初期提供活动用房等基础物质支持；周建平任常务团长兼艺术总监，主持艺术团全面工作。是年九月重阳，欢歌笑语，新时代艺术团建团仪式在时代大酒店举行，党政领导代表、企事业单位代表和文艺爱好者100余人参加了此次活动。至2015年年底，艺术团有成员40余人，主要由退休的党政干部、人民教师、企事业单位人员、个体老板和一些各具特长的文艺爱好者组成。该团秉承“与百姓同乐、和时代同行”的发展理念，“讴歌时代精神、弘扬民族艺术、提升渔乡文化、展示新区风采”“为沿海经济发展鼓劲加油、为和谐家园建设增光添彩”的办团宗旨，艰苦创业，奋发努力，从无到有，从小到大，健康发展，形成特色。艺术团下设策划组、创作组、舞蹈组、戏曲组、民族器乐组和后勤组等工作小组，职责分明，各项制度健全，形成科学的运行机制。坚持自编自演，量体裁衣，先后编排出80多个雅俗共赏、接地气的小型文艺节目，深入村居、企业、渔船、码头、机关、校园和敬老院，为民送戏，并为党员干部冬训，“三八”“七一”“国庆”“开渔节”等大型活动提供演出服务，至2017年累计演出200余场。法制教育、道德教育、沿海开发和安全教育、农村方针政策教育等内容的文艺产品形成了系列套餐和品牌效应。2014—2015年伏休期间，应邀巡回南通各市县演出，所到之处备受欢迎。2014年12月16日，新时代艺术团应邀为全省渔业安全生产工作会议演出（地点在如东县海洋与渔业局），2015年8月10日应邀为全省渔业安全暨水上搜救业务研讨会议演出（地点在海安国际会议中心），2015年11月5日应邀为全省“两沙”职业渔民培训班演出（地点在如东中天大酒店），受到省相关部门领导和市委、市政府领导的高度赞扬以及与会者的一致好评。2017年7月12日应邀承担由农业部、交通运输部和江苏省人民政府主办的“2017年全国渔业水上突发事件应急演练”活动主题演出，受到主办单位和承办单位的一致认可。部分创作节目成为艺术精品，在全县创作节（剧）目文艺会演中荣获金奖、银奖。

2015年下半年，艺术团团址迁至角斜文化站3楼，办公室、排练室、保管室、录音棚配置齐全，工作与活动的环境进一步改善。春节前，县委书记陆卫东率四套班子负责人考察了新时代艺术团，充分肯定滨海新区培育的这一精神文明建设的先进典型。是年，省海洋与渔业局为艺术团颁发服务海洋渔业安全宣传成绩显著的荣誉证书。2016—2017年，省广播电视总台授予艺术团“精神文明和谐优秀艺术团体”“质量服务信誉三满意金牌艺术团”等称号。

图20-1 花鼓表演（向中林摄于2017年）

十、丧葬、婚庆司仪队

1995年后，农村丧葬、婚庆仪式日趋隆重，由民间一些文艺骨干自由组建成司仪队，专门为丧家主持丧礼和表演说唱节目。婚礼更为喜庆，城市、农村基本一样，结婚时都要在酒店举行，由司仪主持，礼仪形式花样百出，表演形式丰富多彩。

第四节　文化活动

域内历史上打莲花、打莲湘、唱道情、打花鼓等民间文艺活动较为活跃，挑花担、荡湖船、舞龙灯的艺人大有人在，逢年过节十分热闹。

一、演出活动

1958 年，旧场文工团赴九圩港河工程为民工演出，受到好评。同年参加县会演，被奖励花鼓衣八套，继后又被评为优秀节目赴南通专区演出并获奖（二胡一把）。1959 年，旧场文工团排演的大型越剧《梁山伯与祝英台》在县文化馆的指导下，名震四方，轰动一时，还经常售票演出，以此来解决剧团的活动经费。1966 年，旧场二大队排演的歌剧《白毛女》跨县跨地区进行演出。

1970—1975 年，域内各公社开展大演大唱活动，学唱样板戏，排演样板戏，有的队伍模仿专业剧团，达到较高的演出水平。

1982 年，旧场文化站编排的故事说唱《贺寿》，被县文化部门选拔，参加南通地区文艺会演，并由省电视台录像播放。

角斜小红花文艺宣传队曾经名扬省市，其中部分队员被县、市专业文艺团体选拔录用。2012—2017 年，滨海新区新时代艺术团、沿口圆梦艺术团等文艺团队为民送戏活动频繁，先后送戏演出 300 多场次，极大地丰富了区镇人民群众的业余文化生活。

二、文化代表人物

角斜镇群众文化的代表人物有徐宝珊、葛八掌、刘荣、纪荣俊等。徐宝珊是角斜域内业余文艺演员的优秀代表，也是域内享有盛名的京剧票友，能歌善舞，会演会唱，又会拉会敲，一专多能。从艺 60 多年，曾成功扮演过《三世仇》《十五贯》《沙家浜》《伏虎》等多部戏剧的主要角色，并多次参加区、县、市文艺会演、调演，荣获优秀表演奖。葛八掌在培育角斜民间龙舞、扶持京剧协会和民乐队开展活动，服务当地人民群众的过程中做出有益贡献，得到大家赞誉。刘荣从青年时期开始参加群众文艺活动，擅长打击乐和小型语言类节目的编剧，从大队文艺宣传队到角斜镇京剧协会和民乐队，都发挥了骨干作用。纪荣俊业余从艺 50 余年，为花鼓传承做出了积极贡献，并作为海安花鼓老艺人代表赴京参加了活动。

第五节　文艺创作

一、文学创作

明清时期，角斜就留下不少诗歌作品。最著名的是角斜八景诗。

东楼望月

钱象乾

危楼八尺耸青霄，良夜蟾蜍出海潮。
万顷苍茫天一色，银城无际远迢迢。

北海观潮

钱象乾

浩荡烟波溢大荒，东来万派势汪洋。
鲸鱼鼓吹涛惊雪，星斗光摇白渺茫。

宁桥济渡

钱象乾

跨水长梁蝀在东，百川环向脉流通。
朝来车马争先渡，睇望还疑图画中。

平堡耕耘

冯昌胤

陇头烟雨土膏新，四野赓歌庆泽深。
始信太平真有象，一蓑耕破陇头春。

张港渔歌

冯昌胤

苍茫一鉴水涟漪，正是渔家独醒时。
半棹歌声归去晚，清风明月两相知。

高原牧曲

钱象乾

细雨凄风碧草肥，郊原一望尽依依。
牧童蓑笠横牛背，短笛吹残送落晖。

范堤鱼盐

冯昌胤

曲曲长堤倚碧空，网罗负戴日匆匆。
东南海错于兹胜，谁识当年捍御功。

市梁贸易

冯昌胤

长桥斜引北溪流，贸易纷纭此地收。
国课年来输挽急，好通泉货慰民忧。

此外，角斜古代潘昌第、郑液池，近代缪金源、吴心谷、汪鲁门等名人著作颇丰。

注：东楼指衙门（旧场）东边的楼，古代寺庙中往往有楼，衙门也有门楼。大荒指空旷阔大的野外。蛛指彩虹。宁桥是明代角斜大宁桥，在衙门东边官河（运盐河）上。赓歌指酬唱、和诗。平堡指平家堡，明代防御倭寇的堡垒，在旧场南边2.5公里。张港指古代角斜一处渔港，清雍正年间淤塞，在旧场西边。海错指众多海产品。输挽指运送物资。泉货指钱币。

中华人民共和国成立后，文学创作进一步繁荣。1968—1975年，南通市人沈玉成在角斜公社插队劳动，曾参与写作民兵题材的短篇小说集《黄海妹》和《民兵斗争故事集》（江苏人民出版社出版）。1973年，张贵驰在《新华日报》发表小说处女作《海花》，后收入江苏人民出版社出版的小说集《山里红梅》。

80年代初，角斜中学教师李建中开始诗歌写作，先后在《飞天》《滇池》《青春》《星星诗刊》《诗神》《诗歌报月刊》《绿风诗刊》《扬子江诗刊》《南国诗报》《黄河诗报》等近20家报刊发表诗歌400余首，诗歌理论文章《晓川诗话》《后第三代：中国当代诗歌多元景观》等发表于《南国诗报》等报刊。1983年，邓永宏开始搜集整理民间故事、民间传说，先后采录和发表民间文学作品90多篇。其中，《花鱼村》（民间传说）入选《中国民间文学集成》一书，《神马》（民间传说）入选中国民间文艺出版社的《新四军的传说》一书。《智过湾子头》《新场庙的传说》《丁所五搭桥》《李堡的来历》等民间传说，先后在省内外多家报刊发表。1985年起，邓永宏创作以讴歌粟裕将军为主题的民间传说《神马》，1986年1月受到南通市文联颁奖表彰。1987年，于海洋收集整理的民间故事《九斤姑娘》《篾匠出对难秀才》等刊登于《中国民间文学故事》丛书。1989年，《青春》丛刊发表张贵驰的长篇小说《滇缅之战》，《雨花》发表张贵驰的长篇小说《椰风蕉雨》（节选）。

1991年，角斜人康贻华的报告文学集《奉献者之歌》由中国广播电视出版社出版。1994年后，陆春林的纪实文学《海市》获《南通日报》征文奖，《法不容情》等作品收入人民法院出版社出版的《司法为民好声音》作品集，公开发行。1998年，国际文化出版公司出版张贵驰的42万字长篇小说《海峡》。2001年他撰写纪实文学《追求英雄的生命轨迹》，载于黄山书社出版的《风采》。2002年后，吉林人民出版社又先后出版康贻华的文集《窗口写世界》《路上》。2003年张贵驰与蒋琏合作长篇纪实文学《海安老师》（江苏文艺出版社出版），获江苏省1993—2003报告文学奖三等奖。2006年，其长篇纪实文学《砺剑苏中》，由中国文史出版社出版。2007年，《春雨庐记》在《东方艺术》发表。2008年，张贵驰的散文《三峡石》在《散文选刊》发表，他的广播剧《书生意气》获省第七届"五个一工程奖"。2009年张贵驰的《昨夜星辰》由大众文艺出版社出版。2012年，他的专著《黎明钟声——苏中战地文化》由苏州大学出版社出版。2014年，周建平个人作品集《滨海之歌》（40万字）由光明日报出版社作为"当代优秀作家精品文集"出版发行。

21世纪初，申启华拍摄电视音乐风情片《春到水乡》获全国城市电视台电视音乐节目评比金奖。2000年，申启华参与指导的民间舞《海安花鼓》参加全国广场民间歌舞大赛获"山花奖"等。1995—2015年，邓永宏在省市级刊物上发表《养鱼》《古德拜老汉》《水龙》《艄公强爹》等小说，散文63篇，其中《母亲与十六铺》（散文）获得《江海晚报》征文竞赛三等奖。2017年，角斜籍江苏作家协会会员2人，省民间文艺家协会会员2人。

二、戏曲创作

1964年后，角斜镇人刘俊鸿在县文化馆、文工队工作时开始从事艺术创作，1971年在南通地区宣传组从事专业戏剧创作期间，执笔主创京剧《春风杨柳》，由南通地区京剧团演出并参加江苏省专业剧团(扬州片)戏曲会演；创作的京剧《三百六十行》《智渡》，由南通地区京剧团排演。1976年，周建平首次在《海安文艺》发表京剧词曲作品《打倒“四人帮”》。刘俊鸿执笔创作的大型京剧《火烧竹篱笆》在南通地区京剧团公演后，参加了“文化大革命”后的第一届江苏省专业文艺团体创作剧目会演。张贵驰创作了大型话剧、歌舞剧、越剧、电视剧、广播剧15部。1982年，张贵驰创作的三幕话剧《大年三十》(合作)由县文工团上演并参加江苏省新剧目第二轮调演，江苏电视台播映，《江苏戏剧》发表，上海戏剧学院作为教学剧目排演。1983年，张贵驰创作的7场话剧《后死诸君》在《江苏戏剧丛刊》发表，于1985在年南通市话剧团公演。是年他创作的3幕话剧《世界之子》在《剧本》月刊发表，南通市话剧团于次年公演。中国文联主席、中国戏剧家协会主席曹禺于1986年在全国戏剧工作会议上的讲话中点名对张贵驰等6名青年剧作家表示赞赏。1987年，张贵驰创作的4幕话剧《和平之桥》发表于《江苏戏剧丛刊》，1989年创作的7场歌舞剧《山茶花》由海安县歌舞剧团公演，并在《江苏戏剧丛刊》发表。1990年，张贵驰创作的电视剧《钟馗图》(上下集)，由珠海电视台拍摄播映。1991年，张贵驰与王艳合作创作的广播剧《玉兰魂》由海安人民广播电台录制播放，被江苏省广播电视厅评为广播剧二等奖，由中央人民广播电台《海峡之声》对外播出。其创作的7场歌舞剧《野菊花》，由《江苏戏剧丛刊》发表。1992年，张贵驰创作的影视广播剧有：电视剧《千钧一石》(上下集)，南通电视台拍摄播映，江苏电视台转播，此剧获江苏省第八届优秀电视剧奖，江苏省“五个一工程奖”；大型话剧《沧海横流》在《剧影月报》发表；电视剧《汪洋中的绿洲》(上下集)，由江苏人民艺术剧院演员演出，1993年由江苏电视台拍摄播映；1994年以苏中女民兵英雄高凤英为原型，创作了6场歌舞剧《青枫叶·红枫叶》，县歌舞剧团公演，《上海艺术家》发表，该剧获中国剧协《剧本》月刊“鸭绿江杯”全国歌剧剧本评比三等奖，中国戏剧文学学会第五届中国戏剧文学奖剧本奖。

1999年，刘俊鸿《火烧竹篱笆》京剧剧本编入《江苏文学五十年·戏剧文学卷》。2000年，张贵驰为南通市越剧团创作的7场越剧《女儿湖》，该团公演90余场；张贵驰创作的广播剧《战火云雀》，南通人民广播电台录制播放，获南通市“五个一工程奖”，被中国广播电视学会、中国广播电视文艺研究会评为2001年度全国优秀文艺节目一等奖。是年，张贵驰广播剧《战火云雀》获南通市“五个一工程奖”，被中国广播电视学会等单位评为全国优秀文艺节目一等奖。2004年，张贵驰3幕话剧《书生意气》发表于吉林人民出版社戏剧专集《激情南海》。2006年他的《女儿湖》获中国越剧艺术节铜奖。2008年，张贵驰创作的大型话剧《秋之白华》由吉林人民出版社出版；长篇广播剧《书生意气》由南通人民广播电台、海安人民广播电台联合录制，获省广播电视厅优秀广播剧一等奖，2009年获江苏省第七届“五个一工程奖”。2012年，张贵驰创作的6场戏曲《状元郎与纺织娘》由吉林人民出版社出版；广播剧《高凤英》(上下集)由江苏人民广播电台播出。2017年，有角斜籍中国戏剧家协会会员2人。

三、艺术创作

20世纪50年代起，角斜人陈鹏年创作了大量优秀音乐作品，在省级以上获一等奖的有：独唱《心中有盏长明灯》、独唱《梅岭三章》(合作)、舞蹈音乐《渔鼓舞》、交响声乐套曲《唐代诗词四首》等。获其他奖项的作品有：古筝二重奏《满江红》、广播剧音乐《徐霞客》(合作)、舞蹈音乐《采贝》、民乐《霓裳曲》、独唱《彩虹飞进咱农家》《江南秋》等。中国音乐家协会第五次代表大会的工作报告中对其在全国核心期刊《音乐创作》上发表的女声合唱《江南江北姐妹花》予以表彰。他创作、演出、出版的主要音乐作品有：《叙事曲》

（为古筝和民族乐队而作）、合唱曲《太湖》。他还为话剧《阿Q正传》《天京风雨》《接班人之歌》和广播剧《暗礁》《李白》及电视片《白菜园与花神庙的故事》《乒乓与他的教练》、电影《宝贝》等作曲配乐。2008年，江苏文艺出版社出版《陈鹏年音乐作品集》。1980—2014年，周建平音乐类作品歌曲《谁说丫头不下海》《无怨无悔》《社会主义思想永放光芒》（与陆兆贵合作）、《心中的呼唤》《渔港对歌》（与卢辉荣合作）《角斜斜角饼》《"四个全面"放光彩》等，演唱类作品表演唱《闹文蛤》《海上安全员》《角斜儿女咱最棒》《春风催开富裕花》《农家有张幸福卡》《咱爱上协理员这一行》等，在南通市级以上大型活动展演，部分作品收入江苏、南通民间文艺作品集。

民国三十三年（1944）10月间，旧场人万幸为轰炸日本而坠落苏中海滩的美国B29飞机飞行员美空军中校赛福埃木刻画像，载于《苏中报》，受中共苏中区党委领导陈丕显、管文蔚称赞。此后，万幸回部队任文化干事，再调任苏北画报社，先后在《苏中报》《盐阜报》《大众时报》《苏中文艺》《大众文艺》等报刊发表一大批美术作品。1949年，万幸任华东军区第三野战军政治部华东战士画报社记者，这期间，得到中央美术学院吴耘、宗其香教授两年多油画和中国画的指导。50—70年代，角斜镇人顾启时在嘉义商业职业学校执教美术，画风师从吴昌硕，所绘花卉翎毛尤具神韵。1975年，插队旧场公社的南通人章毓霖创作的年画《龙腾虎跃》参加全国年画作品展览，先后由人民体育出版社等单位出版、发表，江苏省美术馆收藏，条屏年画《柳毅传书》等两件作品由江苏人民出版社出版，人物画《当年的新四军回来了》《传授图》《叫敌人有来无还》《温馨家浴》等多幅作品先后在《江苏画刊》等杂志发表，并参加了江苏省美术作品展览、中国当代千名国画家新作品展览、江苏省第四届新闻界书画新作品展等。

1984年，章毓霖《碧血幽兰》获江苏省首届连环画评奖二等奖，入选全国第八届群星奖。1985年万幸离休后，重操画笔，努力探索中国画与西洋画的结合，创造了一种断炭皴的画法，以表现现代山水植被繁茂，欣欣向荣的图景。书画界耆宿苏局仙曾撰诗手书给予首肯，称之为"千秋妙笔"。他创作的7米长卷敦煌壁画图卷，在上海、扬州、泰州等地展出，获很高评价，原中共上海市委书记夏征农称此卷为"溶古今艺术于一炉之作"。此外，万幸还潜心画狗，努力在"画兽难画狗"的命题上有所突破，作品参加过全国首届书画名家作品展等大展，收藏于中国军事博物馆等单位，上海的《解放日报》《上海老年报》等报刊介绍过万幸的艺术成就和书画理论文章。1993年，章毓霖创作的《北京人下落不明》获全国群星美术大展银牌奖，后再获文化部颁发的全国第三届"群星奖"铜牌。1995年后，陈广连有近20副书法对联由江苏美术出版社出版，有隶书对联载于江苏美术出版社出版的《江苏省楹联集》，隶书条幅入选江苏省文化厅主办的江苏省群众文化干部书画作品展并获优秀作品奖。江苏人民出版社出版其《小学生血防知识钢笔书法》字帖。1999年，章毓霖创作《锦州大战》入选第九届全国美术作品展览。2002年9月，王承坚的《涟漪》荣获世界华人交流协会、世界文化艺术研究中心颁发的国际优秀作品奖。2004年，章毓霖的《水浒传》《鏖战苏中》双获江苏省第六届"五星工程奖"银奖。2005年，角斜镇江海村人王承坚的《家有喜事》照片入选"走进富春山水全国优秀摄影作品大展"。20世纪90年代至21世纪初，江苏省国画院特聘书法家、角斜镇老庄人钱桂进的作品入围首届林散之奖，入选南京书法传媒3年展、纪念老子2578周年诞辰全国书法展、全国第九届书法篆刻展。21世纪初期，角斜村人王正凯的部分书画作品入编《中国当代书法作品精选》《中国硬笔书画人才大集》《华夏书画集锦》《红军杯全国书画大展赛》等。2017年，角斜有中国音乐家协会会员1人，中国书法家协会会员1人，中华硬笔书法家协会会员1人，江苏省美术家协会会员1人。

2017 年角斜籍专业艺术表演人才一览表

表 20－1

姓名	出生地（或插队地）	工作单位	艺术特长与主要成就
姜新林	角斜镇	原安徽六安京剧团	该团京胡琴师，一生奉献京剧事业
滕银山	角斜镇	原南通京剧团	该团京胡琴师
陈　瑶（女）	角斜镇	福州电视台	主持人、歌手，参与过各种重大文艺活动
陈小瑾（女）	角斜镇	南通艺术剧院	京剧花旦演员
潘春明	原旧场乡	原南通京剧团	京剧打击乐乐师
陈广连	原旧场乡	海安文工团 海安文化馆	成功扮演京剧《沙家浜》郭建光和《报童之歌》周恩来等重要角色，并担任团、馆领导职务
滕银凤（女）	角斜镇	海安文工团 县文化局	在多部大型话剧、喜剧中担任主角，并在多次会演调演活动中获奖
吴爱华（女）	原旧场乡	海安博物馆	出演多个相声、小品，参加国家、省、市比赛获奖
朱宝国	原沿口镇	海安歌舞剧团	独唱演员
缪连珠（女）	原沿口镇	海安文工团	独唱演员
徐守一	角斜镇	南通市文化馆	竹笛演奏多次参加省级演出活动获奖
朱玛丽（女）	角斜镇	海安歌舞剧团	舞蹈演员
沈　迪	原旧场乡	海安文工团	戏剧演员
杨培杰	南通插队沿口	海安文化馆	海安花鼓传承人。舞蹈创作和舞蹈理论研究成果丰硕，多个创作节目获得大奖
张永年	南通插队角斜	南通市群艺馆	在器乐演奏和作曲方面成果丰硕
刘宝庆	海安插队角斜	海安供电局	曾为县文工团舞蹈、戏剧演员，后转业
朱　萍（女）	南通插队旧场	海安文工团（后回通）	舞蹈、戏剧演员
杨丽萍（女）	南通插队沿口	海安文工团（后回城）	舞蹈演员

2017 年角斜域内业余艺术表演人才一览表

表 20－2

姓名	出生地	单位或职业	艺术特长与主要成果
王绍武	原旧场乡	原旧场文工团	在 20 世纪 50—60 年代群众文艺事业中发挥引领作用
吴冠如	角斜镇	原角斜商店	20 世纪 60—70 年代骨干演员，为角斜红旗民兵团文艺宣传事业有所贡献
申启山	原旧场乡	个体户 新时代艺术团	出演多部创作小戏的主要角色，多次参加全县文艺会演竞赛获奖
杨　根	角斜镇	个体户 新时代艺术团	擅长小戏、小品、舞蹈表演，多次参加全县文艺会演竞赛获奖
祁小琴（女）	角斜镇	个体户 新时代艺术团	能歌善舞，一专多能，多次参加县以上文艺大赛获奖

续表 20-2

姓名	出生地	单位或职业	艺术特长与主要成果
王俊生	角斜镇	角斜供电所	精通多种乐器,尤以京胡见长。参加其他演唱节目表演,在省市重大活动中成绩显著
缪启龙	原旧场乡	文化个体户	器乐演奏能手,且擅长非器乐物品奏乐,海安电视台专题节目宣传介绍
缪翠翠(女)	原旧场乡	文化个体户 新时代艺术团	民歌歌手、主持人。主演《谁说丫头不下海》《渔港对歌》等,在县文艺会演中获奖
缪　云(女)	原旧场乡	中洋集团	乡镇文艺骨干。1981 年和冯祖山合演《贺寿》,获县会演一等奖,参加南通会演,由江苏电视台录播
顾建华	原旧场乡	个体业主	乡镇文艺骨干,声乐演员。主唱《渔船号子》《咱们海夫有能耐》等在县文艺大赛中获奖
李　钧	角斜镇	个体业主	乡镇文艺骨干、歌手、京剧票友,多次参加县、区主要活动,成绩优秀
李　玉	李堡镇	老坝港中学	声乐演员。多次参加全县文化、教育部门的比赛活动,成绩优秀
居晓丹(女)	角斜镇	镇教办	舞蹈演员。参加新时代艺术团,多个舞蹈节目在县比赛中获奖。2017 年被推荐为角斜镇文联舞蹈协会会长
缪亚琴(女)	角斜镇	角斜幼儿园	在舞蹈和节目主持方面有专长,主演《渔光曲》等节目在全县文艺会演中获金奖
时春银	原旧场乡	建筑监理	乡镇文艺骨干,出演过《伤痕》《拜师》《考女婿》等多部小戏,在全县获奖
刘秀玲(女)	原旧场乡	渔网厂职工	乡镇文艺骨干,曾出演过多部创作小戏和演唱节目,参加全县文艺会演获奖
王均美(女)	原旧场乡	水厂退休职工	乡镇文艺骨干,在《燕归来》等小戏中出演主要角色获奖,在《花鼓灯》中扮演红娘子电视节目展播
陈秋瑾	角斜镇	个体户	京剧票友,擅长花旦演唱,多次参加市、县戏曲大赛,几次获奖
赵三东	角斜镇	角斜中学	擅长芦笙、唢呐、二胡、电子琴等器乐演奏,参加过各类独奏合奏表演
冯志连	原旧场乡	中心小学	擅长二胡演奏,并受聘在上海某老年大学任教
黄成新	角斜镇	原角斜企业服务站	擅长竹笛演奏、音视频制作方面有专长
潘　涛	原沿口镇	个体户	擅长说唱、小品。小品“一行青菜”曾参加县会演获表演奖。
季宝兰	原沿口镇	个体户	擅长说唱和古装黄梅戏表演
张建国	原沿口镇	个体户	声乐演员,曾参加县“苏中杯”声乐比赛获十佳歌手称号
金卫华	原沿口镇	李堡农电管理站	声乐演员,曾参加县“苏中杯”声乐比赛获十优歌手称号
丰　云	原沿口镇	南通汇丰文化传媒公司经理	声乐演员,擅长器乐演奏,曾获海安县“苏中杯”声乐赛十佳歌手称号

1979—2017年角斜域内群众文艺创作成果表

表20-3

作品名称	作品类型	作者姓名	何时何处参演参赛或发表	组织排演单位	获奖情况
伤痕	歌剧	周建平	1979年县文艺会演	海防公社文化站	县创作二等奖
迎新娘	花鼓歌舞剧	周建平 蔡正基	1979年县文艺会演	海防公社文化站	县创作二等奖、表演奖
花鼓灯	民间歌舞	周建平 蔡正基	20世纪80年代三次参加全县会演、调演	旧场公社文化站	县优秀节目奖
谁不老实	小喜剧	周建平 蔡正基	1982年全县文艺调演	旧场公社文化站	县创作二等奖、表演奖
贺寿	故事说唱	周建平	参加南通地区1982年文艺会演；《江苏群众文艺》发表；省电视台录播	旧场公社文化站	县创作一等奖
枯木逢春	故事说唱	周建平	1983年全县故事会	旧场乡文化站	县创作一等奖、演出综合奖
考三凤	花鼓戏	周建平 童锡智	《海安文艺》创作小戏专辑；1984年全县文艺会演	旧场乡文化站	县优秀节目奖
售棉记	小喜剧	周建平	1987年县文艺调演；1988年《南通剧稿》发表并评奖	旧场乡文化站	县创作一等奖、表演奖 南通市优秀创作奖
拜师	花鼓戏	周建平 孙登瑾	1988年县文艺调演	旧场乡文化站	县创作一等奖、演出奖
考验	小戏剧	周建平 孙登瑾	1989年县文艺调演	旧场乡文化站	县创作二等奖、演出奖
考女婿	花鼓戏	周建平 孙登瑾	1990年县文艺调演	旧场乡文化站	县创作奖、演出奖 南通市优秀剧稿评比三等奖
秧苗青青	花鼓剧	周建平 孙登瑾	1991年县文艺会演	旧场乡文化站	县会演优秀创作奖 首届乡镇文艺作品评比一等奖
燕归来	小戏剧	周建平 孙登瑾	1992年县文艺会演 1993年市优秀剧稿评比	旧场乡文化站	县优秀创作奖、市三等奖
苏醒的电动机	小戏剧	孙登瑾	1993年县文艺会演	旧场乡文化站	县创作二等奖
社会主义思想永放光芒	歌曲	陆兆贵词 周建平曲	1992年南通市文化局作品评选	旧场乡文化站	南通市佳作奖
老主任过生日	歌唱表演	周建平	1997年县文艺会演	老坝港乡文化站	县二等奖
送礼	小品	张渊	1998年县文艺会演	老坝港乡文化站	县会演三等奖
勇敢的女婿	相声	张渊	1999年县文艺会演	老坝港乡文化站	县创作奖

续表 20－3

作品名称	作品类型	作者姓名	何时何处参演 参赛或发表	组织 排演单位	获奖情况
开渔号子	原生态 民歌	港人	2010 年县文艺会演	老坝港镇文化站	县会演二等奖
闹文蛤	歌唱表演	周建平	1979、2011 年县文艺会演 2012 年濠滨夏夜调演	旧场乡文化站 滨海新区文化站	县会演一等奖
醉驾	小品	周建平	2012 年县文艺会演	新时代艺术团	县会演银奖 首届青墩文化艺术奖
接港	渔号子	港人	2012 年县文艺会演	滨海新区文化站	县会演三等奖 首届青墩文化艺术奖
渔光曲	萨克斯与 舞蹈	葛志华 芦辉荣	2013 年县文艺会演	滨海新区文化站	县会演金奖
谁说丫头不 下海	歌伴舞	周建平	2013 年县文艺会演	新时代艺术团	县会演银奖 青墩文化艺术奖
滨海之歌	情景故事剧	周建平	全省海洋渔业安全会议展演 全国 2017 年渔业水上演练展演	新时代艺术团	农业部特别奖励
紫菜谣	舞蹈	葛志华	2014 年县文艺会演	滨海新区文化站	县会演金奖
咱爱上协理 员这一行	表演唱	周建平	2013 年全县劳动保障协理员 文艺会演	镇人社所	全县文艺会演一等 奖、最佳创作奖
特殊红娘	情景歌舞剧	周建平	2013 年全县劳动保障协理员 文艺会演	镇人社所	县文艺会演二等奖
无怨无悔	情景 歌唱表演	周建平词 巫平曲	2015 年全县劳动保障协理员 文艺会演	镇人社所	县文艺会演二等奖
我们是光荣 的协理员	表演唱	周建平	2015 年全县劳动保障协理员 文艺会演	镇人社所	县文艺会演三等奖
渔港对歌	情景对唱	周建平 卢辉荣	2015 年全县文艺会演	新时代艺术团	县文艺会演二等奖
女将赶海	舞蹈	杨培杰	2015 年全县文艺会演	新时代艺术团	县文艺会演二等奖
孙二富传奇	评书	王祥 周建平	2016 年全县文艺会演	新时代艺术团	县文艺会演二等奖
心中的斜角 饼	情景 歌唱表演	世莹 卢辉荣 周建平	2016 年全县文艺会演	新时代艺术团	县文艺会演二等奖
男人的虾箩 女人的网	舞蹈	杨培杰	2017 年全县文艺会演	新时代艺术团	县文艺会演三等奖
奋进新时代	歌舞	周建平词 卢辉荣曲	2017 年全县十九大文艺创作 节目会演	新时代艺术团	县文艺会演二等奖
农家有张幸 福卡	表演唱	周建平	2012 年“江苏财政法制行”活动 展演	区财政局	县文艺会演优秀奖

续表 20-3

作品名称	作品类型	作者姓名	何时何处参演 参赛或发表	组织 排演单位	获奖情况
海上安全员	男声 歌唱表演	周建平	2017 年农业部渔业安全水上演练大型活动调演	新时代艺术团	农业部调演创作表演奖
安全责任重如山	莲花说唱	周建平	2015 年省渔业安全会议调演	新时代艺术团	省海洋渔业局调演创作表演奖
老公出海请当心	民歌对唱	周建平	2015 年省渔业安全会议调演	新时代艺术团	省海洋渔业局调演创作表演奖
改制有声	广播文艺节目	万怀春	1996 年 11 月县广播电台节目展	沿口文化站	县广播电台一等奖
警报响过之后	小戏	于海洋	1985 年李堡区文艺会演	角斜文化站	县文艺会演创作二等奖、演出一等奖
踩文蛤	舞蹈	于海洋	1987 年县会演	角斜文化站	县文艺会演创作、演出二等奖
海安花鼓	舞蹈	于海洋	1999 年国庆五十周年行街表演	角斜文化站	—
角斜花鼓灯	舞蹈	于海洋	2003 年 1 月中央电视台七频道拍摄播放	角斜文化站	—
晚婚晚育好	歌唱表演	于海洋	1996 年县文艺会演	角斜文化站	县文艺会演创作三等奖
祖国颂	舞蹈	于海洋	1999 年县文艺会演	角斜文化站	县文艺会演三等奖
春天的赞歌	舞蹈	于海洋	1998 年县文艺会演	角斜文化站	创作表演三等奖
又到春绿时	舞蹈	于海洋 万怀春	2002 年县文艺会演	角斜文化站	县文艺会演创作二等奖、演出一等奖
朋友啊！请到角斜来	独唱	于海洋 万怀春	2002 年县文艺会演	角斜文化站	县文艺会演创作二等奖
海安花鼓灯	舞蹈	于海洋 万怀春	2002 年 12 月南通文艺调演	角斜文化站	县文艺会演创作优秀奖、演出三等奖
民歌联唱	歌舞	万怀春	1978 年县文艺会演	沿口公社文化站	县文艺会演表演二等奖
一行青菜	小品	蔡正基 万怀春	1978 年县文艺会演	沿口公社文化站	县文艺会演创作奖和表演奖
弄巧成拙	小品	万怀春	1978 年县文艺会演	沿口公社文化站	县文艺会演表演奖和创作奖
三关门	小戏剧	蔡正基 万怀春	1986 年县文艺会演	沿口公社文化站	县文艺会演演出一等奖、创作二等奖
没事，真的没事	小品	万怀春	1990 年县优秀节(剧)目调演	沿口公社文化站	县文艺会演演出奖
黄土高坡	歌舞	万怀春	1990 年县优秀节(剧)目调演	沿口公社文化站	县文艺会演演出奖

续表 20-3

作品名称	作品类型	作者姓名	何时何处参演参赛或发表	组织排演单位	获奖情况
农家乐	歌舞	万怀春	1991 年区会演	沿口公社文化站	县文艺会演演出奖
好事多磨	小品	万怀春	1991 年区会演	沿口公社文化站	县文艺会演演出奖和创作奖
少女之春	歌舞	万怀春	1993 年县优秀节(剧)目调演	沿口公社文化站	县文艺会演演出奖
车站	小品	万怀春	1997 年县会演	沿口镇文化站	县文艺会演演出奖

说明：上表所列为在县以上参演参赛、发表与获奖的代表作

第六节 广播电视

一、机构

（一）角斜广播电视站

1958 年 1 月角斜成立广播站，由公社农机站顾怀祥、电话接听员曹秀珍具体负责。1964 年 9 月，广播站由梅丛朗负责，工作人员有陈文清。1989 年，角斜广播站改建为角斜广播电视站，陈文清任站长。1999 年，角斜镇广电站被县广电局评为文明单位和先进集体。2000 年 4 月，角斜、沿口两广播站合并，陈文清任站长，钱桂芝任副站长。2001 年 10 月，何峰任副站长，主持全面工作。2004 年被南通市广电局表彰为创建群众满意基层广电站先进集体，2005 年被南通市广电局表彰为技术维护先进广电站，2006 年被省广电局表彰为技术维护先进乡镇广电站。2007 年 1 月，许金荣任广电站副站长。2002 年 1 月—2011 年 10 月，何峰任站长。2011 年 10 月，老坝港广电站与角斜广电站合并，站址设在角斜。王成俊任党支部书记，何峰任站长至 2017 年。

（二）旧场广播电视站

1959 年旧场成立简易广播站。20 世纪 70 年代末，海防公社正式建立广播站，单位性质为县属大集体单位。1983 年，海防公社广播站改名为旧场乡广播站。1993 年，乡广播站更名为广播电视站，单位性质转为全民事业单位。历任站长为崔广元、申启才、顾九来、陆春林。

（三）沿口广播电视站

1958 年成立，与邮电所合为一体。1983 年 10 月，公社广播站改为乡广播站。1993 年，沿口乡广播站更名为沿口乡广播电视站。1995 年改为沿口镇广播电视站。历任站长为彭寿银、陆锦元、钱桂芝。

（四）老坝港广播电视站

1962 年 8 月成立，初名海洋渔业人民公社广播扩大站。至 1995 年，历任站长为王华荣、许文富、徐守新、王成俊。1995 年 11 月，老坝港和旧场两个广电站合并为一个站。站址仍设在原旧场乡政府四楼，机房 2 间，办公室 1 间，党委宣传委员周建平兼站长。1998 年王成俊任站长。2002 年，广电站从旧场搬迁到老坝港新政府大楼。2011 年 10 月，角斜广电站与老坝港广电站合并。

二、广播设施

1958 年，域内各公社成立广播站。有线广播是通过邮电局的电话线传输的，从县广播站发送信号到公社邮电局。广播设备简陋，只有邮电局一部小功率扩大机控制放大，早、中、晚 3 次广播时，切断电话，转换广播，广播信号通过电话线传送到大队和用户。一般只有各大队办公室及靠近公社周围的群众有广播，大多数地方听不到

广播。是年,角斜由公社集资1000元,购买20瓦电子管扩大机1台、电瓶2只,主要为开会扩音和播发通知而服务,广播室临时安排在公社门房。1962年,海洋渔业公社广播放大站建立,有1间机房,300瓦电子管扩大机1台,以转播县台节目为主。当时用毛竹杆子、Φ2.5铁丝架设的主干线路只有4公里。站址在川港村二组原老坝港粮站前。

1964年9月,全国农村初办农村广播,域内各公社广播站与邮电分离,旧场公社广播放大站设在五大队(富港村)电灌车口内。角斜广播站设在公社大院内,机房只有4平方米,设备为150瓦扩大机1台、电唱机1台、话筒1只。广播站至各村的线路利用原来通往各村的电话线路,杆子均是木棍杆和竹竿,广播喇叭是从上海购进的舌簧喇叭,全社不到100只,那时只有大队办公室及村支书家有广播,主要负责转播县广播站节目。

1966年,村村队队通广播,广播杆以木棍、毛竹为主,14号铁丝为导线,农户家中安装舌簧喇叭和压电式广播,一天3次转播县广播站节目。1968年,角斜从南通无线电厂购买了2台275瓦电子管扩大机,公社配给1间房作为机房,由农机站自己发电专供机房广播,梅丛朗为线务维修员,人员性质为公社"八大员"之一。

1971年,在域内的每个公社,广播都得到了普及,广播设施同样得到改善。广播放大站配1名专职通讯员,角斜汤灶高中毕业生康贻华到放大站任首任通讯员,每周一档自办节目,并向上级台站发稿。海防(旧场)广播站搬迁到旧场公社机关内。广播站传输方式是:县有线广播信号传送到公社邮电局,公社邮电局再把信号传送到公社广播放大站,再由放大站将广播信号放大后传送到群众家中。从公社到大队,再由大队到用户都架设了专用广播线路,有少数群众家安上小喇叭。距公社较远的大队,群众主要靠听大队的高音喇叭。1972年,全县在角斜召开现场会,进一步推动全县广播事业的发展。1974年,域内各广播站实施广播"两化五有"(两化:线路绝缘化,主杆水泥化;五有:有开关,有电阻,有地线,有音箱,有避雷器),角斜率先在全县完成任务。同年,全县在天奎村召开"两化五有"现场会。70年代中后期,域内群众家中的小喇叭得以普及。1975年,进行广播电线地下埋的试点,角斜广播站向北片4个村挖沟埋线,通过试点运行,效果不理想。一年后又改为架明线,确保北片四个村广播正常畅通。1976年,角斜站组织村维修员用水泥船到南通购买5米长的水泥方杆,经过一年多的努力,全社各村全部实现了水泥方杆化。"文化大革命"结束后,域内海防等公社逐步取消高音喇叭。1982年,海防公社安排广电站2间房屋、1间机房、1间值班室,新购置500瓦晶体管扩音机1台,控制桌1张,提高了广播传输的质量和效果。

20世纪70—90年代,各公社放大站的输出功率从几百瓦发展到1200瓦以上,广播机房建设逐步规范化、标准化。广播站办有自办节目,节目多次在全县自办节目评比中获奖。域内各公社形成独立完整的有线广播网,有线广播普及率95%以上,收听广播成为群众生活中必不可少的一部分。起初广播喇叭是小型的舌簧喇叭,后来更新为大舌簧喇叭,到90年代,又更新为音质更好的动圈音箱。1982—1984年,角斜各村全部淘汰了方杆子,在全县率先实现线路圆杆化。1987年,角西村成为全县第一家动圈喇叭村试点。全县推广使用动圈喇叭,并在角西村召开现场会,县广电局赠送锦旗一面,写有"办广播列榜首 上动圈树新篇"。经过近2年的努力,角斜又率先成为全县的动圈喇叭镇。

1989年,角斜多方筹集资金,购买1台上海新亚无线电厂275瓦扩大机,标准电源配电柜、播音控制台、广播输出柜、录音机和采访机各1台,真正实现播控配套。1990—1995年,角斜地区进行广播二次整网,更新改造用户线,全部建成标准广播室。1996年,角斜实现广播动圈音箱化,广播入户率达99%,通响率达99%。

三、有线电视与双入户工程

1994年,域内各乡镇开始实施有线电视工程。当年各乡镇党委、政府多方筹集资金,购买设备,通过卫星接收器转播部分节目,在乡镇区域及周边村进行有线传输,播放图像清晰、内容丰富的电视节目，有线电视用户不断增加。1996年，老坝港乡在全县率先发展有线电视网络，在一缺资金、二缺技术的情况下，通过在老坝港乡范围内收取初装费，以及向合作基金会拆借部分资金的方式，购买了广电器材。县广电局派技术人员来现场指导。原老坝港五个村先行一步开通有线电视。为使有线传输达到指标，放大器采用美国亚特兰大公司的产品和540铜轴电缆。1996年发展有线电视用户500多户。是年，老坝港成为全县第一个有线电视乡，受到县委宣传部、广电局表彰。1997年，域内各乡镇与县广电局实行有线电视大联网，进行入网升级改造，原有线电视用户全部接入县有线电视网络。1998年，加快有线电视的发展，继续向边远村发展有线电视。1999年，域内各乡镇党委、政府积极筹资金，用于支持有线电视发展，确保村村组组通有线电视，积极争创"南通市有线电视示范镇"。是年，角斜镇被南通市广电局表彰为"有线电视镇"。2004年，角斜集镇区有线电视普及率100%，保证每户至少一个端子。农村安装有线电视4600多户，广电线路与电信线路同路布置。2006年，角斜12个建制村、老坝港8个建制村全部实施"双入户"工程。是年，新增有线电视用户1500多户，新增调频广播用户5000多户，域内有线电视入户率83%。2008年，角斜、老坝港把有线电视"户户通"作为为民办实事重点工程，摆到优先发展的突出位置，开展"献爱心、助视听"活动，28家企业与各个村结对，捐赠资金3.4万元，为400多个特困家庭赠送广播或电视机。至年底，角斜、老坝港各个村顺利完成"户户通"工程，有线电视入户率97%以上，区域范围内有线电视网络全覆盖，有线电视信号无死角，形成"想装能装、应装尽装、能装则装"的有线电视网络布局和服务体系。角斜、老坝港有线电视"户户通"代表海安接受省、市验收，分别被评为有线电视"户户通"镇。

21世纪初，由于体制调整，资金短缺、投入减少等原因，域内有线广播线路和设备逐步老化，入户率、通响率有所下降，不少村组的广播传输网络近于瘫痪。角斜、老坝港广电站积极探索调频广播、有线电视共缆传输技术，实施有线电视、调频广播共缆传输，即"双入户"工程。2000年，老坝港镇有线电视通过南通市达标乡验收。2001年老坝港广电站新购置电视摄像及制作设备，开通有线电视自办节目及点歌台。2004年老坝港镇安装有线电视近6000户，有线广播入户率90%以上。是年年底，角斜广电站在双龙村，老坝港广电站在海港村率先开展广播电视调频共缆"双入户"工程。村里从集体积累中挤出5万多元用于线路改造和补贴初装费。仅1个多月的时间，双龙村、海港村就新增电视用户500多户，1000多农户通过调频广播收听到上级台的节目。同时还增加了15个光接点，完成了2个村有线电视线路的更新改造，有效提高了信号传输的质量，使两个村用户收听看到更加清晰的广播电视节目。实施广播电视调频共缆"双入户"工程，有效地解决了新形势下农村广播经费投入不足，难以为继的问题。

2005年5月30日，全县"双入户"工程现场会在角斜召开，县委、县政府主管、分管领导，各镇镇长，分管负责人，宣传委员，广电站长参加了会议。角斜镇镇长吉临兆作了以《四轮齐动求跨越，有线电视新发展》为题的经验交流，与会者还参观了角斜村"双入户"工程现场。是年，双龙、角斜、范堑、五虎、江海、川港、富港等村被县广电局表彰为全县广播电视先进村。2006年，角斜、老坝港有20个村全部完成有线电视、调频广播"双入户"工程，新增有线电视用户1500多户，新增调频广播用户4800多户，域内有线电视入户率83%。是年，角斜镇、老坝港镇被南通广电局表彰为有线电视、调频广播共缆传输先进镇。2007年，角斜、老坝港广电站开始实行宽带业务，主要以单位为主，用于网上办公和县、镇视频会议。广电宽带又因价格合理、网速快受到广大群众的欢迎。2017年，角斜镇有有线电视用户1.58万户，广电宽带户4500户。

第七节　民间文学

一、顺口溜

来得早，不如来得巧。

风水轮流转，三十年河东，三十年河西。

江山也有兴和衰，炮灰也有发焐时。

香烟是介绍信，酒杯是大印，筷子一伸做决定。

香烟一衔，有事好谈，酒杯一端，政策放宽，筷子一伸，敌我不分。

包产到了户，家家有干部，男人当队长，女人管财务。

盯的是票子，谋的是房子，保的是位子，为的是孩子。

感情深一口闷，伤了胃又分心。屁股一抬，端起来重来，回到家里躺下就嗨(呻吟)。

酒肉朋友朝朝有，困难之中无人问。

要说苦，打铁行船磨豆腐。

要问苦不苦，想想长征两万五，要问累不累，想想革命老前辈。

老办法不能用，新办法不会用，硬办法不敢用，软办法不顶用。

六十年代住草房，七十年代住瓦房，八十年代建楼房，九十年代搞装潢。

早上是包公，中午是关公，晚上是济公。

学好数理化，走遍天下都不怕。学好数理化，还不如有个好爸爸。

人馋揽媒做，狗馋舔磨膛。

二、渔歌

老坝港渔歌是南黄海渔歌的一部分，包括渔号与民歌。劳动创造艺术，独具艺术特色的南黄海渔民号子与整个南黄海渔业生产全过程融合为一体，相辅相生。传统渔业生产方式中渔民劳动强度极大，诸如升帆、起网等均需人力而为，为了宣泄生理与心理上的压力，释放自己，娱乐自己，也为了凝聚众人力量，同心协力完成某道生产环节，这种高亢的、富有鲜明韵律感的号子在渔业生产中自然产生，能够激发劳动热情，提高生产效率，协调船头、船尾各种操作岗位的动作一致。

老坝港渔号主要有起锚、牵篷、点水、摇橹、盘车、拉网、出舱、接潮等，句式长短不一，歌词自由即兴，既有常年形成的程式性，亦有现实劳动中的创造性。

南黄海渔业生产的头道工序，应为准备各种捕捞渔具，其中很重要的，即为绞制多种规格的缆绳、纲绳、扣绳。这些不同用途的绳索，一般均以苎麻或茅草为原料。在加工之前，需对苎麻、茅草进行“打草”，即将麻草砸烂软化，南黄海渔民称之为“对草”。同村人坐在一起，大家抡起木槌你一下我一下，敲打着经水浸泡过的苎麻、茅草，单调、枯燥的劳动在乐观开朗的渔民面前变得生动起来，“对草”号子便随口而出：“哼哇里格来，哼哇勺里格来，哼哇哼哇勺里来，哼哇哼哇左勺里来。”

渔船离港出海，首先起锚，因锚重及吨，起锚极费力气，需多人齐力完成。因而拔锚号子速度较慢，但显得很有力度，一人领，众人和。领：“哎嘀来！”和：“吭呀！”领：“哎左喂！”和：“哎嘀！”领：“哎呀嘀！”和：“哎嘀！”领：“幺喂衣！”和：“幺嗨！”领：“哎来！”和：“哎呀啦嘀！”领：“哎左！”和：“哎呀！”

铁锚离水后，开始升帆。这同样为众人共同进行的重体力劳作。渔民俗称升帆为牵篷，渔号便转为牵篷号子。牵篷号子为合唱。“哎咳幺吭呀，哎里个上来幺，哎哎个上……”号子较长，因为合力将帆篷向上升牵，故整个号子发音重点落实在“上”字，其他均为衬词。号子中每喊出一个“上”字，帆篷即上升一个节点，直至满帆升至桅顶。因渔船出海根据风力大小与风向变化，一般要升起三帆乃至五帆，所以牵篷号子相继持续时间较长。

渔船从潮间带向深水处前进，由负责测水的

渔民手持一根标有计量单位“节”的长竹竿,从船头探入海中,测量航道水深,并随时报告给掌舵的艄公,即船老大。南黄海渔民称之为“点水”(亦称“戳水”)。测水渔民用“点水号子”报告水深。先是一长声“啊——哎!”提醒艄公注意,然后告知海水深度:“四十五节幺嗬……四十七节幺嗬嗬,嗨嗬……四十九节幺嗬嗬……四十八节嗬嗬,哎……五十二节幺嗬嗬……啊哎……”艄公随时以“啊哎”应和,表示听到了,并根据水深及时调整航向。点水号子曲调缓慢、婉转、悠长,韵味十足。

渔船进入渔场,开始捕捞作业。在整个生产过程中最关键、最艰苦也最让人兴奋的莫过于起网了,多少辛苦就为了此时的喜悦,一年的希望就在这个网里,丰收在即,快乐在即,所有的情感都融化在那激动人心的起网号子里了!领:“喔,喂喂衣哟……”和:“喂喂衣哟!”领:“喂喂上喂……”和:“哟喂上喂衣呀……”一人领唱,众口响应,雄壮有力,气势宏伟,穿透力极强!

每当春汛,一网收起,网包爆满,重达数千斤,乃至万斤,此时就需借助盘车将网包起上舱面。渔民们齐力推动吃重异常的盘车,铿锵有力、节奏感很强的盘车号子便起了鼓劲、协力的作用。盘车号子亦为领唱合唱形式。领:“哦哦山里唔幺!”合:“唔唔!”领:“山里唔幺!”合:“喂喂!山里唔幺喂喂!山里唔幺唔唔山里喂!”领:“真那个一个起呀!”合:“嗨呀罗罗哦……”

每当渔船返港,所有渔民都来到海边,喜迎亲人归来。团圆的喜悦,丰收的欢乐,欢快的号子响彻整个渔港。接潮号子、出舱号子、吊货号子、挑鲜号子、拣鱼号子以及卖鱼小调,夹杂着商贩的报价声,渔民的欢笑声……一组美妙无比的渔港交响乐回荡在渔港上空。

老坝港渔号子集生态性、完整性、音乐性、实用性于一体,是渔民生产、生活中不可或缺的精神工具。

20世纪70年代末80年代初,南通地区行政公署文化局曾组织文化工作者对南黄海渔号进行过一次较大规模的抢救性收集整理工作,老坝港旧场文化站组织相关老渔民进行渔号演唱,由工作人员记谱,整理上报,被收入《南通地区民歌集》,成为珍贵的历史文化遗产。随着海洋渔业生产船具、网具的机械化、现代化,渔业生产方式完全改变,南黄海渔号大部分已不复存在,成为历史的绝响。21世纪初,南黄海渔号成为舞台上的文艺节目,文化站组织部分渔民重新演唱老坝港渔号,参加各级文艺会演并多次获奖。

三、传说与故事

(一)土地会传说

相传,古代本地有一位老农,农历五月初二这天在田里做渔岸。当时天上神仙太白金星路过,十分奇怪,因为当时天气炎热干旱,田土干裂,这位老农为何还在做渔岸?便按下云头变成一农夫向这位老农讨教。这位老农说:“昨天天上响了雷,近日内便有大雨,‘雷打五月头,皇帝急回头’,连皇帝都不敢出门,可见雨量多大。”当日太白金星赶往西天朝见如来佛祖,询问近日内雨下在何方,如来叫太白金星到后园看水盆放在何方。太白金星一看雨在东方,正是老农做渔岸之处。太白金星十分惊奇,连神仙都不知之事,却被凡夫预料,便偷偷将水盆移至北方。五月初四日太白金星又到老农做渔岸之处,发现老农将刚刚做好的渔岸挖掉,便下来问老农这是何故。老农说:“昨天起了南风,雨向北方去了,五月初三南风刮,十条沟九条挖,我们只能靠深挖沟井取地下水抗旱了。”太白金星听后叹了一口气,惭愧自己做了一件坏事,回天后向玉帝请罪,并请玉帝批准封这位老农为土地神,并御赐关帝圣君于农历五月十三日将磨刀水洒于人间用于抗旱(因此农家有旱不掉五月十三之说)。当地农民从那时起,每户轮流牵头置办三牲供品至土地庙祭供土地神,春为清明,夏为端午,秋为立秋,冬为冬至,祭毕便到牵头这一户聚餐共庆丰收,便是土地会。

(二)白青菜的传说

相传古时,常有海潮流至本地,有一些本地渔民趁潮落之时出海打鱼。一次打鱼中遭风袭,渔船漂到一个荒岛上,由于饥饿寒冷,渔民们一个个都生病了。在生命垂危之时,渔民看到岛上有一种绿色的植物,便不顾一切张嘴就吃。说也奇怪,他们不饿了,病也好了,只是不知身处何处，回家不得。每天隐约中听到一种缓慢的似乎敲木鱼的声音，大家便沿着声音找去，发现了一个洞穴，洞中端坐着一位老僧，双目紧闭，大家便下跪求老僧相救。老僧问大家居住在何处，众人以实相告，老僧便问住于新场庙（即岱岳寺）何方，众答在新场庙东10里地。僧问新场庙白果树可结白果，众答结白果，老僧大怒骂道："此孽障尚存淫心！"便对众人说："我今指引你们回去，并送你们一包仙草之种，此草能治百病，有延年益寿之功能。你们替我将此黄纸条贴于新场庙白果树上即可。"众人按照吩咐顺利而归，依言将黄纸条贴于白果树上。据传老僧即是栽新场庙白果树之僧，白果树于是不再结白果了。从老僧带回的仙草即青菜，后广种于沿海之地，因为是由白果树起因带回的，当地人便取名白青菜。从那时起祭祖时每碗碗底均用白青菜垫底，上面放上肉、鱼之类的供品，以示是白青菜救了先祖之命，也是白青菜养活了后人，生活是靠白青菜当家的。

（三）挡穷神的传说

旧时每逢春节，角斜地区家家门上都贴上"喜笺"，屋檐上都插上芝麻秆，据说这是挡穷神、求大发。

相传姜太公姜子牙从昆仑山上学道下山已经72岁，娶了一个老婆马氏68岁。马氏因为满脸麻子，奇丑无比，根本嫁不到男人，正好姜子牙年老未娶到老婆，便娶了马氏。因为姜子牙运气太差，不管做什么生意都赔本，马氏一气之下又与姜子牙离婚。姜子牙叹了一口气说道："黄蜂尾上刺，蜈蚣口中针，两毒俱可以，不及妇人心。"便与马氏离了婚。后来姜子牙拜相封神，马氏一想她与姜子牙也做过夫妻，便要姜子牙也给她封一个神，姜子牙一气之下大骂"你是个扫帚星大穷神。"姜子牙本是愤怒之下大骂马氏的，哪知马氏一听十分高兴，因为姜子牙也给她封了神，便问姜子牙本神有哪些权力，该管哪些地方，姜子牙懊悔失言，却无法收回，便道："哪里最脏、最臭，你便管哪里。因为你满脸麻子，凡是人家干干净净有喜气，门上挂着有洞眼的帘子，那便是丑你的，你就不能去。"从此以后每家每户为了挡穷神，便用红纸雕刻上活像麻子的圆洞，取名"喜笺"（去穷气，喜气常现之意），贴在门上用于挡穷神，而且在屋檐上插上一本万利芝麻秆（因为植物中只有芝麻可象征利息对本钱的倍数大，而且名字中有个麻字，有羞麻子的含意）。

（四）"对联"传说

域内家家户户逢喜事或过年，都在门上贴上对联，据传已有几百年的历史。

清朝乾隆年间，南通出了一名状元，名叫胡长龄。一天乾隆皇帝问胡长龄家住何处，胡答：通州。乾隆又问是南通州还是北通州。胡答是南通州。皇帝顺口道：南通州、北通州，南北通州通南北。胡立即跪着答道：东典当、西典当，东西典当当东西。皇帝大悦：胡爱卿对得好。胡吹说：通州百姓皆会对对子。皇帝一听说：朕想到通州看看。胡一想糟了，万一露馅，则是欺君之罪，立即通知通州衙门做准备，号召百姓门上贴对联，以防皇帝去视察。一天乾隆真到通州乡下微服私访，看见一农夫在耕田，便指着狼山的宝塔说："宝塔尖尖七层四面八角。"农户一字不识，莫名其妙根本不懂什么对对子，只好向乾隆摇摇手，以示听不懂。乾隆便问胡长龄："农夫怎么不答对？"胡长龄说："已经答了，手掌摇摇五指三长两短。"这时有一户农户在上梁，鞭炮齐鸣，乾隆十分奇怪，因为当日是黑煞日，最忌上梁。便信步来到这户上梁的人家，询问是哪位风水先生选择今日上梁，风水先生立即上前跪拜于地，行三跪九磕大礼答道："不看黑煞日，难遇紫微星。"乾隆大惊，风水先生的答言不但成对，而且一语道破了他的身份，乾隆觉得通州人可怕，决定立即离开通州（实际上是胡长龄事先安排好的，为逼着皇帝早点离开）。从此通州有地位的人家十分讲究门上对子，凡是体面人家都贴有寓意深刻的对联。一般富裕人家常见："紫气祥云照庭院，玉海金涛放光华"；会书写的人家常见："笔绘玉乾坤，梅开花世界"；读书人家是："福星高照及第门，春色常留书香家"；富贵人家厨房是："一人巧作千人食，五味调和百味香"；清贫人家的厨房对联是："粗茶淡饭好日子，茅屋布衣度时光"。有一户人家生了三个女孩，觉得屋檐比人家低了三尺（过去有生男孩檐头高三尺之说），便自己写了一副对联贴在门上："松竹梅岁寒三友，桃李杏春风一家"，意思是虽生三个女孩，却十分清高，将来一定会开花结果。有一位徐姓地主，他将房子献给公家办起沿口小学，自己住进了三间小茅屋，靠当教师微薄薪水度日，年老无积蓄，便写了一副对联“两袖清风利国家，一贫如洗亏子孙”。相传沿口村民国后期有一个卖卤菜的叫陆本元，常有一些不三不四的人上门强吃不给钱，他便自己写了一副对联贴在门上“人恶人怕天不怕，恶有恶报；人善人欺天不欺，善有善果”。陈姓人家常贴对联是：“映雪堂风利千居，颍川君世传家声”。据传乾隆皇帝本是陈家所生，这副对联则是乾隆到陈家祠堂祭祖时恩赐的对联。陈姓人家以贴上此联为荣。改革开放的今天，人们也贴上颇具时代风格的对子，有一家理发店的对联是“美男子从头改革，俏佳人开发创新”，让人一看便知是理发店。学生家长送子女到学校，看到学校门前贴的对联：“家长生龙育凤含辛茹苦望子高升，教师培良造秀鞠躬尽瘁尽我天职”。真是催人泪下，这实在是：门上一对联，风格千万家。

(五)陆二尊神

新藏禅寺东厢房宗策殿内供奉一尊雕塑神像，未塑金身，头戴礼帽，身穿绸缎园寿字长袍，右肩背一包袱，左手夹一把晴雨伞，与众佛像有着不一般的装束，看上去像一位先生，这就是陆二爷尊神。

陆二爷，当地人称陆二爹，早在新场庙厢房供奉。“文化大革命”期间新场庙被毁。1989年经民间信众自筹搭建1间40平方米的房屋，民间艺人雕塑一尊陆二爹像，于农历八月初一在新场庙旧址举行陆二爹上座仪式，当天百余里的信众有数万人，人如潮涌般地向这里聚集，焚香叩拜。香灰堆积成山，敬香求签之人川流不息。陆二爹在新场庙周围近百里的人们心中总有一种能给人消灾降福，指点迷津的感觉，所以凡是到这里烧香的人，总要到陆二爹像前上香祭拜，占卜问事，讨方治病。

据说陆二爹是清代如皋县衙里的一名捕役，负责缉捕盗贼，姓陆，排行第二，名字已不可考。他嫉恶爱民，忠于职守，凡他经办的案件没有不破的。但他耿直廉洁，不善逢迎，故供职数十年，未能升官发财，去世后老百姓对他十分怀念。据说有一个杀人犯逃走，查访多日不知下落，有人在外县某地看见陆二爹像生前一样背着包袱夹着雨伞在路上行走，脚步仍像在世办案时一样匆忙。那人回来后告诉衙门捕役，捕役们立即派人到那里查访，果然捕获了逃犯。由此以后种种灵验说得神乎其神，都说陆二爹一生正直，有功于民，死后成神，于是公众集资为他塑像。但一介捕役位卑职贱，不好建立祠庙，只能立在城隍庙的厢房。从那后，凡是不能破获盗窃抢掠杀人放火等案件以及受疾病灾难所苦的人们皆来求陆二爹指点迷津、消灾降福。

(六)竹蛏的传说

在海安东部角斜宴请宾客时，蛏汤是一道必不可少的上等菜。蛏是海鲜中的一种。鲜蛏晒干叫蛏干，鲜蛏的高鼻梁是蛏鼻子。小的鲜蛏还没有成婚，叫“女儿蛏”，加之它细小，也称“米儿蛏”。做菜时鲜蛏以炒为主，而干蛏则以煨汤为主。还有醉蛏鼻子，则是上等的下酒凉菜；老坝港厨师用竹蛏炒竹笋，这“两竹”炒在一起的美肴，取名“炒双竹”。竹蛏鲜美可口，健胃养体，是名不虚传的传统海味名菜。

据说竹蛏出生在“深宫后院”，生长在“金銮宝殿”。原来，它是东海龙王的五姑娘变的，深得龙宫的灵气，所以由它做菜肴，味道鲜美。

传说东海龙王生有五个女儿，其中五姑娘是收梢的孩子，生得如花似玉，苗条的身材，高高的鼻梁，细皮嫩肉，人见人爱。可是她从小娇生惯养，好吃懒做，连龙王也看不惯。一天她正在厨房作威发狂，硬是抢吃厨师才做好的一道贡菜“玉斧砍桂”(即文蛤炒蒜苗)，偏巧龙王驾临御厨房散心，撞见五姑娘偷吃贡菜，一声吆喝，惊得海面掀起巨浪。五姑娘一听知道大祸临头了，忙逃到灶下，苦求烧火丫头搭救。烧火丫头很聪明，急中生智，低声说：“公主，现在你插翅难飞，只有委屈你啦！”五姑娘想只要不挨父王毒打，说什么也依着丫鬟，便说：“求求你为我做主！”烧火丫头指指身边的烧火竹棒说：“你就藏在这竹管里暂时避避！”五姑娘一看直摇头，心想我是堂堂的龙王的公主，躺进这里去多窝囊，再说我这么大的个儿……她不愿就范。烧火丫头心中有数，便命令地说：“快！现在还死要面子活受罪，还不钻进去啊！”半推半搡地将她塞进烧火竹棒，五姑娘只好无奈地待在竹管里。

龙王在灶前找不到五姑娘,便信步找到灶后,顺手抄起那根竹棒怒斥:“死丫头,你躲在哪儿?”将竹棒重重一敲,并说:“再不出来,叫你永世不得翻身!”谁知用力过猛,那根竹棒折断成几截,加之龙王的金口玉言“永世不得翻身”,从此五姑娘成了竹管中的芯子,后来被御厨房的杂役扫进畚箕,倒进沙土里了。久而久之,这藏在竹管中的五姑娘躺在海滩沙土表层下面,受到太阳的温暖,生儿育女。从此东海一带海滩里面常发现“有芯子的竹管儿”。渔夫把它扒出来,剥去竹节状的外壳,里面的肉鲜嫩可食,知道它底细的人称它为“圣虫”——海龙王五姑娘的子孙!这圣虫拼起来写即“蛏”,外形像竹节,故又称“竹蛏”。

(七)文蛤与玉斧

文蛤,是生长在黄海边滩头的一种贝壳类生物。它的外壳五彩斑斓,图纹精美;它的肉体像柄大斧洁白如玉,所以黄海边上人又称它为“玉斧”。

相传很久以前,有一天,黄海龙王正坐早朝,忽听一声呼啸,随着一道耀眼的银光直射海底,海水竟剧烈地颠簸起来,龙宫也被震得直晃。龙王和满朝文武无不大惊失色。龙王惊呼:“值星官,快快给我查清是何妖孽作祟?”值日星官领旨,带了虾兵蟹将火速出宫巡视。只见远处一柄大斧酷似白玉,闪闪发光,寒气逼人,直插海底。大海被玉斧劈开一道裂口,海水正顺着裂口快速奔腾而去。值日星官见状大惊,立即奏报龙王。龙王出宫一看,果有此事,马上下令文武百官火速前去取斧补海。文武百官哪知这玉斧的厉害,一个个被闪闪银光照得无法靠近。这时海水已越来越少。眼看不要多少时辰就要海枯宫毁了。龙王急得大叫:“哪一位将官能取出玉斧。我就封他为相,还要重赏!”话音刚落,只见一位将军滴溜溜直冲去。大家一看,原来是文蛤将军。只见他紧闭双壳,快速滚动,当他靠近玉斧时,大吼一声,把玉斧紧紧地夹进它那坚硬的贝壳里!说也怪,玉斧一拔出,劈开的海底,便慢慢地合拢了。不多时辰,黄海恢复了平静。龙王这才长长地舒了一口气,当即下令:“要严密保护文蛤,没有我的旨令,不能启开贝壳,以防玉斧脱出再次为害。”

这时,大家看到,文蛤将军那坚硬的贝壳表面,已被玉斧的银光照得五彩斑斓。为表彰文蛤将军取斧有功,龙王当着文武百官的面,破天荒地封文蛤将军为“天下第一相”。

事隔数天后,龙王去天宫朝见玉皇大帝,奏报了玉斧劈海之事。经玉帝查明,原来此斧是月仙吴刚用来砍桂的。由于斧柄折断,不慎从月中落下,酿成了斧劈东海之祸,幸被黄海龙宫文蛤将军排除灾祸。玉帝宣旨:此斧赐给龙宫永远保存。

龙王领旨回宫后,想起那玉斧劈黄海时,自己曾下旨说谁能取斧就封相重赏的。如今玉皇大帝既已将玉斧赐予龙宫,此斧又一直夹在文蛤体内,何不就此赏赐于他呢?主意已定,就宣旨把玉斧赐给文蛤将军。

又过了很长时间,文蛤丞相自感年事已高请求告老离宫。龙王准请,并特地在黄海宝地安排文蛤丞相定居养老。

自此以后,黄海滩上的人们便发现了大量文蛤,据说这就是文蛤丞相的后代。人们还发现文蛤壳内的玉斧也被后代保存得完好无缺,只不过,这些“玉斧”却成了人们喜爱的美味佳肴。大家在品尝之际都夸文蛤是“天下第一鲜(相)”。

(八)天下第一鲜

文蛤为什么被称为“天下第一鲜”呢?这里有一个有趣的故事。

清朝乾隆皇帝算是最会吃喝玩乐的一个皇帝。据传他每顿饭要七八十道菜,每道菜的式样、口味都不同,还要天天换花样。日子一长,山珍海味都满足不了,银耳燕窝也吃腻了。乾隆皇帝传下话来:“要是御膳房再做不出新奇可口的菜肴来,就要杀厨师们的头。”皇帝随便说句话不要紧,可把那些厨师吓坏了。有个厨师开口说:“我在扬州学手艺的时候,师傅告诉我,他做了几十年厨师,有一样‘清炒文蛤’的菜没做过,据说这道菜色白肉嫩,其鲜无比。”大家听后,也不管文蛤是什么东西,有没有这样鲜,病急乱投医,忙派人四处打听文蛤的出处。

消息传到乾隆皇帝的耳朵里,他不禁想起了

宋朝诗人梅尧臣“蟀螯与月蛤，寄自海陵郡”的诗句来。忙叫太监查问文蛤是何物，出于何地。不几天，太监来报，文蛤俗名蟀蛤，是生长在东海滩泥里的一种蛤蜊，出在江苏如皋县老坝港场的旧场。

古时候称泰州为海陵郡，如皋东乡、老坝港沿海一带均属其管辖。于是，乾隆皇帝就叫人到如皋县催征文蛤。如皋县县官接到京城文书哪敢怠慢，立刻差人到老坝港旧场收缴。

说也奇怪，那些海夫一听说皇帝老儿要吃文蛤，个个都不出海。原来大家害怕皇帝吃文蛤尝到滋味，经常来征缴，不得安宁。

那些差人收不到文蛤，不好回去交差，只得自己到海滩上去挖。这些人从来不劳动，怎吃得起下海的苦，不懂挖文蛤的窍门，胡乱地挖了二十多斤回去交差了。

厨师用文蛤做了四菜一汤，有生炝文蛤、清炒文蛤、油炸蛤饼、火烤文蛤和蹄筋文蛤汤。这些菜五味调和，色香味美。乾隆皇帝看了又看、闻了又闻，边吃边称赞：“美哉，鲜哉，真称得上天下第一鲜也！”

从此，人们就称文蛤为“天下第一鲜”。文蛤也被列为贡品，每年都要进贡到京城给皇帝享用。老坝港文蛤也就扬名四海了。

（九）乌贼的来历

黄海里有种奇怪的鱼，说它是鱼，实在不像，一没有鳞，二没有鳍，活像只肉袋子。说它不是鱼，它又能在水中游。这种鱼有一个本事，鱼虾要吃它，它能放出许多墨水，把水搅浑，自己趁机逃脱。这种鱼因像个贼，所以叫乌贼鱼，又因它肚子里有类似墨水的黑色液体，又叫墨鱼。

但是，乌贼原来生在南海龙宫，当龙王的师爷，舞文弄墨，出谋划策。一年，东海龙王与南海龙王闹翻了脸，真是“海水冲倒龙王庙——自家不认自家人”。南海龙王不服气，他派乌贼师爷潜入东海前去探听虚实。乌贼日夜兼程，游到了东海，便蹑手蹑脚地往东海龙宫靠近。

再说，东海里虾兵蟹将实在不少。巡海夜叉发现了南方来的这只肉头肉脑的东西，晓得来者不善，马上召来虾兵围上去。乌贼一看，大事不妙，赶忙放出一肚子墨水打算往回溜。不想这时正好赶来一群蟹将，它们很会浑水摸鱼，当即逮住乌贼，押进了龙宫。

东海龙王升堂审问。乌贼经不起拷打，招出了底细。东海龙王肺都气炸了，命令左右：“剥它的皮，抽它的筋，绑上钉板，发配到海边去充军！”就这样，乌贼鱼便一直留在东海边上挨日子。可它贼性不改，总是偷偷摸摸吃小鱼小虾，一遇上大鱼大虾就放出墨水溜之大吉。但再狡猾的鱼虾也逃不过渔夫的网。平时杀乌贼时，还能见到它的背脊上有块海螵蛸，据说这就是东海龙王绑它的钉板。

（十）泥螺姑娘与相思螺儿

黄海渔民在浅滩里捞泥螺的时候，常能看到有的泥螺身上附着一种小小的海螺。这种小海螺叫“相思螺”。相传有这么一个故事。

古时候，这一带海滩上住过一个小伙子，他没有大名儿，大伙儿叫他“苦侯”。

俗话说，靠山吃山，靠海吃海。苦侯的父母死后，没有给他留下一条船，一张网。他没法下海捕鱼，只有等退潮后到浅滩上去拾些小鱼小虾，挖点文蛤、蟛蜞糊口，苦侯心好，常常省下几个钱买点粗粮送给住在滩头上的一个孤苦的老头儿。

这事早就被同村里的一个小姑娘晓得了。这姑娘是老头儿几年前从海滩上领回来，送人家做“丫头女儿”的。这个海丫头眼看长大，出落得如花似玉，好似天女下凡。当地财主家的二少爷看上她，怀揣着鬼胎早早晚晚地打着她的主意。海丫头横竖不肯，却是三天两头往苦侯家跑，帮他烧饭补衣，舂米磨粮。二少爷见此情景又急又火，当即带人打着灯笼来准备抢亲。海丫头一看大事不妙，忙从后门逃了出去。谁知天黑路滑，海丫头又是慌不择路，一不小心跌到海汊子里，再也没有上来。二少爷带领家丁在海滩上到处寻找。这时，忽然狂风大作，海里溅起了怪潮，一下子把二少爷卷进海里淹死了。

几天以后，苦侯从海边捞到一只泥螺，这泥螺背上还附着一个小小的海螺。苦侯觉得很稀奇，便带回去问孤老爹。孤老爹捋捋胡子，笑哈哈地说：“苦侯，苦侯，你苦出了头啦！”当夜孤老头就不见了。第二天，苦侯家来了一个讨饭丫头，缠住苦侯不走，一心帮他拾鱼虾，挖文蛤，补衣服。

冬去春来，两个人互帮互爱，终于结成了夫妻。

一天夜里，苦侯做了个梦，梦见那个出走的孤老爹对他说：“你的老婆是海丫头变的，她本是海中的螺姑娘，那附着泥螺壳上的小小海螺，就是二少爷，他一直追着泥螺不放，害上了单相思，所以叫“相思螺”。由于他做了亏心事，见不得人，所以相思螺的头总是缩在壳内，上面还顶着一个盖子。”

梦醒了，苦侯看看身边的老婆，不看不像，越看越像，她正是那个海丫头妹妹。

（十一）三棵古树的故事

新藏禅寺白果树。相传，明朝时期有一云游僧人路过新藏庙，觉得此庙独立沿海之滩，于是栽下一棵白果树。据传此僧人云游过大江南北的500多座庙宇，每到一处就栽下一棵白果树。这棵白果村渐渐长大，枝繁叶茂。这棵白果树经历明清和民国时期的无数次的战争，无数次的炮击，特别是解放战争中国民党王牌军24师攻打驻新场庙的新四军，猛烈的炮火，竟然未伤其一枝一叶。久而久之，百姓称此树为神树。把它当作神一样敬奉。在新场庙遭受三拆的厄运下，白果树却依旧根深蒂固，越长越粗壮、越高大。粗壮得四个成年人手拉手才能合抱，高得直插入霄，人们不敢爬到树顶，站在十里之外都能望见树顶在空中摇曳。当夏天夜幕降临，它就成了鸟的天堂，鸟儿在树冠中叽叽喳喳，呼朋引伴。每当清晨之时鸟鸣之声更为壮观，就像是交响乐团奏出的清脆悦耳，旋律优雅的曲调，在空中回旋荡漾。

新场庙被拆除后，每当过时过节人们就在白果树下烧纸点香磕头，祭拜新场庙里的神佛。相传，清雍正二年（1724）此地遭到特大的海潮袭击。新场庙始建在栟茶河畔，海水倒灌漫过白果树顶，树上留下海草，这样的说法相传至今，流传方圆百里。直至“文化大革命”期间，开展“破四旧，立四新”的运动，公社才率造反派将白果树砍倒。此后，栟茶运河两岸的百姓偷偷地在该树遗址下用砖瓦搭建了一个简易的小屋，每逢初一、十五、二十五均到此上香叩拜该神树和庙里的神佛。

关帝庙内大白果树。旧场关帝庙内有棵大白果树。相传明末清初，有一道士来到黄海边，在旧场东南角一块地方盘坐休息，嘴里吃着白果，将其中一粒白果就扔在地上，第二年就发了芽，周围百姓说这是仙人种的树，于是好好保护。清朝初年又有一和尚从旧场经过，看到这棵白果树树形挺直，枝叶茂盛，就在此地化缘，建起一座庙，定名为关帝庙。这棵白果树高30多米，树干粗壮，人们在四五里之外都能看见这棵白果树。抗日战争时期日本人侵占李堡，想将这棵白果树锯走。锯子锯了一道口子，从口子流出的是红色液体，当地老百姓对日本人说这是棵神树，流的是血，日本人一听也就被吓跑了。解放战争期间，新四军要制造手榴弹木柄，将这棵白果树锯走，所以这棵白果树为全中国的解放也奉献了它的“全身”。

吴其奎墩子大槐树。老坝港曾经有位先生叫吴其奎，自从他的祖先从苏州迁居来之后就一直住在黄海滩的川港北岸。因为他的住宅是个海滩上的高墩子，每天潮涨潮落都从墩子周围经过，加之人民解放军总参谋部第一张军用地图就有以吴其奎墩子为坐标的地名标记，因此“吴其奎墩子”很出名。吴其奎墩子上有一棵槐树，大约有200多年的历史。树形高大，枝叶茂盛，树干需6个成年人围起来才能合抱，高有30多米，下海的渔民常以这棵树为路标，只要看到这棵树，就不会迷失方向，在四五十海里之外都会看到这棵槐树的树影。1959年挑盐场时才将吴其奎墩子挖平，大槐树也被挖掉。

第八节　民间艺术

一、角斜花鼓

“海安花鼓”本是流传于海安东部地区的民间舞蹈，源于角斜王家墩，流行于旧场、富滩，以及如东浒澪一带，古称“角斜花鼓”，旧场人称“旧场花鼓”，浒澪人称“浒澪花鼓”。

“角斜花鼓”原以说唱为主，歌舞部分主要集中在“打场子”，亦称“闹场”。每当春节或乡村庙会、迎神香火会，均为花鼓活动的时候，特别是正月灯期到二月二最为盛行。演出先由狮灯、马灯、龙灯闹场，此时锣鼓大作，再由花鼓出现打开表演场地，群众围坐观赏。

角斜沿海一带庙会繁多，仅角斜就有大小庙宇10多个。每年“不管年丰与年歉，家家争买上元灯”，较有影响的艺人都要带班子云集庙会，有时甚至有10多个花鼓班子同时演出，角斜人把它称之为“花鼓擂台”，成为群众自发的艺术竞赛。请来花鼓班子要敲锣打鼓，鸣放鞭炮，角斜地区有句俗语称：“请花鼓要请三年，不请三年就要遁事（遁事：为角斜地域内的方言，意即不吉利，不顺利的意思）。”

“角斜花鼓”主要人物有3个，女角称“红娘子”，男角称“上手”，丑角称为“骚鞑子”，另有花鼓表演队。表演顺序为“头唱”“莲湘”“粮船”“荷花”。

头唱，由花鼓队打圆场，引出“上手”“红娘子”和“丑角”。主要是“红娘子”和“上手”双人歌舞，表现男女相互爱悦，玩乐嬉戏。

莲湘，主要表现者为“上手”“红娘子”和7个花鼓手打圆圈，他们根据优美动听的音乐“穿心调”，打出节奏强烈的“莲湘十八把（或二十四把）”。

粮船，形同苏北民间舞蹈中的“荡湖船”。由2个花鼓手各肩负1名女角（称骑杠马儿），二人牵手围住“红娘子”，交错起伏，根据音乐节奏，呈行舟状悠悠过场。

荷花，是整个舞蹈的高潮，8名男青年肩上各有1名少女，围住上手（或抓草圈），在强烈的器乐和伴唱中，不断把“上手”和“红娘子”“撬”起来，形成荷花开放的图案。

“角斜花鼓”的曲调来自当地的民间小调，由《花鼓调》《穿心调》《侉侉调》等优美曲调组合提炼而成。其舞蹈动作大多是从农民生产和日常生活中发展起来的。如“收割”“插秧”“摘棉”的动作，又如“风摆柳”脱胎于杨柳迎风摆的动作。“撬荷花”源于荷花开放的姿态。“麻雀移步”“鸭子点头”则是模拟动物的动作形象，等等。

“双腿前后交叉站，右大左小臂划圆；摆头屈膝微微颤，舞姿荡扭三道弯”，是“角斜花鼓”舞蹈动作的特征和基本规律。舞蹈动作“三步两搭桥”“蝴蝶结绕花蕊”“风摆柳”“莲湘圈子”等始终贯穿这一特点。舞蹈结构严谨，比较强调男女角色间的感情交流。队形与造型简练质朴，舞步严格按照“男进女退”或“女进男退”的方式。双臂晃动的幅度始终是“大小上下，左右不一”，左手动作大，右手即小；左手在上，右手即在下等。其代表动作“三步两搭桥”的具体做法是：

准备，两人相对而立。

第一，女左脚向右前上一步，两腿为重心，“颤动”，“右划圈”。男右脚向左后撤一步，右腿微向前抬起，双膝微屈“左划圆”。

第二，女“颤动”，“左划圆”。男左脚落地为重心，“颤动”“右划圆”。

第三，女左脚向右后撤一步，两腿为重心，“颤动”，“右划圆”。男右脚向左前上一步，左腿微后抬起，双膝微屈“左划圆”。

第四，女“颤动”，“左划圆”。男左腿落地为重心，“颤动”，“右划圆”。

“角斜花鼓”道具是“红娘子”左手持花鼓，右手持红绸纸扇。“上手”左手拿堂锣，右手持锣板。表演“莲湘”时则手执莲湘花棍。“丑角”右手执蒲扇。

“角斜花鼓”的曲调来自当地的民间小调，各小曲均有“曲牌”（或称“调名”），如《花鼓调》《莲湘调》《穿心调》《侉侉调》等，曲调优美。诸曲调经常有“56　5611——”这种七度音程的大跳，这也反映角斜地区乃至海安地方民歌的特色。以锣、鼓、钹、小锣四件打击乐器伴奏，各自掌握节奏，只有在“落板”时，由执大锣者发出一个强弱变化明显的节拍作为信号，各打击乐器即顺其节奏“落板”，民间把这种充满乡土气息的打击乐戏称为“海安的锣鼓——各打各”。

民国三十年（1941），新四军进驻角斜地区，在新四军宣传文化干部的帮助下，角斜花鼓艺人、家住王墩村的卞文学，把其高祖辈流下的花鼓加工提高，重新填词，配合“减租减息”工作队进行宣传，率先吸收女青年参加花鼓表演，改变男扮“红娘子”的传统习惯，并将“打场子”从花鼓表演中分离出来，形成独立的花鼓舞蹈形式。

民国三十一年（1942）夏，角斜民兵巧借表演花鼓为名，潜入敌人据点，配合新四军一举端掉了伪军炮楼，清除了汉奸数名。

1951年，江苏省歌舞团根据海安文化馆叶光荣（女）搜集整理的资料，将角斜花鼓精心提炼，改编成歌曲《看谁登上光荣榜》，由著名歌唱家薛飞演唱，获全国一等奖。

1980—1983年，县文化馆胡润农等人几次到旧场、角斜采录花鼓的民间音乐；为配合舞蹈挖掘工作，旧场和角斜文化站干部组织当时两乡镇的民间老艺人联合排演并拍照。这些老艺人还去南通进行演出。纪荣俊等老艺人后来还参加赴北京的演出活动。旧场文化站编排的《花鼓灯》由时春银、尹玉华、李祝梅和王均美等表演，先后3次赴县演出，并由中央电视台派人拍摄。

1983年4月，县文化馆杨培杰根据角斜花鼓的音乐旋律和舞蹈动作，撰写了《海安花鼓》，编入国家“七五”规划重点艺术科研项目——《中国民族民间舞蹈集成》。

1984年、1985年，南通市文化馆，省群艺馆数名专家老师多次到角斜王墩深入基层采风。

1986年6月，海安县文化馆集体创作表演的《花鼓情》应邀参加南通民间艺术赴京汇报演出，并在中南海怀仁堂向中央领导做专场演出。

国庆50周年，“海安花鼓”改编成大型广场民间舞蹈，320人的表演方阵参与北京的庆典表演。海安花鼓队获“优秀表演团体奖”，角斜镇青年舞蹈演员汤惠、许百惠等人参加演出，其中，汤惠荣获国庆50周年活动指挥部颁发的“优秀演员证书”，剧照以及演员花名册展放在角斜红旗民兵团团史陈列室内。同时，应邀赴京的《花鼓情》演出组，参加了首都国庆五十周年游园活动，在天坛公园为中央首长及首都群众汇报演出。

2001年，角斜镇组织编排的《角斜花鼓灯》参加南通市百镇文艺会演，荣获优秀创作奖和表演奖，同年江苏卫视、中央电视台专程到角斜拍摄播放。

二、角斜“兴灯”与“扎灯”

角斜古称“飞家滩”，又叫角斜场，其“兴灯”的历史可追溯到明代初年。其时角斜小镇人烟稀少，商业萧条，民间流传着“无事上街小破财”的说法。除了节日，其余时间一般百姓不怎么上街，商家店铺门前冷落。为凝聚人气，商家开始“兴灯”运作。

所有商家店铺，都用木头制作一个与众不同的亭子，标上府门姓氏。亭子以四周翘角，装有各式灯笼。一般由4个人或8个人抬着行街，商家和家小走在亭子的前后，向四方乡邻挥手谢意，并燃放鞭炮。抬“亭子”的青壮年称之为“抬角”。这样还不够热闹，于是，请出寺庙的僧人，用木头制作一个“锣鼓棚”，4个底角上装有木头盘子由小和尚推着棚体前行。“锣鼓棚”的四周也装挂各式“灯笼”，棚的顶端摆放着一个“大牡丹碗儿灯”，牡丹灯的四周剪贴着各类名花名草。花草丛中，又有“小牡丹碗儿灯”相对照。8个和尚坐在棚内，锣鼓大作，歇下来便又是吹拉弹唱。有的小富商家，虽制不起亭子，但也要找个名堂参与热闹。于是，就用木头雕刻一个“龙头”，带上红花，披上彩带，龙头下系挂着一个花篮，并张有“烛灯”。尾子为“凤尾”，下面系着一根大红须子，一个十八九岁的姑娘，身着古装戏服，左手拿着“龙头”，右手摆弄着凤尾，跳呀、走呀，跟着队伍行街，人们称之为“王家倒花篮”。“兴灯”一般在“清明”和十月（招）初一举行，后来年年都有新意，并相继增加“踩高跷”“十三摇台”“荡圈精”等表演。

“十三摇台”，就是用木板制作一个平面，下面装着底盘旋转，一个人走在前面表演，其余十二个人抬着前引。木板上，用老花布棚起一座“假山”，“假山”的四周有走兽、仙鹤、草、虫，并伴有刘（备）关（羽）张（飞）的塑像，边行走，边转动着底盘，招引着两旁的百姓。

所谓“荡圈精”又叫“圈精”。它用木头制作一个大圆圈，有底垫，形状好像“纺车”。中间有一根木头轴心留着摇动，6个姑娘身穿戏服，手拿纸扇、花束，坐在上面，两腿并齐，脚蹲在前面的木板上。开始前行，姑娘随着圆圈慢慢旋转，不时向两侧围观的人群挥舞花束，摇摆折扇。停下来，6位姑娘坐在圈上唱古戏文。

“兴会”的道具连年推陈出新。能工巧匠把原有的木质结构改为竹篾材料，糊上各色画纸，里边点上蜡烛，扎起了“兔子灯”“上元灯”“马灯”，二月初二“龙抬头”，正月月半闹元宵，“龙灯”“狮子灯”“荷花仙子”“挑花担”……原“兴会”渐渐演变成“兴灯”。

角斜“扎灯”的祖师爷要数西街头的韩九爹。韩九爹原名韩文意，由于兄弟排行老九，角斜人称他为“九爹”。据说，韩九爹的高祖父从如皋移居角斜后就开始扎灯，扎什么像什么，以“灯”糊口。一些大户人家的公子、千金，过年时分都要买灯游玩。韩九爹扎灯的生意一直很好。

王子模，男，1910年农历二月二十八日生，家与韩九爹相邻，从小有事无事地看着九爹扎灯，十四五岁时，王子模渐而学到扎灯的精巧手艺。王子模因有田亩在乡下，1942年春天从西街头迁到天奎4组，西街头只有其父母居住。此人2000年农历十月初六日去世。

王钧璧，男，1927年11月11日出生，家住角斜村15组（原墩里村10组），他七八岁上学堂时（私塾）天天经过韩九爹的门口，看到扎灯觉得好玩，有时就长时间看着九爹“扎灯”。时间长了，跟九爹成了熟人，韩九爹扎龙、狮子等走兽灯时，便叫王钧璧帮助拿拿接接，王钧璧成了九爹的小帮手。王钧璧十五六岁开始学着扎灯，与王子模也成了熟人。由于王钧璧的父亲比王子模大几岁，又是朋友，九爹去世后，王钧璧在扎灯的技巧上得到王子模的指点，在扎灯艺术中两人又经常联系，久而久之，便成了搭档。

角斜人扎龙，扎狮子，扎走兽和扎古人，与其他地方的有所不同。比如扎龙、扎狮子，头部与身体比例得当，有棱有角，凹凸分明，装裱精致，给人精神、威武的感觉。新四军东进胜利后，角斜人自发组织“兴灯”，一来庆祝解放，二来宣传党的土改政策，有力地配合了“二五减租”运动，受到了新四军领导的赞扬。

角斜“兴灯”与“扎灯”的历史延至当代，一般情况下每隔三至四年都会展示一番，旨在“庆丰年五谷丰登，贺新春人丁兴旺”。

第九节 文物古迹

一、名人故居

（一）汪氏故居

汪家在角斜家业甚大。汪氏故居整个建筑共分三个部分。中部为汪瑶甫定居角斜时构建，前宅为九十世汪冰臣扩建，西宅为九十一世祖汪文伯另建。清末民初，汪文伯聘请扬州建筑师来角斜设计布局并组织施工的西宅，中间有一条宽大的长巷，连通前后大门，两侧是对称的住房，西侧主房是前厅后堂，中间照堂，照堂前的屏风连厅，后与堂屋连成合厢，中留小天井，高廊檐。堂屋的门槛和门扇可视季节不同移动使用。大门窗大玻璃，铁门框。堂屋与火巷之间设套房，套房前后有小天井，并于耳门通火巷。火巷中段建阁楼，连通两侧住房。火巷的山墙上有风火墙，墙面用铁巴锔及柱子拉接。雨天不湿脚，热天有凉风。

汪家在临街大门旁建有十多间两层楼的店房，和大门连在一起，称“南家楼”。汪家老小站在门楼之上，居高临下，观看四时八节的灯彩。据说汪家住宅南北100多米长，东西80多米宽，从永丰巷南北一线以西，北至西街头，门面朝街心，南至南河永丰桥北首。整个建筑恢宏壮观，有徽派建筑风格，明代建筑特色兼容了扬州建筑的构架，结合了海边地理环境建筑的特点。标志性建筑主要有望海楼、南家楼、花月楼。传说中，汪家宗祠较大，香火不断，先祖依次排列有序，祠中供奉的祖宗牌位上均雕刻虎头图案。汪家不仅有庞大的家产，而且拥有数千亩土地。在西街设有粮仓。常年雇工在家料理家务。伙计们每天从井里挑水回来，一般前面一桶井水专供淘米、煮饭、喝茶、洗菜、洗碗、洗碟、洗锅、洗筷之用，后一桶水专门留着洗洗衣服、浇浇花草和菜园。汪家待人比较宽厚，家中除开了各种商铺之外，还开了木行，经营木材生意。西三里桥的蔡木匠常年受雇汪家，修缮用具、房舍。蔡木匠的绝活是制作“土料”（即棺材），他生产的土料式样庄重、尺寸合理。伙计、佣人或佃户家中有人去世，汪家主动提供棺材，分文不取。

汪禹门、汪鲁门长年在外做官，回来后小住几日总要到店铺里看看。街上人听说老爷回来了，每次都有穷人家的孩子（叫花子），冲着老爷要钱。因此，老爷每次上街，身边都要抓上铜钱，留着抛给孩子们。

癸酉年，汪禹门谢世，安葬时，通州来了一个排的兵参与送葬。汪家人口甚多，送葬的队伍犹如一条长龙。葬于天奎村东六十亩汪家墓地，“文化大革命”时期遭掘。在世时，汪禹门曾独资兴建南河永丰桥，出资修路，疏浚河道，开凿水井数口。

汪家房舍一部分毁于战事。汪氏家族在角斜兴建的老宅虽已荡然无存，但汪家祖先开凿的水井还在，与人积德、慈善为怀、开启文明的精神还在。

（二）汤百万故居

汤百万，祖籍河南中山。宋代治平时期，高祖任苏州府州吏，居住苏州阊门，开了一家当铺，家境殷实。后移居角斜场，住角斜场西街头南侧。

汤姓移居角斜后，靠着雄厚的资金优势，很快建家立业、打造海船、置办盐场、花钱买田。相传到清朝咸丰年间汤家发展到鼎盛时期，拥有家人、伙计、杂役超过百口。汤百万在角斜南街有店铺5家，经营当铺、茶食店、饭店、杂货店、鱼行，字号“德实”。角斜场周围汤姓有粮田、草田300多亩。汤百万遇到难民乞丐都用升斗装满铜钱抛撒施舍。

汤百万之子汤宝楼为纨绔公子，去如皋参加乡试，屡试不中。汤百万之孙取名汤元宝。家业开始衰败时，有人说，汤姓从“百万”家产一直到一个“元宝”。汤百万将祖上置办的土地分给8个儿子，堤南去4个，堤北去4个。堤南4子的后人住在墩里、天奎一带，堤北4子的后人住在王墩、三洋一带。去堤北4子中有2子住在汤灶和三洋村交界处，围着祖上的草田，建灶烧盐，建有盐灶20多口，在当时可谓是角斜北区的烧盐大户。1915年，张謇在角斜北建大赉公司，毁灶垦荒，盐灶统统被毁，灶地变良田。由于当时汤家的盐灶最多，因此，人们俗称为“汤家灶”，汤灶村即由此而得名。

二、著名纪念地

（一）王墩烈士墓

王墩烈士墓，始建于1947年11月下旬，坐落在原王墩八组，占地14亩，烈士一人一冢。当年来南乡党组织、民兵大队发动群众有钱出钱，有力出力。不少老百姓献出了米柜、睡柜、门板、铺板、白布等，还有的献出了家中为老人预备的棺材木料，然后集中安葬为解放角斜牺牲的88位烈士。

1967年，江苏省军区副司令员傅绍甫少将率工作组来王墩村蹲点，工作组的全体同志深深缅怀了遇难的战友。并建议将烈士墓迁至王墩村九组，占地为11.4亩，由一人一冢改为队形序列排放，就像一支待命出发的队伍，并在园内栽种了数百棵苍松翠柏和千姿百态的花草。1972年5月，角斜人民公社又为王墩烈士墓立碑建陵，改称王墩烈士陵园，园内枝繁叶茂，花香怡人，景色别致。烈士纪念碑高11.18米，寓意1947年11月18日是角斜被解放的日子。碑座占地100平方米，碑的底座1米高，长10米，宽10米，建有陵墙。陵柱12根，碑底长1.2米，南北宽0.8米，坐北朝南。整个建筑风格仿照天安门人民英雄纪念碑，碑的顶部为半齿轮状，正面有一手握钢枪的解放军半身塑像，其余三面塑有向日葵图案，碑的正面镌刻着“革命烈士永垂不朽”8个大字，碑的背面底座上为角斜人民公社革命委员会题写的碑文。1960—1985年，王墩烈士墓每年都要接待栟茶、浒澪、新街、唐洋、李堡、丁所、旧场等周边10多个乡镇的几十所中小学学生和本镇的党员干部、群众前来进行扫墓活动。每年扫墓人数都超过5000人。清明节前后扫墓队伍连绵数公里，好似一条长长的巨龙。老一辈无产阶级革命家、军事家粟裕、许世友、傅秋涛、段焕竟、林维先、管文蔚、成钧、谢克东、陈丕显、江渭清、邢白、周一峰等中央和省市领导先后多次到王墩烈士陵园参加扫墓活动。1989年,王墩烈士陵园迁至角斜镇区民兵团史绩陈列馆东侧。

附:王墩烈士墓碑文

祖国的优秀儿女,我们子孙万代永远怀念的亲人——伟大的中国人民解放军华东野战军第三十二旅九十四团的八十八位同志,为了拯救受蒋匪和地、渔、盐三霸残酷剥削和压迫、处在水深火热之中的角斜人民,于一九四七年十一月十八日在解放角斜的战斗中英勇杀敌,光荣牺牲。我们一定要继承革命先烈的遗志,踏着革命先烈的血迹,永远沿着无产阶级革命路线与广大人民一起团结战斗,将社会主义革命进行到底,为实现全人类的解放事业而努力奋斗!革命烈士永垂不朽!

中共海安县角斜人民公社委员会
海安县角斜人民公社革命委员会
一九七二年五月

(二)角斜烈士陵园

坐落于角斜镇"红旗民兵团"史绩陈列馆东侧,原角斜镇人民政府东北角。高高的纪念碑矗立在苍松翠柏之中。1987年3月,中共角斜镇党委政府决定在纪念角斜解放40周年之际,将为解放角斜英勇献身的中国人民解放军华东野战军第三十二旅九十四团牺牲的88位烈士的忠骨,从王墩烈士墓迁到角斜镇镇区,重新设计建造烈士陵园。整个建筑工程从1987年3月24日动工,9月底完工。然后进行迁葬。12月1日,中共角斜镇党委政府隆重举行了角斜烈士陵园揭幕仪式。江

图20-2 角斜烈士陵园(高宝生摄于2017年)

苏省军区副司令员谢中光,南通军分区领导和海安县委、县政府,海安县人武部,海安民政局负责人出席揭幕仪式。谢中光为纪念碑撰写了碑文,碑文如下:一九四七年十二月一日,中国人民解放军华东野战军第三十二旅九十四团在解放角斜的战斗中,有八十八位烈士安葬于原王墩村烈士墓,在纪念英烈牺牲四十周年之际迁忠骨。

角斜烈士陵园,进园为石牌坊,牌坊正中的横匾上"浩气长存"4个大字和两边石柱上"壮志洒热血,丹心为人民"及纪念碑上"革命烈士永垂不朽"8个大字,均由国务委员、国防部部长张爱萍上将挥毫题就。纪念碑方形如漆黑棺材造型,内安葬着从王墩烈士墓迁来的88位烈士的忠骨。

2000年9月,角斜镇党委决定,将在抗日战争、解放战争中英勇牺牲后分葬在全镇各地的18位烈士的忠骨也集中迁墓于此。他们是康健、赵九才、徐瑞盛、王天奎、吴国成、吴国志、顾用凤、苏春富、缪三桥、缪四里、邱根宝、朱六情、董继和、龚云章、周正余、朱福根、冯祖江、汤情。

角斜烈士陵园建成开放后,每年清明节,角斜镇机关、企、事业单位的干部职工及周边学校的学生都前来进行扫墓活动。角斜烈士陵园已成为青年民兵进行爱国主义教育的基地并向镇内外的游人开放。

(三)沿口烈士陵园

建于1968年秋。位于沿口集镇区人民东路,沿口中学和沿口敬老院之间,紧贴丁沿公路北侧,陵园总面积为1万平方米。

沿口烈士陵园历史上曾两次修建。1975年春,建造了纪念塔。1997年又对陵园进行了布局上的整体修建。纪念塔由六棱梯式塔基和立方体塔柱组成,塔高23米,寓意23位烈士永驻人民心中,千古流芳。塔上的题词皆仿毛泽东主席的手写体而成,正面为"为人民而死,虽死犹荣",背面为"革命烈士永垂不朽",左侧为"生的伟大,死的光荣",右侧为"鞠躬尽瘁,死而后已"。

烈士墓占地374平方米,砖瓦、水泥、琉璃瓦围墙。正面是用大理石雕刻的23名烈士及碑文。23名烈士为:陈吉甫、周银生、居宝连、居宝奎、吴方林、顾有才、胡文光、顾庸来、周文玉、康贻鼎、顾培生、罗发元、吴正德、张广涛、翟十准、

徐兆瑞、夏文华、季于田、陈宝山、陈宝文、王广英（女），另外还有2名不知道姓名的解放军战士。碑的右侧记述着烈士们在当时潍河、范堑、沿口乡以及堡河口、栟茶一带，坚持敌后武装斗争，拯救苦难群众而英勇献身的不朽事迹。背后为烈士忠骨安葬处。

附：沿口烈士陵园碑文

沿口人民公社，东至潍河，西至堡河，系解放战争时期的潍河、沿口、范堑三乡组成。

敌占时期，广大人民处于水深火热之中，我区乡干部在中国共产党的领导下，发动群众，组织群众，坚持武装斗争，英勇顽强，不屈不挠，前赴后继。陈吉甫、周银生等二十三位同志，为人民的解放事业壮烈牺牲，为缅怀先烈，教育后代，继承革命传统，弘扬爱国主义精神，完成先烈未竟事业，建设祖国，繁荣家乡，于一九六八年秋建成烈士墓，一九七五年春建成烈士塔。

中共沿口人民公社委员会
沿口人民公社革命委员会
一九七五年三月

（四）老坝港烈士陵园

1998年筹建，2000年12月落成，当时占地10多亩，后来又扩展到13.2亩。烈士陵园坐落在老坝港海港村17组西边，南紧靠老221省道，西交界于建场村的百合坝河。陵园前面有四根圆形柱牌坊，中间横楹上“老坝港烈士陵园”的几个大字，远远映入眼帘。园中间有座2米多高、边长10多米的正方形塔台，南北有台阶从上而下，塔中间有一座20多米高的四柱方形纪念塔，塔南面上端镌有“日月同辉”，中间刻有“浩气长存”，以示对革命烈士的缅怀与纪念，塔北面竖立着顾理昌、李德明捐赠的“老坝港革命烈士纪念碑”一块，碑上刻着“革命烈士永垂不朽”字样。

为了老坝港烈士陵园的兴建与完善，特别是为了让遗漏的革命烈士入册入园，北京离休老干部顾理昌奔波多年，最终如愿以偿。他的义行善举，感动了家乡人民。2004年，顾理仲、顾国平、王承福和镇海村、川港村捐资在碑上建起六角亭。在纪念碑北2米处的地面上镶有“月亮”图案，地下埋葬着1947年槐树口战斗中牺牲的18位无名烈士遗骸。

纪念碑左右两旁先后在2001年3月、2010年清明、2011年清明节前建了五堵烈士墙，墙上雕刻52名烈士的生平简介。

2014年，老坝港烈士陵园又进行全面修缮整理，园内活动地域全部浇筑铺贴了大理石，通道路旁都是绿化带，平时有专人管理。老坝港烈士陵园成了少年儿童、青少年革命传统教育、爱国主义教育的基地。公墓碑文介绍了旧场槐树口战斗情况。

三、古墓园

古墓园，位于角斜镇五虎村十组、一组、二组。占地8万平方米，一条南北走向的牛车路，把它分为东、西两半。两面均为乱坟岗或称“异种地”。

角斜东街有户殷实人家，男主人名叫申联辉，夫妇二人生了两个儿子，不怎么聪明，以为前世余殃所至，便在角斜街上修建“一善堂”，同时花钱买下东4万平方米，积德行善，让无地可葬的贫苦穷人死后得到安息之地。申联辉在东4万平方米矗起牌坊，曰“今生不修修来世……”凡是无地安葬的贫民，只要跟申联辉说一声，便划地安葬，不收分文。

西4万平方米和东4万平方米相似，传说是阴间里的“杀场”。东灶有个赵南章，娶了一房小媳妇，定居在当时的福星村（现角斜村五组）。此人身强力壮，能说会道，西4万平方米便由他代管。春夏放牛放羊，秋冬割草卖钱，如若有人亡故，只要交上几文钱，便可圈地安葬。此地亦为刑场，凡触犯律条之人常在此行刑。人们在埋葬棺材时常发现“坑底下”还有“棺材”，为了讨个“吉利”，管它叫作“官上加官”。1958年“大跃进”运动时期，开挖红星河，疏浚横港河，4万平方米的墓田变成了粮田。

四、古墟市

（一）石板街

位于古角斜中街，是角斜镇政府老办公地门前东西走向的一条步行街。东至食品站东80米的“东圈门”，西至西街头“三角洲”的“西圈门”。

南北走向的钱粮巷、府前巷、衙门巷、永丰巷与此相通。全长500多米的石板街，尚存的还有两段，长200多米。

石板街所有石材为苏州麻黄石。中间石板横铺，石板长100厘米，宽30厘米，厚10厘米。两边石板一边一块，竖铺在横石的两侧，石板长80厘米，宽30厘米，厚10厘米。

据传，这条石板街为第二次铺设，由清代中叶徽商汪氏出资修建。之前，原有一条青石铺成的石板街始建于唐朝。角斜街头巷尾还可寻觅到一些长条形状的青石残留。

石板街是古代角斜的街道，两侧为商业店铺，有的是石灰粉刷的墙面，有的是青缝砖墙，加上一色的青小瓦加盖，有明代挡火墙的痕迹，又有江南水乡与徽派建筑相融的风格。店门为木板跶子门，上下有槽口，早卸晚上，门内以横木作门闩。主要店铺有鱼行、米行、粮行、布行、八鲜行、南北杂货店、点心店、饭馆、茶馆、书场……

（二）衙门

角斜古代为盐场，设官掌印，其办公场所俗称为"衙门"，而实际全名叫"角斜场盐课司署"，其中的"课"有征税的意思，"署"就是办公场所。元代及以前并无相关记载。有关明代、清代的角斜衙门记载，见于《淮南中十场志》《东台县志》《两淮盐法志》等，有文字也有地图。

明洪武二十五年（1392），角斜衙门创建于首任大使张伯才，在旧场村，有正厅3间、书房2间、仓房3间、门楼1座，另有大使宅1所在衙门东边。明弘治三年（1490）大使张景廉又在正厅南面建了1间有窗的房屋（前轩、卷厅），又在两淮泰州分司判官徐鹏举的参与下在大厅北边建海晏堂。弘治十二年（1499），泰州分司判官曹豫改建海晏堂为公寓。嘉靖元年（1522）、嘉靖十八年（1540）、嘉靖二十四年（1546）3次海啸将角斜衙门摧毁，嘉靖二十五年（1547），大使李桢（清雍正以后改叫李征，为避讳雍正帝）大规模地修建。嘉靖三十年（1552），角斜衙门界址一圈长160步，古人一步相当于1.3米，它是指两脚叉开的距离，可见角斜衙门周长208米，比栟茶长一些。角斜衙门有53个房间，这几乎是栟茶的两倍。到清康熙十二年（1673）时，角斜衙门包括海晏堂都已经荒废、倒塌，此时租借民房。雍正二年（1724）角斜场衙门被特大海啸冲毁，不复存在，官员只能租借民房办公。乾隆三年（1738）大使黄三俊改于费家滩（角斜老镇区，又名富家滩）重建角斜衙门，此后多次修复。有人说衙门迁回旧场，并无依据。假如真的迁回旧场，那么为何还叫旧场呢？哪有当官的把自己驻扎之地称为旧物？乾隆十三年（1748），角斜地图上，在旧场那里标注"角斜衙署旧基"，也就是原来的衙门遗址。嘉庆二十二年（1817），角斜衙门有42间房。至光绪年间（1875—1908）角斜衙门规制为：大门朝南，有照墙1座和东西牌楼。进去就是仪门，门内东、西向吏廨（衙门各房）各3间，南向神祠1间，账室1间。中间是大堂3间，东北为厢房8间，再东为客厅3间。东南边特出来的是财神堂1间，书屋2间。大堂后面是二堂3间。再后面是住宅两进，住宅西边朝南的一间是签押室，朝东是厢房，各两间。庖室（食堂）在衙门的东北角。

民国时期角斜衙门，即栟茶（含李堡）和角斜合并起来的栟角场知事署，民国三年（1914）设。衙门设在角斜影剧院偏后，距离原角斜村3队大场东南方向80米，坐北朝南，四合院落，占地1亩多田，东西三四间砖木结构瓦房，两侧为厢房。老爷、师爷，加之举牌的、拿棍的、叫喊"威武"的衙役统统在内约七八人。

衙门老爷上任后，在大街小巷视察，前面是衙役鸣锣喊话开道，接着两名衙役，身着兵服，腰挎佩刀，并列前行，轿后衙役护卫。据说老爷分别巡查了东街和西街，摇头叹息曰："何为圈？关猪也。"沉思片刻发话："把它改了！"于是把"东圈门"改成了"东作门"，"西圈门"改成了"西成门"。据说老爷是引用司马迁《史记》中的话，寓意为"太阳一出劳作开始，太阳西沉工作结束"。

角斜衙门的大门前有两位衙役把守，百姓可以击鼓。进门后，不远建有一面挡堵墙，墙的中央画有一个大圆，里面书写一个"衙"字。天井过去便是"大堂"，两侧衙役手持红色棍棒，举有"回避""肃静"的牌子。早年角斜衙门只受理盐务，后期管上民事。到了清末，角斜街上居世德祖上曾在"衙门"当过差，角斜"东包场"的祁谋广穿过官服，戴过顶子。

（三）润东会馆

清同治三年（1864），镇江人在角斜开设的商业经营会馆。古时角斜云集着四方商贾。润东会馆主要以加工烟叶、制作“旱烟”“水烟”为主，同时经营南北杂货。“润东会馆”据角斜民间人士卞宝文早年译注，就字面语而言，释“润”为江苏镇江之简称，又因角斜场处镇江东北，又属东台县第四区，时辖九个区，两溪为第一区，角斜场为第四区，故取“东”。镇江同乡商人经常聚会，立石碑以为记。此碑石横向长120厘米，宽40厘米，石质为汉白玉石。“润东会馆”四个字自右向左排列，左边落款标明“同治三年”，题字苍劲有力，行笔字正，白底凹字，出手老道，匾额布局得体，字里行间彰显着角斜古代的文化气质。几经沧桑与变迁，“润东会馆”不复存在，碑石流落到马庆华家的门口，做起了踏脚板。马家地处角斜石板街路北，过往的行人经过此地，都要停下来，目睹一下碑石上的文字记载。马庆华（小名马六）去世后不久，其妻张连芳（周庄人）将此碑移至家中院内西侧收藏。

（四）魁星楼

魁星楼为古代角斜标志性建筑之一。楼高3层，青砖青瓦，木料结构，楼房顶端设有魁星图像，地址在角斜老镇区供电所西侧，占地约3亩。靠近福星桥口，该桥本名复兴桥，寓意角斜衙门搬迁到新场后会恢复振兴，但因后来建了魁星楼，对于学子考生们来说魁星就是他们的福星，因而俗称福星桥，有时被讹传为福兴桥。

魁星是北斗星中离斗柄最远的一颗星，号称“文之魁首”。魁星又为神话中能主宰文章兴衰成败之神。矗立在楼房顶端的图像是一幅蓝面武像，脚踩鳌鱼，手握斗笔（墨斗和毛笔），笔尖直指鳌鱼头，寓意独占鳌头，原指科举时代考试中了状元，泛指占首位或第一名。从唐朝开始状元都要站在鳌头台阶上。传说中的鳌为大海之中的大龟或大鳖，平时卧伏海底不动，一旦翻身就会地动山摇（地震），两眼一眨便会掀起惊涛骇浪。因而，魁星的双手正对鳌头，双脚踏在脊背上，让它动弹不得。鳌不动则地不动（不发生地震）。古时候，学子科举考试前都要来魁星楼烧香磕头，祈求考个好成绩。

一进角斜魁星楼大门便是戏台，然后是大殿，香案上供奉着一尊神像，满面横肉，龇牙咧嘴，黑珠白泛。西侧有木制楼梯通往2楼，2楼供奉观音菩萨。每逢二月十九、六月十九、九月十九为魁星楼的斋戒期，其中六月十九规模最大。每逢斋戒期，段姓大法师都要从海安到角斜，主持斋戒，传授“理教”教规，受教者上百人，都在魁星楼吃一顿面条，不收分文。入会成员称为“在理”，一旦成为“理教”信徒，不准抽烟喝酒，该楼相传是反清复明的地下联络站。3楼供奉什么，2017年采访角斜老人时他们已经记不得了。清代嘉庆十八年（1813），竟然发生200多名天理教徒冲杀进了紫禁城的严重事件，幸好皇帝远在热河。这说明嘉庆年间天理教徒已经非常猖狂了。而角斜镇魁星楼所谓的在理教或者理教并不是天理教，而是康熙中期成立，并于乾隆、嘉庆、道光年间盛行于全国的一种反清复明的组织。据说这种理教组织后来演变为反动道会门，解放战争初期被摧毁。

据清光绪十九年（1893）收集的《东台县志稿》记载，角斜魁星楼在角斜场衙门东边，为清嘉庆二年（1797）、嘉庆四年（1799），一个叫觉然的和尚多次募集善款而建，并购置熟田25亩作为产业。后来时间长了，楼阁倒塌。清光绪二年（1876）角斜场大使奉勋大人率同当地人捐款2000两白银，改建为三级浮屠（三层的佛塔）。奉勋从清同治八年（1869）开始担任角斜一把手，直到光绪三年才离任，长达8年之久。他是旗人，也就是清朝八旗子弟。他原来是附学生员，后来通过花钱的方式成为附贡生。

（五）南磨园　北磨园

南磨园，位于角斜卫生院南，面积八亩地，地势高于周边地块，形如磨石，为詹家世代耕作的上等粮田和菜地。

北磨园，地形和南磨园类似，一个偏西南，一个偏东北，相隔百米朝外，角斜中学东侧，角斜幼儿园左右，六亩多地。南与东边两侧有沟河，为茶庵之地。两块园子一南一北，称之为角斜场南磨园和北磨园。

（六）大码头

在角斜老镇区东北，北凌河北岸，旧场西边，有个老地名叫大码头。从王姓修车行斜着抱弯向西南，经成人教育学校后至广电站到民兵训练基地西，称为小码头。大小码头古代是渔船出海，进港卖鱼、卸鱼的地方，也是盐的集散地。

据《海安地名掌故》记载，大码头在角斜农药厂附近，范公堤内设大小码头两处，大码头南有堆场两处（东包场、西包场），有牛车道连接。大码头北首有一所涵闸，大门偏朝东北，整个涵闸为整杉木制造，中间为正闸，两边为副闸，横跨通往小码头的那条河，不知道何时建造。20 世纪 50 年代，海安与东台联合开挖串场河，发现地下埋藏的上百根杉木，是早年的“三猫洞”涵闸。1960 年，兴建角斜人民公社大会堂，木头桁条就来源于此。中华人民共和国成立后大码头一带建有农机站、轧花厂、农药厂等单位。1959 年小码头平整时搬迁。

大码头东南有大码头公交站台，还有大码头大桥横跨五级大河——北凌河。

大码头历史悠久，最早明确标出类似字样的地图在 270 多年前。

据清乾隆《两淮盐法志》角斜场图，盐码头即大码头，位于范公堤上，范公堤两侧均为河道，称为河堤。盐码头北为煎盐亭、煎盐池、新设潮墩、草荡等，全部为灶区。其南边有两条牛车路，向西一条，向南一条。其中向南的一条途中转向东抵达包垣、堆盐处。包垣画作房子，看来是室内存储，堆盐则呈金字塔形，看来是露天堆放。盐码头东侧范公堤上标注“东通栟茶场界”。

清嘉庆二十二年（1817）《东台县志》角斜场图，与上图类似，只是南边商垣盐堆向西一字型铺开，变得很多。商垣即盐业商人的包垣、堆盐，既有房子又有盐堆。商垣南侧一条东西河，河上三座桥，河南即费家滩即角斜老镇区。

清光绪十八年（1892）《两淮盐法志》角斜场图比较简略，虽没有标出大码头，但根据包垣位置可以推测。所不同的是其南边多出了一个生祠，这是角斜人民为了纪念他们爱戴的清官廉吏闵廷楷而在他生前立的祠堂，此人担任角斜场大使期间为民办实事颇多。

据清末民初张謇《张季子九录——政文录》卷十五第三章闸坝计划，角斜盐码头，串场河入范堤处，建船闸一座，闸门宽 4.5 米，高 4.5 米，闸塘长 120 米。说明：角斜闸可暂仍其旧，惟闸门较窄，大船不能通行，闸门用板，启闭艰难，闸塘容量过大，既耗水量，启闭又费时间。

据民国十八年（1929）东台县地图，串场河从潍河（古官河）分出向北进入新街域内，与范公堤交叉处当为大码头。

据民国二十五年（1936）栟茶图，大赉公司东侧有一条河渠，南北走向，疑为串场河，其南端即大码头。

（七）东包场　西包场

东包场和西包场均为古代角斜堆盐和卸货的地方。东包场地处角斜 1 组牛车路以东，老中河经北地区，约 15 亩。西包场位于角斜中心小学河北面偏西至角斜农贸市场南，约 20 亩。两包场相距 200 多米。

东包场为堆盐地，距东南边的福星桥口近，装满食盐的货船从东包场出发，拐个弯就到福星桥，经潍河口拐弯向西进入古栟茶运河。西包场堆积的食盐主要通过角斜河运输。两河的运输船只经过通扬运河运至扬州，也有的从如皋经通州到达江南等地。

明清时期，东西两个包场食盐堆积如山，运盐船只总是来不及装运。本来是满船进满船出，回来时可以帮助商人进些“洋货”，但“包场”堆积吃紧，为不在码头耽搁，盐货卸完后宁愿空船回家以便节省时间。

食盐堆积在包场上，堆盐的地方周围都要挖沟，挖出的泥土垫在盐堆下面，以抬高地势。然后在平整后的土地上铺上四五层用芦柴编制的柴垫子（土语叫芦柴“费”）。食盐需一袋袋堆放。装盐的袋子是采用草田里或者沟河里生长的蒲草，晒干后编结的草包也称蒲包。一仓装满后，四周还要用芦柴“费”拴好，然后盖顶，防止雨淋日晒而盐溶。

（八）半爿街

属角斜场，古有“南到袁庄，北到三仓”之说。半爿街位于东台市新街镇沈桥村，唐新公路交会处，在公路北侧，东西长 100 米，南北宽 20 米。

民国元年（1912），清末状元、近代实业家张謇先生在角斜区范公堤以北圈地 30 平方公里，创办大赉公司，试验种植棉花，以期成为南通大生纺织厂原料生产基础。鉴于当时从角斜场向东北至弶港，向西北至三仓，22.5公里的地段上无一家商店，张謇在大赉公司的最北边设商业网点，以方便当地农民的生产生活。

半爿街始建于民国二年(1913)，从开始几间房子的店铺至后来形成街市，前后用了3年时间。半爿街因街市建于路的一侧而得名，街坐北朝南，东西走向，所有店铺挂大赉字号，主要收购棉花、麻、生猪、盐、干货海产品，经营烟酒、日用杂货，代农维修并经营小型农具和农用木器，为方圆十里的农民生产生活提供了便利，增强了商品的流通，繁荣了一方经济。

1952年，东台县在三仓、弶港南北、角斜北部新设一个乡，名新街乡，半爿街整体迁移。半爿街遗址已成为沈桥村村部。村部两侧仍有30多家店铺。

(九)花子街

位于串场河赵家桥西侧，王墩村4组、5组，东西长200米，南北宽30米。花子街形成于清雍正元年(1723)。当时此地先民靠出海捕捞和烧盐维持生计。花子街东西10平方公里内有盐灶200多口，每天产盐2500公斤。渔民每天都捕捞到大量的海鲜鱼贝，他们选择交通要冲的赵家桥西侧去售卖。在赵家桥挑海鲜的、挑盐的在此歇脚，相互间进行一些调剂，渐渐地形成市场。鼎盛时期，每天有近百人在这里集市。扬州、泰州的商贾们在这里收集海盐及腌制的海货，通过水运和陆路车运(牛车)贩运到外地。行医、算命打卦的等三教九流在此设摊，招揽生意。清同治年间，这里商贾云集。清末大地主林瑞恒曾在赵家桥开设赌馆、饭店(东台市堤东村)。

花子街形成初期，挑鱼、挑盐的脚夫以及出海渔夫，衣服破旧，活像讨饭花子(乞丐)，因此人们戏称是花子街，久而久之花子街由此得名。

花子街是当时海安东部、东台南部、如东北部的一个最大的自由贸易市场。在这里商品流动，没有官方监督员，没有工商税收。清末民初花子街市惊动官方，角斜巡警局经常派兵丁来花子街查办私盐。角斜衙门经常派盐兵到花子街收费。角斜西包场的一些地痞们也经常到花子街斗殴滋事，花子街开始萧条冷落起来。民国二十四年(1935)，有200多年历史的花子街息市。

(十)陈节母许氏夫人纪念坊

为节孝石牌坊，位于角斜供电所东边约100米东西河的河北边，此河西通街心塔子河，东到福星桥口东滩河。一条宽2米多的泥泞路道顺河流走势向东延伸，而“陈节母许氏夫人纪念坊”便横架此路。

角斜场有四户富裕人家，称“四大家”，即“东陈西汤、南汪北张”。陈姓为“四大家”之一。陈节母许氏夫人纪念坊是住在东圈门外草塘巷的陈树堂、陈树玉兄弟二人为母亲许氏所立的节孝坊。整个牌坊采用苏州黄麻石所建，气势宏大、坚固，周边一片净地。正门左右石柱高达6米多。横梁连接两边石柱。侧门石柱为4米左右。据说，择日上中间牌匾的那天，陈树堂、陈树玉二人家中二三十个僧人念经“放焰口”，清一色采用西洋祭庆，洋号、洋鼓、打击乐大作。一条长鞭炮从东圈门一直抱弯向东南拉到节孝坊，燃放礼炮无数。正门横匾上书有“陈节母许氏夫人纪念坊”。横匾为韩国钧所题。

相传，陈树堂为清末民初的“讼师”，专门帮助人家写状纸、打官司，官场上也结识了许多官吏。孙传芳联军在山东溃败后，沿海岸线向南散逃，韩国钧便四处收集这批散兵游勇，前后几次到角斜场，每次来官轿均停放在城隍庙里，常住角斜场鲁文政家中。陈树堂写信请王俊壁的祖父王学礼托人与韩国钧联系，求韩国钧为其母题字。

“陈节母许氏夫人纪念坊”，始建于民国十二年(1923)，毁于解放前夕，唯有一根牌坊上的二柱子尚在角斜机械厂蔡正华厂里，石柱高4米，槽口齐整如同刀切，两边刻有对联，一联是“公益褒嘉恩光承国府”，另一联曰“善缘上远年德著褒荣”。

(十一)野鸭荡

位于川港村东北部，范公堤以北，东至如东县江安村，西对老北凌闸，南北长约2000米，东西宽约1900米，总面积约3800亩。当年是太阳一晒，南部盐碱地白白的盐霜好像不会打扮的姑娘擦粉在脸上。树木不见，杂草不长。北部像个水晶宫，一片汪洋，几根芦柴头儿漂浮在水面上，微风一吹轻轻摇晃，獐兔成群，野鸭飞翔。故当地人称这为野鸭荡。1958年前，这里是一片港湾，汹涌澎湃的潮水冲到范公堤下，下海的人成群结队，渔船靠港湾，鱼虾叫卖热闹非凡。1958年海安县在三十六总口偏西向北围了一条海堤，长约2000米，北部向西围堤至老北凌闸，围垦后海安县在四十总至三十六总口办起晒盐场，至1961年停办。

（十二）槐树口

老坝港江海村十五组原是旧场乡的二大队5队，过去人们一直称之为“槐树口”。据说，是这里一许姓大富户屋旁有一棵大槐树而得名。槐树口地处旧场河南岸桥口，故又称“场门口”。槐树口曾是旧场通往如东浒澪的起点，抗日战争时期，曾修筑一条通往如东浒澪的大路。这里曾有一座木桥取名叫“大凌桥”，连接南北。此桥在中华人民共和国成立前是小木桥。1963年新开北凌河建成水泥桥，取名旧场桥，“文化大革命”中改名海防桥。1988年，上游300米处新建水泥桥，此桥报废拆除。这里曾是繁荣一时的小集市。这里住户集中，摊点商贩很多，曾设有八鲜行、铁匠铺、粮店、理发店、豆腐坊、油坊、杂货店等商铺。西北角建有“上真殿”，上庙敬香者必经之路。戏班常来这里唱戏，文人雅士、民间艺人常在这里聚会。可算是旧场这个滨海小集镇的繁华地段。远近人们到旧场镇上买东西，习惯地称之为“上场”或“上槐树口”。槐树口有私塾、学校。槐树口许姓富户拥有土地几千亩，房舍几十间，佃户几百户，可谓旧场第一富户。据传，到许朗丰这一代娶第四房媳妇时，媳妇娘家也是角斜一个李姓富户，娘家陪嫁物品计有72担，其排场盛极一时。平常人们互相比富时总说“你家私再大也不如槐树口的许朗丰”。20世纪50年代后，旧场镇扩建，商铺逐步迁移至河北旧场街上，此处商铺方逐渐消失。

抗日战争、解放战争时期，粟裕将军指挥打栟茶、李堡的战斗，曾驻扎在槐树口开明绅士许朗丰家并设过指挥部，他骑的战马就拴在老槐树下。粟裕将军还赠送一把指挥刀给老党员汤绍富以为留念。粟裕将军赠送的指挥刀，在“文化大革命”中被造反派抄去，不知去向。

槐树口有一几亩田大的池塘，因其地形像鹅，又曾有人在池内养鹅，人们称之为“鹅儿池”，鹅儿池边开凿一口水井，这口井从未枯竭过，是槐树口两百户人家唯一的水源。民国三十六年（1947）正月二十七，槐树口战斗中有18名战士牺牲在这里。有一战士牺牲时仍保持着卧射姿势，手指仍扣在步枪扳机上。因敌强我弱，部队被迫撤退，来不及运走牺牲同志的遗体，有一国民党士兵到这位已牺牲的战士面前，抢捡战士的步枪，正好使这位战士的手指扣动扳机，这个国民党士兵当场倒毙。于是“死人打死活人”的故事被传为佳话。1965年，槐树口的民兵将掩埋在这里的18位革命烈士的遗骨集中安葬，建造1座烈士墓。鹅儿池因在70年代被填平为耕地，那口井也被挖除。时过境迁，“槐树口”这一名称已渐渐被人们淡忘。

五、古桥梁

（一）赵家桥

始建于清康熙五十年（1711），康熙五十二年（1713）建成。赵家桥坐落于古老的串场河上，位于王墩、堤东交界处。桥东西跨度30米，宽2米，桥桩为直径40厘米杉圆木。桥梁为直径30厘米的杉圆木，中间有米字型交叉连接。桥面为20厘米直径杉圆木铺设，宽3米。

赵家桥为角斜北区盐商赵灿章的曾祖父捐银千两所建，因而得名赵家桥。串场河是东台弶港至角斜场的南北河。从角斜范公堤向北至弶港22.5公里的河段上没有一座桥梁，这给当时出海捕捞、晒盐为生计的人民带来许多不便。赵家乐善好施，修桥铺路。据传，新桥建成时，赵家在金饰店铸金童玉女，以红绿布包缠，用于祭桥。新桥通行时，方圆数十里数千百姓赶来焚香跪拜，场面之大，实属罕见。

赵姓后代赵灿章生于1872年，少年好勇习武，清末参加扬州府武举考试获第十四名，未受录用。回乡里组织民丁乡勇，贩运私盐、海货。赵灿章练有气功，能用手指劈毛竹，习武时不慎伤一眼后瞎，戴一西洋眼镜（当时进口的墨镜）。东台县衙、如皋县衙对这位赵三瞎子的态度是又惧又抚。东台一县官曾说：“赵灿章睁一眼闭一眼，我们对他也睁一眼闭一眼。”当时赵家桥西侧的花口街每天都有数吨私盐入市交易，与赵灿章的庇护是分不开的。赵灿章承袭祖风，乐善好施，曾两次出银圆500块，对赵家桥维修。赵灿章对穷人经常施舍，对刁民地痞手段又十分霸道。

赵家桥历时220多年，为角斜地区最早的桥梁。民国后一直失修，日晒水蚀。抗日战争爆发后，串场河上的李家大桥、赵家大桥均毁于战火，变成了“赵家口子”和“李家口子”。赵家桥毁坏后，人们称这儿为“赵家口子”。

中华人民共和国成立后，角斜人民政府于1982、1992年两次组织数千民工对串场河进行疏浚，并在赵家桥遗址赵家口子上新建一座长30米、宽4米的钢筋水泥桥闸，又在王墩村6组与堤东村4组交界处建造1座3米宽的钢筋水泥大桥，为东台市、海安县两地人民的交通生产生活提供了方便。

（二）福星桥

位于角斜东街头向东约1500多米，是古代通往如东栟茶场的必经桥梁。南通滩河口至栟茶运河，北顺湾转至角斜场中凌河。福星桥始建时间不详，横跨东西，地形地块错落斜势明显，就连住宅巷道也很特别，似乎一半向西南，一半向东南。

福星桥处“魁星楼”之东。人们把“魁星”拟为“福星”，加之距“魁星楼”又不远，便把此桥称为“福星桥”。寓意上天保佑，“福星”光照百姓。

福星桥桥桩、桥面、护栏原本采用圆杉木制造，桥高，桥下行船。大桥两端为台阶上下，站在桥的顶端，南北眺望，人们都有恐惧感。桥面顶端桥栏杆下南北两侧下方分别刻写着“福星桥”3个行书大字，仿佛给行船之人及过路人带来“福星高照”的祝福。

据说，抗战时期，日伪军驻扎角斜东岳庙，日军冈奇少佐纠集驻李堡的日伪去栟茶“扫荡”。消息透露后，栟茶场潘涛连夜带着人和汽油潜入“福星桥”附近。半夜时分，点燃了浇满汽油的桥梁，顿时火势冲天，映红了角斜场东大街。虽然夜深人静，还是惊动周围入眠的乡邻。由于桥高风大，老远眺望的人仿佛看见天边挂上一条燃烧的彩虹。第二天清晨，喜欢看热闹的乡邻，从老远跑去看那被烧的木头，一片焦黑，有的漂在河中，有的散落在桥畔，有的还在冒着青烟。中华人民共和国成立后，几次改修福星桥，缩短桥面跨度，堆土筑路，两端采用石头砌坡，南北两端防止下沉，用整块石头砌成“外八字墙”，把福星桥改制成闸口，并安上闸板，一是防海水倒灌，二是便于汛期泄洪，旱时蓄水。

（三）火洼桥

位于沿口村域内，东西跨越在沿港河之上的沿口桥，中华人民共和国成立前名为“火洼桥”。因桥东是片乱坟场，每当到了漆黑的夜晚，人们都不敢路过此地。因为看到的是忽闪忽闪的团团磷火，听到的是呼呼作响的草丛。凡经过此地的人都毛骨悚然。人们一直误认为是鬼火，不敢走夜路。而桥西是一片洼地，地势十分低矮，每逢下雨就是白浪滔天，根本就种不上庄稼，就这样当时人们将搁在沿港河上的一座独木桥取名为“火洼桥”。中华人民共和国成立后，政府为方便群众重建一座宽1米多的木头桥。1977年，沿口公社党委、政府筹资将木头桥改建成钢筋水泥结构，宽5米，长35米的大桥，更名为沿口大寨桥。2003年，重建沿口大寨桥，宽为6米，长35米，更名为沿口大桥，最大载重量10吨。

（四）如海桥

位于如东、海安两县交界处，横跨栟茶运河。如海大桥是栟茶运河上的第二座大桥。相传清末至民国时期由3块长条石桥面及石桩组成，取名为沿口大桥。1955年，栟茶运河拓宽、拓深，政府又建成一座大桥，桥面宽1.5米，长70米。1969年筑双沿公路，又将木桥改建为钢筋水泥结构的桥，宽5米，长70米。1992年6月，政府决定将桥改建为宽8米，长80米，净跨度64米的钢筋混凝土大桥。

如海桥头曾有一座古老的小镇。明清时代叫盐港口，后改名沿口。沿口古镇跨河两岸，河南河北都有商家，商铺众多。民国三十一年（1942）初夏，沿口为日伪占领，在这里筑了据点，妄图控制共产党新四军的活动。敌人白天四处抢粮抢牲口，沿途设卡，缉拿革命志士，晚上龟缩在据点里审讯“人犯”，以探照灯控制各交通要道口。中共地方武装经常袭扰敌人，使敌不敢贸然出动。中共在距离沿口不到8公里的李八庄，办了一所如皋中学二院，敌人虽对其虎视眈眈，但却一直未敢进剿,学校安全上课两年多。

民国三十四年(1945)8月,日军投降后,沿口伪军仓皇逃窜。民国三十七年(1948)3月,地主、“还乡团”卷土重来,又一次盘踞沿口。民国三十七年(1948)初,沿口解放。

1954年冬季,疏通拓宽栟茶运河时,新河道比原河拓宽2倍以上,沿口小镇被全部拆除,河北属海安县,北迁1公里多,建成新的沿口镇,河南仅剩下几户人家。

(五)大凌桥

建于清末,木质大桥,横跨北凌河,是旧场的交通要道。大凌桥长30多米,宽2米。抗日战争、解放战争期间几次遭到敌人的破坏,地方政府几次修复。1963年,北凌河疏浚拓宽,木桥拆除,旧址重建水泥桥,取名“旧场桥”“文化大革命”中改名为“海防桥”。1989年,海防桥上游200米处新建水泥大桥,“海防桥”拆除。

六、古河流

域内古河道有栟茶河、北凌河、串场河、滩河等(详见第五章水利第一节河道)。串场河是范公堤的后续工程,是为抵御海潮冲击而开挖的一条南北走向的河道,为捍卫范公堤的一道屏障。串场河沿途穿越10多个盐场,南达角斜场,北到盐城射阳。早年间,串场河角斜段面为北起李家桥,南至三洪洞,亦称“三个狗洞”,即大码头北侧80米处的一座涵闸,全长8公里。中华人民共和国成立后划分县界,串场河角斜段从赵家桥(遗址)向南经过王墩、堤北至大码头,约3.5公里,成为海安与东台的分界。串场河以东,东台县管它叫“堤东乡”。河西便是海安角斜镇原王墩村、堤北村。清末民初大赉公司组织民工对串场河角斜场段进行一次清淤,整修土堤。中华人民共和国成立后,串场河为角斜与新街堤东的界河。

七、古井

角斜古井较多,很早以前有数十口,至2017年,尚存或使用的还有10多口。文物专家多次到角斜考察,认为古井在一个镇里有这么多实属罕见。

角斜镇老镇政府驻地有口古井,井栏上雕刻着咸丰辛酉夏立。字样为清代咸丰十一年(1861),角斜汪氏家祠建造。其井栏比较特殊,为八角乳白色石料,小巧玲珑,井栏八面还镌有坤、乾、巽、离、坎等字,按八卦字义释为“地、天、风、火、水”等。此井150年历史,井圈完好,水质甘甜清凉。2003年2月,此井被海安县人民政府列为县级文物保护单位。

街巷中倪良圣家屋后东侧古井,井壁周围井砖为公母榫的结构,井口小,越向下越大,青石井圈、井栏,井栏为中鼓模式。倪良圣小时候,有一年特别干旱,周围居民几乎都到他家来打井水回去饮用。于是,他父亲请人去淘井,撬开井栏、井圈,下井后发现无法到达井底。

角斜古井比较特殊,从井栏形状上可分为八角井栏、六角井栏和石鼓井栏;从鼓形大小和形状上可分为中鼓井栏、大鼓井栏和扁鼓井栏;从井栏石质上又可分为细腻的乳白色石料、苏州的麻黄石和青石。另外,什么颜色的石鼓井栏就配有对应颜色的井圈。

第十节 地名掌故

一、王家墩来历

王家墩村因王家墩而得名。2001年,王墩村和汤灶村建制村合并新组建汤灶村,地处角斜镇最北端,东南和东西一线与东台市堤东、周洋、郭沙、双跃和李堡光明接壤。

王家墩子为王姓居住。分南北两墩,先有北墩,后有南墩。明《嘉靖惟扬志》载,“角斜场有二墩”,王家墩子便是其中之一。北墩位于王墩村七组,南墩位于堤北村八组。

相传明朝年间,苏州阊门人受宦官魏忠贤

牵连被迫迁徙，受贬移民有900多户，分布在角斜场、栟茶场等沿海一带区域，安营扎寨、繁衍生息。王家墩子原本是潮涨潮落，经数万年冲击而逐渐形成的一块“土墩子”，每逢潮水来临时，这块“土墩子”仿佛漂在海水之中，也成了人们下海捕鱼捉蟹、躲避潮汐的地方。自从移民迁入，这块土墩子就成了王姓的栖息之地。他们汛期出海捕鱼，平日便以晒盐维持生计。为防止海水倒灌，他们挖塘开沟，堆墩建住宅，上盖均为毛草，相对较矮，几乎趴在地面。随着大海东去，王家墩周围渐渐成陆，人们开始垦荒造田，试种五谷杂粮。王家因人力充裕，堆积起来的墩子又高又大，开垦的荒地也越来越多，古称“墩子田”。此后，王姓家族后代又经过多代繁衍，人丁兴旺，生活开始富裕起来，到清朝咸丰年间，又开始新建南墩。墩成，一大家人谁去南墩，谁留北墩？王氏兄弟间摸彩抓阄决定去留。

王家墩子地势较高，北墩地高4.9米，南墩地高4.7米，两墩相隔800米，拥有耕地70多亩，草田100多亩，池塘、水田15亩。据说王墩人在新建墩子时，懂得看风水，取“背山、面水、向阳”之说，把前低后高看作是最佳的宅院地势。因此，南墩比北墩地势低20厘米。加之北墩为先祖迁徙后“着地之墩、发祥之墩”，后代不可挡住祖上的光辉。

随着大面积浅海逐渐成陆，外来姓氏随之迁进，“海安花鼓”就起源于王墩村卞氏家族。王家墩不仅“花鼓”传遍这“三十六盐场”，王家墩年年放风筝在这周围也出了名。20世纪70年代，已近80岁的王兴标每年春天都要放风筝。这一年清明前一天，他把早已扎好的风筝一清早就拿出来放上天空。谁知风筝碰着了高压线，风筝的内骨架采用的是细铁丝，这细铁丝一头搭在火线上，另一头搭在零线上，正负极一连接，造成了停电，烧坏了村里的变压器，结果赔偿了上千元。王家墩于是产生一个新的歇后语：“王兴标放风筝——这回祸惹得不小。”

王家墩是个风水宝地，出了不少人才。民国初年，王家墩聘请汤春琪开办私塾学堂，传播儒家思想。1960年，王墩村一组吴志兰考入北大，曹元恩、王学桂二人考进清华，一个村、一个组一年间3人考入国家最高学府，在角斜史上实属罕见。吴志兰北大地质学毕业后，历任广西水文学（六级单位）办公室主任，柳州市副市长，1989年作为国家专家组成员赴新加坡进行地质分析工作3年，回国后任广西壮族自治区国土资源厅厅长。

王家墩还是战争年代的革命老区。民国二十九年（1940）新四军挥师东进，部队就隐藏在王家墩东北草海中休整待命。管文蔚的母亲隐藏在王家墩杭忠轩家3年多。解放角斜时，王家墩李光华家中就是前方包扎所（此户世代行医）。角斜解放后，为解放角斜而捐躯的88名烈士忠骨就地埋葬在角斜王家墩。地方政府为烈士竖立纪念碑以示缅怀。

王家墩村民兵军事训练素质过硬，备受上级军事领导机关的肯定和嘉奖。粟裕、许世友、傅秋涛、管文尉、傅绍甫生前多次来王家墩指导工作。1965年，王家墩村10名民兵代表南通地区民兵出席在镇江举办的华东地区民兵大比武比赛场上。7个比赛项目，王家墩民兵夺得6个第一。

二、花鱼村传说

相传很久以前，在沿口蔡凌村有一条宽阔的大河，河水昼夜不息地向大海流淌。有一年夏天，村里常年住在这条河边贩鱼的小伙子王二小家里，突然出现一个白胡子白眉毛的老花子。王二小见这个花子手上挎着一只要饭篮子，两条腿饿得直打晃，心里十分怜悯，就给了他一碗小豆饭，想不到老花子倒先开了口，告诉王二小明天早上太阳升到一竹竿高的时候，有一个花鱼阵从这里经过。老花子再三嘱咐王二小，一定要让3个阵头过后再下扳罾。说完，老花子就告辞走了。

第二天早上，太阳升到一竹竿高，王二小果然发现了花鱼阵，在鱼阵最前头，有一条大花鱼格外引人注目。小伙子把昨天老花子的话早已忘了个精光。他抡起一把九齿团叉，瞄准鱼阵领头的那个大花鱼飞起一叉，扎进了那个大花鱼的鱼背。鱼疼得在水里挣扎了几下，终于被王二小拉上岸。等王二小用菜刀扒开鱼肚一看，肚里冒出一大碗小豆饭。王二小这下子明白了，这条大花鱼原来就是昨天变成老花子在他家里要饭吃的花鱼精。王二小忏悔地流着泪水把昨天的事原原本本地告诉了大伙儿，大家都难过地流下了眼泪。于是大伙儿在村里挖了个坑，把大花鱼抬到那里葬了下去。打那以后，因为村里有个“花鱼坟”，所以人们也就把这个村叫“花鱼村”。

三、天奎村来历

天奎村原名弥勒村，因王天奎牺牲而改名。王天奎，生于民国十五年(1926)，小学文化，民国三十一年(1942)参加区游击连。他多次参加战斗，到敌我双方交界处收公粮，惩办伪保长、伪乡长，贴标语，散传单，深夜到敌碉堡下政治喊话，摸岗哨，捉舌头，弄得驻扎在角斜的敌人坐立不安，惶惶不可终日。

是年冬，16 岁的王天奎随排长王长江和队长季青富、汤兴余到新庙西南边(五虎村十三组张义才家附近)活捉 5 个伪军，缴获枪 5 支，手榴弹 10 枚，子弹 15 排。民国三十二年(1943)10 月，王天奎和游击连的陈文富在角斜往沿口的路上发现 2 个伪军在钱家林家抢东西，王天奎、陈文富藏于玉米地，等敌人走到跟前，2 个人从两边突然跃出，犹如神兵天降，2 个伪军魂不附体，举枪跪下，口喊饶命。

民国三十三年(1944)，一次到三官殿搞夜袭，敌人龟缩在碉堡内不出头。王天奎把 1 颗地雷绑到敌碉堡不远的一棵树上，轰隆一声巨响，敌人以为新四军主力，1 个营伪军乱成一团，枪声大作，如临大敌，等到第二天才知道是游击队搞的鬼。几天后的一个深夜，王天奎孤身越过敌人铁丝网，过二道战壕，抓到一个伪军，教育其弃暗投明，不久 18 个伪军向游击队缴械投降。

民国三十四年(1945)农历四月十九，王天奎及游击队将公粮从李家祠突击抢运到东台三仓回来后，在五虎村村长张春银家吃中饭，街上“和平军”下乡包围了村长家。游击队哨兵发现后大喊：“不好，敌人来了。”大家一看东南边一色黄(当时伪军着装是黄色)，当时向东已不可能——张春银的家除东边其他三边都是沟，前面有一码头，排长王长江朝东北一看，有四五个人端着枪伏在坟头上，估计正北边也有伏兵，情况万分危急。王天奎说：“别怕，不能下沟，下沟定被活捉，冲到码头向西，从赵四家向南，再向西，我断后。”大家跳出码头向西，这时离敌人只有 50 米。没有想到正西边也有敌人，到了赵四屋后，与西边上来的敌人遭遇。排长投出一颗手榴弹，几个敌人被炸飞。“老子再给你添一个！”王天奎边喊边投上一颗手榴弹，伪军死伤数人，鬼哭狼嚎。队员乘着黑烟向南突围，就在这时，东边北边敌人枪声齐响，张怀仁手臂受伤，断后的王天奎被敌人击中，身中数弹，年仅 19 岁就牺牲。敌人十分残忍，伪军万某割去王天奎双耳。上级为纪念王天奎烈士，将弥勒村改为天奎村。

四、范家堑传说

范家堑位于角斜集镇西南 12 公里处。相传在明朝，从外地迁入一名男主人叫范进才的独户人家，居住在栟茶运河的北岸，靠一只小船摆渡，兼做小生意为生。因栟茶运河北岸建有一座名叫岱岳寺的庙宇，导致一河两岸前往敬香的人络绎不绝，故范进才生意兴隆。从此栟茶运河的两岸迁来的人和经商的人越来越多，渐渐形成一个小集镇。一河两岸的商店大小有上百家，从早到晚人流如潮，人声鼎沸，热闹非凡，后来人为尊重范公是最早的落户人，便取名“范家堑”。

又传当时的盐官押运盐船向西经过范家堑此段时经常搁浅，盐官就嘱咐船家到了姓范人家门前的河段时要小心，不能搁浅，久而久之，又取名叫“范家浅”。

乾隆年间到民国初，该镇越来越繁荣，渡船由原来的 1 条发展为 2 条，东渡船为吴姓经营，西渡船为金姓操持。除了 2 条渡船别无通道，隔河千里远，栟茶运河成了天然的屏障，有“天堑”之势，后来又把此地称为“范家堑”。

抗日战争时期，华东野战军司令粟裕派肖赫将军到范堑建立范堑乡，属东台县栟茶区，又成立中共党支部，曹德余任指挥员，何政文任大队长，民国后区划调整，将栟茶河的河南划归如东县，河北归海安县。1958 年建立沿口人民公社，范堑乡改为沿口公社新河大队，1983 年改为沿口乡范堑村。

1954 年，此地遭受较大水灾，1955 年，县政府决定将栟茶运河调直，拓宽拓深，因此，原来繁华的小集镇化为废墟。

抗日战争时期，日军占据西至海安，东到栟茶一线，他们除了在沿线设置据点外，还在河南岸筑起一条西自丁所、东至栟茶的土公路，在这条公路上，常有日伪军运送兵员的车辆，还有运送枪支弹药及掠夺的物资车辆通过。新四军游击队常常利用各种方式袭扰敌人或破坏公路，或向日伪军车辆突然发起攻击，有效地打击了敌人。

敌人为了借助栟茶运河的天堑之势，企图切断中共地方武装的联络，在栟茶、沿口、丁所均设立据点（沿口伪据点的连长叫包癞子，丁所伪连长叫沙家三儿），白天将渡船让船主拖回摆渡，晚上就将渡船全部锁在沿口炮楼下，千方百计阻止我方的交通联络，但是群众的智慧是不可估量的，渡船被拖走，就用木板代替渡船，让敌人防不胜防，敌人不但没达到企图，反而时常遭到中共地方武装的袭击，不断损兵折将。

当时，中共如皋县团城东区队张荣甫（海安第一任县长）、袁广文等就驻扎在栟茶河南沿南十大队，角斜区队就驻扎在栟茶运河北的角斜区，连长周宝余、胡文光，侦察班长许应德等就经常在栟茶河北一带活动。他们利用渡口渡船，寻找战机，有效地打击敌人。敌伪在沿河的布防和栟茶运河的天堑终没挡住区队前进的步伐。

自古，在范堑老百姓当中，流传着这样一种说法“范家堑的人会写”。这就意味着范堑是个人文荟萃、人才辈出的地方。

五、居家湾的来历

居家湾始于明朝中期，相传是居姓兄弟2人，即农一、农二迁至栟茶运河拐弯处落户经商，生意兴隆，一度形成繁荣集市，因居民均是居姓后代，且居住在栟茶运河拐弯处，便取名为“居湾镇”。北岸建有居家祠堂，每月都有集市日，届时方圆几十里的百姓蜂拥到此集会。买的买，卖的卖，人流如潮，人声鼎沸。春秋两季都有连续十多天的戏剧演出，栟茶运河两岸各有一条街，街中青石铺路，两旁店门对开，有茶馆、烧饼店、豆腐店、卤肉店……传说有百来家。

清朝雍正年间，栟茶镇有一大富豪名叫徐连斋，因不满清朝统治，将徐家祠堂改为维止堂，即将“雍正”二字去掉头，意思是要杀掉雍正皇帝，推翻清朝统治，后被仇家蔡嘉树上京告状，朝廷派刘统勋带领官兵到栟茶捉拿徐连斋。官船曾停于居湾镇，刘统勋曾在居家湾祠堂受到厚待，后奏请皇上御封居氏祠堂为渤海堂，意为皇恩浩荡如渤海之广大。后来居姓村民为纪念祖先在农一公、农二公埋葬处建纪念亭一座。

抗日战争期间，日伪军曾在这里筑碉堡，建炮楼，实行交通封锁。敌人利用据点，白天经常下乡清乡扫荡，干抢粮、抢牛、绑票等勾当，到了黑夜，更是借助炮楼上的探照灯进行交叉式照射，抑制共产党游击队的活动。1943年，苏中苏北地区人民在党的领导下，开展反“清乡”斗争，发动和组织游击队，民兵挖公路、拆桥梁、搞破击、袭扰敌人，有力地打击了敌人的嚣张气焰，致使敌人龟缩在炮楼里轻易不敢出来。日军投降后，据点被拆除，居家湾一河两岸的人民又过上正常生活。

中华人民共和国成立后的居家湾曾建过乡，叫居湾乡，隶属栟茶区，几经区划调整后又属角斜区。1958年成立沿口人民公社，居湾乡改为胜利大队，1983年改为居湾村，2001年居湾村并入沿口村。解放初期疏浚拓宽栟茶运河，边上曾建过轮船码头，叫居家湾轮船码头，每天都有一班轮船经过此地。导致偏僻的居家湾连接了外面的世界，成了一个繁荣的小镇模样。后来轮船码头没有了，小镇也被毁了，但这里的地理位置还很特殊，它是连接如东和海安两县的交通枢纽，东西走向和南北走向的公路在这里拐弯，又有了横跨运河上的大桥，因此，这里依然喧闹，依然繁华，在人们的心目中这里依然是个热闹非凡的居家湾。

六、新场庙的来历

新藏禅寺，位于海安县角斜镇西南首，原名栟茶场新场庙或新藏庙，因行政隶属调整而划归角斜镇。该庙建立时间不可考。据明弘治十三年（1500）《两淮运司志》记载，栟茶场便仓一个曾在本场许陵（浒澪）桥，一个曾在本场新场庙前。天顺五年（1461）判官窦芳奏请上司革除栟茶场两个便仓，都迁到本场正仓（官盐仓库）。据嘉靖二十九年（1550）编修的《两淮盐法志》记载，栟茶场曾有两个便仓，天顺年间（1457—1464）撤销。据《明朝官收盐制考析》一文考证,《万历会典》第三十四卷“盐法”中记载,便仓开始设置于正统十二年(1447),其中有一个作用是收纳盐民多余的盐。笔者分析,明代栟茶分为正场(南沙)和副场(李堡)两部分,彼此距离遥远,中间隔了一个角斜场,因此设置两个便仓是有必要的,其中新场庙那里的便仓应该是为了收纳副场李堡的盐,因为新场庙距离李堡街只有约4公里。这说明新场庙早在1447年到1461年之间就已经存在,而且是李堡东南、角斜西南一个重要集市。清嘉庆十一年(1806)《两淮盐法志》中栟茶场图上写作“新藏庙”。嘉庆二十二年(1817)年《东台县志》上有栟茶场图,新藏庙在新河口东北,这个新河口是通往李堡街的大河与通往栟茶街的大河相通的地方,疑为堡河口前身。新藏庙东边有沿港口(沿口村),西北方向有李堡街市,与现代地图大体类似。民国二十三年(1934)东台县第四区(驻栟茶镇)范堑乡下有新场庙。民国二十五年(1936)栟茶图上,新藏庙紧靠堡河口,西侧有一条河直通李堡街,北边不远处即为如皋县李堡区边界。据《东皋话旧》记载,农历七月三十日(月小则在二十九日)是如皋南乡九华山和双甸北乡地藏殿、西场东乡新场庙香期。

民国十九年(1930)新场庙第三次扩建,由当地的名人万开明捐建了一个大殿。据说万开明家是一大户人家,称得上腰缠万贯,一天被盗贼窃取大量钱财,无法破获。有一天他更衣去了岱岳寺,祈求菩萨帮他找到失去的财宝,宿斋15天,并在神像面前许愿,如果能帮他找到财宝,他便重建庙堂,再塑金身。说也奇怪,到了第14天晚上,万开明刚刚睡下,一只小白狗向万开明叫了3声,转头便溜走了。聪明的万开明便尾随而去,此狗溜到金家庄,在一名叫许五的人家附近便不见了。万开明觉得是神灵在帮他,他就怀疑是许五偷了他家的财宝,立马到东台衙门告了许五一状。东台衙门将许五捉去一顿拷打,许五招供确实盗窃了万家之财。万开明为承诺在庙中许下的心愿,便带头捐物捐钱,重建庙宇,重塑神像。从此新场庙的规模更大了,名声震惊了方圆百里,庙内还增塑十八罗汉、雷公雷母、四大金刚、十殿阎王,以及阴曹地府为惩办在世上作恶之人所用的锯、烤、磨、舂、剥皮、抽筋、下油锅等十大刑罚,教育人们在世上多做善事,免得死后到阎王处遭受酷刑。百姓认为为万开明抓获窃贼的是生前曾担任过捕快的陆二爹。相传陆二爹在家中排行第二,曾担任如皋县衙的捕快,为人公正,且能助蒙冤人申冤,给人消灾降福,在百姓中很有名声,后因为一名贫苦人申冤累死途中。当地百姓为纪念他,称陆二爹为陆二老爷,并在当时岱岳寺正殿三尊佛祖下首泥塑了陆二老爷神像,凡到新场庙上香叩拜三尊佛祖后,皆向陆二老爷行礼,表示纪念。方圆百里之内都相传新场庙陆二老爷有灵气,是位神通广大、有求必应的菩萨。

到了民国二十一年(1932),新场庙又更名为“新藏禅寺”。新场庙经历了三建,也遭遇了三拆。

民国二十九年(1940)左右,伪军到丁所砌炮楼,带人强行拆除了新场庙30余间庙房,将砖瓦全部用于建炮楼,所幸的是当时的千江和尚连夜派人将拆下的木料统统转移,躲过一劫。

民国三十二年(1943),伪军在新场庙一带烧杀抢掠,新四军与敌人展开顽强的斗争,为了防止敌匪再来强拆新场庙砌炮楼,通过雪岸区的区长冒品端,做通了当家和尚千江的思想工作,先行拆了前殿和中殿,只留下大殿(中华人民共和国成立后作为粮站),又将所有建材又统统转移,为重建做准备,不让敌匪得逞。

第三次被拆,则是在1966年“文化大革命”中,仅剩的三分之一的新场庙又遭厄运,从此瓦片无存,就连一棵直径近3米、高60多米,500多年树龄的古银杏树也连根被伐,几百年的新场庙就这样化为废墟,荡然无存。

2005年5月,经南通市宗教事务管理部门批准异地选址,迁移至靠丁沿路边原树园小学,重建新藏禅寺。经过几年的努力,已建成大雄宝殿、天王殿、牌楼、钟鼓亭,以及东西厢房数十间,东厢房设观音殿、大悲殿、药师殿、宗策殿,西厢房设玉佛殿、文昌殿、财神殿、弥陀殿、准提殿。

新藏禅寺的牌楼,青石细工雕刻,上有二龙戏珠,牌楼石刻上联为:经声佛号唤回苦海迷津人,下联刻:暮鼓晨钟警醒世间名利客。钟鼓亭青石细工雕制,钟亭内几吨的铸铁大钟,声传十里之外。

大雄宝殿飞檐翘壁清式斗拱古色古香，气势雄伟，殿外九阶露台，石柱围栏，正座的释迦牟尼佛像、海岛观音像面向众生，十八罗汉佛坐于大雄宝殿两侧。天王殿弥勒佛正座、韦陀菩萨面对大雄宝殿，风调雨顺四大天王，威严雄壮列座两侧。

药师殿内设阎罗殿。十殿阎王，各施其责，塑像逼真，锯铡磨舂，令人毛骨悚然。宗策殿内供奉一尊一年四季换穿季服的陆二爹尊像。

全寺占地4867平方米，建筑面积近500平方米，拥有固定资产400余万元，佛像庄严，法务如律，一个规范化的佛教寺院正在日益完善。2017年，新藏禅寺寺内常住僧人7人，住持为界清法师，1998年于张家港市香山寺出家，2001年于南京宝华山隆昌律寺受具足戒。

七、沿口来历

相传沿口得名始于明朝中期。当时，朝中奸宦魏忠贤谋反阴谋败露后，被灭九族。魏忠贤所居苏州阊门方圆45公里内与魏忠贤有牵连的人均被杀光，无牵连的百姓被发配到边疆服劳役，有部分百姓被发配到黄海之滨开发盐场。盐场生产的盐由一条小河运至栟茶运河后再运往外地，这条盐运小河被盐民们取名为盐港河。居住在盐港河与栟茶运河相交处的村取名为盐口村，后因盐港河北端住着一户蔡姓名天爵的富人家，认为盐克菜，盐名克蔡姓，上告当时东台县衙，不准用盐字取地名，后经县衙调解将“盐”改为“沿”。从此盐港河为沿港河，盐口村为沿口村。

清朝、民国时期，沿口村属东台县栟茶区。抗战时期栟茶运河北岸为沿北乡（栟茶运河南岸为沿南乡）。中华人民共和国成立初，改为沿口乡沿口村，属海安县李堡区。1958年10月改为沿口公社沿口大队。1983年改为沿口乡沿口村。1995年撤乡建镇改为沿口镇。2000年4月沿口镇并入角斜镇，为角斜镇沿口村。

八、狗屁庄来历

角斜镇新坝村二十五组一带历史上曾被称作狗屁庄。

传说在清朝，栟茶有一个叫徐连斋的秀才，逢人便吹嘘从栟茶到海安40公里走的都是自家的路。遗憾的是在范家堑有一小段路是绅士许正雅家的，而许正雅一直看不惯栟茶徐连斋的狂妄，在徐连斋前往海安途中经常设障，故徐连斋也视许正雅为眼中钉、肉中刺，不除不快。

许正雅知道后高薪聘请了一个保镖，其人名叫“彭八佬儿”，身高2米有余，力大无比，威震四方。徐连斋闻讯觉得很棘手，放弃又心有不甘，因为徐连斋要除去许正雅的风声已透露，如此罢休颜面朝哪搁？

有人为徐连斋献上一计，要拿下“彭八佬儿”，不可强攻，只可巧取。如何巧取？来者如此这般地说得徐连斋连连点头称好。徐连斋让家人重金购回两样制胜法宝，1只猴子和1只老鹰。猴子专门训练偷袭命门（抠卵子）。老鹰专训抠眼之功，百抠百中。就这样天天训练，数月有余，一切准备妥当，徐连斋便派人给许正雅下战书，约定五月初五午时在范家堑比武。若许正雅输了，请自动离开范家堑，徐连斋则拔除了一个眼中钉。

五月初五，徐连斋骑着高头大马，并与差人带了猴子与老鹰到武场，其余不见一兵一卒。更奇怪的是“彭八佬儿”一身黑衣黑裤，眼睛还蒙上黑纱，赤手空拳来到武场。当然许正雅及四邻八乡的乡邻们也早早来到武场。看这架势哪像比武？看客们都摸不着头脑，看看这边又瞧瞧那边，肚子里只冒二五，嘴上不说罢了。

战书已下，阵势已摆开，这武是比定了！正午时刻一到，徐连斋的差人大叫一声：“许大人开始吧！”许正雅头还没点好，彭八佬儿大叫：“来吧，来吧！”只听见嗖的一声一个黑影直冲天穹，老鹰出翅。训练有素的猴子也“叽叽叽”叫着朝彭八佬儿跳将过来。上面是老鹰黑影飞旋，圈圈紧逼，上下翻飞，不离彭八佬儿的头顶。下面是猴子前后左右，蹦跳无常，频出冷手，使尽猴拳十八招。再看彭八佬儿步伐稳健，两手上护下挡，着着到位，两腿前后腾挪，招招应对猴拳。头顶上嗖嗖嗖，冷风刮耳；身两旁“叽叽叽”，猴子狂叫。彭八佬儿不声不响，沉着应对，好一阵，双方不见胜负。约莫一刻钟时光，只听一声哨音，头上老鹰猛一俯冲，两爪张开，对准彭八佬儿的双眼狠命猛抠，猴子也瞅准机会，双手伸向彭八佬儿的裆部，众人一声惊叫。只见彭八佬儿双腿将猴子一夹，猴子疼得叽叽叽狂叫。彭八佬儿双手将老鹰的头用劲一挤，老鹰身首分家，鲜血喷了彭八佬儿一身，随即再将猴子的两条后腿左右一撕，刹那间猴子就成了血肉模糊的两片，众人的惊叫声还没结束，可怜的鹰、猴已命归黄泉。看到这儿，许正雅微笑地点了点头。徐连斋则脸色大变，起身骂了句"狗屁啊"，调转马头灰溜溜地奔栟茶而去。这声"狗屁啊"不知是对彭八佬儿功夫的轻蔑，还是对用猴子和老鹰参加比武的否认，反正这句话在场的多数人都听到了，后来这个范家堑比武的地方就叫狗屁庄。

原来彭八佬儿获胜亦有奥秘。他探到了徐连斋在专门训练猴子和老鹰，就猜中了他的毒计。彭八佬儿从此就专门训练耳功，辨别细微响声的方向。比武那天用两个小酒盅盖住双眼，用黑纱布包住。用一大碗护住裆部，所以鹰、猴就无用武之地了，反而被彭八佬儿赢了大满贯。

九、龙潭传说

龙潭，位于角斜镇双龙村，老范公堤南边。

据传说，100多年前的一个夏天，时逢六月六日，太阳炙烤着大地，地上像着了火，路边的树木、田野里的庄稼都耷拉着脑袋，无精打采。闷得人们喘不过气来。晌午时分，空中变得诡异，自东北方起，乌云翻滚，黑压压的一片，向西南方面漫卷过来。不大一会儿，就刮起了大风，风助云势，地上、空中墨一样黑，天就像塌下来了，人们面临着一场不可估量的灾难，只能唉声叹气，暗中默默地祈祷着求上帝保佑。接着下起瓢泼大雨，闪电烁如蛇舌，雷声响似天崩，人们害怕得无处适从，只得听天由命。就在这时，人们从一道道闪电中蓦然看见一个壮如圆筒的东西，自天挂下，周围飞舞着许多小东西，人们不敢相信自己的眼睛，望着它心里直发怵。大约10分钟过后，空中云雾渐散，云端里出现了一条黑色巨龙，只见龙摇头摆尾了几个回合，向东北方向飞去。在地上，人们发现了一个大塘，塘里注满了水，此后人们猜测说：这是黑龙尾绞的龙潭。其实，人们从空中看到的根本不是什么龙，由于古老的人们愚昧无知，不懂科学道理，把旋风形成的一个从云中垂下的大漏斗误认为是龙。周围飞舞的那些东西，都是由风卷起的地面上的杂物，还有人认为周围的东西是些蜜蜂，在追咬着龙，好让龙赶快离开。这仅是传说，此事已有100多年，解放初期就以此塘为据，取名为龙潭。

十、挺长路来历

挺长路，东起栟茶镇杨堡村"伢儿坟"，西至角斜福星桥，途经原老坝港富港村域内，全程长约4公里。

不知何故，老坝港人称人死后停尸于棺盖上为"挺长"，可能因为尸体直挺，如长眠状，是以谓之。传说从前有一妖怪"摄子精"为害百姓，专吸儿童血。浒澪有一神人叫"遨苍洲"的，跟仙人学成武艺将"摄子精"除去。老百姓谢其为民除害，欲设宴招待。可他身躯庞大，一顿要吃120担大米，而乡亲们所收米粮不多，难供其吃饱。遨苍洲不愿劳累百姓，躺在地上，宁饿死不吃。后其灵魂被仙人召回天宫，留下的躯壳化成一条大路，这条大路从富港村至浒澪杨堡村，全长4公里。人们称之为"挺长路"，也称"挺车路"。

另一得名传说，据传从前的黄海总有怪物兴风作浪，淹死无数渔民。怪物要挟各地，投儿童供它吸血。为避灾难，每年有儿童被残忍地投入大海，惨不忍睹。怪物吸完童血，尸首漂泊到"伢儿坟"埋葬。

当年，浒澪下洋及富滩乡一带有一户人家生了伢儿，未满周岁就会跑，皆说是贵子，家人欣喜，取名"遨苍洲"。可不久，突被狂风卷走。母亲眼睛哭瞎，以为贵子被海怪吃了，可未见尸首。咋回事？乡亲们不解谜团。

原来，那狂风是仙人把遨苍洲带到"乐知山"，教他练武艺。

在仙人的培育下，遨苍洲向师傅请求，回乡为乡亲们报仇雪恨，因其游历太浅，未获准。师傅在山石上留言后，回天宫去了。

遨苍洲秉承师傅留言，直奔东洋大海龙王水晶宫，踩着水晶宫一个大殿角，揪住海龙王喝问是哪个妖怪兴风作浪？龙王知道不妙，供认是"摄子精"。

遨苍洲直奔“摄子精”巢穴，摄子精企图逃之夭夭。遨苍洲是仙人指点之人，本领高强，周游世界，见多识广可谓智勇双全，“摄子精”岂能逃脱，被遨苍洲擒拿而除之。从此，遨苍洲家乡太平了。

遨苍洲回到家乡，叙说被风卷走后的经历，家母高兴得突然两眼复明。遨苍洲八里高的身躯立于人前，母亲先为之震惊，后掐指一算，离别18年。家母及乡亲欲为遨苍洲接风洗尘，可乡亲们不知，遨苍洲周游世界时，每顿饭吃120担大米。十年就有九年荒的下洋、富滩一带，为遨苍洲筹办一餐都难以凑足所需粮食，故而被遨苍洲谢绝了。

此时，师傅立于下洋天空，一阵风将遨苍洲召回天宫，乡亲们看得真切。遨苍洲随师傅而去，灵归天宫成仙，留下凡人躯壳，化成8里长路一条，人们纪念他，取名为“挺长路”。

以后的日子里，挺长路除行人外，车辆多了，成为通栟茶浒澪角斜的主要路道，故又称“挺车路”。

在历史的长河里，记载着遨苍洲为民除害，并甘为道路的事迹，虽为传说，倒也有可贵精神所取，为人们爱戴和尊敬。挺长路另有一事。一天，有个叫“红柴棒”的人，路途饥渴难忍，行至挺长路，他想出了鬼主意，改名换姓“饼端”去行骗。时值六月六，农家都有做“冷酵饼”的习惯，他想吃饼。

他拐出挺长路，行至一农家厨房门口。“冷酵饼”满满地摊了两筛子，他恨不得扑上去吞两只，可有农妇刚做完饼在洗手。他两眼直溜，望着人家小孩吃饼。农妇问道：“此位尊姓大名，做何事来了？”“红柴棒”答道：“鄙人姓‘饼’名‘端’，到此躲阴凉。”农妇心中讨厌这不知趣之人，偏不谈吃饼，到堂屋去了。

“红柴棒”门外小憩片刻，贼胆渐壮，至厨房灶上端了筛子，便往门外飞跑去。小孩见状呼喊：“妈……，饼端走了！”农妇在堂屋收拾家什，正忙得不亦乐乎，闻声不理，回话：“饼端走了，让他走呗。讨厌鬼，赶还赶不走呢！”

“红柴棒”身高马大，但与遨苍洲相比，精神太渺小了！

从此，挺长路附近的下洋人、浒北人、富滩人称骗子为“红柴棒”或“饼端”，是为笑谈。

十一、传说中的“飞家滩”

大海不仅是宽广的，而且是无私的，它把人类所需要的生物都推到了岸边，弯弯的港子，连绵的圈塘，还有从灾难中挺过来欲生勿长的海巴茅、号馅儿、海毛草、芦柴花，出没在沙滩上、草丛中的野獐、野兔、野鸡、海獾子……这里有荒凉的草海，百里不见人烟的沙滩。

有人传说是海龙王的三太子整日无所事事，一日骑上了水牛背，手持风火轮，吆喝着虾兵蟹将一起游玩。谁知水牛陷进了圈塘，几番挣扎，而牛越陷越深，牛头偏北向东，牛颈弯曲，一角偏向西北，一角指向东南，半身侧卧，尾巴拍打着泥浆，最终还是被泥沙淹没。而三太子只好盘旋了几圈，哭泣着回到了“龙宫”。海龙王知晓后大怒，拿起“龙鞭”，狠狠教训一番，这一鞭抽得大海涌动，泥沙翻滚，仿佛抽出了不规则的一片沙滩。人们在这里的草丛中听到野鸡打鸣，看到野鸡起飞，捡到一窝窝野鸡蛋，他们每次下海捕鱼捉蟹、采集贝类，都要在“飞来之滩”上去捡些“飞鸟之蛋”带回家充饥，时间长了，赶海的人们便把这片沙滩称之为“飞家滩”。

十二、顾家庄

旧场顾陶村（十一大队）有著名的顾陶二庄，顾家庄在东北边（一、八队），陶家庄在西南边（四、六队）。陶家庄曾有一个小码头叫陶家码头，而这里真正陶姓人士并不多。顾陶二庄中姓顾的有一大片，分布在原十一大队一、二、四、八队。实行保甲制时期，顾家庄一处是顾用轩为保长的第6保，陶家庄一块是顾理成为保长的第17保（当时属浒澪乡）。

顾家庄南边有“虾儿港”（孙二富出生地），有“窑头”（工农小学西北首），西北边有“九龙口”（现江海河东，顾陶13组处），东南边是“四十总”，东北端是“平家河”“磨担头”和“人坝头”。

民国二十七年（1938）左右，张可监出资在这里创办一所顾庄小学，使用顾理昌家的土地，厕所也是用顾家的。第一个任教的是沈楚善；第二个任教的是栟茶缪老先生(老太在校做饭,儿子有时亦为代课);第三个任教的是校长顾怀棠;顾理昌任教员,民国三十年(1941)下半年至民国三十一年(1942)上半年在该校教过书。当时这所初级小学,为当地人读书提供了便利,顾陶二庄许多有文化的人都在此校接受了启蒙教育,如顾理明、顾理才、顾理元、顾用轩、顾用井、顾理昌、顾用托、周强、周月坤等人,都在此校读过书。民国三十一年(1942)春夏之交,浒澪的二黄鬼子(伪军)拆除顾庄小学的房子,把材料运去筑碉堡,顾庄小学就此停办了。

顾家庄历史上是共产党人频繁活动的地方,也是敌人比较关注的地方。顾陶村及其周边早期加入中国共产党,参加革命工作的人有顾理昌、顾理昭、张权、吴泰山、周强、邵学文、缪四如、李成元、王永松、徐全才、徐英、花长富、李金来、徐希富、顾怀杰、顾怀仁等人,顾家庄北边(旧场十大队)的吴国流、吴礼山等人亦参加革命活动。顾理昌历任浒澪乡党支部书记,栟北区、栟茶区、角斜区区委委员、组织科长,栟茶区区长等要职。邵学文曾任区宣传科长;缪四如曾任浒澪乡指导员;周强曾任浒澪乡财粮员、乡长。吴国流、吴礼山、李成元等都是较早从事领导工作的乡指导员。花长富、缪四如、徐希富等在抗日战争、解放战争时期,是出色的武工队员,表现积极,勇敢善战。在顾陶村还有舍己掩护战友而壮烈牺牲的夏亭生,也有以刘俊芳为代表的支前女模范,他们投身革命,无私奉献,留下了不少感人故事。中华人民共和国成立以后继续在党政部门或其他单位领导岗位上任职的有顾理昌、张权、缪四如、李成元、王永松、吴礼山、吴国流、徐英、吴泰山、顾理昭等。

顾家庄人文荟萃,历史上民间文艺活动十分活跃。中华人民共和国成立前后几十年间,农村社会经济文化相对落后,这个村庄却云集着一批能说会道、能画善写、吹拉弹唱、能歌善舞的乡土文人。顾用圣、顾用贤、顾用学、顾用轩、顾用和、顾用美、顾理明、顾理和、顾怀俊、顾理昭、顾理义、顾理稳、庄六富、逸凡、赵云峰、周强、周其震、吴志美、吴志香、孙成银等人,各有其长。中华人民共和国成立初期到"文化大革命"之前,这里常有民间剧团驻庄售票演出,有时长达一月之久。

顾家庄的酒文化甚浓。出生于此的海防团团长孙二富过去常在此探亲访友,饮酒打牌。缪四发、花德勇、蔡正宽等人以酒会友,联谊八方,促进顾陶村发展一度传为佳话。

十三、老坝港来历

老坝港历史悠久,历代属东台县管辖,1949年划归如东县。当时东台县有三大渔港,即弶港、老坝港和南港。老坝港是众多小港口的统称,老坝港又称南川港、洋北港(又曾叫老鼠洞),位于三十二总北海堤下。

吕四渔场主要洋面——华子洋西部称之为华子洋口,华子洋口分成几条大港,北大港称之为王家港,从王家港向上直达弶港;南大港称之为川港(老坝港),川港向上分成两个汊,南汊称之为南川,北汊称之为北川,两川之间有一高脊,脊中又有一深水区称之为"洋方套"。从南川向上经过洋北港直至吴家港,北川向上直达老坝港,这3个港口滩涂都是鱼贝觅食的佳境,这里的鱼贝膘肥体大,肉质丰厚,味道鲜美。

老坝港早年水流较急,加之与陆地交通不便,很少有渔船停靠。直至1954年,南港渔汛委员会设在老坝港,每年捕小黄鱼的船只上千条,才全部停靠在老坝港口。

老坝港港口优良,陆上交通良好,多年一直为渔船停靠的中心渔港。1963年,新开北凌河入海口为港,建有北凌闸。后由于滩涂淤涨,海岸线东移,致港口淤塞。1984年,在老北凌闸外围垦2万亩滩涂,北凌河向东南如东县域内延伸,重造北凌新闸,老坝港港口随之移至新闸口。老坝港及弶港南边渔船一般停靠在北凌闸外。

老坝港百年之前就列为江苏"南北四港"之一,即江南的福山港,东台的弶港、如东的南港和海安的老坝港。

早年,老坝港虽不属一个行政区,但它的区域很广,东至南港,北至东台县鱼舍南边的"王家丫子",均为老坝港范围。凡是这一带居船者均加入老坝港民间组织——老坝港渔会。中华人民共和国成立后,居船者又加入老坝港木船协会,船员加入老坝港海员工会。1955年以港口成立公私合营公司时,凡属老坝港木船协会的会员均加入老坝港公私合营公司。合营公司改为渔业合作社时，又加入老坝港渔业合作社。直至1956年下半年，东台县出面将原家居东台船老板几只渔船划归东台。1959年“旧德斗争”（参见附录史海钩沉1959年“旧德抢船事件”）后，又将原属海安旧场船老板的20多只渔船划归海安，同时老坝港也从如东县划出，成为海安县的唯一渔港。

附：原老坝港域内地名探源

沿袭用名。老坝港陆地很早以前是滩涂港汊，这些港汊也有名称，围海造田后这些名称有的被沿袭使用。如“川港”，川港村所在地过去就是川港港汊。富港村以前称“灶港”，也以港汊名沿袭之。旧场村一组与建海村交界处，过去叫“张港”。开挖北凌河后，地形变化，地名随之消失。

以想象取名。人们常以地貌形态进行想象而取名。

“鹤颈湾”：江海河西，江海村域内，原有一块约长百米，宽30米的洼地，中间有一坝埂，两边各有一条流水槽，形似鹤颈，再加上每年春季有白鹤飞临觅食，人称此为鹤颈湾。1970年引挖江海河。地形被破坏，只存其虚名。

“鹅儿池”：江海村十五组原“槐树口”，有一约6亩大池塘，形似鹅，也曾有人在池内养鹅，故名“鹅儿池”。1972年，平整土地，该池塘被填平。其名渐被淡忘。

“花鱼尾子”：旧场乡一大队五队、六队、七队交界处，有一地形似鱼状，有三户人家住的地方像鱼尾。人称花鱼尾子。已不复存在。

“磨担头”：县蚕种场西侧，过去有两道海堤在此交汇成“A”字形，形似农家推磨的“磨担”，故名磨担头。海堤已夷为平地，磨担头也难寻踪迹，地名尚存。

“西下洋”：在富滩村、马坝村与如东陈湾村一带，地势低洼，地面高程比废黄河古道还低。此地易涝多灾，一下大雨，积水如汪洋，故名“西下洋”。过去流传民谚“西下洋，西下洋，十年就有九年荒，一亩收不到两箩筐，卖儿卖女去逃荒”，人们生活困苦不堪。后兴修水利，改造低洼地，已成“米粮仓”。

以传说得名。海边常流传一些神话故事，而这些神话故事往往成为地名的“依据”。

“枣儿树口子”：通海桥南的地方，以前叫“枣儿树口子”。传说南宋时期，有一白胡子齐胸的老翁，肩扛锄头在海堤边边歇脚，边吃枣儿，枣核随手扔在堤下，第二年在老翁歇脚的地方长出很多枣儿树。后来枣树长成片，百姓从此经过出海捕鱼，踏出一条通道口子，久而久之“枣儿树口子”便出了名。据说那一老翁乃当地的“土地公”。

“龙孔”：过去老坝港有几处深潭，深不可测，谓之为“龙孔”，据说是海龙王吸水的地方。不管天多旱，此潭从不会干涸。在平新村靠海堤西侧曾有十几亩田大的深潭，都叫“龙孔”，传说在“龙孔”内不能捕鱼，否则会惹怒龙王，带来灾难，由此深潭被罩上神秘色彩，人们敬而远之，常有人在潭边烧香求神灵保佑。1974年旧场乡组织全乡上千民兵，将此潭水抽干，挖塘泥积肥。其时潭上潭下，人山人海，红旗飘扬，号子连天，蔚为壮观，龙孔神话被打破。《东海民兵》杂志曾作专题报道，把“龙孔”改名为“永红孔”。后来海堤平整修建海防公路，“龙孔”被填平。

“伢儿塘”：海港村十四组域内，曾有一水塘，占地两亩半，地处范公堤西侧。相传周围水塘为咸水，唯此塘水质不咸，小孩子常聚在塘内洗澡，故名“伢儿塘”。传说在此塘洗澡能治皮肤病。远近老百姓夏秋季来此塘洗澡不断。1958年“大跃进”运动时此塘被填平。

以姓冠名。海边滩涂港汊被海堤围成内陆，便成大河小沟。为了交通方便，人们在河沟上筑坝修桥，而这批坝埂桥梁多以所在地住户人家的姓氏冠名。例如在今江梅村与如东浒北交界河上筑的坝埂叫“周家码头”。江海村西与马坝村交界河上的坝埂叫马坝，后坝埂挖除，疏通河道，改架木桥，取名“马坝桥”。旧场五大队和四大队交界河上的坝埂叫“蒋坝”，后挖坝架桥，又叫“蒋坝桥”。旧场乡三大队与东台新街沿海交界的河坝叫“王家码头”。旧场八大队陈家庄有一堤坝就叫“陈坝”，北凌河开挖后架桥叫“陈坝桥”。

以史迹命名。有的地名是因所处地理位置有陈迹而得来的。

“市货桥”：在现旧坝桥北岸西侧，古时称市货桥。过去这里有一木桥，桥两侧曾为集市，因方便人们通行做买卖，此桥得名“市货桥”。

“倒口子”：通海桥西北约300米处，过去叫“倒口子”。“倒口子”源自一次破堤泄洪事件。1954年6月23日—7月30日，连续降雨1226.4毫米。上游客水压境，旧场乡成泽国，田内可行船。为泄洪排涝，县政府决定于7月9在旧场破海堤泄洪放水。其时洪水汹涌奔腾下海，海堤冲开百多米宽的口子。后来将此豁口称为“倒口子”。

“四十总”：“总”之称谓来源有2个：一是地域说。古代沿海灶民煮盐，燃料为海边茅草，官府将沿海草田划分条块，租给灶民使用，草田一块称为“总”。二是道口说。海堤边设有道口，供渔民出入海口。为防盗匪和私盐贩子，常在道口设卡，有兵丁把守。“总”以数字排序，在原旧场乡平新村与如东靖海乡姜埭村交界处为“四十总”。

“一门闸”“三红儿狗洞”：旧场村(建场村)三组海堤脚下，曾建有一座堤闸，以排内涝。该堤闸全部用木头构筑，称“一门闸”。后该闸淤塞，只留一洞穴，有一乞丐名“三红儿”，常蜗居此处，人称“三红儿狗洞”。60年代，旧场公社组织挖掘，以所掘木料建成一座公社大会堂。现“三红儿狗洞”不复存在。

以引申借名。老坝港的一些地方还以建筑物(构筑物)的名称替代一定地域范围的名称使用。例如旧场一大队办公室处，过去建过“二郎庙”，人们就把这一带称之为“二郎庙”。旧场九大队一队与十大队交界处有小河，小河上搭一松木跳板供人通行，人称这地方就叫“松板跳”。旧场二大队一队与六大队交界处有一用杨木构成的小桥，此处地名即以“杨木桥”代之。旧场乡陈坝村过去在靠近出海口处筑一堤坝，堤坝外即为港汊。堤坝初起名陈家坝，日久之则称“老坝头”，“老坝港”之名似由此引申得名。1969年建成的通海桥，当初荒无人烟，后逐渐发展成集镇。人们往往将老坝港镇以通海桥之名代之：“到了通海桥，就是老坝港(镇)。”

第二十一章　文明创建

角斜域内有尊老爱幼、扶贫济困、见义勇为、注重礼仪等优良传统。1983年起，域内各乡镇开展“五讲四美三热爱”和培养“四有”新人等文明创建活动。先后涌现出一批文明创建活动的先进集体和个人。1986年始，域内各乡镇在开展创建文明户、文明单位活动中，每年均有多个行业、单位、村、个人受到县级以上的表彰。1992年，在开展“红旗文明户”活动中，域内各乡镇参评率95%以上。1993—1998年，域内各乡镇开展“讲文明、树新风”“学雷锋、学莫文隋”活动。1995年，开展创建文明城镇活动的宣传。1999年，域内各乡镇又开展创建文明村镇、文明行业、文明单位、文明窗口、文明户和争当文明好人的群众性精神文明创建系列活动，域内公民素质有了新的提高。是年，文明新风典型评选活动开始，至2017年，角斜镇域内每季度开展评选文明新风典型一次。

第一节　创建活动

一、文明教育

1981年，域内各公社党委、团委积极组织党员、团员开展“文明礼貌月”活动，各学校组织中小学生在集镇上游行，宣传“五讲四美三热爱”。各公社成人教育中心校举办农村青年培训班，组织学员到集镇发放开展文明礼貌活动的宣传资料。各公社党委向各基层单位发出号召，开展创建“文明单位”的活动，评选出的“文明单位”送县审批。此后，每年都有不少单位被县批准，获得“文明单位”奖牌。

1986年，中共中央《关于社会主义精神文明建设指导方针的决议》颁布后，域内各乡镇党委制定精神文明建设的具体目标，大张旗鼓地开展创建文明单位、文明村、文明组、文明户的活动，同时开展争创县红旗文明户活动，发动广大农民进行“五比”，即：比爱党爱国、比勤劳致富、比遵纪守法、比计划生育、比文明新风。

20世纪90年代，在讲文明、树新风、反对封建迷信、反对邪教运动中，各乡镇党委、政府成立领导小组，严格查处黄赌毒，对参与邪教活动的有关人员进行教育改造。2005年农村中迷信风盛行，各乡镇党委、政府组织村组干部拆除土地庙450多座，收缴迷信物品近千件。2011年，实行区镇融合一体化领导体制后，文明创建工作不断落实，中国好人、江苏好人、海安好人不断涌现。“文明百佳，德耀江海”活动深入开展。2017年，角斜镇注册志愿者6217人，总服务时长20多万小时，活跃度88.75%。

附：老庄村村规民约

1. 热爱党、热爱祖国、热爱社会主义，勠力践行社会主义核心价值观，加强社会公德、职业道德、家庭美德、个人品德建设，积极参与文明创建活动,争做文明好村民。

2. 认真贯彻执行党的路线、方针、政策和国家的法律法规,树立“我以村为家,村以我为荣”的集体意识,积极为村集体发展出谋献策,自力更生,艰苦创业,为老庄村经济社会高质量发展贡献力量。

3. 以“海纳百川、创新争先”的海安精神为指引,弘扬“向上、法治、诚信、勤奋、创业”新时期海安人优秀特质,积极投身全面小康建设,积极参与村居事务,为“幸福海安”添砖加瓦。

4. 提倡“新时代新文明”,营造移风易俗新气象,培育良好乡风民风,不搞陈规旧俗,推崇喜事新办,丧事从俭,厚养薄葬,反对封建迷信;推崇节俭持家,反对铺张浪费;推崇集体至上,反对家族主义。

5. 拥护社会主义法治,自觉践行社会主义法治理念,自觉维护宪法和法律权威,自觉树立法治观念和法律意识,做“学法、尊法、守法、用法”好村民。

6. 团结友爱,相互尊重,相互理解,相互帮助,和睦相处,不打架斗殴,不诽谤他人,不造谣惑众,不拨弄是非,不仗势欺人,建立“近邻胜于远亲”的邻里关系。

7. 树立生态文明意识,节约资源,保护环境,主动参与公共卫生和村容整洁,绿化美化环境,搞好门前“三包”,做到垃圾不乱倒,粪土不乱堆,污水不乱流,柴草不乱放,创建“美丽新老庄”。

8. 爱护公共和集体设施,服从村庄建设规划,依法使用宅基地,不违规占用基本农田,不违规占用河坡、河道,发现违法违规行为,及时劝阻、主动上报,做老庄健康发展的“有心人”。

9. 坚持计划生育基本国策,依法实施全面两孩政策,关爱女孩、男女平等。尊老爱幼,自觉赡养老人。传承优秀家规,沿袭优良家训,弘扬家庭美德,塑造良好家风。

10. 大力弘扬角斜“红旗民兵”精神,不忘初心牢记使命,踊跃参与国防建设,锤炼战斗本领,投身经济建设,争当文明表率,在新时代承担起新使命。

二、文明城镇创建

1995 年,域内各乡镇开始对创建文明城镇活动的宣传、发动,发放县委宣传部编印的《海安市民文明读本》1000 多册,先后多次举办“争当文明市民”知识竞赛。2000 年 7 月,角斜、老坝港召开深化文明城市创建工作会议。2001 年 5 月,角斜、老坝港又召开创建文明城镇动员大会,布置创建工作,集中整治域内道路环境,同时加大市政建设力度,实施镇区亮化、绿化、美化工程。2008 年,角斜、老坝港组织参加“迎奥运,讲文明,树新风”礼仪知识竞赛。2011—2017 年,角斜镇利用有线电视、广播、横幅等宣传工具,大张旗鼓地进行创建文明镇相关的宣传活动,并组织文艺宣传小分队到各村进行演出宣传。制作各类宣传标牌 40 块,悬挂横幅标语 10 多条,印发文明镇创建公开信 1 万余份。充分利用角斜“红旗民兵团”史绩陈列馆爱国主义教育基地、滩河村史馆、各村道德讲堂等载体,通过参观学习,座谈交流,宣讲解读等诸多形式广泛开展文明实践活动。

角斜镇先后被省委、省政府、省文明委表彰为 2010—2012 年度和 2013—2015 年度江苏省文明乡镇,被南通市委、市政府、市文明委表彰为 2011—2012 年度南通市文明乡镇,被县委、县政府、县文明委表彰为 2007—2008 年度和 2011—2012 年度海安县文明乡镇。2017 年,角斜镇被中央组织部评为全国优秀学习型乡镇。

三、文明单位创建

文明单位创建工作从 20 世纪 80 年代开始启动,域内各乡镇实施多年。每年都有一批企事业单位和建制村经推荐上报参评,被授予县级文明单位。部分单位还荣获市级、省级文明单位称号。1997—1998 年,老坝港镇镇海村、沿口镇向阳村、角斜镇五虎村获首批南通市文明村。老坝港滨海新区财税局被市委、市政府、市文明委表彰为 2011—2012 年度和 2013—2014 年度南通文明单位。

四、群众性文明创建

1999 年开始,角斜、沿口、老坝港开展群众性文明创建活动。2000—2017 年每两年评选一批县级文明行业、文明窗口、文明村镇、文明单位等。角斜镇自2011年起，每半年以村为单位开展一次“文明户”评选活动，评选出在生态、致富、信用、文化、敬老等方面具有典型示范带头作用的文明家庭。2017年，全镇2.15万户参加五好文明家庭评选，以总户的80%共评出五好文明家庭1700多户，同时以五好文明家庭的5%评出五好文明家庭示范户800多户。

2010—2017年角斜镇的省、市、县文明镇、村、单位一览表

表21-1

年度	级别	单位名称
2010—2012	省	角斜镇、海港村
2013—2016	省	角斜镇、海港村
2011—2012	市	海港村、角斜村、财税局
2013—2014	市	富港村、财税局
2015—2016	市	镇海村、国土资源局
2011—2012	县	角斜镇、五虎村、镇海村、通港村、海港村、角斜村、江海村、五凌村、双龙村、兰波实业有限公司、南通市东方包装有限公司、角斜国土资源所、农村商业银行股份有限公司老坝港支行、农村商业银行股份有限公司角斜支行、角斜供电所、老坝港供电所、成人教育中心、沿口幼儿园、老坝港初级中学、沿口小学、老坝港小学、角斜镇中心幼儿园、老坝港幼儿园、角斜初级中学、角斜广播电视服务站、滨海新区管理委员会、风华海苔有限公司、滨海新区财税局、工商行政管理局角斜分局、角斜水利服务站、角斜派出所、角斜交警中队、角斜小学、农村商业银行股份有限公司沿口支行
2013—2014	县	海港村、镇海村、双龙村、富港村、汤灶村、川港村、新坝村、通港村、老庄村、五虎村、江海村、沿口村、五凌村、顾陶村、滩河村、滨海新区财税局、市场监督管理滨海新区分局、老坝港小学、沿口幼儿园、老坝港幼儿园、老坝港初级中学、角斜镇中心幼儿园、角斜小学、角斜初级中学、国土资源局滨海新区分局、角斜水利服务站
2015—2016	县	角斜镇、镇海村、海港村、双龙村、建场村、新坝村、通港村、江海村、五凌村、老坝港滨海新区财税局、市场监督管理滨海新区分局、沿口幼儿园、老坝港幼儿园、国土资源局滨海新区分局、角斜镇中心幼儿园、角斜广播电视服务站、老坝港初级中学、老坝港小学、角斜小学

第二节　文明新风典型

角斜镇2016年在机关、学校、村居三个层面大力开展文明新风典型教育活动，至2017年，坚持每季度组织一次镇、村级文明新风典型教育道德讲堂活动，每次参加活动的对象有党员、干部、群众、学生及各行各业的代表，每次参加活动的人数均在200人以上。每一次活动围绕一个主题，根据主题设计活动流程，看视频、讲故事、诵经典、唱歌曲等。2017年5月27日，角斜镇在商务大厦举办了一次全县争当文明新风典型的观摩现场会，通过身边事，教育身边人，使与会的300多人进一步品悟道德力量，净化内在心灵，升华自身境界，在全镇内掀起了向身边好人学习的热潮。2017年，角斜镇共评出文明新风典型180人，其中，县级以上8人。

一、见义勇为

陈 群 角斜镇人，1963年出生。2015年1月10日上午，他跃入冰河中，将落水老人托出水面15分钟，老人得救了，自己却因体力不支而溺水身亡。2015年，被评为“江苏好人”和“中国好人”及“最美海安人”。

图21-1 陈群

缪永宏 1962年出生，角斜镇人。2015年3月24日，一辆轿车不慎坠入河中，他看到这一情况，果断跳入冰冷的河水中，将怀有3个月身孕的女司机安全救上岸，随后悄然离去。2015年，被评为“海安好人”和“最美海安人”。

图21-2 董相宏

董相宏 1957年生，角斜镇镇海村人。一次出海，遭遇10级风浪的袭击，他奋不顾身地投入苏如渔04613号船开展搜救。历经13个小时与大风大浪的搏击，安全救出船上9人。此后，他驾驶的苏海安渔00101也成为渔民心中的“编外搜救船”。2015年，被评为“海安好人”。

纪育明 1966年出生，角斜镇川港村人，苏海安渔00269船船长，曾多次将海上遇险船员救回来。2016年9月16日下午，为了避开第16号台风“莫兰蒂”，苏海安渔00269在船长纪育明的指挥下进行收网回港避风。突然船上对讲机里传来苏如渔04336因遭遇大风袭击、发生翻沉事故的消息，纪育明听到后立即通知轮机长发动机器，加大马力朝出事地点驶去。台风即将来临，海上已经是风高浪急，救人心切的纪育明船长已经全然顾不上这些，他命令渔船全速前进，经过一个小时的航行，渔船到达了出事地点。苏如渔04336船上落水的8个人正在海里随着海浪一高一低颠簸着、漂浮着。时间就是生命，纪育明指挥渔船降速慢慢靠近海里的人，然后把绳索扔到海里，让海里的人抓住，一次抓不到两次，两次抓不到三次，最终8名落水的船员被救上了船，保住了生命。2016年第四季度，纪育明当选为“海安好人”。2017年1月，纪育明荣登“中国好人榜”“江苏好人榜”。

图21-3 纪育明

许海平 1976年出生，角斜镇五虎村人。2017年10月3日下午1时左右，县城泰宁桥处有一个3岁男童不慎落水，听到呼救声的许海平正在大桥附近做着螃蟹生意，循声望去，只见一个小孩在水中挣扎，紧急关头，许海平飞快地奔向河岸，纵身跳进了河水中，几经周折，落水男孩被许海平救上岸。许海平见义勇为的事迹发生后，多家媒体在黄金时间大篇幅进行报道。2017年10月23日，经海安县见义勇为基金会批准，许海平被授予“海安县见义勇为奖”。

图21-4 许海平

二、孝老爱亲

焦爱平 女，川港村三组村民。焦爱平的姐姐10岁生了一场大病之后，就瘫痪在床，脖子往下全部失去了知觉，24小时都需要陪护。焦爱平从小帮助父母照顾姐姐，一直到父亲离世，母亲年老。在自己尚有一对儿女需要抚养，母亲也需要照应的情况下，她将姐姐接到自己家中，毅然将照顾姐姐的重担一肩挑起。同吃、同住、悉心照料，30年来无一日倦怠。66岁的姐姐焦爱兰常常挂在嘴边说的一句话就是“如果不是妹妹的尽心尽力照顾，我可能早已不在人世了”。2017年，焦爱平被评为“海安好人”。

黄志梅 女，镇海村一组村民。27岁结婚，4年后丈夫就因为意外导致高位截肢。30年，她精心服侍，始终不离不弃，无怨无悔，用爱撑起了整个家。她的深情令多次绝望的丈夫重新振作，她说：“今生我就是丈夫的双腿，陪伴他一辈子。”她的贤惠成了当地人们交口称赞的典范。2017年，黄志梅获南通市“文明百佳”称号。

三、助人为乐

万建明　顾陶村党支部书记。他带领村两委一班人努力工作，大胆创新，克服重重困难，努力为顾陶村老百姓干实事，办好事。他创办的紫菜公司，解决了顾陶村数百人的就业问题。平时把经济困难的职工挂在心上，各方面都加以照顾。他带领全村干部和群众为身患癌症的贫困大学生捐助2.5万元，为村里孤寡老人们送食物、衣物不计其数。他向县慈善机构累计捐款3万余元。2013年，万建明被评为“海安好人”。

韩仕临　女，1950年出生，角斜镇沿口村校外辅导站老师。她退休后主动投身关心下一代事业，为创办村级辅导站奉献精力，奉献财力。她用热心关怀，用真情感化，用汗水浇灌，如春风细雨润物无声。先后多次被评为省市县教育先进工作者。2012年被评为“南通市文明新风典型”。

四、爱岗敬业

陆春林　1952年出生，角斜镇退休干部。他曾担任过司法助理、司法所长等职，在职期间他爱岗敬业、恪尽职守，努力做好人民调解工作，曾被评为“江苏省防止民间纠纷激化先进个人”，获得南通市“十佳调解员”称号，荣立个人三等功，被列入南通市调解转接名单，在化解矛盾纠纷、维护社会稳定上做出了杰出贡献。2013年5月，他从角斜镇政法综治局信访调解科长的职位上退休，但他退休不下岗，仍热爱和热衷于人民调解工作，建立“陆春林调解工作室”，成为镇调解处的专职调解员，还被县人民法院引荐为李堡法庭巡回审判点的专职调解员，继续战斗在维护社会稳定的第一道防线上。

金鹤年　1949年出生，周庄村人。1974年从事农村赤脚医生工作，40多年如一日，扎根在基层一线。走村串户，默默奉献，无私地为父老乡亲服务，被当地群众誉为健康“保护神”，在平凡的岗位上做出了不平凡的业绩。他总是急病人所急，想病人所想，对无法亲自求诊的病人，他背上医药箱上门就诊，无论刮风下雨，严寒酷暑，从不埋怨半句。对付不起医药费的弱势群体，他毅然免去医疗费，并悉心照顾。特别是对年老体弱、残疾的病人，他能上门服务，量血压，测血糖，一有空闲就去看望村里的老人，给他们讲解养生与健康的知识。用自己的真心付出，用自己的善德善行，诠释了一个乡村医生的高尚操守。

五、拾金不昧

李志发　双龙村十四组人。2016年5月12日，在上街途中拾到钱包，里面有身份证、多张银行卡和2000多元现金。李志发毅然放弃了上街办事，找到了还没有发现自己皮夹子遗失的主人缪海琴，物归原主，并拒收1000元酬金。

王夕华　范堑村兽医。2013年11月20日傍晚，他在出诊回家途中拾到一只皮包，里边有四沓人民币和各类证件。他立即通过证件信息找到失主，使失主给父亲看病的救命钱失而复得，并婉言谢绝了失主的酬谢。

六、善行义举

吴礼明　角斜镇海港村二组人，1989年，高中毕业的吴礼明，在父亲的安排下拜师学木工。一年后，他离开师傅开了一家照明店。由于对照明技术不那么精通，一年后被迫关闭。思虑再三后，他东拼西凑借了20多万元购买了一艘渔船，做起船老板。1992年是鳗鱼最低谷时期，不到3年他又血本无归。经过几次创业的失败，他变得成熟了。1995年春节刚过，他带上身上仅有的2000元现金，去北京打工，重新做起老本行，到工程队做木工。由于他聪明能干，同行都喜欢他。很快企业主把他提拔为包工头，带领30多个工人单独承包干活。两年下来，他野心大了，决定自己开建筑公司。第一年，他就收获500多万元利润。以后每年，他的公司效益都非常好，至2013年，公司创造了10多个亿资产。致富不忘家乡，他每年春节回家，所在组的各户都能得到他送的200元的礼品。2010年，他创办“腾港励学”教育基金会，当年他捐款10万元。至2017年，他每年都按时捐款10万元，资助教育事业。2015年5月12日，角斜镇海港村成立村级慈善站，他一下子捐款一万元。

陈正江 1942年出生，角斜镇双龙村人，1965年7月加入中国共产党。他身患残疾，平日里靠轮椅代步，但他时刻牢记自己是一名共产党员，总想着为社会做点力所能及的事。平时他省吃俭用，舍不得花一分钱，生活十分简朴。2015—2017年，每年为村慈善会捐款1000元，表达自己一心向党、一心为民的高尚情怀。

王兴明 角斜镇顾陶村人，共产党员，他从事建筑工作。2017年4月，他捐款4.5万元支持顾陶村基础设施建设，改善村容村貌。10月，他又捐款3万元给村慈善会。

第三节 集体荣誉

角斜镇严格落实国家、省、南通市和海安市委、市政府决策部署，在镇党委、政府的坚强领导下，历年来曾多次获得地市级以上荣誉。

一、地市级

1981-2017年角斜镇获南通市级以上荣誉一览表

表21-2

时间	获奖单位	荣誉称号及受奖情况	授奖单位
1981	角斜公社	地区科技进步奖	地区农林局
1982	角斜公社	地区科技奖	地区行署
1986	角斜镇	南通市文明单位	南通市委、南通市政府
1987	角斜镇	南通市计划生育先进集体	南通市政府
1987	角斜镇	爱国卫生先进单位	南通市政府、南通市爱卫会
1988	角斜镇	市科技进步奖	南通市政府
1989	角斜镇	绿化达标单位	南通市政府
1990	角斜镇财政所	文明财政所	南通市财政局
1990	角斜镇	计划生育协会工作先进集体	南通市计生委、市计生协会
1990	角斜镇	蚕桑生产达标竞赛增产增幅奖	南通市丝绸公司
1991	角斜镇	南通市第四次人口普查先进集体	南通市政府
1991	角斜镇	城镇建设工作先进集体	南通市城建委
1991	角斜镇	1981—1991年全省实现蚕桑生产十连冠竞赛市“先进集体”	南通市政府
1991	角斜镇	红旗集体	南通市委
1991	角斜镇团委	市先进团组织	共青团南通市委
1991	角斜镇	国土杯三等奖	南通市政府
1993	角斜人武部	基层人武工作先进单位	南通市政府、南通军分区
1993	角斜镇、沿口乡、旧场乡平新村	土地复垦先进单位(“国土杯”土地复垦竞赛二等奖)	南通市政府
1996	角斜镇党委	基层先进党委	南通市委

续表 21－2

时间	获奖单位	荣誉称号及受奖情况	授奖单位
1996	角斜中学	模范学校	南通市教育局
1998.1	角斜镇	人民武装工作先进单位	南通市政府、南通军分区
1998.10	角斜镇	征兵工作先进单位	南通市政府、南通军分区
1998.10	角斜镇	先进基层武装部	南通军分区
1994.4	角斜镇	全民国防教育先进集体	南通市政府
2000.5	角斜镇	爱国主义教育基地	南通市委宣传部
2001.1	角斜镇	民兵团集体“三等功”	南通市政府、南通军分区
2001.9	角斜镇	征兵工作先进单位	南通市政府、南通军分区
2001.11	角斜镇	市第八届农运会军事三项赛“全能第一、团体总分第一”	南通市农工部、市体委
2002.1	角斜镇	标兵基层武装部	南通市政府、南通军分区
2003.1	角斜镇	征兵工作先进单位	南通市征兵领导组
2005.1	角斜镇	省爱国主义教育基地	南通市委、南通市政府
2005.5	角斜镇	全民国防教育先进单位	南通市国防委员会
2006.3	角斜镇	“双带双扶”活动先进单位	南通市政府、南通军分区
2007	角斜镇	社会治安安全乡镇	南通市政府
2007.11	角斜镇	环境综合整治“十佳”镇和耕地保护“十佳”镇	南通市政府
2007.12	角斜镇	南通市环境优美镇	南通市政府
2007	角斜镇国土资源所	群众满意十佳基层站所	南通市委、南通市政府
2007.12	角斜镇	南通市计划生育二星级服务站	南通市政府
2007.3	五虎村	治安综合治理和平安建设先进集体	南通市综治委
2007.10	角斜镇	南通市第三批市级“民主法治村”	南通市政府
2007.11	角斜村	南通市生态村	南通市委、南通市政府
2008.5	角斜镇	“双带、双扶”及民富村美风气好先进单位	南通市政府、南通军分区
2010.2	角斜镇	人口计生新农村新家庭“五有”示范镇	南通市委、南通市政府
1999	角斜镇	市计划生育先进乡镇	南通市委、南通市政府
1999	角斜镇敬老院	文明敬老院	南通市委、南通市政府
1999	角斜镇	1997—1998 年度全民国防教育工作先进集体	南通市政府
1999	沿口镇卫生院	南通市预防保健工作先进集体	南通市政府
1999	角斜镇人武部	市先进基层武装部	南通市政府、南通军分区
1999	角斜初中	省军区第六届中学生无线电报务技术竞赛训练工作先进单位称号	南通市政府、南通军分区
1999	角斜镇	市拥军优属先进乡镇称号	南通市政府、南通军分区
2001	角斜镇敬老院、沿口敬老院	1999—2001 年度市级文明敬老院	南通市政府
2001	角斜民兵团	三等功	南通市政府、南通军分区

续表 21－2

时间	获奖单位	荣誉称号及受奖情况	授奖单位
2002	角斜镇人武部	标兵基层武装部	南通市政府、南通军分区
2002	角斜镇	第四批新型小城镇	南通市政府
2002	角斜镇	纪检监察先进集体	南通市委、南通市政府
2004	角斜镇	双拥模范乡镇	南通市委
2005	角斜镇	南通市文明乡镇	南通市委、南通市政府
2006	角斜镇	“十五”期间人口和计划生育工作先进集体	南通市委
2006	角斜镇	2005 年度南通市社会治安安全乡镇	南通市委
2007	角斜镇国土资源所	2005—2006 年度南通市文明单位	南通市委、南通市政府
2008	角斜镇人武部	“民富村美风气好”主题创建活动先进单位	南通市政府、南通军分区
2009	角斜镇	南通市文明乡镇	南通市委、南通市政府
2010	角斜镇	全市人口计生新农村、新家庭计划示范镇	南通市委、南通市政府
1997	老坝港镇	南通市 20 家农村现代化建设排头兵、南通市社会治安综合先进乡镇	南通市委
1999	向阳村、镇海村、五虎村	首批南通文明村	南通市委、南通市政府
1999	角斜镇来南村、老坝港乡枣树村、老坝港乡川港村、老坝港乡镇海村党支部	市奔小康先进村党组织	南通市委
1997—1998	角斜镇	全市全民国防教育工作先进集体	南通市政府
1999	沿口镇卫生院	市预防保健工作先进集体	南通市政府
1999	角斜人武部	市先进基层武装部	南通市政府、军分区
1999	角斜初中	组织参加省军分区第六届中学生无线电报务技术竞赛训练工作先进集体	南通市政府、南通军分区
1999	角斜镇	市拥军优属先进乡镇	南通市政府、军分区
2002	老坝港镇	获市第三批模范镇	南通市政府
2002	角斜镇党校	红旗基层党校	南通市委
2003	川港村	市文明村	南通市政府
2004	川港村	“双建设”示范村党组织	南通市委、南通市政府
2004	老坝港镇	“双建设”示范乡镇党委	南通市委
2006	老坝港镇	南通市高效农业规模化先进、南通市十佳外向型农业乡镇、南通市农村土地承包规范化管理合格镇、南通市六有档案管理合格镇	南通市委
2007	老坝港国土资源所	南通市人民满意的国土所	南通市委、南通市政府
2008	老坝港镇	首批“法治南通合格镇”	南通市委、南通市政府
2010	老坝港镇	南通市渔业安全管理先进单位	南通市委、南通市政府

续表 21－2

时间	获奖单位	荣誉称号及受奖情况	授奖单位
2010	老坝港镇	法治合格证、南通市“三无”乡镇	南通市委、南通市政府
2010	老坝港镇	法治合格证、南通市“三无”乡镇	南通市委、南通市政府
2012	角斜镇	耕地保护与土地整理复垦“十佳”乡镇	南通市委、南通市政府
2012	角斜镇	南通市农村环境长效管理达标乡镇	南通市政府
2012	角斜镇	南通市农业农村工作先进集体	南通市委、市政府
2012	角斜镇	南通市推进高效农业规模化先进单位	南通市委、市政府
2012	角斜镇	南通市海洋与渔业先进单位	南通市委、市政府
2013	角斜镇妇女联合会	南通市妇联先进单位	南通市人力资源和社会保障局、南通市妇女联合会
2013	角斜镇财税局	南通市文明单位	南通市委、南通市政府
2013	角斜镇	南通市三资三化示范镇	南通市委、南通市政府
2013	海港村、角斜村	南通市文明单位	南通市委、南通市政府
2013	老坝港小学	南通市“168 爱心”先进集体	南通市教育局
2013	角斜中心幼儿园	南通市“绿色幼儿园”	南通市教育局、环保局
2014	角斜镇海洋与渔业局	海域管理先进单位	南通市委、南通市政府
2014	角斜镇海洋与渔业局	科普工作先进单位	南通市委、南通市政府
2015	富港村	南通市文明村	南通市委、南通市政府
2016	镇海村、镇国土资源局	南通市文明单位	南通市委、南通市政府 市文明办
2017	角斜镇海洋与渔业局	市安全先进单位及示范乡镇	南通市政府

二、省级

表 21－3

时间	获奖单位	荣誉称号及受奖情况	授奖单位
1982	角斜公社	棉花生产先进集体	省政府
1985	角斜乡	用电标准乡	省电力工业局
1988	角斜镇	江苏省体育先进乡	省体委
1988	角斜镇	全国投入产品调查先进集体	省统计局
1989	角斜镇	省 1987、1988 年度社会综合治理先进集体	省委、省政府
1991	角斜镇	江苏百家名镇	省委研究室、省建委、省民政厅、省小城镇研究会
1991	角斜镇	省先进集体	省计划生育协会
1994.10	角斜镇	青年民兵综合学校指导中心	南京军区政治部
1995.1	角斜镇	江苏省小城镇建设试点镇	省政府

续表 21 - 3

时间	获奖单位	荣誉称号及受奖情况	授奖单位
1996	角斜成教	省先进单位	省政府
1996	角斜镇	江苏省群众文化先进乡镇、双拥模范乡镇	省政府、市政府
1998.9	角斜镇	省群众体育先进集体	省群众体育运动委员会
1998.11	角斜镇	江苏省体育示范乡镇 江苏省执行标准先进乡镇	省政府
1999.8	角斜中学	省第六届中学生报务技术竞赛第一名、全能第三名、团体总分第二名	省军区
2001.1	角斜镇	省群众体育先进集体	省群众体育运动委员会
2001.8	角斜中学	省第七届中学生服务技术比赛团体总分第二名	省军区
2004.5	角斜镇	省第五届农运会民兵军事三项赛团体总分第五名	省军区、省体委
2004.8	角斜初中	省第八届中学生报务技术比赛团体总分第一	省军区
2004.9	角斜镇	全民国防教育先进单位	省国防教育委员会
2006.10	角斜镇	民兵团集体“二等功”	省委、省政府、省军区
2007.4	角斜镇	先进基层单位	省军区
2008.12	角斜镇	规范化建设先进单位	省军区司令部、政治部
2008	角斜镇	全省安全生产监督管理系统先进单位	省委、省政府
2011	角斜镇	全省人口和计划生育先进工作单位	省人口和计生委
1999	角斜镇	江苏省执行标准优秀镇	省技术监督局
1999	角斜镇	党员电力教育先进乡镇	省委组织部
1999	沿口镇	江苏省安全文明乡镇	省综治委
2002	角斜初中	少年科技教育先进学校	省教育厅、省科技协会
2006	老坝港镇	江苏省群众体育先进单位	江苏省体育局
2008	角斜镇	江苏省体育强镇	江苏省体育局
2009	角斜镇	全省安全生产监督管理先进单位	省安全生产监督管理局
1999	角斜镇	江苏省执行标准优秀镇 党员电化教育先进乡镇	省技术监督局、 省委组织部
1997—1998	老坝港镇海村、角斜五虎村	江苏省创建文明村镇工作先进村镇	省精神文明建设指导委员会
2000	镇海村	省级文明创建先进村	省委、省政府
2001	老坝港文化站	省首届农民艺术节三等奖	省文化厅
2005	老坝港镇	江苏省群众体育“八个工程”先进乡镇	省体育厅
2005	川港村	江苏省文明村	省文明委员会
2005	川港村	江苏省民主法治示范村	省委、省政府

续表 21-3

时间	获奖单位	荣誉称号及受奖情况	授奖单位
2007	老坝港镇财政所	省级文明财政所	省财政厅
2008	老坝港镇	江苏省体育强镇	省体育局
2009	老坝港镇幼儿园	江苏省优质幼儿园	省教育厅
2010	老坝港镇妇联	江苏省妇联基层组织建设示范单位	省妇联
2010	老坝港镇团委	江苏省五四红旗团委	省团委
2010	镇海村	江苏省创建文明村工作先进村	省文明办
2012	角斜镇	江苏省人口计划生育第一批依法行政示范镇	省人口和计划生育委员会
2012	角斜镇	江苏省卫生镇	省爱卫会
2012	江海村	江苏省卫生村	省爱卫会
2012	老坝港小学	江苏省平安校园	江苏省公安厅、省教育厅
2012	角斜中心幼儿园	江苏省平安校园	江苏省公安厅、省教育厅
2012	角斜镇	江苏省农产品加工集中区	省农委
2012	角斜镇	平安农机乡镇	省农机局、安监局
2013	角斜镇	江苏省生育关怀示范基地	省委、省政府
2013	角斜镇	江苏省两沙海域管理示范基地	省委、省政府
2013	角斜镇	江苏省文明乡镇	省委、省政府
2014	角斜镇苏海安渔00101船	海上军演侦察先锋船	省国防动员委员会
2014	角斜镇海洋与渔业局	安全管理先进单位	省海洋渔业局
2014	角斜小学	平安校园	省教育厅
2015	角斜镇	江苏省3A数字档案先进单位	江苏省3A数字档案室
2016	角斜镇	江苏省文明乡镇	省委、省政府
2017	苏海渔269号船	集体三等功	省军区、省国动委
2017	五凌村	省“水美乡村”	省农业厅、水利厅
2017	角斜镇海洋与渔业局	省“两沙”海域安全管理先进单位	江苏省海洋与渔业局
2017	角斜初级中学	省国防教育特色学校	省教育厅

三、国家级

表 21-4

时间	获奖单位	荣誉称号及受奖情况	授奖单位
1986	角斜镇	全国计划生育先进集体	国家计生委
1991	角斜镇农机站	全国先进乡镇农机管理服务站	农业部
1995.3	来南村	全国绿化造林千佳村	农林部

续表 21－4

时间	获奖单位	荣誉称号及受奖情况	授奖单位
1996	角斜中心小学	全国先进少年军校	教育部、中国人民解放军总政治部、团中央、全国少工委
1997.1	来南村	全国庭院经济高效产业专业示范村	农业部
1999.8	角斜小学	第二届全国少年军校检阅式“最佳组织奖、最佳列队竞赛奖、最佳野外拉练奖”	全国少年军校检阅式委员会
2001.1	角斜镇	全国果蔬示范推广科技项目神农奖三等奖	农业部
2003.6	角斜镇	基层民兵预备役工作先进单位	中国人民解放军总参谋部、总政治部
2006.6	角斜镇	全国人口和计划生育科技工作先进集体	国家人口计生委
2010.12	角斜镇	全国计划生育优质服务示范站	国家人口计生委
2011	角斜镇	全国民兵工作先进单位	中国人民解放军总政治部
2011	角斜镇	全国人口和计划生育依法行政示范乡镇	国家人口计生委
1999	沿口镇	全国农牧渔业丰收奖	农业部
1999	角斜小学	全国先进少年军校称号	共青团中央、中国人民解放军总政治部、全国少工委教育部
2002	角斜镇	全国民兵预备役基层建设工作先进单位	中国人民解放军总政治部、总参谋部
2000	角斜镇团委	共青团中央2000年度“神农奖”三等奖	团中央
2011	角斜镇人武部	全国民兵工作先进单位	人社部和中国人民解放军四总部
2012	角斜镇	全国人口和计划生育第一批依法行政示范乡镇	国家人口和计划生育委员会
2012	角斜镇	全国一村一品示范村镇	农业部
2012	中洋集团	国家重点龙头企业	农业部等
2014	角斜镇海洋与渔业局	国家平安渔业示范区	国家海洋渔业部
2017	角斜小学	“国防教育示范校”	教育部
2017	角斜镇	全园优秀学习型乡镇	中央组织部

第二十二章　风土人情

角斜域内为海安最东部，历来属于海安河东风俗文化区。角斜、老坝港人过去以赶小海(取鱼、捉虾、拾贝)和煮盐为生，农家副业以手工钩结著称。民国初年，一些启海人移居于此，废灶兴垦，也带入一些启海人的习俗：精明强干，善于经营，而又勤劳耐苦，敢于开拓。80年代，农村实行经济改革后，域内来南、汤灶等地种植药材、蔬菜，老坝港发展海洋捕捞、紫菜养殖，农村经济迅速发展，人民生活得到极大提高，为海安县较富之区域。随着信息传播业的发展，群众传统的乡土观念意识发生变化，一些传统风俗，也逐渐融于整个现代社会的时尚之中。角斜方言为海安沿海东路话，多数居民操下江官话，彼此间通话无语言障碍。部分居民因为是启海移民而操吴语。风土人情属“栟角滩堡”之系列。宗教信仰以佛教为主，亦有极少数信奉基督教、道教者。历史上寺庙布及旧场、角斜、沿口。改革开放以后被损毁的主要宗教活动场所恢复重建，烧香拜佛的信众盈门。而60%以上的农户则约请和尚到家中操办佛事。受海边盐文化、渔文化传统影响，敬神祈福、祭奠亡灵、婚丧嫁娶、废拆修迁、置业建造，等等，都有比较完整而严密的规矩。传统节庆，以春节为首要，元宵、端午、中秋、冬至次之，其他再次之。另外，清明和中元节两个祭祀之节倍受重视，扫墓祭祖几乎全民参与，悠悠万事唯此为大。人情世故颇多讲究，尊老爱幼崇为公德，礼尚往来名目繁多。封建迷信根深蒂固，经科学普及与新文化不断传播而有所破除与改观。渔船旧俗虽五花八门，但随社会发展大多更易。渔业文化源远流长，民间文艺百花齐放，渔乡风情不乏妙趣。进入21世纪后，角斜镇渔业界为弘扬古风，开拓未来，同时借办节扬名招商，先后兴办四届较为隆重的开渔节。

第一节　方言俗语

一、方言

域内除部分村有启东、海门移民操吴语外，其余居民均操下江官话，彼此间通话无语言障碍。角斜地区属东路话，与里下河话稍有区别，但东路话较稳定，向海安话靠拢的速度缓慢。有些口语与普通话也大不相同。

(一)语音

角斜地区方言与普通话对照在语言上有某些差异。

zi、ci、si，zhi、chi、shi不分。角斜方言中没有平舌、翘舌之分，常把翘舌音都念成平舌音。如：增、争同音，草、炒同音，丧、商同音。

f、h不分。把fu与hu都念成fu。如：胡与扶同音，府与虎同音。

b、p混淆。方言中有少数采用p作声母的，都用b作声母。如：坡po、攀pan，角斜人念成bo坡、ban攀。

zi、ci、si，zhi、chi、shi，ji、qi、xi混淆。容易将ji、qi、xi声母的音节读成zi、ci、si。如：嘴(zui)读成ju，存(cun)读成qun，岁(sui)读成xu。

t、d分混。用d作声母的绝大多数与普通话相同，但也有少数常用字把声母d读作t或q。如地（dì）读成（qi），舵（duò）读成（tuo），垫（diàn）读成（tin）。

（二）构词方式

音节差异，角斜地区方言中，有些词语在音节上与普通话不同。普通话是双音节，而角斜方言是单音节。如：小气—鬼。普通话是单音节，而角斜方言是双音节。如：地—落地，劝—扯劝。普通话是双音节，方言是多音节。如前年—先年子，嫉妒—作不得。

儿化和子尾差异，普通话有儿化、子尾的词，而方言则是子尾、非子尾或儿化、非儿化的。如：贼子—小偷儿，杯子—杯儿，钉子—钉儿，双胞胎—双宝儿。

词根相同，排列不同，有的意义相近，有的意义不同。如：故事—事故，鸡蛋—蛋鸡，力气—气力，喜欢—欢喜。

结构相同，语素有同有不同。如：生气—来气，胶鞋—套鞋，小时候—沿细儿、沿小儿，中午—日中。

结构、词素都不同。如：锅盖—釜冠，饭菜—作相，黄昏—下晚儿。

（三）词意差异

角斜方言中有许多词的意义与普通话中的词的意义有很大的差别。如普通话里有"生、养"的意思，而角斜方言要针对不同的对象使用"生、养"，生小孩儿说成"养伢儿"，鸡鸭下蛋说成"生蛋"，而对牲畜生仔则说成"下"，读"ha"，"下小猪""下羊子"。又如"走"，普通话中是步行，速度较慢离开的意思，"跑"普通话中是速度较快地离开，而角斜方言中"走"和"跑"的意思有区别：如"他走吃啊早饭到现在都不曾来"——"自从"的意思，表示时间的起点；"他走家里来的"——"从"的意思；"他跑掉啊！"——走了的意思；"他溜掉啊"——跑的意思。

（四）声调差异

普通话只有四声调。阴平、阳平、上声、去声，而角斜地区的方言有六个声调，即：阴、阳、上、去、阴入、阳入。入声字较多，有些音节声调读起来起到其他的变化。如"危"普通话是阴平而角斜方言则读成阳平。"热"普通话读去声，角斜方言读阳平。"路"普通话读去声，而角斜方言读成阴平。

（五）方言口语、词汇

气象类

杠风：刮风

落雨：下雨

霍闪：打闪

响雷：打雷

焐燥：闷热

嘭毛雨儿：下小雨

阵人：冷得激人

棍：闷热

太阳心：太阳直射处

球风：旋风

摆阴：连续阴雨

天软了一点：高温稍降了一点

腊子：月亮

地貌类

贴顶上：最上面的地方

落头：地方

屋山头：房屋两侧

家头：屋后

河坎儿：河岸的坡

荒场：乱坟场

坟碗墩儿：坟头

时令类

腊月黄天：腊月岁末

先年子：前年

明年子：明年

有年子：有一年

后年子：向后的第二年

塘灰：灰尘

带察儿：抽空

那朝番：那时期

这朝番：这时期

早更头：黎明时分

下晚儿：傍晚

登时：现在

先朝儿：刚才

后朝：后天

中上：中午
到临了：到最后、到末了
夜心：半夜前后
前朝：前天
昨朝：昨天
更朝：今天
农活类
奘草：整理草
薅草：除草
茅缸：厕所
剐稻：割稻
搅腰子：用棒把草搅成绳
夹海儿：用棍和绳制成的草络子
植物类
粮饭：粮食
毒树：锯掉树的旁枝
趵芽：植物的芽开始萌发
动物类
骚泊羊：公羊
骟猪子（羊子）：阉割公猪（公羊）
假留：蝉
花鱼：鲤鱼
腾子：小母猪
犍子：公猪
田鸡：青蛙
游草、起草：狗发情交配
火焰虫：萤火虫
河蚓：蚯蚓
咬子：鱼类交配
百脚：蜈蚣
房屋器具类
住场墩儿：住宅地
廊檐：走廊
挽子：盛水的器具
口头家的：客厅
檐头脚儿：屋檐下
门影的：门后面
屋坎：门槛
釜冠：锅盖
细爬爬儿：小板凳
矮趴趴儿：长势不好的庄稼、较矮的凳子
呆结把儿：死结
趴趴儿：又矮又小的凳子
杲昃：东西
板落儿：竹篮儿
跳马儿：架在河边上供洗东西的跳板
锅坑儿：灶台下凹进出留烤干鞋子的地方
政舀（腰）：蒸馒头时围在锅周围的草棍子或布做成的
牛轭儿：牛耕田架在颈上呈“八”字形的器具
货络儿、络系儿：用绳结成四角形挑东西的绳
搭三儿（搭板儿）：拖鞋
人品类
男将：指男人
女将：指女人
丫头：指女儿、女孩
细货儿：骂女孩子的话
讨债鬼：骂小孩子的话
细拿宝儿：骂小孩子的话
躲躲掖掖：躲躲闪闪
泛气：不安分守己的、有能耐的
怕怕失失：小心害怕的样子
不合节：合不来
肉神不安：不安分，不定神
自恭：懂规矩
飞扬浮躁：性情轻浮急躁
捉不齐：做事朝定夕变
忽的：坏的
血不归经：不走正道，浮躁放浪说话没有条理
讹儿六三：糊里糊涂，搞不清
斜儿八侉：蛮横无理
遐痴儿：不聪明、呆头呆脑
光光堂儿：单身汉
老庇入相地：卖老资格、不懂装懂
爬头：靠山
局气：运气
局大：运气好
脾家：脾气
啬豆儿：吝啬鬼
吃性：贪心

闷六公：性格内向、不大说话，但常以意外言行令人吃惊的人

呆巴入喉的：痴痴呆呆的样子

皮条子：调皮鬼

蛮蛮浪儿：原指唱得不成调，后喻指不上规矩的人或事

盲而目之：盲目

扬二泊之：说大话不靠谱

神气六国：神气活现

半得不吊：半吊子

称谓类

老果儿：最小的子女

上人：长辈

下人：晚辈

家儿老小：一家大小

老八太：泛称老年妇女

七老八十：指岁数大

大大：伯父

大妈：伯母

妈儿：大妈、伯母

伢伢：叔叔

马马儿：已婚妇女、妻子

娘娘：姑母，孩子对一般女性称呼

摆摆：父亲

姑摆：姑父

姨摆：姨父

姨夫：连襟

婆爹爹：外祖父

妯娌：兄弟们妻子的统称

婆奶奶、婆爹爹：外祖母、外祖父

太太：祖母

重孙：曾孙

泰山：岳父

丈母娘：岳母

亲家母：儿媳妇、女婿的母亲

舅子：妻子的兄弟

娘儿俩：母子(女)俩

身体类

戾头儿：歪脖子

上躬腰儿：身体微驼

拙手笨脚：手脚不灵活，做事不熟练

抢手夺脚：不需帮忙的事抢着做，而且没有做好

汗巴雨淋地：出汗如下雨一样

肉膊条条：赤膊

眼皮一耷：喻不看，不理睬

心门口：胸前

胯崩：人或动物裆部

手拐儿：肘

脚拐儿：脚脖子

邋遢胡子：络腮胡子

耷头耷脑：没精打采

病痛类

哈膈得：哈痒

喉气：喘气

心口塘儿：心口

不安逸：身体不舒服的讳称

惹讲教：生了病

作哇：呕吐

闪啊、恰啊：扭伤

羊儿风：癫痫

贺：热敷

不得过生：脱不了身

打药：抓药

拱啊脓：胀脓

衣着类

户头：衣襟上方

领褂儿：中式背心

膊衫儿：背心

围袈儿：罩衣，围裙

裤头儿：短裤

搭三儿：拖鞋

手捏子：手帕

小褂儿：衬衫

登样：衣着合体

衣服靓净：衣服漂亮、显目干净

饭食类

作相：饭菜

小肴儿：菜肴，指荤菜

开灶：办伙食

肉饭：指有肉的好饭菜

腌咸菜：青菜用盐搓揉

肥泊子：肥肉
肉块拉儿：大块肉
搪啊慌：先吃点充充饥
馋气老老：很馋
饮汤：米汤
间口：换口味
口条：猪舌
盐豆儿：炒后加盐水的黄豆
素鸡：硬豆腐

日常生活类

做廓捣儿：玩弄玄机
杠嚎嚎儿：起哄、鼓噪一起做一件事
缠蛮：老人听不清答所非问或不讲道理
杠嗓：争吵
现人眼目：丢人现眼
没搭煞头：不值得交往
次宝：不聪明
信啊意儿的：随便、不经思考
不除疑：怀疑
卖呆、卖痴眼儿：对一样东西长时间地看
打绍喻：打手势
喉急煞啊：惋惜得不得了
挨搞：受苦受累
宰宰拘：固执、坚持一种观点
短崛崛儿：很短
嚼蛆子：瞎说
剪头：理发
吃私食儿：吃零食

固定短语类

神气骨碌：神气十足的样子，也称神气大六谷
摇头豁落：东西松动
能气嘭嘭：逞能的样子
倒霉磕踵：不得意、不顺利
讹二陆三：说话不真实、前言不搭后语
谈谎撂泊：说谎话
不瞧遂：不担心

二、谚语

（一）气候篇

端午难得夏至日，百年难得岁交春。

霜后暖，雪后寒。

雨雪年年有，不在三九在四九。

四九中心腊，河里冻死鸭。

七九六十三，行人把衣单。

春打“五九”尾，猪子贱似狗；春打“六九”头，米饭不要愁。

两春夹一冬，麻布好遮风。

过了冬，长一弓；过了年，长一弦。

冬至不看娘娘，夏至不插黄秧（冬至白天最短，夏至白天最长）。

干冬湿年，久晴必有久阴。

天上鲤鱼斑，明日晒谷不用翻。

冷是冷的风，穷是穷的债。

云交云，雨淋淋。

东闪日头，西闪雨，南闪火门开，北闪有雨来。

未到惊蛰先闻雷，必有四十五日阴。

南风腰里硬，北风两头尖。

雷惊春四十五天寒。

蛰前雷声响，必有倒春寒。

打了春，赤脚奔。

春霜不过三日雨。

早上薄薄云，中午晒死人（夏天）。

太阳现中，屋上起洞（连续阴雨）。

春天孩儿脸，一日变三变。

春天不问路，问路家中坐。

春雨贵如油，春雪烂麦根。

清明断雪，谷雨断霜。清明前头冻死鬼。

清明晒得杨柳瘪，一斗大麦一半屑。

东风急，雨打壁。东风拱，雨祖宗。

下雨要等东北风，吃酒要请亲家翁。

春雾雨，夏雾热，秋雾凉风，冬雾雪。

雨打小暑头，四十五天不断流。

两暑头上一滴漏，拔去黄秧种赤豆。

雨打“时头”，撬断犁头。

雨前生毛，没大雨；雨后生毛，没好天。

冬前有霜，礁前有糠。

秋天怕夜晴（要下雨）。

梅天西风时天雨，时天西风当日雨。

二十五落雨跨月阴。

干不掉的五月十三（农历）。

六月六落雨烂牛草。

二八月乱穿衣。

初二、初三不见月，哗哩哗啦半个月。

寅时雷，卯时雨；卯时雷，一天雨。吃过中饭落夜雨。

九月的南风两天半（下雨），十月的南风等不暗（下雨）。

日圈风，月圈雨。

初四（农历）下雨没好天。

十月南风似毒药，当日南风当日落。

雷打菊花芯，米粮贵如金。

秋天怕夜晴，夜晴天要阴。

一天不住点，隔天晒破脸。

早上烧霞，等水烧茶。

日落红云里，天晴不可期。

早瞟东南，晚瞟西北。

乌风黑雨。乌云滚，风来劲；黑云翻，雨满天。

月晕开口风，闭口雨。

蚂蚁搬家，有雨要下。

蚂蚁上树，鸡不上窝，来日雨多。

鸡子晒脚，滴滴答答。

蚂蚁拦路蛇过道，大雨马上要来到。

鹁鸪闷声叫，三日雨来到。

云崩（缝隙）儿的太阳，山崩儿里的火。

白露身不露，寒露头不露。

雷声大，雨点小。只听打雷，不见雨点。

三月桃花雨，六月地板裂。

烟囱不出烟，有雨在明天。

朝霞不出门，晚霞千里行。

鸡鸭归窝早，雨天将来到。

雨淋六月六，必定烂大伏。

人黄有病，天黄有雨。

天上起了米汤云，明天一定大雨淋。

立夏刮阵风，大麦一场空；立夏东风到，麦子水里捞。

立秋无雨，秋天少雨；白露无雨，百日无雨。

三九四九大雪飞，来年定是大丰收。

天上扫帚云，三天雨来临。

（二）农事篇

种粮下地，父母落葬。

饿死老娘，不吃种粮。

跟人家比种田，不跟人家赛过年。

庄稼一枝花，全靠肥当家。

请人靠碗肉，种田靠熟麦。

肥多田壮，奶多儿胖。

寒干春阳，撑破粮囤。

清明前后，种瓜种豆。

清明要明，谷雨要雨。

年怕中秋月怕半。

清明到，吹“麦叫”。

旱麦不瘪，旱稻不“结”（生虫）。

春麦赛如虎，一夜长尺五。

芒种芒种，样样要种。

寸麦怕尺水，尺麦怕寸水。

腊肥金，春肥银，过了清明不见晴。

是肥三分壮，柴棒垩田有黑杠。

二月二，挑蒿儿，搭饼儿，带女儿。

三月三，荠菜花儿赛牡丹。

过了三月三，百鸟齐生蛋。

人哄地皮，地哄肚皮。

三月里的蛋，好当饭。

立夏三天当头摘。

立夏十八朝，家家动担挑。

小满三天吃干麦。

“梅天”的芝麻，“时天”的豆，浪三时头种赤豆。

处暑萝卜白露菜。

七月葱八月蒜。

蚕老麦亡一幅时。

霜降到立冬，种麦正适中。

稻上场，麦进仓，黄豆挑在肩头上。

吃了端午粽，便把寒衣送。吃了中秋饼，要把寒衣请。吃了重阳酒，就把夜作揪。

过了十月朝，早上斫草晚上烧。立秋十八盆，河里不见洗澡人。

桃三杏四李五年。

过了芒种，不可强种。

种田不上粪，等于瞎胡混。

清明忙种麦，谷雨种大田。

没有大粪臭，哪里五谷香。

八成熟十成收，十成熟二成丢。

人勤地长苗，人懒地长草。
冬天麦盖三层被，来年枕着馒头睡。
苗多欺草，草多欺苗。
六月不热，五谷不结。
无事田中走，谷米长几斗。
点灯爱油，耕田爱牛。
好种出好苗，好树结好桃。
衣服不洗要脏，种田不犁要荒。
种早不荒，起早不忙。
地如黄金板，人勤地不懒。
牲草一寸加三刀，不加料也养膘。

（三）居家篇

家有千金，抵不上日进分文。
家有黄金外有秤，隔壁邻居天天称。
穷不到一世，富不过三代。
一家有一主，一庙有一神。
财不露白，货不离生。
本钱不去，利钱不来。
人情急如火，要起来没处躲。
升米养个恩人，斗米养个仇人。
锅厢支到肋骨上，担子压到肩头上。
当家才知柴米贵，养儿才报父母恩。
无事上街小破财，有钱不用有点呆。
肉怕三斤，豆腐怕常拎。
礼多人不怪，盐多不坏菜。
财来精神涨，财去人安乐。
吃不穷，穿不穷，算计不到一世穷。
偷不穷，顾不发。
买了便宜草，烧得夹底锅。
兔子不吃窝边草，老鼠还存三宿粮。
秤不离砣，媳不离婆。
三朝的媳妇，月子里的伢儿。
三年的媳妇熬成婆。
大河里涨水，小河里满。锅里有，碗里才有。
家宽出少年。家宽不如鞋宽。
眼睛一睁，忙到熄灯。
不要起早，只要赶巧。
宁可摺下来走，决不坐下来守。
虱多不痒，债多不愁。
没钱买肉吃，睡觉养精神。
穷不失志，富不癫狂。
宁失江山，不失场面。
少要和气老要乖。
嘴善心不善，枉把弥陀念。
有钱天天节，无钱节也闲。
穷人过年如过关。
有钱要想无钱日，莫等无钱想有钱。
好货不便宜，便宜没好货。
眼门儿发咯花，豆腐当肉叉。
箩里拣瓜，拣得眼花。
吃着碗里，望着锅里。
人馋不拘礼，拘礼没得吃。
金角落，银角落，总不如自己的穷角落。
新老大，旧老二，补补纳纳给老三。
乡下人有点呆，收起稻来就做斋。
蚕豆炒了有人吃，锅子炸了无人问。
门前不栽桑，屋后不栽楝。
九楝三桑一棵槐，要用黄杨转世来。
猪来穷，狗来富，猫儿来了开当铺。
砌屋三担米，拆屋一顿饭。
初来乍到，摸不着锅灶。
好事不出门，丑事传千里。
无事说闲话，祸从口出。
无事家中坐，祸从天上来。

喜鹊叫，喜事到。早叫亲，晚叫邻，中上叫的家里人。

家人犯法，家主承当。
货比货，比不过；人比人，气煞人。
白鸽子专往亮处飞。
方的不滚，圆的不稳。
看菜吃饭，见人行事。
骑马看不好“三国”，心急吃不了烫人粥。
出门带根绳，省得要求人。
人争一口气，佛争一炷香。
不见不识，不做不会。
眼过千遍，不如手过一遍。
家有万两黄金，不如一技在身。
荒年饿不死手艺人。
戏法人人会做，各有巧妙不同。

做一行爱一行，行行出状元。做一行怨一行，十事九不成。

三分样子七分做，巧做七分出好货。

师傅巧,徒弟拙,你不问,我不说。

师傅领进门,修行靠各人。

艄公喊千声,抵不上伙头喊一声。

千个馒头一锅汤。

不经厨子手,去不了“酱腥气”。

学问,学问,要学就要问。

多学多问,受益终身。

一口吞不了个饼,一锹挖不成井。

好婆娘就怕坏婆娘串,瓷瓦子就怕金刚钻。

跌个跟头抓把泥。

经一事,长一智,吃回亏,乖一次。

多跑三家店,豆腐大一片。

弦紧了要断,主意多了要乱。

盖屋不搭檐,一摺大半年。

海夫不识秤,看看篮里货。

没过河的卒子,一条道走到头。

晦气不找你,你找晦气。

做贼只为偷针起。

瓜无滚圆,人无十全。

半桶水,荡得凶。

满瓶不动,半瓶摇。

牛不知力大,人不知己过。

三个人剥条牛,不如一个人剥条狗。

不听老人言,吃亏在眼前。

我走的桥比你走的路多,我吃的盐比你吃的米多。

勤能补拙。八败命不怕死做。

蚊虫遭扇打,只怪嘴伤人。

不怕穷,就怕懒;不怕县官,就怕现管。

笑脏笑破不笑补,笑馋笑懒不笑苦。

火到猪头烂,功到自然成。

叫向东,不朝西;叫打狗,不吆鸡。

女大十八变,上轿还要变三变。

麻布袋,草布袋,一袋(代)不如一袋(代)。

三十夜打老子,正月初一拜老子。

枪打出头鸟,出头的椽子先烂。

早晚上床一起天亮,何必心慌着忙。

落雨不落刀,裤管儿卷卷高。

倚了草鞋戳了脚。

人靠衣装,马靠鞍装,佛靠金装。

远路没轻担。货到地头死。

新娘子放屁悠悠的。

准蜡烛念经。

教的曲儿学不会。

新箍的马桶三日香,过了三天臭肮脏。

别人骑马我骑驴,看看后边推车汉,比上不足比下有余。

(四)夫妻篇

一日夫妻百日恩,白头偕老伴终生。

不是一家人,不进一家门。

夫妻合十分,长短都称心。

外面有个寻钱手,家里有个聚钱斗。

少年夫妻老来伴,一日不见淌冷汗。

上床的夫妻,下床的君子。

夫妻没有隔夜仇。

天上下雨地下流,小两口打架不记仇。

夫妻间劳神常事,和尚去拉劝多事。

有心留到臭,无心留他咒。

新娘子搀进房,媒人撂过墙。

黄牛赶车要倒,女人当家要了。

(五)教子篇

从小一看,到老一半。

人心总是肉做的。手心手背都是肉。

严是爱,惯是害,不管不教是祸害。

棒打出孝子,惯养忤逆儿。

父债子还,天经地义。

上梁不正下梁歪。中柱不正倒下来。

锅不热,饼不靠。

哭不死的伢儿,吊不死的茄儿。

打是欢喜骂是惯,不打不骂出囚犯。

骂死了娘好,吃死了糖好。

知子莫如父,知女莫如娘。

大人说错不算数,小人说错打屁股。

龙生龙,凤生凤,老鼠的儿子会打洞。

什的人家养的什的伢儿。

女儿传娘的胎。

女大不由娘,儿大自主张。

儿多母受苦。

养得下来,吃不下去。

(六)处世篇

远亲不如近邻,近邻不如对门。

种田要种方了,处世要处圆了。

大人不计小人过。
得饶人处且饶人。
初三、初五好过，初四（处世）最难。
点过馒头数过客。
朋友不怕多，就怕冤家多。
要看朋友心，首看朋友待别人。
不打不相识，得理让三分。
多个朋友多条路，多个对头多堵墙。
多个青虫吃个菜。
吃个虱子分只脚。
瘦死的骆驼比马大。
嘴如蜜罐儿，心如辣醋儿。
睡不着怪床帮，屎难屙怪茅缸。
吃的是盐和米，说的是情和理。
忠厚马有人骑，老实人有人欺。
一人不喝酒，二人不赌钱。
相家的（看打牌）输掉皮马褂儿。
敲锣听声，说话听音。
说得比唱得好听。
鼓不打不响，话不说不明。
当面锣，对面鼓，省得背后念叽咕。
好话不瞒人，瞒人没好话。
双骂没好言，相打没好拳。
让人三分不失志。
只听楼板响，不见姐下楼。
好话一句三春暖，恶语半句六月寒。
舌头打个滚，叫人不蚀本。
做贼的心虚，放屁的脸红。
土帮土成墙，人帮人为王。
郭瞎子帮忙，越帮越忙。
郭呆子求财，越多越好。
一朝被蛇咬，十年怕井绳。
回炉的烧饼不香。
有钱的钱招待，没钱的话招待。
六月里债还得快。
你请我吃冬酒，我请你吃年酒。
躲过三十，躲不过初一。
拣主放债，看佛烧香。
见庙就烧香。
请神容易送神难。
指着和尚骂"秃驴"，不受也受。
和尚瞟轿子，空欢喜。
今朝有酒今朝醉，做天和尚撞天钟。
饭吃三碗，闲事不管。事不关己，高高挂起。
鱼落猫儿口，钱落穷人手。
狗咬穿破衣，人穷受鬼欺。
生姜老的辣，人是小的滑。
衣裳是新的好，朋友是老的好。
出门看天色，进门看脸色。
不喝酒脸不红，不做贼心不虚。
害人之心不可有，防人之心不可无。
吃了秤砣铁了心，吃了炭饼黑了心。
有理走遍天下，无理寸步难行。
三分帮人真帮人，七分帮人害了人。
人熟理不熟。
生处好赚钱，熟处好过年。
饭熟三把火。
敲锣卖糖，各管各行。
大眼向小眼，伙计向老板。
斫肉三斤半，猪子身上算。
羊毛出在羊背上。
乡的鼓儿乡的敲。
乡下狮子乡下舞。
当坊土地当坊灵。
船到弯处自来直，车到山前必有路。
半路上杀出个程咬金。
程咬金上阵，蛮斫三斧。
人来扫地，客去烧茶。
一面打墙两面好看。
鸡蛋里寻骨头。
三天打鱼，两天晒网。
人到急处，船到塞处。
三天不下海就是河夫。
猪肥了腰粗，钱多了气粗。
贼无赃，硬如钢。
一句话说得人笑，一句话说得人跳。
坛口塞得住，人口塞不住。
吃了人的嘴短，拿了人的手短。
你不仁，我不义。
许愿在前，还愿在后。
心急吃不得热豆腐。
舅舅不如外甥，萝卜不如菜根。

头三出没得好戏。

死马当作活马医。

只晓得强头吃肉,不晓得强头受罪。

三十里外要带伞,五十岁后要买板(做棺材)。

人情一把锯,你有一来,我有一去。

千年的纸墨会说话。

东边不借宿,西边一千家。

卖油的娘子水梳头,卖肉的哥哥啃骨头。

救了田鸡饿死蛇。

半夜吃瓜,不知头尾。

船烂还有三千钉。

人算不如天算。

炒豆子众人吃,炸锅子一人事。

十个麻子九个俏。

敬窑神不如敬窑匠。

娘子死了塞断街,老爷死了没人抬。

世上三件宝:丑妻、瘦田、破棉袄。

抬头看人,低头斫肉。

秀才怕考,花子怕咬。

穷人无病就是福。

冷是冷的风,穷是穷的债。

无事骂人三分罪。

进门看脸色,出门看天色。

丫头做媒,自身难保。

男怕输笔,女怕输身。

一家开口两家难(借钱)。

抓十个锔碗的,不如抓一个锔锅的。

家有贤妻,夫不遭祸事。

妻贤夫祸少。

(七)保健篇

病从口入,祸从口出。

病来一片,病去一线。

既来之,则安之。

病来如山倒,病去如抽丝。

是药三分毒。

三分吃药,七分调理。

要得小儿安,常带三分饥饿寒。

心静自然凉,心烦火上房。

寒打脚上起,热从头顶生。

寒打脚上起,风从头上来。

走路防跌,吃饭防噎。

六月里出门带寒衣。

宁空千家债,不下六(月)腊(月)海。

冬吃萝卜夏吃姜,不要医生开药方。

冬天喝羊汤,胜过开药方。

饿不洗澡,饱不剃头。

病人不忌口,医生跑断腿。

七十不留宿,八十不留饭。

远路没轻担。

多吃滋味少,少吃滋味好。

六十六,养个儿子扛车轴。

树老根多,人老话多。

三、歇后语

十五个盲人坐一桌——瞎七瞎八

下雨天浇水——假积极

鸡蛋碰石头——头破血流

秦琼卖马——无钱逼倒英雄汉

姜子牙火烧琵琶精——现了原形

狼吃东郭——恩将仇报

诸葛亮哭周瑜——装模作样

掩耳盗铃——自欺欺人

梁山军师——无(吴)用

蒋干盗书——上了大当

关公面前耍大刀——献丑

三根木头下江——跟排走

两个哑巴睡一头——没话说

小葱拌豆腐——一清二白

薛仁贵的大褂子——白跑(袍)

秃子头上的虱子——明摆的

秃子打伞——无法(发)无天

巷子打球——直来直去

兔子尾巴——长不了

煮熟的猪头——死不开口

杀猪匠打架——抓肉往脸上搭(砸)

猪八戒耍大刀——不顺手

猪八戒上阵——倒打一耙

狗捉老鼠——多管闲事

癞蛤蟆想吃天鹅肉——自不量力

公鸡下蛋——没指(子)望

马和尚过江——顶风上

泥菩萨过河——自身难保
拿鸡毛当令箭——小题大做
母鸡下蛋咕咕叫——生怕别人不知道
曹操吃鸡肋——食之无味弃之可惜
孙悟空的金箍棒——神通广大
六耳猕猴充悟空——冒牌货
和孙猴比跟头——相差十万八千里
猴子捞月亮——空忙
猴子坐轿——不识抬举
猴子爬竿——上蹿下跳
拉羊照相——出洋(羊)相
挂羊头卖狗肉——弄虚作假
骑着驴子看唱本——走着瞧
马背上看书——走着瞧
聋子的耳朵——摆设
瘸和尚说法——能说不能行
飞机上吹笛子——高调
牛头不对马嘴——胡来
茶壶下饺——有货倒不出
脱裤子放屁——多此一举
蛇钻竹筒——走上绝路
土地公公被蛇咬——自身难保
冬天蛇——有气无力
龙王爷放火——改行
龙王发兵打河神——自家斗
龙王亮相——张牙舞爪
唱戏穿龙袍——成不了皇帝
龙王掉进大海——不用劳(捞)驾
兔子逃命——不回头
泥牛入海——无影无踪
老牛拴鼻绳——跑不了
牛吃稻草鸭吃谷——各人享的各人福
老鼠见猫——吓破了胆
驼子跌跟头——两头不着实
肚脐眼儿上雕花——客气(刻脐)
孔老二搬家——尽是输(书)
老鼠掉进米缸——机会难得
老鼠进书箱——咬文嚼字
老鼠的眼睛——一寸光
癞宝爬在秤盘里——自称自
程咬金做皇帝——混混而已
山东驴子学马叫——南腔北调
太公八十遇文王——晚得时
甘罗十二为丞相——早得时
沈华生吃烧酒——一句话
万师傅的芦机屑饼——再好没有
沈一发的瓜儿鱼——若干

四、顺口溜、口语溯源

角斜域内习惯口语很多,有的口语也只在当地一方流传。而这些口语都有一定来历,仅举几例。

"上场头":老坝港的前身是旧场,而旧场则由盐场演变而来。旧场本是海边的盐场,史称角斜场,朝廷曾设过场署,专司监盐。雍正年间,海水倒灌,盐场被冲毁,场署迁往角斜,而这里则称"旧场",意指"旧盐场",以与角斜相区别。后来人们到旧场办事,都说"上场""上场头",还有说"下场"。若称"上街",则指去角斜或栟茶。不是老坝港的人不知其含意。此习惯仍存。

"下海的"与"上街的":老坝港人自古以来半农半渔(盐),而出海捕鱼则全部是男人,女人从不出海。原因有二:一是旧时女人兴裹脚,女人以"三寸金莲"为美,而小脚女人是不能干下海的重活的;二是封建社会男尊女卑,忌讳女人上船,否则视为不吉利。故旧时老坝港人从不让女人登渔船或下海捕捞,平时人家生孩子,生了男孩即称是"下海的",生了女孩则称是"上街的",此口语还犹存。

"下海瞟水跑,上街瞟庙跑":下海的人要看潮涨潮落,才知道何时出海、何时离圩。而上街的话,则朝有庙宇的地方跑,有庙宇的地方才有集镇街市。"下海瞟水跑,上街瞟庙跑"成为老坝港人的俗语。

"马的巴子,虾儿壳子":据说从前有一从没有下过海的贪财鬼跟随海夫下海,晚上站在船头看见不远处沙滩上有一堆银光闪闪的东西,这个贪财鬼喜出望外,以为碰到财宝了,便一人悄悄地跑去捧财宝,谁知手被扎破流血了。他仔细一看,原来是海夫们白天吃海虾扔掉的虾壳,因虾壳外面有一层磷,在夜里会发出荧光。这个贪财鬼气急败坏地骂道:“马的巴子,虾儿壳子。”此事成为人们的笑谈。此语也是老坝港人打诨说笑或骂人的用语。

“三天不下海是个河夫”:老坝港人称长年从事下海捕捞的为“海夫”,如果几天不下海,滩涂沟汊有变,就不熟悉下海的路,就说变成“河夫”了。喻指不务正业,业务生疏,渐成外行。

“二郎庙的和尚,长短不一”:江海村七组,过去有一座“二郎庙”,据说庙里的和尚经常变动,都是外地来的,年纪有大有小,个子有高有矮,念经有生有熟。人们戏称这些和尚“长短不一”,久而久之人们作为歇后语,喻指事物的个体之间不统一、不一致、不相同。

“申必友娶马马儿——你不批我批”:解放初,“马马儿”是老坝港人称“老婆”的方言。党员干部结婚要报组织批准。据说,江海村有一叫申必友的村干部要娶老婆,向一位乡干部请示,而这个乡干部当时说“不批准”。申必友当时很恼火,与之吵起来,并说“你不批我批”。人们在笑谈之余,渐成一歇后语“申必友娶马马儿——你不批我批”,喻指自己的事自己做主,不要听别人的。

“王迎广砌屋——不完工也完工”:原旧场乡邮局职工王迎广家中建新房,可房子迟迟不得竣工。后来他着急了,对工匠们说:“我这个房子,今天不完工也完工”。此事流传开来,形成一歇后语“王迎广砌屋——不完工也完工”,喻指做事不再拖延,不能久拖不决。

“求雨”意为打瞌睡。旧时久旱不雨,老坝港人就举行“求雨”活动,其时人们静坐地上,闭上眼睛,嘴唇微动,并不时点头,祷告龙王爷快行风雨,其状如打瞌睡,故人们常将打瞌睡叫作“求雨”。

“烧了三炷香,放了四个屁,菩萨不说啥,自己不过意”:老坝港人信奉神灵,家家户户逢时过节都要烧香敬神,除过节上庙敬香,平常逢初一、月半、二十五都烧香。烧香时要先洗手、洗脸,然后先在菩萨像座前点香,还要在大门口点香,点香时不说杂话,要心神专注,以示虔诚。如此时放屁,则视为对菩萨的大不敬,“烧了三炷香,放了四个屁,菩萨不说啥,自己不过意”。比喻做事不专心、不诚心,应要感到内疚、自责,有时也作自嘲语。

“焦家佬儿过川港——死活搅在一块儿”:据传,一姓焦的老海夫,下海涉海水过川港时,一起涉水者甚多,当时水流湍急,一不小心就会被海潮卷走。众人手挽着手,在急流中慢慢向前挪动,他大声叫着其他人说:“不要松手,死活都要搅在一块儿。”后来形成一歇后语“焦家佬儿过川港——死活搅在一块儿”,喻指相互利害一致,做事要协力同心,不可松懈。

“康二麻子支灶——扒掉重来”:一名叫康二麻子的瓦匠师傅手艺不精,一日为人家砌锅灶,灶台刚要砌成就发现要倒塌,康二麻子使劲用身体顶住。他怕主家不悦,便故意向主家说“你家要不要支一个好灶”,主人说“当然啦”,他忙说“要支好灶,扒掉重来”,主人说“好的”。康二麻子随即挪开身子,灶台便倒了下来,他这才又重新开始砌砖。人们在笑谈之余形成歇后语:“康二麻子支灶——扒掉重来”,喻指做事半途而废,重新再来,从头开始。

“手勤眼……”与“辰巳午……”:老坝港人赴宴,见餐桌上缺筷子,提醒主人只说“还少手勤眼”。此语来自成语“手勤眼快”,“快”与“筷”同音,故意只说前三字,让人意会少“筷子”。吃菜肴时,如觉味道不佳,或有异味,不直接挑明,而是说有点“辰巳午”。此语出自十二个时辰名称,“辰、巳、午”三个时辰后面是“未”时,而“未”与“味”同音,辰巳午未四个时辰有同时念的习惯,这里却故意只说前三字,让人意会饭菜味道不佳或有异味,免得主人尴尬。

“一个钱没得,还吃二十四蒿儿团”:早春季节,老坝港人常在野外采摘青蒿嫩头,拌以糯米粉揉成米团或蒸或炒食之,清凉可口。“一个钱没得,还吃二十四蒿儿团”,语意为青蒿原料易得,不花本钱。另对不花本钱还想赚大利和只图好处而不愿付出的贪利小人,常以此语讥之。

沿口地区老百姓的俚语、俗话也相当丰富，举例如下。

张部长喊操——统统有：张部长原名张宏远，20世纪70年代任沿口公社人武部部长。每遇全社民兵活动，或到大队检查民兵工作，张部长亲自整队或下令时，第一句口令必喊“统统有”，然后才是“立正”或“稍息”。这个“统统有”在正规队列条令上是不存在的，它是张部长的口头禅。久而久之，沿口人把“张部长喊操——统统有”当成了常用的歇后语，用来比喻大家都有份儿，一个也不漏。

张和松喊妈妈——难(娘)啊：张和松相传是居湾人，他从小管妈妈不叫“妈妈”，而叫“娘啊”，一辈子如是。因为张和松从不喊“妈妈”，而“难”和“娘”在方言里既是同音，又语带双关，所以人们遇到无法做到、不能实现的事物，就会说“张和松喊妈妈——难(娘)啊”。

万开民的套裤——咕(念第二声)的：过去庄稼人有一种冬天御寒的下装叫套裤。这种套裤，无腰裆，实际只是两个独立的棉裤筒儿，缀上带子套在肩上。万开民本人稀里糊涂穿的套裤，不但做得难看，穿得又松松垮垮，土话叫“咕的”。所以，沿口老百姓把“万开民的套裤——咕的”用来比喻那种心中无数、办事不着调的人。

高洁上大学——没空：1977年恢复高考之后，上大学很难，而在1977年之前几年，上大学凭地方推荐，一步跳龙门。那时候沿口公社两次把大学录取通知书送给南通下放知青高洁手里。高洁以“没空”为由退掉通知书，潜心农村科研实验。许多人把他当“傻子”，嘲笑他有福不会享。自此，凡遇到没工夫、没空时，人们就用这条歇后语。

连枷柄讨饭——两手打：连枷，一种打场工具。连枷柄，收熟场接上连枷子儿用来打场，讨饭时可用来打狗。这话初意指一个工具，两种用途，引申为一举两得。

没得鞋子蒲鞋也好的，没得老婆烂眼儿也好的：蒲鞋儿是用蒲草编成的鞋子，烂眼儿的女人在民间要算最丑的女人了。但是对没有鞋子、没有媳妇的人来，有蒲鞋儿、有烂眼儿女人，聊胜于无。该谚语沿口人作凑合和将就用。

牛场上的料勺——等死(屎)：旧时人用牛拉的石滚子碾谷子，场头角落上少不了放一把料勺，用来接(等)牲口的大、小便，不让牲口的粪溺拉在粮食上。在方言里屎和死同音，双关，这句话表示没救了、活不成。

肚脐眼儿淌黄水——滥赌(烂肚)：这条俚语形象生动，无须解释，无人不懂。

睡不着怪床帮：睡不着是身体原因，埋怨床帮是无理由地寻找外因。

第二节 民间习俗

一、生产习俗

(一)土地买卖与租田习俗

旧时，买卖田地多立契约，由买主置酒，尊卖主为上座，乡约、保长为证人，并请土地种植的四邻见证。田契上要由卖户、中证人画押。卖田者要有粮赋凭证，以证明产权确系卖户所有。当年，家长出卖土地须有成年儿子的签字，以免继承后的纠缠；卖契上要注明产权归买方名下子孙永久所有，以避免卖方提出赎田的要求。原田主的佃户亦要参加，以明确新老田主产权更迭的时间，处理好押金、田租等转移手续。签字后，银讫两清，永无后悔，口说无凭，立字为据，然后再请见证人签字画押，如卖主家境没落，往往要向买户索要额外银两，叫“打秋风”。

佃农向地主租田一般要请乡约、保长做证立约，一般租期3年。3年期内，佃农要如期向地主交租，也叫“完租”。如3年期满后，地主要收回土地，叫“回田”。回田须按俗规在前一年六月初二前提出。过了六月初二，佃户和中保人有权要求原约延期一年。土地改革后，上述习俗消除。

（二）忙月帮工

旧时，穷人长年在地主家打工叫“伙计”。只在忙时帮助打工的叫“忙月”。中下等人家到了收熟栽插之时，人手实在忙不过来，就找一些临时“帮工”。而如今也有不少打工者，忙时组成包工队，帮助田亩多的人家收割塍种，以挣钱为主。

（三）车水习俗

旧时，灌田以水车戽水，农家多是雇人或换工踏水车。有2人踏，4人踏，6人踏，分别叫“二人轴”“四人轴”“六人轴”。踏水车者多为壮汉，赤膊上阵，下身至多穿一短裤，胫上裹绑腿，以防抽筋。请来的车水的人一天要吃6顿，为解疲乏还要请一个嗓音洪亮的人打头号子，车水快慢全

图22-1 二人轴水车（周建平提供）

凭打头号的人号子节奏的快慢，有的号子以7字为一句，唱时多为先四后三句式，一人领唱，众人答和。车水时计时计量用“钱串子”。

除人力踏车外，还有畜力和风力两种水车。畜力车俗称牛车也叫车篷，这种水车由车篷、车网、车轴、槽桶和机虾连成的水斗链带等部件组成，车水时，将牛戴上“瞒眼罩”，使其精力集中拖着车网旋转，管车的人在后扬鞭吆喝。

风力车，一般由天轴、地轴、相橙、布篷及槽桶和机虾连成的水斗链带等部件组成，因风力不随人意，戽水时需有人看管，随风力大小及时增减布篷。

20世纪60年代后先后使用机器抽水、电力灌溉，车水习俗逐步消失。

（四）开、关秧亩门

旧时，角斜域内，做秧亩时，先把稻种浸湿放置盘中，供在家中的神像前，并点上香。第一天起秧，称“开秧亩门”，先在秧田附近放置木盘，内盛米团、大葱、猪肉做祭品，然后焚香放鞭炮，以此祀神。栽秧结束后，在秧田角落处栽上一把小秧，以表来年丰收的粮囤，也称关秧亩门。此俗不再继续。

（五）劳动号子

劳动号子是劳动人民在劳动时提神长劲的一种歌谣，角斜地区流行的号子有“推车号子”“踏水号子”“挑担号子”“栽秧号子”“打麦号子”和“海上渔号子”等。一般号子以7字组成一句，前四后三，一唱众和，也有的号子只有衬字没有词儿。打头号的人要声音洪亮，精神饱满，往往一声吆喝提升一个劳动节奏。

兴修水利挑河挖沟时，往往要挑灯夜战，那号子连天、群情振奋的场面十分壮观。

（六）挑鲜

角斜临海，自古海产丰富。每逢鱼汛，到老坝港港口挑鲜鱼的商贩成群结队，浩浩荡荡。他们将各种海鲜产品贩往四周乡镇和县城。这些人一路上不分白天黑夜，号子连天。为防止鱼缺氧，挑鲜者既要把水挑漾起来，又要水不外溢。挑鲜者行速极快，人们常将跑得快的人比作“挑鲜的”。曾有“挑鲜挑鲜，一夜赚九千”的说法。

二、生活习俗

（一）建宅习俗

建房是生活中的一件大事，必须坚持一奠二上的礼仪（奠基、上梁、上元）。首先请风水先生择地，择向，择日动土、开工。是日，必须先焚香，敬供太岁神、土地神，请神灵允许动土建房，鸣放鞭炮，贴上太公在此百无禁忌的条幅，两根竹竿上头绑上筛子，筛子上贴块红纸，分东、西插在地台中央，告知神灵，在此建房，然后挖土奠基。

立柱上梁必须选择黄道吉日，两竖柱贴上"立柱巧遇紫微星，上梁正逢黄道日"的对联，两根主柱旁的小柱，分别贴"天地无忌，日月无忌，妇道无忌，童言无忌"，或者是"如日之升，如月之恒，如松之茂，如板之盛"等吉祥语。

正梁上贴3个"福"字，表示日月星三星高照，或贴5个"福"字，表示福禄寿禧财五福临门。正厅上供着家传神像，三牲供品（肉鱼蛋、糕、粽团圆），焚香放炮。贴福字，必须先贴两边，后贴正中，角压角，贴福字前必须说富贵语（俗称说鸽子）。福字富贵语是：福字生来四角方，纸出苏杭染纸坊，别的颜色都不染，专染米红加宝光，运到苏北大市场，全家顺便买几张，买回家中正登样，长的留着写对子，方的用在福字上，请个大笔先生来到堂，大笔先生手段强，犹如孔夫子做文章，先写一个衣令旁，衣帽整齐上高堂，再起一横过大江，一品当朝做宰相，又写口字在中央，口吃仙桃寿有万年长，下边再写田字四角齐，全家就像郭子仪。

福字贴好后开始向天地敬酒，敬10次酒说10个"富贵"：一敬天高无忌，二敬地厚无忌，三敬神灵无忌，四敬妇道无忌，五敬童言无忌，六敬阴阳无忌，七敬日月无忌，八敬瓦木无忌，九敬闲言无忌，十敬太公在此百无禁忌。

敬酒后开始浇梁，匠人接下主人的酒壶，开始说"富贵"：主家赐我双宝瓶，此瓶不是等闲瓶，上有四四金如意，下有合欢二仙人，此酒不是凡人造，天赐琼浆下凡尘，造酒师傅来酿成，清香美味里边存。

接着开始浇梁，木匠瓦匠分别浇10次梁，说10个富贵语：一杯酒浇梁头，浇的是金山玉制一根好木梁，天赐主家用于建新房；二杯酒浇梁头，浇的是夫妻双全代代传，恭贺全家出忠良；三杯酒浇梁头，浇的是三星高照现祥瑞，荣华富贵来府上；四杯酒浇梁头，浇的是"事事（音四四）"如意来上方，天天太平大吉祥；五杯酒浇梁头，浇的是五子登科书香门，金榜题名状元郎；六杯酒浇梁头，浇的是福禄双全福无疆，寿星手捧如意杖；七杯酒浇梁头，浇的是七夕喜鹊上天搭仙桥，牛郎织女来相会，夫妻恩爱百年长，天上人间一个样；八杯酒浇梁头，浇的是八仙过海神道大，来到府前贺华堂；九杯酒浇梁头，浇的是九代同居张公义，子孙发达多兴旺；十杯酒浇梁头，浇的是十面威风朝堂上，君王朝南坐，大臣出在贵府上。

梁浇好后，开始上梁，匠人开始登梯时便说：手拿银斧脚踏金梯步步高，主家新建华堂运气好，八道神仙来贺庆，子孙发达福财全来到。

正梁登位后，一头木匠，一头瓦匠比赛说"富贵"，说得越多，主家赏钱越多。

木匠说：手拿银斧四角方，外包好铁里包钢，千里房屋建得多，紫金柱梁遇多少，今天到府把梁上。

瓦匠说：今有好日喜洋洋，地理先生眼力强，选择好日好地方，立柱巧遇紫微星，上梁正逢黄道日。

（主家送上糕团，从梁上向下抛）。

如果一方说不过另一方，必须招呼对方，请求原谅，到此结束。向下抛斧头、瓦刀，升步（下来），均有富贵语。

上梁之日主人之妻的娘家必须前来贺梁，携带盘篮、筛子、富子、火叉、糕粽团圆、鲢鱼、猪头、大肠、豆腐、酒及礼金，主家大办宴席招待工匠亲戚。

屋脊闭龙口时，要安置铜钱，民间最为抢手的是"太平通宝"。农家在造屋时，将太平通宝铜钱与茶叶米一齐用纸包好压在屋脊中间，叫"闭龙口"，象征太平，避邪。

新房建成后择日敬上神位及祖先牌位，俗称上元，亲朋好友均来祝贺，携带礼金、贺匾、贺轴，如是新地建新房，则是恭贺主家新建志喜。原地重建为落成志喜，从其他地方迁来新建为乔迁志喜。

（二）服装

民国时期，富人家的男子时兴穿长衫（长

袍)。出门外加马褂。单、夹、棉、皮按季节转换。一般劳动者多穿对襟布纽短衫、撮腰长裤,做官才穿长衫,质地多为家织土布、夏布。中青年男子冬季一般不穿棉裤,仅在夹裤或单裤外加套裤(没有腰裆,只有裤管护住两腿裤)。妇女一般为大襟短衫,下着裙,裙系于衫内,有钱的妇女穿旗袍。除此,男女皆系一条浴裙,为青布制作,前有大口袋,有系绳系于腰间,穿着时可将下身前后裹住,这种浴裙多为冬天穿,既防寒保暖,又方便劳作。讲究的还在浴裙上用白线绣花。女子出门一定要穿黑色浴裙,女的浴裙要比男的长一点,拖至脚跟(因过去有"男不露脐""女不露皮"的说法)。中华人民共和国成立后,人们所穿服装随着年代而变易,先后时尚穿中山装、黄军装、牛仔裤、夹克衫、西装等。还有女子有踏脚裤、裙裤、休闲裤、灯笼裤等,后来一段时期又时兴唐装等。而长衫、马褂、套裤等服饰则几乎绝迹。

(三)鞋帽

民国时期的鞋帽也有讲究,有钱的人戴礼帽。一般男人春秋多戴瓜皮帽,夏戴草帽,雨天戴斗笠,老人冬天戴披风棉帽。妇女扎包头,春秋用青布扎头,叫"扎头布"。

传说旧时鞋式为百页底方口和圆口布鞋,一般为家庭妇女手工纳制,女鞋多绣花。穷人则夏穿草鞋,春秋穿草编蒲鞋,冬天穿"毛窝儿"。雨雪天穿高底木屐。民国前,小女孩从六岁开始裹脚,叫"三寸金莲"。五四运动后,提倡妇女解放,开始"放脚",后来逐渐取消裹脚。

中华人民共和国成立后,一般男人戴解放帽、鸭舌帽、绒线帽、东北的皮帽。女人则扎方巾、头巾、丝巾。20世纪90年代更为简单,在上衣后领缝制一个三角形袋帽,遮风挡尘均适用。鞋子一般穿胶鞋、解放鞋、球鞋、皮鞋。后来又时兴旅游鞋、休闲鞋。再后来夏季又时兴凉鞋。中青年女子还时兴高跟皮鞋。

(四)雨具

民国时期的雨具也可分穷富而论。富有的打纸伞、油布伞,女的撑花洋伞。穷人则戴芦苇斗笠,身披茅草蓑衣,脚穿套子。中华人民共和国成立后则用油伞、胶鞋、靴子、军用雨大衣、雨披、摩托车晴雨衣等。

(五)饰物

旧时,富有的人家,儿童项间戴银项圈、银佩锁,腕间戴手镯,女童幼年两耳都要穿孔,戴耳环、耳坠。成年男女戴金、银戒指,发饰有金银钗和珠花等。旧时戴戒指为辟邪。"文化大革命"期间,戴饰物者几乎没有。20世纪80年代后,女子重新流行佩戴项链、戒指、手镯、耳坠(环)或嵌宝石的金饰;成年男子中亦有部分人戴金戒指、金项链。

(六)发型

民国时期,妇女未出嫁为"额前梳刘海、后拖长辫",出嫁后一律开脸梳髻戴发网。知识女性多剪遮耳齐肩短发。男子剃和尚头、分头和平顶头。男人清朝时留长辫子,儿童惯宝儿一般留胎发,前面剪桃儿头,脑后留尾巴,或剃"马盖头"。中华人民共和国成立后时兴"运动头"。20世纪90年代后中青年妇女时兴披肩长发,小女孩在后面或两边扎一把儿,叫"龟尾翅"。进入21世纪后,则时兴染发、拉发、卷发,花样繁多。

(七)饮食

主食 角斜地区旧时以稻麦玉米为主食,一日三餐,早晚稀、中午干,穷人家一日三稀,更穷的人家一日二顿。干饭一般有米饭、玉米糁儿饭、大糁儿饭等,稀饭有玉米糁儿粥、大麦粥、元麦粥,或在粥里放上山芋、胡萝卜、青菜,面食以自擀的面条为主,农忙时多食面疙瘩或泡焦屑充饥,代食品则有南瓜、山芋、芋头、胡萝卜、青菜、野菜、扁豆等。20世纪80年代后人民生活水平日趋改善,改为两干一稀,大米为主粮。

点心、茶食 角斜地区的点心主要有以糯米制作的糕、粽、团、圆,亦有烧饼、包子等。过年时,家家户户忙蒸点心,主要有年糕、黄猫糕(长条馒头),也有少量包馅儿的圆馒头。长形馒头蒸好后,除留部分春节食用外,其余切片晒干储备,留来年正月里食用。茶食有麻切、京枣、馓子、云片糕、寸金糖、交切糖、脆饼、桃酥、金刚蹄、五仁月饼等。炉烤的"斜角儿"是角斜自古以来具有代表性的地方特产。

风味小吃 角斜地区的风味小吃颇具特色。"新风酒楼"以祖传的美食工艺诚招四方来客,其绝活为"四煲",即"蚕豆煲""带鱼煲""豆腐煲""黄花咸肉煲"。每个小吃店里几乎有"蟹渣”“饼酱”“黄豆酱”“麻虾”，常为吃面条的佐料。角斜民间的“猪头肉”(熬剥肉)比较讲究，以煮得烂为上品。“猪头肉”的制作工艺从古到今关键是“卤汁”，关于“卤汁”的配料，经营者均秘不示人。“熬剥肉”包“斜角”的小吃很受食者欢迎。其次，豆腐脑、豆浆、大小馄饨、鱼汤面亦为人们习惯之早茶；下午茶常选择臭豆腐干、斜角饼等。老坝港酒楼的海鲜，品种多且味道鲜美，其烹饪技法让外地厨师望尘莫及。

菜肴　旧时，角斜地区的庄户人家菜肴常年以自产的蔬菜为主，冬春季节有青菜、豌豆、黄花、菠菜、麻菜、萝卜、大蒜等。夏秋有韭菜、豆角、茄子、黄瓜、冬瓜、南瓜、大白菜等，偶尔买点豆腐、百叶、茶干、水粉。过时过节、来客时称点肉、买点鱼、炖炒几个鸡蛋。现在角斜域内，韭黄炒文蛤、生吃白虾也很普遍。域内妇女特别擅长做饼，如文蛤饼、藕饼、紫菜饼、茄饼、山芋饼、南瓜饼，总之，名目繁多。

筵席　婚丧喜庆筵席，集镇一般用“六碗八碟”，农村则用“八大碗”，常以一主菜为领头菜，并以此作筵席名。如常用蛏领头，下配黄芽菜、慈姑、冬瓜等，筵席就叫“蛏席”。另外还有鱼皮席、海参席、海八鲜等。筵席上菜顺序是先冷菜，然后炒菜，最后上汤菜。一般为八碗八碟四汤。喜席与丧席有区别。喜席上菜盘要保持双数。桌上必上两盘鱼，一为“吃鱼”，一为“看鱼”(不吃，留给主家)。上鱼时间特有讲究，头朝里，尾朝外，要待酒近尾声才上，叫“鱼到酒止”，也有的“饭到酒止”。丧席以素菜为主，白粉(即蚕豆粉)豆腐、茶干等为必备之菜。现时丧席也吃荤，只是档次较喜席稍低。

筵席有圆桌和方桌两种，圆桌无座席大小之分。而方桌则较讲究。摆席时，方桌缝口一定得南北摆向，切忌横放(只有供祖宗时才横放)。有“灶东客西或灶西客东”之说，如厨房在东边，最尊贵的客人坐在桌子西边北首，依次为东北、西南、东南、北西、南西、北东、南东(厨西反之)。如果6人以下，南边一般不坐人，叫“开席”。如果正巧6人席，切忌摆2121席，这叫“乌龟席”。后都时兴圆桌，普通人家一般不讲究。正式宴会按现代礼仪论尊卑排大小。

酒俗　过去，角斜域内多喝白酒，以高粱所做的烧酒为主。后一度以无粮酒为主，也有泡制酒和花酒两种。原老烧酒浓烈芳香，60度以上，一点就着，备受嗜酒者青睐，以至有“为人不吃原泡烧，枉来一世走一遭”之说。花酒则是掺水的酒。也有不少人多饮自家酿的老黄酒和自家用稻麦酿制的烧酒，妇女以饮糯米陈酒、冰雪酒、红葡萄酒为主。

20世纪50年代、60年代喝酒用碗传着喝。闹酒时以转匙勺定方向，匙柄指向谁，谁就得喝酒。斟酒时需要换手，即用右手为左边的人斟酒。斟酒一般以八成为宜，有浅茶满酒之说。不能饮酒者，将酒杯覆于桌上。80年代起喝啤酒者渐多。90年代末酒水的档次较过去大大提高，且品种繁多。

(八)特色食俗

地处海边滩涂的老坝港人，有些传统食物有别于内地。既有海边特色，又体现其风俗习惯。

虾腐　一种以剁碎的海虾加面粉做成的食品，外地人称“虾圆”，老坝港人则称“虾腐”。每当春秋二季，人们将新鲜海虾买回后，搁置一段时间，让虾“棍”一下(稍不新鲜)，然后将虾壳剥去，剁碎，加以面粉、料酒、葱、姜、生粉等佐料，调成糊状，然后捏成一只只纺锤形小块，放入沸水中煮熟即成。或放入油锅中炸，但味道稍逊。老坝港人宴席上常以虾腐汤为最后一道菜，因为吃了此菜，再吃其他菜便不觉有鲜味了。

藕饼　又称“荷花饼”。将河藕洗净，切成小片，每小片中间开一口子，形成两瓣，包上肉馅，合上两瓣，蘸上面粉糊，放入油锅内煎熟食之。老坝港人视藕饼为吉祥食物，因为藕与“偶”同音，偶为双数，为吉祥数。又因制作时两瓣合上包馅，饼又为圆形，取“和合”“团圆”之意，故又称“合于饼”。尤其春节、中秋节日，家家户户合家团聚，必食之。

茅针　海边多年生茅草。早春季节，茅草根发芽抽穗(花序)。抽穗前，花序含在苞叶中，苞叶顶端呈针尖状，故名“茅针”。人们常将“茅针”拔出，剥开苞叶，露出鲜嫩、绵软的茅针肉子，食之略甜。海边有一种小鱼，体小鱼白，渔民将其冠名“茅针肉子”。老坝港还流传“清明前吃三回茅针不聋耳”的传说。

小蒜 早春,野外到处生长一种野蒜,因其叶片狭长,味似大蒜,故名“小蒜”。老坝港人常连根挖起,洗净后切碎和入米中煮饭,其味清香浓烈;或加盐腌制后,加上咸肉蒸食。是一道不可多得的佳肴。

吃鳑包不吐卡 海边人称鱼刺为“鱼卡”。鳑鱼是海里盛产的一种小鱼,又称“细眼睛儿”,学名梅童鱼。因鱼体小、肉嫩、刺软,海边人吃此鱼时常连肉带刺一并嚼咽。而外地人吃此鱼时像吃大鱼一样小心翼翼地将鱼刺剔除,老坝港人讥笑其“不会吃鱼”。

草木灰腌鲜鱼干 过去无冷藏设备,海鱼无法保鲜,老坝港人常将新鲜春鱼(春天的黄鱼)去鳞洗净后,将鱼头掐去晒干,然后在缸坛中放上草木灰,将鱼干埋入草木灰中,这样鱼干能经久不坏,也不受虫蛀蛆咬。有了冷藏设备后,此种保鲜方法已绝迹。

(九)防病治病说民俗

角斜地区家喻户晓的俗语是“哪个吃了五谷不生灾?”提示人们要注意“病从口入”。中国最早的预防医学,出自《黄帝内经》(简称《内经》)。《内经》中《上古天真论》认为,人生病“皆为之虚邪贼风”,应“避之有时”。说明不仅要注意“病从口入”,而且要注意四时的养生,避开疾病的侵入。且老坝港地处江淮之汇,气候多变,千百年来,人们在与疾病做斗争中,积累了不少的经验,渐成习俗,相继流传。如患麻疹、天花要“挂红”,产妇月子里不出门、煎中药不用铁锅、收治“兜儿疯”(腮腺炎)以至“叫魂”、画符、念咒等,其中有的确有科学道理,有的因具有宗教色彩而被神化,有的则纯属迷信,只能起到精神安慰作用。

旧时,角斜地区防病的习俗颇多。婴儿出生后,开奶前要喂大黄、甘草汤,传统说法是给婴儿体内“排毒”。从中医角度来讲似乎有一定道理,但现代医学则认为此举伤及婴儿肠胃,今已不再沿用。婴儿出生后的第三天,角斜、老坝港地区有“洗三”的习俗,“洗三”亦名洗儿、洗三朝。曾为宫廷诞生礼俗,相传为唐李隆基首倡,据唐李德裕《次柳氏旧闻》载:唐玄宗开元十四年(726)腊月十三日,皇太子李亨喜得长子李豫,出世3日,玄宗亲赴东宫对高力士说:“此宫中有三代天子。天意也!”遂命人用澡盆为第三代天子举行香汤沐浴的修禊仪式,再用襁褓裹起,人们山呼万岁。玄宗大喜,厚赐宫人,首开风气,成为规矩,此后传至民间。角斜、老坝港地区的“洗三”,在婴儿出生后第三天,除举行庆贺仪式外,更主要的是请接生婆用温水(有用艾叶药煎汤)为婴儿洗澡,去其胎垢。并用艾条熏灼脐带口,借以消毒杀菌,用蛋清在婴儿额头和脸上摩擦,认为可使皮肤白嫩,不生疮疖,长辈在旁说吉利话,如“长命百岁、大富大贵”等。浴后穿上预备好的“脱褂儿”,用一块包被裹好,用红布将双腿和手臂扎牢,叫“打衣包”,说是让婴儿四肢正常发育,不致畸形。此习俗确有一定医学道理。

产妇分娩后要吃“毛米粥”,这是角斜地区的又一习俗。用未经淘洗的新粳米或糯米下锅熬成粥,有的还在粥中加上红糖、红枣、鸡蛋等营养品,产妇服后养心强体。这一做法也是古人在多少个产妇分娩过程中总结出来的经验。产妇生产时消耗大量的精力,以致身体虚弱,极易发生虚脱、晕厥,故用喝毛米粥的方法给予应急补充,加以防范,确是一种简便有效的方法。与此同时,还有刚分娩的产妇,卧房里3天之内不能离人之说,这是为了防止产妇体弱或有大出血等意外现象,以便及时发现及时处理。另外,一些老人,特别是产妇的母亲或婆母,在孕妇尚未临产之前就嘱咐孕妇传统的产后禁忌,如:产妇月子里不能吹冷风(域内称之为“扑风”),产妇手脚不能下冷水、不能受气,七七四十九天不行房事等。这些习俗,是前人的经验总结,有一定的科学道理。产后产妇身体虚弱,容易感受风寒,一旦不慎染病,由于抵抗力差,加之过去生活条件和医疗水平有限,轻则寒热不退,重则危及生命,故产后不能“扑风”作为第一禁忌。现在住院分娩,医护条件不断提高,提倡通风透光,早已不存在产后“扑风”之说。冬天经常接触冷水,易得关节炎,产妇尤其要注意。过去农村条件差,现在人们生活条件提高,产妇很少接触冷水。产妇要保持心情舒畅,不能受气,有益于产妇身体的早日康复。旧时由于生育多、生活困难,加之男尊女卑的思想残余,婆媳、夫妻之间因小事不和,以致产妇心情郁闷,对产妇康复极为不利。中华人民共和国成立后，特别是实行了计划生育，一对夫妇只生一个小孩，孕产妇成为全家人的重点保护对象，夫妻恩爱，婆媳和谐。人们的生活水平提高了，产妇所需应有尽有，心情舒畅，不再受气了。产妇在一定的时间内不行房事（域内有生女 90 天，生男 120 天以后的说法）是符合现代医学卫生要求的。其一，产妇宫体完全恢复原来状态，按现代生理学的观察必须要 8 周以上，故国家规定产假 56 天即以此为依据。在子宫功能尚未恢复之前，禁止房事避免刺激是必须的。其二，产妇子宫呈开放状态，加之酸碱度失衡，防御病菌的功能减弱，行房事极易引起感染。如引起宫内膜炎等疾病，有的久治不愈，酿成大祸。域内称之为“产痨病”，列为不治之症。这些习俗仍为妇产科的常规科教内容。

角斜地区自古濒临沿海，经常发生水灾潮溢，引起疫病流行。《中国荒政全书》中《亥子饥疫纪略》篇载：“乾隆乙亥春日，霖雨不止……得病者不费时日，最多者七八日或二三日，甚有朝犹遇诸涂（途）暮已闻讣者。”“老坝港场神鬼白昼现形，銮与仪众。”“医者肩舆，前后恒随数十人，每过街巷悉呼号拉视。……有一家六口同疫死，邻里探之，得七尸，其一乃偷儿也。盖偷儿入室时，一触其秽即死。”记述了当时域内疫病之猖獗，传染之迅速。人们在与疫病做斗争中观察到某种规律，当时虽无任何的科学手段来检验证实，只有简单的防病方法或借助人们对宗教、鬼神的信仰，形成习俗，相继沿袭。例如：旧时出天花（俗称“出天喜”）、麻疹（俗称“出疹子”），要“挂红”。前者为烈性传染病，病死率极高。中华人民共和国成立后，已通过接种牛痘消灭此病。后者为一种普通传染病，20 世纪 90 年代后少见。人们逐渐知道这两种病是传染的，通过隔离可以达到预防的目的。旧时人家有天花或麻疹病人，便在大门框上挂一块红布，告知外人不随便入内。各家各户平时也都言传身教，告知自家小孩凡是邻里家门前“挂红”者严禁入内，否则“撞了痘神、痧神就会得痘症、痧症”。凡小孩患天花、麻疹后，出门都在帽子前沿缝一块小红布，告知别人不要与其接触，用这种土办法，对当时的传染病进行隔离，确实起到一定的效果。再如：在丧葬习俗中，角斜地区要为死人用烧酒剃头，然后洗澡，这实际上是一种简便易行的“尸体消毒”。医疗部门普遍用 75% 的酒精消毒，其实过去人们早就知道乙醇有消毒杀菌的作用。其次是“化草”（或称烧草），就是将死者生前睡过的床草，日常穿盖的衣被及断气时身上穿的衣服打成一个包袱，送到旷野烧掉，说是将死者生前的东西焚化后让死者亡灵带走。这一习俗成为域内千家万户的丧葬习俗中的重要程序。其实这种做法，在医学“传染与流行病学”中称之“终末消毒”，其方法有药物浸泡、深埋和焚烧等。因为传染病死的衣被物体染有大量的病菌（毒），尤以内衣、被褥床草（有的病人大小便失禁）为最。最好最简便的消毒方法是焚烧。此外丧葬习俗中，“尊礼成服”历来是葬礼中的重要习俗之一，旧时为死者戴孝有相当严格的规定，根据亲属与死者关系的亲疏而穿戴不同的孝服。嫡系重孝者手执一根“哭丧棒”，并严格规定孝子孝妇等重孝者手执的“哭丧棒”不能碰到任何人，据说谁被碰到谁就要倒霉。一般人见到孝子来了，都要避开或让路。这虽然是一种葬礼习俗，带有迷信色彩。但仔细分析，死者的儿子、儿媳是死者生病时服侍接触最多的人，如死者患的是传染病，其儿子、儿媳在“传染病学”中称之为“密切接触者”，很有可能通过他们再传染给别人。这一习俗的形成，极大地保护大批“易感人群”，某种程度上避免了传染病的扩散和传播。

医学（西医）进入中国只有 100 多年，进入角斜地区也只有 80 年左右，自古以来治病一直用中医中药。民间有煎中药不用铁锅、中药渣要倒在路口上的习俗。旧时煎中药不用铁锅，而是用一种专门煎中药的器具，俗称“药铫儿”，质地和砂锅一样，大碗口大小，容量约 1000 毫升，有柄有盖。一般从宜兴运来，缸碗店有售。煎药时用几块砖头为支架，下用麦秸着火煎熬，煎好后，用一支筷子将药液滗出，趁热给病人服下。古人认为“不能把药当饭吃”，故中药放在锅灶上煎熬是不吉利的。有的说是中药放在铁锅中煎熬要解药性的。实际上，中药数百上千种，有不少是自然界的矿物质，如自然铜、赭石、芒硝之类，与铁锅加热后有可能引起化学反应而改变药性。至于药渣倒在路口，说法颇多。有人说是让行路人踏了后，病的鬼神跟着别人跑了，自家病人好得快。所谓“弃渣于道，遗疫于路”。而更多的说法是来源于传说。一说是庸医害人，枉死者向“药工大帝”起诉，“药工大帝”授其将药渣倒在路口，派闻药犬检查医生用药是否正确，根据此行罚。还有一种说法是相传古代有一名医（有说是清代叶天士），虽诊务繁忙，然为人心细尽责，不但精于医道，而且精于药物。每到病家治病，都嘱其病家将药渣倒之于路口，复诊时必在其病家路口看药店配药是否药全量足，或有无以次充好，以伪代真。某日王府公子外感风寒，请其就诊，医者投以“麻杏行甘汤”解表清热。言其并无大碍，服药数帖可愈。然复诊后，王公子服药不久突然身亡，王府便报官县衙，欲治某医庸医杀人之罪。某医到衙后，请传药店主人到场，众人不解。药店主人到场后，某医拿出一种药草问店主此为何药？店主答道：“此麻黄也！”某医又拿出一种相似的草药，店主一见大惊失色。原来药店旨剂配药时，麻黄缺货，便以草席之主代之。医者复诊时在路口药渣中察觉，认为草席虽可代之，但药量必须数倍，故复诊时麻黄加量数倍，谁知药店刚进货，仍按药方以真麻黄照配。麻黄辛温发汗，药性猛烈，投药数倍，王公子汗脱亡阳而死。医者述其缘由，官老爷闻之，见物证俱在，大怒。判某医无罪释放，药店主配药失职，以伪充真，致死人命，命药店主收殓王府公子，并治罪入牢。此后，药渣子倒在路口渐为民间习俗。

角斜地区过端午节，也和其他地区一样，要吃雄黄酒，门窗两边、堂屋的圣柜上要挂菖蒲、艾叶，大蒜头等。“雄黄酒”是用中药雄黄加菖蒲根屑调制的酒，在小儿的额头、鼻尖、手心、肚脐、腰、手等部涂抹，可以避虫祛病。或以雄黄、菖蒲、艾叶、蚊香在室内点燃炯熏。或以中药苍术、白芷、冰片、樟脑、菖蒲、艾叶等研末制成香袋佩带于身等。这些做法对于季节转换的初夏，对人们起到一种提神强体、祛浊辟秽的作用。特别是使用这些浓郁芳香的中药，通过点炽炯熏或佩带，可以净化空气、杀虫消毒。另外，旧时角斜地区过重阳节，有佩戴茱萸、饮菊花酒的习俗，可祛邪健体。茱萸是一种有浓烈香气的中药，芳香化浊，菊花酒饮之可以活血化瘀、延年益寿。

古代医学中曾有“祝由”一科，即以画符、念咒、祈祷、喷水为人治疗，与易经占卦同行于世，后渐失传。

以往角斜地区民间收治“兜儿疯”，这是一种儿童（偶而也有成人）常见的传染病。患者一侧或双侧耳下腮腺肿大鼓起，又称“痄腮”，轻则疼痛，重则恶寒发热，可引起并发症。民间家有儿童患此症，往往去找专门收治的人，用毛笔蘸墨汁在患处画符涂抹，同时口中念咒：“赫赫汤汤，日出东方，金龙喷水，烈女焚香，太上老君炼此仙丹，普济众生，百病消散，急急如律令，敕！”最后在门框或墙壁上画“擎”字，如此反复，每日 1 次，连续 3 天。有的居然消肿痊愈，可能黑墨中有一种成分能外敷消炎。在收治“丹毒”时，收治者用一碗清水，面朝太阳，边念咒边用手指蘸水向患部弹洒，洒毕嘱其用丝瓜汁调中药大黄（或三黄粉）末涂抹患处。另外还有收治毒蛇、蜈蚣、黄蜂叮咬的人，疗法偶尔有效，但绝不可靠，往往会延误治疗时机而造成严重后果。

旧时，小孩受到惊吓或偶感风寒，恶寒发热，老人们便认为孩子的魂被吓掉了，必须把孩子的魂叫回来，俗称为“叫魂”。其方法颇多，常见有“甩衣裳收魂”“站水碗”“看锈针”“额抹泥”等。甩衣裳招魂是家人提着灯笼，拿着孩子的衣裳，边走边甩边叫孩子的名字，叫一声，另外二人答应一声，以为可把孩子魂叫回。“站水碗”则是在灶头上放一碗清水，插三根竹筷，竹筷倒向的一边认为是孩子掉魂的方向，妈妈出门便朝那个方向叫孩子的名字“×××，家来吧，和妈妈困！”再把筷子放在孩子枕头边。“看绣针”是在灶头上放一面镜子，前面放一只装有清水的碗，碗里丢一根缝衣针，妈妈先向灶爷烧香叩头，并对着碗轻声叫唤孩子的名字：“×××，家来吧！”次日看碗里针头的锈斑所指方向，母亲再朝那方向叫孩子的名字。“额抹泥”是由妈妈带孩子到惊吓的地方，用手在地上拍拍，再在孩子额头上拍拍，边拍边说：“不要怕怕，伢儿跟妈妈回家困！”如此 3 遍，再用指尖从地面捋点泥抹在孩子额头上，带着孩子回家。上述种种“叫魂”方法，是不讲科学的愚昧之举，只是一种心理意念、精神安慰罢了。随着人们医学科学知识的提高，很少有人再相信使用。

随着社会的进步，人们的医学科学知识不断提高，有的做法已不再沿用，代之以科学的卫生习惯预防疾病，健身强体。

三、岁时习俗

（一）年俗

农历的十二月，称为腊月。打腊月头到三十夜，域内人多称为“腊月黄天”。腊月的初八、十八、二十八统称“腊八”。一般初八家家有吃“腊八粥”的习俗，即用五谷杂粮、豆类、花生米、红枣、桂圆等熬粥（看人家穷富而定腊八粥好差）。“腊八”，也有收债清账的习俗，一首民谣唱道：“头一个腊八如之可，第二个腊八如救火，第三个腊八没处躲（躲债）。”到了腊月二十八，佃农再还不上佃租，东家（地主）就得逼其回田搬家。交了大寒，天地无忌，家家户户开始掸尘（大扫除）。过了二十，便以“夜数”计日，表示年关岁底时间的紧迫。女人在家洗衣洗被，叫“有钱没钱、洗洗过年”，男的则准备“年货”。家家忙着蒸点心、称肉打酒、买茶食等，富裕人家自宰猪羊、腌制腊货。各家就开始忙着打笼蒸糕饼、馒头，腌制香肠、鸡鸭鱼肉等，炒花生、买茶食、置年货、换洗被褥、剪头发、洗澡，还要用竹枝、鸡毛掸等打扫室内外的清洁卫生，称之为“掸尘”，并传下了“有钱没钱，洗洗干净过年”的俗语。被地主回田的佃户，还得请求中保，另寻东家（地主）。

二十四夜，有“送灶”的习俗，祷祝灶君爷“上天言好事，下界保平安”。供品一般为五盘，有灶糖（即食糖，可用以粘封灶君之口）、茶叶米（象征生活平安）、麦青（灶君神马的路粮）、豆腐（取“富”的谐音）、红豆及碎稻草（供灶君神马的饲料）。焚烧旧灶君、灶马、灶对，并要把灶门打扫干净，火叉取出锅膛，水缸上足水，米桶装满米。随着时间的流逝和观念的更新，这些风俗渐渐淡化了。但纯农村人对每年“二十四夜”的“送灶”习俗还没有忘记，只是形式简易了，到了除夕十二点以后，又要把“灶君爷”从天上接下来，叫作“接灶”，形式也简单。

大年三十夜（又称除夕），有的人家提前一天，上午刷洗，贴对联、喜笺儿、中堂、门神、顺遂条等。“福”字还得贴倒了，取福到之意。中午“敬先”祭祖；下午打扫，炒花生、蚕豆、葵花籽，敬土地、家主、圈神等；晚上喝守岁酒、吃年饭。酒席中必备芋头、猪血两道菜（谐音来年遇好人，养牲畜有血财），并将剩饭盛于盆内，将整块锅巴铲出，放在饭盆上，插上芝麻秆（节节高）、冬青，上嵌挂白果、柏枝、花生等，叫“陈饭盆”，象征留下“饭根”，来年生活节节高。年三十夜，除了给孩子们买爆竹、糖果，还要专门给孩子们一些压岁的零用钱，称之为“压岁钱”。等洗刷停当后，全家洗漱名曰“三十夜、洗丫叉”。接着开始再一次清扫，特别是厨房摆设要与“送灶”时一样，以便天神下凡查验灶君上天言好事时说谎没有。再用蒲包装洋灰在家里庭院内打“元宝囤子”（预示来年五谷丰登）。有的在地上先放斧头，再将囤子打在斧子上，现出一个斧印子（预示“代代富富”），并且用红绿相间的纸条缠着的芝麻秆、冬青枝、柏树枝，插在屋檐、田边等地，叫“封田”“封檐”（这一习俗是从南京的“芝麻巷”传说而来）。相传明洪武年间，明太祖朱元璋日渐残暴，但又怕百姓造反，便派出密探，四处打探民间动向，这一天正值大年三十，一裁缝铺请来塾师书写对联，塾师对裁缝开玩笑说：“老先生写对子，一年不如一年了。”密探正愁无法交差，于是断章取义，飞快回去报案。但又怕回头捕杀时找不到目标，于是便拔下柴垛上的芝麻秆，插在该户屋檐上，并沿途打上石灰印记。明太祖听后勃然大怒，派遣官兵前去捕捉，这事正好被马皇后知道，她随即回宫，差遣宫女仆人分头到各街头路道，沿途都打上了石灰印记，家家屋檐都插上芝麻秆，搞得官兵捕快晕头转向，找不到目标。从此，便遗传了“打元宝囤子”（因马皇后脚大，也有称“麒麟囤子，封芝麻秆”）的习俗。一切停当以后，开始“接灶”，小孩口中唱道：“门神老爷门神娘，今年比你矮，明年比你长。”燃放鞭炮迎接天神下凡，叫“接灶”。有的人家通宵不睡，叫“守岁”。临睡前，各人枕边放糖果、枣子、长生果（花生），供岁朝口食；又分放新衣、新帽、新鞋袜，供岁朝穿戴。新鞋放在床边，要鞋底朝上，叫炮仗鞋。自“接灶”以后，就不做倒水、扫地、动剪刀的举动了。初一一大早醒来，先摸出枕边枣子吃，再恭喜家人。主人起身，洗漱敬“天地神”，有读书人的还敬“文昌神”。接着吃早茶，角斜域内以吃汤圆和年糕为主，寓意团团圆圆步步登高。早茶后即可衣冠整洁外出拜年，互道恭喜。中午时分“谢生”（谢神之谐音）敬“三十位”神，燃放鞭炮后，扫地，笤帚向外扫3下，向里扫3下，说鸽子“蚂蚁虫子往外扫，金银财宝扫进来”，倒脏物、开锅、喂牲口。晚上吃面条，早早睡觉，不点灯，以为夏天就会少蚊虫。从初一到初五称“五天年”。到初十均称为神日，即一天二地三风四雨五牛六马七人八谷九稻十棉花。从初二开始，就开始走亲访友拜年，叫请“春卮”。初二一般是女婿给丈人丈母拜年，佃农给东家拜年，以后就是亲友互约吃请，你来他往，连绵不断十几天，俗称“春酒”。春节一到，凡打花鼓的班子都开始忙碌起来。

初五为“财神日”，敬财神爷赵公元帅，有的人家半夜就开始敬，叫“抢财神”。一大早就有“跳财神”、唱“凤凰”、打“莲花”的上门，说鸽子，讨吉利钱。诸如“财神一到，哈哈大笑；财神开了口，老爹老太活到九十九；财神进了家，恭喜老太老爹；财神摆上柜，金银成了堆；财神腰一躬，公子小姐赶考得高中；财神手一伸，恭喜主家走好运……”见什么人说什么话，才能多讨喜钱。域内在正月初五财神日当天，也有着自己的风俗习惯。以前过年，讲究过的是五天年，从除夕到初四。而到初五这天早晨，家家都非常重视，这天都要敬财神。贡品很简单，一块“刀头”，就是中档猪肉，但必须有乳头，在锅里焯一下水，猪肉形状弯了就拿出来，然后放在盘子里，再放上一块豆腐，一个鸡蛋，人们称作肉盘三牲。然后点烛上香，磕头祭拜烧元宝，再燃鞭放炮。从商的人还要到店里祭拜，也叫作“开财门”，如果新年第一笔交易是妇女来买的，称为(母)满生意，价格优惠。进入21世纪后，私营企业单位开财门还要给员工发红包。

旧时，白天大街上还会有舞龙灯、狮子灯、跳马灯等民间文化艺术活动表演，非常热闹。其中，最特别的文化活动就是送财神，有人会扮演财神爷，头上戴着财神菩萨的帽子，身上穿着财神菩萨的衣服，手上拿着元宝，和两个跟班一起到老百姓家里敲锣、跳财神，将财神送到各家各户。主家则会给跳财神的人红包，感谢他将财神带到了家里。

至正月十八，年节基本告一段落，转入正常的春耕生产中去。故有“十八灯落，捶草忙绳索”之说。农家妇女在这期间，还有请“灰堆姑娘”一说，先到灰堆塘边上敬香，祷告一番，说“灰堆姑娘头戴花，请您回去问庄稼”，然后在家中堂屋放一簸箕，里面摊上一层米，用1只新畚箕插上1朵花，边上插1枝“朵儿针(银簪)”上香，一个人跪在前面3拜，占卜，如发上上签，说明“灰堆姑娘”回来了，接着由两个“身上干净”的妇女，用中指一人顶住畚箕的一边口，跪着的人就发问什么今年年成啦、运气啦、亲事啦、婚育啦等，“灰堆姑娘”点几下头，说明吉，占几下，说明凶。

中华人民共和国成立以后，春节被定为法定假日，放假3天。20世纪90年代中期以后，放假7天。节日期间各村、各单位组织各种形式的文体活动，以丰富广大群众的文化娱乐生活，党政部门还通过各种形式慰问烈军属、离退休老干部及敬老院老人，使春节增添了新的健康色彩。旧时的一些习俗逐步淘汰。

(二)元宵节

正月十五为元宵节，也称灯节、上元节。十三上灯，十八落灯，这期间为灯花期。正月十三晚为“上灯日”，吃汤圆。正月十八早上为“落灯日”吃面条，叫“上灯圆子落灯面”。正月十五为其高潮，家家户户都要挂纸糊灯笼，每晚点燃，祈求丰年。角斜域内有“放烧火”的习俗，各家各户到了晚上都在自家门口路边点燃一堆草，来预测年成。如果火发红，今年必遇干旱，如果火发白，今年必遇水涝。正月十五晚还有用舞龙灯、踩高跷等形式来闹元宵的。

(三)二月二

“二月初二，带女儿”，各家将已嫁出门的女儿带回娘家。这一天也是落“天灯”的一天，“天灯”是大年三十夜(也有正月十三)在场边竖起一根长杆，系一根长绳，将一个灯笼吊上去，天天晚上点(下雨天，在灯笼上罩一只斗笠)，一直点到二月初二(也有正月三十的)。这一天富裕的人家蒸馒头、做饼子。

（四）二月十二

相传是花神生日，有“二月十二百花生”的说法。是日，家家要用红布条给果木树“挂红”。因为是花神生日，所以当天出生的男孩长大以后就容易拈花惹草，女孩就容易红杏出墙。所以凡这一天出生的孩子一般把生日提前或推迟一天。

（五）三月三

又称“奶奶三”。民谣有“三月三，家雀儿都生蛋”的说法。意思是说，连雀儿都生蛋，女人怎能不孕呢？于是很多不育男女都到娘娘庙三进香求子。一些耕织庄户也可趁农闲，到奶奶三赶集，买些农家必需用品、小型农具。再加上当地政府对庙会进行正确有效的组织引导，“三月三”集市内容变得更加丰富了。

（六）清明节

前一天为寒食节，民国后就不太重视了，后仍沿有清明节裹“素大肠”（用糯米饭调好佐料外面包一层豆浆皮，用油煎烤，煞是好吃）之俗。公历4月5日前后为清明节。是日，早上摊杨柳叶荞面饼吃，家家户户都设供祭祖，称作“敬先”“烧亡人”。在家祭祀后，还得上祖坟挂帛（扫墓）、踏青。挂帛时须带一把大锹，到祖坟上铲草、垫土、加顶子，然后在坟顶上压上红绿纸剪折成的“飘钱”，插上彩纸剪成的幡儿，焚纸箔。死者葬后三年中，子女都得上坟祭祀，有“三年六坟”之说。三年满坟，儿女各办一桌酒菜，上面插满纸做的彩色花朵，磕头，烧红包子供奉逝者，并燃放鞭炮，还将糕与馒头从坟头上往下抛。清明是日，妇女儿童还有戴荠花、杨柳的习俗，民间有“清明不戴荠花，死了变老鸦，清明不戴杨柳，死了变黄狗”的说法。

清明还有预测年成的说法，如：“清明杨柳朝北拜（南风），一年还了十年债；雨落坟茔皮（清明前），麦长炸破皮；雨落飘钱纸，麦像蝗虫；清明要明，谷雨要雨”等。清明踏青扫墓时，孩子们往往拔起麦秸秆，做成哨子吹，叫“清明到麦叫叫”。清明还有吃螺蛳、吃茅针不害眼睛的说法。中华人民共和国成立后，各机关学校及人民团体多于清明节前后祭扫烈士墓，缅怀革命先烈。

（七）立夏节

夏天的第一个节气，各家在早上煮好鸡蛋，让孩子们躲到小麦田里剥着吃。立夏这一天，大人小孩不许坐在门槛上，叫“立夏坐午槛，蚂蚁爬了一屁眼（夏天蚂蚁虫子多）”，也不兴睡午觉，防止疰夏。妇女则头戴皂角叶、瞌睡草，以防头上生疮，下午还得称体重。立夏正是麦子青黄不接之时，农家常扯些嫩麦穗，揉去皮壳炒熟，碾磨或辂粑（俗称冷嫩），煞是好吃。再过10来天，元麦就能登场，俗语叫“立夏十（日），冷嫩勒”“逢满（小满）吃枯（麦子成熟）”。

（八）端午节

又称端阳节。这一天，祭祀习俗颇多。有包粽子、划龙船等。屋檐插菖蒲、艾叶（神柜上也摆放），贴端午符，挂判官图纸。端午前，各寺庙僧人带上挑夫，挨家挨户送端午符、“家官”（木刻判官图：中为判官神像，两边书对联“艾叶如符颂吉庆，菖蒲作剑保平安”。下有五毒：蛇、蝎、蟾、壁虎、蜈蚣画像）。农家则给予僧人半斗一升的粮食叫收“时逢”。有的人家吃“五红”菜，喝雄黄酒“赏午”。“五红”为苋菜、红烧肉、红萝卜、炒红虾、鸭蛋等。饭后，用艾叶蘸雄黄酒，涂搽身子，遍洒屋墙旮旯，孩子额头还用雄黄酒写一个“王”字。此外还有的给小孩做“端午锦儿”（雄黄袋）佩挂身上，孩童着新衣，颈系“百索”，脚穿“虎鞋”。角斜地区端午节普遍打箬叶裹粽子，备“五红”吃鲥鱼，新女婿给丈人送鲥鱼。端午节前，干妈妈给干儿子、干女儿送“百索儿”，干儿子、干女儿送粽子酒肉给干妈妈。

（九）五月十三

农历五月十三，群众举行大典，以谢关公恩情，民间便有了五月十三磨刀水的说法。这一天又叫“雨日”，俗语讲“干旱不过五月十三”。

（十）六月六

民谚有“六月六，半河碱，洗头晒被单”“六月六，曝龙衣（曝晒衣物）”“六月六洗白肉（下河洗澡）”之说，还有要吃用新麦炒磨成的焦屑，叫“六月六，吃块焦屑养块肉”。又有“六月六，称个猪头斫块肉”之说。不少农户六月六这一天还兴做冷酵饼。此外，六月六娘家还得给新婚女儿送衣服、芭蕉扇、枕垫、凉席等叫“送夏”，已婚女子则由娘家带回休息数日叫“六月六，家家带女过大伏”。此习俗今已渐淡薄。但晒衣服的习俗犹存。

(十一)七夕节

农历七月初七日称七夕节,又称乞巧节。传说是日,凡间不见喜鹊踪影,因为都上天上搭鹊桥去了。农家姑娘则结伴仰望空中巧云,传说谁能望见纤云弄巧,谁就能精通针线女红。也有说躲在茄子田、瓜棚里能听到牛郎、织女说话。后人们把这一天叫中国的“情人节”。

(十二)立秋节

立秋有吃西瓜南瓜的习俗,意为祛暑,亦云“烂猪毛”之说。老百姓对交节时间极为讲究,分“穿衣秋”和“脱衣秋”。在辰时前立秋的,秋天气候就凉爽,中午交节的,则一定是“秋老虎”作祟。对天气也有说法,民谚有“立秋一扑录(打雷),损掉皇上万担谷”“立秋一扑录,来年有熟好荞麦(不长稻子)”之说。域内有用南瓜煮馓子之习俗。

(十三)中元节

农历七月十五为中元节,俗称七月半,亦称“亡人节”,就是“鬼”节。相传阴阳颠倒为鬼之元宵节(因正月半为人节,称上元节,吃汤圆,七月半则为阴人元宵节,吃扁食)。是日,中午“敬先”,各家吃扁食,祭祖称烧总周年。民谣有“早烧清明晚烧冬,七月半亡人等不到小日中”之说。七月半也有吃新芋头的习俗,叫“七月半,馋婆娘扒芋头看”。域内又把七月十三称为“新节”,即给上年七月十三后死去的人以及当年七月十三前死去的人进行祭拜。其嫡系的亲戚都携纸、箔钱前往坟地焚烧表示心意。中元节,又恰逢棉花吐絮,民俗云“七月半,拾个棉花看一看”。

(十四)七月三十、七月十四

农历七月三十日,相传是阎王爷的生日,是日阎罗王特赦孤魂野鬼,俗称“细鬼放赦”。于是晚上各家各户纷纷在码头路边烧钱化纸“斋孤”,以求平安。也有的点“地灯”,放露天焰口超度,名曰“盂兰会”“斋利孤”。角斜地区多在七月十四晚上斋孤。

(十五)中秋节

农历八月十五为中秋节,俗称“八月节”“团圆节”。节前,亲朋好友互赠月饼、烟酒,女婿给丈人送“中秋礼”,未结婚子女,“中秋节”还送肉、鱼、藕、月饼、衣料等礼物给长辈。是日,各家做黏饼、米饼、藕饼,晚上设宴,把酒赏月,再在庭院供上月饼、米饼、藕饼、黏饼、石榴、柿子、菱角、茶水等,焚香叩拜月亮,放鞭炮焰火,祭祀“太阴星君”。

敬过月亮的供品,合家分享,说是吃了腰不疼。乡间是日还有“送秋”习俗。节前,庄邻们凑份子,到集上买上枣子(早生贵子)、莲子(接连生子)、花生、石榴(子多)、花子(焰火)等,再选派一人(多子多福者)到满堂儿孙的人家“偷”筷子(快快生子)、碗(晚来得子)、盘子等。于是日晚拖上一小男孩,敲锣打鼓到一久婚不育人家,先放花子(焰火,意为多生男女),再送筷子、枣子、石榴、莲子等,摆放神柜之上,再抱上小男孩放在床上(铺上铺满菜籽、枣子等),男孩学婴儿啼哭,宾主互相道喜,并留晚宴。若该户生子,多叫“秋哥儿”“晚子”等乳名,并备酒水、礼品“谢秋”。买上新筷子等东西及礼品感谢“被偷”人家,叫“还秋”。

中秋节,正值稻谷收熟之时,常有观月测年成的说法。所谓“亮月子云中拱,来年鱼虾都绝种”“吃了端午粽,牢田不能种,吃了中秋饼,田能种几顷”的说法。后除送中秋礼、赏月、敬月光菩萨等习俗外,其余均已淡漠。

(十六)重阳节

农历九月初九为重阳节,九为序数最大,故重阳节亦为老人节。被国家定为“敬老节”。重阳节吃重阳糕,糕上插五色三角旗,为重阳旗,重阳亦为雨季,如果无雨,则预兆来年干旱。俗语“重阳无雨望十三(五月)”。

(十七)十月朝

俗话说:“十月朝,早上割草晚上烧。”十月朝,就是农历十月初一,其习俗与清明节大体相似,只不过没有清明隆重而已,其与清明不同的是用赤豆放至灶头上,有煮糯米饭、送苍蝇、洗耕牛等习俗。还有“十月朝,去赶城隍庙”(到角斜城隍庙)赶集的习俗。

(十八)冬至节(过冬)

为二十四节气中冬季的一节。是日夜里最长,俗话说:“夏至不踏车,冬至不坐夜。”“过了冬,长一葱(日天见长)。”过了冬至即“数九”,叫

"交冬数九",说明寒冷天气开始了,俗话说:"交冬数九,烘脚拱手。"

冬至传说为鬼过年,称"大冬大似年"。前一天称"小冬"(鬼除夕),家家设祭供祖,悼念祖先。供菜必备炒糯米圆子。冬至日称大冬,早上吃汤圆,敬神将。

过了冬至,农家则进入冬闲,各家各户开始冬闲置业,备聚零花钱,准备过年。备集农具,准备来年春耕生产。

(十九)新兴节庆

中华人民共和国成立后,新兴节庆以公历排序,主要有"元旦""三八"国际劳动妇女节、"五一"国际劳动节、"五四"青年节、"六一"国际儿童节、"七一"庆祝中国共产党成立、"八一"建军节、九九(古历)老年节、"九十"教师节、"十一"国庆节。

改革开放以后,西方洋节逐步融入民群众生活之中。如2月14日的"情人节"、3月12日的"复活节"、4月1日的"愚人节"、5月的第二个星期日"母亲节"、6月的第四个星期日"父亲节"、10月31日为"万圣节"、12月25日为"圣诞节"。各大商家为赚钱,也趁机大做促销文章。

四、婚嫁习俗

旧社会,婚嫁全凭"父母之命,媒妁之言",自己无权作主,甚至有指腹为婚(双方母亲怀孕时即定亲,又叫娃娃亲)、童养媳(俗称娶小媳妇)。旧时婚姻过程相当烦琐复杂,有时往往因一个环节"失礼"而闹得亲家反目。

(一)访亲

一访"底子",了解对方家庭是否有狐臭。双方查访很严,除本户外还旁及亲族。二访"门第",分清楚士农工商,要求门户相配,或是"攀高亲"。特别避与那些所谓社会职业低微"下九流"的人家通婚。三访"辈分",要论班排辈,不能乱"字"(大族人家有家谱,每代人都统一规定名字上的一个字,如"道德文章荣华富贵"等,以字按序排辈)。四访"家境",女方对男方的田地、房屋、家具、粮食、树木、牲畜以及租佃关系等都要详细了解。还要访男方兄弟姐妹的多少,这是因为"小家搬穷,大家分穷",直接关系到家庭经济的实际情况。但男方对女方的经济条件要求不甚讲究,认为家境无关紧要。五访"对象",这是最主要的一项,也是最难访的一项。

封建时代父母包办婚姻,男女方常不能见到面,媒人起重要作用,有媒人十八桌半之说。男女婚姻大事多由亲友、介绍人牵线搭桥而成。按乡村旧俗,媒人做成一个媒不是易事,其中要费好多周折、口舌。此过程中男女双方家庭招待媒人吃饭顺理成章。据统计,一般情况下前后要招待十八桌半,其中访亲两桌(男女各一桌),接帖两桌(男女各一桌),压帖两桌(男女各一桌),通话过礼四桌(男女各两桌),开面送日子四桌(男女各两桌),结婚迎娶四桌(男女各两桌),生了孩子买上老酒、香烟、喜蛋、衣服或布料等六样礼品,以示"六六大顺",送给媒人,俗称"谢媒",这算半桌。

访亲时还有一个条件,就是要双方年龄适合,生肖相配,并传下许多俗语。如:"女大一,粮食囤子齐屋脊","男大三,金山靠银山","女大三,必讨饭",等等,这些说法都缺乏科学根据。

(二)定亲习俗

发帖,又称发庚帖 互访认可后,若双方有意结亲,则女方将女之出生年、月、日、时各系所属天干地支,即八字,书于草纸上,外包红纸,由媒人送交男方,称"发庚帖"。庚帖又称草纸帖儿。格式为"庚柬。坤造(男为乾造)×年×月×日×时端生(男称建生)大吉"。男方以之供于神柜炉下,并体察凶吉,3天之内不能发生打碎器皿或其他不祥之兆,否则退给女方。如3日无事,男主即以"八字"交算命先生推算"合婚看乾坤两造的八字"是否相配。

压帖 媒人带着男方礼品,并回帖。格式为"庚柬。乾造×年×月×日×时建生吉(女)(另起行)坤造×年×月×日×时"。并用红纸套上,红纸上写"庚函"二字,确定为姻。

上门 亲事确定以后,择日请媒人,带上女婿父子到女方做客认亲,叫"上门"。上门时,男方需带给女方七姑八爷、舅爷、叔伯长辈们一份厚礼,叫上门礼。被带礼的长辈们分别要给新女婿包红包,丈母娘则给女婿送上五件带"子"名称的礼物,如裤子、带子、袜子、帽子、褂子等,取"五子登科”之意。

做节 定亲以后,男方每年逢春节、端午节、中秋节都得带上礼品、衣料,到丈人家送礼,叫做节,丈人也得给女婿包上红包,叫“回节子”。

(三)婚前习俗

男方迎娶前,须先与女方商定迎娶日期,并将正式迎娶日期书写于红帖,“谨订(择)×月×日者时命小儿××亲临贵府敬备彩车(轿)恭迎令爱××于归同行礼乞赐鼎(允)诺××(具名)正柬”。由媒人送往女方,俗称“通话”。另外,男方要送“通话礼”,即要通过媒人商讨礼金、衣料、首饰、陪送等条件,协商不成就以女儿年幼、嫁妆尚未办妥等推诿;如协商成功,即由男方发出迎亲红柬帖(俗称“日子”),确定“良辰吉日”成婚。男方在迎娶前3天给女方送“开面礼”,包括“上头全”(胭脂、花粉、红绳、金花)、婚礼服(租用的凤冠、霞帔、彩衣、绣裙、盖头红巾)、爷娘席子(这是女儿不断娘家路的表示)以及供女家燃放的鞭炮、高升(俗称“起火”)等。女方必须赠女婿上下服装、鞋帽、腰带(苍缨带子)、寄富袋(绣囊)等六样,连同陪嫁妆奁一起交付,这是“回好”之礼。

女子出嫁前,嫡亲分别请她吃“嫁饭”。女子出嫁前一天,家中办“待女酒”,父母教以新妇的规矩,新人要拜谢天地、拜辞祖先。

婚期前一天,男方到女方家接嫁妆。嫁妆分硬铺盖(木器)、软铺盖(新被褥要请有福有寿者缝制)。其中木器需有三圆(马桶、脚盆、汤桶。既为女子生活必需物,又含“三元及第”之意。马桶又称“子桶”,因为人坐桶上状如骑马而称马桶),马桶内装红筷子(谐音“快子”)、炒米、草纸(以红纸封成夹子),上面放红枣、花生、桂圆、栗子(谐音“早生贵子”,分朝日供儿童分食)。是日,男方须请多子多孙、有福有寿的人伴房、暖轿、铺房、吃暖房酒。

(四)婚礼习俗

迎亲 结婚当天,男家早早派花轿或车辆(旧时是手推独轮车,以后渐渐演变为自行车,直至小汽车)往女家迎亲,无论穷富,新娘绝不步行,叫脚上不带泥。

花轿未到女方家时,媒人先告知女家接轿,燃放鞭炮。女家大门紧闭,男方须给女方递“开门封”(此钱留给娘家的兄弟分)。然后开门待茶,并检点礼物是否符合要求(其中须有“万年青”,由男女两家分别栽种在庭院中)。茶毕,由男方鸣炮奏乐,首次“催妆”。饭后,再而三“催妆”,这才由父母吩咐女儿上轿。如系“一天圆”,在茶后、饭前发嫁妆,其中“马桶”(也叫子桶)由喜娘搬,并要发赏钱,否则需新郎自己动手。现在“子桶”都由新娘的兄弟姊妹搬,叫作肥水不流外人田。

开门落轿传入催妆,由身份高贵的妇女为新娘梳头打扮,父母吩咐女儿上轿。新娘出房要脚踏父兄旧鞋,以示不沾娘家土财。上轿时要怀揣“三言真经”(代以红纸封好的老皇历)用以辟邪。上轿时,新娘之母要放声大哭,以示对女儿的爱惜。沿路过桥必放鞭炮、起火。有的地方由新娘的弟兄持灯相送,称“送亲”。花轿到男家,燃放鞭炮。新娘入门时,由“搀妈”引领,脚踩柴草(谐音“财”),跨旺火盆(表示日子兴旺),也有为新娘“入性子”的意思。

花烛 花烛日前下午,男方亲友就陆续来吃“暖房酒”。新婚的床铺,要请亲戚中福寿双全的人先睡一夜,称为“暖床”。结婚正日,男家布置焕然一新;洞房门口要贴方形红纸,或贴双喜剪纸;房门口要挂“鲤鱼跳龙门”或“龙凤呈祥”等吉祥图案的绣帘;新娘父母的房门口还要挂新娘敬献的“孝顺门帘”。堂上、洞房内同时高烧一对红烛,炉焚香料,喜气洋溢。新房房门上除贴“梁家夫妇齐眉案,郭氏儿孙笏满堂”或“海燕引雏朝凤阙,江鱼带子跳龙门”之类的喜联外,上方还要挂两只箩筛(箩筛中贴红纸圆心,据说可以驱邪,防止来客中有人生辰属相与新郎、新娘生肖相冲、相克的)。拜堂是结婚的正式仪式,顺序是一拜天地、二拜祖先、三拜父母,然后新人对拜,接着就是“送房”的节目。这些仪式多由喜娘引导,并由亲戚中福寿双全的老夫妇主持。

前来祝贺的亲友开怀畅饮喜酒开始,新郎要到席敬酒,并由喜娘代表新娘向客人敬酒,以后便逐渐转入“闹新房”的阶段。筵散后,亲友、贺客按当地“三天不分大小”的习俗,在新房里对新郎、新娘说笑逗趣，尽兴欢乐。闹房的花样百出，有时甚至很不文明，但只要主家多打招呼，一般的都适可而止了。

接宝　拜堂后，新娘被搀到新房门外，新娘将从娘家带来的勒手钱给搀妈，搀妈随即交给公婆。公婆展示后，随即包上双倍数的红包交给搀妈转交给新娘，新娘才肯进入洞房。

吃富贵茶　新郎、新娘进入洞房后，搀妈关上房门，由厨娘送上两碗红枣茶（意为早生贵子），新郎新娘同吃，一般各盛红枣12粒，每人吃6粒，留6粒谓之“六顺”。

分朝　婚期第二日，堂屋内焚香点烛，新娘拜家神、祖先、公婆长辈，叫“分朝”。是日，邀请新娘的父兄长辈做客（不请女客），称“请朝”。同时邀请男方亲友隆重宴会，称为“会亲”。会亲时，以女方来客为贵宾（称为“朝客”），要坐在正席上，辈分高的要尊坐首席。老亲除陪新亲者外，均坐侧席。如主家安排不当，往往引起新、老亲之间的争执。

分朝上午，新娘开箱请公婆查看衣物，并向公婆和长辈敬毛巾、手帕等小礼品，受赠者赠“红包”。用红纸包钱，新娘对小辈也要给予“小红包”。小姑子以主人身份设宴款待新娘，同时请几名未婚姑娘相陪，称“待新娘”，也叫“坐花桌”。

（五）婚后习俗

回门（三朝回门）　新婚第3天，新郎陪新娘回娘家做客，当日须返回。有的路途较近，则在婚期正日餐后当天回门，也有六朝或九朝回门的。女方长辈给新郎纸封，俗称“叫钱”。角斜一带，旧时亦有结婚满月才回门的，去时女轿在前，回时男轿在前。

会亲　婚后（亦有在婚前），男方择日邀请男女双方亲族隆重宴会，称“会亲”。女方家长赴宴时，要携带女儿平时穿的几件衣服前来，表示女儿在夫家生根开花结果。会亲时，女方来客坐正席，辈分高的要尊坐首席。

月忌　结婚一个月内，新娘子不能到邻居家串门，否则被人称“毛脚鸡”上门，不吉利；甚至要给人家“挂红”赔礼。

交生日　新娘到婆家的第一个生日，娘家得备上生日礼品到婆家来庆贺，叫“交生日”。过了交生日，以后每年媳妇的生日都得由婆家操办，如不履行“交生日”这个礼节，婆家则有权拒绝给媳妇庆贺相应的生辰寿诞。

送夏　立夏以后到六月初六前，新娘的娘家必须到女儿家送上席子、帽子（伞）、夏衣和枕垫、扇子等物，谓之“送夏”。到了六月六，则由娘家人带女儿回家过上一日或半月，叫“六月六，带女回家过大伏”。

（六）婚俗变革

民国后，婚姻礼俗略有更改。城镇一些知识界人士提倡“文明结婚”。男着西装，女着旗袍，佩戴红花，见长辈行鞠躬礼。男女双方家长为主婚人，媒人称介绍人，地方知名乡贤作证婚人，亲友来宾致祝词，证婚人发结婚证书，礼毕宴请宾客，一般“一天圆”。中华人民共和国成立后，废除封建包办婚姻，禁止童养媳。男女青年一般由他人介绍认识，或是双方自由恋爱，如认为感情融洽，择双日或节日订婚，拍订婚照。到法定婚龄后，持单位介绍信到有关部门领取结婚证书，择日结婚。结婚时发喜糖、喜烟，并宴请亲友。迎亲不用花轿多用车子。有的男女青年利用婚假外出旅游，特殊情况下，还有举行集体婚礼的。

（七）特殊婚俗

指腹为婚　是说亲友双方其妻同时有孕，即相约定亲。如生后双方皆为男或女，则为干亲家，如一方为男，一方为女，则双方即定为婚姻。这是封建社会的一种极为不合理的婚姻习俗。

娶小媳妇　小媳妇即为童养媳。穷苦人家的女儿无法养活，往往将女儿送给人家做童养媳，待成年后再圆房。

抢亲　旧时，男女已到结婚年龄，女方因财礼等诸多原因，改口不嫁或不许结婚，男方就率众人到女方家趁隙劫女而归，入门后炮仗一放，即为正式结婚，这就是抢亲。

续弦　是指男子丧妻后，可以续娶女人为偶，名曰续弦或称填房。

冲喜　是说男方父或母，病危快要去世，赶办婚事。也有的男方父或母已病故，却匿丧不报，亦赶办婚事，先成婚后再发丧，名曰冲喜。

招夫领子 平日生活靠丈夫维持，守寡后因有子女，不愿外嫁，而在家中招一男人来抚养子女，也叫招夫养子。

娶妾 也称纳妾，旧时，名门望族或比较富裕的人家，娶妻后没有生子女，可以另外再娶女人，称妾。有钱的甚至可以娶第二个。

再醮 女人死了丈夫后称之为寡妇，坚守不改嫁的叫守寡。寡妇改嫁的叫再醮，再醮是第二次举行婚礼。

望门寡 已订婚而未结婚，其未婚夫即亡故，未婚妻一般的都另嫁，但也有死脑筋的，未婚妻不再嫁人的，叫望门寡。

招女婿 招女婿就是男方嫁到女方家去，生了小孩也跟女方姓。女方也得按有关习俗对待男方。招女婿也叫“入赘”“倒插门”。

（八）分家习俗

域内儿子结婚后，多分家另立门户。分家的方法有四：一是照顾两头，要照顾长房长孙，要照顾幼子未婚之子，其他房平均分配；二是拈阄，即把财产分为几个等份，待一致认为比较公平后，编写成号码供在神像前，由几个儿子抽签，各凭运气得手，以免后来口舌；三是折算，有的殷实之家，由父母提取现款，粮食各若干，指定某个儿子重建新居，一般以长子居多，因其社交量大，所得财产也较多，也有因父母随幼子生活，而自愿独立出去的；四是摊债，即把所欠债务按各子所得财产多少相分配，由其子偿还，过继外房的儿子不分财产，也不承担奉养父母的义务。若父母在既未分家又无遗嘱的情况下弃世，分家则要借助公亲族长的威望来处理。因财产发生争吵，多请娘舅来断家务。分家终了，大家在一起吃散伙饭，兄弟们以后虽各自独立谋生，但要互相帮助。子女赡养父母，其办法有四：一是轮番，子女较多的，往往以每人每次半个月或 1 个月轮番；二是单过。父母身体较好的又喜欢安静的，由各房儿子按期缴纳粮款，父母自炊；三是与其中一个儿子一起生活，且以与幼子生活居多；四是父母各随 1 个儿子生活，一般在仅有兄弟二人的情况下。

五、生育习俗

（一）催生

妇女怀孕后称“有喜”，家中就不让她干重活了，并陆续购置产前、产后所需要的食品和用物。娘家要送“暖窝”（或凉车）以及婴儿衣服、红糖、猪油、草纸、肚兜、尿布等，称“催生”。婴儿衣服中必有红毛衫儿（不缝边），草纸边上也要有红印，表示预祝生男。

（二）接生

孕妇届产期腰腹胀痛，此时要备盆、桶为接生用。胎儿将生，遂坐桶儿，谓之“上桶”。过去多请稳婆（俗称“接生婆”）接生。如生男婴，稳婆口称“恭喜养了胖小子”；如生女，就用“母女平安”劝慰主家。若是头胎生女，就说“先开花，后结果”。如遇难产，接生婆常向门外摔碗，以求孩子速生。胎盘旧用小罐贮藏，放入碎石灰，封盖埋于床底，称为“藏衣”，故出生之地称“衣胞地”。胎儿初生，适来不速之客，称“踏生”，相传小儿长大后习性与踏生者相似。稳婆往往是世代相传，有实践经验，对产妇的顺利分娩有一定的帮助，但这种旧法接生缺乏科学的消毒和护理知识，往往会造成产妇出血过多或感染破伤风菌，引起“产后惊风”等疾病。因而，推行新式接生后，孕妇多到医院分娩，旧俗尽废。

（三）报喜

婴儿出生后，有报喜之举，生男向亲友分送红蛋和毛米粥（糯米糖粥），生女送枣，受赠者必须当场回礼（鲜蛋、籼米），有的还要包喜钱。角斜一带生男报喜，所送红蛋数要成单；生女不报喜，叫“闷声发大财”。

（四）洗三

婴儿出生第三天，为他（她）洗澡、穿衣、开奶、取乳名，并宴请亲友，名为“洗三朝”，又称“喜三”。一般由稳婆洗儿，洗后穿毛衫儿，主家和亲友赏稳婆“洗儿钱”。婴儿开奶前先用甘草、大黄烘汁喂婴儿，俗名“催肚”。开奶时，要磨墨汁，向人乞得异性婴儿的母乳，用烧红的铜钱放入墨汁、奶内加热，先行喂食，祝其长大后有佳偶、有财气、有文化。洗三办酒宴，产妇的娘家人一定要到席。

（五）坐月子

产妇分娩后，要拥被坐床，使淤血顺利下行，叫“坐月子”（科学证明这是不科学的），日子渐久，产妇可在房里自由活动片刻，基本上不离床，饮食由家里人送来。为保暖和防止感染头风，产妇要包扎头巾或贴“头风膏药”，一直到满月。坐月子期间，产妇要喝艾汤（以陈艾为好）加红糖驱寒去淤，开始时一日三服，以后递减。当然讲究者服用中药“生化汤”。产妇月子里要少吃咸，多吃脆饼、糖泡油馓、白汤猪蹄和肚肺汤、鲫鱼汤，特别是文蛤一类的营养品，据说可使产妇乳汁充足，又可防今后年老多咳。

（六）满月

小儿出生一个月时叫“满月”。满月日要剃胎毛，剃下的胎毛用红、绿丝线绕扎成球状，挂于摇篮或帐钩上，据说可以使婴儿壮胆辟邪。是日，外婆家带女儿、女婿和婴儿回家庆贺，去时在婴儿额上涂点锅灰，称“灶狗儿”，祝其强健。回来时搽香粉，称“粉狗儿”，祝其白嫩。婴儿随父母回家时，就卧在外婆家赠送的摇篮里，枕被俱全，还要带回大小便用的“马儿”（小木便盆）。

（七）抓周

婴儿满周岁俗称“年鸡”，亲友要来庆贺。外祖父母和舅父母要为婴儿制办项圈、颈锁、手镯、脚镯等银制品及婴儿服装鞋帽，并买鞭炮、鱼肉、馒面等物品，其他亲友酌情送礼。是日小儿由大人抱着举行“抓周”（亦称“抓鸡”）仪式，在神前桌上陈列着生活用具、文房四宝、玩具等物件由其自取，以卜未来。

（八）寄名、认干妈妈

凡为得子不易者，家人往往为其寄名或认干妈妈（或作“干娘”）。寄名要到庙中，拜老僧为师，替小儿取一和尚名字，并赠小儿僧衣、鞋帽。家里人称婴儿为“和尚小”。凡寄名小儿，长大后拟结婚，需回原寺庙请僧人施法为其赎身还俗。另也有寄名在佛寺古树上的，同样为求小孩长寿。认干妈妈，一般是择子女多而生肖不相冲者，使小儿拜其为义母。认干娘时，小儿家应该备孝敬之物，干娘亦回赠以新鞋帽。乡人领儿认干娘时，干娘必裹儿女裙，或让孩子从裙下爬过，以示其所生并与亲生子女合群。

六、寿诞习俗

生日，分闲生日、整生日。一般闲生日不庆贺，比较隆重的生日有：年期（周岁）、10、30、60、70、80岁。50岁以上方可祝寿（50岁以下只能称过生日），此后角斜域内并有“贺九不贺十”之俗。一般为逢九，即59、69、79、89、99为祝寿年，有寿命长久之意，且九为大数，十是零，有到头之意不吉利。

角斜地区也有男贺30岁，女贺40岁之说，认为30不贺40不发，50、60岁没发达。30岁以上以3为忌日，如“33，阎王老爷请去吃中饭”。生日这天，不食自家茶饭，可以到亲友家中去。后有“每逢三，儿女请去吃顿饭”之习俗。

63岁为过关岁（七九六十三人过大关）过了这关会长命百岁，63岁需进行一次行善放生活动。

66岁是杀岁（人到66，阎王请吃肉），儿女要煮66块肉孝敬，逢凶化吉。

79岁称为过大寿，89岁称为过高寿，99岁是老寿星。祝寿人必须携带礼品，一般是寿桃、寿面、寿幛、寿匾、衣饰、食品等。祝寿这天，如果夫妇双全，必须供奉男女寿星（男是南极仙翁，女是麻仙姑），供上三牲（肉鱼蛋）、寿桃、寿面、焚香点烛、鸣放礼炮、老人上座，拜寿人先向寿神跪行大礼，然后向老人一鞠躬，祝老人寿比南山，福如东海，老人赏钱，然后欢聚一堂庆贺。

七、葬礼习俗

（一）送终

旧俗，要死的人在弥留之际应移卧榻于正屋明间，撤去蚊帐。所有子女都必须守护身旁，听遗言，直至老人去世。男死称“寿终正寝”，女死称“寿终内寝”。人亡故后首先洁身更衣（理发洗澡），表示洁身来世，洁身去世，换上寿衣（一般为九领七腰或七领五腰）。换衣时必须焚烧“千张纸”钱，供亡故者临时上路支用（一般由女儿购买）。焚烧“三鬼轿”，请和尚放引路焰口，也叫念倒头经，让亡灵平安到达地府。尸前供饭点上灯（传说阳间的白天，阴间反为夜间，一般用豆油、纱作灯，日夜不熄，至少大殓前不熄，一般逝后49天前不熄，大户人家3年不熄）。阴魂到达地府前暂时由土地神收管，所以开始两天便到土地庙送饭,一日两次。

(二)批亮方

人死之后,死者的枕头抛至屋顶,而后要找阴阳先生根据死者生辰八字,咽气时辰推算,决定何时收殓、入殓、忌属相、落魂方位、时间、回煞日期等一一写明于纸,称为“批亮方”,丧家按时辰表举行丧事。

(三)报丧

亡者子女必须穿孝服、戴孝帽(皆为白色,表示怀念亡故之人清白一生),穿草鞋(不忘先辈辛劳),到亲戚家报丧,并告之大殓日期,不得进门,等人家出来迎接,不分长幼,孝子均要下跪磕头(亡一个只下跪一腿,父母双亡双腿都下跪)。

(四)讨信

亲友邻居在听到死者死讯后,须带锡箔纸钱前往丧家死者灵前叩拜,叫“讨信”。孝子则焚烧纸锞,并对前来吊唁者叩拜还礼,还礼也得按辈分高低分别还颡首礼、叩首礼、稽首礼、拱手礼。

(五)入殓

又称收殓。丧家根据阴阳先生批的“亮方”将死者尸体吉日吉时入殓,并请“扶松”(指帮助打理丧事的人)用石灰、干细土拌和成的“三合土”用草纸包成若干土包(一般以一岁一个角灰包,但年纪轻者则以 71 个包),以满足死者收殓时将身下、左右塞满为止)。棺材底层铺满三合土后,就得将死者的尸体装入棺内,由女儿或媳妇抽掉“塞巾”,叫“抽巾”。将尸体整理,再用剩余三合土和用箔折的元宝将尸体与棺材间空隙塞满,只留一个脸庞。然后所有孝子绕棺材一周,瞻仰遗容。最后在棺材口上钉一块白布叫“天花板”。一切停当后由数人抬起棺材架于凳上叫“起高”。

(六)守灵

遗体必须停放 3 日以上(防假死),才装入棺木,因为要择日纪念安葬,在此前,子女必须日夜不离守在灵前,称为守灵。或请专人看守叫“坐夜”,猫狗等牲畜切忌接触死尸。传说如接上牲畜之气,死者都有可能变为“僵尸鬼”。自老人亡故之日起所有子女后代不得穿华丽衣服,不得戴华丽装饰品,不可理发,不搞任何娱乐活动。夫妻不可同房,否则必有灾难。直系子孙必须穿孝服、戴孝帽、穿孝鞋,至少坚持七七四十九天,亲戚五七三十五天,出嫁女六七四十二天。儿子儿媳必须披麻衣(后用麻丝代替),穿麻草鞋(后在鞋上蒙上麻布代替),不忘上祖创业艰难,其他晚辈白衣白鞋,第四代为红色,第五代为绿色。第四代孙生下时所穿一件红脱褂必须放到亡故老人怀里,凭此见到阎王可以不下跪,表示子孙兴旺发达是有福之人。

(七)悼念

择日举行悼念活动。请和尚诵经超度,众亲友都必须携带礼金、挽联、纸钱、供品等前来悼念,跪拜亡灵。儿子儿媳必须穿重孝,束草绳,执杖迎接(杖俗称哭丧棒,相传是阴间驱邪武器,用于保护亡灵,儿子、儿媳的为木制外缠白纸,女儿女婿孙子等均为竹制,外缠白纸),不分长幼见一人跪拜一次。

(八)出殡

将棺材置于正厅中央,揭开棺盖,让子女亲友最后告别遗体,瞻仰遗容,然后盖上盖(称关门),由族长“执斧”,将斧头用孝布裹好(包上钱包)交给木匠,木匠钉上封盖。儿子必须剪下一束头发放在上首第一钉孔内(称挽钉)表示此发来自父母,也象征自己最有继承权。木匠根据古代传说 24 孝子,必须 24 斧将钉全钉好,不许多也不许少,然后开始送葬。直系子、媳、孙在前,众亲友在后(长子在柩前,其余在柩后),伴随仪仗队奏乐相送。亲子送到地头,亲戚朋友可送至中途,拿块泥丸放至棺材上,方可回来。回来后还要跨火。棺材抬到墓地将预先挖好的坑整理好,烧纸钱暖坑,然后抛下若干硬币赏给挖坑人,亲子从挖好的坑中跑一遍,驱开邪气然后将棺木按照风水先生测好的方向放下(母亲先故,必须将母亲棺木提上来,让父亲的棺木先登位,然后再将母亲棺木放在下方,因为古代重男轻女,夫为妻纲)。坟墓做好后将哭丧棒安于棺木脚前,第三天子女上坟祭供,叫“复三”,再将坟整理好。

(九)祭七

也叫烧七,从人亡故之日起每逢七天都要纪念一次,为亡魂超度。烧七要包素饺子,应七的人都为儿女。如七个七的烧七日里有一天逢古历初七、十七、二十七叫“逢七”,孝子不必讨饭，否则在“断七”前必讨百家饭，作为第七个七的祭饭。有的“讨饭”第一个人就到姓万或姓傅的家来讨（意为万事如意，富贵有余）。最后到姓余的家讨饭。五七由儿子操办，六七由女儿主祭。相传亡故之人去世时一直昏迷至六七，由亲生儿女为其翻身（将香爿碗翻过去），方才清醒，子女必须哭拜，表示怀念。“六七”又叫六虞，传说则是亡者清醒向阎王报到之时，斋主则要请和尚放焰口，放焰口之前要开“四门”，用粗糠画成一个圆圈，并画上东西南北四门位置。东门为男氏跪位，西门为女氏跪位，南门为南天极乐世界，北门为家门。僧人赤脚，手拿连枷先开北门，亡者先到“望乡亭”，家人痛哭，僧人走过四周，圈中搭白布，谓之“拖桥画狱”，说明亡者已过“奈何桥”，到了极乐南天世界。七个“七期”内，大富人家每天都举行诵经活动，一般人家逢七都要烧些纸钱，五七要大祭一次，请和尚诵经，偿还亡者所欠阎王债，还有母亲的血盆债。还必须祭请阎王从狱中释放亡魂（俗称破地狱，古有目莲打破阴间地狱救母之说）。之后百日也要举行纪念活动，称“过百日”。

（十）守孝

亡者亲子必须守孝 3 年，每天供饭，3 年期间分头周年、2 周年、3 周年，周年之日都要进行一些规模不等的祭祀活动，特别是 3 周年为满孝年，纪念更为隆重。直系晚辈都到场，脱去孝衣，从此不再穿孝，供饭。第三年正月择满日到坟前满坟，表示以后不再加坟。此后每年生辰、忌日都必须纪念，每逢清明都到坟前换坟帽，插上飘千纸，焚烧纸钱，以示怀念。

（十一）特殊丧俗

旧时小儿夭折称“讨债鬼”，陈尸于地，以薄棺之葬。中年丧偶者如要再婚，便不参与焚化饯程之礼。如遇难者在其他地方死亡，有招魂之俗。

中华人民共和国成立后，随着殡葬的不断改革，移风易俗丧事从简，一些烦琐的礼仪已渐革除，特别是 1993 年提倡火化后，亲友们前往吊唁时送花圈、挽联等，遗体火化多开追悼会，骨灰盒先供于家中，然后再作其他处理。

（十二）焰口习俗

角斜域内人死后，多数要放焰口。焰口有 3 种：天地焰口、瑜伽焰口、海上焰口，另外还有三时系念。瑜伽焰口，能令饿鬼得度，也是对亡者追荐的佛事之一，除解饿鬼的饥虚之外，最重要的是为他们说法、皈依、受戒，令其具足正见，不再遭罪受苦，以祈早日脱离苦趣，成就菩提，一般诵念的是《佛顶尊胜陀罗尼经》。瑜伽焰口一般为 12 人。海上焰口，是海上禅师所增的，范本是瑜伽焰口，为海上遇难者举行的佛事。海上焰口又分大海上、小海上。大海上一般 16 人，小海上一般 14 人。

三时系念，是元朝的中峰国师所提倡的佛事，为净土宗念佛法门之一，主要目的是超度亡灵往生西方极乐世界，永离茫茫苦海。“三时”意在把佛事分时间段来共修，指早晨、日中、日没三时。“系念”则意为用身、口、意来观想阿弥陀佛经文里的道理。“三时系念”一般为 6 人。

八、礼仪习俗

（一）社会上的一般交际称呼

表 22－1

关系	自称	回称
祖父（母）	家祖父（母），家大父（母）	令祖父（母）、令大父（母）
殁后祖父（母）	先祖父（母）、先祖考（妣）	令先祖父（母）、令祖考、令祖妣
伯、叔祖父（母）	家伯、叔祖父（母）	令伯、叔祖父（母）
外祖父（母）	家外祖父（母）	令外祖父（母）
父（母）	家父（严、君、尊、大人）、家母（慈）	令尊、尊公、尊翁、令堂、尊堂、尊萱、令慈

续表 22-1

关系	自称	回称
殁后父(母)	先父(严、君、尊、大人)、先考、先母(堂)先妣	令先君、令先堂
父子	愚父子	贤桥梓
妻父(母)	家岳父(母)、妻父(母)	令岳翁、令岳父(母)
殁后妻父母	外考、外妣	—
舅父(母)	家舅父(母)	令舅父(母)
姨丈(妈、娘)	家姨丈(娘)	令姨丈(娘、妈)
姑父(母)	家姑丈(父、母)	令姑丈(父、母)
兄弟(嫂)	家兄(嫂)、家弟(媳)、舍兄(弟)	令兄(嫂)、舍弟(媳、妇)
表兄弟(姐、妹)	家表兄(弟、姐、妹)	令表兄(弟、姐、妹)
胞姐妹	家姐、舍妹	令姐、令妹
妻子	爱人、内人	夫人、尊夫人
妻兄弟	内兄(弟)	令舅
姨夫	敝连襟	令襟兄弟
子女(媳)	小儿、犬子(小女)、儿媳	令郎、(令爱)令媳
侄(女)	舍侄(女)	贵(令)侄(女)
女婿	小婿	令婿
侄媳	舍侄媳	令侄媳
外甥(媳)	舍外甥(媳)	令外甥(媳)
内侄(媳)	舍内侄(媳)	令侄(媳)
孙(侄孙)媳	小孙(媳)、舍侄孙(媳)	令孙(媳)、(侄孙)(媳)
老师	敝业(老师)	令(贵)业(老师)
门徒	愚徒、敝门人	令徒、贵门人、门生
姓氏	小姓、贱姓、敝姓、免尊敝姓	尊姓、贵姓
名字	—	台府
地址	敝府、敝乡、敝村	府上、贵乡、尊府
住屋	小舍、敝居	—

(二)日常礼节

见面　在人际交往中,人人都得讲礼貌。通常的礼貌用语有“早”“你好”“请”“谢谢”“对不起”“不好意思”“再会”“再见”“拜拜”等,旧时两人相见行作揖礼,如今为见面握手,关系亲密的还时兴拥抱。

做客、造访　做客、造访来到亲戚家,入门前,首先轻轻敲门,待有人开门后才可进入。即使是大门未关,也得敲门,不可随意闯入,如是开门人面生,则应问“请问这是 ××× 先生(同志)家吗?”待对方答了才可进内。若敲错了门,则应说:“对不起,打扰了。”表示歉意再走。或者在详细询问你所造访人的住所后道声“谢谢”才可离开。如果你要访的是很熟的人,可以随便一些。如果是拜访长者或第一次到人家做客,则应彬彬有礼。对主人端茶、递烟时要道一声“谢谢”。如许多人坐在屋里，对熟悉的人要挨个打招呼，对不熟悉的人经主人介绍后也得说“久仰久仰”或一一问好。如见主人还和别人谈事情，应另找别处回避；如主人说没有大事请坐时，也得稍坐片刻，设法告辞。如主人说没甚重要事再坐一会儿，则可坐下。如果在闲谈时遇到长者，应用心听长辈（或首长）的谈话，不可随便插话，更不要自以为是，插话打岔。如确有真知灼见，也得等长辈谈完话，再发表自己见解，并请求对方批评指正，切忌语带讥讽。如主人预先通知来吃饭的，则应吃了饭再走。否则造访时不要在人家吃饭。拜访老人长辈，谈话时间不宜过长，不要说个没完没了，影响人家休息。吃饭时要听从主人安排座次，对上座位，要尽量谦让。喝酒时要掌握分寸，不要酩酊大醉，丑态百出，影响形象。如果遇到话不投机或事与愿违，则不可发作，找个其他借口离开。临走时除向主人表示谢意外，还得向其他人打招呼再走，切不可不辞而别。主人送客时，则主动请主人留步，主人也应说“得罪，恕不远送”。

九、赛会

（一）青苗会

旧时，五六月间夏忙结束后，乡民约请“僮子”，又称“香伙”，设坛做“青苗会”，祈求丰收太平。做会以自然村为单位，一般由中等以上人家筹集资金。其时搭彩棚竖旗杆（上有三角黄旗），香伙带神像挂轴与土地神供奉在一起，并在神前敲锣打鼓，唱七字段书，香伙祀神有宴坛，开坛，发表（行文上天），破膀（刺血盟神），念忏送神等节目。最后是“沿门”，香伙头戴黄元帽，腰系浴裙，手持神刀，到庄中各户沿门敲击驱邪，并用红绿黄三色符贴于大门前，以洗锅帚蘸红土和石灰在门两边大书“太平”二字。角斜一带，青苗会期间病家请童子治病，称烧纸。各庄做青苗会，先后持续约1个月之久。做会时，四乡男女老幼皆前往观看，热闹非凡。20世纪60年代后，青苗会逐渐消失。

（二）太平会

此会为遇天灾人祸时在农历六七月间举行，举办时搭“降台”供奉。20世纪40年代域内沦陷后停办。

（三）香期

香期原指当地庙宇供奉菩萨的供奉祭祀之期，善男信女纷纷到庙里朝拜，后来一些做小本生意的商人到庙前设摊摆点，卖点香烛纸马，日用杂货，再后来逐渐演变成固定日期，成为定期的集市贸易场所，四方八邻少见烧香膜拜，而多为买卖交易，角斜地区的香期有正月二十五、二月十九、七月三十。

十、信仰习俗

（一）神祇信仰

角斜地区老百姓的宗教信仰以佛教为主，亦有少部分居民信奉基督教。除专职信徒外，一般善男信女大多是有灾有难就信，无灾无难便可能不信。信神也不是专信哪一个神，三教九流十家均信，且事到临头也可以“临时抱佛脚”，天旱无雨求龙王，无子去求送子娘娘，有孩子上学敬文曲星，商店敬财神，各行各业敬各自的祖师爷，以自我需要为中心，以实用主义为原则。

农民敬土地菩萨比较虔诚，土地庙遍布乡村。这些土地庙多为砖木结构，比较矮小，内供土地公公、土地娘娘的画像或塑像。每逢农历初一、十五、二十五，乡民都要到当地的土地庙敬香，祈求风调雨顺，事事太平。庙门贴对联“敬公公三杯美酒，谢娘娘五谷丰登”。当地有的农户家每年都要做“土地会”（太平会），做会的当日都要配上香烛、供品到土地庙里来敬土地菩萨。农户家有人去世了，在“夜经”前（火化、大祭），每天都要带香烛到土地庙里来送饭2—3次，拜托土地神照顾好逝者（相传人死后灵魂暂时寄住在土地庙）。沿口一带乡民对陆二爹（也称陆二老爷）比较信奉，并在寺庙内设有专门厢房。

（二）巫术迷信

占卜　旧时角斜一带常有占卜先生上门活动，一般用纸牌等手段和征兆来推断未来的吉凶祸福，为咨客分析问题、指点迷津的方法。被视为迷信活动。它和预言不同的地方在于，通常会出现模棱两可的答案，让占者去找出一种合理的解释。

如遭盗窃，则请童子作法，用白纸“看圆光”。还有扶乩、求济公活佛、请灰堆姑娘的、专门开设占坛的，需稍具文化者，方能“开沙”。旧社会，种种迷信骗局不一。

算命 算命有串家走户和挂牌坐堂两种。过去，帮人算命的人大多数为盲人，人称“瞎先生”。走村串户的瞎先生一般有人搀着，背着二胡，手敲铜铛子，招揽顾客。足不出户的瞎先生，坐在家中接客。旧时，男女婚配常请瞎先生合八字。也有的人时常请瞎先生算算自己的命运。

相命 相命分面相、手相、家相、墓相4种。面相时的要领就是抓住脸部当中最显著的特征，同时加以描述，这是面相的一个秘诀；手相首先要看手的大小、长短、软硬及手指的形状，然后再看纹路和丘；家相，就是为建一个好住宅的指导要领。家相就是地相（建地）、房屋的平面相法（隔间、寝室、厨房、浴室及厕所的安置）；墓相，就是墓形，在墓相学上，把坟墓比喻成树木来加以说明，根主坟墓，干主双亲，花主继承，果实主子孙等。

招魂 每遇惊吓而害病，则施招魂。其法有三，一是在被吓的地方烧纸；二是在被吓的地方先小便，再用泥涂在耳垂上，回家时边走边喊魂；三是用水碗蒙草纸，或滴水珠招魂，或置钢针于水碗内，然后将碗放在床头，再拿去敬菩萨，视针锈的程度，施行解法。

除夜啼 小孩夜哭，用纸写上“天皇皇，地皇皇，我家有个夜啼郎，行人君子念一遍，一觉睡到大天亮”的咒语，贴于门外路边物体上，旧时此法比较常见。

站水碗 过去，人们如果突然感到头痛，都以为是“撞鬼”了。拿3根筷子立在水碗中，用水从上往下浇，口中连说“撞了某某人（先辈）站起来”。说到某人时，筷子正好因水吸附站在碗中不倒，则给某人烧纸、许愿，以求平安。

消病祛灾 患睑腺炎（俗称“偷针眼”），采皂角树上的刺，放在鸡蛋里煮过后，挑去疖肿，并将患者在房门后拖住，口念“偷人家针，偷人家线，眼睛上开个杂货店”等语，以求治愈。患腮腺炎（俗称“蛤蟆”）用陈墨汁在患处涂画，并念咒语，再在墙上写一“消”字，外面圈上一圈。陈墨汁有消炎功效。患丹毒疹子，用天水敬神后，手指沾水弹在患者身上，也有用老白酒弹的，俗称“泼丹”。若患疟疾（打摆子）则让患者从棺材底下爬过去，谓可痊愈。眼皮跳预兆有祸事到，有“左眼跳是福，右眼跳是祸”的说法，用草叶贴在眼皮上，认为可避祸。生病者，也有常去寺庙中“求仙方”的，用香灰以水冲饮，谓可治病。消灾祈福还有画符法。祈独养儿子平安生长的，去庙中求符，佩戴在小儿身上，或请道士、童子画符压邪，这纯属迷信，有时枉送人命。祭新桥，旧时建筑新桥要祭桥桩的迷信说法，在角斜域内比较流行。其法是扎草人拖着，沿途呼喊“是哪个”，如有人误应“是我”，则此人被认定即将死去，祭了“桥神”。新桥竣工后，要先赶狗过桥，如有人先走过去，则认为大不吉利。此俗解放后早已消失。

十一、文化娱乐

（一）打莲湘

约有1米长的竹竿，绕裹着红、绿、黄等色纸或布条，两头嵌着小钱若干，每人手持两根，打起来发出“嚓、嚓、嚓”的响声。若干人组成莲湘队，沿街进行文艺表演。

（二）打莲花

表演者左手持2片装有铜钱的竹片，右手执两边为锯齿形的竹片，右手竹片或敲击、或刮拉左手竹片，发出轻重缓急的声音，并随节奏唱念韵词，抒情，叙事。唱念的内容一般以吉利词语或劝世文为主，其尾句衬词唱道：一么子金，二么子银，三打鲤鲫，四打鲢鲲，五么子鲨来，蝴叶蝶儿绕荷花，花开莲花落哎。

（三）踩高跷

踩高跷是民间节日在广场表演的一种舞蹈形式。表演者身穿特制的长衫，双脚分别绑绕于2根1—1.5米高的木棍上端，另一端着地，走起路来，尽显表演者高大的身躯。数人组队，沿街表演，蔚为壮观。踩高跷有“天秧歌”之说。踩高跷要掌握技巧，不然会有危险。

（四）扭秧歌

扭秧歌是源于陕北的民间舞蹈，抗日战争以后在全国风行，其人数不限，队伍大小不等。参与者腰系一根长绸带，红绿均可，两手持绸带两端或一手持折扇一手执绸带，表演时列队前进。大钹大鼓敲节奏，表演者随鼓点扭腰摆胯，前进后退，变换队形，双手前后、上下、左右舞动，节奏强烈，动作夸张，是集游乐、体育锻炼于一体的优秀游艺形式。

（五）唱道情

道情是古老的民间艺术，旧时在民间广为流传。渔鼓简板为唱道情之专用道具。渔鼓是长形竹筒，底部蒙皮，敲打有声。竹筒表面雕以花纹，油漆光亮。

简板为两根狭长薄竹片。民间百姓红白喜事场上，就有唱道情的，他们都是为了生计。

（六）打花鼓

花鼓是角斜地区最活跃，也最有特色的文化娱乐活动，前已详叙。

（七）棋牌类

棋牌类娱乐活动域内参与的人数众多，而中老年人占很大比例。多数人擅长打长牌、打麻将。一般都带一点刺激，以成牌者为胜。打扑克牌者，从过去流行争上游、四十分、吐鲁克、红旗中心五、大吹小吹到后来的八十分、炒地皮，直至时尚“掼蛋”。利用扑克牌进行赌博的，一般打“沙海”，还有5个人“找对象”。棋类活动以下象棋者居多，亦有青少年练习下军棋、跳棋。

第三节　渔事渔俗

一、渔船

南黄海渔船，船底较宽且平，落潮后能平稳地停在沙滩上，故称“沙船”。本港人通称“海船”。海船全木质结构，铁钉贯连，油灰捻缝，行驶平稳，抗风浪、抗潮涌性能较好。船的使用寿命约50年，排水吨位绝大部分在50—70吨，也有一些20—30吨的小船。南黄海渔民将制造新船通称为“钉船”。

（一）钉船前期准备

请领作师傅　过去钉船，没有设计图纸、施工图纸，全凭领作师傅指挥，所有营造法则及成千个规格尺寸全都熟记在领作师傅心中，因此聘请经验丰富的领作师傅便是钉船准备工作中的首要大事。一旦确定人选，船主亲自登门相请，并与领作师傅协商，初步约定开工日期。准确开工日期必须由船主请阴阳先生掐算，俗称“看日子”。

选购木材　钉船木材以杉木为主，硬性杂木为辅。在选料时要注意配置主料，如龙骨、大镴、止口、桅杆等，材料要求挺直而有尾力，使用中必须通长到头，中间不能有镶接。杂木要求性硬，木质紧密耐压，韧性好，耐磨。做肩头、楣梁、舵管的要呈直线。做靠帮走、船肋、前后角走的要具有一定的自然弯势，经适当加工后顺其自然弯势使用。常用杂树为桑树、榉树等，少量关键部位也有用特别坚实的柞榛树。

请铁匠打钉　钉船需要大量铁钉，船底、船帮每根杉木均由铁钉上下相钉。在开工前需请两位铁匠，现场开炉，为钉船全程服务。铁匠与木匠配合默契，木匠所需要的各种型号的铁钉与铁件，只要给铁匠说一声，铁匠就会立即打造出炉，供木匠使用。

生活资料的准备　兵马未动，粮草先行。一旦开工，木匠、铁匠、船工，每天都有几十人吃饭，所以油、米、酱、醋、柴等生活资料也是必备之物。

（二）开工钉船

钉喜钉　钉船（造船）选择黄道吉日开工，在木工将船底拼合好与安排大桅座的第一道大梁时，船主在船头摆香案，放鞭炮，鼓乐齐鸣。领作师傅此时手执斧头在横梁安装桅杆的方孔两边各钉1根大铁钉，称为“钉喜钉”。领作师傅（俗称大樯头）一边钉喜钉，一边高声说“鸽子”，亦称说“富贵”：“天上金鸡叫，地下凤凰啼，今是黄道日，正是铺置时。”最后恭喜船主，满舱而归，财源茂盛，万事如意。

开木　领作师傅选取1根6丈（20米）以上

长的杉木，弹线开木。杉木斜架在两根木头交叉搭成的木马上。开木工具为大锯，2名木工一上一下推拉大锯将杉木开成板材。拉大锯为钉船过程中的主要体力活，一般由年轻力壮的徒工进行，此为钉船木工的基本功。钉船木工学徒第一年，基本上都是拉大锯，第二年才轮到学牵钻。渔船每根木料之间全靠铁钉联结，钉铁钉之前需先钻钉眼，因此，牵钻也是钉船木工的基本功之一。钉船的木工钻身要长出普通木工钻几倍以上，钻索以韧实的牛皮制成。

摆底 钉船程序中的第一步是摆底。首先做好木马（3排坚固的木凳），调整好木马的水平位置，中码低于两头码凳约8厘米，杉木经开木成为板材后铺在码凳上，厚度为12厘米，长度为18米，位置居纵向中线，这就是第一根底龙筋，它的中线就是船的纵向轴线。以此类推，在第一根底龙筋的两侧各铺设两根，一般为五条底龙筋，最少为3条，多则可铺设7条。龙筋与龙筋之间用铁镶钉联结成整体。这就是船的底龙筋。在底龙筋的两侧镶上8厘米厚通长的杉木板（长度18米），注意下平面与底龙筋一致，龙筋厚出部分凸现在上平面，这就是船底板。龙筋、底板镶成一块整体就是船底，长18米，中间宽3米，前宽（船头）2.7米，后宽（船艄）2.8米。此尺寸钉成的船的吨位约为65吨。船底尺度决定船的吨位。

上隔舱板、靠帮走 海船共分10个船舱，隔舱板为9道，其中确定桅舱的两道隔舱板的位置非常重要，因为桅舱的后隔舱板（靠近船艄一端的隔舱板）的中心位置就是该船大桅的位置；桅舱的前隔舱板（靠近船头一端的隔舱板）位置的确定以不影响立桅杆和放桅杆时的操作为宜，故这两道隔舱板之间的尺度要放大。隔舱板的下部与船底用铁钉联结，两头与靠帮走联结，靠帮走的下端与船底联结，其他部分与隔舱板端头联结。隔舱板的两端做成船的横剖面形状。隔舱板用杉木，板厚略薄于船底厚度，靠帮走用硬性杂木，顺其自然弯势做成船的横剖面形状，与隔舱板的端头吻合一致，并用铁钉联结成整体。以船纵向轴线为中线，隔舱板两侧对称。

上绞板、上大镴 用8厘米厚的杉木板，顺次钉在隔舱板的端头和靠帮走上，在绞板与船底板之间用参钉联结牢固，绞板与绞板之间用镶钉联结。大镴用条杉木，全长到头中间不能岔接，长度要求达到25—26米，加工成蛇肚形，中间粗，两头较细，木梢朝向船艄，通过木架与绷绳“做翘拿势”，把大镴做成有弧形，又两头收拢而起翘，船艄部位的翘势大于船头部位的翘势。船两侧共上6条大镴，每侧3条，相对称于船的中轴线。此时，大镴自身的轴线是一条三维曲线，它在平面上的投影是双曲线，而在立面上的投影是抛物线。大镴钉在靠帮走和隔舱板的端头，用大贯钉钉得非常牢固。大镴的尾稍直，伸延到挑庭两侧。大镴的翘势决定了船形的翘势，大镴木料的粗细影响到船的排水量（吨位），所以上大镴是一道十分重要的工序。

上角走、横板、船肋 为了船的结构坚固，在船的四角上用角走，角走用硬性杂木，顺其自然弯势加工做成，角走的形状就是船四角的形状，左右对称。绞板、大镴与横板的结合是通过角走来完成的。横板就是船头和船艄部位横向的船板，用杉木板，板厚8—10厘米，船头横板的长度等于船头宽，船艄横板的长度等于船艄宽，横板与横板之间用镶钉联结，横板的两端用爬头钉，钉在角走、绞板端头和大镴上。为了使船结构坚固，在隔舱板之间加设船肋，共28道船肋，每侧14道，船肋用硬性杂木顺其自然弯势加工而成，成形后的船肋紧贴船底、绞板和大镴，并用钉固定。

上扁肩、止口梁 扁肩是覆盖在最上层大镴上面的杉木板，船两侧扁肩对称，用钉钉在大镴上，板厚10厘米，从船头到船艄。止口梁是两根通长杉木元条，根头朝向船艄，木梢朝向船头，钉在九道隔舱板上头，两止口梁之间的距离就是舱口宽度，中间部分距离较宽，约1.8米，两头约1.6米，前端钉在船头横板上，后艄钉在船艄的横板上。止口梁与扁肩之间是舱顶板，用8厘米的杉木板钉在船隔舱板的上面，相互之间镶钉联结。止口梁是船体纵向上骨架，底龙筋是船体纵向下骨架，大镴是船体纵向的侧骨架。九道隔舱板和船头横板、船艄横板，再加上靠帮走。四角的角走及船肋，构成船体的横向骨架。纵向与横向经钉牢形成船的基本结构。

上楣梁　楣梁是横在止口梁上方、用大贯钉钉在止口梁上的横梁。用硬性杂木做成,合计10道,其中大桅楣梁、头桅楣梁的中点就是大桅和头桅安装的位置,航行时的帆力就是通过楣梁传给船体的,所以这两道楣梁的选材很重要,尺度要大。安盘车的楣梁是起锚时的着力点,也必须特选,尺度也要大。楣梁上好后,船的10个舱门就自然分成了,因为其中九道楣梁的位置必须是在隔舱板的上方,最后一道在后横板的上方。从船头向船艄10个舱的名称依次是浪头、包头、井子(装淡水的舱)、桅舱、一舱、二舱、三舱、四舱、下翘、上翘。

闭龙口　钉船上大肋时,船底的纵横两条中线与横板结合部称龙口。船主此时将预先到银铺订制的小银龙放在龙口上,封闭在木缝里,此为闭龙口。闭龙口时,船主焚斗香、放鞭炮、烧纸马利市。领作师傅说"鸽子"。

上金头　整个船体结构完成,安装船头挡浪板,称为上金头。木工选用槐木或楠木(此二木象征福气)作金头用料,一图坚固耐用,二图吉祥顺遂。桑木虽更为坚固,但谐音不吉,忌用。金头上雕一对龙眼。龙眼上侧钉一根铁钉,俗称元宝钉。钉上挂一束红绿布条,俗称彩子。龙眼涂成白眸黑睛,领作师傅取一只打啼的活公鸡的冠血,用毛笔点于龙眼正中央,为之开光。船主烧香磕头,鞭炮鼓乐,一切如仪。因此仪式实为新船竣工,故最为隆重。开光之后,领作师傅腰束青布围裙,脚踏竹梯,一边从腰裙兜里掏出双鱼馒头、状元糕和铜钱向外抛撒,一边高声说"鸽子":

脚踏金梯步步高,
财神老爷把手招。
新钉宝船长八丈,
鲁班师傅开口笑。
满工正逢紫微星,
合龙恰遇吉时到。
采得西山龙岗木,
选得东海龙宫宝。
头舱是个聚宝盆,
中舱装的金元宝。
艄舱载的是金牛,
满船宝物金光耀。
……

随后,领作师傅给新船取名。

冠戴　新船竣工,择日进坞下水要举行冠戴庆贺。船头设香案,烧宝塔香,船主摆上茶、盐、米、面四碟供品,鼓乐鞭炮。船主拿出抛舱钱,装在笆斗里交给领作师傅。冠戴的高潮即为抛舱。领作师傅一手拿笆斗,一手抓钱,向船体各处撒去,边撒边说"鸽子":

一把金钱抛进舱,
马鲛鳓鱼尽船装。
二把金钱抛上梁,
金银财宝动斗量。
三把金钱抛上艄,
荣华富贵节节高。

领作师傅所说的"鸽子",海安籍著名语言学家魏建功曾考证为古代遗存之嘏辞,即祭者的祝福语。领作师傅说"鸽子"以语言生动、嗓音敞亮、音调优美而为船主喜欢,多包喜钱。

船的其他部位　船帮,船体的扁肩向上部位为船帮,左右两道船帮对称。用杉木板做成,它固定在楣梁的顶端和船的4个角柱上。船帮的上口叫两龙,用杉原木做成,船帮前头与船头平齐,两龙的前头做成伸出船头前方的角,称羊角。两龙的后艄高度与角艄一致。船帮的中间部位高出舱面30厘米,船头部高出50厘米,船艄部高出70厘米。在船帮与扁肩结合部位每隔2米开一道直径为8厘米的半圆形眼,叫淌眼,作用是船上的雨水或海浪打上船的海水能及时经淌眼排出,也就是排水孔。船帮的作用一是防海浪,二是起到栏杆的安全作用。船帮好比人的外衣,船帮得体,船形就漂亮美观。

船肩头,肩头就是船头最上部的横木,锚就架在肩头上。抛锚、起锚时锚掣、缆绳都要经过肩头磨来磨去。抛锚后船随海浪、潮涌晃动,锚掣、缆绳时松时紧的压力、拉力都由肩头承受,特别是起大锚时,船工推动盘车绞缆绳,其压力都在肩头上,因此对肩头的材料要求很高,要具备韧性、刚性和耐磨性,最好是桑木。

管舱,船舱门外侧到船帮之间的倾斜形的空间叫管舱。为了方便船员工作,必须把倾斜形管舱的上方铺平，所使用的木板叫管舱板（甲板），管舱板厚6厘米，两头担在相邻的两条楣梁上，为纵向铺板，活动式，不用钉钉。管舱的艄端挑庭楣梁下面船两侧的窄小空间叫兔子窝。

挑庭和角艄，挑庭位于船艄部位，两船帮之间用纵向木板铺成，是用于安装绞关升降船舵操作的平台。船的厕所也安置在左边一角上。

角艄是由两根原木固定在船帮的两龙上，伸出艄后，顺着船的翘势和拢势，约长2.8米，铺上木板（木板为横方向）。两根原木由八角铁制拳形钉固定在两龙的梢部，八角铁制钉俗称猴儿拳头。角艄主要是为了操作艄篷而做的平台。另外角艄使船形美观，头高艄翘。

屏机、水沟、管舱板，渔船为了适应风浪潮涌的海洋环境，船体必须做成全封闭式才能确保安全。船的十个舱的舱门全部朝上方。盖舱门的板叫屏机（内河船叫璜板）。屏机用6厘米的杉木板镶钉连接，两头用爬头钉钉上木条，屏机盖在舱口上，木条正好卡住舱口两侧。屏机板与屏机板之间下方安置一条凹形条木，叫水沟。下雨的雨水、海浪打上屏机的海水，都顺着屏机和水沟流出，再通过淌眼流下海，全封闭的船体内部确保滴水不进。

捻缝（嵌缝） 捻缝是为了防止船板之间的缝隙渗漏而采取的措施。船是全封闭的，因此船体的基本部位船底、船绞板、大镴、船头和船艄的横板、止口梁与扁肩之间的舱顶板、浪头舱顶板、隔舱板、屏机板等船体的周身都要捻缝。

捻缝的材料是石灰、桐油和麻丝。石灰是熟石灰经过风化后形成的白灰，俗称“洋灰”。经过过筛，筛去石灰的硬粒，只用粉末。在粉末中洒水和适当的桐油后进行拌和，放入石臼中反复捶打，直到打成面团状。然后加入桐油调和成油膏，把油膏均匀地拌和到麻丝中，做成麻饼。为了使油膏充分进入麻饼，对麻饼进行再次捶打，然后木匠用钝凿嵌入木缝中。为了使麻饼嵌入木缝的深处，木匠在嵌缝时用斧头不停地用力捶打钝凿的柄。捻缝阶段，木匠要进行排斧，此为本港钉船捻缝特色。排斧由领作师傅安排，并提前通知船主。一般安排在下午三四点钟。排斧并非故意作秀，而是具体的工作操作，其任务是要完成捻一条长缝的工作量。每个参加排斧的木匠各自负责一段，十几个木匠全部在一条线上。领作师傅用斧头敲击捻凿柄，声音由低到高，节奏由慢到快，力度由弱到强；其他十几个木匠根据领作师傅的节奏点，在同条船缝上一致敲击捻凿柄。领作师傅就是这场演奏的总指挥（通过声音节奏变化指挥），乐器就是一艘几十吨的大木船，10个船舱发出共鸣，十几个木匠就是敲击手，他们通过手中斧头敲击力度强弱、敲击时间间隔快慢等节奏变化，使木船的震动、船舱的共鸣，组成了一首独一无二、扣人心弦的优美敲击乐，直到各人捻完自己的一段缝，全体捻完一条长缝，领作师傅一斧定音刹板，完成排斧，一般需15分钟。排斧时，本港的居民听到排斧声都赶来看热闹，听排斧的优美敲击乐，看木匠精彩的技艺表演。当天晚上船主置办酒席，招待全体钉船工匠。经过捻缝后，船体真正成了针插不进、水泼不进的全封闭空间。船的10个舱的隔舱板经过捻缝后互不渗水，成为10个各自独立的空间，这也是确保安全的必需措施。10个船舱中如其中的1个舱、2个舱损伤，进水了，其他各舱仍然能安然无恙，保证安全航行，进港修理。

（三）油船

油船就是用桐油对船体的内外、全方位进行上油。上油时第一遍要用油把子在木面上狠狠地擦，使桐油渗入木质内部，不可抹太多，要涂得均匀，否则太阳一晒起癞疤。待风吹干后再进行第二遍上油。第一遍和第二遍用足桐油。油后不能淋雨，只能吹风。这叫风干桐油雨干漆。第三遍用洪江油，只涂油船的外部。桐油是木船的保护剂，它能防腐、防燥裂和防水浸。木船每隔两三年都应该进行油船养护。经上油的木船很漂亮，深红色里透亮。

（四）船属设备

船舵 船舵由舵扇、舵管、舵拨、舵晓和舵的升降绞关组成。舵是控制航行方向的重要设备。

舢板和大橹 海船从事春汛取黄花鱼的大生产，就必须配有舢板。舢板是用杉木钉起来的长方形小船，它不是封闭的，而是开口的，也要经过捻缝的工序。大橹是由橹扇和橹把两部分组成，由具韧性的杂木做成。橹扇是长梯形小扇面，橹把是圆柱形的。橹把和橹扇的结合部位由四道铁箍箍起来,并做成向下的弯势。通过人力摇动大橹推动舢板前进。

铁锚、锚撬、锚掣和盘车 海船在近海小取作业,只要配备头锚和艄锚就可以了。但春汛大生产取黄花鱼时,还要配备大锚、二锚和提锚以及锚撬。各种铁锚的外形雷同,都是四个锚齿,一根带圈的锚挺,但它们的重量各不相同,大锚足有一千几百斤,二锚也有几百斤。大生产时要使船和网在潮流、浪涌的海洋中定位必须抛大锚,为了防止跑锚,在大锚的4个锚齿上套上锚撬。锚撬由2—3厘米厚的铁板做成,长约60厘米,形为一头宽、一头窄的六角扇形。扇形的宽头约25厘米,窄头约15厘米。在窄头扇面上做上两圈铁环,把铁环套在大锚齿上。

锚掣就是很粗的缆绳,大约直径有10—15厘米,长约100多米,是把拉麻用绞车绞成的。锚掣的一头穿过锚圈,沿着锚挺通过锚叉又转过来回到锚挺上,再用绳子固定在锚挺上,并在锚掣穿过锚圈的部分用细绳子缠绕成大肚子。其形似蛇的肚子,叫蛇肚子,作用是防止锚圈磨损锚掣。

抛锚,海船在海洋中作业需要定位就得抛锚。抛锚的工作由船头负责,用撬杠把铁锚从船肩上抛下大海,铁锚拉着锚掣沉入海底。根据海水的深度、潮流及风向给锚掣足够的长度后,用捉掣缠绕住锚掣,固定在船的头道楣梁上,使船定位。

盘车,大锚抛在海里,连同碗口粗的锚掣有一吨多重,要想把这么笨重的锚起水上船,不是件轻而易举的事情,盘车就是用来起锚的设备。

撬板、水箱 撬板,就是装在船两侧的翅膀。水箱是由杉木箍起来的,为椭圆体,下大上小,高约1.2米,椭圆的长半径约1.2米,短半径约80厘米,上端为半开口,并加盖。装满时能装一吨多的淡水。水箱安放在下翘舱(烧饭专用舱)后的上方。

桅杆、篷帆 桅杆和篷帆是海船航行唯一的动力来源。航速的快慢在一定程度上也取决于篷帆和桅杆的配置是否合理。选购桅杆木很重要。要求挺直而有尾力的条木,木质要具有韧性和弹性。一般情况下选用云杉。四道桅(大桅、头桅、艄桅、转向桅)的海船配置最为合理。

立桅杆本港人叫作竖桅,竖桅先竖头桅,因为头桅较小、较轻,容易竖。竖大桅是一项很重要的工作,因为大桅又粗又长又笨重。竖大桅时由船老大亲自指挥全船员工通力协作。

制篷帆,篷帆由篷片、篷网、篷挡、子档和篷甲绳等部分组成。篷帆的"软件"做好后,要进行栲篷帆。栲篷的材料叫栲。栲即栲树皮,栲树为常绿乔木,树皮富含单宁,可提取栲树胶。有粗而厚的大栲和薄而细的小栲之分,其颜色为棕红色。这两个品种的栲都可以用。必须先把栲放到石臼里捣成碎粒,再把碎粒加足水放到大锅中烧煮,直到把栲中的汁煮出来后,捞去栲渣,然后再把篷帆放入大锅中浸泡,要求全部浸透在栲汤中,继续烧煮加温至烧开,像染布一样,此时篷帆已不是白色而是咖啡色。再把篷帆摊开到大场子上晒干,洒上食用油,最好使用豆油。这道工序叫栲篷。海船的篷都经过这道工序(内河船的篷帆一般不用这道工序,所以是白色的),栲过的篷经久耐用,雨水淋湿后容易干,而且防腐性好,也很美观和漂亮。在篷帆的上方和桅杆的顶端分别扣上定滑轮和动滑轮,穿上绳索,人工牵引绳索,篷帆就沿着桅杆升降。因为桅杆被篷档和子档抱在中间,篷档和子档都是竹子做的,桅杆是木质的,两者之间容易滑动。把篷帆靠人力牵引上升叫牵篷,篷帆沿桅杆徐徐下降叫小篷。船工牵篷时有专门的牵篷号子。篷帆上好,一条新船就等着春潮,扬帆出海了。

(五)渔船十二生肖

人有十二生肖,渔船也有十二生肖。船的十二生肖是在对船体部位和船属工具的称呼上:子鼠——老鼠尾子,捉掣(锚缆尾部)由粗到细,形似老鼠的尾巴。丑牛——牛鼻子,捉掣头部的绳扣,长圆形,形似牛鼻子。寅虎——太平斧,取虎的谐音(本港人虎与斧的发音不分),船用大斧头。卯兔——兔窝,在船艄楣梁下部与管舱艄端交接的左右两侧窄小的空间。辰龙——龙骨,船底中部纵向的条木,每船有3到7根不等。巳蛇——蛇肚子,缆绳穿过锚圈的部位,为防止锚圈磨损缆绳而特地用细绳缠绕加粗,形似蛇的肚子。午马——马口，船用开口滑轮，开口的形状似马的嘴，叫马口。未羊——羊角，船头两侧船帮上部伸出部分，形似羊的两只角，叫羊角。申猴——猴儿拳头，船艄部两侧帮上固定角艄伸出木的两个铁拳头，形似猴的拳头。酉鸡——鸡眼，在船头肩头下面的横板上，刻了船的两只眼睛，形似鸡的眼睛，叫鸡眼。戌犬——狗食盆，船桅下端插入的凹槽叫狗食盆。亥猪——船止口梁前端拱起的部分，形似猪的嘴巴。

（六）船名

老坝港有上百船名，如果细分，有10来种类型。

以船老板姓氏取名的，如大于家船、细于家船、大孟家船、细孟家船、董家船、宫家船、冯家船等。

以合伙人数取名的，如二同心、三合心、四合心等。

以船老板曾经从事过的职业和行业取名，如：

开过磨坊的，船名叫“磨塘”；

开过肉店的，船名叫“砟肉刀”；

养过水牛的，船名叫“老牛鞭子”；

干过八鲜行的，船名叫“秤钩”；

开过铁匠铺的，船名叫“铁锤”。

老板的为人性格也会取成船名，如：

做事经常失头忘尾的，船名被取个“浮高”；

一向做生意精明的，船名被取个“生意精”。

上述几类船名还算可以，但占比很少，也取之不易，船老板起码要具备3条：一是在周围群众中口碑要好，二是家属成员没有疤麻破相的，三是千万不能得罪匠人，招待要好。否则，即使是两人合伙造船也不给你取名“二同心”。

老板的家庭成员形象很重要。老板的女孩个性强，他家的船名有了，叫“丫头王”；造船期间，老板娘正好怀孕，船名便可取个“大肚子”；老板娘脸上有麻子，船名或许叫“麻饼”。

造船期间，招待匠人的饭菜要特别注意，一有失误，怪异的船名就有了，老板娘用咸菜给匠人做早饭，就给你叫“咸菜盆”；老板娘用小鱼汤给匠人作中饭菜，那就叫“考鱼”（小什鱼叫鲓鱼）。

造船期间，老板娘特别难当，一举一动总要注意，最好不被匠人看到。船名“拔塞子”就是因为油瓶塞子过紧，老板娘请匠人拔出来而得名。

船名传出很容易，旧时没有造船厂，某家要造新船，大多放在堤岸高滩上，下海的人发现造新船，都顺便去看看问问，问匠人：“师傅，这条船叫什么名字呀？”这时，就有调皮的匠人将已想好的船名说出来，如“丫头王”。这样，一传十，十传百，几天之后就叫开了，老板知道也只好认可。

还有稀奇的是，老坝港曾有3只船名“粪扒”“粪拉”“茅缸”，“粪扒”在先，“茅缸”最后，只有“粪扒”船名出于匠人之口，其后2名为船老板自取。

旧时，农家的孩子基本不上学，天不亮就被父母叫醒，做什么？叫孩子拿上粪扒、挎上粪垃（粪篮）去拾狗粪，当时叫“挎狗粪垃”。勤俭的人家，当家人走亲访友，也挎着狗粪垃，路上发现狗屎、牛屎，顺便拾起带回家垩田。不过，到了亲友家，预先要把狗屎垃和扒儿放在人家猪棚内。

“粪扒”船名来源于当家人习惯出门带狗扒垃得名。“粪扒”造好，连续几年高产，老板发财了，相距不远的一户人家发心造船，吨位比“粪扒”大，他自取船名叫“粪垃”，用意是，你“粪扒”要把狗屎扒到我粪垃内。“粪垃”造好后，也是连连高产，又有一家发起造海船，吨位又比“粪垃”大，居全港第二，自取船名“茅缸”。用意是，随你“粪扒”“粪垃”拾的狗屎都要倒进我“茅缸”（粪池）内。

20世纪60年代后造船，就不再起这些稀奇古怪的名字了。政府加强渔政管理，船名改以船号相称了。

（七）新海船出海习俗

供船模 新船首次出海，船主请领作师傅按原船样制作一只新船模型，写上船名，供于沿海庙内。

出海敬褚太尉 出海前，船主香烛纸马、熟猪头、熟鸡敬神。鸡头给船老大吃。猪头供在纸马利市前，求褚太尉指路保平安。船主宴请全体船员。酒毕，船主还要做米粉圆子给船员吃，称为顺风圆子。

祭船 船员上船后第一件事便是祭船。祭船用3牲，即猪头、公鸡、鲤鱼。猪头嘴巴里衔着一根猪尾，代表全猪。在船头贴符、挂红、燃香烛、放鞭炮。船老大行“照船礼”，在鞭炮声中，船老大把事先准备好的“财神把子”（即芦苇把子）点燃，先照自己双手及全身，再照每个船员，然后举着火把将所有船上物资照一遍，最后将船内、船外各个角落全部照遍，接着将剩下不多的火把扔到海里，边扔边说：“一切晦气给大老爷！”大老爷指大鲨鱼。鲨鱼是渔民最忌讳的凶鱼，晦气给了大老爷，渔船就平安无事了。“照船礼”实际上是船老大在出海之前对渔船各项准备工作进行的最后一次检查。祭船仪式结束后，供品由船员分吃，但那条猪尾巴一定要留给船老大吃，据说，猪尾巴是海中赶鱼的鞭子，船老大吃了，便可把鱼群往网中赶。

春节挂红 大年三十中午，全体船员汇聚船头，船老大燃起香烛，手捧三牲，面向大海，敬奉海龙王和天后娘娘、褚太尉。然后，船老大将公鸡杀了，把鸡血从船头一直洒到船尾，谓之挂红。挂红结束后，全体船员吃同心酒。酒席上把敬神三牲做成菜肴，借沾神灵之气以消灾。吃过同心酒，船老大带领船员在船上贴春联。渔船上春联不同于陆上住家对联，大都是单联，内容也与陆上住家对联截然不同。大桅上贴“大将军八面威风”，二桅上贴“二将军开路先锋”，艄桅上贴“三将军顺风相送”，四桅上贴“四将军满载而归”，五桅上贴“五将军五路财神”。在舵杆上贴“掌兵元帅”，在锚杆上贴“铁将军压阵”，在船两侧撬板上贴“左青龙”“右白虎”。从桅杆顶端向船四角拉上五色彩旗带。桅顶竖起彩幡与顺风旗，顺风旗上扎着一把芝麻秸，预祝来年日子如芝麻开花节节高。

二、春汛

南黄海捕鱼期分为春、夏、冬三汛。春汛以捕捞小黄鱼为主，夏汛捕捞鳓鱼、涞鱼、鲳鳊、黄鲷、马鲛等，冬汛捕捞带鱼。春汛是全年的黄金生产时期。春季和初夏的海洋捕捞产量约占全年产量的80%以上。因此，较大的渔船均以春汛捕捞小黄鱼为全年的生产重点。早年春汛俗称“洋市”，中华人民共和国成立后改称春汛。春节刚过，沿海各港口春汛生产的准备工作就有序展开了。

（一）春汛准备

网具 渔网有张网、跺网、大方、阻网，渔网基本原料都是苎麻。苎麻除本地农民少量种植外，大部分由行商从外地采购贩卖。苎麻加工由渔村妇女完成。先把苎麻划成麻丝，手工把一根根的麻丝绞成麻纱，叫“结麻”，再把麻纱绞成麻线，叫“打线”。打线所用的工具叫线车。再用麻线结成各种渔网。各种不同的渔网对麻线粗细的要求不同。

春汛生产是为了捕小黄鱼，小黄鱼又名黄花鱼，本港人俗称春鱼。黄花鱼名称的来源应与清明节前后遍地菜花黄有关。因此一过清明节就开船捕黄花鱼了。叫它小黄鱼，因为它的形状像大黄鱼，但个头比大黄鱼小。但它不是我们现在市场上看到的那种所谓的小黄鱼，它比现在市场上的小黄鱼大到十几倍，每条重约200—300克，而现在的小黄鱼只有30克左右。本港人叫它春鱼，是因为这种鱼只有春天才能捕到，其他季节无法捕捞。

捕黄花鱼的网叫张网，这种网属大型网具。网口张开宽约6米，长约10米，最大的网口为1400目，最小的为1200目（目即网眼）。网长约20—30米，最长达40—50米，从网门到网梢成长三角形。口门大，网的眼也大，但向网梢部分逐渐缩小。一口网重约100—150千克。张网的编结程序是从网的口门开始逐渐向网梢结。每隔6梆要杀梆，即收缩网眼。结网用两种工具，一是网梭子，用竹子雕刻而成，七八寸长，五六分宽，一头尖圆，一头刻出三角形缺口，是绕线穿网眼用的；二是梆子，是用毛竹削成的长方形竹片，套在网眼上结网。这样结成的网眼规格一致，美观整齐。结网的一周圈为一梆网，每结两梆网为一个网元眼，六梆网就是三个网元眼，到第七梆网开始每结30个眼就要并拢掉一个网元眼（把两个网眼合并成一个），叫作杀眼，杀眼的这一梆网叫作杀梆。按照这个方法结网，网眼越来越少，同时所使用的结网梆子的宽度也逐渐削窄，所结出的网眼也越来越小。这样结完的张网就会结成口门大，网眼大，梢部小，网眼小的喇叭型渔网。

网结好后还要装网纲和网筋。装网纲就是用一根直径1厘米的细麻绳穿入网口门的第一排网眼中，这是网的内纲绳。再用一根1.5厘米直径的纲麻绳顺延并拢内纲绳，每隔40厘米扎上一道线，这是网的外纲绳。把内、外两道纲绳沿网口门扎上一圈，称为装网纲。网筋就是顺着网从网口门开始纵向到网的梢袋部分，用细绳子绞扎到网眼上，约10道筋。装了网纲和网筋的张网形成了整体，相当牢实。因张网在海水中网口要成长方形，故在网纲上分上下左右四角，上下为高度，称“站水”，左右为宽度，称“盖水”。从网纲四角至网梢分别用四根直径小于网纲的麻绳连在网目上，形成四根网筋，一口完整的张网就基本成形了。张网的配件还有夹头和浮鼓。夹头就是撑开网口用的粗竹子或木头，直径约12厘米，长8—10米。浮鼓是使网的上纲浮在水面不使下沉的设施，由杉木箍成，形状像鼓，本港人叫作“胖鼓”。现代大都以塑料球为之，俗称“泡子”，20世纪60年代，曾用过一段时间真空玻璃球。

各种绳索、锚缆、锚掣原则上都是用新的。它们的制作由船工在船老大的指导下进行。比较细的绳索如牵篷用的、做甲绳用的等，用苎麻为原料制作；比较粗的缆绳和锚掣都是用拉麻制成。

锚掣的制作程序：先将拉麻绞成小股，然后上绞车把三小股绞成一大股，再把三大股绞成锚掣。锚掣的直径有10—15厘米粗，100多米长，几百斤重。其他的所有缆绳同时都要准备齐全。

船舶维修保养 大部分的渔船都是上年冬汛后就停港，经过了几个月风雨的剥蚀，在春汛开船前都要进行检查维修和保养，舢板也要进行维修养护，如嵌缝、油船等。维修保养工作由木匠完成。

生活资料 每条船约有20名左右的船工，出海前要备足10天的粮食、淡水、伙草及油盐酱醋。

人员配备 每船聘请船老大1人，负责全船的指挥和驾驶，是全船的最高领导和权威。二老大1人，协助船老大工作的同时负责舢板的操作。船头2名，本港人俗称“渠头”，专司船头点水、抛锚、起锚和值更工作。开网2名，专司网具的装配、维修、调整和捕鱼时开网、起网作业。伙头1名，除参加全船的正常操作外，还要为全船员工做饭，船进港后负责看船。另外配备基本船工10—12名。

（二）开船出港

清明节前所有的准备工作必须全面完成，工具全部运送到船上。船上的桅杆要全部竖好，篷帆也要装配好，做到万事俱备。

清明节这天全部放假，这是老祖宗定下的规矩。外地船工、船老大全部回去祭祖。第二天全船人员必须都回到船上，视清明节与潮汛日期的差异，所有从事春汛大生产的渔船最好是三潮水开船，特殊原因也不得超过四潮水。

开始涨潮了，停在涨水（以船为中心，面向涨潮方向的称为涨水，面向港梢称为落水）的船先起锚，停在开（以船为中心，面向深水称为开，面向港滩或浅水称为拢，渔船进港也称拢港）的船紧紧跟上，随后停在落水的船和停在拢的船也就接着开航。此时港里港外，百舸争流。盘锚的号子声、牵篷的号子声、船头的报水声此起彼伏，连绵不断。老大手握舵晓，船员各就各位，伴随着船老大的各项指令，船舶有序地航行划弶（调整航向），船工家属和船主站在港边环上（本港称港梢陡岸为环，岸上高坡称环上，岸下近水称环下），目送渔船扬帆出海。

帆船航行七面风，航行速度很快。如果遇到逆风怎么办？假如渔场在东南方，风又正好是东南风，帆船直接向东南方向航行是不可能的。如果停港等风转向又要误了鱼汛，是千万不能等的。那就先向东方航行，利用涨落潮的水流和洋流使船爬弶，航行一段后再改变舵向和帆向，使船向南方航行，就这样几个转弶，多航行一定的里程，海船照样到达渔场。海船用篷，3—4级风力时使用满帆航行，5—7级风力时使用头篷、大篷、地梢篷，8级以上风力时要适当减篷，10级以上风力就要投放“太平篮”阻水，以确保船只安全。

进入渔场后，船老大为了寻找密集的鱼群，把耳朵贴在舵管上听，根据黄花鱼的呱呱叫声来判断鱼群的情况，有经验的船老大判断是相当准确的。另外通过“打话”，从其他船收集信息供自己参考。

何时开网的决定权由船老大掌握。船老大下达开网的指令后，全体船员各就各位，船头忙着把锚撬套上大锚齿，用撬杠拨动锚链，把大锚抛到海里使船定位，并测定海水深度，给足锚掣的长度；负责开网的理顺张网，上夹头和浮鼓，把网张开；二老大上舢板摇动大橹送提锚。在茫茫的大海中一叶舢板确实太渺小了，然而这可是二老大展现胆略、技巧和体力的平台。因为在海上没有风平浪静的时刻，无风三尺浪，二老大手握大橹，摇动舢板在大海上与风浪、潮涌、洋流搏击，把提锚送到远离大船几十米外的指定地点抛锚。在波涛汹涌的大海中如果力量不足或技巧不高，舢板这一叶小舟就会被涌潮卷走，再也别想回到大船上来。凡是当老大的都经过当二老大的锻炼考验后升级。

如在涨、落平潮俗称慢水时下网，相对比较容易，但在急流中突然发现密集鱼群时，必须立即下网，否则会失去全汛机遇，这时下网，如何做到准确无误，就全要靠船老大指挥正确了。船老大命令全体船员各就各位，做好下网准备，他自己一边把舵航行，一边根据水流、风向调整大船方位，看准大船与小船角度后立即命令："大锚抛！""小锚抛！"随着大、小两锚相继抛下，转眼之间，网具全部下水，水面上只有3只浮泡(2只门泡、1只梢袋泡)。急流中开网无法调整，万一网口开不正，就全盘失败，以至影响全汛产量。小黄鱼在吕四渔场只有三个汛期，每汛只有七八天的水流可以生产，但在这七八天中往往会出现几天大风，有时一汛中只有两三天可以生产，只要第一网，特别是在急流中开网失败，这一汛往往就完了。因此，船主除自任船老大以外，聘请船老大的要求很高，相应给予的报酬也比较高，一个船老大相当于10个船员，一船一般也只有13—16名船员。

开网后经一个涨水或一个落水，在漫水时起网，起网前观看网梢袋部分鱼包的大小就知道这一网可以捕多少鱼。拉动扣在网梢部分的绳索，把鱼包拉到船边，船工在舢板上把鱼装在淘筐中，船上拉动淘筐，一筐筐鱼就拉到船上来了。船上利用大桅作吊杆，牵动绳索，一次能把上千斤的鱼包吊上船。张网属深水低层网具，小黄鱼属下层鱼，鱼群成长龙形，随着海水急流冲进网内。在旺潮汛，一个潮水网内可达万斤以上，多至数万斤。鱼群密集时一网就能装半船，两网就可以满载而归了。一般情况下，开三五次网也能装满船了。早年也曾出现过"一网重船"，即一网就能装满一船鱼的奇迹。由于船上没有冷冻设备，往往前期取到的鱼就用盐腌起来，腌成咸鱼，后期取到的鱼是鲜鱼。

捕的鱼装满了船，起锚返航进港。如果渔船上未能装满，到了下网潮水，也只好起锚进港。因为张网只能在大汛使用，大汛潮流流速快，能把网口张开，小汛潮流流速慢，是捕不到鱼的。

大汛八潮水、九潮水午后，一些船主就到港边环上向东方海面上眺望，盼望他们的船早日满载而归。他们的眼力很好，当东方海面上出现一个微小的篷花时，他们就能断定是哪家的船进港了，而且还能看出这艘船是满载还是半载。

(三)渔船进港

渔船进港没有出港那么容易。因为出港时海面越来越宽，海水越来越深，而进港正好相反，港槽越来越窄，港里还有先前进港而停泊的其他船只，此时航行靠船头点水的准确性。点水杆子是用竹竿做成的，根据船的吨位大小和吃水的深浅用棕丝绑成几道圈，分别为一节水、一节半水和两节水。一节水为船舶满载时最浅安全吃水深度，如浅于一节水，船就要搁浅，高于一节水船就能畅通进港。进港时还要注意停泊船只的锚位。抛下的锚都设有锚样，锚在水下，锚样浮在水上，航行时必须避开锚，因为水比较浅，锚齿上方的水深尚不能满足航行的安全要求。万一触到锚齿，就出了安全事故，船会被锚齿套个洞，本港人称作上锚洞。所以进港时务必注意，万万不可粗心大意。选好泊位后抛锚、小篷、停船、升舵。本港的船舶进港后停泊互相都是散开的。没有几条船绑在一起的，互相之间最近也有20米以上。先进港的船停在落水，停在拢；后进港的停在涨水，停在开。船都进港后能连绵1公里以上。潮退后这些船都搁在沙滩上。

船进港后，船老大领着两个船工抬上一大筐鱼到船主家报喜(如果筐里的鱼装的是满筐，则表示船是满载而归的，大丰收；如果筐里的鱼是半筐，则表示半载)。船主拿出8条鱼放在家里圣柜上，鱼头一律朝西，上香叩头，燃放鞭炮敬菩萨。同时用茶点招待船老大和抬鱼的工人，然后将鱼分送给亲朋好友共同分享。

第二天一大早，船主就带着旅行皮包或藤箱，也有的土老板带条面袋子，准备装钞票用。本港渔村墩子到停船的港槽一般都有几里路，步行几刻钟也就到了。船主开票收款，船老大或工会组长称鱼收票，船工淘鱼出舱。

到了小汛，所有出海张网的渔船都进港了。几百条渔船同时开秤卖鱼，此时的南黄海各个港口真是繁荣至极。四面八方的人赶来渔港买鱼，从范公堤到港口数里长的海滩上，人来人往川流不息，形成了一来（买鱼的）一往（已买好鱼返回的）两条长龙。大多是肩挑的，也有用独轮木车推的，还有用牛车拉的。通过这些鱼贩子把鱼销往东台、海安、如皋、南通、泰州等地。一到傍晚，船主的皮箱、藤箱、布袋、旅行包都装满了钞票挑回家。船老大、船工都可以先行预付部分工钱。此时各种货郎担子：卖粮食的、卖布的、卖小吃的、马戏团、里下河徽戏班子、大台戏、唱道情的、说书的、算命打卦的，各色人等都聚合到港边渔村。南黄海沿海几乎所有港口均成了繁华一时的大集市。

到了谷雨汛头，渔船又忙着准备开船，牛车日夜不歇地给船上拉水、上粮、上草。到了三潮水、四潮水，渔船再次出海。张网船的春汛大生产只有3汛（清明汛、谷雨汛和立夏汛）。这3个汛期，每条船捕捞黄花鱼少的也有50—70吨，捕得多的有100多吨。所谓“连伏三载”，即一条船3汛均满载而归。南黄海本港捕捞合计数量极大。

20世纪40年代，南黄海沿海各港是苏中革命根据地，到港口买鱼的商贩一般都使用华中银行和江淮银行的纸币，也有用粮食或土白大布（家织布，可作篷帆用）来兑换的，也有使用银圆的，无论是龙洋、鹰洋、船洋、袁大头，还是有孙中山头像的银圆，只要是七钱二分重的，每块银圆可买7.5公斤鱼。国民党及汪伪政权的储币、法币、金圆券等无人使用。50年代初，中华人民共和国第一套人民币发行以后一律使用人民币。

20世纪60年代，鱼价较低，一条重半斤以上的小黄鱼只有0.16元/公斤，相当于1公斤杂粮的价格。

立夏节后，大黄鱼开始旺发。特别是吕泗渔场“黄鱼槽”内，密集着大黄鱼群。捕捞大黄鱼用的网具和开网方式与捕捞小黄鱼相同。但早年捕捞大黄鱼的船只较少，主要因为当时气温已高，用盐腌制的大黄鱼无人问津。吕泗渔场大黄鱼资源一直延续到20世纪80年代。1977年，海安县海洋渔业公社有一条船曾在一汛中捕捞到5万公斤大黄鱼。此时大黄鱼价格仅为0.34元/公斤。新时期之后，随着渔船机械化发展、大洋网等先进网具的使用和捕捞船只的增加，20世纪80年代后期，吕泗渔场大黄鱼也基本绝迹。进入21世纪，野生大黄鱼价格飞涨，每斤已论千元计，真恍如隔世。

夏汛生产除捕捞大黄鱼以外，主要捕捞鳓鱼和鲳鱼、马鲛鱼。网具除张网外，有团网、摇网等。

延续千年的南黄海渔业深水作业张网、团网、摇网在20世纪60年代与木帆船同时被机械动力船和先进网具淘汰，已成为历史的记忆。

南黄海传统深水作业除上述网具外，还有一种为数不多的专用于捕捞深水底层条鱼、鲨鱼等大型鱼类的生产方式——下洋钩。鱼钩以粗钢丝经过热处理制作而成，总长10厘米，钩嘴3厘米，特别坚硬、锋利。

下洋钩属合伙作业，一般以8人组成，称之八份，每份4匡鱼钩，在夏、秋季合伙租船出海。渔场位置在蒋家沙北水深10—18米的海区。下钩时，以4人合用1只舢板船，每人将4匡钩连在一起，直线下进海里，每份钩两端各用1根毛竹为泡高，上端有小旗子，作为标志，下端用适当的石块扣上，使泡高既垂直于海中，又露出水面。

洋钩紧靠海底，因纲绳上有浮泡，使鱼钩立在海底，只要有底层鱼从此经过，任你体重多重，都难以逃过，特别是体重数百斤的大鲨鱼，碰上一把钩后再也别想逃跑，它身子一动，周边立即就有数把钩钩上。

洋钩作业以小潮汛为主，24小时收钩1次，产量高时，1次能钩上20多条大鱼，一个小汛期，全船能捕到数千斤甚至万斤以上。随着大型鱼类资源的枯竭，下洋钩生产方式已被淘汰。

三、小取

渔民以专用网具在滩涂潮间带进行渔业生产，称为小取。滩涂小取是相对于深海渔场捕捞的大生产而言的。小取不是取小鱼，也能取大鱼,但其生产规模和产量远远低于大生产。小取生产的网具有弶网、阻网、张方、张簏子等。从事这些作业的船舶吨位也较小,一般为20—30吨的小船。弶网船专取鲳鳊、马鲛、大黄鱼、鳓鱼等;阻网船取洣鱼、黄鲷、鲈鱼、鲻鱼等;张方、张簏子专取鲚鱼、虾、蟹和其他杂鱼及苗乌(墨鱼)等。

(一)张簏子

属滩涂小取生产中最苦最累的生产方式之一,俗话说"勤张簏子懒张方,小方挑在肩头上",苦在全家人都要起五更睡半夜,整天忙于搓草绳、编簏子、挑簏子。

每年在春分季节就开始下簏子。下簏子前必须先确定张簏子的地点,本港叫土珩。土珩选得好,产量就高。各条船有各自的土珩,有时一个土珩由某条船连续使用好几年不变,按本港不成文的传统规矩,互不干扰,很少产生争土珩的纠纷。土珩地点确定后,首先开船到土珩打地扣。每口簏子一个地扣,40个地扣正好供一纲簏子使用。

簏子的口门全都对着潮水涨来的方向,落潮时由于潮流的力量自然把簏子的口门调转180度对着落潮的方向。涨潮和落潮进入簏子口门的鱼、虾、蟹统统请君入瓮,进入摘笼的后部(摘笼的梢部用绳扎死),游回去有倒须挡住,只进不出。待落潮到水比较浅的时候,渔民们各自奔向自己的那纲簏子,把摘笼脱下来,解开梢部绳结,对准篮筐用力一提,所有的鱼、虾和蟹都进入篮筐。逐个地把一纲簏子的鱼货都取出来,这叫摞簏子。一纲簏子一个潮能取几百斤鱼货。同一条船上的渔民,各自簏子里的鱼货归各自所有。所以各人的鱼货有多有少,并不相等。但大自然是公平的,鱼货相差并不大。鱼货取出后随即再把摘笼的尾梢扎上,仍套到簏子的尾部。因为每天有日潮、夜潮两个潮,夜潮落水后再摞一次簏子。到日潮涨潮时船就趁潮势顺水进港。

(二)接港

由滩涂土珩到港口一般不远,只有几十里,船又趁涨水潮势顺流而行,两个小时就足够了。这时各家接港的人都在港边环上等着。船到港后,把鱼货卸船,各自送到来接港的人手中,马不停蹄地回到船上,船趁落潮的水势又开航了,直奔土珩地,进入又一轮循环作业。接港的多为渔民家属,接到鱼货后,有挑的,有用小独轮车推的,各自把鱼货拿回自己的家,倒在场上进行分拣,鱼、虾、蟹各归其类,本港称作"摔货"。同时大声叫卖,特别是有些年轻的妇女有节奏有韵律的叫卖声不但十分悦耳动听,而且能传得很远,当然她的鱼货就卖得比别人快。

(三)张方

与张簏子的程序基本相同,所不同的是,方是麻线结成的网,不是芦柴编的。方的口门比簏子大,长度比簏子长,方的梢袋近似簏子的摘笼。方的口门是用方竹撑起的。张方也打地扣。张簏子和张方都是大汛生产,小汛收港。张簏子和张方每年两季。春天是春分、清明、谷雨、立夏、小满、芒种6汛;秋天是白露、秋分、寒露、霜降4汛。虽然当年没有渔政管理,也没有夏季禁捕令,但本港的渔民按照老祖宗留传下来的规矩,夏季息三伏,是不捕鱼的。我们的祖先能正确协调人与自然的关系,有利于自然资源的再生。

(四)阻网

分两种,一种专取大鱼的叫稀网,另一种大小鱼都能取的叫袋儿网。过去没有聚乙烯和尼龙线,用麻线结网。凡是麻线结成的渔网,包括弶网、方、阻网等都要经过血网这道工序(取黄花鱼的张网除外)。血网就是用动物(牛、羊、猪)的血把网浸泡一遍,晒干后用蒸笼蒸透。血过的网对海水的阻力小,爽水快,防腐。据老渔民讲,用血过的渔网迎鱼,可能是因为鱼类对动物的血味特别敏感。

每年阻网生产汛期较长,除夏季三伏天收港以外,基本上都可以生产。阻网生产与张方、张簏子正好相反,小汛开始生产,大汛进港。主要捕取大黄鱼、洣鱼、黄鲷、鲈鱼、鲻鱼等。捕鱼的网具虽属个人所有,但捕获的鱼是全船共有的。

阻网生产船必须首先选择土珩布好网。开始涨潮了,所有的网一律伏在地面上,不必担心网被潮水冲跑,因为网的下纲都系在篙子的根部,篙子下端插进沙滩很稳定。此时只能看到海水中一眼望不到头的一排立着的篙子。鱼跟潮水一起从网的上部通过。经过几个小时的涨潮又开始落潮了,落潮时潮流的冲力使伏在地面上的网全部站立起来了，贴靠在篙子上。篙子有绳子拉在绊子上，绊子埋在土中起到锚固的作用。退潮时鱼跟潮水一起退过来，鱼遇到站立的网后就返游，潮水通过网眼退走了，鱼被截下来。潮水越退越浅，鱼在网前窜来窜去。有些鱼想做漏网之鱼，本想窜进网的大眼逃脱，没想到窜进了网袋进退两难。潮水退了，鱼却集中在凹槽。由于凹槽十分平缓，水很浅，本港人称作舀子。较大的鱼只能侧着身子与水搏击，还有许多较小的杂鱼，在舀子里尚能游动。如细眼睛的元头鱼、长胡须的胡子鱼、鲻鱼、板鱼和摆角鱼等。渔民们把一筐筐的鱼挑的挑，抬的抬，朝船上送，在舀子里走动得十分小心，这里危机四伏。有一种鱼叫鳐鱼，本港人叫它条鱼。身子扁平圆形，两只眼睛长在上方，有一条细而长的尾巴，在尾巴上长着3个毒刺。舀子里水很浅，它就把整个身子都埋在泥沙下面，只有两只眼睛露在外面，不注意根本看不到它。有经验的老渔民在舀子走动，很注意地面的情况，当看到它的两只眼睛就知道它埋在那儿，用取蛤蜊的竹柄铁齿的叉儿，把它一钩就拖出来了。如果不小心踩到它身上，它把尾巴一扫，毒刺就刺进人的脚上，让人疼痛难忍，立即倒地，本港人称作中镖。凡中镖的人首先有三天三夜痛不欲生，从脚上肿到腿部，几天后中镖的部位开始霉烂，烂成一个坑塘，并不断流出黄水，在现代医学条件下治疗也得两个月，在过去，医疗条件差，中了镖的渔民总要小半年才能痊愈。张方、张麓子、弶网也常捕到鳐鱼，渔民们看到它，不管三七二十一，首先用方便的器具（什么东西就手方便就用什么东西）把它尾巴上面的刺去了。所以市场上卖的鳐鱼毒刺已经去掉，不必担心。鳐鱼高蛋白，高动物胶，从营养学角度看，它是上品。

梭子蟹也会埋入泥沙中，只露出两眼，抓它时也得当心。它的两只大螯不得小看，如不小心被螯到则“入肉三分”。鲈鱼和摆角鱼在头的两侧都长着角刺，抓它们时也要非常小心，弄不好被它们的头一摇摆刺到脚上或手上也让人疼痛得直叫娘。

涨潮了，渔民回到船上，伙头开始做饭、烧鱼，其他的人手握鱼刀，把鱼从背部剖开揣上盐开始腌咸鱼了，大家动手把鱼腌好装入舱中，美美地吃上一顿鱼米饭。因为旧时没有冷冻设备，一个汛期前四天所捕的鱼统统腌成咸鱼，后两天捕的鱼就不腌了，阻网船进港有咸鱼也有鲜鱼。

（五）其他小取生产

除了以上张簏子船、张方船、阻网船以外，还有弶网船、钩蛏船、拉网船、打杂船（专取蛤蜊、车螯）等。如果秋初出现海蜇，随时组织开海蜇方船专取海蜇。从事这些作业的船都是小吨位的船，本港人俗称舢板船，但不同于大船上所带的摇橹小舢板。

小取生产是南黄海滩涂渔业生产作业的主要部分，另一部分为无须渔船的白路作业。

四、白路

滩涂渔业生产除小取生产捕捞鱼类之外，沿海渔民及农民常在汛期间隙和农闲时节白天或夜间下海捕捞，老坝港人称之为下（音哈）小海。又因不需渔船，渔民每天步行到海上作业，本港人也称之为“下白路海”。白路作业分两类，一类是合伙作业，如张小方、做切网、拉兜子等；一类是单独作业，如踩文蛤、拾泥螺、钩蛏、寻鱼、捞蟹、接涨、圈网等。后者为白路作业的主要方式。

（一）踩文蛤

老坝港人称文蛤为砗饴，踩文蛤称为闹砗饴。所谓闹，形象地表现了踩文蛤的动作要领。

文蛤生长在潮间带沙珩上，一般在小汛期间，“初五二十下望潮”，即农历初五或二十之后的5天之内，为踩文蛤的最佳时期。在开始退潮，潮间带部分沙珩渐渐露出水面之后，渔民准备下海，此时到文蛤产地沙珩中间还隔着若干条宽窄不等的港汊，渔民必须涉水过港，称之为“跋港子”。过港时一般都会几人相伴而行，并且由有经验的老渔民，本港人尊称为老海夫领路，其他人一条线紧随其后，防止“失事”，不敢乱走。如果有人不慎陷入流沙，身边另一人赶紧伸出竹扁担，陷入者只要抓住竹扁担，就可以被拉出流沙，安全脱险。过港还有一景，就是渔民全部脱掉裤子，光身下水，外地人常常不解，以为是海边风俗，其实是不得已而为之。海水含盐量极高，如果下衣浸湿，将会磨烂下身皮肤，接触盐水后磨烂处极疼，所以无法文明。即便有女人在场，也是如此。也有姑娘小媳妇下小海的，她们不可能脱衣，全由亲戚、邻居帮忙，驮在男人背上或骑在男人肩上蹚水过港。

到了沙珩，选中一块沙面气嘴比较多的地方，渔民左手提一只用竹片绷口的小网袋，本港人称之为“海子”，右手握“站叉”，“站叉”是一根装着一把3齿小铁耙的小竹竿，竹竿尾端插在右手臂上扎着的绳圈内，用以助力。渔民把两脚分开，左右摆动身体，重心在两脚间换来换去，开始“闹碎蛤”。沙滩是极其松软的，一会儿沙滩表面就跟着变平了，也跟着人的身体不停波动，固体的沙滩有了液体的部分性质，文蛤由于自身比重小于沙滩，就像从水里浮出来一样，躺在沙滩的表面上，此时渔民眼疾手快，用“站叉”将文蛤一个个挖拾到“海子”中。

文蛤涨蛋或炒文蛤是本港人家常菜。文蛤汤则是孕妇坐月子吊奶水的最佳食物。

文蛤壳较大者被有关厂家收购，用作护肤品包装，本港人称之为“歪儿油”，冬季用于防治冻疮、手足干裂等农村常见的皮肤病很有效，价廉物美，深受农民喜爱。

踩文蛤时通常会踩到蚶子。蚶子与文蛤有明显区别。文蛤比蚶子略大，壳呈扁圆形，浅黄色，上面有棕色纹路，而蚶子壳则清一色为灰白色，壳呈圆形。

（二）钩蛏

蛏为沿海滩涂的一种定居贝类。外形如中指，两翼狭长，薄壳，尾部有肉球，起推行作用。头部有两根肉质吸管，伸缩自如。

竹蛏终生厮守一地，定居在潮汐交汇处的滩涂。涨潮水漫滩涂时，竹蛏伸出吸管捕食浮游生物，退潮时则困守沙滩。

钩蛏是一种很有趣的劳动。渔民手持尖头木棍，在沙珩上寻找蛏孔，凡见有相距一寸左右的两个孔，其间必有一蛏。

这时，用木棍在两孔之间锥一个洞，一手携铁丝钩，傍洞而下，旋转90度，轻轻上提，一只鲜活的竹蛏便成为篓中之物了。钩蛏需要一定的操作技巧，如果用力过大，必会将蛏体钩烂；用力过轻，则蛏不上钩。

竹蛏肉嫩味鲜，其汤尤甚。如觉胃滞胀，吃点蛏肉，喝点蛏汤，症状立即就能缓解。竹蛏的吃法很多，可连壳子白水煮了吃，或煮熟，然后掏出肉子，去掉衣子（裹在肉子上的一层黑衣），划成蛏条，或煨或炒，可随心所欲地做出各种可口的美味来。

本港蛏干是海珍之一，价格昂贵。鲜蛏去壳晒成干后，坚硬金黄，极耐长期储存。食用时以水泡开，剪成条状，洗去沙子，加水慢煨。将熟时，加入白萝卜条、少量肥肉条、脂油（猪板油熬制）同煨至烂。其汤雪白浓厚，其味入口鲜美异常。本港人红白喜事请客，第一道大菜就是蛏汤，称之为“蛏领头”，预示本次筵席档次较高。

（三）挖蛤蜊（也称挖“弯儿”）

蛤蜊形状类似文蛤和蚶子，但较文蛤稍小，一种瓦楞蛤蜊壳上形成沟棱状，故称瓦楞蛤蜊。蛤蜊生长沙层较文蛤要深，所以要挖。挖的工具是蛤蜊锹。蛤蜊锹有些类似本港人平时使用的圆口大锹，但要小很多，也轻很多。挖蛤蜊就是拿着一把蛤蜊锹，背着一只竹篓，在落潮的滩涂上寻找猎物。

（四）接涨

顾名思义，是渔民赶在涨潮时用网具拦在潮头捕捞。网具为三角形，用两根长竹竿固定两边，张开时成扇形，前面网面浅平，后面网兜较深，网兜后沿用一根短竹竿捆扎在两边长竹竿上，便于将网兜提出水面，用“抄海”取鱼。这种网具称“三角网”，也称“捞网”。接涨作业劳动强度极大，要跑得快，以追赶如奔马般的潮头。腿部有力，能抗得住齐腰深的激流冲击。手臂有劲，能将兜满潮水的网具不断提起。因消耗体力很大，也有人称这种通称接涨的白路捕捞方式为“强盗网”。如在夜间接涨，还需在背在身后的竹编“虾箩”上斜挑一盏风灯照明。风灯多以酒瓶割掉瓶底及瓶嘴当灯罩，割酒瓶的方法是用一根粗棉纱浸火油绕在需割处，点燃棉纱，将烧尽时迅速放入水中，瓶身立断。风灯用一根弹性较好的长竹片高高挑起，斜插在“虾箩”边框的一根竹管内，微弱的灯光正好能照清出水的网兜。在海风极大的潮头上能用火柴将风灯点亮，也是一个有相当难度的技巧活。接涨追赶潮头一般以捕捞小鲻鱼（俗称“钉儿鱼”）为主，这种小鲻鱼喜欢在潮头跳跃，比较适合这种以三角网接涨捕捞的方式。小鲻鱼名称不一，大一点的叫椽子鱼，中等五六寸长、像一根铁钉的叫钉儿鱼，最小的叫“新五儿”。

接涨还有一种作业强度稍弱些的方式，即选定潮水流经的港汊，固定在一个地点捕捞，这种方式主要以捕捞海虾为主，也能捕捞到一些梭子蟹。

（五）掼圈网

圈网亦称旋网，原为内陆河道打鱼传统网具，沿海渔民用于白路生产，作业方式类似接涨，也是在涨潮时追赶激流潮头，所捕捞鱼产品以“趙浪”为主。此鱼名最为形象，写成书面文字也很文气，因其特别喜欢潮头激浪，故有此名。也有写成“推浪”或“推沙”的。“趙浪”鱼煨白汤味道特别鲜美，为如东掘港一道名菜。

踩文蛤、弄蚶子、钩蛏、挖蛤蜊、接涨等白路作业生产时间较长，劳动强度较大，因此渔民下海必须中途补充吃食，本港人称之为“带饭”。

白路作业为南黄海沿海渔民在春汛等渔业大生产之外的小型个体生产，也是沿海农村农民的主要副业，是沿海农民贴补日常家用的主要经济来源。

（六）各汛期称谓

远洋渔场大生产作业、近海滩涂小取乃至白路作业，渔民要十分熟悉与掌握潮汐涨落时间。南黄海近海潮汐分为大汛、小汛。以阴历推算，每月分为两个汛期，每汛期再分为大汛和小汛。

小汛指农历初五至初九和二十到二十四，每月有 2 个小汛。

大汛指农历十五至十九和三十至下月的初四，每月有 2 个大汛。初十至十四和二十五至二十九为过渡期。

初五，下网潮水；初六，下网一；初七，下网二；初八，下网三；初九，下网四；初十，起水；十一，一潮水；十二，二潮水；十三，三潮水；十四，四潮水；十五，五潮水（半汛潮水）；十六，六潮水；十七，七潮水（草拦潮水）；十八，八潮水；十九，九潮水；二十，下网潮水；二十一，下网一；二十二，下网二；二十三，下网三；二十四，下网四；二十五，起水；二十六，一潮水；二十七，二潮水；二十八，三潮水；二十九，四潮水；三十，五潮水（半汛潮水）；初一，六潮水；初二，七潮水（草拦潮水）；初三，八潮水；初四，九潮水。

五潮水的“五”音同“舞”，七潮水的“七”音同“吃”，南黄海渔民称“五潮水”为“半汛潮水”，称“七潮水”为“草拦潮水”。

涨水、落水：本意为涨潮、退潮，有时也当位置讲。涨水，即为来潮方向，落水位置与之相反，小取渔民在沙珩地上生产即以涨水落水说明位置。

开港汛：清九（九九）后的第一汛，因季节的变化，潮位升高，涨落水时流急浪高，首次将入冬后淤积变浅的港子冲刷加宽加深，称为开港汛。

少汛（少，音读shāo，意为快）、闷汛：每月的 2 个汛期中有少汛和闷汛。少汛，涨落水流速快，潮水较大。闷汛则反之，水流较平稳。少汛和闷汛以开港汛期区分。开港汛在月中，即月亮为满月时（亮汛），则以后每月中大汛期为少汛；开港汛处为月头、月尾（黑汛），则月头、月尾的黑汛为闷汛。

五、渔俗

（一）满载会

满载会 做会由当地童子（指未成年人）主持，先请船老大穿起长袍马褂，燃烛上香，祭拜龙王，然后举行“破膀”仪式。船老大卷起左袖，用右手举起童子的长方形带环“圣刀”，将左臂划破，招呼众人来看兆相。如果出血是一点点地起泡，这叫“鱼泡”，是鱼货旺盛的丰收吉兆。若血流的印痕不长或流出分了岔，便称为“豁梢”，俗认为是歉收的征兆，马上要由童子来做法事破解。

烧汛头 烧汛头一般春秋各 1 次，仪式较简单，仅烧香点烛，设供跪拜。

盂兰会 早春不出海时，有些船主还筹资延请童子做一场盂兰会，以斋孤（向野鬼烧纸钱）救赎在海难中去世的渔民。在海边空地搭起高台，挂起彩幡，由童子跳神驱鬼，烧经发表。法事仪式结束后，童子通夜演唱宝卷戏文，如《觅渔郎》《耿七公》等，娱神娱人。

（二）禁忌规矩

南黄海渔民长年在海上作业，出入于惊涛

骇浪之中,生命安全常悬于千钧一发之间。为求吉利平安,渔民对生产与生活的细节就特别注意和讲究,这些注意和讲究又与神灵崇拜糅合在一起,便形成了诸多的禁忌习俗。

代称 钉船是渔民一生中最大一笔财产支出与固定资产投入,且直接关系到渔业生产的丰歉与日后的财富收入,故特别重视。所有钉船工具、材料均有含意吉祥的代称。斧子称为“代富”,凿子称为“锲子”,绳索称为“千金”,梯子称为“步步高”。木头节疤称为“顺遂”,榫卯称为“富子”等。

渔民生活中,一般代称有:谐音字回避,如帆称“篷”,帆布称“抹布”,饭称为“厚粥”,吃稀饭称为“平碗”,吃干饭称为“尖碗”,番芋称“地瓜”,因渔民最怕船翻,故忌翻字及其谐音。伞称“雨盖”“拢子”,船主不能称老板,只能称“主家”,避船散“捞板”之忌。

不吉语回避 如物体放倒称为“小”,雾称为“挂帐子”,船下海称为“出海”,船靠港称为“收岸”“拢港”,船舱渔货卸完称为“满了”,船舱盖板称为“平板”,盖舱板称为“满起来”。锅盖因有翻扣意思,代称为“捂气”。渔民如遇物件从上面掉下来,不管是否打到人,均要高喊“打到了!打到了!”,意为出海打到鱼。

避讳 数字忌讳。清明前后,渔船择日出海,忌农历七、八两日,因七、八两日不吉。七谐音“气”,八则形同女人阴部。船家7日不出海,8日不回港,俗称“七不出,八不归”。十四、二十四亦为不吉数,同为不可出海日。根据渔船大小、出海远近及捕捞目标配备上船人数,多为9人、11人等,忌8人、10人、14人。如果船上人数为忌讳之数,则可带1只小动物如鸡、猫、狗随船出海,充当1人之数。如果顾及小动物上船麻烦,则以1顶帽子戴在船的千斤桩头上,也可算作1人。

三代同船忌讳 不允许祖孙三代同上一条船,即便船老大经验十分丰富,也不可以同自己兄弟、儿孙同船出海。因海上风险过大,避免全船覆没,灭门绝户。

生活细节 船员衣服补丁颜色要相近,补丁要方正,不能歪斜,此称“顺风顺水”。船上不能借东西。船上之物只准进不准出。船员上船很少洗脸洗脚,以节约淡水。船上一切残汤剩水,都不能倒入海中,要聚在缸中,带回陆地倒掉,这实际是保护海洋环境的一种很好的习俗。

船员平日伙食主菜,靠海吃海,当然以鱼为主,所谓“出水鲜”。出海第一次吃鱼,要由船老大拿到船头,向龙王、海神祷告,感谢神灵赐鱼给小民享用。吃饭时,鱼头朝向船老大,其他船员只能吃自己一边的菜,如伸到对面搛菜,称之“过河筷子”,船上忌讳“过河”,若发现有“过河筷子”,船老大要立即夺下船员手中筷子,扔到海里破灾。吃鱼时,上半面吃好了,拎去脊骨吃下半边,绝不能翻动鱼身。吃饭的碗、盛饭的盆都不许口朝下放。筷子不许横搁在碗上,以避“搁浅”。吃完饭,将筷子顺着甲板方向向前移动一下,称为“顺风顺水”。

船员不允许翻卷裤脚衣袖,天气再热,也不允许脱光衣服。从头上摘下草帽,也不能倒扣着放。不允许在船头或船两侧小便,须到后艄厕所方便。船员睡觉时,只能侧身睡,不能仰卧或俯卧。忌坐在船上双手抱腿,或两手托腮,也不能将双手握在背后。坐时两腿不挂舵。船员在船上不准赤脚,一般均穿蒲鞋。无论天气如何,都要戴帽子,不能光头。腰间要系一根罗腰绳。不准在橹前打水。上下船均须从后舷处,不能从船头跨上船。船的右舷是下网、收网之处,称为财神门路,不允许堆放杂物,以免挡了财路,实际是一种严格的生产制度。

船头最大的铁锚称太平锚,平时不许动,只有在风大浪高处于危险时才抛下太平锚。船后有一只很大的竹编漏水大篮,称为太平篮,也只有在狂风恶浪时才把太平篮放下船后水中拦水,以减缓船身在风浪中的摇摆度。头舱有一把长柄大斧子,称为太平斧,在危急关头用它剁断锚缆、砍断桅杆。船中有一个不大的舱,称作太平舱,专装落水尸体。船在海上,船员目视前方,附近一切漂浮物都要视而不见,不准打捞。若有浮尸近船漂过,全船喊:“元宝!元宝!”如果遇到本地人的尸体,决定打捞要喊:“拾元宝!拾元宝!”捞上后放在太平舱内,用盐腌着运回。太平锚等以上四件平日不但不能乱碰乱动,也不能随便说话。

第四节 宗教信仰

一、佛教

（一）新藏禅寺

新藏禅寺，位于海安县角斜镇西南首，俗称新场庙、新藏庙，清代曾称为岱岳寺。民国二十一年（1932）更名为新藏禅寺。据史料记载，该寺地处东盐场，元末明初随海势东迁18公里建新场署，即有其寺。清嘉庆《两淮盐法志》栟茶场图作“新藏寺”。新藏禅寺，由姓乾的人在此栽树结庐。时建殿一进三堂，住僧百余。其为感化众生为善，“火烧铁链围胸，脚踩油灯”的故事，广为神传，亦有“燃灯古佛”应化之说。方圆百里信众络绎不绝，香火十分兴盛，州府官员，文人雅士也常慕名到此拈香磕拜。清同治年间，两淮巡盐史高恒后裔高之岳，奉命运潮盐，险遇暴风骤雨，口念地藏圣号，忽见一和尚，拄杖指引脱险，至岸见破庙，查闻得知新藏，遂捐金重修，并塑地藏像供奉大殿，又称“地藏道场”，美曰“小九华”。后在历次战火中屡遭破坏，“文化大革命”时期被夷为平地，祖师所植数百年古银杏树也被毁。

2005年5月，张家港市香山寺住持法禅等出资2000多万元，异地选址重建新藏禅寺，先后建成牌楼、钟鼓楼、天王殿、大雄宝殿、藏经楼、地藏文化广场及三藏讲堂。2013年，众缘和合，江苏华瑞国际集团康宜华出资塑9.9米地藏铜像，成为新藏寺主题性、文化性标志。寺院占地25余亩，建筑面积近6000平方米。原中国佛教协会会长一诚长老题写“新藏禅寺”寺名。2014年寺院升格为国家AA级旅游景区。后被评为四星级宗教活动场所、三星级档案室。

新藏禅寺重建后，连续六年成功地举行大型水陆法会，相继成立“佛教普济爱心会”“普济放生园”，多次被上级表彰。

（二）如来寺

俗称“腊庙”，位于老坝港镇区，221省道与海防公路交会处，是海安开放的宗教活动场所之一，寺内僧人60多人。相传在清朝雍正年间，这里洪水泛滥，波浪四起，潮落时将一尊神像冲漂至此。当地百姓遂抬像建庙，供起了这位蓝面金身、手执葫芦，并以治理虫害、护佑丰收、四季平安为己任的民间神。至光绪年间又改建成如来寺，供奉三世如来佛像，抗日战争时期寺庙被毁坏殆尽。2006年5月，如来寺第十四代传人（普陀山六大首座之一）本德老和尚择新址恢复重建。如来寺占地面积18亩，建有山门牌坊、大雄宝殿、天王殿、龙王殿、财神殿和东西厢房以及一些配套设施，建筑面积3800平方米，拥有固定资产500多万元。寺内栽有观音柳、松柏、银杏树、花草等几十种。大雄宝殿建为两层，主层供奉三世如来佛像、文殊菩萨、普贤菩萨、海岛观音、善财童子、五十三参、十八罗汉；底层为禅净双修中心。天王殿供奉弥勒菩萨、韦驮菩萨、四大天王；龙王殿供奉四海龙和虾兵蟹将及龟丞相；财神殿供奉“虫巴蚱”菩萨、财神菩萨、文昌菩萨。伽蓝生辉，殿宇辉煌，佛像庄严，2009年农历四月十五举行全堂佛像开光暨方丈升座庆典。自佛像开光以来，每逢初一、十五、二十五至寺庙送香火者不知其数，接待港、澳、台湾同胞四批300多人次，接待观光人数1万多人次。“如来寺”是苏北地区大型宗教文化圣地之一，是海安县观光旅游胜地，更是老坝港一道亮丽的风景线。

图22-2　如来寺（高宝生摄于2010年4月）

（三）大圣庙

位于角斜东街，与旧场相连的福星桥河西南侧，始建时间不详。大圣庙又叫“五圣庙”，供奉五福菩萨，占地五六亩，四合院厢，院内常住10来个僧人。大圣庙坐向朝东，庙宇大门朝东，大殿也朝东，大圣庙不收香火钱。大圣庙拥有400多亩土地。僧人们除正常的诵经念佛外，其余时间便在土地上种田。大圣庙由东往西，中间是大天井，两边为厢房，西边为大殿，整个建筑为砖木结构，青砖黛瓦，古朴典雅，香火鼎盛。一进大门便是个大天井，供奉着五圣佛像，即如来、观音、文昌、财神、地藏王。大殿门前有一副对联。后殿供奉大圣菩萨。大圣菩萨本称僧伽。僧伽于唐显庆二年（657）到唐，至唐中宗景龙四年（710）坐化，终年83岁，为一代高僧，佛界称之为观音菩萨化身。

角斜民间流传着一条歇后语：“大圣菩萨的眼睛——照远不照近。”从前农民种田主要靠“天种人收”，如果遇上旱年涝年老百姓就颗粒无收。大圣庙方圆数十里经常出现旱情，很远的地方下雨，这里总是不下雨，田里的禾苗卷叶，地上出现裂缝，就连行人光脚走路也会“烫脚”。人们都说这大圣菩萨只关心远的地方，不照顾近处的百姓。老百姓骂他“照远不照近”。怎么办呢？人们有的是办法，每逢连续干旱不雨，善男信女就自发地组织起来“行香求雨”。或把大圣菩萨“请”出来，抬放在太阳光下“晒”，让你菩萨晒得受不了，不怕你不行云布雨。此时场景甚为壮观。前面是2个人鸣锣开道，中间4个人抬着大圣菩萨的神像，最后面4个抬着“香火盆”。据说菩萨出庙有个规矩，一天不下雨，就一天不准它回庙，四周的香客听说大圣菩萨在“求雨”，也从四面八方赶来烧香下跪，祷告南无阿弥陀佛，祈求下雨。说来神奇，有时天空忽然飘来乌云，老天果真下起雨来，这一回两回得到验证，老百姓也就当真了。大圣庙最后一代主持叫福初。中华人民共和国成立前夕，庙宇被毁，唯有一眼古井还在，还有青石、石鼓、井栏、井圈。

（四）三官殿

地处角斜东大街东边供电所所在地偏南，门前有一条东至滩河，西至街心的弯弯河流。三官殿坐北朝南，前身为毗卢院，庙宇不大，约1亩多地，主要供奉毗卢菩萨、观世音还有准提菩萨。庙内天井两侧一边一棵白果树，又高又粗，为早年一游僧所栽。相传清雍正二年（1724），江南珠宝商人朱姓要到北海做生意途经此地。突然，天昏地暗，海浪滔天，狂风大作。姓朱的商人赶紧躲到毗卢院，跪拜在毗卢菩萨佛像前，连磕数头，并许下血愿，如菩萨保佑我性命，让我做完这趟生意，我将在此翻建庙宇。说来也怪，此时，天空渐渐暗淡，风也小了许多，大雨渐止。第二年，江南的这位商人来到毗卢院，并随船运来了砖瓦和木料，择日动工新建三官殿。

三官殿前后共三进，一进3间，加两侧厢房共17间房屋。桁条、椽子均为楠木。天井内的香炉口径足有一米，高有1.2米，庙门朝南。一进门一尊弥佛像盘坐中央，两旁供有2米多高的四大金刚、哼哈二将和风婆云氏。二殿供奉的是三官大帝即尧、舜、禹。两边云头风浪贴在墙上，上有雷公电母。三殿供奉的是3尊大佛，中间为毗卢佛祖，两侧分别为观音及准提菩萨。后面小院子两三间房子为仁化坛。据邵满澄（法号广性）所言，他僧师爷“上湛下然”口传，三官殿的菩萨每尊佛像均为“金心铜眼”，意思就是佛像的“心”都是“真金”铸成，眼球为黄铜所制。三官殿共有8亩土地。僧人六七。抗日战争中，伪军驻扎过三官殿。解放战争中三官殿被毁。“破旧立新”期间，邵满澄从3尊大佛中间的那尊毗卢佛像腹中发现几本书，他悄悄地带回家里，夜间偷看，发现书中记载三官殿兴建时间为唐朝贞观年间。

（五）东岳庙

位于现角斜村二组顾双喜住地，镇人民路东侧与角斜东路交界外的河南边，占地10多亩。东岳庙大门朝南，向南有一条石头路抱弯向西南至街心的中桥，四面沟河，3个码头进里。即向东2个，向南1个。整个东岳庙为3进，一进大门，两侧各有一排厢屋，门面朝北，接着便是前楼，厢房到前楼便是一个天井。二层的前楼，楼上为戏台子，中间一条通道从南厢房穿过前楼到大殿前面的大天井。传说角斜东岳庙是一块“圣地”，每次搭台唱戏，不管多少人围坐观看，奇怪的是总有一个角落坐不满，故后来有人说“角斜场能容天下人”。

走过前楼，又是个大天井。天井两侧各有一棵白果树，树高参天，树粗一抱朝外。中间摆放着一口生铁香炉，高 1.2 米，香炉直径足有 1 米多，两侧各摆放一排烛台，供香客点燃香火之用。天井两侧厢房，一边五间，分别供奉着十殿阎君，它们分别掌管上刀山、下油锅、挖眼睛、割舌头、割耳朵、血污池、奈何桥、恶狗巷……大殿前建有七级台阶，寓意“七级浮屠”。大殿东西 7 间屋，南北进深足有 8—10 米。正中供奉着东岳菩萨黄飞虎。据说，黄飞虎是商纣王的征周武将军，是纣王的舅兄，此人能文能武，为人正直，封神榜上封黄飞虎为“东岳齐天仁圣大帝”。大殿两侧为手持兵器的天兵神将。香案上烛光通红，香火不断，供品每日更换。整个大殿单是菩萨龛子就占去了近三四间屋。两边厢房为藏经和僧人歇息之用。

从大殿东侧向后又是一个天井，两边厢房主要是和尚居住的地方，东北角门前建造有一眼水井，供庙内饮用洗漱。后面中央是后楼，楼房两层，也称后宫。传说楼上为东岳菩萨和东岳娘娘的寝室。楼下居住的是专门负责东岳菩萨和娘娘起居的佣人。相传，一天佣人上楼给东岳菩萨打扫房间，折叠被褥，被褥一掀，发现两条还在睡的巨蟒，佣人吓了一跳，差点晕过去，赶紧到楼下跪拜菩萨，求菩萨原谅，惊扰菩萨睡眠，求菩萨保佑平安。

东岳庙有僧人七八个，加上后宫伺候菩萨的佣人合计 10 多人。整个庙宇都是砖木结构，木料也大。庙宇威严，进庙感觉阴风嗖嗖，小孩进庙都要紧紧拉着大人的手，只敢探头看看四边的陈设。东岳庙建造时间不详，唯一知晓的是清末民国时期几位僧人，俗称“果氏三兄弟”，法号为“果清、果正、果日”。

（六）茶庵

茶庵又称眠光庙，在古北磨园内，现角斜幼儿园所在地，占地 6 亩多。茶庵地势较高，似石磨形状，为古代先民下海捕鱼，担运粮食的交通要道。据说，当年一缪姓夫妇年老体弱，称德从善，看见行人口渴难忍，便在路边搭起凉棚，摆放小方桌和木凳，以凉茶供行人饮用、歇脚，从不收取分文。时间久了，人们便把这老吃茶的地方叫“茶岸”。相传元末明初，常年往返于此的生意人在角斜发了财，为庆幸当年起家的眼光和胆量，商量在此建庙，求助菩萨保佑财源滚滚，取名“茶庵”。茶庵，庙门朝南，西边为一堵青缝砖墙，一进大门便是 3 间房子的大殿，主要供奉财神菩萨。两侧有四五间。茶庵为砖木结构，至于几进院落，人们说法不一，还有楹联、牌匾更是无从查考。

（七）莲子庵

地处角斜供销社第三门市部和印刷厂左右，占地四五亩，整个地形地貌地势就像荷花长出的莲子，相对于周围稍高出一点。生长着海巴，茅草以及蒿秆儿、海毛子。莲子庵坐北朝南，从大门南面和庙的西北角各有一条小路微微弯曲通大码头、小码头。这条羊肠小道在绿色的草场上穿过，仿佛就像一枝荷花莲子升出水面的根茎，因而得名莲子庵。莲子庵门口牌匾上的三个宋体墨宝为张謇所题。莲子庵四周为“乱坟岗”，一进门便是一幢小楼，名叫离孤楼，底层供奉孤魂野鬼牌位，门口也有香炉，烛台和焚烧纸线的地方，二层常年紧赛闭。穿过大门便是二进前的一块天井，过去便是三四间宽的大殿，供奉地藏王。两侧是厢房，从大殿西山墙向南砌有一堵院墙，把西厢房隔开，为清末民初开设的私塾。三进主要是五六个僧人的寝室及炊烟之地。民国二十五年（1936），莲子庵的最后一位住持叫杨昌永。

（八）弥勒院

建于 1886 年，当时，在附近众多寺庙中是最新建成的庙宇，因此俗称新庙。位于角斜西南三四里，五虎村 11 组，占地约 1000 平方米，四面环水，绿树成荫，南有一门亭入内。砖木结构，桁条粗如巴斗，高高的屋檐，金黄金黄的桐油椽子，配上青砖小瓦，形成了斜斜的屋面，那四角上翘，屋脊多层，提脊两端铜爪显赫（铜爪子当时只有有财有势、地霸官府才配装饰），黄色墙面，木窗过角起线串子，宽敞的大门，一副对联扑入眼帘——“以普贤行悟菩提，随众生心说妙法”。一副虎头铜拳头十分耀眼，朝南正堂外一对“卷浪石如意”的黄麻石（现存五虎 11 组祁吉辉家）矗立在大门两侧，显得十分庄重。室内“大雄宝殿”4 字金光闪烁，木制弥勒佛笑坐中央，双脚盘坐，双手于膝，两目含笑，两耳垂肩，雷猛将军身高丈二，准提菩萨多手别致，四大金刚分立两旁，威风凛凛，还有几尊小神呲牙咧嘴，韦驼佛护法背面朝外。两厢房为讲经堂、练功房,南边食宿区很有讲究,院内广场条砖铺地,北河边一排浪屋虽然结构简单,但别有创意,河坡一两墩青竹占地足有百多米,象征着节节升高。一棵桂花树长在佛厅西北角,四季常青,花开时清香满院。院内东南角有一水井,条木沉底,井身底大口小,井壁设有水门,水源不断,水质净清。四周沟塘,碧波荡漾。

“弥勒院历来教圣寺兴,华夏地自古人杰地灵”。左“正觉”,右“解脱”,横批“回头是岸”。住持明道,字了义,生于1861年,俗家鸭儿湾,学徒于范堑祖师庙,师傅申慧然。明道身材高大,才貌出众,字经、敲打、吹拉弹唱,样样精通。亲弟子几十人,分字号了、悟、心、宗、惟、灵、廓七代。常做的焰口有“海上”“瑜伽”“系念”“圣经”“金刚经”“普佛经”“法华经”“大悲忏”“十王忏”。

传说,明道在大圣庙(现角斜街东福星桥)做客师,大圣庙老和尚叫福初。有一年中秋,庙中来了个人,拿着张12亩的田契,要卖给福初,出价六十千钱,福初说三十千钱,那人说过两天回复。直到三十夜福初没见卖田人回话,福初想了想当时只有明道在场,于是叫明道结单走人。明道忍气吞声结了账,挑着脚箱和一条棉被,离开大圣庙。20出头的小和尚不觉中走到角斜西街头茶庵,当时茶庵的人做了晚课,准备迎接喜神,大家见明道这副模样,感到好奇。明道直言相告“大圣庙辞退了我,现准备回俗家去”。大家一听,齐声留明道过年。

这一情况得到了茶庵近邻康某的同情。于是,康某在茶庵的西南角替明道找到了一块闲田,扶助明道一把,另立炉灶。年后,血气方刚的明道便拿着大锹和担子,开始挖沟取土,不管白天黑夜,还是刮风下雨,坚持开挖,一日两日,一月两月,天天不断,终于在这年十月完成了四沟连环,同年年底,开工建庙,第二年完工。

另有一说。1888年开春,场东(老坝港域内)上真殿老和尚法空(明道师叔)把明道叫去,说地方董事许浪丰逐他出门(许有钱有势,砌庙时他投了股份)。明道是个疾恶如仇的人,听不了这话。明道对许说:“你没资格管庙的事!”许一听大怒,指着明道说:“有本事你站出来,我叫你倾家荡产。”不久官司打到东台(当时角斜属东台管辖)。许根本不把明道放在眼里,买通县官和代书,判明道败诉。宣判当时,明道在徐宝康家中念法华经。去东台听判的居二(居八奎)脸色发青,来去二百四十里从东台回来找到徐宝康家,向明道报告,徐知道情况不妙,忙叫人给明道卸衣。明道听后气得当场晕倒。回庙后明道立即写信给在南京华丈寺的方丈云咸(云咸是明道徒孙),信封烧去四角表示十万火急。信到华丈寺,云咸正巧在制台(地方官,管61县)家做佛事,邮差把信交给云咸,云咸随手放入袖中。制台问“什么事”,云咸摇头(云咸是制台儿子的干爹)。制台取信一看,随即派人通知句容县县令立即到东台赴任,命令他到东台将判文立即销毁,并将许浪丰收监。明道因此威震八方。街西“茶庵”、场东“上真殿”、沿口“福缘庙”因此拜于门下,从此明道独掌四庙。新庙声名大振,前往学徒的人络绎不绝。明道带徒十分严格。求戒者首先学字,熟记经书。再根据特长、成绩分文武班。文要求字准、声高、合齐、哼拉到位;武要求敲打棒棒打在同一点上(碗底当敲练),吹(柴棒插在尿桶里练换气)拉要注意坐姿端正,指法、弓法准确到位,弹唱更是讲究。弟子出门做佛事,明道要求更加严格。一次在斋主家做佛事,其弟子分神,明道发觉后,二话没说,从头再来。斋主讲情,明道说“不行!”给众僧一个教训。明道乐善好施,他一生从佛,通情达理,为人和善,从不恃强凌弱。他买下不少土地,把田分给庙邻种,只要种户勤劳,缴多缴少没关系。遇到灾年可以不缴,因此深受众人爱戴。

明道任人唯贤,病重期间,无数人前往探望。临终前把戒尘叫到跟前,交权于他,并对众僧讲:“戒尘虽然因为犯错被我打过,但他是个人才,新庙非他莫属,道人居二有功,必须养他一世。”戒尘听后泪流满面,连叩3个响头,众僧号啕大哭。明道殒于民国二十五年(1936),享年75岁。患病七十五日,死后墉香坐缸,并高塑7节石塔(寓意死后胜超七级浮屠)。塔前一青石刻有碑文。7节石塔现有6节存放在角斜街道申朗明家,还有一节下落不明。

明道后,戒尘当家10余载。弥勒院最终毁于战火,只留下碑石见证着岁月的沧桑更迭。

（九）公岸庵

原名准提庵。地处角斜镇汤灶村23组，是汤灶村、李堡镇光明村、唐洋镇郭沙村两县（市）3镇交界之处，占地约5亩，已有100多年的历史。相传清雍正二年（1724）农历八月初三，正值大汛期，海水漫堤，海潮铺天盖地涌来，淹没庄稼，冲毁房屋，许多逃躲不及的妇孺老人命丧海潮。潮涌至公岸庵退潮，潮水退后，在公岸庵田头留下一木雕准提佛像，长约尺许。公岸庵向西未被海潮所淹的村民闻讯后，方圆数十里数百村民涌至公岸庵，烧香磕头，顶礼膜拜。他们带来粮食、衣物接济灾民。清雍正四年（1726），以公岸庵为轴心的方圆数十里数千村民捐资献物，建准提寺。一年后的八月初三清晨，乡民齐聚新建的准提寺，静候法僧为准提法像上座举行开光典礼。庙内，点燃大香，香雾冉冉升起，飘香数里，住持长老沐浴更衣后，净手为准提法像开光，供香客们瞻仰。一时佛号经声如行云流水，声传里许。新建寺院里主供为准提菩萨，附供有关帝、龙王、陆二老爷。开光典礼盛况空前，和尚头顶伞盖，手捧香炉，香烟缭绕，数千人争睹为快。

公岸庵有大雄宝殿3间，两边有厢房各3间，后有拉屋（宿舍、厨房）5间，庙内众僧20多人。每年八月初三，香客如云，北至东台一带的香客都来进香，香资收入可观。

一进大门，宝殿门前竖立着一块石碑，上书“公岸庵”3个宋体大字，据说三字为镇江金山寺住持长老亲笔所书，后由如皋城县城石匠拓刻，石刻工艺精湛。1960年，汤灶村许多村民曾目睹过石碑。“文化大革命”期间流失民间。根据王家墩私塾教师汤春琪生前所记，公岸庵宝殿前两大木柱，直径约30厘米，黑漆装饰，上书一副鎏金大字楹联，云：暮鼓晨钟，惊醒世间名利客；经声佛号，唤回无边苦海人。

民国年间几次自然灾害，公岸庵和尚在庙前草田内支起两口大锅，煮粥赈灾，救护灾民，乐善好施，布德于民。

清光绪年间至中华人民共和国成立初，公岸庵三代和尚的住持执法，清末民初为逸全、逸和、逸涛；民初至抗战期间为普仁、普法；抗战期间至1958年为德培、德宽、德慈、德圣。

抗日战争和解放战争时期，公岸庵众僧曾2次募捐大洋给来南乡乡政府和唐洋游击连，用于购买药品医治伤员。日伪军占据角斜时，一位姓吴的游击连战士被敌人发现，敌人追捕他，他无路可逃，躲进了庙内。住持和尚将他藏在神龛内，并与敌人周旋，助他逃过一劫。家住李堡镇光明村的谭新国，是庙里最小的徒弟，只有10岁，长老安排他为解放军侦察员作向导，他骗过三道敌人岗哨，带侦察员完成侦察任务。敌人攻打李堡时，两位新四军战士负重伤，被掩护在公岸庵养伤，在老和尚保护下一养10年，到1952年这两位伤残军人才分别复员回到老家山东和河南（一位姓杨，一位姓祝，名字不详）。

1959年破除封建迷信时，汤灶村民兵中队长王模文带领民兵将庙拆除，所拆砖瓦木料用于新建汤灶小学。

（十）祖师庙

位于现范堑村老一组，相传建于明朝永乐二年。民国三十四年（1945），为防止国民党军队进驻将建筑材料用于修建炮楼，共产党提前将房屋拆除建材全部运走，但庙门两边的“禅门深似海，佛法大如天”的对联让老人们仍然记忆犹新。

祖师庙建筑占地5亩多，佛殿、厢房、附房等房屋60多间。建有华佗楼、魁星楼、戏楼、烈女楼（相传在清代当地有一位姓李的女子尚未出嫁，丈夫亡故，她坚持一女不嫁二夫，直至终生，该庙为此就建起了烈女楼以示崇贞洁）。庙内设有群仁堂、同仁堂对外专做慈善事，扶贫济困。穷人家死人后无钱料理后事，就到庙里去领取一口棺材和一套丧葬用品，将后事办了。遇有天灾人祸家里揭不开锅，庙里就管吃，还发放救济口粮。

祖师庙供奉有祖师菩萨、华佗菩萨（华佗菩萨两旁的对联是“白天坐诊看病，夜晚送药上门”，这就是民间讨了仙方后，晚上要放在外面露方子的来历），还有胎生药师王、韦驮菩萨、五神菩萨、土地公公、土地娘娘、文判官、武判官、关帝、财神、地藏王、眼光菩萨、陆二爹。

祖师庙兴盛时期有和尚30多人，每年还帮其他庙宇带徒10多人。庙里有耕地70多亩，有60多亩租给农户耕种。祖师庙的斋主有1000多户。祖师庙的当家，相传是1835年由李堡太平庵派出的文风和尚(1835年前谁当家不详)开始，之后传至十二世，老人们记得最后当家的是缪清和尚。

祖师庙相传有一棵雌白果树，每年由新场庙的雄白果树风授花粉而结果。到民国三十四年(1945)时白果树树干的周长已有3米多，为了支持新四军造武器(做枪托)，当年被锯走，同时庙里的一座1人多高的铜钟也支持了新四军制造武器。

民国二十九(1940)—三十一年(1942)，当时的苏北行政公署九分区司令管文蔚到李堡、栟茶地区领导“二五减租”，办公地点就设在祖师庙。沿口建炮楼时，反动派就到祖师庙强拆部分房屋，将砖石全部拉走。为了防止继续强拆，新四军号召僧人提前“破拆”，将庙宇中有用的建材全部拆除送走，不让反动派得到。民国三十四年(1945)后祖师庙被拆和尚散去，日渐衰败，一座500多年的祖师庙今已夷为平地，仅存的1只高50厘米，直径50厘米的3足香炉还在当地的土地庙中使用，一块280厘米长、32厘米宽、26厘米高，上面布有隼眼的麻条石(疑似烈女楼之条石)搁在范堑村一组张发田家门前的渠沟上。

(十一)上真殿

相传远古时期处南黄海之滨的旧场地，由于海潮的影响，逐步形成沙洲浅滩，渐为陆地。由于海潮冲刷形成的地貌，当时旧场南边有一块地，形似荷叶，四面环水，中间一块地高于周围，一年四季无论海潮涨多高，这块地都淹不掉，潮涨它就高，潮落它就沉。有一道士手持拂尘路过此地，说这是一块荷叶宝地，决心在此荷叶地上建庙，取名叫上真殿，四合大院占地4亩，由大殿、东厢、西厢、门厅组成，建筑面积约1500平方米，上真殿建筑精致，青灰砖墙，飞檐翘角，圆柱翘角下并装有铜铃，大殿门槛下埋有一块马蹄石，称镇殿石。相传，唐朝时期，薛仁贵征东时路过东海边上真殿，薛仁贵的坐骑一只脚踏在此石上，就形成了马蹄印，这块马蹄石长1米多，宽40厘米，厚20多厘米。中华人民共和国成立后，上真殿因北凌河扩宽被拆毁，马蹄石也不翼而飞。

二、道教

(一)城隍庙

地处角斜东街，建于500年前，占地3亩左右。城隍庙坐北朝南，一进门，一幅长3米多，高约1.5米的木制横匾悬挂在大门之上，横匾上有4个金光闪烁的正楷大字“东角福地”，在漆黑底匾的陪衬之下，显得格外耀眼精神。这“东角”固然是指扬州东部的角斜，寓意是角斜为扬州东部的一块福地。大门两边有一对石鼓，石鼓上有一副对联，上联：“若有良心初一月半烧香点烛”，下联是“若昧天地半夜三更铁链钢叉”。此对联耐人寻味。进门后，约有三四间房子宽的戏楼可容纳上百人。墙外东西两侧，一边一棵高大的银杏树，记载着城隍庙的古老与沧桑。天井正中摆放生铁香炉，一边5个十殿阎君矗立两旁，分别是上刀山，下油锅，割舌头，挖眼睛，割耳朵等让人心颤的神像。

大殿之上悬挂着一块写有“赏善罚恶”4个大字的横匾，大门两侧又是一副对联，上联是“为恶必灭，为恶不灭，前世有余德，德尽必灭”，下联是“为善必昌，为善不昌，前世有余殃，殃尽必昌”。进入大殿，两边中柱上书写着“你来也好，还能瞒我”。大殿的香案上供奉着城隍菩萨。一排面的烛光闪烁，阴风飕飕，惹人心惊胆寒。步入后宫，足需2人合抱的大铁钟悬挂中央，门前亦有香炉，香案上供奉的是城隍菩萨和娘娘。与后宫相连的西侧专门设1间房屋为龙王庙。后厢房前偏东有一眼水井，青石井圈，井栏为石鼓，水质清甜，居民一直饮用。原井址在申启银门外东北角，罗长林宅西南角。

城隍庙除唱戏外，最隆重的活动就是城隍出行。城隍出巡，民间又叫城隍菩萨上街，每年都是二月二、清明节、七月十五、十月朝(十月初一)举行。民间素有二月初二龙抬头之说，这一天，父母一般都要将出嫁的女儿带回来吃饭。除此之外，集市上将举行“兴会”，后来叫“兴灯”，迎驾城隍出街。

清晨，角斜街上各商家店铺早已把门前打扫得干干净净，点燃檀条香于街边。出游队伍总礼仪执事扛“肃静、回避、降福、消灾、风调雨顺”等老头木牌，鸣锣开道。城隍菩萨和娘娘坐在抬轿上前行，锣鼓喧天，震耳欲聋，一停下来，众僧吹拉弹唱。花鼓队、龙灯节、舞狮子、踩高跷的依次拉开长长的队伍，所到之处均会燃鞭放炮，大户人家还投上赏钱，以求保佑生意兴隆，财源滚滚，场面十分壮观。

城隍庙毁于抗日战争时期，只有水井和一块碑石留下。

（二）都天庙

原址在角斜东街头罗本厚住宅西侧，坐北朝南，四合院厢，房舍陈旧，占地3亩，常驻僧人四五人。大门朝南，殿堂拖后，前后3进，砖木结构。大殿正中供奉都天神像，每边有2名神将，其中有刘万喜，南霁云，还有2位不详。何年兴建不详。尚存一眼石鼓井栏，青石井圈仍在申启银东院墙外的东北角。据说，庙中所供之神像为唐开元年间安禄山叛乱死守睢阳（河南省商丘市），城破不屈的大将张巡（河南南阳人）。张巡系唐开元年进士，"安史之乱"任御史中丞，河南睢阳太守，率兵抵抗叛军，坚守数月，因援绝粮尽，城陷殉国。唐肃宗追封张巡为"都天菩萨"，明朝敕封张巡为"英济王"，清朝皇帝追封张巡为"五福都天金客大帝"。每年农历五月十八日在张巡生辰这一天，角斜都天庙总要举行盛大庙会，人们抬上都天菩萨上街出巡，前面锣鼓开道，街道两边燃放鞭炮，各家店铺点香相迎，花鼓班子，走狮舞龙，踩高跷，整个角斜热闹非凡。

（三）华佗庙

位于角斜魁星楼东边，庙舍为一间，供奉着泥塑华佗神像，香案上也有木雕佛像，主要是求签抓药名。如果有谁家大小孩患病，便来庙中烧香拜神，叩头抓签。僧人解读，后给一剂处方，香客留下三四个铜钞即可。

（四）关帝庙

坐落在角斜西街头，角斜小单西首，庙宇不大，只有一进，3间大殿，供奉的是关帝神佛，庙宇久建失修，香火也逐渐稀少，有破落之感，它为角斜场最古老的庙宇之一。相传，当年山西商人出关做生意，由于信奉关云长一身本领，把他看作是山西人的荣耀，因此他们所到下榻经商之处，均要兴建关帝庙，以求神灵保佑平安，生意兴隆。关帝庙后来渐渐衰落，也因山西商人又漂泊他乡，人走庙留无人问津的缘故。明朝以后，关帝庙成了百姓磕拜求签抓药方子的地方。如皋的一位韩姓老人曾在此卖票，所卖票钱主要用于修补庙宇。民国初年，角斜"巡警局"设住此庙。抗日战争期间，关帝庙毁于炮火。

（五）土地庙

又称福德庙，分布较广，一般一个组就有1—2个，大多数建在河边偏僻的地方。

土地庙是一种祭祀建筑，按照汉族的习俗，每个人从出生到去世都有"庙王土地"，即所属的土地庙，类似于个人的籍贯，沿袭至今。人去世后，行超度仪式或做道场时，都会到所属的土地庙烧香磕头——叫"启庙"，需带纸线、供品到土地庙进行祭拜（民间称送饭）。如果距离土地庙远或周围没有土地庙的，就在斋主家不远的地方，用3根竹棒一撑，席子一圈，临时搭建一个。

土地庙，主要供奉土地神。土地神系古代民间信仰的神祇，为一方乡土的保护神，掌管本乡本土之事。大凡汉族人群居住的乡村，均有土地庙。中国自古就有对土地神的崇拜，《左传·通俗篇》有云："凡有社里，必有土地神，土地神为守护社里之主，谓之上公。"所谓"福德庙"，民间传说在周朝有一位官吏张福德，生于周武王二年二月二日，从小聪明至孝，36岁时，官至朝迁税务，勤政爱民，清正廉洁，至周穆王三年辞世，享年102岁。传说中有一户贫穷的人家，用石头砌了一小间石屋将其供奉祭祀，时间不长，这户人家就开始富裕起来，消息传出去以后，周围的百姓纷纷筹资建庙，并塑金身膜拜，取名"福德正神"。所谓土地神就是社神，就是民间常说的"土地佬儿"，其起源是来自人们对大地的敬畏与感恩。

（六）城隍庙（旧场）

又称道士庙，城隍菩萨传说是土地菩萨的上司，是管理一方百姓的地方官。原址旧场集镇西南角，建于明代。原庙主体建筑为三合院，中间为大殿，两旁为东厢、西厢，大殿供奉城隍、城隍娘娘，大殿两侧供奉雷神、瘟神、黑白无常等诸神，西厢为城隍娘娘卧室，东厢仪室。每逢香期，庙会热闹非凡，寺内绿树成荫，郁郁葱葱。每年最隆重的活动是正月城隍出巡，民间又叫城隍菩萨上街。出巡队伍由庙内组织实施，几天前便向沿街店铺、街民发出告示，要求各商号将门前清扫干净，点香于街边。城隍菩萨出巡这一天由身穿衙役衣裳的16个壮汉抬着城隍菩萨、城隍娘娘塑像缓步沿街前行，每到商户门前，商主都焚香跪拜，大的商号还奉赠香火钱，以求保佑生意兴隆。沿街民众为求四季太平、风调雨顺、五谷丰登，纷纷奉献香火钱，以消灾降福。中华人民共和国成立后，因兴修水利将该庙拆除。

第五节　传统手工艺及作坊

20世纪80年代以前，角斜域内从事小手工业的人遍及城乡，行业门类各有千秋。有到农户家做日工，混生活的木匠、瓦匠、草匠、漆匠、篾匠等。有走街串巷的箍桶匠、磨刀匠、修锅匠、打磨匠、膨棉匠等。还有早出晚归修伞的，修锁、修表的，钉秤、锔缸的，可谓是五花八门。这些小工业者与当时人民生产生活息息相关，密不可分。

一、木匠手艺

木匠是专门制作木质器具的手艺人，因技术不同可分为粗料木匠、细料木匠、雕匠、箍拢匠。

粗料木匠　专做较大型农具，如水车、船、耕犁、耙、耒耜及房屋的桁条、椽子等粗活。

细料木匠　能做精细家具，如桌椅、盆桶、门床、橱柜等。

雕匠　专门用木头、玉、石，雕刻花纹图像的手艺人。木雕匠有细料木匠配合，给家具雕刻花板儿，有的浮雕，有的镂空雕，还有的在木板上刻凹下去的花纹，叫阴雕，有的在平板上雕突起的花纹，叫阳雕。玉雕就是把玉雕琢成一定的器物，有的供室内作摆设，有的供人佩戴，或作为衣、帽、鞋的饰物。人们认为玉器在身具有保主、护身、镇妖、避邪的功能。石雕是以石头为材料，雕凿碑文、图案、人物、花卉、鸟兽、虫鱼、祭祀器物等，民间称之为"细活石匠"。现在的木匠手艺都比较全面，什么活都做，工具也先进。

箍拢匠　专做圆形木器用具的手艺人，如木桶、木盆、粪桶、马桶、锅盖之类的木器。过去，他们是挑着工具箱走村串户，到门户上做，也是为了混生活。现在都在家里或租住固定地点，客户上门定做。每年正月初五第一天出门，最喜的是修理马桶，认为是好兆头，最忌修锅盖。各种木匠行规基本一致，也十分珍惜自己的工具，工具配

图22-3　坚守木匠手艺人申云（周建平摄于2017年）

备、使用、放置都有一定的规矩。斧头柄不能装满榫，前面要留点空表示谦虚。工具中的斧头、墨斗，被认为能辟邪，晚上带着走路不怕鬼迷。"母制"即墨斗前面拉线的小竹瓦子称为母制。他的名称叫"规矩"，这是木工祖师鲁班所设计制成的，传承至今，人们常说（制造木器）必须照规矩办事，不依规矩不能成方圆，现已成为永恒的定律。旧时，木匠的案头切忌妇女坐，不准用扫帚扫案子，早晨来人借锉，不准从工具上跨过。木匠配料尺寸都放长一点，在做榫眼时，忌用手指挖掏榫眼中的木屑，只能用嘴吹出，否则认为会伤鲁班的眼睛，是大不恭敬。做活"留尾巴"，在干完全部活后，至少也要给主家留点刨花，让主家

去收拾，据说，表示木工师傅会不断有活干，否则就没生意了，但是在给人家做棺材时，就不能留尾巴，一定要收拾干净利落，否则就是咒人家再死人。

二、瓦匠手艺

瓦匠又称泥水匠，是搞建筑的，与泥土、砖瓦打交道的。旧时，老百姓砌瓦房的很少，学瓦匠的人也不多。但有专门学支灶的瓦匠，因为支灶是瓦匠中的细活儿，很多瓦匠不会支灶。支灶讲究吊火、拦火、膛口、灶门大小、烟囱走向，画画等窍门，手艺好的瓦匠支的灶又快又省草，工价也比一般瓦匠高许多。老庄村瓦匠最多。

三、草匠手艺

草匠又称盖屋匠，是专门盖、修草房子的匠人。旧时农村的住房都是泥墙草盖，有的用荒田的红茅草，有的用小麦秆儿，也有的用齐稻草盖屋。盖、修房子之前，先忙着“刷草”，将堆放着的一捆捆草，一一解开，梳理，剔去不宜盖屋的弯草、断草及其他杂草，然后用水淋湿，重新捆成水桶粗的草把子，再用他们特有的工具——拍耙，反复地拍打，把有草根的一头拍成一定的形状，多数是一个斜面，也有的中间凸，两边是斜面，这是根据屋面的不同位置预先设计的形状。盖草屋需要泥浆，麦壳，做“下手”的小工们分工明确，有的担水和泥，拌运泥浆，有的给泥浆拌和麦壳，有的向屋顶递送整理好的草把子。小工们互相配合，屋上面要什么给什么。盖草屋的最后一道工序是压脊，闭合“龙口”。做脊是一种技术活，草匠们用钳刀一点一点地钳，使脊面光滑圆整，并且十分结实，年久不坏。民间有“漏雨不漏脊”一说。角斜域内最有名的草匠是沿口刘殿元、刘殿文、刘殿奎三兄弟。90年代后草匠逐步消失。

四、篾匠手艺

篾匠是用竹子劈成片儿，划成丝儿，编制用具的手艺人。用竹子编织的竹器用具有：筛子、箩筐、盘篮、簸箕、凉席、蚕扁、畚箕、淘箩儿、篮子，有的手艺巧的还能编出各种精制的

图 22-4 传承篾匠手艺人顾理根
（周建平摄于2017年）

工艺品，如手提箱、花篮儿、首饰盒儿、礼品盒儿或各种儿童玩具。六七十年代，角斜、沿口地区还曾盛行过用柳条编织，那时从外地引进一种杞柳，栽插在沟渠旁边，秋天收割，堆放在潮湿的河边，来年蜕皮后，编织篮子、筐子、包装箱子，特别普遍的是装粮用的笆斗，节约木材，下脚料可解决当时群众烧草困难的问题。那时，公社、大队都创办柳器厂，编织的各种柳器远销各大城市。柳器厂曾辉煌一时。直到80年代实行联产承包责任制后，责任田靠渠边的杞柳都被各家砍光，最后，因材料缺乏，柳器厂结束了历史使命。

五、铁匠手艺

铁匠是专门打制铁制小型农具、日常生活用具的匠人。他们打造铁器的固定地点，叫铁匠铺。主要打制钉耙、锄头、大锹、小锹、铁钗、火叉、勺子、铲子、菜刀、镰刀、剪子等，铁铺中有制铁炉和风箱，铁匠一手拉着风箱，另一只手用钳子钳着铁块或铁条在铁炉中烧至赤红，然后取出放在铁砧上，用铁锤使劲地锤打，只见火花四溅，老远就能听到有节奏的“叮叮当当”的打铁声，有时打的是把刀，有时打的是一件农具。铁匠的脚上有特殊的装束，在小腿上绑着一块布条，直垂脚面防止火星烫着，保护着衣服及皮肤。自从人民公社成立后，相继成立了农具厂，大多数铁匠成了农具厂的工人，有的改行，也有的干脆不干了。角斜域内最有名的铁匠是蔡炳成、毛宏如。

六、铜匠手艺

铜匠是专制铜制品的手艺人,如铜香炉、铜烛台、铜勺子、铜铲子、铜脸盆、抽屉的拉手、铜锁、铜炉子、烫焐子,还有圆桶上铜箍。从业铜匠的人,少数有作坊,就在街上摆一工具桌,多数肩挑工具箱,流动于民间,担子上挂满了铜制品,走起路来发出叮当的响声,人们称为“铜匠的担子,挑到哪儿响到哪儿”。角斜域内最有名的铜匠是沿口徐五。

七、修锅手艺

修锅匠是专门修补铁锅子的手艺人,时常挑着担子走村串户上门修补,边走边吆喝:“补锅噢!”一字一拖,且拖得很长。修锅时,只要把废铁锅打成小片,用无烟煤在自制的小炉子里化成铁水,用耐火泥做成的小勺子舀一点儿,从锅子外面往洞儿这一塞,锅里面用布卷儿一按就把锅子补好了。

八、修鞋手艺

鞋匠是专门绱鞋子、修鞋子的手艺人,又叫皮匠,亦叫双线行。鞋匠要会钉、补、缝、粘、染等多种技艺才能在行当中吃得开。过去不论男女老少都穿布鞋子,家里妇女做鞋帮、鞋底,但不会把帮与底连起来,即使有的妇女能连起来,但没有能使鞋子成型的楦子,所以还得找专门绱鞋子的皮匠,皮匠把鞋子绱好,用木制的楦子煞紧成型,适应人脚穿着。为什么绱鞋子的叫皮匠?据一位在上海生活的老人说,旧时城市里穿皮鞋的人较多,鞋子破了一点点就找绱鞋子的补,绱鞋的找来旧皮鞋剪下一小块给补上,后来有穿布鞋的店伙计,布鞋被划了一点,扔掉没得穿,又很可惜,就找绱鞋子的给补上,绱鞋子的没有布头儿,也用一小块皮给补上,这样绱鞋子的变成皮匠就在城市中传开了。

鞋匠的祖师爷是战国时期的军事家孙膑。相传孙膑的两只脚被庞涓剐掉后,飞到若水河里变成一对靴头鱼,被人们当作鞋的模样。鞋匠每做成一双新鞋都要用木头雕刻的靴头鱼,俗叫“鞋楦子”塞进鞋内,把鞋整形得既好看又好穿,故鞋匠称孙膑为老祖。四月初四鞋匠全行业吃寿面,点香掌烛,放鞭炮,磕头以表祭奠。

九、剃头手艺

剃头匠也叫剪头匠,理发师。理发店,过去叫飘叶行。旧时剃头匠是挑着担子走村串户的,担子的一头是着火的炉子,烧水之用,一头是工具箱,有句歇后语“剃头匠的担子——一头热”就由此而来。有时遇到赶路的要剃头,担子一放,在路边就剃起来。过去剃光头的人较多,农村中极少有留西装头的,所以剃头匠的工具很简单,一把手推发剪,一把剃头刀,一把长夹剪就可以了。旧社会把剃头匠看作是最下等的手艺人,因为他们为妇女剪头发摸女人的头,男女授受不亲,故而受到统治阶层的歧视。

剃头匠的祖师爷是罗祖,七月十三日为其诞辰,这一天理发店停业参加祖师会,相聚吃面,剃头匠收徒弟要有人介绍,保人作保,要写关书,行拜师仪式,办拜师酒。礼仪十分隆重。堂屋里点燃大香大烛,供奉祖师爷罗祖。先向师傅、师娘下跪行礼,然后再向师傅家人及各师兄打躬作揖,才算入门。学徒第一年帮师傅做零活,学点基本功;第二年开始剃头,师傅将其收入的十分之一给他;第三年提二成。徒弟出师,师傅送一套理发工具,徒弟办谢酒。若徒弟自己开店,便由师傅挂幌子,也可以在师傅家中当客师,理发业师徒关系是:在门为徒,出门为友。旧时,剃头工序有八道:剃头、洗头、梳辫子、光脸、修须、掏耳朵、打(洗)眼、捶背。辛亥革命后没有了梳辫子的人,20 世纪 60 年代后剃头的工序简化了许多。替婴儿首次剃头叫“剃胎头毛”,主人把剃下的婴发揉成小发球当作传家宝似的收藏,并毫不吝啬地给双倍工钱,以作喜钱。剃头匠为死人剃“大寿”头,剃刀须磨得锋利无比,含一口烧酒,喷洒在死者脸上,“沙沙沙”地一气呵成,不能再剃第二遍,先剃前面,后面留着,称为“后发”。为死人剃头,工钱从优。进入 21 世纪,理发店美容店街上比比皆是,生意也很兴隆。理发的技术也很高明,其用具现代化、电气化、科学化,不论男女都时尚染发、烫发。角斜域内最有名的剃头匠是高文法。

十、裁缝手艺

裁缝是指裁剪缝制衣服的手艺人。旧时代的裁缝都是做中式服装，手工缝制。做好的衣服用像勺子一样的铜制或铁制的熨斗，在里面点燃木炭，把衣服熨烫平整成型。找裁缝做衣服的都是大户人家，衣料都是丝绸的，必须熨烫才能成型。一般老百姓都是穿布衣，自家女人裁剪缝制，不须熨烫。进入21世纪人们特别讲究穿着，既讲究款式，又讲究质量。还挑品牌，赶时髦。服装厂很多，卖服装的店铺更多。

十一、纸扎手艺

纸扎匠是指专门为死去的人扎糊纸房屋、轿子、箱子、车船等迷信用品的手艺人。自古以来，人死去以后，都要进行超度，以迷信的方式进行祷告，做斋放焰口，折锞儿，烧纸、烧香、请纸扎匠扎东西。纸扎匠用芦苇扎成房子、车子、轿子的形状，然后用彩色纸将四面糊起来，经过他们的倒腾后，还真像模像样。旧场的纪朋林很出名。纸扎匠大部分上门服务，也有的通过预订送货上门。纸扎匠的技术随着时代的进步也越来越先进，现在有硬纸板的车子、房子、轿子等，而且是折叠型的，方便运输。

十二、膨棉花手艺

膨棉匠是专门弹棉花的手艺人。过去农家自种棉花，家中添置棉被必须找膨棉匠将去籽棉花就是皮棉弹开成被絮。他们肩扛四五尺长的弹弓，弹弓上挂着压棉筛、踏棉盘，手拿像哑铃的木质弹棰，边走边弹弓弦，发出“嘭嘭嘭”的声音。在弹花时，弹弓较大，身上系根腰带，背插一根有弹性的小木棍，用绳子钩住弹弓背，左手拿弹棰不断敲打弓弦，让其震动，使棉花膨胀开来。当弓弦接触到棉花时声音发闷，当弓弦上没有棉絮时声音清脆。膨棉匠敲弦且有一定的节奏，声音也很好听。角斜域内陶正棠膨棉花手艺很出名。

十三、漆匠手艺

是给家具、门窗、棺材上油漆的手艺人。过去普通的种田人家的家具很少油漆，都是白身，只用桐油刷一下。只有有钱人家的家具、门窗才油漆。但人死了要土葬，都要做棺材，不管大家小家，棺材都要用漆漆上，棺材扶头还要题上死者的名字，男的题“先考×门×××公之灵柩”，女的题“先妣×门×××氏之灵柩”。改革开放以后，农村经济条件好了，家家户户家具门窗都要油漆，而且油漆质量越来越高，油漆工人的技术也不断改进，由刷子刷发展到机械喷，并组建了专业队伍，遍及大江南北，进行现代化的装修、装潢。

十四、打磨手艺

过去百姓要把粮食加工成粉，都用石磨子磨碎，几乎家家都有磨子。磨子是由上下两片直径25厘米的圆形砂面组成，上片厚10厘米，下片厚15厘米左右。上下片都凿有斜齿，中心安上基心，两片合在一起，上片装一横杆，并凿两个圆洞，叫作磨眼。用横木做成磨担，由2—4人推拉磨担，使磨子转动，一人在前不时向磨眼里添加粮食。时间久了，磨齿磨平了，要请打磨匠重新铣凿。打磨匠工具简单，一把敲打的铁锤，凿齿的几根铁杵。杵的尖头要淬火才耐凿，用铁锤不时敲打铁杵，使磨面的斜齿变深。过去农民脱粒都用牛拉碌碡碾，碌碡也是用石头凿成的，在石磙上凿出深槽，深3—5厘米，宽4—5厘米，留出棱子宽3—4厘米，两头凿两圆洞，装上木柄，好套上碌碡架儿让牛拉，当棱子碾平了，也要请打磨匠来铣碌碡。过去打磨匠到处都有，一般都是一人单独作业。而今，打磨匠已经消失得无影无踪。

十五、杀猪手艺

杀猪匠是专门宰杀猪羊的屠夫。过去卖肉的人家都要专门请身强力壮的大汉来杀猪，因为肥猪都百十来斤，要放到杀猪凳上揿住，不能让猪挣扎，故要力大的。过去，每到过年前，杀猪匠很忙。20世纪70年代，每个生产队都饲养了大量的猪，过年前都会杀上几十头分配给老百姓，所以每到那时，杀猪匠都没日没夜地忙着杀猪。

十六、骟猪手艺

专门摘除猪仔睾丸和卵巢的手艺人，有的既会骟猪，也会给猪看病，后称兽医。中华人民共和国成立后，每个乡镇都设立了兽医站，逐步地每个村都有了兽医。兽医看病的范围较广，除了以猪为主外，还看牛、羊、鸡、鸭、鹅、猫儿、狗儿。现在不少人喜欢养宠物，因此，又有了“宠物医院”。

十七、打草鞋手艺

读《三国演义》，知道刘备曾编履卖履。编履就是打草鞋。

打草鞋的原料是稻草。上小学时，曾听老师讲，长征路上，红军没有鞋穿，就自己打草鞋……可见打草鞋这门手艺很容易掌握。

简单的手艺也有讲究。有一则谜语说：“秋前青，秋后黄，扭扭捏捏配成双。有耳不闻钟鼓响，有鼻不闻桂花香。君子带我行千里，忽然绷断九曲肠。可怜抛却秋风外，从此不带我回乡。”谜面借一个小女子悲伤地自述身世，描述了采集稻草，打草鞋，以及草鞋的特点（有“耳”和“鼻”），一直到草鞋被穿烂遗弃的整个过程，谜底就是打草鞋。

据史料记载，秦汉之前，草鞋曾经是上至帝王将相，下到平民百姓都喜欢的穿着物。晋崔豹《古今注》卷上：“不借，草履也。以其轻贱易得，故人人自有，不假借也。汉文帝履不借以视朝是也。”草鞋价低，不需借，因此又名“不借”，汉文帝上朝竟然也穿它！

时过境迁，草鞋的地位渐渐退出时代。至于打草鞋的技艺，能掌握的也只剩下了一些老人。

打草鞋，首要的工序是选料，最好挑选清白新鲜的糯稻草做原料，这种草修长而且韧性足。如果用受过热或变质的稻草，打的草鞋很快就会穿烂。更为讲究的草鞋，则是在稻草中加入其他原料，如麻丝等，也有用纯麻编织的，人们习惯上并不称其为“麻鞋”，还是叫“草鞋”或“麻草鞋”。“文化大革命”期间有不少挖用扎布鞋底的棉纱绳儿或者全是布条儿打的“草鞋”。那时，一些乡村干部走村串户，穿上这种特别的“草鞋”，既区别于普通农民，又表明自己保持了艰苦朴素作风，“与劳动人民心连心”，一时间几乎成为时尚。

打草鞋的第二道工序是捶草。为便于编织，捶草之前，要先把选好的稻草删去头部的草壳，然后扎成大腿粗的稻草捆，用木榔头反复捶打。稻草锤“熟”了，接着是第三道工序“搓绳”，搓好的绳用作草鞋的经纬。经绳一般为四根，纬绳多少要看你怎么设计，乡间最常见的草鞋往往在前端两侧编一对可以套住脚趾的“耳”，鞋尖处编成“鼻子”向上翻覆盖住脚尖……当然，草鞋的式样也有多种，较为常见的是，鞋的后跟部位往往都少不了一根向两边分叉的经绳，以这根绳为系带，在踝关节处打结，快速走路时，草鞋才“跟脚”。

打草鞋，最关键的工序是编织。编织草鞋时，操作者先要把草绳扎好，分出四股经绳，然后在腰间扎上一块“板腰”，面对固定好的“草鞋耙儿”（木制，有齿，状如钉耙），把经绳的另一头套在“草鞋耙儿”的木齿上，然后用稻草在经绳间上下交替，反复穿梭，并依次将稻草不断勒紧。俗语说：“大路旁边打草鞋，有人说长，有人道短。”草鞋的大小在于准确掌握长度，熟练者，一天可以轻松地打三四双。

草鞋成本低廉，穿上它，透气，环保，能有效预防脚气。计划经济时代，买一双草鞋只要一毛六分。穿草鞋者则多为干农活的农民，他们下地舍不得穿千针万线缝制的布鞋，就选择草鞋。如今穿草鞋的已很少见。在老坝港有的人家老人去世，孝子要穿草鞋、打裹腿。这恐怕是唯一的“草鞋现象”了。但偶尔听说有人买草鞋，仔细询问，原来是工艺品，是买来赏玩或挂在壁上“辟邪”（谐音“壁鞋”）的。

十八、茅窝儿制作手艺

“茅窝儿”是老坝港人过去冬天常穿的一种保暖鞋。它是由海边茅草顶花或芦苇花制作的，原称“毛窝儿”。

它的制作方法简单，原料以草、麻为主，取材容易。人们将海边的茅草和芦苇的顶花采摘下来，晒干备用。制作时以麻绳为经，以桐草或茅草作纬，先制作鞋底，其方式类似打草鞋。鞋底打成后再做鞋帮，仍以麻绳为经，连结在鞋底上，以茅草或芦苇顶花作纬，一层一层地编结鞋帮。为增强牢度，还夹带几根布条编结。“茅窝儿”既保暖，又透气，过去人们冬天常穿此鞋御寒。编结

"茅窝儿"最简单,但也是一项技术活,常以老年人编结为主。一些老年人还以此为业,将编结好的"茅窝儿"挑在肩上,走村串户叫卖,换几个钱供家用。后来这种"茅窝儿"已少见,偶尔见之也都是以布条编织的,穿着的也只有老年人。

十九、蓑衣斗笠制作手艺

蓑衣、斗笠在漫长的历史岁月里,是农村人家不可或缺的挡雨工具,一直到五六十年代。塑料、橡胶雨衣面世,这种雨具才逐渐完成它的使命。斗笠,是用竹篾编制。斗笠戴在头上,雨天挡雨,晴天遮阳。蓑衣,是用榈草(棕丝)编制。榈草生长在河边和田岸上,五六十厘米高,质地较韧、轻、牢,亦作扎粽子的专用草。蓑衣是披风式的,用于挡雨。外形是一层层密织的长草垂下,使雨水垂直下淋。蓑衣里面是草绳编制的网,做成背心形,穿在身上人的双臂可以灵活地操作农具。农民为了不误农时,穿戴蓑衣斗笠在滂沱大雨里犁地插秧。此外,雨天打鱼、行船,行路的人都是穿戴蓑衣斗笠挡雨。所以它是农家必备的雨具。这种雨具就地取材,自己编制;也有人家请邻居的巧手农闲时来编制;后来蓑衣斗笠也成了商品,在农村庙会集市上可以用粮食兑换或用钱买到。

穿戴蓑衣斗笠,也别有一番风趣,站在田间,远远好像个"草人",蹲下来像个"大鸵鸟"。在现代人眼里可能看不顺眼,青年人甚至不懂这是雨具,也许还会笑谈这是原始人穿的衣裳。但是,就是这种简陋挡雨遮阳工具,在我国自给自足自然经济的农村里存在了千百年之久。因为它就地取材、编制简单、价廉实用,农民生产生活中不能缺少。

蓑衣斗笠产生年代没有考证,但是从古代书画家,诗人的笔下,可以看到它产生年代的久远。在《诗经》中,有"何蓑何笠"的诗句。唐代诗人柳宗元的《江雪》中有:"孤舟蓑笠翁,独钓寒江雪。"唐代诗人张志和的《渔歌子》中有"青箬笠,绿蓑衣,斜风细雨不须归"等不朽诗句。宋代画家夏圭所作《长江万里图》,巨幅画卷中,穿戴蓑衣斗笠渔夫的孤舟垂钓,鱼鹰捕鱼景象,以及雨天牧童穿戴蓑衣斗笠放牛景象皆入画作。历代诗人画家笔下,把穿蓑衣斗笠的船夫行船、渔夫打鱼、农人耕作、垂钓者和行路人都写入诗画作品,生动地反映了民众农作和生活情景,成为千古流传的诗篇和画作,是中华民族优秀文化宝藏。

二十、油坊

把种植的菜籽、花生、大豆碾碎蒸热,用篾箍和芋草包裹成饼形,有用单箍,也有用双箍,放进木槽后用刹木插进,以大锤敲紧刹木,油慢慢流出来,供人食用,其渣压成饼后可作为牲畜饲料。也可把饼切碎后作为肥料壅田。

二十一、粉坊

粉坊是以蚕豆、豌豆等为原料,磨成粉浆,提炼加工成沱粉、凉粉、水粉、片粉、粉丝等。

二十二、糟坊

糟坊用高粱、大麦等为原料,主要生产土烧酒,也叫粮酒。运用土办法蒸馏。备大铁锅1口,大锅上面用砖砌或木制成圆柱桶型,先将粮食用水泡1天,放在锅里煮3小时左右,取出后凉一凉,加上小曲或大曲(发酵材料,叫"酒药子"),一齐放到缸里发酵10—15天,再回到锅里煮一煮,酒和渣分开,就形成了酒。一般日产50公斤以上,装进酒坛里出售,坛子上写上一个"酒"字为牌子。

二十三、炕坊

旧时,家禽繁殖主要靠自然体温孵化,有的农户用一二十只有色的鸡蛋放在窝里让老母鸡孵化,有的将蛋染成绿色放在喜鹊、乌鸦窝里孵化,鸭子不抱窝,人们把有色的鸭蛋放进抱窝的老母鸡身边,让老母鸡代孵。过去没有炕坊,20世纪80年代初随着养禽业的发展,炕坊到处办了起来,只是有的用煤油灯孵化,有的用煤岩烧坑孵化,后来为了扩大规模,人们又改用电孵箱孵化,禽苗不但满足了本地饲养户的需求,而且还销往各地。

二十四、染坊

染坊就是染衣、染布、染纱的场所。颜色有

青、蓝、紫等。以大缸煮炼，以大糠柴草为燃料。把布、衣、纱放到不同颜色的缸里煮一段时间，然后捞起晾在准备好的横杆上晒干。

二十五、豆腐坊

生产豆制品的场所，主要原料为大豆，产品有水豆腐、百页、方干、元干。设备有大缸、小缸、大锅、豆腐箱、百页箱、水磨……制作方法是先将大豆放在水里浸泡半天，然后捞出淘净，人工用水磨磨成浆子，再用白洋布做成的“伏子”过滤，把豆浆和豆渣过滤分开，再把豆浆放入锅里煮沸，舀出晾半小时后用食用石膏水或卤水冲浆搅拌，使豆浆变成豆腐脑，再舀进豆腐箱内压成豆腐，或盛进百页箱内以一层纱布一层浆的办法，压制成百页。

二十六、酱坊

制酱的主要原料为蚕豆、大豆等，坊内备有各类容器，如：缸、桶、坛、罐等，缸上盖着比缸口大一点的芦柴斗篷，以防下雨或脏物掉入缸内，产品有酱油、醋、糖色、乳豆腐、茶干、酱菜、萝卜干等。

第二十三章 人 物

角斜历史悠久，人文荟萃。在历史发展进程中，角斜域内涌现出一大批可歌可泣的人物。他们有尚武保国的仁人志士，有奋不顾身勇于救人的模范人物，有临危不惧、英勇牺牲的革命烈士，有用善行义举汇聚正义力量的英模人物，有朴实肯干、开拓创新，用汗水和智慧为域内社会经济发展做出贡献的普通群众，有在光彩事业上做出突出贡献的各界人士。角斜这方水土养育了许多优秀人才，他们有许多人走向了天南地北，奋斗在各自的岗位上，为祖国建设默默奉献着自己的聪明才智。他们是角斜历史发展的杰出代表，用其平凡或不平凡的事迹谱写了一首首生命之歌，正因为有了他们，角斜的历史才更加熠熠生辉。

第一节 各界人士

汪鲁门(1858—1940) 名咏沂，出生于角斜盐场，5岁受教于吴次山。汪鲁门祖籍安徽歙县，祖父汪志培曾任两淮盐运司署，父汪镇曾任淮安知府、江苏候补道。汪鲁门33—47岁间，历任运河、里河两河同知，代理海州直隶州事，山阴县令兼淮安、大河两卫、并代行淮安知府事。汪氏迁居角斜，从兴建住宅，参与慈善，修建路桥，开凿水井，接济百姓，到开设私塾，传播文化，经营盐业、农业以及从事其他商业活动，都有力地推动了角斜地方的文明与进步。

清末，朝政腐败，汪鲁门厌倦仕途，弃官经商，在左营开建产盐圩堤，与扬州友人先后创建大德、大埠、太源、公济、裕通、大有晋、庆日新盐业公司，并被推为总代理，处理7公司重大事务，后任董事长兼总经理。由于他的经营管理，使一度萧条的盐业又日益兴盛，仅济南盐场，总产量就占两淮盐业的90%以上。

汪鲁门善诗文，常与周恩来总理的六伯父周嵩尧、女书画家李圣和之父李逸休等人相唱和。汪鲁门一生为人豁达大度，急公好义，处世做人都崇尚一个“德”字。他以“德”名堂，称“世德堂”，以“德”名公司，称“大德公司”。

晚年，汪鲁门辞去一切盐业事务，居家笃信佛教。7公司董事们特筹集白银3万两(其中购买旧房花去6400两)作为寿礼，为他置办扬州新居。

1937年“七七事变”后，扬州沦陷。汪鲁门举家辗转江都，后迁居角斜镇，为角斜镇的名门望族，先后建屋数十间(抗战后期乃至1989年一直为角斜政府驻地)。此后，汪鲁门又迁居上海法租界。1940年5月20日，汪鲁门逝世于上海，终年83岁，葬于上海闸北区联义山庄，台湾学者陈含光为其撰墓志铭。

其扬州住宅为盐商汪鲁门故居，位于扬州市南河下170号，是一幢扬州古宅与徽派深宅完美结合的建筑，2002年被公布为江苏省文物保护单位。其角斜老宅(老政府院内)内一口开于清咸丰辛酉年的古井被海安县人民政府公布为县级文物保护单位。

其后代汪益谦在新四军挺进角斜后，拥护共

产党,拥护抗日,带头减租,并将部分房屋和全部土地交出,被抗日民主政权视为开明绅士。其长子汪正然为南京大学地质学副教授。次子汪太然(后改为汪明)曾任扬州地区统计局副局长。

吴心谷(1882—?) 原名秉钊,字忍庵,号秋水轩主人。原籍角斜。栟茶缪小坡爱其才,妻以女澂冰,遂居栟。后携妻东渡,于日本高等商业学校习商科。卒业回国。1908年,参加朝廷对出国游学人员者试,被赏给商科举人,为七品小京官,任职于邮传部。历任袁世凯大总统府通治局秘书礼官处礼官、徐世昌总统府秘书官、江南商业学堂正教员、江苏省志局编纂。

1912年,参加五族国民合进会,任起草员。1913年,参加公民党,任交际科干事。吴心谷传承武术多有建树。1915年,拜国内外有"虎头保,天下第一手"盛誉的著名武术家孙禄堂为师。1916年,孙禄堂写了有关八卦拳的第一部专著《八卦拳学》,吴心谷为《八卦拳学》作序。以后一直追随孙禄堂,做他的秘书兼西席一直到1931年"九一八"事变发生为止。1919年,孙禄堂的《太极拳学》一书出版。该书为太极拳发展史上第一部公开出版的著作。孙禄堂所著《八卦拳学》《拳意述真》《八卦剑学》《孙禄堂武学录》等武术经典名著基本都出自吴心谷手笔。吴心谷为之作序。

1928年,孙禄堂被聘为中央国术馆武当门门长。后改就江苏省国术馆副馆长兼教务长。吴随孙南下,任江苏国术馆秘书。1938年"八一三"后,任上海世界书局印刷所副所长,与中国现代文学的先驱胡山源合作出版进步文艺半月刊《红茶》。吴心谷工诗词,精研六法,北京门头沟潭柘山岫云寺观音殿《子孙圣会碑记》即为其于1927年所撰。与齐白石友善,齐白石曾经为他刻两大方岫阳石印,朱白文各一方。为现代书法家、收藏家,著有《历代画史汇传补编》四卷,1929年成书。

陈广汉(1892—1993) 出生于贫苦农民家庭。1941年3月参加民兵组织,1941年7月加入中国共产党,是角斜域内第一批共产党员,历任来南乡副乡长,支部宣传委员。他带领民兵坚持武装斗争,对敌斗争坚决,参与组织指挥腰灶港伏击战。在1947年冬的"三查三整"中,他因

图23-1 《人民日报》配图"百岁老人的追求",左三为陈广汉

"社会关系复杂",被停止党籍。持续40多年,陈广汉曾多次向党组织提出要求,恢复党籍,终因区域变化等多种历史原因,不能如愿,但他对共产主义的信念和追求不变,处处以共产党员的标准要求自己,获得周围干部群众的尊敬。1991年7月,中共角斜镇委员会上报海安县委组织部,并报请南通市委组织部批准,1991年12月3日发文,决定恢复陈广汉的党籍,党龄从1941年7月算起。1992年春节前夕,江苏省海安县角斜镇来南村九组农民陈光汉在百岁寿辰之际,回到党的怀抱。他激动得热泪盈眶,让儿子从里屋取出一只铁皮盒子,颤巍巍地双手捧着交给村党支部书记施仲如:"这是44年3个月我每月该缴的党费,请党组织收下。"陈光汉百岁寿辰恢复党籍,可谓双喜临门。他感慨地说:"一个世纪中,我历尽沧桑,但我认定共产党英明,社会主义制度优越。现在,党组织恢复了我的党籍,我不仅自己要永远做党的人,还要教育子孙后代永远跟党走!"是年3月14日,《人民日报》第四版图片新闻报道其人其事,配发文字说明"百岁老人的追求"。

蒋凤银(1892—1974) 来南村人,1951年加入中国共产党。他从小就酷爱劳动,爱动脑筋。长大后,对种田非常有研究。1952年,他看到当时单干户种田有诸多的不便,于是,他牵头组织12户农民联合起来,本着自愿互利、等价交换、民主管理的原则,成立海安县第一个互助组。

蒋凤银互助组扎扎实实地开展了生产劳动。由于互助组成员齐心协力,生产劳动的热情十分高涨,一下子就取得比单干户好的收成。

1952年4月，县委对蒋凤银的互助组予以肯定。在此基础上，试办全县第一个初级农业生产合作社——来南乡中心合作社。入社14户，56人，157.34亩土地。同年7月，在蒋凤银的带领下，不少农户看到了入社后的希望，纷纷入社，社员一下子增至36户，分为4个劳动组。继后，县委派薛志忠、吴铭、陈继芳、周桂章工作组到初级社指导工作。合作社采取土地评产入股，统一经营，统一组织劳动力，统一生产计划，自愿互利，牲畜、大型农具折旧归社，分配上按"土四劳六"的经营管理和生产结算形式，极大地提高了广大入社社员的劳动生产积极性。

图23-2 蒋凤银

1952年，蒋凤银带领入社户种植棉花，是年7—8月由于高温，又久旱不雨，导致红蜘蛛蔓延，棉花遭受危害。当时，治红蜘蛛的农药又十分紧缺，为解燃眉之急，在县委工作组陈继芳（同济大学毕业）的悉心指导下，蒋凤银组织人员，土法上马，收集田野里一种"灯笼草"，用水煮沸后，将汁水加上部分小麦面稀释，喷洒到棉花上，收到良好的治虫效果，取得棉花大丰收，平均亩产籽棉97.58公斤，当年获得全县棉农高额生产的"王牌"称号，因此被省授予"劳动模范"的称号。从"互助组""初级社"成立后，蒋凤银一心扑在集体上，以社为家，将家中居住的房屋拆掉，把材料奉献给集体建办公用房。他还乐于助人，体恤弱者。1953年，他把庄上两个孤儿吸收入社，帮助和鼓励他们发家致富。1952—1955年，蒋凤银任初级合作社社长。1955—1957年，来南乡建立高级合作社，蒋凤银任社长。1958年后，蒋凤银一直在公社务农，一生默默无闻，工作勤勤恳恳，真正履行了一个共产党员的做人之道。

姚白予（1895—1951） 江苏省泰州人（祖籍镇江丹徒）。1918年毕业于北京高等师范，曾执教于江苏省省立松江中学、省立第七中学、省立南通中学、南通师范。而抗战期间，南通中学北迁角斜，其苦心经营半年有余，在民间传为佳话。

1939年秋，南通沦陷在即。省立南通中学沈燕谋校长提出迁校乡间主张，几经商定，北迁于黄海边陲小镇角斜继续办学。1940年2月，姚白予奉命前往角斜勘定校址，决定借镇关帝庙作校址，并觅得文昌阁、吴宗祠为宿舍，至于教员与女生宿舍，则拟借汪氏民宅为用。筹措经费、置办教具、聘用教师、招考新生，姚白予等都亲力亲为，可谓历经艰辛，含辛茹苦，终于如期于是年9月1日开学，有200多名新生。姚白予教育救国，因材施教，他秉承立德做人的教育理念，教学有序，活动规范。富有朝气的学校生活，学生们身上所展示的新鲜而富有活力的时代气息，没有围墙的校舍错落有致，引来了不少居民，甚至数里之外的村民都慕名前往观看、游玩。后由于战争环境的进一步恶化，教学经费筹措困难，终于于12月中旬奉令停办。省立通中在角斜的寿命不过半年时间，真如昙花一现，但姚白予的坚韧、谦和、执着和通中学生朝气、新潮、向上的精神在角斜流传久远。

丁奎才（1896—1980） 角斜镇人，1940年参加革命。1941年3月加入中国共产党，4月任角西乡支书兼乡农会会长，6月任角斜区农抗会副主任。1944年兼角斜区农抗会长。1945年参加地委党训班学习，学习结束后，在地委生产部锅铁厂任经理（地址在东台）。1946年蒋介石向苏北进攻后，分区生产部解散，被调到九分区工作。10月又由苏北区党委介绍到东台县委，并分配到角斜区任区委副书记，坚持边区斗争。1947年10月又调曹撇区任区委书记。1949年3月，丁奎才又被调东台县委任民运部长。1950年11月，丁奎才到华东党校学习（地点在苏州）。1951年11月，由东台县委分配到东台县供销合作社任主任。1955年9月，被调到东台县生产联社任主任。"文化大革命"后以副处级待遇离休。

图23-3 丁奎才

丁奎才工作期间，坚持党性，任劳任怨，在革命斗争期间，依靠群众，走群众路线，以高度的思想觉悟，发扬民主，开展斗争，为党和人民做出了贡献，在角斜镇负有盛名。

缪金源（1896—1942） 字渊如，角斜人。1916年12月18日，蔡锷将军归葬，途经南通，南通中学学生缪金源因钦慕蔡锷将军，出于至诚，他记录了张謇的演说情景。1922年毕业于北京大学哲学系，曾任北京辅仁大学教授。缪金源创办《栟角公道话》杂志，只办了数期。缪金源与鲁迅在二三十年代一直保持往来。鲁迅日记记载：1923年6月14日，“下午得缪金源信并《江苏清议》三枚，《栟角公道话》二枚”。17日，“上午复缪金源信”。1926年5月1日，“缪金源来”。1935年6月4日，“夜得缪金源信，即复。”

缪金源与鲁迅之间的书信散失，信中内容亦不得而知。缪金源是抗日战争中的爱国知识分子，北平沦陷后，他体弱累重，无法南下，但他宁与家人忍饥挨饿，也不愿向侵略者屈服，贫病交加，百病俱生，一整年隐居不出，食贫自守。1939年缪金源离开辅仁大学后，宁肯饿死也不肯失节，生活更加艰难。1940年4月25日，他在给友人的信中说：“全家长幼均多病……以贫困故，概不服药……然誓饿死不失节！”自此以后，他从每天一粥一饭减到每天两顿粥，到最困苦时，全家一天只能喝一顿粥了。1942年，他和妻子相继在贫病交加中去世，国民政府教育部于重庆闻知后，特报行政院对缪金源这种爱国主义行为进行褒扬。北京大学赞颂缪金源是个“傲骨嶙峋，临大节而不可夺的朋友”。叶嘉莹作诗挽缪金源：“山林城市讵非讹，箪尽瓢空志未磨。又见首阳千古节，春明也唱采薇歌。”

图 23-4 缪金源（坐者）

孙二富（1908—1956） 又名孙仲明，顾陶村（虾儿港，顾陶村十四组地域）人。生于老坝港，而幼年生活在弶港。自小熟悉海事，被劫加入海匪后练得一手好枪法，任匪首沈武的贴身警卫。1937年，沈武率众投奔李长江，孙仲明不习惯陆上部队生活，又回到海上，自封“司令”，划水为王。吴道生出船出钱，购买枪支，成立“渔民自卫队”，孙仲明任大队长，一面以求自卫，对抗外来海匪，一面以保护本港渔民为由，放旗子收保护费。因其生性剽悍，沿海渔民均称其名为孙二虎，其本名反无人知晓。

图 23-5 孙二富

新四军东进后，建立苏中军区海防团，1941年3月，孙二富被新四军苏中军区四分区主力俘获，陶勇亲自对孙二富进行教育，使他认识到自己是贫苦出身，为匪可耻。后在老坝港陶勇与吴道生、孙二富谈判后，收编孙二富部。年底，孙二富斗争意志动摇，不服管教，加之坏人挑拨，于次年1月逃到掘港当了伪军大队长。陶勇随即继续派人做孙二富的工作，使他认识到国难当头，当伪军可耻，于是孙二富决心重新弃暗投明。1943年春，孙二富率一个大队伪军开赴何家灶反正，受到苏中四分区军政机关的热烈欢迎。孙二富改名为孙仲明，任海防团长，此后在与日伪军的多次作战中屡立战功。孙仲明充分发挥海上功夫，身先士卒，猛打猛冲，受到陶勇高度赞扬与多次嘉奖。后任苏中海防司令部参谋长、团长。1944年，新四军成立苏中海防纵队，孙仲明历任二团团长、纵队参谋长等职。1945年春，崇明大汉奸仲兆奎霸占吕四渔场，出动36艘海船，从长江口向北侵掠。孙仲明奉命率领9艘渔船迎战，在敌众我寡的形势下，杀得汉奸仲兆奎大败而逃。1946年加入中国共产党。孙仲明长期驻防栟茶，在栟茶、老坝港沿海一带活动。1953年因病复员到泰州休养，其间仍秘密从事对台统战工作，直至1956年病逝，时年48岁。病逝后，安葬在泰州市革命烈士陵园之内。

陈建堂(1912—1994) 来南村十四组人，毕业于如皋中学，后考入浙江杭州大学。1938年回乡后，创办角斜地区第一所来南小学，当时只有1个班，30多名学生。3年后，参加革命，是域内参加中共第一人。是年在如西、泰东一带以教师身份参加革命活动。先后在苏北公学、苏中党校工作。全国解放后，曾任上海、北京等刊物的编辑。“文化大革命”前，曾任江苏省委宣传部副部长、省委党校副校长等职。“文化大革命”中，陈建堂曾任江苏《工农兵评论》总编，后受到冲击。1978年，以厅级干部待遇离休。1994年病逝。1995年清明前，其子南京艺术学院副院长陈鹏年教授，将其藏书千余册赠予家乡党校，中共角斜镇党委撰联“惠书育才赤诚游子意，高风亮节永沐故乡人”，请书法名家仲贞子书赠陈鹏年，并装裱，留作纪念。

丁岚(1916—2008) 角斜镇人，是丁奎才的儿子。在抗日战争和解放战争时期从不顾个人生命安危，与敌人展开斗争。1942年3月，参加革命工作，6月加入中国共产党，代理角斜游击队大队长。7月，任角斜区副队长，11月任角斜乡民兵大队长，游击队长。1944年1月任角斜游击连连长，1945年5月任李堡区游击连连长。1947年2月任角斜乡指导员，同时兼任角斜四乡联防队长。1948年6月，任角斜区情报站站长，10月调到东台城区任指导员。1949年7月任东台工会工作队队长，8月任东台城区工会副主任。中华人民共和国成立后，尽心尽力，坚持党的原则，认真贯彻执行党的方针政策，坚持一切从人民利益出发，关心群众疾苦，任职期间做到大公无私，克勤克俭，廉洁奉公，忠于职守，以自己的言行履行了其做人之道。1951年4月任东台县搬运工会主席。1952年7月任东台县总工会组织部部长、副主席。1960年调东台建筑公司工程局任支书、经理、局长。1962年任东台手管局局长。1966年调任东台县供销社副主任。1972年6月任东台镇革委会副主任。1977年在东台县政协副主席岗位上离休。

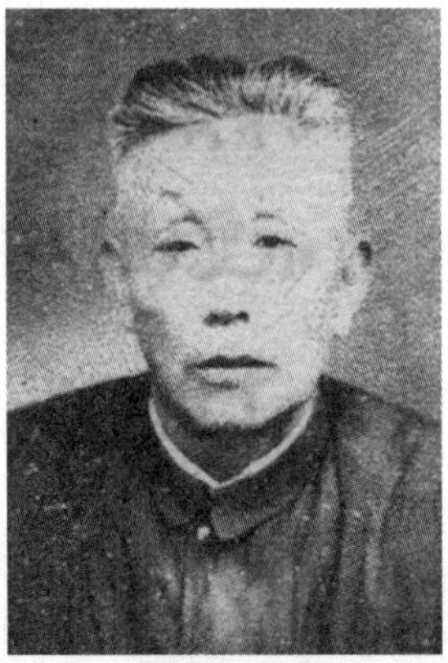

图 23-6　丁岚

吴国流(1919—1998) 顾陶村人，出生于一个贫困的渔民家庭，从未上过学。1943年8月，由吴达山介绍，加入中国共产党，历任民兵中队长、村委会主任、乡农会主任、沿海乡党支部书记、栟北区委组织科长、栟北区委代理书记、栟茶区委副书记。1957年，撤区并乡，任由沿海、新联、富滩、旧场4个小乡合并后的旧场乡党委书记。吴国流对敌斗争坚决，吃苦精神强，与部下同甘共苦，身先士卒，群众基础好。

1959年4月，旧场乡从如东县整体划入海安县。海安1954年饱受洪水灾害，从此有了一个出海口。在处理与邻近德贵公社的渔民财产、渔船归属问题上，吴国流缺乏理性，处理不当，于1959年6月25日凌晨，去德贵公社南港组织强制放船，造成渔民王永富中枪身亡，后果严重，被开除党籍，判有期徒刑一年，缓刑一年。刑满后，参加旧场公社渔业大队的组建和行政领导工作。1962年4月，任海安县海洋渔业公社社长。1962年3月，重新入党。

此后，吴国流先后调任农水局副局长、海北乡副乡长、旧场乡党委副书记。1983年年底，离休，享受副处级干部待遇。

石鹏(1924—1997) 沿口镇富沿村人，1941年参加革命，1942年加入中国共产党。先后任苏北行署警卫队指导员、苏北边防局总支书记、大队副政委、守备团政治处组织助理、营教导员、阜宁县人武部副政委、政委。“文化大革命”中主持阜宁县全面工作，曾获独立自由勋章和解放战争勋章及中校军衔、行政14级。1968年，清理阶级队伍，被作为阶级异己分子送回故乡劳动改造。1975年，落实政策，重新恢复工作，转业任海安县公安局教导员，检察院副检察长，代检察长。1983年离休，享受地市级待遇。

顾理昌(1925—2017) 号仲禹，汉族，大专文化，顾陶村人。1940年11月参加革命，1941年5月1日加入中国共产党。1940年11月至1945年8月，历任泰东、东台县浒澪小学儿童团团长、顾庄小学教师、浒澪乡党支部书记。其中，1942年冬任栟北区、栟茶区、角斜区区委委员、宣教科科长。1945年8月日本投降后，角斜区部分乡镇(原属栟茶区)划还栟茶区，属如东县管辖后，他任中共栟茶区区委委员、组织科长。

图23-7 顾理昌

1946年秋任栟茶区区长、区委书记兼区队教导员。1947年秋参军，在华中党校学习数日后，调至淮南解放区，先后在天高县东阳区(属江苏盱眙)、铜城区(属皖天长市)、黎城区(属江苏金湖县)任副区长、区长。1948年冬调炳辉县(天长市)任城区区长、区委书记。

1949年8月，调任炳辉县泰仁区委书记。1951年任炳辉县共青团书记兼青委副书记。1952年夏任中共滁县县委宣传部部长、县委委员。1952年8月在安徽省委党校学习，后来省委组织部又调他到北京俄文专修学校，留苏预备部做留学生工作，先后历任班主任、党支部书记、学生部副科长、科长、学校党办主任、监委委员、机关党支部书记、干部科长等职。1958年外语、俄语学校合并，他继任干部科科长。1959年冬在反右倾运动中受处分。1960年9月调四川大学。1962年冬甄别平反后，调回北京工作。1963年起任北京师范学院化学系副主任、党总支书记。1969年"文化大革命"中调"五七"干校任农场厂长，历时3年。1972年调回北京师范学院化学系任党总支书记。1975年又调干校任教育革命基地副组长。1977年任北京师范学院院务处处长(总务长)兼党总支书记、学院党委常委。1982年11月，任清华大学分校副校长、党组成员。1984年学校更名，任北京联合大学自动化工程学院副院长、党组成员。1988年3月离休，享受正厅级待遇。离休后，仍担任两所民办大学的校委会副主任，利用1年时间调查取证，为域内被遗漏的32位先烈正名，使他们被追认为革命烈士，捐款在老坝港镇建立烈士陵园。离休后担任新四军研究会六师分会组长，多次到学校、机关等单位和中央电视台"我的抗战"栏目宣讲。2012年被中共北京市委评为优秀共产党员，2015年应邀参加9月3日抗日战争胜利70周年阅兵观礼，作为新四军老战士的代表接受中共中央总书记、国家主席、中央军委主席习近平的检阅。阅兵结束后，他将中央发给他的1万元慰问金及存款4.2万元和价值10万元的汉白玉墓碑捐献给栟茶烈士陵园。

万幸(1925—2010) 原名万国赋，1925年8月13日出生于角斜镇顾陶村一个渔民家庭。1940年，进入抗日民主根据地在老坝头开办的小学学习。他聪明好学，机灵活泼，不久当上儿童团长。1942年4月，经栟北区副区长顾羽中和旧场乡副乡长沈华生(党支部书记)介绍，万幸参加工作，任乡政府助理员，同时加入中国共产党。9月，万幸带领旧场乡18名小伙子参军。入伍后，万幸编入新四军一师三旅八团六连任文化教员。1943年2月，万幸调九团(反"清乡"时改编为苏中第四军分区东南警卫团)，任五连副指导员。同年9月，万幸进入苏中第二联中学习(是抗日军政大学九分校的预备班)。1944年10月，因有一架轰炸日本本土而负伤的美国B29飞机在途经苏中时坠落在海滩上，机上5个飞行员跳伞后被新四军某部救护，受到苏中军民热烈欢迎，万幸被领导从苏中公学调出来，替一位叫赛福埃的飞行队长(美空军中校)画像，并连夜刻成木刻，登在《苏中报》，得到苏中区党委书记陈丕显、主任管文蔚的赞许。从此，他离开学校，回到部队任文化干事，参加大小战斗80余次。

中华人民共和国成立后，1955年随华东军区政治部、文化部转业至上海，在上海市委工业部宣传处工作。1957年，被错划右派，下放农村，历时20年。1983年，任吴淞区政协秘书长。1985年3月离休。

图23-8 万幸

万幸离休后，拿起丢了30余年的画笔、刻刀，搞起了业余创作，数度举办画展，为中国版画家协会会员，受聘为上海市宝山画院名誉院长、上海市美术教育研究会顾问、中国艺术研究院特邀画师、中外书画家协会副理事长，有诗赞他：“名不虚传老壮士，戎衣脱后事丹青，天生自是不凡器，功业超群又德馨。”1992年5月，他还在江苏省扬州市、泰州市举办过“纪念毛泽东同志《在延安文艺座谈会上讲话》发表50周年”个人画展，展出时间跨度48年的各类美术作品120件，展现了一个有50多年党龄的新四军老战士在艺术领域里的战斗轨迹，深得各界好评。

缪瑞峰（1920—1988）　1920年生于角斜镇五凌村，1942年参加革命工作，1944年加入中国共产党，历任乡长、区队长。1948年6月，任副区长，1949年2月任区委书记。后随军南下，任高淳县农工部长。1956年被错误开除党籍，行政级别由17级降至22级。1978年，平反纠错，恢复政治身份和行政级别，退休后享受离休待遇。在残酷的战争年代，缪瑞峰身先士卒，为域内地方武装斗争做出不少贡献，曾立过一等功。

魏建（1929—1968）　又名魏龙门，1929年9月生于沿口乡。1946年7月参加革命工作。同年，加入中国共产党。历任东台县角斜区教育股长、副区长、区长。1949年，魏建响应党中央和毛主席“打倒蒋介石，解放全中国”的伟大号召，跟随百万大军渡江南下。全国解放后，魏建一直在无锡市卫生系统工作，历任无锡市妇幼保健院党支部书记、市肺结核病防治院党支部书记、市卫生局党委书记、局长。

图 23-9　魏建

抗日战争爆发时，魏建在栟茶中学读书，由于受爱国主义思想的影响，从而萌生出抗日救国的念头。新四军开始东进后，魏建在家乡一边办学教书，一边为新四军工作。

1947年夏天，魏建母亲突发急病去世，他星夜潜回家中料理丧事，但走漏了风声，被当地地主的儿子、还乡团的主要成员陈庭松得知，陈庭松立即带人埋伏包抄，企图捉拿魏建，以报杀兄之仇（陈庭松的哥哥陈庭来1946年被镇压）。在中共党员罗发广的掩护下，魏建顺利地突出包围圈，在敌占区经过一夜的曲折迂回，甩掉了敌人的围堵，回到了堤北地下交通站储祥和家。

1948年，魏建担任东台县角斜区区长，在区委一班人的领导下，角斜区武装力量不断巩固壮大。从小规模的拉锯式的游击战，发展到面对面的武装斗争，有力地打击了“还乡团”的残余势力。角斜区从此成为红色革命根据地。

“文化大革命”中，魏建惨遭迫害，1968年11月17日不幸与世长辞，年仅46岁。1978年9月23日，无锡市革委员会为魏建昭雪平反。

祁明发（1929—1994）　角斜镇天奎村四组人，1929年1月13日出生。1944年参加革命工作，最初在角斜区游击连任战士、班长、排长。1947年2月加入中国共产党，6月编入华东野战军，任某部排长。从入伍到1949年7月复员，先后参加过近百次大小战斗，特别是在解放战争的几年中，几乎天天打仗，先后参加过举世闻名的淮海战役、渡江战役，并立三等功一次，由于在淮海战役中腰部受伤，随部队南下到福建域内后复员，被定为三等一级残疾。1949年到上海十六铺码头任仓库搬运调度。1958年7月—1966年10月，任角斜大队支部书记、角斜公社党委委员。在大办民兵工作中成绩突出，在农村工作中一直走在全公社前列。1975年当选为第四届全国人大代表，1978年当选为第五届全国人大代表。

第二节 名人履痕

一、粟裕与角斜

粟裕(1907—1984) 无产阶级革命家、军事家,抗日战争中期、解放战争初期,曾长期在角斜一带战斗。1941年2月下旬,日伪占领海安后,粟裕率一师师部转移至海安东部李堡、角斜地区,李堡、角斜、栟茶、三仓地区成为一师后方基地和苏中解放区抗战中心区。4月10日,粟裕在角斜、旧场召开师直属部队干部会议,作《由正规战转变为游击战的一些问题》的报告,及时将苏中抗战转变为以游击战为主、运动战为辅的斗争形式。4月20日,粟裕兼任苏中军区司令员。为巩固、发展苏中抗日根据地和打通苏中二、四分区的战略通道,作为新四军一师师长的粟裕,多次攻克李堡、角斜,拔除据点,撕开缺口,屡战屡捷,痛击日伪军。在艰苦卓绝的反"清乡"斗争中,粟司令经常只带少数精干人员,通过角斜域内进入苏中四分区,周密部署和具体指导苏中四分区的反"清乡"斗争。在解放战争初期,华中野战军集中主力3万人,在粟裕司令的英明指挥下,发起苏中战役,连续作战,七战七捷。攻击丁(堰)林(梓)之敌的作战命令是粟裕于1946年8月20日18时在角斜场签发的。角斜人民还流传着"毛主席当家家家旺,粟司令打仗仗仗胜"的民谣。

1975年5月21日,粟司令又一次到角斜,专程考察"红旗民兵团"。在"红旗民兵团"会议室里,粟司令听取民兵团政委卢玉林,团长汤长林和副政委符永芝等负责人的汇报后,他说:"坚持人民战争,是我军克敌制胜的可靠保证,过去是这样,未来战争中,也必然是这样,不管战争形式如何变化,武器装备怎样,只要我们在党的领导下,坚持野战军、地方军和民兵三结合的武装力量体制,紧紧依靠人民,实行人民战争,就能消灭一切敢于来犯之敌。民兵工作要做到组织落实、政治落实、军事落实和召之即来,来之能战。土地革命战争,抗日战争和解放战争,丰富的斗争实践充分证明,毛主席人民战争的光辉思想是战无不胜的。"

下午3时许,粟司令在南京军区副司令员段焕竞、南通地委书记张宝珊、海安县委书记周日新等人陪同下,观看了"红旗民兵团"角斜民兵的队列、操枪法、投弹、射击和爆破等所有军事科目的表演,他精神抖擞地给民兵讲要领,做示范,作指示,并高度评价了角斜民兵常备不懈的战备思想和非常精湛的军事技术。整整一个下午,粟司令情绪很高,兴趣极浓,在听取汇报、与干部和群众进行座谈和观看表演的过程中,粟司令时而慈祥地频频点头表示赞许,时而饶有兴趣地提出问题,时而言简意赅地阐明自己的思想,他听得认真、仔细,看得专注,讲得深刻。

二、陈丕显与角斜

陈丕显(1916—1995) 福建省上杭县人,忠诚的共产主义战士,无产阶级革命家,第六届全国人大常委会副委员长。1940年10月,陈丕显随新四军苏北指挥部东进黄桥、角斜地区。从1940—1945年,历任苏中区党委副书记、书记、新四军苏中军区政委等职。在李堡、角斜等一带住过很长时间,能讲熟练的角斜方言。1941年4月,他带工作组在角斜搞"二五减租"试点,住了较长一段时间,对这里的民兵情况、风土人情作了全面调查,并拜民兵为师,学起了角斜方言。他走进老乡家中,出口就是角斜话。是年秋,新四军一师师部和苏中区党委机关驻在角斜镇附近。农历八月初二,由国民党特务和封建恶霸操纵的反动"会道门"大刀会,利用封建迷信,裹胁群众数千人,抢夺枪支,捕杀干部,捣毁区、乡抗日民主政府,气焰十分嚣张。角斜民兵和群众3000多人密切配合师部警卫营,以迅雷不及掩耳之势将"大刀会"击溃驱散,很快平息了敌人的武装暴动。1943年,日伪军对苏中四分区进行灭绝人性的"清乡"。为适应反"清乡"斗争的严重局势,师部和苏中区党委后方机关分散行动,将《抗敌报》和《苏中报》报社转移到“清乡”圈外的角斜来南村，这里距角斜镇日伪军据点不到5公里。由于民兵严密封锁消息和警戒，敌人始终未能发觉。好几次日伪下乡“清剿”“扫荡”，角斜民兵以“青纱帐”“芦苇荡”为天然屏障与敌巧妙周旋，在敌人的眼睛、鼻子底下，掩护了报社的正常出报，使苏中广大军民能及时得知上级党的指示和各地战况，更好地坚持了原地斗争。

抗日战争和解放战争两个时期，陈丕显先后在苏中党委和华中工委工作，不管环境怎样险恶，陈丕显一直坚持在苏中地区，领导抗日军民同日寇、汪伪军队进行殊死搏斗，粉碎了敌人的多次扫荡、“清乡”行动，为创建、巩固和发展苏中抗日根据地立下了不朽功勋。解放战争时期，陈丕显历任华东野战军第七纵队政委、华中分局委员、华中分局驻苏中区代表、华中工委书记、华中指挥部政委等职，参加苏中战役海安保卫战等重大战役，担负繁重的支前任务。华中野战军主力撤离海安地区后，陈丕显留下领导华中地区敌后斗争，多次率部南下攻击敌人据点，在敌强我弱的不利形势下，不仅为党保存了骨干力量，而且善于捕捉战机，主动出击，消灭敌人有生力量，有力地配合外线战场作战，使华中内线兵力发展到三个纵队。

中华人民共和国成立后，陈丕显虽然离开角斜，心却系在角斜。每每听到角斜的消息，尤其是角斜民兵的业绩时，他都非常高兴，总要开心地说上几句角斜的方言。1986年春，时任全国人大常委会副委员长的陈丕显为角斜红旗民兵团命名20周年题词：“坚持党管武装、劳武结合，为实现党在新时期的总任务总目标而努力奋斗。”1992年6月，陈丕显以平易近人、亲切感人的笔调，为反映角斜“红旗民兵团”成长历程的《江海长缨》一书作序，勉励“红旗民兵团”在新形势下，发扬光荣传统，抓起民兵工作“三落实”，为建设祖国、保卫祖国做出新贡献。

三、许世友四到角斜

许世友（1905—1985） 湖北省麻城人，无产阶级革命家，中国人民解放军高级将领，上将军衔。曾任国防部副部长、中央政治局委员等。在共和国著名将帅中，许世友与海安角斜“红旗民兵团”有很深的情缘。1965—1970年，许世友4次莅临角斜镇，指导“红旗民兵团”建设。

1964年7月，江苏省人民委员会、省军区授予角斜公社“红旗民兵团”称号，随后南京军区各级领导机关经常派人到角斜指导民兵工作。1965年春的一天，许世友将军乘坐军用吉普车首次视察角斜。他不像一般领导先到公社听汇报，而是到了省军区副司令员傅绍甫蹲点的王墩大队三小队。

许世友下车后，在随行人员引导下，踏小路、跨小桥，径直走到基干民兵汤礼林家。傅绍甫把小汤拉到许世友面前介绍说：“这个小汤出身很苦，也是红旗民兵团的一员。”许世友握住汤礼林的手，只说了声“好”，就问起小汤：“大队干部对民兵工作是怎么重视的？”汤礼林一一做了回答。许世友还到房前屋后转了转，看到汤礼林家自留地的蔬菜长势旺盛，十分开心地弯下腰来，用手拨着菜叶，连声说“好”。傅绍甫把角斜蹲点的情况向许世友做了汇报，许世友对民兵工作情况听得尤为仔细。不知不觉到了开饭时间，许世友就在这户普通的农家吃起饭来。汤礼林有点难为情，破旧的条桌上摆的尽是蔬菜，唯一的好菜就是一碗炒鸡蛋，主食则是元麦儿饭。许世友一生嗜酒。可在这儿，他却不提酒字，还边吃边说好吃。饭后，许世友在一张用长凳搁起的门板上睡了一会儿，就像当年住在孟良崮附近的老乡家里一个样。下午他到生产队田头看了一会儿庄稼，这才离开了角斜。

1966年3月23日，许世友在江渭清的陪同下，兴高采烈地来到角斜。公社党委书记蔡元祥向许世友汇报了“红旗民兵团”的简要情况。

随后，许世友提出要开一个民兵座谈会，大家谈起党办武装和民兵工作“三落实”情况。其中一位女民兵联系个人实际，谈了高中毕业以后安心农村当民兵的体会。许世友听后说：“你讲话我能听懂。你这样热爱农村，当了民兵班长，手上起了老茧，又不计报酬，好！”张凤老人告诉许世友：“现在的民兵学毛选、学雷锋，经常为集体做好事。”许世友竖起大拇指说：“这个好！民兵要学雷锋，多为集体、为他人着想。”座谈会结束时，许世友高兴地说“角斜的生产搞得好，民兵工作搞得好，空气也很好！”

许世友还来到角斜公社北端的一片荒地上，观看了部分民兵的军事表演。当女炮班82迫击炮简易射击三发三中时，许世友欢喜得站起来热烈鼓掌，并记下了女炮班长曹莲凤的名字。后来，经许世友提名，曹莲凤当选为省革委会常委。

1968年秋季的一天，许世友第三次考察角斜。在角斜大会堂门前，许世友一见蔡元祥书记就说：“两年没来了，今天顺路来看看你们，看看民兵骨干。”随后问道：“你们民兵团的枪和子弹丢了没有？有没有人参加武斗？”大家抢着回答：民兵团没有丢一枪一弹，没有人参加武斗。许世友竖起大拇指，说：“没丢枪支弹药好！武斗不能搞！你们要保持‘红旗民兵团’的光荣传统啊。”接着，许世友提出要到他曾经去过的王墩大队看看民兵训练。

走到王墩大队的一条小河边，不知是谁斗胆提出请许司令员表演一下少林功夫。许世友心情特好，欣然答应。他见河边有一棵胳膊粗的刺槐树，上去一把就把它拧成两段，同行人员个个瞠目结舌。

在民兵训练场上，许世友给民兵讲起射击要领，做起了射击示范。也许刚才的“拧树”还不过瘾，他又给大伙即兴表演了一套20多个招数的少林棍术，让这群从小在海边长大的民兵们大饱眼福。他对民兵说：“民兵也是兵，当兵就要像个兵的样子，要有真本领。”临走前，他再三给角斜的干部交代：“民兵要听党的话，枪杆子要听党的指挥，不能搞武斗。”

“搞民兵工作不能把生产丢掉”“吃饭是第一件大事，吃饱肚子才能干革命”，许世友每次到角斜，几乎都要给民兵团干部讲这样的话。

1970年初，许世友又一次来到这里，谁也料不到这是将军有生之年最后一次角斜之行。

吉普车一驶进角斜西街头，许世友脸上就阴云密布：街面上坑坑洼洼，小车子颠颠簸簸；再看公路两边的农舍，还是从前的样子，对公社干部毫不留情地说：“你们这里的变化不大嘛。”他没有听干部的汇报，看见公社门口有几个社员在田间劳动，就去与他们攀谈起来。问农民的生活水平怎样，粮食够不够吃。回到公社，他对干部们说：“要想办法让群众吃饱、吃好。群众吃饱肚子就能真正拥护党，拥护社会主义。”面对将军的批评与嘱咐，角斜的干部坐不住了，他们顶着“左”的压力，采取一系列措施：干部分片包干，责任到人；推广普及农业科学技术，大建丰产方；大积绿肥，改造土壤。同时，组织民兵整修道路，积极改善镇容镇貌。

过了不久，住在南京中山陵8号大院内的许世友得知角斜有所变化以后，脸上露出了满意的笑容。1973年春天，许世友把在南京开会的海安县委副书记曹莲凤叫过去，对她说：“我家里有两麻袋高粱种子，是我专门为角斜搞的，请你带回去给乡亲们种。这个品种产量挺高的。”曹莲凤听了简直不敢相信：一个统率千军万马的将军，为角斜的生产发展竟考虑得如此细致！

1985年春节前的一天上午，角斜“红旗民兵团”政委翟桂生和曹莲凤一起到南京看望身患肝癌的许世友。闲谈了好一阵以后，许世友仍记得海安角斜的名字。

四、张爱萍将军与角斜赵保群的情谊

张爱萍（1910—2000） 四川达县人，上将军衔，曾任人民解放军副总参谋长，国务委员兼国防部部长。张爱萍虽然未到过角斜，但与角斜人却结下了深厚的友谊。1969年2月，赵保群应征入伍，到了北京卫戍区某部服役。第二年，便加入中国共产党。“文化大革命”中，张爱萍遭林彪、江青反革命集团迫害。1972年5月初，张爱萍左腿粉碎性骨折，住进解放军301医院。角斜籍战士赵保群奉命带5名警卫战士监管“政治上有问题”的对象，名字叫“张续”。临走时，领导严肃而神秘地再三交代：监护期间要做到“三不”，末了，那位“上级”直言相告：“小赵同志，这是组织上对你的考验，也是组织上对你的信任，千万不能对自己不负责哟！”赵保群按照“上级的指示”实施监管。这是一间单人病房，一张木板床放置在病房的一角，只见一位白发苍苍，脸色臃肿，约莫60岁上下的孤零零的老人躺在木床上，赵保群心想，这位老人也许就叫“张续”吧！

病人不能坐起来吃饭，赵保群便一匙一匙

地喂，烫了，他轻轻地吹凉；病人不能下床大小便，他就用便盆在床上接；病人身上脏了，他就用温水轻轻地为病人洗擦；家属来医院探望病人，他就悄悄地退到门口张望，好让他们多说说知心话。

一天，终于有人通知301医院及赵保群带领的监护班，宣布“张续”有了人身自由。到这里，赵保群才知道，自己精心护理的“张续”，竟然是中国人民解放军副总参谋长张爱萍将军。因为赵保群给张的“特殊照顾”，被卫戍区下令提前退伍，回到角斜。1977年3月，张爱萍复出后千方百计寻找赵保群的下落，在记者吴邦义的帮助下，直至1986年春才打听到赵的下落。张爱萍多次汇款给赵保群，赵都将钱捐给王墩小学和敬老院。这一消息传到北京张爱萍将军的耳朵里，他从百忙之中，又从北京捎来了70多本书籍赠给五坊小学。同时，给赵保群寄来挥毫而就的“高风亮节，两袖清风”的墨宝。1987年11月，赵保群第一次回北京与将军重逢，将军夫妇与赵保群紧紧拥抱，泪如泉涌。此后，赵保群多次陪同市县和“红旗民兵团”领导去北京向首长报告工作。至2000年，赵保群先后16次应邀赴北京张爱萍家做客，结下了终生的友谊。1986年担任国防部长的张爱萍十分关心角斜“红旗民兵团”的成长，两次为角斜“红旗民兵团”题词：“发扬优良传统，为建设强大的国防后备军而奋斗”“加强民兵，保卫海防”。1992年，他又为反映角斜民兵成长的《江海长缨》一书题写书名，给角斜民兵以极大鼓舞。

2006年7月5日20点35分，张爱萍将军在北京不幸逝世，张爱萍将军治丧委员会专门给赵保群发来了邀请函，决定7月12日在北京举行追悼大会，7月11日晚上，张爱萍将军的大儿子张翔领着一家人来到赵保群入住的房间，对着家人和孩子们说：“这位就是当年保护你爷爷的那位赵叔叔，如果不是他，你爷爷的追悼会早就不是现在了，今后，只要听说赵叔叔到北京来，遇不到我，你们都要好好地接待……”

五、王强与“红旗民兵团”

王强（1926—2007） 新四军老战士，南通军分区政治部副主任。40年代初参加革命，中华人民共和国成立后长期在省军区、军分区从事民兵工作，80年代初离休后，一直从事党史征集工作，他和角斜结下了不解之缘。80年代初，海安为筹建七战七捷纪念馆，县委请王强等一起帮助谋划、奔波，搜集党史、军史、战史资料，走访接触长期战斗在苏中的老领导、老首长。在“红旗民兵团”命名20周年纪念活动筹划时，王强赴北京请陈丕显、姬鹏飞、张爱萍等老一辈革命家为角斜题词。陈丕显的题词是：“坚持党管武装、劳武结合，为实现党的新时期的总任务、总目标而努力奋斗！”姬鹏飞的题词是：“加强领导、依靠群众，把民兵工作搞好。”作为苏中分区的老政委，他同时为民兵史绩陈列馆题写了“角斜红旗民兵团史绩陈列馆”的馆名。张爱萍的题词为：“发扬优良传统，为建设强大的国防后备军而奋斗。”同时还为解放角斜而牺牲的88位烈士的陵园题写了牌坊、对联、碑铭。

在工作中王强了解到海安县政协常委、县委宣传部原副部长望阳就是当年报道迟浩田在解放上海战役中“孤胆三人闯虎穴、智勇逼降一千敌”的随军记者。随后便邀请望阳同县委领导、民兵团领导于1991年3月赴北京拜访了时任解放军总参谋长的迟浩田。在听取汇报后，迟浩田为角斜民兵题词“发扬光荣传统，加强民兵建设”，并在命名25周年前夕，专门发贺电表示祝贺。

为了做好“红旗民兵团”命名30周年纪念活动，王强作为军分区工作组的特邀顾问，常驻角斜。从史绩馆的文物陈列、解说词的修改，到汇报科目的选择甚至操作的动作要领，他都倾注了极大的热情，付出了大量的心血。

为了纪念活动筹划，他又几次赴宁进京。1996年1月24日在南京拜访了军委副主席迟浩田，确定纪念活动改在5月，按正常程序发函邀请军委和总部领导莅临。5月20日，迟浩田亲临角斜民兵训练场，在观看了民兵各项科目的表演后，发表即席讲话：“看了同志们的表演，非常激动，非常振奋，非常满意！谢谢同志们！”。随后，并携中国人民解放军总参谋部副总参谋长吴铨叙、总政治部副主任周子玉、总参谋部动员部部长谭冬生、总政治部群工部部长邓先群到海安参加了省政府、省军区为纪念角斜“红旗民兵团”命名30周年的庆祝大会，并发表了讲话。1996年8月23日，总参总政联合发文《关于在民兵预备役部队中开展向角斜民兵团学习活动的决定》。

当年，同在角斜“红旗民兵团”命名30周年纪念准备活动工作组，时任南通军分区政治部副主任的何锦泉说：“30周年纪念活动的成功，不能忘记王老革命，也可以说，王老余热发挥得好，他的辉煌是在离休后。”

王强孜孜不倦，为了角斜红旗民兵团倾注心力，乐此不疲。他总是笑侃说：“本王老革命这是在向人民还债啊！”他向年轻人交代任务时说：“本王老革命临终嘱咐，你们可不能马虎哦。”

第三节 人物简介

蔡景桂 蔡凌村人，1926年2月出生，角斜镇五凌村5组。1944年8月参加角斜区警卫大队。1946年7月入党。1945年2月—1946年4月，任华中一师一旅二团特务连通讯排通讯员。1946年5月—1947年7月，部队复员回沿北乡，任保田队长兼任大队长。1947年8月—1948年3月，任沿北乡乡长。1948年4—10月任沿北乡党支书。1948年11月—1949年1月任角斜区区队副队长。1949年2—8月，在无锡市委织工队赓裕织布厂当队员。1949年9—11月，由苏南回沿口乡任乡长。1949年12月—1951年3月，任沿口乡党委书记。1951年4月—1951年11月，任李堡区建调助理。1951年12月—1952年5月，任李堡区人武部副部长。1952年6月—1953年10月，任李堡区团工委副书记、书记。1953年11月—1954年12月，任曈口区团工委书记。1955年1月—1956年5月，任海安团县委组织部部长。1956年6月—1969年10月，任县人民检察院检察员。1969年5月—1973年12月，在海安县革委会政工部工作。1974年1月—1978年12月，在海安县委组织部任副部长。1979年1月，任海安县多管局局长，直至离休。

王竞 原名王春霖，1926年11月21日生，角斜小学毕业后，到栟茶中学读了一年初中。1943年3月参加革命，1946年2月加入中国共产党，历任苏中四专署文工团员，新华社苏中分社随军记者，华东野战军第十一纵队、第三野战军、第十兵团、第二十九军随军记者，第十兵团、福州军区报社编辑主任、副总编辑、副社长，福建省军区教导大队政委，原福州军区（大军区）宣传部副部长等。党内曾任支部书记、党总支副书记、党委副书记、党委书记等职。

革命战争年代，王竞立三等功、四等功各3次。1960年6月，他当选全国文教群英会代表，受到党和国家最高领导人接见，获中华人民共和国三级解放勋章，中国人民解放军独立功勋荣誉章。

1983年离休，安置在福建省军区福州第二干休所，先后7次被南京军区、福建省军区评为先进离休干部。1998年10月，被福建省军区评为理论学习先进个人。2001年被选为南京军区先进离休干部代表，参加南京军区“三先”（先进干休所、先进离休干部、先进老干部工作者）报告团，到南京军区作巡回报告，历时20余天。2001年7月建党80周年时被南京军区评为优秀共产党员。2002年6月被选为南京军区第十次党代表大会代表。离休20多年，给青少年、学生、干部、战士作理想、信念、使命的传统报告450多场，听众20多万人。2001年，王竞被福州市鼓楼区委、区人民政府评为1999—2001年度关心下一代先进个人。2003年12月被福建省关心下一代工作委员会评为先进工作者。在2005年6月召开的全国关心下一代表彰大会上，被评为全国关心下一代先进工作者。2008年12月被福建省委组织部、省老干部局、省文明办、省关心下一代委员会评为省关心下一代先进工作者。

王竞书画、诗词、文艺作品曾多次参加大赛。1992年获第二届“红军杯”书法大赛一等奖。1994 年获“晋安杯”杂文大赛二等奖。1998 年获“三泽杯”散文大赛二等奖。1999 年获“中旅杯”旅游文化大赛二等奖。2002 年 9 月获首届“新世纪杯”世界汉诗大赛一等奖。2003 年 6 月被当代中华诗词评审委员会授予“中华当代诗神”称号,7 月被古典文化艺术研究所等授予“当代诗坛百杰”称号。2007 年 10 月被中国文艺家创作协会、中国当代慈善艺术家评选委员会评为“中国当代慈善艺术家”称号。2007 年 11 月被中华诗词发展委员会评为当代诗词创作终身最高荣誉奖。2008 年 1 月被《2008 年春节楹联大观》编委会评为一等奖,并编入《2008 年楹联大观》一书。论文《“三个代表”重要思想继承和发展的辩证统一》被首届全国人文社会科学优秀学术文献委员会和《世纪辉煌——中国改革先锋录》编委会同时评为优秀论文一等奖。在中华人民共和国成立 55 周年优秀论文征文评选活动中,被主办单位《中国经济》杂志社、中华人民共和国成立 55 周年系列丛书编委会、北京九州同庆文化交流中心评为特等奖。论文《试论“听党指挥、服务人民、英勇善战”》被中华人民共和国成立六十周年典藏珍选丛书编委会评为特等奖。近年来先后出版《桑榆吟草》诗词集、《凤山涛声》《梅溪流霞》等文集。业集编入《中华名家》《中华专家学者名流大辞典》《世界优秀专家人才名录》《全球华人文化艺术优秀名人大全》和《中华文明榜》等。

缪成桂　1927 年 3 月出生在角斜乡五坊村。1943 年 6 月,他踊跃报名参军,更名为缪贵山。当时粟裕率领的华东野战军二十三支队驻扎在东台三仓。从此他就跟随粟裕走上从戎生涯,成了粟裕身边的勤务兵,在部队里人人都称他为“小毛孩”。此后,他跟着部队从三仓到达江南茅山,继续抗日。1946 年解放战争开始后,缪成桂所部扎营山东青岛。1947 年在孟良崮战役中,所部全歼国民党军队整编的精良部队七十四师,粉碎了国民党对山东解放区的重大进攻。在“淮海战役”中他加入了中国共产党。1948 年他所部转战到东北。1949 年 4 月他又参加了渡江战役,他在前后参加的战斗中立功多次,身体受伤 13 处。1952 年在抗美援朝中,肠子被炮弹炸露出来,后送往前线医院救活。当时他是正营级干部。1955 年他被调到祖国的大西北参加当地建设,后任银川平罗县文化馆长。1957 年反右派中受过迫害,6 个月后,被遣返回家乡(当时属周庄乡)。1958 年到海安县民政局养老院当过司务长,一年后指派到海安烈士墓参加管理工作。1969 年,受中央指示,落实政策后他又到大西北恢复原职,任文化馆长,3 个月后因故又回到故乡,属离休干部。

陈汉池　原名潘文才,1928 年农历六月廿四日出生在沿口乡蔡凌村,出生仅 4 天,父亲就病故。此后与母亲、姐姐相依为命,过着艰难困苦的生活。1947 年农历七月初八,被国民党军四十九师七十九旅抓去服劳役,后被强迫服兵役,万般无奈之下他就易名“陈汉池”。不久陈汉池所在的国民党部队被从南通天生港乘船送往东北,住宿锦州“北庙子”一带。1 个多月后的一天,遭东北解放军夜间袭击,解放了陈汉池等被俘人员,从此他加入革命队伍,在东北一个叫“三湾子”的地方学习不到 1 个月,就补充至东北解放军第八纵队。部队白天住在群众家里,夜里活动频繁,他跟着部队学习练兵一直到 1948 年秋天。当时锦州城外,白天上空敌机不时盘旋轰炸,白天只能趁着敌人轰炸的间隙操练打仗的战术,夜间挖防守轰炸的地道。几周后,部队派他参加运送爆破筒的任务,被敌炮弹炸伤大腿和头部,受到重伤,昏迷不醒,被送到后方治疗 2 个多月重新回到部队。1949 年初,第八纵队更名为四十五军一百三十五师。从华北杨柳青出发,一直徒步途经陇海铁路后过长江,一路上战斗频繁,最为激烈又艰难的一仗是“衡堡战役”,在山区里打了几天几夜才大获全胜。到达目的地,历经 4 个多月。1950 年,陈汉池参加广西山区剿匪一年,任班长。1951 年,他积极报名参加抗美援朝,而部队领导把他们这些老战士派往河南商丘步校去学习,在学习中他刻苦研读,被评为“上等生”,升任排长。1953 年秋,步校毕业后,他奔赴朝鲜战场,坚守在抗美援朝前线部队阵地上,6 个月后,奉命回国。1955 年任连长职务。在多次战斗中受过伤,立过功。1963 年,陈汉池由部队转业到地方,先到大公供销社任副主任,后到沿口供销站任经理。1966 年,又到曹元供销站任经理。1971年到角斜管理市场。1978年到李堡工商所工作。1983年离休。

曹莲凤　女，角斜镇原天奎村人，1944年生。1960年参加民兵。1965年1月参加江苏省军区民兵大比武，82迫击炮简易无依托射击三发三中，作为角斜女炮兵班长兼第一炮手的曹莲凤一举成名。此后，她先后受到粟裕、许世友、傅秋涛、廖汉生、迟浩田、曹刚川、常万全、固辉、朱文泉等数十位将军接见并合影留念。1965年9月，加入中国共产党。1968年8月，任江苏省革命委员会常委。1969年4月，被推选为中国共产党第九次全国代表大会代表。1973年1月，任县委副书记。3月，任省妇女联合会副主任。9月，任中国共产党第十次代表大会代表，作为主席团成员受到毛泽东主席、周恩来总理接见。1970—1980年，连续3届任江苏省委候补委员。1981年，任角斜镇党委副书记。1991年，任海安县政协专职常委、提案委员会主任。2004年退休。2017年8月1日，建军90周年，国防部点名直接邀请曹莲凤参加建军90周年纪念大会等系列周年纪念活动，全国仅有5名老民兵代表参加，她是江苏唯一参加此次活动的老民兵代表。

李德明　1946年生于原旧场乡顾陶村。1965年考入北京大学，1970年毕业于北京大学西方语言文学系。曾在济南军区后勤部农场、山东省委组织部、山东省委宣传部、中国赴毛里塔尼亚专家组、驻毛里塔尼亚大使馆工作。1986年调省旅游局工作，历任处长、党组成员、副局长、局长、党组书记等职。现任山东省政协常委、省政协港澳台外事委员会副主任、山东省旅游行业协会会长。应聘担任联合国世界旅游组织专家委员会委员、中国社会科学院旅游研究中心特约研究员。

在山东省委宣传部工作期间，参与地方外宣工作的开创奠基。主持省旅游局工作期间，经历山东旅游业从旅游资源大省向旅游经济大省的跨越。在长期的工作和涉外活动中，发表大量演讲，接受了众多媒体访谈，撰写了诸多文稿，编撰了一系列外宣和旅游专著。

潘朗哉　1947年1月出生于原旧场顾陶村，革命烈士子女。1968年3月参军入伍，是年8月加入中国共产党。历任南通市中队战士、副班长、班长；南通市人武部干事；江苏省军区政治部干事、副处长；南京军区炮兵干休所政委、党委书记；江苏省委台办副处长、处长；省委台湾工作办公室、省人民政府台湾事务办公室副主任；省政协港澳台外委会副主任、省政协委员等职。在省台办工作期间，为贯彻落实党的对台工作方针政策，推进两岸交流合作，吸引台商台资，促进江苏经济健康快速发展做出大量有益的工作。

高洁　1946年出生于南通市一个民族资本家家庭，初中毕业后，1963年11月9日，乘“机器快”（轮船）插队到海安县沿口公社滩河村六组，勤快灵巧，好钻研，先后发明了水泥抛物面聚光太阳能灶、风力抽水机、手动压力泵，改进沼气池等。70年代至80年代初，《新华日报》《光明日报》《中国青年报》报道多次，角斜党委、政府将他作为知青的重大典型，总结推广“太阳能村”的经验，介绍他如何在广阔天地大有作为的先进事迹，中央人民广播电台、电视台、中央新闻纪录制片厂拍摄专题片，介绍了他的发明成果。高洁多次被评为新长征突击手，获团中央表彰，推选为南通市政协委员、县政协常委。

随着改革的发展，高洁被招为海安县太阳能研究所职工，由于他不安分的个性，出于钻研实践的需要，和当时县太阳能研究所的领导发生矛盾。为此，他于1980年6月15日向中南海写信，万没料到，5个星期后，就得到回音，党中央总书记胡耀邦在他的信上作出批示“转江苏省委周泽同志，总的方针应该是注意效果，实事求是，埋头苦干，逐步前进”，使他的研究工作有了转机。从此，高洁结下伟人缘。1989年，胡耀邦逝世，高

图23-11　高洁

洁两次骑自行车，多次驾驶自制的太阳能电动小车，风餐露宿，到江西共青城为之扫墓，到北京拜访胡耀邦夫人李昭，并合影留念，多家媒体报道。

陆宝荣 1954年出生在角斜镇一个普通农民家庭。他勤奋读书，好学上进，品学兼优。高中毕业后，他怀揣那份绿色的梦投奔了军营，考军校提了干，一干就是30年。2002年9月，国务院中央军委一纸调令，把陆宝荣从驻守在素有“天堂”美誉的无锡太湖之滨某部调任西藏武警总队政治部主任。又是一个9年，陆宝荣用一生的情怀恪守着对祖国的忠诚。他在办公室常边吸着氧气边工作，宿舍里各种抗缺氧的药、预防高原疾病的药放了几抽屉，也就是这几年，陆宝荣的足迹踏遍高原的山山水水，从圣城拉萨到西藏江南林芝，从万里羌塘到藏南古地，从藏东重镇各都到世界屋脊阿里，他涉冰河，过雪峰，穿草原，进源山，深入边关哨卡，检查工作，看望官兵，留下他的满腔深情。陆宝荣动情地说：“西藏苦不苦，肯定苦，我们都知道苦，但为了边疆的稳定，我们苦，值得。我们苦了，西藏人民就不苦，祖国和人民就放心，我们要永远牢记，自己是党和人民的忠诚战士。”

陆宝荣献了青春，献子孙。他把自己大学毕业的儿子送到西藏武警总队当兵，用他儿子的话说：“我下决心来西藏，一是来陪爸爸，二是到这里锻炼自己，那些和我年龄相仿的战士能来西藏吃苦，把自己的青春甚至生命献给西藏，我有什么不可以呢？”

沈志华 1963年9月生于角斜公社红武大队。1980年入伍，先后毕业于空军第一航空机务学校、信阳师范学院、中国人民解放军国防大学，先后获硕士、博士学位，曾任空军第一航空学院和国防大学教员、国防大学马克思主义教研部经济学教研室主任、海军驱逐舰第9支队代理副政委、国防大学军队建设与军队政治工作教研部副主任等职，立三等功4次，任军事科学院军队政治工作研究院院长、教授、博士生导师，少将军衔。出版有《中国国防科技工业寓军于民研究》《国防经济学》等学术著作，主持多项国家、军队级重点研究课题，在《人民日报》《经济学动态》《中国军事科学》等报刊发表学术论文70余篇。

缪剑华 1961年1月生于角斜镇五凌村，1979年12月入伍，2000年9月，由北海水警区装备部部长，正团职转业。后为美国高加州大学工商管理和菲律宾国立大学商业经济学博士。

图23－12 缪剑华

2001年3月起担任广西药用植物园主任，长期致力于药用植物资源保护与可持续发展研究工作，在学科创建、产业发展等方面均取得突破性进展，创建药用植物保育学科，构建全球最系统的药用植物保存技术体系，实现“世界级药用植物园”的战略目标。主持完成多个国家和广西重大中医学产业项目，获国家科技进步二等奖，获第七届国家卫生计生突出贡献中青年专家称号，被誉为爱国拥军模范，全国模范军转干部和军营中走出来的“李时珍弟子”。

2012年4月，中共中央总书记、国家主席、中央军委主席胡锦涛视察广西药用植物园，并与缪剑华合影留念。

法禅 张家港市香山寺住持，宿豫区佛教协会会长。俗名冒建华。1974年出生，角斜范堑村人。1991年7月，依苏州寒山寺性空大和尚出家。1993年7月—1995年7月，就读中国佛学院灵岩山分院。1994年11月，得戒于苏州西园寺安上大和尚。1995年7月，任香山寺监院。1997年7月，任苏州佛教协会常务理事。1997年10月，参加江苏省宗教中青年骨干读书班学习。1998年1月，任张家港市政协常委。

图23－13 法禅

2000年，任张家港市佛教协会副会长兼秘书长。2004年12月，荣升香山寺方丈。2007年10月，应宿迁市宿豫区民族宗教事务局礼请，任来龙古寺住持。12 月，任宿豫区政协委员、宿迁市政协委员。2008 年 8 月，任宿豫区佛教协会第一任会长。

法禅法师进入佛门后，勤学苦修，以实现禅宗旨要为毕生奋斗目标。初任香山寺监院时，千年名刹荡然无存，重建工程刚刚起步。法禅法师身体力行，带领全寺僧众夜以继日，挥汗苦干。首期工程完成不久，又马不停蹄地筹划二期工程，同时，抓好内部管理，建立健全各项管理制度，确保寺院各项活动规范有序地开展。1998 年起，香山寺先后获先进集体、五好宗教活动场所等称号。2006 年，香山寺从西安迎请佛祖释迦牟尼佛真身舍利，成为张家港市唯一拥有佛身舍利的寺院。2007 年，香山寺又规划新建五百罗汉石窟。2008 年，举行盛大的五百罗汉开光法会，随后举行主题为“佛缘香山 · 和谐港城”的佛教音乐会。

在不断完善寺院建设的同时，法禅法师致力遵循“诸恶莫作，众善奉行”的立教宗旨，积极参加社会公益性活动，先后为赈灾、扶贫、助学、环保、绿化诸方面捐资上百万元。

第四节　革命烈士

一、烈士传略

周银生　1925 年 2 月 12 日生于沿口镇范堑村，因生活所迫，父亲周发锦带着妻子和襁褓中的周银生流浪到上海做苦工度日。周银生 12 岁那年，日军侵占上海。周发锦一家只好回到沿口老家。1942 年，新四军民运工作队在角斜、沿口一带宣传抗日，组织农抗会，实行“二五减租”。17 岁的周银生在民运工作队带领下，积极参加减租减息、除奸反霸斗争。1943 年 2 月，周银生被选为范堑乡农抗会会长。不久，加入中国共产党。夏季，又被选为范堑乡乡长。当时在范堑乡流传着一首民谣：“范堑乡，有名堂，18 岁伢儿当乡长；办事情，有主张；开大会，把话讲；心靠党，斗志刚；反伪化，决心强。”

1944 年春，周银生任范堑乡指导员。他经常利用黑夜带领武工队潜伏到敌人碉堡脚下，贴标语，摸岗哨，搞得敌人六神不安。当时沿口、居湾、堡河口一带驻着 1 个营的伪军，常到范堑乡奸淫烧杀。一天夜里，范堑乡伪乡长邱某带领伪军突然冲进周银生家里，抓走周银生父亲周发锦，并扬言：“周银生带头交出捐税，就放周发锦回家。”周银生得知这一消息后，斩钉截铁地说：“敌人捉人，我们也会捉人，他杀人，我们手上也有刀。伪捐税就是一分不交！”并公开叫人带信给伪乡长，要他 3 天之内放人，伪乡长邱某不得不把周发锦放了回来。

1946 年下半年，周银生带领武工队在范公堤南北坚持斗争。8 月 12 日，李堡战斗中溃散的 10 多名国民党军队士兵，逃窜到范堑乡金庄村，周银生带领武工队飞奔来到金庄村，在一块低洼的草地里歼灭了这股敌人，缴获两支驳壳枪，受到上级的表扬。

在惩奸工作中，周银生严格执行党的政策，做到不冤枉一个好人，也不放过一个坏人。一次乡儿童团团长金某和居某听人说李某任过伪保长，就将李某抓了起来。周银生知道后，对金、居二人进行批评教育说：“我们共产党人是为人民大众谋利益的，这次惩奸主要是为人民拔钉子，我们在做这项工作时，一定要掌握情况，坚持政策，没有组织上的决定，你们不可以随便抓人。”并亲自为李某解开了绳索。当发现顾某、张某、冯某与敌人内外勾结，进行破坏活动时，周银生派人将这 3 人一举抓获。经上级批准，处决了首恶分子顾某，从而打击了敌人，鼓舞了人民，打开了坚持敌人斗争的局面。

1947 年初，周银生任角斜区副区长。4 月初，华中野战军十一纵队南下攻打李堡。战前，周银生与居宝奎等带领地方武装搞后勤、作向导，协助部队攻克了新藏庙据点。

周银生、居宝奎、吴方林三人在配合主力攻

打李堡期间，接连数天没有得到休息。4日，周银生等完成任务后，转移到朱广余家休息，不料，遭范堑乡敌自卫队员杨某密报，从栟茶支援李堡的一支敌军逮捕了周银生、居宝奎、吴方林三人。任凭敌人施用什么毒刑，他们一句话也不说。5日，他们面对敌人的枪口高呼“打倒反动派！”“中国共产党万岁！”3人同时壮烈牺牲。

居宝奎 沿口居湾村人，1944年参加革命，积极参加“二五减租”斗争。1945年任居湾乡民兵中队长，同年加入中国共产党。1947年任角斜区游击连副连长。4月，在华中野战军攻打李堡期间，居宝奎带领游击连积极配合部队作战，搞支前。

吴方林 沿口乡树园村人，1941年5月参加革命，任村干部。1942年加入中国共产党。1944年任范堑乡农抗会会长。1946年加入角斜区游击连任战士，积极参加打游击和地方斗争。1947年4月，跟随游击连配合主力攻打李堡期间，参与后勤工作。

居宝连 沿口居湾村人，1924年出生于一户中等农民家庭，兄弟3人中，他和大弟宝奎先后参加革命。

1943年，居宝连在新四军民运工作队影响下参加新四军。1944年加入中国共产党，1945年参加李堡区游击连任连长，积极参加“二五减租”斗争，1946年踊跃参加土地改革，1947年领导区队战士参加反夺田、反收租的斗争，每天夜间往返于范公堤两侧打游击，收公粮，宣传鼓舞群众除奸反特，与敌人进行针锋相对的斗争。

1948年7月12日，居宝连带着数名战士冒着倾盆大雨，泅水过河来到堤南侦察敌情，不料，被敌便衣队发觉，跟踪追击。为了掩护战士们撤退，他一个人阻击敌人进攻，子弹打光，退至沿港河边时，身负重伤，不能行走，被敌人捉住，敌人凶残地割下他的头颅，将他的遗体送到他家门口，把他的头挑在刺刀上示众3天。

王广元 又名王广友，角斜五坊村人，王广圣烈士胞弟，排行老二。1944年10月参加革命，先后任角西乡民兵、角斜区队战士、通讯员、苏中一、九分区交通站交通员。1946年3月加入中国共产党。

姜桂来 1920年10月12日生于角斜五坊村的一户贫苦农家。1943年参加革命，不久任角西乡民兵中队长。1945年任区游击队战士、侦察员。1946年任苏中一、九分区交通站角斜联络站交通员。他与王广元既是同事又是挚友，二人曾站在毛泽东主席像前宣誓，决心同生死、共患难。

1947年4月18日，王广元和姜桂来二人完成情报传递任务，从九分区回一分区，两人拉开距离，途经沿口老庄渡口时，由于叛徒毛某告密，王广元被沿口乡敌自卫队捕获。姜桂来见王广元被敌人捉住，前往营救，假装劝解，夺得敌人1支手枪。但敌自卫队大批拥来后，姜桂来被刺一刀，落入敌手。

王广元、姜桂来二人被敌人带至新藏庙东侧，王广元被刺18刀，姜桂来被刺27刀，二人同时壮烈牺牲。

钱长友 角斜五坊村人。1945年参加革命，先后任武工队战士、五坊村村委会主任等职。1946年10月，任苏中一、九分区交通站交通员。1947年10月21日与交通员王广圣同时被捕。在角斜敌据点被关押的17天中，多次受刑，均无口供。11月7日，在角斜东岳庙荒场，敌人逼着他挖塘、挑水、搅泥浆，最后被敌人推入泥浆中活埋。

王广圣 角斜镇五坊村人，父母早逝，兄弟3人中他排行老大。1940年参加革命，1941年加入中国共产党。解放战争中，王广圣的家成为一、九分区的秘密交通站。1946年年底，王广圣经党组织介绍到九分区城东交通站任交通员，具体负责一、九分区之间李堡至角斜干线上的交通工作。他每次都能安全及时地完成护送人员过境和情报传递任务。

1947年，苏中地区敌情紧张，敌占区内的交通联络点线都处于十分危险的阶段。王广圣不顾危险，仍然积极负责，坚持原地斗争，白天他化妆后侦察或掩护战友侦察敌情，夜晚迅速及时地将情报送过封锁线。是年10月21日中午，一、九分区的交通员正好来到他家，他便以请人帮助种麦为名，请大家吃饭。此时正值敌角斜守卫队和自卫队下乡“扫荡”，发生战斗后，蔡景桂、蔡美祥等人突出包围，杨十余当场牺牲，王广圣和钱长友被捕。他被敌人带至角斜自卫队部，两次刑讯，毫无口供。11月22日，王广圣被敌人枪杀。

吴浦泉　字亚五，1921年生于角斜龙潭村。父母生养了4女3男，兄妹7人中他为长子。家里有自耕田二三十亩，是一个比较富裕的农家。他7岁时入角斜小学读书，小学毕业后入如东栟茶中学读书，后入东台农垦大学读书。

1941年，吴浦泉农垦大学毕业后到南通新三余“大有晋盐垦总公司”实业保安队任军需员。1944年到上海谋生。1946年参加革命，同年加入中国共产党。1949年1月，吴浦泉受上海地下党组织的派遣，秘密打入国民党上海市党部，为文职人员。他经常利用工作之便为共产党提供国民党军事情报。吴浦泉在搜集情报时，常常将密件夹在报刊中带到一所为掩护地下党工作而创办起来的小学，交由几位地下工作人员连夜抄写（其中有烈士的妹妹吴赤民参加）。第二天一早再秘密送回原处。在从事地下工作中，吴浦泉忘记了疲劳，置危险于度外。是年5月9日，吴浦泉在参与搜集浦东敌江防军事防御图时，被混入地下情报联络网内的军统特务冯雪松探悉。因而许多地下工作人员遭到逮捕。5月11日夜间，吴浦泉在迪化路（乌鲁木齐路）被毛森逮捕。

吴浦泉被捕后，旋即被特务押送到黄浦分局。在狱中，吴浦泉表现十分坚强。在敌人的酷刑下，虽然被打得皮开肉绽，但他始终没有向敌人吐露丝毫党的秘密。5月19日，上海国民党反动派将吴浦泉等18位地下工作者押至上海宋公园（现闸北公园），对他们进行疯狂的集体屠杀。吴浦泉牺牲时年仅28岁。上海解放后，上海市军管会政务接管委员会指导成立上海宋公园十六烈士殉难治丧委员会。同年7月16日，在上海西藏中路的上海大戏院举行追悼大会。

王直夫　又名王宝生（1918—1946），出生于江苏省泰兴县河落镇河头村八组一个贫苦农民家庭里，他从小就聪明好学，在学校里阅读过许多进步书刊，从中探求革命真理。他具有强烈的爱憎感情和坚定的革命信念，这为他后来走向革命道路奠定了坚实的思想基础。

1935年，王直夫受父母革命思想的影响，来到泰兴庙头庄一带一边教书，一边从事地下工作。1950年，因暴露了身份，他便离开了学校，直接投身到公开的革命活动中，参加当地的农抗会，组织妇抗会，建立革命政权，机智而顽强地和敌人展开斗争。同年秋，年仅21岁的王直夫因工作能力强，工作出色，被上级党组织安排任宣堡区、广陵区土地登记员、统计员。新四军东进时为了开辟新的抗日根据地，上级又调王直夫到泰县负责土地登记工作。

1940年，王直夫加入中国共产党。抗战胜利后，王直夫被调到李堡区任区长兼财粮股股长。同年秋因革命斗争需要，上级决定撤销李堡区，建立角斜区，王直夫又任角斜区区长。在角斜，敌我斗争的形势越来越紧张，王直夫坚持依靠党的领导，发挥集体智慧，深入发动群众，建立地方武装，他在南到栟茶运河，北到范公堤北，东至滩河，西至堡河区域内和敌人展开机智灵活的斗争。白天，他隐蔽在草丛里、河塘里或开会研究对敌斗争的形势，或向群众宣传革命的道理；夜晚他们走村串户，发动群众。风餐露宿，奔南闯北，挨饿受冻，遭蚊叮咬是家常便饭。

1946年，在党中央颁发“五四”土改法后，王直夫主持全区的土改工作，根据上级指示，他在乡里建立“翻身委员会”，在村里成立“翻身小组”和“保田队”。一次在周庄召开干部大会，他向各乡村干部提出一定要宣传发动群众对开明地主、富农采取宽大政策，与农民分得同样的土地。他组织召开地主、富农会议，向他们宣传共产党政策，动员他们认清形势，交出土地和佃户的田契，由翻身委员会和农会统一分配，讲明土地应由农民耕种，实行“耕者有其田”。在他组织发动下，角斜区土改工作搞得轰轰烈烈，井然有序。

是年6月，内战爆发，在苏中战役期间，王直夫加强地方武装力量，向部队输送兵员，动员参军，为部队做好后勤保障供给工作。他把角斜干部群众动员起来，积极投入支援华中野战军抗击顽敌的战斗中去。在李堡战斗中，王直夫先是带领侦察员侦察敌人的动静，接着率领武工队员去挖断敌人的交通要道，剪断敌人的电话线，在战斗打响后，他不顾个人安危，带领大家冒着枪林弹雨，源源不断地把馒头、茶水、武器弹药等送到前沿阵地，他亲自抬担架上阵，救护伤病员。战斗结束后，又组织民兵清理战场，破坏敌人的战壕，他不顾劳累，还和游击队员在李堡东头杨庄一条河里打捞了11支步枪。全区武装人员和民兵缴获敌人步枪150多支，子弹2000多发和军用物资若干，从而武装了游击队，壮大了自己的力量。

1946年11月，驻栟茶、李堡、角斜等据点敌人经常不分昼夜地出动，袭击游击队，逮捕杀害区乡村干部和革命群众。在反敌人多次“扫荡”中，王直夫忠于职守，处置得当。12月21日，王直夫和区公所的一道，在范公堤以北来南、光明西乡布置工作。紫石县公安局侦察科科长张建明召集栟茶运河以北6个乡的指导员、乡长、大队长在栟茶运河之南的井儿庄召开秘密会议，传达上级的“县不离县，区不离区，乡不离乡，村不离村，坚持敌后斗争，建立区武工队”的指示。接着，王直夫号召大家为了巩固红色政权，夺取最后胜利，坚持原地斗争，组织大家宣誓“誓与角斜人民同生死，共命运，将革命进行到底”。王直夫将各乡指导员、乡长、民兵大队长、武装民兵等37人组织起来，建立区武工队(对内称一个排)。当晚建好编制，发了枪支，并察看地形，大家商定，如有情况，往西或往南撤，明天傍晚到草荡头(沿南乡内)再集中。由于连日奔波，晚上又跑了几十里路，加之开了几个小时的会议，大家都疲惫不堪，和衣躺下很快进入梦乡。

第二天天色微明，蔡景桂一觉醒来，只见漫头大雪，能见度极低，他在查岗察看地形时，发现不远处一个挖萝卜的妇女拿着小锹举过头在挥舞着，他感到很奇怪，再定眼一看，不好，再远处一大批穿着军装的趴在地下，是反动派，还像蚂蚁一样往前蠕动，越逼越近，原来是敌六十五师一三五团驻角斜的守备队一个连100多人，得到奸细的告密，趁着浓雾向角斜区队袭击而来。情况万分危急，而角斜区队方完全处于毫无戒备的状态，蔡景桂立即向敌人“叭叭”两下子鸣枪警报，拔腿向西奔，一面高声大叫“有情况”。听到枪声，区公所、武工队的人都拿起武器冲出屋外，这时排长陈志根和蔡景桂阻击敌人，命令部队向西撤，带领人到码头，警卫员吴方贵说：“区长，往西撤。”区长说：“不，往南撤，分散敌人的力量。”3人边打边撤，连续游了两条河，越过几条沟汊，这时身上的棉衣全部湿透，又冷又重跑不快，然而为了掩护西撤的同志，3人还是拼命往南。突然，王区长一趔趄，敌人的一颗子弹中了他的右腿，顿时血流如注，但他全然不顾，王区长往前又跑了几步支持不住倒了下来，顺势抬手朝后又是八枪，吓得敌人又赶紧趴在地上，警卫员吴方贵立即把王区长驮在背上，张科长阻击掩护，走了一里多路，敌人追近了，子弹在他们身边“嗖嗖”地飞过，王区长从小吴背上窜下来，命令小吴赶快撤退，小吴舍不得丢下区长，王区长把枪一挥“我命令你走，不走就是违抗组织上的命令”。小吴只好放下区长，含泪向西奔去，跳进一条小河里，用柴草盖在头上才躲过了敌人，张科长又接着要驮王区长，这里王区长已失血过多，脸色苍白，他知道自己难以行动，可能逃不过敌人的魔掌。他把生死置之度外，当机立断，请张科长赶快走，张科长死也不肯，坚持背了一段路，到了缪家尖，此时敌人“哇哇”的叫声已经很近了，他们朝天放枪，妄想抓活的，王区长忍着伤口剧痛，把张科长推到身边的一条小河里，然后向敌人开枪，把敌人的子弹引向自己，以掩护张科长，子弹打光后，为了不让革命的枪支落到敌人手中，王区长镇定自若地把自己心爱的一支驳壳枪全部拆下扔到河里。穷凶极恶的敌人蜂拥而上，王区长不幸被捕了。敌人要他投降，王区长坚贞不屈，怒目视敌，宁死不从，敌人软硬兼施，黔驴技穷，始终未使王直夫屈服，敌人无可奈何，在他的身上胡乱戳了几十刀后，又开了几枪，年仅28岁的王直夫就这样壮烈牺牲了。

蒋海兵(1975—1994) 海安县老坝港乡人，1993年6月李堡中学毕业后，回乡参加基干民兵组织，任一排三班副班长。1993年8月，编入民兵应急分队。1994年1月19日，蒋海兵随船出海作业，在同船一青年即将掉进海里

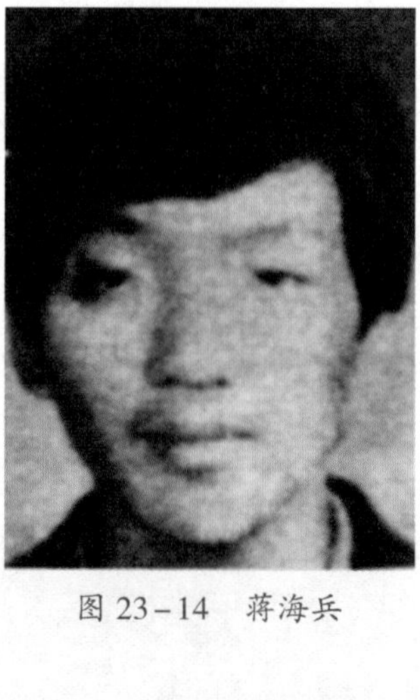

图23-14 蒋海兵

时，奋不顾身将其抱住，不幸同时落海。他三次放弃生存机会，顽强地将同伴推托上船，自己被海流卷走，献出年轻的生命。2月23日，县委、县政府、县人武部作出题为《关于开展向蒋海兵同志学习活动的决定》。次年1月，江苏省政府、省军区授予其“舍己为人好民兵”荣誉称号，并追认为烈士。

二、烈士简介

角斜（88人）

吴国章　1922年出生，角斜镇五虎村人，1940年参加革命，生前为苏中军区特务团战士，1944年在淮阴车桥因战牺牲。

徐大友　1928年8月出生，角斜镇周庄村人，1946年8月参加革命，生前为华中野战军六纵队四十六团二营五连一排二班战士，1946年11月在涟水因战牺牲。

王广林　1927年6月出生，角斜镇龙潭村人，1945年3月参加革命，生前为二十九军八十五师二五五团战士，1950年在金门因战牺牲。

冯志荣　1927年4月出生，角斜镇五虎村人，1946年9月参加革命，生前为华中野战军六纵队五十三团一营战士，1946年11月在涟水因战牺牲。

顾用凤　1922年出生，角斜镇汤灶村人，1942年2月参加革命，生前为李角区游击连副连长，1945年7月在沿口因战牺牲。

符成贵　1930年3月出生，角斜镇周庄村人，1946年参加革命，生前为志愿军二十四军后勤部医疗所助理军医，1952年11月在朝鲜因战牺牲。

曹连甫　1919年出生，角斜镇堤北村人，1944年5月参加革命，生前为华中野战军一师三旅七团机枪连班长，1946年8月在海安因战牺牲。

潘一贵　1923年出生，角斜镇王墩村人，1944年参加革命，生前为华中野战军一师三旅三团二营战士，1946年8月在如皋因战牺牲。

沈连华　1926年出生，角斜镇来南村人，1940年3月参加革命，生前为华中野战军六纵队五十三团班长，1946年12月在山东兖州因战牺牲。

张怀仁　1926年7月出生，角斜镇五虎村人，1945年参加革命，生前为华东野战军十一纵队三十二旅九十四团战士，1948年12月在淮海战役中牺牲。

张德仁　1924年出生，角斜镇堤北村人，1946年10月参加革命，生前为华中野战军一师二旅六团二营六连战士，1946年12月在鲁西南因战牺牲。

杨广林　1957年1月出生，角斜镇汤灶村人，1976年3月参军，生前为海军东海舰队后勤部勘察队战士，1977年1月在福建罗源因公牺牲。

杨志和　1922年2月出生，角斜镇王墩村人，1942年3月参加革命，1943年加入中国共产党，生前为苏中四分区东台独立团战士，1945年9月在东台安丰因战牺牲。

范迪和　1926年8月出生，角斜镇来南村人，1943年参加革命，生前为苏浙军区三纵队九支队三营八连战士，1944年12月在浙江荷叶山因战牺牲。

苏春富　1919年出生，角斜镇五虎村人，生前为角斜乡桥中村村长，1947年9月在角斜被捕牺牲。

居柏存　1929年出生，角斜镇堤北村人，1947年参加革命，生前为华东野战军十一纵队三十一旅九十三团战士，1948年11月在淮海战役中牺牲。

康仪才　1928年5月出生，角斜镇五虎村人，1944年参加革命，1948年8月加入中国共产党，生前为志愿军侦察排排长，1951年2月在朝鲜因战牺牲。

钱一才　1927年10月出生，角斜镇天奎村人，1945年参加革命，生前为华东野战军六纵队十六师四十六团战士，1948年11月在淮海战役中牺牲。

吴国银　1921年1月出生，角斜镇五坊村人，1941年参加革命，生前为华中野战军一师排长，1947年1月在山东枣庄因战牺牲。

吴国志　1911年9月出生，角斜镇汤灶村人，生前为角斜乡来南村翻身组长，1948年1月在李堡被捕牺牲。

吴国成　1926年6月出生，角斜镇汤灶村人,1944年加入中国共产党,生前为角斜乡来南村民兵中队长,1948年1月在李堡被捕牺牲。

吴雨生 1926年出生,角斜镇龙潭村人,1943年参加革命,生前为苏浙军区八支队一营三连一排一班战士,1944年1月在浙江石鼓山因战牺牲。

沈十桂 1925年出生,角斜镇龙潭村人,1942年参加革命,原东台独立团副排长,1947年9月在鲁西南因战牺牲。

缪志友 1927年出生,角斜镇周庄村人,生前为常备民工,1949年5月在上海松江因战牺牲。

缪三桥 1922年11月出生,角斜镇五坊村人,1940年参加革命,1941年加入中国共产党,生前为角斜乡乡长,1947年4月在角斜新缪被捕牺牲。

缪四余 1910年出生,角斜镇五坊村人,1941年参加革命,1943年加入中国共产党,生前为角斜乡指导员,1947年4月在角斜新缪被捕牺牲。

缪振林 1925年出生,角斜龙潭村人,1944年8月参加革命,生前为新四军老二团战士,1945年2月在浙江因战牺牲。

徐瑞盛 1916年1月出生,角斜镇团结村人,1940年参加革命,1943年加入中国共产党,生前为周庄乡乡长,1947年7月在李堡被捕牺牲。

李志春 1915年出生,角斜镇五坊村人,1942年参加革命,生前为角斜区游击连战士,1943年9月在角斜三官殿因战牺牲。

李长银 1923年出生,角斜镇龙潭村人,1943年参加革命,生前为华东野战军八纵队十八师五十二团副连长,1947年5月在孟良崮战役中牺牲。

金九凤 1924年出生,角斜镇双龙村人,1946年加入中国共产党,生前为角斜乡双龙村民兵中队长,1946年7月在角斜被捕牺牲。

冯祖江 1925年出生,角斜镇五坊村人,中共党员,生前为角斜乡福根村村长,1947年11月在李堡被捕牺牲。

杨盛余 1921年出生,角斜镇五坊村人,生前为角斜乡福根村副村长,1947年9月在福根村被捕牺牲。

许正文 1915年出生,角斜镇龙潭村人,生前为角西乡龙潭村翻身组长,1946年1月在角斜被捕牺牲。

张启胜 1927年9月出生,角斜镇龙潭村人,1943年参加革命,生前为苏浙军区三纵队七支队一营三连一排一班战士,1945年在浙江孝丰因战牺牲。

丁招 1924年4月出生,角斜镇角斜村人,生前为二十四军七十二师二一五团排长,1949年4月在南京因战牺牲。

董继和 1900年出生,角斜镇角斜村人,生前为角斜镇地下情报员,1943年在角斜镇被捕牺牲。

刘文山 1913年4月出生,角斜镇双龙村人,1944年加入中国共产党,生前为角斜乡双龙村民兵中队长,1947年11月在东台康家敝被捕牺牲。

居杰 1922年出生,角斜镇角斜村人,生前为角斜镇地下情报员,1944年7月在角斜被捕牺牲。

汤情 1919年出生,角斜镇龙潭村人,1942年加入中国共产党,生前为角西乡龙潭村村长,1947年1月在李堡被捕牺牲。

张有成 1901年出生,角斜镇龙潭村人,生前为角西乡龙潭村行政组长,1948年10月在李堡被捕牺牲。

赵九才 1915年4月出生,角斜镇周庄村人,生前为周庄乡花鱼村村长,1948年1月在沿口居家湾被捕牺牲。

陈广明 1923年出生,角斜镇王墩村人,1941年参加革命,生前为东台独立团班长,1944年6月在东台小海因战牺牲。

陈九山 1912年9月,角斜镇五虎村人,1945年6月加入中国共产党,生前为角斜乡桥中村翻身组长,1947年4月在角斜因战牺牲。

王天奎 1926年出生,角斜镇天奎村人,生前为角斜乡民兵,1944年7月在角斜乡五虎村因战牺牲。

李金 1925年10月出生,角斜镇五虎村人,1943年参加革命,生前为新四军一师一旅三团战士,1944年3月在淮安车桥因战牺牲。

夏锦洋　1895年出生，角斜镇王墩村人，生前为角西乡龙潭村翻身主任，1947年10月在角斜被捕牺牲。

朱六情　1909年出生，角斜镇王墩村人，生前为角斜来南乡联合村翻身组长，1947年9月在角斜大码头被捕牺牲。

崔世广　1924年出生，角斜镇五坊村人，1944年参加革命，生前为苏浙军区三纵队八支队一营三连一排战士。1945年6月在浙江牛头山因战牺牲。

李炳山　1928年12月出生，角斜镇人，1944年3月参加革命，生前为苏浙军区一纵队三支队司号员，1945年8月在浙江孝丰因战牺牲。

陈伯根　1916年10月出生，角斜镇五坊村人，生前为支前民工，1943年9月在角斜因战牺牲。

许祥甫　1912年出生，角斜镇双龙村人，生前为支前民工，1946年8月在如皋丁堰因战牺牲。

蔡炳文　1931年出生，角斜镇堤北村人，1948年参加革命，生前为二十九军八十五师二五五团战士，1949年5月在上海因战牺牲。

龚云章　1919年出生，角斜镇堤北村人，1946年参加革命，生前为唐角区游击连战士，1947年3月在唐角区光明乡因战牺牲。

吴国瑞　1926年出生，角斜镇天奎村人，1946年参加革命，生前为志愿军战士，1951年在朝鲜因战牺牲。

范启连　1922年出生，角斜镇双龙村人，1943年参加革命，生前为新四军一师医务员，1944年10月在靖江八圩港因战牺牲。

陆平　1919年5月出生，角斜镇周庄村人，1946年参加革命，生前为华中野战军六纵队四十六团医务员，1946年在隆政乡道士桥因战牺牲。

康健　1921年出生，角斜镇五坊村人，生前为角斜乡福根村民兵中队长，1947年11月在角斜被捕牺牲。

袁锦桂　1922年出生，角斜镇角斜村人，1945年参加革命，生前为华东野战军六纵队十六师四十七团战士，1948年在济南战役中牺牲。

卞恒姜　1924年出生，角斜镇堤北村人，1944年参加革命，生前为新四军一师二旅六团二营五连班长，1946年11月在山东兖州因战牺牲。

练绍林　1925年出生，角斜镇五虎村人，1943年参加革命，生前为华东野战军十一纵队三十二旅九十六团团干，1947年3月在如东掘港因战牺牲。

缪五贵　1925年8月出生，角斜镇五虎村人，1944年参加革命，生前为华东野战军某部战士，1949年1月在淮海战役中牺牲。

居俊民　曾用名居成俊，1930年12月出生，角斜镇角斜村人，1947年11月参加革命，生前为志愿军机枪连战士，1950年11月在朝鲜因战牺牲。

徐良章　1920年出生，角斜镇角斜村人，1944年参加革命，生前为苏中独立团战士，1944年3月在淮安车桥因战牺牲。

陆文广　1916年出生，角斜镇天奎村人，1945年参加革命，生前为李堡区游击连战士，1946年在角斜富滩因战牺牲。

朱福根　1917年出生，角斜镇五坊村人，1941年参加革命，生前为角斜乡农会长，1943年8月在角斜五坊被捕牺牲。

王广德　1926年出生，角斜镇龙潭村人，1942年参加革命，失踪前为东台独立团战士，1948年在东台县富安失踪。1982年5月追认为烈士。

徐长如　1923年出生，角斜镇五坊村人，1941年参加革命，失踪前为泰州警卫团战士，1949年4月在泰州失踪。1982年5月追认为烈士。

王稳发　1925年出生，角斜镇双龙村人，1944年参加革命，生前为华东野战军十一纵队三十二旅九十六团排长，1948年失踪。1982年5月追认为烈士。

徐守荣　1923年出生，角斜镇龙潭村人，1945年参加革命，生前为华东野战军某部战士，1949年失踪。1982年5月追认为烈士。

祁明山　1923年出生，角斜镇人，1946年参加革命，失踪前为二十九军八十五师二五四团饲养员，1949年9月失踪。1982年5月追认为烈士。

邱玉网　1922年8月出生，角斜镇双龙村人,1942年10月参加革命,失踪前为新四军四师特务团战士,1943年1月失踪。1982年5月追认为烈士。

施士林　1919年出生,角斜镇堤北村人,1940年7月参加革命,失踪前为华中军区后勤部司务长,1945年6月失踪。1982年5月追认为烈士。

汤国胜　1929年出生,角斜镇王墩村人,1946年4月参加革命,失踪前为解放军某部战士,1949年7月失踪。1982年5月追认为烈士。

仲祥余　1924年出生,角斜镇五虎村人,1945年11月参加革命,失踪前为九分区特务团一连战士,1948年失踪。1982年5月追认为烈士。

徐全桂　1925年出生,角斜镇五虎村人,1947年2月参加革命,失踪前为三十八军一一二师三三四团炮兵连战士,1948年失踪。1982年5月追认为烈士。

刘成银　1930年出生,角斜镇来南村人,1946年8月参加革命,失踪前为华中野战军六纵队四十七团战士,1946年12月失踪。1982年5月追认为烈士。

胡文福　1920年出生,角斜镇农科村人,1944年参加革命,失踪前为华东野战军十一纵队三十一旅战士,1949年4月失踪。1982年5月追认为烈士。

夏文元　1915年出生,角斜镇汤灶村人,1942年参加革命,失踪前为东台独立团七连战士,1943年11月失踪。1982年5月追认为烈士。

张荣　1927年4月出生,角斜镇周庄村人,1944年3月参加革命,失踪前为苏浙军区四纵队十一支队机枪连医务员,1945年9月失踪。1982年5月追认为烈士。

吴国田　1918年出生,角斜镇来南村人,1941年9月参加革命,原东台独立团战士,1947年失踪。1982年5月追认为烈士。

唐永富　1924年出生,角斜镇龙潭村人,1944年参加革命,失踪前为新四军一师一旅二团政治处警卫员,1947年7月失踪。1982年5月追认为烈士。

祁明轩　1924年出生,角斜镇农科村人,1947年1月参加革命,失踪前为华东野战军十一纵队三十二旅战士,1948年8月在徐州地区失踪。1982年5月追认为烈士。

李宏友　1915年1月出生,角斜镇龙潭村人,1944年参加革命,原东台独立团战士,1946年12月在山东失踪。1982年5月追认为烈士。

蔡美林　1912年12月出生,角斜镇墩里村人,1942年参加革命,失踪前为华东野战军教导二旅六团机枪连战士,1948年在山东失踪。1982年5月追认为烈士。

蔡美元　1910年出生,角斜镇墩里村人,1942年参加革命,失踪前为华东野战军教导二旅六团机枪连战士,1948年在山东失踪。1982年5月追认为烈士。

崔宗连　角斜镇人,失踪前为志愿军战士,1951年10月在朝鲜失踪。1982年5月追认为烈士。

丁向明　1927年出生,角斜镇人,1946年10月参加革命,生前为华中野战军六纵队四十六团二营六连战士,1946年在涟水因战牺牲。

沿口(57人)

周正余　1906年出生,沿口镇向阳村人,生前为沿口镇新坝村村长,1947年11月在新坝村被捕牺牲。

康贻鼎　1927年出生,沿口镇沿口村人,生前为沿口乡武工队司务长,1947年4月在丁所失踪。1982年5月追认为烈士。

徐希文　1898年出生,沿口镇树园村人,生前为居湾乡范堑村翻身组长,1947年7月在李堡被捕牺牲。

王祝生　1925年8月出生,沿口镇老庄村人,1944年8月参加革命,生前为苏北军区九分区交通连战士,1948年在东台县十八里河口因战牺牲。

周锦贵　1918年3月出生,沿口镇树园村人,1942年参加革命,生前为华东野战军十一纵队三十一旅九十一团班长,1948年8月在山东济南大名山因战牺牲。

周桂祥　1905年6月出生,沿口镇树园村人,生前为范堑乡树园村村长,1947年12月在丁所堡河口被捕牺牲。

陈八银　1925年4月出生,沿口镇范堑村人,1943年11月参加革命,生前为华东野战军六纵队十八师五十二团干事,1947年5月在孟良崮战役中牺牲。

陈宝山　1924年10月出生,沿口镇滩河村人,生前为沿北乡民兵副大队长,1946年7月在沿口因战牺牲。

王广英　女,1921年5月出生,沿口镇树园村人,生前为范堑乡妇女代表,1948年12月在范堑乡被捕牺牲。

陈金魁　1923年4月出生,沿口镇老庄村人,1946年9月参加革命,生前为华中野战军六纵队四十六团三营八连战士,1946年11月在涟水因战牺牲。

陈宝文　1930年出生,沿口镇滩河村人,1948年4月参加革命,生前为角斜区游击连战士,1948年11月在角斜因战牺牲。

吴正德　1915年出生,沿口镇蔡凌村人,生前为沿口乡凌河村副村长,1948年5月在李堡杨庄被捕牺牲。

居九龙　1922年出生,沿口镇双凌村人,1944年参加革命,生前为华东野战军十一纵队三十二旅九十四团战士,1948年12月在淮海战役中牺牲。

李永福　1924年5月出生,沿口镇树园村人,1945年参加革命,生前为华东野战军六纵队十八师五十二团排长,1948年9月在济南大名山因战牺牲。

居正元　1950年出生,沿口镇双凌村人,1970年1月参军,1973年9月在安徽滁县因公牺牲。

李九和　1922年7月出生,沿口镇富沿村人,1947年11月参加革命,生前为志愿军炊事员,1952年在朝鲜草洋山战斗中牺牲。

顾友才　1923年出生,沿口镇范堑村人,1947年参加革命,1948年3月加入中国共产党,生前为范堑乡民兵大队长,1948年10月在沿口吕家窑因战牺牲。

顾用来　1913年出生,沿口镇滩河村人,1942年参加革命,1946年8月加入中国共产党,生前为滩河乡乡长,1946年7月在如皋南门因战牺牲。

蔡美富　1923年出生,沿口镇蔡凌村人,1946年8月参加革命,生前为华东野战军六纵队十六师四十六团班长,1948年7月在河南开封因战牺牲。

唐锦余　1917年3月出生,沿口镇树园村人,1943年参加革命,生前为华中野战军六纵队四十七团战士,1946年8月在如皋搬经因战牺牲。

韩贵文　1926年出生,沿口镇富沿村人,1946年10月参加革命,生前为华东野战军六纵队十六师四十六团三营八连战士,1947年2月在莱芜战役中牺牲。

邱根宝　1911年1月出生,沿口镇树园村人,生前为树园村翻身主任,1947年7月在沿口被捕牺牲。

潘春和　1920年5月出生,沿口镇蔡凌村人,1947年9月参加革命,生前为四十五军一三五师四〇四团三营八连战士,1948年9月在锦州大北营因战牺牲。

翟十准　1903年出生,沿口镇老庄村人,1946年加入中国共产党,生前为沿口乡老庄村翻身组长兼地下交通员,1946年8月在沿口被捕牺牲。

居信文　1923年出生,沿口镇双凌村人,1945年参加革命,生前为新四军一师一旅三团一营战士,1945年6月在如皋丁堰因战牺牲。

符春其　曾用名符世良,1926年4月出生,沿口镇蔡凌村人,1942年9月参加革命,中共党员,生前为二十九军八十五师二五三团三营战士,1949年5月在上海因战牺牲。

朱德盛　曾用名朱福林,1920年出生,沿口镇树园村人,1941年参加革命,生前为志愿军副连长,1951年6月在朝鲜因战牺牲。

陈丙山　1924年出生,沿口镇滩河村人,1946年9月参加革命,生前为华中野战军六纵队四十六团三营八连三排战士,1946年11月在涟水因战牺牲。

徐兆瑞　1923年出生,沿口镇蔡凌村人,生前为焦凌乡民兵分队长,1948年10月在丁所被捕牺牲。

康忠　1922年出生,沿口镇双凌村人,1942

年参加革命，生前为苏浙军区三纵队七支队战士，1945 年 7 月在江南木牌山因战牺牲。

金绍贵　曾用名金居宝，1924 年出生，沿口镇范堑村人，1946 年 10 月参加革命，生前为华中坚战军六纵队四十六团二营战士，1946 年 11 月在涟水因战牺牲。

沈九玉　曾用名沈炳臣，1922 年出生，沿口镇范堑村人，1941 年参加革命，生前为华东野战军六纵队十六师四十七团副连长，1947 年 5 月在孟良崮战役中牺牲。

周正宽　1925 年出生，沿口镇双凌村人，1945 年参加革命，生前为新四军一师一旅三团一营战士，1945 年 6 月在如皋丁堰因战牺牲。

刘法元　1925 年出生，沿口镇范堑村人，1946 年参加革命，生前为华中野战军六纵队四十六团二营四连战士，1946 年 11 月在涟水因战牺牲。

盛松桥　1922 年出生，沿口镇焦凌村人，1944 年 8 月参加革命，生前为新四军一师二旅六团战士，1946 年 12 月在山东兖州战斗中牺牲。

缪三友　1927 年 3 月出生，沿口镇居湾村人，1946 年 1 月参加革命，生前为炊事员，1950 年在福建厦门因战牺牲。

张广涛　1920 年出生，沿口镇老庄村人，1946 年 6 月加入中国共产党，生前为滩河乡缪港村村长，1946 年 8 月在缪港村被捕牺牲。

罗发元　1922 年出生，沿口镇沿口村人，生前为沿口乡徐凌村村长，1947 年 7 月在沿口乡沿北因战牺牲。

康四其　1917 年出生，沿口镇双凌村人，1946 年 10 月参加革命，生前为华中野战军六纵队四十六团二营机枪连战士，1946 年 12 月在涟水失踪。1982 年 5 月追认为烈士。

蔡如林　1929 年出生，沿口镇富沿村人，1946 年 10 月参加革命，生前为华中野战军六纵队四十六团二营五连战士，1946 年 11 月在涟水战斗中牺牲。

顾培真　1929 年 7 月出生，沿口镇沿口村人，生前为沿口乡沿桥村村长兼民兵中队长，1948 年 11 月在丁所被捕牺牲。

吴方才　1920 年出生，沿口镇树园村人，中共党员，生前为沿口范堑乡农会长，1943 年 12 月在壮志百岁桥被捕牺牲。

任永山　1926 年出生，沿口镇富沿村人，1944 年 7 月参加革命，生前为华中坚战军一师战士，1946 年 11 月在涟水失踪。1982 年 5 月追认为烈士。

张龙山　1923 年出生，沿口镇富沿村人，1944 年 10 月参加革命，生前为苏中三分区特务一团二营通讯员，1949 年 2 月失踪。1982 年 5 月追认为烈士。

李广才　1920 年出生，沿口镇范堑村人，1942 年参加革命，生前为华东野战军十一纵队三十一旅九十一团战士，1948 年 8 月在济南大名山因战牺牲。

王友才　1926 年出生，沿口镇树园村人，1943 年参加革命，生前为泰州独立团警卫连战士，1945 年失踪。1982 年 5 月追认为烈士。

吴方生　1920 年出生，沿口镇树园村人，1940 年参加革命，生前为新四军某部战士，1943 年 8 月在高邮因战牺牲。

许其贤　1920 年出生，沿口镇范堑村人，1941 年参加革命，生前为东台独立团侦察班长，1947 年 5 月在东台富安因战牺牲。

许祥奎　1924 年出生，沿口镇向阳村人，1946 年 9 月参加革命，生前为华中野战军六纵队四十七团战士，1946 年 11 月失踪。1982 年 5 月追认为烈士。

许松山　1923 年出生，沿口镇富沿村人，1944 年 10 月参加革命，生前为华中野战军八纵队六十六团八连战士，1945 年 10 月失踪。1982 年 5 月追认为烈士。

陈宝用　1920 年出生，沿口镇老庄村人，1941 年 6 月参加革命，为新四军一师三旅八团一营战士，1947 年失踪。1982 年 5 月追认为烈士。

顾十元　1923 年出生，沿口镇蔡凌村人，1946 年 8 月参加革命，生前为华中野战军六纵队四十七团战士，1946 年 11 月在涟水失踪，1982 年 5 月追认为烈士。

徐长高　1924 年出生，沿口镇富沿村人，1946 年 10 月参加革命，生前为华中野战军六纵队四十七团三营九连战士，1946 年 11 月在涟水失踪,1982年5月追认为烈士。

季余才　1924年出生,沿口镇富沿村人,1944年参加革命,生前为新四军一师一旅三团三连战士,1945年9月失踪,1982年5月追认为烈士。

杨十明　1924年出生,沿口镇滩河村人,1946年8月参加革命,生前为华中野战军六纵队四十六团一营三连战士,1946年11月失踪,1982年5月追认为烈士。

陈志波　1921年出生,沿口镇蔡凌村人,1944年11月参加革命,生前为新四军一师一旅三团战士,1944年11月失踪。1982年5月追认为烈士。

胡春涛　1922年出生,沿口镇蔡凌村人,1942年9月参加革命,生前为东台独立团战士,1948年失踪。1982年5月追认为烈士。

老坝港、旧场(52人)

姜广胜　1922年11月出生,老坝港乡枣树村人,1945年参加革命,生前为华东野战军六纵队十八师五十二团战士,1948年11月在徐州铜山因战牺牲。

申启桂　1926年出生,老坝港乡川港村人,1947年8月参加革命,生前为华东野战军六纵队十八师五十二团战士,1948年11月在徐州铜山因战牺牲。

黄国才　1920年出生,老坝港乡镇海村人,1940年参加革命,生前为新四军某部战士,1945年在堡河口因战牺牲。

朱松余　1923年出生,老坝港乡富滩村人,1941年11月参加革命,生前为苏中军区独立团战士,1945年10月在陇海铁路因战牺牲。

吴国法　1930年出生,老坝港乡平新村人,1949年2月参加革命,生前为三野十兵团后勤部常备民工,1949年6月在福州因战牺牲。

吴国章　1907年2月出生,老坝港乡建海村人,1943年参加革命,生前为苏中军区四分区特务团战士,1944年5月在泰兴黄桥因战牺牲。

王平　1926年7月出生,老坝港乡江海村人,1941年参加革命,生前为苏中军区独立团侦察连战士,1944年8月在大丰大中集因战牺牲。

姚九成　曾用名姚文功,1908年出生,老坝港乡农科村人,1945年参加革命,生前为旧场乡鹤颈村小学教师,1947年9月在角斜被捕牺牲。

陶祥寿　1906年出生,老坝港乡农科村人,1943年加入中国共产党,生前为旧场村副村长,1947年8月在旧场被捕牺牲。

李九才　1923年出生,老坝港乡江海村人,1943年参加革命,生前为华中野战军一师三旅七团三营七连三排班长,1946年8月在如皋丁堰因战牺牲。

崔昌余　1929年10月出生,老坝港乡建海村人,生前为李堡区富滩乡民兵中队长,1947年8月在李堡区角斜乡被捕牺牲。

吴志成　1920年出生,老坝港乡顾陶村人,生前为旧场乡来福村民兵中队长,1947年8月在来福村董家桥被捕牺牲。

潘春许　1924年出生,老坝港乡顾陶村人,1948年8月参加革命,生前为某团战士,1949年10月在福建厦门因战牺牲。

徐全才　1918年出生,老坝港乡顾陶村人,中共党员,生前为旧场乡民兵中队长,1947年6月在顾家庄被捕牺牲。

张德云　女,1905年出生,老坝港乡陈坝村人,中共党员,生前为旧场乡妇女主任,1947年10月在旧场乡被捕牺牲。

姜广余　1925年3月出生,老坝港乡顾陶村人,1944年参加革命,生前为某团战士,1950年7月在福建厦门大旦岛因战牺牲。

缪金山　1920年10月出生,老坝港乡旧场村人。1946年10月参加革命,生前为七纵队二十旅战士,1948年2月在山东因战牺牲。

张德云　女,1926年出生,老坝港乡陈坝村人,中共党员,生前为旧场乡妇女主任,1947年10月在旧场乡被捕牺牲。

朱永华　1907年3月出生,老坝港乡建海村人,1944年投奔游击队参加革命。1944年3月加入中国共产党,后任游击队指导员。1946年10月执行任务回到家门口被捕牺牲。

朱必琪　1922年出生,老坝港乡兴堤村人。1941年参加抗日游击队。1943年加入中国共产党,生前为栟茶区游击队特务连连长。1944年5月在如东长沙因战牺牲。

蔡其银　男，中共党员，1925年出生，旧场乡朱王村人。1940年8月参加新四军，历任战士、班长、排长、连长、营长，1950年参加抗美援朝，任某团团长，1952年在朝鲜山洞里战斗中光荣牺牲。

申必恭　男，1913年3月出生，中共党员，旧场乡旧场村人，1938年2月参加东台警卫团，任连长，1941年8月在富滩乡红庙村清剿大刀会时被敌杀害，光荣牺牲。

王谟富　男，1927年5月出生，旧场乡马坝村人。1946年参军在东台县三支队当司号员，1947年在如皋黄桥季家市的一次战斗中光荣牺牲。

张良贵　男，中共党员，1924年出生，新联乡蒋坝村人。1946年参加工作，任民兵中队长，1947年秋天在执行公务时被敌杀害，光荣牺牲。

吴志来　男，1929年7月出生，旧场乡平河村人。1947年9月参军，编在三野一旅一团三营任战士，1948年参加淮海战役，在攻打固镇战斗中光荣牺牲。

张怀余　男，1921年出生，旧场乡陈坝村人。1944年4月参军，编在滨海县团任机枪手，1945年3月在东台三仓一次战斗中光荣牺牲。

吴志来　男，中共党员，1923年出生，旧场乡陈坝村人。1946年任民兵中队长，1947年任武工队指导员，同年5月11日在老坝头执行任务时被敌枪杀光荣牺牲。

乔锦圣　男，1926年出生，旧场乡富滩村人，1944年春参加游击连，1945年到七纵队，1946年春参加苏中海安战役身负重伤，在转移途中至东台域内光荣牺牲。

缪二元　男，1917年出生，旧场乡马坝村人。1945年参加新四军，同年在丁埝与日军战斗中光荣牺牲。

缪兴来　男，1922年出生，旧场乡马坝村人。1941年参加新四军，在河南开封一次战斗中光荣牺牲。

王为标　男，1932年出生，旧场乡马坝村人，1941年8月参加游击队，后调江苏军区泰州陆军海防团三中队战士，1947年因公牺牲。

丁普贵　男，1923年出生，旧场乡平新村人。1942年参加区游击连，后编入八独立团三连五班，1945年在东台大中集战斗中光荣牺牲。

张桂元　男，1930年出生，旧场乡陈坝村人。1946年2月参加华东野战军，1946年8月在洋蛮河伏击敌军时光荣牺牲。

王绍友　男，中共党员，1925年12月出生，旧场乡花鱼村人。1943年参军，1946年攻打白蒲时光荣牺牲。

吴其寿　男，1926年2月出生，旧场乡朱河村人，1942年10月在栟茶区游击连当通讯员，后调华东军区，1954年在上海牺牲。

吴其华　男，1929年出生，旧场乡朱河村人，1947年8月参加革命后，调华东军区第二野战军二十九军八十六师二五八团三营战士，1949年在攻打扬州战斗中牺牲。

王绍良　男，1922年11月出生，旧场乡三河村人。1946年11月参加旧场乡武工队任中队长，1947年1月在旧场乡商人殿战斗中光荣牺牲。

冯祖银　男，中共党员，1919年出生，旧场乡花鱼村人，1944年3月参加苏北东台县团任战士，1948年在攻打如东县掘港镇战斗中光荣牺牲。

吴礼来　男，1929年3月出生，中共党员，旧场乡朱王村。1951年3月参军，在泰州因公牺牲。

吴国梁　男，1916年出生，旧场乡顾庄村人。1949年2月随三野29军后勤支前民工南下，同年6月在江西域内由于弹药车翻车光荣牺牲。

吴大元　男，1923年4月出生，旧场乡花鱼村人，1944年参军，同年在山东枣庄战斗中光荣牺牲。

缪四贵　男，1928年2月出生，沿海乡朱庄村人，1945年参军，1946年在东台三仓河战斗中光荣牺牲。

曹明福　男，中共党员，1926年3月出生，旧场乡旧场村人，1945年参加旧场游击连后调东台独立团班长，1948年3月攻打海安时光荣牺牲。

王绍煜　男，1908年出生，旧场乡旧场村人，曾任农抗会主任，栟北区游击队联络员，1947年9月30日被敌枪杀，光荣牺牲。

范连荣　男，汉族，1928年出生，旧场乡花鱼村人。1946年参军，后转入正规部队，1950年参加抗美援朝战争，在朝鲜光荣牺牲。

李胜兰　女，汉族，1895 年出生，旧场乡马坝村人。1946 年夏，受组织委派为旧场乡情报员；1947 年 5 月 20 日在执行任务回家途中，于杨木桥被敌人抓获，连砍 8 刀，光荣牺牲。

吴中岳　男，汉族，1894 年出生，旧场乡坝北村人。1947 年正月，受组织委派为旧场乡情报员；1947 年农历五月初四，被敌人杀害于坝北村域内，光荣牺牲。

吉福根　男，汉族，中共党员，1921 年出生，旧场乡富滩村人。1943 年参加民兵工作，任民兵中队长；1947 年农历九月初九，在乡开完会，回家途中被敌人抓获，于农历九月十九在角斜被敌人用泥浆活活呛死，光荣牺牲。

王八贵　男，汉族，中共党员，1915 年 4 月出生，旧场乡兴堤村人。1945 年参加工作，任民兵队长，翻身主任；1947 年农历八月下旬在执行任务中被敌人抓获，同年农历九月初九被敌人杀害于旧场槐树口，光荣牺牲。

顾怀友　男，汉族，1919 年出生，旧场乡平新村人。生前担任村翻身主任，民兵队长，乡书记通讯员；1947 年 4 月的一天，在去旧场执行任务前一刻，被敌人抓获，在角斜被敌人连刺 9 刀，光荣牺牲。

曹元美　男，汉族，1903 年出生，旧场乡朱王村人。生前担任村农会主任，从我方根据地回家途中被敌人抓获，同日在角斜大码头被敌人枪杀，光荣牺牲。

陶德成　男，汉族，1902 年出生，旧场乡花鱼村人。解放战争期间任农会主任，1947 年秋的一天深夜被敌人抓获，枪杀于角斜，光荣牺牲。

第五节　人物表

一、先进人物

1985—2017 年角斜域内全国先进个人

表 23-1

姓　名	住址或单位	表彰年份	授予单位	荣誉称号
张昌华	角斜镇	1985	团中央、中央绿化委员会	全国青少年绿化祖国突击手
徐　斌	角斜镇	1991	团中央	全国青少年绿化祖国突击手
潘新莲	角斜镇沿口小学	1998	教育部	劳动模范
康贻龙	角斜镇政府	1987	国家计生委	先进个人
花桂平	角斜镇政府	1991	团中央和公安部	道路交通安全宣传先进个人
徐　斌	角斜镇	1991	团中央	全国青少年绿化祖国突击手
吴道均	角斜镇	1991	全国人口普查办	全国人口普查先进个人
袁国华	角斜镇政府	1991	团中央、农业部	全国百佳青年乡镇企业家
刘春发	老坝港镇	2002	司法部	全国模范调解员
张秀华	老坝港镇	2008	全国妇联	全国妇女“双学双比”活动女能手
韩仕临	角斜镇	2014	教育部、全国关工委	“心中的感动——记教育系统关心下一代优秀人物”奖
朱翠亚	汤灶村 6 组	2017	全国卫生计生委员会	劳动模范

1959—2017年角斜域内江苏省级先进个人

表23-2

姓名	住址或单位	表彰年份	授予单位	称号
冒桂明	范堑村一组	1959	省人民委员会	农业中学先进工作者
祁吉华	角斜镇信用社	1982—1995	省农行	全省金融系统劳动模范
韩仕临	角斜镇	1986	省妇女联合会	省儿童少年先进工作者
李炳银	沿口老庄	1986	省政府	农村能源建设先进个人
吴银山	汤灶4组	1987	团省委	优秀团支部书记
赵保群	角斜工商分局	1987 1990 1992	省军区 省人民政府 省工商系统	民兵预备役建设先进个人 先进工作者
万怀春	范堑村七组	1989	省政府	群众文化先进工作者
王兴田	来南11组	1991	省司法厅	防止民间纠纷激化三等奖
赵保群	角斜工商所副所长	1991	省工商局	省工商系统先进工作者
黄玉纯	角斜镇政府	1991	省人民政府	科技进步工作突出贡献奖
王瑞华	角斜镇人民政府	1992 1993 1995	省政府	青少年绿化祖国突击手 新长征突击手 十佳优秀团干部
蔡建华	五凌20组	1993	省农林厅、省科委、团委	青年科技兴农带头人
徐长康	角斜初中	1993	省教委 省人事局	优秀教育工作者
许金田	沿口镇	1993	省司法厅	防止民间纠纷激化个人二等奖
唐桂兰	沿口镇	1995	省农委办	农业开发资金管理先进个人
屈祖平	沿口镇	1996	省计生委	省计划生育工作先进个人
沈芝明	老坝港镇	1996	省民政厅	省优秀村委会主任
花德成	老坝港镇	1997	省委组织部	省优秀村支书
朱建华	沿口镇	1997	省农业普查领导小组	第一次农业普查先进工作者
汤友才	汤灶7组	1999	省政府	双拥十佳先进个人
邱美玲 张秀华	老坝港镇	2001	省人口普查办公室	人口普查先进个人
刘建华	角斜镇	2001	省人口普查办公室	第五次全国人口普查先进个人
陈秀发	角斜镇	2001	省政府	省劳动模范
周美琴	角斜镇人民政府	2004	省政府	五一劳动奖章获得者
		2006	省政府	经济普查先进个人
陆春林	镇政府	2006、2008	省司法厅	先进个人
陆春林	角斜镇司法所	2006 2008	省司法厅	省人民调解防激化先进个人

续表 23－2

姓名	住址或单位	表彰年份	授予单位	称号
晁建国	角斜镇	2006	省体育局、省妇联	2006 年度江苏省健康家庭
周友平	老坝港镇	2007	江苏省司法厅	优秀人民调解员
张　兵	范堑 9 组	2009	省计生委	新农村、新家庭先进个人
韩仕临	角斜镇	2010	省文明委、省关工委	校外辅导站工作先进个人
缪展峰 缪　燕 曹　蕾	滨海新区	2011	省统计局、省人口普查小组办公室	第六次全国人口普查先进个人
缪　俊	角斜镇	2012	省残疾人联合会	全省优秀残疾人专职委员
张秀华	老坝港镇	2013	省妇联	江苏省优秀百名女村官
周建平	滨海新区	2014	省老科协	服务江苏沿海大开发先进个人
王剑石	滨海新区	2015	省档案局	数字档案室建设突出贡献人员
练亚琴	角斜镇	2017	省妇联	先进工作者
张秀华	通港村	2017	省政府	江苏省农村基层党建工作突出贡献奖

1988—2017 年角斜域内南通市级先进个人

表 23－3

姓名	住址或单位	表彰年份	授予单位	称号
韩　英	角斜民兵	1988	南通市妇联	市三八红旗手
杨忠平	角斜纪委副书记	1990	南通市政府	市户粮工作先进个人
李志祥	角斜农药厂厂长	1990	南通市政府	市明星企业家
徐长富	角斜工办主任	1990	南通市政府	市明星企业家
蔡雨清	角斜财政所所长	1990	南通市财政局	市财政系统先进个人
高文明	民政会计	1990	南通市民政局	市人口普查先进个人
陆卫平	角斜缫丝厂	1990	南通丝绸公司	市丝绸系统先进个人
祁兰芬	角斜缫丝厂	1990	南通丝绸公司	市丝绸系统先进个人
缪德胜	角斜司法助理	1990	南通市司法局	市防止民间纠纷激化工作先进个人
李　平	角斜缫丝厂	1990	南通市科技局	市科技先进工作者
朱振丰	角斜党委书记	1991	南通市委组织部	市优秀党务工作者
赵保群	角斜工商所副所长	1991	南通市委	市优秀党员
吴　宏	沿口村	1993	南通市团委	科技兴农带头标兵
吴　宏	沿口村	1994	南通市团委	新长征突击手十佳团干部
罗志宏	老庄村 6 组	1998	南通市委	科技兴农带头人
沈松林	来南村 19 组	2001	南通市委组织部团市委	优秀村主任科技兴农带头人
蔡正银	五凌村 14 组	2001	南通市政府	人口普查先进个人

续表 23－3

姓名	住址或单位	表彰年份	授予单位	称号
曹秀龙	镇水利站	2001	南通市水利局	先进个人
王承轩	角斜镇关工委	2005	南通市委、市政府	“关心下一代”先进个人
陆春林	角斜镇司法所	2008	南通市司法局	南通市“十佳调解员”，三等功
缪爱云	范堑村 26 组	2008	南通司法局	防止民间纠纷激化先进个人
韩仕临	角斜镇	2009 2014	南通市委、市政府、市文明委	优秀校外教育辅导员
陆春林	镇政府	2002 2007	南通市司法局、市政法委	优秀司法助理十佳调解员三等功
李建中	角斜中学	2011	南通市委、市政府	第六届南通市文学艺术三等奖
倪　明	角斜镇	2009 2010 2011	南通市政府、军分区	优秀“四会”教练员、标兵
练井余	角斜五虎村	1997	南通市委	优秀村支书
居志忠	沿口居湾村	1994	南通市政府	劳动模范
王承轩	沿口镇	1993 1996	南通市委、市政府	先进工作者“八五”期间计生先进工作者
李祝林	沿口镇	1996	南通市委、市政府	“八五”期间计生先进工作者
朱建华	沿口镇	1996	南通市政府	“八五”期间统计先进工作者
金必才	沿口镇	1996	南通市政府	“八五”期间科教兴农先进个人
居成国	沿口镇	1997	南通市委、市政府	市纪检监察系统先进工作者
顾培银	沿口镇卫生院	1999	南通市政府	预防保健工作先进个人
林忠祥	角斜镇生猪办	1999	南通市政府	全市实施放心肉工程先进个人
冯爱华	角斜镇	2004	南通市政府	南通市见义勇为先进分子
张　军	角斜政府	2006	南通市委	十五期间全国人口和计划生育工作先进个人
万九洲	老坝港镇	1996	南通市委	优秀村支书
周建平	老坝港镇	1997	南通市委、市政府	全民国防教育先进个人
王维林	老坝港镇	1997	南通市委、市政府	市优秀党员
顾培银	老坝港镇	1999	南通市委、市政府	市预防保健工作先进个人
汤　进	老坝港镇	2001	南通市委、市政府	市纪检监察先进个人
卞　童	老坝港镇	2003	南通市委、市政府	南通市劳动模范
冯爱华 徐晓龙	老坝港镇	2004	南通市委、市政府	见义勇为先进分子
李　琴	老坝港镇	2006	南通市委	市人口和计划生育工作先进个人
邱美玲	老坝港镇	2007	南通市政府	南通市劳动模范

续表 23-3

姓名	住址或单位	表彰年份	授予单位	称号
季小平	角斜镇	2012	南通市委、市政府、市军分区	全市民兵工作先进个人
韩仕临	角斜镇	2012	南通市文明办	“倾情关爱下一代”南通市第 34 次文明新风典型
缪四海	角斜镇	2012	南通市政府	南通市 2011 年度安全生产先进个人
袁小华	角斜镇	2012	南通市军分区	五项全能竞赛一等奖
王　红	角斜镇	2013	南通市委、市政府	南通市“168 爱心”先进个人
申　红	角斜镇	2013	南通市委、市政府	南通市“绿色园丁”
王承轩	角斜镇	2014	南通市文明委	全市未成年人思想道德建设先进个人
丁小军	角斜镇	2014	南通市委、市政府	科普工作先进个人
申承群	角斜镇	2014	南通市委、市政府	“关心下一代”先进个人

二、角斜籍在外知名人物

2017 年角斜镇部分在外乡贤简表(以地区分布排序)

表 23-4

姓名	性别	出生年月	文化程度	毕业学校	职称	职务	工作地址	原籍
王延骇	男	1972.1	本科	首都医科大学	副主任医师	—	北京市西城区南礼士路 56 号	角斜镇
尤　华	女	1976.10	博士	南京农业大学	—	处长	北京市朝阳区	老庄村
卢长海	男	1972.7	本科	武汉水利电力学院	高级工程师	项目经理	北京市海淀区青龙桥羊场 1 号	范堑村
许宏亮	男	1970.4	本科	东南大学土木工程专业	教授	副总工程师	北京市西城区德胜门外大街 85 号	范堑村
陈卫东	男	1969.8	研究生	国防大学经济管理专业	副师级	处长	北京市海淀区	滩河村
沈志华	男	1963.9	博士	国防大学马列主义教研室	教授少将	主任	北京市海淀区红山口甲 3 号	汤灶村
吴　斌	男	1968.2	本科	国防大学	正师职大校	卫士长	北京市海淀区	富港村
季卫红	女	1981.7	本科	重庆交通学院	工程师	—	北京市崇山区广渠门南小街领行国际大厦 3 号楼	范堑村
周宏梅	女	1965	本科	北京大学	管理师	—	北京市延庆区 3569 信箱	老庄村
黄祝林	男	1966.1	本科	东南大学建筑结构工程专业	教授级高工	副总工程师	北京市朝阳区白家庄东里 42 号	沿口村

续表 23－4

姓名	性别	出生年月	文化程度	毕业学校	职称	职务	工作地址	原籍
蔡缪锋	男	1972.9	硕士	北京航空航天大学	高级工程师	总经理	北京市海淀区世纪经贸大厦A座801	沿口村
缪熙熙	男	1982	本科	电子科技大学	工程师	—	北京经济技术开发区建安街2号	沿口村
缪庆育	男	1976.8	硕士	北京邮电大学	工程师	—	北京朝阳区利泽东街5号爱立信大厦	沿口村
李　进	男	1967	研究生	—	—	—	北京华能集团	双龙村
蔡伯生	男	1964.9	—	—	—	—	北京朝阳区	五凌村
孙卫东	男	1970	本科	石家庄陆军学院	副团级	主任	北京市昌平区南口66500部队	老坝港
沈永革	男	1962	本科	武汉军事学院	会计师	经理	北京市通州区通湖大街78号1508	旧场村
吴礼军	男	1965	博士	南京林业大学机械设计专业	高级工程师	副司长	北京市东城区和平里东街18号	建海村
吴志凤	女	1964	研究生	南京农业大学植保专业	高级农艺师	副处长	北京市朝阳区麦子店22号	老坝港
吴海臣	男	1976	博士	英国剑桥大学化学系	—	研究员	—	海港村
张　华	男	1966	博士	江苏科技大学会计学	高级会计师	总会计师	—	通港村
陶瑞芝	男	1970	硕士	中国人民大学	—	副局长	北京市宣武门西大街26号	老坝港
金　鑫	男	1967	本科	长春地质学院	高级工程师	副总工程师	上海市闸北区广中路698号	团结村
居成法	男	1952.3	本科	大连海军舰艇学院	—	处长	上海市源深路355号	沿口村
周爱华	男	1979	硕士	同济大学	讲师	—	上海市四平路1239号	沿口村
周晓连	男	1978.2	本科	武汉大学	—	厂房维护经理	上海市银城中路200号	五凌村
周晓琴	女	1979.8	硕士	上海华东大学	工程师	—	上海浦东新区花园石桥路33号	五凌村
姜　荣	男	1968	本科	东南大学建筑专业	高级工程师	设计总监	上海浦东新区玉兰路257号	沿口村
顾　刚	男	1983.5	本科	华东师范大学	工程师	技术经理	上海市浦东新区达尔文路88号	沿口村

续表 23-4

姓名	性别	出生年月	文化程度	毕业学校	职称	职务	工作地址	原籍
唐爱明	男	1964.7	本科	青岛海军航空工程学院	中校	警长	上海市普陀区白玉路528号	滩河村
唐德寿	男	1956.11	本科	中国人民解放军总后勤部工程学院	高级工程师	处长	上海市中山东一路24号甲	滩河村
徐小勇	男	1975.2	硕士	重庆建筑大学	工程师	副总经理	上海浦东新区向城路29号	五虎村
袁宝剑	男	1978.11	本科	浙江大学	—	营销经理	上海市田林路888弄10号	新坝村
符俊林	男	1982	本科	东南大学	工程师	—	上海市新金桥路1515号	五凌村
程海锋	男	1985.5	本科	河海大学	工程师	—	上海市虹口区逸仙路388号	滩河村
蔡爱明	男	1964.3	本科	江苏石油化工学院	工程师	经理	上海市金山区卫工路140号	五凌村
丁忠明	男	1966.3	硕士	上海工业大学	—	副主任	上海市浦东新区上川路995号	新坝村
叶泽宇	男	1982.4	本科	西安空军工程学院通信工程专业	工程师	—	上海浦东新区峨山路91弄98号2号楼	滩河村
叶美林	女	1986.4	硕士	湖南金融学院	—	—	上海浦东南路1118号13楼	滩河村
许美琴	女	1968		南通纺织工学院	—	董事长	上海市四川北路85号305室	范堑村
陈小建	男	1981.10	硕士	南京航空航天大学	工程师	—	上海浦东新区新金桥路27号3号楼	滩河村
李昌群	男	1966	本科	上海科技大学	高级工程师	所长	上海枫林路354号	周庄村
苏　强	男	1968.10	本科	空军航空工程学院	—	经理	上海市浦东路188号	沿口村
吴小华	男	1981.11	本科	上海同济大学	—	部门经理	上海市浦东新区碧波路690号	
吴连生	男	1986.6	本科	上海理工大学	—	—	上海市杨浦区军工路3000号	双龙村
吴海生	男	1981.9	本科	南京师范大学	工程师	—	上海市浦东新区顾唐路1699号	汤灶村
吴春华	男	1980.6	本科	上海医科大学	—	经理	上海市南京西路338号	五凌村
张爱华	男	1981.10	本科	南京大学	工程师	—	上海市中山南路2路1089号	新坝村

续表 23-4

姓名	性别	出生年月	文化程度	毕业学校	职称	职务	工作地址	原籍
蔡　敏	女	1979.6	本科	浙江大学	工程师	—	上海市延安西路 2299 号	五虎村
缪　申	男	1968.3	本科	上海外国语学院	—	顾问	上海市浦东新区张杨路 188 号	周庄村
缪　前	男	1965.5	硕士	复旦大学	高级工程师	总经理	上海市福山路 455 号	沿口村
缪振东	男	1981.10	本科	江苏大学	工程师	经理	上海虹桥开发区兴义路 8 号	周庄村
宣锦荣	男	—	—	—	高级工程师	—	上海建筑科学研究所	角斜镇
王立坤	女	1980	博士	上海海事大学	—	讲师	上海浦东大道 1550 号	老坝港镇
冯汉卿	男	1981	本科	南京航空航天大学纳米复合材料专业	—	策划部主管	上海市徐汇区桂林路 396 号	建场村
冯祝林	男	1957	本科	空军政治学院经济管理专业	专门委员会办公室副主任	副秘书长	上海市大渡河路 1668 号	富滩村
袁广银	男	1970	博士	东南大学材料加工工程专业	—	教授	上海市闵行区东川路 800 号	陈坝村
蒋春华	男	1976	本科	海军航空工程学院	—	科员	上海市常德路 1399 号	海港村
蔡正峰	男	1974	硕士	上海交通大学工商管理专业	工程师 经济师	主任科员	上海市北京西路 860 号	顾陶村
朱永宏	男	1965.1	硕士	上海第二军医大学	—	助理	天津市北辰科技园普济河东道 2 号	角斜镇
卞秀红	女	1974.9	本科	西北工业大学	高级工程师	—	南京市中和桥路 39-28	汤灶村
王剑峰	男	1970.10	硕士	武汉工学院	高级工程师	处长	南京市溧水区永阳镇毓秀路 85 号	五虎村
王　银	男	1964.7	硕士	东南大学	高级工程师	董事长	南京市江宁区滨江开发区顺力路 1 号	五虎村
冯晓慈	男	1963.11	本科	江苏化工学院	高级工程师	总经理	南京市新模范马路 5 号	来南村
申振云	女	1980	本科	南京师范大学	—	主持人	南京中山路 132 号	角斜镇
陈爱东	男	1963.1	硕士	东南大学	高级工程师	厂长	南京市下关区幕府东路 88 号	老庄村
李爱芬	女	1969	研究生	南京大学	高级会计师	处长	南京栖霞区神农路 1 号	五凌村
李　彬	男	1967.2	博士	南京大学	—	法官	南京市广州路 35 号	周庄村
吴国元	男	1952	本科	南京农业大学	政工师	支部书记	南京新港开发区新港大道 58 号	五凌村
吴建强	男	1961	本科	武汉经济学院	副师级	副局长	南京市成贤街 13 号	角斜村

续表 23-4

姓名	性别	出生年月	文化程度	毕业学校	职称	职务	工作地址	原籍
吴祥生	男	1963.10	本科	太原科技大学	高级工程师	副主任	南京市洪武路 340 号	新坝村
吴　萍	女	1952.10	硕士	南京理工大学	硕导	副教授	南京市孝陵卫 200 号	角斜镇
张　侃	女	1982.2	硕士	西安石油大学	—	会计	南京市马台街 141 号	沿口村
居兴国	男	1965	本科	华东石油学院	高级工程师	科长	南京市尧化门 4608 信箱	沿口村
居为民	男	1963.8	博士	加拿大多伦多大学	教授	—	南京市汉口路 22 号	范堑村
居小兵	男	1973.6	研究生	南京医科大学	讲师	主治医师	南京市广州路 300 号	范堑村
曹爱兵	男	1976.3	本科	苏州大学	—	主任	南京市鼓楼区定淮门大街 9 号	五虎村
康传勇	男	1976.1	硕士	东南大学	高级工程师	主任	南京市龙蟠路 173 号	老庄村
梅　蓉	女	1978.10	博士	南京航空航天大学	讲师	—	南京仙林大学城	滩河村
蔡守平	男	1965	本科	南京师范大学	—	经理	南京市汉中路 2 号	五凌村
缪宏梅	女	1983	本科	南京财经大学	—	—	南京市秦淮区集庆路 200 号	五凌村
缪建忠	男	1973.2	本科	中国人民解放军理工大学	工程师	副大队长	南京市鼓楼区定淮门大街 1 号	双龙村
缪　勤	男	1966.10	硕士	南京农业大学	副研究员	主任	南京市安德门 130 号	双龙村
缪爱军	男	1978.8	硕士	南京理工大学	—	副科长	南京市和燕路 356-1 号	滩河村
缪小妹	女	1978	本科	西南政法大学	—	—	南京市建邺路 98 号	沿口村
缪缓钰	女	1982.12	硕士	西南科技大学	工程师	副部长	南京奥体大街 130 号	五凌村
缪　勤	男	1966.10	硕士	南京农业大学	副研究员	主任	南京市安德门 130 号	双龙村
缪　稳	男	1974	本科	东南大学	工程师	经理	南京市仓波门富民路 2 号	范堑村
翟秋蓉	女	1964.10	本科	南京动力高等专科学校	工程师	—	南京市大厂镇	角斜镇
周松生	男	1965.10	本科	上海复旦大学	—	总经理	南京汉中门大街 2 号	五凌村
周春红	男	1967.10	本科	河海大学	高级工程师	部门经理	南京市广州路 199 号	五凌村
冒海波	男	1981.3	硕士	南京理工大学	工程师	—	南京市白下路广电大厦 358 号	范堑村
顾晓琴	女	1965.2	本科	南京大学	—	主任	南京市洪武路 23 号	角斜镇
顾卫东	男	1970.6	本科	天津大学	工程师	—	南京广州路 5 号	墩里村
顾美华	男	1973.6	硕士	南京师范大学生物学	—	科长	南京市新模范马路 90 号	双龙村
顾晓飞	男	1967	本科	中国科技大学	经济师	分公司经理	南京市石鼓路 107 号	墩里村

续表 23-4

姓名	性别	出生年月	文化程度	毕业学校	职称	职务	工作地址	原籍
顾海群	男	1979	硕士	东南大学	工程师	—	南京市江宁区南大道 48 号	角斜镇
钱　智	男	1968	硕士	南京大学	高级律师	主任	南京市虎踞南路 49-7 号	角斜镇
唐彬彬	女	1983.5	本科	南京大学	—	主任	南京市洪武路 29 号	滩河村
徐晓虎	男	1986.11	本科	华中科技大学	—	—	南京市中山北路 212 号	滩河村
徐　铭	男	1950.1	本科	南京理工大学	教授	—	南京市孝陵卫 200 号	滩河村
徐　勰	女	1968.1	硕士	南京师范大学	副教授	—	南京市江宁区弘景大道 3601 号	滩河村
曹小蓉	女	1979.12	本科	南京体育学院	—	主任	南京市广州路 1 号	角斜镇
祝世珍	女	1936	—	—	—	厅长	江苏省物价局	来南村
刘俊鸿	男	1964.6	本科	中央党校	—	副厅长	江苏省文化厅	来南村
陈鹏年	男	1934.9	本科	—	—	副院长	南京艺术学院	来南村
曹美琴	女	1965.11	本科	—	高级工程师	师级干部	南京某部队医院	来南村
曹元根	男	1942	本科	北京大学	高级工程师	科协副主任	南京	王墩村
顾美华	男	1975	研究生	—	—	科长	江苏海洋渔业局	双龙村
缪　宏	男	—	本科	南京公安学校	—	检察长	南京白下区检察院	沿口村
顾培稳	男	1966.3	—	—	少校	—	南京土山机构	五凌村
陈玉彭	男	—	—	—	高级工程师	—	南京 1720 厂设计所	沿口村
许明军	男	1978	硕士	东南大学道路设计专业	工程师	设计师	南京中山南路 342 号	江海村
吴礼明	男	1978	本科	武汉理工大学管理工程专业	—	作业部经理	南京市中华路 129 号外运大厦 1105 室	顾陶村
顾理硅	男	1950	本科	南京大学党政专业	—	经济师	南京市云南路 24 号	老坝港
葛玲玲	女	1983.10	本科	苏州大学	—	—	南京市孝陵卫 200 号	老坝港镇
王海陵	男	1972	研究生	江苏省委党校	—	—	南京市环城南路 122 号	老坝港镇
马鹏林	男	1951.6	本科	南京医学院	主任医师	主任	南通市城港路 37 号	沿口村
卞秀凤	女	1967.6	本科	南京大学	高级工程师	工会副主席	南通市十字街	汤灶村
卞松林	男	1971	硕士	上海交通大学	—	副主任科员	南通市濠南路 251 号	五凌村
卞小龙	男	1976.10	本科	扬州大学	造价师	主任	南通市孩儿巷南路 66 号	汤灶村
申　建	男	1969.12	本科	盐城教育学院	—	总经理	南通市教育路 39 号-18 号	周庄村

续表 23－4

姓名	性别	出生年月	文化程度	毕业学校	职称	职务	工作地址	原籍
许　建	男	1968.11	本科	盐城工学院	—	董事长	南通市经济技术开发区瑞兴路199号	范蜇村
陈金元	男	1965.10	本科	石家庄陆军学院	—	局长助理	南通市世纪大道6号	角斜镇
陈家栋	男	1964.7	研究生	中央党校研究生院	—	支队长	南通市青年西路39号	周庄村
李　康	女	1956.9	硕士	江苏省委党校	—	主任	南通市青年中路109号	沿口村
杨正琴	女	1981	硕士	南京理工大学	工程师	—	南通电信局环城南路88号	范蜇村
张　建	男	1967.10	本科	扬州大学	—	副校长	南通市唐闸公园路4号	汤灶村
张爱萍	女	1971.2	本科	苏州大学	—	处长	南通市世纪大道6号	来南村
张　峰	男	1968.4	本科	扬州师范大学	—	总经理	南通市中新一路10号	周庄村
张维冰	男	1971	本科	东南大学	高级工程师	主任	南通市青年中路69号	角斜镇
居少波	男	1956.4	本科	东南大学	—	检察长	南通市濠南路251号	范蜇村
戴　平	男	1957.1	研究生	南京师范大学	经济师	局长	南通市世纪大道6号	角斜镇
周卫平	女	1970	研究生	江苏省委党校	会计师	局长	南通市崇川区桃坞路44号	沿口村
周　明	男	1977	本科	东南大学	工程师	总监理	启东市滨海工业园滨海新村2号楼	新坝村
顾永佳	男	1977	硕士	南京医科大学	主治医师	主任	南通市人民中路103号	角斜镇
顾维琳	女	1963.5	硕士	南京师范大学	副教授	—	南通市啬园路9号	角斜镇
徐必林	男	1955	本科	中央党校	高级政工师	副校长	南通市青年东路150号	角斜村
徐亚华	男	1975.6	本科	浙江大学	记者	编辑	南通市西寺路10号	汤灶村
康宜华	男	1960.11	本科	江苏广播电视大学	高级记者	总编辑	南通市西寺路10号	汤灶村
储　烨	男	1981.8	硕士	东南大学	工程师	—	南通市青年西路28号	新坝村
董建成	男	1957	硕士	北京大学	副教授	图书馆馆长	南通市启秀路19号	王墩村
詹　皖	男	1962	本科	南京师范大学	副教授	主任	南通市教育路39号	角斜村
蔡　波	男	1977.10	硕士	南通大学	主治医师	—	南通市西寺路20号	角斜镇
缪冬慧	女	1978.12	本科	常州技术师范学院	—	中学教师	南通狼山镇51号	五凌村
缪海琴	女	1980.8	本科	南京大学	—	采购部长	南通市外环西路38号	五凌村
缪　潜	男	1970	本科	南京师范大学	中学高级	校长助理	南通市崇川路9号	老庄村

续表 23－4

姓名	性别	出生年月	文化程度	毕业学校	职称	职务	工作地址	原籍
王　群	男	1968	本科	东南大学机械制造工艺及设备专业	—	—	南通外环西路 151 号	建场村
刘爱华	女	1962	本科	安徽财贸学院（现安徽财经大学）	高级会计师	副所长	南通市具民中路 20 号南通大夏	老坝港镇
许海波	男	1965	本科	复旦大学	党组书记	局长	南通市花木路 3 号	江海村
李　云	男	1959	本科	南京师范大学	—	副教授	南通市城山路 24 号	建场村
陆春华	男	1967	本科	江西南昌航空工业学院	工程师	主任	如东洋口工业开发区	江海村
顾国兵	男	1972.10	硕士	南京师范大学教育管理专业	—	中专讲师	南通市城山路 24 号	老坝港镇
袁绍云	女	1966	硕士	南京大学法律专业	—	副庭长	南通市工农路 246 号	顾陶村
卞进圣	男	1969.6	硕士	苏州大学	讲师	经理	苏州市金鸡湖大道 1355 号	角斜镇
王跃斌	男	1973.5	本科	苏州铁道师范学院	中学高级	副主任	常熟市新世纪大道旁	角斜村
龙晓川	男	1976.9	本科	华东师范大学	工程师	经理	苏州市三香路 1298 光大银行 19 楼	汤灶村
吴留兵	男	1979.6	本科	苏州大学	—	—	苏州市吴江区松陵镇高新路行政服务中心	双龙村
赵爱斌	男	1987.10	本科	徐州工程学院	工程师	科长	昆山市	汤灶村
徐　康	男	1979.6	本科	南京大学	工程师	项目经理	苏州大学园区胜浦路 288 号	滩河村
蔡兰慧	女	1979.3	本科	吉林大学	—	—	苏州市苏虹中路 445 号	角斜镇
蔡慧兰	女	1974.10	本科	南京医科大学	—	护士	苏州市才盛街 118 号	五凌村
缪余琴	女	1982.3	本科	徐州师范大学	工程师	—	苏州工业园区东宏路 25 号	五凌村
缪徽波	男	1981.10	本科	徐州空军后勤学院	工程师	—	苏州市吴江区崇山路 3 号	滩河村
吕小波	男	1979	本科	郑州轻工业大学	设计总监	科长	苏州新区向阳路 1 号	老坝港镇
练稳山	男	1965	研究生	苏州大学外语系语言文学专业	—	副教授	苏州国际教育园致能大道 106 号	海港村

续表 23-4

姓名	性别	出生年月	文化程度	毕业学校	职称	职务	工作地址	原籍
蔡俊华	男	1970	本科	东南大学无线电系	高级工程师	科长	苏州市吴中开发区苏街188号	老坝港
储　萍	女	1980	本科	江苏工业学院	—	部长	江阴市申港镇申新东路36号	角斜村
蔡守桂	男	1982.3	硕士	江苏大学	工程师	—	江阴市滨江东路297号	滩河村
卞宏志	男	1963.1	研究生	南京炮兵指挥学院	—	部长	江阴市澄武路9号	汤灶村
陈　建	男	1971	研究生	南通医学院（现南通大学）	副主任医师	—	无锡市后西溪路33号	团结村
周卫明	男	1981	硕士	扬州大学	—	—	江阴市暨阳路15号	沿口村
龚宝梅	女	1964	本科	上海第二军医大学	—	处长	无锡市清扬路131号	来南村
申承华	男	1966	本科	吉林大学化学系	工程师	大区经理	江苏省宜兴市丁蜀镇建新工业园	海港村
蔡　康	男	1982.1	本科	南京林业大学	—	—	常州市红梅东风民营工业园	五凌村
缪亚萍	女	1977.6	本科	江苏警官学院	—	科员	常州市武进区长安路	角斜镇
吴向明	女	1966.12	本科	北京师范大学	—	副教授	常州建设高等职业技术学校	海港村
祁卫东	男	1967.11	本科	镇江医学院	副主任医师	副主任	镇江市新马路1号	角斜村
居小平	男	1972	本科	武汉大学	国防商务师	经理	镇江句容市白色工业集中区	沿口村
顾准山	男	1973.9	本科	苏州大学	中学高级	主任	镇江市润州区七里甸营房街94号	双龙村
康裕斌	男	1968.8	本科	镇江医学院	副主任医师	副主任	镇江市电力路8号	汤灶村
管　峰	男	1976	本科	东南大学	—	部门经理	镇江市正东路148号	周庄村
缪小全	男	1971.2	本科	山东石油大学	技师	队长	镇江市天桥路22号	沿口村
王维华	男	1953	本科	南京大学	高级工程师	副馆长	镇江市学府路301号	老坝港
王建军	男	1970.1	博士	南京农业大学	副教授	—	扬州市大学南路88号	角斜村
汤永明	男	1957.8	硕士	美国密西西比大学	副教授	处长	扬州市大学南路88号	角斜村
许金俊	男	1972.10	博士	江苏农学院	副教授	—	扬州市交汇东路12号	范堑村
陈宏建	男	1968	硕士	扬州师范大学	讲师	—	扬州市江阴中路166号	角斜镇
吴泰山	男	1963	—	—	—	军校	扬州市	角斜村
郑晓星	男	1969	本科	西南财经大学	—	科长	泰州市五一路121号	角斜镇

续表 23-4

姓名	性别	出生年月	文化程度	毕业学校	职称	职务	工作地址	原籍
曹　晶	男	1966	本科	扬州大学水利学院	工程师	科长	泰州市海陵南路 309 号	老坝港镇
陈红兵	男	1962.1	本科	江苏教育学院	—	主任	东台市委大楼	角斜镇
陈　浩	男	1955.11	本科	南通教育学院	—	副校长	东台市范公南路 68 号	角斜镇
王华寿	男	1960.10	本科	徐州师范学院	教授	—	徐州市铜山新区上海路 101 号	角斜村
朱庆庆	男	1984.10	本科	西安长安大学	助工	—	徐州泉山区煤建路 8 号	新坝村
吴晓燕	女	1976	本科	徐州医学院	主治医师	—	徐州市铜山路 226 号	新坝村
濮存如	男	1958.1	本科	工程兵指挥学院	工程师	总经理	徐州市青年路 169 号	沿口村
王林山	男	1959.2	本科	中国人民解放军后勤学院后勤指挥专业	—	所长	徐州市铜山路 149 号	旧场村
孙翠娟	女	1978.11	硕士	山西师范大学基础数学专业	—	讲师	连云港新浦区巷梧路 59 号	江海村
于爱华	男	1975.11	硕士	东南大学	讲师	—	杭州西湖区留和路 318 号	滩河村
申　华	男	1977.7	本科	浙江嘉兴学院	工程师	业务部经理	嘉兴市常秀街 160 号	五虎村
汤佩军	男	1973.1	本科	南通工学院（现南通大学）	—	总经理	杭州市文一路 66 号	汤灶村
沈晓群	男	1959	本科	南京政治学院	—	秘书	嘉兴市广场路 1 号	范堑村
张月华	女	1975	本科	华北医学院	主治医生	—	嘉兴市南湖路	沿口村
徐连华	男	1965.7	本科	烟台工程学院	—	主任科员	宁波市公安局看守所	滩河村
韩连宏	男	1960	研究生	浙江大学	高级经济师	副院长	杭州市萧山区钱江科技园规划 2 路 8 号	角斜镇
戴正春	男	1964.2	本科	海军飞行学院	—	镇人大主席副处级	台州市路桥区蓬街镇清龙路 56-1 号	范堑村
申承建	男	1963.5	本科	南京陆军指挥学院	团政委	正处	浙江省诸暨市体育路 9 号	建场村
葛承山	男	1962.7	本科	中央党校	—	主任科员	宁波市解放北路 91 号	老坝港
缪建荣	男	1974	本科	中南工学院化工机械专业	高级工程师	总经理	浙江省温州市上陡门经益组团三幢 702 室	川港村
储迎选	男	1953.8	本科	南京陆军指挥学院	—	副队长	福州省莆田市后卓	范堑村

续表 23-4

姓名	性别	出生年月	文化程度	毕业学校	职称	职务	工作地址	原籍
曹海斌	男	1972.3	本科	合肥炮兵学院经济管理专业	高级工程师	经理	福建厦门市集美区侨英路 307 号	川港村
丁成育	男	1944.7	本科	武汉水利电力学院	高级工程师	技术顾问	合肥市曙光路 3 号	沿口村
陈亚树	女	1982.2	本科	安徽理工大学	—	—	安徽省合肥市	滩河村
范广进	男	1964	本科	兰州铁道学院	高级工程师	站长	安徽省淮安市	范堑村
王　维	男	1968.10	本科	解放军理工大学气象学院	—	处长	安徽省黄山市	老坝港
王建群	男	1970.7	本科	湖北武汉第二炮兵指挥学院	副团级	政治协理员	山东省青州市	富港村
李德明	男	1944.5	本科	山东大学	—	山东省委宣传部副部长	—	顾陶村
许　伟	男	1968.4	本科	空军第三飞行学院	—	正连	辽宁省锦州市 93263 部队 55 分队	五凌村
唐爱明	男	1968.4	本科	长沙炮兵学院		政委	河南省汝州市	沿口村
徐佶鑫	男	1983.2	本科	南京航空航天大学	工程师	—	洛阳市西工区解放路 8 号	新坝村
谭柏彬	男	1963.9	硕士	中国人民解放军信息工程大学	副师级	系政委	河南省郑州市	来南村
吴国林	男	1965.12	本科	—	—	正团处长	武汉市卓刀泉特一号军务管理处	汤灶村
林　松	男	1978.2	硕士	东南大学	—	经理	武汉市武昌区中山路 8 号	滩河村
康宜华	男	1965.10	博士后	华中理工大学	博士后	系主任	武汉市关山口	双龙村
王海捷	男	1977.5	大学	广州舰艇学院	—	董事长	广州市建设五马路 18 号	来南村
陈海峰	男	1980.9	硕士	北京大学工商管理深圳研修班	—	营销总监	深圳市罗湖区水贝二路 28 号	滩河村
李志斌	男	1964.11	博士	华东理工大学	—	副总裁	深圳科技园南山区清华大学研究院	角斜镇
张拥军	男	1969	—	—	—	副总	深圳南山区西丽南岗第二工业园 A2 栋	新坝村

续表 23－4

姓名	性别	出生年月	文化程度	毕业学校	职称	职务	工作地址	原籍
金卫明	男	1975.4	本科	江苏理工大学	—	厂长	广东揭阳市经济开发区	范堑村
周　姝	女	1972	硕士	南京大学	经济师	—	深圳市南山区西丽大学城北大校区	角斜镇
顾九明	男	1973.5	硕士	北京大学	—	董事长	深圳市福田中心区诺德中心 27 楼E 单元	滩河村
陈　红	男	1957	本科	—	—	董事长	深圳国防航空公司	来南村
谭兆光	男	1959	本科	中国人民解放军防化指挥学院	工程师	副局长	四川省西昌市土城巷 55 号	老坝港镇
陆宝荣	男	1954.11	本科	石家庄高级步兵学校	大校正师级	主任	拉萨市金珠路 55 号	滩河村
曹弘波	女	1962	—	南京大学	—	部门经理	美国休斯敦保险公司	五凌村
张德银	男	1953	博士	—	教授	—	日本茨市椿东 5000	滩河村

说明：此表收录的角斜籍在外人才信息，以本科以上学历为主。不少同志随着时间变化，职务相应发生变化。由于人才分布面广量大，最新信息难以到位，上表中疏漏欠准确之处在所难免

附　录

一、角斜之最

最早的盐镇　天圣五年秋至次年春(1027—1028)角斜为黄海沿岸著名的36个盐镇之一。

最早的盐课司　明洪武二十五年(1392),设两淮角斜场盐课司。

最早的社学　明弘治二年(1489),海安有2所社学,其中角斜社学设在角斜盐课司东。

最早的书院　清朝末年,海安有书院3处:凤山书院、明道书院、守正书院,其中“守正书院”,光绪十四年(1888)由场大使唐如峒兴办,在角斜场中街。

最早的小学　角斜第一初等小学堂创办于光绪三十四年(1908)。民国十七年(1928),陈建堂创办来南小学。

最早的党组织　民国三十年(1941)在新四军民运工作队的帮助下,角斜第一个中共党支部在来南乡建立。旧场第一个党支部在旧场乡建立,沈华生任第一任党支部书记。

第一支群众武装　民国三十年(1941)3月,角斜第一支群众武装——抗日自卫队在来南乡汤灶村成立。

最早的互助组　1951年11月,角斜区来南乡中心选区的农民蒋凤银在县委派出的工作组的帮助下,联合区内13户农民,组织全县第一个互助组。

最早的初级社　1953年,来南乡成立全县第一个初级社。

全国闻名的民兵劲旅　1966年7月17日,省政府、省军区在角斜召开“红旗民兵团”命名大会。“红旗民兵团”史绩陈列馆作为全国唯一的乡镇民兵陈列馆,已被多所学校作为德育基地。

第一个首富村　来南村“庭院经济”发展迅速,1987年成为海安县“首富村”。

最早的蔬菜基地　汤灶村是苏北发展最早的蔬菜种植基地。“金叶”牌韭菜闻名天下,远销国内外大中城市。

最早的少年军校　1990年,角斜镇少年军校创建,是南通市第一家少年军校,校名由时任国防部部长张爱萍将军亲笔题写。

全县的中考状元　2009年,角斜初中的学生徐伟参加县中考,以767.5分居全县万余考生之首。

全县唯一　1990—2017年,角斜初中连续4次获得江苏省中学生无线电报务技术竞赛团体第一名。

二、农家传统日常用具

炊事用具

锅架儿,用泥土或泥垡头垒成的灶,或用一种小破缸开一个缺口作为灶门,将锅子放置上面煮饭做菜,现已绝迹。

灶台,用砖块砌成,由粕灶面子、锅堂、风箱洞、烟拐子、锅堂门和烟筒六部分组成,烟筒在室外。

锅子,生铁浇铸,分为尺二、尺四、尺六、尺八等大小不一的品种,市场上广泛供应。

釜冠,又名锅盖,按锅子的口径木制而成。

箸筒,装筷子的用具,一般挂在柱子或墙上。

瓢儿,舀用工具,一种叫“乌子”的葫芦科果实,大小不等,成熟后一锯两半,阴干后使用。

大亮(量)子、提亮儿(又名水桶),盛水用具,柱形,由木板箍制而成,两边耳子上装嵌把手。

蒸笼，木制，蒸馒头之用。

烀帘儿，竹篾所制，专门用于“点心”回笼。

薄刀（菜刀），铁制，有柄。

切板，供切菜之用。

镊子，铁制，专用于清理各类食用肉块上残留下来的毛根子。

淘箩，竹篾编制，淘米专用。

篮子，竹篾编制，形状有方圆多种，洗菜载物之用。

畚箕，芦苇篾子编制，用于装运垃圾。

笤帚（扫帚），打扫专用洁具，多数以脱粒的高粱穗头编扎而成，扫帚是用竹枝编扎而成。

洗锅把儿，洗刷锅碗餐具的工具，用高粱头子或竹子根须捆扎成小把儿。

铲子、勺子，厨具，供炒菜盛饭，舀稀饭和汤之用。厨房必不可少。

笊篓，学名漏勺，捞取汤水中食物的专用餐具。

火叉，铁制品，叉头为“丫”字形，尾端饰一小圆环，烧火时作撬火之用。

火剪，铁制，形如剪刀，张合自如，可在火焰中夹取燃料物品。

风箱，炊事助燃器，木头所制，一般为矩形，一头有拉杆，两头有风舌，内置木活塞，活塞四周扎上鸡毛，由拉杆带动在木箱内前后运动，产生风力，通过风箱一侧中下部刮风嘴将风排送到灶膛内助燃。

煤油炉，铁皮制品，圆形，底盘四周上嵌有内外两层带孔的铁皮罩，两层罩之间安上若干棉纱作灯头，灯头下是储煤油的底盘，点燃后用以煮蒸食物，现已绝迹。

煤球炉，圆柱形，中间安一炉芯，燃料为蜂窝煤或煤球，四周填塞耐火保温材料，外边由铁皮或陶器制成。也是炊事用具之一。

现今，煤气罐、煤气灶、电饭煲、高压锅、电磁炉、电炒锅等成了千家万户的日常炊事用具。

水烟台

过去，角斜、沿口、旧场、老坝港域内，不少男女老少都喜欢抽水烟，用来抽水烟的工具则是水烟台。水烟台以白铜居多，也有的以黄铜、紫铜和银、铝制造而成。水烟台的结构一般由烟杆、烟斗、烟仓、手托、装饰链条等部件组成。“隔水吸烟”可以淡化烟草的刺激性，使烟气在水中经过一遍过滤，味道变得更为纯正温和，便于吸食。现今，偶尔还能看到手捧水烟台抽着水烟的人。

家具

有八仙桌、四仙桌、圆桌、条桌、梳桌、学桌、大凳、小凳、独凳、爬爬凳、杌子、椅子、条椅、衣橱、三门橱、装饰橱、食品橱、书橱。

床有单人床、双人床、高低床、竹床、板柜、睡柜。

沙发有单人、双人、多人等多种沙发。

雨具

蓑衣，以棕榈、茅草编结而成，披在身上遮雨。

斗笠（又叫斗篷），用芦柴篾子做成，戴在头上防雨防晒。

伞，旧时雨伞以竹篾为骨架，以油纸和桐油布为伞面居多。

水码儿，也称套子，木制品，与脚大小相当，成工字形，用鞋绳绑在脚上，雨天当雨鞋使用，现已绝迹。

钉鞋，布鞋底上钉上大头鞋钉，鞋底和鞋帮浸透桐油后，雨天穿上防水防滑，已绝迹。

木屐，在布鞋底下方钉上与鞋底形状相仿的木块，雨天作雨鞋用，已绝迹。雨衣、雨披、防风衣、球鞋、套鞋、涤纶伞都属于现代雨具，使用广泛。

旧时防热御寒用具

蒲扇、芭蕉扇、折扇、烘缸、铜炉子、汤焐子、保暖袋、毛窝儿、棉鞋、保暖鞋、布鞋、皮鞋、草鞋、塑料鞋、拖鞋。

装饰品

戒指、项链、项圈、手镯、手链、银锁儿、耳环等。

传统农具

主要分为除草农具、收脱农具、耕翻农具、排灌农具、农副产品加工用具、衡量器具（详尽内容见第六章农业部分第四节）。

木匠工具

锯子（大、中、小）、凿子（大、中、小、又分平、圆）、锉（大、中、小）、刨子（大、中、小）、手钻、墨斗、角尺、台斧、大小锤子、丈棍、木尺。

建筑工具

角尺、卷尺、线斗、线锤、瓦刀、泥塌、嵌灰刀、泥桶、人力夯、电夯、线板、模板、刮灰板、千斤顶、撬棍、铁锤、钉耙、洋锹、大锹、淌筛、畚箕、脚手架、跳板、杠杆、搅拌机、挖掘机、铲土机、起吊机、电焊机、磨光机、装载机、切缝机、切割机、振动棒、平板振动器、拖车、检测仪、测量仪、安全帽、安全带、安全网。(古今工具混合,不作解释)

三、1959年“旧德抢船事件”

1956年合作化时期,渔民的渔船渔具作价计股入社。1958年域内各乡成立人民公社。1959年4月,如东县的旧场公社划归海安县管辖。

划归海安后,旧场公社有不少渔民,合作化时渔船渔具作价入股在如东县德贵公社,以致渔民上船工作发生困难。当时,旧场公社向如东县栟茶区洋口港渔业委员会反映此事,财产归属诉求也向德贵公社反映过。旧场公社党委书记吴国流对这一问题亦向当时海安县政府分管县长反映过,答复是“回去自行协商解决”。

1959年6月20日,吴国流与社长王绍银商量,去德贵公社放几条船回来,才能解决渔民上船问题,并召开机关干部会做了布置。6月25日下午召开靠近海边的7个大队干部会议,晚上有近30人由党委委员、副社长练志田,人武部长潘春甫带队,连夜到各大队去,以“凡是参加放船回来的人都可以上船”做动员,按每个大队各自去放一条自己最熟悉,乃至于股权(份子)最多的船的具体实施方案,最终组织215人去如东南港锚地放船。

因处事不密,有干部去德贵公社通风报信。德贵公社党委书记葛权、副书记缪祖明、社长王景学决定,组织民兵并携带枪支,前往现场鸣枪阻拦旧场公社人员抢船,并同时派人向环港驻军报信求援。导致在夜幕乱抢中打死了旧场公社平新大队抢船的社员王永富,同时在混乱中相互殴打,将德贵公社书记葛权等9人打伤。抢走了“杨木棍儿”“细柴匾”“冯家船”“三十二纤”(系船名)等7条船。待天亮后,环港驻军连长柏淦生带兵到场制止平息,交代等候处理。

因为牵涉到财产、渔船纠纷,省水产厅、南通行署、海安县、如东县都派人参加,组成工作组,历时2个月才处理完毕。

两社书记分别被开除党籍、判刑,两社社长被留党察看。吴国流被判有期徒刑一年,缓刑一年。吴国流认罪伏法,没有上诉。

后来,旧场公社在重新划分渔船加上原有渔船的基础上组成旧场公社红旗大队。被开除出党刑满释放的吴国流于1961年4月至1962年10月任大队长,参加组建工作。吴国流1962年3月在海安县委机关农水支部重新入党。1962年11月由红旗大队的20条渔船,渔民800人,加上家属约2000人在海安县新围的一块处女地上移民组建海安县海洋渔业公社,吴国流任社长。后几经变动,1983年吴国流在旧场乡党委副书记职位上以副处级待遇离休。

附:

海安县人民法院(59)刑字第284号刑事判决书

案由:为海船纠纷造成人命。

被告吴国流,于1959年6月25日无组织无纪律,不请示不报告,先后亲自主持公社和靠近海边的7个大队干部会议,错误地决定动员渔民215人于当夜由党委委员练志田、潘春甫等人负责带队,往南港放船,造成德贵公社集中民兵并携带枪支,前往鸣枪阻拦旧场公社人员放船,以致在乱抢中打死放船的社员王永富,同时在混乱中相互殴打,将德贵公社党委书记葛权、副书记缪祖明、社长王景学、民兵渔民等9人打伤等。

据上述事实,实属严重的违法乱纪行为,造成后果极其严重,故本院依法判处吴国流有期徒刑一年缓刑一年(刑期从一九五九年八月二十四日起至一九六〇年八月二十三日止)。

四、我所知道的“角斜”(汪明)

角斜镇古称角斜场。这个名称延续数百年,直至民国时期,才改为东台县第三区角斜镇(区公所设在栟茶),中华人民共和国成立后又改为海安县角斜镇(一度时间属李堡区)。

我没有看到过关于“角斜的来历”的书,只听说过上古时期这里是一片荒无人烟的海滩草荡，群众称为富家滩。书上记载汉代开始煮海为盐，傍盐置灶。唐朝政府已经系统地管理盐政，实行盐品专卖，国家收盐征税，建立盐仓，制定盐法。宋代史书上有了“角斜场”的名字。古时角斜群众生活收入以渔盐为主，没有农业、工业，商业和手工业也不发达。明朝商业日益繁荣，盐商发展迅速，清代达到顶峰。

到了晚清末年，海势东迁，盐业衰落，人们才逐渐开垦荒地，但大规模成片垦荒，则是民国年间。民国初年南通大生纱厂的张謇先生为了解决大生纱厂的原料和崇海地区多余农业劳动力问题，在苏北沿海建立了20多个盐垦公司，对发展苏北农业生产起了积极作用。他（张謇）的哥哥张三先生（张詧）到角斜来，和角斜地主协商，成立大赉盐垦公司。抗日战争时大赉公司破产，这块地方后来称为赉南乡和赉北乡。

有一条贯穿全镇东西走向的范公堤，据历史记载，它是宋仁宗天圣年间（1023—1032）北宋政治家范仲淹任西溪盐官时，为了防捍海潮，建议泰州知州张纶修筑的。听人说，原来的角斜场在堤北，即现在角斜镇的东北，距镇四五里。后来迁移到堤南来了。民国初年堤北还有人烧盐，堤南已有人零星开荒了。

由于经济基础以盐业为主，政治体制也以盐业为中心。听先人说清朝时角斜的最高行政官员是角斜场知事（或称盐大使）。在街道的中心有一座衙门和衙门巷。衙门有三班六房，有捕快头目。场知事有权发布告，有权抓人打人，相当于一个副县级的官员。除了管理盐务外，还兼管地方上一般民政和财经业务。跟群众接触最多的是钱粮房，负责征收地税、盐税、房捐等。民国以后衙门撤销了，但钱粮房的功能一直保持到抗战时期，直到新四军东进以后才停止。

角斜地方虽小但庙宇较多，而且门类齐全，有佛教有道教还有尼庵。这说明古代角斜的经济实力有时是很雄厚的，也说明古代宗教文化的丰富多彩。文化是经济发达的产物，也是推动社会进步经济发展的动力。对庙宇进行调查研究，查清它们的背景，可以发现一条历史发展的轨迹。西街上有一座最破旧的关帝庙，也可能是最古老的庙宇。它证明早在明朝初年，角斜就有山西盐商的足迹。山西人特别尊重关云长，把他看作山西的荣誉，山西盐商进到哪里，就要在那里建关帝庙。山西盐商在两淮盐区时间不长，明朝中叶就被徽州盐商取代了。

还有一座奇特的庙宇，叫作“虻蚱庙”，敬奉的不是佛祖，也不是神仙，而是危害人类的害虫。可见古人抗拒自然灾害能力薄弱，就敬而远之，祈求不要降灾。以前人们最怕的害虫是蝗虫，它的繁殖力强，起飞以后，对庄稼危害严重。这所庙宇坐落在东河边福兴桥旁，隔河是直通栟茶浒澪的挺长路。它在战争时期破坏不大，不知后来“破四旧”时可曾保留下一些历史资料，以证明它的来历。

在镇中心（衙门巷以西永丰巷以东）坐南朝北还有一座“润东会馆”，是徽商活动场所。我小时候看到里面有徽州手工业者，在里面制作烟草。会馆的门头上有一块石制的精致的门额，上刻“新安会馆”4个大字，不知是何时建筑和镌刻的。1994年我到角斜时看到这块门额躺在一家缝纫店门口，做了阶沿石。建议文化站把它保护收藏起来。

抗战以前，角斜商业就不发达。基本没有广货店（百货业），绸布店较大的有詹、吴二家，杂货店（南北货）较大的有申源兴、汪恒泰二家，都是零售，没有批发店。粮食行在老桥口一带，有的是中介性的。

西街有一家竹器店，新安会馆内有一家制烟馆，油坊、槽坊在附近农村，没有酱坊。东街有一两家餐馆，烧饼、馄饨、糕点、糖果都是摊贩经营。瓦木匠是农副业。

渔业历史悠久，大都是农村副业。农民在大海低潮时，凌晨身背货络子到附近海滩，捡拾文蛤、欢子、蚬子，肩挑到市场叫卖。有一种小蟛蜞蟹，一般都捣成蟹渣，除自吃外，还到黄桥一带贩卖。少数经营海船（木船）者，也是农村人，资本规模很小。海船捕捞时间主要在春夏季，主要产品有春鱼（黄花鱼），其次有黄鱼、鳓鱼等。清明前后三次大汛，春鱼比豆腐还便宜，一时吃不了，有人用盐腌，有人用酒糟浸，以后慢慢吃，味道香美可口。黄鱼除鲜售外，船家直接晒干，制成鱼鲞，能长期储存，黄鱼鲞烧肉也是一道美菜。价值最高的是鲨鱼，产量较少。

交通没有汽车和公路。过去运盐进包场用牛车，运往仪征十二圩用小船，经滩河口进通扬运河，小河常常淤塞，请当地农民临时疏浚。

学校以私塾为主，没有中学，镇西南角有一座初级小学，后来升为高级小学。私塾教师较有名的有詹葆基、詹少霖等。

医生以中医为主，镇上有几家中药材铺，药材铺一般是医生经营的。没有医院，全镇一两位西医医生，请其看病的人很少。

大赉盐垦公司是一个半资本主义半封建的生产企业，拥有耕地约十万亩，南通大生纱厂投资约 70 万元，周转资金向大生纱厂上海事务处贷款，原来的地主按出地比例取得产权；大生纱厂出资开渠、筑堤、建闸、修涵洞等取得经营管理权，并提取一部分耕地产权，经由大生纱厂委派；农民按劳务取得耕地使用权，并向地主缴纳地租。

1921 年前后，由于风、雨、潮、虫灾害，农业歉收，各家盐垦公司负债累累。当时大生纱厂也因管理不善，资金周转不灵，发生亏损。不得已由张謇兄弟出面请上海银行团发行债券，以土地作保证。大生纱厂集团和各盐垦公司的经营管理权也转入上海银行团。抗日战争以后大赉公司破产。

1937 年 7 月 7 日，日寇在华北卢沟桥发动侵华战争，激起了中国人民的全面抵抗。但是反动的蒋介石政府却实行攘外必先安内的政策，和日寇狼狈为奸，表面上承认抗日，实际企图消灭中国共产党。致日本人不费吹灰之力，在全中国到处横行。

1938 年春天，日寇经过如皋李堡，第一次到了角斜。角斜的剥削阶级和蒋政权一脉相承，组成了维持会，接待日本人。一两天后日本人退走了，维持会的成员被栟茶的国民党派人枪杀。此后南通一带退下来的国民党的各种所谓“游击部队”轮流进入角斜，这些人肆意蹂躏人民群众，人民不堪其苦。

由于日本人战略进攻正面战场，角斜一带获得一段相对和平喘息的机会。同时也滋生了一些投机分子，出来表演一番。他们组成一个战坛，设在原来的积谷内。用乩架在沙盘内写字，以神仙的名义对群众指手画脚，煽动是非。有的地方还出现“大刀会”的组织。缺乏文化知识的群众，居然相信，受其愚弄。这时，教育机构复课了。1938 下半年先是小学复课；1939 年上半年如皋初级中学借用李堡小学部分校舍和其他一部分闲房恢复上课；1940 年下半年南通高级中学利用角斜关帝庙和其他居民闲房，稍加修理后进行招生复课。

1938 年 9 月，由管文蔚率领的新四军挺进纵队（原为江南地方抗日武装）一部，自扬中县渡过长江，陆续控制了通扬运河以南至长江边，东西四十余里、南北二十余里的大桥、嘶马、吴家桥一带，作为新四军进军苏北的桥头堡。江苏省的国民党顽固派头子、省政府主席韩德勤，想在新四军立足未稳之时，将其消灭。但经过郭村战斗和黄桥决战，省韩却被打败了。新四军顺势攻取了东台、盐城等地，和一大片农村地带。不仅站稳脚跟，打开局面，还从此建立了巩固的抗日根据地。

黄桥决战后，角斜的省立南通中学自然解体了。1940 年年底新四军的部队来到角斜。1941 年 1 月 7 日蒋介石发动皖南事变，1 月 25 日新四军根据中共中央命令在盐城重建新四军军部，任命陈毅为代理军长，张云逸为副军长，刘少奇为政治委员。早在 1938 年 12 月汪精卫就公开投降，1940 年凑成伪中央政府。这时日军停止了正面战场的战略进攻，将主要兵力转入敌后战场。1941 年 2 月 25 日泰州李长江公开投降，日伪军重新调集兵力，攻占海安、东台等城镇。中共也调整部署，华中局 3 月 19 日决定，为适应新形势，抗日根据地实行小省制，撤销苏北区党委和苏北行政委员会，建立苏中区。

此次新四军驻扎栟、角、堡一带，约有半年多时间。管文蔚也来到角斜，住在西街汤家。他的军马经常拴在关帝庙门前，引起许多青年围观。经过充分的发动，各种抗日的群众团体纷纷建立起来，主要有农抗会，青抗会等。

1941 年 4 月 20 日在栟茶成立苏中军区和新四军第一师，粟裕任师长兼苏中军区司令员；刘炎任政委兼苏中军区党委书记；副书记陈丕显；管文蔚任苏中行署主任。

四月—五月份在浒澪和李堡召开两次苏中

区党委扩大会议，讨论“二五减租”为主的议题，建立抗日政权，建设地方武装和发动群众问题。

1941年春，将海安以东、东台以南地区划出来，建立泰东行署，委任董希白为主任，驻在角斜。以后又在角斜召开泰东参政会，成立泰东县政府。1941年8月日军轰炸李堡，轰炸大赉公司。

下半年由于形势需要，新四军撤出三镇，转入广大农村坚持反复的严酷的反扫荡斗争。

1942年春，日军第二次侵占角斜，驻扎了一小队骑兵，每天从驻地东岳庙出来，在街上绕一转，虚张声势，再回到东岳庙。几个月后日军撤离了，但汪伪和平军(他们在青天白日旗上加一块黄色飘带，上写“和平反共救国”6个字。老百姓也有叫他们“二黄”的)一直住到1945年日本投降，才集中到海安，在蒋政府包庇下，负隅顽抗。

1946年新年，是角斜人们在共产党领导下度过的一个盼望已久的和平节日。人们欢天喜地，庆祝抗日战争的伟大胜利，到处呈现一派欣欣向荣的新气象。

摆在前面的是中国今后向何处去的问题。蒋介石为首的国民党顽固派想的是怎样消灭共产党。共产党则认为当前任务应是建立新民主主义的联合政府。国共两党在重庆谈判签订的“双十协定”和政协协议被撕毁了，美国马歇尔将军的调停活动也失败了。1946年6月国民党军队向中原解放区和苏中地区发起进攻。

1946年5月，角斜区从东台县划给紫石县管辖。六七月间按照中共中央五四指示的精神，进行土地制度的改革。土改从结算押租开始，押租是正常地租以外的额外剥削，地主历年历次加收的押租数量，超过了地主土地的价值，地主将其全部土地结还农民还不够抵偿。在结算时留给每个地主二亩田，给地主生活出路，通过自耕自种，自食其力。土地制度改革进一步激发了农民的阶级觉悟和积极性，他们积极行动起来，支援自卫战争，彻底完成反帝反封建的历史任务。

角斜在古代是个以盐业为经济主体的场镇，盐业的盛衰兴替对角斜地方事业的发展是至关重要的。盐商在全国活动，交游广，信息灵通，对传播和交流各种思想文化，影响甚巨。其次，盐商具有一定经济实力，可为地方举办公益事业，建房建庙，改善交通，改善民生等。但盐业经济的垄断性和周期性，带来了盐商个人的不稳定性。食盐关系到人身安全，关系到战争的胜败，必须在政府的监督管理下进行生产。我国早在汉武帝时代，就为盐铁管理在朝廷发生严重的争论。食盐的供求关系复杂，盐商是追逐利润的，盐业的高收益使盐商个人之间的竞争特别激烈。所以盐商各人有各人的志趣和风格，角斜的历史文化也因此丰富多彩，而又时起时落。

在文化领域占统治地位的是悠久的、几乎与生俱来的民族文化，它渗透到人们生活的各个方面，形成各式各样的规章制度，又具有宗教的和时代的特征。

汪氏家族与角斜的历史渊源，我知道的很少。现在可以设想的是角斜的水土养活了汪家几代人，汪家人既对角斜有所贡献，也剥削过角斜的劳动人民。汪家原是安徽歙县大里村人。88世祖汪瑶圃19世纪中叶到角斜经商，后来因战乱全家迁住角斜。20世纪40年代，绝大部分后人又因战乱离开角斜，前后不到一百年。一百年间实际在角斜生活的男人比较少，大部分年轻人总是到各地谋生、经商或为官，主要影响还是传播和交流新鲜的或先进的思想文化，包括学术文化、建筑文化、雕刻文化、饮食文化、休闲文化等。

汪家曾到扬州聘请一位祖上也是歙县盐商，后来发奋读书的名儒吴次山先生到角斜，成立家塾。吴老先生的孙子吴引孙和吴筠孙做过清朝的道台和巡抚；玄孙(孙子的孙子)吴征铸(白匋)、吴征鉴、吴征铠、吴征镒是中国著名的“吴氏四杰”。1987年的全国科技大会上，兄弟三人同时与会。吴老先生为人豪爽，酷爱读书。他对汪家子孙灌输了经典的儒家学说，传授了自己多年的学习心得，使汪家后人掌握了系统的儒家学术的精髓，并作为治学处世的准则。

扬州是中国著名的烹饪之乡，汪家将角斜厨师洪四先生，带到扬州盐号学习手艺，回到角斜传授给外甥尹少兰等，使淮扬菜点流传到角斜。

汪家在角斜建住房，约有三批。第一批建于19世纪中叶；第二批建于19世纪后期；第三批建于清末民初，是我祖父汪文伯请扬州建设设计布局和扬州工人指导施工的。式样和材料比较新颖和考究。中间一条宽大的长火巷,联通前后大门,两侧是对称的住房。西侧主房前厅后堂,中间照堂;照堂前以屏门连厅,后与堂屋连成四合厢,中留小天井,高廊檐。堂屋的门槛和门扇可视季节不同移动使用。照堂采用大门窗,装大玻璃、铁门框。堂厅与火巷之间设套房,套房前后有更小的天井,并有耳门通火巷。火巷中段建阁楼,联通两侧住房。火巷的山墙上有风火墙,墙面用铁巴锔和柱子拉接。雨天不湿脚,热天有凉风。这些建筑让角斜工人扩大眼界,增加见闻。

在临街大门旁还建了10余间两层楼的店房,和大门楼连在一起。每逢清明节和十月朝(即农历十月初一),镇上行会时,站在大门楼上,居高临下,观看灯彩,很是方便。

在房屋的好多处,例如大门迎面的福祠,装有砖雕。堂屋和大厅的门扇上都有木雕,我父母亲使用的大床雕刻特别精致,据说耗费400个做工,后来这床送给雕刻工人缪春甫的儿孙使用。可惜我祖父辛劳过度,他的建房计划还未完成,就不幸逝世。家中大小全力忙丧事,存款花光了,事业停止了,建房半途而废。以后看到的是父亲和叔父负债累累,卖田、卖物。

角斜的传统休闲文化多姿多彩。春节以后、清明节以前风向稳定,青年人就要到河北的包场上放风筝。风筝是自己用竹篾和绢或纸扎制的,有轻巧的蝴蝶、蜻蜓,有重大的六角、八角,上面装上竹制的哨子,迎风上天空,哨声朗彻云霄,有时通宵不息。

每年夏季要请戏班子,在城隍庙的戏台上,表演传统京剧。在供奉十殿阎罗的厢殿旁,用长长的木枋搭成高高的临时看台。人们穿着漂亮衣服,不顾汗流浃背,边看戏,边嗑瓜子,吃水果,边议论演员的技艺和情节,兴致盎然。有人带着盆子和开水,用簇新的雪白的毛巾,远远地抛掷滚烫毛巾把子,供人擦汗。既受欢迎,又增加服务收入。

每年元宵节到清明节,举办神话式的灯会。到时把城隍菩萨请出来巡行街道,到都天庙向都天大帝汇报工作,晚上再回城隍庙。参加游行的香亭、执事(即仪仗,包括旗帜、伞、扇、武器等)、乐队、彩棚、马夫、香童等绵延不断,长达数里。我祖父出的执事有:城隍菩萨新蟒袍、开道的一对大锣和专用的锣架、明角制的金瓜、钺斧等32件武器灯。执事用后还给各家收藏。在巡行前一天晚上,在城隍庙大殿上,举行点卯仪式(旧时官府在卯时查点到班人员),替城隍菩萨换新袍,由原在衙门里当差的人(或后人)扮演各种角色,好像演戏一样,有时比演戏更为逼真。

关于汪禹门举办地方公益事业的具体情况,我也不清楚。只听父亲说过,他曾解决"群众吃水"问题,在全镇开凿32口水井。他曾独资建了永丰桥,曾参加修路浚河,在冬寒天气施粥等事。我父亲汪益谦生于清光绪十五年(1889)农历二月十四日。母亲赵玉娟生于清光绪十四年(1888)农历八月二十二日。祖籍丹徒,是镇江赵伯先烈士的堂侄女,光绪三十三年嫁给汪家。1909年和1910年先后生了两个儿子,不幸早殁。1912年生了姐姐汪莲芬,罹患精神分裂症。1916年生了哥哥汪正然。父亲结婚后到如皋西南石庄镇学钱庄生意,1924年祖父逝世后回家做了地主。1940年新四军到角斜,他积极拥护共产党,拥护抗日,带头减租,被抗日民主政府看作开明士绅。多次参加区乡政府召开的会议。1944年到西乡参加角斜区委召开的群众集会,被伪军诬称通匪,关押在角斜和栟茶的伪军据点内约两个月,后来拿钱赎身,并将大厅拆作棺材还债。1946年拥护党的土改政策。1949年姐姐和母亲相继在角斜去世,1959年父亲在南京逝世,1995年哥哥在南京大学逝世。

我出生于1924年12月29日,原名汪太然。1946年参加革命,改名汪明。1949年加入中国共产党。现在我体衰力微,已不能为家乡做贡献。今年我发现两条信息。一是买到如皋生产的南通脆饼,觉得价廉物美,酥松可口,已经吃了数十袋,约200余元。二是吃到兴化市安丰镇生产的"三腊菜",瓶上说明原料是萝卜干,但吃下来口感内有萝卜缨子和雪里蕻,味道还脆嫩。像这样的产品我们角斜人也能做出来的。不知这两厂家能赚几文?角斜厨师的技艺水平是相当高的,我小时吃过他们制作的菜肴和点心。如果能开一家厂,利用本地资源,制作"包子""肴蹄"之类的紧俏食品，冷冻以后用飞机运到国外去卖，不是可以挣大钱吗？退一步讲，就搞“三腊菜”，也可在国内市场取得一席之地。当然，这些都有竞争都有风险，但贵在参与，重在实践。必须接受经验，研究技巧，间接打听窍门。

汪家还在角斜的人已经不多了。一位小名叫汪庚保(汪根宝)，大名叫汪蘧然的，今年71岁了，是我二叔汪履谦的次子，虽然目不识丁，却能自食其力，并赡养母亲直至高年寿终。从事农业劳动近60年，坚持艰苦奋斗，勤俭朴实，埋头苦干自建住房，养猪积肥，努力为全面建成小康社会而奋斗。

另一位汪祖灿，今年61岁，父亲汪绍甫，祖父汪菊潭。虽然并不富裕，却善于培育后人，儿子大学毕业后，进了南通的出名的优秀工厂工作。祖灿的大姊汪习珍也在角斜，已是80开外的老人了。

五、话说“五里坊”

五里坊位于角斜镇的西南，地形是四边高，中间低，像个大锅子一样。这里过去没有什么河，只是北边有个咸水塘，水很深，是五里坊村民的唯一水源。传说过去天上有条神龙，经常到塘里来戏水，后来就取名叫双龙桶。由于河流较少不便排灌，要是天不下雨就眼看着它干旱，而一下雨就眼看着它成涝。土质大部分是盐碱地，太阳一照，到处都是盐霜。不宜种植庄稼。虽然土地荒凉，但被少数地主富农霸占着。

当时五里坊流传着这样的民谣：“要喝汤，上五坊，先卖坛子后卖缸，倾家荡产卖儿郎，最后留根讨饭棒……”

过去四里多路见方的五里坊，散散落落地住有252户人家，887人，贫苦农民就有180户。全村有农田1890亩，其中有1500多亩是“荒不长草，熟不长粮”的盐碱地。人们常说：“西南风一转，庄稼没得看”，其余的土地地质也相当差。五里坊的贫下中农租种本村5户富农和外村4户地主的田有1400多亩，中农和贫农的自留田只有400亩左右。地主、富农对百姓进行敲诈勒索剥削的花样很多，要穷人先缴租后种田，缴不起租，就要你用做工来抵，或者以家里的财物抵押。年轻人多数成了富人家的长工、短工。另外，旧社会苛捐杂税特别多，什么壮丁费，人头税，机械、门牌、鞋袜捐，还有日人、夜方、乡约、保证、庙宇、出方、进方、牛行、猪行、上行、香火等，弄得穷人不堪重负。地主还借口修建范公堤大码头闸，每亩田要多加几斤粮的钱，这些钱都进了地主的腰包。

五里坊由于地势低洼，旱灾水涝不离门。3天不下雨，沟底翻朝天，田里冒白霜，庄稼全枯死，若几天小雨，沟港满是水，稍有大雨田里白浪滔天，庄稼全淹没，场头门边筑上几道坝，家家户户进出靠门板浮。四五年难碰上一熟好收成，弄得百姓菜汤薄粥都喝不上。

1931年，也就是民国二十年，大水期间，先后有30多天水不退，成百户人家墙倒壁塌，锅箱儿放在桌子上，烟囱里常常不冒烟，油盐酱醋不谈心，庄稼颗粒无收。老百姓只得用树皮草根当粮食充饥。由于生活所迫，家中的孩子无法养活，全村送伢儿的就有74户，计96个小孩。贫农孙广友因长期生病，又无劳力，先后送掉四个亲生骨肉，那时大多数送到如皋育婴堂去。外出讨饭谋生的有282人，第五生产队过去35户中，讨过饭的就有33户。五里坊共有235人在地主、富农家做过长工、短工。当时在长工中流传着这样的歌谣：“长工忙到腊月黄，累断脊背梁，流了一年汗，自身也难养，家有娘儿郎，饿得去逃荒；长工苦水长，不如牛马羊，草上堆，粮进仓，地主喜洋洋，长工泪汪汪。”

老百姓被地主逼得走投无路，只好向他们借高利贷，当时全村借债的有201户，五队就有34户。地主的心比豺狼还要狠，放债后又使用种种花样，什么合子利、加工五、转风钱、流号钱，高的加五，利上滚利，要是滚上3年连房屋家产都卖光还不够。角斜街上有名的大地主汤百万，臭名远扬，先后剥削百姓有一百万两金银，他曾捧着大肚皮对百姓说：“你们这些穷鬼，真是经不起风吹雨打，活该穷。我汤百万不要说下这么大的雨，就是落个三年零六个月，还是吃不尽的白面白米，整鸡整鸭，要穷倒我汤百万，除非海枯石头烂。”

地主、富农对穷人是层层盘剥，弄得五坊的贫苦农民倾家荡产，妻离子散。如曹元才一家五口，因为受灾后，被地主逼租，在饥寒交迫的情况下，活活饿死一个男孩，其余四口外出讨饭度命。跑到地主家还要挨骂："年纪轻轻的，还讨饭，不要脸。"常常成天讨不到吃的，后来全部饿死在外乡。老贫农郭二爹没法活命，多年的老夫妻被迫拆散，各自讨饭在一方，把两个女儿送给了人家。沈九圣被高利贷盘剥得一无所有，剩了单身汉一个，弄得衣不遮身，食不饱腹。夏天蹲在土地庙里住宿，晚上蚊子咬，只好用手抹抹打打；冬天蹲在人家墙角落头晒太阳。有一年数九寒冬，富人家的狗子都钻在暖烘烘的窝棚里，地主汤百万、申必进穿着皮袍马褂坐在堂屋中间吃大烟，沈九圣提着讨饭篮子在沿路讨要，饥寒交迫，身子冻僵了，地主还骂他一声："活出丑"。沈九圣忍着恨，躲到一家羊窝棚里，后来就活活冻死在那里。七队的陈井民当时被剥削得无家可归，冬天没有棉衣，只得天天蹲在墙边晒太阳，早上靠东墙，中午靠南墙，傍晚就得转西墙了。因为饱受饥寒，后来患有严重的寒湿腿。

贫农孟四发家中穷得可怜，连砌锅箱儿的砖头也无半块，他到路边挖垡头回家砌锅箱儿，正碰上地主申必进骑着大洋马迎面而来，一见孟四发，连忙跳下马大骂："穷鬼，你知道官路不准动土吗？"说着便吩咐狗腿子打了孟四发两个耳光，这还不算，还罚其四块银圆，又逼孟四发当场填平，威吓说："以后若还挖，就杀你的头，叫你活不成。"

后来新四军来了，组织穷人闹革命。1942年，五里坊穷人家的孩子有23人参加了民兵。白天劳动生产，侦察敌情，夜晚拆桥破路，并积极协助区公所到沿口、角斜、浒澪等地捕捉汉奸、特工队及反动地主等有100多人，分别依法作了处理，消除的有3个，其余的释放回家监督改造。当时五里坊民兵没有武器，大家凑了一些铜铁熔化浇了四支假手枪。从此以后就经常到角斜伪军据点喊话训斥。一天早饭后，在角斜街头上用自己制造的假短枪活捉了三个下乡抢劫的伪军，缴获了他们的枪。到了1944年，乡农会朱福根同志叫穷人去开会，会上决定与地主、富农斗争，清算了角斜反动地主汤百万，将他出租给五里坊的四百多亩田全部分给了劳动人民。1946年，在党的领导下，五里坊进行了轰轰烈烈的土地改革运动，从此，贫下中农都分得了土地。土改以后，除组织保田队以外，还发动青年参军，一下子就去了18人。接着妇女也组织起来，支援前线做军鞋等，还帮助军属做家务。全村搞得热火朝天，翻身的农民个个喜气洋洋。经过几次运动的锻炼，吸收了32个积极分子加入了中国共产党。

1946年，国民党反动派又盘踞角斜一带，翻了身的五坊人民重新遭殃，地主分子带着沿口、角斜、杨庄一带的匪自卫队两日三次地轮番下乡，烧杀抢掠，奸淫妇女，无恶不作。五坊村先后被他们杀害的人就有13人，被无辜毒打的人达35户79人次。这个时期，地主、富农趁机夺回土地、衣物等，牵去耕牛24头，烧毁房屋几十间，拿去的农具更多。

1948年冬天，共产党回来了，五里坊又重新获得解放。反动派被打倒了，压在人民头上的三座大山推翻了，流浪在外的男女老少先后都回到了家乡。从此五里坊的人民真正翻身做了主人。

中华人民共和国成立初期，由于个体经营不能兴修水利，不懂改良盐碱地，因此生产力发展不快，每年都要靠政府供应和救济。在党的领导下，五里坊人民轰轰烈烈地办起了互助组、合作社、高级社和人民公社。在此基础上，五坊大队党支部研究准备开河挖沟改天换地，战胜大自然。在党和政府的支持下，于1954年疏通了栟茶运河，1956年兴修了北凌河，1957年又新开了中凌河，1958年中凌河又拓宽开深，同时新开了双龙港河。就这样彻底地根除了五里坊旱涝灾害的现象。接着又开始改良盐碱地，全体社员冬天冒着寒风，踏着冰雪，艰苦奋战，采取了一系列的措施之后，盐碱地上终于长出了绿油油的好庄稼。产量节节高，大家尝到甜头，走集体化道路的信心更足了，立志要使穷五坊变成富五坊。河塘养了鱼，岸边栽了树。一下子五里坊变了样，成了粮棉产地，鱼米之乡。1959年，五里坊接连57天没有下雨，没有枯死一根禾苗。干部、社员齐上阵，日夜车水灌溉，奋战了几天几夜，终于战胜了旱灾。老贫农陈安山说："今年旱的时间这么长，还有水抗旱保苗得到大丰收，真是少见，要在解放前，人们早就卷起铺盖出去逃荒了。"1960年大水期间，也没有一块田被淹,照样获得了大丰收。

1964年,五坊大队粮食亩产233.5公斤,棉花亩产53公斤,最高的三队单产皮棉75公斤。过去每年都要国家供应粮食,现在不但不要供应了。1964年还出售2万公斤粮食给了国家。渐渐地五里坊不少人家盖上了新房子,手头宽裕了,不少人银行里都有了存款。

随着社会的进步发展,五里坊的文教事业也得到了发展。解放前五里坊贫苦农民的孩子根本不可能上学堂,走遍全五坊很难找到一个穷人子弟识字的。后来五里坊有小学生、初中生、高中生365人。在共产党领导下,五里坊人民艰苦奋斗,物质文化生活都发生了巨大的变化。

《角斜镇志》参考资料

1.《扬州府志》
2.《嘉靖惟扬志》
3.《东台盐史丛谈》
4.《中十场志》
5.《泰州县志》
6.《东台县志》
7.《海安县志》
8.《栟茶镇志》
9.《海安农业志》
10.《海安工会志》
11.《海安军事志》
12.《海安建设志》
13.《胡集镇志》
14.《双甸镇志》
15.《海安年鉴》
16.《海安军事年鉴》
17.《海安地名掌故》
18.《海安人才录》
19.《江海长缨》
20.《江苏省海安县人口普查资料》
21.《角斜红旗民兵团故事选编》
22.《海安革命历史传》
23.《南通市农村文化遗产名录·海安卷》
24.《海安文化志》
25.《海安人民革命史》
26.《中国共产党海安县大事记》
27.《海安民间故事选》
28.《海安走过六十年》
29.《南黄海渔事》
30.海安档案局资料
31.滨海新区人民政府档案资料
32.滨海新区机关各部门资料
33.有关报刊乡土历史资料
34.座谈走访资料
35.海安县组织史资料

编后记

《角斜镇志》于2016年正式启动，编纂人员为周建平、郭金元、万怀春、刘建华。历经3年的编纂，于2018年9月完成初稿。此后，志稿经过几轮修改，于2018年12月形成复审稿送至海安市史志工委，根据专家们的修改意见，对志书重新调整、修改、补充，形成终审稿，2020年12月终于告竣，付梓问世。

《角斜镇志》为“一方之全书”，共23章131节，近65万字。《角斜镇志》第一次全面搜集、整理镇内的人文、历史；第一次理清全镇各行各业的历史发展脉络；第一次反映镇内人文地貌现状；第一次系统书写镇内民情风俗、方言俚语。可以说《角斜镇志》是一部镇内的百科全书。

在编纂过程中，镇党委、政府十分关心，不少领导亲自过问，在财力、人力上给予极大的支持，同时也得到镇内许多老干部、老党员、老同志的鼎力相助。海安市史志工委为我们审定纲目、改稿、校稿；县档案局的同志全力以赴、不厌其烦地协助我们调阅档案；各建制村和许多驻镇单位予以积极配合，为镇志的编纂提供方便；文印社的同志亦大力协助不辞辛劳付出颇多，在此，一并表示感谢！编纂组人员本着对历史负责、对当事人负责、对子孙后代负责的精神，在编纂过程中甘受“艰苦、辛苦、清苦”，冒严寒、顶烈日，经常往返县城乡间，问询于童叟妇孺，徜徉于史海文山，夙兴不懈，默默无闻地执着追求，努力使《角斜镇志》对角斜人民有所裨益。居今而知古，温故而知新，《角斜镇志》是角斜镇一张亮丽的名片，它告慰先人，昭示来者，是对青少年进行传统教育的教科书，可以传承历史、弘扬文化、彩绘明天，是一笔功不可没的宝贵财富。

编纂组同志的水平有限，编志经验不足，加之史海沉浮，资料残缺，难展全貌，志书中肯定有不少疏漏和错误，恳请领导、专家、学者以及社会各界人士，不吝赐教，让《角斜镇志》更臻完美。

《角斜镇志》编写组

2020年12月

《角斜镇志》编审机构及人员

2009—2011 年《角斜镇志》编纂工作领导组

组　长：吉临兆

副组长：袁加根　章晓丽　季小平

成　员：于海洋　王剑石

2009—2011 年《角斜镇志》编纂人员

主　编：郭金元

副主编：王剑石　刘建华　康宜稳

2015 年《角斜镇志》编纂领导组

组　长：王　怀

副组长：章晓丽　申承群　季小平

成　员：陶　华　杨　惠　周花荣　苏　星　缪　华　王剑石

2015 年《角斜镇志》编纂人员

主　编：郭金元

副主编：万怀春　王剑石

2016—2017 年《角斜镇志》编纂领导组

组　长：王　怀

副组长：章晓丽　季小平

成　员：周花荣　王剑石　苏　星　缪　华

2016—2017 年《角斜镇志》编纂人员

主　编：郭金元

副主编：周建平　万怀春　刘建华

2018 年《角斜镇志》编纂领导组

组　长：章晓丽

副组长：王　晨　季小平

成　员：陶　华　康传广

2019—2020 年《角斜镇志》编纂领导组

组　长：王　晨

副组长：周树群　季小平　陶　华　丁小军

成　员：张　吉　康传广

2018—2020 年《角斜镇志》编纂人员

主　编：郭金元

副主编：周建平　万怀春　刘建华

《角斜镇志》审稿人员（排名不分先后）

于海洋	邓永宏	徐长春	唐德喜	徐长富	陆春林
余育新	李建忠	沈小洪			

《角斜镇志》资料提供人员（排名不分先后）

徐银生	郭松梅	缪永生	贲长春	吴国流	徐长春
缪　建	徐大贵	汤桂泉	康传银	朱秀梅（女）	戴光亚
王正富	缪　银	康承连	吴志泉	凤星凰	吴光文
花元美	张桂华	陆春林	吴晓建	吴义胜	缪晓燕
李志生	周亚生	濮　军	顾　军	徐桂英（女）	朱庆生
秦广建	陈桂发	汤海兵	王　跃	蔡柏林	陆建华
李祖权	唐志田	王　锁	缪芙蓉（女）	姜　智	王兴建
吴阿红	王海勤	王绍贵	顾理昌	祁兰英（女）	沈小洪
钱开宇	缪　峰	缪四华	冒海林	顾里昌	翟桂生
陈　宏	缪　俊	钱学仁	李风来	缪建国	黄成新
汤　进	吕永柏	张贵驰			

《角斜镇志》文字录入

金晓艳　缪丽华

《角斜镇志》特约审稿

周宏文　　　季陈娟　　　李国良

《角斜镇志》终审人员

吉　祥　　　陈　红　　　邓永定　　　杨　斌
虞建宣　　　阚新华　　　唐仲荣

《角斜镇志》审定单位

中共海安市角斜镇委员会
海安市角斜镇人民政府
中共海安市委史志工作委员会